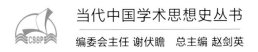

当代中国学术思想史丛书

编委会主任 谢伏瞻 总主编 赵剑英

当代中国简帛学研究

Contemporary Studies on Bamboo and
Silk Manuscripts in China

(1949-2019)

李均明 刘国忠 刘光胜 邬文玲 著

中国社会科学出版社

图书在版编目（CIP）数据

当代中国简帛学研究：1949—2019／李均明等著 . —北京：
中国社会科学出版社，2019. 12
（当代中国学术思想史丛书）
ISBN 978 – 7 – 5203 – 4976 – 5

Ⅰ . ①当… Ⅱ . ①李… Ⅲ . ①简（考古）—研究—中国
②帛书—研究—中国 Ⅳ . ①K877. 54②K877. 94

中国版本图书馆 CIP 数据核字（2019）第 200238 号

出 版 人 赵剑英
责任编辑 黄燕生
责任校对 韩海超
责任印制 戴 宽

出 版 中国社会科学出版社
社 址 北京鼓楼西大街甲 158 号
邮 编 100720
网 址 http://www.csspw.cn
发 行 部 010 – 84083685
门 市 部 010 – 84029450
经 销 新华书店及其他书店

印刷装订 北京君升印刷有限公司
版 次 2019 年 12 月第 1 版
印 次 2019 年 12 月第 1 次印刷

开 本 710×1000 1/16
印 张 54.75
字 数 845 千字
定 价 308.00 元

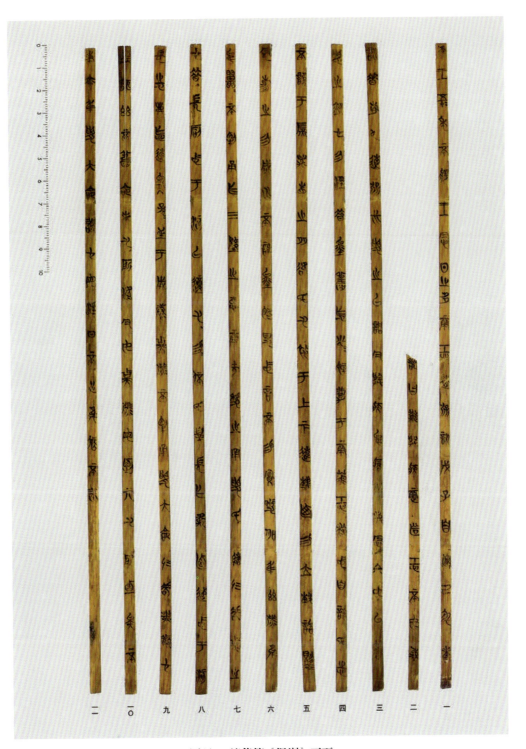

二 一〇 九 八 七 六 五 四 三 二 一

图版 1 清华简《保训》正面

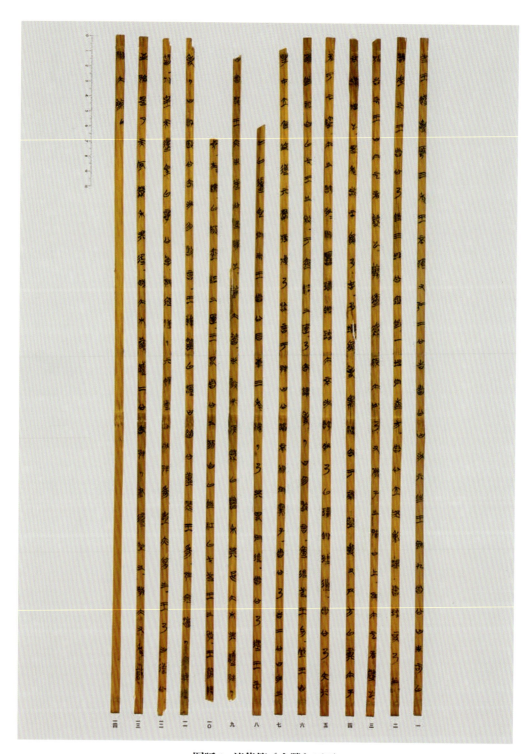

图版 2　清华简《金縢》正面

图版 3　清华简《祭公》正面

图版 4 居延汉简《甲渠候债寇恩事爰书》册（部分）

图版 5　尹湾汉简名谒

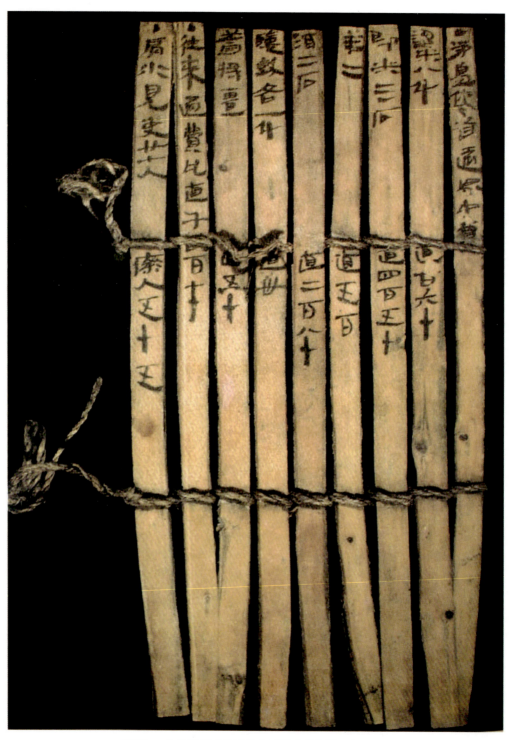

图版6　金关汉简《劳边使者过界中费》册（部分）

图版 7　湖南长沙马王堆三号西汉墓出土太一将行帛画

图版 8　李学勤先生与清华简

图版 9　清华简研究人员和中国社会科学出版社领导及编辑合影（从左至右为廖名春、
李均明、沈建华、李学勤、赵剑英、黄燕生）

书写当代中国学术史，加快构建中国特色哲学社会科学

谢伏瞻[*]

在中华人民共和国成立 70 周年之际，中国社会科学出版社修订出版《当代中国学术思想史丛书》（以下简称《丛书》），对于推动我国当代学术史研究，加快构建中国特色哲学社会科学学科体系、学术体系、话语体系具有重要的意义。

党的十八大以来，以习近平同志为核心的党中央高度重视哲学社会科学。2016 年 5 月 17 日，习近平总书记主持召开哲学社会科学工作座谈会并发表重要讲话，明确提出加快构建中国特色哲学社会科学学科体系、学术体系、话语体系的重大论断和战略任务。这是一个极为重要的战略考量，关系我国哲学社会科学的长远发展，关系中国特色社会主义事业发展全局，是重大的学术任务，更是重大的政治任务。广大哲学社会科学工作者要以高度的政治自觉和学术自觉，以强烈的责任感、紧迫感和担当精神，在加快构建中国特色哲学社会科学"三大体系"上有过硬的举

———————————

* 谢伏瞻：中国社会科学院院长、党组书记。

措、实质性进展和更大作为。《丛书》即为加快构建中国特色哲学社会科学"三大体系"的具体措施之一。

　　研究学术思想史是我国的优良传统之一。学术思想历来被视为探寻思想变革、社会走向的风向标。正如梁启超在《论中国学术思想变迁之大势》中所言,"学术思想与历史上之大势,其关系常密切。""学术思想之在一国,犹人之有精神也;而政事、法律、风俗,及历史上种种之现象,则其形质也。故欲觇其国文野强弱之程度如何,必于学术思想焉求之。"我国古代研究学术思想史注重"融合""会通",对学术辨识与提炼能力有特殊要求,是专家之学,在这方面有大成就者如刘向、刘歆、朱熹、黄宗羲等皆为硕学通儒。近代以来,随着"西学东渐",我国哲学社会科学各学科逐渐发展起来,学术思想史研究亦以梁启超的《中国近三百年学术史》为发轫,以章炳麟、钱穆等为代表的一批学者用现代学术视角"辨章学术、考镜源流",开始将学术思想史研究与近现代哲学社会科学发展结合起来,形成了不少有影响的名品佳作。新中国成立以后,在马克思主义指导下,我国哲学社会科学不断发展,特别是改革开放以来,哲学社会科学的地位更加凸显,在研究工作的广度和深度上不断取得新突破。但是,我国当代学术思想史研究没有跟上哲学社会科学发展的步伐,呈现出"有数量缺质量、有专家缺大师"的状况,有分量的研究成果寥若晨星,公认的学术思想史大家屈指可数。新时代,我国哲学社会科学地位更加重要、任务更加繁重,有组织、有计划地开展学术思想史研究和出版工作，系统梳理我国当代哲学社会科学各学科学术思想的发展脉络，总结各学科积累的优秀成果，既是对学术研究传统的继承和发扬，弥补当代学术思想史研究的不足，也将在中国特色哲学社会科学"三大体系"建设中发挥独特而重要的作用。

中国社会科学院是党中央直接领导的哲学社会科学研究机构，在加快构建哲学社会科学"三大体系"建设中发挥着主力军作用。早在建院之初的 1978 年，胡乔木同志主持的《1978—1985 年全国哲学社会科学发展规划纲要（初稿）》就提出了研究"中国经济思想史""中国政治思想史""中国教育思想史""中国伦理思想史"等近 10 种"学术思想史"的规划。"当代中国学术思想史"丛书初版于 2009 年，在新中国成立 70 周年之际，予以修订再版，充分体现出我院作为"国家队"的担当。《丛书》以新中国成立以来学术思想史演进中的脉络梳理与关键问题分析为主要内容，集中展现在中国共产党坚强领导下，创建、发展和繁荣哲学社会科学各学科学术思想史的历程，突出反映 70 年来哲学社会科学各领域的成就与经验，资辅当代、存鉴后人，具有较强的学术示范意义。

学术思想史研究为哲学社会科学学科体系建设提供了有力的支撑。学科体系是加快构建中国特色哲学社会科学的根本依托。经过几十年的发展，我国哲学社会科学已拥有 20 多个一级学科、400 多个二级学科，学科体系已基本确立，但还不健全、不系统、不完善，离习近平总书记提出的基础学科健全扎实、重点学科优势突出、新兴学科和交叉学科创新发展、冷门学科代有传承的要求还有相当大的差距。学科体系建设的前提是对各学科做出科学准确的评估，翔实的学术思想史研究天然具备这一功能。《丛书》以"反映学科最新动态，准确把握学科前沿，引领学科发展方向"为宗旨，系统总结文学、历史学、语言学、美学、宗教学、法学等学科70年的学术发展历程。其中既有对基础学科、重点学科学术思想史的系统梳理，如《当代中国美学研究》《当代中国文艺学研究》等；又有对新兴学科、交叉学科和冷门学科学术思想史的开拓性研究，如《当代中国近代思想史研究》《当代中国边疆研究》《当代中国简帛学研究》等。从学术思想史的角度，系统评价各学科的发展，对于健全学科体系、优化学科布局，加快构建中国特色哲学社会科学学科体系无疑是大有裨益的。

学术思想史研究为哲学社会科学学术创新提供了坚实的基础。学术体系是加快构建中国特色哲学社会科学的核心。主要包括两个方面：一是思想、理念、原理、观点、理论、学说、知识、学术等；二是研究方法、材料和工具等。习近平总书记指出，理论的生命力在于创新。只有不断推进知识创新、理论创新、方法创新，才能着力打造"原版""新版"的哲学社会科学。学术创新是有前提的，正如总书记所深刻指出的，理论思维的起点决定着理论创新的结果，理论创新只能从问题开始。从某种意义上说，学术创新离不开学术思想史研究，只有通过坚实的学术思想史研究，把握学术演进的脉络、传统、流变，才能够提出新问题、新思想，形成新的学术方向，这是《丛书》为哲学社会科学学术创新作出的贡献之一。学术思想史的研究内容、研究方法、材料与工具自成体系，具有构建学术体系的各项特征。《丛书》通过对学术思想史研究的创新，为哲学社会科学学术创新提供了有益的尝试。

一是观点创新。中华人民共和国成立以来，随着马克思主义在哲学社会科学领域指导地位的确立，我国思想界发生了大规模、深层次的学术变革，70 年间中国学术已经形成了崭新格局。《丛书》紧扣"当代中国"这一主题，突破"当代人不写当代史"的思想束缚，独辟蹊径、勇于探索，聚焦中国特色哲学社会科学的发展道路、马克思主义指导下的中国学术发展、中国传统学术继承和外来学术思想借鉴，民族复兴在学术思想史上的反映等问题，从而产生一系列的观点创新。

二是研究范式创新。一个时代的主流思想和历史叙事，是由反映那个时代的精神的一系列概念和逻辑构成的。当代中国学术的源流、变化与当代中国政治、经济、文化、社会的变革密切相关。《丛书》把研究中国特色学术道路的起点、进程与方向作为自觉意识，贯穿于全丛书，注重学术思想史与中国学术道路的密切联系、学理化研究与中国现实问题的密切联系、个别问题研究与学术整体格局的密切联系、研究当代中国与启示中国未来的密切联系，开拓了学术诠释中国道路的新范式。

三是体例创新。《丛书》将专题形式和编年形式相互补充与融合，充分体现了学术创新的开放性，为开创学术思想史书写新范式探路。对于当代学术思想史研究，创新之路刚刚开始，随着《丛书》种类的增多，创新学术思想史研究的思路还会更多，更深入。

学术思想史研究为构建哲学社会科学话语体系提供了广阔的平台。话语体系是学术体系的反映、表达和传播方式，是有特定思想指向和价值取向的语言系统，是构成学科体系之网的纽结。习近平总书记指出，在解读中国实践、构建中国理论上，我们应该最有发言权。这就要求我们在构建话语体系时，要坚持中国立场、注重中国特色，用中国理论阐释中国实践，用中国实践升华中国理论，更加鲜明地展现中国思想，更加响亮地提出中国主张。要主动设置议题，勇于参与世界范围的"百家争鸣"。《丛书》定位于对当代中国学术思想的独家诠释，内容是原汁原味的中国学术，具有学术"走出去"、参与国际学术对话、扩大我国学术思想影响力、增强中华文化软实力的条件。《丛书》通过生动的叙述风格传播中国学术、中国文化，全面、集中、系统地反映我国当代学术的建构过程，让世界认识"学术中的中国""理论中的中国""哲学社会科学中的中国"。习近平总书记强调，把中国实践总结好，就有更强的能力为解决世界性问题提供思路和办法。《丛书》通过对当代中国学术思想史的描绘，让世界了解中国特色的学术发展之路，进而了解中国特色社会主义文化和中国特色社会主义道路。《丛书》中的《当代中国法学研究》《当代中国宗教学研究》《当代中国近代史研究》《当代中国近代社会史研究》等已经翻译成英文、德文等多种语言，分别在有关国家出版发行，为当代中国学术思想的国际化传播开拓了新路。

目前，《丛书》完成了出版计划的一部分，未来要继续作好《丛书》出版工作。关键是要坚持正确的政治方向、学术导向和价值取向。要提高政治站位，增强"四个意识"，坚定"四个自信"，做到"两个维护"，在思想上政治上行动上同以习近平同志为核心的党中央保持高度一致。要坚持马克思主义的指导地位，特别是用习近平新时代中国特色社会主义思想指导学术思想史研究和出版工作。要落实意识形态工作责任制，做到守土有责、守土负责、守土尽责。作好《丛书》出版工作必须坚持以质量为生命线。在任何时候都要坚持质量第一的方针，坚持"宁缺毋滥"的原则，多出精品力作。要把社会效益放在首位，实现社会效益和经济效益相统一。要严格遵守学术规范，秉承认真负责的治学态度，严肃对待学术研究，潜心研究，讲究学术诚信，拿出高质量的学术成果。

当今世界处于百年未有之大变局，中国特色社会主义进入新时代，这都对哲学社会科学提出了更高的要求，广大哲学社会科学工作者要积极响应习近平总书记和党中央号召，以习近平新时代中国特色社会主义思想为指导，努力提高政治站位，增强思想自觉，敢于担当，奋发有为，繁荣中国学术，发展中国理论，传播中国思想，加快构建中国特色哲学社会科学"三大体系"，为实现"两个一百年"奋斗目标，实现中华民族伟大复兴的中国梦作出应有的贡献。

是为序。

2019 年 10 月

目　录

上编　简牍典籍

中编　简牍文书

下编　帛书

序

　　清华大学出土文献研究与保护中心李均明研究员和刘国忠教授等新近撰写的这部《当代中国简帛学研究》，向广大读者系统地展示了中国简帛学这一新兴学科的发展轨迹和丰富内容。

　　简帛学是 20 世纪创建并取得丰硕成果的一门重要学科。正如大家所知，竹木制的简牍与丝质的缯帛，是中国人于发明纸以前使用的书写载体，其广泛存在的时间约两千年之久，其在历史文化上关系之重大可想而知，因此简帛学是关注中国文明传统的人们必须了解的。

　　现代学术界重见古代的这类文物，正好是在 20 世纪刚刚揭幕的时候。随后种种发现越来越多，考察研究也渐趋深入，对于简帛的性质、材料、形制、用途及其内涵种类、文字体例等方面的知识，得到逐步积累。对古代简牍帛书的研究作为一个学科的契机，就渐渐成熟了。

　　纵观简帛学兴起演进的过程，大致可分为这样三个阶段。

　　第一阶段是 20 世纪初西部地区汉晋木简的发现，最早的事例为斯坦因 1901 年在新疆尼雅的获得。这个时期最重要的研究成果是王国维的《简牍检署考》及他与罗振玉合著的《流沙坠简》，给后来的研究打下了基础。

　　第二阶段的重心，是 1930 年西北科学考察团掘获的居延木简和劳榦先生等对之进行的整理考释。由于这批简牍远比其前的发现丰富，所以在历史、考古学领域造就的影响就更为明显。

　　第三阶段乃在中华人民共和国成立以后，尤其是 20 世纪 70 年代以来，随着田野考古工作的铺开，多批简帛陆续发现，无论是时代跨度，还是数量和内容,都远远超越了过去。简帛的保护与整理成为十分紧迫的学术课题,因而简帛的研究和许多学科建立起了联系。为了适应工作的需要,专业性的整理研究队伍逐渐形成。在高校和研究生教育里,有关研究也成为培养方向。

进入崭新的 21 世纪以来,简帛学的进展尤觉迅速。同其他一些学科一样,这个学科的进步表现为学科的细化。

许多学者业已认识到,细化是简帛学步入新的发展阶段的明确表现。事实上,历年出土的大量简牍帛书,依其本身性质,可划分为典籍和文书两大类,对两者进行整理研究的方法途径彼此有相当大的差异,所需要的知识手段也互不相同,应该作为两个学科分支看待。以往在有关资料较少的时候,同一位学者对典籍、文书两者尚能统观兼顾。如今发现层出不穷,想一概深入研究已经是几乎不可能的事。具体的例子,如郭店简、上博简、清华简等战国楚文字书写的典籍,里耶简、长沙简等秦汉三国时的文书簿册,任何一项的编排考释都需要专业人员深厚的积累,长期的工夫。很明显,把简帛学划分为简帛书籍、简牍文书两个学科分支,不仅是发展趋向,而且还是当前的实际。

李均明、刘国忠等著的这部《当代中国简帛学研究》,与其他类似的概述性书籍的不同,正在于将简帛典籍和简牍文书分开来论说,书中为了方便读者,先讲简牍典籍,再谈简牍文书,而以帛书殿后,眉目非常清楚。读者很容易看到,简帛学是怎样起源和形成,又如何走到今天,细化为简帛典籍和文书这两个学科分支的。我们不妨以这部书的出版,作为简帛学进一步细化的标志。

学术史告诉我们,学科总是不断细化的,但细化越繁,各个分支的交叉关系就越强,换句话说即越需要互相关联和结合。希望《当代中国简帛学研究》的读者,先纵观简帛学领域的全体,再深入了解各个分支乃至诸项发现,对于这门学科一定会有较全面的认识。

李学勤

2011 年 1 月 14 日

附记：此序系李学勤先生为 2011 年版《当代中国简帛学研究（1949—2009）》所作，给了我们极大的鼓舞。可惜先生数月前不幸辞世，特在今年版《当代中国简帛学研究（1949—2019）》重发此序，以表达我们对先生的深切缅怀。

前　言

简帛泛指简牍与帛书，来源甚早，郭沫若先生说："商代除了甲骨文之外，一定还有简书和帛书。"[①] 李学勤先生肯定早在有关殷商的文献和商代甲骨文中，已经有了典册的踪迹，说那时人们已利用竹木制简，用绳编联成册。[②]《尚书·多士》曰："惟殷先人，有册有典。"《左传》定公四年记载周初分封鲁国"备物典策"，典策即典与册，甲骨文、金文中"册""典""聿"等字的出现，证明殷周时期已有典册存在，但李先生只是强调简牍出现较早，仝冠军则进一步推论为简牍的出现不晚于甲骨。[③]

王国维说："金石也，甲骨也，竹木也，三者不知孰为先后。"[④] 甲骨、简牍产生的先后顺序，目前尚不能确定。现在发现的最早简牍是1978 年湖北随县曾侯乙墓出土的竹简，属战国初期，邢千里先生推定简牍晚于甲骨的关键性证据是春秋以前墓葬中从未发现简牍。我们虽未从墓葬或其他遗址中发现商代或西周时期的简册，但笔墨的出现足以佐证简牍已被应用的可能，在殷墟或更早出土的文物中，已发现书写工具的存在，如河南仰韶和西安半坡等新石器时期的陶器上，已经出现用毛笔描绘的花

---

① 郭沫若：《奴隶制时代》，中国人民大学出版社 2005 年版，第 196 页。

② 裘锡圭先生也肯定殷商时期简牍的存在，他说："简至迟在商初就已使用。"参见李学勤《简帛佚籍与学术史》，江西教育出版社 2001 年版，第 4 页；裘锡圭：《文字学概要》，商务印书馆 2005 年版，第 53 页。

③ 仝冠军：《论简牍不晚于甲骨出现》，《出版发行研究》2003 年第 2 期。

④ 王国维撰，胡平生、马月华校注：《〈简牍检署考〉校注》，上海古籍出版社 2004 年版，第 1 页。

纹和符号①；山西省襄汾县陶寺遗址灰坑 H3403 出土一扁壶，上有毛笔书写的"文"字，距今四千多年，时代至迟在夏代前期②；殷墟有以毛笔书写而未契刻的甲骨③，郑州西北小双桥遗址有毛笔书写的文字出现④，安阳铁西区刘家庄南地的商代墓葬出土玉石璋 44 片，有朱书字迹者 28 片⑤；西周出土器物上也有毛笔书写的文字，1964 年洛阳北窑西周墓 M37 的铜簋内壁、M139 的戈上、M172 的 5 枚铅戈上，都有墨迹存在⑥；1990 年在河南三门峡上村岭虢国墓 M9 发现有墨写文字的玉片，距今最少有 2600 多年。⑦ 砚是用来作为承载书写颜料的，迄今为止发现最早的砚是在仰韶文化时期的姜寨遗址中出土的一套完整的绘画工具，其中有带着盖的石砚与砚棒，石砚有臼窝，窝内还残留着红色颜料，砚边有黑红色石墨。⑧ 我们知道，简牍上的文字是用笔、墨书写的，而这些笔、墨、砚台等书写工具在殷周乃至更早时期的出现，大大提升了春秋以前简牍已经出现的可能性。

竹木作为书写材料，比甲骨、金石容易取材，制作也更为简便，因此简牍逐渐取代甲骨、金石，占据书写材料的主导地位有其必然性。只是竹木容易腐烂，当时杀青等制作技术尚未发明，或许是春秋以前简牍不能保存至今的重要原因。或问今后是否会有新的发现，按今已发现简册之成熟精致程度而言，出土战国以前简牍的可能性还是有的。

我国历代既有简牍出土，最重要的有两次：一是汉武帝末孔宅壁中发

①　梁思永：《小屯龙山与仰韶》，《梁思永考古论文集》，科学出版社 1959 年版，第 91—97 页。

②　李建民：《陶寺遗址出土的朱书"文"字扁壶》，《中国社会科学院古代文明研究通讯》2001 年第 1 期。

③　参见董作宾《甲骨文断代研究例》，《庆祝蔡元培先生六十五岁论文集》（上册），开明书店 1933 年版，第 417—418 页；刘一曼《试论殷墟甲骨书辞》，《考古》1991 年第 6 期。

④　河南省文物考古研究所等：《1995 年郑州小双桥遗址的发掘》，《华夏考古》1996 年第 3 期。

⑤　除玉璋残片外，据陈志达先生统计，商代玉石文有 20 多件，其中约 23 件为刻文，2 件为毛笔书写。参见安阳市博物馆《安阳铁西刘家庄南殷代墓葬发掘简报》，《中原文物》1986 年第 3 期；陈志达《商代玉石文字》，《华夏考古》1991 年第 2 期。

⑥　蔡运章：《洛阳北窑西周墓墨书文字略论》，《文物》1994 年第 7 期。

⑦　师安衷：《中国书法史上的重大发现》，王斌主编《虢国墓地的发现与研究》，社会科学文献出版社、时代（远东）出版社 2000 年版，第 250—253 页。

⑧　西安半坡村博物馆等：《姜寨》，文物出版社 1988 年版，第 199—200 页。

现的战国竹简，对其存在多数学者持肯定意见，由此引起今古文之争；二是西晋武帝太康二年（公元281年）出土的"汲冢书"，亦为战国简，存大量典籍。但上述简牍资料皆未能完美传世，今仅见少量辑本。其他各代出土之简牍，则仅见零星记载，数量很少。

20世纪尤其近30年以来，随着经济建设的腾飞，建筑施工的范围空前扩大，同时加之科学考古水平不断提高，古代简牍也大量面世，数量之大，内容之丰富，乃此前两千年之总和所未及。1900年前后，西方探险家进入新疆、甘肃等地探险过程中，挖掘了不少的汉晋简牍，揭开了我国近代简牍整理与研究的序幕。到目前为止，全国各地发现的简牍总量约30万枚，出土地点分布于甘肃、青海、内蒙古、新疆、四川、北京、河北、河南、山东、安徽、江苏、江西、湖北、湖南、广东、广西等多个省、市、自治区①，其内容也已远远超出《汉书·艺文志》的辑录范围。1925年王国维称他所处的时代为"发现时代"，今天我们所处的时代更可称为"大发现的时代"，从居延汉简到里耶秦简，从郭店楚简到三国吴简，由于它们没有经过后人的辗转传抄而保留了古代典籍及文书的原貌，使尘封多年的古代文明得以重新再现，简牍的研究价值得到凸显，成为通往历史世界不可或缺的时空纽带。

王国维说："古来新学问起，大都由于新发见。"② 简牍文书与殷墟甲骨、敦煌文书、明清大内档案，被誉为20世纪中国考古学界的四大发现，尤其20世纪70年代以来，大量简牍文献的出土，揭开了中国早期文明研究的序幕，加速了中国传统学术向现代学术转型的进程，引起了海内外研究中国古代思想文化的学者的极大关注，取得了令人瞩目的学术成就。作为当今人文学科领域的一门国际性"显学"，简牍学将考古学、古文字学、文献学、历史学、文学、哲学等诸多学科结合起来，成为21世纪中国早期文明取得创新与突破的关键所在。人们对简牍自身的认识也有了进一步的提高。

根据书写材料的不同，固然可区分出简牍与帛书。而随着简牍数量之

① 李运富：《楚国简帛文字资料综述》，《古汉语研究》1995年第3期。
② 王国维：《王国维文集》第4卷，中国文史出版社1997年版，第33页。

遽增、内容之充实,人们对简牍自身的特点便有了更清晰的认识,又可从中划分出简牍典籍与简牍文书两大类。由于功能不同,简牍典籍与简牍文书在形式上的区别是很明显的。李学勤先生指出"书籍指的是狭义的书,依《汉书·艺文志》的分类,有六艺(经)、诸子、诗赋、兵书、数术、方技等,文书是指当时朝廷及地方的文件、簿籍、档案,一些私家的簿籍,亦得附属于此"①。文书是各级行政当局在行政运作、经济活动及个人社会活动中产生的文字记录,例如,律令,司法文书,上行、平行、下行文书,经济账簿,人员名册,各式契券、合同,私人信件,会盟祷辞,祭祀记录等,具有特定的实效性,形式较冗杂。

以往国内有关简帛的综述性著作,主要有:严一萍《帛书竹简》②、林剑鸣《简牍概述》③、郑有国《中国简牍学综论》④、李均明《古代简牍》⑤、王子今《简牍史话》⑥、陈松长《帛书史话》⑦、刘国忠《古代帛书》⑧、骈宇骞和段书安《二十世纪出土简帛概述》⑨ 及《二十世纪出土简帛综述》⑩、沈颂金《二十世纪简帛学研究》⑪ 等,对简帛知识的传播起了促进作用。从学术史的各种角度进行介绍的则更多,如李学勤《简帛佚籍与学术史》⑫ 及《重写学术史》⑬、李零《简帛古书与学术源流》⑭、刘乐贤《简帛数术文献探论》⑮、朱渊清《再现的文明——中国出土文献

---

① 李学勤:《简帛书籍的发现及其影响》,《文物》1999 年第 10 期。
② 严一萍:《帛书竹简》,(台北)艺文印书馆 1976 年版。
③ 林剑鸣:《简牍概述》,陕西人民出版社 1984 年版。
④ 郑有国:《中国简牍学综论》,华东师范大学出版社 1989 年版。
⑤ 李均明:《古代简牍》,文物出版社 2003 年版。
⑥ 王子今:《简牍史话》,中国大百科全书出版社 2000 年版。
⑦ 陈松长:《帛书史话》,中国大百科全书出版社 2000 年版。
⑧ 刘国忠:《古代帛书》,文物出版社 2004 年版。
⑨ 骈宇骞、段书安:《二十世纪出土简帛概述》,(台北)万卷楼图书有限公司 1994 年版。
⑩ 骈宇骞、段书安:《二十世纪出土简帛综述》,文物出版社 2006 年版。
⑪ 沈颂金:《二十世纪简帛学研究》,学苑出版社 2003 年版。
⑫ 李学勤:《简帛佚籍与学术史》,江西教育出版社 2001 年版。
⑬ 李学勤:《重写学术史》,河北教育出版社 2001 年版。
⑭ 李零:《简帛古书与学术源流》,生活·读书·新知三联书店 2004 年版。
⑮ 刘乐贤:《简帛数术文献探论》,湖北教育出版社 2003 年版。

与传统学术》①等，从更深的层次及更专业的角度切入，促进了简帛研究的深入展开。当然，与甲骨学、敦煌学这两门显学相比，简牍学是后起之秀，出土频率之大、持续时间之久，是前两者所不能比的，故后劲儿十足，但由此形成的局面是人们对新出简帛的兴趣更大，向前看者居多，即对新出者更感兴趣，而对以往工作进行归纳总结者虽有一些，还是略显不足。

本书试从新的视角考察现代中国简帛整理与研究的情况，除全面介绍简帛的出土情况外，将侧重介绍简帛的基础研究及专题研究之"热点"与尚待开发的"冷点"。为便于阐述，根据简帛的自身特点，将之分为简牍典籍、简牍文书、帛书三大部分，即本书之上、中、下三编，三者既有联系，又各有特点，整理与研究方法不尽相同使然。

典籍，俗称书籍，是在一定材料上记录、传播各种知识、表达思想、积累人类文化的工具。多为经验教训的归纳总结，形式较整齐，但不具备文书所具有的行政功能。简牍典籍即当时的古书，带有明显的思想倾向，其文本内容未经后世修改，保存着当时的原貌，弥足珍贵。本书上编关于简牍典籍及下编帛书的论述，将侧重版本、学术史及思想倾向的介绍。

文书是记录信息、表达意图的文字资料，包括公务文书与私人文书。其中公务文书必须由法定的作者制成和发布，具有行政功能，能制约当事人的行为，是书籍所不具备的，但形式较琐碎。简牍文书绝大多数未见于传世古籍，是研究当时各项制度不可替代的第一手资料。本书中编关于简牍文书的论述将侧重介绍文书分类、行文格式及其与行政运作的关系。

每编又大致分为发现情况、基础研究、专题研究三部分，形式结构大体一致。但由于各编的内容与研究方法不尽一致，本书各编表述的方式也有些差异。

关于发现情况大体以每批次出土的简帛为单元做介绍。每批次出土的简牍有的尚包括典籍与文书，故介绍时在上编与中编分别出现，从标题看略显反复，内容并不重复。

基础研究是对简帛自身规律的认识，具体而言包括简帛的缀合、编

---

① 朱渊清：《再现的文明——中国出土文献与传统学术》，华东师范大学出版社 2001 年版。

联、排序、释文、分类等，技术性强，对整理工作有较高的借鉴参考价值。

专题研究是从各种角度对简帛资料进行深入的研究，如从历史学、考古学、文献学、文字学、文书学等角度对简帛进行研究从而得出新结论，涉及多学科交叉。

近年来，简帛资料对各学科的发展起了极大的促进作用，典型者如楚简的大量出土，使人们对战国文字的认识有了质的飞跃、对先秦诸子思想的发展脉络有了较清晰的认识；又清华大学入藏战国简中大量史料的发现，使人们产生重建周史的想法；大量秦汉律令司法简牍的出土，为复原中华法系的早期面貌提供了依据。总之，简帛研究中已产生的"热点"很多，本书将尽可能多地介绍给读者，但不可能面面俱到，对每种重要趋向，也只介绍重要观点。我们亦注意到尚未形成"热点"的领域，其实可资利用的资料很多，例如，秦汉简牍中有半数以上，走马楼三国吴简则有三分之二以上属于统计学、会计学、文书学研究对象的账簿、名册之类；又可作为军事学、地理交通学研究对象的简牍也很多，但迄今针对这些领域产生的论文、论著还不是很多，可谓之为待开发的处女地。因此，对相关论著，本书亦做稍详细的引述。

本书上编由刘光胜执笔，中编由李均明、邬文玲执笔，下编由刘国忠执笔，全书由李均明定稿。2018 年末至 2019 年初，编者又增补 2009—2019年间公布的新资料，分工不变，形成今见之修订版。

作者水平有限，如有错漏，望大家指正。

作　者

上 编

简牍典籍

第一章

简牍典籍的发现及解要

钱存训先生说古代文字之刻于甲骨、金石及印于陶泥者，皆不能称之为"书"，书籍的起源当追溯至竹简和木牍。① 简牍可以细分为典籍和文书两类，文书内容多为社会制度、日常生活及当时社会经济状况，它所提供的资料价值是其他文献所无法代替的。出土典籍如银雀山汉简、马王堆帛书、郭店楚简、上博楚简及清华简等，不仅意味着新资料的增加，而且在很大程度上改变了人们对古书成书规律与学术史的认识，成为新的学术范式建立的先导。对于深受疑古思潮冲击的中国早期文明来说，简牍典籍的面世，更具特别重要的意义。

一 信阳长台关楚简

长台关一号楚墓位于河南省信阳市长台关镇小刘庄，1956 年 3 月为当地农民打井时发现，河南省文化局文物工作队随后进行了抢救性发掘。此墓为封君一级贵族墓葬，随葬品十分丰富，除乐器、车马器、兵器、漆木器、铜器、铁器、陶器、玉器、竹器外，还出土两组战国时期楚竹简：一组为遣册；一组为古书，古书为对话体短文。1957 年 9 月《文物参考

---

① 钱存训：《书于竹帛：中国古代的文字记录》，上海书店出版社 2002 年版，第 63 页。

资料》公布了两组竹简图版①，河南省文物考古所《信阳楚墓》、商承祚《战国楚竹简汇编》收有竹简照片及释文考释。② 古书简共 119 枚，三道编绳，全部残断，残存约 470 字，简宽 0.7—0.8 厘米，厚 0.10—0.15 厘米，简长短不齐，残存最长者 33 厘米。学者估计原简长 45 厘米，每简 30 字左右。该墓属战国中期偏早，从墓葬规模及精美的出土器物看，墓主的身份可能是楚国诸侯或地位仅次于诸侯的统治阶级人物③，是当时发现"最早的战国竹书"。

信阳古书记有周公和申徒狄的对话，多数学者认为与儒家有关④，史树青先生说其中一部分是记载关于西周初期大政治家周公的一些言论，从"贱人格上，则刑戮至"及"天子""卿大夫""君子""先王""三代"等词句看，它可能是春秋战国之际有关儒家政治思想的一篇著述，其中心内容是阐发周公的政治思想，是我国现存的一部最古的写本法典。⑤ 李学勤先生最初认为信阳竹书属于儒家⑥，但中山大学古文字研究室指出其内容与《太平御览·珍宝部》《墨子》佚文"周公见申徒狄曰，贱人强气则罚至"相似后，李先生改变了看法，他认为"贱人"见于《墨子》而罕见于其他典籍，尚贤与墨子主张同，因此这组简可能是《墨子》的佚篇。⑦ 李先生之说得到何琳仪等先生的支持⑧，但杨泽生先生认为简文和

---

① 河南省文化局文物工作队编《河南信阳楚墓出土文物图录》亦附有几组竹简的照片，其中 141—144 为古书。参见河南省文化局文物工作队《我国考古史上的空前发现——信阳长台关发掘一座战国大墓》，《文物参考资料》1957 年第 9 期；《河南信阳楚墓出土文物图录》，河南人民出版社 1959 年版。

② 河南省文物考古研究所：《信阳楚墓》，文物出版社 1986 年版；商承祚：《战国楚竹简汇编》，齐鲁书社 1995 年版。

③ 河南省文物考古研究所、信阳市文物工作队：《河南信阳长台关七号楚墓发掘简报》，《文物》2004 年第 3 期。

④ 中山大学古文字研究室楚简整理小组：《一篇浸透着奴隶主思想的反面教材——谈信阳长台关出土的竹书》，《文物》1976 年第 6 期。

⑤ 史树青：《信阳长台关出土竹书考》，《北京师范大学学报》1963 年第 4 期。

⑥ 李学勤：《信阳楚墓中发现最早的战国竹书》，《光明日报》1957 年 11 月 27 日。

⑦ 李学勤：《长台关竹简中的〈墨子〉佚篇》，《徐中舒先生九十寿辰纪念文集》，巴蜀书社 1990 年版，第 1—8 页。

⑧ 何琳仪：《信阳竹书与〈墨子〉佚文》，《安徽大学学报》（哲学社会科学版）2001 年第 1 期；王志平：《〈孔子家语〉札记》，《学术集林》卷九，上海远东出版社 1996 年版，第 119—131 页。

佚文所记人物主客地位不一样，信阳竹书 38 号和 3 号简记有古代教学内容及年限，与《礼记·内则》《大戴礼记·保傅》记载相近，"贱人""尚贤"等内容亦见于《荀子》等儒家典籍，而"狄"的用语习惯不见于《墨子》，进而推论竹书仍属于儒家作品。①

李零先生既不同意儒家说，也不同意墨家说，他认为佚篇可能是传本的发挥，也可能是传本的素材，古书多单篇行世，简文虽与今本《墨子》的佚篇或佚文有关，但原来却不一定属于《墨子》，很可能只是周公、申徒狄问对中的一种，简文篇题当以《申徒狄》更为适合。② 我们与李零先生的意见不同，信阳竹书 1、2 号简反映申徒狄的思想没问题，但其他简与《礼记·内则》《大戴礼记·保傅》内容相似，恐不能论定为申徒狄的思想，张家山汉简《盖庐》记载了阖闾与伍子胥的对话，和信阳竹书类似，但竹简自带篇题《盖庐》（即阖闾），由此例类推，撷取 1 号简《周公》为题，或许比《申徒狄》更为适合。

明郎瑛《七修类稿》卷二十三"秦汉书多同"条，举出了很多战国秦汉时代古书内容相重的现象，并分析其原因说："立言之士皆贤圣之流，一时义理所同，彼此先后传闻。其书原无刻本，故于立言之时，因其事理之同，遂取人之善以为善，或呈之于君父，或成之为私书，未必欲布之人人也。后世各得而传焉，遂见其同似。于诸子百家偶有数句数百言之同者，正是如此耳，此又不能尽述。"由此可知古书内容互见是很普遍的现象。③ 我们不能因为竹书中某篇的文字与古书某篇相似，就认为二者一定是同一部书的同一篇章，况且竹书中有些内容与《墨子》思想并不一致。

50 年代战国竹简鲜见，信阳竹书的出土曾轰动一时，后来它对学界的影响却日趋减弱。竹书丰富的文字资料价值及其与《墨子》书的密切联系，是应当充分肯定的，但信阳竹书多为断简残篇，且不能缀合，在竹书大部分内容残缺难知的情况下，学者仅依靠 1 号简、2 号简等有限的简

---

① 杨泽生：《长台关竹书的学派性质新探》，《文史》2001 年第 4 辑。

② 李零：《简帛古书与学术源流》，生活·读书·新知三联书店 2008 年版，第 191—207 页。

③ 相关文章参见李锐《"重文"分析法评析》，《清华大学学报》2008 年第 1 期。

文（1 号简与 2 号简不能拼接），恐很难对信阳竹书学派性质做出最终定论。可喜的是，2019 年《安徽大学藏战国竹简》将出版，从发布的信息看，信阳长台关竹书为儒家文献的可能性更多一些。

二　慈利楚简

1987 年，湖南省文物考古研究所和慈利县文物管理处对湖南省慈利县城关石板村战国时期墓葬群进行了联合发掘，其中 M36 是一座长方形竖穴土坑墓，一棺一椁，随葬陶器有鼎、敦、壶，漆木器有弓和瑟，铜器有鼎、剑、铎、镜、矛、铍和箭头等，从所出土的器物特征分析，墓葬的年代约在战国中期前段，墓主人的地位当是大夫一级。① M36 中出土了一批竹简，竹简放置在头箱北侧，压在漆樽与陶壶之间，有些叠压在一起的竹简字体方向相反，可能不是一种文书。据统计，残简数达 4371 枚，整理后竹简 1000 多枚，字数 2.1 万多字。这些竹简原来放置在竹笥当中，保存最长者 36 厘米，短者不足 1 厘米，估计整简长 45 厘米，竹简均较薄，一般厚 1—2 毫米，宽 4—7 毫米。经过辨认，共发现简头 817 个，简头、简尾难辨者 27 枚，由于破损过于严重，已经无法观察契口及编联情况。M36 出土的竹简，是湖南省以往所发现的楚墓中时代最早、数量最多的一次。②

整理者认为慈利楚简的书写特征和长沙子弹库楚帛书、包山楚简的风格一致，不同竹书之间，文字书写风格不同，估计不是出自一人之手。慈利楚简属于记事性典籍，所记内容以吴、越为主，并附有议论，其内容大致可分为两类：一类是有传世文献可资对勘的，如《国语·吴语》和《逸周书·大武》等，但残损严重；另一类是《管子》《宁越子》等书的佚文。简本《逸周书·大武》有两种写本：一种字体方正，类似楷书；

---

① 湖南省文物考古研究所等：《湖南慈利县石板村 36 号战国墓发掘简报》，《文物》1990 年第 10 期。

② 湖南省文物考古研究所、慈利县文物保护管理研究所：《湖南慈利县石板村战国墓》，《考古学报》1995 年第 2 期。

一种则结构随意，略显潦草。简本和今本《大武》略有差异，如《四库备要》本《逸周书·大武》开篇作"武有六制：政、攻、侵、伐、搏、战"，《北堂书钞》引《大武》则是"武有七制：一曰征、二曰攻、三曰侵、四曰伐、五曰阵、六曰战、七曰斗"，而简本作"武有七制：征、攻、侵、伐、搏、战、斗"，与《北堂书钞》引文接近而稍异。今传本《大武》："四攻：一攻天时，二攻地宜，三攻人德，四攻行利。"而简本作"四攻兵利"，文从字顺，可订正今传本之讹误。① 慈利楚简全文尚未公布，《考古学报》1995 年第 2 期和《湖南考古漫步》（湖南美术出版社1999 年版）收有部分竹简照片，竹简整理的最新进展，可参看张春龙的《慈利楚简概述》（《新出简帛研究》，文物出版社2004 年版）。

三　郭店楚墓竹简

郭店一号楚墓位于湖北省荆门市沙洋区四方乡，该墓先后经历两次盗掘。1993 年 10 月，荆门市博物馆对其进行了抢救性的清理发掘。该墓是一座长方形土圹竖穴墓，墓道在墓室东壁。墓口东西长 6 米、南北宽 4.6米。墓底长 3.4 米，宽 2 米，从墓口至墓底深 7.44 米。墓圹上部填充五花土，下部及椁室四周填白膏泥。葬具为一棺一椁，保存较好。椁室以隔梁分隔为头厢、边厢和棺室三部分。棺为长方形悬底，棺内尸体仅存骨架。此墓虽然被盗，但出土器物比较丰富，计有铜、陶、漆木、竹等各类器 290 件。②

对于郭店一号墓的年代，学界有不同的说法：一是战国中期偏晚，郭店楚简的发掘整理者认为具有战国中期偏晚的特点，其下葬年代当在公元前 4 世纪中期至前 3 世纪初。③ 李学勤先生指出："由考古学的证据看，郭店 1 号墓是战国中期后段的，其具体年代，可估计为公元前四世纪末，

---

① 慈利楚简尚未公布，以上参见张春龙《慈利楚简概述》，《新出简帛研究》，文物出版社2004 年版，第 4—11 页。

② 荆门市博物馆：《荆门郭店一号楚墓》，《文物》1997 年第 7 期。

③ 同上。

不晚于公元前 300 年。"① 李伯谦、彭浩、刘祖信、徐少华等学者皆赞成其说。② 二是"白起拔郢"（公元前 278 年）之后，以王葆玹、池田知久为代表。③ 王葆玹认为战国晚期至末期楚郢地区所受秦文化的影响，也不如学人设想的那么严重。他推定郭店一号墓的下葬年代有可能较晚，其上限为公元前 278 年，下限为公元前 227 年。④ 三是在公元前 299 年至前 278 年间，李裕民认为郭店楚墓墓器物与雨台山 6 期楚墓（555 号墓）相似，而不是与包山二号墓相似，从器物形制特征等方面考察，应在战国晚期前段，墓主人绝非陈良或环渊，而很可能是楚太子横之师慎到。⑤

包山二号墓有明确的时间段限，即公元前 316 年，郭店一号墓与包山二号墓的随葬品十分相似。秦将白起拔郢之后，楚地深受秦文化的影响，而郭店一号墓具有明显的楚文化特征，因此，和王葆玹、池田知久从思想史角度为郭店楚墓断代相比，考古学者的说法当更为可信。李裕民考订郭店楚墓下葬时间在公元前 299 年至前 278 年间，我们知道，依靠出土器物只能对墓葬进行粗略断代，因此李先生将墓葬时间、墓主人身份定位如此准确本身就值得怀疑。竹书的写作时间要早于下葬时间，结合《五行》《鲁穆公问子思》为子思学派著作看，郭店竹简为孟子之前的学术典籍，是目前较为可信的说法。

郭店竹简出土于头厢，共 804 支，竹简长 15—32.4 厘米，宽 0.45—0.65 厘米，编绳 2—3 道，形制有两种：一种是简端平齐；另一种是两端作梯形。有字简 726 支，墨迹清晰，计 1.3 万余字，明显带有战国时期楚国文字的特点，内容以道、儒两家学说为主，儒家典籍有 11 种 14 篇，按

---

① 李学勤：《先秦儒家著作的重大发现》，《中国哲学》第 20 辑，辽宁教育出版社 1999 年版，第 13—18 页。

② 参见彭浩《郭店一号墓的年代与简本〈老子〉的结构》，《道家文化研究》第 17 辑，生活·读书·新知三联书店 1999 年版；刘祖信《郭店一号墓概述》，收入艾兰、魏克彬主编，邢文编译《郭店老子——东西方学者的对话》，学苑出版社 2002 年版；徐少华《郭店一号楚墓年代析论》，《江汉考古》2005 年第 1 期。

③ ［日］池田知久：《池田知久简帛研究论集》，中华书局 2006 年版，第 150—151 页。

④ 王葆玹：《试论郭店楚简各篇的撰写时代及其背景——兼论郭店及包山楚简的时代问题》，《中国哲学》第 20 辑，辽宁教育出版社 1999 年版，第 366—390 页。

⑤ 李裕民：《郭店楚墓的年代与墓主新探》，《陕西师范大学学报》（哲学社会科学版）2000 年第 3 期。

照形制，大致可分为四类：一是《缁衣》《五行》《性自命出》《成之闻之》《尊德义》《六德》六篇，简长 32.5 厘米，简端梯形，编绳两道；二是《穷达以时》《鲁穆公问子思》两篇，简长 26.4 厘米，简端梯形，编绳两道；三是《唐虞之道》《忠信之道》两篇，简长 28.1—28.3 厘米，简端平齐，编绳两道；四是《语丛》（一、二、三），简长 15.1—17.7 厘米，简端平齐，编绳三道。道家典籍有《老子》（甲、乙、丙）三篇和《太一生水》。《老子》甲组 39 支简，简长 32.3 厘米；乙组 18 支简，简长 30.6 厘米；丙组与《太一生水》形制相同，简端平齐，简长 26.5 厘米，编绳两道。《语丛四》简端平齐，简长 15.1 厘米，或与纵横家有关。

《缁衣》分 23 章，每章章尾有墨钉，篇尾计章数"二十又三"。《缁衣》原无篇题，其内容与传世本《礼记·缁衣》基本一致，整理者以此命名。郭店简《缁衣》无传世本的第一、十六两章，简本第一章为传世本的第二章，章序的排列比传世本更为合理，为研究先秦到汉代《缁衣》文本的变迁提供了宝贵的资料。《性自命出》原无篇题，整理者撮取简 2"性自命出"为题。《性自命出》计有 67 支简，由于简 35 有钩号，其下半段为空白简，可知全文当分为上、下两篇。《性自命出》上篇讲人性有善有恶，下篇已至性善境界；上篇是自然之情，下篇升华为道德之情；上篇心无定志、礼以导情，下篇心有定志、情以正礼。《性自命出》上、下篇的划分，实际讲的是人性向善的两个阶段，即庶民与圣人两重不同的道德境界。① 质言之，《性自命出》上承孔曾，下启孟荀，为郭店儒简中哲学思辨水平最高的一篇。

郭店简《成之闻之》主张反己正身，以顺天常，既讲教化之道，又有圣人之性与中人之性的区别。该篇将人间的社会秩序归因于"天降太常"，内容较为复杂无序，在分篇、编联上还存在继续挖掘的空间。《六德》将"圣""仁""义""忠""智""信"六德与父子、君臣、夫妇六位对应起来，强调各行其职（教、孝、率、从、使、事），目的在于为重建礼乐社会秩序张本，其仁内义外的理论颇具特色。《尊德义》阐发为君治国之道，说"为古率民向方者，唯德可"，强调国君要以德义为本，率

---

① 刘光胜：《出土文献与〈曾子〉十篇比较研究》，上海古籍出版社 2016 年版，第 234 页。

先垂范，与《六德》《成之闻之》内容有相关联之处。

《五行》为子思学派所作，德为仁、义、礼、智、圣，善为仁、义、礼、智，子思学派借助德与善的区别，实现了心内身外、天道与人道的贯通，与马王堆帛书《五行》经部大体相同。《穷达以时》在天人关系上主张人与天各有不同的职分，要恭修德行以待天时，内容与《荀子·宥坐》、《孔子家语·在厄》、《韩诗外传》卷七及《说苑·杂言》陈蔡绝粮时，孔子与子路对话相似。《鲁穆公问子思》主要阐发的是子思对忠臣的理解，为子思弟子所作。《唐虞之道》强调由孝敬父母到爱天下之民，由尊贤而推崇禅让，与孟子、荀子对禅让的态度皆有所不同。《忠信之道》说"至忠如土，化物而不伐；至信如时，毕至而不结"，以忠信作为"百工不楛，而人养皆足"的根本原则。《语丛》四篇系抄录当时典籍中义理隽永的格句而成，目的在于教人熟知修身行礼、结交"谋友"等为人处世的原则，体例与《说苑·谈丛》《淮南子·说林》相似。

郭店儒简的学派属性，是学界争议的热点。以李学勤先生为代表，主张郭店儒简为子思学派的著作，称它们为《子思子》。以李泽厚、陈来等先生为代表，主张郭店儒简类似于《礼记》之类的文献总集。我们认为，郭店儒简中，《五行》《鲁穆公问子思》《缁衣》可以看作子思学派的著作，而其他文献的学派属性则不能确定。具体来说，郭店儒简反映的是孔子之后，儒家第二、三代弟子的思想世界，代表了当时儒家心性之学所到达的水平与高度。[①]

郭店简《老子》(甲、乙、丙)是现存年代最早的战国抄本，内容可与传世本《老子》对照。《老子》甲本包含今本《老子》第十九章、六十六章、四十六章中段和下段、三十章上段和中段、十五章、六十四章下段、三十七章、六十三章、二章、三十二章、二十五章、五章中段、十六章上段、六十四章上段、五十六章、五十七章、五十五章、四十四章、四十章、九章的文字；乙本包含今本《老子》第三十九章、四十八章上段、二十章上段、十三章、四十一章、五十二章中段、四十

<hr />

① 参见刘光胜《出土文献与〈曾子〉十篇比较研究》，上海古籍出版社2016年版，第217页。

五章、五十四章的文字；丙本包含今本《老子》第十七章、十八章、三十五章、三十一章中段、六十四章下段的文字。郭店简《老子》内容相当于今本的五分之二，不分道经和德经，章次与今本也不一致，有的章节与今本同，有的只保留了今本该章的部分内容，其与传世本《老子》的关系有"父子""子父""兄弟"三种可能，迄今学界仍未有定论。

郭店简《老子》，是研究战国时期《老子》成书及流传过程鲜活的文本资料。郭店儒简使《礼记》《大戴礼记》等古书"复活"。郭店儒简中《五行》《鲁穆公问子思》明确可以肯定为子思学派的著作，代表了子思时代儒家心性之学所达到的水平与高度，对于认识孔孟之间早期儒家思想传承与演变的轨迹，具有极为重要的学术价值。《太一生水》与《老子》丙组同抄一卷，以水为媒介，阐发了太一化生天地、四时、阴阳、寒热、燥湿的过程，不见于传世文献的记载。《太一生水》作为战国时期道家宇宙生成论，与传世本《老子》的道论及《易传》的太极说皆有所不同，对于研究早期理论形态建构的多样性，具有特别重要的意义。

总之，作为孔孟、老庄之间的学术链环，郭店楚简与以往楚地出土文献不同，它时代早，都是严格意义上的古代典籍，这就为我们研究古代经典的形成与流传过程提供了宝贵的文献佐证。郭店楚墓中儒、道两家典籍并存，为重新定位战国时期儒、道之间的关系，开辟了新的契机。多数学者认为整个中国哲学史、中国学术史都需要重写。①

四 上海博物馆藏战国楚竹书

1994 年在爱国华侨的资助下，上海博物馆从香港文物市场购回一批珍贵的战国竹简，约有 1200 支，简长 23.8—57.2 厘米，宽约 0.6 厘米，

---

① 杜维明：《郭店楚简与先秦儒道思想的重新定位》，《中国哲学》第 20 辑，辽宁教育出版社 1999 年版，第 4 页。

厚度为 0.1—0.14 厘米，3.5 万多字，涉及 80 余种古籍，内容以儒家、道家两家为主，涉及哲学、文学、历史、宗教、军事、教育、政论、音乐、文字学等，被学界称为"国之重宝"。这批竹简皆为古书，其中有些可以和传世本对照，如《缁衣》《周易》《孔子闲居（民之父母）》《曾子立孝（内礼）》《武王践阼》等，但大多数则是先秦古佚书，如《孔子诗论》《性情论》《乐礼》《鲁邦大旱》《四帝二王》《乐书》《子羔》《彭祖》《恒先》等。①

由于这批竹书非科学发掘，没有随葬器物可供参照，学者只能据《缁衣》《性情论》篇与郭店简内容大体相同，推测这批竹书出土的地点与郭店相距不远，是"楚国迁陈郢以前贵族墓中的随葬品"②，很有可能是"盗墓者获知郭店一号楚墓出土竹简之后，在邻近地区的一个楚墓中盗掘出来的"。③李零先生甚至推测为荆门郭家岗墓地④，至今无法证明。但它出土于楚地，为战国时期的竹简，是学界较为一致的看法，于是整理者将这批竹简命名为"上海博物馆藏战国楚竹书"（简称上博简）。

上博简的真伪是学者非常关心的问题，马承源判定这批竹简为真，主要依据：一是这些简都来自一个泥团，没有假简混入的可能，竹简在日光下会很快碳化变成黑黄色，离开水环境很快变形；二是据中国科学院上海原子核研究所回旋加速器质谱计实验室的检测，竹简距今时间为 2257 ± 65 年，竹简书写用的墨为明代以前；三是楚竹书字体、书法和墨色与已出土的战国楚简文字一致，属东土一系的六国文字；四是很多内容完全不

① 参见张立行《战国竹简露真容》，《文汇报》1999 年 1 月 5 日；郑重《"上博"看楚简》，《文汇报》1999 年 1 月 14 日；陈燮君《战国楚竹书的文化震撼》，《解放日报》2001 年 12 月 14 日；《马承源先生谈上博简》，上海大学古代文明研究中心、清华大学思想文化研究所编《上博馆藏战国楚竹书研究》，上海书店出版社 2002 年版，第 1—8 页。

② 参见马承源《前言：战国楚竹书的发现保护和整理》，马承源主编《上海博物馆藏战国楚竹书》（一），上海古籍出版社 2001 年版，第 1—4 页；朱渊清《马承源先生谈上博简》，上海大学古代文明研究中心、清华大学思想文化研究所编《上博馆藏战国楚竹书研究》，上海书店出版社 2002 年版，第 1—8 页。

③ 裘锡圭：《新出土先秦文献与古史传说》，北京大学中国古文献研究中心编《北京大学中国古文献研究中心集刊》第 4 辑，北京大学出版社 2004 年版，第 36—57 页。

④ 李零：《简帛古书与学术源流》，生活·读书·新知三联书店 2008 年版，第 123 页。

见于传世文献，因此绝无造假之可能。①

上博简目前已出版九册，相关竹简照片及释文参看马承源主编的《上海博物馆藏战国楚竹书》（上海古籍出版社 2001—2012 年版）。在公布的上博简中，儒家典籍是其中的大宗。《孔子诗论》（《诗论》）与《鲁邦大旱》《子羔》同抄一卷，《诗论》为孔门学诗、传诗的珍贵记录，记载了孔子对《小宛》《文王之什》等近六十篇《诗经》篇目的评论，与今本《毛诗》多有不同，是目前所见中国最早的诗学理论著作。《鲁邦大旱》六支简，残存文字 208 个，记载了鲁哀公十五年鲁国发生大旱，哀公向孔子咨询应对旱灾的措施，孔子提出一要祭祀山川，二要加强刑德之治。之后补叙孔子与子贡的对话，表现了孔子对待祭祀鬼神的理性态度。《子羔》存简 14 支，395 字，篇题在第 5 简简背上端，内容为孔子向子羔介绍尧、舜、禹、契、后稷等上古帝王的身世，其中有些内容可与传世文献相印证，而孔子所述远古帝王系统，有多处为传世文献所缺载。

上博简《性情论》简长 57.2 厘米，是上博楚简中最长的篇章，章与章之间用墨钉"■"间隔。《性情论》以"性"为核心，阐发"性"与"命""情""道"的关系，章序与郭店简《性自命出》前半部分大体一致，后半部分则有所不同。上博简《缁衣》24 支简，仅有 8 支简比较完整，今本《缁衣》第一、第十六和第十八章不见于竹简本。上博简《缁衣》与郭店简《缁衣》内容、章序基本相同，由于书写习惯不同，彼此存在异文，是《缁衣》流传过程中形成的两个不同传本。《内礼》与《昔者君老》可编为一篇，论为人君、臣、父、子、兄、弟之道，与《大戴礼记》中的《曾子立孝》《曾子事父母》有着密切的内容关联。

《孔子见季桓子》内容为孔子与季桓子关于"二道"的问答，《相邦之道》为孔子应对"公"治国之术的回答，孔子退告子贡，称许其君"不问有邦之道，而问相邦之道"，简文残缺，或以为可以其他篇章编联。《从政》主要讲述为政的道德原则，全篇以"闻之曰"贯穿始终，由《礼

---

① 参见马承源《前言：战国楚竹书的发现保护和整理》，马承源主编《上海博物馆藏战国楚竹书》（一），上海古籍出版社 2001 年版，第 1—4 页；朱渊清《马承源先生谈上博简》，上海大学古代文明研究中心、清华大学思想文化研究所编《上博馆藏战国楚竹书研究》，上海书店出版社 2002 年版，第 1—8 页。

记·缁衣》"子曰：可言不可行，君子弗言；可行不可言，君子弗行"可知，"闻之曰"的"之"或当指孔子。《季康子问于孔子》与季康子向孔子问答的形式，记述了孔子对于治国兴鲁的措施。《君子为礼》《弟子问》《仲弓》所记为孔子与其弟子的问答，其中孔子与颜渊的对话见于《论语》。《民之父母》可与《礼记·孔子闲居》及《孔子家语·论礼》对勘，对研究《孔子家语》的成书问题具有较高价值。《武王践阼》分甲、乙两本，为武王践阼后，向师尚父请教治国之术，师尚父以丹书告之。《天子建州》甲、乙本是由两个书手抄写而成的，其关于礼制的内容可与《荀子》《礼记》对勘。

上博简《周易》是目前所见最早的《易经》传本，共 58 简，涉及今本 34 卦的内容，共 1806 字，保存今本《周易》34 卦的内容，其最引人注意的是一组前所未见的易学符号（亦即红黑符号），既有红色、黑色的■，也有■与▢不同颜色的组合，对于红黑符号的规律及意义，学界仍未有定论。上博简《逸诗》包括《交交鸣乌》《多薪》两首。行身"若虎若豹"，行政"皆上皆下"，是《交交鸣乌》歌颂君子的主要内容；《多薪》存简两支，是歌咏亲密和谐的兄弟友谊。

上博简中道家文献也占有重要比重，《恒先》认为"恒先"先天地而生，独立不改，周行而不殆，与《老子》中的"道"异名而同实，强调"气是自生"，是一篇道家宇宙论的珍贵佚文。《彭祖》以耇老问道于彭祖的形式写成，主要内容是心地纯正，谦卑自修，才能"受命永长"，是目前发现最早的彭祖书。

上博简中有些文献学派性质不好判定，学界争议很大，我们姑且称之为"杂家类"文献，整理者认为《鬼神之明》记述墨子与弟子或他人的对话，讨论的内容是鬼神有所明和有所不明的问题，应是《墨子》的佚文。①但墨子著《天志》《明鬼》，强调"鬼神之明必知之"，以鬼神的赏罚作为劝诫善恶的标准，与《鬼神之明》主旨颇有不同。《曹沫之阵》记载曹沫与鲁庄公讲述为政用兵之术，学界多认为属于兵家，但却带有较多

---

① 马承源主编：《上海博物馆藏战国楚竹书》（五），上海古籍出版社 2005 年版，第 307 页。

儒家特色。①《史记》将慎到归于黄老道德之术，而《慎子曰恭俭》内容似与儒家有关，其内容也不见于各种版本的《慎子》。《三德》以人间的社会秩序为天常、天礼，却以灾异为说。

上博简还有不少史书体文献，所记多为吴、楚两国的历史故事。《景公疟》记述齐景公病重，宠臣劝杀祝史，被晏子劝止之事，内容见于《晏子春秋》《左传》等文献。《平王问郑寿》记载楚平王国事祸败之后，问政于郑寿。《郑子家丧》分甲、乙本，记载公元前 605 年，因灵公不予公子宋食龟，子家与公子宋弑君，楚王围郑之事。《昭王毁室》记述一位穿丧服的君子告知楚昭王说，他父母的尸骨埋葬在昭王新建的宫殿下，昭王闻此随即将新宫拆除，凸显了昭王之德。《柬大王泊旱》记载楚简王病疥和为楚邦大旱占卜的故事。《君人者何必安哉》范戊以白玉三围，譬喻君主不能完全摈弃耳目之欲，劝谏楚王适当地改变为政的方式。

《申公臣灵王》记申公臣服于王子回，《吴命》记述吴王率军北上，与晋国周旋外交之语，《庄王既成》《姑成家父》主要赞扬姑（苦）成家父忠君爱民、勤勉为政的事迹。《竞建内之》与《鲍叔牙与隰朋之谏》当合为一篇，篇题为《鲍叔牙与隰朋之谏》②，主要记载鲍叔牙与隰朋借发生日食之机，劝谏齐桓公行先王之法，改革弊政，善待百姓。《容成氏》叙述上古帝王传说，与《庄子·胠箧》有很多相近之处，它主张禅让，鼓吹三代以上，皆授贤不授子，学界有儒家说、墨家说、纵横家等不同说法，但看法并不一致，我们主张暂将其归入史书类文献。

《凡物流行》前四章为一部分，主要涉及自然规律，后五章讲人事，为楚辞类作品。《用曰》文中有叶韵现象，多警世语，短小精悍，含义深刻。《采风曲目》存有 40 首诗的篇名，用一个特定的音名（音高）标记在一首或几首诗的篇名，《采风曲目》中发现了宫、商、徵、羽四个"声"名和穆、和、讦等九个变化音名。马承源先生认为该篇可能是楚国乐官整理的采风歌曲目录的残本。③ 我们怀疑，儒家《乐经》如经秦火尚

① 刘光胜：《上博简〈曹沫之阵〉研究》，《管子学刊》2007 年第 1 期。
② 陈剑：《谈谈〈上博（五）〉的竹简分篇、拼合和编联问题》，简帛网，2006 年 2 月 19 日；李学勤：《试释楚简〈鲍叔牙与隰朋之谏〉》，《文物》2006 年第 9 期。
③ 马承源主编：《上海博物馆藏战国楚竹书》（四），上海古籍出版社 2004 年版，第 161 页。

存，其形式可能与《采风曲目》相似。

自 20 世纪下半叶以来，出土楚简总计 10 万字以上，而上博简占总数的三分之一，上博简全部是秦始皇"焚书坑儒"之前的早期古籍，很多可与传世文献对照，大量文例的出现极大地丰富了我们对于楚文字的认识，超出了考古学的范围，涉及历史、哲学、宗教、文学、音乐、文字、军事等诸多方面的研究。① 战国时期，是中国传统经典的形成时期。上博简的出土，必将为中国经学和先秦学术思想研究带来难得的契机。

五　香港中文大学文物馆藏简牍

香港中文大学文物馆历年收藏简牍 259 支，其中有战国楚简 10 支，西汉简 215 支，东汉"序宁"简 14 支，东晋"松人木牍"1 枚，残简 8 支，空白简 11 支。战国简从内容看属于古书，饶宗颐曾指出其中 1 号简属《缁衣》，2 号简属《周易》（按陈松长《香港中文大学文物馆藏简牍》顺序）②，陈剑认为 3 号简"三年而画于膺，生乃呼曰"简当属上博简《子羔》篇③，李松儒从字迹角度出发，认为 5 号简、6 号简、8 号简应归属于上博五《季庚子问于孔子》④，我们认为，以上学者的编联当属可信，证明香港中文大学所藏战国简应与上博简同属一批。

汉晋简牍包含日书、奴婢廪食粟出入簿、河堤简、序宁简、遣策等。日书简 109 支，与睡虎地秦简《日书》类似，可分为归行、陷日、盗者、娶妻出女、禹须臾、嫁子刑、艮山、诘咎、稷辰、玄戈、行、四缴、帝、五行、有疾、良日、八魁、血忌、虚日、报日、日夜表、生子、吏、干支表 24 个篇章，有"孝惠三年"的纪年是秦汉书数术资料的重要补充。奴

① 参见朱渊清《马承源先生谈上博简》，上海大学古代文明研究中心、清华大学思想文化研究所编《上博馆藏战国楚竹书研究》，上海书店出版社 2002 年版，第 1—8 页。

② 饶宗颐：《缁衣零简》，《学术集林》卷九，上海远东出版社 1996 年版，第 66—68 页。

③ 陈剑：《上博简〈子羔〉、〈从政〉篇的拼合与编连问题小议》，《文物》2003 年第 5 期。

④ 李松儒：《香港中文大学藏战国简的归属》（之一），复旦大学出土文献与古文字研佲中心网，2010 年 6 月 7 日。

婢廪食粟出入簿简 69 支，有"元凤二年"的纪年。河堤简 26 支，记载有关江河堤坝规制，可与《九章算术》相印证。

序宁简 14 支，因各简均书"序宁"二字而得名，其中有东汉章帝建初四年的纪年，是生病时祈祷的文书，序宁可能是人名。① 序宁简分两种形制抄写，一种用较小的木方抄写，字体较小而拘谨，一种用较长的木简抄写，字体较大而奔放，二者为不同抄手书写，且书写材料也不同。② 启一般认为是通行证之类的凭证，而"奴婢廪食粟出入簿"中有"启副""廪启副"，证明启除了通行证意思之外，还有"簿""籍"的含义。

遣策 11 支，记载随葬品的种类与数量。东晋"松人木牍"上面有图，并配有长篇关于解除的文字。香港中文大学文物馆香港简中有 3 支简先正书，再倒书，再正书，这种写法是特意安排，而非临时倒书，它为古代简牍书写格式提供了重新认识的线索和例证。陈松长《香港中文大学文物馆藏简牍》（2001 年版）公布了简牍图片，并作了分类、分篇及释文注释。③

六 清华大学所藏战国竹简

2008 年 7 月，依靠校友大力支持，清华大学从香港文物市场抢救回一批珍贵的战国竹简，据初步统计，竹简总数为 2400 余枚（包括残片）。李学勤先生说，根据对"清华简"的最新研究结果，又发现了 100 多枚，全

---

① 李均明：《读〈香港中文大学文物馆藏简牍〉偶识》，中国古文字研究会中山大学古文字研究所编：《古文字研究》第 24 辑，中华书局 2002 年版，第 453 页。

② 艾兰、邢文主编：《新出简帛研究》，文物出版社 2004 年版，第 72—74 页。

③ 相关文章可参见饶宗颐《中文大学文物馆藏建初四年"序宁病简"与"包山简"——论战国秦汉解疾祷词之诸神与古史人物》，《华夏文明与传世藏书——中国国际汉学研讨会论文集》，中国社会科学出版社 1996 年版，第 662—672 页；刘乐贤《读〈香港中文大学文物馆藏简牍〉》，《江汉考古》2001 年第 4 期；《〈香港中文大学文物馆藏简牍〉评介》，《中国史研究动态》2002 年第 8 期；刘金华《〈香港中文大学文物馆藏简牍〉补释》，《华中科技大学学报》2006 年第 2 期；何有祖《读香港中文大学文物馆藏简札记》，《古籍整理研究学刊》2007 年第 2 期。

部竹简的编号将接近 2500 号，其中整简的数量估计 1800 枚①。清华简的形制多有不同，一部分简有篇题，写在简的背面。最长简有 46 厘米（相当于战国时的 2 尺），最短简仅 10 厘米，较长的简编绳三道，固定编绳的契口及一些编绳残余清楚可见，少数简颜色鲜亮，有的还有红色的格线（即"朱丝栏"），文字书写精整，经化学处理后，多数非常清晰，有些简有编次号数，为编联带来了诸多方便。②

秦代焚书，使《尚书》诸篇大多佚失，今古文《尚书》问题遂成为学术史上最复杂的学术公案，而清华大学所藏战国竹简（简称清华简）是秦始皇焚书以前的写本，最为令人振奋的发现就是失传 2000 多年《书》类文献的重新面世。有些篇与传世本相同，如《金縢》《皇门》《祭公之顾命》等，但篇题、文句与传世本多有差异，先秦不少文献称引的《说命》，清华简则作《傅说之命》，还有前所未见的佚篇，需要进一步深入研究。

2010 年 12 月，《清华大学藏战国竹简》第一辑由中西书局出版，其中收录《尹至》《尹诰》《程寤》《保训》《耆夜》《金縢》《皇门》《祭公》和《楚居》9 个篇目。其中，《尹至》共简 4 支，简长 45 厘米，原无篇题，简背有次序编号。《尹诰》共简 5 支，简长和字的风格均与《尹至》相同，原无篇题，简背有次序编号。《程寤》共简 9 支，简长 44.5 厘米，原无篇题，没有次序编号。《金縢》简共 14 支，简长 45 厘米，第 14 简简背有篇题"周武王有疾周公所自以代王之志"，简背有次序编号。我们认为，"周武王有疾周公所自以代王之志"虽是篇题，其实带有书序的性质。《祭公》共简 21 支，简长 45 厘米，第 21 简正面末端有篇题"祭公之寡（顾）命"，简背有次序编号。《楚居》共简 16 支，简长 47.5 厘米，原无篇题，简背有次序编号。

《保训》全篇一共有 11 支简，长度为 28.5 厘米，每支 22—24 个字，其中第 2 支简上半残失尚未找到，其他内容大体已经齐全。目前，《保

---

① 李学勤：《清华简九篇综述》，《文物》2010 年第 5 期。

② 以上参见李学勤《初识清华简》，《光明日报》2008 年 12 月 1 日；李莉《清华大学今天宣布发现失传 2000 年〈尚书〉竹简》，《北京晚报》2009 年 4 月 25 日；刘国忠《清华简保护及研究情况综述》，《中国史研究动态》2009 年第 9 期。

训》简的图版与释文已在《文物》2009 年第 6 期上正式刊布，相关释文参看《清华简〈保训〉释读补正》等。①

清华简《耆夜》有 14 支简，每支 25—29 字不等，记载武王八年征伐黎国胜利后举行饮至的内容，可与《尚书·西伯戡黎》对勘。② 清华简《耆夜》明确肯定武王八年戡黎，这对"文王戡黎"的说法提出了严峻挑战，李学勤先生认为《耆夜》为宋儒主张的"武王戡黎"提供了有力证据，推倒了《尚书》《左传》《史记》等书所记载的"文王戡黎"。③ 刘成群等学者则持反对意见，认为历史上"戡黎"有两次，一次在文王时期，一次在武王时期，文王与武王所戡黎是两个不同的方国。④ 相关研究，可参看孙飞燕的《〈蟋蟀〉试读》、马楠的《清华简〈郘夜〉礼制小札》等⑤。

清华简第二辑收录《系年》，该篇共有 138 支竹简，简长 44.6—45 厘米，字迹清晰，保存较好，只有个别残损之处。《系年》是继《竹书纪年》出土之后，先秦竹简史书的又一次重大发现。竹书分二十三章，叙述西周初年至战国前期的重要史事。清华简《系年》第三章说："成王屎（继）伐商邑，杀彔子耿，飞廉东逃于商盖氏，成王伐商盖，杀飞廉。"简本记载成王诛杀武庚，商奄之民是秦人先祖，携惠王是余臣，古本《竹书纪年》所记"二王并立"并不存在，卫叔封于康丘，在很大程度上拓展了我们对先秦史的新知。清华简《系年》另一重要的史学成就，是其史书体例上的创新。在距离南宋袁枢 1000 多年前的战国之际，《系年》纪事本末体萌芽的出现，可谓是中国史学史上的一项重要贡献。

---

① 清华大学出土文献研究与保护中心：《清华大学藏战国竹简〈保训〉释文》，《文物》2009 年第 6 期；刘国忠、陈颖飞：《清华简〈保训〉座谈会纪要》，《光明日报》2009 年 6 月 29 日。

② 李学勤：《清华简〈郘（耆）夜〉》，《光明日报》2009 年 8 月 3 日。

③ 赵婀娜：《清华简研究有重大发现 〈尚书〉失传两千多年后现身》，《人民日报》2009 年 4 月 27 日。

④ 刘成群：《清华简〈乐诗〉与"西伯戡黎"再探讨》，《史林》2009 年第 4 期；王鹏程：《"清华简"武王所戡之"黎"应为"黎阳"》，《史林》2009 年第 4 期。

⑤ 孙飞燕：《〈蟋蟀〉试读》，《清华大学学报》（哲学社会科学版）2009 年第 5 期；马楠：《清华简〈郘夜〉礼制小札》，《清华大学学报》（哲学社会科学版）2009 年第 5 期；刘光胜：《由清华简谈文王、周公的两个问题》，《东岳论丛》2010 年第 5 期。

清华简第三辑收录 6 种 8 篇文献,分别是:《傅说之命》三篇及《周公之琴舞》《芮良夫毖》《良臣》《祝辞》《赤鹄之集汤之屋》。《傅说之命》三篇,自带篇名,共 24 支简,简长约 45 厘米。竹节处刻有次序编号。各篇竹简数量不一。清华简《傅说之命》三篇之间不是上、中、下的关系,而应称为"甲篇""乙篇""丙篇"。

《周公之琴舞》简长 45 厘米,17 支简。它共十篇颂诗,第一首为周公儆诫多士而作,其余九首为成王自儆而作。竹书和《诗经·周颂》有着密切的关系,其政治背景与周公辅成王相合,撰作时代可能上溯至西周时期。《周公之琴舞》以"启曰"开端,以"乱曰"收尾,整体结构非常有特色。

《芮良夫毖》共计 28 支简,其中 14 支简残断。简长 44.7 厘米,满简书写约 30 字。"毖"作为一种文体,带有儆戒性质,是讽喻西周时政的政治诗歌。简文鉴于周厉王时期内外交困的形势,强调体恤民情、贬斥奸佞,对于国家治理的重要性。

《良臣》共 11 支简,简约 32.8 厘米。主要内容是记载上自黄帝,下至鲁哀公、越王勾践时期,历代著名的贤臣。《祝辞》共 5 支简,其辞曰:"救火,乃左执土以祝曰:'号(皋)……诣武夷,绝明冥冥,兹我赢。'既祝,乃投以土。"土能灭火,故执土。欲救火,则祝者手执土祷告。祷告完毕后,将土投向火。其实质,是先秦时期巫鬼崇拜盛行的产物。

清华简第四辑为《筮法》《别卦》《算表》三篇。目前易学的考古发现成果,多是一些占筮实例,如殷墟易卦、包山简、葛陵简等。2013 年 12 月,《清华大学藏战国竹简》第 4 辑出版,其中《筮法》一篇分十七命、三十节,不仅有 57 个揲蓍实例,更系统介绍占筮的理论与方法,为我们解读、研究早期易学演进历程,提供了难得契机。

《别卦》有 7 支简,从卦序及卦的数量看,应该有 8 支简,残缺第 3 支简。简长 16 厘米,宽 1.1 厘米。竹书主要内容是卦名与卦象。《别卦》不能用于占筮,其卦序和马王堆帛书《周易》同,颇值得注意。清华简《筮法》没有卦名,我们怀疑《别卦》是《筮法》与其他占筮系统转换的参照物。

《算表》21 支简，整简 17 支，另有 4 支简上端残损。简长 43.5 厘米，宽 1.2 厘米。原无篇题，篇题系整理者添加。《算表》由乘数、被乘数及计算结果构成，可谓是九九乘法表的"延展版"。

清华简第五辑，收录《厚父》《封许之命》《命训》《汤处于汤丘》《汤在啻门》《殷高宗问于三寿》六篇。清华简《厚父》13 支简，简长 44 厘米，宽 0.6 厘米，简本有顺序编号。首简往往是交代故事发生的背景，但清华简《厚父》首简残缺，导致其成书年代有夏代说、商代说、周初说和战国说。简本《厚父》是夏代贵族后裔厚父讲述夏代史，具有重要的史料价值。

《封许之命》9 支简，简长 44 厘米，宽 0.6 厘米，简背有顺序编号，自带篇题"封许之命"。竹书《封许之命》记述周成王册封吕丁，是管窥西周初年政治分封的珍贵史料。其字体特征与西周金文类似，成王分封的许多器物，我们根本不知何物。这些潜在的信息，暗示着它成书年代当为周初。

《命训》15 支简，全篇各简有不同程度的损毁，简背有顺序编号，但无篇题。《逸周书》的成书年代，一直是困扰学界的谜团。《度训》《常训》《命训》从内容及语言特征上看，是一组文献，因此竹书《命训》的出现，为考察三《训》的成书年代，提供了宝贵的契机。清华简中《程寤》《命训》《皇门》等篇的集中面世，揭开了《逸周书》成书问题的新篇章。

《汤处于汤丘》19 支简，简长约 44.5 厘米，宽 0.6 厘米，无篇题，简背无序号。竹书与《汤在啻门》书写风格相同，应出自同一抄手。《汤在啻门》21 支简，简长约 44.5 厘米，编绳三道。商汤问以先帝之良言，小臣答以成人、成邦、成地、成天之道，思想体系细密周全，竹书的成书年代不可能太早。

《殷高宗问于三寿》由 28 支简组成，简长约 45 厘米，宽 0.6—0.7 厘米。三道编绳。简文以殷高宗问三寿的形式，涉及祥、德、音、仁、智、利、信等众多德目，与战国诸子多有不同。

清华简第六辑收录五篇文献，分别是：《郑武夫人规孺子》《管仲》《郑文公问太伯》《子仪》《子产》。《郑武夫人规孺子》现存 18 支简，学者或认为第 15 支简残缺。简长 45 厘米，宽 0.6 厘米，三道编绳。简文主要内容是郑武公去世之后，郑武夫人武姜规诫庄公之语。史书记载郑庄公与武姜在嗣君问题上针锋相对，而竹书的记载与传世文献颇有不同。

《管仲》存简 30 支，简长 44.5 厘米，宽 0.6 厘米，三道编绳，篇题为整理者后来添加。全篇采用齐桓公问、管仲回答的形式，围绕为学、起事之本、从人之道等内容展开。整理者认为清华简《管仲》为《管子》的佚篇，但我们感觉其所构建的理论形态，比《管子》略显简单、原始。

《郑文公问太伯》分为甲本、乙本两种，内容基本相同，为同一抄手根据不同的底本抄写而成。甲本 14 支简，乙本 12 支简，简长 45 厘米，宽 0.6 厘米，三道编绳。竹书主要内容是太伯病重之时，告诫郑文公的训辞。太伯叙述郑国自桓公、武公、庄公以来东迁开疆、筚路蓝缕的艰辛，最后以告诫文公效法先王、重用贤人结束。和《逸周书》中的《祭公》颇有些相似。竹书的面世，对于研究郑国早中期的历史，特别是郑国建国史，具有重要的史料价值。

《子仪》20 支简，简长在 41.5 厘米左右，宽 0.6 厘米，篇题为整理者根据竹书内容添加。秦晋崤之战后，秦穆公为与楚国修好，主动释放子仪归国之事。竹书记载秦穆公与子仪的对话，比传世文献更为详细，是研究春秋时期大国关系演变的重要资料。

《子产》篇存简 29 支，简长 45 厘米，宽 0.6 厘米。竹书以"此谓"作为标志，可以分为 10 个小节。全篇以全面颂扬子产为基调，讲述他治国理政的政治举措及节俭、守礼的个人作风。其中讲到子产参照"三邦之令"制作郑令，参照"三邦之刑"制作郑刑，可与《左传》"子产铸刑书"的内容相互印证。

清华简第七辑收录四篇文献，分别是《子犯子餘》《晋文公入于晋》《越公其事》，都是传世文献所未见之佚籍。《子犯子餘》存简 15 支，简长约 45 厘米，宽约 0.5 厘米，三道编绳。篇题在第 1 支简的背面，简背无次序编号。竹书与《晋文公入于晋》形制、字体相同，其内容皆与晋国有关。简文主要内容是子犯、子餘与秦穆公的问答，以及秦穆公、重耳资政于蹇叔，对于研究晋国史，具有重要的史料价值。

《清华简第八辑》共收入 8 篇前所未见的战国佚籍，分别为《摄命》

《邦家之政》《邦家处位》《治邦之道》《心是谓中》《天下之道》《八气五味五祀五行之属》《虞夏殷周之治》。《摄命》32 支简，简长约 45 厘米，宽约 0.6 厘米，除第 3、25、29 简残损外，其他简保存状况良好。竹书无篇题，因册命的对象是"摄"，整理者拟定篇题为"摄命"。《书序》说："穆王命伯为周太仆正，作《冏命》。""摄"与"冏"字形接近，可能为"冏"之讹字，学者据此怀疑此篇为《尚书·冏命》。从目前的情况看，清华简《摄命》是否是古文《尚书·冏命》，尚不能确定，但该篇属于《书》类文献无疑。

《邦家之政》存简 11 支，第 1、2 支简缺失。简长约 45 厘米，宽约 0.6 厘米，简背有序号、刻划线，整理者按照序号编联，满简书写 28—30 个字。篇题系整理者，据文本主要内容拟定。整理者认为，竹书假托孔子与某公的对话，虽主要反映的是儒家观念，但诸如节俭、薄葬、均分等内容，又与墨家思想相合。①

《邦家处位》现存 11 支简，简长约 41.5 厘米，宽约 0.5 厘米，三道编绳。原无篇题，现在的篇题，系整理者据首句添加。竹书以正反对比的形式，强调"用人以度"的重要性。《治邦之道》存简 27 枚，简长约 44.6 厘米，宽约 0.6 厘米，篇题系整理者据文章内容拟定。整理者认为，竹书围绕尚贤、节葬、非命等内容展开，可能是一篇与墨学有关的佚文。②

《心是谓中》存简 7 支，简长 44.6 厘米，宽 0.6 厘米，竹书没有篇题、序号，今篇题为整理者所加。竹书全面肯定心的重要性，认为心"处身之中"，目、耳、口、四肢皆听命于心。简文指出，如果想要有为，必须处理好心与身、心和天命的关系。

《天下之道》现存 7 支简，简长 41.6 厘米，宽约 0.6 厘米，满简书写为 40—43 字。简背无刻划线、序号，今篇题系整理者据文本内容拟定。简文说"昔三王之所谓阵者，非陈（阵）其车徒，其民心是陈（阵）"，把民心上升到道德层面，是先秦时期民本思想的重要体现。

---

① 李学勤主编：《清华大学藏战国竹简（捌）》，中西书局 2018 年版，第 121 页。
② 同上书，第 135 页。

《八气五味五祀五行之属》存简共 7 支，简长 41.6 厘米，宽 0.6 厘米，简背无序号，篇题乃整理者据文意拟定。竹书内容分为三部分：一是八个节气；二是酸、甜、苦、辣、咸的功效；三是五祀、五神和五行的相配。从简文看，属于当时普遍流行的知识、思想世界范畴。《虞夏殷周之治》存简 3 支，简长 41.6 厘米，宽 0.6 厘米，简背无序号，篇题系整理者拟定。简文以虞夏商周为例，强调朴素的重要性。夏、商、周礼仪渐趋奢华，导致"海外之诸侯归而不来"。

清华简可以说是严格意义上的典籍，至少有 60 多篇古代文献，不仅有众所关注的《书》类文献，亦有类似《竹书纪年》的纪事本末体史书《系年》，所记史事上起周初，下至战国，可与《春秋》经传、《史记》等对比。此外还有类似《国语》《仪礼》的内容，而与《周易》有关的文献显然是作为卜筮的用途。从清华简的内容看，墓主人很可能是一位史官。

2008 年 10 月 14 日，清华大学邀请北京大学、复旦大学、吉林大学、武汉大学、中山大学、香港中文大学和国家文物局、中国文化遗产研究院、上海博物馆、荆州博物馆的 11 位学者对清华简进行鉴定。鉴定专家认为，这批竹简内涵丰富，初步观察以书籍为主，其中有对探索中国历史和传统文化极为重要的"经、史"类书，大多在已经发现的先秦竹简中是从未见过的，具有极高的学术价值；在简牍形制与古文字研究等方面也具有重要价值。[①] 李学勤先生根据清华简文字的特征，推断清华简的年代在战国中晚期之际，即公元前 300 年前后。北京大学加速器质谱实验室、第四纪年代测定实验室对清华简无字残片进行了 AMS 碳 14 年代测定，经树轮校正的结果是公元前 305 ± 30 年，与李先生的推断吻合。[②]

由于清华简非科学发掘品，其真伪问题是学者非常关心的。姜广辉先生发表《〈保训〉十疑》从篇名到思想内容对清华简《保训》进行质疑[③]，他认为竹简文献的价格已经炒成天价，再次出现类似《古文尚

---

① 李学勤：《清华简整理工作的第一年》，《清华大学学报》2009 年第 5 期。
② 李学勤：《论清华简〈保训〉的几个问题》，《文物》2009 年第 6 期。
③ 姜广辉：《〈保训〉十疑》，《光明日报》2009 年 5 月 4 日。

书》造假的可能依然存在，因此对"清华简"鉴定应是一个长期过程。① 由于姜先生多从思想史的角度质疑，并无坚实的考古学证据，因此学界并未采信其说。

围绕清华简《保训》《耆夜》，目前学者的研究主要集中在两点：一是清华简文字考释、思想主旨探讨；二是清华简补史证史相关问题研究。对于《保训》文字考释，李学勤、李均明、李零、廖名春、李守奎、孟蓬生等学者都提出了很好的意见，相关考释文章正在陆续发表。② 对《保训》"中"字含义的理解，一度成为学界讨论的热点，代表性的观点：一是思想观念说，李学勤先生认为"中"是后来的中道③，邢文借助《论语·尧曰》把"中"解释为一种"数"④；二是"某物说"，李均明先生将"中"理解为"与诉讼相关的文书"⑤，李零等学者认为"中"字可能与古代的"表"有关，引申为一种旗帜⑥；三是军队说，认为"中"与"众"通⑦，指众人或军队。我们根据《保训》"传贻子孙，至于成汤"，支持"某物说"⑧，但包括我们的说法在内，仍有可怀疑之处，《保训》"中"字的含义仍有进一步探讨的必要。

正像 11 位权威学者专家评价的那样，清华简是楚地出土的战国时期简册，以"经、史"类典籍为主，内涵丰富，大多是在已经发现的先秦竹简中从未见过的，涉及中国传统文化的核心内容，是一项罕见的重大发现。它受到国内外学者的高度重视，必将对历史学、考古学、古文字学、文献

---

① 姜广辉：《"清华简"鉴定可能要经历一个长期过程——再谈对〈保训〉篇的疑问》，《光明日报》2009 年 6 月 8 日。

② 可参见李学勤《清华简〈保训〉释读补正》，《中国史研究》2009 年第 5 期；刘国忠、陈颖飞《清华简〈保训〉座谈会纪要》，《光明日报》2009 年 6 月 29 日；沈建华《释〈保训〉简"测阴阳之物"》，《中国史研究》2009 年第 3 期。

③ 李学勤：《论清华简〈保训〉的几个问题》，《文物》2009 年第 6 期。

④ 甘凤、王进锋、余佳翻译、整理：《"中"是什么？》，《光明日报》2010 年 7 月 12 日。

⑤ 李均明：《周文王遗嘱之中道观》，《光明日报》2009 年 4 月 20 日。

⑥ 李零：《说清华楚简〈保训〉篇的"中"字》，《中国文物报》2009 年 5 月 20 日；江林昌：《清华〈保训〉篇"中"的观念》，《光明日报》2009 年 8 月 3 日。

⑦ 子居：《清华简〈保训〉解析》，复旦大学出土文献与古文字研究中心网，2009 年 7 月 8 日。

⑧ 刘光胜：《〈保训〉之"中"何解——兼谈清华简〈保训〉与〈易经〉形成》，《光明日报》2009 年 5 月 18 日。

学等许多学科产生广泛而深远的影响。

七　睡虎地秦简《日书》

　　1975 年，秦简《日书》出土于云梦睡虎地 11 号秦墓，字数为 1.8 万余字，分甲、乙种，内容大致相同，《日书》甲种 166 支简，放置在墓主头部右侧，无篇题，竹简两面书写，章题 32 个，和乙种相比，字迹较小，间距较密。《日书》乙种 259 支简，置于墓主足下，只正面写字，残断较甚，末简简背有"日书"标题，整理者因此将这批竹简定名为《日书》。从文字上看，甲、乙种《日书》都是从篆书到隶书的过渡阶段，但乙本篆意明显，笔画有棱角，接近于秦刻石、权量，而甲本多隶意；从内容上看，乙本的内容都见于甲本，且更为详尽，而甲本内容有很多不见于乙本（如门、人字、吏、咎、盗者等），可见乙本的时代早于甲本，甲本是更成熟的本子，显示出数术系统由粗到精的发展过程。① 《日书》照片及释文已公布，见于《云梦秦简释文》（《文物》1976 年第 6、7、8 期）、《云梦睡虎地秦墓》（文物出版社 1981 年版）、《睡虎地秦墓竹简》（文物出版社 1990 年版）。

　　李学勤先生以秦铭文字体的演变为标尺，推断睡虎地秦简的写成都不早于秦昭王晚年②，《日书》研读班的学者认为，由《日书》简文不避秦始皇讳的事实，很可能不是秦王政时期的作品，《史记·秦本纪》及考古资料记载，可知昭王时期开始用《颛顼历》，《日书》通用的历法是《颛顼历》，因此《日书》成书的上限不会早于秦昭襄王时期。《日书》甲种本中有"秦楚月名对照表"，这说明《日书》很可能形成于白起拔郢（公元前 278 年）之后，《日书》乙种本中没有"秦楚月名对照表"一类的东西，其形成年代可能略早于公元前 278 年。③ 刘乐贤先生认为《日书》中

---

① 郑刚：《论睡虎地秦简日书的结构特征》，《中山大学学报》1993 年第 4 期。
② 李学勤：《秦简的古文字学考察》，《云梦秦简研究》，中华书局 1981 年版，第 337 页。
③ 《日书》研读班：《日书：秦国社会的一面镜子》，《文博》1986 年第 5 期。

不避秦始皇讳，而同墓出土的《语书》避秦始皇讳，证明《日书》的写成年代一定在秦王政即位之前，大约在公元前 250 年至前 246 年之间或略前。①

整部《日书》由若干单篇组成，虽然各个单篇中心明确，但彼此之间的顺序较为混乱，同一支简上的文字不一定连读，也不一定属于同一个单篇。造成这些现象的原因：一是除一些特殊情况，如几种"建除"排在一起以利比较外，大部分篇章相互独立，没有不可分割的联系；二是各种择日方法汇集，而这些具体的择日方法相互间往往没有必然的逻辑关系；三是很多简的下部留下大片空白，出于补足空白的需要。② 郑刚先生认为，在简上半部书写的篇章的次序都有内在联系，而下端补白的篇章则根据空白大小决定。甲本前半部分的排列有明显的顺序：几套建除（除、秦除、稷辰）、天文（玄戈、岁、星），这是《日书》的原理部分，而后半部是来源独特、自成体系的内容，通过甲、乙本对比和对其内容结构的认识，其顺序是可以复原的。③

《日书》的内容可分为择日部分和非择日部分。择日部分是《日书》的主体，非择日部分则是一些附属材料，择日部分划分为两类，即以时间为线索的一类和以行事为线索的一类。第一类通常以某种择日方法或某种神煞的名字为标题，其一般格式是：首先按某种数术方法对日子加以推算、规定和命名，然后分别以这些命名之后的日子为依据，逐一叙述这些日子的各种行事忌宜。以行事为线索一类常常以某一具体事项为标题，然后详细列出做此事的诸吉日和诸凶日。

《日书》甲种本：

（一）择日部分

1. 以时间为线索类

（1）除篇；（2）秦除篇；（3）稷辰篇；（4）玄戈篇；（5）艮山篇；

---

① 下文《日书》的内容分类，也采用了刘乐贤先生的意见，参见刘乐贤《睡虎地秦简日书的内容、性质及相关问题》，《中国社会科学院研究生院学报》1993 年第 1 期。

② 刘乐贤：《睡虎地秦简日书的内容、性质及相关问题》，《中国社会科学院研究生院学报》1993 年第 1 期。

③ 郑刚：《论睡虎地秦简日书的结构特征》，《中山大学学报》1993 年第 4 期。

（6）岁篇；（7）星篇；（8）啻篇；（9）十二支避忌篇；（10）昏日敫日篇；（11）禹须臾篇；（12）男日女日篇；（13）四敫日篇；（14）天李篇；（15）反枳篇；（16）弦望朔晦篇；（17）剌、毁篇。

2. 以行事为线索类

动土：（1）土忌篇（一）；（2）土忌篇（二）。安置门户：（3）置四向门篇。盖房：（4）起室篇；（5）室忌篇。出门归行：（6）行篇；（7）归行篇；（8）到室篇；（9）十二支占行篇；（10）行忌篇。迁徙：（11）迁徙篇；（12）忌徙。去室入寄者：（13）去室入寄者篇。入官见官：（14）吏篇；（15）入官篇。生子：（16）生子篇；（17）人字篇。娶妻出女：（18）娶妻篇；（19）娶妻出女篇。疾病死亡：（20）病篇。祭祀：（21）祭祀篇。占盗：（22）盗者篇。裁衣：（23）衣篇。农事：（24）农事篇。作事毁弃：（25）作事篇；（26）毁弃篇。其他：（27）诸吉凶日篇（人良日、马良日之类）；（28）鼠襄户篇；（29）作女子篇；（30）忌杀篇。

3. 意义不明类

（1）视罗图篇；（2）直心篇（八三背肆—一九四背肆）；（3）十二支占死篇。

（二）非择日部分

1. 相宅类

（1）相宅篇；（2）置室门篇。

2. 解除、祈福类

（1）诘咎篇；（2）梦篇；（3）禹步篇；（4）马祺祝篇。

《日书》研究起步较晚，一度成为秦简研究中薄弱的环节，《文博》和《江汉考古》专门开辟专栏以推进秦简《日书》的研究。目前学者对秦简《日书》的研究主要分三个方面。

其一，文字疏证，睡虎地秦简《日书》词语含义古奥，传世古籍中《日书》并没有保存下来，因此相关文字、语句的校释是一项艰巨的工作。相关著述，参看《睡虎地秦简校注》《睡虎地秦简日书注释商榷》《睡虎地秦简日书〈诘咎篇〉研究》《睡虎地秦简〈日书〉甲种疏证》

《秦简日书集释》等①。

其二，云梦秦简《日书》在记载吉凶占卜活动的同时，涉及天文、历法、宗教、政治、经济、军事、民俗、民生等社会生活的方方面面，因此通过《日书》可以考察战国后期至秦代许多社会历史场景。如林剑鸣《从秦人价值观看秦文化的特点》（《历史研究》1987 年第 3 期）指出秦人的宗教近乎原始的多神崇拜，秦人价值观具有"外倾"和"重功利、轻伦理"的特点。李学勤《睡虎地秦简〈日书〉与楚、秦社会》（《江汉考古》1985 年第 4 期）、贺润坤《从〈日书〉看秦国的谷物种植》（《文博》1988 年第 3 期）、《云梦秦简所反映的秦国渔猎活动》（《文博》1989 年第 3 期）、王子今《云梦睡虎地秦简〈日书〉所反映的秦楚交通状况》（《国际简牍学会会刊》第一号，台湾兰台出版社 1993 年版）、吴小强《试论秦人婚姻家庭生育观念》（《中国史研究》1989 年第 3 期）等②，从不同方面对秦的社会生活进行了研究。

其三，目前《日书》材料已出土八批，江陵九店楚墓、放马滩秦墓、阜阳汉墓、孔家坡汉墓等都有《日书》出土，它们和睡虎地秦简《日书》时间前后相续，内容类似，因此结合其他材料研究睡虎地秦简《日书》，将是今后学术研究的热点。林剑鸣《〈睡〉简与〈放〉简〈日书〉比较研究》③ 等都是这方面较为突出的论作。其他综合性的著作，可参看饶宗颐、曾宪通《云梦秦简日书研究》（香港中文大学出版社 1982 年版）、刘乐贤《睡虎地秦简日书研究》《简帛数术文献探论》等。

---

① 睡虎地秦简研究班：《睡虎地秦简校注》，《简牍学报》1981 年第 10 期；成家彻郎撰，王维坤译：《睡虎地秦简〈日书·玄戈〉》，《文博》1991 年第 3 期；刘乐贤：《睡虎地秦简日书注释商榷》，《文物》1994 年第 10 期；《睡虎地秦简日书〈诘咎篇〉研究》，《考古学报》1993 年第 4 期；王子今：《睡虎地秦简〈日书〉甲种疏证》，湖北教育出版社 2003 年版。

② 相关研究参见《中国最早的相马经——云梦秦简〈日书·马〉篇》，《西北农林科技大学学报》1989 年第 3 期；《从云梦秦简〈日书〉看秦国的六畜饲养业》，《文博》1989 年第 6 期；《从云梦秦简〈日书〉看秦国的林业、桑麻业》，《江汉考古》1992 年第 4 期；《从云梦秦简〈日书〉看秦民间的灾变与救灾》，《江汉考古》1994 年第 2 期。

③ 林剑鸣：《〈睡〉简与〈放〉简〈日书〉比较研究》，《文博》1993 年第 5 期。

八　甘肃天水放马滩秦墓出土简牍

　　1986 年 3 月，甘肃省天水市北道区放马滩秦墓（编号 M1）中出土一批战国晚期竹简，简长 23—27.5 厘米，编绳三道，每支简都有 1 厘米左右的天地头，并用丝织物加固，文字写于竹黄面，每简 25—43 字，每简书一条内容。一章写毕，如还有空余处，接写另一章，以圆点或竖道区分。简文无标题，出土时顺序已散乱，经甘肃省文物考古研究所人员整理，共发现竹简 460 支，其中《日书》甲种 73 支，《日书》乙种 380 支，《墓主记》7 支。部分图版和释文参见甘肃省文物考古研究所编《秦汉简牍论文集》（甘肃人民出版社 1989 年版）、何双全《天水放马滩秦简综述》（《文物》1989 年第 2 期）、任步云《天水放马滩秦简刍议》（《西北史地》1989 年第 3 期）、《天水秦简（部分）》（《书法》1990 年第 4 期）及马建华主编《河西简牍》（重庆出版社 2003 年版）等。

　　目前放马滩秦简全部图版及释文，已由甘肃省文物考古研究所编《天水放马滩秦简》（中华书局 2009 年版）公布。《天水放马滩秦简》整理者将放马滩《日书》分为八章：一章《月建》。二章《建除书》（已有学者指出这两章应合为一章），以正月为始，以建、除、盈、平、定、执、彼、危、成、收、开、闭为序，叙述建除十二神和吉凶的对应关系。三章《亡盗》，以干支地支与十二生肖结合，占卜盗者性别、特征、居处、逃亡方位、同伙、所盗财物去向及能否捕获等。四章《吉凶》，记载初一至三十每天六个时辰及四个方位的吉凶及遇事态度。五章《禹须臾》，出门远行择日，先在地上画北斗，然后以禹步占卜吉凶。胡平生结合孔家坡《日书》认为篇名应为《禹须臾行日》①。六章《人日》，分男人日与女人日，男人日为子、卯、寅、巳、酉、戌，女人日为午、未、申、丑、亥、辰。男女各按其日行事及注意事项。七章《生子》，记载生男生女与平旦到鸡鸣十六个时辰的关系。八章《禁忌》，记载某日不宜做

---

　　①　胡平生、李天虹：《长江流域出土简牍与研究》，湖北教育出版社 2004 年版，第 225 页。

某事。

乙种《日书》39 章，除了与甲种相同的内容外，不同的内容有《置室门》《门忌》《吏听》《正月占风》《五种忌》《昼夜长短》《牝牡月日》《五行相生及三合局》《律书》《音律占卜》《六甲孤虚》《五音占》等。《墓主记》借邸丞向御史呈奏的形式，记载了丹因伤人而弃于市，被司命遣回人间，复活后讲述鬼的各种好恶的故事。胡平生根据《墓主记》首句将篇题改为《邸丞谒御史书》①，《天水放马滩秦简》整理者将篇名改作《志怪故事》，比较而言，前者似乎更好一些。学者推断《墓主记》"卅八年八月己巳"为公元前 269 年②，沈颂金据此认为放马滩《邸丞谒御史书》的出土，纠正了魏晋志怪小说单纯受佛教教义影响的传统说法，将志怪小说的起源时代向前推移了约 500 年。③ 但甘肃省文物考古研究所人员用红外线仪器观察原简，确证"卅"为污点，因此沈先生"提早了500 年"的说法不可信。

遗憾的是，甘肃省文物研究考古所考古人员仍坚持"八年八月己巳"为断定一号墓及全墓地相对年代的主要依据，认为《志怪故事》（《墓主记》）纪年及历朔当为实录。④ 我们认为，甘肃省文物考古研究所考古人员一方面坚持《墓主记》是根据墓主特殊经历而编创的"志怪故事"；另一方面又认为"纪年及历朔为实录"的说法是自相矛盾的，目前没有切实证据证明"丹"是墓主，既然《墓主记》属于志怪故事，"八年八月己巳"不一定为真实的历史时间，而且也很难与某一特定的王联系起来，因此判断秦简年代的依据，仍是墓葬出土器物及竹简的字体特征。

目前，放马滩秦简的研究刚刚起步，虽然也出现了综合性比较的文章，如尚民杰《〈日书〉"男女日"与"生子"》（《文博》2000 年第 1 期）、谷杰《从放马滩秦简〈律书〉再论〈吕氏春秋〉生律次序》（《音乐研究》2005 年第 3 期），但相关研究主要是基础研究，如刘信芳指出秦

① 胡平生、李天虹：《长江流域出土简牍与研究》，湖北教育出版社 2004 年版，第 230 页。
② 李学勤：《放马滩简中的志怪故事》，《文物》1990 年第 4 期。
③ 沈颂金：《出土简帛与文学史研究》，《齐鲁学刊》2004 年第 6 期。
④ 甘肃省文物考古研究所编：《天水放马滩秦简》，中华书局 2009 年版，第 130 页。

简《综述》"人月"应是"入月"之误,"禹步,三乡（向）北斗"应读断为"禹步三,乡（向）北斗"①,邓文宽指出天水放马滩秦简《月建》应名为《建除》②,由于放马滩秦简图片及释文已经全部公布,相信一个新的研究高潮即将到来。

九　王家台秦简《归藏》

1993 年 3 月,湖北江陵县荆州镇王家台 15 号秦墓出土了大批秦代竹简,其中收有《归藏》两种,一种宽而薄,另一种则窄而厚,可能是两种抄本。《归藏》简 394 支,4000 余字,文字形体最古,接近楚简文字,应为战国末年的抄本,由卦画、卦名、卜筮解说三部分组成,每卦卦画皆由一、∧组成,为六画别卦。《归藏》70 组卦画,重复者不计,有 54 个卦画,卦名 76 个,其中重复者 23 个,实际卦名 53 个,这里所见的卦画皆可与今本《周易》对应起来,卦名也与辑本《归藏》、帛书《周易》及今本《周易》大部分相同。③

秦简《归藏》从卜辞内容来看,多为与古史有关的卜筮例证,涉及的历史人物有黄帝、炎帝、蚩尤、大禹、夏启、夏桀、殷王、武王、穆天子、共王以及春秋时期的宋平公等,还有神话传说中的夸父、嫦娥、后羿等。《归藏》卦辞先记"卦名",卦名之后以"昔"或"昔者"开头,记"某人为何事枚占",然后记"枚占之人"吉凶断语及对卦辞的解释。《归藏》在商代产生,此后处于不断变化之中。从《归藏》格式化的行文体例看,在原始占卜记录的基础上,当经历了后人的加工与整理。

秦简《归藏》最初发表时定名为"易占",因为与辑本《归藏》部分卦名及语句相同,筮辞格式较为一致,学者断定秦简《易占》当为

---

① 刘信芳:《〈天水放马滩秦简综述〉质疑》,《文物》1990 年第 9 期。

② 邓文宽:《天水放马滩秦简〈月建〉应名〈建除〉》,《文物》1990 年第 9 期。

③ 王明钦:《王家台秦墓竹简概述》,艾兰、邢文编《新出简帛研究》,文物出版社 2004 年,第 26—49 页。

《归藏》，甚至有学者进一步推论为《归藏·郑母经》。[①] 对此，学者有不同的说法[②]，但从秦简《易占》卦名及占卜格式与辑本《归藏》基本相同看，学者认为秦简《易占》为《归藏》的说法是可信的，"传世本《归藏》为伪书"的说法是不能成立的。

秦简《归藏》的出土，为解决易学史上聚讼不已的《归藏》伪书案提供了文本依据。《周易》与《归藏》的先后关系也成为学界研究的重点，林忠军以《周易》通行本、帛书本、竹简本和《归藏》传本、竹简本为参照，认为秦简《归藏》要早于《周易》。[③] 王辉认为《归藏》与《周易》卦名或相同，或通用，二者卦、辞文例不同，但主旨接近；《归藏》简多引神话，又有"晋墟""宋君"，成书在《周易》之后，约战国中期。[④] 秦简《归藏》与商代《归藏》是不同的概念。古书的成书往往要有一个长期的过程，秦简《归藏》出现了春秋时期的宋平公等内容，证明后儒在商代《归藏》的基础上有所增益，但不能因此怀疑《归藏》先于《周易》的传统说法。

十　山东临沂银雀山汉简

1972 年 4 月，山东省博物馆和临沂市文物组发掘了银雀山一号、二号汉墓，一号墓下葬年代为公元前 140—前 118 年[⑤]，出土竹简 4942 枚、木牍 2 块。竹简性质有两种：长简长 27.5 厘米，宽 0.5—0.7 厘米，厚 0.1—0.2 厘米，3 道编绳；短简长约 18 厘米，宽 0.5 厘米，2 道编绳。字迹为隶书，似非出于一人之手，竹简内容为《孙子兵法》《孙膑兵法》等传世典籍的古本，也

---

① 廖名春：《王家台秦简〈归藏〉管窥》，《周易研究》2001 年第 2 期。

② 史善刚、董延寿：《王家台秦简〈易〉卦非"殷易"亦非〈归藏〉》，《哲学研究》2010 年第 3 期。

③ 林忠军：《王家台秦简〈归藏〉出土的易学价值》，《周易研究》2001 年第 2 期。

④ 王辉：《王家台秦简〈归藏〉校释（28 则）》，《江汉考古》2003 年第 1 期。

⑤ 吴九龙、毕宝启：《山东临沂西汉墓发现〈孙子兵法〉和〈孙膑兵法〉等竹简的简报》，《文物》1974 年第 2 期。

有失传已久的佚书。木牍为《孙子兵法》《守法守令等十三篇》的篇题。二号墓下葬年代当在公元前134—前118年，出土竹简32枚，为《元光元年历谱》，是最早、最完整的古代历谱。竹简篇题有三种形式：一是单独写在第一简的简首正面；二是写在第一简的简首背面；三是写在篇末。

文物出版社分三辑刊出《银雀山汉墓竹简》，第一辑为《孙子兵法》《孙膑兵法》《六韬》《尉缭子》《管子》《晏子》《守法守令等十三篇》；第二辑为《佚书丛残》；第三辑包括全部散碎竹简、篇题木牍及《元光元年历谱》①。目前第一、二辑均已出版②。《孙子兵法》竹简300余枚，篇题为整理者根据内容所加，除《地形》篇外，简文与传世本各篇皆有对应文字，篇次与今本有所不同，正文篇题仅存《作战》《刑（形）》《执（势）》《虚实》《九地》《火攻》《用间》七个。《孙膑兵法》440余简，共16篇，第一篇至第四篇及第十六篇为孙子与齐威王、田忌问答，第五篇至第十五篇皆称"孙子曰"，内容、书体与同时出土的《孙子兵法》颇不相同，从《擒庞涓》一篇看，其所记史实与《史记》《战国策》记载的孙膑指挥桂陵之战并取得胜利的经过大体相同，因此学者质疑简文不是《孙膑兵法》的说法是不能成立的。

《尉缭子》五篇，与传世本《兵谈》《攻权》《守权》《将理》《原官》五篇文字相合，但篇题有所不同，第一篇篇题为《治□》，传世本中作《兵谈》，第二篇篇题为《兵劝》，而传世本中作《攻权》，其他篇题残缺。《守法守令等十三篇》与写有篇题的木牍一起出土，木牍上篇题有《守法》《要言》《库法》《王兵》《市法》《守令》《李法》《王法》《委法》《田法》《兵令》及《上篇》《下篇》十三个，整理者据此进行了整理，但仅存10篇。《守法》《守令》讲守城防御之法，与《墨子》书《备城门》《号令》

---

① 银雀山汉墓竹简整理小组：《银雀山汉墓竹简》（壹），文物出版社1975年版。

② 银雀山汉墓竹简整理小组：《银雀山汉墓竹简》（壹），文物出版社1975年版；《孙膑兵法（银雀山汉墓竹简）》，文物出版社1975年版；《孙子兵法（银雀山汉墓竹简）》，文物出版社1976年版；《银雀山竹书〈守法〉、〈守令〉等十三篇》，《文物》1985年第4期；《银雀山汉墓竹简》（壹），文物出版社1985年版；张震泽：《孙膑兵法校理》，中华书局1984年版；吴九龙：《银雀山汉简释文》，文物出版社1985年版；骈宇骞：《晏子春秋校释》，书目文献出版社1988年版。

相近，《要言》篇为格言的汇编，《库法》《市法》《田法》为土地赋税、器物库藏制度，《王兵》篇见于传世文献《管子》中的《参患》《七法》《地图》《兵法》等篇。《上篇》《下篇》可能是简本《六韬》。

《晏子》十六章，除首章外，其他章节以墨点"●"分章，内容散见于传世本八篇之中，但章次、语句与传世本有所不同，如简本第十章，今本属于《内篇问上》第二十、第二十一两章，证明《晏子》在流传过程中，篇章分合并不固定。《地典》以黄帝和地典问答的形式，论述了地形的阴阳、顺逆、高下、死生，讲地形的选择在作战中的重要性。《天地八风五行客主五音之居》是用五行讲布阵的原理，以风向来占卜战争的宜忌，与《地典》同属《汉志》兵阴阳家。《六韬》十四组简文，整理者将其分为三类：第一至第七组见于传世本《六韬》，第八组至第十三组见于《群书治要》《通典》《太平御览》所引《六韬》佚文，第十四组为残简。简文中议兵的内容很少，就此点来说，与传世本差异较大。

《银雀山汉墓竹简·贰》2010 年 1 月由文物出版社出版，前半部分为竹简图版，后半部分为释文注释。根据内容分为三类：第一类为"论政论兵之类"，共收五十篇，一《将败》、二《将失》、三《兵之恒失》、四《王道》、五《五议》、六《效贤》、七《为国之过》、八《务过》、九《观库》、一〇《持盈》、一一《分士》、一二《三乱三危》、一三《地典》、一四《客主人分》、一五《善者》、一六《五名五共》、一七《起师》、一八《奇正》、一九《将义》、二〇《观法》、二一《程兵》、二二《将德》、二三《将过》、二四《曲将之法》、二五《雄牝城》、二六《五度九夺》、二七《积疏》、二八《选卒》、二九《有国务过》、三〇《十官》、三一《患之》、三二《六举》、三三《四伐》、三四《亡地》、三五《五议》、三六《君臣问答》、三七《郭偃论士》、三八《民之情》、三九《有国之效》、四〇《有主以为任者》、四一《自危自忘》、四二《国法之荒》、四三《听有五患》、四四《德在民利》、四五《十阵》、四六《十问》、四七《略甲》、四八《万乘》、四九《富国》、五〇《三算》。

第一篇至十二篇，篇题见于一号墓所出的残碎篇题木牍。十二篇之外各篇字体分为两组。第四五篇至第五〇篇各篇字体带有草意，第十三篇至第四四篇各篇都是正体。各组之中，论兵之篇列前，论政之篇列后。论兵之篇中，有不少篇过去曾编入《孙膑兵法》，篇名与"王道"等论政之篇同见于一块标题木牍，其非孙膑书尤为明显。四四篇《德在民利》的文字，与《周书·王佩》基本相合。

第二类为"阴阳、时令、占候之类"，共十二篇，《曹氏阴阳》《阴阳散》《禁》《三十时》《迎四时》《四时令》《五令》《不时之应》《为政不善之应》《人君不善之应》《天地八风五行客主五音之居》《占书》。《曹氏阴阳》以阴阳划分天地万物，说"阳中有阳，阴中有阴"，又说"阳中有阴，阴中也有阳"，在阴阳包容、交感中蕴含着丰富的辩证法思想。《三十时》把每年分为三十个时节，每个时节十二天，多余五天为节日，与《管子·幼官》相近。第一辑的《王兵》篇与《管子》有密切关系。第二辑《四时令》篇的文字与《管子·五行》的后半篇相似。《三十时》篇的十二日为一时，一年为三十时，与《管子·幼官》相合。《禁》篇、《迎四时》篇的内容，也与《管子》的某些篇章存在相关之处，这些都是研究《管子》书源流的重要资料。

第三类为"其他"，文学类有《唐勒论御赋》一篇，杂技类有相狗方、做酱法等残篇。《元光元年历谱》为汉武帝元光元年全年日历，是当时我国发现的最早、最完整的古代历谱，见于第三辑，尚未出版。①

十一　马王堆简书四种

1973 年，湖南长沙马王堆汉墓出土大批古代典籍，其中有四种竹（木）简医书，即《十问》《天下至道谈》《合阴阳》《杂禁方》，属《汉书·艺文志》所记"房中"类。《十问》101 支简，全书采用问答形式，有黄帝问于天师、黄帝问于大成、黄帝问于曹熬、黄帝问于容成、尧问于舜、王子巧父问彭祖、盘庚问于耆老、禹问于师癸、齐威王问于文执（挚）、秦昭王问于王朝，分为十章，主要讨论古代的养生理论，强调要遵循阴阳变化规律，合理饮食、行气，促进气与精、身与

---

① 以上参见裘锡圭、李家浩《银雀山汉墓竹简·贰》编辑说明。

心的健康和谐。

《天下至道谈》56 支简，篇题抄写在第 6 简的正面上端，主要是讲男女房中养生之道，男子要闭精守关，要有节制，不可过度纵欲，以"七损八益"作为男女房事的理论原则。《合阴阳》32 支简，整理者根据首句"凡将合阴阳之方"拟就篇题，内容主要叙述房事前的准备、过程、原则方法及房事养生的意义，是目前发现最早的论述房中术的专书。《杂禁方》木简 11 支，保存完好。以诅咒巫术治疗夫妻不和、妇姑相斗、婴儿啼哭、与人狱讼等，如夫妻不和，就在门楣上涂泥五尺，皆不可信。因内容属于古禁方，整理者命名为《杂禁方》，是了解古人思想世界的重要资料。受儒家正统思想影响，房中术为"正人君子"所不齿，马王堆医简文字古奥，因此文字考释及医学保健的探究是研究的重点，相关释文，参见《长沙马王堆二、三号汉墓》（第 1 卷《田野考古发掘报告》）、《马王堆三号汉墓"养生方"简文释读琐议》、《马王堆古医书考释》、《马王堆汉墓医书校释》（贰）、《马王堆房中术研究》等。① 日、美译注及研究文章也很多，可参看夏德安《马王堆医书译注》（1998 年版）等。

十二　河北定县八角廊汉简

1973 年，河北省文管处和定县博物馆在河北定县八角廊四十号汉墓发掘出大批简牍，该墓早年被盗，竹简炭化成块，残损严重，字体为汉隶。竹书经过整理，内容有《论语》《儒家者言》《哀公问五义》《保傅传》《太公》《文子》《六韬》《六安王朝五凤二年正月起居记》《日书·占卜》等。墓主为西汉中山怀王刘修，史载其卒年五凤三年（公元前 55 年）可以推测，墓中写本的年代当在此之前。《论语》《儒家者言》《文

① 湖南省博物馆、湖南省文物考古研究所编著：《长沙马王堆二、三号汉墓》（第 1 卷《田野考古发掘报告》），文物出版社 2004 年版；马继兴：《马王堆古医书考释》，湖南科学技术出版社 1992 年版；魏启鹏、胡翔骅：《马王堆汉墓医书校释》（贰），成都出版社 1992 年版。

子》《六韬》释文已经公布。①

《论语》共有 620 多支简,简长 16.2 厘米,宽 0.7 厘米,两端及中间用素丝连缀,共 7576 字,约占今本《论语》的二分之一,《学而》篇最少,仅 20 字;《卫灵公》篇最多,存 694 字,是时代最早、保存文字最多的古本《论语》。简本与今本之语句、章次有一定差别,是研究汉代《鲁论》《齐论》《古论》流变的宝贵资料。《儒家者言》分《明主者有三惧》《孔子之周》《汤见祝网者》等二十七章,内容为上述商汤和周文的仁德,下记乐正子春的言行,以孔子及孔门弟子的言行为多,多为对忠、孝、礼、信等儒家道德观念的阐发,绝大部分内容散见于先秦和西汉的著作中②,使《孔子家语》"王肃伪作说"得以颠覆,是校勘《孔子家语》《说苑》的重要参考资料,对于早期儒家学术思想的研究有着重要意义。

《文子》简文有 277 枚简,约存 2790 字,未发现篇题,据今本《文子》可知,其中属于《道德》篇的竹简有 87 枚,1000 余字,另有少量文字与《道原》《精诚》《微明》《自然》中的内容相似,还有一些为传世本所无的佚文。经与传世本相比较,主要有以下几点不同:一是简本与传世本内容存在此有彼无的现象。二是简本中无"老子曰",而是平王和文子之间(即君臣之间)的问答,传世本《文子》中除极少处保留有平王问文子外,基本上改为"文子问""老子答"(即师生之间)的问答形式。③《汉志》注《文子》说:"老子弟子,与孔子并时;而称周平王问,似依托者也。"后世学者多怀疑《文子》为伪书,简本《文

---

① 相关整理情况可参见河北省文物研究所《河北定县 40 号汉墓发掘简报》,《文物》1981 年第 8 期;定县汉墓竹简整理组《定县 40 号汉墓出土竹简简介》,《文物》1981 年第 8 期;《儒家者言释文》,《文物》1981 年第 8 期;河北省文物研究所定州汉墓竹简整理小组《定州汉墓竹简·论语》,文物出版社 1997 年版;《定州西汉中山怀王墓竹简〈文子〉释文》,《文物》1995 年第 12 期;《定州西汉中山怀王墓竹简〈文子〉校勘记》,《文物》1995 年第 12 期;《定州西汉中山怀王墓竹简〈文子〉的整理和意义》,《文物》1995 年第 12 期;《定州西汉中山怀王墓竹简〈六韬〉释文及校注》,《文物》2001 年第 5 期;裘锡圭:《马王堆三号汉墓"养生方"简文释读琐议》,《湖南考古辑刊》第 4 辑,1987 年,第 132—136 页;李零《马王堆房中术研究》,《文史》第 35 辑,中华书局 1992 年版。

② 何直刚:《〈儒家者言〉略说》,《文物》1981 年第 8 期。

③ 河北省文物研究所定州汉墓竹简整理小组:《定州西汉中山怀王墓竹简〈文子〉的整理和意义》,《文物》1995 年第 12 期。

子》简的出土，使《文子》得以部分恢复其本来面目，证明今本《文子》原非伪本①，有助于重新审视《文子》与《淮南子》之间的关系。

《六韬》共144支简，计1402字，篇题13个，最多的一简有20个字（简号2263），最少的仅保留有1个字（简号1634）。这些竹简上有许多"文王、武王问，太公曰"字样，与今《六韬》内容相同或近似。竹简《六韬》的成书要早于秦汉之际，其内容比今本《六韬》丰富，竹简《六韬》的面世，不仅纠正了《六韬》伪书说，同时也为我们研究太公的思想，提供了珍贵的第一手材料。②《太公》发现篇题13个，有的见于传本，但多数为佚文，简文内容比有关太公书的内容要丰富得多。《哀公问五义》部分内容见于《荀子》《大戴礼记》，《保傅传》内容与《大戴礼记》《新书》有关，《六安王朝五凤二年正月起居记》记述六安国缪王刘定到长安入朝所见所闻，详于沿途地名及路程里数。《日书·占卜》因残损过多难以通读。这些竹简的释文均尚未发表。

学者围绕简本《论语》的性质问题展开了激烈的讨论，有《齐论》说③、《鲁论》说④、《古论》说⑤或早于《古论》《齐论》《鲁论》的另一种《论语》⑥等不同的说法。《儒家者言》和《孔子家语》的关系分歧较多，李学勤先生认为《儒家者言》应是《孔子家语》的原型⑦，杨朝明先生进而认为《孔子家语》的伪书案可以终结。⑧宁镇疆先生持反对意见，他说《儒家者言》不能完全解决《孔子家语》的真伪悬案，反而更能说明《说苑》的价值所在，简文的性质应该是介于《说苑》和《孔子

---

① 定县汉墓竹简整理组：《定县40号汉墓出土竹简简介》，《文物》1981年第8期。

② 河北省文物研究所定州汉墓竹简整理小组：《定州西汉中山怀王墓竹简〈六韬〉的整理及其意义》，《文物》2001年第5期。

③ 李学勤：《八角廊汉简儒书小议》，《简帛佚籍与学术史》，江西教育出版社2001年版，第391页。

④ 河北省文物研究所定州汉墓竹简整理小组：《定州汉墓竹简〈论语〉·刘来成〈定州汉墓竹简《论语》介绍〉》，文物出版社1997年版，第4页。

⑤ 孙善钦：《四部要籍注疏丛刊本〈论语〉》"前言"，中华书局1998年版，第4页。

⑥ 陈东：《关于定州汉墓竹简〈论语〉的几个问题》，《孔子研究》2003年第2期。

⑦ 李学勤：《八角廊汉简儒书小议》，《简帛佚籍与学术史》，江西教育出版社2001年版，第391页。

⑧ 杨朝明：《孔子家语通解》，（台北）万卷楼图书股份有限公司2005年版，第3—7页。

家语》之间。① 简本《儒家者言》的出土，证明今本《孔子家语》并非伪书，但《孔子家语》有窜改本、合编本、增补本等不同说法，其成书过程仍然需要进一步澄清。

十三　安徽阜阳双古堆简牍

1977 年，安徽阜阳双古堆一号汉墓出土简牍 6000 余枚，字体为古隶，书写风格各异。阜阳汉墓曾被盗扰，上部塌陷，竹简经受挤压与水解，扭曲散断，互相叠压，粘连成片，残损严重，经整理，有《诗经》《仓颉篇》《刑德》《万物》《日书》《年表》《周易》《行气》《辞赋》《相狗经》《大事记》《作务员程》《杂方》等十余种古籍。墓主为汉汝阴侯夏侯灶，死于汉文帝十五年（公元前 165 年），因此阜阳汉简的下限不会晚于这一年，竹简古籍的成书年代当更早。其中《诗经》《周易》《仓颉》《万物》等释文已经公布。②

《诗经》简残存 170 余支，长短不一，残简的文字大小不一，疏密也有很大的不同。整理者认为是抄写者为满足一简写完一章的书写格式，而章与章之间的字数多少不同所致。③ 和今本《诗经》对照，存有《国风》《小雅》两种。《国风》65 首，有《周南》《召南》《邶》《庸乃》《卫》《王》《郑》《齐》《魏》《唐》《秦》《陈》《曹》

---

① 宁镇疆：《八角廊汉简〈儒家者言〉与〈孔子家语〉相关章次疏证》，《古籍整理研究学刊》2004 年第 5 期。

② 其整理情况，可参见安徽省文物工作队、阜阳地区博物馆、阜阳县文化局《阜阳双古堆西汉汝阴侯墓发掘简报》，《文物》1978 年第 8 期；阜阳汉简整理组《阜阳汉简简介》，《文物》1983 年第 2 期；《阜阳汉简〈仓颉篇〉》，《文物》1983 年第 2 期；《阜阳汉简〈诗经〉》，《文物》1984 年第 8 期；胡平生、韩自强《〈仓颉篇〉的初步研究》，《文物》1983 年第 2 期；胡平生、韩自强《阜阳汉简〈诗经〉研究》，上海古籍出版社 1988 年版；阜阳汉简整理组《阜阳汉简〈万物〉》；胡平生、韩自强《〈万物〉略说》，《文物》1988 年第 4 期；韩自强《阜阳汉简〈周易〉研究》，上海古籍出版社 2004 年版；胡平生《阜阳双古堆汉简与〈孔子家语〉》，《国学研究》2000 年版，第 7 卷。

③ 胡平生：《〈阜阳汉简·诗经〉简册形制及书写格式之蠡测》，国家文物局古文献研究室《出土文献研究续集》，文物出版社 1989 年版。

《幽》等，未见《桧风》，有的仅存篇名。《小雅》仅存《鹿鸣之什》中四首诗的残句。每首诗后有篇题"此右某诗若干字"，某一国风后题"右方某国"①。阜阳《诗经》有大量的异文，简序与《毛诗》及三家《诗》也有不同，整理者认为它不属于汉代四家《诗》中的任何一家，是目前所知最早的《诗经》写本。②《诗经》残简"后妃献""风（讽）君"等语，与《毛诗序》较为接近，对于梳理《毛诗序》写作年代有重要价值。

《周易》752 支简，简宽 0.5 厘米，长 15.5 厘米，存 23 字。它收有今本《易经》六十四卦中的四十多卦，其书写格式为，每卦的卦画写在简的上端，下空一个字的位置再写卦名，然后写卦辞、爻辞、卜辞。卜辞写完后用圆墨点隔开，在卜问事项前加一个"卜"字，以区别卜辞和卦辞、爻辞，有时也不加。与今本《易经》相比，存有不少异文，大多为通假字。

《仓颉》现存最长的一条简尚有 18.6 厘米，原简当在 25 厘米左右，三道编绳，内容包括《仓颉》《爰历》《博学》三篇，四字为句，每章一韵到底。现存文字约 541 个，是《仓颉》亡佚近千年后一次重要的发现。

阜阳汉墓中出土三块木牍，一块较完整，两块已残损，所记皆为书籍篇题。1 号木牍较为完整，正反两面各分三行书写，存篇题 46 个，内容多与孔子及其门人有关，如"子曰北方有兽""孔子临河而叹""卫人醢子路"，等等，是单独的一种书，澄清了《孔子家语》为王肃伪作的说法，对于研究西汉初年的学术发展具有重要的意义。③ 2 号木牍两面书写，保存篇题 20 多个，如"晋平公使叔乡聘于吴""吴人入郢""赵襄子饮酒五日"，多为春秋故事，见于《说苑》《新序》。3 号木牍单面书写，篇题较短，如"乐论""智（知）遇""颂学"等，整理者推测与《荀子》等儒家学派有关。

《庄子·杂篇》原无书名、篇名，8 支简，其中 1 支见传世本《庄

① 胡平生、韩自强：《阜阳汉简诗经研究》，上海古籍出版社 1988 年版。

② 胡平生、韩自强：《阜阳汉简〈诗经〉简论》，《文物》1984 年第 8 期。

③ 安徽省文物工作队、阜阳地区博物馆、阜阳县文化局：《阜阳双古堆西汉汝阴侯墓发掘简报》，《文物》1978 年第 8 期。

子·则阳》），1 支见《让王》，其余 6 支见于《外物》。简文与传世本文字出入较大，而简本较传世本精练简洁，简文的出土对研究《庄子》的成书年代有较大的意义。① 阜阳汉简还存有两枚《楚辞》残简，一枚是《离骚》第四句"惟庚寅吾以降"中的"寅吾以降"四字，一枚是《九章·涉江》"船容与而不进兮，淹回水而凝滞"中"不进旖奄回水"六字，是今天能够看到的 2100 多年前屈原作品的最早写本。②

《万物》涉及矿物、动物及植物类药物 70 余种，内容较杂，大体可归为两类：一类是医药卫生方面，如关于各种药物的效用，各种疾病的成因及与神仙家相关的内容；一类是物理、物性方面的内容，《万物》成书时间可能是战国或更早的春秋时期，它对于每一味药物的记载还不是药名、性味、主治、产地均齐全③，它比《神农本草经》早 400 多年，是目前所知最早的本草性质著作。此外，简文中还提到一些可能与金、银类药物有关的内容，或与炼丹术有关。阜阳汉简《行气》出土时严重残损，所存残简数量也不多。从残存文字来看，其内容主要是讲行气的功能与方法等。

《年表》出现了今王、今公的称号，叙事上起西周共和行政前后，下至秦始皇统一中国之前，包括两种性质不同的简册，是汲冢竹书以后较为重要的纪年材料，可惜断残严重。《作务员程》残简 200 多支，句与句之间用圆点、钩号或空白间隔。《天文历占》包括《日书》《刑德》《五星》《天历》《星占》《楚月》《干支》《朔闰表》等，《算术书》残片可与《九章算术》卷四《少广》、卷六《均输》相合。它奠定了中国古代数学发展的基础，系统地总结了秦和秦以前的数学成就，对另一部数学巨著《九章算术》的产生有着直接的影响。它开创了以计算为中心的问题集的编撰体例，并成为中国古代数学著作的传统。④

阜阳汉简中亦保存有《吕氏春秋》的部分内容，《相狗经》残简虽

---

① 韩自强、韩朝：《阜阳出土的〈庄子·杂篇〉汉简》，《道家文化研究》第 18 辑，生活·读书·新知三联书店 2000 年版，第 10—14 页。

② 阜阳汉简整理组：《阜阳汉简〈楚辞〉》，《中国韵文学刊》1987 年第 1 期。

③ 宋迎春：《阜阳汉简发现、整理与研究综述》，《阜阳师范学院学报》2006 年第 1 期。

④ 彭浩：《中国最早的数学著作〈算数书〉》，《文物》2000 年第 9 期。

多，但较短，词义不易读懂，《大事记》则多集中在秦始皇即位之后到汉初的几十年间。由于释文尚未发表，相关介绍可参看胡平生、李天虹的《长江流域出土简牍及研究》① 等。

十四 青海大通县上孙家寨
《孙子兵法》佚文

1979 年，青海大通县上孙家寨 115 号西汉晚期墓出土一批木简，简长 25 厘米，宽 1 厘米左右，厚约 0.2 厘米，木质经鉴定为云杉属，墨书隶体，每简 20—40 字不等，共 400 支简，大多数已经残断。根据简的形制、字体和内容，可分为四种，相关释文已经公布。② 简文内容主要有部曲（军队编制）、操典（操练法规）、军队标志和军功爵级、赏赐制度及行杀、处罚等规定。与《尉缭子》内容大体相同，但字句不尽相同。简文中的《孙子兵法》，有的内容在以前未曾发现过，是这次新发现的《孙子》佚文。③

朱国炤认为上孙家寨木简有一支简文就明确提到"孙子曰：夫十三篇……"，这比银雀山竹简记载的还要明确，肯定了《史记》所谈到的"孙武有兵法十三篇"是完全有根据的。这批木简的出土还提供了一批《孙子兵法》的重要佚文，从中可以看到，《汉书·艺文志》所提到的《吴孙子兵法》八十二篇、图九卷不是没有根据的。④ 李学勤先生认为，竹简本《孙子》是《吴孙子兵法》八十二篇的前身。⑤ 李零解释说竹简

---

① 我们对阜阳汉简的介绍，参考了胡、李两位先生的意见，参见胡平生、李天虹《长江流域出土简牍及研究》，湖北教育出版社 2004 年版，第 507—543 页。

② 国家文物局古文献研究室、大通上孙家寨汉简整理小组：《大通上孙家寨汉简释文》，《文物》1981 年第 2 期。

③ 青海省文物考古工作队（刘万云执笔）：《青海大通县上孙家寨一一五号汉墓》，《文物》1981 年第 2 期。

④ 朱国炤：《上孙家寨木简初探》，《文物》1981 年第 2 期。

⑤ 李学勤：《〈孙子〉篇题木牍与佚文》，《孙子学刊》1992 年第 4 期。

本与今本《孙子》十三篇的关系，很像《孟子》书的内、外篇。[①] 总之，竹简本《孙子》佚文的出现，对于梳理《孙子兵法》的成书及了解汉代以前的军事制度，具有重要的价值。

十五　湖北江陵张家山汉简

　　1983 年，湖北江陵张家山二四七号汉墓出土竹简 1787 枚，简长 30—33 厘米，宽 0.6—0.7 厘米，编绳三道，竹黄面写正文，竹青面写篇题，各简字数不一，最多者 40 余字，内容包括汉律、《奏谳书》、《盖庐》、《脉书》、《引书》、《算数书》、《日书》、历谱、遣册等，内涵十分丰富，墓葬年代是吕后二年（公元前 186 年），2001 年 11 月文物出版社出版了《张家山汉墓竹简》（二四七号墓）的全部图版与释文。[②]

　　《盖庐》共有竹简 55 支，简长 30—30.5 厘米，篇题写于末简背面，以墨点作为分章号，全书共九章，各章采用盖庐提问、伍子胥回答的形式，盖庐即吴国君主阖闾，实际上阐发的是伍子胥的军事思想。《盖庐》在讲述治国用兵之道时，强调天时、阴阳、刑德、五行之道，具有浓厚的兵阴阳家色彩，属于《汉书·艺文志》兵阴阳家。[③] 在《汉志》所记"兵阴阳"类著述亡佚的情况下，《盖庐》对于重新审视早期兵阴阳家的军事思想，具有重要的学术价值。

　　《算数书》190 支简，分 69 章，篇题写于首简背面，有的简末端写有"王已雠""杨已雠"字样。与《九章算术》相似，《算数书》把算题分门别类归于每章之中，并说明其求解方法，但比《九章算术》至少要早一个半世纪。《算数书》不仅是我国目前发现最早的数学著作，而且很多章节与社会经济生活紧密相关，包含了物价、关税、地租、信贷等诸方面的内容，反映了汉初至秦代甚至是战国时期社会经济发展情况，其史料价

---

　　① 李零：《青海大通县上孙家寨汉简性质小议》，《考古》1983 年第 6 期。
　　② 后有所修订，参见张家山二四七号汉墓竹简整理小组编《张家山汉墓竹简［二四七号墓]》（释文修订本），文物出版社 2006 年版。
　　③ 李学勤：《失落的文明》，上海文艺出版社 1997 年版，第 412 页。

值弥足珍贵。

《脉书》是一部医学著作，66支简，简长34.2—34.6厘米，篇题写于简背，全书内容分为两部分：一是按人体从上至下的顺序，叙述各种疾病名称60余种；二是人体经脉走向及所主的病症等。马王堆帛书《脉书》内容有缺失，而张家山汉简《脉书》与之内容相近，张家山汉简《脉书》的发现使帛书《脉书》内容得以补足。《引书》简112支，简长30—30.5厘米，篇题写于第一简简背。《引书》是对导引术的文字解说，由三部分组成：一是阐述四季的养生之道；二是记载导引术名称、动作要领及治疗疾病的方法；三是导引术对疾病的预防，从理论上说明导引养生的意义。马王堆帛书《导引图》，正是这种导引术的图解。

《盗跖》出土于张家山一三六号墓，年代约在汉文帝前元七年至十三年，44支简，简长30厘米，宽0.5厘米，以简文与传世本《庄子·盗跖》相比较，仅为传世本《盗跖》篇的第一章。今本《盗跖》篇虽非《盗跖》篇原貌，但至少说明《庄子》"杂篇"的成书时代也是相当早的。①

十六　武威旱滩坡汉简医书

1972年11月，武威县柏树公社下五畦大队在旱滩坡兴修水利工程时，发现一处东汉墓葬，出土78支木简、牍14枚。其中完整简约60支，少数残损严重，简长23—23.4厘米，每简墨书一行，书体为隶书，背面无字，亦无编号。简文中有"｜"或"·"形状的符号，或最后一行"也"字末笔拖长加重，起断句和分章的作用。根据竹简宽窄和契口痕迹，可分为两组，甲组简宽约1厘米，现存41支，每简容字35字左右，编绳三道，契口为三角形，木简呈深褐色，残损严重，有空白简两支，整理者认为是册首的"扉页"，或称"赘简"。乙组简现存36支，简宽0.5厘米，每简容字37字左右，编绳三道，除两支简在编联处有三角形契口

---

① 廖名春：《〈庄子·盗跖篇〉探源》，《文史》第45辑，中华书局1998年版。

外，其余 34 枚均无契口。竹简为浅黄色，墨迹清晰，保存良好。乙组简篇末有一尾题"右治百病方"。

这批简牍记载的内容是治疗疾病的医方，每一条目列药方名、疾病名称、症状、药物名、用药剂量、服药方法、针灸穴位、治疗禁忌等，共有医方 30 多个，涉及针灸科、内科、外科、五官科和妇科等，方剂中所列药物有 100 余种，其中 20 余种为《神农本草经》《名医别录》等书所无，也有对疾病理疗理论的阐发，对于研究汉代乃至我国古代医学发展水平，提供了宝贵的实物资料。[①]

张骞出使西域后引入的药物，简中均不见，这说明这批医药简保存着汉代早期的医学遗产。根据墓葬形制及随葬品的特征，推测武威医简墓大约在光武帝或稍后的明、章帝时期，距今 1900 余年。[②] 我国最早的医方书是张仲景的《伤寒杂病论》，但其书已经亡佚，目前的传本为后人缀辑而成，武威医简出土的意义，在于为我们提供了未经后人修改的古代医方文献的原貌，是研究汉代简册制度的珍贵实物例证。

十七　尹湾汉简《神乌赋》

1993 年 3 月，《神乌赋》出土于江苏省连云港市东海县尹湾村 6 号西汉墓，由编号为 113—134 的 21 支竹简组成，长 23 厘米，篇题简 1 支，正文简 18 支，素面简 1 支，另有一支简文字漫漶不清，下部有双行小字："□（廿八）书佐□胸病兰陵游徼□□故襄□（功曹掾）□□"，疑为赋的作者或传抄者的姓名、郡望、官职。[③] 文中多处引用《诗经》《论语》《孝经》文句，可见作者谙熟儒家经典，裘锡圭先生认为"作者是一个层次较低的知识分子，而且是在民间口头文学的强烈影响下创作此赋的"[④]，

---

① 以上参见甘肃省博物馆、武威县文化馆合编《武威汉代医简》，文物出版社 1975 年版。

② 甘肃省博物馆、甘肃省武威县文化馆：《武威旱滩坡汉墓发掘简报——出土大批医药简牍》，《文物》1973 年第 12 期。

③ 连云港市博物馆等：《尹湾汉墓简牍》，中华书局 1997 年版，第 150 页。

④ 裘锡圭：《神乌赋初探》，《文物》1997 年第 1 期。

竹简释文及图版已经公布。①

　　《神乌赋》采用对话体叙述了一则寓言故事：雌雄双乌春日筑巢，盗乌偷盗其筑巢材料，雌乌发现后与盗乌搏斗，结果雌乌受重伤而危在旦夕，雄乌决心殉情。雌乌不同意雄乌的做法，要求它迅速离开，希望它能和未来的伴侣好好照顾自己的儿子。雄乌无可奈何，高翔而去。乌一般是先筑巢后孵卵生子，雌雄双乌筑巢未成，估计儿子尚未降生。雌乌嘱咐雄乌照顾好自己的儿子，雄乌高翔而去时，文中亦未说带着它们的儿子，我们怀疑这则故事构思本身存有内在的矛盾。结尾"传曰"总结全篇，主张人生在世，要效法凤凰高翔、蛟龙深藏，以隐遁求得自身安宁。《神乌赋》主旨似乎不在于描绘自然界真实的场景，而在于表达作者对人间的以强凌弱现象的斥责，结尾"传曰"蕴含着作者对人生遭际、社会现实无可奈何的感叹。

　　《神乌赋》句式以四言为主，韵律较为整齐，语言朴素简洁，不讲究辞藻铺陈，文体属于汉代俗赋。尹湾汉墓存有王莽新朝所制货币，同墓所出简牍上有"永始""元延"等明确纪年，《神乌赋》的成书时间当在西汉晚期，程毅中说尹湾汉简《神乌赋》的出土，进一步证明了俗赋体文学的历史悠久和形式多样，尤其在题材上有叙说故事的传统，加以敦煌汉简中韩朋故事的发现，把敦煌俗文学的渊源推前了五六百年。②《神乌赋》和三国曹植《燕雀赋》内容很相似，但比曹植《燕雀赋》早了 200 多年，它的发现使俗赋的历史提前至汉代。③《汉书·艺文志》著录 894 篇赋，今多亡佚，《神乌赋》的发现，对于重新认识汉赋，尤其是民间汉赋的源流，具有重要的学术意义。

---

　　① 连云港市博物馆：《尹湾汉墓简牍释文选·神乌赋》，《文物》1996 年第 8 期；《尹湾汉墓简牍》，中华书局 1997 年版。

　　② 程毅中：《再论敦煌俗赋的渊源》，郝春文主编《敦煌文献论集》，辽宁人民出版社 2001 年版，第 253—254 页。

　　③ 滕昭宗：《尹湾汉墓简牍概述》及《尹湾汉墓简牍释文选》，《文物》1996 年第 8 期，又见《尹湾汉墓简牍》，中华书局 1997 年版。

十八　武威汉简《仪礼》

　　1959 年，甘肃省武威磨嘴子 6 号汉墓中出土竹简 480 支，其中《仪礼》简 469 支，整理者将《仪礼》简分为甲、乙、丙三组，甲组 398 支简，缺失 24 简，简长 55.5—56 厘米，宽 0.75 厘米，包括《士相见礼》《服传》《特牲》《少牢》《有司》《燕礼》《泰射》七篇，字大简宽，无书题，但有篇题，每篇标有序号；《仪礼》乙组 37 支简，简长 50.05 厘米，宽 0.5 厘米，为《服传》一篇，字小简窄，篇题写在卷首第一、二简简背；《仪礼》丙组 34 支简，简长 56.5 厘米，宽 0.9 厘米，为《丧服》一篇，篇末计字数"凡千四百七十二"，但实存 1285 字。甲、乙组为木简，丙组为竹简，甲、乙本是《服传》，丙本是《丧服》经记，三本内容有所不同。1964 年，文物出版社出版《武威汉简》一书，公布了这批简牍资料的图片及释文。

　　《仪礼》简保存完好，墨迹如新，它抄写于西汉晚期，不同于大、小戴氏家法的庆氏本或后氏本，是一部未被郑玄打乱师法家法以前的今文本子。通过对简文和今本的比较研究，使我们了解《服传》《丧服》中经文、纪文、传文三部分的演变过程，同时还为研究汉代经学和《仪礼》的版本、校勘及简册制度，提供了重要的实物资料。[①]

十九　北京大学所藏西汉竹书

　　2009 年初，北京大学抢救收藏一批流失海外的西汉竹书，总数达 3300 多支，竹简宽度 0.5—1.5 厘米，长度 10 多厘米至 50 多厘米不等。竹简保存情况良好，表面呈褐色，墨迹清晰，字体为隶书，抄写非常工整，至少有七八种不同的风格，各具特色，堪称汉代隶书中的

---

　　① 甘肃省博物馆、中国科学院考古研究所编：《武威汉简》，文物出版社 1964 年版。

精品。

北大西汉竹书属古代书籍，不见簿籍、律令和公文等官府文书，不见遣策书信等私人文书。竹书中没有儒家书籍，此次发现的《老子》古本，缀合、编联后211支整简，残简10支。简长32厘米左右，宽约0.8厘米，三道编绳。满简书写为28—29字。全书5200多字，仅缺少一两支简，有《老子上经》和《老子下经》的篇题，分别对应今本《德经》和《道经》，"这种命名方式，在《老子》古本中首次发现"。竹书分为七十七章，每章另起一简书写，有圆形墨点作为分章提示符号。通过简背刻划线，可知竹书《上经》《下经》之内章序，与传世本基本一致，比以前发现的版本——马王堆帛书本、郭店楚简本更完整，是探讨《老子》分章最原始、最齐全的资料。

竹书中还收有《仓颉》，此书自宋代以后已亡佚，近代以来出土的汉代简牍中只保存了一些零星的片段，双古堆汉简《仓颉》保存字数最多，也仅有541字，此次发现的竹书《仓颉》保存了1337个完整的文字（包含重复字），是迄今所知的存字最多的古本。《仓颉》存简53支，简长33.3厘米左右，宽约0.9厘米，三道编绳。竹书四字为一句，两句押韵，朗朗上口，便于讽诵。整理者按照韵部，做了分类整理。其中大多数为首次发现，对于汉字发展史的研究，尤其是考察汉隶的字形特征，是极为宝贵的资料。

《周训》存简206支，简长30.5厘米左右，宽约0.8厘米，三道编绳。自带篇题，篇末云"大凡六千"，可知其字数在6000字左右。竹书采用周昭文公训诫共太子的形式，讲述历代君主治国之道。上自传说中的尧舜，下至秦献公，简文宣扬的尊贤、爱民、纳谏之道，都是治国经验的宝贵总结。整理者认为，汉简《周训》即是《汉志》著录的早已经亡佚的《周训》，为战国时期道家学派的著作。

《赵正书》存简52支，简长30.3厘米，宽约0.8厘米，三道编绳。自带篇题，满简书写为29字左右。"赵正"，即秦始皇。竹书记载秦始皇与李斯等人的对话，以及李斯被害前的陈词，其与传世文献最大的不同，是胡亥继位得到秦始皇的认可，而非李斯、赵高等人篡改密诏。嫡长子继承制，作为古代礼制的核心内容，已经深入人心。而关于立胡亥的原因，简文李斯说"今道远而诏期群臣，恐大臣之有谋"，用"道远""大臣有谋"搪塞，恐不可信，当以《史记》为是。

《儒家说丛》存简 11 支，简长 30.1 厘米左右，宽 0.8 厘米。竹书内容与《晏子春秋》《说苑》《孔子家语》等文献有关，是考察汉代古书成书规律的重要资料。《阴阳家言》存简 17 支，简长 29.5 厘米左右，宽 0.9 厘米。无篇题，现在之篇题是整理者添加。竹书主要内容讲述天人感应，人君应当主动顺应天时。整理者认为，其讲灾异的段落，与银雀山汉简《人君不善之应》类似。①

《节》存简 66 支，简长约 30 厘米，宽 0.9 厘米，三道编绳。竹书自带篇题"节"，以时节为中心，讲述阴阳、刑德的法则及相关禁忌。简文分为八个时节，每节 46 日，可以与《礼记·月令》《淮南子·天文训》相互印证。

《雨书》现保存竹简 71 支，简长约 32 厘米，宽约 0.9 厘米，三道编绳。自带篇题"雨书"，满简书写为 36—39 字。竹书按照月分章，正月章首有"雨"字，其余章首有"●"。竹书反映了当时的人们对自然现象的认识水平，前半部分十二章，格式整齐，是该书的主体部分。而后半部分，章题或有或无，似带有附录性质。②

《揕（堪）舆》存简 79 支，简长约 29.4 厘米，宽 0.9 厘米，三道编绳。简背自带篇题"揕舆"，属于数术类文献。其占筮原理，是以北斗之神的雄雌二体运行规律为占。简文中令尹子春、司马子位等楚人多次出现，其与战国时期的楚国渊源极深。

《荆决》存简 33 支，自带篇题"荆决"。"荆"与"楚"同义，竹书主要内容是楚人占筮的要诀。其占筮方法，用筭三十，分为上、中、下三份，如果大于四，则以四为分；小于四，则保留。以余数为占。竹书有卦象十六种，从内容看，可以分为序说、干卦、支卦三部分。

《六博》缀合后，为 39 支简，简长 29.8 厘米，自带篇题"六博"。

① 北京大学出土文献研究所编：《北京大学藏西汉竹书（叁）》，上海古籍出版社 2015 年版，第 229 页。

② 北京大学出土文献研究所编：《北京大学藏西汉竹书（伍）》，上海古籍出版社 2014 年版，第 78 页。

竹书首先是"博局图",然后分为"亡人""行""系及会论""病""娶妇"五种卜问事项。"六博"是汉代常见的棋局游戏,竹书所记内容与尹湾汉简《博局占》、北大汉简《日书》,多可对照。

竹书中还发现了两篇汉赋作品:一为《妄稽》,缀合后为73支简,简长约31.9厘米,宽约0.9厘米,三道编绳。竹书记载士人周春,才貌双全,但娶妻丑恶,名曰"妄稽"。周春纳妾,并宠爱美妾,结果招致妄稽怨恨,多次对小妾进行辱骂和虐待。最终妄稽生病,临死前反思自己所犯的过错。"妄稽",表示无从核查,出于杜撰之意。竹书叙述了某家庭内部因妻妾矛盾而引发的故事,情节曲折,语言生动,文学性很强。整理者最初将它定义为目前所知时代最早、篇幅最长的古小说,而后发现它四字为句,在第二句末尾押韵,在正式出版时,则更正为"汉赋"。①把《妄稽》和早前出土的《神乌赋》联系起来,对于认识汉代俗赋的特征,具有重要的学术意义。

二为《反淫》,整理后统计,整简51支,简长约30.3厘米,宽约0.9厘米,满简书写为29字左右。竹书自带篇题"反淫",写在2589号简的背面。其内容假托"魂"与"魄"的对话,构思奇特、辞藻丰富,与《妄稽》体裁相同,皆为内容保存完整的汉赋。"淫"为过度,"反淫"则有反对过度之意。综观全篇,作者似乎在表达反对奢靡,倡导返璞归真的生活理想。

北大竹书还记载180多个医方的古医书,存700余支竹简,完简530余支,其内容涵盖内科、外科、妇科、儿科等多种疾病的治疗方法等,是继马王堆汉墓古医书之后最丰富的一批出土中医文献。竹书中有少数单独的药方有篇名,"秦氏方""游方""翁壹方",这些人名应该是古代名医,其中"秦氏"可能是战国名医扁鹊(秦越人)。

北大竹书"抄写年代在汉武帝后期",其中含有近20种古代文献,大致涵盖了今天的哲学、史学、文学、文字学和医学等众多学科,是目前所见战国秦汉古书类竹简中数量最大、保存质量最好的一

---

① 北京大学出土文献研究所编:《北京大学藏西汉竹书(肆)》,上海古籍出版社2015年版,第57页。

批，对于先秦史、秦汉史、古代思想史、自然科学史等研究，都有较高的学术价值。①

二十　西汉海昏侯墓简牍

2011 年 4 月，江西省文物考古研究院对南昌市西汉海昏侯墓地进行抢救性发掘，出土简牍约 5200 枚（包含残断简牍），以下简称海昏侯简牍。经学者初步观察，简牍总体上属于古代文献书籍。我们按照《汉书·艺文志》的分类，叙述如下。

1. 六艺类

（1）《诗经》

竹简约 1200 枚，编绳三道，每简 20—25 字，多数已经残断，几乎没有完简。简本《诗经》，目前所发现存字最多的西汉时期的传本。简文可分为篇目与正文两部分。篇目分栏书写，大多为四栏，20 字左右。其内容有"■诗三百五扁（篇）""颂卅扁（篇）""大雅卅一扁（篇）""国百六十扁（篇）"，《风》《雅》《颂》的篇数，与今传本《诗经》一致。但《风》《雅》《颂》十篇一组，不称"某某之什"，而直接称"某某十篇"，如"鸿雁十扁（篇）"。《国风》的分组，称"卫十扁（篇）""秦十扁（篇）""陈十扁（篇）"等。

《诗经》的篇题，多数取自首章。而简本取首章首句外，尚可见取二章一句、二章二句或三章二句等多种情形，如简本"清人在彭"，对应今本《郑风》中《清人》的首章首句。"有女同行"，对应今本《有女同车》的二章一句。竹书《诗经》总计"千七十六章"，与今本 1142 章明显不同，或许与此有关。简本篇题后有类似《诗小序》的语句，正文则是随文注解，并非对每句、每字作章句训诂。每章末尾，用圆点标记章序、句数，如"曰止曰时，筑室于兹。兹，此也。●其三，六句"。

---

① 参见郭少峰、浦峰《北大藏竹书现最完整〈老子〉》，《新京报》2009 年 11 月 6 日；《西汉竹书中发现中国最早文学作品》，《语文教学与研究》2010 年第 3 期。

（2）《礼记》类

《礼记》类文献，竹简约 300 枚，损坏情况严重，简背多见斜向刻划线。根据竹简形制、文体特征和文本内容的不同，可分为四组。甲组四道编绳，满简书写约 40 字，内容和今本《礼记》的《曲礼上》和《曲礼下》相当。

乙组三道编绳，满简书写约 26 字。其内容与今本《礼记》中的《祭义》《丧服四制》等篇相合。亦有与今本《大戴礼记》中的《曾子疾病》《曾子事父母》等篇相合者，文句与今本差异颇多。

丙组因断残过于严重，无法推知其完简长度，但其文体风格和字距与第二组近似，内容相当于今本《大戴礼记·保傅》篇，文字也多与今本相同。

丁组三道编绳，满简书写约 24 字。不用分章符号，每章另起一简抄写，用留白简表示分章。其形制、字间距和字体，亦与《论语》完全相同，在墓葬中两者羼杂在一起。其内容与今传本《礼记·中庸》《祭义》和《大戴礼记·曾子大孝》篇相合。

海昏侯简牍中，有 100 余枚简不见于《礼记》《大戴礼记》，但以讲述行礼仪式为主，包括参与者站立的位置、进退仪节、主持者的号令等，暂称之为"礼仪类简"。这类简牍，行礼的主体皆称"王"，可能是刘贺做昌邑王时所常用的礼仪。从内容、措辞看，或许是由《仪礼》等文献改编而来。

（3）《论语》

竹简数量约 500 枚，三道编绳，简背有斜向刻划线。满简书写约 24 字，不用重文、合文符号，也未见句读钩识。每章另起一简书写，没有分章符号。字体风格庄重典丽，抄写工整，似乎出自不同的抄手。竹简背面有篇题，在背面靠近上端的位置，刮去一段竹青后题写。目前发现的篇题有"雍也""子路""尧"（对应今本《尧曰》）和"智道"等。

简本《论语》，与今传本文字有较多差异。如今本"知"字，简本作"智"。今本"政"，简本作"正"。今本"能"，简本作"耐"。其他，如"室"作"窒"，"旧"作"臼"，"焉"作"安"，语气词"与（欤）"作"耶"等。用字习惯也不尽同，如今本"如"，简本多作"若"。今本"佞"，简本或作"年"。简本《论语》中保存了"智（知）道"篇题，加之文字的歧异，学者或怀疑它与今本《论语》的源头《鲁论》分属于不同的系统，可能是《汉书·艺文志》所载的《齐论》①。《论语》有《古论》《鲁论》《齐论》等不同系统，今传《论语》是三种系统的合编本。学者初步确定海昏侯《论语》为《齐论》，对于廓清三种《论语》之间的区别，考察早期《论语》学史的传流，无疑具有重要的学术意义。

（4）《春秋》

《春秋》竹简数量 200 余枚，损坏严重，无一支完简。文字大多漫漶不清，很难辨识。从目前可辨识的简 40 余枚看，其内容是《春秋》僖公经传。简文内容不见于《左传》《穀梁传》，学者或怀疑当是《公羊传》。

（5）《孝经》类

《孝经》类文献，存简数量 600 余枚，均残损严重。《孝经·圣治》章说：“君子则不然，言思可道，行思可乐，德义可尊。”简本作：“思可道者，言也；行思可乐者，志也；德义可尊者，□也。”从内容看，明显是对《孝经》经文的解说。文字内容中，“孝”“亲”“兄弟”高频率出现。其行文结构，采取一问一答的形式，如“何若则可谓孝? 曰：事……”在《孝经》的基础上融入了更多的诠释成分。《孟子外书》有《说孝经》，学者怀疑“似非孟子本真，后世依放而托之者”，竹书可能属于此类文献。

2. 诸子类

诸子类文献，现存竹简 50 多枚，两道编绳，满简书写约 32 字。竹书保存状况良好，字迹较为清晰。其内容以周、秦展开对比，西周用义治天下，国祚六七百年，而秦以毒刑骇法，荼毒百姓，结果是“二世而刑亡天下”。竹书最终结论是以仁义治理天下，偃武行文，轻徭薄赋。其学说符合西汉初年的政治形势，与贾谊等学者的主张近似。

3. 诗赋类

诗赋类文献，现存竹简数量 200 余枚，完简较少。经初步释读，目前可确知有两篇汉赋：一是《子虚赋》。保存竹简数量十余枚，损坏严重，目前可释读者仅 3 枚。其内容与《史记》《汉书》引文近似。二是《葬赋》（暂定名）。竹简数量 20 余枚，两道编绳，满简书写 30 余字。《葬

---

① 杨军等：《西汉海昏侯刘贺墓出土〈论语·知道〉简初探》，《文物》2016 年第 12 期。

赋》围绕生病、下葬、吊唁、哭丧、祭祀等相关内容展开，多次出现"君侯""侯"及"夫人"字样，表现手法曲折隐晦。是否与刘贺由"帝"贬为"侯"，不得意离世有关，尚需进一步考察。简本《子虚赋》《葬赋》与银雀山汉简《唐勒》、尹湾汉简《神乌赋》及北大汉简《反淫》，为汉代赋学史研究，提供了更多的材料佐证。

4. 六博

"六博"，即棋谱类简牍，数量1000余枚，两道编绳。书写字体三种以上，不是出自同一抄手。竹简残断严重，完简较少。竹书有篇题，以"青""白"代指对阵双方棋子。其内容讲述行棋布阵之道，末尾圆点后均有"青不胜"或"白不胜"等对输赢结果的判定。它所讲述的棋谱之术，可与《西京杂记》"行棋口诀"、尹湾汉简《博局占》、北大汉简《六博》等相参看。

5. 数术类

数术类竹简180余枚，两道编绳，满简书写35字左右。竹书内容格式分为四部分：一是讲卦，解释某卦是由哪个下卦和哪个上卦构成，用"某卦，某也"作为起始，简单解释该卦之义；二是讲象，以"某方多少饺，某方多少干支"来裁定吉凶；三是标注此卦，在《易经》上经或下经中位置；四是择日，一般作四时孟仲季吉凶或某月吉凶。另外，简文也以卦象，和姓氏相配。此数术类竹书，是以《周易》为基础，生发出来的汉代易学占筮系统。

6. 方技类

方技类竹书，竹简数量约200枚。其内容以"房中""养生""医方"为主。马王堆帛书《天下至道谈》记述为"八道"，"房中简"在其基础上增加"虚""实"两道，而成为"十道"。"养生简"借"容成氏"之口，阐发"贵人居处安乐饮食"之术。"医方简"保存了部分方名，其中有祛除蛊虫的治疗方法。①

---

① 由于海昏侯简牍尚未正式发表，我们对简文内容的介绍，借鉴了朱凤瀚等学者的研究成果。参见江西省文物考古研究院、北京大学出土文献研究所、荆州文物保护中心《江西南昌西汉海昏侯刘贺墓出土简牍》，《文物》2018年第11期。

二十一　湖北荆州夏家台墓地出土战国楚简

2014 年 8 月 16 日至 2015 年 8 月 13 日，荆州博物馆对刘家台与夏家台墓地进行了抢救性发掘，共发掘战国墓葬 350 座，出土随葬器物 3058 件（套），其中陶器 1797 件，铜器 398 件，竹简 400 余枚，漆木器 375 件，玉石制品 30 件，丝织品 3 件（套），皮革制品 3 件（套），其他有文物、标本 32 件（鹿角 17 件、腌制鲤鱼 15 尾）等。其中夏家台 M106 出土战国楚简 400 余枚（含残片），内容为《诗经·邶风》十四篇、《尚书·吕刑》篇和《日书》①。

《诗经》与《尚书》，是中国传统文化中最为核心的文本。清华大学藏战国竹简中有《尚书》，而无《诗经》。安徽大学藏战国竹简中有《诗经》，却无《尚书》。南方楚地夏家台墓地中《诗经》与《尚书》同时出土，对于我们了解战国时期文献典籍的传播，梳理楚国繁盛的文化景象，具有特别重要意义。我们期待相关墓葬信息及竹书内容，能尽早向社会公布、出版。

二十二　安徽大学藏战国竹简

2015 年初，安徽大学出土文献与中国古代文明研究协同创新中心入藏一批战国时期竹简（以下简称安大简）。竹书保存状况良好，完简较多，涉及《诗经》《曹沫之阵》等重要内容，大多属于古代文献典籍。经黄德宽等学者初步整理，竹简总数为 1167 枚，形制不一，最短的简约 21.3 厘米，最长的简约 48.5 厘米，简宽 0.4—0.8 厘米。现根据竹简内容，分别叙述如下。

---

① 相关简牍发掘信息，参见田勇、王明钦《湖北荆州刘家台与夏家台墓地发现大批战国墓葬》，《中国文物报》2016 年 4 月 8 日。

1. 《诗经》

《诗经》是这批竹简中最长的一类，完简简长 48.5 厘米，简宽 0.6 厘米，三道编绳，满简书写 30—40 字。竹简背面有刻划线，简首尾有留白。竹简正面下端有编号，自第 1 号至第 117 号，除去少量残缺，实际存简 97 枚。各篇诗无篇题，连续抄写，中间以墨点作为分篇符号。竹书内容为《诗经》的《国风》，如"《周南》十又一""《召南》十又四""《侯》六""《鄘》九""《魏》九（实际十篇）"等，共计 58 篇。简本《诗经·国风》先后顺序，与今传本有所不同。各国《国风》所属篇目及数量与《毛诗》也不一致，且存在大量异文。其中最引人瞩目的，是《侯风》所属六篇诗，在今传本《毛诗》中归入《魏风》，而《魏风》除首篇《葛屦》外，其余九篇归入《毛诗》中的《唐风》。相关研究成果，可参看徐在国《安徽大学藏战国竹简〈诗经〉诗序与异文》等。①

2. 楚史类

依据竹简形制、字体书写风格，楚史类竹简大致可分为两组。

第一组完简有 300 多枚，保存较好。简长 34 厘米，宽 0.6 厘米，三道编绳，简首、简尾有留白，满简书写为 27—30 字。简背有刻划线、编号，编号可分为若干组。竹书从"颛顼生老童"讲起，至楚（献）惠王"白公起祸"，叙述楚先祖及熊丽以下至惠王时期各王的继位次第及重大历史事件，可以说是一部较为完整的楚国通史。

第二组竹简有 140 多枚，整简简长 34.5—35 厘米，宽 0.6—0.7 厘米，三道编绳，简端有留白，以墨识符号标记分章。简文书写较为紧密，满简书写 37—40 字。整理者认为"陈子鱼内（入）陈，驿告荣，荣公见。春秋商（适）三百岁"，可能是这组简的最后一支。和第一组竹书视野局限在国内不同，第二组多记载楚国与相关国家许多重大历史事件。

3. 诸子类

诸子类文献，总体上以儒家思想为主，根据竹简性质及字体，可以分为九组。

第一组有整简 13 支，简长 43 厘米，宽 0.6 厘米，两道编绳。竹书顶

格书写，简端不留白，第1—7号简背有编号。这组简收录孔子的言论，其基本格式是"仲尼曰"，与今本《论语》和《礼记》中的"子曰"，颇有些不同。另外，第7、8、12支简背存有少量文字，似乎与正文没有直接的联系。

第二组共有33支简，简长45.2厘米，宽0.6厘米。满简书写约38字，三道编绳，简背有刻划线。简文记载孔子与子贡师生之间的对话。

第三组共有14支简，简长36厘米，宽0.75厘米，三道编绳，简端有留白。多数竹简末端，残缺1—2字。竹书以论述君子道德修养为主，强调君子要"贵位不忘贱，富则能以货分"，要"鼻俭不倦""慎独""敬信"等。"慎独"一语的出现，无疑又将成为今后研究的热点内容。

第四组共有10支简，其中整简6支，简长46.9厘米，宽0.6厘米，满简书写35—41字。竹书三道编绳，简端有留白，简背有刻划线。简文以"昔三代圣王禹汤文武"以及受（纣）、晋平公、宋景公等正反对比，以"圣人乐义而美利"，反讽"今人之所美与其所乐各异"。

第五组共有32支简，完简3支，其余为残简。简长28厘米，宽0.5厘米，满简书写22—23字。两道编绳。竹书以君子与小人的对比展开，"君子日自新，而小人日自厌"，强调君子之行为规范的重要性。

第六组共有7支简，整简2支，其余为残简。简长约44.2厘米，宽0.5厘米，三道编绳。满简书写34—36字。竹书强调天地、民人、四时古今不变，"日月星辰不改行，然而古富今贫，古治今乱"，其根源在于当今社会"失本正"之故。

第七组共有29支简，整简20支，其余为残简。简长46.3—47.5厘米，宽0.7—0.8厘米。简首尾为圆头，字皆顶头，简端没有留白，满简书写31—33字，三道编绳。竹书以历代圣王，如尧、舜、禹、汤、文、武、秦穆、齐桓、晋文、勾践、阖闾等，论述"辅王之道"。齐桓、晋文、勾践、阖闾属于"霸道"，简文所构建的圣王系统，与儒家并不完全一致。简背存有少量文字，与正文似乎无直接关联。

第八组竹简约60支，整简9支，简长44.2厘米，宽0.6厘米，三道编绳。简首尾留白，满简书写27字。简背有顺序编号，似为两组。竹书记载周公与申徒狄之间的对话，"申徒狄"之"狄"，作"易"，或称

"易也"。申徒狄的最终结局，"因怀（踏），退，自投于河"，与《庄子·外物》"申徒狄因以踏河"大致吻合。竹书所记内容，与信阳长台关竹书当属于同一篇文献，其保存的状况，要比长台关简好一些。关于长台关竹书的学派属性，学界有儒、墨等不同争议。从竹书整体为儒家典籍看，长台关竹书属于儒家学派的可能性似乎更大一些。

第九组共有 78 支简，其中整简约 40 支。简长 48.4 厘米，宽 0.6 厘米，满简书写约 40 字。三道编绳，简端有留白。简文与上博简《曹沫之阵》同属于一篇文献，个别词语略有不同。过去我们指出上博简《曹沫之阵》为儒家学派文献①，学界对此并不认可。但安大简《曹沫之阵》的面世，或许为我们的意见增添了新的证据。

4. 楚辞类

根据竹简形制与文本内容，楚辞类文献大致可以分为两组。

第一组共有 23（或 24）支简，简长 21.3 厘米，宽 0.6 厘米。两道编绳，简端不留白，简背有刻划线，满简书写为 17—18 字。竹书以娥皇、女英怀念舜为主题，涉及苍梧、沅、澧、湘等众多地名、水名，可与《列女传》"舜陟方，死于苍梧，号曰重华。二妃死于江、湘之间"等内容相互印证。

第二组共有 27 支简，简长 33 厘米，宽 0.5 厘米，三道编绳，简背有编号。简文作者认为自己"小心翼翼""贵吾不骄""贫吾不惑"，但"善而莫吾知"，不为世人所认可。对于"寇盗富贵""善者贫贬"及小人得势等社会丑恶现象，作者"忧心之戚戚"，坚守自己的道义，"宁生而饥，毋死而祀"，"宁言而勿用，毋知而弗起"。明知社会黑暗，依然坚持"从信与义""从善之所处"，竹书倾力彰显主人公意志之坚定，内心之幽愤、凄楚，可以看作屈原《离骚》的姊妹篇。

5. 其他

主要是相面、占梦等方面的材料，大致可以分为三组。

第一组共有 22 支简，其中整简 15 支，残简 7 支。简长 42.8 厘米，宽 0.5 厘米，三道编绳。竹简首尾留白，满简书写约 30 字。简面下部有

---

① 刘光胜：《上博简〈曹沫之阵〉研究》，《管子学刊》2007 年第 1 期。

编号，应原为 18 支简。竹书主要内容为相面之术，根据女子身体特点和面相，推断女子之"不可畜"的各种情况。另外，根据孕妇饮食，预测生子或男、或女、或美、或贵等可能。

第二组共有 11 支简，残断严重，没有完简。竹书以解梦为要旨，内容有"某梦得金玉生肉生鱼"，"某梦不能举其手"，"梦乘鬼车鬼马乘舟"等。

第三组共有 6 支简，可以拼合为 3 支简。整简 1 支，长 44.4 厘米，宽 0.4 厘米，三道编绳。简文内容艰涩难懂，尚需要进一步深入研究。①

---

① 由于安大简的内容尚未出版，我们的介绍，参见黄德宽《安徽大学藏战国竹简概述》，《文物》2017 年第 9 期。

第二章

简牍典籍的基础研究

简牍学是以简牍时代和简牍载体为主的文字文物为研究对象范围，在历史唯物主义和唯物辩证法的指导下，运用考古、历史、文字、文献学等多学科的知识方法，发现并整理、研究其形式、内容，恢复其真实历史面貌的一门专学。① 对简牍的发现、整理古已有之，汉武帝末年的孔壁中书，东晋武帝太康二年汲郡人不准盗掘的"汲冢竹书"，都是古代简牍非常重要的发现。当时著名的学者，如汉代的孔安国，东晋的荀勖，都曾参与竹简的整理工作，但这些学者的研究，主要做的是文字的隶定与经文的诠释，并未涉及竹简墓葬背景的考察，因此当时的简牍学只不过是经学或史学的附庸。

古来新学问起，大都由于新发现，中国简牍研究真正成为一门科学，是和 20 世纪一系列墓葬的发现分不开的。20 世纪简牍的发现前后出现了两次高潮，一次是在 30 年代以前，另一次在 70 年代之后，因此我们分为两个阶段，来回顾中国现代简牍研究的进展。

19 世纪末 20 世纪初，斯坦因、斯文赫定等人相继在尼雅、楼兰、敦煌等地盗掘汉晋木简和文书，引起了罗振玉、王国维的关注。1925 年王国维先生给清华大学国学研究院讲课时，提出传世文献和出土文献互证的二重证据法，他说："吾辈生于今日，幸于纸上之材料外，更得地下之新材料。由此种材料，我辈固得据以补正纸上之材料，亦得证明古书之某部

① 初师宾：《简牍学百年的思考》，《简牍学研究》第 3 辑，甘肃人民出版社 2002 年版，第 306 页。

分全为实录，即百家不雅驯之言亦不无表示一面之事实。此二重证据法，惟在今日始得为之。虽古书之未得证明者，不能加以否定；而其已得证明者，不能不加以肯定，可以断言矣。"① 王国维先生主张历史学应和考古学结合起来，借助地下新出土材料，来考辨古书的真伪，他对二重证据法的提升与归纳，奠定了现代简牍学的方法论基础，《流沙坠简》被誉为现代简牍学的开山之作。

1930 年，中瑞"西北科学考察团"在居延发现汉简 1 万多支，劳榦以居延汉简的发现为契机，先后撰写《居延汉简考释》及多篇研究论文，打破了王国维只考证史实、地名的局限，开始将研究范围拓展到汉代政治、军事、文化等其他方面。

直到中华人民共和国成立前，出土的简牍，包括敦煌汉简、居延汉简以及楼兰、尼雅等地的汉晋木简，都属文书类，发现的地点局限于甘肃、新疆等地，研究者只有罗振玉、王国维、劳榦等少数学者。在研究方法上，没有突破传统金石学的窠臼，简牍学研究只是历史研究的一部分，仍然停留在以简牍印证史实的层面。虽然有少数学者，如马衡等，意识到考古学在简牍研究中的重要性，曾试图根据坑位关系来编次居延汉简，但没有真正将考古学的方法，引入简牍学的研究领域。

50 年代后，文书简继续出土，而简牍典籍的出土，使简牍研究的面貌发生了重要改观。1959 年甘肃武威磨嘴子 6 号汉墓《仪礼》简的出土，陈梦家先生整理了这批材料，将简牍研究分为"材料、长度、刮治、编联、缮写、容字、题记、削改、收卷、错简、标号、文字"等十二个方面，把传世文献记载与出土简牍对照起来研究，真正将考古学的方法引入简牍学，《汉简缀述》一书构建了现代简牍学研究的基本框架。②

70 年代以后，简牍典籍的数量有了迅速增加，1949 年中华人民共和国成立前所发现的简牍仅有 1 万余支，而 1949 年中华人民共和国成立后发现的简牍总数已超过 30 余万支，出土地点分布在湖南、湖北、河南、

---

① 王国维：《古史新证——王国维最后的讲义》，清华大学出版社 1994 年版，第 2—3 页。

② 陈梦家：《由实物所见汉代简册制度》，甘肃省博物馆、中国科学院考古研究所编著《武威汉简》，文物出版社 1964 年版，第 53—77 页；又收入《汉简缀述》，中华书局 1980 年版，第 291—315 页。

河北、四川、安徽、江苏、江西、陕西、山东、青海等省，而且有银雀山汉简、阜阳汉简、郭店简、上博简、清华简等一大批古书出土，简牍发现具有数量多、分布广、内容丰富等特点，标志着简牍"大发现时代"的到来。

与此相适应，大批学者参与到简牍研究中来，取得了巨大的成就，使现代简牍研究真正成为一门国际性显学，呈现出繁荣发展的态势，主要表现在以下几个方面：一是研究方法的创新。层位学、类型学的方法被引入简牍研究领域，考古学、古文字学、历史学、文献学、哲学、文学等众多学科开始与简牍材料结合起来，全方位、多学科结合的综合研究成为简牍学发展的重要趋势，现代简牍学的面貌为之焕然一新。

二是现代科学技术的应用，使简牍研究的手段产生了革命性飞跃。用碳14、加速器质谱仪对简牍进行年代定位，利用红外摄像与计算机模糊处理技术识别简牍文字，红外阅读仪、冷光摄影及计算机参与简牍整理，提高了工作效率及图版质量。上博简上的文字很小，字形或工整或潦草各不相同，执笔者有十余人，字迹看起来很费神。为了看清笔画，上海博物馆购置高精度的电子数码显微仪一台，逐字进行了放大百倍的观察。显微仪操作灵便，字迹纤毫分明，很有助于文字的辨认和隶定工作，发现了一些肉眼看不清的文字和原简校对后所补的小字。①

将简牍资料输入电脑，建立数据库，能够网上进行图版和释文检索，建立简帛研究网站，及时反馈学术动态，交流最新学术信息，学者之间的互动交流日益频繁。简帛文献数据库、简帛金石资料库、居延汉简补编图像检索系统（台湾"中央研究院"研制）、汉代简牍数位典藏（台湾"中央研究院"研制）一般又分设若干个主题数据库、层级分布明显，其类型主要有：研究论著目录数据库、专题学术数据库，会议数据库、学者档案数据库、图像数据库、铭文拓片数据库、释文数据库、研究论文数据库、人物机构库等几类。这些数据库的共同特点是：原数据丰富，检索方式多样，有的可提供单一字段的简单检索、多条件限定组合的高级检索和原数据内容关联检索等查询方式。特别是图像数据库可以查看所有的图

①　马承源：《战国楚竹书的发现保护和整理》，《中国文物报》2001 年 12 月 26 日。

像，并能放大、缩小、反转，有的还可以免费提供给全球用户。①

三是国家对简牍研究的投入逐年增加，在国家文物局的组织下，由经验丰富的专家、学者组成整理小组，对简牍新发现的材料集体整理、注释，实现了真正的强强联合。

四是科研成果丰富，科研水平不断提高。出版的成果有：《银雀山汉墓竹简》（壹、贰）、《战国楚简汇编》《定州汉墓竹简〈论语〉》《尹湾汉墓简牍》《郭店楚墓竹简》《上海博物馆藏楚竹书》（前九册）等，其中郭店简的整理速度及水平最受学界称道。大量简牍研究专著及简牍研究的工具书的出现，如《战国文字通论》《战国古文字典》《楚文字编》《郭店楚简文字编》《上海博物馆藏战国楚竹书（1—5）文字编》等，为今后简牍研究水平的提高奠定了坚实的基础。

五是研究机构也纷纷设立，培养了一大批简牍学研究人才。中国文化遗产研究院、中国社会科学院简帛研究中心、敦煌研究院、碑林博物馆、吐鲁番学研究院、长沙简牍博物馆、甘肃简牍保护研究中心以及清华大学出土文献研究与保护中心、复旦大学出土文献与古文字研究中心、武汉大学简帛研究中心等一大批专业研究机构成立，促进了简牍的整理与人才的培养。中国人民大学国学院、武汉大学国学院、清华大学国学院、山东大学儒学高等研究院等许多院校机构，开设简牍研读班，以出土文献作为教学的重点，成为培养简帛学人才的重镇。

大陆地区以李学勤、裘锡圭等学者为领军人物，老中青结合的人才梯队正逐渐形成。李学勤先生结合最新的简牍研究，提出"走出疑古时代""重写学术史""重新估价中国上古文明"等一系列学术命题，引起了学者们广泛而深刻的讨论，从而使现代简牍学的研究全面推向深入。劳榦、陈槃在台湾地区，创办简牍学社，出版《简牍学报》，劳榦对居延汉简的整理非常有名。

六是海峡两岸及中外简牍交流规模日趋扩大。欧美、日本等国纷纷召开学术讨论会，邀请中国的学者探讨新出土简牍文献，国外的学者也经常

---

① 梁松涛、赵艳平：《浅析我国出土文献数据库建设的制约因素及对策》，《图书馆工作与研究》2008 年第 4 期。

到中国内地，交流简牍研究的心得。武汉大学、哈佛燕京学社等定期举行国际简牍交流会，在国内外影响巨大。

在取得成绩的同时，现代简牍研究也存在不少问题。文物盗掘现象极为猖獗，上博简、清华简、北大汉简都是盗掘流失的文物，其真伪与年代问题，由于没有考古学的背景，给学术界带来太多无谓的争论，而且在短期内双方不会有一致意见，增加了学术研究的难度，因此主管部门对文物保护监管的力度必须加强。某些简牍资料公布太慢，如银雀山汉简 1972年出土，《银雀山汉简》（贰）即将出版，据墓葬发掘已超过 30 余年，当时主要的整理者有的已经辞世，而《银雀山汉简》（叁）至今仍未出版。简牍材料不及时公布，严重制约了简牍研究的进程。

学界对简牍寄予的希望太大，以为简牍出土会解决所有的问题，实际上简牍材料带来的问题远比解决的问题多。要注意对象的适用范围，不能指望出土文献解决所有相关的问题，在解决问题时，不要过分引申，而要恰如其分。[①] 要做到出土简牍与传世文献并重，强调出土简牍对于学术研究的重要性，并不意味着可以轻视传世文献的作用，传世文献是出土文献的时代坐标轴，欲使出土简牍充分发挥价值，离不开对传世文献的熟练掌握。新的简牍一发现，媒体自然要大事渲染，以吸引读者的眼球，这是可以理解的，但真正的研究者，必须学会不被媒体舆论所左右，以冷静、严谨的态度对待出土文献研究。

在现代简牍研究中，应将出土简牍与历史学、考古学、古文字学、文献学、文书档案学、中医药学、数学、天文历法、法律、哲学、军事等结合起来，加强不同学科之间的交流、合作。中国传统的典籍资源极为丰富，这些文献资源是释读简牍文本、对简牍断代定位的重要标尺，因此二重证据法、多学科结合是目前简牍研究中最重要的趋向，并在简牍研究中取得了令人瞩目的学术成就。

陈淳先生在《中国国家起源研究的思考》中反思了中国考古学学科存在的"史籍导向"：史籍和传说常常左右着探索的视野和目标，使得中国学者没有设法去寻找那些和文献完全不同的、只有考古学家才能提供的

---

① 曲德来：《重视利用出土文献　推进古代文学研究》，《中州学刊》2000 年第 2 期。

材料，并超脱传统文献的线索而去收集那些更能说明问题的新证据，比如聚落形态、社会结构、人口、疾病和战争等。史籍导向的研究也削弱了学术的进取心，当考古发现和史籍记载的吻合一旦确立便认为研究目标已经达到，不再进一步提出问题。编史学导向的国家起源研究具有双重的危险，它不仅左右考古学家的视野，使考古材料与传统观念保持一致，而且操纵着考古学的实践寻找材料的范围。①

在现代简牍研究中，也存在着"传世文献导向"，对简牍的解读离不开与传世文献的"相合""印证"，但过度的趋同，会抹杀简牍自身的特点。譬如从目前情况看，战国至汉代，简牍长度是不统一、不固定的，而汉代文献记载当时简牍长度固定化、整齐化，简牍的实际情况与传世文献记载很不一致。王国维提出简牍长度的"倍分说"，实际就是过于相信文献记载，而忽视了简牍与传世文献的差异，造成了对简牍制度的误读。简牍与传世文献的相同（"印证"）与差异都是学术创新的重要增长点，不要因为迁就与传世文献的相互印证，就掩盖简牍自身的特点，抹杀简牍典籍与传世文献的差异。

现代简牍研究的内容分为三个方面：一是简牍制度本身的研究，包括选材、修治、形制、编绳、字体、符号、标题等，研究简牍制度的形成与演变；二是简牍的发掘整理与成果发表，发掘整理主要包括简牍去污、拍照、脱水及竹简的后期文物保护，成果发表是指撰写发掘报告、出版照片（图版）、释文注释等；三是简牍学与其他学科的结合，以简牍材料为材料或证据，结合传世典籍，研究当时的政治、经济、军事、法律、文化等各个方面，推动古文字学、历史学、哲学、思想史等不同学科的研究。

一　长度、容字、收卷、修治

从传统文献看，汉代不同书籍简册的长度是固定的，有着严格的规定。《仪礼·聘礼》："百名以上书于策，不及百名书于方。"贾公彦疏：

---

① 陈淳：《中国国家起源研究的思考》，《史学月刊》2002 年第 7 期。

"郑作《论语序》说:'《易》《诗》《书》《礼》《乐》《春秋》策,皆二尺四寸。《孝经》谦半之,《论语》八寸策者,三分居一又谦焉。'"六经都是二尺四寸,《孝经》一尺二寸,《论语》八寸。《后汉书·周磐传》:"编二尺四寸简,写《尧典》一篇,并刀笔各一,以置棺前,示不忘圣道。"《尧典》为《尚书》中的一篇,《尧典》二尺四寸,与六经同。《论衡·书解》:"秦虽无道,不燔诸子,诸子尺书,文篇具在。"诸子书长一尺。《论衡·量知》:"截竹为筒,破以为牒,加笔墨之迹,乃成文字,大者为经,小者为传记。"可知古代经传的重要性体现在简册的长度上,六经的长度要长于传记、诸子。

《史记·酷吏列传》:"客有让周曰:'君为天子决平,不循三尺法,专以人主意指为狱。狱者固如是乎?'周曰:'三尺安出哉?前主所是著为律,后主所是疏为令,当时为是,何古之法乎!'"裴骃《集解》引《汉书音义》曰:"以三尺竹简书法律也。"《汉书·朱博传》:"然廷尉治郡断狱以来,且二十年,亦独耳剽日久,三尺律令,人事出其中。"从《史记》《汉书》的记载看,汉代法律类简牍长三尺,但也有二尺四寸的说法,《盐铁论·诏圣》:"令何为施?法何为加?汤、武全肌骨而殷、周治,秦国用之,法弊而犯。二尺四寸之律,古今一也。或以治,或以乱。"不管三尺也好,二尺四寸也好,《史记》《汉书》《盐铁论》都认为当时简牍的长度是统一的。

蔡邕《独断》:"其命令,一曰策书,二曰制书,三曰诏书,四曰戒书……策者,简也。《礼》曰:不满百文,不书于策。其制长二尺,短者半之;其次一长一短,两编。"文字超过百字,要写在竹简上,竹简长两尺,短者长一尺,都有两道编绳,蔡邕《独断》称此为"《礼》曰",可见当时已形成了固定的简牍制度。

在简牍出土之前,汪继培、徐养原《周代书册制度考》,金鹗《汉唐以来书籍制度考》等都曾对简牍的长度做过探究,但他们的研究没有实物作参照,因此并无实质性进展。20 世纪初,简牍出土之后,学者开始结合实物,对简牍的长度进行讨论,王国维先生说:"古策有长短,最长者二尺四寸,其次二分而取一,其次三分取一,最短者四分取一……而五帝之书名'典',则以策之大小为书之尊卑,其来远矣。周末以降,经书之策皆用二尺四寸……简自二尺四寸，而再分之，三分之，四分之；牍则自三尺（檄），而二尺（檄），而尺五寸（传信），而一尺（牍），而五寸（门关之传）。一均为二十四之分数，一均为五之倍数，此皆信而可征者也。"① 王国维认为古代简册最长的为二尺四寸，其次为二分而取一，即一尺二寸，再次三分取一，即八寸，最短者四分取一，为六寸，简册的尊卑和长短有着密切的关联。

王国维的"倍分说"影响非常大，曾得到不少学者的响应。钱存训说："古代简牍的长度似有一定的规律，因其用途和重要性而异……汉代木牍的尺寸，皆为五寸的倍数，而战国竹简则为二尺四寸的分数。其不同的原因，大约是'六'及其倍数为晚周及秦代的标准单位，而'五'则为汉制。"② 但是随着出土简牍的增多，学者们发现简牍的长度与传世文献的记载并不一致：战国早期曾侯乙墓中的"遣策"长 70—75 厘米，远长于汉代的六经及律令类简牍；《论衡·书解》记载诸子书一尺，临沂银雀山汉墓《孙子兵法》《孙膑兵法》等诸子著作长 27.6 厘米，也长于一尺，王国维的说法开始受到学者的怀疑。台湾学者马先醒先生说：

> 案之出土实物，时属先秦者，多不如此，简之长度自 75 厘米至 13.2 厘米，杂然并陈，甚为随意，似无制度而言。③

中山大学古文字研究室楚简整理小组也说：

> 信阳竹简第一组是儒家重要著作，今据编简组痕推算，每简长四五厘米，约书三十字左右；而第二组遣策则长六八厘米左右，仅次于汉武帝元光元年历谱，仰天湖竹简长二〇厘米左右，五里牌、杨家湾

① 王国维著，胡平生、马月华校注：《简牍检署考校注》，上海古籍出版社 2004 年版，第 14—58 页。

② 钱存训：《书于竹帛：中国古代的文字记录》，上海书店出版社 2002 年版，第 71—93 页。

③ 马先醒：《简牍制度之有无及其时代问题——附商王国维著〈简牍检署考〉》，《国际简牍学会会刊》一号（1993 年），第 6 页。

竹简均不足二〇厘米，望山一号墓竹简长六〇厘米，二号墓竹简长六四厘米。由此可见，列国简策并无制度规定，长短由人。"大者为经，小者为传记"云云，验以出土实物，知并不尽然。①

　　马先醒及中山大学楚简整理小组根据简牍实物，质疑王国维的说法，其证据是非常确凿的，王国维的"倍分说"今天已不被学者采信。刘洪石先生说："古籍记载以及王国维根据文献所考证出来的并不确切，而从出土的实物来看，简牍长短、宽窄、厚薄不是绝对的，并没有固定的制度。有时，同时间、同性质、同内容的简牍，长短、宽窄、厚薄并不完全一样。"② 他认为"倍分说"不可信，进而怀疑简牍长度并没有制度可循。

　　虽然"倍分说"不可信，但仍有学者坚持王国维"简牍以长度别尊卑"是简牍制度的不二法则，黄盛璋说："其一，为书之尊卑，如经与传记是也；其二，为用人之尊卑，如天子尺一牍与通用之尺度是也；其三，为用之事之隆杀，如尺五寸乘传之信与过关五寸之信是也。先秦两汉简牍应用，以斯说准之，固无往而不验也。"③ 黄先生将"尊卑"细化为三个方面：书、人、事，并认为王国维"简牍以长度别尊卑"是简牍长度之定律，"无往而不验"。胡平生说："战国楚墓遣册：以主之尊卑为策之大小；文书简册：以事之轻重为策之大小；书籍类简：以策之大小为书之尊卑；律令类简：三尺法与一尺法。"④ 胡平生与黄盛璋之说相近，不同之处在于他将简牍分为"遣册、文书、书籍、律令"四类。张显成认为，简牍的长短形制从周秦到隋唐并无固定不变的尺寸常规，但其中也有一定的规律：表示内容意义重大者用长简，表示内容意义较轻者用短简，表示意义一般者用中等长度简，中等长度简为常规简。⑤

---

　　① 中山大学中文系古文字研究室楚简整理小组：《战国楚简概述》，《中山大学学报》1978年第4期。

　　② 刘洪：《从东海尹湾汉墓新出土简牍看我国古代书籍制度》，连云港市博物馆、中国文物研究所编《尹湾汉墓简牍综论》，科学出版社1999年版，第164页。

　　③ 黄盛璋：《简牍以长短别尊卑考》，《东南日报》（上海）1948年4月7日第七版。

　　④ 胡平生：《简牍制度再研究》，《简牍检署考校注》"导言"第10—39页。

　　⑤ 张显成：《简帛文献学通论》，中华书局2004年版，第141页。

上博简《缁衣》长 54.3 厘米，而上博简《周易》长 44 厘米，张家山汉简《庄子》长 30 厘米，阜阳双古堆汉简《诗经》长约 26 厘米，上博简《缁衣》、张家山汉简《庄子》属于子书，而上博简《周易》、阜阳汉简《诗经》属于六经，上博简《缁衣》与上博简《周易》同出战国，而且是一批简，张家山汉简《庄子》与阜阳汉简《诗经》同出汉代，类似的例子我们还能举出一些，因此"简牍以长度别尊卑"直到目前，并未得到学者的普遍认同。

李学勤先生说："现在从实物观察者，汉初还不能说存在系统的定制。"① 李先生认为汉初以前简牍并未形成严格的制度。林沄先生注意从实物论证简牍内容和长度的关系，他说汉代书写法律所用的简最长，达三尺，所以称为"三尺律令"，写有诏令目录的居延汉简长 67.5 厘米，正合汉尺三尺之数。书写儒家经典的简为二尺四寸（《论衡·谢短》《孝经钩命决》），甘肃武威磨嘴子 6 号东汉墓中出土的《仪礼》简册，简长 55.5—56.5 厘米，正相符合。一般书籍用简长一尺，故称"尺书"（《论衡·书解》）或"短书"（《谢短》），现在已发现的大量汉简，长度大都和汉尺一尺（约 23 厘米）相当或相去不远，可以为证。为了突出皇帝诏书的地位，使用一尺一寸的简，故称"尺一诏"。林先生认为，汉代存在固定化的简牍制度，汉代简牍的长度因书写内容不同而有等差，简的长度从战国到东汉是逐渐缩短，逐步制度化的。②

从文献记载看，汉代存在简牍制度，林先生只注重简牍长度与文献记载相合的一面，却忽视了文献记载与简牍实物不符的一面，他所说的简牍长度逐渐制度化，实际是在努力调和简牍长度与传世文献记载不一致的矛盾。高大伦先生认为经长二尺四寸是在汉武帝尊经之后才成为定制③，我们认为，与专制王权相适应，简牍也应有相应的制度要求，汉代存在简牍制度是没有疑问的，但简牍制度的形成是一个长期的过程，对于简牍制度不要拘泥的理解，文献所记的简牍长度，主要是指官方传抄的典籍、文

---

① 李学勤：《简帛佚籍与学术史》，江苏教育出版社 2001 年版，第 4 页。
② 林沄：《古代的简牍》，《中国典籍与文化》1994 年第 1 期。
③ 高大伦：《简册制度中几个问题的考辨》，《文献》1987 年第 4 期。

书，对于民间抄写的典籍，其长度可能没有严格的规定。不同批次、不同种类的简牍之间似乎可比性不强，我们建议将简牍分为战国和秦汉两个时期，按文书、书籍两类，按不同的类别比较，如将古书分为六艺、诸子、诗赋、兵书、数术、方技六类，才能对简牍自身的规律有准确的把握。

《仪礼·聘礼》："百名以上书于策，不及百名书于方。"简牍的容字是简牍制度的重要内容。程鹏万先生对简牍的容字作了统计，他说楚简上书写的是楚文字，字修长，字与字之间的距离大，一般10厘米左右书写7—10字，30厘米左右的简容字20—25字，50厘米左右的简则容字40字左右，秦简一般10厘米左右书写11—15字，汉简一般单简容字在13—15字，比楚简单位距离容字要多。出土的简因时代不同，人们书写的习惯的不同，简上单位距离容字是有差别的。①

程先生注意到简牍容字和时代、字体及写手的关系，对简牍的容字作了较好归纳。具体到某一篇，其字数大致相近，因此这是判断编联的重要参照，但具体到某一篇，有时字数相差较大，更需特别留意。如郭店简《性自命出》上半部分字数平均为25—26字，而下半篇为28—29字，字数对判断某些简牍是否为一篇有标尺作用，但又不能将它绝对化。

简牍要卷起来收藏，关于武威汉简收卷的方式，陈梦家先生说：

> 收卷一如卷帘式或卷画式，以最后一简为中轴，有字一面在内，背在外，卷完后首简在最外一层的头上。这种推断，乃基于以下所述的简本出土的现象。第一，篇题在第二简背而篇次在第一简背，据《燕礼》篇题、篇次在一行而先题后次，可知其它各篇第一、二简背上题字，应从右至左先读篇题，次接篇次，如"士相见之礼"、"第三"。如此简本的篇题也同时作为此篇的标签。第二，由于此等卷法，所以出土九篇的最后数简保存完整，因其卷在中心；乙本狭简，折断最多，而末二简皆得缀合成为完简。各篇残坏的，多属于每篇前数简，因其暴露在外，如乙本第二简篇题二字几至磨灭不识。第三，由于此等卷法，其随葬时放置棺上，亦是依次放置的，《燕礼》与

---

① 程鹏万：《简牍帛书格式研究》，上海古籍出版社2017年版，第231—204页。

《泰射》最后，近于侧。此二卷当因受地震动而滚落，出土时埋于棺
侧土中。第四，《燕礼》最后一简的末尾显出"毋自"二字反书墨
迹，乃系前一简墨沈未干时被染印上的。此可证写毕即行卷起。①

陈先生从篇题的次序到《燕礼》最后一简"毋自"二字的反书墨迹，对
武威汉简的观察极为细致，判断非常准确，我们知道，竹简已经散乱，次
序很难编联，陈先生对简牍形制的蛛丝马迹都不放过，其做法对我们的研
究工作非常有启发。但简牍的收卷，除了以最后一简为中轴，由后向前依
次卷起，还有以第一简为轴，由前向后收卷的方式。

此外，钱存训先生认为简牍可以对折收卷："古书的藏置，可能有两
种不同形式：一为数简编成后卷成一捆；另一为折页形，每册简面相对，
有如现今书籍的册页形式。"② 冯胜君先生以张家山 M247《引书》支持钱
先生的意见，他说："钱氏所说的'折页形'的存放方式，在出土实物中
甚为罕见，钱氏书中亦未能举出实例。据我们观察张家山汉简《竹简出
土位置示意图》，其中《引书》一种，至少有部分简是以'折页形'的方
式来存放的。"③ 张家山汉墓有积水，竹简《引书》在墓葬塌陷或其他重
力作用下，位置可能移动、变形，因此我们认为钱先生的意见并未能得到
张家山 M247《引书》实质性印证，只是一种假说。

卷好的简牍，可以放在书箧、木笥中收藏，阜阳双古堆汉简、八角廊
汉简、张家山汉简都存放在竹笥之内④，清华简也伴有一木笥出土，学者
怀疑木笥不是存放简牍的，原因有二：一是清华简最长达 47 厘米左右，
竹简的长度要大于木笥的内长度；二是木笥上附有一枚残简，残简粘贴在
木笥外面，而不是里面。但清华简中也有十几厘米的竹简，在墓葬积水浮

---

① 陈梦家：《由实物所见汉代简册制度》，《汉简缀述》，中华书局 1980 年版，第 291—315
页。

② 钱存训：《书于竹帛：中国古代的文字记录》，上海古籍出版社 2002 年版，第 88 页。

③ 冯胜君：《从出土文献谈先秦两汉古书的体例（文本书写篇）》，《文史》2004 年第 4 辑。

④ 参见安徽省文物工作队、阜阳地区博物馆、阜阳县文化局《阜阳双古堆西汉汝阴侯墓发
掘简报》，《文物》1978 年第 8 期；河北省文物研究所《河北定县 40 号汉墓发掘简报》，《文物》
1981 年第 8 期；张家山二四七号汉墓竹简整理小组《张家山汉墓竹简（二四七号墓）》"前言"，
文物出版社 2001 年版。

力的作用下，竹简游离于木笥之外，也是可能的。河北定县 M40 炭化的竹简放在炭化的竹笥中，因此可以明确判定竹笥的作用，清华简是非科学发掘品，木笥与竹简的位置不可知，是否有其他木笥伴随出土，也不可知，因此对于清华简伴存木笥的作用，学界还未能有定论。

在简牍书写之前，要进行形制的修治，使简牍长宽整齐，简面光滑、平整，利于书写、查阅。在竹简修治过程中，杀青是一道必不可少的工序。《太平御览》卷六〇六引《风俗通》："刘向《别录》杀青者，直治竹简书之耳。新竹有汁，善朽蠹，凡作简者皆于火上炙干之，陈楚之间谓之汗，汗者去其汁也。吴越曰杀，杀亦治也。"明代姚福《清溪暇笔》不同意此说，他说："古者著书以竹，初稿写于汗青。汗青者，竹皮滑如汗，以其易于改抹，既正则杀青于竹素。杀，削也，言去其青皮而书竹白，不可改易也。"姚福认为简牍的抄写要经过两次，首先抄写于竹青面，竹青面光滑如汗，易于涂改，等改好后，将有字的竹青面刮去，写正文于竹黄面，他所理解的杀青就是将竹青面的初稿文字及青皮一同刮去。

马先醒先生说："汗青、杀青虽同为治简方法，但二者之方式与作用当有不同，前者系以火炙之令汗，旨在使免虫蠹；后者系以刀削出青皮，旨在免皮滑改抹。"[1] 马先生认为"汗青"与"杀青"是两回事，汗青是使简牍受热出汗，杀青是用刀刮削简牍的青皮。程鹏万先生以仰天湖 M25 和马王堆 M1、M3 出土的竹简为例，简册的背面如果不书写则不用刮去青皮，他认为"杀青"指去掉竹子水分的过程。"杀青"是为了达到易书不蠹的目的。用火烤过的竹简不但利于保存，而且还能起到定型的作用。[2] 程先生以简牍实物为据，证明《太平御览》卷六〇六引《风俗通》可信，是非常可取的。

随着出土简牍实物的增加，学者逐渐认识到汗青与杀青其实是一回事。商承祚先生曾对"杀青"的过程有过推测，他说："竹简制造过程，首先杀青。所谓杀青，是将圆竹用火烘烤，使青皮油面焦化，然后刮去焦

---

① 马先醒：《笔削与汗青》，《简牍学报》1980 年第 7 期，第 80—81 页。
② 程鹏万：《简牍帛书格式研究》，上海古籍出版社 2017 年版，第 25 页。

面，剖制成简，避免日后被虫蛀蚀。"① 高大伦先生认为汗青不是使简牍"青皮油面焦化"，而是用火炙烤竹黄一面，当背向火的竹青一面都被烤出汗（汗）了，即说明烤干烤透，不会被虫蛀，可以用作书写材料了，竹青面出汗是当竹子炙烤到一定程度时呈现出的一个现象，以此为准，可以判别是否达到了要求。② 1957 年，信阳长台关楚墓出土的工具箱中装有竹刀，但竹刀是修改墨写字迹之用，并非用来刮削简牍青皮。高先生之说更为近真。

陈梦家先生说："出土木简（引者注：武威汉简）表面有光亮，似涂胶质者。"③ 陈先生最先注意到武威汉简表面似乎涂有胶质，但不敢肯定。石雪万先生在尹湾木牍的脱水过程中也发现了这一现象，他说因胶体比重比醇液大，故在醇替代脱水时发现了沉积玻璃夹片底部颜色较深的胶体，经采集干燥后成胶片状，已有南京文保所分析鉴定，所以木牍的制作过程中，也有类似竹简的制作过程，并比竹简多一道上一层胶液的工序。④ 石雪万先生认为木牍比竹简的制作多一道涂油的工序，但考古发现证明，竹简也有这道涂油的工序⑤，因此涂油可能是简牍修治的一道工序，但并不是所有的简牍都涂过油，至于涂的油是何种油，具体工序如何操作，这都是需要学者继续考察的问题。

二 文字、符号、标题、抄写

战国时期，是汉字的重要变革期，战国文字既承袭西周、春秋金文笔

---

① 商承祚：《战国楚竹简汇编》"前言"，齐鲁书社 1995 年版，第 4 页。

② 高大伦：《汗简、汗青、杀青辨》，《四川大学学报》（哲学社会科学版）1986 年第 4 期。

③ 陈梦家：《由实物所见汉代简册制度》，《汉简缀述》，中华书局 1980 年版，第 291—315 页。

④ 石雪万：《尹湾竹木简缀述》，《尹湾汉墓简牍综论》，科学出版社 1999 年版，第 173 页。

⑤ 湖南长沙走马楼吴简整理者说，在长沙走马楼三国吴简的整理中发现，加温分离竹简时，竹简上有一薄层，经检验，属一种植物油。整理者认为，这是竹简编联好写上文字后涂上的一层保护层，目的是保护简、绳，保护文字不被磨掉。整理者估计，所涂的保护层，可能是类似于桐油一类的植物油。参见张显成《简帛文献学通论》第 116 页引萧静华先生说。

画的圆转特点，又趋向于笔画简约、方折的隶书，文字的线条已不再是曲线，而是近于平直的笔画，字形结构较篆书简省，有些简牍字体已显现了隶书蚕头燕尾、一波三折的样式。在这二百多年间，无论是构型还是书写风格，汉字都发生了比前代更为剧烈的变化。战国时期，"言语异声，文字异型"，大量异型字、通假字的存在，造成了战国文字不同地区字体迥异的特色。

出土简牍一系列重大发现，最直接的影响就是古文字材料的增加，中华人民共和国成立以前，战国古文研究依据的材料主要是青铜器铭文、货币文字、封泥、玺印、陶文及石刻等，这些材料分散琐碎，不易寻觅，且字数少，由文例推求的难度大，易遭学者驳责。从 20 世纪 50 年代开始，湖南长沙仰天湖、河南信阳长台关等地陆续有战国简牍出土，特别是 70 年代以后，郭店简、上博简、清华简的出土，战国文字资料迅速增加，简牍典籍与玺印、货币等材料不同，文字连缀成篇，有文例及上下文的背景可供推求，条件好的还有今传本以资比照，为古文字考释提供了更为有利的条件。

战国文字是古文字研究领域的重要分支，战国文字又可细分为齐、楚、燕、晋、秦五系，战国简牍的大量出土，为战国文字研究增添了大量素材，由于新发现的简牍材料多以楚文字书写，目前楚文字已成为战国文字研究最重要的分支，是继甲骨文之后古文字研究的又一重要热点。李学勤先生曾概括楚文字对战国文字研究的重要性，他说："我们现今积累的关于战国文字的知识多得益于楚文字，那么我们有关楚文字的了解又大部分依靠简帛，由此类推隅反，不难把握复杂多变的战国文字的规律。"① 大批楚文字材料的不断出土，文字参照的例证增加，有很多过去不认识的字陆续被释读出来，楚文字研究已经成为释读战国文字的首要突破口。

简牍文字蕴含着许多商周以来传袭的写法，甚至成为解读更早的文字的重要锁钥。以已释郭店简某字为出发点，根据这个字（或偏旁）

---

① 　李学勤：《包山楚简文字编·序言》，张守中撰集，《包山楚简文字编》，文物出版社1996 年版。

与商周古文字中某字（或偏旁）形体或语音上的联系，判定它们是同一个字（或偏旁）或记录同一个词。李学勤先生借助郭店简《缁衣》释出西周金文"祭公"，通过同批简《唐虞之道》推定柞伯簋"贤"字，都是成功的例证。①

分国、分域研究，是战国文字研究的重要方面。《观堂集林·史籀篇疏证序》说："《史籀篇》文字，秦之文字，即周秦间西土文字也。至许书所出古文，即孔子壁中书，其体与籀文、篆文颇不相近，六国遗器亦然。壁中古文者，周秦间东土文字也。"王国维把战国文字分为东土和西土两系，开启了战国文字分区域研究的滥觞。此后郭沫若《两周金文辞大系图录考释》、柯昌济《金文分域编》、唐兰《古文字学导论》和《中国文字学》都对战国文字进行了分域研究。裘锡圭先生《文字学概要》对六国文字、秦文字的形体特点作了一些归纳，但没有突破唐兰"殷商系、两周系、六国系、秦系"四系的划分。

李学勤先生《战国题铭概述》把战国文字按国别分为"齐国""燕国""三晋""两周""楚国"和"秦国"六个部分，构建了战国文字分域的基本格局。何琳仪先生《战国文字通论》"采用《题铭》的五分法，但并不以国家分类，而以地区分类，即以'系'分类。一系之内既可以是一个国家的文字，如'燕系文字'、'秦系文字'；也可以包括若干国家的文字，如'齐系文字'、'晋系文字'、'楚系文字'等"。②何琳仪先生"首先横向分国，其次纵向断代"的思想，实际是在李先生的基础上有所修正。

蒋诗堂先生认为，从王国维到唐兰再到裘先生，他们对战国文字的域别划分并不是专题探讨，他们的考察是总括或举要式的，对文字本体可以应比的要素都没加明确的界定，构型分析是非全面系统的，字形地域差别的性质、层次不是十分明确。③对于战国文字的分国分系，李运富先生持反对意见，他认为战国文字的内部差异与地域国别没有必然的对应联系，

① 李学勤、裘锡圭：《新学问大都由于新发现——考古发现与先秦、秦汉典籍文化》，《文学遗产》2000 年第 3 期。

② 何琳仪：《战国文字通论》，中华书局 1989 年版，第 78 页。

③ 蒋诗堂：《战国文字域别特点考察的原则之探讨》，《湖南社会科学》2002 年第 2 期。

根据地域国别将战国文字作文字学上的地域属性体系分类，认为其各有不同的特点，并据此论证汉字发展的历史，是不符合实际的，他说"战国文字国别之间的差异属于局部书写风格或个体字符字样的不同，从本质特点和总体来说，战国文字仍然是一个不可分割的完整系统"。① 李运富基于楚简帛与中山王墓各器、侯马盟书、睡虎地秦简等几批文字材料的比较，注意到各国文字之间的相同之处，指出战国文字是"一个不可分割的完整系统"，是非常有启发性的，但他在强调战国文字整体性的同时，却忽视了不同地域之间文字的差异性。

周凤五先生从竹简的形制、字体等角度对郭店简进行了分类研究，把郭店简依据字体分成四类：第一类见于《老子》（甲、乙、丙）、《太一生水》《缁衣》《五行》《鲁穆公问子思》《穷达以时》《语丛四》九篇，字体为楚文字特色，带有"蝌蚪文"特征；第二类见于《性自命出》《成之闻之》《尊德义》《六德》四篇，字体带有"丰中首尾锐"特征和"鸟虫书"笔势；第三类见于《语丛一》《语丛二》《语丛三》三篇，字体可称为"古文篆书"；第四类见于《唐虞之道》《忠信之道》二篇，字体具有齐国文字特征。他从书法角度出发，提出了《唐虞之道》《忠信之道》《语丛》一、三篇文字具有齐、鲁特色，并且用"驯化"一词来说明抄本中特殊字体形成的原因。② 郭店简、上博简竹书是流行于战国中期楚地的竹简，它们的字体是头粗尾细的篆书，它们和望山楚简、包山楚简等隶书字体并存，证明一种新字体的产生并不意味着旧字体的立即消亡，新、旧字体往往有一个并行发展的过程，这是古文字发展的普遍规律，但问题是为何"楚简"却带有齐、鲁字体特色？

楚简中"负"常见写作"𧰟"（上博三《周易》简35）、"𧰟"（上博三《周易》简37）、"𧰟"（《曹沫之阵》简21）。"负"写作"𧰟"，见上博简《内礼》中的"𧰟"与楚文字"负"的写法明显不同。晋系文字中，

---

① 李运富：《战国文字"地域特点"质疑》，《中国社会科学》1997年第5期。

② 周凤五：《楚简文字的书法史意义》，《古文字与商周文明——第三届国际汉学会议论文集文字学组》，"中央研究院"历史语言研究所2002年版，第195—221页；《郭店竹简的形式特征及其分类意义》，武汉大学中国文化研究院编《郭店楚简国际学术研讨会论文集》，湖北人民出版社2000年版，第53—63页。

从负之字"虞",作"𩵋"(《玺汇》0304),或作"𩵋"(《玺汇》5414),"郞"作"𩵋"(《玺汇》0049),"𧵍"《长陵盉》作"𩵋"①,"负"的写法与上博简《内礼》"𩵋"完全一致。上博简《内礼》"奂"字写作"𣏟",《侯马盟书》和《内礼》"𣏟"的字形有:𣏟53例(《侯马盟书字表》三:一一),𣏟2例(《侯马盟书字表》九二:五),𣏟44例(《侯马盟书字表》三:一三),还有大量𣏟、𣏟等字形存在。上博简《内礼》是楚文字写成的抄本,抄手是楚人,但为何上博简《内礼》𣏟和𣏟的写法与楚文字的写法不同,而与晋系文字相同?②

　　各国"土生土长"的文献,如卜筮祭祷简、遣册、玺印、陶文,因地域不同而"文字异型"是不容否认的。郭店简和上博简绝大部分为流传到楚国的传本,在对底本文字不熟悉的情况下,抄手抄写时很容易受到底本影响,与其平时的笔迹可能有所不同,因此,对于大部分非原创性的简牍典籍来说,齐、晋、楚、燕等国别划分的标准是不能成立的,至少是不好确定的。在当时诸侯力征、相对隔绝的环境下,各国文字的发展是多元的,既有联系又有区别,是战国文字的重要特征。我们主张是否分国、分系,要根据不同文献而定,出土简牍可分为原创性与非原创性两类,如卜筮祭祷简、遣册等属于原创性简牍,可用以研究其分国、分系问题,而对于非原创性类简帛典籍,如在诸侯国之间流传而形成的不同传本,则不能完全用分国、分系的标准来衡量。

　　李零先生认为研究战国文字,过去对国别十分强调,现在看来,典型区别字固有,但总体特征不能讲得太过分……我们倒是应当对书手的差异给予更多重视。③一些学者鉴于简牍文字和甲骨文相似的特点,试图将简牍字体和抄手联系起来,为简牍研究探索新的途径。④李松儒认为"书法

---

① 何琳仪:《战国古文字典》,中华书局1998年版,第123页。
② 刘光胜:《出土文献与〈曾子〉十篇比较研究》,上海古籍出版社2016年版,第45页。
③ 李零:《简帛古书与学术源流》,生活·读书·新知三联书店2008年版,第130页。
④ 邢义田:《汉代书佐、文书用语"它如某某"及"建武三年十二月候粟君所责寇恩事"简册档案的构成》,"中央研究院"历史语言研究所专刊第七十本第三分——历史语言研究所成立七十周年纪念专号,1999年,第559—587页;陈伟:《包山楚简初探》,武汉大学出版社1996年版,第36—38页。

体式"作为判定字迹的一项重要标准，并以此来区分不同抄手的字迹特征，根据不同书手在书写活动过程中表现出的不同书写特点，总结出某一种字迹的综合特征或某一书手的书写习惯特征，然后据此特征对竹简进行归类整理。她将《五行》分为三组，A 组第 1—8（前 9 字）、11（第 15 字到简末）、12—18 简、22—45 简、48 简；B 组第 8 下（第 9 字始）、15 下（第 9 字始）、20、21 简；C 组第 10、11 上（前三字）简，认为《五行》这篇文献应该是由三个抄手抄写完成的。①

但问题是为何篇幅不长的《五行》要用三个抄手？为何一个抄手所抄的简会交相错杂？他们当时是如何分工的？为何一支简上竟有两个抄手的不同抄写痕迹？李松儒从抄手水平、起笔收笔的方向、连笔动作与笔画长短、偏旁之间的大小、宽窄等方面，指出字迹研究对于竹简的拼合与编联、文字的考释具有重要意义是正确的，但的问题在于将字迹不同只与抄手挂钩，却忽视了底本对抄本字迹的影响。抄手抄写笔迹的特征，易受底本字体的影响，导致与其平时的笔迹有所不同，因此不能反映抄手自己的运笔技巧与习惯，我们认为这些问题单纯用"不同抄手说"，是很难解释的，因为郭店简《五行》简牍典籍字迹之所以不同，除抄手个人书写习惯不同外，还要考虑到底本对抄手的影响。

符号是指简牍上与文字有别，起分章、分段、句读等多种作用的符号，简牍符号书写不规则，有时同一种符号写法差别很大，如郭店简一小短横，有时写作一小斜线"﹅""﹅"，二短横写作"﹅"，一小短横与二小短横经常混用，《五行》第 14—16 号简长方形与方形墨块同时存在，郭店简《缁衣》第 30—31 号简和上博简《缁衣》第 6 号简对比，我们发现重文符号有遗漏的现象。郭店简《缁衣》第 25—26 号简君子不用合文，而上博简《缁衣》用合文，主观随意性较大。简牍通篇之内符号分布不均匀，一个功能可以由几个不同的符号来表示，一个语言符号也可表示几个功能，这种符号与句读功能的不固定，表明战国、秦汉时期，简牍符号还处于形成阶段。

在先秦、秦汉时期，简牍符号虽小，且书写不很规则，但其价值不容

---

① 李松儒：《郭店楚墓竹简字迹研究》，硕士学位论文，吉林大学 2006 年，第 48—52 页。

低估，有时竟成为解决文字释读、分章、分篇疑难的关键。20世纪70年代，已有学者开始关注简牍上的书写符号，随着后来出土文献的增多，学者对简牍符号的分类也越来越细致。谭步云归纳了九类古汉语标点符号，其中段落号（章号）、句号、读号、重文号、合书号、冒号与简牍有关。①李均明、刘军两位先生将简牍文书的符号分为五大类：句读符、重叠符、界隔符、题示符、钩校符。②李零将简牍符号分为篇号、章号、句读、重文号、合文号五类，分类的标准是符号的作用。③冯胜君将简牍符号分为文章起始符、文章结束符、篇号、段落起始号、段落结束号、句读符号、题目号七种。④程鹏万将简牍符号分为重文符、合文符、表识符、文章起始符、文章结束符、章句符、题记标识符、其他符号八类。⑤谭步云只是在归纳古汉语标点符号时，讨论了出土文献的符号，而后来的学者注意到简牍符号除了具有今天标点符号功用外，还有其他分篇、分章等功用，因而简牍符号分类趋向更加细化。

张显成认为简牍符号大致可分为两类：一类是表示相对独立的文意片段，大到篇章，小到词语，中间包括句子；另一类是表示词句的性质，如重文号、合文号、分隔号、着重号、确认号等⑥。下面我们按照张先生的分类，对简牍符号展开讨论。

（1）句读符

一短横表示句读，如《诗论》简20："（幣）帛之不可去也＿，民性古（固）然，其（離）志必又（有）以俞（逾）也。"墨块表示句读，郭店简《性自命出》："性自命出，名自天降■道始于情。"郭店简《老子》甲本简1："（绝）智弃（辩），民利百（倍）■（绝）（巧）弃利，（盗）恻（贼）亡又（有）■（绝）伪（伪）弃虑（虑），民复（复）

①　谭步云：《出土文献所见古汉语标点符号探讨》，《中山大学学报》（社会科学版）1996年第3期。

②　李均明、刘军：《简牍文书学》，广西教育出版社1999年版，第60—88页。

③　李零：《简帛古书与学术源流》，生活·读书·新知三联书店2008年版，第132页。

④　冯胜君：《从出土文献谈先秦两汉古书的体例（文本书写）》，《文史》2004年第4辑。

⑤　程鹏万：《简牍帛书格式研究》，上海古籍出版社2017年版，第178—230页。

⑥　张显成：《简帛文献学通论》，中华书局2004年版，第179—214页。

季子■"《诗论》简24"后稷之见贵也",用钩号表示句读。《银雀山汉简》中《孙膑兵法》"将败"篇、"将失"篇用"丶"表示句读。简牍上表示句读符号的种类最多,还有二、■、乚等,上博简《性情论》简35—36还有一短横与方墨块共用表示句读的情况。秦简中没有方墨块和一短横,出现了小圆点,钩号也变为直角形乚。

（2）分篇符

郭店简《语丛二》末简"又（有）行而不由,又（有）由而不行_",句末以一短横表全文结束,该篇文句似格言,每简结尾都有一短横,可见短横兼有句读和分篇的功能。郭店简《老子》丙组、《太一生水》、《穷达以时》、上博简《从政》皆以方形墨块表示全文结束。郭店简《老子》甲组、《成之闻之》、《性自命出》、《六德》用钩号乚表示全篇结束,《银雀山汉墓竹简·守法守令》以竖线结束全篇。分篇符号不仅在篇末,还包括篇题或正为前领起的符号,武威汉简《仪礼》甲本《士相见》就是以黑点领起全篇。

（3）分章符

最典型的是郭店简《缁衣》,全篇二十三章,每章末都以方形墨块结束,墨块后抄下一章文字。与郭店简《缁衣》不同的是,上博简《缁衣》用短横分章,可见当时的分章符号是不固定的。墨块有方形与长方形等不同样式,长方形墨块见于《六德》简26、《鲁穆公问子思》简8,方形墨块见于郭店简《老子》、《五行》、上博简《诗论》等篇。"▲"见于武威汉简《仪礼》,用于领起每段文字。《性自命出》简35"乚"表示分章,简67"乚"表示全文结束,银雀山《孙膑兵法》、《晏子》、张家山汉简《盖庐》、《引书》以圆点作为分章符号。

（4）重文符

一短横表示重文,上博简《缁衣》简1："子曰：好美女（如）好缁衣,亚_女（如）亚巷白（伯）。"短横表示"恶恶"连读。上博简《缁衣》简17："《诗》云：穆_（穆穆）文王,于缉熙敬止。"短横表示"穆穆"连读。一短横重复可分为单字重复和词语重复两类,郭店简《六德》"古夫_妇_父_子_君_臣_"为单音语素重复,《五行》"不_智_不_仁_不_安_不_乐"为词语重复。有时重文号表示的两个字并不相同，如《尊德义》"圣＝之治民"。重文号表示的是"圣人"，而不是"圣圣"。

（5）合文符

两个字合写，占有一个字的位置，成为合文。合文有两个条件：一是两个字有相同的偏旁；二是两个字为固定的短语，如地名、官职、特定称谓等。郭店简《六德》："聚人民，任陸＿，足此民尔生死之用。"短横表示陸为土地的合文，它们有"土"共同的偏旁，土地一词为人所习知。有些文字由于经常写成合文，当分开书写时，因习惯的影响常常还会加上合文符号。如郭店《老子》简 12 "之所"、《缁衣》简 42 "小人"等。[①]

虽然简牍符号在不同篇章内有混用的情况，但在有的篇章内，不同符号的分工确是很明确的，如郭店简《老子》甲用一短横表示句读，二短横表示重文，墨块表示章号或句读，钩号表示分篇号，《老子》甲组符号的分工还是较为明晰的。

（6）校勘符

郭店《语丛四》第 27 简抄漏一段，补于 27 简的背面，正面抄漏处有一小横作为标识。阜阳汉简 155 号简九八，圈起来的"九"，是写错了要删改的字，下方的"八"字，是正确的字。

（7）分栏符

简牍文字虽多自上而下整简书写，但也有分栏书写的。郭店简《语丛三》简 64—72 就分为上下两栏，睡虎地秦简《为吏之道》分为五栏，《编年记》分为两栏，《日书》分三栏或多栏两面书写，有图示，有章目，字体秀丽。周家台秦始皇三十四年历谱第 59—64 号简分五栏，每一历日上有一圆点，作为分栏的标志。放马滩《日书》有长短两种简册，分两栏单面书写，无章目，字体粗犷大方，乙种包括了甲种而形成的一个较为完整的写本。

从战国到秦汉，简牍符号大体上经历了由少到多的过程。《算数书》中的顿号、悬泉汉简中的"∕"、上博简《孔子问季桓子》中的"L"，这

---

① 下文校勘符、分栏符的撰写，借鉴了程鹏万先生的研究成果，参见程鹏万《简牍帛书书写格式研究》，上海古籍出版社 2017 年版，第 178—230 页。

都是我们在上面所未涉及的。郭店简《唐虞之道》整篇无标点符号，篇末有分篇号，《忠信之道》《穷达以时》无标点符号，但《缁衣》每章后都有章节号，用今天的眼光看，或许这些简牍符号具有较大随意性。简牍符号作为辅助记录和阅读的手段，是在当时特定语境下形成的，具有约定俗成的性质，随意性这个问题在古人那里是不存在的。

1959 年武威汉简出土，陈梦家率先对《仪礼》甲本七篇和乙本《服传》的标题做了研究。① 高大伦根据新出土的简牍资料，补充了三种标题格式：一是在末简简背写书名的书题；二是首简、末简皆有篇名；三是少数简牍有全书的目录。②

我们知道，简牍标题的格式不规则，每每有例外的存在，导致学者对标题格式的分类也出现了简约与烦琐两种趋向。简约类以张显成为代表，他将标题格式分为四类：第一类标题书于全书或篇章末尾；第二类标题书于全书开头处或篇章开头处；第三类标题（仅限篇章名）同时书于篇首和篇末；第四类标题（仅限书名）书于正文中间。③ 冯胜君认为就竹书标题而言，其实可以简单地分为两大类：一类是书于简的正面；一类是书于简的背面。④

烦琐类以池田知久和林清源为代表，日本学者池田知久将简帛标题分为四种类型：第一种类型，书名、篇名被附加于各文献末尾部分；第二种类型，篇名被附加于其文献第一号简的简背或最后一支简的简背；第三种类型，专设一条竹简用于单独记录篇名；第四种类型，篇名及小标题被附加于各自文章的开头部分。⑤ 池田知久划分的标准是有些混乱的，第二种类型标题写在最后一支简的简背与第一种类型"书名、篇名被附加于各文献末尾部分"有重合，第三种类型"专设一条竹简用于单独记录篇名"

---

① 陈梦家：《由实物所见汉代简册制度》，《汉简缀述》，中华书局 1980 年版，第 291—315 页。

② 高大伦：《简册制度中的几个问题的考辨》，《文献》1987 年第 4 辑。

③ 张显成：《简帛标题初探》，谢维扬、朱渊清主编《新出土文献与古代文明研究》，上海大学出版社 2004 年版，第 299—307 页。

④ 冯胜君：《从出土文献谈先秦两汉古书的体例（文本书写篇）》，《文史》2004 年第 4 辑。

⑤ 池田知久：《郭店楚简〈五行〉研究》，《中国哲学》第 21 辑，辽宁教育出版社 2000 年版，第 94 页。

与其他类型也有交叉，因此对于池田先生的说法，学界采信的并不多。

林清源依据标题语和所属内文界隔方式的不同，将标简牍帛书题格式分为七大类型：A类标题语独自写在简牍背面，不与所属内文同面；B类标题语虽与所属内文同面，却不与所属内文同简，而是独自写在另一枚简上；C类在划分栏位的文本中，标题语独占一个栏位，或是独占所属栏位的一行，不与所属内文同栏或同行；D类标题语接续在所属内文之后，中间仅以插入符号或预留题空等方式界隔；E类标题语独自写在简册编绳或帛书栏线之上，或是采取标题凸排方式呈现，而所属内文各行则低于标题，而自编绳或栏线缘写起；F类标题语独自写在楬片（或称"签牌"）上面，而楬片仅能系结在简册外围，不能与简册内文直接编联在一起；G类，汇整同一份文献所有标题语，制作成目录形式，使其不与所属内文直接抄写在一起。①

林先生的分类是非常全面和严谨的，但他只是按照篇题与内文的空间关系分类，如果在考虑到篇题可分为"书题、篇题、章题"三个层次②，或至少分为书题（外题）和篇题（内题）两个层次，把这几个不同层次和空间位置结合起来，那么如此烦琐篇题的分类其实并没有多大实用价值。

程鹏万将简牍分为战国与秦汉两个时期，再将战国时期简牍分为书于简册前面某简的背面、书于简册后面某简的背面、书于简册的正面三类，将秦汉时期分为书于简册背面、书于简册正面两类，再分为几个小类③。程先生将篇题大小类的分法是非常合理的，但在篇题上将简牍分为战国、秦汉两个时期，并没有总结出彼此相异的特点来。我们主张篇题应分为简牍背面、正面和"简背、正面皆有"两个大类，再分为几个小类。

（1）简牍背面

简牍背面居于篇中较少，而以篇首、篇末居多，古代的书常卷成一捆，篇题写于简背的篇首、篇末，露在外面，便于以后翻检、查阅。居于

①　林清源：《简牍帛书标题格式研究》，（台北）艺文印书馆2004年版，第17—18页。

②　骈宇骞先生将简帛上的题记分为"书题、篇题、章题"三种书写形式。参见骈宇骞《出土简帛书籍题记述略》，《文史》2003年第4辑。

③　程鹏万：《简牍帛书格式研究》，上海古籍出版社2017年版，第84—89页。

篇中的例子有上博简《中弓》，标题写在第 16 简简背。篇首的有上博简《内礼》《曹沫之阵》《亘先》、张家山汉简《脉书》《引书》《算数书》等，篇末的有上博简《容成氏》《子羔》，张家山汉简《盖庐》等。银雀山汉简《孙子兵法》篇章名"作战""形""虚实"，《孙膑兵法》"擒庞涓""威王问""陈忌问垒"等篇皆写于首简背面。

（2）简牍正面

简牍正面的篇题以篇首、篇末居多，篇中的标题多为小题（章题），以符号或空格为界。如银雀山汉简《六韬》"●尚正""●守土""●葆启"，《尉缭子》"●治□""●兵劝"等，皆以黑点为标志。阜阳汉简《诗经》有两个不同层次的篇章标题：一是在每首诗的后面将诗名独立书于一简，如"此右某诗若干字"；二是将篇名书于一国之诗的末尾，说"右方某国"。① 马王堆汉简《天下至道谈》篇题紧接第二章简 17 的正面，张显成先生认为有两种可能，其一是前两章不属于该书的内容，抄写者先抄写了这些内容，后接着抄写同类性质的材料，造成标题位于正文中间。②

（3）简背、正面皆有

银雀山《孙膑兵法》"八陈"篇标题既写在简 236 简背，又附于正文之后。"延气""将义"两篇也是一样，既书于简背，同时附于简册正面全文之后。银雀山汉简《孙子兵法》"实虚"篇，首简背面有"实虚"篇题，在竹简正面全文附有"神要"二字，上加圆点作为标识。整理者认为十一家无"神要"二字，简文"神要"字上有圆点，疑是本篇之别名，也可能为读者所记，表示此篇重要。③ 张家山汉简《盖庐》除首简外，其余凡有"盖庐曰"的简首均标有黑点，参照张家山汉简其他篇的体例，黑点一般是作为篇章号的，"神要"上有黑点标识，我们认为"神要"作为篇名的可能性更大一些。

简牍正文之后，有的还附有字数统计，陈梦家称之为"尾题"，

---

① 胡平生、韩自强：《阜阳汉简诗经研究》，上海古籍出版社 1988 年版，第 90—98 页。

② 另一种可能是前两章属于本书。参见张显成《简帛文献学通论》，中华书局 2004 年版，第 169 页。

③ 《银雀山汉墓竹简》（壹）"释文注释"第 15 页。

并分为三类：一是仅有经文而无传文，故仅记经文的字数的，为甲本《士相见》《少牢》《有司》和《泰射》四篇；二是有经文、传文而合计为一篇字数的，为甲本《特牲》和丙本《丧服》；三是有经文、记文，于合计为一篇字数外，又单记记文字数的，为甲本《燕礼》。① 我们称之为"计字尾题"，以凸显其记字数的性质，也与有些写在正文之后篇题相区别。

计字尾题以空格或黑点与正文分开，内容一般分为三类：一是统计章数的，如郭店《缁衣》简47"二十又三"；二是统计字数的，如武威汉简《仪礼》甲本"士相见"篇末"凡千二十字"；三是章数、字数都统计的，如定州汉简《论语》"●凡卅章●凡七百九十字"，一般字数写在章数之后。

简牍篇题的格式是非常不规则的，我们上面只是归纳了篇题写于简背、简正面和简背、正面皆有三种类型，还有另外将篇题、章题目录写在木牍上的情况，如银雀山汉简《孙子兵法》《守法守令十三篇》各附有一枚写有全书目录的木牍。余嘉锡说："古书多无大题，后世乃以人名其书。古人著书，多单篇别行；及其编次成书，类出于门弟子或后学之手，因推本其学之所自出，以人名其书……盖由古人著书，其初仅有小题（谓篇名），并无大题也。"② 简牍最初多是单篇流行的，后来逐渐汇集成书。在古书形成的过程中，既有抄写者抄写的篇题，又有后来整理者为便于检索而添加的篇题，抄写者与整理者不同，篇题添加的时间也不同，正是这些不同，才造成了简牍篇题格式的复杂与不规则。

简牍的抄写虽不排除弟子后学所为，但通常是由职业抄手作的。战国时期是否有职业抄手，目前尚未有证据证明，但陈梦家指出汉代已有职业抄书，他说："东汉时洛阳市肆已有卖书的，《后汉书·王充传》曰：'常游洛阳市肆，阅所卖书，一见辄能诵忆。'扬雄《法言·吾子》篇曰：'好书而不要诸仲尼，书肆也。'则当时已有职业抄书的人与专门售书之

---

① 陈梦家：《由实物所见汉代简册制度》，《汉简缀述》，中华书局1980年版，第291—315页。

② 余嘉锡：《古书通例》，上海古籍出版社2013年版，第165—166页。

肆。有受雇代人抄书的，所谓'佣书''写书'。"①

张家山《算数书》有的竹简地脚位置书写"杨1""杨3、98、101、105、107、109、111、121、123""王88、119"等，整理者认为是"抄写或校对人之姓"。② 冯胜君先生说："'杨'或'王'都写在章节的第一支或中间的某支简的编纶之下，而'杨已雠''王已雠'则均写于章节结尾的那支简的编纶之下。如此看来，单作'杨'、'王'者似乎不能简单看作是'杨已雠''王已雠'之省。而且简末标有'杨'字的简与标有'王'字的简，从字体上看也有差别（特别是两种简文中'为'字的写法）。因此，我们倾向于把'杨''王'看成是抄写者的姓。"③《算数书》简42、56的地脚处书有文字"王已雠""杨已雠"，"雠"意为校对，简册中出现了抄书者与校对者的名姓，可见当时不仅有职业抄手，而且专门有人负责校对。

简牍的书写行款是从上至下、从右至左，与现行的横书右行不同。钱存训解释说："这种直行书写的原因虽不可确考，但可推测这一特点应和中国文字的构造、书写材料、应用工具以及生理和心理等因素有关。中国古代的象形文字，如人体、动物、器皿，大多纵向直立而非横卧；毛笔书写的笔顺，大多是从上到下；竹木材料的纹理以及狭窄的简策，只能容单行书写等，都是促成这种书写顺序的主因。至于从右到左的排列，大概是因为用左手执简、右手书写的习惯，便于将写好的简策顺序置于右侧，由远而近，因此形成从右到左的习惯。"④ 游顺钊更生动地表述为"写简的人是一手拈着竹简的顶端，另一端则顶着腹部或腹胸之间，一手提笔从简的顶端向己方写下去"。⑤ 我们认为，钱、游两位先生的想象有其合理之

---

① 陈梦家：《由实物所见汉代简册制度》，《汉简缀述》，中华书局1980年版，第291—315页。

② 张家山二四七号汉墓竹简整理小组：《张家山汉墓竹简（二四七号墓）》，文物出版社2001年版，第2页注4。

③ 冯胜君：《从出土文献谈先秦两汉古书的体例（文本书写篇）》，《文史》2004年第4辑。

④ 钱存训：《书于竹帛：中国古代的文字记录》，上海书店出版社2002年版，第158—159页。

⑤ 游顺钊：《古汉字书写纵向成因——六书以外的一个探讨》，《中国语文》1992年第5期。

处，我们知道，金文是模板浇铸而成，无须像竹简那样，用手拿着书写，为何金文中书写行款也是"从上至下，从右至左"呢？甲骨文中从右至左、从左至右两种行款都存在，"从上至下，从右至左"的书写行款，看似简单，但其原因还需进一步探讨。

程鹏万将简牍缮写分为三种形式：一是连写式，书写为从头自尾，不提行；二是提行留白式，当书写的一段内容结束后，下一段文字不紧接抄于竹简空白处，而是换简另写；三是分栏式，将简册分成若干栏，先书写第一栏，然后第二栏、第三栏依次接抄。① 其实与竹简缮写格式相关的问题还很多，香港中文大学文物馆藏简中有三支简先正书，再倒书，再正书，这种写法是特意安排，而非临时倒书。简牍一般是按章次书写的，但放马滩秦简《日书》甲种先编后写，每简从上栏开始，通写一条内容，依次至本章写完，如下栏有空余，就用来书写其他篇章，其次序是从第一简开始，至一章写完，因此放马滩秦简《日书》甲种缮写顺序与章次是不一致的。

上博简《诗论》存简 29 支，简 2 至简 7 上端留白约 8.7 厘米，下端留白约 8 厘米，称为"留白简"，其余竹简都是满简书写，称为"满写简"。为何在上博简《诗论》"满写简"突然出现六支"留白简"？其原因学界至今尚未弄清楚，其书写行款与一般简牍的留白不同，不是通常缮写所预留的天头地脚，因此需要充分注意。

三　简牍的发掘整理与保护

层位学和类型学是考古学理论和方法的基石，简牍作为一种文物，在发掘整理中，层位学和类型学的方法是必须贯彻的原则。层位学主要关注未经扰乱的文化堆积在地层上的叠压顺序，类型学则是根据简牍的形制、字体进行合理分类。自陈梦家将考古学的方法应用于简牍研究以后，层位学和类型学在简牍发掘整理中的作用日益凸显。

---

① 程鹏万：《简牍帛书书写格式研究》，上海古籍出版社 2017 年版，第 113—139 页。

对于从墓葬、遗址中出土的简牍，首先要按考古程序确定出土地点、方位（单元）、层次、原状、共存关系等的原始状态，特别要注意原来的编册连缀情况。出土地点的名称、性质、用途、沿革和一切考古迹象，都是简牍的历史和社会背景。没有出土地点的简牍，将失去编缀、断代的依据。保持、记录、分析简牍的原状和底层叠压关系，是简牍整理与文字考释的前提和基础。

对于成束、成堆、成片的竹简，最好是一次全部取出来。器物交叠时，首先清理竹简的外围，尽量使竹简完全暴露出来，以保证一次取出。一次完全取出的优点在于能最大限度地保存竹简出土时的"编册"状态，万一无法一次取出时，应按顺序分批取出，以保持它们之间的相互位置关系。

根据简牍具体情况对每一根竹简（包括残简）进行编号，分放及清洗。沉积在竹简表面上的水垢或盐类，由于比较坚固（特别是当地下水中矿物、盐类的含量较多时），可将竹简放进预先配制好的6%左右的草酸水溶液中浸泡一段时间（依不同的情况，浸泡时间有所不同），然后用毛笔或画笔轻轻地进行清洗。

竹简应尽早进行照相。简牍应先去除外围的污物，使其外围完全暴露，再进行照相和绘图。可用适量脱色剂再处理，以获取清晰的照片资料。如竹简保存情况不好或字迹十分模糊时，建议采用红外胶片拍照。红外拍照的原理是利用墨迹吸收红外线的能力比竹质大，从而在红外胶片上产生较大的"反差"，这样字迹就能较容易地被显示出来。

搬运时不能将出土的饱水竹简完全地泡入水中，由于竹简在水中的漂动，会破坏相互间原有的排列顺序。最好用吸饱水的泡沫塑料（3毫米厚）或浸透水的棉花、湿布包好，外面再包一到二层塑料薄膜。这样既不破坏出土时的排列顺序，又能防止竹简干燥变形。由于竹简内部含有大量的水分，加上表面带有污泥及沉渣，所以重量很大，十分松软脆弱。特别是长度大的竹简，很容易发生断裂、扭曲等损坏，因此在处理它们的过程中，每一步操作都应尽量将竹简放在托板上来进行。

室内整理包括清理、建档、编缀、释校等步骤。清理是将野外临时注明地点、层位、号码的简包拆开检查，切忌扰乱原始顺序。接着按地点、方位（单元）、层次，依次编号，将每枚简牍的详情逐项造册，内容包括：原始号、编号、木质、尺寸、形制（如简、两行、版、册、觚、检……）、名称、草图、文字、时代（含纪年）、保存现状、备注、释文和校释者姓名、时间等项。再比照简形作图，在图上作释文，格式及大小字标点等一如原简，并加注释文符号。

简牍编号、建档后，应着力缀合，特别是编册排次，尽量使散乱断失者归位，恢复其原貌。残简缀合，主要用考古学的异同比较法，视形制、尺寸、部位（如上、中、下断，左半、右半等）、破损情形、木质（种类、纹理、色泽）、字迹（书法特征）等特点，结合简牍形式，看语意是否通达，来逐一缀合。

简牍的整理分类，即按形制、字体、内容等因素分类辑集在一起，要求做到统筹兼顾，将简牍分为几个编联组，然后尽量缀合编联，使简牍前后篇章完整，实在不能缀合者附于文末，以备学者参考。文字考释要依据字形、字音，细致考虑，务必结合简牍典籍同时期的同类文献，有文字不能考释，则阙如存之，坚持实事求是的态度，不要强行曲解。简牍经发掘、整理，要撰写考古发掘简报，客观、准确是发掘简报撰写的基本要求，简牍图版要清晰，可以配合适当放大照片，对于契口、简长、符号、断残都要一一交代清楚。对发掘报告及简牍照片的出版，要合理定价，着眼于普及，不要令学人望"书"兴叹。

做好后期的简牍保护工作。根据简牍长宽，制作适当规格的玻璃条，用玻璃条按支夹好竹简，再用棉线轻轻扎住，装入容器中，灌满蒸馏水，塞上橡皮塞密封保存。由于使用的是蒸馏水，加上胶塞的密封作用，一般说来在3—5个月内很少会发生长霉的现象。因此，最好不要在蒸馏水中加入防腐防霉的药品，必须采用的话，其用量也应控制在最低限度，以便于下一步的脱水处理。[①] 简牍的防霉灭菌剂主要有菌毒清、霉敌、新洁尔灭和异噻唑啉酮等，它们杀灭、抑制霉菌的生长繁殖效果显著，有效期长，对文物安全，用量少，产品易得，对水中的霉菌和细菌有很好的抑制

---

① 本书"简牍的发掘整理与保护"部分，借鉴了初世宾、后德俊两位先生的研究成果，略有改动。参见初世宾《简牍研究与考古学方法之运用》，第一届简帛学学术讨论会论文，1999年；后德俊《古代饱水竹简出土时的处理与保护》，《江汉考古》1982年第1期。

和杀灭作用，均可作为饱水竹简和漆木器的杀菌、防霉用剂。①

对于饱水竹木简牍的整理来说，有清洗、饱水保存、脱色、脱水、脱水后库房保存等众多环节，其中脱色、脱水处理是其中最为重要的环节。

饱水竹简脱色最基本的方法有草酸法和连二亚硫酸钠法。由于草酸的水溶液为酸性，现已少用。现在基本用中性的连二亚硫酸钠，或者配合其他一些盐类进行脱色。

竹简脱色的目的是使竹简上面的字迹能清楚地分辨出来，并且能够保证脱色效果稳定即可，这和造纸行业、木材工业对漂白的要求是不同的，因此在对竹简进行脱色时，在保证脱色效果的前提下应尽可能的少使用化学试剂，这样既可起到脱色作用，又减少了对文物的损伤。

简牍是由纤维素、半纤维素或木质素组成，长期埋藏在地下，特别是在我国南方地下水丰富的地区，简牍受微生物细菌的作用发生不同程度的降解，细胞内充满水分，含水量处于饱和状态。这些饱水简牍，若不进行科学处理，任其自然干燥，一旦水分大量挥发后，会发生强烈的收缩、开裂，甚至彻底毁坏。简牍被发掘后，由于陈列及考古研究时，不可能始终使其处于饱水状态，所以只有把简牍脱水后，放置在真空环境中才能实现长久安全保存。目前简牍脱水主要是置换法，以乳香胶作为加固材料，利用乙醇、乙醚置换饱水竹简中的水分，银雀山汉简、阜阳双古堆汉简、望山楚简、走马楼三国吴简都是采用的这种方法。

1972 年冬 1973 年初，整理者分别对望山一号、二号楚墓出土的竹简，用乙醇—乙醚法进行了多次试验，获得成功。具体操作办法是首先在清水中洗去竹简上的污垢和脏物，将竹简在 3%—5% 的草酸溶液中浸泡 3—5 分钟，然后分别用清水、蒸馏水洗去酸液，记录下竹简的尺寸。用两条宽 10—13 毫米、厚 1.5—2.0 毫米的玻璃条将竹简夹好，用细线分段适当扎紧，最后将竹简装入内径 12—15 毫米带有磨口塞或橡皮塞的试管中，用浓度逐渐增大的乙醇水溶液（30%、50%、70%、90%、200%——皆为容量百分数），依次浸泡竹简。每次液面都应高于竹简 50

---

① 参见胡东波等《长沙走马楼出土饱水竹简的防腐保存》，《文物保护与考古科学》2003年第 2 期。

毫米以上。塞紧管口，每隔 6—8 小时上下摇动几次。每次溶液浸泡的时间为 24—28 小时（竹简过长时可适当加长时间）。当浸泡竹简后的乙醇溶液浓度达 95°多以上时（20℃），改换成乙醚浓度逐渐增大的乙醚—乙醇混合液（乙醚、乙醇的体积比为 1/3：2/3、1/2：1/2、2/3：1/3、1：0），当乙醚比较完全地取代乙醇以后，将竹简连同玻璃条一起取出，放入真空干燥器中，在室温下放置 4—8 个月，待其内应力消失后，再去掉玻璃条。按有关要求进行荏口拼接，然后用有机玻璃进行封装，保存。①

走马楼三国吴简质地较差，出土时已经相当朽坏，研究人员采用 AM-ARY100B 扫描电子显微镜对竹简的腐朽程度进行了检测，发现竹简竹质严重腐朽，失去强度。经过试验发现采用乙醇—乙醚—乳香胶连浸法脱水的竹简基本上可以达到不收缩、不变形、色泽正常、字迹清晰的效果，原来撕裂开来的竹丝，经处理后均能合为一体，原来弯曲变形的竹简，脱水后恢复得很直。在浸入乙醇之前，还必须先对撕裂变形之竹简进行预处理，即在竹简绑夹到玻璃条内后，在其两边填入铝箔条，使原来已经撕裂、变形的竹简合拼到一起和调直，然后连着铝箔一起浸入乙醇、乙醚、乳香胶溶液内。最后，在竹简从乳香胶溶液内取出时，立即将玻璃条打开，直接放入通风橱内让乙醚挥发掉，表面并无乳香胶的残留痕迹，亦无炫光。②

罗曦芸、陈大勇认为，目前采用的材料浸渍自然干燥法，有些虽然具有较好的加固效果，但往往从浸渍至完全干燥需花费很长时间。若浸渍加固后采用后续真空冷冻法干燥，将大大缩短处理周期。操作时首先将竹简漂白并夹在特制玻璃条中，两头用绵线扎紧后置于蒸馏水管内保存。对含水量高、材质差的竹木器为了防止细胞崩塌减小收缩，在进行真空冷冻干燥之前对样品进行浸渍预处理。用自制乙二醛水溶液作为浸渍液。在 35℃下将竹简依次浸渍在 20%、40%、60% 乙二醛溶液中，置换竹简中的水（温度对溶液黏度有很大的影响）。

---

① 湖北省博物馆实验室：《古代竹简的脱水处理——关于用乙醇—乙醚法脱水处理古代竹简的试验及应用》，《考古》1976 年第 4 期。

② 中国文物研究所：《醇—醚连浸乳香胶渗透加固处理出土饱水竹简》，《中国文化遗产》2004 年第 3 期。

　　将预处理后的竹简放入样品容器，置于 −20℃ 的冷冻柜内一段时间以保证竹简内水分凝固；打开扩散泵冷却水，开启考克 2 使与油扩散泵接通，打开电炉加热，待泵内油沸腾后接通系统；冷井中始终装满液氮，使抽出的水汽冷凝在冷井内，当操作一段时间因器壁水汽吸附导致真空度上不去时，应用电吹风吹扫管路。经 72 小时竹简完全干燥后取出。经真空冷冻干燥后的竹简色泽明显较脱水前浅，强度增加。长度方向收缩率为 0.02%—0.8%，宽度方向收缩率为 0.7%—1.9%，真空冷冻干燥法能有效控制干燥开裂、缩短干燥周期。①

　　上面所讲的是从墓葬中正式发掘的情况，而近些年盗掘流失的简牍日益增多，对于这些盗掘流失的简牍，如何整理保护，清华大学出土文献中心对清华简的整理给我们提供了宝贵的经验，清华简的整理大体上可以分成三个阶段：从 2008 年 7 月竹简入藏，到 10 月 22 日召开新闻发布会，是第一阶段，中心工作是竹简的鉴定和抢救性保护。从 2008 年 11 月中旬我们组织向藏有竹简的单位学习经验，到 2009 年 1 月 12 日清华简的拍照基本完成，是第二阶段，中心工作是竹简的进一步保护和拍照。2009 年 3 月，利用简的数码照片，对全部有字简试做通读，以求更多地了解简的内容，这一浏览至 2009 年 6 月中旬告一段落，是整理工作的第三阶段。

　　2008 年 7 月，竹简入藏清华大学后，因为在简上发现了污染霉变的迹象，整理者迅即进行逐支的保护清洗。在清洗过程中，注意了简的质地、字迹等现象，没有见到任何伪作的痕迹。同时，根据简的形制和字的特征，判断其时代为战国中晚期，与以前发现的荆门郭店一号墓简、上海博物馆藏简相近似。

　　2008 年 10 月 14 日，应清华大学邀请，来自北京大学、复旦大学、吉林大学、武汉大学、中山大学、香港中文大学和国家文物局、中国文化遗产研究院、上海博物馆、荆州博物馆的 11 位学者出席"清华大学所藏竹简鉴定会"。由这些专家组成的鉴定组，在对这批简仔细考察后做出鉴定意见，确定简的年代为战国中晚期。

---

① 　罗曦芸、陈大勇：《饱水文物的真空冷冻干燥研究》，《实验室研究与探索》2002 年第 5 期。

2008 年 12 月,整理者委托北京大学加速器质谱实验室、第四纪年代测定实验室,对这批简中的无字残片标本进行了 AMS 碳 14 年代测定,经树轮校正的数据为公元前 305±30 年,即相当战国中晚期之际,与上述专家的时代判断一致。清华大学分析中心对竹简残片的含水率做了科学测定,结果是 400%,这也是伪作的简不可能达到的。

2008 年 12 月 16 日至 17 日,由国家文物局主办,清华大学、中国文物保护协会和出土木漆器保护国家文物局重点科研基地协办的"出土饱水竹木漆器及简牍保护学术研讨会"在清华大学召开,会议期间多位专家观察了清华简,并对其进一步保护提出了重要建议。

根据裘锡圭等专家提出竹简应缓脱水、快拍照的建议,整理者着手筹划拍照的工作,并将学习拍照的经验作为出访调研的主要目的之一。大家对竹简拍照的要求,首先是尽可能准确清晰地表现简的原来状貌,但在不脱水的条件下,要拍好竹简的照片,确实是很大的难题。

清华简拍照采用的是饱水拍摄法,这种拍摄法也带来了拍摄上的困难:一是在拍摄过程中不能干透,竹简表面必须保持一定的湿度;二是竹简本身是吸光体,在经过饱水保护处理之后,表面形成一层水膜,形成类似镜面的反射,在一定程度上可以看作反光体;三是虽然竹简外形大体一致,但是每一枚竹简的细节都有所不同,不同的厚薄、宽窄和竹节的位置,而且历经两千多年,部分竹简发生霉变、腐化,凹凸不平的表面极易形成方向不同、形状不一、难以控制的光斑,导致拍摄过程很难确保所有的转折面都可避免光斑的形成。

清华简照片的拍摄有以下几个重要步骤:一是器材准备,足够数量的 8×10 专业胶片(要求同一型号、同一生产日期)、拍摄台(底托)的制作、SINAR P2 专业 8×10 座机一台、片盒 15 盒、300mm SINARON 镜头一个、快门线一支、蛇腹遮光罩一个、8×10 增光屏一块、对焦放大镜一个、延长杆一支、机身支杆一支(用来增加相机的稳定)、金宝专业十字架 2 台、利图 AFi6 数码相机一台、3300 万利图数码后备、施奈德 180mm 镜头、苹果电脑(32 寸显示屏)、HENSEL EH Pro 3000 电源箱 2 个、HENSEL EH Pro 1500 电源箱 2 个、HENSEL 3000 灯头 4 个、支架 8 支、

HENSEL 标准 12' 反光罩 2 个（附四页遮板）、银色反光伞 2 支（内表面呈颗粒状）、对焦用 800 瓦长明灯 1 个、中黄背景纸 1 张、分频道引闪系统 7 套（1 套备用）、胶布、电源轴线、8×10 观片器（5500 色温）、水平仪 2 个、DVD 数据光盘、记号笔、布置"暗房"（换胶片用）、黑色布（用于将屋顶遮挡，避免屋顶的漫射光）、国际标准色标、刻度尺（国家文物申请标准要求）、工具箱等。

二是拍摄技术的控制，拍摄最终选用白色磨砂有机板作为背景，与竹简形成一定的明度反差，以突出、烘托、渲染文物。同时，对有机板进行粗粒喷砂（以消除有机板本身的反光）、雕刻底纹（雕刻均匀的格线与外边框，以控制竹简摆放一致）等一系列的处理。在有机板背面加一层黄色作为衬底，白色有机板经过饱水处理后会产生投射及颜色稍微加深的现象，经过曝光调整后画面微微透出一点偏黄的暖色基调，从而摆脱此前的阴冷感觉，最终获得比较理想的竹简图版。

清华简拍摄以标准反光罩作为主光，形成较硬的光源，从而加强竹简与简上文字的反差，增强清晰度，方便专家学者研究；同时，采用银质反光伞作为辅助光源，以充分反映竹简的细部形态和色彩。拍摄选用富士 RDPⅢ 8×10 专业反转片，色温为标准 5500k；HENSEL 3000 电源箱与 EH Pro 3000 灯头作为主光，HENSEL 1500 电源箱与 EH Pro 3000 灯头作为辅助光源。通过综合控制主光与辅助光，色温调整为 5580k，基本上接近标准色温。整理者与清华大学美术学院的摄影专家合作，经过反复试验，克服重重困难，达到了比较理想的效果。[①]

四　分篇、拼合、编联、复原

杜预《春秋序》孔颖达疏言："单执一札，谓之为简，连编诸简，乃

---

① 参见李学勤《清华简整理工作的第一年》，《清华大学学报》（哲学社会科学版）2009 年第 5 期；郑林庆《竹简类文物摄影的探索与创新——以清华简拍摄为例》，《装饰》2009 年第 6 期。

名为策。"《说文》："编，次简也。"由于年代久远，出土时竹简的编绳多数已经腐烂，竹简先后顺序也被打乱，因此研究出土文献中一项基础的工作，是对原本散乱无序的竹简进行编联。简文的编联，首先是按竹简的长度、形状、字体归类，这就是通常说的分篇或分卷；然后按竹简的简端、简尾、契口位置等因素对相关残简进行调整，称为"拼接"；再依照文义脉络、句式对仗、行文语气等因素将竹简排序，即是"编联"；最后得到一个尽可能与文本原貌符合的文本，就是"复原"。我们下面按此顺序依次讨论。

研究简牍的分篇、分卷，主要依靠的是形制、字体。李零说："竹简整理，形制、字体的分类是第一步，内容的分类是第二步。我们分析简文是否属于同一类，首先是靠字体和形制，而不是内容。"① 李零先生的意见是非常正确的，形制先于内容是一般的情况，但不要绝对化，有些字体简与其他简字体有所区别，但仍属同一篇，如郭店简《性自命出》。下面我们谈几个简牍研究中分篇的具体事例。

上博简《从政》原分为甲、乙两篇，甲篇有 19 支简，乙篇有 6 支简。陈剑指出本篇没有篇题、篇号，仅甲篇第 19 简这一支简的简末文句抄完后留有空白，表明其为一篇之末简；甲、乙两篇在简长、字体、编绳数目与位置等方面也看不出什么明显差别。整理者据以分篇的根据"两组竹简长度各异，编绳部位亦不相同"，其实相当薄弱。因为所谓乙篇中只有一支整简，即第 1 简。而此简长 42.6 厘米，跟甲篇的几支整简 5、8、11、18 长度完全相同。甲篇余下的三支整简第 1、15 简长 42.5 厘米，第 19 简长 42.8 厘米，也没有多少出入。所谓编绳的位置问题，细看图版，也很难看出两篇有什么不同。② 陈先生将二者编为一篇的做法是正确的，其最关键的证据就是竹简形制。

上博简《内礼》与《昔者君老》分为两篇，《内礼》14 支竹简，此外还保留有一枚附简，长 24.5 厘米，仅残存下段。李朝远先生认为，此

---

① 李零：《郭店楚简校读记》，北京大学出版社 2002 年版，第 5 页。

② 陈剑：《上博简〈子羔〉、〈从政〉篇的拼合与编连问题小议》，《文物》2003 年第 5 期。

简字体与本篇相同，曾将之与第 8 简缀接，但文义不洽，且编线不整，存此备考。福田哲之认为，尽管附简与《内礼》在书写风格上有许多相似性，但附简中"亡（无）""母（毋）""而""敬""则""民""豊（礼）""中"等字与《内礼》《昔者君老》中的相应字在字形方面有许多不同，而这些字与上博五《季康子问于孔子》的字形刚好吻合，因此他认为《内礼》附简应归于《季康子问于孔子》。① 井上亘认为《内礼》与《昔者君老》应属于一篇。依据一是两篇的竹简长度和编线都一致，书体一致；二是《内礼》篇说的是儒家的孝道思想，《昔者君老》第 3 简云"能事其亲"，也是谈孝道，内容与《内礼》篇有关。② 林素清认为《内礼》与《昔者君老》皆抄录自儒家对君子、孝子规范的理论记载，《昔者君老》第 1、2、4 简可与《内礼》连缀为一篇，两篇简文可以合并，可视为同一批文献材料，其性质与大、小戴《礼记》相近。③ 韩英认为《内礼》附简的"而"字写作"𨐌"，与《季康子问于孔子》的"而"字相同，而与《内礼》篇其他"而"字有很大的不同，因此她支持福田的看法。④

　　我们认为上博简《内礼》与《昔者君老》应合编为一篇⑤，《昔者君老》所讲的太子之礼与《内礼》篇名"内礼"相符合。福田哲之还指出，《内礼》附简的字体与同篇其他简不同，似应归于上博简《季康子问于孔子》。我们将《内礼》附简与《内礼》等其他篇目字体对比如下：

---

　　① 福田哲之：《上博四〈内礼〉附简、上博五〈季康子问于孔子〉第十六简的归属问题》，简帛网，http：//www. bsm. org. cn/show_ article. php？id＝271。

　　② 井上亘：　《〈内礼〉篇与〈昔者君老〉篇的编联问题》，简帛研究网，http：//www. jianbo. org/admin3/list. asp？id＝1432。

　　③ 林素清：《上博四〈内礼〉篇重探》，《简帛》第 1 辑，上海古籍出版社 2006 年版，第 158 页。

　　④ 韩英：《〈昔者君老〉与〈内礼〉集释及相关问题研究》，硕士学位论文，吉林大学 2008 年，第 9 页。

　　⑤ 参见刘光胜《出土文献与〈曾子〉十篇比较研究》，上海古籍出版社 2016 年版，第 55 页。

字体＼篇目	《内礼》附简	《内礼》	《昔者君老》	《季康子问于孔子》
亡				
毋				
而				
远				
敬				
之				
则				
民				
又				
礼				
肰				
后				
以				
中				

我们发现《内礼》附简中部分字，如"以"、"又"、"礼"等，和《内礼》《昔者君老》《季康子问于孔子》都非常相近，不能作为划分《内礼》附简归属的依据。但另外一些字，如"而"、"则"、"中"等字，《内礼》附简和《季康子问于孔子》明显一致，而与《内礼》《昔者君老》有所不同。具体到某些笔画，如《内礼》附简和《季康子问于孔子》"则"字反文旁和中间两横并列，而《昔者君老》"则"字反文旁在中间两横的下方。《内礼》附简"中"字上端是两横，和《季康子问于孔子》相同，而《内礼》"中"字为一点一横。

在同一篇文献中，同一字可以有不同的写法，如上博简《内礼》"而"字有两种写法，一作"而"，一作"而"，《季康子问于孔子》"中"字一作"中"，一作"中"，写法也不一致，我们认为福田哲之等学者单纯靠字形的相似，并不能论定《内礼》附简应归入《季康子问于孔子》，必须同时结合简长、内容等因素。这些因素重要性的排列顺序是简长、文字特征、文字内容，其中简长是第一位的。

上博简《内礼》与《昔者君老》等篇简长对照：

单位：厘米

篇名 契口距	《内礼》	《内礼》附简	《季康子问于孔子》	《昔者君老》
上契口距顶端	1.2—1.4		1.3	1.2
上契口距中契口	21		约18	21
中契口距下契口	21	约18.3	约18.2	21
下契口距底端	0.8—1.1	约1.3	1.3	1.2

上博简《内礼》中契口与下契口的距离是21厘米，《内礼》附简中契口与下契口的距离约为18.3厘米，《季康子问于孔子》中契口与下契口的距离约为18.2厘米。上博简《内礼》下契口距底端的距离是0.8—1.1厘米，《季康子问于孔子》下契口距底端约1.3厘米，《内礼》附简第三条编痕距底端约1.3厘米，上述下契口及第三条编痕距底端的距离，是决定《内礼》附简应归入《季康子问孔子》而不是归入《内礼》的关键性证据。上博简《内礼》附简讲的是与姑姊妹有关的礼仪，从内容上看与《内礼》近而与《季康子问于孔子》远，这也是整理者将《内礼》附简附于《内礼》篇的原因，但由于简长的差异和字体特征的不同，上博简《内礼》附简还是应归入《季康子问于孔子》。

《鲁邦大旱》《诗论》《子羔》的分篇问题，曾一度是学者讨论的焦点。有学者认为《鲁邦大旱》6号简、《子羔》14号简有两个墨节符号，是篇章结束的标志，从而推断《诗论》简文，也应有一个标志篇章结束的符号。而经学者调整之后，《子羔》背部题有篇名"子羔"的5号简排在倒数第三的位置，从而论定《子羔》在这三部分简文里应排在最后。简牍形制中有很多例外现象，我们认为《鲁邦大旱》6号简、《子羔》14号简都有两个墨节符号，不能必然推出《诗论》有两个墨节符号。更为重要的是《诗论》首简"……行此者，其有不王者乎"是《子羔》前部分问三王之教的残留，取消了《子羔》排在三篇最后的可能性。实际上，李零主张《诗论》与《鲁邦大旱》《子羔》三者合为一篇，称为《子羔》，其主要依据是《子羔》与《诗论》的内容写在同一支简上。① 现在我们看放马滩秦简《日书》，也有不同篇内容写在一支简上的情况，虽然三篇形制、字体相同，都是孔子所言，但三篇思想内容有明显不同。我们认为目前三篇是否合为一篇尚不能论定。

上博简《武王践阼》发表后，复旦大学出土文献与古文字研究中心研究生读书会认为简文应分为两篇，"第1简到第10简为一部分，讲师尚父以丹书之言告武王，武王因而作铭；这部分下有脱简，并非全篇，其原貌当与今本《大戴礼记·武王践阼》全篇近似。第11简到第15简为另一部分，讲太公望以丹书之言告武王，与《大戴礼记·武王践阼》前半段亦相近似，唯主名不同，也没有武王作铭的记载。简文这两部分的抄写风格不同，应为不同书手所抄，因此也可以视为甲乙本"。② 上博简《武王践阼》形制、字体相近，由于抄写风格、内容不同，所以分为甲、乙两本。郭店简《性自命出》简1、40、41的字体、字间距与其他简不同，但却属于一篇。因此形制、字体虽是判断分篇的最重要参照，但我们却要避免将此原则绝对化。

竹简的拼接首先要看简端、简尾和契口的位置，不仅要看茬口是否相合。两段残简拼合后的长度是否与整简的长度相合，也是非常重要的。其次要看内容，上下文是否顺畅，语气是否通达，兼顾各个因素，是准确拼合的关键。

关于上博简《内礼》的编联，整理者认为，第6、7、8三支简可依次拼接，房振三、林素清等赞成其说。房振三认为，第6、第7简都是论述如何才能成为"君子、孝子"，第8简虽有残缺，但整体上是阐述"孝子"应该如何立身行事的，整理者所排列的更近原文面貌。① 魏宜辉认为简序应是 6 + 8 + 7，他说"君子事父母……善则从之，不善则止之。止之而不可，怜而任（简6）之，如从己起……（简8）"，这与《大戴礼记·曾子事父母》中的"父母之行，若中道则从，若不中道则谏，谏而不用，行之如由己"十分相近。② 董珊、曹建敦等赞成其说。③ 简 6 "止之而不可，怜而任"与简 8 "之，如从己起"上下文相应，而且分别是父母之行中道、不中道的两个方面，所以残简 6、8 的拼接是正确的。

　　断简缀合是将全部残简集中整理，力争找到断失者，经拼接恢复到原有的长度，使其尽可能完整。这一工作遵循以下五个阶段六种方法进行。五个阶段即全面熟悉简牍的现存情况，包括出土地点、层位堆积、同地点同层位纪年简的保存现状和完整及残断程度、简牍内容和类别及各种简牍的基本特征、书写格式和书体特点、完整和残断简的比例等；以发掘出土单元为基本单位，将完整与残断简区别开来分析考察研究；将完整简提出，不完整者与本单元邻近相接的其他单元再进行缀合；逐步减少残断数量，扩大单元缀合范围，仍不完整者可与所有单元缀合；系统整理检验，肯定正确者，排除错误者和把握性不大者。具体缀合从六种角度开展研究，即简牍用料和残断特征、简牍残断情况分析、书法字体特征、简牍时代特征、文书类别判定、文书用语和文字分析。这五个阶段和六种方法是断简缀合工作的主要程序，五个阶段必须逐步进行，而六种方法必须同时使用，互相印证，最后确定。④

　　简序编联是文献复原的基础工作，同时也是学术研究展开的前提。李零曾对竹简的编联有一段生动的描述："（编联）在简文整理中是基础工作。这一工作是最初步的工作，但也是最关键的工作。很多人都不知道这

---

　　① 房振三：《上博馆藏楚竹书（四）释字二则》，简帛研究网，http：//www. jianbo. org/ad-min3/2005/fangzhensan001. htm.

　　② 魏宜辉：《读上博楚简四札记》，简帛研究网，http：//www. bamboosilk. org/admin3/2005/weiyihui001. htm.

　　③ 董珊：《读上博藏战国楚竹书（四）杂记》，简帛研究网，http：//www. bam boosilk. org/admin3/2005/dongshan001. htm；曹建敦：《读上博藏楚竹书〈内礼〉篇杂记》，孔子 2000 网，ht-tp：//www. confucius2000. com/admin/list. asp？id = 1629。

　　④ 沈颂金：《二十世纪简帛学研究》，学苑出版社 2003 年版，第 436—437 页。

件工作有多麻烦。第一，整理者着手整理时，茫无头绪，一团乱麻，他们颠三倒四团团转，花去的时间比后来要多得多。这是件费力不讨好的工作，干好了没人夸，干坏了有人骂。人们记住的是结果，忘记的是过程，甚至就连结果都不过是后来的铺垫。第二，这种工作，整体性很强，连续性很强，不可能多头并进，时断时续，而只能由一两个人负责，在一段时间里，集中精力，连续作战，趁记忆清楚，趁联想还在，跟手剪贴，跟手调整，一次性完成。"①

编次、编号、编绳、契口都是与竹简编联有关的几个重要因素。编次是简牍篇章前后的顺序，如武威汉简《仪礼》（甲本）简1背面写篇次"第八"，马王堆帛书《五十二病方》篇首列五十二个小标题的名称，帛书《养生方》则将小标题附于篇末，这些信息的存在大大降低了编联的难度。

简册上的编号，又称叶数，是后世书籍页码的滥觞，有学者认为是书写者在书册编册后，为防止日后编绳朽断造成顺序混乱而标上的。② 简牍有先写后编的，如敦煌《永元兵物册》有些字迹被绳盖住，属先写后编。武威汉简《仪礼》编绳处留有空白，属先编后写。以此类推，我们怀疑编号也有先写好后抄写的可能性。编号一般写于简册下端，或写于正面，或写于背面。武威汉简《仪礼》甲本编号写在竹简正面下端，而《少牢》《有司》编号则写于简背。编号也有写在竹简上端的，如尹湾汉简《元延二年日记》。慈利楚简页数或居简背上端，或居中，或居简末，单数有一、二、三、五、七、九，双数有十和廿、三十合文，还有它们组成的编码及×符号。③

陈梦家根据武威出土《仪礼》叶数编法，归纳出有下列几类：一是一个顺序贯穿全篇，王家台秦简《灾异占》每简的简尾皆有数字，最大者为"百一"，最小者为"一"，这些数字表示的是竹简的顺序；二是前一部分有编号，后一部分没有编号。如武威汉简《仪礼·特牲》，可能是

①　李零：《郭店楚简校读记·凡例》，北京大学出版社2002年版，第5页。
②　郑有国：《中国简牍学综论》，华东师范大学出版社1989年版，第42页。
③　张春龙：《慈利楚简概述》，艾兰、邢文编《新出简帛研究》，文物出版社2004年版，第7页。

原有旧简二次利用的结果，后十三支简是新简，未统一编制页数①；三是两个以上顺序并用，武威汉简《仪礼·少牢》编号先排至三十一，又从一重排至六，张显成认为原因可能有两个：一是书手前后有变化；二是不同书手同时进行抄写，各自编排页数。② 我们怀疑与抄手关系不大，可能是抄写内容时，竹简不够用，不得不使用另外一些已编号的竹简。

《太平御览》卷六〇六引刘向《别录》："《孙子》书以杀青简，编以缥丝绳。"缥丝绳即编绳，《说文》《独断》说简牍编绳"二编"，但出土简牍的编绳数却是二道至五道都有，上博简多是三道编绳，武威《仪礼》甲本、乙本《丧服》四道编绳，武威《仪礼》丙本五道编绳。如何确定使用编绳数，似乎也没有定规，郭店楚简大多数是两道编绳，但其中最短的竹简使用了三道编绳。因此有些学者说"简册使用编绳数量与简的长短有关，简越长则编绳的数量越多"的说法是有问题的。

《晋书·束皙传》记载汲冢出土的《穆天子传》以素丝编，《南齐书·文惠太子传》记述襄阳楚冢出土的《考工记》以青丝编，王家台秦简多为麻绳，信阳古书是以黄色丝线编联，杨家湾竹简用帛带编联，其他用丝纶。简牍由于出土时编绳多已朽坏，因此只能从残存的痕迹来推断编绳所用之质料。

编绳易滑脱和移动，于是在简侧雕刻三角形契口，用来固定编绳，契口的位置分三种情况：一是多数刻在简的右侧；二是刻在左侧；三是有的简刻在右侧，有的简刻在左侧，如上博简《曹沫之阵》，这种契口交叉固定，左右均衡，最为牢固。有论者契口与册叶书的鱼尾联系起来，提出"鱼尾起源于编绳契口"，并起到"检索文字提示符"的作用。③ 由于编绳朽坏，在简牍照片上一般没有编绳痕迹。编联正确的残简，其契口与其他契口的位置相差无几，如果相差太多，就证明编联存有问题，因此契口就成为竹简编联的重要参照。

竹简编联的根据可以从外在和内在两个因素来把握，所谓外在因素，

---

① 陈梦家：《汉简缀述》，中华书局1980年版。
② 张显成：《简帛文献学通论》，中华书局2004年版，第178页。
③ 何远景：《鱼尾的起源》，《文献》1999年第4期。

大致包括竹简的形制如长度、宽度、编线的道数与间隔，书写风格如字体、密度某些特殊用字以及标识符号的采用，等等。而内在因素则是指词汇、句式、体裁和内容。只有将这些因素综合考虑，不断推敲，反复改进，才能取得比较合乎原初面貌的编联效果。①

简牍复原是一个长期的过程，需要学者的不断努力，我们在简牍复原方面谈一下字迹的作用。董作宾在《甲骨文断代研究例》中提出"字形""书体"的断代标准②，后来有学者甚至把"字体"作为甲骨文分期的唯一标准③，可见字体在甲骨文分期中的基石作用。受此影响，学者纷纷撰文凸显字体在简牍研究中的作用。

郭店简《语丛三》多格言类短语，复原缺乏参照，龙永芳提出通过字迹差异分类编联的方法。④ 林素清根据字迹的情况，认为原被整理者分别发表于《上海博物馆藏战国楚竹书（二）》和《上海博物馆藏战国楚竹书（四)》的《内礼》与《昔者君老》可以重新编联⑤，此说得到日本学者井上亘响应。⑥ 陈剑从"简长、字体、编绳与位置"等方面出发，将上博简《从政》甲、乙篇合编为一篇⑦，对上博简《竞建内之》与《鲍叔牙与隰朋之谏》两篇进行重编。⑧

学者的研究取得了不少成就，但我们必须看到在简牍复原研究中，字

---

① 陈伟：《文本复原是一项长期艰巨的工作》，《湖北大学学报》1999 年第 2 期；《关于郭店楚简〈六德〉诸篇编联的调整》，《江汉考古》2000 年第 1 期。

② 董作宾：《甲骨文断代研究例》，《庆祝蔡元培先生六十五岁论文集》上册，1933 年版。这十项断代标准是："世系""称谓""贞人""坑位""方国""人物""事类""文法""字形""书体"。

③ 林沄：《小屯南地发掘与殷墟甲骨断代》，《林沄学术文集》，中国大百科全书出版社1998 年版，第 100—128 页。

④ 龙永芳：《关于郭店楚简〈语丛三〉分篇与重新编连的思考》，《古墓新知》，（香港）国际炎黄文化出版社 2003 年版，第 261—277 页。

⑤ 林素清：《释"匜"——兼及〈内礼〉新释与重编》，《庆祝钱存训教授九五华诞学术论文集》编辑委员会编：《南山论学集》，北京图书馆出版社 2006 年版，第 18—23 页。

⑥ 井上亘：《〈内礼〉篇与〈昔者君老〉篇的编联问题》，简帛研究网，http://www.jianbo.org/admin3/list.asp？id＝1432。

⑦ 陈剑：《〈子羔〉、〈从政〉篇的竹简拼合与编联问题小议》，《文物》2003 年第 5 期。

⑧ 陈剑：《谈谈〈上博（五)〉的竹简分篇、拼合与编联问题》，简帛网，http://www.bsm.org.cn/show_article.php？id＝204。

体始终不能成为对简牍复原的"唯一"标准，必须和形制、内容其他因素结合起来，这是为什么呢？在甲骨文中，贞人虽不是抄手，但和抄手在生活时间上有重合，使贞人与字体有一定对应关系。但简牍文字与甲骨文不同，甲骨文没有底本可抄，而简牍往往有一个底本，这就可能使抄手受到底本的影响，在抄手文化水平低、对底本不熟的情况下尤其明显，因此很难建立抄手与字体之间明确无疑的对应关系，字体在简牍研究中的作用也明显逊于它在甲骨文研究中的基石作用。

我们将简牍文本整理分为分篇、拼合、编联、复原四个阶段，虽然它们有次序上的先后，但在实际操作中，往往又是经常重合在一起的。陈剑认为竹书整理要注意四个方面：一是竹简的分篇，需要关注竹简形制和书手字体；二是竹简的拼合，需要关注简长、契口和编绳痕迹以及拼合处茬口形状和残字；三是竹简的编联，关键在于注意行文脉络，寻找排比句式或相近的句式、前后反复出现的覆上之文、归纳之文等，同时还要注意排除两简连读处存在误字、衍文、倒文等的干扰；四是竹书全篇的复原，一般是先整理出若干个小的拼合编联组，然后再复原出全篇，其间要考虑全篇的行文特点及完整情况，由此可以决定复原到什么程度，以及各编联组有无连读的必然性的问题，还要重视篇题简、篇末简的作用。[1] 陈先生的学术经验，使人深受启发。简牍一经散乱，就很难回到原处状态，我们只有统筹兼顾、细心探求，凭坚强的证据、严谨的推理，使简牍的复原尽可能接近原貌。我们必须清醒地知道，在多数情况下，简牍的完全复原是达不到的，有的只是尽可能地接近。

五　简牍典籍分类及篇章特点

20 世纪 70 年代以来，简牍佚籍大量出土，湖北、湖南、甘肃、新疆、河南、陕西、山东、山西、河北、江苏、安徽、青海等省区，是出土

---

[1]　参见陈剑 2010 年 6 月 28 日复旦大学"简帛古书拼缀杂谈"讲座。

文献考古发掘的重点地域。这些简牍佚籍是当时社会生活及思想发展的真实记录，但从出土地域上看，这些地区出土简牍又各有特点：甘肃、新疆、内蒙古以汉晋边塞文书为主，甘肃、新疆、内蒙古的民族文字简牍，又为简牍学研究增添了新的内容；湖北、湖南、河南、山西以战国、秦汉古籍为主；山东、河北、江苏、陕西、安徽以汉代古籍、文书为主。湖南长沙的三国吴简更具地方特色。总结这些出土史料，有三大基本特征：一是出土环境有遗址、墓葬两类；二是埋藏性质分有意、无意两种；三是内容分典籍、文书两系。①

墓葬出土书籍约 106 种，其中战国书籍约 35 种，秦代书籍约 8 种，汉代书籍约 63 种②，总量超过 30 万件，因此对简牍的合理分类是必需的。目前对于简牍典籍分类主要有两种意见，一是主张按照六经和学派来划分，与《诗》相关的资料有上博简《诗论》《交交鸣鸟》及一些出土文献中对佚诗的引用；与《易》相关资料是马王堆帛书《周易》经传（《易之义》《要》《二三子问》《缪和》《昭力》等）；与《礼》相关的资料是上博简《昔者君老》《内礼》等；和儒家相关，特别是与孔门传承相关的资料包括郭店简《五行》、马王堆帛书《德圣》，郭店简及上博简两种《性自命出》，郭店简《鲁穆公问子思》《穷达以时》《忠信之道》《成之闻之》《尊德义》《六德》《语丛一》《语丛二》《语丛三》，上博简《子羔》《鲁邦大旱》《从政》《相邦之道》《仲弓》《弟子问》《君子为礼》《季康子问于孔子》等；与道家及黄老思想相关的资料有马王堆帛书《黄帝四经》《九主》，郭店简《太一生水》，上博楚简《恒先》《三德》《彭祖》等。

与古史传说及历史人物相关的资料有马王堆汉墓《战国纵横家书》《春秋事语》，郭店楚简《唐虞之道》，上博楚简《容成氏》《融师有成氏》《竞建内之》《鲍叔牙与隰朋之谏》《姑成家父》《柬大王泊旱》《昭王毁室》《昭王与龚之脽》；与兵家相关的资料是上博楚简《曹沫之阵》；

---

① 以下简牍典籍的分类，亦参见骈宇骞《出土简帛书籍分类述略》，《中国典籍与文化》2005 年第 2、4 期，2006 年第 1—3 期。

② 数字统计，参见何双全《简牍》，敦煌文艺出版社 2004 年版，第 21 页。

与墨家相关的资料是上博简《鬼神之明》；与纵横家相关的资料是郭店简《语丛四》；与古乐相关的资料是上博楚简《采风曲目》；与阴阳家思想相关的是马王堆帛书《阴阳五行》两种、《刑德》三种；与医学相关的有马王堆帛书《五十二病方》等多种；与天文学相关的有马王堆帛书《五星占》《天文气象杂占》等，与相术相关的有马王堆帛书《相马经》等多种。

另一种意见认为对于出土简牍帛书的分类，最好的办法是将其纳入到当时的图书分类中去，这是学界主流看法，骈宇骞先生依《汉书·艺文志》的分类，将已出土的简帛典籍分为六艺、诸子、诗赋、兵书、数术、方技等类①。

六艺。（1）马王堆帛书《周易》，（2）马王堆帛书《系辞》，（3）马王堆帛书《易之义》，（4）马王堆帛书《要》，（5）马王堆帛书《缪合》，（6）马王堆帛书《昭力》，（7）上博简《周易》，（8）王家台楚简《归藏》，（9）上博简《诗论》，（10）阜阳汉简《诗经》，（11）武威汉简《仪礼》，（12）马王堆帛书《丧服图》，（13）上博简《乐礼》，（14）上博简《乐书》，（15）马王堆帛书《战国纵横家书》，（16）马王堆帛书《春秋事语》，（17）八角廊汉简《论语》，（18）八角廊汉简《儒家者言》，（19）上博简《孔子闲居》，（20）阜阳汉简《仓颉篇》。

诸子。（1）马王堆帛书《五行》，（2）马王堆帛书《九主》，（3）马王堆帛书《明君》，（4）马王堆帛书《德圣》，（5）马王堆帛书《经法》，（6）马王堆帛书《十大经》，（7）马王堆帛书《称》，（8）马王堆帛书《道原》，（9）郭店简《缁衣》，（10）郭店简《鲁穆公问子思》，（11）郭店简《穷达以时》，（12）郭店简《五行》，（13）郭店简《唐虞之道》，（14）郭店简《忠信之道》，（15）郭店简《成之闻之》，（16）郭店简《尊德义》，（17）郭店简《性自命出》，（18）郭店简《语丛一》，（19）郭店简《语丛二》，（20）郭店简《语丛三》，（21）郭店简《语丛

---

① 李零先生将古书分为七类：六艺类、史书类、诸子类、兵书类、诗赋类、方技类、数术类，与骈宇骞先生意见接近。参见李零《从简帛发现看古书的体例和分类》，《中国典籍与文化》2001年第1期。

四》，（22）上博简《缁衣》，（23）上博简《子羔》，（24）上博简《曾子立孝》（《内礼》），（25）上博简《曾子》（?），（26）上博简《武王践阼》，（27）上博简《子路》（?），（28）上博简《恒先》，（29）上博简《曹沫之阵》，（30）上博简《四帝二王》（?），（31）上博简《颜渊》（《君子为礼》），（32）上博简《性情论》，（33）上博简《容成氏》，（34）上博简《鲁邦大旱》，（35）八角廊汉简《儒家者言》，（36）八角廊汉简《哀公问五义》，（37）八角廊汉简《保傅传》，（38）银雀山汉简《晏子》，（39）马王堆帛书《老子》甲本，（40）马王堆帛书《老子》乙本，（41）郭店简《老子》甲本，（42）郭店简《老子》乙本，（43）郭店简《老子》丙本，（44）郭店简《太一生水》，（45）张家山汉简《庄子·盗跖》，（46）八角廊汉简《文子》，（47）八角廊汉简《太公》，（48）长台关楚简《墨子》佚篇（或谓儒家），（49）阜阳汉简《庄子·杂篇》，（50）放马滩秦简《志怪故事》。

诗赋。（1）银雀山汉简《唐勒》（或谓应为《宋玉赋》），（2）尹湾汉牍《神乌赋》，（3）上博简《赋》（待发表）。

兵书。（1）银雀山汉简《吴孙子》，（2）银雀山汉简《齐孙子》，（3）银雀山汉简《尉缭子》，（4）银雀山汉简《六韬》，（5）张家山汉简《盖庐》，（6）青海大通上孙家寨汉简《军令》。

数术。（1）湖南长沙子弹库楚帛书，（2）马王堆帛书《天文气象杂占》，（3）马王堆帛书《五星占》，（4）马王堆帛书《太一辟兵图》，（5）马王堆帛书《出行占》，（6）马王堆帛书《木人占》，（7）尹湾汉牍《博局占》，（8）张家山汉简《历谱》，（9）关沮秦简《历谱》，（10）张家山汉简《算数书》，（11）马王堆帛书《阴阳五行》甲篇，（12）马王堆帛书《阴阳五行》乙篇，（13）马王堆帛书《刑德》甲篇，（14）马王堆帛书《刑德》乙篇，（15）马王堆帛书《刑德》丙篇，（16）睡虎地秦简《日书》甲本，（17）睡虎地秦简《日书》乙本，（18）放马滩秦简《日书》，（19）沙市关沮秦墓竹简《日书》，（20）九店楚简《日书》，（21）甘肃武威磨嘴子汉简《日书》，（22）湖南沅陵汉沅陵侯吴阳墓竹简《日书》，（23）马王堆帛书《相马经》，（24）临沂银雀山汉墓竹简《相狗方》，（25）阜阳双古堆汉简《相狗经》，（26）新出居延汉简《相宝剑刀》。

方技。（1）马王堆帛书《足臂十一脉灸经》，（2）马王堆帛书《阴阳十一脉灸经》甲本，（3）马王堆帛书《阴阳十一脉灸经》乙本，（4）马王堆帛书《脉法》，（5）马王堆帛书《阴阳脉死候》，（6）张家山汉简《脉书》，（7）马王堆帛书《五十二病方》，（8）关沮秦简《病方》，（9）马王堆帛书《杂疗方》，（10）马王堆帛书《杂禁方》，（11）马王堆帛书《十问》，（12）马王堆帛书《合阴阳》，（13）马王堆帛书《天下至道谈》，（14）马王堆帛书《胎产书》，（15）马王堆帛书《却谷食气》，（16）马王堆帛书《养生方》，（17）湖南沅陵汉沅陵侯吴阳墓竹简《美食方》（待发表），（18）马王堆帛书《导引图》，（19）张家山汉简《引书》，（20）上博简《彭祖》。

此外，骈先生还认为睡虎地秦简、张家山汉简、龙岗秦简、敦煌汉简、包山楚简等简牍中的法律资料，应按《隋书·经籍志》的分类列入史部刑法类。

第一种分类法便于进行专题研究，但缺陷有两个：一是标准不统一，既有学派，又有六经，还有天文学等类；二是对有些简牍的学派属性分歧太多，如《鬼神之明》，因此多数学者倾向于第二种分类法。刘向、刘歆亲眼见过古代典籍的原貌，《汉书·艺文志》的图书分类来源于刘向、刘歆的《别录》《七略》，因此《汉书·艺文志》的分类有坚实的文献基础。骈先生主张按《汉书·艺文志》分类，是非常有见地的。汉人近古，其言必有所本，《汉书·艺文志》的分类总体上是不错的，但我们必须清楚，《汉书·艺文志》也是汉武帝"罢黜百家、独尊儒术"思想影响下的产物，其将儒家地位提升的做法可能与先秦诸子平等争鸣的历史面貌有所距离。《老子》完全可以和儒家六艺相媲美，却被列入诸子，这是《汉志》的思想局限，我们是否延续？另外骈先生的有些分类还需再讨论，比如他将马王堆帛书《战国纵横家书》归入六艺，似乎有些不妥。

第 三 章

简牍典籍与专题研究

学界经常引用王国维"古来新学问起，大都由于新发见"，但新发现不仅推动新学问的产生，而且在很大程度上拓展了"旧学问"的学术空间，20世纪以来的简牍发现，不仅促成了简牍学的产生，而且也促进了相关学科的发展，给考古学、古文字学、历史学、文献学、文学、哲学等研究领域带来了活力，可谓20世纪学术史上浓墨重彩的一笔。

一 出土简牍与隶变研究

篆书以圆方为体，隶书以方折为主，隶书的出现改变了篆书及篆书以前古文字的书写面貌，使汉字的结构发生了巨大变化，因此，在汉字发展过程中，隶书的产生是由古文字阶段到今文字阶段的一个重大变革。以前由于文字材料缺失，从先秦篆书到西汉隶书的文字演变历程我们是不得而知的。通过大量简牍的文字资料，人们才认识到早期隶书的真正面貌，隶书不是秦统一后在小篆的基础上形成的，从篆书到隶书，也并不是一蹴而就的，可以说，秦汉简牍文字的发现，填补了汉字发展缺失的环节，为汉字发展由篆变隶，即所谓隶变的过程提供了宝贵的实物证据。

出土简牍对古文字研究的重要贡献是对隶书起源的重新认识，传统的看法认为隶书的产生是在秦代统一之后。其产生的原因，是当时官吏处理刑狱事务的需要。又有隶书为秦始皇命程邈所造说法，晋卫恒《四体书势》、唐张怀瓘《书断》皆主此说。云梦秦简、青川木牍字形正方、长方、扁方不拘，波势起伏变化，书写风格已与汉隶近似，而时间皆在秦始皇统一六国之前，使隶书为程邈所造的说法不攻自破。

裘锡圭先生说："隶书在战国晚期已经基本形成了。隶书显然是在战国时代秦国文字俗体的基础上逐渐形成的。"① 隶书既然起于始皇以前，当然不是从小篆演变、简化而成的，而是从秦国一贯使用的文字演变、简化的。秦隶和小篆的关系，不是父子关系，而是同出于一个祖先的兄弟关系②。由篆书到隶书，是古文字演变的关键阶段，过去由于文字证据太少，人们一直无法弄清当时隶变的真实面貌，而大量简牍材料的出土，使资料缺乏的窘境得到根本性的改观，对战国时期隶变的研究一度成为学界研究的热点。

唐玄度《九经字样》说："诸经之中，别有疑阙，古今体异，隶变不同。"这是"隶变"一词最早记载。隶变是指由篆书到隶书的字体之变，圆形变为方形，弧线变为直线，隶书取代篆书，成为一种普遍流行的字体，是非常令人瞩目的文化现象。隶变使古代文字的书写进一步摆脱了象形意味，进入今文字阶段，作为古文字与今文字的分水岭，隶变是汉字演进过程中极为重要的飞跃。隶书可细分为古隶、分隶、今隶。有学者认为，如果隶确定为古隶，隶变的讫点则在战国晚期；如果确定为分隶，讫点则在西汉晚期；如果确定为今隶，讫点要晚至隋唐，并把隶变终点定在隋唐③。我们认为应将隶书自身发展的过程与隶变过程分开，从古隶、分隶到今隶，是隶书本身的发展过程，而不是隶变过程，因此隶变的终点不在隋唐，而在两汉。

那么，隶变始于何时呢？《汉书·艺文志》说："是时始建隶书矣，起于官狱多事，苟趋省易，施之于徒隶也。"许慎《说文解字叙》也说："是时秦烧灭经书，涤除旧典，大发吏卒，兴役戍，官狱职务繁，初有隶书，以趣约易，而古文由此绝矣。"《汉书·艺文志》《说文解字叙》都把

---

① 裘锡圭：《文字学概要》，商务印书馆 1988 年版，第 69 页。
② 吴白匋：《从出土秦简帛书看秦汉早期隶书》，《文物》1978 年第 2 期。
③ 陆锡兴：《隶变是一个文字发展阶段》，《历史教学》1992 年第 9 期。

隶书的产生放在秦统一中国之后。过去对隶变的讨论仅局限于文献记载，而 20 世纪以来，大量地下文献的出土如青川木牍、天水日书简、睡虎地秦简、里耶秦简、马王堆帛书等，保存了当时通行字体的本来面貌，与战国时期货币、玺印等文字结合起来，为我们研究隶变提供了珍贵的资料。

北魏郦道元《水经注》说："孙畅之尝见青州刺史傅弘仁说，临淄人发古冢得铜棺，前和外隐为隶字，言齐太公六世孙胡公之墓也。惟三字是古，余同今书。证知隶自出古，非始于秦。"由于实物缺失，郦道元的说法曾遭到唐代学者张怀瓘的驳斥。赵平安先生认为隶书是在秦系文字篆体的基础上形成的，主张从秦系的篆体中去寻找与古隶接近的字体或零星的古隶字样，这种字样从秦孝公和惠文王时的兵器、瓦书等文物中可以找出十几例，它与战国晚期、秦、汉初古隶接续相承，这样可以把隶变上限定在战国中期。[①]从篆书到隶书，并非一蹴而就的，是一个渐变动态的过程，赵先生将出土文献与传世文献结合起来，从战国文字本身出发探索隶变规律，其意见是非常可取的。

根据传统的说法，从小篆到隶书，是汉字演变过程中两个前后承接的阶段，出土文献纠正了隶书出于小篆的错误说法。古隶虽然带有不少大篆的造型，但其字形已呈偏方，笔道变圆为方，用笔多带隶意，结构也已化繁为简，尤其是青川木牍中的横画与捺笔往往重按轻挑，略是后世隶书"蚕头燕尾"之雏形，因此殷伟仁将东周至汉代的篆隶关系表述为：大篆—古隶—隶书（八分）[②]，"隶变"全过程有两个阶段：一是变圆为方；二是提按顿挫明显。前一阶段发生于战国中晚期，后一阶段完成于西汉中期以前。

隶变并不是只发生在秦国，齐、楚、晋等国在文字的发展和演变上，隶变的迹象也很明显。如春秋晚期的晋国侯马盟书、曾侯乙墓楚简、信阳楚简，战国中期的望山楚简、包山楚简，这些出土于楚国的书迹，都显露出隶变的信息。曾侯乙墓竹简文字为墨书书体，构型与笔法跟侯马盟书有点相似，用笔呈右耸之势，直、弧、圆、斜的线条交相辉映，撇捺笔画往

---

① 赵平安：《隶变纵横谈》，《历史教学》1992 年第 9 期。
② 参见殷伟仁《从出土简牍看篆隶关系》，《历史教学》1992 年第 9 期。

往露锋掉出，显得恣肆烂漫，可以看作大篆向古隶过渡中简书的典型作品。信阳楚简文字最大特点就是构型趋于扁方，完全打破了金文大篆对称、工整、端庄的格调；字间距拉得较远，显得空灵大度。很多笔画仍有篆书笔法外，更多的笔画已经发出隶变的信号，横画的上斜带拱的态势，捺画的礴法，与后来发现的汉简极其接近。①

二　古书的辨伪与校勘

张心澂《伪书通考》说："凡一书之全部分或一部分为伪造及发生伪造之疑问者，均列入；凡书本非伪，因误认撰人及时代，照所误认之撰人及时代论，即成伪书者，故亦列入。"②《伪书通考》以一部分为伪则全书皆伪，致使1000多部古书打入伪书行列，使古书成为疑古思潮影响的"重灾区"。先秦诸子之书大多经过后世大规模的整理，这些文献的原貌已不得而知，简帛文献是未经改动的文本，保留着书写时的原始状态，有助于扩展我们的学术视野，将古书研究与考古学的研究结合起来，为研究古书真伪提供了可信的原始参照。

传统的说法认为先秦时期六经已经并称，秦代焚书，《乐经》亡佚，到汉代只有五经传世。《庄子·天运》篇说："孔子谓老聃曰：'丘治《诗》《书》《礼》《乐》《易》《春秋》六经，自以为久矣，孰知其故矣。'"《庄子》多寓言类故事，《天运》为《庄子》外篇，更有晚出的嫌疑，于是有学者怀疑孔子只以"四经"教授弟子，六经在先秦时期尚未形成。郭店简《六德》："观诸《诗》《书》则亦在矣，观诸《礼》《乐》则亦在矣，观诸《易》《春秋》则亦在矣。"郭店简《语丛一》："《易》，所以会天道人道也。《诗》，所以会古今之诗也者。《春秋》，所以会古今之事也。《礼》，交之行述也。《书》，□□□□者也。"郭店简《六德》将六经并称，且次序与《天运》篇完全一致，与《庄子·天运》篇相互

---

① 参见刘凤山《隶变研究》，首都师范大学2006年博士学位论文，第44—46页。

② 张心澂：《伪书通考·例言》，上海书店出版社1998年版，第1页。

印证，说明六经的形成至迟在战国中期。《天运》篇说孔子整理六经，郭店简《六德》证明六经形成于孟子之前，与《天运》篇尚有距离，而郭店简《语丛一》为摘抄类文献，其成书比郭店简《六德》更早一些，这就进一步拉近了六经与孔子的距离。

学者怀疑六经形成于先秦不可信，其原因在于怀疑《庄子》的晚出。张家山汉简存有《庄子·盗跖》篇，《盗跖》篇出土于张家山136号墓，年代约在汉文帝前元七年至十三年，44支简，简长30厘米，宽0.5厘米，以简文与传世本《庄子·盗跖》相比较，仅为传世本《盗跖》篇的第一章。今本《盗环》篇虽非《盗跖》篇原貌，但至少说明《庄子》"杂篇"的成书时代是相当早的。① 阜阳汉简存有《庄子·杂篇》，无书名、篇名，8支简，其中1支见传世本《庄子·则阳》篇，1支见《让王》篇，其余6支见于《外物》篇。简文与传世本文字出入较大，而简本较传世本精练简洁，是我们目前所能见到的存世最早的《庄子》写本。汝阴侯夏侯灶墓是西汉文帝十五年（公元前165年）下葬的。庄子大约生活在前365年到前290年间，阜阳汉简《庄子》的随葬年代与庄子生活的年代相去仅125年到200年，《庄子》"杂篇"，学者多认为不是庄子本人的作品，而是他的门徒之作，阜阳汉简的发现证明《庄子·杂篇》的写作年代距离庄子活动的时间不远。②

受疑古思潮的影响，今人或主张《易经》是周王室的一位太卜或筮人所作，或认为《易传》是汉代的作品，从根本上否认了《周易》经传与文王、孔子的关系。1973年，马王堆帛书《易传》的出土，证明孔子晚年喜易为当然之事实，孔子与《易传》的关系得到确认。上博简《周易》的出土，证明至少在战国中期，《易经》的文本已经定型。《尚书》中没有文王的训诰，《逸周书》中文王的训辞多与《周易》无关，而清华简《保训》倡导中道，则明显拉近了文王与《易经》的关系，给我们一份意外的惊喜。

---

① 廖名春：《〈庄子·盗跖篇〉探源》，《文史》第45辑，中华书局1998年版。

② 韩自强等：《阜阳出土的〈庄子·杂篇〉汉简》，《道家文化研究》第18期，生活·读书·新知三联书店，第10—14页。

　　秦代焚书，使《尚书》许多篇章亡佚，今古文《尚书》问题成为学术史上最复杂、最难解决的公案。自宋代以来，不断有学者怀疑《古文尚书》为伪作，清儒阎若璩《尚书古文疏证》罗列100多条证据，论证今传25篇非先秦《尚书》之旧，《古文尚书》为东晋人梅赜伪造似乎已成定论。郭店简《缁衣》引用《古文尚书》中《君牙》《君陈》《尹诰》三篇，其中《君陈》被引用两次，文意与今传本不相出入。《成之闻之》引用古文《咸有一德》篇，为我们重新审视这桩学术公案提供了重要的线索。廖名春先生将郭店楚简、马王堆帛书和传统文献相结合，指出简中所引《尚书》确实存在，但不能据此断定古文《尚书》不伪，他怀疑古文《尚书》可能是后儒将传统文献中的佚《书》尽可能搜集起来，利用原有的篇名加工编成。①

　　郭店简虽也引用《说命》《大禹》等篇，但这些篇名和引文都不见于今古文《尚书》，也不被其他文献征引，对于古文《尚书》的真伪问题并无多大助益。清华简《尚书》是秦始皇焚书以前的写本，让我们看到了真正的古文《尚书》，其中有些和传世本相同，如《金縢》等，而有些篇题、文句与传世本多有差异，如先秦不少文献称引的《说命》，清华简则作《傅说之命》，这为研究古文《尚书》的真伪提供了难得的契机。

　　《尚书·高宗肜日》篇曾受到金履祥质疑，他说《尚书表注》中认为"此篇首称高宗肜日，终言无丰于昵。高宗，庙貌也，似谓高宗之庙。昵，近庙也，似是祖庚绎于高宗之庙。兼高宗名，臣不闻祖己乃训于王，似告幼君。"② 王国维以殷虚卜辞证之："甲申卜，贞王宾大甲肜日，亡尤？"认为肜日为祭名，反驳金说不可信。上博简《竞建内之》说"昔高宗祭，有鸱鸣于前"③，证明《尚书·高宗肜日》确有所本。

　　甘肃武威磨嘴子6号汉墓出土《仪礼》简469支，内容包括《士相见》《服传》《特牲》《少牢》《有司》《燕礼》《泰射》《丧服》等九篇，简本《仪礼》不同于郑注本《仪礼》，与大戴、小戴本的编次也不同，简

　　① 廖名春：《从郭店楚简和马王堆帛书论"晚书"的真伪》，《北方论丛》2001年第1期。
　　② 金履祥：《尚书表注》（卷一），《丛书集成初编本》，中华书局1985年版，第59页。
　　③ 相关证明参见高婧聪《从上博简〈竞建内之〉所引商史事看经学在战国时期的传承》，《管子学刊》2010年第1期。

本《仪礼》是我们未曾见过的一个新版本。其中《服传》颇异于今本，是两汉时期离《礼经》全经别行，又与《丧服》单经并行的《丧服》单传。简本《仪礼》的发现，对于研究礼经传习和古书形成十分重要。[①]

古书成书的下限是非常难确定的。受疑古思潮的影响，大、小戴《礼记》的成书时间被有意后置，它们被认为是秦汉之际儒者的作品，造成了七十子思想材料的人为缺失。郭店简、上博简各有《缁衣》一篇，与《礼记·缁衣》内容一致，只是章序不同。上博简《民之父母》与《礼记·孔子闲居》是流传中形成的不同传本，上博简《武王践阼》《内礼》分别和《大戴礼记》中的《武王践阼》《曾子立孝》《曾子事父母》内容有着密切的关联，印证了大、小戴《礼记》若干篇章的真实性，为早期儒家礼学研究开辟了更为广阔的境界。《孔子家语》向来被视为伪书中的“伪书”，阜阳汉墓出土一枚与《孔子家语》内容相近的木牍，证明《孔子家语》有着较早来源，而上博简《民之父母》与《孔子家语·论礼》内容接近，标志着《孔子家语》伪书说的破产。

由于《史记》语焉不详，老子其人其书同样受到质疑，顾颉刚断言“《老子》一书，非一人之言，亦非一时之作，而由若干时代的积累而成”，认为《老子》的集结年代与《荀子》《淮南子》接近。郭店简存有《老子》甲、乙、丙三组，是目前所见《老子》最早的传本，虽然我们不能证实《老子》确为春秋末期老聃所作，但至少说明战国中期《老子》已经存在。马王堆帛书《老子》甲、乙、本《德经》在前，《道经》在后，次序与通行本相反，甲本以黑点作为分章标志，乙本不分章，北大汉简《老子》已与今本基本一致，通过这些版本的比照，为研究《老子》版本的演进提供了实物佐证。

文献记载孙武、孙膑都有兵法传世，《史记·孙吴列传》记载孙武著兵法13篇，又说孙膑有兵法传世，《汉书·艺文志》兵家类著《吴孙子》《齐孙子》两部《孙子兵法》，但后世只流传一部《孙子兵法》。宋代叶适因《左传》未记载孙武事迹，因而怀疑孙武其人其事，后世因之怀疑《孙子兵法》为“伪托”或“真伪相杂”，争论的焦点是《孙子兵法》的

---

① 沈文倬：《汉简〈服传〉考》，《文史》第24、25辑，中华书局1985年版。

作者是孙武还是孙膑？1972 年，银雀山汉墓同时出土《孙子兵法》与《孙膑兵法》，证明《孙子兵法》为孙膑所作说的不可信，《孙膑兵法》比《孙子兵法》篇幅多，而且又有所发展，在战争和战术的论述上也有自己的特点。这两部兵书的出土，澄清了笼罩在孙武、孙膑其人其书的迷雾，证实了孙武、孙膑的各自存在，并各有兵法传世，使聚讼千年的《孙子兵法》《孙膑兵法》学术公案得以解决。①

《汉书·艺文志》著录《尉缭子》31 篇，属兵形势家，郑樵、马端临、姚际恒等皆怀疑《尉缭子》是后人伪托。银雀山汉墓出土了《尉缭子》残简，其中 6 篇与今本文字相合，证明《尉缭子》汉初已经流行，其成书年代不会晚于战国，后人伪托说是不可信的。今本《晏子》《六韬》都曾被怀疑为伪书，这些书的部分篇章同样在山东临沂银雀山汉墓出土，文字虽与今本有些差异，但至少肯定这些书都有较早的来源。《六韬》的面世，同时也为我们研究太公的思想提供了珍贵的第一手材料。②

今本《文子》与《淮南子》有相似的内容，《汉书·艺文志》说"似依托者也"，唐代柳宗元说"（《文子》）多窃取他书以合之"，怀疑《文子》抄袭《淮南子》而成。1973 年河北定县八角廊 40 号西汉墓出土了竹简《文子》残本，有 6 章与今本基本相同，只是简本中的文子与平王，被今本改成了老子与文子，《文子》的本来面目得以部分恢复。由于被怀疑，《鹖冠子》一度滑出思想史研究的视野，马王堆汉墓《老子》乙本卷前佚书有不少跟《鹖冠子》相同或相似的内容，《鹖冠子·王铁》将县令称为啬夫，裘锡圭先生指出汉代县令、长已经不再称啬夫③，因此《鹖冠子》的学术价值需要学界重新审视。

《管子》非一人一时之作，从战国到汉代，学者对它的成书年代一直有不同的说法。银雀山汉墓出土的简书《王兵》篇，文字见于《管子》

---

① 银雀山汉墓竹简整理小组：《银雀山汉墓竹简》，文物出版社 1985 年版。

② 河北省文物研究所定州汉墓竹简整理小组：《定州西汉中山怀王墓竹简〈六韬〉的整理及其意义》，《文物》2001 年第 5 期。

③ 裘锡圭：《啬夫初探》，《古代文史研究新探》，江苏古籍出版社 1992 年版，第 430—523 页。

的《参患》《七法》《地图》诸篇，整理小组认为《王兵》篇当时不一定被看成《管子》书，但它与《管子》的《参患》《七法》《地图》等篇关系密切，对我们研究《管子》的源流和沿革提供了重要线索。①

1972 年银雀山汉简出土，其中《晏子》102 支，内容分为十六章，无篇题，散见于今本八篇中的十八章，学者通过简本与今本的对照，证明《晏子春秋》的成书年代最晚不会晚于秦统一六国，从书中的内容及书中的语言用字来看，很可能还会更早一些。② 1973 年河北定县八角廊出土的西汉竹简《儒家者言》中有两章与晏子有关的内容，一章记崔杼弑庄公威胁晏子；一章记晏子聘于鲁，孔子赞其知礼。③ 1977 年阜阳双古堆西汉墓出土的篇题木牍中，有"晏子聘于鲁"一题，整理者推测其具体内容大概与八角廊汉简所记相去不远。④ 上博简与《晏子春秋》相关的材料：一是上博二《鲁邦大旱》与《晏子春秋·内篇谏上》"景公欲祠灵山河伯以祷雨晏子谏第十五"；二是上博四《昭王毁室》与《晏子春秋·内篇谏下》"景公路寝台成逢于何愿合葬晏子谏而许第二十"，在《晏子》的流传过程中，为了刻画晏子的光辉形象，或踵事增华，或附会神化，不一而足⑤，但晏子一类故事早在战国中期已经广为流传，《晏子》有着较早渊源是毋庸置疑的。

在《楚辞》研究中，对除屈原之外的楚辞作家及作品的考证，一直是学术界研究的焦点。司马迁在《史记·屈原贾生列传》中提到唐勒与景差，《汉书·艺文志》中也记载说唐勒有赋四篇，但是却没有流传下来。1972 年，在山东临沂银雀山西汉早期墓葬中却发现了唐勒赋的残篇。此文的发现，不但证明了《史记》《汉书》记载的真实性，也填补了学术史缺失的珍贵佚籍，让我们了解了唐勒赋的艺术特点。而汤漳平、谭家健

---

① 银雀山汉墓竹简整理小组：《临沂银雀山汉墓出土〈王兵〉篇释文》，《文物》1976 年第 12 期。

② 骈宇骞：《对〈晏子春秋〉的再认识——兼谈古书的形成与发展》，《管子学刊》1990 年第 1 期。

③ 定县汉墓竹简整理组：《〈儒家者言〉释文》，《文物》1981 年第 8 期。

④ 韩自强：《阜阳汉简〈周易〉研究》，附：《〈儒家者言〉章题、〈春秋事语〉章题及相关竹简》，上海世纪出版集团、上海古籍出版社 2004 年版。

⑤ 参见刘娇《从相关出土材料看晏子书的流传》，《中国典籍与文化》2008 年第 3 期。

通过对其的研究，证明了宋玉的大部分赋作都是可靠的。①

　　郭忠恕《汗简》、夏竦《古文四声韵》，胡小石怀疑为"方士道流所伪托"，顾颉刚认为"逃不了误信、臆造、传讹的三项规律"，两书古文字的特异写法，多与郭店简、上博简相同或近似，李学勤先生认为《汗简》是有根据的，确本于古《老子》、古《尚书》。②

　　李零先生说简帛古书的发现，不仅是数量的补充，品种的补充，文本年代的提前，个别字句的订正，更重要的是，它使我们对古书，年代最早的古书，开始有了直接的感受，可以从中归纳很多一般性的原理，对古书的创作、古书的构成、古书的阅读、古书的解释、古书的选取和淘汰、古书的传播和保存，开始有了比较深入的理解。③ 简帛典籍为我们提供了早期书籍制度的实物，展现了早期文献编纂与流传的真实图景，尤其是出土的大量战国至汉晋的简帛书籍，使我们看到了未经后世改动的古书原貌，引发我们对传统的伪书观念及辨伪的方法重新审视，促使我们开始了对古书的"第二次反思"。④ 竹简帛书的出土，无疑将重新鉴定被怀疑及被否定的古籍的真伪，同时也将考验千多年来辨伪学成绩。⑤

　　近代以来，古代黄金世界的光环陨落于地，经典被平移到学术研究的平台，在传统学术到现代学术的转型中，古史辨派起了举足轻重的作用，但他们疑古过勇，造成了古书的许多冤假错案，出土的简帛典籍证明过去受到怀疑的许多古书其实并不伪，古书是很难用真伪来界定的，疑古学派的辨伪方法也大都不能成立。疑古学派古书辨伪最大的误区，在于以今例古，用现代图书的形成模式来衡量古书，认为汉代以前的古书，一经写

---

　　①　汤漳平：《〈古文苑〉中宋玉赋真伪辨》，《江海学刊》1989 年第 6 期；谭家健：《新近发现的先秦佚书之文学价值》，《中国文学研究》1988 年第 4 期。

　　②　李学勤：《清代学术的几个问题》，《中国学术》第 6 辑，商务印书馆 2001 年版，第 238 页。

　　③　李零：《寻找回来的世界——简帛古书的发现与中国学术史的改写》，《书城》2003 年第 2 期。

　　④　李学勤：《简帛佚籍与学术史》，江西教育出版社 2001 年版。

　　⑤　郑良树：《竹简帛书与校雠学、辨伪学》，《古文字研究》第 10 辑，中华书局 1983 年版。

定，就不再修改，不知道早期古书的形成依靠口耳相传，师徒相因，其间自然难免增删修改。

目前，学界对古书成书规律方面已得出比较一致的结论：古书多单篇流行，篇卷内容分合不定，不同传本往往有着不同的面貌；古人没有著作权的概念，著作不署作者姓名；古书的成书每每要经历一个长期的过程，最初只有篇名，书名是后起的；古代子书多是某一学派传习的资料汇编，先秦产生某一思想的作者，不一定是将同一思想记之于竹帛的编者；先秦古书多不是伪书，不同古书之间存在"重文"现象。

古书在传抄过程中，错字、衍字、脱字等现象在所难免，简牍帛书的发现，不仅是古书辨伪的重要标尺，而且对于校勘古籍、阐明词义、修正古书注疏的解释，也有重要的价值。裘锡圭先生在《中国出土古文献十讲》中说，《诗经·七月》"七月流火，九月授衣"中的"授衣"二字颇有争议：马瑞辰《毛诗传笺通释》解为"此诗授衣，亦授冬衣使为之"，即"让人制作衣服"；高亨《诗经今注》说是"拿衣服给人穿，农奴的衣服由奴隶主发给"；裴溥言《诗经评注读本》认为"九月霜始降，制寒衣以授家人"；余培林《诗经正话》释作"指由国家发给衣服"。这四种有代表性的观点差别很大，到底哪一种最切合本义呢？1975 年在湖北云梦睡虎地出土了一批秦简，其中《秦律十八种·金布律》中有关于"受（授）衣"的法律条文：

> 受（授）衣者，夏衣以四月尽六月票之；冬衣以九月尽十一月案之，过时者勿票……票衣者，隶臣、府隶之毋妻者及城旦，冬人百一十钱一夏五十五钱；其小者冬衣七十七钱，夏十四钱春冬人五十五钱，夏四十四钱；其小者冬十四钱，夏升三钱。

整理者注意到秦律与《诗经·七月》的联系："'九月授衣'，传：'九月霜始降，妇功成，可以授冬衣矣'与简文相合。"[①] 台湾学者季旭升据此又进行了细致的考证，认为"这虽是秦国的韦峻，但平王东迁以后赐秦

---

① 睡虎地秦墓竹简整理小组：《睡虎地秦墓竹简》，文物出版社 1990 年版，第 42 页。

襄公以岐以西之地，所以风俗制度与西周旧习相同，这是很合理的。至于衣服既然是国家发给的，为何还会有'无衣无褐'的情况发生呢？可能是衣服虽然是由国家发给的，但人民还是付钱的"。①

简牍典籍校勘古书可分为以下两种类型：一是通篇或同书之间，如郭店简《老子》、马王堆帛书《老子》、北大汉简《老子》，它们的内容可以直接与今本比照，也可将简帛本比照；二是内容虽不一定相同，但部分内容与现存古书有密切关系，如银雀山汉简《王兵》篇，内容与《管子》中的《七法》《地图》《兵法》等篇相近，马王堆帛书《战国纵横家书》部分内容与今本《战国策》各章相合，马王堆《老子》乙本卷前的《经法》等篇的内容散见于《管子》《鹖冠子》《慎子》《淮南子》等书，这就为不同古书之间的校勘提供了便利条件。

对于简牍在校勘古书方面的价值，我们借用郑良树的话归纳为以下几点：一是纠正古书的错字夺句；二是纠正古书句读的误读误分；三是为解释古书难懂文句提供参照；四是为长期难以解决的文句提供新解。随着学者研究的深入，我们相信，简牍在古书辨伪与校勘方面会发挥越来越大的作用。

三　简牍典籍与史学研究

出土简牍和历史学结合起来的时间最早，罗振玉、王国维的《流沙坠简》、劳榦的《居延汉简考释》都是出土简牍与历史学结合的典范之作。张政烺先生为《简帛研究》题词云："辨析字形，理解文义，玑珠重联，审系篇题，终成图籍，补史之逸。"他认为简牍典籍整理的最终功用在于补史之缺。简牍学与历史学的作用是相互的，简牍学离不开历史学，没有历史知识就无法对简牍进行准确的整理与考释；同时史料是制约历史研究的瓶颈，大量珍贵简牍佚籍的发现，可以纠正史书记载的谬误，补充历史事实的漏载，推进历史学研究的进程，使我们的认知不断向真实的历

---

①　季旭升：《诗经古义新证》，学苑出版社 2001 年版，第 238—240 页。

史世界逼近。

先秦时期，孔门弟子已开始对远古帝王事迹的追问，《五帝德》篇记载："宰我问于孔子曰：'昔者予闻诸荣伊，黄帝三百年。请问黄帝者人邪？抑非人邪？何以至于三百年乎？'孔子曰：'予！禹、汤、文、武、成王、周公，可胜观也。夫黄帝尚矣，女何以为？先生难言之。'"在《五帝德》篇，孔子虽然对宰予讲了黄帝、帝颛顼、帝喾、帝尧、帝舜的情况，但孔子认为禹、汤、文、武、成王、周公的圣王事迹已足够效法，五帝所处的上古时代过于遥远，即使是博学多识的学者，也难以说清楚。

司马迁撰写《史记》，对古史系统的构建采用的是后收于《大戴礼记》中的《五帝德》和《帝系》两篇，《史记·五帝本纪》说："太史公曰：学者多称五帝，尚矣。然尚书独载尧以来；而百家言黄帝，其文不雅驯，荐绅先生难言之。孔子所传宰予问五帝德及帝系姓，儒者或不传。余尝西至空桐，北过涿鹿，东渐于海，南浮江淮矣，至长老皆各往往称黄帝、尧、舜之处，风教固殊焉，总之不离古文者近是。"司马迁所说"荐绅先生"，是指包括孔子在内的儒家。司马迁认为百家说黄帝，其言不雅驯，博学多识的儒家对五帝也难以说清，于是他周游各地，实地考察，没想到各地"长老"所言说的五帝事迹，也各不相同。虽然司马迁最后选择的是《五帝德》和《帝系》的记载，但从他的叙述中，透漏出一个宝贵的信息：在司马迁之前，《五帝德》和《帝系》对五帝的追述不是唯一的，在《五帝德》和《帝系》之外，还有别的古史系统。

在《庄子》中存在一个与《史记》不同的古史系统，《庄子·胠箧》篇说："昔者容成氏、大庭氏、伯皇氏、中央氏、栗陆氏、骊畜氏、轩辕氏、赫胥氏、尊卢氏、祝融氏、伏羲氏、神农氏，当是时也，民结绳而用之，甘其食，美其服，乐其俗，安其居，邻国相望，鸡狗之音相闻，民至老死而不相往来。若此之时，则至治已。"类似的记载还见于《太平御览》卷七十六云："昔柏皇氏、栗陆氏、骊连氏、轩辕氏、赫青氏、尊卢氏、祝融氏，此古之王者也，未使民民化，未赏民民劝，此皆古之善为政者也。至于伏羲氏、神农氏，教民而不诛。黄帝、尧、舜，诛而不怒。古之不变者，有苗有之，尧化而取之。尧德衰，舜化而受之。舜德衰，禹化而取之。"

《大戴礼记》为汉儒所编，《庄子》多寓言、重言，古史辨派的学者不信其对上古历史的描述，童书业先生说：

> "三皇"、"五帝"的名称系统和史迹，大部分是后人有意或无意假造或讹传的。"皇"、"帝"的名号本属于天神，"三"、"五"的数字乃是一种幼稚的数学的范畴，"三皇"、"五帝"和古代哲学与神话是有密切的联系的。大约：盘古、天皇、地皇、泰皇（或人皇）决无其人；燧人、有巢、伏羲、神农也至多是些社会进化的符号。至于黄帝、颛顼、帝喾、尧、舜、鲧、禹等，确实有无其人虽不可知，但他们的身上富有很多神话，却是事实。把这些神话传说剥去，他们的真相也就所剩无几了……总而言之，夏以前的故事十分之七八是与神话传说打成一片的，它的可信的成分贫薄到了极点！①

童先生认为三皇、五帝的名称系统和史迹，大部分是后人有意或无意假造的，黄帝、颛顼、帝喾、尧、舜、鲧、禹等神话色彩浓厚，如果剥去神话传说，他们的历史事迹几乎没有多少。杨宽先生也说："（古史传说）无不出于神话。古史传说中之圣帝贤王，一经吾人分析，知其原形无非为上天下土之神物。"② 杨宽认为，圣帝贤王不过是在上天下土神物的基础上层累起来的。

上博简《容成氏》说："容成氏……（尊）卢氏、赫胥氏、乔结氏、仓颉氏、轩辕氏、神农氏、樟屯氏、垆毕氏之有天下也，皆不授其子而授贤。"林沄先生对《容成氏》所反映的古代对古帝王记述的生成情况进行了研究，他说当然不排除同时存在不同说法的可能，但至少说明五帝系统不是普遍认同的古史观。③ 《容成氏》不仅记述五帝，而且涉及赫胥氏、乔结氏、仓颉氏等其他帝王，是"有别于炎黄古史传说体系的另一种传

---

① 童书业：《自序二》，《古史辨》第七册（上），上海古籍出版社1982年版，第2页。
② 杨宽：《中国上古史导论》，《古史辨》第七册（上），上海古籍出版社1982年版，第393页。
③ 林沄：《真该走出疑古时代吗？——对当前中国古典学取向的看法》，《林沄学术文集（二）》，科学出版社2008年版，第284页。

说体系"①，明显与《史记》记载的五帝体系不同。郭店简《唐虞之道》说："孝，仁之冕也；禅，义之至也。六帝兴于古，皆由此也。"《唐虞之道》认为在五帝系统之外，还存在六帝系统。

儒家"祖述尧舜，宪章文武"，《尚书》是从《尧典》开始，司马迁认可的是"五帝"体系，使其他古史系统逐渐淡出历史学家的视野。在《世本》《帝王世纪》等书中，仓颉为黄帝之臣，而上博简《容成氏》将仓颉氏与轩辕氏、神农氏等并列，上博简《容成氏》与郭店简《唐虞之道》的出土，使我们看到了战国中期以前，人们对于上古历史有着不同的说法，而且很多内容可与《庄子·胠箧》印证，丰富了我们对古史系统的认识。

晁福林先生认为，上博简《容成氏》的中心是赞美禅让之制，说上古时代的帝王，尊卢氏、赫胥氏等，他们都具有光明清静的德操，所以他们传位的时候都是传授予贤才而不传授给自己的儿子，讲述的先后次第与人们所熟知的五帝系统不一致，与黄帝轩辕氏齐名的许多古帝王虽然也见诸其他先秦古籍，但是这些古帝王皆行禅让而"受（授）贤"之事却只见于这里所记，得不到典籍的旁证，简直可以视为齐东野语。②

上博简《容成氏》说："禹有子五人，不以其子为后，见皋陶之贤也，而欲以为后。皋陶乃五让以天下之贤者，遂称疾不出而死。禹于是乎让益，启于是乎攻益自取。"《史记·夏本纪》的记载却是："三年之丧毕，益让帝禹之子启，而避居箕山之阳。禹子启贤，天下属意焉。及禹崩，虽受益，益之佐禹日浅，天下未洽。故诸侯皆去益而朝启，曰：'吾君帝禹之子也。'于是启遂即天子之位，是为夏后帝启。"上博简《容成氏》说禹把帝位禅让给益，结果被启强取，道义在伯益一边。《史记》却说天下诸侯朝启而不支持益，启继承帝位具有理所当然的合法性。李存山先生注意到二者的同，他说在《竹书纪年》作者的笔下，启杀益是一个历史事实，只能直书实录，而"益干启位"则渗入了作者的价值判断，

① 姜广辉：《上博藏简〈容成氏〉的思想史意义》，《中国社会科学院院报》2003年1月23日第3版。

② 晁福林：《论古史重构》，《史学集刊》2009年第4期。

使用了"春秋笔法"。相比之下，《容成氏》的"禹于是乎让益，启于是乎攻益自取"可能是较早的对当时"传说"的一种"原始"记述。①

上博简《容成氏》记载禹之前大约有二十几位帝王，《古本竹书纪年》说"黄帝至禹，为世三十"，二者所述帝系非常接近。《古本竹书纪年》说：

> 益干启位，启杀之。
>
> 仲壬崩，伊尹放大甲于桐，乃自立。伊尹即位，放大甲。七年，大甲潜出自桐，杀伊尹，乃立其子伊陟、伊奋，命复其父之田宅而中分之。
>
> 文丁杀季历。

上博简《容成氏》所记启攻益、汤伐桀、文王服九国、武王伐纣四件历史故事，全部为赤裸裸的征伐战争，这与《孟子》等书的记载不同，而与《古本竹书纪年》惊人地相似，《容成氏》作为出土的原始形态的古书，具有较高的可信度，为我们研究传说时代的古史提供了宝贵的资料。以前的学者，拘泥于《竹书纪年》与统治阶级意识形态不符，对《竹书纪年》进行了人为改编，使《竹书纪年》的价值受到了严重影响。上博简《容成氏》所述汤伐桀过程，先后涉及戎遂、鬲山氏、鸣条之遂、南巢氏、苍梧之野等，有与传世文献合者，也有传世文献所无者。真实的历史只有一次，但人们对历史的记录不止一种，文献记载既有对历史真实的描述，又掺杂着记述者的主观立场，指望文献记载对历史的记录完全一致，本身就是个悖论。因此，今天我们对上博简《容成氏》的史料价值要充分重视。

20 世纪 30 年代，蒙文通先生曾撰文怀疑禅让说的真实性，顾颉刚先生《禅让传说起于墨家考》专门探讨了禅让学说的思想起源，他说《论语·尧曰章》尧舜禹禅让，从思想上看是"阴阳家的说话"，当晚于孟子和邹衍之后，古书中最早讲尧、舜禅让的是《墨子》；尧因舜贤把他从平

---

① 李存山：《反思经史关系：从"启攻益"说起》，《中国社会科学》2003 年第 3 期。

民中选拔出来，并把天子之位让给他的故事，就是墨子创造出来支持他的尚贤说的。禅让传说乃墨子所创，再由墨家传入儒家。① 此说得到童书业、杨宽、刘起釪等先生的赞成。郭沫若说尧舜禹禅让传说是从神话化来的。

郭店简《唐虞之道》说"尧舜之行，爱亲尊贤。爱亲故孝，尊贤故禅"，"禅也者，上德授贤之谓也，上德则天下有君而世明，授贤则民举效而化乎道。不禅而能化民者，自生民未之有也"。廖名春以郭店楚简《唐虞之道》为依据，认为尧舜禅让无疑起于儒家，是儒家仁学的精华。② 李存山认为《唐虞之道》"显示了先秦儒家在战国时期崇尚'禅让'制政治理想、反对父子相传之'家天下'的昂扬思想风貌"，"崇尚'禅让'制曾经是先秦儒、墨、道等家一致的思想"。③

上博简《容成氏》说："舜有子七人，不以其子为后，见禹之贤也，而欲以为后。"上博简《容成氏》讲禅让与郭店简《唐虞之道》不同。《唐虞之道》主要是从理论上阐发，而上博简《容成氏》则是对历史的述说，在夏商周三代以前，上古帝王皆实行禅让。上博简《子羔》篇记孔子语曰："昔者而殁世也，善与善相受也，故能治平天下，平万邦。"裘锡圭对《唐虞之道》《子羔》《容成氏》等记载禅让的新出战国竹书做了研究，他认为尧舜禅让是一个广泛流传的上古传说，绝不可能是战国时代的某一学派所创造出来的。④

顾颉刚先生认为禅让说起源于墨家，其失误之处在于以孟子、荀子对禅让的态度代表了战国时代整个儒家的态度，并且认为儒家著作中完全肯定禅让的内容，都只能出自荀子之后受墨家影响的儒家之手。⑤ 郭店简

---

① 顾颉刚：《禅让传说起于墨家考》，《古史辨》第七册（下），上海古籍出版社 1982 年版，第 30—109 页。

② 廖名春：《荆门郭店楚简与先秦儒学》，《中国哲学》第 20 辑，辽宁教育出版社 2000 年版，第 36—74 页。

③ 李存山：《先秦儒家的政治伦理教科书——读楚简〈忠信之道〉及其他》，《中国文化研究》1998 年第 4 期。

④ 裘锡圭：《读〈郭店楚墓竹简〉札记三则》，《上海博物馆集刊》第 9 辑，上海书画出版社 2002 年版；后收入《中国出土古文献十讲》，复旦大学出版社 2004 年版，第 284 页。

⑤ 裘锡圭：《中国出土古文献十讲》，复旦大学出版社 2004 年版，第 34 页。

《唐虞之道》与上博简《容成氏》《子羔》等篇都在荀子之前成书，甚至早于孟子，可见不仅墨家主张禅让，儒家也鼓吹禅让，禅让说是战国早期普遍的社会思潮，并非某家专有。

上博简《子羔》说："尧见舜之德贤，故让之。"上博简《容成氏》："舜有子七人，不以其子为后，见禹之贤也，而欲以为后。"郭店简《唐虞之道》："唐虞之道，禅而不传。"这些竹书关于历史上是否真实行过禅让，梁韦弦认为，禅让、大同这些说法并不是谁能凭空想象出来的。不能视为战国诸子为了宣扬自己的社会理想编造的故事。是历史上存在的尧舜禹禅让传说启示了战国某些儒家人物的禅让学说，而不是战国儒家的禅让学说编造了禅让与大同之世的说法。① 丁四新认为，禅让说与禅让传说是两回事，前者指有关禅让的学说，而后者只是一种历史传说，他以《唐虞之道》为依据，认为禅让说起源于儒家，而禅让传说的起源要比禅让学说早得多：它既不起源于儒家，也不起源于墨家，而应是"源于先民们不断重复的历史记忆"。② 丁四新倾向于认为禅让说是一种历史记忆，而不一定是历史存在。

杨永俊调停两说，认为尧舜禹让天下故事，是传说抑或是历史真实，这其实并不重要。所有这些让国故事都与春秋战国时代诸子学说的兴起有关，战国时代几乎所有的诸子百家都很少追究禅让经过，大多是借论述尧舜禹禅让来推销自己的政治主张，司马迁关于尧舜禹禅让的记载可能主要取材于《尚书·尧典》与《尚书·虞书》，再增加些他通过民间调查材料与自己的合理想象。③

战国时期，学派间相互攻讦，墨家、儒家都认可尧舜禹禅让，可见禅让当有一定事实依据。我们认为，禅让制不单纯是历史记忆，更是历史事实，它在历史上确实发生过。徐中舒以《新五代史·契丹传》"（契丹）其部族之大者曰大贺氏，后分为八部……部之长号大人，而常推一大人建

---

① 梁韦弦：《郭店简、上博简中的禅让学说与中国古史上的禅让制》，《史学集刊》2006 年第 3 期。

② 丁四新：《郭店楚墓竹简思想研究》，东方出版社 2000 年版，第 377 页。

③ 杨永俊：《论尧舜禹禅让的政治原则与历史形态》，《信阳师范学院学报》2005 年第 4 期。

旗鼓以统八部。至其岁久或其国有灾疾而畜牧衰，则八部聚议，以旗鼓立其次而代之。被代者以为约本如此，不敢争"为证，说尧、舜、禹的禅让传说，实际就是依据唐、虞、夏的部落联盟时代的历史而传播下来的，在私有制和传子局面产生以前，禅让是社会发展的必经阶段。① 徐先生的意见是正确的。

但关键是对禅让制如何理解，彭邦本认为，先秦文献关于远古禅让之制的描述，既保留了古老的推举制的若干史实素地，也是往事越千载后的阐释性追忆和认识，与远古史实存在距离在所难免，如其中儒家的解说，就不免过分片面地强调"仁""义""贤"等后世道德范畴而带有其理想和时代色彩。② 刘书惠认为，禅让是故作姿态的首领与拥有实力声威又非自己子嗣的后继者在禅让表面的掩盖下，进行了一场血腥的争夺，禅让趋于一种外在的形式，而不是掌权者真正愿意接受的权力移交方式。③ 我们认为，上古时期存在禅让，是不容置疑的，但禅让不诉诸战争，地位转移凭借的不仅是帝王的美德，在禅让背后，还存在着不同氏族、部落之间实力的较量。

最近出土简牍与历史研究中，最重要的盛事是清华简的发现。清华简与以往发现的战国简，如郭店简、上博简以儒、道著作为主不同，它所存的书籍，大多与历史有关。清华简中有多篇《尚书》，有些篇有传世本，如《金縢》《皇门》《命训》等，但文句有不小差异，甚至篇题也不相同。更多的是"前所未见"的佚篇，其中有一种编年体的史书，上起西周之初，下到战国前期，从已看到的一些文句分析，体裁很像《竹书纪年》，还有近于《国语》的史书④，这些为先秦史的研究提供了难得的契机。

究竟是"文王戡黎"还是"武王戡黎"，千百年以来一直是历史上悬而未决的一桩公案。西汉以来，司马迁、郑玄、王肃都认为戡黎的是周文

---

① 徐中舒：《先秦史论稿》，巴蜀书社1992年版，第29页。
② 彭邦本：《楚简〈唐虞之道〉与古代禅让传说》，《学术月刊》2003年第1期。
③ 刘书惠：《部分出土文献中的神话传说研究》，东北师范大学2009年硕士学位论文，第53页。
④ 李学勤：《初识清华简》，《光明日报》2008年12月1日。

王。唐代孔颖达《尚书正义》说"文王犹尚事纣，不可伐其圻内"，宋儒胡宏、薛季宣、吕祖谦等皆力主武王戡黎，其主要根据是《论语》说文王"三分天下有其二，以服事殷"，孔子称文王为"至德"，不可能做出陈兵天子邦畿的"犯上"举动。

"清华简"《耆夜》记载周武王八年征伐耆国得胜回到周都，在文王宗庙举行"饮至"典礼上武王和周公致毕公的两首乐诗。李学勤、沈建华等学者认为，清华简《耆夜》篇的记载，为宋儒主张的"武王戡黎"提供了有力证据，推倒了《尚书》《左传》《史记》等书所记载的"文王戡黎"。① 但《竹书纪年》记载文王和武王都曾戡黎，上博简《容成氏》"文王平九邦"中明确肯定有耆国，因此王鹏程等学者提出"二次戡黎"说，认为文王与武王所戡之黎不同，文王征伐的是耆国，"清华简"所载武王所戡为"黎"国，为纣都朝歌附近的"黎阳"，"耆""黎"都同属脂部字，汉代以后之注疏，常将二者混淆，将位于潞州（今山西上党一带）之"耆"国和位于卫州（今河南浚县一带）之"黎"混为一谈，"清华简"的出土，终于厘清了这场千年聚讼。②

文王是否称王也是学界长期悬而未决的问题。一些学者出于正统观念，坚决否认文王称王。唐代刘知幾《史通·疑古》说："夫天无二日，地惟一人，有殷犹存而王号遽立，此即《春秋》楚及吴、越僭号而陵天子也。"刘知幾认为天无二日，国无二主，如果文王称王的话，这与蛮夷有何区别？梁肃《西伯受命称王议》、欧阳修《泰誓论》、姚际恒《诗经通论》、梁玉绳《史记志疑》等都持此说。另外一些学者认为文王晚年已自称为王，陈启源说："《诗》《书》言'文王受命'，皆言受天命也。天命之岂仅命为诸侯乎？"③ 他认为受命就是受天命，受天命就是做天子，难道受天命是做诸侯吗？胡承珙讽刺欧阳修等人的说

① 参见赵婀娜《清华简研究有重大发现 〈尚书〉失传两千多年后现身》，《人民日报》2009 年 4 月 27 日；沈建华《清华楚简"武王八年伐郜"刍议》，《考古与文物》2010 年第 2 期。

② 参见王鹏程《"清华简"武王所戡之"黎"应为"黎阳"》，《史林》2009 年第 4 期；刘成群《清华简乐诗与"西伯戡黎"再探讨》，《史林》2009 年第 4 期。

③ 浦起龙：《史通通释》，上海书店出版社 1988 年版，第 414 页。

法是"真眣目而道黑白者矣"。①

清华简《保训》说"惟王五十年",由《保训》称武王为"发"可知此处的王是指文王,刘国忠先生认为清华简《保训》"惟王五十年"的记载是文王称王的坚实证据,印证了周文王在即位之初就已经称为王,他以《太平御览》卷五三三或《艺文类聚》卷七十九为据,认为文王受天命是指大姒做了个树阙梦,梦见太子发在殷商中庭栽的梓树,"化为松柏棫柞",文王以之为吉,广造舆论,说"皇天上帝"已经将商之大命授予自己,并举行隆重的祭天大典宣称自己"受命"。②

上博简《子羔》说:"舜其可谓受命之民也,舜,人子也。"舜为庶人,受尧禅让登上帝位。上博简《容成氏》记载舜听政后,任命了禹、后稷、皋陶、质等大臣,说:"舜听政三年……乃立皋陶以为李。皋陶既已受命,乃辨阴阳之气,而听其讼狱,三年而天下之人无讼狱者,天下大和均。"我们知道,皋陶是舜帝时负责司法的大臣,一生没有继承王位、做过天子,但《容成氏》说"皋陶既已受命",可见古代的"受命"有两种含义:一是指受王册封担任重要大臣,行使行政权力;二是受天命、做天子。后世的理解"受命称帝"只是其中的一种可能。

我们认为文王受命与称王是两回事。《史记·周本纪》说:"乃赦西伯,赐之弓矢斧钺,使西伯得征伐。"文王受命之年,断虞芮之讼,此后伐犬戎、密须、耆国、邘、崇侯虎,这一系列征伐行为证明西周甲骨的"册周方伯",最有可能是指文王被纣王封为伯。《诗·大雅·文王有声》:"文王受命,有此武功,既伐于崇,作邑于丰,文王烝哉。"文王接受商王室的册命,被封为方伯,意味着文王的地位得到了殷商的认可,他享有征伐之权,统率西方诸国,西周获得了兴起的契机,这是周人推崇"文王受命"的思想根源。

《礼记·中庸》谓"周公成文、武之德,追王大王、王季,上祀先公以天子之礼",此说古公、季历的王号是周公时的追加。《礼记·大传》

---

① 胡承珙:《毛诗后笺》卷二十三,黄山书社 1999 年版,第 1216 页。

② 参见刘国忠《周文王称王史事辨》,《中国史研究》2009 年第 3 期;《清华简〈保训〉与周文王事商》,《清华大学学报》2009 年第 5 期。

说："追王大王宜父、王季历、文王昌，不以卑临尊也。"牧野之战后，武王追封"大王宜父、王季历、文王昌"，明确肯定文王的王号是克商后追加的。清华简《保训》"惟王五十年"的含义有两种：一是文王确实已经称王；二是自西周灭商以后，后世都尊称姬昌为文王，"惟王五十年"是后人的一种追记，因此单从清华简中出现了"惟王五十年"并不能断定文王生前已经称王。①

周公制礼作乐，奠定了中国礼乐文明的精神内核。唐代以前，周孔并称，可谓中国早期文明的集大成者。传统的周公研究，集中在周公摄政、辅佐成王时期，而忽视了灭商之前的周公研究，可喜的是，当今的学者已开始突破这一盲区，借助《逸周书》研究灭商之前周公，开辟了周公思想研究的新境界。② 对《逸周书》的真实性，学界质疑的声音一直不断，而清华简《耆夜》成书的下限在战国时期，记载了武王八年征伐耆国、周公饮酒赋诗的场景，这就为重新认识灭商以前周公形象，提供了难得的契机。

清华简《耆夜》说："武王八年，征伐耆，大戡之，还，乃饮至于文大室。""文大室"即文王的大庙。《礼记·大传》说灭商后，武王追封太王、文王，而武王伐耆国在灭商之前，当时并没有"文王"这一谥号。《吕氏春秋》明确记载武王灭纣后，把俘虏献于"京太室"，而不是"文太室"，可见"文太室"明显出于后人的追述。清华简《保训》和《耆夜》属同一批材料，时代为公元前305±30年，相当于战国中期偏晚，上据殷周之际已经六七百年，《保训》说"惟王五十年"，称"文王为王"，实录和后人的追述的可能性都是存在的，我们下结论时要考虑全面，避免单纯以主观倾向取舍。

清华简《耆夜》简一共是14支，每支25—29字，记载了周人征伐耆国胜利后，回到周都在文太室举行"饮至"礼。毕公为周文王第十五子，英勇善战，《耆夜》说"毕公高为客"，可知他为征伐耆国的主将。

---

① 参见刘光胜《由清华简谈文王、周公的两个问题》，《东岳论丛》2010 年第 5 期。

② 相关研究参见杨朝明《〈逸周书〉所见灭商之前的周公》，《河南科技大学学报》（社会科学版）2008 年第 1 期；赵奉蓉《博闻强识、娴于治乱的辅国重臣——〈逸周书〉中的周公形象》，《大庆师范学院学报》2009 年第 1 期。

虽然毕公伐耆功勋卓著，但《耆夜》叙述的中心人物却是周公。

长期以来，由于《逸周书》的真实性受到质疑，周公研究主要局限在灭商后当国摄政、辅佐成王时期，而灭商之前周公思想的探究遭到人为忽视，这种"半截子"式的研究状况与周公在中国传统文化中"元圣"的地位极不相称。借助清华简《耆夜》和《逸周书·大开武》等材料，我们可以对灭商之前的周公思想有一个较为清晰的认识，使周公研究的史料困境获得了突破的契机。

四　简牍典籍与古代文学

和简牍典籍印证古史相比，利用出土简牍研究古代文学的起步有些晚，但通过学者的不懈努力，其成就是非常引人注目的。出土简牍对古代文学的促进作用表现在以下几个方面：20 世纪 70 年代以来，从银雀山汉简到郭店楚简，从上博简到清华简，出土的简牍典籍本身就是文学作品，是早期文学研究的直接证据，为先秦、两汉文学史的重写提供了宝贵的第一手材料。诗学是文学的重要组成部分，《史记·孔子世家》云："古者《诗》三千余篇，及至孔子，去其重，取可施于礼义，上采契、后稷，中述殷周之盛，至幽厉之缺……三百五篇孔子皆歌之，以求合《韶》、《武》、雅颂之音。"儒家以诗学著称，孔子有删诗之举，后世历代的诗学注疏，往往附有学者的主观诠释，上博简《诗论》29 支简，约 1006 字，记述孔子对《诗》的评论，为现存最早的早期儒家论诗的著作，为研究早期诗学史提供了宝贵的素材。

郭店楚简《缁衣》《五行》、马王堆帛书《五行》等篇多处引用《诗经》，《性自命出》《语丛一》《语丛三》有对《诗经》功用的阐发，上博简收有《逸诗》两首，阜阳汉简《诗经》多通假字，与三家诗皆不同，不属于鲁、齐、韩、毛四家诗中的任何一家，很可能是实际流传而未被《汉书·艺文志》著录的楚地诗说，展现了汉代《诗经》学的繁荣面貌。阜阳《诗经》残存诗序对于认识《毛诗》序的形成也具有重要意义。从上博简《诗论》到阜阳《诗经》，出土简牍印证了战国至汉代的诗学传流，对于重新认识早期诗学面貌，无疑具有极为重要的意义。

先秦至汉初，是中国文学经典的形成时期，因此简帛典籍的发现，不仅为文学史增添了的新材料，而且为传世文献的形成年代有了新的认识。《汉书·艺文志》著录"宋玉赋十六篇"，《史记·屈原贾生列传》说："屈原既死之后，楚有宋玉、唐勒、景差之徒者，皆好辞而以赋见称。然皆祖屈原之从容辞令，终莫敢直谏。"宋玉赋历代经籍志或艺文志皆有著录，至清人崔述首先怀疑宋玉赋为伪出，其后刘大白和陆侃如等学者从用语、人称、音韵、风格等不同方面，力证宋玉赋为伪作。

刘大白先生认为，宋玉赋中多称"楚襄王""楚王"，并且说"昔日"，可见不是楚人宋玉当时所作，而是后人的伪托；宋玉时代赋体尚未产生，今本题名为宋玉的赋作只能是汉或者汉以后人所作；宋玉赋中多出现"宋玉"一词，显系第三者口吻；《讽赋》与《登徒子好色赋》格调词句，颇多相同之处，如果同出宋玉手笔，不会如此雷同；《大言赋》《小言赋》出于对晋代傅咸《小语赋》的模仿；从用韵上来看，宋玉作品中"醒""人"等14条韵例都不合先秦古韵；从篇数来看，《汉书·艺文志》著录宋玉赋十六篇，现在《楚辞》中有《九辩》九篇，《招魂》一篇，都是宋玉的作品，如果《风赋》等十篇，真是宋玉所作，那么，宋玉赋便有二十篇，不应该只有十六篇了。①

袁梅《宋玉辞赋今读》将否定宋玉作品诸理由增至13条②，游国恩等著《中国文学史》认为除《九辩》之外，其他传世的宋玉赋全部为伪作。宋玉曾与屈原并称，是继屈原之后，楚辞最有成就的创作者，他的赋作开启了汉代散体赋的先河，刘勰称其为文章的宗师的宋玉，竟然只有一篇赋作传世。

虽有胡念贻等学者坚持认为宋玉赋不伪，但声音过于微弱，直到1972年4月山东临沂银雀汉简《唐勒赋》的出土，为宋玉赋研究带来了

---

① 刘大白：《宋玉赋辨伪》，《小说月报》第17卷号外《中国文学研究》，1927年6月。

② 袁梅：《宋玉辞赋今读》，齐鲁书社1986年版，第6—9页。

转机。《唐勒赋》残简 26 枚，232 个字，银雀山汉墓上限为汉武帝建元元
年（公元前 140 年），下限为元狩五年（公元前 118 年），早于司马相如，
与宋玉和唐勒的时代十分相近，简题"唐革"应作"唐勒"，罗福颐先生
据此认为是《唐勒赋》，《唐勒赋》篇首云："唐勒与宋玉言御襄王前，唐
勒先称曰……"其问答体形式与宋玉《大言赋》《小言赋》《讽赋》《钓
赋》等篇的开头极为相似，皆是宋玉最后发言，因此李学勤等学者判定
《唐勒赋》为宋玉所作，是十分可信的。①

古书的形成有一个长期的过程，宋玉赋的楚王实际是后人的追
称，这与《何尊》称姬昌为文王一样，不能因此否定其为伪作。《唐
勒赋》记述唐勒与宋玉在楚襄王面前谈论"御术"，以对话形式展开，
且称赞"尧、舜、禹、汤之御"，在体式、结构、语言风格、内容等
各方面都与传世的宋玉赋极为相似，使以前否定宋玉赋真实性的理由
皆不再成立。汤漳平、谭家健、廖名春等通过研究，证明今传宋玉的
大部分赋作不容置疑②，宋玉作品真实性的问题取得了突破性的进展，
《九辩》《风赋》《高唐赋》《神女赋》《登徒子好色赋》《对楚王问》《大
言赋》《小言赋》《讽赋》《钓赋》等 10 篇当为宋玉所作，已被学术界大
多数学者认可。③

银雀山汉墓《唐勒赋》残简从根本上推翻了把宋玉赋看成伪作的定
论，而西汉前期，阜阳汉简《离骚》《涉江》残片的出土，屈原的作品系
汉人伪托的问题同样得以终结。学者多认为《庄子》杂篇为后世伪托，
而阜阳汉简出现了《庄子》中《则阳》《让王》《外物》诸篇的文字，张
家山汉简也有《盗跖》篇，廖名春先生指出，这些发现证明《庄子》杂
篇距庄子时代不远，它们应该是战国时期作品，谈先秦散文，毋庸置疑应
包括《庄子》杂篇在内。

---

　　① 李学勤：《〈唐勒〉、〈小言赋〉和〈易传〉》，《齐鲁学刊》1990 年第 4 期；朱碧莲：《唐
勒残简作者考》，《中州学刊》1992 年第 1 期。

　　② 汤漳平：《〈古文苑〉中的宋玉赋真伪辨》，《江海学刊》1989 年第 6 期；谭家健：《〈唐
勒赋〉残篇考释及其他》，《文学遗产》1990 年第 2 期；廖名春：《从唐勒赋的出土论宋玉散体赋
的真伪》，《求索》1991 年第 4 期。

　　③ 参见金荣权《百年宋玉研究综论》，《江汉论坛》2009 年第 2 期。

简牍典籍的发现，使我们对早期文学的创作情况和发展面貌有了更多的了解，改变了我们以往对文学史的认识。游国恩《中国文学史》将先秦诸子散文划分为三个阶段：一是纯语录体，以《论语》《墨子》为代表；二是对话式的论辩文，以《孟子》《庄子》为代表；三是专题议论文，以《荀子》和《韩非子》为代表。这一排队实质是认为春秋时期不可能有《老子》那样的非问答体议论文，沿袭了冯友兰二三十年代的疑《老》论。但70年代初，长沙马王堆出土了帛书《老子》甲、乙本，90年代初，湖北荆门又出土了楚简本《老子》，事实证明，非问答体议论文不可能迟至战国才出现，春秋时代早已有之，早期散文发展史无疑要改写。①

先秦散文可分为历史散文、诸子散文两大块：先秦历史散文，注重分析甲骨文、金文、《尚书》《春秋》《国语》《左传》《战国策》等作品在叙事、人物描写以及语言艺术方面的演进；先秦诸子说理散文可划分为三个阶段：《论语》《墨子》为第一阶段，《孟子》《庄子》为第二阶段，《荀子》《韩非子》为第三阶段。七十子后学散文研究是一个全新的论题，是由郭店楚墓竹简、上海博物馆藏战国楚竹书引发的。陈桐生先生将七十子后学著述的《论语》、大小戴《礼记》《孝经》《仪礼》、郭店简及上博简中儒家文献等作品称之为"七十子后学散文"。从孔门七十子到战国秦汉之际的儒生都可以称为七十子后学，而陈先生所说的七十子后学，仅限于孔子第一、第二、第三代弟子，因为对中国说理散文的贡献主要是这三代人特别是前两代人做出的。

七十子中的"先进"，仿照史官记言记事传统，首开记述孔子言行之风，由此实现了从先秦历史记言散文向诸子说理散文的过渡。先秦诸子说理散文并非从零开始，此前史官的历史记言文是它的直接源头。七十子中的"后进"，突破了言必"称其师"的惯例和对史官记言的形式依傍，以个人名义独立地发表学术见解，这些文章已经具备了说理文的基本要素，

---

① 对《庄子》及早期散文史的认识，参见廖名春《出土文献与先秦文学史的重写》，《文艺研究》2000年第3期。

是中国文学史上最早的专题说理论文，说理散文在七十子及其弟子手中已基本成熟。

七十子后学是中国文化史上第一个有着共同宗师、共同思想信仰的文化学术团体，也是中国文学史上第一个有着共同文风的散文流派。他们人数众多，作品丰富，正处于从先秦历史记言散文向先秦诸子说理散文过渡的转折点上，中国文学史应该给他们一席之地。希望能以七十子后学散文为枢纽，打通先秦历史散文与先秦诸子散文的内在联系，勾勒出从历史记言散文到诸子说理散文一脉相承的发展轨迹，对先秦散文的整个知识体系予以重新审视。[1]

简牍典籍使我们看到了古书的真正面貌，结合出土文献，对先秦、两汉时期各种文体形成、演变的研究逐渐成为文学界的热点。《汉书·艺文志》"杂赋"著录"成相杂辞"，《荀子·成相》56 节为成相辞的代表，朱熹说："相者，助也，举重劝力之歌……亦托于楚而作。"[2] 学者们普遍认为《荀子·成相》是荀子借鉴当时民间歌谣的形式，抒发自己政治理想和治国抱负的作品，其形式并非荀子所创，但长期以来，却始终无法证明。1975 年，湖北云梦县睡虎地秦墓出土的竹简，其中《为吏之道》篇是讲官吏学习为政之道的手册，有 8 首成相辞，基本上是三三七四七句式，与《荀子·成相》体例完全相同。《为吏之道》上限为魏安釐王二十五年（公元前 252 年），下限当在秦统一之前，与《荀子·成相》的时间接近。《为吏之道》成相辞是讲诵给下级官吏听的"语体"文学，是地道的民间文学。

《汉书·艺文志》把赋分为屈原赋、陆贾赋、孙卿赋、杂赋、四类。杂赋 12 家中有"成相杂辞"，《为吏之道》使我们看到了孙卿赋与杂赋之间的关联，揭示了《荀子·成相》与民间文学的密切联系。秦简《为吏之道》的发现，吸引了越来越多的学者关注以《荀子·成相》为代表的这种文学样式的研究。先秦文学自"王者之迹息而诗亡"至楚辞"奇文

①　陈桐生：《从出土文献看七十子后学在先秦散文史上的地位》，《文学遗产》2005 年第 6 期。

②　朱熹：《楚辞后语》（卷一），见《楚辞集注》，上海古籍出版社 1979 年版，第 209 页。

郁起"的三百年间，一方面，散文创作如江河汹涌，日趋成熟，诸子散文、史传散文双峰并峙，各放异彩；另一方面，以"成相辞"为代表的民间诗歌，也在演进发展，并取得了巨大的文学成就，"成相辞"应成为先秦文学研究中一个不可缺少的链环。先秦诗歌研究不应该仅仅局限于《诗经》与《楚辞》，还必须研究和探讨与"成相辞"类似的精英文学与民间文学的结合体。只有这样，先秦文学的研究才能不断得到深入和拓展。①

1986 年，甘肃天水放马滩发现战国秦汉墓群，其中《志怪故事》②一篇故事离奇，记载了一位名叫"丹"的人被杀死后埋葬，三年后在墓中复活、重返人间的故事。李学勤先生认为，我国古代志怪小说以晋代张华的《博物志》、干宝的《搜神记》等为代表，而《志怪故事》所记故事颇与《搜神记》等书的一些内容相似，情节虽不如《搜神记》曲折，但仍可视为同类故事的最早版本，而且时间早了 500 多年，对研究当时的风俗文化等具有十分重要的价值。③

伏俊琏先生在汲冢竹书中也发现了一则类似于《墓主记》的志怪小说：

> 周穆王姜后，昼寝而孕，越姬嬖，窃而育之，毙以玄鸟二七，涂以毚血，置诸姜后，遽以告王。王恐，发书而占之，曰："蜉蝣之羽，飞集于户。鸿之戾止，弟弗克理。重灵降诛，尚复其所。"问左史氏，史豹曰："虫飞集户，是曰失所。惟彼小人，弗克以育君子。"史良曰："是谓关亲，将其留身，归于母氏，而后获宁。册而藏之，厥休将振。"王与令尹册而藏之于椟。居三月，越姬死，七日而复，言其情曰："先君怒予甚，曰：'尔夷隶也，胡窃君之子，不归母氏？将置而大戮，及王子于治。'"

---

① 我们在陈良武先生研究成果基础上，有所改动。参见陈良武《出土文献与〈荀子·成相篇〉》，《长安大学学报》2008 年第 3 期。

② 有的学者称此篇为《墓主记》，我们这里采用的是整理者最后出版时的定名，我们在上文已指出，此定名仍有不妥，姑且从之。

③ 李学勤：《放马滩简中的志怪故事》，《文物》1990 年第 4 期。

它产生的时间比秦简《志怪故事》还要早，故事保留在西晋初年汲冢出土的竹书《古文周书》中。《古文周书》已经散佚，严可均《全上古三代文》卷十五辑录二则，明代梅鼎祚《文纪》引此段作汲冢《师春》，未注明出处，严可均辑本乃据李善《文选·思玄赋注》。① 汲冢《师春》的志怪故事与秦简《志怪故事》相印证，可知志怪小说的起源是很早的。从汲冢竹书《师春》到秦简《志怪故事》，从魏晋志怪小说中所记述的复生故事到唐宋传奇小说的繁荣，我们可以清晰地看到我国早期小说演进的历程。放马滩秦简的时代远在佛教传入中国之前，汲冢《师春》志怪故事的发现则将志怪小说的历史提前到了战国中期以前，纠正了魏晋志怪小说单纯受佛教影响产生的错误说法，对于研究中国早期小说史具有重要的意义。

"语"是先秦时期一种常见的文体，是古人知识、经验的结晶和为人处世的准则，蕴含着先民的经验与智慧，但对于"语"体的来源，学界一直不是十分清楚。1973 年马王堆三号汉墓帛书《春秋事语》的出土，"语"作为一种文体，逐渐引起学者们的注意。1987 年，慈利楚简出土，其中有《吴语》的内容，上博七《吴命》篇从文章内容到体例，《吴命》篇有可能为《国语·吴语》佚篇（曹锦炎先生语）②，截至目前，在发表或介绍的出土简牍中，"语"类文体资料已达二十余种，探究先秦"语"体源流的时机已经成熟。

俞志慧等学者认为，"语"是当时人们的一般知识和共同的思想、话语资源，它出于实录，最早出自史官的"记言"，是早于"六经"而出现的，而它的部分内容是被吸收进"六经"的。后来"语"出现分化，实录性质减弱，多少加入作者自己的主观意志，符合诸子写书的需要，因此诸子书最初多采用"语"这种文体，被称为"百家语"。长时期内，"语"文体发展并不成熟，一直到《国语》结集成书，"语"作为一种文体才完备起来。《国语》主要记君臣之政治得失，这种取向对后代影响很

---

① 伏俊琏：《战国早期的志怪小说》，《光明日报》2005 年 8 月 26 日。

② 马承源主编：《上海博物馆藏战国楚竹书》（七），上海古籍出版社 2008 年版，第 303 页。

大，形成正史中的"国语家"。

先秦时期，"语"作为一种文体，包含的内容相当宽泛，"谚语""俗语"是其剪裁，"事语"是其流变，《国语》是其集大成。上博简《曹沫之阵》既有鲁国史官记言的特征，也有后人整理的痕迹，它在学术史上应处在"王官文化"向"诸子文化"转化的过渡阶段，对于我们认识先秦"语"文体的演变很有启发意义。①

1993年，《神乌傅（赋）》出土于江苏省连云港市尹湾村汉墓6号墓葬坑，墓主人为男性，可能做过东海郡的卒史、五官掾或功曹史等小官。墓葬下葬的时间为西汉成帝元延三年（公元前10年），而《神乌赋》创作的年代肯定要早于这一时期。原简最后一支简文是"□（廿八）书佐□胸病兰陵游徼□□故襄□（功曹掾）□□"，伏俊琏先生根据赋中出现的"功曹"一语，认定该赋产生的上限在成帝置"功曹"以后，应是西汉后期的作品，其中官职为"书佐"或"游徼"的人可能是赋的抄手或作者②。周宝宏认为《神乌傅》显系墓主所作，因为墓主生前做过"五官掾""功曹史"等官。③

《神乌赋》中的雌乌，虽是一位勤劳持家、心地善良、勇敢刚毅、胸怀博大的贤妻良母，但不是作者心目理想人格的化身，我们认为墓主创作或抄写的两种可能性，都是存在的。即便是抄写，墓主为何要抄写此篇呢？最起码也能在一定程度上反映抄写者的内心境遇。《神乌赋》以"传曰"总结全篇，发表感慨，认为人生在世，唯有效法凤凰高翔、蛟龙深藏，才能远祸避害。官场黑暗，"远去高翔"才是作者或抄写者的本意。

如果把《神乌赋》与《鹞雀赋》《鹰兔赋》《燕子赋》进行对比，那么它们之间的传承关系便清晰可见：它们都是以鸟类为故事的主角，都以代言体展开生动的情节，都是以四言为主体的韵文，而且都根据内容的需

---

① 对"语"文体的研究，参见俞志慧《语：一种古老的文类——以言类之语为例》，《文史哲》2007年第1期。王青《古代"语"文体的起源与发展——上博简〈曹沫之陈〉篇题的启示》，《史学集刊》2010年第2期。

② 伏俊琏：《从新出土的〈神乌赋〉看民间故事赋的产生、特征及在文学史上的意义》，《西北师大学报》1997年第6期。

③ 周宝宏：《汉简〈神乌赋〉整理和研究》，《古籍整理研究学刊》1997年第2期。

要进行灵活换韵。它们属于同一个系统，有着共同的承继源头。① 今存汉赋 200 余篇，有骚体赋、文赋、诗体赋等不同形式，但《神乌赋》具有独特的风格，在现存的汉赋里连一篇同类的作品也找不出来（裘锡圭先生语），《神乌赋》采用对话形式，用拟人手法叙述故事，四言押韵，末句传曰，阐明主旨，是一篇典型的民间故事赋。《神乌赋》的出土，展现了汉赋题材的多样性，填补了汉代民间故事赋的空白，使"赋出民间说"得到了出土简牍的印证。

　　《汉书·淮南王传》记载，淮南王刘安入朝，献所作《内篇》，"（汉武帝）使为《离骚传》。且受诏，日食时上"。颜师古注曰："传谓解说之，若《毛诗传》。"清儒王念孙认为，《离骚传》之"传"当为"傅"，"傅"与"赋"古字通，并引《尚书》《论语》异文和荀悦《汉纪》、高诱《淮南鸿烈解》为证（《读书杂志·汉书第九·离骚传》）。《神乌赋》出土后，裘锡圭、扬之水等认为，《汉书》原文"傅"应作"赋"，王念孙之说确为卓见。② 曲德来对此持不同意见，他说在汉代，骚、赋、颂诸体无别，屈原《离骚》又可称为《离骚赋》，《怀沙》又可称为《怀沙赋》，刘安所作必然不是《离骚赋》，而只能是《离骚传》，属于章句之学，不能说是文学作品。③ 李若晖认为，刘安的《离骚传》其实是属于"序传"之"传"，即附于作品之后，用来说明作者生平事迹的文字，与赋无关。④ 张继海认为，淮南王所作的是《离骚传》，主要是对《离骚》中一些人物典故做了注释，阐说《离骚》的大旨。⑤

　　实际上，对于《离骚赋》的解释还要从《汉书》本身探寻，《汉书·淮南王传》："初安入朝，献所作《内篇》，新出，上爱秘之，使为《离骚

　　①　伏俊琏：《从新出土的〈神乌赋〉看民间故事赋的产生、特征及在文学史上的意义》，《西北师大学报》1997 年第 6 期。

　　②　扬之水：《〈神乌赋〉谫论》，《中国文化》第 14 期（1996 年 12 月）；裘锡圭：《〈神乌赋〉初探》，《文物》1997 年第 1 期。

　　③　曲德来：《由〈神乌赋〉论及有关文学史的几个问题》，首都师范大学中文系编《文学前沿》第 2 期，首都师范大学出版社 2000 年版。

　　④　李若晖：《〈神乌傅〉与〈离骚传〉》，《国学研究》第十七卷，北京大学出版社 2006 年版，第 167—190 页。

　　⑤　张继海：《淮南王作〈离骚传〉考》，《古籍整理研究学刊》2006 年第 6 期。

传》。且受诏，日食时上，又献《颂德》及《长安都国颂》。每宴见，谈说得失及方技赋颂，昏暮然后罢。"《离骚赋》与《内篇》《颂德》及《长安都国颂》等篇并列，《内篇》是淮南王召集宾客所著的新作，刘安是汉武帝时期最具文才与学识的诸侯王，此处《汉书》夸赞的是刘安的创作才能，与把《离骚传》解释为传疏、章句之类的作品，不如把"傅"解作"赋"，意为刘安在短时间内完成了仿照《离骚》韵律的新作，这样更符合《汉书》的本义。

先秦是中国文学的源头，是诸类文体的萌生时代，简牍典籍给文学史的研究提供了珍贵的资料，弥补了一些文学史研究中缺失的链环，使先秦文学史的面貌焕然一新。更为重要的是，简牍典籍的出现，冲击着我们以往的文学观念，对陈旧的文艺理论提出了新的挑战，由先秦顺延至隋唐，引发我们对早期文学史的重新思索、重新认识，增强了我们改写上古、中古文学史的信心与勇气。

五　简牍典籍与汉代医学、数学成就

1972 年，甘肃武威旱滩坡东汉墓发现医药简牍 92 枚，它包括了临床医学、药物学、针灸学以及其他一些内容，记载内科、外科、妇科、五官科、针灸科等科目的药方 30 多个，武威医简首列医方名称，其下书写药味、药量、剂型和用药方法，并对疾病的名称、症状及病因等病理学的内容作了初步探讨，涉及 100 多种植物、矿物药。武威医简记载了针灸穴位、针刺深度、留针时间及用针的禁忌等，表明西汉早期，我国古老的药物学、针灸学已达到了较高的水平。

此前我们知道最早的医学文献，是战国、秦汉先后出现的《黄帝内经》《神农本草经》《难经》和张仲景的《伤寒杂病论》等，这些古籍原书均已散佚，现在见到的都是经过历代辗转传抄的修订之本，后人增加的内容与原书作者的意见往往羼杂混淆，糅合在一起，难以区分，给古代医学史的研究造成了障碍。而武威医简是年代清楚的原始文献，未经后人的传抄加工，填补了早期医史文献上的缺环，真实地反映了汉代医药学水平与达到的高度。①

安徽阜阳双古堆汉简《万物》，是迄今发现最早的药物学著作，其下葬的年代在西汉初期，古代医书的编纂也是一个长期的过程，因此，阜阳汉简《万物》最早源头可能上溯至战国时期。整理者初命名为《杂方》，正式发表时定名为《万物》，其内容较杂，大体上可分为为两类：一类是医药学的内容，讲各种药物在治疗疾病方面的效用、致病缘由以及其他内容，涉的疾病计 30 余种，包括内科、外科、五官科、神经科等；另一类是物理、物性方面的内容，讲某些物理现象或自然现象的成因以及某物的功用等。《万物》记载药物的药名、性味、主治、产地，有时并不齐备，虽不能代表汉初医药学的最高水平，但《万物》的出土和发现，对研究汉代药物学和自然科学史具有十分重要的意义。②

1983 年，湖北江陵张家山汉墓出土《脉书》与《引书》两部医学佚书，《脉书》内容分作两部分：一是记载各种疾病名称共 60 余种，从头到脚依次排列；二是叙述人体经脉走向及所主病症，内容与马王堆帛书《阴阳十一脉灸经》《脉法》《阴阳脉死候》相近。《引书》是专门讲导引、养生和治病的医书，内容分为三部分：第一部分是阐述四季的养生之道；第二部分是记载导引术式及用导引术治疗疾病的方法；第三部分着重说明导引养生的理论。《引书》是西汉早期的一部系统的导引著作，它从理论和实践两个方面介绍了导引的功用。《引书》所阐述的保健养生理论强调依靠人体内的积极因素来抵御疾病，及时调整起居饮食，做到生活有规律，养成良好的卫生习惯，这些道理今天看来也是正确的。导引行气之术是西汉时期广泛流行的一种保健和治疗疾病的方法，它简便易行，有一定的实用价值。③ 从文献记载看，古代的巫术与医术是一体的。由楚简透露的信息看，战国时期病占、禁忌与巫术仍纠结在一起，医巫合流的趋势没有明显改变，从阜阳汉简《万物》到张家山汉简《脉书》《引书》，从旱滩坡医简到马王堆医简《十问》《天下至道谈》《合阴阳》《杂禁方》，

---

① 甘肃省博物馆、武威县文化馆编：《武威汉代医简》，文物出版社 1975 年版。
② 胡平生、韩自强：《〈万物〉略说》，《文物》1988 年第 4 期。
③ 彭浩：《张家山汉简〈引书〉初探》，《文物》1990 年第 10 期。

出土的医书涉及药物 100 多种，涵盖了药物学、临床各科、养生、房中、导引等诸方面内容，形成了比较完备的病理学理论，并逐渐实现了医巫分离，标志着汉代医学取得了令人瞩目的成就。

湖北江陵张家山汉墓出土一部《算数书》，是目前已知最早的数学著作。该书采用"问题集"形式，题目大都由问、答、术三部分组成，有些概念、术语也与《九章算术》的一样，但比现有传本的《九章算术》还要早近二百年。《算数书》这部古代数学文献久已失传，未见任何著录。它系统地总结了秦及秦以前的数学成就，在世界上最早对分数性质和运算规则作了科学归纳，并有复杂的运算实例，比印度早近 9 个世纪。该书还把中国创造盈不足的年代大大向前推进，比阿拉伯早 11 个世纪。它再次证明，简明便捷的"除"的体积求解公式确是中国数学家的首创。《算数书》对另一部数学巨著《九章算术》的产生有着直接的影响，同时它开创了以计算为中心的问题集的编纂体例，并成为中国古代数学著作的传统。此书的出土，对古代数学史研究的意义是不言而喻的。[①]

六 简牍典籍与早期儒学史

在马王堆帛书时代之后，学术界又迎来了郭店简、上博简的简牍时代。郭店简、上博简中，儒家为典籍的大宗，数量上最多，这些儒家佚籍，内容丰富，有些可与传世文献对照，使我们有机会对早期儒学史进行重新梳理。

（一）先秦学派的判断标准与郭店儒简学术思想的重新定位

在思想史研究中，知人论世，即把郭店简放到先秦儒家思想发展的大背景中进行研究，是出土文献研究的一个重要方法，但对郭店儒简学派属性的研究，学界十年多探讨的结果似乎又重新回到了原点，这就使我们不

---

① 彭浩：《张家山汉简〈算数书〉注释》，科学出版社 2001 年版。

得不反思：先秦时期儒家内部一个学派的真实面貌是怎样的？思想一致能否作为判断一个学派成立的标准？郭店儒简和子思学派的关系能否最终获得解决？

汉代《子思子》二十三篇，今存只有《中庸》等四篇，很难反映子思学派的总体面貌。曾子是现存文献最多的孔门弟子，汉代《曾子》十八篇，今存十篇，而且《论语》《孟子》《礼记》中存在大量曾子记载。相对而言，更能看出先秦一个学派的基本特点，以此为基点，重新审视郭店儒简中存在的思想差异，以期推动郭店儒简学派属性的研究。

1. 郭店儒简学派研究的困境

关于郭店儒简的学派归属，学界最初有两种不同的看法。一是李学勤先生根据郭店楚墓的年代及竹简的内容，认为《缁衣》《五行》《鲁穆公》三篇为子思所作，并且肯定《成之闻之》《性自命出》《六德》《尊德义》与子思都有或多或少的关联，主张把它们称为《子思子》。[1] 庞朴先生认为郭店儒简属于思孟学派，是早期儒家心性学说的重要文献，它的出土补足了孔孟之间思想链条上缺失的一环。[2] 二是李泽厚、陈来、郭齐勇等学者反对将郭店儒简多数归于《子思子》，认为它并未显示出所谓"思孟学派"的特色，应将它们看作类似于《礼记》的儒家总集或七十子后学部分言论与论文的汇编、集合。[3] 陈鼓应先生认为，这些儒简中未见孟子性善说的言论，却多次出现告子"仁内义外"的主张，与孟子心性论对立，"不属于所谓思孟学派甚明"。[4] 持类似观点的还有钱逊、罗炽、王博、刘信芳、Jeffrey K. Riegei（王安国）等学者。

但相信郭店儒简出于子思学派的学者一度占据了多数，姜广辉以《荀子·非十二子》《中庸》等为参照，认为《唐虞之道》《缁衣》《五

① 李学勤：《先秦儒家著作的重大发现》，《中国哲学》第 20 辑，辽宁教育出版社 1999 年版，第 13—15 页。

② 庞朴：《孔孟之间——郭店楚简的思想史地位》，《中国社会科学》1998 年第 5 期。

③ 李泽厚：《初读郭店竹简印象记要》，《中国哲学》第 21 辑，辽宁教育出版社 2000 年版，第 1—9 页；陈来：《郭店简可称"荆门礼记"》，《人民政协报》1998 年 8 月 3 日；郭齐勇：《郭店儒家简与孟子心性论》，《武汉大学学报》（哲学社会科学版）1999 年第 5 期。

④ 陈鼓应：《〈太一生水〉与〈性自命出〉发微》，《道家文化研究》第 17 辑，生活·读书·新知三联书店 1999 年版，第 404 页。

行》《性自命出》《穷达以时》《成之闻之》前半部分、《鲁穆公问子思》
《六德》诸篇应为子思所作。① 台湾学者杨儒宾认为《鲁穆公问子思》
《穷达以时》《唐虞之道》《忠信之道》《五行》《缁衣》六篇为子思学派
的作品，其他儒家著作从内容或从引文出处来看，都与《子思子》一
致。② 李景林从性与天道的角度，认为《成之闻之》《尊德义》《性自命
出》《六德》与《中庸》思想相通，郭店儒简除《语丛》之外，均为子
思一系的作品。③ 王葆玹认为郭店儒简除《唐虞之道》《六德》篇晚出
外，其他尚有 8 篇是《子思子》一书的资料来源，由长期延续的子思学
派陆续完成。④ 周凤五、李天虹、叶国良指出《忠信之道》《唐虞之道》
有与《礼记·表记》相应的文字，似乎更能证成李学勤先生之说。⑤

　　学界否定郭店儒简与子思关系的还有陈良、子张或南方儒者所作等说
法，但真正动摇"郭店儒简大部分或全部为子思所作"的是程元敏和李
存山两位先生的意见。程元敏先生主要否定子思作《缁衣》的传统说法，
他说从《意林》《文选注》引文看，《子思子》有，楚简《缁衣》亦有，
是两文作者取材同，非直接从《子思子》引，郑樵《诗辩序·诗序辩》
谓"'古者长民，衣服不二，从容有常，以齐其民'，其文全出于《公孙
尼子》"，这段话既见于今本《缁衣》，又见于楚简本《缁衣》，三事合
一，可证《缁衣》为公孙尼子所作，与子思无关⑥。李存山先生认为，郭

　　① 姜广辉：《郭店楚简与〈子思子〉——兼谈郭店楚简的思想史意义》，《中国哲学》第 20
辑，辽宁教育出版社 1999 年版，第 83—92 页。

　　② 杨儒宾：《子思学派试探》，武汉大学中国文化研究院编《郭店楚简国际学术研讨会论
文集》，湖北人民出版社 2000 年版，第 606—615 页。

　　③ 李景林：《从郭店简看思孟学派的天道论》，武汉大学中国文化研究院编《郭店楚简国
际学术研讨会论文集》，湖北人民出版社 2000 年版，第 625—634 页。

　　④ 王葆玹：《郭店楚简的时代及其与子思学派的关系》，武汉大学中国文化研究院编《郭
店楚简国际学术研讨会论文集》，湖北人民出版社 2000 年版，第 646 页。

　　⑤ 参见周凤五《郭店楚简〈忠信之道〉考释》，《中国文字》（台北）第 24 期（1998 年 12
月），第 126—128 页；《郭店楚墓竹简〈唐虞之道〉新释》，《历史语言研究所集刊》（台北）第
70 本第 3 分册，1999 年版；李天虹《郭店楚简与传世文献互征七则》，《江汉考古》2000 年第 3
期，第 82—83 页；叶国良《郭店儒家著作的学术谱系问题》，《中国哲学》第 24 辑，辽宁教育
出版社 2002 年版，第 233 页。

　　⑥ 程元敏：《〈礼记·中庸、坊记、缁衣〉非出于〈子思子〉考》，《张以仁先生七十秩寿
庆论文集》上册，（台北）学生书局 1999 年版，第 1—47 页。

店儒简不仅与思孟学派（以及曾子学派）相出入，而且它们内部之间也相出入。《五行》构建的道德体系是"仁、义、礼、智、圣"，《六德》构建的道德体系是"圣、智、仁、义、忠、信"，《忠信之道》又强调忠信是"仁之实""义之期"，此三篇必非一人或内部关系较近的一个学派所作①，他提出假说，郭店竹简儒家文献学派归属是分散的，不属于某一个学派，如果断言郭店儒家简都出于某一个学派，自己宁信假说而不信断言。② 这两种说法通过对郭店儒简为子思所作关键证据的质疑，使学界对郭店儒简与子思关系的看法发生了根本性的转向，多数学者重新回到郭店儒简为七十子后学论集的说法上来，只承认《五行》《鲁穆公问子思》等少数篇章为子思所作。③

汉代《子思子》二十三篇，现存只有《中庸》等四篇，很难反映一个学派的总体面貌。曾子和子思存在师承关系，汉代《曾子》十八篇，今存十篇，为确定无疑的儒家学派著作。结合《论语》《孟子》《礼记》等文献中存在的大量曾子记载，我们对《曾子》十篇内在矛盾进行梳理，从方法论的角度，看一下"思想相出入"能否推翻"郭店儒简全部或大部分为一个学派所作"的观点。

---

① 李存山：《"郭店竹简与思孟学派"复议》，郭齐勇主编《儒家文化研究》第 1 辑，生活・读书・新知三联书店 2007 年版，第 70 页。

② 参见徐庆文《郭店竹简与思孟学派研究座谈会述要》，庞朴主编《儒林》第 2 辑，山东大学出版社 2006 年版，第 314 页。

③ 朱心怡认为，《六德》以内外区隔仁义，《五行》仁义是从心中产生表现于外在行为的过程，《唐虞之道》以禅让为仁义的极致表现，《忠信之道》以忠、信作为仁义的实质和标准，《六德》以仁归属子德，义归属君道，这些对于仁义定义的不同，正好说明孔子后学仁义观的分化。郭店儒简不会同出一系，应是孔子七十子弟子及其后学的作品汇集。杜维明说现在很少有人会接受李学勤先生讲的（郭店儒简）都是思孟学派的（观点）。李中华认为，《性自命出》轻心重情，与孟子"尽心知性知天"是矛盾的。"凡人虽有性，心无定志，待物而后作，待悦而后行，待习而后定。"强调"心"有之待以后才可以，这明显轻"心"。"性自命出，命自天降。道始于情，情生于性。"实际上以"性"为中介，强调"情"的重要性。"凡人情为可悦也。苟以其情，虽过不恶。不以其情，虽难不贵。苟有其情，虽未之为，斯人信之矣。"说人的内在情感、真实性虽未表现，人们也信服你。《六德》篇讲的"仁内义外"，孟子那时把它当作告子的思想批判。《穷达以时》篇的"天人有分"思想和孟子的思想也不同。总之，郭店竹简很难统一为某一学派的思想，在学术思想上比较混乱。参见朱心怡《天之道与人之道・序》，台北：文津出版社 2004 年版，第 1—2 页。李中华的说法见于梁涛主编《中国思想史前言——经典、诠释、方法》，陕西师范大学出版社 2008 年版，第 196—202 页。

2. 《曾子》十篇内在的思想歧异

《曾子》十篇为曾子一派学者的作品,黄开国先生根据内容将《曾子》十篇分为两部分,即《曾子本孝》《曾子立孝》《曾子大孝》《曾子事父母》四篇相连的文章,都有关于孝道的论述,当出自孝道派弟子之手,可能都与乐正子春有联系,其中《曾子大孝》是以乐正子春为代表的孝道派的主要理论体现,其余篇章没有关于孝道的论述,与孝道派没有关联。① 这种划分是合理的,它揭示了《曾子》十篇这两部分的主旨彼此不同,内容有所差异。

在黄先生划分的基础上,我们进一步将《曾子》十篇这两部分的思想内容矛盾之处归纳如下,首先是思想核心不同。《曾子立事》说:"君子爱日以学,及时以行。难者弗辟,易者弗从,唯义所在。"曾子早年认为,难事不要躲避,易事不要盲从,事情做与不做,取舍的标准在于是否符合"义"。《曾子制言中》说:"布衣不完,疏食不饱,蓬户穴牖,日孜孜上仁,知我,吾无诉诉;不知我,吾无悒悒。"曾子思仁义,"昼则忘食,夜则忘寝","冻饿而守仁",这和"一箪食,一瓢饮,在陋巷"的颜回非常相似,对仁义的推崇居于核心位置。

《曾子大孝》:"夫孝者,天下之大经也。夫孝,置之而塞于天地,衡之而衡于四海,施诸后世,而无朝夕。"《曾子大孝》中曾子把孝作为自己理论的核心,认为孝是天地的"大经"。在仁义和孝的重要性上,《曾子立孝》说:"故居处不庄,非孝也;事君不忠,非孝也;莅官不敬,非孝也;朋友不信,非孝也;战阵无勇,非孝也。五者不遂,灾及乎身,敢不敬乎!"这时的孝有仁、有义、有信,可以说孝涵盖了儒家的一切德目。《曾子立孝》把孝道分为三个层次,说:"孝有三:大孝不匮,中孝用劳,小孝用力。博施备物,可谓不匮矣;尊仁安义,可谓用劳矣;慈爱忘劳,可谓用力矣。"尊仁安义,对仁义的笃守,仅和"中孝"相当,仁义的地位明显下降,已成为一般的德目。

其次是对待生死的态度不同。《曾子制言上》说:"富以苟不如贫以

---

① 黄开国:《论儒家的孝道学派——兼论儒家孝道派与孝治派的区别》,《哲学研究》2003年第 3 期。

誉，生以辱不如死以荣。辱可避，避之而已矣；及其不可避也，君子视死若归。"《曾子制言上》认为与其屈辱地活着，不如壮烈地死去，主张从容面对死亡。《曾子制言中》说："天下无道，循道而行，衡涂而债，手足不掩，四支不被。"这些篇章中的曾子受孔子影响，为捍卫仁义，"虽千万人，我往矣"，即使横尸道路也在所不惜，性格刚健，气象博大，此时的曾子"执仁与义而明行之"，以仁为己任，追求仁义是其生命的全部意义，与生死联系最密切的是仁义，而不是父母。

《曾子本孝》说："孝子不登高，不履危，库亦弗凭，不苟笑，不苟誉，隐不命，临不指，故不在尤之中也。"不登高处，不去危险的地方，不苟言笑，戒慎恐惧，唯唯诺诺。《曾子大孝》："君子一举足不敢忘父母，一出言不敢忘父母。一举足不敢忘父母，故道而不径，舟而不游，不敢以先父母之遗体行殆也。"自己的身体是父母所赐，为了表达对父母的尊敬，对自己的生命倍加珍惜，对生死的理解与《曾子制言下》等篇有着明显不同。《曾子立孝》说："君子之所谓孝者，国人皆称愿焉，曰：'幸哉！有子如此！'"人生的目的在于做孝子，生活在父母的阴影下，一切为了父母。"孝子无私忧，无私乐"，自己没有对生活乐趣的个性追求，完全以父母的喜乐观为转移。此时的曾子唯父母之命是从，"我并不是我，不过是我的父母的儿子"①，战战兢兢，气象猥琐，与《曾子制言下》等篇形成了鲜明的对比。

再次是人生追求的目标不同。《曾子立事》等篇曾子追求的目标是君子，提及君子 64 次，此时的君子谈论的仁、义、博学、修身、守道等内容，无一谈及孝子；而《曾子立孝》等篇孝子是曾子追求的目标，提及孝子 14 次，君子 9 次，谈君子的次数明显减少了，而且所谈君子都是"君子之孝也""君子立孝""君子之所谓孝者，先意承志"等与孝道密切相关的内容，不再涉及仁义、博学等修身内容。

最后是对忠臣的理解和对社会批判精神不同。郭店简《鲁穆公问子思》中子思"恒称其君之恶者"的忠臣形象给人印象极为深刻，在君臣关系中，《中庸》和《缁衣》认为国君对大臣要"敬"，大臣要抗节守

---

① 胡适：《中国哲学史大纲》，东方出版社 1996 年版，第 98 页。

道、不降其志，高扬君子人格。《曾子制言中》亦具有强烈的批判精神，他说："君子直言直行，不宛言而取富，不屈行而取位……君子虽言不受必忠，曰道；虽行不受必忠，曰仁；虽谏不受必忠，曰智。"曾子主张直言进谏，不得志不安其位，不因爵禄改变自己的德行、主张，此时的曾子和郭店简中的子思看不出任何分别。

《曾子事父母》："父母之行，若中道则从，若不中道则谏，谏而不用，行之如由己。从而不谏，非孝也；谏而不从，亦非孝也。"又说："孝子之谏，达善而不敢争辩。争辩者，坐乱之由也。"对于父母的过错，子女只能劝谏，如果父母不听，自己要像发自内心样的盲从，不得争辩。或许有学者会说进谏的态度不同是由对象不同造成的，但《曾子立孝》说："未有君而忠臣可知者，孝子之谓也。"主张资于父以事君，把事父的孝道原则糅进君道里面，士人已成为国君的"孝子"，怎么可能再有像《曾子制言中》那样的直言进谏、"恒称其君之恶"呢？

上博简《内礼》可以确定是曾子学派的文献，多数学者倾向于把上博简《昔者君老》编入上博简《内礼》①，《昔者君老》简3："君子曰：子性割（盖）喜于内，不见于外，喜于外，不见于内。愠于外，不见于内。内言不以出，外言不以内。"陈佩芬认为，性应作"省"，察也。"割（盖）喜于内"之"割"，与"盖"通。② 周凤五认为，"割"与"盖"通，但读为"覆盖"之"盖"，因篇覆盖可以隔离内外。③ 孟蓬生认为，子省即子姓，指后生、晚辈。④ 赵炳清认为，子是对人的一种尊称，根据文意，当是指代太子，"省"意为

---

① 井上亘：《〈内礼〉篇与〈昔者君老〉篇的编联问题》，《简帛研究》2005年10月16日；林素清：《上博四〈内礼〉篇重探》，《简帛》第1辑，上海古籍出版社2006年版，第158页；福田哲之：《上博楚简〈内礼〉的文献性质》，《简帛》第1辑，上海古籍出版社2006年版，第162—163页。

② 参见马承源主编《上海博物馆藏战国楚竹书》（二），上海古籍出版社2002年版，第244—245页。

③ 转引自陈嘉凌《〈昔者君老〉译释》，《上海博物馆藏战国楚竹书（二）读本》，季旭升主编，万卷楼图书股份有限公司2003年版，第103页。

④ 孟蓬生：《上博竹书〈二〉字词劄记》，简帛研究网，2003年1月14日。

"明白、清楚",意思是说太子你要明白①。李守奎认为"省"为"省亲"之"省","盖"为发语词。② 韩英倾向于把"省"读为"省亲"之"省","割"通"盖",为发语词。③

学者把"子"解释成太子,是囿于原先《昔者君老》的编联。按照我们的新编,《内礼》第二段常见的格式是"君子曰:孝子……",因此这里的"子"指孝子。根据"君子(曰):孝子不匮……"一句"曰"字漏抄,我们怀疑"子"前应有"孝"字。"性"字不必读为"省亲"之"省"。"割"字从陈佩芬之说,训为"盖",语词。这句的意思是说,父母高兴,自己不要说伤悲的事,父母不乐,自己也要苦闷,自己的喜怒要完全以父母为转移,也就是孝子"无私乐、无私忧"。《曾子事父母》也说:"孝子唯巧变,故父母安之。若夫坐如尸,立如齐,弗讯不言,言必齐色,此成人之善者也,未得为子之道也。"王聘珍注曰:"巧,善也,变,犹化也。"此时孝子外表的喜乐随着父母的转移而转移,并不是内心真实的感受的直接表现。而《曾子立事》说:"故目者,心之浮也;言者,行之指也;作于中则播于外也。故曰:以其见者,占其隐者。故曰:听其言也,可以知其所好矣。观说之流,可以知其术也。"《曾子立事》认为内必见于外,人的眼神、外在的言行反映了内心真切的感受,可以听其言观其行,听他的学说,就可以了解他的心术④,可见《曾子立事》与《曾子事父母》、上博简《昔者君老》对人"内外是否贯通"存在着不同的看法。

值得注意的是,《曾子》十篇与其他文献的曾子记载也有内容冲突。《曾子制言下》:"奉相仁义,则吾与之聚群;向尔寇盗,则吾与虑。"《曾子制言下》中的曾子主张和仁义之人居住在一起,如果仁者遇寇盗,是不逃避退缩的。《孟子·离娄下》记载:"曾子居武城,有越寇。或曰:

① 赵炳清:《〈昔者君老〉与楚国的太子教育》,简帛研究网,2005年4月30日。

② 李守奎等:《上海博物馆藏战国楚竹书(一—五)文字编》,作家出版社2007年版。

③ 韩英:《〈昔者君老〉与〈内礼〉集释及相关问题研究》,吉林大学2008年硕士学位论文,第53页。

④ 王聘珍注曰:"浮,孚也,指,示也。"认为这些语句和《论语》"听其言而观其行"相当。参见王聘珍《大戴礼记解诂》,中华书局1983年版,第76页。

'寇至，盍去诸？'曰：'无寓人于我室，毁伤其薪木。'寇退，则曰：'修我墙屋，我将反。'寇退，曾子反。"曾子居武城，越寇来袭，曾子弃城而逃。同样是面对盗贼入侵，《曾子制言下》和《孟子·离娄下》中的记载截然相反。

以父母为中心的"孝"与恪守礼制相矛盾。《礼记·檀弓上》记载曾子病重，秉烛的童子说："这么华美的席子，大概只有大夫才能铺吧？"曾子命令换席，曾元阻止，曾子说："尔之爱我也不如彼。君子之爱人也以德，细人之爱人也以姑息。吾何求哉？吾得正而毙焉，斯已矣。"曾子换席未毕，就去世了。他为了遵守礼制，不惜以生命为代价，无愧为守礼的楷模，但当礼制和对父母的孝冲突时，曾子的选择是舍礼而取孝。曾子为父母举行葬礼时，"水浆不入于口者七日"，子思说："先王之制礼也，过之者俯而就之，不至焉者，支而及之。故君子之执亲之丧也，水浆不入于口者三日，杖而后能起。"（《礼记·檀弓上》）子思认为，先王制定礼制，是为了恰如其分地表达内心的感情，过犹不及，为父母送葬，三日不喝水浆就可以了。曾子说"孝子欲养，而亲不待也"，他为了表达失去父母的悲痛之情，七日不喝水浆，有违礼制。①

先秦诸子从早年与晚年，思想不可能不变化，先秦时期同一学派的作品，由于成书时间较长或成书于不同的弟子之手，不同篇章之间存在抵牾是难免的。荀子力主"明于天人之分"，认为天人有着不同的职守，但思想中也有"天人合一"的因素。慎独是子思学派的独特术语，《荀子》一书虽激烈抨击思孟学派的性善论，《不苟》篇借用"慎独"一词，"善之为道者，不诚则不独，不独则不形，不形则虽作于心，见于色，出于言"等语句明显是套用《中庸》《五行》②，而这些语句与荀子倡导的性恶论

① 《丧服四制》："三日而食，三月而沐，期而练，毁不灭性，不以死伤生也。"又说："父母之丧，衰、冠、绳缨，菅屦，三日而食粥，三月而沐，期十三月而练冠，三年而祥。"

② 《荀子·不苟》篇："君子养心莫善于诚，致诚则无它事矣。惟仁之为守，惟义之为行。诚心守仁则形，形则神，神则能化矣；诚心行义则理，理则明，明则能变矣……夫此顺命，以慎其独者也。善之为道者，不诚则不独，不独则不形，不形则虽作于心，见于色，出于言，民犹若未从也，虽从必疑。天地为大矣，不诚则不能化万物；圣人为知矣，不诚则不能化万民；父子为亲矣，不诚则疏；君上为尊矣，不诚则卑。"

自相矛盾。

《庄子》中对孔子存在不同的评价，庄子对孔子批评最激烈是在《盗跖》篇：

> 此夫鲁国之巧伪人孔丘非邪？为我告之："尔作言造语，妄称文、武，冠枝木之冠，带死牛之胁，多辞缪说，不耕而食，不织而衣，摇唇鼓舌，擅生是非，以迷天下之主，使天下学士不返其本，妄作孝弟而侥幸于封侯富贵者也。"

《盗跖》篇称孔子为"鲁国之巧伪人"，虽巧言善辩，但不过是欺世盗名之徒。在先秦文献中，其对孔子的批评最为激烈、尖锐。而在《人间世》篇中说："凤兮凤兮，何如德之衰也？来世不可待，往世不可追也。天下有道，圣人成焉。天下无道，圣人生焉。"孔子又成为身处乱世，肩负匡时救世使命的圣人。《庄子》内篇对孔子的态度较为缓和，而外篇相对尖锐，我们不能因为内、外篇对孔子态度的不同，来否认它们不属于庄子学派。

李存山先生否定郭店儒简和子思的关系，主要依据有三：一是《穷达以时》的思想与《中庸》的"大德者必受命"相矛盾；二是《六德》篇的"为父绝君"与《礼记·曾子问》的"有君丧服于身，不敢私服"相矛盾，故《六德》篇不属于曾子学派；三是郭店儒家文献内部之间也"相出入"，如《五行》篇构建的道德体系是"仁、义、礼、智、圣"，《六德》篇构建的道德体系却是"圣、智、仁、义、忠、信"，《忠信之道》则又强调忠、信是"仁之实""义之期"，此三篇必非一人或内部关系较近的一个学派所作。[①] 支持郭店儒简大部分为子思所作的学者，一般不认为子思作《穷达以时》，因此我们重点讨

---

① 李存山：《"郭店竹简与思孟学派"复议》，《中国思想史通讯》2006 年第 1 辑，又见李存山《"郭店竹简与思孟学派"复议》，《中国思想史前沿》，陕西师范大学出版社 2008 年版，第 216 页。

论后两种证据。①

"绝",《说文》曰:"断丝也。"《说文》古文作"🔣"。继,《说文》:"续也。"《说文·系部》作"🔣"。"绝"与"继"在古文字字形上的主要区别是中间有横没横。郭店简《六德》篇"为父绝君,不为君绝父。为昆弟绝妻,不为妻绝昆弟"前三字写作"🔣",中间没横,第四字写作"🔣",中间有横,它们显然都是指的同一个字,因此从字形上不能断定《六德》"🔣"字应读为绝,还是读为继。帛书《五行》:"爱父,其继爱人,仁也。"帛书《五行》说解释为"爱父,其杀爱人,仁也,言爱父而后及人也",因此,魏启鹏先生把"绝"字改释为"继"②,是正确的,但他认为"'为父继君,不为君继父',是指父丧与君丧并见时,应当使为君所着丧服次于为父所着丧服",则是不正确的。《六德》说:"疏斩布,绖杖,为父也,为君亦然。"《六德》认为君丧和父丧的丧服标准是一样的③,父丧和君丧的服饰并无差别,当然更不存在父丧与君丧的冲突,因此,《六德》与《礼记·曾子问》"有君丧服于身,不敢私服"不相矛盾。《六德》"为父继君,不为君继父"指的是宗族外的君丧服饰的标准,应参照宗族内父丧的标准执行,即资于事父以事君,突出的是由宗族内向宗族外的外推。《曾子立孝》:"是故未有君而忠臣可知者,孝子之谓也。"先做孝子,后做忠臣,这种由不可选择的血缘关系向可选择的非血缘关系的外推,《曾子》十篇和《六德》是一样的。

李存山先生说在出土文献研究中,要注意两点:一是注意某一或某些证据是否只能推出一种结论(即自己所持的观点),或者说是否可以排除

---

① 李存山先生认为《穷达以时》的思想与《中庸》的"大德者必受命"相矛盾,但《中庸》的天命观比较驳杂,除道德天外,《中庸》中也有"命运天"的思想痕迹,如"君子居易以俟命,小人行险以徼幸"。"俟命"和《穷达以时》的"命运天"已很接近,"居易"是指君子不怨天,不尤人,要把主要精力放在自己的道德修养上,这和《穷达以时》"穷达以时,德行一也""君子敦于反己"意思相同。

② 魏启鹏:《释〈六德〉"为父继君"——兼答彭林先生》,《中国哲学史》2001年第2期。

③ 陈伟先生认为"疏斩布绖杖"是为君而设,用于君乃是比附而致。参见陈伟《郭店竹书别释》,湖北教育出版社2003年版,第126页。

其他;二是注意"求否定的例",因为证伪只需一两条"否定的例"就可具有证伪的有效性。① 李先生的说法很有启发性,我们就以此为标准,来审视一下他否认郭店儒简与子思关系的第三条证据,他认为《五行》《六德》《忠信之道》三篇非一人所作的证据是这三篇构建的道德体系不同。② 我们试举一个反证:《中庸》的思想核心是"诚",而《五行》很少涉及对"诚"的阐发,《中庸》的道德体系是智仁勇三达德,《五行》的道德体系是仁义礼智圣,德目不同,前后排列的顺序也不同,《中庸》强调的"勇"在《五行》中没有丝毫踪迹,但《中庸》《五行》都明确可以肯定为子思学派的作品。

《曾子》十篇最常见的是仁义连用,《曾子立孝》:"尊仁安义,可谓用劳矣。"《曾子制言中》:"君子思仁义,昼则忘食,夜则忘寐。"《曾子制言下》:"奉相仁义,则吾与之聚群;向尔寇盗,则吾与虑。"有时会出现多个德目的连用,但很少见,如《曾子疾病》:"品物之本也,而礼乐仁义之祖也。"《曾子立孝》:"夫仁者,仁此者也;义者,宜此者也;忠者,中此者也;信者,信此者也;礼者,体此者也;行者,行此者也;强者,强此者也。乐自顺此生,刑自反此作。"连用的是仁义忠信礼行强,《曾子立孝》由曰:"故居处不庄,非孝也;事君不忠,非孝也;莅官不敬,非孝也;朋友不信,非孝也;战阵无勇,非孝也。"连用的是庄忠敬信勇,各篇之间,甚至同一篇之间道德体系不一致,而且顺序也不固定。

从《曾子》十篇德目连用的不固定到《中庸》《五行》道德体系逐渐形成,再到《孟子》《荀子》思想体系的固定化、集大成,表明孔孟之间儒家思想提升、思想体系固定化不是一次完成的,是长时间地逐渐提升的过程。以孟子、荀子儒家道德思想体系比较固定时期的学派标准来衡量儒家道德体系处于形成期的前孟子时代,其实质就是以静止的、机械的眼光看待战国时期的儒家学派,忽视了学派本身就

---

① 李存山:《郭店楚简研究散论》,《孔子研究》2000 年第 3 期。
② 李存山:《"郭店竹简与思孟学派"复议》,《中国思想史前沿》,陕西师范大学出版社 2008 年版,第 216 页。

是一个动态发展的进程。

老师思想前后有变化，记录的学生理解各不相同，诸子思想体系中存在冲突或矛盾是在所难免的，在当时也是一种普遍的现象，单纯以"思想相出入或矛盾"来否认郭店儒简与曾、思、孟一系的联系，从方法论上来讲，是不能成立的。先秦诸子的著作，都是某一学派思想的汇编，反映的是较长时段内思想的流动变迁，正是这些思想体系相对严整与前后细微抵牾的并存，才构成了先秦诸子思想发展的真实面貌。我们研究先秦诸子的思想体系，往往把它细分为哲学思想、政治思想、军事思想、教育思想等，根据自己的理解把诸子的思想体系裁剪得整齐严密、前后一致，实际上，这种材料"裁剪"加主观想象的做法，不过是古人"疏不破注"传统在今天的变相延续。

3. 先秦学派的判断标准与郭店儒简的重新定位

郭店简《五行》《鲁穆公问子思》明确可以坐定为子思学派的著作，据此得出它全部或大部分属于子思一派的推论，是很自然的事。但关于《缁衣》的成书，史书记载有两种说法：一是沈约认为出于《子思子》之说（《隋书·音乐志》）；二是刘瓛认为公孙尼子所作说（《经典释文》卷十四），程元敏先生据刘瓛说否认《缁衣》为子思所作。李天虹、廖名春等先生认为，《缁衣》见于《子思子》，并不妨碍它为公孙尼子所作①，我们赞成这种说法，这是先秦典籍常见的"同文并收"现象②，即在先秦时期，相同的语句见于不同的篇章之间或相同的篇并见于不同的古书之间，如《礼记·孔子闲居》与《孔子家语·论礼》，《大戴礼记·主言》与《孔子家语·王言》，《大戴礼记·曾子大孝》与《礼记·祭义》都是这样的例证。程元敏先生据刘瓛说完全

---

① 参见李天虹《郭店竹简〈性自命出〉研究》，湖北教育出版社 2003 年版，第 121 页；李零《郭店楚简校读记》，北京大学出版社 2002 年版，第 70—71 页；廖名春《〈缁衣〉作者新论》，山东师范大学齐鲁文化研究中心、美国哈佛大学燕京学社编《儒家思想学派论集》，齐鲁书社 2008 年版，第 170 页。

② "同文并收"现象已引起了有关学者的注意，郎瑛说"秦汉书多同"（《七修类稿》），章学诚说"古人之言，所以为公也，未尝矜于文辞而私据为己有也"（《文史通义·言公》）。相关成果参见李锐《"重文"分析法评析》，《清华大学学报》（哲学社会科学版）2008 年第 1 期，第 127—133 页。

否认《缁衣》《表记》《中庸》等为子思所作，固然不一定准确，但他启发我们《缁衣》的来源并不是唯一的，这是非常有意义的。同样，由于先秦同文并收现象的大量存在，仅靠贾谊《新书》同时引据了《五行》与《六德》，或者以《六德》《成之闻之》等篇和《五行》《缁衣》的内容有联系作支撑，就得出郭店儒简大部分属于子思学派的结论，很明显证据不够坚强。

不仅郭店儒简与《子思子》的关系不好坐定，上博简《容成氏》《鬼神之明》等篇的学派属性也众说纷纭，出土文献学派属性判断的复杂性和不确定性使一些学者产生了怀疑情绪，他们认为儒家、道家、法家等是汉代以后制造出来的观念，然后倒置到先秦思想史上去的①，用"六家""九流十家"判断学派，实际是拿《史记》《汉书》对诸子书的想象，来作讨论基础，却忘记这些子书多经过了刘向、刘歆父子的整理。②

由于我们对战国时期的思想面貌了解太少，这些学者对学派属性的判定持谨慎的态度，是非常有意义的，但他们和后现代主义者类似——"长于破坏而不擅长建设"，到目前为止，他们没提出任何比"九流十家"更好或者差不多的划分先秦学派的标准。③ 诸子百家以三代学术作为他们

---

① 哲学史上，对"六家"或"九流十家"怀疑的学者早已存在，如胡适、任继愈不承认古代有什么"道家""名家""法家"的名称，明确反对使用"六家"这种做法来描述先秦的思想流变。葛瑞汉认为道家学派像儒墨以外的其他学派一样，是一种后人回溯性的产物，也是对诸子派系的最大混淆。美国学者苏德恺认为，先秦哲学本来没有六家，而司马谈自己创造了汉初的"六家"概念及其抽象的类目。参见胡适《中国古代哲学史大纲台北版自序》，《胡适学术文集·中国哲学史》，中华书局 1992 年版，第 5—6 页；任继愈：《先秦哲学无"六家"——读司马谈论六家要旨》，《文汇报》1963 年 5 月 21 日；葛瑞汉：《论道者：中国古代哲学论辩》，中国社会科学出版社 2003 年版，第 199 页。[美] 苏德恺：《司马谈所创造的"六家"概念》，刘梦溪主编《中国文化》第 7 期，生活·读书·新知三联书店 1993 年版，第 134 页。

② 李锐：《论上博简〈鬼神之明〉篇的学派性质——兼说对文献学派属性判定的误区》，《湖北大学学报》（哲学社会科学版）2009 年第 1 期，第 28—33 页。

③ 李振宏先生认为先秦时期留下来的可以名家的学者并不很多，分别称为某学某学即可，如老学、孔学、庄学、孟学、荀学等等，是完全可以讲清问题的。我们认为李先生的建议很难操作，以儒家为例，不仅会出现曾子学、子思学、子贡学等众多名词，更关键的是李先生以人物为联系，但很多文献和人物是对不上号的，如《礼记·檀弓》、郭店简《唐虞之道》《忠信之道》等篇，如何操作也很成问题。参见李振宏《论"先秦学术体系"的汉代生成》，《河南大学学报》（社会科学版）2008 年第 2 期。

共同的文化资源，彼此之间思想难免有所重叠，而且思想的多变是当时常见的现象，如商鞅进谏秦王，就分别用了帝道、王道、霸道三种策略，禽滑厘、韩非学于儒家，却分别是墨家、法家的代表人物，单纯凭借某一个标准，就想彻底分清先秦诸子的思想面貌，在逻辑上本身就是一个悖论。①

我们知道，任何一个标准，都有例外。用"六家"或"九流十家"的标准，虽然有一些出土文献的学派属性不好判断，但大部分篇目的学派属性还是分得清的。实际上，汉人已注意到先秦学派划分的复杂性，《汉志》学派类有杂家，"杂家"这类模糊性概念的存在，本身就体现了《汉志》学派划分的谨严。"汉人近古，其言必有所据"，"六家"和"九流十家"的划分是以当时保存在中秘的图书为依据，《汉志》的标准需要修正，而不是推倒重来，在今后的学派研究中，它们仍将是我们不可须臾离开的重要锁钥。

同时我们必须认识到，思想的变化、文本的变迁在先秦学术代际传递中不是少见而是经常发生的事情，从简本《缁衣》到今本《缁衣》，从简本《五行》有经无说到帛书《五行》有经有说，都可证明这一点。"六家"或"九流十家"的标准有时候并不能与先秦思想发展的面貌切合，因此我们必须辅之以必要的学术尺度。

先秦文献经历了长期的形成过程，思想难免抵牾，古书多不题撰人，怎样判断它们的学派呢？我们的学术尺度有三：一是与文本内容对照；二是依靠传世文献记载；三是理清学派独特的术语与思想理路。《曾子》十篇思想内容前后有矛盾，但为何是一派学者的著作？最明显的证据是《曾子》十篇每篇中都有"曾子曰"，出土文献有些带有篇名，如《中弓》《子羔》，有些开头就是"某子曰"，如《慎子曰恭俭》，这些文献信息对于判断学派归属非常重要。但大多数出土文献，并没有这些内容，就只能靠具体内容对照了。我们判断上博简《内礼》为曾子学派的文献，根据就是《内礼》第一段与《曾子立孝》《曾子事父母》中相关段落基

---

① 《汉书·艺文志》说："杂家者流，盖出于议官。兼儒墨，合名法，知国体之有此，见王治之无不贯。"汉儒已注意到先秦有些著作融合各家的思想特色，故以杂家来概括。

本相同。先秦时期，学术为天下之公器，诸子著作中往往摘抄他人的语句，不同古书之间往往存在着"同文并收"现象，如果内容太少，如《性自命出》"喜斯陶，陶斯奋，奋斯咏，咏斯犹，犹斯作。作，喜之终也。愠斯忧，忧斯戚，戚斯叹，叹斯辟，辟斯通。通，愠之终也"一句，与《礼记·檀弓下》所记子游之语接近，只能为判断学派归属提供参考，并不能作为判断学派属性的决定性证据。

我们之所以认定郭店简《五行》为子思所作，是因为《荀子·非十二子》批评思孟学派"案往旧造说，谓之五行"。沈约说《中庸》《表记》《坊记》《缁衣》取自《子思子》，由此推定郭店简《缁衣》为子思学派的作品，因为《子思子》宋代以后已经亡佚了，我们只能依靠传世文献的记载。当文献记载彼此冲突时，就需慎重取舍。

在先秦学派著作中，思想前后"有出入"是普遍存在的现象。曾子、子思、孟子的思想本身并不一致，只有大致的路向，思想不一致并不能否认郭店儒简全部或大部分出于一派，独特的术语和思想理路的一致作为标准是不能单独使用的，必须结合前两种标准，才能得出近真的结论。因此，我们认为，在目前情况下，郭店儒简全部或大部分为一派所作，仍是需要证明且尚未推翻的一种假说，需要更多新材料和证据来印证。

学界经常引用李泽厚先生的一段话，说郭店竹简中虽有《缁衣》《五行》《鲁穆公问子思》诸篇，却并未显出所谓"思孟学派"的特色（究竟何为"思孟学派"，其特色如何，并不清楚）。相反，竹简明显认为"仁内义外"，与告子同，与孟子反。因之断定竹简属于"思孟学派"，似显匆忙，未必准确。① 实际上，子思有《中庸》等四篇，清代有辑佚本，《孟子》书尚存，思孟学派的特色我们是知道些的，关键是《汉志》"儒家类"所记《漆雕子》《宓子》《景子》《世子》《魏文侯》《李克》等著作，绝大部分已经亡佚，这使得我们只能把郭店儒简和思孟学派的著作比较，而不能和其他学派比较。

由《中庸》可知子思学派讲中和，但反过来，讲中和的文献不一定

---

① 李泽厚：《初读郭店竹简印象记要》，《中国哲学》第 21 辑，第 1—9 页。

属于子思学派，因为公孙尼子也讲中和①。目前的情况是，我们只知道郭店儒简和思孟学派思想的异同，而不知道它和其他学派思想的异同，在先秦"重文"现象普遍存在的情况下，我们怎能说它属于子思学派，而不属于其他学派呢？对孔子以后儒家各派的知识极度缺乏，我们对郭店儒简的思想定位，除了曾子、思孟学派以外，几乎没有多少儒家学派的文献可供参照，这是郭店儒简不能坐定属于哪一派的关键原因。有鉴于此，一些学者提出，不要把这些儒简看作是某一学派的资料，而是把它们看作孔子及其后学的思想资料。这种处理方法在目前看来应该是明智之举，不但能在学者中达成共识，而且据此得出的结论也会更可靠。②

郭店儒简出土于湖北荆州市郭店 1 号楚墓，考古学界利用考古类型学方法，推定此墓的下葬年代为公元前 4 世纪末，即不晚于公元前 300 年，郭店儒简的抄写年代当早于这一时期，学者把郭店儒简放在孔孟之间，作为七十子后学的思想资料，自然是很稳妥，但却忽视了郭店儒简中有《五行》《鲁穆公问子思》等有明确时间段限的篇章，我们主张更精确一点，把郭店儒简除《语丛》外的其他篇章，定位在子思及其弟子生活的时代，具体来说，反映的是孔子以后，儒家第二、三代弟子的思想世界，代表了当时儒家心性之学所达到的水平与高度。

总之，郭店儒简中有《五行》《鲁穆公问子思》等篇章，据此得出它全部或大部分属于子思一派的推论，是很自然的事，但由于先秦"同文并收"现象的存在，仅靠贾谊《新书》同时引据了《五行》与《六德》，或者以《六德》《成之闻之》等篇和《六德》《成之闻之》等篇的内容和《五行》《缁衣》有联系作支撑，证据很明显不够坚强。在先秦著作中，思想前后有出入是普遍存在的现象，思想不一致并不能否认郭店儒简全部或大部分出于一派的说法。在目前情况下，郭店儒简全部或大部分为一派

---

① 董仲舒《春秋繁露·循天之道》篇引《公孙尼子》佚文："凡此十者，气之害也，而皆生于不中和。"

② 冯国超：《郭店楚墓竹简研究述评》（下），《哲学研究》2001 年第 4 期；王永平：《郭店楚简研究综述》，《社会科学战线》2005 年第 3 期；邵汉明：《中国文化研究二十年》（第 2 版），人民出版社 2006 年版，第 793 页。

所作，仍是需要理清但也尚未推翻的一种假说，需要更多新材料和证据来印证。

（二）简牍典籍与早期儒学的传布

文化传播是当时的事情，一旦完成便了然无痕迹，因此研究文化传播最重要的是证据。我们知道，儒学发源于鲁地，而在鲁国以外其他地点大量儒家简牍出土，保留了特定时期儒学的思想面貌，成为研究儒学传播值得信赖的参照物，我们过去研究文化传播主要靠的是文献记载，而出土简牍构建了文献记载之外研究儒学传播的有益补充。

1. 春秋末期儒学的传播

春秋末期，儒学在各国已有较大影响，当时儒学传播大体上有两种方式：一是弟子求学于孔子，学成之后分散各地；二是孔子师徒周游列国。鲁国贵族孟僖子陪昭公出使楚国，因为不懂相礼而十分羞愧，临死前嘱咐儿子孟懿子和南宫敬叔，要他们拜孔子为师，向孔子学礼（《左传》昭公七年）。据李启谦先生统计，孔子弟子中鲁国61人，齐国9人，卫国11人，楚国3人，陈国4人，秦国4人，晋国3人，宋国4人，吴国2人，蔡国2人，燕国1人。[①]当时诸侯国林立，孔子弟子来自不同的国家，远及楚、秦，而且成分复杂，有贵族、商人、大盗、贫贱之士等，从中我们可以看出儒学传播的兴盛。特别是到了孔子晚年，很多人从远方慕名而来，"从属弥众，弟子弥丰，充满天下"（《吕氏春秋·当染》）。

《礼记·檀弓上》记载："孔子之丧，有自燕来观者，舍于子夏氏。子夏曰：'圣人之葬人与？人之葬圣人也，子何观焉？昔者夫子言之曰：吾见封之若堂者矣，见若坊者矣，见若覆夏屋者矣，见若斧者矣，从若斧者焉。马鬣封之谓也。今一日而三斩板，而已封，尚行夫子之志乎哉？'"燕国人慕名前来观礼，从子夏的话语中可知他对孔子了解不多，很可能不是孔子弟子。从上面记载中我们可以发现两点：一是当时儒学的影响已远

---

① 秦商等少数孔子弟子所属国别，虽然学者们看法不尽相同，但我们认为李启谦先生统计大致可信。李启谦：《孔门弟子研究》，齐鲁书社1987年版，第238—241页。

及燕国；二是当时各国慕名前来学习儒学的人很多，有的并不一定是孔子弟子。

春秋末期，诸侯争霸，社会动荡不安，孔子积极从政，欲以王道治理天下，重建西周礼乐等级秩序。孔子在鲁国经历短暂的政治辉煌后，由于齐国离间，被迫出走。从公元前 497 年到前 484 年，孔子周游卫、曹、宋、陈、郑、楚、蔡等国，"干七十余君，莫能用"。[①]

传世文献中的这些记载可在出土文献中得到证实，河北定州八角廊《儒家者言》[②] 记载"之匡，间（简）子欲杀阳虎，孔子似之"，阜阳 1 号木牍[③]亦有"孔子之匡"，"中尼之楚至蔡"，"孔子将西游至宋"，"孔子见卫灵公"等记载，木牍背面有"孔子之楚有献鱼者"，"孔子之周观太庙"，"楚王召孔子"等标题，这些和传世文献中孔子周游列国的记载一致。还有一些标题，如"赵襄子谓中尼"，"鲁哀公问孔子当今之时"，"孔子见季康子"等，说明孔子当时与诸侯、士大夫交流频繁，虽然栖栖遑遑，"累累若丧家之狗"，终不能被各国聘用，但孔子周游列国，推动了儒学在卫、曹、宋、陈、郑、楚、蔡等国传播，扩大了儒学在各国的影响。

2. 战国出土简牍与儒学的传播

孔子去世后，弟子散游天下，《史记·儒林列传》说："自孔子后，七十子之徒散游诸侯，大者为师傅卿相，小者友教士大夫，或隐而不见。故子路居卫，子张居陈，澹台子羽居楚，子夏居西河，子贡终于齐。如田子方、段干木、吴起、禽滑釐之属，皆受业于子夏之伦，为王者师。"从司马迁的描述中，我们可以看出当时儒学传播的大体脉络，但由于古籍阙亡，孔子弟子著书立说、聚徒讲学的详细情况已很难考证清楚。因此，我们选取了一个新的角度，就是以新出土文献为依据，结合传世文献的记载，来探讨战国时期儒学传播的状况。

---

① 参见《史记·十二诸侯年表》与《孔子世家》中的记载。

② 《儒家者言》释文依据国家文物局古文献研究室、河北省博物馆、河北省文物研究所定县汉墓竹简整理组：《〈儒家者言〉释文》，《文物》1981 年第 8 期。

③ 阜阳木牍释文依据文物局古文献研究室、安徽省阜阳博物馆阜阳汉墓竹简整理组：《阜阳汉简简介》，《文物》1983 年第 2 期。

中山国原称鲜虞，是北方少数民族白狄建立的国家。1974 年河北平山县中山王一号大墓被发掘，其中约五十件青铜器有铭文，在众多铭文中，平山三器（中山王鼎、方壶、好蚉壶）的长篇铭文最为引人注意。平山三器铭文中引用《诗经》12 次，可见《诗经》已在中山国流传。有学者指出，中山国诗学的传播和李克很可能有着密切的关系①，这是非常正确的。据三国时吴人陆玑《毛诗草木虫鱼鸟兽疏》记载，孔子删诗，授卜商，卜商传曾申，曾申授魏人李克，可见李克诗学乃子夏所传。由此我们可以推知在中山国传播的诗学当属于儒家②，在魏国统治中山国期间，李克推动了儒学在中山国的传播。

《中山王鼎》铭文云，寡人闻之："与其溺于人旃，宁溺于渊。"③ 而《大戴礼记·武王践阼》篇中有曰：

> 王闻书之言，惕若恐惧，退而为戒书……盥盘之铭曰："与其溺于人也，宁溺于渊，溺于渊犹可游也，溺于人不可救也。"

二者文字基本相同。《中山王方壶》铭文"不敢怠荒""慈孝宣惠"分别和《左传》哀公元年"不敢怠皇"、《左传》文公十八年"宣慈惠和"相似。《中山王鼎》十九行"克顺克卑"和《礼记·乐记》"可顺克俾"相同。先秦时期征引古代文献的并非只有儒家，我们能否据此认为儒学在中山国传播呢？《太平寰宇记》卷六十二记载："俄而中山武公之后复立，兴国并称王五叶，专行仁义，贵儒学，贱壮士，不教人战，赵武灵王袭而灭之。"这句话的意思是说，中山国复国以后，先后有桓、成、釁、好蚉、尚五个国王重视儒学，推行仁义，而中山王鼎和中山王方壶的铭文都作于

---

① 李学勤先生已指出这一点，他说："李克曾传《诗经》之学，在魏统治中山时任中山相，平山铭文反映《诗经》在中山国风行，并不是偶然的。"参见李学勤《东周与秦代文明》，文物出版社 1984 年版，第 84 页。

② 有学者认为李克是李悝，我们不同意这种说法。参见路洪昌《战国中山国若干历史问题考辨》，《河北学刊》1987 年第 6 期。

③ 此处平山三器铭文隶定依据李学勤、李零《平山三器与中山国史的若干问题》，《考古学报》1979 年第 2 期。

中山王𰯼十四年，平山三器铭文和文献记载非常一致，二者相互印证，证明了当时儒学已在中山国流传。①

《中山王鼎》和《大戴礼记·武王践阼》有相同的语句，说明《中山王鼎》和《大戴礼记》一样，具有相近的儒学观，再细读平山三器铭文，我们发现很多地方体现了儒家思想。《中山王方壶》铭文云：

> 适遭燕君子哙，不分大义，不告诸侯，而臣主易位，以内绝召公之业，废其先王之祭祀……则上逆于天，下不顺于人旃，寡人非之。曰：为人臣而反臣其主，不祥莫大焉。
>
> 不用礼义，不分逆顺，故邦亡身死，曾亡一夫之救。遂定君臣之位，上下之体……天子不忘其有勋，使其老策赏仲父，诸侯皆贺。

《中山王鼎》铭文又云：

> 可顺可俾，亡不率仁，敬顺天德。

中山国趁火打劫，把赤裸裸的掠夺说得冠冕堂皇，但铭文认为"臣主易位"有违道义；君臣禅让，不告诸侯，便是无礼；"为人臣而反臣其主"，不祥之极，这些都与孔子的"君君、臣臣、父父、子子"的礼治思想非常契合。我们知道"仁"字在《尚书》《诗经》中已经出现，但孔子以前对仁的理解是零散的、无系统的，思想内涵也是比较肤浅的，只是到孔子的时候，才"抓住当时在意识形态中已经出现的仁的观念，明确它，充实它，提高它，使它升华为具有人道主义博大精深的人本哲学"②。铭文要求国君"亡不率仁，敬顺天德"，和孔子的"仁治"思想非常一致，这是儒学在中山国传播又一非常有力的证据。

_____

① 此处参考了李学勤、李零先生《平山三器与中山国史的若干问题》，《考古学报》1979年第2期。

② 匡亚明：《孔子评传》，齐鲁书社1985年版，第182页。

春秋战国时期，中原与楚地文化交流密切，学者来往频繁，典籍传播兴盛。儒学作为一种先进的文化，传入楚地是很自然的。但由于文献阙如，儒学南传的线索一直晦暗不明。20 世纪 90 年代以来，郭店简、上博简相继出土，为我们研究这一问题提供了平台。

《史记·孔子世家》说"子思作《中庸》"，郑玄《三礼目录》也说《礼记·中庸》篇是子思所作，过去学术界曾对这一说法争论很大。1993年郭店楚墓出土儒书 11 种 14 篇，李学勤先生认为其中的《缁衣》《五行》《六德》《成之闻之》《性自命出》《尊德义》六篇是子思所作，是《子思子》的佚篇。① 李景林先生说："除了《语丛》之外，郭店简儒家类著作应为子思一系作品。抄录于同一形制竹简的四篇文字《性自命出》《成之闻之》《尊德义》《六德》为郭店简儒家类著作的中坚部分，表现了子思一系的'性与天道'论。其余诸篇，有的较接近于孔子，当为子思绍述孔子思想之作，有的则近于孟子，当为子思后学所述。"② 我们认为这种看法比较接近实际。《隋书·音乐志》引沈约之言："《中庸》《表记》《坊记》《缁衣》，皆取《子思子》。"现在郭店简《缁衣》和《鲁穆公问子思》同时出土，可证沈约所言不虚，史书记载子思作《中庸》是有一定根据的。上博简《从政》篇，据杨朝明先生研究，无论形式还是内容，都与保存在《礼记》中的《坊记》《中庸》《表记》《缁衣》相近相通，因此也是《子思子》中的佚篇。③ 郭店简和上博简中《子思子》佚篇的发现，坐实了公元前 300 年以前子思学派的典籍已在楚地传播。

《史记·仲尼弟子列传》云："商瞿，鲁人，字子木，少孔子二十九岁。孔子传《易》于瞿，瞿传楚人馯臂子弘，弘传江东人矫子庸疵，疵传燕人周子家竖，竖传淳于人光子乘羽，羽传齐人田子庄何。"在先秦儒家的《易》学传承中，孔子传《易》商瞿，商瞿传弟子馯臂子弘，儒家

---

① 李学勤：《先秦儒家著作的重大发现》，《中国哲学》第 20 辑，辽宁教育出版社 1999 年版，第 15—16 页。

② 李景林：《从郭店简看思孟学派的性与天道论》，武汉大学中国文化研究院编《郭店楚简国际学术研讨会论文集》，湖北人民出版社 2000 年版，第 634 页。

③ 杨朝明：《上博竹书〈从政〉篇与〈子思子〉》，《孔子研究》2005 年第 2 期。

《易》学就传到了楚地。郭店简《缁衣》①曰：

> 子曰：宋人又言曰：人而亡恒，不可为卜筮也，其古之遗言与？龟筮犹弗知，而况于人乎。《诗》云："我龟既厌，不我告犹。"

郭店简《六德》曰：

> 故夫夫，妇妇，父父，子子，君君，臣臣，六者各行其职而馋谄无由作也。观诸《诗》《书》则亦在矣，观诸《礼》《乐》则亦在矣，观诸《易》《春秋》则亦在矣。

郭店简《语丛一》曰：

> 易所以会天道人道也。

郭店简《缁衣》引用孔子的话和《论语》中基本相同，是借《易》强调君子品格的培养；《六德》明确提到了《易》，认为《易》体现了君臣父子的礼治思想；《语丛》是对当时流行楚地语录的摘抄，说明《易》注重天道与人道的相通，这些与易学有关记载虽然是只言片语，但有学者在楚地传播《易》学已得到证实。

1994 年，上博简从香港购回，经有关专家测定，上博简距今大约 2257±65 年，上博简的具体出土地点不详，但据推测是"楚国迁陈郢以前贵族墓中的随葬品"②，文献的著作年代要早于下葬年代，因此它反映的是战国中期以前儒学的传播情况。曾子修道鲁卫之间，教化洙泗之上，弟子多达七十多人，上博简《内礼》篇和《曾子立孝》内容基本相同，

---

① 本文郭店楚墓释文以《郭店楚墓竹简》为基础，同时参见李零先生《郭店楚简校读记》等稍作修改。参见荆门博物馆编《郭店楚墓竹简》，文物出版社 1998 年版；李零《郭店楚简校读记》，北京大学出版社 1999 年版。

② 朱渊清：《马承源先生谈上博简》，《上博馆藏战国楚竹书研究》，上海书店出版社 2002 年版，第 1—8 页。

说明战国中期以前曾子学派的著作已流传到了南方楚地。

子贡对儒学传播有着特殊的贡献。孔子死后，面对别人对孔子学说的误解诽谤，子贡总是挺身而出，极力维护孔子形象。① 不仅如此，子贡还以商人的特殊身份宣传孔子思想，"结驷连骑，束帛之币以聘享诸侯，所至，国君无不分庭与之抗礼。夫使孔子名布扬于天下者，子贡先后之也"（《史记·货殖列传》）。有学者认为：子贡"似乎既没有聚徒讲学，也没有著书立说，他所做的不过是布扬孔子之名而已"。② 我们认为孔子晚年时，子贡经常陪在身边，从上博简《鲁邦大旱》、马王堆帛书《要》篇看，他经常和孔子探讨相关问题，对孔子学说理解较为深刻。《春秋繁露·俞序》说："孔子曰：'吾因其行事，而加乎王心焉。'以为见之空言，不如行事博深切明。故子贡、闵子、公肩子言其切而为国家资也。"可见子贡也擅长《春秋》之学，如果仅是布扬孔子之名，没有对孔子学说的深刻理解作支持，别人是很难信服的。

关于上博简《诗论》的作者，李零先生认为《诗论》中"……行此者，岂有不王乎"一句是该篇可与《子羔》属于同一篇的可靠证据，坚持《诗论》为子羔所作。③《鲁邦大旱》与这两篇形制、字体相同，但如何解释它与《子羔》篇在内容上无任何联系呢？因此我们赞同《诗论》的作者是子夏的说法。④ 子夏在魏国传《诗》，弟子李克曾在中山国传诗⑤，弟子曾申传《诗》于邹鲁地区⑥，他的传《诗》之作——《诗论》又在南方楚地出土，那么我们可以看出，战国时期子夏诗学已传播到北起魏国、中山，南到楚国这样一个广大的范围！退一步讲，《诗论》即使不是子夏所作，《诗论》的出土证实了在战国中期以前孔门诗学已在楚国传播，那么孔门诗学在上述范围内的传播也是可以肯定的。

---

① 参见《论语·子张》篇。

② 王钧林：《中国儒学史·先秦卷》，广东教育出版社 1998 年版，第 182 页。

③ 李零：《简帛古书与学术源流》，生活·读书·新知三联书店 2004 年版，第 232 页。

④ 李学勤：《〈诗论〉的体裁和作者》，上海大学古代文明研究中心、清华大学思想文化研究所编：《上博馆藏战国楚竹书研究》，上海书店出版社 2002 年版，第 56 页。

⑤ 李学勤：《东周与秦代文明》，文物出版社 1998 年版，第 84 页。

⑥ 子夏传诗于曾申，见于陆玑《毛诗草木鸟兽虫鱼疏》。曾申是曾子之子，鲁国人，所以我们认为他会传诗于邹鲁地区。

郭店简、上博简中儒书种类繁多，而且相同篇目又有不同传本①，这说明它们的流传过程是很复杂的。据研究，郭店简不是单由楚国文字写成，更多地保留了多个国家文字的形体结构和书法风格②，而且战国初期，鲁、楚相距较远，中间有其他诸侯国存在，因此，我们推测郭店简、上博简很可能不是由鲁国直接传到楚国，而是辗转传播于多个诸侯国，最后才形成了今天传本不同、字体各异的复杂面貌。郭店简和上博简的出土印证了战国中期以前，儒家典籍已在楚地广为流行，这其中包括了人们最为相信的《论语》。③郭店简、上博简不见于史志记载，因埋藏于楚墓才得以保存下来，它们是战国时期儒家典籍南传的明证，因为墓葬典籍仅是当时流传典籍的很少一部分，所以它们又是战国时期儒学传播的一个缩影。以前学者探讨影响楚文化的因素时，对儒家文化鲜有提及，现在结合出土文献，我们对这一问题需要重新估价。

3. 西汉前期出土简牍与儒学传播

秦代焚书坑儒和《挟书律》的颁布，对儒学的发展来说，是重大的打击。刘歆在《移让太常博士书》中说："陵夷至于暴秦，燔经书，杀儒士，设挟书之法，行是古之罪，道术由是遂灭。"从目前出土的《挟书律》施行期内的墓葬书籍均未超出《挟书律》的范围来看，《挟书律》的施行是很严格的，刘歆是古文经学家，他的说法虽有夸大成分，但秦代儒学确实经历了一场浩劫。此后是农民起义和楚汉之争，社会动荡不安，汉初的统治者大都信奉黄老之学，惠帝四年才废除《挟书律》，因此从秦代到汉初，文化、学术很难谈得上有什么大的发展。因此，正如李学勤先生所说："汉初的竹简帛书种种佚籍，大多是自先秦幸存下来的书籍的抄本，所以它们不仅反映了当时学术的面貌，而且可以由之上溯先秦学术，关系到学术史上的好多重大问题。"④

---

①　例如郭店简《缁衣》与上博简《缁衣》，郭店简《性自命出》和上博简《性情论》。

②　周凤五：《郭店竹简的形式特征及其分类意义》，武汉大学中国文化研究院编《郭店楚简国际学术研讨会论文集》，湖北人民出版社 2000 年版，第 57—59 页。

③　不仅郭店楚简《语丛》中有征引《论语》的相关语句，而且上博简《君子问礼》《弟子问》《中弓》等篇也有很多与《论语》相同或相近的内容。

④　李学勤：《简帛佚籍与学术史》，江西教育出版社 2001 年版，第 8 页。

长沙马王堆三号汉墓的下葬年代是汉文帝前元十二年（公元前 168 年），因此，该墓墓葬典籍成书的下限在汉初，其中有多种儒家典籍，我们分别展开论述。帛书《易传》的整体形成在《挟书律》施行之前①，关于帛书《易传》的内容和体例，有学者说"从称谓用语的体例观之，内容颇多杂乱"。②其实我们如果认识到帛书中的"子""夫子""孔子"都是指孔子，称谓用语并不是杂乱难理的。《二三子问》和《衷》③都有对《坤》卦六四爻辞"括囊，无咎"与上六爻辞"龙战于野，其血玄黄"的论述，《二三子问》和《要》篇都有对鼎卦九四爻辞"鼎折足，覆公𫗧，其形渥，凶"的论述，《衷》和《昭力》两篇都有对"文人"和"武夫"的阐述，这些阐发论述彼此间的主旨一致，说明它们之间的联系密切，在帛书整体形成之时，它们有一个整体性的思想体系。

帛书《系辞》有"易有大恒"句，有学者认为这属于道家思维。其实已有学者指出"大恒"是对"太极"的误抄。④判断帛书《易传》的学派属性关键要抓住其思想主旨。帛书《要》篇：

> 子曰：易，我后其祝卜矣！我观其德义耳也。幽赞而达乎数，明数而达乎德，又仁［守］者而义行之耳。赞而不达于数，则其为之巫；数而不达于德，则其为之史。史巫之筮，乡之而未也，好之而非也。后世之士疑丘者，或以易乎？吾求其德而已，吾与史巫同涂而殊归者也。

---

① 参见刘光胜《帛书〈易传〉成书问题新探》，《辽宁师范大学学报》2009 年第 1 期。

② 严灵峰：《有关帛书易传的几个问题》，朱伯崑：《国际易学研究》第 1 辑，华夏出版社 1995 年版，第 46—54 页。

③ 它的首句有"子曰易之义"字样，张立文先生据此命名为《易之义》，学界多用此名。参见张立文《〈周易〉帛书浅说》，《中国文化与中国哲学》第 3 辑，生活·读书·新知三联书店 1990 年版，第 84 页；邢文先生认为《易之义》应是《易赞》，邢文：《帛书周易研究》，人民出版社 1997 年版，第 41—45 页；廖名春先生通过对帛书《易传》残片的缀合和考释，认为《易之义》的原篇题应为《衷》，廖名春：《试论帛书〈衷〉的篇名和字数》，《周易研究》2002 年第 5 期，我们同意廖先生的观点，称此篇为《衷》。

④ 朱伯崑：《帛书本〈系辞〉文读后》，陈鼓应主编：《道家文化研究》第 3 辑，上海古籍出版社 1993 年版，第 38 页。

孔子以前，古人把《周易》作为卜筮之用，而孔子却从中求其德义，"幽赞而达乎数，明数而达乎德"，集中反映了孔子由史巫的"赞""数"到德义涵养的转进，体现了孔子晚年的易学观。孔子谈易，注重义理的阐发，"与史巫同涂而殊归"，这不仅是帛书《要》篇，而且是整部帛书《易传》的根本所在，因此，帛书《易传》属于儒家是没有问题的。

郭店简中有易学的内容，荀子曾在兰陵传易①，马王堆帛书出土于长沙，通过这些文献记载和残存的简帛，我们就可以看出楚地易学流传的面貌，如果再考虑到北方的易学传承，那么战国时期易学的广泛传播，是不难想象的。

帛书《五行》出土以后，学者大多认为它宣扬儒家唯心主义，文体与《大学》相近，鼓吹"慎独"，主张"性善"，应该是思孟学派门徒的作品。② 1993 年郭店楚简《五行》再次出土，使《五行》为子思所作的观点得到学术界公认。帛书《五行》中多出"说"这一部分，而且其中两次引用"世子曰"，我们认为帛书《五行》"说"这一部分肯定与世子之学有密切联系。③

《五行》作为子思的作品，既发掘于战国中期偏晚的郭店楚墓，又出土于汉初的马王堆汉墓，不仅说明它从战国中期到汉初，经历了一个自北而南的传播过程，而且印证了该篇在战国中期到西汉初期曾在南方楚地广泛流布。帛书《春秋事语》记述的是春秋时期的史事及相关评论，其中最突出的是发表评论的闵子辛，《春秋事语》总共十六章，闵子辛出现在四章中（其中一次是衍文）。张政烺先生说："闵子辛此人它书不见，疑即闵子骞。《说文》三篇上：辛，罪也，从干二，读若愆。辛辛形近，愆骞音同，闵子骞名损，辛、愆和损义亦相应。"④ 吴荣曾先生在《读帛书

---

① 《荀子·大略》《非相》篇出现了荀子论易的内容，可知战国末期荀子曾在楚地传易。

② 晓菡：《长沙马王堆汉墓帛书概述》，《文物》1974 年第 9 期。

③ 这一点已有学者指出，参见丁四新《郭店楚墓竹简思想研究》，东方出版社 2000 年版，第 168 页。陈来先生有不同的看法，认为《五行》篇为子思、孟子所作，参见陈来《竹帛〈五行〉篇为子思、孟子所作论——兼论郭店楚简〈五行〉篇出土的历史意义》，《孔子研究》2007 年第 1 期。

④ 张政烺：《〈春秋事语〉解题》，《文物》1977 年第 1 期。

本〈春秋事语〉》① 中以白沙汉画像石题记为据，说明汉人确有把"骞"写成"您"者，证实了张政烺先生推测的正确性。

裴锡圭先生说《春秋事语》虽然记有《左传》所没有的事，并且所引用的议论也往往与《左传》不同，但是所记的有关历史事实则大部与《左传》相合，因此认为它很可能是《铎氏微》一类的书。② 虽然学术界有不同看法③，考虑到《春秋事语》中闵子骞出现了三次，闵子骞长于《春秋》学④，可证"帛书的作者当与他有某种传承的关系"。⑤ 再考虑到《春秋事语》叙事上起公元前 712 年鲁隐公被杀，下至公元前 453 年韩赵魏三家灭智伯，其叙事的时间下限较早，基本和《左传》相当，因此，我们认为《春秋事语》成书应在战国时期。

看到郭店简，不要以为南方只有子思一派作品在流传，其实上博简记载了颜回、仲弓、子贡、子游、子夏、曾子、子羔等多个弟子，马王堆汉墓既有子思的作品，又与子贡、闵子骞、世子之学联系密切，所以当时楚地展现在我们面前的是多个孔门弟子思想流传的情景。又据《汉书·艺文志》收录的儒家类文献可知，曾子、子思、漆雕子、宓子、景子、世子都有著作传世，这些著作在不同的诸侯国中传播，可知他们对早期儒学的传播做出了较大贡献。

1977 年，阜阳木牍发掘于安徽省阜阳县双古堆一号汉墓。根据该墓出土器物上有"女（汝）阴侯"铭文及漆器铭文纪年最长为"十一年"等资料，可以确定墓主是西汉第二代汝阴侯夏侯灶，该墓的时间下限不可能晚于公元前 165 年。阜阳木牍共有三块，其中一号木牍保存最完好，正、反两面都有字，每面分为上、中、下三栏，现存章题 47 个（其中一个字迹模糊，无法释读）。

---

① 吴荣曾：《读帛书本〈春秋事语〉》，《文物》1998 年第 2 期。

② 唐兰等：《座谈长沙马王堆汉墓帛书》，《文物》1974 年第 9 期。

③ 唐兰先生认为它不属于《左传》系统，很可能是《汉书·艺文志》中的《公孙固》。参见唐兰等《座谈长沙马王堆汉墓帛书》，《文物》1974 年第 9 期。

④ 见《春秋繁露·俞序》。

⑤ 李学勤：《简帛佚籍与学术史》，江西教育出版社 2001 年版，第 248—251 页。

阜阳双古堆一号木牍成书应在战国时期①，胡平生先生认为阜阳双古堆汉墓的一号、二号木牍和《说类》简应当是一种书，而不是两种或多种书。理由有三：一是两块木牍与残简字体大小、书写风格相同；二是两块木牍形制、格式一样；三是双古堆二号木牍也不是完全没有孔子及其弟子的事迹。② 阜阳一号木牍绝大部分记录孔门师徒的言行，应为儒家典籍，二号木牍篇题约 40 个，其中与孔门师徒相关的只有三条，其他各章都不涉及孔门师徒，虽然木牍形制、书写风格一样，但从内容角度出发，我们主张一号木牍与二号木牍有别，是单独的一种书。

1973 年，八角廊汉墓中出土大批竹简，在整理出的八种文献中，有一种是《儒家者言》，共二十七章，其中记录孔子及其弟子言行的最多，有二十二章。《儒家者言》叙事上起商汤、周文王，下至乐正子春，所记多为孔子的事迹和对忠孝仁义等道德的阐发。

何直刚先生将《儒家者言·周文王作灵台》章 "（长一家者，）一家之主也，长一国者，一国（之主）也，长天下者，天下（之主）也" 和《吕氏春秋》的相应段落作了对比，认为 "《吕氏春秋》的作者见于'长一家'的世卿已早不存在，而将它删掉了，简文却保存了此句"，推测《儒家者言》的成书年代应在战国晚期。③ 我们补充两条证据：一是《儒家者言》二十四章："肤受诸父母曾子……何谓身体发肤弗敢毁伤？曰：乐正子……"乐正子指的是乐正子春，《儒家者言》现存二十七章内容中有三章谈到曾子，内容相对较多，而且尊称曾参、乐正子春为 "子"，作者很可能是乐正子春的弟子或再传弟子；二是《儒家者言》内容散见于《晏子春秋》《荀子》《吕氏春秋》，同样可证其成书不会太晚。

《儒家者言》和阜阳一号木牍的出土，证明了《孔子家语》一书并非王肃伪造。上博简《民之父母》与《孔子家语·论礼》篇基本相同，进

---

① 朱渊清先生认为阜阳双古堆一号木牍是 "思孟学派记录孔子及其门人言行的著作，而时间当在荀子之前"，我们同意这种看法。参见朱渊清《阜阳双古堆 1 号木牍札记二则》，《齐鲁学刊》2002 年第 4 期。

② 胡平生：《阜阳双古堆汉简与〈孔子家语〉》，袁行霈：《国学研究》第七卷，北京大学出版社 2000 年版，第 529 页。

③ 何直刚：《〈儒家者言〉略说》，《文物》1981 年第 8 期。

一步证明《孔子家语》有着久远的渊源。据《孔子家语·孔序》① 记载，荀子曾把《孔子家语》带到秦国，可见它的传播范围也是相当可观。

阜阳汉墓有一块木牍，篇题甚简短，内容有"乐论""智（知）遇"等，学者认为它"与《荀子》等儒家学派有关"②，河北八角廊出土汉简《哀公问五义》也与荀学有关③，这些出土文献和《史记·吕不韦列传》"荀卿之徒，著书布天下"的记载相互印证，可知从战国中期到汉初，荀子一系的著作也曾广为流传。

马王堆汉墓、定州汉墓、阜阳汉墓中有不少儒家典籍出土，这些墓葬的下葬年代都在西汉前期，根据书籍的著作年代一定会早于下葬年代，可以肯定它们的成书不会晚于汉初。我们知道，古书的形成往往是一个长期的过程，而秦汉之际儒学发展缺少良好的外部环境，因此我们认为其中的典籍多成书于战国时期，有的甚至在战国时期广为流传。这些儒家典籍既是汉代的抄本，同时也是战国学术发展的孑遗，它们仅是当时流传典籍中很少的一部分，因此能从一个侧面反映战国时期儒学传播的面貌。

总之，春秋战国时期，由于史料的大量亡佚，此时儒学传播的详细情况，我们知之甚少。河北中山王墓、定州汉墓处于我国的北方，郭店简、上博简所属的楚墓与马王堆汉墓、阜阳汉墓处于我国的南方，这些墓葬的发掘使"儒家的影响所及实不出邹鲁及邻国的范围"的观点不攻自破，更为重要的是，它们不是孤立存在的，而是密切联系、相互印证的，它们不仅从空间上印证了早期儒学南起楚国、北到中山的广大传播区域，而且从时间上印证了春秋末期以来，早期儒学不断向北方、南方传播的面貌。

4. 对早期儒道关系的重新审视

在郭店简出土前后，学界对早期儒道关系的看法发生了根本性的转变：在郭店简出土前，学者一般认为早期儒、道两家势若水火，冰炭难容，此说的主要根据是司马迁的记载，《史记·老子韩非列传》说："世之学老子者则绌儒学，儒学亦绌老子，道不同不相为谋，岂谓是邪？"而

---

① 过去学者多怀疑《孔子家语·孔序》是伪序，现在学者已逐渐开始认识到它并非伪作。《荀子·儒效》中也有荀子入秦的记载。

② 阜阳汉简整理组：《阜阳汉简简介》，《文物》1983 年第 2 期。

③ 河北省文物研究所：《河北定县 40 号汉墓发掘简报》，《文物》1981 年第 8 期。

郭店楚墓中儒、道两家典籍并存，透露出早期儒、道两家和平共处、同源相济的信息，学者仔细对比，发现今本《老子》很多与儒家截然对立的内容，在郭店简《老子》中并不存在，因此不少学者主张应重新审视早期儒道关系。

今本《老子》说："绝圣弃智，民利百倍。绝仁弃义，民复孝慈。绝巧弃利，盗贼无有。"仁义是儒家的核心内容，今本《老子》反对仁义，与儒家针锋相对。但简本《老子》说："绝智弃卞（辨），民利百杯（倍）。绝欢（巧）弃利，舰（盗）侧（贼）亡又（有）。绝忨（伪）弃虑，民复季子（孝慈）。"今本《老子》"绝圣弃智""绝仁弃义"，在简本中作"绝智弃辨""绝伪弃虑"，简本《老子》中没有今本《老子》强烈反对仁义的倾向。

今本《老子》："大道废，有仁义；智慧出，有大伪；六亲不和，有孝慈；国家昏乱，有忠臣。"简本《老子》："大道废，安有仁义？六亲不和，安有孝慈？邦家昏乱，安有正臣？"在简本《老子》看来，仁义是大道，孝慈可以和睦六亲，正臣可以安定国家，与今本《老子》贬斥仁义、孝慈、忠臣明显不同。

《庄子·胠箧》说："彼窃钩者诛，窃国者为诸侯。诸侯之门而仁义存焉，则是非窃仁义圣知邪？"而郭店简《语丛四》却作："窃钩者诛，窃邦者侯，诸侯之门，义士所存。"可以看出，义士并非专指儒家，《庄子》将孔子列入所贬斥的"义士"之内，是对郭店简《语丛四》的语句有所改编。

除了对比简本与今本《老子》外，学者还将孔老关系、孟庄关系进行了对比。《史记·老子韩非列传》孔子说："吾今日见老子，其犹龙邪？"孔子对老子非常敬重。孟子与庄子大约同时，孟子以好辩著称，但《孟子》一书中从未斥责老子、庄子，于是学者得出结论：简本《老子》反儒倾向不明显，早期儒、道间的矛盾、冲突并没有我们想象的那样激烈和尖锐。①

---

①　参见许抗生《初读郭店竹简〈老子〉》，《中国哲学》第20辑，第99页；李存山：《从郭店楚简看早期道儒关系》，《中国哲学》第20辑，第188—189页。

那《史记·老子韩非列传》说"世之学老子者则绌儒学，儒学亦绌老子。道不同不相为谋，岂谓是邪"是怎么回事呢？学者解释说"世之学老子者"是指老子以后的道家传人，与老子无关，儒、道对立与紧张是从战国时开始的，儒道关系势同水火只是老庄后学形成的，儒道两家在早期互有涵化，兼容并包，从互相兼容到互相排斥经历了一个漫长的历史过程。①

在郭店简出土前，学者通常认为早期儒、道两家截然对立，势同水火，郭店简出土后，它所透露的儒、道两家早期一些和平共处的信息，使学者认识到儒、道两家发生激烈的冲突是战国中期以后的事情，而战国中期以前，儒、道同根互济，旨趣贯通，老子对儒家遵奉的圣、仁、礼、义、孝、慈等的态度是肯定的，早期儒道关系经历从和平相处到截然对立的演变过程。正是由于郭店简的出现，才使学界重新估定早期儒道关系，早期儒道关系史才得以重写。

七　简牍典籍与道家、数术研究

作为神龙见首不见尾的传奇人物，道家学派的创始人老子生平及著述向来谜团重重：老子生活在何时？孔子与他是否同时？孔子是否问礼于老子？《老子》书的作者是谁？它成书于何时？老聃、老莱子、太史儋是否是一人？自司马迁时代，人们对老聃、老莱子、太史儋之间的关系已经模糊不清了。唐代韩愈怀疑孔子问礼老子是道家后学编造的"怪说"，北宋陈师道否认孔、老同时，认为老子在关、杨之后，孟、荀之间。顾颉刚认为在《吕氏春秋》撰写时代，今本《老子》尚未成书。② 日本学者武内义雄认为《老子》书并非一人一时之作，而是老子后学荟萃各派所传老

---

① 周淑萍：《郭店楚简与先秦学术思想史研究》，《西北工业大学学报》（社会科学版）2004 年第 2 期。

② 顾颉刚：《从〈吕氏春秋〉推测〈老子〉之成书年代》，罗根泽编著《古史辨》（第四册），上海书店出版社 1933 年版，第 462—519 页。

聃之言，其成书年代孔、墨之后，思、孟之间。①

　　受疑古思潮影响，学界对老子的认识存在明显偏颇，而郭店简《老子》甲、乙、丙本形制不同，抄写的时间不同，章节之间的排序与今本、帛书本有些地方明显不同，对于研究先秦时期《老子》文本构成及传承关系具有重要的意义。郭店本《老子》与今本《老子》之间关系，美国学者罗浩基于达慕思大学讨论会上的意见，以系谱图的形式，把郭店《老子》与传世本《老子》之间的可能关系归纳为"辑选""来源""并行文本"三种模式。按照这三个模式，学者们的意见可分为三派，摘抄说以裘锡圭、王博、张岱年等为代表，王博认为，竹简《老子》是对当时已经存在的《老子》版本的摘抄，摘抄是按主题的不同来进行的，在战国时期已经有了和通行本规模差不多的《老子》版本。② 裘锡圭先生支持王博之说，他从反面举例，假设当时有多种"老子语录"在流传，很难想象后人在编纂《老子》时能一丝不漏地把多种"老子语录"的内容包括进去，而使得我们所见的竹简《老子》的内容全部见于今本。③

　　来源说以郭沂、日本学者池田知久等先生为代表，郭沂认为郭店简《老子》是一个原始的、完整的本子，为春秋时期老聃所作。④ 池田知久认为郭店《老子》是尚处形成阶段的《老子》古本，保存着古朴自然性，马王堆帛书本、诸通行本是以古文本为基础，加以修正整理之后形成的文本。⑤ 罗浩、谷中信一为"并行文本"说的代表，谷中信一认为《老子》五千言的文本当时还没有被汇编成册而成为一本书，而是被分成三个或更多的部分，作为文本通用。⑥

---

　　① 江侠庵编译：《先秦经籍考（中册）》，商务印书馆 1931 年版，第 210—319 页。

　　② 王博：《关于郭店楚墓竹简〈老子〉的结构与性质——兼论其与通行本〈老子〉的关系》，陈鼓应主编《道家文化研究》第 17 辑，第 149—166 页。

　　③ 裘锡圭：《郭店〈老子〉简初探》，陈鼓应主编《道家文化研究》第 17 辑，第 25—63 页。

　　④ 郭沂：《从郭店楚简〈老子〉看老子其人其书》，《哲学研究》1998 年第 7 期。

　　⑤ 池田知久：《尚处形成阶段的〈老子〉最古文本》，陈鼓应主编《道家文化研究》第 17 辑，生活·读书·新知三联书店 1999 年版，第 167—181 页。

　　⑥ 谷中信一：《从郭店〈老子〉看今本〈老子〉的完成》，武汉大学中国传统文化研究中心编《郭店楚简国际学术研讨会论文集》，湖北人民出版社 2000 年版，第 436—444 页。

关于《老子》的成书年代，学界有春秋末年、战国早期、战国晚期、秦汉之际、西汉初年等不同说法，郭店简《老子》是我们迄今见到的最早的版本，郭店楚墓的下葬年代在战国中期，古书的著作年代要早于下葬年代，因此《老子》书在战国中期以前已经在社会上广为流传了，以往学界把《老子》成书定位于战国晚期、秦汉之际、西汉初年的说法皆不能成立。

内容 篇目	战国中期以前古书称引《老子》内容	《老子》	郭店本 《老子》
《说苑·敬慎》	叔向曰："老聃有言曰：'天下之至柔，驰骋乎天下之至坚。'又曰：'人之生也柔弱，其死也刚强。万物草木其生也柔脆，其死也枯槁。'"	今本《老子》第 43 章和 76 章。	简本无
《太平御览·兵部》	墨子曰："故老子曰：'道冲而用之，有弗盈也。'"	见于今本《老子》第 4 章。	简本无
《战国策·魏策一》	魏武侯曰："故老子曰：圣人无积，尽以为人已愈有，既以与人已愈多。"	见于今本《老子》第 81 章。	简本无
《战国策·齐策四》	颜斶曰："老子曰：虽贵必以贱为本，虽高必以下为基，是以侯王称孤寡不谷，是其贱之本与。"	见于今本《老子》第 39 章。	简本无

从上表看，叔向、墨子、魏武侯、颜斶生活在春秋中期至战国初期，叔向是晋国人，墨子是鲁国人，魏武侯是魏国人，颜斶是齐国人，所处的国家并不相同，生活年代皆远早于郭店简《老子》的下葬年代，他们称引老子之语皆不见于郭店简《老子》，而见于今本《老子》，证明郭店本《老子》是对世传老子语的摘录。古书分合无定，全篇与摘录往往并行，"辑选""来源""并行文本"三种模式以简本《老子》与今本的比较为中心，基本囊括了郭店《老子》与传世本《老子》之间的可能关系，在凸显出土文献不确定性的同时，却忽视了传世文献对《老子》书的征引与记载。

《史记·老子韩非列传》云："（老子）至关，关令尹喜曰：'子将隐矣，强为我著书。'于是老子乃著书上下篇，言道德之意五千余言。"司马迁说《老子》为老子一人一时所著，当时已有五千字之多，且分上、下篇。孙次舟说《论语》《墨子》《孟子》皆不论及老子，至《庄子》时忽然出现，《史记·老子韩非列传》所记不可信，老子本无其人，出于庄周之徒捏造。① 简本《老子》出土后，《老子》书与老子之间的关系成为学者讨论的热点。郭沂注意到简本《老子》与传世文献记载老聃思想的相似之处，简本《老子》说"果而弗骄"，"绝巧弃利，视素保朴，少私寡欲"，"罪莫厚乎淫欲，咎莫憯乎欲得，祸莫大乎不知足"。《史记·老子韩非列传》老子劝孔子说："去子之骄气与多欲，态色与淫志，是皆无益于子之身。"简本《老子》："大成若缺，其用不敝；大盈若盅，其用不穷。大巧若拙，大成若拙，大直若屈。"《史记·老子韩非列传》老子说："君子得其时则驾，不得其时则蓬累而行。"他由简本《老子》和今本的多处相似，推论简本《老子》出自老聃，今本《老子》出自太史儋。②

对于《老子》书为老子一人一时所著，聂中庆持反对意见，他说古人著书无作者、无篇名，单篇别行，其书多为门人弟子或后人编辑而成。司马迁谓老子为关令尹喜著书上、下篇，显然与古书撰写体例不符。司马迁见到的《老子》和马王堆帛书《老子》相似，而司马迁实不知《老子》分上、下篇是战国中期以后的事。③ 由于相关历史信息的缺失，单靠简本《老子》与《史记·老子韩非列传》老子思想的几点相似就推论简本出于老聃的说法，并不可信。根据目前出土古书的一般规律看，《老子》一书可能经过了老聃、老莱子、太史儋等长时期才写定，老子其人也不仅是老聃一人，而是一个创作集体，是《老子》一书作者的代称。④

楚简《太一生水》抄写于郭店简《老子》丙组之后，是一篇久已亡佚的哲学文献。国内外学者的研究集中在以下几点：《太一生水》的学派属性；对太一、神明等哲学术语的考释；《太一生水》宇宙生成图论的考察。多数学者把《太一生水》归入道家文献，但对具体作者的认识存在

---

① 孙次舟：《跋古史辨第四册并论老子之有无》，罗根泽编著《古史辨》第六册，上海古籍出版社 1982 年版，第 74—101 页。

② 郭沂：《从郭店楚简〈老子〉看老子其人其书》，《哲学研究》1998 年第 7 期。

③ 聂中庆：《郭店楚简〈老子〉研究》，复旦大学 2003 年博士学位论文，第 13 页。

④ 晁福林：《论老子思想的历史发展》，《孔子研究》2002 年第 1 期。

明显差异。李学勤先生说《老子》不少地方讲"一",却不见"太一",《老子》推崇水,但并不曾有"太一藏于水"的观点,因此只能理解为《老子》之后的一种发展。他引用《庄子·天下》篇"关尹、老聃闻其风而悦之,建之以常无有,主之以太一",指出《太一生水》出自关尹一派①。黄钊认为,《太一生水》是"太一"通过"水"生成万物,其中包含"水"生万物之意,与《管子·水地》"水为万物之本源"的说法相吻合,因此《太一生水》可能是稷下道家的遗著。②

罗炽说道家文献《庄子》以前既不见"太一",儒家文献从《论语》到《孟子》也不见"太一",神明作为单个概念,出现于战国晚期,四时、岁、沧热、湿燥、盈缺等词语多见于稷下黄老之学的文献,因此《太一生水》是战国中后期楚国黄老道家的作品。③ 谭宝刚从郭店楚简道家著作的竹简形制、语法句式、内在关联性来论证《太一生水》是竹简《老子》不可分割的组成部分,推测《太一生水》是道家始祖老聃的遗著。④

《太一生水》竹简的形制、字体和《老子》丙组相同,思想倾向接近于道家之学,目前多数学者认为《太一生水》为道家著作,对于《太一生水》为阴阳家⑤、儒家⑥、稷下学者⑦等不同说法,并未得到学者的公认。太一、神明、反辅等重要术语不见于《老子》,《太一生水》反辅生成模式和《老子》第42章道生万物的宇宙论存在明显的差异,因此《太一生水》不可能是老聃的著作,应为《老子》之后道家后学所作。在道家之内,具体是关尹、黄老道家,文献阙如,是很难确定的。古书多不题作者,单靠思想上某些相似很难推知出《太一生水》的具体作者,得出

① 李学勤:《荆门郭店楚简所见关尹遗说》,《中国文物报》1998年4月29日。

② 黄钊:《竹简〈老子〉应为稷下道家传本的摘抄本》,《中州学刊》2000年第1期。

③ 罗炽:《〈太一生水〉辨》,《湖北大学学报》(哲学社会科学版),2004年第6期。

④ 谭宝刚:《〈太一生水〉乃老聃遗著》,荆门郭店楚简研究中心编《古墓新知》,(香港)国际炎黄文化出版社2003年版,第222—236页;《再论〈太一生水〉乃老聃遗著》,《徐州师范大学学报》(哲社版)2004年第4期。

⑤ 萧汉明:《〈太一生水〉的宇宙论与学派属性》,《学术月刊》2001年第12期。

⑥ 周凤五:《郭店竹简的形式特征及其分类意义》,武汉大学中国传统文化研究中心编《郭店楚简国际学术研讨会论文集》,2000年版,第53页。

⑦ 赵建伟:《郭店楚墓竹简〈太一生水〉疏证》,陈鼓应主编《道家文化研究》第17辑,生活·读书·新知三联书店1999年版,第380—392页。

的结论往往难以令人信服，因此在今后的研究中如果没有坚强的文献证据，应淡化对《太一生水》具体作者的考察。

《太一生水》在阐发宇宙生成时提出了一系列哲学概念，引起了学者热烈的讨论。庞朴把"太一"解释为"最最开始"，郭沂主张"太一"为宇宙终极创生者，李泽厚怀疑"太一"很可能是上古先民将巫术仪典中感受到却难以言说的巨大神秘力量。[①] 邢文认为《太一生水》"神明"是指神祇，许抗生则认为是精气，王博说"神明"应解释为日月，李剑虹坚持"神明"解释为精气和日月星辰。"太一"与《老子》的道最为接近，《太一生水》说"神明复相辅也，是以成阴阳"，"神明"是互相关联的两个事物，与阴阳的产生紧密相关。天地、阴阳、冷热、燥湿都是性质相反的自然界中的具体事物，因此我们觉得"神明"解释为日月最为妥当。

中国古代常见的宇宙生成论有两种，一是《老子》说"道生一，一生二，二生三，三生万物"，二是《周易·系辞》说"易有太极，是生两仪，两仪生四象"，两种理论都是次第生成的模式，都不是"反辅"化生。《太一生水》"太一"化生成水，受水反辅，并不见于先秦两汉文献，其宇宙生成论最为引人注目。庞朴说"反辅之说"是《太一生水》宇宙论的最大特色，认为《太一生水》中"太一"和"水"的关系，不是形影关系，而是具有反辅功能的母子关系，"太一"是绝对的，是普遍的，水是相对的，是个别的，绝对寓于相对之中。[②] 魏启鹏说《太一生水》之"水"乃太虚之水，天地之包幕，太一之津液，为由无而有的过渡准备了环境和条件。[③] 先秦哲学多以气作为万物化生的运动形式，《太一生水》以水为媒介讲述宇宙生成，对水的推崇与《老子》同，太一生水又藏于水的宇宙生成路径，是对古代"尚气"理论的丰富与发展。

上博三《恒先》13 支简，竹简完整，很少残断，是一篇重要的道家

---

① 李泽厚：《初读郭店竹简印象纪要》，陈鼓应主编《道家文化研究》第 17 辑，生活·读书·新知三联书店 1999 年版。

② 庞朴：《〈太一生水〉说》，姜广辉主编《中国哲学》第 21 辑，辽宁教育出版社 2000 年版，第 189—197 页。

③ 魏启鹏：《〈太一生水〉札记》，《中国哲学史》2000 年第 1 期。

文献。对《恒先》的研究集中在四个方面：竹简的编联；文字的释读；文句断读；对道家义理的阐发。竹简的编联方案主要有：庞朴：1—2—3—4—8—9—5—6—7—10—11—12—13；

顾史考：1—2—4—3—5—6—7—8—9—10—11—12—13；

曹峰：1—2—3—4—5—6—7—10—8—9—11—12—13；

夏德安：1—2—3—4—5—6—7—10—11—8—9—12—13。

目前学界支持庞朴意见的较多，但其编联并非定论，究其原因在于《恒先》有些文字不易释读，句读歧义纷呈，且为道家讲宇宙生成的文献，文意古奥，缺少明显的编联线索。试举句读方面歧义、文意古奥的几例：《恒先》说"恒先无有朴静虚"，整理者作"恒先，无有，朴、静、虚"，王志平读作"恒，先无有，朴、静、虚"，廖名春读作"恒、先无有，朴、静、虚"，浅野裕一、赵建功断读为"恒先无，有朴、静、虚"，丁原植作"恒、先、无有：朴静虚"。说法有六七种之多，不好论定谁是谁非。《恒先》说"自厌不自忍"，李零解作"本体之道自我满足但不压抑自己"，李学勤先生解释说道虽自足但不自满，裘锡圭说"自足"和"不自满"是矛盾的，"不自忍"保持道体虚无的状态。道体不自满还好理解，但我们始终不明白道体为何要不压抑、不自满？

最不好理解的例子是《恒先》说"异生异，畏生畏，韦生韦，非生非，哀生哀"，李零把异（恭敬）、畏（畏惧）、韦（恨）、悲、哀解释为人的不同情感，李学勤先生认为"韦生非，非生韦"有倒文，王中江读为"异生异""蒐生蒐""茟生茟""菲生菲"和"葳生葳"，认为是"以类相生"。难以理解的是道体本为自然而生，为何具有人的情感？这种类似人类情感的转变与宇宙生成有何关联？

《恒先》为道家文献，讲宇宙生成，却未使用"道"的概念，李学勤、廖名春、庞朴等认为"恒先"即为"道"的另一种表达方式。王中江指出，在《道原》篇中道则是根本性概念，《恒先》另立一新名来指称宇宙的根源恐怕是有意识地回避道，以"恒先"为"道"反而遮蔽了《恒先》宇宙观的个性。[①] 郭梨华说《太一生水》和《恒先》都不是以

---

① 王中江：《〈恒先〉的宇宙观及人间观的构造》，《文史哲》2008 年第 2 期。

"道"而是分别以"太一"和"恒先"作为各自宇宙生成的根源,这与《庄子》《管子》《黄帝四经》《文子》和《淮南子》等都以"道"为宇宙生成的根源或哲学的最基本概念形成了明显的对比。①"太一"与"恒先"具有老子之道为天地万物之先、生万物而不自有的诸多特征,但其名称的不同或许正可印证老庄之间道学理论发展的多样形态。

气论是《恒先》宇宙生成的重要方式,《恒先》说:"恒气之生,不独有与也。"但学者对恒与气之间的关系存在明显不同的解读。李零说"恒气"是"终极的气",庞朴解读为"本原之气",廖名春将"恒"和"气"分作两个概念,李锐读"生"为"性",认为"恒乃气之性",曹峰以为是"恒气"所生成之物。《恒先》说:"气是自生,恒莫生气。气是自生、自作……浊气生地,清气生天。气信神哉,云云相生。"《恒先》宇宙生成的链环是恒先—域—气—天地—万物,《恒先》强调的是"先"是最初、最原始的先,气是恒先自然而生的,因此气应指最原始、最初的气,也即清气、浊气的母体,庞朴、李零的解释最为得之。

由于文献记载阙如,老子后学的传承谱系难以系连,相关道家文献的作者更是无法准确查证,老庄之间道学传承的脉络一直是黯然不明。出土的道家文献有明确的时间下限,从郭店楚简《太一生水》到上博简《恒先》《彭祖》、帛书《黄帝四经》、汉简《文子》,先秦时期道家丰富的理论形态得到充分的展现。郭店简《老子》(甲、乙、丙)、帛书《老子》、敦煌本《老子》、王弼注《老子》,传世文献中极少有像《老子》一样不同时期的文本形态如此齐备,这为《老子》文本的校勘及演变规律研究注入了无限的生机与活力。在今后的道家研究中,有两个极为重要的方向,一是老庄之间道家理论形态的多样性研究,二是不同时期《老子》文本的比较研究,它们很可能是21世纪道学研究中最为浓墨重彩的一笔。②

数术作为预测吉凶、占卜未来的知命之术,其发源可上溯至春秋以

---

① 郭梨华:《〈亘先〉及战国道家哲学论题探究》,《中国哲学史》2008年第2期。

② 本节相关研究成果参见曹峰《〈恒先〉研究综述——兼论〈恒先〉今后研究的方法》,《中国哲学史》2008年第4期。

前。《左传》僖公十五年说："龟，象也；筮，数也。"西周以来，筮法兴起，数术之学随之兴起。《淮南子·人间训》说："见本而知末，观指而睹归，执一而应万，握要而治详，谓之术。""数术"即以阴阳之数占卜吉凶悔吝的神仙方术。《汉书·艺文志》著录的数术书有190家，2582卷，这些著作早已亡佚殆尽，今天我们看到出土简牍中的数术书主要是日书。目前简牍日书发现二十余批，已经发表的日书有七批，分别是九店楚简《日书》、放马滩秦简《日书》、睡虎地秦简《日书》、周家台秦简《日书》、孔家坡汉简《日书》、香港中文大学文物馆藏汉简《日书》、磨嘴子汉简《日书》，为不同时期的日书比较研究提供了丰富的文献佐证。

目前日书的研究主要侧重三个方面：一是《日书》文字、句意的梳理；二是《日书》的数术研究；三是相关社会史、文化习俗的研究。战国秦汉时期《日书》面向的是广大民众，稍有文化知识的人很容易看懂。但近世以来西学东渐，数术之学作为封建迷信，受到打压，一些数术知识、专门术语，我们理解起来已经有些困难，因此对《日书》首先要做的是句意梳理。1989年《文物》第2期何双全《天水放马滩秦简综述》对放马滩《日书》作了简要介绍，同年12月《秦汉简牍论文集》刊布了放马滩《日书》甲种全部释文。施谢捷随即考证释文中"猴"当作"石"，"矣"当作"殴"，"尔"当作"再"，"擒"当作"牷"。[1] 刘信芳指出甲43、甲44简首"人月"当为"入月"之误。[2] 放马滩简乙种"五行"篇"火生寅，牡午者戌；金生巳，牡酉者丑；水生申，牡子者辰；木生亥，牡卯者未"句意费解，刘乐贤认为，释文中"牡"当作"壮"、"者"当作"老"，皆形近而误。[3] 其说法为后出的孔家坡汉简日书所证实。王子今《睡虎地秦简日书甲种疏证》、刘乐贤《睡虎地秦简日书研究》、吴小强《秦简日书集释》均涉及日书文字校释研究。

禹步是巫者仿效大禹行走姿势而创作的巫术形式，胡文辉《马王堆

---

① 施谢捷：《简帛文字考释札记》，李学勤等主编《简帛研究》第3辑，广西教育出版社1998年版，第168—179页。

② 刘信芳：《〈天水放马滩秦简综述〉质疑》，《文物》1990年第9期。

③ 刘乐贤：《睡虎地秦简日书研究》，（台北）文津出版社1994年版，第349页。

〈太一出行图〉与秦简〈日书·出邦门〉》对以"禹步"为中心的出行巫术进行了考察。① 吕亚虎对除道、行途驱邪、行宿卫身等分析后认为，这些巫术反映了人类在与大自然的抗衡中充满智慧和想象力的一面。② 日本学者工藤元男指出道教中的"禹步""禹符"等法术和咒符实际上都是从日书中的一些巫术发展而来的，因此日书在原始道教形成的过程中具有特殊重要的意义。③ 孙占宇认为，简帛日书所见"禹步"主要用以出行厌禳、禁避盗贼、驱鬼祛病、养生导引、祭祀先农等方面，还没有发展成为一种独立的巫术形式。"反支"是在方位上互相"对冲"的六对地支，"反支日"禁忌以"相反"为主要特征，一月之内当有五个反支日，择吉"太岁"逆时针运行于四仲之间，每年轮回三圈，主要用以选择移徙和修造方位，与纪年"太岁"名同而实异。④

刘钊对睡虎地秦简日书《诘咎》篇中出现的二十多种鬼名进行考证，主张应分为两类：一类是以人形或类似人形面目出现的鬼，一类是以自然界的生物或自然现象面目出现的妖怪。⑤ 刘信芳指出驱鬼术是古人在自然灾异及社会黑恶势力面前苦苦挣扎的产物，是人们寻求精神慰藉的主要手段。⑥ 吴小强说普通秦人按照"人死为鬼"的思维逻辑来理解和解释鬼神的存在，鬼神不过是人在另一个世界的化身。⑦ 林剑鸣认为《日书》中秦人存在多神崇拜的现象，尚未达到东方各诸侯国天帝崇拜与道德修养合二为一的精神境界。⑧

台湾学者蒲慕州《睡虎地秦简〈日书〉的世界》、贺润坤《云梦秦简〈日书〉所反映秦人的衣食状况》对秦汉时期普通民众的日常服饰和饮食

---

① 胡文辉：《马王堆〈太一出行图〉与秦简〈日书·出邦门〉》，《江汉考古》1997 年第 3 期。

② 吕亚虎：《出土简帛资料所见出行巫术浅析》，《江汉论坛》2007 年第 11 期。

③ 工藤元男：《云梦睡虎地秦墓竹简〈日书〉和道教的习俗》，《东方宗教》第 76 号，1990 年版。

④ 孙占宇：《简帛日书所见早期数术考述》，《湖南大学学报》2011 年第 2 期。

⑤ 刘钊：《秦简中的鬼怪》，《中国典籍与文化》1997 年第 3 期。

⑥ 刘信芳：《〈日书〉驱鬼术发微》，《文博》1996 年第 4 期。

⑦ 吴小强：《论秦人宗教思维特征——云梦秦简〈日书〉的宗教学研究》，《江汉考古》1992 年第 1 期。

⑧ 林剑鸣：《从秦人价值观看秦文化的特点》，《历史研究》1987 年第 3 期。

结构进行了梳理。① 晏昌贵借助日书对楚秦民居及其附属建筑的布局、内部结构等进行了复原,房屋的主体建筑为"宇",房屋内部有"大宫""小宫""大内""小内",屋外有"庑""圈""困""池""水渎"等建筑。② 刘金华认为楚人对建筑的设计与布局,已超越了"住"的基本需求,楚地民居中"窖""水渎""垣""弼堂""廪""祭室"等多种辅助设施的出现表明当时民用建筑功能已趋向多元化。③

　　王子今对秦、楚两地的出行禁忌进行比较,指出秦人行忌较楚人宽松,出行活动较为频繁;楚人水路行忌少于陆路行忌,反映出楚地水运重于陆运。车辆作为重要陆路交通工具,在秦楚民间已相当普及,当时人们的出行活动带有明显的物质利益驱动。④ 吴小强认为,秦代中下层社会婚姻观念,明显折射出一夫一妻家庭特征,嫁娶生子必须选择良日,回避忌日,趋吉避凶,是秦人婚姻家庭生活最显著的观念。日书所反映的妇女观主要有悍、多舌、妒、不宁、贫、病、不媚、绝后,但没有西周宗法制度妇女"七去"罪名中的"不顺父母""淫""窃盗"。⑤ 赵浴沛指出,秦代社会家庭制度以一夫一妻制的单婚制为主,也存在一夫多妻的复婚制。⑥ 宁江英注意到日书秦代大量存在三世或者四世同堂的现象,说明商鞅变法期间用强制手法要求父子异居的政策到秦后期已经松弛,甚至废弃不用⑦。高兵从家庭伦理道德切入,发现秦代民间男子希望与富家女联姻,民间女子则希望为"邦君妻",秦代婚姻对妻子的要求中没有"七出之

---

　　① 蒲慕州:《睡虎地秦简〈日书〉的世界》,《"中央研究院"历史语言研究所集刊》第62本第4分册,1993年;贺润坤:《云梦秦简〈日书〉所反映秦人的衣食状况》,《江汉考古》1996年第4期。

　　② 晏昌贵:《楚秦〈日书〉所见的居住习俗》,《民俗研究》2002年第2期。

　　③ 刘金华:《〈日书·相宅〉辨析》,《史学月刊》2009年第11期。

　　④ 王子今:《睡虎地秦简〈日书〉秦楚行忌比较》,《秦文化论丛》第2辑,西北大学出版社1993年版;《云梦睡虎地秦简〈日书〉所反映的秦楚交通状况》,台湾《国际简牍学会会刊》第1号,1993年。

　　⑤ 吴小强:《试论秦人婚姻家庭生育观念》,《中国史研究》1989年第3期;《〈日书〉与秦社会风俗》,《文博》1990年第2期。

　　⑥ 赵浴沛:《睡虎地秦墓简牍所见秦社会婚姻家庭诸问题》,《中国社会经济史研究》2003年第4期。

　　⑦ 宁江英:《秦及汉初家庭结构研究》,《西安财经学院学报》2009年第4期。

罪"等伦理道德方面的内容。①

传统史学以帝王将相为中心，关注王朝治乱兴衰治国经验的总结，而对社会基层民众生活及宗教信仰注意偏少。虽然日书中数术神秘主义不可尽信，但它作为特定历史阶段民众信仰的产物，为我们研究当时社会文化习俗、思想变迁、经济交通等方方面面，提供了重要的佐证，可以说，作为研究战国秦汉社会的基本素材，不管从哪个视角切入，日书都是我们研究当时社会史的重要宝库。

八　简牍典籍与先秦、秦汉学术史的重建

顾炎武指出，周贞定王二年（公元前467年）至周显王三十五年（公元前334年），凡一百三十三年间，"史籍阙轶，考古者谓之茫昧"（《日知录》卷十三《周末风俗》）。造成这一学术困境的原因：一是当时统治者对古书的人为破坏；二是对古书成书年代的人为后置，使战国学术史后置为秦汉学术史。前者的破坏是无法弥补的，而后者的影响是可以挽回的，大量简牍典籍的出土不仅扩充了古书的内涵，而且作为断代标尺，使一大批古书的成书年代得以重现确立，在学术史上确立了若干可以贯穿起来的坐标点，因此将某一类型的古书（包括简帛本），如易学、诗学等，按照时间先后排列起来研究，就能大体上重现构建学术史的发展链环，重写早期学术史的新篇章。

大量简帛典籍的出土，直接影响是使学术史的重写成为可能。简牍典籍所处的时代主要在战国、秦汉时期，虽只处于学术史的前段，但前段与后段源流相连，是一个整体，如阜阳汉简证明《孔子家语》并非伪书，而有清之际盛行一时的王肃伪造说自然得以平息，因此对简牍时代学术史的考察，是整个学术史重写的前提和基点。

《周易》是一部古老的典籍，从汉代开始，被尊为五经之首，六经之

---

① 高兵：《从〈睡虎地秦简〉看秦国的婚姻伦理观念》，《烟台师范学院学报》2005年第4期。

中,《史记》对易学传承的记载最为详尽,上博简《周易》、王家台秦简
《归藏》、马王堆帛书《周易》经传、阜阳《周易》及楚简中"卜筮祭祷
简"的出土,使易学研究的空间得以大大拓展,通过文本比勘,可使久
思无解的经文获得新知。上博简《周易》有经无传,证明了易学中的
"九六"之称,在先秦已经存在。夏有《连山》,商有《归藏》,西周有
《周易》,王家台秦简《归藏》的出土,证明了辑本《归藏》的可信。马
王堆帛书卦序与今本《周易》不同,卦名"钦""林"与《归藏》有关,
但帛书《系辞》却与今本相近,呈现出《归藏》与《周易》复杂交融的
状态,因此将不同时期的易学著作重新排队,考释《周易》经传的文本
内涵,梳理《归藏》《周易》传流脉络,就成为易学研究中一项非常紧迫
的任务。

汉代诗学以毛、鲁、齐、韩四家最为有名,但出土简牍却与四家诗学
并不相同。阜阳汉简《诗经》多通假字、假借字,与《毛诗》不是一个
系统,也不是鲁、齐、韩三家《诗》中的任何一家,可能是流传于楚地
的诗学流派。《汉书·艺文志》说:"《诗》凡六家,四百一十六卷。"
《汉书·儒林传》又提到"《鲁诗》有韦氏学""《齐诗》有翼、匡、师、
伏之学""《韩诗》有王、食、长孙之学",阜阳汉简《诗经》的出土使
我们看到了汉代诗学蔚为大观的兴盛面貌。郭店简的出土,只是让我们看
到了《缁衣》《五行》等篇中引《诗》、论《诗》的部分章句,而上博简
《诗论》作为目前所见中国最早的诗学理论著作,它的出土把《诗经》学
研究推向了一个前所未有的高潮。

阜阳汉简《诗经》中有"后妃献""风(讽)君"等3片残简,整
理者认为应是阜阳汉简《诗经》的《诗序》残文,《毛诗序》的成书年
代有战国、汉代、三国等不同说法,阜阳《诗经》的下限是汉文帝十五
年,这为解决《毛诗序》的学术公案提供了重要的文献佐证。汉代解诗,
大都是从政治方面阐发《诗经》的道德教化作用,而上博简《诗论》中
孔子首先对《诗经》作整体论说,再依次对邦风、大夏(雅)、小夏
(雅)各篇思想内容、特点逐一解说,并无《毛诗》的政治教化色彩,因
此我们将上博简《诗论》、阜阳汉简《诗经》残本、《毛诗》及《孔丛
子》中孔子论诗结合起来,考释今本《诗经》文句的本义,就会大大丰

富我们对早期儒家论《诗》传《诗》的认识，廓清早期诗学传播的脉络，推动和深化当前的《诗经》研究。

先秦儒学的三大坐标为孔、孟、荀，虽然彼此的思想框架基本相同，但从孔子到孟子，从孟子到荀子，儒学却有很大发展变化，其间的变化轨迹，特别是孔孟之间的一百七十多年，由于资料缺乏，一直晦暗不清。按《先秦诸子系年》，我们将孔孟之间重要谱系人物的生卒年代排列如下①：

孔子公元前 551—前 479 年；

曾子约公元前 505—前 436 年；

子思约公元前 483—前 402 年；

子上约公元前 429—前 383 年；

孟子约公元前 390—前 305 年。

孔子殁后，儒学继续向前发展，曾子、子夏、子游等为第一代，子思为第二代，子上为第三代，孟子为第四代，孔孟之间大体上可以分为三代。郭店儒简出土于湖北荆州市郭店 1 号楚墓，考古学界利用类型学的方法，推定此墓的下葬年代为公元前 4 世纪末，即不晚于公元前 300 年，郭店儒简中有《五行》《鲁穆公问子思》《缁衣》等明确可以肯定属于子思学派，郭店儒简除《语丛》外的其他篇章，反映的是孔孟之间子思及其弟子生活时代的思想世界，代表了当时儒家心性之学所达到的水平与高度。

我们知道，孔孟之间长达一百七十多年，只靠郭店简"一个驿站"并不能填平孔孟之间的思想"沟壑"，上博简《内礼》的出土，证明前人关于《曾子》十篇晚出的种种怀疑均不能成立，《曾子》十篇的成书时间和曾子及其二、三代弟子的生活年代相当，因此我们将《曾子》十篇与郭店简串联起来，就能进一步把孔孟之间的研究推向深入。

孔子去世后，曾子成为早期儒家学说的主要传播者，《韩非子·显学》篇云："自孔子之死也，有子张之儒，有子思之儒，有颜氏之儒，有孟氏之儒，有漆雕氏之儒，有仲良氏之儒，有孙氏之儒，有乐正氏之儒。"儒家八派中有四派与曾子有密切关联（李学勤先生语），因此《曾

---

① 钱穆：《先秦诸子系年》，上海书店出版社 1992 年版，第 47—48 页。

子》十篇和郭店儒简同处孔孟之间，是先后相承的两个学术枢纽，把握了《曾子》十篇与郭店简的内容关联，实际就是把握了孔孟之间思想演变的主线。

《荀子·非十二子》指责子思、孟轲"案往旧造说，谓之五行"，杨注："五行：五常，仁义礼智信是也。"荀子也是儒家，笃信仁义，没有批判仁义礼智信的理由，因此近人多不信杨说。也有学者怀疑为金木水火土五行，但却在思孟著作中找不到踪迹，以致思孟"五行"竟成为学界千年不解之谜。简帛本《五行》的出土，始知思孟"五行"乃是指"仁、义、礼、智、圣"五种德行，而非"木、火、土、金、水"阴阳五行，五行之谜涣然冰释，为研究由子思五行到孟子四行的哲理提升提供了坚实的文献学证据。

朱熹对《大学》格物致知的解释是："致，推极也。知，犹识也。推极吾之知识，欲其所知无不尽也。格，至也。物，犹事也。穷至事物之理，欲其极处无不到也。"（《四书章句集注》）朱熹训格为至，认为自己必须切近外物才能穷尽事物之理，训致为推极，训知为识，今日格一事，明日格一事，今日穷一理，明日穷一理，日积月累，瞬间自会豁然开朗，穷尽万物之理。王阳明青年时代，为求得圣人之道，依朱子"致物穷理"之说，去亭前格竹子之理，到七日，"劳思致疾"，遂叹曰"圣贤是做不得的"。[1]

《性自命出》和《大学》同处孔孟之间，内容上有很多相似之处，我们结合《性自命出》对《大学》"格物致知"章进行新的诠释。《性自命出》说"凡见者之谓物"，"格"应按照郑玄注，训为来，"物格"就是物或事出现。《性自命出》的"性"是会意字，从生从目，性生而具有视物的能力，"致知"的意思是外物出现就会被人发现，被性感知。[2] 这里的关键是对诚意的理解，明白了诚分为圣人之诚和人之诚两种。在哲理上，人可以通过圣人上达天道，实现天人贯通。在实际生活中，人能在圣

---

① 王阳明：《传习录》下，《王阳明全集》，上海古籍出版社 1992 年版，第 120 页。

② 《荀子·解蔽》曰："凡以知，人之性也。可以知，物之理也。"可知到荀子时期，格物致知的说法仍在沿用。

人《诗》《书》《礼》《乐》经典中感悟到成贤成圣的真理，不会再犯王阳明"格竹子"的错误了。

郭店儒简的出土，使孔孟之间一时成为学术的热点，但不要忘记，出土文献是使整个早期儒学浮出水面，荀子的性恶论与郭店简《性自命出》"好恶，性也"有一定关联，荀子的天人相分理论可以在郭店简《穷达以时》中找到渊源，荀子对思孟的批判可以在郭店简《五行》中找到支点，睡虎地秦简《为吏之道》中的韵文八首格式、用韵都与《荀子·成相》篇非常相似，证明《荀子·成相》篇与民间文学有着密切的关联，可以说郭店简的出现，不仅孔孟之间，而且孔荀之间，也不再遥远。

《老子》以道作为自己的哲学本体，不少地方讲"一"，却不讲"太一"，不以太一作为自己的学说本体。《老子》说"上善若水"，推崇水之德，却从不以水作为化生万物的载体，也不讲"太一藏于水"。《太一生水》以太一为本体，以水、天地、阴阳、四时等的相辅相成作为宇宙生成的途径，描绘了宇宙从无到有的创生过程，战国道家宇宙生成论重视气化学说，《太一生水》的问世，使我们得知在"尚气"理论外，还有一个尚水的理论体系。① 作为重要的道家佚文，《太一生水》宇宙生成模式与《老子》的理路迥异，也不见于其他传世文献，因此在中国哲学史上占有重要的地位。与《太一生水》"水生"不同，《亘先》重"气化"，以亘先为人事名言建构的最初，不强调母子关系，重视宇宙演进先后。《太一生水》与《亘先》反映了战国时期道家的宇宙生成理论上的复杂性与多样性。

郭店简《老子》没有反儒倾向，到马王堆帛书《老子》反儒倾向的强化，因此老学自身的演变就很值得探究。郭店简《老子》的出土，证明《老子》成书在《庄子》之前，李学勤先生《孔孟与老庄之间》指出《亘先》的一串术语"大全"见《田子方》，"太清"见《天运》，"太虚"见《知北游》，因此《亘先》可以看作《老子》到庄学的桥梁。

马王堆帛书的问世，使我们看到了黄老之学的真实面貌，黄老学

① 陈鼓应：《太一生水与性自命出发微》，《东方文化》1999 年第 5 期。

派将老子与黄帝之学结合起来，其在政治上的有为与庄子一派迥然有别，并在汉初政治舞台上产生了巨大影响，因此黄老之学的形成与发展是战国时期道家思想的重要转变。楚简《太一生水》《亘先》《三德》为早期道家思想的研究提供了更为丰富的材料，而《慎子》《鹖冠子》《尹文子》《文子》等文献本来面目的重现，使早期道学史也面临重写的问题。

《史记》记载庞涓兵败，自杀于马陵，《孙膑兵法·禽庞涓》记载孙膑擒庞涓于桂陵，为考证庞涓的军事经历提供了新的文献依据。银雀山汉简的出土，使吴《孙子》、齐《孙子》《尉缭子》及《六韬》等书的本来面貌得以恢复。战国时期，车战已逐渐退出军事舞台，而上博简《曹沫之阵》仍以车战为主，且主要人物是曹刿与鲁庄公，因此上博简《曹沫之阵》实际是反映了春秋早期兵法谋略，而《孙子兵法》为春秋末期，《孙膑兵法》《尉缭子》为战国时期，张家山汉简《盖庐》为亡佚已久的兵阴阳家的著作，《六韬》的成书时间则相对晚些，因此将不同时期的兵学文献联系起来，就为研究先秦、秦汉时期兵家军事思想及战略、战术的转变开辟了新的境界。

过去我们把关注的重点放在精英阶层文化，即《汉书·艺文志》中前三类——六艺、诸子、诗赋，而忽略后三类——兵书、术数、方技。出土简牍、帛书文献却有相当大的部分恰恰是"兵书""术数""方技"，天象星占、择日龟筮、医方养生、兵家阴阳的知识在古代随葬文献中的数量，表明它在实际生活中占了很大的分量，也常常是古代思想的背景；比如占卜中所依据很大的分量，也常常是古代思想的背景：比如占卜中所依据的阴阳五行的技术操作方法，与古代中国人对大宇宙和小宇宙的观念有关；医药学中的很多知识，也与古代中国人的感觉体验有关；而天象地理之学，更是古代中国思想合理性的基本依据。可以说，考古发现的大量术数、方技类简帛文献，促进了对于中国古代一般知识与思想世界的认识，也改变了思想史的注意焦点。①

---

① 葛兆光：《七世纪前中国的知识、思想与信仰世界》，《中国思想史》第一卷"导论"《思想史的写法》，复旦大学出版社 1998 年版，第 35 页。

大、小传统是美国人类学家雷斐德（Robert Redfield）1956 年首先提出的概念，他在《乡民社会与文化》（*Peasant Society and Culture*）一书中说，"大传统"（great tradition）是指社会上层的士绅、知识分子所代表的文化，是由思想家、宗教家反省深思所产生的精英文化，即"雅文化"，而"小传统"（little tradition）则是指一般社会大众，特别是乡民或俗民所代表的生活文化，也称"俗文化"。相互依存而相互影响，是大小传统的基本规律。我们这里借用雷斐德的概念，所谓"大传统"是指《汉书·艺文志》中前四类——六艺、诸子、诗赋、兵书，即流行于社会上层的经典文化。所谓"小传统"是指《汉志》的后两类——术数、方技。所谓"小传统"是指流行于社会下层的民间文化。

小传统的特点是实用性、稳定性、隐蔽性，实用性是指和民生紧密相关，稳定性是指民间是其扎根的土壤，长时间在民间流传，隐蔽性是指在《汉志》之后，正史的记载逐渐减少，甚至在正史中不见其生存的痕迹。简牍帛书中出土大量的数术、方技类古籍，促使我们对"小传统"价值进行重新审视，李零《中国方术考》、葛兆光《七世纪前中国的知识、思想与信仰世界》都是成功的例证。

今天我们所说的重构，不是单指大、小传统的研究，是指通过简牍来研究大、小传统之间的互动，古代数术、方技，保存了较多原始的资料和信息，是精英文化的渊薮，大传统的宇宙论、人性论等哲学命题，往往来自对这些小传统的继承与归纳。民间流行的数术、方技，往往自觉或不自觉地受到大传统的影响与改造，今天主流意识排斥数术、方技的态度已有所改变，但问题是如何从学术层面来研究它们之间是如何相互吸收、相互影响，这才是我们今后努力的任务与方向。

大量简牍典籍的出土，使 20 世纪的学术面貌获得巨大改观，简牍材料的大量出现，固然令人惊喜，但我们的"消化"能力却非常有限，真正"吃透"这些出土典籍，恐怕需要几代人甚至十几代人的努力，因此 21 世纪必定是一个简帛时代。出土文献也是文献，我们处于 21 世纪的开端，现在的研究，多是字词、版本、源流等方面一个个小问题的考证，以至于后来的学者可能认为今天的学问主要是"小学"，今天的学者只是"小学家"，但我们相信，随着简牍研究的深入，对学术基本认识的改变，必然会引起我们对学术理论的重构，简牍对考据与义理的双重作用，站在21世纪末尾，或许会看得更加清楚。

（本编在撰写过程中，参考了程鹏万《简牍帛书格式研究》（上海古籍出版社2017年版）等研究成果，有些未能一一注明，在此一并致谢！）

中　编

简 牍 文 书

第 一 章

简牍文书的发现与著述

自 20 世纪初以来，我国出土简牍的总数约 30 万枚，通常将其分为简牍典籍和简牍文书两大类。其中简牍文书所占比例大约为 80%，年代涵盖战国、秦、两汉及三国魏晋时期，内容涉及官府文书、律令、簿籍、案录、符券、检楬，以及书信、遗嘱、遣册等私文书。公私简牍文书在当时的国家行政活动以及人们的日常生活中都发挥着重要作用，均有其特殊的史料价值。本章将对各地出土简牍文书的发现及著述情况略作介绍。[①]

1. 望山楚简

1965 年末 1966 年初，湖北省文物考古研究所对江陵望山 1、2 号楚墓进行保护性发掘，两墓共出土竹简 273 枚，残断严重。其中 1 号墓竹简共编 207 个号，内容主要为墓主的卜筮祭祷记录，包括卜筮时间、卜筮工具、所问事项、卜筮结果以及求福祛疾的祭祷措施等。根据简文可知，墓主乃楚悼王的曾孙悼固。2 号墓竹简共编 66 个号，内容为遣册，记录的随葬品达 320 种之多。

《文物》1966 年第 5 期刊载湖北省文化局文物工作队《湖北江陵三座楚墓出土大批重要文物》一文，详细介绍了这批竹简的内容，并公布部分竹简的照片和摹本。1995 年中华书局出版湖北省文物考古研

---

① 对出土简牍的介绍系参考相关报道、发掘简报、整理成果，以及李均明著《古代简牍》（文物出版社 2003 年版），骈宇骞、段书安编著《二十世纪出土简帛综述》（文物出版社 2006 年版），蔡万进撰《新世纪初我国简牍重要发现概述》（《简帛研究二〇〇八》，广西师范大学出版社 2010 年版）等论著写成，限于篇幅，不一一注出。

究所、北京大学中文系合编《望山楚简》一书，完整公布了这批竹简的照片和释文，以及简文考证。《战国楚简汇编》（齐鲁书社 1995 年版）和《江陵望山沙塚楚墓》（文物出版社 1996 年版）两书，均收录了这批竹简的内容。

2. 包山楚简

1986 年底 1987 年初，湖北省荆沙铁路考古队在荆门市十里铺镇王场村包山岗发掘了 9 座墓葬，从 2 号楚墓出土竹简 448 枚，有字简 278 枚，竹牍 1 枚。竹简内容包括司法文书、卜筮祭祷记录和遣册三大类。司法文书简见《集箸》《集箸言》《受期》《疋狱》四个标题。《集箸》是关于查验名籍的记录；《集箸言》是关于名籍纠纷的诉讼；《受期》是受理、审理各种诉讼案件及初步判决结论的摘要记录；《疋狱》是关于起诉的简要记录。另有一些文书简未设标题，整理者将其分为三组：一组是有关官员奉楚王之命以黄金和砂金籴种的记录；一组是呈送给左尹的关于一些案件的案情与审理情况的报告；一组是各级司法官员经手审理或复查的诉讼案件的归档登记。

有关报道见《文物》1988 年第 5 期刊载的荆沙铁路考古队《荆门市包山楚墓发掘简报》。《文物》同期刊载包山墓地竹简整理小组《包山 2 号墓竹简概述》，介绍了该墓出土竹简的内容。1991 年，文物出版社出版湖北省荆沙铁路考古队编著《包山楚简》一书，详细介绍包山楚简的出土情况、简牍形制及主要内容，并公布了这批简的全部照片和释文，以及简文考释。陈伟《包山楚简初探》（武汉大学出版社 1996 年版）一书，在考释竹简文字的基础上，对楚国制度作了较系统的分析。

3. 长沙五里牌楚简

1951 年，中国科学院考古研究所湖南调查发掘团在湖南省长沙市近郊五里牌 406 号战国楚墓发掘获得竹简 38 枚。内容为遣册。1957 年科学出版社出版由中国科学院考古研究所撰写的《长沙发掘报告》一书中，公布了这批竹简的释文和照片。

4. 长沙仰天湖楚简

1953 年 7 月，湖南省文物工作者在长沙市南门外仰天湖 25 号战国楚墓中掘获竹简 43 枚。内容为遣册。《考古学报》1957 年第 2 期刊载的《长沙仰天湖第 25 号木椁墓》一文，比较详细地介绍了该墓出土竹简的情况，公布了部分竹简照片。史树青《长沙仰天湖楚简研究》（群联出版社 1955 年版）、饶宗颐《战国楚简笺证》（香港上海出版社 1957 年版）两书，讨论了这批竹简的性质和内容。湖南省博物馆、湖南省文物考古研究所、长沙市博物馆、长沙市文物考古研究所《长沙楚墓》（文物出版社 2000 年版）收录了这批竹简的全部释文、照片、摹本。

5. 长沙杨家湾楚简

1954 年，湖南省文物工作者在湖南省长沙市杨家湾 6 号战国楚墓获竹简 72 枚，其中 54 枚有文字。首次报道见湖南省文物管理委员会《长沙杨家湾 M006 号清理简报》（《文物参考资料》1954 年第 12 期）。《考古学报》1957 年第 1 期刊载湖南省文物管理委员会撰写的《长沙出土三座大型木椁墓》一文，其中公布了杨家湾 6 号楚墓的发掘情况及部分竹简照片。湖南省博物馆、湖南省文物考古研究所、长沙市博物馆、长沙市文物考古研究所《长沙楚墓》（文物出版社 2000 年版）收录了这批竹简的全部释文、照片、摹本。

6. 临澧九里 1 号楚墓竹简

1980 年，湖南临澧县九里 1 号战国楚墓出土竹简数十枚，内容为记录随葬物品的遣册。有关报道见《文物考古工作十年（1979—1989）》（文物出版社 1991 年版）第 211 页。

7. 信阳长台关楚简

1957 年 3 月，河南省文化局文物工作队发掘了位于河南信阳长台关小刘庄后岗的一座楚墓，获竹简 148 枚。内容为古佚书和遣册。1959 年河南人民出版社出版了河南省文化局文物工作队编《河南信阳楚墓图录》

一书,公布了该墓出土文物及竹简的照片。同年,商承祚著《信阳出土楚竹简摹本》(晒蓝本),对这批楚简做了整理缀合及释文。1986 年,文物出版社出版中国社会科学院考古研究所编《信阳楚墓》一书,完整公布了该墓出土文物的情况及竹简的照片、释文。

8. 随县擂鼓墩曾侯乙墓楚简

1978 年 3 月,湖北省文物工作者发掘了随州市郊擂鼓墩 1 号墓,出土竹简共 240 余枚。根据镈钟铭文,此墓墓主为曾侯乙,时代为公元前 433 年或稍晚,此时曾国已是楚国附庸,故通常把这批简视为楚简。竹简内容为记载用于葬礼的车马及车上配件、武器、甲胄、驾车官吏等。报道首见随县擂鼓墩 1 号墓考古发掘队《湖北随县曾侯乙墓发掘简报》(《文物》1979 年第 7 期)。湖北省博物馆编《随县曾侯乙墓》(文物出版社 1981 年版)一书,详细介绍了该墓出土文物及竹简的情况。

9. 江陵藤店 1 号墓楚简

1973 年,湖北江陵县藤店公社一座战国中期墓葬中出土竹简 24 枚,残损严重。详见荆州地区博物馆《湖北江陵县藤店 1 号墓葬发掘简报》,载《文物》1973 年第 9 期。

10. 江陵天星观楚简

1978 年 1 月至 3 月,荆州地区博物馆发掘了位于湖北江陵观音垱公社五山大队境内的天星观 1 号楚墓,获竹简 70 余枚。内容为卜筮记录和遣册。《考古学报》1982 年第 1 期刊载湖北荆州地区博物馆《江陵天星观 1 号楚墓》一文,介绍了该墓发掘及竹简的情况。

11. 江陵九店楚简

1981 年至 1989 年,湖北省博物馆江陵工作站在江陵九店公社砖瓦厂发掘了 596 座东周墓,其中在 56 号楚墓发现竹简 205 枚,竹简内容包括两方面:一是记载农作物的称谓和数量;二是日书、占卜书之类。在 621 号楚墓出土残简 127 枚,其中 32 枚字迹可辨,57 枚字迹模糊,38 枚无字。在 411 号楚墓出土竹简 2 枚。1995 年，科学出版社出版荆州博物馆编《江陵九店东周墓》一书，全面报告了上述墓葬及简牍内容。2000 年，中华书局出版湖北省考古研究所、北京大学中文系编《九店楚简》一书，公布了竹简照片和释文，并对简文内容作了详尽的考证。

12. 江陵马山楚简

1982 年，湖北荆州地区博物馆发掘了江陵马山公社砖瓦厂 1 号楚墓，出土大批质地精良的丝绸和 1 枚竹简。竹简内容为随葬品清单。有关报告见荆州地区博物馆《江陵马山砖瓦厂 1 号楚墓出土大批战国时期丝织品》，陈跃均、张绪球《江陵马砖 1 号墓出土的战国丝织品》，彭浩《江陵马砖 1 号墓所见葬俗述略》，皆刊载于《文物》1982 年第 10 期。

13. 德山夕阳坡楚简

1983 年冬，湖南省常德市德山夕阳坡 2 号楚墓出土竹简 2 枚，共 54 字，字迹清晰，内容连贯，是一份完整的记事简。详见杨启乾《常德市德山夕阳坡二号楚墓竹简初探》，载《求索》1987 年增刊《楚史与楚文化研究》。

14. 江陵秦家嘴楚简

1986 年至 1987 年，湖北荆沙铁路考古队在湖北江陵秦家嘴发掘了 49 座楚墓，其中 1 号墓出土竹简 7 枚，13 号墓出土竹简 18 枚，内容为卜筮祭祷。99 号墓出土竹简 16 枚，内容包括卜筮祭祷和遣册。荆沙铁路考古队《江陵秦家嘴楚墓发掘简报》（《江汉考古》1988 年第 2 期）介绍了有关情况。

15. 慈利石板村楚简

1987 年 5、6 月间，湖南省文物考古研究所、慈利县文管所在慈利县城关石板村发掘一批战国、西汉墓。其中 36 号战国楚墓出土竹简 4557 枚，无一完整。简文记载了黄池之盟、吴越争霸等史事。有关报告见湖南省文物考古研究所、慈利县文物保护管理所《湖南慈利石板村 36 号战国墓发掘简报》,载《文物》1990 年第 9 期。有关典籍方面的内容见本书上编。

16. 河南新蔡葛陵楚简

1994 年 5 月,河南省文物考古研究所等单位在驻马店市新蔡县西李桥镇葛陵村对平夜君成墓进行抢救性发掘,墓中出土竹简 1500 余枚,内容包括两类:一是墓主人平夜君成生前的占卜祭祷记录;一是记录随葬物品的遣册。

《文物》2002 年第 8 期刊载河南省文物考古研究所等《河南新蔡平夜君成墓的发掘》,介绍了该墓发掘及出土文物、竹简的情况,并公布了部分竹简的释文和照片。2003 年,河南大象出版社出版河南省文物考古研究所编《新蔡葛陵楚墓》一书,公布了这批竹简的全部照片和释文。

17. 湖北枣阳九连墩楚墓简牍

2002 年 9 月至 2003 年 1 月,湖北省文物考古研究所对位于湖北襄樊枣阳市吴店镇东赵湖村与兴隆镇乌金村以西一条低岗上的楚国贵族墓地(因岗脊上自北而南分布 9 座大中型墓冢,当地俗称"九连墩")1、2 号墓及其车马坑进行了抢救性发掘。其中在 2 号墓出土竹简 1359 枚。竹简篾黄一面空白,篾青一面绘画。单元纹样为三角形变形凤鸟纹,若干三角形变形凤鸟纹构成一组四边纹饰中间素面的回形状画纹图案,一组图案需用竹简 14—19 枚,一般在 16 枚左右。整画由若干组重复的回形状画纹图案构成,画纹凸起呈黑色,似由生漆掺和黑色颜料绘成。绘画是在竹简编联成册后进行的,竹简上的上下两道编痕清晰可见。简册不见文字,又出自女性墓中,推测这些画有可能是乐谱、舞谱之类。《考古》2003 年第 7 期刊载湖北省文物考古研究所撰《湖北枣阳市九连墩楚墓》一文,公布了 1、2 号楚墓的发掘以及文物、竹简出土情况。

18. 河南信阳长台关 7 号楚墓竹简

2002 年 10 月,河南省文物考古研究所对河南信阳平桥区长台关乡一座编号为 M7 的大型楚墓进行抢救性发掘,在该墓的北侧室发现了一组竹简，均为遣册，年代应为战国中期。《文物》2004 年第 3 期刊载《河南信阳长台关七号楚墓发掘简报》，介绍了该墓发掘以及文物出土情况。

19. 湖南湘乡三眼井楚简

2014 年，湖南省文物考古研究所对涟水北岸湘乡市三眼井遗址进行了考古发掘，在一口古井中出土了 700 多枚竹简。这口古井残深 1. 73 米，井内填充筒瓦、板瓦、陶器残片、竹木质物品等。陶器具有明确的战国晚期楚国文化特点，竹简长 23 厘米，为战国晚期楚国量制的 1 尺，文字形态则是典型的战国楚文字。陶器和简牍均表明这口井是战国时期楚国的遗留。综合各地考古发现与研究，此次出土的简牍、古井必定在当时的衙署之中。因此，三眼井遗址应为楚国晚期湘乡城邑所在，是湘乡区域政治中心。简牍内容为楚国衙署公文档案，记录战国晚期楚国的管理方式，尤其是县、乡、村邑等基层社会的具体运作。有关报道见李丹、明星《湖南考古发掘 700 多枚简牍记录楚国衙署公文》，载新华网 2015 年 1 月 23 日。

20. 湖北老河口安岗楚墓竹简

1992 年，湖北省襄阳市博物馆与老河口市博物馆组成联合考古队，对湖北省老河口市仙人渡镇安岗村一号楚墓进行发掘。从东边箱清理出 19 枚竹简，整理后有 21 枚，内容为遣册。《文物》2017 年第 7 期刊载襄阳市博物馆、老河口市博物馆《湖北老河口安岗一号楚墓发掘简报》介绍了墓葬发掘及简牍出土情况。同期刊载刘国胜、胡雅丽《湖北老河口安岗楚墓竹简概述》一文，公布了 4 枚竹简的黑白图版和释文，并作了一些解释。

21. 荆州龙会河北岸墓地 M324 出土楚简

为配合 207 国道荆州段改扩建工程，2018 年 6 月至 2019 年 4 月，荆州博物馆在荆州秦家嘴、龙会河北岸墓地发掘古墓葬 416 座。其中，龙会河北岸墓地 M324 出土战国楚简 324 枚。根据竹简形制和文字风格，这批楚简可以初步分为两类。第一类简，较长，整简长约 44 厘米，字体为典型的楚文字。简文中有文王、成王、穆王、庄王、共王、康王、灵王、平王、昭王、惠王、简王、声王 12 位楚王谥号，与《史记·楚世家》所载楚王世系相合。第二类简，稍短，整简长约 41 厘米。简文记载有周武王、周公旦相关事迹。如 14 号简"王若曰：旦！呜呼！敬哉！"这批楚简中的许多内容，过去从未见到，为佐证西周初年重大史实，研究楚国历史和政治军事思想等提供了重要资料。有关报道见肖雨、祁慧《荆州新出楚汉简牍被公布为"考古中国"重大项目》，荆州新闻网，2019 年 5 月 7 日。

22. 云梦睡虎地 11 号墓秦简

1975 年 12 月至 1976 年初，湖北省博物馆、孝感地区亦工亦农考古训练班、孝感地区和云梦县文化部门在云梦睡虎地发掘了 12 座战国末至秦代的墓葬，其中 11 号墓出土大量秦代竹简。竹简原藏棺内，经整理拼缀，计有 1155 枚，另有残片 80 枚，保存状况较好。根据简文，这批简抄写的年代当在秦始皇时期。墓主人名喜，生于秦昭王四十五年（公元前262 年），秦始皇时期历任安陆御史、令史、鄢狱吏等与司法有关的职务，或卒于秦始皇三十年（公元前 217 年），享年 46 岁。

竹简内容包括十部分：《编年记》《语书》《秦律十八种》《效律》《秦律杂抄》《法律答问》《封诊式》《为吏之道》《日书》甲种、《日书》乙种。其中"语书""效律""封诊式""日书"（乙种）是原简固有标题，其他为整理小组所拟定。

1977 年，文物出版社出版睡虎地秦简整理组编《睡虎地秦墓竹简》（8 开线装本），书中收录了释文、图版及简注。1978 年，文物出版社又出版 32 开平装本《睡虎地秦墓竹简》，含释文、注释及现代语译，无图版。1981 年文物出版社出版云梦睡虎地秦墓编写组编《云梦睡虎地秦墓》一书，详细报告了睡虎地 11 号秦墓的发掘情况及出土文物。1990 年，文物出版社再次出版睡虎地秦简整理组编《睡虎地秦墓竹简》（8 开精装本），书中收录了睡虎地 11 号秦墓出土的全部竹简释文、图版、注释。2001 年文物出版社再版此书。日书方面的内容见本书上编。2014 年，武汉大学出版社出版陈伟主编《秦简牍合集》第一卷《睡虎地秦墓简牍》，吸收学界的相关研究成果，对释文做了校订，并附集释和红外图版。

23. 天水放马滩秦简

1986 年 6 月至 9 月，甘肃省文物考古研究所在甘肃天水市放马滩发掘了 14 座古墓，其中 13 座秦墓，1 座汉墓。共出土文物 400 余件，包括秦木板地图 7 块，以及西汉初年纸绘地图、竹简等重要文物。其中放马滩1 号秦墓出土木版地图 4 块，竹简 460 枚，内容分为《日书》甲、乙两种及《志怪故事》。《文物》1982 年第 2 期刊载甘肃省文物考古研究所、天水市北道区文化馆《甘肃天水放马滩战国秦汉墓群的发掘》一文，报告了天水放马滩古墓群的情况。《文物》同期刊载的何双全《天水放马滩秦简综述》一文，全面介绍了天水放马滩秦简的内容。2009 年，中华书局出版甘肃省文物考古研究所编《天水放马滩秦简》一书，公布了这批秦简的图版、释文。典籍方面的内容见本书上编。2013 年，甘肃文化出版社出版孙占宇《天水放马滩秦简集释》一书，对这批秦简进行了再整理，公布了红外图版、新校订的释文、集释，简序排列根据文字内容有较大调整。2014 年，武汉大学出版社出版陈伟主编《秦简牍合集》第四卷《放马滩秦墓简牍》，吸收学界的相关研究成果，对释文做了校订，并附集释和红外图版。

24. 云梦龙岗秦简

1989 年 10 月至 12 月，湖北省文物考古研究所、孝感地区博物馆、云梦县博物馆在湖北省云梦县龙岗发掘了 9 座秦汉墓葬，其中 6 号秦墓出土木牍 1 枚、竹简 150 余枚。竹简内容主要是关于禁苑、驰道、弩道、甬道、马牛羊管理的规定，以及田赢赋税的法律。龙岗秦简的内容大多未见于睡虎地秦简。木牍内容为一份司法文书抄本，记述一名"辟死"者，曾被错判为城旦，经乞鞫重审后，免辟死为庶人，错判之官吏被论罪。

1998 年，科学出版社出版梁柱、刘信芳《云梦龙岗秦简》一书，公布了云梦龙岗秦简的全部释文及照片。2001 年，中华书局出版中国文物研究所、湖北省文物考古研究所编《龙岗秦简》，对龙岗秦简作了重新整理，书中刊载全部简牍的照片、摹本、释文及考释。书后附李学勤《云梦龙岗木牍试释》、黄盛璋《云梦龙岗六号秦墓木牍与告地策》、胡平生

《云梦龙岗六号秦墓墓主考》、刘国胜《云梦龙岗简牍考释补正及其相关问题的探讨》等5篇论文，对龙岗简牍作专题讨论。2014年，武汉大学出版社出版陈伟主编《秦简牍合集》第二卷《龙岗秦墓简牍》，吸收学界的相关研究成果，对释文做了校订，并附集释和红外图版。

25. 江陵王家台秦简

1993年，湖北省荆州地区博物馆发掘清理了位于江陵县荆州镇郢北村王家台的16座秦汉墓葬。其中王家台15号墓出土竹简800余枚，保存情况较差，主要内容为《归藏》《效律》《日书》《政事之常》《灾异占》等。另有竹牍1枚。《文物》1995年第1期刊发荆州地区博物馆撰《江陵王家台15号秦墓》一文，介绍了王家台秦墓出土文物及简牍的情况，公布少量竹简的释文和照片。王明钦《王家台秦墓竹简概述》（艾兰、邢文编《新出简帛研究》，文物出版社2004年版）一文，详细介绍了该墓竹简的内容。

26. 青川郝家坪秦牍

1979年至1980年，四川省博物馆和青川县文化馆在四川省青川县郝家坪发掘了50号战国秦墓，出土木牍2枚。其中一枚字迹清晰，正面为秦王颁布的《为田律》命书，背面记载不除道日干支。另一枚木牍字迹漫漶，已无法确认。秦并天下后才称"命"为"制诏"，而简文尚称"命"，又秦王称"王"不称"皇帝"，不讳"正"字，知其年代为秦统一六国之前。《文物》1982年第1期刊载四川省博物馆、青川县文化馆《青川县出土秦更修田律木牍——四川青川县战国秦墓发掘简报》一文，简略介绍了青川郝家坪战国秦墓的发掘及出土木牍情况。《文物》同期刊载于豪亮《释青川秦墓木牍》、李昭和《青川出土木牍文字简考》二文，对木牍的内容做了研究。2014年，武汉大学出版社出版陈伟主编《秦简牍合集》第二卷《郝家坪秦墓木牍》，收录了这2枚木牍的彩色图版、红外图版、新校订的释文及集释。尤其是通过红外拍摄，使得另一枚肉眼无法辨识的木牍字迹依稀可见，正面似记述若干人不除道天数折合钱款之事。可见两枚木牍内容应有关联。

27. 云梦睡虎地 4 号墓秦牍

1975 年至 1976 年，湖北省博物馆等在湖北省云梦县睡虎地 4 号秦墓的发掘中获木牍 2 枚。其中一枚保存完好，另一枚下段残缺。木牍皆两面书写，墨书隶体，内容为士卒黑夫和惊给家里的私信，叙述出征情况及索求衣物，其年代为秦王政二十四年（公元前 223 年）。有关报告见湖北省孝感地区文物考古训练班《湖北云梦睡虎地十一座秦墓发掘简报》，载《文物》1976 年第 6 期。2014 年，武汉大学出版社出版陈伟主编《秦简牍合集》第一卷《睡虎地秦墓简牍》，吸收学界的相关研究成果，对释文做了校订，并附集释和红外图版。

28. 江陵岳山秦墓木牍

1986 年 9 月至 10 月，湖北省江陵县文物局、荆州地区博物馆在江陵县岳山发掘 46 座古墓。其中 36 号秦墓出土木牍 2 枚，内容皆为日书。有关报道见湖北省江陵县文物局、荆州地区博物馆《江陵岳山秦汉墓》，载《考古学报》2000 年第 4 期。2014 年，武汉大学出版社出版陈伟主编《秦简牍合集》第三卷《岳山秦墓木牍》，吸收学界的相关研究成果，对释文做了校订，并附集释和红外图版。

29. 江陵杨家山秦简

1991 年至 1992 年，湖北省荆州地区博物馆在江陵县荆州镇黄山村杨家山一带发掘 178 座不同时期的古墓。其中 135 号秦墓出土竹简 75 枚，内容为记录随葬物品的遣册。《文物》1993 年第 8 期刊载荆州地区博物馆《江陵杨家山 135 号秦墓发掘简报》，介绍了墓葬发掘及出土文物情况。

30. 沙市周家台秦简

1993 年 6 月，湖北省沙市博物馆（今荆州市周梁玉桥遗址博物馆前身）发掘了位于荆州市沙市西北郊的周家台 30 号秦墓。墓中出土竹简 381 枚、木牍 1 方。竹简原置于棺椁北挡板间西南部的椁底板上，包裹在竹笥编席内。整理者根据简文内容将其分为三组：第一组拟名《历谱》，有竹简 130 枚（其中有空白简 4 枚）、木牍 1 方。竹简内容有秦始皇三十四年的全年日干支和秦始皇三十六年、三十七年月朔日干支及月大小等。木牍正、背面分别书有秦二世元年月朔日干支及月大小、该年十二月日干支等。第二组拟名《日书》，有竹简 178 枚（其中有空白简 10 枚），内容有二十八宿占、五时段占、戎磨日占、五行占等。第三组拟名《病方及其他》，有竹简 73 枚，内容有医药病方、祝由术、择吉避凶占卜、农事等。

《文物》1999 年第 6 期刊载湖北省荆州市周梁玉桥遗址博物馆《关沮秦汉墓葬清理简报》一文，介绍了周家台秦墓的发掘及出土简牍情况。2001 年中华书局出版湖北省荆州市周梁玉桥遗址博物馆编《关沮秦汉墓简牍》一书，公布了周家台 30 号秦墓出土简牍的图版、释文及注解。书中附有《周家台 30 号秦墓发掘报告》，以及张培瑜、彭锦华《周家台 30 号秦墓历谱竹简与秦、汉初的历法》。2014 年，武汉大学出版社出版陈伟主编《秦简牍合集》第三卷《周家台秦墓简牍》，吸收学界的相关研究成果，对释文做了校订，并附集释和红外图版。

31. 里耶秦简

2002 年 4—6 月，湖南省文物考古研究所、湘西土家族苗族自治州文物处、龙山县文物管理所对龙山县里耶镇里耶战国—秦代古城遗址进行第一阶段的抢救性发掘，在城内的一号古井（编号为 J1）中，清理出土简牍 37000 余枚，除少量战国楚简外，绝大多数为秦代简牍。楚简为竹质，秦简均为木质，形式多样，最常见的长度是 23 厘米，宽度 1.4—8.5 厘米不等，也有宽度达 10 厘米或 46 厘米以上的异型简牍。其宽窄是根据内容的多少决定的，一般一事一简，构成一件完整公文。有两道编绳或无编绳，均系先书写后编联。简牍所用木材绝大多数为杉木，也有一定数量的松木和其他树种的材料。

这批简牍是秦朝洞庭郡迁陵县政府档案，内容包括政令、各级政府之间的往来文书、司法文书、吏员簿、物资登记和转运、里程书等。简文所见纪年有秦王政二十五年（公元前 222 年）至三十七年（公元前 210 年）和秦二世元年（公元前 209 年）、二年（公元前 208 年），因此这批简牍当是秦始皇及秦二世时期的遗物。此外，文字材料还有笥牌、封检、封泥等。里耶秦简的出土和整理，将极大地丰富对秦代政治、经济等各项制度的认识。

《文物》2003 年第 1 期刊载湖南省文物考古研究所、湘西土家族苗族自治州文物处、龙山县文物管理所《湖南龙山里耶战国——秦代古城一号井发掘简报》一文，详细地介绍了该井的发掘及出土文物情况，并公布了部分简牍的照片和释文。《文物》同期刊发李学勤《初读里耶秦简》一文，对秦简历朔、行文与文书格式、洞庭与迁陵等进行了探讨。《中国历史文物》2003 年第 1 期刊载湖南省文物考古研究所等《湘西里耶秦代简牍选释》，文中选择了 37 枚简牍材料予以公布，并进行了初步的释读和考释。2006 年，岳麓书社出版湖南省文物考古研究所编著《里耶发掘报告》，全面介绍了 2002—2006 年在里耶一带的考古发掘成果，包括里耶古城遗址、麦茶战国墓地、清水坪西汉墓地、大板汉代墓地、魏家寨西汉城址、大板东汉遗址等，公布了部分里耶秦简的照片、释文及简注，包括简牍、封检、祠先农简、地名里程简、户籍简、封泥匣和笥牌等，并对相关问题作了探讨。《简帛》第 4 辑（上海古籍出版社 2009 年版）刊载张春龙、龙京沙《湘西里耶秦简 8—455 号》，公布了里耶秦简 8—455 号木牍的释文及照片。《简帛》同辑刊载胡平生《里耶秦简 8—455 号木方性质刍议》，讨论了这方木牍的性质问题。

这批简牍预计分为五辑整理公布，由文物出版社出版，目前已经出版两辑：湖南省文物考古研究所编著《里耶秦简（壹）》（2012 年），公布了里耶一号古井第五、六、八层出土的 2627 枚简牍的图版及释文。湖南省文物考古研究所编著《里耶秦简（贰）》（2017 年），公布了里耶一号古井第九层出土简牍的图版及释文。2012 年、2018 年，武汉大学出版社分别出版陈伟主编《里耶秦简牍校释（第一卷）》，《里耶秦简牍校释（第二卷）》，对《里耶秦简（壹）》《里耶秦简（贰）》的释文进行了校补、注释和缀合。

32. 湖南大学岳麓书院藏秦简

2007 年 12 月，湖南大学岳麓书院从香港购藏一批竹简，经揭取共编号 2098 个，其中比较完整的简 1300 余枚，经国内有关专家鉴定，系十分珍贵的秦简。竹简内容包括律令、数书、占梦书、为吏治官及黔首、质日等。《文物》2009 年第 3 期刊载陈松长《岳麓书院所藏秦简综述》一文，对购藏秦简的内容、价值作了解说，并公布了部分秦简的图版和释文。《中国史研究》2009 年第 3 期刊载有关岳麓书院藏秦简整理与研究的系列文章，包括陈松长《岳麓书院藏秦简中的行书律令初论》，肖灿、朱汉民《岳麓书院藏秦简〈数〉的主要内容及历史价值》，朱汉民、肖灿《从岳麓书院藏秦简〈数〉看周秦之际的几何学成就》，肖永明《读岳麓书院藏秦简〈为吏治官及黔首〉札记》，于振波《秦律令中的"新黔首"与"新地吏"》，同时新增公布部分秦简的图版和释文。陈松长《岳麓书院藏秦简〈为吏治官及黔首〉略说》（《出土文献研究》第 9 辑，中华书局 2010 年版）公布了《为吏治官及黔首》简的部分释文及照片，并对其定名、性质等问题做了探讨。

目前岳麓书院藏秦简已经整理公布了五卷，由上海辞书出版社出版，包括：朱汉民、陈松长主编《岳麓书院藏秦简（壹）》（2010 年），收录《质日》《为吏治官及黔首》《占梦书》的彩色图版、红外图版、释文及简注；朱汉民、陈松长主编《岳麓书院藏秦简（贰）》（2011 年），收录《数》书的彩色图版、红外图版、释文及简注；朱汉民、陈松长主编《岳麓书院藏秦简（叁）》（2013 年），收录司法文书《为狱等状四种》的彩色图版、红外图版、释文及简注；陈松长主编《岳麓书院藏秦简（肆）》（2015 年），收录律令 325 枚的彩色图版、红外图版、释文及简注；陈松长主编《岳麓书院藏秦简（伍）》（2017 年）收录律令 337 枚的彩色图版、红外图版、释文及简注。

33. 北京大学藏秦简

2010 年初，北京大学购藏了一批从海外回归的秦简牍。共有竹简 762 枚（其中约 300 枚为双面书写）、木简 21 枚、木牍 6 枚、竹牍 4 枚、木觚 1 枚。从相关信息来看，这批简牍的抄写年代大约在秦始皇时期，简牍主人应是秦的地方官吏，出土地很可能是今湖北省中部的江汉平原地区。这批简牍的内容十分丰富，包括《从政之经》《善女子之方》《道里书》

《制衣》《公子从军》《隐书》《泰原有死者》、数学文献、饮酒歌诗、数术方技类文献、记账文书等，为研究秦代政治制度、社会经济、思想文化、科学技术等提供了宝贵的资料。《文物》2012 年第 6 期刊载系列文章对这批简牍的清理情况和主要内容作了介绍，包括：常怀颖等《北京大学藏秦简牍室内发掘清理简报》，胡东波、常怀颖《简牍发掘方法浅说——以北京大学藏秦简牍室内发掘为例》，朱凤瀚、韩巍、陈侃理《北京大学藏秦简牍概述》，朱凤瀚《北大藏秦简〈从政之经〉述要》，李零《北大秦牍〈泰原有死者〉简介》，韩巍《北大秦简中的数学文献》，陈侃理《北大秦简中的方术书》。《简帛》第 8 辑（上海古籍出版社 2013 年版）亦刊载系列文章介绍了这批简牍中部分内容的整理与研究情况，包括：朱凤瀚《北大秦简〈公子从军〉的编联与初读》，李零《隐书》，辛德勇《北京大学藏秦水陆里程简册的性质和拟名问题》，韩巍《北京大学藏〈算书〉土地面积算题初识》，田天《北大秦简〈被除〉初识》。2014 年人民美术出版社出版北京大学出土文献研究所《北京大学藏秦代简牍书迹选粹》刊载了部分简牍的照片和释文。《出土文献研究》第 14 辑（中西书局 2015 年版）刊载朱凤瀚《三种"为吏之道"题材之秦简部分简文对读》、陈侃理《北京大学藏秦代佣作文书初释》、田天《北大藏秦简〈杂祝方〉简介》分别公布了《从政之经》、佣作文书、《杂祝方》释文和图版。

34. 益阳兔子山简牍

2013 年 5—11 月，湖南省文物考古研究所和益阳市文物管理处组成考古队对益阳市兔子山遗址进行抢救性考古发掘，发掘面积 1000 平方米，其中 16 口古井中有 11 口出土了楚、秦、汉、三国时期的简牍，是研究战国秦汉史至三国时期地方行政制度及历史的珍贵资料。这些简牍记载的多是当时的司法文书、吏员管理等。其中，司法文书方面，多为刑事案件审结记录，详细记录有文书产生的年、月、日，承办官吏的职位、姓名，涉案人员，案件发生的时间、地点和经过，判决结果，记录者姓名等。地点涉及范围广泛，具体记录方式为郡、县、亭或郡、县、里，有长沙、益阳、茶陵、临湘、索、南阳、宛邑、南郡、江陵等。官吏职位设置则包括守、相、令、长、佐、尉、中尉、亭长等。在一枚大型木牍上，记载了一位名叫勋的官员因贪污而被惩罚的经过。当时，益阳县每年都要向长沙郡上缴钱粮，勋却在赴长沙上缴钱粮的途中将钱粮贪污，被发现之后，他不仅被追回贪污所得，还被判监禁 3 个月。除此之外，这批简牍也记载了当时益阳县的吏员管理，包括吏员人数统计，乡、里官佐的任免。有关报道见龙军《湖南益阳出土 5000 简牍 兔子山遗址还藏着多少秘密？》（《光明日报》2013 年 7 月 23 日）；张庆如等《一批承载历史的简牍》（《益阳日报》2013 年 7 月 30 日）；石月《益阳兔子山考古出土简牍 全国首次发现楚国档案》（《长沙晚报》2013 年 11 月 24 日）；何宇翔《湖南益阳兔子山遗址的秘密》（《中国文化报》2014 年 5 月 6 日）等。

其中 9 号井出土有字简 579 枚，无字简 201 枚。简文内容大多为簿籍类文书，多数单面书写，人口登记的簿籍分栏书写。其中有一枚木牍文书是秦二世胡亥继位第一个月发布的诏书，对于研究秦二世和秦代历史具有十分重要的价值；"事卒簿"则是考古工作中首次发现战国时期县级衙署的档案文书，是探讨楚国基层政府行政运作的宝贵资料，可资研究楚的县、乡、里等设置、官制、人口管理和历史地理等。张春龙、张兴国《湖南益阳兔子山遗址九号井出土简牍概述》（《国学学刊》2015 年第 4 期）介绍了九号井简牍的内容。张春龙等《湖南益阳兔子山遗址九号井发掘简报》（《文物》2016 年第 3 期），湖南省文物考古研究所、益阳市文物管理处《湖南益阳兔子山遗址九号井发掘报告》（《湖南考古辑刊》第 12 集，科学出版社 2016 年版）介绍了九号井的发掘及简牍出土情况。

35. 敦煌前期汉简

甘肃敦煌及其周边地区包括酒泉在内的疏勒河流域沿岸出土的汉代简牍，人们俗称为"敦煌汉简"。本段所述为 20 世纪上半叶出土的敦煌汉简，故称"前期"，以区别于下半叶出土者。斯坦因始于 1906 年的第二次及始于 1913 年的第三次中亚考察曾深入甘肃西部地区，沿疏勒河流域考察并发掘了汉代长城遗址，获得 1000 余枚汉代简牍，其中有少量帛书及纸文书。1920 年，周炳南在敦煌小方盘城玉门关外的沙碛上发现木简 17 枚。1944 年 11 月，夏鼐在敦煌小方盘城北发现无字木简 2 枚、有字残简 4 枚，在斯坦因编号敦 17 的遗址获简牍 38 枚，在敦 23E 的小屋遗址中发现木楬 6 枚，共获有字简牍 48 枚。

以上疏勒河流域出土的简牍，绝大部分为汉代遗物，所见最早年号为西汉武帝天汉三年（公元前 98 年），最晚年号为东汉顺帝永和二年（公元 137 年），尚见西汉宣帝、元帝、成帝、平帝、孺子婴、新莽及东汉光武帝、明帝、章帝、安帝、顺帝年号，有极少量简的用语及书法风格与汉简有别，疑为东汉以后的遗物。这些简牍大多处于鄣隧遗址，故其内容大多与屯戍活动有关。常见者有烽火品约、传递烽火的记录、传递邮书的记录、日迹符券、勤务统计、司法文书等。

敦煌前期汉简的整理过程较为漫长。斯坦因第二、三次中亚考察所获敦煌汉简先由法国汉学家沙畹进行整理。其中第二次考察所见，发表于沙畹所撰《斯坦因东土耳其斯坦沙漠发现的汉文文书》中。第三次考察则因沙畹去世，继而由其高足马伯乐进行整理，迟至 1953 年才公布于《斯坦因第三次中亚考察所获汉文文书》一书中。1912 年，侨居日本的罗振玉、王国维得到沙畹所撰书，便据之进行再整理并做了详细考证，于 1914 年在日本出版《流沙坠简》一书。书中的简牍图版和释文均按照文书性质进行分类排列，共分为小学术数方技书、屯戍丛残、简牍遗文三大类，除了文字考释，还对相关的汉晋制度进行考证，影响重大。1931 年，张凤发表《汉晋西陲木简汇编》，书中所录简牍有 160 余枚出自敦煌，其中有些是马伯乐《斯坦因第三次中亚考察所获汉文文书》未收录者。1984 年，李均明和林梅村逐枚校读了上述除周炳南所获之外的敦煌汉简，纠正了前人在编号方面的错误。释文按出土地点由西向东、每一地点又按出土号由小到大排列，撰成《疏勒河流域出土汉简》一书，1984 年由文物出版社出版。2007 年，上海辞书出版社胡平生、汪涛、吴芳思主编《英国国家图书馆藏斯坦因所获未刊汉文简牍》一书，公布了以往未刊载的残简图版及释文。

36. 敦煌后期汉简

敦煌后期汉简乃相对于 20 世纪前期在敦煌附近地区发现的汉简而言，计有如下几批：1977 年 8 月间，嘉峪关市文物保管所在玉门花海农场附近的汉代烽隧遗址中采集简牍 91 枚。1979 年 6 月,甘肃省文物工作队和敦煌市博物馆在小方盘城以西 11 公里的马圈湾发现一座斯坦因以往考察遗漏的烽隧遗址,获简牍 1217 枚。1981 年,敦煌市博物馆在酥油土汉代烽隧遗址中采得简牍 76 枚。1986 年至 1988 年,敦煌市博物馆在敦煌地区进行文物普查,陆续采得汉简 137 枚。

这几批汉简中,以马圈湾遗址出土汉简数量最多,内容最丰富。该遗址位于敦煌市西北 95 公里处,东距小方盘城 11 公里,西距后坑 2.7 公里,北距疏勒河 8 公里,由烽火台及房舍坞墙组合而成。出土简牍大多为木质,有 16 枚竹简,有 1 枚简以芦苇制成。

敦煌后期汉简的内容与敦煌前期相类,大多数为与屯戍相关的官私文书,包括下行、平行、上行文书及各式账本和名册,此外还有历谱、日书、九九术、《仓颉》《急就》、相马、相刀及药方等,绝大多数为西汉中期至新莽间物。其中马圈湾所出汉简,大量涉及玉门候官及大煎都候官事,为弄清这两个候官的规模及管辖范围提供了依据,也为确定玉门关的建制及位置提供了线索。尤其珍贵的是马圈湾出土简牍中,约有 200 枚记载新莽中期在西域进行的一场战争的情况。敦煌后期汉简中还有不少司法文书案卷。

关于玉门花海烽隧遗址出土汉简,见嘉峪关市文物保管所《玉门花海汉代烽燧遗址出土的简牍》,载甘肃省文物工作队、甘肃省博物馆合编《汉简研究文集》(甘肃人民出版社 1984 年版)。关于敦煌马圈湾汉代烽隧遗址的发掘及出土简牍情况,见甘肃省博物馆、敦煌县文化馆《敦煌马圈湾汉代烽燧遗址发掘简报》,亦载甘肃省文物工作队、甘肃省博物馆合编《汉简研究文集》。关于敦煌其他遗址采集的简牍,见敦煌市博物馆《敦煌汉代烽燧遗址调查所获简牍释文》,载《文物》1991 年第 9 期;又见何双全《敦煌新出简牍辑录》,载《简帛研究》第 1 辑。1991 年甘肃人民出版社出版甘肃省文物考古研究所编,吴礽骧、李永良、马建华释校《敦煌汉简释文》,汇编了上述简牍。1991 年,中华书局出版甘肃省文物考古研究所编《敦煌汉简》,公布了上述诸简的图版及释文。2013 年甘肃文化出版社出版张德芳著《敦煌马圈湾汉简集释》,吸收学界的相关研究成果,对释文做了校订,并附集释、彩色图版和红外图版。

37. 敦煌悬泉汉简

1990 年至 1992 年，甘肃省文物考古研究所对敦煌甜水井附近的汉代悬泉置遗址进行了全面清理发掘。该遗址规模较大，主体及附属建筑占地约 22500 平方米，使用年代从西汉延续至魏晋。悬泉置为驿传遗址，出土遗物达 7 万余件，出土简牍达 3.5 万余枚，其中有字者 2.3 万余枚，以木质简牍为主，竹简很少，另有帛书、纸文书及墙壁题记。从形制上看，简牍中有简、两行、牍、觚、封检、楬、削衣等。简牍中现存册书 50 余册，皆以细麻绳编联，形式为二编或三编，有先编后书者，亦有先书后编者。编册时，有一色以简札编册者，有单纯以两行编册者，也有以简札与两行合编，或简札与木牍混编者。简牍中有明确纪年的达 1.9 万枚，较早者为西汉武帝时物，见"元鼎六年""太始三年""征和元年"等年号。西汉昭帝以后至东汉光武帝建武初年简数量居多，年号基本可连续。建武二十六年至东汉安帝永初元年亦可连续。最晚的年号为汉安帝"永初元年"。

简牍内容非常丰富，含有大量的诏书及各级官府的通行文书、律令、司法文书、簿籍、私信及典籍等。比如：简牍中有大量通行证件——传，从中可以看出其形式、用途、过往人员的身份及任务，亦可了解乘传人员按级别乘用传车的情况。凡乘传马者大多为官吏及西域诸国使者。驿置道里木牍 2 枚，其一记载悬泉距张掖、武威等地的距离，其二记载河西四郡部分县置及相距里程。官府文书中不仅有以往简牍中常见的郡、县、亭隧文书，还有以往未见或少见的督邮及乡、置文书。

悬泉简牍所见律令大多残断，司法文书则相对完整。律令简 20 余枚，大多未见律名，据内容考察当有贼律、田律、置吏律、盗律、令乙、兵令、仓令等。所见品式主要有烽火品约及驿置关于住宿、用车、膳食等方面的规定。司法文书中最常见的是爰书，其中与传车、驿马相关的爰书最多。再者为逮书——为追捕和羁押罪犯专设的文书，从中亦知悬泉置住有服役犯人，故效谷县派有狱吏常驻于此参加管理。此外还有劾状等诉状。

簿籍是常用的会计、统计账簿及名册，悬泉置常见簿之名目有田簿、入租簿、平籴租税簿、入钱簿、出钱簿、钱出入簿、入谷簿、出谷簿、谷出入簿、入米簿、出粟簿、出茭簿、兵簿、守御器簿、器物簿、传车簿、出传车簿、传车被具簿、传马出入簿、官牛车簿、日作簿、伐茭簿、任作簿、食鸡簿、长罗侯过置费用簿等。籍之名目有吏名籍、戍卒名籍、骑士名籍、驿卒名籍、户籍、罢卒复作名籍、官奴婢出入名籍、归义羌名籍、刑徒名籍、戍卒廪名籍等。档案之类名目有功劳案、计簿录、当食者案等。

典籍之类大多残损，内容有《仓颉》《急就章》《论语》、日书、相马经、医药方技、葬书及各式历谱等。

《文物》2000 年第 5 期刊载甘肃省文物考古研究所《甘肃敦煌汉代悬泉置遗址发掘简报》《敦煌汉简内容概述》《敦煌悬泉汉简释文选》，公布了敦煌汉代悬泉遗址的发掘及部分简牍的情况。何双全《敦煌悬泉汉简释文修订》(《文物》2000 年第 12 期) 和张俊民《〈敦煌悬泉汉简释文选〉校补》(《敦煌学辑刊》2001 年第 1 期) 对《释文选》中部分存在疑问和错误的释文重作考释和修正。

2001 年，上海古籍出版社出版中国文物研究所胡平生、甘肃省文物考古研究所张德芳合撰《敦煌悬泉汉简释粹》，书中刊布 357 件悬泉汉简(汉帛书、泥墙题记)的释文，并作校注。何双全《新出土元始五年〈诏书四时月令五十条〉考述》(《国际简牍学会会刊》2001 年第 3 号)对墨书题记的释文做了修订和注释。2001 年，中华书局出版中国文物研究所、甘肃省文物考古研究所编《敦煌悬泉月令诏条》，书中收录了敦煌悬泉月令诏条的图版、释文、注释及有关论文。

张德芳《悬泉汉简羌族资料辑考》(《简帛研究二○○一》，广西师范大学出版社 2001 年版) 发表与羌族活动及羌汉关系有关的 86 枚简的释文；《悬泉汉简中若干"时称"问题的考察》(《出土文献研究》第 6 辑，上海古籍出版社 2004 年版)，发表悬泉汉简"三十二时称"木牍照片、释文，以及 90 枚有明确时称的简牍释文；《悬泉汉简中若干纪年问题考证》(《简牍学研究》第 4 辑，甘肃人民出版社 2004 年版) 发表有明确纪年的 130 枚简的释文；《悬泉汉简中的"传信简"考述》(《出土文献研究》第 7 辑，上海古籍出版社 2005 年版) 发表 52 枚传信简的照片、释文及考证；《悬泉汉简中的"悬泉置"》(《简帛研究二○○六》，广西师范大学出版社 2008 年版) 发表与悬泉置有关的 115 枚简的释文。2009 年，甘肃文化出版社出版郝树声、张德芳著《悬泉汉简研究》一书，以悬泉汉简资料为主，从历史学、考古学、简牍学的角度研究了两汉时期的驿置机构，纪年与时称，民族与交通，汉与西域、中亚、罗马的关系，同时公布了部分相关悬泉汉简释文，并作了校释。

何双全所撰《汉代西北驿道与传置——甲渠候官悬泉汉简〈传置道里簿〉考述》（《中国历史博物馆馆刊》1998 年第 1 期）、《西汉与乌孙交涉史新证——悬泉汉简所见西域关系史之一》（《国际简牍学会会刊》2002 年第 4 号，台北兰台出版社）、《汉与楼兰（鄯善）、车师（姑师）交涉史新证——悬泉汉简所见西域关系史之二》（《国际简牍学会会刊》2002 年第 4 号），以及张俊民所撰《悬泉置元康四年正月尽十二月丁卯鸡出入簿辨析》（《敦煌研究》1995 年第 2 期）、《敦煌悬泉置探方T0309 出土简牍概述》（《长沙三国吴简暨百年来简帛发现与研究国际学术研讨会论文集》，中华书局 2005 年版）、《敦煌悬泉汉简所见人名综述（二）——以少数民族人名为中心的考察》（《西域研究》2006 年第4 期）、《敦煌悬泉汉简所见人名综述（三）——以敦煌郡太守人名为中心的考察》（《简帛研究二○○五》，广西师范大学出版社 2008 年版）、《悬泉汉简所见赦令文书初探》（《简帛研究二○一一》，广西师范大学出版社 2013 年版）等文，均发表部分相关悬泉汉简的释文。

38. 居延前期汉简

居延汉简指今额济纳河流域鄣隧遗址出土的汉代简牍，这些鄣隧在汉代分属于居延都尉与肩水都尉。1927 年，中瑞合组的西北科学考察团成立后，团员黄文弼于额济纳河畔的葱都尔捡得汉简数枚，这是居延汉简出土之始。1930 年，中瑞西北科学考察团再次进入额济纳河流域，瑞典籍团员贝格曼首先发现大批简牍。这次考察的范围北起宗间阿玛、南至毛目约 250 公里及布肯托尼至博罗松治约 60 公里间，共发掘 32 处遗址，开挖586 个坑位，其中 20 处 463 个坑位出简、12 处无简，获简总数达 10000余枚。出土简牍较多的地点有大湾、地湾和破城子三处，计大湾 1500 枚、地湾 2000 枚、破城子 5216 枚。关于这次考察发掘的情况，详见 1956—1958 年间索马斯特勒姆（B. Sommarström）在瑞典出版的《内蒙古额济纳河流域考古报告》上、下册。

居延前期汉简的年代，绝大部分为西汉武帝末至东汉光武帝中期，亦见少量东汉中期简。所见最早纪年是太初二年（内容系追述），晚者见东汉和帝永元年号。

居延前期汉简的内涵非常丰富，就形制而言有简、牍、觚、封检、楬等。其内容涉及社会生活的各个方面，大部分仍与屯戍有关。数量最多的是来往公文，及用于统计、会计的各种账簿和名册，其他还有诏书、律令等。

这批简牍曾先后辗转中国北京、中国香港、美国、中国台湾等地，现藏台北南港"中央研究院"历史语言研究所。关于居延前期汉简的整理，首先是劳榦的系列成果，他于 1943 年在四川南溪石印出版《居延汉简考释·释文之部》，1944 年出版《居延汉简考释·考证之部》。1949 年，《居延汉简考释·释文之部》由上海商务印书馆出版铅印本。1957 年，在台湾出版《居延汉简——图版之部》，1960 年出版《居延汉简——考释之部》，书中的图版是依据反体照片翻拍的，释文和考证都有所修正和补充。1959 年，中国科学院考古研究所在陈梦家的主持下，依据马衡保存的 148 版图版，约 2500 余枚简牍，出版了《居延汉简甲编》。1980 年，中国社会科学院考古研究所在《居延汉简甲编》的基础上，参考劳榦《居延汉简——图版之部》及索马斯特勒姆《内蒙古额济纳河流域考古报告》二书，编撰出版《居延汉简甲乙编》。1981 年，台北简牍学会马先醒等在劳榦《居延汉简》图版及释文之部的基础上，对释文做了校订与补充，在《简牍学报》第 9 期以专刊的形式刊布《居延汉简新编》。1987 年，谢桂华、李均明、朱国炤在《居延汉简甲乙编》的基础上做了释文校订，由文物出版社出版《居延汉简释文合校》上、下册。1988 年，台北"中央研究院"历史语言研究所成立简牍整理组，对藏于该所的居延汉简重新进行整理，工作中利用了红外阅读仪及电脑，1998 年公布了阶段性成果《居延汉简补编》，收录了劳榦《居延汉简》图版之部及考释之部未收或刊布不全的部分，还包括居延地区以外的一些简牍，计有：（1）劳榦未发表者。（2）劳书有释文，缺漏图版者。（3）台北图书馆所藏居延汉简。（4）1930 年和 1934 年黄文弼发现，现藏于该所的 58 枚罗布淖尔简。（5）1944 年夏鼐和阎文儒在敦煌小方盘城北郭小丘上所掘，现藏于该所的 76 枚汉简。（6）1945 年 11 月夏鼐和阎文儒于武威南山喇嘛湾所获，现藏于该所的 7 枚木简。

2014—2017 年，台北"中央研究院"历史语言研究所出版简牍整理小组编《居延汉简》壹、贰、叁、肆，收录史语所藏全部居延汉简的红外线图版及重新校订的释文。史语所藏汉代有书迹简牍与有书迹文物图版至此已全数收录。附录中还收录了一些机构收藏的居延汉简、罗布淖尔汉简、敦煌汉简、武威喇嘛湾汉简等其他简牍。

39. 居延新简

居延新简乃相对于 20 世纪 30 年代在额济纳河流域烽隧遗址出土的居延汉简而言。1972 年，由甘肃省文化局文物处、甘肃省博物馆文物工作队、酒泉地区文教局、额济纳旗、金塔县、酒泉县、玉门市、安西县、敦煌县及当地驻军等有关部门组成的居延考古队，沿额济纳河流域，南起金塔县双城子，北至额济纳旗居延海进行了全面的考古调查，获大批简牍及实物。1973 年至 1974 年，居延考古队分别对北部地区的甲渠候官遗址、甲渠塞第四隧遗址、肩水金关遗址进行全面发掘，面积达 4500 平方米，出土简牍 19000 余枚、实物 2300 余件。1976 年，该队又在额济纳旗布肯托尼以北地区开展考古调查，获木简 173 枚。1982 年，该队再赴甲渠候官遗址进行复查，又获简牍 20 枚。上述调查与发掘，先后历时十年，最重要的是 1972 年至 1973 年在甲渠候官等三处遗址的发掘。

甲渠候官遗址位于今内蒙古额济纳旗政府所在地南 24 公里处的纳林、伊肯河之间的戈壁滩上，是汉代居延都尉西部防线甲渠塞候的治所。前西北科学考察团曾在此处发掘四个地点，出土简牍 5200 余枚、实物 1230 余件。70 年代的发掘不仅包括前西北科学考察团所挖地点，还扩大了发掘面积，共开挖 68 个探方，出土简牍 8000 余枚。

甲渠塞第四隧遗址位于甲渠候官南 5.3 公里的伊肯河西岸，与甲渠候官相隔三座烽火台，前西北科学考察团于此处仅发现 1 枚汉简，70 年代的发掘共开挖两个探方，出土简牍 195 枚。

肩水金关遗址位于甘肃金塔县天仓北 25 公里处，前西北科学考察团曾于此获简 850 余枚，70 年代居延考古队于此获简 11577 枚、实物 1311 件，搞清了汉代关门的基本结构。

居延新简与旧简一样，大多数为木质，只有少量竹简，形制有简、两行、牍、觚、楬、检、削衣等。内容包括文书、书籍、历书等三大类。甲渠候官遗址及第四隧遗址出土的纪年简牍，上限不早于汉昭帝始元年间，最晚者见西晋武帝太康四年，汉昭帝至新莽间的纪年简达 500 枚左右，年号基本能连续，属于宣帝时期的最多，东汉光武帝以后的纪年简数量很少。新莽末至光武帝建武初年者，尚见更始帝刘玄的更始二年、三年及刘盆子政权的建世二年，还有割据陇西的隗嚣复汉元年及西汉平帝年号顺延的汉元始二十六年（相当于汉光武帝建武二年），建武三年才奉东汉纪年正朔。

居延新简最显著的特点是出土了大量的简册，其中甲渠候官第 22 号房舍遗址保存的完整册书最多，而且都是当时的实用档案文件。据何双全的初步统计，居延新简中能编联的册书达 340 余册，其中完整者 46 册，不完整者 218 册，残缺较甚者 80 余册。主要简册如《建武三年十二月候粟君所责寇恩事》册、《建武八年三月以令祠社稷》册、《塞上烽火品约》册、《罪人入钱赎品》册、《建武四年十一月甲渠候推辟验问》册、《相利善剑》册、《甲渠上言胡虏犯塞》册、《甲渠官吏迁补书》册、《居延都尉吏奉》册、《建武三年守候长移隧长病书》册、《甲渠塞诸部弦矢校簿》册、《省兵物录》册等。

有关报道首见甘肃居延考古队《居延汉代遗址的发掘和新出土的简册文物》，载《文物》1978 年第 1 期。1990 年，文物出版社出版甘肃省文物考古研究所、甘肃省博物馆、文化部古文献研究室、中国社会科学院历史研究所合编《居延新简》32 开平装本，公布甲渠候官和第四隧遗址出土简牍的释文，无图版。1994 年，中华书局出版甘肃省文物考古研究所、甘肃省博物馆、中国文物研究所、中国社会科学院历史研究所合编《居延新简——甲渠候官、甲渠塞第四隧》8 开精装本，公布了甲渠候官与第四隧遗址出土简牍的释文和图版，又增加 1972 年至 1982 年间在居延地区及复查甲渠候官遗址时所获简牍的释文和图版。

2011 年至 2016 年，中西书局出版甘肃简牍保护研究中心（甘肃简牍博物馆）、甘肃省文物考古研究所、中国文化遗产研究院古文献研究室、中国社会科学院简帛研究中心编《肩水金关汉简（壹）》（2011 年）、《肩水金关汉简（贰）》（2012 年）、《肩水金关汉简（叁）》（2013 年）、《肩水金关汉简（肆）》（2015 年）、《肩水金关汉简（伍）》（2016 年），公布了肩水金关遗址出土全部简牍的释文和图版。

40. 额济纳汉简

1999 年至 2002 年，内蒙古自治区文物考古研究所在额济纳旗汉代烽隧遗址进行考古调查，共采获 500 余枚汉简，整理者将其命名为"额济纳汉简"。这是继 1930 年至 1931 年间发现第一批居延汉简及 1972 年至 1982 年间发现第二批居延汉简之后的第三次重大发现。其形制有简、两行、牍、觚、楬、封检等，存二较完整册书，其一尚系有编绳，保存了册书的原貌，尤为可贵。其时代以西汉中期至东汉早期者居多，最早纪年见汉宣帝神爵三年（公元前 59 年），晚者见东汉光武帝建武四年（公元 28 年），若从字体考察或有极少东汉中期物。内容大体与以往出土的居延汉简类同，以行政文书居多，涉及汉代政治、经济、军事诸领域，亦不乏新史料，如王莽登基诏书、分封单于诏书、行政条例等皆属首见；涉及历史地理的从泾阳到高平等地的驿置里程簿，可与前此所出居延汉简驿置里程相比对；有关名籍、债券契约等亦多异于旧简，具研究价值；此外尚见《晏子》《田章》及《仓颉》、医方、日书等残简。

2005 年广西师范大学出版社出版魏坚主编《额济纳汉简》，书中收录了相关发掘调查概况、实物及简牍图版、简牍释文、简牍内容考述、索引等。简牍释文由中国社会科学院简帛研究中心谢桂华、中国文物研究所李均明、内蒙古师范大学白音查干、内蒙古自治区文物考古研究所魏坚合作完成。书中还附有魏坚《额济纳旗汉代居延遗址调查与发掘述要》，白音查干、特日格勒《额济纳汉简概述》，谢桂华《初读额济纳汉简》，李均明《额济纳汉简法制史料考》等文。

41. 罗布淖尔汉简

1927 年，中国与瑞典联合组成中国西北科学考察团。1930 年 2 月，中方队员黄文弼在罗布淖尔的默得沙尔发现汉代木简 71 枚，最早的纪年为西汉宣帝黄龙年号，较晚的是西汉成帝元延年号，其内容涉及西域职官、各式通行文书及日记、器物簿、校士名籍、历谱等。详见黄文弼所撰《罗布淖尔考古记》（北京大学 1948 年印）一书。李均明、林梅村合编《疏勒河流域出土汉简》（文物出版社 1984 年版）收录了这批简牍的释文。

42. 武威磨嘴子 18 号汉墓"王杖十简"

1959 年，甘肃省博物馆发掘了武威磨嘴子 18 号汉墓，获鸠杖 1 枚、木简 10 枚。从残留的痕迹看，这些木简当初捆在鸠杖上。墨书隶体，字迹清晰，设三道编绳，内容为王杖诏书抄录本，载有优待高年老人的规定及惩处不孝不敬、虐待老人的案例。

《考古》1960 年第 9 期刊载甘肃省博物馆《甘肃武威磨嘴子汉墓发掘简报》、中国科学院考古研究所编辑室《武威磨嘴子汉墓出土王杖十简释文》二文，介绍了墓葬发掘及木简内容。1964 年，文物出版社出版中国科学院考古研究所、甘肃省博物馆合编《武威汉简》一书，收录武威磨嘴子 18 号墓所出王杖十简的释文、图版及考证等。

43. 武威"王杖诏书令"册

1981 年 9 月，甘肃省武威县文物管理委员会从该县新华乡农民手中收得一份简册，出土情况不明。经反复调查，考古工作者认为它当与 1959 年出土的"王杖十简"出自同一墓区。今见该册木简凡 26 枚，墨书隶体，字迹清晰，每简背面署编号"第一"至"第廿七"，但缺其中"第十五"，可见原册实有 27 枚。简长 23.2—23.7 厘米，宽 0.9—1.1 厘米，据绳痕，原册当设三道编绳，编绳通过处设有契口。简文记载有关尊敬高年老人，抚恤鳏寡孤独、残疾者，给高龄者赐王杖，惩处殴辱王杖主等内容的五份诏书，末简署"右王杖诏书令"。武威县博物馆《武威新出土王杖诏令册》（载甘肃省文物工作队、甘肃省博物馆合编《汉简研究文集》，甘肃人民出版社 1984 年版）公布了这份简册的照片、释文及考证。

44. 武威旱滩坡东汉律令简

1989 年 8 月，甘肃省武威地区文物普查队在武威柏树乡下五畦大队发掘旱滩坡东汉墓，获残简 17 枚。简文见"建武十九年"年号，知其为东汉初物。简文所载为诏书令的若干条款，所见令名有令乙、公令、御史挈令、兰台挈令、卫尉挈令、尉令、田令等。诏书残文与武威磨嘴子汉墓出土"王杖十简"及"王杖诏书令"大致相类。有关报道见武威地区博物馆《甘肃武威旱滩坡东汉墓发掘简报》，载《文物》1993 年第 10 期。内容考述见李均明、刘军《武威旱滩坡出土汉简考述——兼论"挈令"》，亦载《文物》1993 年第 10 期。

45. 长沙马王堆汉墓简牍

1972 年，湖南省博物馆考古人员发掘了长沙马王堆 1 号汉墓，于该墓东边箱北端发现竹简 312 枚。简文内容为随葬物品记录，所记物品包括副食品、调味品、酒类、粮食、漆器、梳妆用具、衣物、竹器、木制与土制明器等。1 号墓还出土木楬 49 枚，出土时有 17 枚仍系在竹笥上。楬书文字主要用于标明竹笥所盛物品的名称，所记物品与竹简所见相类。

1973 年 12 月至 1974 年初，湖南省博物馆考古工作者又发掘了马王堆 2 号和 3 号汉墓。其中 3 号汉墓出土简牍 600 余枚，包含木牍 6 枚，其余为竹简。竹简中有 400 余枚为遣册，具体记载随葬物品的名称及数量，其中有关车骑、乐舞、童仆等侍从，及其所持兵器、仪仗、乐器等物，是 1 号墓简牍所未见的。另外 220 枚为医简，按内容划分包含四种书：《十问》《合阴阳》《杂禁方》《天下至道谈》，其中只有《天下至道谈》为原简所设标题，另外三种皆为整理者据内容拟名。医简所述主要为养生及房中术。

1972 年，文物出版社出版湖南省博物馆、中国科学院考古研究所合编《长沙马王堆 1 号汉墓发掘简报》，公布了 1 号墓的发掘情况。1973 年，文物出版社出版湖南省博物馆、中国科学院考古研究所编《长沙马王堆一号汉墓》（上、下）刊登了 1 号汉墓发掘报告及出土简牍的全部照片和释文。《文物》1974 年第 7 期刊载湖南省博物馆、中国社会科学院考古研究所《长沙马王堆二、三号汉墓发掘简报》,介绍了马王堆 3 号汉墓出土简牍情况。1985 年,文物出版社出版马王堆汉墓帛书整理组编《马王堆汉墓帛书(四)》,书中收录了 3 号汉墓出土的帛书、竹简本医书。2004 年,文物出版社出版湖南省博物馆、湖南省文物考古研究所《长沙马王堆二、三号汉墓(一)》,收录了相关简牍资料。典籍方面的介绍见本书上编。

46. 江陵凤凰山汉简

1973 年至 1975 年,湖北省考古工作者在江陵纪南城凤凰山古墓区发掘了一批汉墓,出土简牍情况如下所述。

8 号墓出土竹简 176 枚,原置于头箱底部,完整简长 22.4—23.8 厘米、宽 0.55—0.8 厘米、厚约 0.1 厘米,简文载随葬品清单,计有衣物、奴婢俑、器皿等,小结简称为"籍",见"耦人籍""食器籍""瓦器籍""芥伤籍"等。

9 号墓出土木牍 3 枚,所书为安陆守丞的上行文书。出土竹简约 80 枚,内容为随葬品清单。

10 号墓出土竹简 170 枚、木牍 6 枚,原置于边箱竹笥内。竹简一般长 23 厘米、宽 0.7 厘米、厚 0.15 厘米,有两枚形制较大者长 37.3 厘米、宽 2.9 厘米、厚 0.25 厘米。木牍长 23—23.5 厘米、宽 4.6—5.8 厘米、厚 0.3—0.4 厘米。简牍内容丰富,其中有较多的乡里文书是过去没有见过的。

167 号墓出土木简 174 枚,简长 23 厘米、宽 1—1.5 厘米、厚 0.2—0.3 厘米,内容为随葬物品清单,所记有车马、御者、从事农业及家务劳动的奴婢俑、各种器皿、粮食及盛物袋和其他物品。出土木楬 5 枚,尚系在置于头箱的绢袋上,其上署粮食名称及数量。

168 号墓出土竹牍 1 枚、竹简 66 枚、带字天平横杆 1 件、无字木牍 6 枚。其中竹牍长 23.2 厘米、宽 4.1—4.4 厘米,内容为江陵丞告地下丞文书,述墓主市阳里五大夫遂下葬事。竹简长 24.2—24.7 厘米、宽 0.7—0.9 厘米、厚 0.1 厘米,设两道编绳,内容为随葬品清单。天平横杆之正、背、侧三面皆有文字,正、反面连读,为市阳户人设权衡的文字及与之相关的律文，侧面署律名"□衡律"。

169 号墓亦出土一批竹简，内容为随葬器物的清单。

有关上述简牍资料的公布情况如下：长江流域第二期文物考古工作人员训练班《湖北江陵凤凰山西汉墓发掘简报》（《文物》1974 年第 6 期）介绍了 8、9、10 号墓的发掘情况。有关上述三墓出土简牍的详情及考证论著有：黄盛璋《江陵凤凰山汉墓简牍及其在历史地理研究上的价值》（《文物》1974 年第 6 期），弘一《江陵凤凰山十号汉墓简牍初探》（《文物》1974 年第 6 期），裘锡圭《湖北江陵凤凰山十号汉墓出土简牍考释》（《文物》1974 年第 7 期），金立《江陵凤凰山八号汉墓竹简试释》（《文物》1976 年第 6 期）。

关于 167 号汉墓及竹简，见凤凰山 167 号汉墓发掘整理小组《江陵凤凰山 167 号汉墓发掘简报》，吉林大学历史系考古专业赴纪南城开门办学小分队《凤凰山 167 号汉墓遣册考释》，二文皆载《文物》1976 年第 10 期。

关于 168 号汉墓及简牍，见纪南城凤凰山 168 号汉墓发掘整理小组《湖北江陵凤凰山 168 号汉墓发掘简报》，《文物》月刊编辑部《关于凤凰山 168 号汉墓座谈纪要》，皆载《文物》1975 年第 9 期。

关于 169 号汉墓，见俞伟超《古代分期问题的考古学观察（一）》，载《文物》1981 年第 5 期；陈振裕《从凤凰山简牍看文景时期的农业生产》，载《农业考古》1982 年第 1 期。

湖北省文物考古研究所编《江陵凤凰山西汉简牍》（中华书局 2013 年版）集中公布了 8、9、10、167、168、169 号等六座汉墓所出全部 634 枚简牍的照片、摹本、释文和相关考古资料及研究资料。简牍内容涉及赋税、徭役、户籍、借贷、贸易等方面的经济文书，包括公文、账册、契约等，还有多份遣册，对研究西汉社会经济具有极高的价值。

47. 青海大通上孙家寨汉简

1978 年，青海省文物考古工作队在大通县上孙家寨村共发掘 178 座汉墓，其中 115 号汉墓出土木简 400 余枚。该墓墓主名马良，时代为西汉晚期。木简内容包括三大类：一是兵法类，主要讲战守攻取的要点；二是军法、军令、军爵类，主要是根据兵法原则及当时朝廷的律令而制定的具体措施；三是篇题目录类。

《文物》1981 年第 2 期刊载青海省文物考古工作队《青海大通上孙家寨 115 号汉墓》一文，详细介绍该墓出土木简的情况。《文物》同期刊载国家文物局古文献研究室、大通上孙家寨汉简整理小组《大通上孙家寨汉简释文》，以及朱国炤《上孙家寨木简初探》。《考古》1983 年第 6 期刊载李零《青海大通上孙家寨汉简性质小议》，对简文作了详细考释，认为这些简文并非兵法书籍，而是古代军法、军令一类的文书。1983 年，文物出版社出版青海省文物考古研究所编《上孙家寨汉晋墓》，书中全部公布了这批木简的照片和释文。

48. 江陵张家山汉简

1983 年底至 1984 年初，湖北省荆州地区博物馆在江陵张家山发掘 3 座西汉初年古墓，分别编号为 M247、M249、M258，共出土竹简 1600 余枚。M247 号墓出简最多，达 1236 枚。简文内容包括二年律令、奏谳书、盖庐、脉书、引书、算术书、历谱、遣册等。其中《汉律》竹简凡 500 余枚，原为一卷，其中一简背面书"二年律令"，当为标题。此外尚见"律令二十□种""津关令"等篇题。见于简文的律令名称有贼律、盗律、具律、告律、捕律、亡律、收律、杂律、钱律、置吏律、均输律、传食律、田律、市律、行书律、复律、赐律、户律、效律、傅律、置后律、爵律、兴律、徭律、金布律、秩律、史律、津关令、奴婢律、蛮夷律等。部分律名与云梦睡虎地秦简《秦律十八种》所见相同。《奏谳书》简凡 200 枚左右，是有关疑难案件的报告。所述案例大部分属于汉高祖时期，所见历朔还有秦始皇六年、二十七年、二十八年，表明汉代法制对秦制的继承。另外还有春秋时期的两条案例，治狱者一为史䲡（子鱼），一为柳下季，或与汉代以《春秋》决狱的风气有一定关系。

M249 墓竹简内容为日书，M258 号墓竹简内容为历谱。据简文所见推算，M249 所出历谱年代在吕后至汉文帝初年，M258 所出历谱年代在汉文帝前元五年或稍后。

《文物》1985 年第 1 期刊载荆州地区博物馆《江陵张家山三座汉墓出土大批竹简》、张家山汉墓竹简整理小组《江陵张家山汉简概述》二文，首次报告张家山汉墓的发掘及出土简牍情况。2001 年，文物出版社出版张家山汉简 247 号汉墓竹简整理小组《张家山汉墓竹简［二四七号墓］》一书，公布了 247 号汉墓出土竹简的图版、释文及注释。2006 年，文物出版社出版张家山汉简 247 号汉墓竹简整理小组《张家山汉墓竹简［二四七号墓］》释文修订本。2007 年，上海古籍出版社出版武汉大学简帛研究中心、荆州博物馆、早稻田大学长江流域文化研究所彭浩、陈伟、工藤元男主编《二年律令与奏谳书》一书，辑录各家意见，对《二年律令》和《奏谳书》的释文进行解读，并附有相关简牍的红外照片。有关《算数书》的介绍见本书上编。

49. 沙市萧家草场 26 号汉墓竹简

1992 年底，湖北省沙市博物馆（今荆州市周梁玉桥遗址博物馆前身）对萧家草场 26 号汉墓进行抢救性发掘，出土竹简 35 枚，内容为遣册，所记随葬器物大部分与出土实物相合。2001 年中华书局出版湖北省荆州市周梁玉桥遗址博物馆编《关沮秦汉墓简牍》一书，公布了萧家草场 26 号汉墓竹简的图版、释文及注解。书中附有《萧家草场 26 号汉墓发掘报告》。

50. 连云港尹湾汉墓简牍

1993 年 2 月至 4 月，江苏省连云港市博物馆、东海县博物馆在连云港市东海县温泉镇尹湾村西南发掘 6 座汉墓。其中 2 号墓出土木牍 1 枚，6 号墓出土木牍 23 枚、竹简 133 枚。6 号墓所出木牍记有"永始""元延"年号，知其为西汉末成帝时物，墓葬年代当属西汉末期。根据木牍内容，可确定 6 号墓墓主姓师，名饶，字君兄，生前曾任东海郡功曹。2 号墓出土新莽"大泉五十" 108 枚，又所出木牍衣物疏中"四"字写作"三"，知其为新莽物，墓葬年代稍晚于 6 号墓，从木牍内容推测，墓主为女性。

上述二墓出土简牍数量虽不多，但文字写得很小，容字量很多，为以往所罕见，内容十分丰富，包括集簿、东汉郡吏员簿、东海郡下辖长吏名籍、东海郡下辖长吏不在署未到官者名籍、东海郡属吏设置簿、武库永始四年兵车器集簿、赠钱名籍、神龟占、六甲占雨、博局占、元延元年历谱、元延三年五月历谱、君兄衣物疏、名谒、元延二年日记、刑德行时、行道吉凶、《神乌傅（赋）》等。

《文物》1996 年第 8 期刊载连云港市博物馆《江苏东海县尹湾汉墓群发掘简报》，报告了尹湾汉墓的发掘及出土简牍情况。《文物》1996 年第 10 期刊载连云港市博物馆、中国社会科学院简帛研究中心等《尹湾汉墓简牍初探》，对简牍的内容进行了比较全面的分析。1997 年，中华书局出版连云港市博物馆、东海县博物馆、中国社会科学院简帛研究中心、中国文物研究所编《尹湾汉墓简牍》一书，公布了尹湾汉墓出土的所有简牍照片及释文，并附《尹湾汉墓发掘报告》及《简牍尺寸索引》等。有关《神乌赋》的介绍见本书上编。

51. 香港中文大学文物馆藏简牍

香港中文大学文物馆历年入藏简牍凡 259 枚，其中空白简 11 枚。按时代划分，绝大部分为汉简，只有 10 枚战国楚简及 1 枚东晋木牍。战国楚简所见当为古书，今已确知者有《缁衣》《周易》等，为迄今所见最早写本。汉简包括《日书》简 109 枚，遣册简 11 枚，奴婢廪食出入簿简 69 枚，"序宁"简牍 14 枚，"河堤"简 26 枚。晋建兴二十八年"松人"解除木牍 1 枚。

2001 年，香港中文大学文物馆出版陈松长编著《香港中文大学文物馆藏简牍》一书，公布了这批简牍资料的全部图版、释文及考证。

52. 甘谷汉简

1971 年 12 月，甘肃省文化局、甘肃省博物馆、天水地区和甘谷县的文教部门共同协作，在天水市甘谷县渭阳人民公社十字道生产大队刘家屲坪清理一座东汉墓，获松木简 23 枚，完整者仅 8 枚。设三道编绳，墨书隶体，正面书写正文，背面上端署编号"第一"至"第廿三"，但缺"第四""第八""第十三""第十九"等序号。简册内容为东汉桓帝延熹元年、二年宗正府卿刘柜上奏皇帝报告宗室受侵辱之事、皇帝的批示及下发诏书的行下文。简文揭示东汉中后期顺帝和桓帝之世刘姓宗室与州、郡、县地方豪绅之间争权夺利的激烈斗争，反映了刘姓皇族的衰落及地方豪强的兴起。张学正《甘谷汉简考释》（载甘肃省文物工作队、甘肃省博物馆合编《汉简研究文集》，甘肃人民出版社1984年版）公布了这批东汉简的照片、摹本、释文及考证。

53. 贵县罗泊湾汉墓木牍

1976年，广西壮族自治区文物工作队在贵县化肥厂发掘罗泊湾1号汉墓，出土木牍5枚、木简10余枚、封检2枚。其中一枚木牍自名"从器志"，两面书写文字，墨书隶体，是一份完整的随葬物品清单。另一枚自名"东阳田器志"，两面书写文字，墨书隶体，所载为农具锸、锄之类。关于这批简牍的情况，见广西壮族自治区文物工作队《广西贵县罗泊湾1号墓发掘简报》，载《文物》1978年第9期。又见1988年文物出版社出版广西壮族自治区博物馆《广西贵县罗泊湾汉墓》一书。李均明、何双全《散见简牍合辑》（文物出版社1990年版）收录了这批简牍的释文。

54. 连云港花果山云台汉墓简牍

1978年，江苏省连云港市花果山云台砖厂在爆破取土时发现一座汉墓，墓中出土竹木简牍13枚，实物未能保存，亦未见简牍照片。简牍内容涉及有关伤害罪的一系列刑事案件，当事人见荣成里徐谭、梁里徐竖、永昌里朱毋害等。另有数枚历日干支。《考古》1982年第5期刊载李洪甫《江苏连云港市花果山出土的汉代简牍》一文，介绍了这批简牍的情况。李均明、何双全《散见简牍合辑》（文物出版社1990年版）收录了这批简牍的释文。

55. 邗江胡场汉墓木牍

1980年，江苏省扬州市博物馆、邗江县图书馆发掘了邗江胡场5号汉墓，出土木牍13枚。其中6枚字迹尚存，7枚字迹未存。1枚记神灵名，1 枚记行道日记，有 2 枚为广陵宫司空及丞告土主文书。木牍之外，还出土木楬 6 枚，上端圆头涂黑，下段署食品及金钱名称，末字皆为"笥"字，知木楬原系于盛装相应物品的竹笥上。封检 7 枚，上端尚存封泥槽，有的出土时还见封泥，且封泥上印有"王"字阳文，下段署"五种""粱米"等粮食及布帛名称，末字皆为"橐"字，知其为封缄相应的口袋而设。

扬州市博物馆、邗江县图书馆《江苏邗江胡场 5 号汉墓》（《文物》1981 年第 11 期），介绍了邗江胡场 5 号汉墓的发掘及出土简牍情况，并公布了部分简牍的图版和释文。李均明、何双全《散见简牍合辑》（文物出版社 1990 年版）收录了这批简牍的释文。

56. 西安汉未央宫遗址木简

1980 年 4—6 月，中国社会科学院考古研究所在西安发掘汉未央宫前殿 A 区遗址时出土木简 115 枚。木简因被火烧过，大多残损，墨书隶体。简文内容涉及田地禾稿、柏杏李榆、疾病梦状、鸣击钟磬、祭祀鬼神等。

中国社会科学院考古研究所《汉长安城未央宫——1980—1989 年考古发掘报告》（中国大百科全书出版社 1996 年版），按出土顺序公布了这批木简的图版、摹本及释文。2000 年，邢义田发表《汉长安未央宫前殿遗址出土木简的性质》（《大陆杂志》第 100 卷第 6 期）一文，对部分木简释文做了订正，指出这批木简的性质是关于祥瑞的记录，其时代属于王莽时期。2005 年，胡平生发表《未央宫前殿遗址出土王莽简牍校释》（《出土文献研究》第 6 辑，上海古籍出版社 2005 年版）一文，对这批木简的释文逐一重作校释。

57. 扬州仪征胥浦汉墓简牍

1984 年，江苏省扬州市仪征县胥浦 101 号汉墓出土竹简 17 枚、木牍 2 枚、封检 1 枚。竹简中有 16 枚长 22.3 厘米、宽 1.2—1.9 厘米，系一编墓主临终遗嘱的简册，由两份文件合成，自名为"先令券书"。另一枚竹简长 36.1 厘米、宽 0.9 厘米，记赐钱事。一枚木牍记取钱物账，另一枚记衣物账。封检上端有封泥槽，下段署赐钱数，或用以封缄钱囊。扬州市博物馆《江苏仪征胥浦 101 号西汉墓》（《文物》1987 年第 1 期），介绍了这批简牍的情况。有关《先令券书》的研究，见陈平、王勤金《仪征胥浦 101 号西汉墓〈先令券书〉初考》（《文物》1987 年第 1 期）；陈雍《仪征胥浦 101 号西汉墓〈先令券书〉补释》（《文物》1988 年第 10 期）；李解民《扬州仪征胥浦简书新考》（长沙市文物考古研究所编《长沙三国吴简暨百年来简帛发现与研究国际学术研讨会论文集》，中华书局 2005 年版）。李均明、何双全《散见简牍合辑》（文物出版社 1990 年版）收录了这批简牍的释文。

58. 湖南张家界古人堤简牍

1987 年 4 月至 8 月，湖南省文物考古研究所和湘西土家族苗族自治州文物工作队、大庸市文物管理所联合对古人堤遗址进行了发掘，其中 1 号探方出土一批简牍，共计 90 枚，有牍、楬、封检，但残破严重，大多为不规整的木片。根据简牍文字中东汉永元、永初年号，以及简文书体，可知其为东汉时期的遗物。简文内容大致可分为汉律、医方、官府文书、书信及礼物谒、历日表、九九乘法表六类。

《中国历史文物》2003 年第 2 期刊载湖南省文物考古研究所、中国文物研究所《湖南张家界古人堤遗址与出土简牍概述》，介绍了张家界古人堤遗址发掘及出土简牍情况。《中国历史文物》同期刊载湖南省文物考古研究所、中国文物研究所《湖南张家界古人堤简牍释文与简注》，公布了古人堤简牍的全部释文、注释及部分照片。

59. 江陵高台 18 号汉墓木牍

1990 年，湖北省荆州地区博物馆在宜黄公路江陵段高台取土场先后清理 30 余座秦汉墓葬，其中 4、5、18 号墓出土了竹简和木牍。18 号墓出土木牍 4 枚，编号为 35 甲、乙、丙、丁。出土时四枚木牍叠置，略有错位，尚见用丝绸捆缚的痕迹。甲、乙、丙牍所载内容为江陵龙氏丞移安都丞文书，涉及新安户人大女燕迁徙名数之事，丁牍为随葬器物清单。有关内容详见荆州地区博物馆《江陵高台 18 号墓发掘简报》（《文物》1993 年第 8 期），又见湖北省荆州博物馆《荆州高台秦汉墓》（科学出版社

2000 年版）。

60. 沅陵虎溪山一号汉墓竹简

1999 年 6 月至 9 月，湖南省文物考古研究所主持对沅陵虎溪山一号汉墓进行抢救性发掘，墓中出土竹简 1336 枚（段）。内容包括三类：一是簿籍，记载西汉初年沅陵侯国的行政设置、吏员人数、户口人民、田亩赋税、大型牲畜、经济林木的数量，兵甲船只以及各项的增减和增减原因，还有道路交通、亭聚、往来长安的路线和水陆里程；二是日书，有自署篇名《阎氏五胜》（也作阎氏五生），作者为阎昭，所引书名有《红图之论》，均不见于文献记载；三是美食方，记载大约 155 种烹制食物的方法，名称为整理者所拟。

《文物》2003 年第 1 期刊载湖南省文物考古研究所、怀化市文物处、沅陵县博物馆《沅陵虎溪山一号汉墓发掘简报》，详细介绍了墓葬发掘及出土竹简情况，公布了部分竹简的照片和释文。对该墓竹简的研究见郭伟民《虎溪山一号汉墓葬制及出土竹简的初步研究》（艾兰、邢文编《新出简帛研究》，文物出版社 2004 年版）。张春龙《沅陵虎溪山汉简选》（《出土文献研究》第 9 辑，中华书局 2010 年版）公布了阎氏五生简和美食方简的部分释文和照片。

61. 湖北随州孔家坡汉简

2000 年 3 月 10—15 日，湖北省随州市考古队在位于随州城关东北的孔家坡墓地一座编号为 M8 的汉墓中清理出土简牍近 800 枚。简牍出土时分两堆置于椁室头箱位置的两侧。按照两组简牍的内容，可分为《日书》简和《历日》简。《日书》简，出土于椁室头箱东北角，共 700 余枚，三道编绳，自左至右收卷用绢包裹，其内容与睡虎地秦简《日书》及放马滩秦简《日书》相类。《历日》简，出土于椁室头箱西北角，共计 78 枚，经推定系汉景帝后元二年的历日。与《历日》简同出的还有无字竹简 7 枚，无字木牍 3 枚，有字纪年木牍 1 枚，内容为告地策。

《古代文明通讯》2000 年第 6 期刊载张昌平《随州孔家坡墓地出土简牍概述》（此文亦收入艾兰、邢文等编《新出简帛研究》，文物出版社 2004 年版）以及《文物》2001 年第 9 期刊载湖北省文物考古研究所、随州市文物局撰写的《随州市孔家坡墓地 M8 发掘简报》，简要地介绍了孔家坡 8 号汉墓发掘与简牍出土等情况。2006 年，文物出版社出版湖北省文物考古研究所、随州市考古队编《随州孔家坡汉墓简牍》一书，公布了该墓所出全部简牍的图版、释文、注释及孔家坡汉墓发掘报告。

62. 甘肃武都赵坪村汉简

2000 年 5 月，甘肃省武都县琵琶乡赵坪村出土一批木质汉简，陕西博物馆征集得 12 枚。简多残断，厚度皆为 0.2 厘米以下，宽 0.8—2 厘米，完整者长 23 厘米左右。两面书写文字。内容涉及吏名籍、禀食发放、出入关、从军家属等。纪年有"阳朔元年十一月丙午"等。2001 年 6 月，三秦出版社出版陕西历史博物馆编《寻觅散落的瑰宝——陕西历史博物馆征集文物精粹》一书作了简要介绍；《文物》2003 年第 4 期刊载王子今、申秦雁合撰《陕西历史博物馆藏武都汉简》一文，对这批木简释文进行了隶定、考释，并公布了木简照片。

63. 湖北荆州印台汉简

2002 年 1 月至 2004 年 1 月，荆州博物馆组织岳桥考古队对荆州市沙市区关沮乡岳桥村岳桥古墓群内的麻子塘墓地、印台墓地及岳家草场墓地进行抢救性发掘，相继在印台墓地 9 座西汉墓中出土竹木简 2300 余枚、木牍 60 余方，内容包括文书、卒簿、历谱、编年记、日书、律令以及遣策、器籍、告地书等。文书中有景帝前元二年临江国丞相收到中央政府丞相申屠嘉下达文书的记录。卒簿记载当地适龄丁卒的数量及服役、力田等状况。历谱分上、下栏书写，干支之下多有节气及某人行迹。编年记类似睡虎地秦墓竹简的编年记，所见有秦昭王、始皇帝和西汉初年的编年、史实，日书内容与睡虎地秦墓所出有类似之处。有的告地书记载了墓主下葬的绝对年代。

2009 年，文物出版社出版荆州博物馆编著《荆州重要考古发现》，书中收录郑忠华《印台墓地出土大批西汉简牍》一文，详细介绍了印台汉墓简牍出土情况,并公布了其中24枚汉简的照片。《文物》2009年第10期刊载刘乐贤《印台汉简〈日书〉初探》一文,对已公布的24枚印台汉简的简文作了释读和分析,认为其内容均属日书。

64. 山东日照海曲汉墓简牍

2002年3—6月,山东省文物考古研究所对位于山东省日照市西郊西十里堡村西南的汉代墓地进行了抢救性发掘,墓地之北约1公里,即为汉代海曲县城故址。其中M106号墓出土木牍4枚、竹简39枚。木牍为遣策。竹简上有"天汉二年成阳十一年"的明确纪年,经初步研究,这批应为汉武帝后元二年视日简。《文物世界》2003年第5期刊载何德亮等撰写《日照海曲汉代墓地考古的主要收获》、2003年文物出版社出版国家文物局主编《2002中国重要考古发现》一书以"山东日照海曲汉代墓地"为题,分别对海曲汉代墓地的发掘和出土文物、简牍等情况做了介绍。

《文物》2010年第1期刊载山东省文物考古研究所《山东日照海曲西汉墓(M106)发掘简报》,详细介绍了M106号墓发掘及出土文物、简牍情况。刘绍刚、郑同修《日照海曲简〈汉武帝后元二年视日〉研究》(《出土文献研究》第9辑,中华书局2010年版),公布了汉武帝后元二年视日简的全部释文及部分照片。

65. 湖南长沙走马楼西汉简牍

2003年11月6日至30日,长沙简牍博物馆、长沙市文物考古研究所联合发掘组在位于长沙市中心走马楼街东侧湖南省供销社基建工地一口编号为J8的古井中,发掘清理一批竹简,总数达万余枚,其中有字简2100枚。形制分为三种:①长46厘米、宽1.8—2.1厘米,两行文书;②长23厘米、宽1.8—2.1厘米,两行文书;③长23厘米、宽0.8—0.9厘米,单行文书。根据简文中的历朔和简牍书体判断,其时代为西汉武帝元朔四年至元狩元年之间。

从内容来看,走马楼西汉简牍皆为当时实用的文书,绝大多数是官文书,包括下行、平行、上行等通行文种,大多涉及司法案卷。私人书信仅见1枚,文句格式与云梦睡虎地秦简及居延、敦煌汉简所见相类,涉及治狱事。

经初步考证，这批汉简是西汉武帝长沙国刘发之子刘庸（公元前128—前101年）在位时的行政文书，其性质大部分属于司法文书。涉及汉代当时的诉讼制度、法制改革、上计制度、交通邮驿制度及汉长沙国的历史、法律、职官、郡县、疆域等诸多方面。是继湖北荆州张家山汉代司法简书之后的又一重大发现。

有关报道首见《中国文物报》2004年2月18日第1版刊发曹砚农、宋少华、邱东联合撰《万余枚西汉简牍惊现长沙走马楼》一文。《出土文献研究》第7辑（上海古籍出版社2005年版）刊载长沙简牍博物馆、长沙市文物考古研究所联合发掘组《2003年长沙走马楼西汉简牍重大考古发现》一文，介绍了这批汉简的出土情况及其内容，公布了其中两枚简的照片和释文；2005年，文物出版社出版国家文物局主编《2004中国重要考古发现》一书，以"2003年长沙走马楼西汉简牍"为题予以介绍，并附有其中5枚简的照片。《简帛研究二〇一八（秋冬卷）》（广西师范大学出版社2019年版）刊载陈松长《长沙走马楼西汉简中的文字异写现象例说》、欧扬《走马楼西汉简刑制史料初探》、杨芬《读长沙走马楼西汉简札记——纪年与证律》、李洪财《走马楼西汉简的断代——兼谈草书的形成时间》等文，从不同角度对长沙走马楼西汉简做了初步研究。

66. 安徽天长纪庄汉墓木牍

2004年11月，天长市文物管理所、天长市博物馆对安徽省天长市安乐镇纪庄村M19号西汉墓进行抢救性发掘，出土34枚木牍，保存较为完整，少数残缺，墨书隶体。木牍长22.2—22.3厘米、宽3.6—6.9厘米。内容有户口簿、算簿、书信、木刺、药方、礼单、账簿等。

《文物》2006年第11期刊载天长市文物管理所、天长市博物馆《安徽天长西汉墓发掘简报》，详细介绍了M19号墓的发掘及出土文物、木牍情况，并公布了其中10枚木牍的彩色照片和释文。《光明日报》2007年6月15日发表卜宪群、蔡万进合撰《天长纪庄木牍及其价值》一文，全面阐述了天长纪庄木牍的学术价值。杨以平、乔国荣《天长西汉木牍述略》（《简帛研究二〇〇六》，广西师范大学出版社2008年版）一文，分类考述了天长木牍的内容。

67. 湖北荆州纪南松柏汉墓简牍

2004 年底，湖北省荆州博物馆对荆州市荆州区纪南镇松柏村 4 座汉墓进行了抢救性发掘，其中 M1 号墓出土木牍 63 枚（其中 6 枚无字）、木简 10 枚。木牍内容包括以下几类：一是遣书，记录部分随葬器物的名称与数量；二是各类簿册，包括南郡及江陵西乡等地的户口簿、正里簿、免老簿、新傅簿、罢癃簿、归义簿、复事算簿、见（现）卒簿、置吏卒簿等；三是叶（牒）书，记载秦昭襄王至汉武帝七年历代帝王在位的年数；四是令，主要是汉文帝颁布的部分法令；五是历谱，主要是汉武帝时期的历谱；六是周偃的功劳记录；七是汉景帝至汉武帝时期周偃的升迁记录及升调文书等公文抄件。木简内容与木牍有关，当为放置于各类木牍之后的标题，有"右方四年功书""右方除书""右方遣书"等。

根据简文及漆器铭文，该墓墓主人姓"周"，名"偃"，官职为"江陵西乡有秩啬夫"，爵位为"公乘"。墓葬的年代约为汉武帝早期。

《文物》2008 年第 4 期刊载荆州博物馆杨开勇、朱江松所撰《湖北荆州纪南松柏汉墓发掘简报》，介绍了该墓发掘及出土简牍情况，公布了 35 号木牍、5 号木简的图版和释文。2009 年，文物出版社出版荆州博物馆编著《荆州重要考古发现》，书中收录朱江松《罕见的松柏汉代木牍》一文，介绍松柏汉墓木牍出土情况，并新增公布 4 枚木牍的图版。袁延胜《荆州松柏木牍及相关问题》（《江汉考古》2009 年第 3 期）对这批木牍进行了研究。

68. 广州市南越国宫署遗址木简

2004 年 11 月至 2005 年 1 月，由广州市文物考古研究所、中国社会科学院考古研究所、南越王宫博物馆筹建处组成的联合考古队，在广州市南越国宫署遗址一口南越国较早时期的水井（编号为 J264）中，发掘清理出 100 余枚西汉南越国木简。简文内容主要是籍簿和法律文书。简文有"廿六年"的纪年，可知其为西汉南越国早期之物。南越国自汉高祖四年立国到武帝元鼎六年灭亡，计 93 年传五主，除赵佗在位 67 年外，其余四主在位最长 16 年，所以"廿六年"纪年，当为南越国赵佗纪年无疑。西汉南越国木简的发现，极大地丰富了南越国史料。

《考古》2006 年第 3 期刊载广州市文物考古研究所、中国社会科学院考古研究所、南越王宫博物馆筹建处联合考古队撰写的《广州市南越国宫署遗址西汉木简发掘简报》，公布了 16 枚木简的释文、注释和考证。2008 年，科学出版社出版黄展岳《先秦秦汉考古论丛》，书中收录 33 枚木简的释文。释文校订见胡平生《南越宫署出土简牍释文辨正》（《秦汉史论丛》第 11 辑，吉林文史出版社 2009 年版）、何有祖《广州南越国宫署遗址出土西汉木简考释》（《考古》2010 年第 1 期）。

69. 湖北云梦睡虎地 77 号汉墓简牍

2006 年 11 月，湖北省文物考古研究所、云梦县博物馆对云梦睡虎地 M77 号西汉墓进行抢救性发掘，在边箱的竹笥内发现简牍 2137 枚。据简文内容推知，该墓葬年代约在文景时期。简、牍分别成卷、成束纵向叠放于竹笥内，出土时基本上保持着原始的位置关系和编次状况，初步可分为 22 组。内容主要可分为质日、日书、书籍、算术、法律五大类，其中法律类简共计 2 卷（V 和 W）850 枚，其中 V 组 306 枚，有盗、告、具、捕、亡律等 16 种律名；W 组 544 枚，有金布、户、田、工作课、祠、葬律等 24 种律名。律名前均有墨块作为标记。这 40 种律名多见于张家山汉简《二年律令》和云梦睡虎地秦墓竹简法律文献，但也有少数律名为首次出现，如《葬律》等。牍的材质有竹质和木质，完整和比较完整的有 6 组 128 枚，内容为司法文书和簿籍。

《江汉考古》2008 年第 4 期刊载湖北省文物考古研究所、云梦县博物馆《湖北云梦睡虎地 M77 发掘简报》，介绍了这批简牍的出土情况，公布了部分简牍的图版照片。熊北生《云梦睡虎地 77 号西汉墓出土简牍的清理与编联》（《出土文献研究》第 9 辑，中华书局 2010 年版），公布了 J 组书籍简的释文及部分照片。彭浩《读云梦睡虎地 M77 汉简〈葬律〉》（《江汉考古》2009 年第 4 期）根据发掘简报提供的图版对竹简释文中的部分字、词作了解释，并对《葬律》的渊源、制定等问题做了探讨。文章指出湖北云梦睡虎地 M77 出土的《葬律》是新发现的西汉早期律章，已公布的 5 枚竹简编次相连,内容是对彻侯丧葬礼仪的规定。熊北生、陈伟、蔡丹《湖北云梦睡虎地 77 号西汉墓出土简牍概述》(《文物》2018年第 3 期)指出,云梦睡虎地 77 号西汉墓出土简牍 2000 余枚,全部存放在竹笥中。内容包括质日、官府文书、私人簿籍与律典、算术、书籍、日书等。质日简册大致包含汉文帝十年到后元七年的各年质日,除记各月大小和各日干支外,还记载有时令和墓主人的日常公务。律典、算术类可与张家山汉简对照,书籍类多见于《说苑》《新序》《韩非子》《列女传》等传世文献。这批简牍资料的发现,对于研究西汉时期的历法、法律、基层官吏的日常公务等问题具有重要价值。

70. 湖北荆州谢家桥 1 号汉墓简牍

2007 年 11 月 20—30 日,湖北省荆州博物馆对荆州市沙市区关沮乡谢家桥村一座编号为 M1 的汉墓进行抢救性考古发掘,获竹简 208 枚、竹牍 3 枚,保存完好,字迹清晰,竹简内容为遣册,竹牍内容为告地策。据简文,该墓下葬于西汉吕后五年十一月二十八日,墓主人为女性,名恚。

《文物》2009 年第 4 期刊载荆州博物馆《湖北荆州谢家桥一号汉墓发掘简报》,简要介绍了谢家桥一号汉墓发掘及简牍出土情况,公布了 3 枚竹简、1 枚竹牍的照片和释文。2009 年文物出版社出版荆州博物馆编著《荆州重要考古发现》,收录杨开勇《谢家桥 1 号汉墓》一文,新增公布 12 枚竹简、2 枚竹牍的照片。刘国胜《谢家桥一号汉墓〈告地书〉牍的初步考察》(《江汉考古》2009 年第 3 期)对该墓所出 3 枚《告地书》竹牍的文字释读、文义理解等问题进行了研究。曾剑华《谢家桥一号汉墓简牍概述》(《长江大学学报》2010 年第 2 期)指出,谢家桥一号汉墓出土了 211 枚简牍,保存完好。竹简的内容为遣策,记载了随葬物品名称、数量及质地。其中 11 枚竹简为分类小结,197 枚竹简记录具体的随葬物品,另有 3 枚竹牍的内容为告地书,是比照现实社会通行公文的格式,为死者开列的前往阴间的"通行证"。这些简牍对于研究汉代的户籍制度、丧葬习俗、名物制度及社会生活习俗具有十分重要的意义。

71. 甘肃永昌水泉子汉简

2008 年 8 月至 10 月，甘肃省文物考古研究所对甘肃省永昌县水泉子汉墓群进行抢救性发掘，共清理墓葬 15 座，其中编号 M5 的墓葬中出土大量木简。木简原本放置于木棺内，因木椁盖板坍塌，将棺盖板压塌，令木简断裂，加上墓地地下水位较高，墓室十分潮湿，出土时木简较为残断，有 1400 余枚，其中较为完整者 700 余枚。木简全部为松木材质。内容大致包括两部分，一为日书，一为字书。另外，还发现"本始二年"简 1 枚。

《文物》2009 年第 10 期刊载甘肃省文物考古研究所《甘肃永昌水泉子汉墓发掘简报》，报告了水泉子汉墓群的发掘以及 M5 号墓出土木简的情况。《文物》同期刊载张存良、吴荭《水泉子汉简初识》一文，公布了部分木简的照片及释文。张存良《水泉子七言本〈仓颉篇〉蠡测》（《出土文献研究》第 9 辑，中华书局 2010 年版）公布了《仓颉》简的照片、释文及考释。

《考古》2017 年第 12 期刊载甘肃省文物考古研究所《甘肃永昌县水泉子汉墓群 2012 年发掘简报》，介绍了甘肃永昌水泉子汉墓 M8 出土竹木简的基本情况。该墓出土简牍 35 枚，其中 34 枚为有字简，内容为"五凤二年（公元前 56 年）"历日。

72. 江苏扬州出土汉广陵王豢狗木牍

2015 年，为配合万科房地产项目建设，南京博物院、扬州市文物考古研究所在建设用地范围清理了一座西汉中期墓葬。出土 13 枚木牍，其中有 3 枚是侍中"遂"向"王"呈报的关于一只名为"麋"的狗先后两次走失事件的奏疏及处理情况，是目前已知出土文献中关于汉代诸侯王豢狗情况的唯一官文书。根据出土器物和纪年，可知这 3 枚木牍的时代为西汉中期，其记载的"王"即西汉广陵王刘胥，说明其有豢狗的习好，填补了文献记载的空白。张朝阳、闫璘《秦汉时代的狗——以扬州新出土西汉寻狗案为中心》（《史林》2018 年第 2 期）引录了有关寻狗案的文书内容。闫璘、许红梅《扬州新出汉广陵王豢狗木牍详考与再研究》（《简帛研究 2018 年（春夏卷）》，广西师范大学出版社 2018 年版）和闫璘、张朝阳《扬州新出汉广陵王橐狗木牍释考》（《出土文物的世界——第六届出土文献青年学者论坛论文集》，中西书局 2018 年版）公布了 3 枚橐狗木牍奏疏的图版和释文。

73. 湖南长沙望城坡西汉渔阳墓出土木楬

望城坡古坟垸西汉渔阳墓位于长沙市湘江西岸咸嘉湖西侧，1985 年文物普查时发现渔阳墓，1993 年初进行基本建设时将其封土推毁。1993 年 2 月至 7 月，为配合基本建设，长沙市文物工作队、长沙市文物管理委员会办公室对该墓进行了抢救性发掘。该墓采用"题凑"之制，属于汉代天子、诸侯王级别的高规格葬制。根据该墓出土"长沙后府"封泥、书写"陛下赠物"与"王祝"的木楬等材料，并与其他墓葬相比较，可以确认该墓的墓主应为汉初吴氏长沙国的某一代王后。随葬漆器上多处刻写"渔阳"题记，按汉时制度，当为物主自属用品。黄展岳《长沙望城坡西汉"渔阳"墓墓主推考》（《先秦两汉考古论丛》，科学出版社 2008 年版）考证认为，墓主可能是汉皇室的某位公主，由于政治等方面的原因而适长沙王，"渔阳"乃墓主所食封邑之称。墓葬年代上限约在文帝时期，下限可至景帝初年。在东藏室、南藏室、棺室分别清理出木楬、签牌、封泥匣等 100 余件，字数达 2000 字以上，为研究汉代葬具名实、丧葬礼俗等提供了重要的资料。大多残断，材质经鉴定为杉木。其中木楬均呈长方形，上圆下方，首部涂黑，有二穿用来系悬。木签牌呈长方形，下端两侧各有一缺口，用来系绳。封泥匣均为长方块，中间下凹以填封泥，纵断面呈"凹"字形。

有关报道见宋少华、李鄂权《三次被盗掘的王后墓——长沙"渔阳"墓》[《中国十大考古新发现（1990—1993）》下册，文物出版社 2002 年版]；曹砚农、宋少华《长沙发掘西汉长沙王室墓》（《中国文物报》1993 年 8 月 22 日第 1 版）。《文物》2010 年第 4 期刊载长沙市文物考古研究所、长沙简牍博物馆《湖南长沙望城坡西汉渔阳墓发掘简报》介绍了该墓的发掘及出土文物情况。

74. 连云港陶湾黄石崖西郭宝墓出土简牍

1985 年 4 月 23 日，有人报告说陶湾村社员在黄石崖附近取土，发现古代墓葬。连云港市文管会、博物馆闻讯立即派员前往调查。黄石崖位于连云港市新浦南 8 公里，南距二涧村新石器时代至汉遗址 300 米。发现的墓葬在黄石崖下的山麓台地上，由于当地社员出售山土，致使古代墓葬遭受严重破坏。这次被挖的墓有四座，其中三座已被破坏。这三座墓均为竖穴土坑木椁墓，出土的器物有汉重圈铭文昭明镜、铁剑、铜刷柄、漆器残片、五铢钱等。从保存尚好的另一座墓中清理出土器物 50 余件，发现简牍 6 枚，其中 2 枚名谒，2 枚衣物疏，2 枚竹简。根据所出名谒和印章可知，该墓的墓主人为东海郡太守西郭宝。墓葬年代可推定为西汉中晚期。连云港市博物馆《连云港市陶湾黄石崖西汉西郭宝墓》（《东南文化》1986 年第 2 期）介绍了该墓发掘和简牍文物出土情况。马怡《西郭宝墓衣物疏所见汉代名物杂考》（《简帛》第 4 辑，上海古籍出版社 2009 年版）对墓中所出衣物疏进行了考释。

75. 敦煌一棵树汉代烽燧遗址出土简牍

一棵树烽燧遗址位于敦煌小方盘城遗址西南 65 公里处。2004 年 8 月，敦煌市博物馆在检查小方盘遗址西段长城烽燧时首次发现该烽燧遗址，之后博物馆又多次进行勘察保护，并采集到数枚汉简。由于长期风蚀的作用，往往有器物和简牍暴露。2008 年 12 月，敦煌市博物馆决定进行抢救性发掘。共拾获简牍 16 枚。全为木质，多以当地所产胡杨、红柳为材料。经初步整理，内容有檄书、日常屯戍簿册、私人书启及其他，有助于进一步探讨丝绸之路在敦煌的具体路线以及大煎都候官作为通往西域重要交通枢纽的战略地位。按形制可分为简、牍、觚、封检、削衣等。简牍文书的字体有隶书、草书和半隶半草的草隶体。纪年简 2 枚，为西汉宣帝元康三年（公元前 63 年）和元帝初元四年（公元前 45 年）。其中一枚封检保存完整，正面上半部中央挖有封泥凹槽。凹槽上、下两端书写，上端书写三行，下端书写五行，左下角题写纪年，字迹清晰。封泥保存亦完整，呈暗红色，上有篆书阳刻钤印，惜字迹模糊不清，凹槽底部横刻三道小槽，为封泥结绳头处，三道缠书麻绳亦保存完好。这是敦煌历年调查长城烽隧首次发现最完整的一件封检。杨俊《敦煌一棵树汉代烽燧遗址出土的简牍》(《敦煌研究》2010 年第 4 期) 对这批简牍做了介绍。相关研究还有李正宇《敦煌一棵树烽燧新获汉简初识》(《甘肃省第二届简牍学国际学术研讨会论文集》，上海古籍出版社 2012 年版)、李岩云《敦煌西湖一棵树烽燧遗址新获简牍之考释》(《敦煌研究》2012 年第 5 期)、石明秀《敦煌一棵树烽燧新获简牍释考》(《中国国家博物馆馆刊》2012 年第 6 期) 等。

76. 汉长安城未央宫骨签

　　1986 年 9 月至 1987 年 5 月，汉长安城未央宫第三号建筑遗址出土了 64305 件骨签，皆为西汉皇室遗物。其中有刻字的骨签 57644 件，总字数近百万，其内容与中央、皇室有着直接关系，属于中央、皇室档案。这批骨签上限在西汉初年，下限在西汉末年，以西汉中后期为多；有纪年的骨签，最早者为汉武帝太初元年，以始元、元凤时期数量最多。主要内容是设在地方的中央工官向皇室和中央上缴各种产品的记录，第一种为物品代号、编号、数量、名称、规格等；第二种为年代、工官或官署名称及其相关各级官吏、工匠之名。这批骨签是目前考古发现时代最早的具有保存、备查、使用功能的国家级"档案"，收藏这些骨签的未央宫中央官署遗址是目前我国考古发现时代最早、保存最好的国家级档案建筑遗址。这批骨签以动物骨骼制作而成，其中以牛骨为原料的占绝大多数。骨签刻文内容涉及年代学、古文字学、职官制度、汉代手工业史、兵器史、档案史、书法史、"国家通用文字"使用与发展等诸多领域，具有重要的学术价值。2018 年中华书局出版中国社会科学院考古研究所编著《汉长安城未央宫骨签》一书，共 90 册，全面公布了这批骨签。书中首列考古发掘报告及骨签研究，对出土情况、骨签所呈现的历史信息，做了充分的揭示和系统研究；次为骨签照片、释文、摹本、登记表；最后编制骨签文字编，对这批骨签做了全面系统的整理研究。

77. 成都天回老官山汉墓医简

2012年7月至2013年8月，成都文物考古研究所和荆州文物保护中心组成联合考古队对成都市金牛区天回镇的一处西汉时期墓地进行抢救性考古发掘，共发掘西汉时期土坑木椁墓4座，出土大量漆木器、陶器，以及少量铜器和铁器等珍贵器物。首次发现大量西汉时期简牍，出土9部书，其中部分医书极有可能是失传了的中医扁鹊学派经典书籍。出土的完整的人体经穴俑，应是迄今我国发现的最早的、最完整的经穴人体医学模型，与墓葬出土经脉医书相对照，对揭开中华医学经脉针灸理论的起源和发展具有重要意义。出土的4部织机模型应是前所未见的蜀锦提花机模型，是迄今我国发现的唯一有出土单位的、完整的西汉时期织机模型，对于研究纺织技术的起源和发展具有重大意义。

其中1号墓出土50枚木牍，根据内容初步分为官府文书和巫术两大类，其中官府文书涉及内容为研究西汉时期赋税制度提供了重要资料。3号墓出土医学竹简920枚，分两处存放，编号M3-121共736枚（含残简），根据竹简长度、摆放位置、叠压次序和简文内容，可分为9部医书。其中除《五色脉诊》一部之外，皆无书名，经初步整理暂定名为《敝昔医论》《脉死候》《六十病方》《尺简》《病源》《经脉书》《诸病症候》《脉数》等，部分医书确认为扁鹊学派失传医书。《敝昔医论》讲五色脉，论述五色脉与脏腑和疾病的关系；《脉死候》讲脉象与疾病以及死亡的关系；《六十病方》有药方60条，所涉病名包括了内科、外科、妇科、皮肤科、五官科、伤科等疾病；《病源》则涉及病理学；《诸病症候》共268枚简，涉及大量的药方和医病理论；《经脉书》与经脉有关；《归脉数》反映"疾病归脉"的经穴数；《尺简》内容大致与法律有关；《病源论》与传统中医理论中的"病源"有关；《五色脉脏论》讨论五色脉与脏腑和精神的关系。编号M3-137共184枚（含残简），内容为《医马书》。同时，3号墓还出土了完整的人体经穴髹漆人像。该漆人像高约14厘米，五官、肢体刻画准确，人像身体上用白色或红色描绘的经络线条和穴点清晰可见，并在不同部位还阴刻"心""肺""肾""盆"等小字。该经穴髹漆人与大量医学典籍一同出土，说明这些遗物并非随葬明器，而可能是墓主生前行医、教学中使用过的，应是我国发现的迄今最早、最完整的经穴人体医学模型，对解开中华医学经脉针灸理论的起源具有重要意义，这也证明在西汉早期中国的中医针灸学已经形成了较完备的理论体系。

谢涛等《成都市天回镇老官山汉墓》（《考古》2014 年第 7 期）、王军等《成都天回镇老官山汉墓发掘简报》（《南方民族考古》第 12 辑，科学出版社 2016 年版）公布了该墓发掘及简牍文物出土情况。《文物》2017 年第 12 期刊载四川成都天回汉墓医简整理简报和初步研究成果（中国中医科学院中国医史文献研究所等《四川成都天回汉墓医简整理简报》；柳长华、顾漫、周琦、刘阳、罗琼《四川成都天回汉墓医简的命名与学术源流考》）。整理者根据竹简的形制和内容，将出土竹简分别定名为《脉书·上经》《脉书·下经》《治六十病和齐汤法》《刺数》《逆顺五色脉藏验精神》。天回医简的主体部分抄录于西汉高后至文帝时期，《脉书·上经》所见残文中出现"敝昔曰"，医书主要内容与仓公所传古医经相类，可证明天回医简所载医书传自扁鹊、仓公。

78. 地湾汉简

1986 年 9 月 23 日至 10 月 24 日，甘肃省文物考古研究所集中对地湾遗址进行了再次发掘，出土汉简 778 枚。简牍所见年号集中于公元前 81 年至公元 27 年，属昭帝至光武帝时期，是肩水候官的各种原始文书档案，记录了这一地区的政治、经济、军事、典章制度等各方面的情况，如日常勤务的日迹记录、邮件传递记录、守御器簿、戍卒被兵簿、钱出入簿、吏受奉名籍、谷出入簿、吏卒廪名籍、出入关的记录等，为研究汉代的社会和历史提供了珍贵的资料，与居延汉简、金关汉简、悬泉汉简等，共同构成了西北汉简的资料宝库。2017 年，中西书局出版甘肃简牍博物馆、甘肃省文物考古研究所、出土文献与中国古代文明研究协同创新中心中国人民大学分中心编著《地湾汉简》一书，该书收录了 1986 年甘肃金塔地湾遗址考古发掘出土的 778 枚汉简以及当年在肩水金关遗址采集的 25 枚散简的彩色图版、红外图版及简牍释文，并附有发掘经过、遗址情况的说明。

79. 江西南昌海昏侯墓出土简牍

海昏侯墓位于南昌市新建区大塘坪乡观西村墎墩山上。2011 年 3 月 23 日，墎墩山上一座古墓遭到盗掘，江西省文物考古研究所闻讯后立即派员进行现场勘查，并及时向国家文物局汇报。2011 年 4 月 6 日，国家文物局经过专家论证，同意对该墓进行抢救性发掘。经考古勘探和发掘证实，该墓系西汉海昏侯墓。2011 年，对被盗墓葬周围 5 平方公里的区域进行了系统调查，发现了以紫金城城址、历代海昏侯墓园、贵族和平民墓地等为核心的海昏侯国一系列重要遗存，并对海昏侯墓及其周围墓园进行重点钻探。2012—2013 年，对海昏侯墓园进行发掘。2014—2016 年，完成对主墓即 1 号墓的发掘清理。发现木牍约 200 枚，包括遣策类的签牌和奏牍。签牌是系在竹木笥或漆箱上的标签，上面写有盛器编号及所盛物品的名称和数量等。奏牍是墓主人上奏皇帝、皇太后的奏章副本。竹简5200 余枚，内容大约包括《悼亡赋》《论语》《易经》《礼记》《孝经》《医书》《五色食胜》等。其中《悼亡赋》有描写冢墓的文字。《论语》中发现《知道》篇，很可能属于《齐论》版本。《易经》的经文首先解释卦名，自《象》以下的内容与《日书》类似，虽然排序与传世《易经》相同，但内容差别较大。《医书》的内容与养生和房中术有关，在马王堆帛书《天下至道谈》所记述的"八道"之上增加"虚""实"而成为"十道"。《五色食胜》记述的是以五种颜色代表相应的食物，类比于"五行"相生相克的方术类内容。

简牍中所占比重最大的一部分是儒家经典及其训传，包括《诗经》《礼记》类、祠祝礼仪类、《论语》《春秋》经传及《孝经》等。海昏简本《诗经》现存竹简 1200 余枚。简文内容分为篇目与诗文，可以见到"《诗经》三百○五篇""《颂》卅篇""《大雅》卅一篇""《国》百六十篇"等记载篇目数量的内容。海昏简本《诗经》的总章数记载为"凡千七十六章"（1076 章），与今本 1142 章之间存在较大差距。海昏简本《诗经》的发现，不仅提供了现今所见存字最多的《诗经》古本，更提供了汉代《鲁诗》的可能面貌。

海昏简本《论语》500 余枚。保存有"智（知）道"篇题和一些不见于今本的简文，表明此本应是《汉书·艺文志》所载的《齐论》。简本《论语》与今本用字习惯亦不尽同，如今本的"知"字在此本中皆作"智"，"政"皆作"正"，"能"皆作"耐"，"室"皆作"窒"，"旧"皆作"臼"；今本中表示反问的"焉"，简本皆作"安"。

海昏简本《春秋》现存 100 余枚。西汉流传对《春秋经》进行注释的有《左传》《公羊传》和《穀梁传》。研究人员根据文字较清晰的 20 余枚竹简初步判断可知，简文内容多同见于今本《公羊传》和《穀梁传》，也有仅见于《公羊传》者。其内容文句与今本有出入，也有不见于今本者。海昏简本《春秋》与《春秋公羊传》关系密切，汉代公羊学盛行，甚至在一段时间内作为治国基本原则，海昏简本《春秋》的发现是春秋经传在出土文献中的首次发现，提供了《春秋》经的最早实物，为了解这段历史提供了宝贵的资料。

此外，还有少量文句不见于今本大小戴《礼记》和《论语》，究竟属于《礼记》佚篇抑或《论语》佚篇尚难确定。海昏简牍中的《礼记》类文献包括形制、书体各异的多个简本，还有一些不见于传世文献的佚文，可能表示《礼记》类文献直到汉宣帝时期仍处于"单篇别行"的状态。

海昏侯简中还包括"六博"棋的行棋口诀，有 1000 余枚，为研究汉代的社会风尚乃至兵制提供了很好的实物资料。"六博"简文有篇题，篇题之下记述形式以"青""白"指代双方棋子，依序落在相应行棋位置（棋道）之上，根据不同棋局走势，末尾圆点后均有"青不胜"或"白不胜"的判定。简文所记棋道名称，可与《西京杂记》所记许博昌所传"行棋口诀"、尹湾汉简《博局占》、北大汉简《六博》等以往所见"六博"类文献基本对应。

杨军、徐长青《南昌市西汉海昏侯墓》（《考古》2016 年第 7 期）介绍了海昏侯墓发掘及简牍文物出土情况。王意乐、徐长青《海昏侯刘贺墓出土的奏牍》（《南方文物》2017 年第 1 期）介绍了海昏侯刘贺墓出土奏牍的基本情况。奏牍被单独放在一个漆箱内，漆箱大部已朽，奏牍外可能有丝织物包裹。奏牍编为 58 个号，其中 49 枚基本完整，9 枚残碎，可辨识出文字的有 34 枚，释文已全部公布，内容涉及西汉的列侯朝请制度和刘贺的朝请活动。《研究人员在海昏侯墓简牍中发现多种儒家典籍失传版本》（中国青年网，2019 年 2 月 3 日）、《海昏简牍中发现千余枚汉代"六博"棋谱》（新华网，2019 年 3 月 12 日）报道了海昏侯墓出土简牍整理的最新进展。

80. 湖北随州周家寨汉墓简牍

周家寨墓地位于湖北省随州市曾都区周家寨村八组、九组及孔家坡社区一组。为配合当地工程建设，2014 年 9—12 月，湖北省文物考古研究所和随州市曾都区考古队联合组队对该墓地进行了抢救性发掘，共清理汉墓 24 座。其中 M8 号墓出土了一批重要的漆木器和简牍，包括竹简 1 卷（566 枚），其中完整简约 360 枚，另有部分有字残片和无字残简，内容为日书；同出木牍 1 枚，内容为告地书；竹签牌 3 枚，上书奴婢名字。日书的内容与邻近孔家坡墓地出土日书最为接近，内容相同或相近的篇章有"建除""星""生子""艮山""禹须臾所以见人日""嫁女""入官""反支""死失""置室门""岁"等，另有不见于其他日书文献的"五龙"篇等。根据木牍纪年和内容推断，该墓的下葬年代为武帝建元元年（公元前 140 年）或元光元年（公元前 134 年），墓主人为桃侯国都乡高里人路平，其爵为公乘。从随葬的笔、砚、六博盘和竹简来看，墓主有一定的文化，且掌握大量数术知识，精通择日之术。

《考古》2017 年第 8 期刊载湖北省文物考古研究所、随州市曾都区考古队《湖北随州市周家寨墓地 M8 发掘简报》，介绍了该墓发掘和出土竹简的基本情况。同期还刊载了李天虹、凡国栋、蔡丹《随州孔家坡与周家寨汉简〈日书〉"嫁女"篇的编次与缀合》，对该墓所出竹简日书"嫁女"篇的编次与缀合做了初步研究。

81. 山东青岛黄岛区土山屯墓群简牍

土山屯墓地位于青岛市黄岛区张家楼镇土山屯村东北约 1 公里的山岭上。墓地原有 15 座封土，其中 1 座被破坏。2011 年 4—5 月，为配合胶南市（现黄岛区）"东西大通道"路政工程建设，青岛市文物保护考古研究所联合胶南市博物馆（现黄岛区博物馆）对工程涉及的遗址保护范围进行了抢救性发掘，共清理 13 座墓，其中 M6、M8 号墓保存最好，出土遗物最丰富，在两座墓中各发现木牍 1 枚，两面均有墨书隶体文字，记载随葬器物，应属于遣册。两座墓葬的年代推定为西汉晚期至东汉早期。2017 年 3—11 月，又清理了汉魏墓葬 60 余座，发现"祭台"性质的砖构平台、"人"字形椁顶、"堂寝"椁室结构等重要遗迹，出土温明、玉席和遣册、简牍等珍贵文物。其中 M147、M157、M177 号墓保存最为完好，出土遗物丰富，共发现木牍 23 枚，竹简约 10 枚。其中 M147 号墓棺内南侧发现 1 枚遣册木牍，自题为"堂邑令刘君衣物名"，记载 72 件随葬品，包括"唐邑户口簿一"。还发现竹笥一件，内有梳篦、双管毛笔、板研、削刀和 10 枚木牍。10 枚木牍中，有 2 枚为空白木牍，有 2 枚为尚未使用的"名刺"，分两行墨书"堂邑令赐再拜谒"，有 6 枚为"上计"文书性质的公文木牍，内容包括"堂邑元寿二年要具簿""元寿二年十一月见钱及逋簿""诸曹要员集簿""堂邑盗贼命簿""囚簿""堂邑元寿二年库兵要完坚簿"以及县民疾疫和治疗情况。这批上计文书木牍是继尹湾汉简、天长纪庄汉简和松柏汉简之后，墓葬内出土的第四批上计公文木牍，也是墓葬内发掘出土的第一批完整的汉代县级上计公文木牍，对研究汉代行政制度、司法制度等具有重要意义。

青岛市文物保护考古研究所、黄岛区博物馆《山东青岛市土山屯墓地的两座汉墓》(《考古》2017 年第 10 期)介绍了土山屯墓地 M6、M8 号墓的发掘及文物出土情况。青岛市文物保护考古研究所彭峪等《青岛土山屯墓群考古发掘获重要新发现——发现祭台、"人"字形椁顶等重要遗迹，出土温明、玉席和遣册、公文木牍等珍贵文物》(《中国文物报》2017 年 12 月 22 日第 4 版)介绍了 M147、M157、M177 号墓发掘及简牍文物出土情况。

82. 山西太原东山汉墓简牍

2013 年以来，山西省文物考古工作者在太原东山发现西汉时期的古墓群，并推测主墓可能属于西汉代王及王后。2017 年，太原市在城中村改造过程中修建楼盘，山西省文物考古部门对其进行了抢救性发掘，发现 M6 未经盗扰保存完好。2018 年 4 月至 9 月，北京大学考古文博学院与太原市文物考古研究所合作开展太原东山古墓衬葬墓 M6 实验室考古工作。

获得重大发现，出土大批西汉木质简牍。这是在山西境内，同时是黄土高原半干旱地区首次发现简牍文物。本次考古还出土了成套漆奁盒与铜镜、琴瑟乐器组合、漆案、漆盘、漆耳杯、漆缅冠、铜印、玉印、串珠等珍贵文物。木简宽约 0.8 厘米、长约 23 厘米，初步判断数量 600 枚左右，材质为云杉。有关报道见《考古文博学院在太原发现西汉木质简牍等文物》（北京大学新闻网，2018 年 9 月 20 日）、《山西首次发现汉代简牍——太原悦龙台 M6 室内考古的新发现》（《中国文物报》2018 年 11 月 16 日第 7 版）。

83. 四川渠县城坝遗址出土汉代简牍

城坝遗址位于四川省达州市渠县土溪镇城坝村，2016 年被国家文物局列入"十三五"期间重要大遗址名单。2014 年至 2018 年，四川省文物考古研究院对城坝遗址进行了系统的考古调查、勘探和发掘工作，清理包括墓葬、水井、灰坑、城墙、城门、房址、沟、窑等各类遗迹 400 余处，首次全面厘清了城坝遗址功能分区，构建了遗址自战国晚期至魏晋时期年代序列。其中，有几口水井的"年龄"超过 2000 岁，当地人从汉代一直使用到今天。此次发掘出土各类文物 1000 余件，最为难得的是发现了 15 枚汉代竹木简牍，总字数近 200 字，可以清晰地看到"河平二年""竞宁元年"等明确年代记载。这批竹木简牍内容丰富，不仅有当时的法律文书、书信等，还有汉代的启蒙识字课本《仓颉》。这是继青川战国木牍、老官山汉墓"扁鹊"医简之后，四川地区第三次发现竹木简牍，具有十分重要的史料价值。四川省文物考古研究院还在城坝遗址发现了"宕渠"文字瓦当，表明城坝遗址即是秦汉时期文献记载的"宕渠"城所在地。有关报道见戴竺芯《城坝遗址首现千年竹木简牍》（《华西都市报》2018年 9 月 27 日）、童芳《四川渠县出土汉代竹木简牍》（新华社 2018 年 9月 18 日）。

84. 荆州胡家草场墓地 M12 出土西汉简牍

为配合荆州纪南生态文化旅游区项目建设，2018 年底，荆州博物馆对胡家草场墓地进行了考古发掘，共清理古墓葬 18 座。其中，M12 出土一批西汉简牍，可以分为竹简、木简、木牍三种，总数量 4546 枚，主要内容有：历谱、编年记、律令、经方、遣册、日书等。

历谱简有两种，分别在其首简的简背上书写有篇题《历》和《日至》。《历》简 100 余枚，记载了从汉文帝后元四年（公元前 160 年）起，下推至公元前 64 年之间的每月朔日干支。《日至》简 102 枚，记载了从汉武帝建元元年（公元前 140 年）起，下推至公元前 41 年之间的冬至、立春、春分、立夏、夏至、立秋、秋分、立冬之日的干支。所见《历》简以十月为首，《日至》简以冬至为首，据此推测，这两种简的编订应在汉武帝颁行《太初历》（公元前 104 年）之前。

编年记简 70 枚，记载秦昭王至汉文帝时期的国家大事，每年一简。所记内容与传世文献记载基本相符，有少量歧异。如 19 号简"卅二年，行在碣石"，《史记·秦始皇本纪》作"三十二年，始皇之碣石"；简文"碣"，《史记》作"碣"。又如，45 号简"廿九年，正月，大索七日，行过比阳，掠瑯琊"；而《史记·秦始皇本纪》记载，该年"乃令天下大索十日"。简文"七日"与《史记》"十日"之异，应是隶书"七"与"十"形近讹误所致。

律令简 1500 余枚，均有目录和篇题。目前所见律名有：盗律、囚律、关市律、效律、告律、捕律、兴律、厩律、亡律、复律、钱律、贼律、具律、襍律；令名有：禁苑令、户令丙等。

经方简 1000 余枚，记录了 45 种传统方技，包括治病、保健、育儿、种植、养殖等。如 767 号简名为"令齿白方"，记载"以美桂麋之百日，而齿白矣"，这是古人使用中药桂枝或桂皮，让牙齿变白的方法。又如，833 号简名为"肥牛"，提出"煮豆，斗以鸟喙一果，而盐豆，日盐二升；茸食如常养牛方，茹以甘㲍、善骚，麋以秫米二斗"，是说要想使牛养得肥壮，则要注重调配饲料成分及比例。

这批简牍数量众多，保存良好，内容丰富，对于战国史、汉代历史和中医药发展史等各方面的研究皆具有重大价值。有关报道见肖雨、祁慧《荆州新出楚汉简牍被公布为"考古中国"重大项目》，荆州新闻网，2019 年 5 月 7 日。

85. 湖南长沙东牌楼东汉简牍

2004 年 4—6 月，长沙市文物考古研究所对位于市中心五一广场东南侧的东牌楼建筑工地内的古井群进行了考古发掘，在编号为 J7 的古井内清理出 426 枚东汉简牍，其中有字简 206 枚，无字简 220 枚。均为木质简牍，材质大多为杉木。形制类别较多，可分为木简、木牍、封检、签牌以及名刺、异型简六类，其中尤以木牍和封检居多。简牍所见有汉灵帝建宁、熹平、光和、中平四个纪年，最早为建宁四年，最晚为中平三年，因此这批简牍的年代当为东汉灵帝时期。东牌楼东汉简牍的内容，大致可分为公文、私信、杂文书、习字及残简五大类。其中杂文书又包括事目、户籍、名簿、名刺、券书、签牌、杂账等小类。

《文物》2005 年第 12 期刊载长沙市文物考古研究所《长沙东牌楼 7 号（J7）古井发掘简报》，介绍了 J7 发掘和出土简牍情况。《文物》同期刊载王素《长沙东牌楼东汉简牍选释》，公布了部分简牍的释文；刘涛《长沙东牌楼东汉简牍所见书体及书法史料价值》，考察了东牌楼简牍所见书体及其书法史料价值。2006 年，文物出版社出版长沙市文物考古研究所、中国文物研究所《长沙东牌楼东汉简牍》一书，全部公布了长沙东牌楼东汉简牍的照片、释文及注释；书中附有《长沙东牌楼七号古井发掘报告》《长沙东牌楼东汉简牍概述》《长沙东牌楼东汉简牍的书体、书法与书写者》，分别对这批简牍的出土情况、简牍的内容、形制、年代及其价值作了详细介绍。

86. 长沙五一广场东汉简牍

2010 年 6—8 月，长沙市文物考古研究所为配合长沙市地铁二号线建设，于五一广场站地下水管改迁施工中，在编号为 1 号的窖内出土了一批东汉简牍，总数 6862 枚，材质包括木质和竹质两大类。简牍形制多样，包括木牍、两行、简札、封检、封泥匣、签牌、竹简、竹牍、削衣、异型简等十大类。简牍纪年有章和、永元、元兴、延平、永初等东汉时期的年号，表明该批简牍形成于东汉中期偏早，时代在东汉早中期和帝至安帝间。其中大部分为官文书，有少量用于封缄文书的封检及函封、标识文书内容的楬等，也有部分名籍及私人信函。简牍内容相当丰富，涉及当时的政治、经济、法律、军事诸多领域。尤其是大量当时使用的行政公文，具有时效性，主要是长沙郡及门下诸曹、临湘县及门下诸曹的下行文书，临湘县、临湘县下属诸乡和亭的上行文书，以及与外郡县的往来文书。公文涉及的地域广泛，从中可了解当时的行政区划及管理体系。所见郡名有长沙郡、南阳郡、武陵郡。县名有临湘、酃、连道、南昌、临沅、安陆、攸、邵等。乡、里、丘的名称众多，其中不少名称也见于走马楼三国吴简，说明某些体制一直沿用至三国时期。文书的责任人或撰写者多为各级官吏，简文所见职官名目繁多，是研究东汉官僚体系的第一手资料。简牍中有大量与司法相关的内容，涉及刑事、民事诉讼等，对研究东汉法制史具有重大价值。这批纪年明确、保存较好、形制规整、字迹清楚、数量众多的官府档案文书简牍，弥补了以往东汉早中期简牍出土较少的缺环。

《文物》2013 年第 6 期刊载长沙市文物考古研究所《湖南长沙五一广场东汉简牍发掘简报》，介绍了这批简牍的出土情况。2015 年中西书局出版长沙文物考古研究所、清华大学出土文献研究与保护中心、中国文化遗产研究院、湖南大学岳麓书院编《长沙五一广场东汉简牍选释》，公布了176 枚简牍的图版及释文。2018 年中西书局出版长沙文物考古研究所、清华大学出土文献研究与保护中心、中国文化遗产研究院、湖南大学岳麓书院编《长沙五一广场东汉简牍》壹、贰，每卷各收录简牍 400 枚，包括彩色及红外线原大图版、释文注释等。

87. 长沙尚德街东汉简牍

2011 年 3 月至 2012 年 9 月，长沙市文物考古研究所为配合城市基本建设，对九龙仓（长沙）置业有限公司兴建的长沙市尚德街长沙国际金融中心建设区域进行了考古发掘，清理了大批战国至明清时期的建筑基址、护城河、城墙、古井等遗迹。在其中的九口古井中出土了 257 枚简牍，残断较为严重，其中有字简和有墨迹的简牍 171 枚，无字简 86 枚。均为木质，形制包括木牍、小木简、两行简、封检、人形简、签牌、封泥匣、名刺、异型简及削衣等；内容包括诏书律令、官府公文、杂账、名簿、药方、私人书信、习字等；书体包括隶书、行书、草书和楷书等；时代为东汉中晚期至三国孙吴早中期，以东汉中晚期为主。为研究东汉的政治、经济、社会生活等增添了重要的资料。2016 年，岳麓书社出版长沙市文物考古研究所编《长沙尚德街东汉简牍》一书，该书上编为《长沙尚德街出土简牍古井发掘报告》，下编为《长沙尚德街出土东汉简牍及释文》，公布了这批简牍的彩色图版、黑白图版及释文。

88. 散见汉简

除了成批出土之外，各地尚有零星简牍发现，撮其要者，大致有如下数种。

1951 年至 1952 年，湖南省考古工作者在长沙市 203 号西汉墓发现木牍 9 枚，在长沙市杨家大山 401 号汉墓获木牍 1 枚。详见林剑鸣《简牍概述》，陕西人民出版社 1984 年版。

1951 年至 1952 年，湖南省考古工作者在长沙市北郊五家岭 201 号西汉墓获封检 9 枚，在长沙东郊徐家湾 401 号西汉墓获木楬 1 枚。详见李均明、何双全《散见简牍合辑·附录》，文物出版社 1990 年版。

1956 年黄河水库考古工作者在河南陕县刘家湾 23 号汉墓获木简 2 枚。详见黄河水库考古工作队《一九五六年河南陕县刘家湾汉唐墓葬发掘简报》，载《考古通讯》1957 年第 4 期。

1962 年，南京博物馆在江苏省连云港市海州纲疃庄焦山东汉初期墓获木牍 1 枚，内容为随葬物品清单。详见南京博物馆《江苏连云港市海州纲疃庄汉木椁墓》，载《考古》1963 年第 6 期。

1963 年，江苏省文物管理委员会在江苏盐城三羊墩汉墓获木牍 1 枚，内容为随葬物品清单。详见江苏省文物管理委员会《江苏盐城三羊墩汉墓清理报告》，载《考古》1964 年第 8 期。

1972 年，湖北省博物馆、孝感地区文化局、云梦县文教局、云梦县文化馆联合发掘云梦大坟头 1 号汉墓，出土木牍 1 枚，内容为随葬物品清单。详见湖北省博物馆、孝感地区文化局、云梦县文化馆《湖北云梦西汉墓发掘简报》，载《文物》1973 年第 9 期。

1973 年，湖北省博物馆在光化县五座坟发掘一座西汉墓，出土竹简 30 余枚，其中仅 5 枚存字，内容为随葬物品清单。详见湖北省博物馆

《光化五座西汉墓》，载《考古学报》1976年第2期。

1973年，南京市博物馆、连云港市博物馆联合清理连云港市海州西汉霍贺墓，出土木牍7枚，仅1枚存字。详见南京市博物馆、连云港市博物馆《海州西汉霍贺墓清理简报》，载《考古》1974年第3期。

1973年底，南京市博物馆发掘连云港市海州区南门大队纲疃庄西汉侍其繇夫妻合葬墓，出土木牍2枚，仅1枚存字，内容为随葬物品清单。详见南波《江苏连云港市海州侍其繇墓》，载《考古》1975年第5期。

1974年，北京市考古工作者在北京丰台区发掘大葆台1号汉墓和2号汉墓。其中1号墓出土竹简1枚。详见北京市古墓发掘办公室《大葆台西汉木椁墓发掘简报》，载《文物》1977年第6期。

1975年，陕西省咸阳市博物馆在灵台县发掘马泉西汉墓，获竹简残片3枚，字迹漫漶。详见咸阳市博物馆《陕西省马泉西汉墓发掘简报》，载《考古》1979年第2期。

1978年，山东省临沂市博物馆在临沂金雀山发掘11号、13号汉墓，出土竹牍残片8枚，字迹无法辨认，可能是随葬品清单。详见临沂市博物馆《山东临沂金雀山周氏墓群发掘简报》，载《文物》1984年第11期。

1979年，南京市博物馆清理了江苏盱眙东阳1号汉墓至7号汉墓，在7号墓中发现木牍1枚，内容为人们向神灵祈福之词。详见南京市博物馆《江苏盱眙东汉墓》，载《考古》1975年第5期。

1983年，江苏省扬州市博物馆在扬州市平山养殖场发掘3号汉墓，获木楬3枚，内容为随葬食品清单。详见扬州市博物馆《扬州平山养殖场汉墓清理简报》，载《文物》1987年第1期。

1983年底，山东省临沂市博物馆发掘临沂金雀山28号汉墓时，获木牍1枚，字迹漫漶不识。详见临沂市博物馆《山东临沂金雀山九座汉代墓葬》，载《文物》1989年第1期。

1984年，甘肃省文物考古研究所发掘武威市韩佐乡五坝山3号汉墓时，获木牍1枚，内容为墓主死事文告。详见李均明、何双全《散见简牍合辑》，文物出版社1990年版。

1996年，贵州省文物考古研究所发掘安顺宁古汉代遗址中的龙泉寺遗址时，获木牍1枚，残存13字，内容可能与司法文书有关。详见贵州省文物考古研究所《贵州安顺市宁谷汉代遗址与墓葬的发掘》，载《考古》2004 年第 6 期；杨林洁《安顺宁古木牍试释》，载《大众文艺》2018 年第 11 期。

2000 年，天津市考古队在蓟县发掘 18 口战国及两汉时期的古井，其中刘家坝乡大安宅村一口古井中出土 1 枚道教方术木牍。《中国文物报》2000 年 9 月 24 日刊载梅运鹏等撰写《蓟县出土国内首见道教木牍文书》一文，详细报道了这次考古发现的全部文物情况。

2001 年 6 月至 7 月，甘肃省文物考古研究所、高台县博物馆对甘肃高台骆驼城遗址及墓葬区进行了发掘清理，其中 5 号墓出土"升平十三年"（公元 369 年，前凉末代王张天锡年号）木牍 1 枚，内容为死者衣物疏。《考古》2003 年第 6 期刊载甘肃省文物考古研究所、高台县博物馆《甘肃高台县骆驼城墓葬的发掘》，介绍该墓发掘和出土木牍情况，并公布了该木牍释文。

2001 年 8 月，陕西西安杜陵陵区内一座汉代墓葬中出土 1 枚木牍，内容为《日书》，有始田良日、禾良日及粟、豆、麦、稻良日等，与睡虎地简《日书》"农事篇"相近。张铭洽、王育龙《西安杜陵汉牍〈日书〉农事篇考辨》（《陕西历史博物馆馆刊》第 9 辑、《国际简帛学会会刊》第 4 号）一文，公布了木牍内容。

2002 年 5—6 月，甘肃省文物考古研究所在疏勒河移民安置区今玉门花海乡上回庄西北约 2 公里的毕家滩对一处五凉十六国时期的墓地进行了抢救性发掘，共清理小型竖穴土坑墓 55 座，出土衣物疏木牍 9 枚，内容为记录随葬品衣物清单，两面分栏书写，而记录埋葬时间、墓主人名称与道家用语的文字则全部没有分栏书写。衣物疏中纪年最早为建元十六年，最晚为庚子四年和麟嘉十五年。有关介绍见 2004 年文物出版社出版《中国考古学年鉴（2003）》。

2002 年 7 月，连云港市博物馆在连云港市海州区双龙村建设工地发掘清理了 M1 号西汉墓，在北椁室 2 号棺内出土一批木简，主要是名谒，记载河南太守、河南都尉、弘农太守曾派属下拜谒墓主的事实；在北椁室 3 号棺内出土 1 枚衣物疏木牍。有关报道见 2002 年 7 月 23 日《新华每日电讯》。

2002 年 11 月至 2003 年 1 月，南京博物院考古研究所、宿迁市文化局、泗阳县广播电视文化局等单位对位于泗阳县城西北 15 公里处三庄乡夫庙村的大青墩汉墓进行发掘。墓中出土数十枚木牍。根据正南外藏椁盖板上烙印的"泗水王冢"，结合出土器物及文献资料，初步判定墓主为西汉泗水国的第四代王刘综或第五代王刘骏。2004 年文物出版社出版的《中国考古学年鉴（2003）》以"泗阳县大青墩汉墓"为题对此予以报道。

2002 年，为配合三峡水库建设，对位于重庆云阳县旧汉坪的汉朐忍县城址进行了发掘，清理出简牍 20 余支，内容为记事等，2002 年 8 月 16 日《中国文物报》予以报道。

2003 年 6 月，甘肃省文物考古研究所在安西县布隆乡九上村一处汉代烽隧遗址发掘清理木简 33 枚，竹简 2 枚，2005 年文物出版社《中国考古学年鉴（2004）》有介绍。

2007 年 9 月，云南省文物考古研究所、文山壮族苗族自治州、广南县考古人员联合对广南县牡宜村 M1 号汉墓进行抢救性发掘，出土 5 枚汉文竹简残片，内容为记录随葬品的遣册。2008 年，云南科技出版社出版云南省文物考古研究所等《云南边境地区（文山州和红河州）考古调查报告》，书中收录该墓的清理报告，公布了竹简残片的图版和摹本。

2008 年 5—6 月，湖北省宜昌博物馆在宜都市陆城镇中笔村一座编号为 M1 的西汉墓中发掘出土木牍 1 枚，长 46.6 厘米、宽 6 厘米、厚 0.6 厘米，内容为遣册。有关报道见《中国文物报》2008 年 8 月 29 日第 5 版《宜都中笔墓地一号墓发掘收获》。

2009 年 1 月，荆州博物馆对荆州高台墓地 M46 号墓进行抢救性发掘，发现 9 枚木牍，保存较差，缺字较多，内容多与钱数有关，应为账簿。荆州博物馆《湖北荆州高台墓地 M46 发掘简报》（《江汉考古》2014 年第 5 期），介绍了墓葬发掘及出土木牍情况，公布了木牍释文。

2009 年 9 月 19 日，株洲市考古队在醴陵市城区解放路邓公塘发现一处汉晋时期遗址，找到两口汉晋时期的古井和两处灰坑（生活垃圾池）遗址，并出土一枚竹简和大量破损陶罐、青瓷等物品。其中，古井和竹简在株洲市考古史上尚属首次发现。竹简上用墨迹书写的字体清晰可辨。考古人员初步研究认为，竹简记录的大概是阴阳五行之类的内容，有重要的研究价值。沈晓《醴陵邓公塘古井发掘汉晋简牍》（林小军主编《株洲年鉴2010》，方志出版社 2010 年版）简要介绍了相关情况。

89. 南昌东吴高荣墓简牍

1979 年 6 月，江西省南昌市文物工作者在南昌市阳明路中段南侧清理东吴早期高荣墓，出土木质名刺 21 枚、木牍 2 枚。木牍内容为随葬物品清单。详见江西省历史博物馆《江西南昌东吴高荣墓的发掘》，载《考古》1980 年第 3 期。李均明、何双全《散见简牍合辑》（文物出版社1990 年版）收录了该墓简牍释文。

90. 湖北鄂城 1 号东吴墓木刺

1980 年，湖北省鄂城县博物馆在鄂城水泥厂 1 号东吴早期墓获木刺 6枚。详见鄂城县博物馆《湖北鄂城四座吴墓发掘报告》，载《考古》1982年第 3 期。李均明、何双全《散见简牍合辑》（文物出版社 1990 年版）收录了木刺内容。

91. 安徽马鞍山东吴朱然墓木刺、木谒

1984 年 6 月，安徽省文物考古研究所、马鞍山市文化局共同发掘马鞍山雨山乡的一座古墓，墓主人为三国东吴右军师、左大司马朱然。该墓出土名刺 14 枚，木谒 3 枚。详见安徽省文物考古研究所、马鞍山市文物局《安徽马鞍山东吴朱然墓发掘简报》，载《文物》1986 年第 3 期。

92. 长沙走马楼三国吴简

1996 年 7 月至 12 月，湖南省长沙市文物工作队、长沙市文物考古研究所对长沙市五一广场走马楼西南侧的平和堂商贸大厦建设工地的古井窖群进行发掘清理，共发掘古井 50 余口，在其中编号为 J22 的古井中发现大批三国时期的简牍，总计有 10 万余枚，其中有字简 7.2万余枚，带字痕简 3 万余枚，另有 4 万余枚无字。已整理部分所见最早年号为东汉献帝建安二十五年，最晚年号为吴孙权嘉禾六年，其中建安年号顺延至二十七。唯有一枚年号为"中平二年"。形制有简、

牍、木楬、封检等。竹木简牍多残留编痕，原当编联成册，一般设二道编绳。简牍长宽不一，主要有以下几类：大木简形制特别，长49.8—56 厘米、宽 2.6—5.5 厘米；小木简长 24.2 厘米左右、宽1.5—1.9 厘米；竹简长 22.2—29 厘米、宽 1.2—1.5 厘米；木牍长23—24.5 厘米、宽 6—9.6 厘米；木楬长 7.5—11.2 厘米、宽 3.3 厘米；封检长 12—17.5 厘米、宽 5—6 厘米。这批简牍大部分属于孙吴临湘县或侯国的文书。从目前已整理的情况看，其内容以户籍、各种名籍和赋税簿籍为主，也有官府的往来文书，涉及司法调查、军粮督运、借贷还债、征讨叛乱等事项，还有私人信件、名刺、封检等。

《文物》1999 年第 5 期刊载长沙市文物工作队、长沙市文物考古研究所《长沙走马楼 J22 发掘简报》，初步介绍了古井窖清理发掘及部分简牍的情况。1999 年，文物出版社出版长沙市文物工作队、中国文物研究所、北京大学历史系编《嘉禾吏民田家莂》，公布了第一批整理出来的大木简2141 枚。莂为可剖分的契约文书，一式两份或多份，今见田家莂皆于上端大书"同"字或其变形，一侧或两侧有被剖分的痕迹。"嘉禾吏民田家莂"所记为嘉禾四年与五年收取租税事，文书写成于次年初。简文所记内容大体有三项：第一项记佃家情况，包括所在丘名、佃家身份、姓名、佃田地块数、佃田面积；第二项记佃家收成未收成的田亩数、交付米布钱的数额；第三项是田户曹史的审核签署，含日期及田户曹史姓名，末字署"校"。竹简目前已整理公布八卷，即长沙市文物考古研究所、中国文物研究所、北京大学历史学系走马楼简牍整理组《长沙走马楼三国吴简·竹简》（一）、（二）、（三）、（四）、（五）、（六）、（七）、（八），由文物出版社分别于 2003、2007、2008、2011、2019、2017、2013、2015 年出版。

93. 湖南郴州三国吴简、西晋简

2003 年 12 月至 2004 年 2 月，湖南省文物考古研究所、郴州市文物处对郴州市苏仙桥建设工地的 11 口汉代至宋元时期的古井进行考古发掘。在 J4 号古井中清理出三国吴简 140 枚，在 J10 号古井中出土西晋木简 900 余枚。

J4 所出三国吴简，多残断，整简长 23—25 厘米、宽 1.4—2.1 厘米。简文中的明确纪年有赤乌二年、五年、六年，简文内容可分为簿籍类、文书书信类、记事类、纪年简、习字简及其他。《出土文献研究》第 7 辑（上海古籍出版社 2005 年版）刊载湖南省文物考古研究所、郴州市文物处《湖南郴州苏仙桥 J4 三国吴简》，全面公布了这批三国吴简的照片及释文。

J10 所出西晋简，大多数是木质，仅见竹简两枚。长 24 厘米、宽 2.2—4.1 厘米、厚 0.2—0.3 厘米，另有封检和木楬各一。共 909 枚（含残简），其中无字简 5 枚。简文有明确的纪年，所见年号有元康、永康、太安等，均属晋惠帝司马衷。简文内容为西晋桂阳郡郡府文书档案，记事详细到年月日，内容涉及桂阳郡和辖下各县的概况、县城的规模和吏员设置、数量登记，桂阳郡辖区内的地理、道路邮驿、政府建筑物登记、人口、土地、物产、赋税、矿产资源、人文掌故，以及诏书政令或桂阳郡的上奏文书，祭祀社稷之神和先农，改火的记录等。《湖南考古集刊》第 8 集（岳麓书社 2009 年版）刊载湖南省文物考古研究所、郴州市文物处《湖南郴州苏仙桥遗址发掘简报》，公布了这批晋简的部分释文和照片。

94. 南京新出孙吴、西晋简牍

2004 年 4 月，南京市博物馆考古部在今南京城南的皇册家园建设工地发掘清理出 40 余枚木质简牍，简文纪年有孙吴赤乌元年、赤乌十三年、永安四年，以及西晋建兴三年。简牍种类有木简、名刺、签牌、符券、封检等，内容主要涉及米粮缴纳、道教符咒等，对当时经济、宗教以及地名、职官的研究、考订等具有重要的史料价值。《书法丛刊》2005 年第 3 期简单介绍了木简的出土情况，并公布了部分木简的图版。

95. 楼兰尼雅出土简牍

楼兰遗址位于新疆巴音郭楞蒙古自治州若羌县罗布泊沿岸，地当古丝绸之路孔道，魏晋时期为西域长史所在，一直沿袭到十六国前凉时期。尼雅遗址位于新疆民丰县北约 150 公里外的尼雅河下游，东汉魏晋间为鄯善精绝国属地。前凉海头城遗址位于楼兰遗址西南 50 公里处，西域长史后期治所，人们习惯于将其归入楼兰地域。19 世纪末 20 世纪初，外国探险家及考察队纷纷进入楼兰、尼雅地区进行发掘考察，主要有英籍匈牙利人斯坦因、瑞典人斯文赫定、美国人亨廷顿、日本大谷考察队的橘瑞超、瑞典人伯格曼等。他们在楼兰、尼雅遗址中共发现魏晋简牍及汉文纸文书728 件，包括斯文赫定第二次中亚考察在楼兰所获 277 件，斯坦因三次中亚考察在楼兰所获 349 件、在尼雅所获 58 件，橘瑞超第二次中亚考察在海头故城所获 44 件。

楼兰、尼雅遗址出土简牍与纸文书绝大部分为魏晋时期物。所见纪年以曹魏嘉平四年的残纸为最早，以前凉建兴十八年的木简为最晚，此外还有曹魏元帝的景元、咸熙，西晋武帝的泰始、怀帝的永嘉年号等。尼雅遗址所出木简见以工整汉隶书写者，或属东汉墨迹。楼兰、尼雅出土木简与残纸文书主要是魏晋时期西域长史统辖西域，进行屯戍活动时的公私文书；此外还有《左传》《战国策》《孝经》《急就章》、九九术等古籍及各式医方、历谱的残篇断简。

楼兰、尼雅出土简牍与纸文书的整理经历了漫长的岁月，主要成果如下：斯文赫定第二次中亚考察所获汉文木简及纸文书见德国学者孔好古（August Conrady）《斯文赫定在楼兰发现的汉文写本及零星物品》（1920年）；斯坦因第一次、第二次中亚考察所获分别见法国学者沙畹（Edouard Chavannes）《丹丹乌里克、尼雅、安迪尔发现的汉文文书》（载《古代和阗》，1907 年）、《斯坦因东土耳其斯坦沙漠发现的汉文文书》（1913 年），斯坦因第三次中亚考察所获见马伯乐（Henri Maspero）《斯坦因第三次中亚考察所获汉文文书》（1953 年）；橘瑞超所获见大谷光瑞《西域考古图谱》（1915 年）。1914 年，我国学者王国维和罗振玉合著《流沙坠简》一书，王国维在此书《补遗》中考释了斯坦因在尼雅所获汉文文书，在《附录》中考释日本大谷探险队在海头所获"李柏文书"。1925 年，我国留法学者张凤回国后依据从马伯乐处得到的斯坦因第三次中亚考察所获简牍照片及沙畹《斯坦因东土耳其斯坦沙漠发现的汉文文书》所附斯坦因第二次考察所获简牍的照片，进行整理与释文，于 1931 年发表《汉晋西陲木简汇编》（上海有正书局 1931 年版）一书。1985 年，林梅村综合上述成果，把各家刊布的文书编号与原报告出土号逐一核对，纠正其中的错误，将原著录一号多件者分成一件一号，对原整理的释文重新进行校订，出版《楼兰尼雅出土文书》（文物出版社 1985 年版）一书。

96. 新疆各地出土的佉卢文简牍

佉卢文简牍的应用时期与中原汉晋时期相当，亦为简、纸并用，通行于于阗、鄯善等塔里木盆地诸国。斯坦因第三次中亚考察获得佉卢文简牍及纸文书约 1000 件，其中 721 件出自尼雅遗址，48 件出自楼兰遗址，6件出自安迪尔遗址，3 件出自敦煌汉长城遗址。上述资料的整理及解读见波叶尔、拉普逊、塞纳、诺布尔等人所著《斯坦因爵士在中国土耳其斯坦发现的佉卢文书集校》。1930 年，斯坦因第四次中亚考察之初在尼雅遗址发掘出 18 枚佉卢文木牍，有关释读见巴罗《尼雅新出佉卢文书》，载《伦敦大学东方与非洲研究院院刊》。

1901 年 3 月，斯文赫定在楼兰掘获 1 枚佉卢文木牍，1 件汉文纸文书背面写有佉卢文。

1905 年，美国地质学考察队亨廷顿等人在尼雅获 6 枚佉卢文文书。

1907 年 1 月，法国考察队伯希和在新疆库车苏巴什遗址掘获一批龟兹变体的佉卢文资料。

1902 年至 1914 年，日本大谷探险队掘获不少佉卢文文书。

1902 年至 1914 年，德国探险队格伦韦德尔和勒柯勒在新疆塔克拉玛干北部发掘大批佉卢文文书。

1959 年 10 月，新疆博物馆考古队在尼雅遗址获 66 件佉卢文文书，同年在新疆巴楚县脱库孜沙来古城发现 1 枚佉卢文木牍。

20 世纪 70 年代初，中国科学院沙漠研究所河西走廊沙漠考察队在新疆塔里木盆地南缘发现数百枚佉卢文木牍露出地表，仅拣回 40 余枚作植物标本。

1980 年 4 月，新疆社会科学院考古研究所在罗布泊地区获 1 枚佉卢文木牍及写有佉卢文的织锦。

1981 年，兰州大学吴景山在尼雅遗址获佉卢文木牍 1 枚。同年，新疆民丰县李学华、新疆博物馆和田地区文管所联合考察队分别获一批佉卢文木牍。

林梅村系统整理了新疆地区出土的佉卢文资料，1988 年由文物出版社出版其所撰《沙海古卷——中国所出佉卢文书》初集。

97. 武昌任家湾六朝木刺

1955 年 4 月，武汉市文物管理委员会在武昌任家湾清理一座六朝初期墓葬发现木质名刺 3 枚，其中仅 1 枚可见墨迹"道士郑丑再拜"字样。有关报道见武汉市文物管理委员会《武昌任家湾六朝时期墓葬清理简报》，载《文物参考资料》1955 年第 12 期。

98. 新疆巴楚脱库孜沙来古城木简

1959 年 4 月，新疆维吾尔自治区博物馆南疆考古发掘队在巴楚县脱库孜沙来古城一带进行发掘和征集文物时，先后获得有字古代木简 20 枚，以及汉文和其他民族文字的纸片 150 余件，皆为魏晋以后之物。详见新疆博物馆《新疆巴楚县脱库孜沙来古城发现的古代木简带文字纸片等文物》，载《文物》1959 年第 7 期。

99. 新疆吐鲁番阿斯塔那 53 号晋墓木简

1966 年至 1969 年，新疆维吾尔自治区博物馆在吐鲁番县阿斯塔那古墓群 53 号晋墓掘获泰始九年木简 1 枚，内容为买棺契约。详见新疆维吾尔自治区博物馆《吐鲁番县阿斯塔那—哈拉和卓古墓群清理简报》，载《文物》1972 年第 1 期。

100. 南昌东湖区 1 号晋墓简牍

1974 年 3 月，江西省博物馆考古队在南昌市东湖区永外街清理 1 号晋墓，获名刺 5 枚、木牍 1 枚。木牍内容为随葬衣物清单。详见江西省博物馆《江西南昌晋墓》，载《考古》1974 年第 7 期。

101. 武威旱滩坡 19 号晋墓木牍

1985 年，甘肃省文物考古研究所发掘武威市松树乡上畦大队旱滩坡 19 号晋墓，出土木牍 5 枚。木牍文字见"升平十三年"纪年，知其为东晋武威地方政权前凉王张氏时期之物，内容包括墓主记事文书和随葬物品清单等。详见李均明、何双全《散见简牍合辑》，文物出版社 1990 年版。

102. 张掖高台常封晋墓木牍

1986 年，甘肃省文物考古研究所在甘肃张掖地区高台县罗城乡常封村调查时获木牍 1 枚，据书体及同出文物考察，当为晋代之物，文字漫漶，内容或为书信。详见李均明、何双全《散见简牍合辑》，文物出版社 1990 年版。

103. 江西南昌火车站东晋雷焌墓木刺

2006 年 3 月，江西省文物考古研究所在火车站站前广场施工工地发掘一座东晋墓，墓葬年代约为西晋晚期至东晋早期，墓主人为男性，名雷焌，字仲处。该墓出土木刺 2 件。国家文物局主编的《2006 中国重要考古发现》一书，以"江西南昌火车站东晋雷焌墓"为题作了报道和介绍。

第 二 章

简牍文书之基础研究

一 文字之隶变、草化与符号

（一）文字的隶变、草化与简化

文字是记录语言的符号。简牍时代正值汉字发生激烈变化的时期。此时，汉字由战国时期的多国异型，至秦趋于统一，同时字体由篆而隶，平行发展的还有草体，汉末又产生楷体之萌芽，展现了汉字形体演变的基本过程，此后汉字的结构没有太大的变化。李学勤先生认为："战国、秦、汉文字粗略地可以划分为三大部分，第一是战国时期的六国文字，第二是战国时期秦国以至秦代文字，第三是汉代的文字。"[①] 这是从文字体系划分的，如再加上三国至魏晋已呈楷化趋势的汉字，则构成了整个简牍时代文字发展的四大阶段。简牍文书文字即包含这四大部分。关于战国文字，见于各地出土楚简，涉及文献数量不甚多，其大部存属楚简典籍，所以关于战国简牍文书文字的情况可参见本书上编简牍典籍第二章第二节关于战国文字的论述。

简牍文书所见最具特色的文字现象是其隶变与草化。与简牍典籍文字之追求规正不尽相同，简牍文书更多的是追求快速与效率，正是这点使它在促进隶变与草化中起着更大的作用。隶书即相对于篆书而言，它是由篆书的草率写法演变而来，《说文·叙》："秦烧灭经书，涤除旧典，大发吏

① 李学勤：《古文字学初阶》"一、什么是古文字学"，中华书局 1985 年版。

卒，兴成役，官狱职繁，初有隶书。"《汉书·艺文志》："是时始造隶书矣。起于官狱多事，苟趋省易，施之徒隶也。"早期的隶书是篆书的辅助，行政之需要促使其被大量应用，而后才逐渐占据主体地位，其过程当然是渐进的，裘锡圭先生认为："就各种日常使用的字体来说，一种新字体总是孕育于旧字体内部的，并且孕育期不会很短。如果新字体包含过多的新成分，那它是不大可能得到社会上一般人的承认的。隶书和小篆都形成于秦始皇时代，隶书应该是从战国时代的秦国文字中逐渐发展出来的。"[1]

隶变在中国文字发展史上具有划时代的意义，赵平安先生《隶变研究》一书对隶变的现象、性质、规律、意义等做了系统的论述，梁东汉先生为其作《序》云："隶变是汉字发展史上的一个里程碑，标志着古汉字演变成现代汉字的起点。有隶变，才有今天的汉字，可见研究隶变不但对一个文字学者来说非常重要的，对研究汉族文化的人也非常重要。只有了解隶变，才能真正认识汉字，特别是现代汉字；只有了解隶变的起因、经过、现象、规律和影响，才能比较清楚地认识汉族文化以及它在隶变阶段中取得的种种成就。"这是对隶变意义作用的阐述，又云："前人研究隶变，寥寥无几，成就不大。赵平安先生全面研究隶变，把重点放在战国中期到汉武帝以前，目光锐敏，取得了可喜的成绩。他摒弃了用《说文》的小篆和汉碑隶或部分简书帛书的文字进行比较的陈旧方法，用丰富的出土材料诸如西周、秦、汉金文，秦至汉初的简帛文字，秦陶文，秦汉印文，秦汉石刻文字，秦货币文等来论证隶书产生在战国中期，还分析了隶变的外因、内因，阐述了隶变的现象和规律，多有发明，富于新意。无论在深度或广度方面都超过了前人，是这项研究的一次突破。"这是对《隶变研究》一书的充分肯定。[2]

尤值一提的是《隶变研究》一书中对隶变的必然性和可能性、隶变的现象和规律、隶变的性质做了充分的阐述，对研究简牍文字有借鉴意

---

[1] 裘锡圭：《古代文史研究新探》"从马王堆一号汉墓遣策谈关于古隶的一些问题"，江苏古籍出版社1992年版。

[2] 赵平安：《隶变研究》，河北大学出版社2009年版。

义。其中关于"隶变的性质"陈述了四点：第一，隶变不是质变，即隶变并没有改变汉字的根本性质，所以隶变不是质变。第二，隶变不是古今汉字的分水岭或转折点，即它没有改变汉字发展的方向，而与古今汉字发展的总的方向一致。第三，隶变不是突变，即隶变继承了古文字的形变方法，其过程连绵数百年，具有明显的连续性和阶段性，不是突变而是渐变。第四，隶变是对汉字书写性能的改革，即在隶变的不同阶段，汉字的书写性能处在不断的改进之中。后一阶段的汉字比前一阶段的汉字更为简化，更便于书写，这说明隶变的过程是汉字书写性能不断改进的过程。这四点在简牍文书中都可以得到印证。但形变之后果常常是激烈的，也会使人产生变了之后已面目全非的感觉，故对于形变也应予足够的重视。其中通过隶变而造成的偏旁混同多少已有质变的意味。

裘锡圭先生曾以隶书偏旁"夫""大"二字为例说明这种混同的现象：

"秦"字作"𡗗"；

"奉"字作"𡗗"；

"奏"字作"𡗗"；

"泰"字作"𡗗"；

"春"字作"𡗗"。

以上五字上半偏旁隶变皆作"夫"。

"奕"字下半作"大"；

"癸"字下半作"収"；

"樊"字下半作"𣎑"；

"奠"字下半作"丌"；

"莫"字下半作"艸"。

以上五字下半偏旁隶变皆作"大"。

可见偏旁的混同确实是对汉字的一次重大的改革。

今见楚简以外的简牍文书大多以隶书写就，所以比较容易看懂。但西汉中后期之后的一些文书已见以草书写成的，而这些草书的写法与今天看到的草书不尽相同，释读起来就会感到有些困难，于是它也成为简牍文书基础研究的重要内容之一。

草书原本是隶书的辅助字体，当源于隶书的草率写法。西汉中晚期简牍所见遵循一定规矩的草书，大多即由隶书的草率写法演变而来，故早期的草书可称为隶草，赵壹《非草书》云："盖秦之末，刑峻网密，官书繁冗，战攻并作，军书交驰，羽檄纷飞，故为隶草，趋急速耳。"《说文·叙》："汉兴有草书。"庾肩吾《书品》："草势起于汉代，解散隶法，用以赴急，故曰草书。建初中京兆杜操始以善草知名，今之草书是也。"张怀瓘《书断》："王愔云：汉元帝时史游作《急就书》，解散隶体，兼书之，汉俗简惰，渐以行之是也。"又云："案章草者，汉黄门令史游所作也。"章，通常指条理、法则。故章草当指有规则的草书而言，无疑是隶草走向成熟的结果。隶草有与古隶并行的轨迹，如"夫"的草体"ち"或源于古隶"夫"；"天"的草体"己"或源于古隶"天"。①

必须注意的是隶草阶段的草书自由度较大，故异体甚多，常用字尤甚，如：

"幸甚"的"幸"有：丯、羊、丰、卉、午、忄等形态。

"敢言之"的"敢"有：跤、跤、叱、跤、卫、卫、卫、叭、叭等形态。

而实际上，草化的过程就是不断简化的过程，以简牍书信常见的敬语"再拜"的"拜"字为例，可看到如下演变轨迹：

　　拜（《甲乙编》61·16）

　　拜（《甲乙编》159·28）

---

① 参见李均明、刘军《简牍文书学》，第二章简牍文字，第四节草书，广西教育出版社1999年版。

年（《甲乙编》35·20）

年（《甲乙编》146·5A）

扑（《甲乙编》350·35）

廿（《甲乙编》218·21）

力（《新简》EPT2·4A、5A）

力（《敦》243A）

乡（《甲乙编》34·7）

《敦》243A："原匡叩头白。谨使卒张常奉记叩头再拜白。"之"再拜"二字写作"乞乡"，如果不置于文句中而单独拿出来辨认，恐怕很难认出它们为何字。简牍文书中简化过甚的草书还有如下所见，如：

甚毛（《新简》EPT26·12）

为为（《甲乙编》157·1）

等了（《甲乙编》271·18）

长以（《新简》EPT51·70）

延山（《甲乙编》157·2）

万了（《新简》EPTS4T1·14B）

此类字皆为简牍文书释读的难点，但它们的生命力脆弱，其中多数后世未见普及，极少字竟然与今简体相似，如上引"为"字。

由于隶变与草化过程常采用矫枉过正的办法，西汉中后期也产生一些容易混淆的同形字与形近字。前者如"土""士""出"形皆作"土"；"夫""矢""先""失"形皆如"夫"等，所见较普遍。后者如以下所引：

叩卩马（《甲乙编》185·31）

乡卩卩（《甲乙编》505·37）

卿卩卩（《甲乙编》260·20B）

门刀刁（《甲乙编》55·19）

闻勹（《敦》1300）

此外，"功、虏、男、劾"，"王、玉、壬"，"莫、箕、箄"，"传、傅"，"愿、顷"，"吏、央"，"文、交、丈、支"，"己、已、巳、乙"，"欲、数"，"来、求"，"高、亭、事、守"，"天、与"等字组，同组字之字形亦相似。

隶、草的简化过程大致沿着以下省略与替代方式进行。

省略偏旁或笔画。

"雷"字篆书从三个"田"旁，隶书只从一个"田"，省了两个。

"香"字篆书从"禾"、从"水"、从"曰"，隶书省去中间的"水"，作"香"。

此类字只要利用工具书即可辨认，但其中也有省略过甚而未见于后世者，如：

秦秂（《甲乙编》53·4、262·31）

奏奀（《敦》48）

恭恭（《新简》EPF22·694）

簿苻（《新简》EPT5·9）

堂坣（《邗江胡场汉简》）

职戗（《新简》EPT59·14）

厚厈（《新简》EPT20·10）

当当（《甲乙编》507·3B）

以点、画代替复杂部件。

夏叏（《新简》EPT20·5）

博忇（《甲乙编》甲1409）

尊兮（《甲乙编》254·13A）

以上三例所见是以横短画或竖短画替代文字的中部结构。

里土(《新简》EPT59·66)

器癸(《甲乙编》59·34B)

君尹(《新简》EPT26·1)

以上三例所见是以圆点替代原文字的"田"旁、以斜短画替代原文字的"口"旁。

隶草的简化,曾充分利用点、画、钩替代篆、隶的许多偏旁,如"言"旁作"丨","辵"旁作"乚","门"旁作"一",居下的"心"旁作"一"等。为了使笔画顺连,隶草亦常常把居右的偏旁下移,如:

到弓(《敦》40、235)

封弓(《甲乙编》552·3)

钱毛(《敦》132)

尉于(《甲乙编》395·4)

总言之,简化是简牍文字发展的大趋势,但也有个别的逆反——繁化,如:

辛辛(《甲乙编》203·9)

他他(《甲乙编》81·8A)

签字与画押。

简牍所见签名与画押的书体特征主要有二。

一是个性鲜明,通常有别于常规字体。

由于签名与画押皆为后书字,事先预留的空位比较大,为了填满空位,所书字体通常也比较大,字画下端被拉长,大多采用草率的隶书或草书,至三国吴简所见,签名的个性化更为强烈,最典型者如"基"字:

，此字有篆书笔法。从其下"土"旁考察，此旁有可能是由"土"字草书再经过篆化过程演变的，才形成今所见极富个性的签名。"嵩"字的改造痕迹也很明显：，其改造主要是通过"山"旁的简化，又中部"口"旁与下旁的变形连笔实现字体的个性化。又下见"据"字，虽然字体无太多的设计，但其简化的"虎"头及细长的线，条已明显区别于其他文字，亦富个性。

画押之个性化更为明显，它主要通过文字的符号化来实现。汉代之画诺尚有直接写作正体"诺"者，但大部分已以"若"代"诺"，这是简化的办法。再改造以笔画结构的移动，如有的"若"已写作"艿"，口旁居左，便突出了个性。

三国吴简所见画诺之"诺"，也见以"若"代"诺"，以草体书写，但大多已符号化，如"诺"写作"ω"，类似的写法又见于《走马楼吴竹简》（四）1644、《走马楼吴竹简》（七）4236 等，稍有变形，乃急速写就而致，此类画押完全已经符号化，看不出其与原字形的联系，与后代之打钩画圈的做法没有任何区别。

又如三国吴简所见"受"字已趋向画押演变。图中"受"字，书写年代虽近，却有三种构型，乃出自三人之手，各人都追求个性，对比如下：、、。

三种写法中，除　与常规"受"字形近外，其余二例相距甚远，已趋向符号化。汉简账簿常见之核校符号、等，就是这种符号化的结果，究竟由何文字演化而来，许多已不可得而知。

二是同一签押有稳定的形体。上文所见所有签押文字及符号皆如此，说明这些签押不是随心所欲而为，而是经过精心设计而成。

总之，简牍时代的签名仍不失其可识性，大部分签名还保持原字结构，只是笔画稍有增减或变形；又突出其独特性，这种个性化大多通过书体的变化来实现，如在以隶书书写的文书中用草体签名，在以隶楷书写的文书中以篆体签名，或在与文书本文字体相同的情况下采用夸张的笔画签名；再者其装饰性逐渐强化。画押则渐趋符号化。

三国吴简所见官员签名中之繁化较多见，如：

《走马楼三国吴简竹简》〔一〕："……关邸阁董基……"之
"基"字为官员亲笔署名，字形作"基"；

《走马楼三国吴简竹简》〔二〕："……关邸阁李嵩……"之
"嵩"字亦为官员亲笔署名，字形作"嵩"。①

上述签名方法屡见于走马楼三国吴简，所书字不仅增笔画，往往也将
直线扭曲，这样做的目的无非是体现个性，当无文字学意义。

相对于简牍典籍来说，简牍文书所见假借字与通假字都要少一些，此
或由行政运作的严肃性及时代较晚所决定。骈宇骞先生认为假借字与通假
字是有区别的，主要采用孔德明的观点："假借字与通假字虽然都属于文
字的同音替代现象，但它们的外延是不相同的。假借是造字时历时的同音
替代，而通假则是用字时共时的同音替代。这两个概念的外延是一种不兼
容的并列关系。假借字与通假字这两个概念的外延相互排斥，各自独立，
是不同学科的研究对象。假借字是文字学的研究对象，即传统六书说中的
假借；而通假字则是训诂学的研究对象，即通过识别通假字来训解疑难之
处。"② 就此分别而言，则简牍文书所见通假字更多见，如：

"以"通"已"，见《新简》EPT5·111
"必"通"毕"，见《合校》262·16、273·12
"功"通"攻"，见《敦》3257
"汗"通"寒"，见《新简》ESC·24
"风"通"讽"，见《新简》EPT50·1A
"河"通"苛"，见《新简》EPF22·698
"责"通"积"，见《敦》3257

---

① 此签名形式每字皆成百上千地屡见于三国吴简，字形类同但不完全相同。
② 骈宇骞：《简帛文献概述》简帛的假借与通假字，（台北）万卷楼图书股份有限公司
2005 年版。

"环"通"还"，见《合校》557·4

此类字皆本有其字，即其本字亦屡见于简文中，今借用其他同音字表示，故为通假而非严格意义的假借，当然习惯上是把这两种通称假借字。

合文即二字或多字连书，多见于早期战国简、秦简，西汉中期以后的简牍则少见。

西汉中期以后，异体字数量逐渐增多，此现象亦值得重视。马瑞、张显成曾以西北汉简为例归纳文字形体变异的规律，主要有同化、异化、类化、记号化四种。其中大量的是同化而成，规律为"笔画多的向笔画少的靠拢，低频构件向高频构件靠拢，难写构件向易写构件靠拢"。异化的规律则为"多从异写开始，然后逐渐演变，最后成为异构字"。构件的类推化则指当构件相类的文字中有部分发生变化时，其他字也会发生相同的改变，"除非偶尔为之的特殊例外"。构件的符号化指写字过程中为求快捷，而"用一些与汉字音义无关的简单符号替代复杂的汉字构件、偏旁，甚至整字，使文字的形体简化"。① 在新出土的东汉简牍中，异体字的数量尤多，值得深入研究。

（二）符号

本文所谓符号指文字以外的其他标识，犹今各式标点、编辑符号，对文字的表达功能起辅助与强化作用。骈宇骞先生将此类符号归入"题记"类。② 符号的形态多样，它除了有与简牍典籍相同的部分，还有许多是简牍典籍没有的。由于名册及账簿的大量使用，对其进行核算时（包括账账、账实核对，人员见存增减之核对等）便要用更多的符号，这些符号有着特殊重要的意义（为便于辨别，所引简文不加现代标点），列如下：

1. 句读符

句读符类今标点符号，常见形态有⌞、⟍等，如：

① 马瑞、张显成：《西北屯戍汉简异体字变异规律初探》，《唐都学刊》2001 年第 4 期。
② 骈宇骞：《简帛文献概述》"第五章简帛的题记"，（台北）万卷楼图书股份有限公司 2005 年版。

斗不正半升以上赀一甲不盈半升到少半升赀一盾∟半石不正八两以上钧不正四两以上∟斤不正三朱以上∟半斗不正少半升以上∟参不正六分升一以上∟黄金衡羸不正半朱以上赀各一盾(《睡虎地秦简·效律》)

此例所见符号犹今逗号。但句读之符号不完整，可见当时句读符的使用还没有形成严密的体系，大多只在当时人认为容易误读处才使用。

隧长常贤∟充世∟绾∟福等庹索部界中问戍卒王韦等十八人皆相证(《敦》1722)

□□君钱五十五￣高子宾钱卅￣王利官钱卅七￣王兴从钱册￣庆子宾钱五十一(《敦》840)

以上二例所见符号相当于今天的顿号或逗号，表示人物或事项之并列。亦多施于基书一、二、三之间，如《甲乙编》114·21；"名捕平陵德明里李蓬字游君年卅二￣三……"，以免笔画之混淆，使人明知"卅二￣三"指"卅二或卅三"。

亦可看出：￣之形态源于∟的急速写法。此类符号，史籍称"钩识"，《说文》段注："钩识者，用钩表识其处也。褚先生补《滑稽传》，东方朔上书，凡用三千奏牍，人主从上方读之，止，辄乙其处，二月乃尽。此非甲乙字，乃正∟字也，今人读书有所钩勒即此。"《流沙坠简·烽燧类四十五》王国维考证云："第四十六简(当为第四十五简之误)队长四人，前三人名下皆书∟以乙之，如后世之施句读。盖以四人名相属，虑人误读故也。"[1] 陈盘云："今按'∟'，即《史记·滑稽东方朔传》褚先生补传所谓'乙'。补传曰：'至公交车上书……人主从上方读之，止，辄乙其处。'《会注考证》：'《通俗编》曰，辄乙其处，谓止绝处乙而记之，如今人读书，以朱识别其所止作∟形，非甲乙之乙也。'余考欧阳修《诗谱补亡后序》亦曰：'增损图乙，不知何以为图，何以为乙？答曰：

---

① 罗振玉、王国维：《流沙坠简》，中华书局1993年版。

增损图乙，图者，涂抹也。乙者，勾止也。乙字义见《东方朔传》。方以智《通雅》卷三二《涂乙涂窜钩止也》条引《东方朔传》说并同.'"据《说文》，句读符也有用竖点来表示的，文云："▮有所绝止，▮识之也。"段玉裁注："按此六书为指事。凡物有分别，事有可不，意所存主，心识其处者皆是，非专为读书止，辄乙其处也。"①

句读符通常书于文字右下角，其形态小于字体。

2. 重叠符

重叠符通常表示重文及合文，形态作〓或━，以前者居多，屡见于简牍典籍，简牍文书所见如：

《包山》236："以救郙之〓……"之"〓"为"之岁"合文，左上构件"止"为共享偏旁；

《甲乙编》10·30："二月丁卯丞相相下车骑将〓军〓中二〓千〓石〓郡大守诸侯相承书从事下当同者如诏书少史庆令史宜王始章"，文中"车骑将〓军〓中二〓千〓石〓"当读"车骑将军、将军、中二千石、二千石"。所见重叠符〓表示重文。

多字重文通常先连读所有带重叠符的文字，然后再重读，而不是单字重读。陈槃先生曾注意史籍中重文的这种用法，纠正了前人的错误，云："《毛诗·魏风·硕鼠》：'逝将去女，适彼乐土。乐土乐土，爰得我所.'俞樾曰：'樾谨案《韩诗外传》两引此文，并作：适彼乐国。适彼乐国。爰得我直。当以《韩诗》为正。《诗》中叠句成文者甚多，如《中谷有蓷》篇叠嘅其叹矣、嘅其叹矣两句；《丘中有麻》篇叠彼留子嗟、留子嗟两句；《东方之日》篇叠在我室矣、在我室矣两句；《汾沮洳》篇叠美无度、美无两句，皆是也。毛与韩，本当不异。因古人遇叠句，皆省不书，止于字下加二画以识之，《宋书·礼乐志》所载《乐府词》皆如是，如《秋胡行》叠愿登泰华山、神人共遨游二句，则书作愿＝登＝泰＝华＝山＝，神＝人＝共＝遨＝游＝，是其例也，此诗亦当作适＝彼＝乐＝土＝，传写误作乐土乐土耳。下二章同此.'案俞说是。"②

---

① 陈槃：《汉晋遗简识小七种》，上海古籍出版社 2009 年版，第 8 页。
② 陈槃：《汉晋遗简识小七种》，上海古籍出版社 2009 年版，第 113 页。

战国时期的数字廿、卅之类常加重叠符作廿 = 、卅 = 表示合文，到汉代就不加了。

3. 界隔符

界隔符通常用以隔断文句，避免混淆。早期的界隔符是一条横线，后来改成斜线。以横线表示隔断尚见于战国简、秦简及汉初简牍。但用横线表示隔断有其弊端，故逐渐被斜线所取代，陆锡兴先生云："斜画号是战国秦汉常见的横画号发展演变而来的，无论是符号形式还是用法都显示了这种密切的渊源关系。"又云："横画号是横的一笔，形状与数字'一'相似，所以极易相混而误。如人们把仰天湖楚简的横画号释成数字'一'就是例子。西汉中期以后，横画号已经基本废止，或者以斜画号的形式保留下来。"界隔符在简牍文书中的界隔作用如下所述。

界隔文书责任人与起草人，如《新简》EPT50·16："五月丙寅居延都尉德库守丞常乐兼行丞事谓甲渠塞候写移书到如大守府书律令 / 掾定卒史奉亲"，此例中斜线前所见人名为发件与收件直接当事人；斜线后人名则为起草人。但加斜线的做法不是绝对的，有时仅以空格不书字表示界隔。

界隔事件当事人与见证人，如《新简》EPT51·234："出二月三月奉钱八千□百……建昭三年五月丁亥朔己丑尉史弘付不侵候长政 / 候君临"，此例所见界隔符前文字为凭证文件主体，而其后仅为监督见证人，故以界隔符分隔之。

界隔事项，如《敦》2262："☒□□□晨时鼓一通 / 日食时表一通 / 日中时表一通 / ☒"，此例所见按时间顺序以界隔符分隔事项。界隔书信起首语与正文，如《新简》EPT65·200A："宫叩头言 / 仓猝为记不一二……"，" / "前文字为起首敬语，" / "后为书信正文。而按常规写法起首语当另书一行，如：

　　政伏地再拜言
　　幼卿君明足下毋恙久不相见吓时政伏愿……（《敦》1871）

起首语单书一行是当时书信的正规写法，但这样写占版面多，为了能在一牍之中书写更多文字，致信人便将起首语与正文在一行中连写，其间以界隔符隔开。

4. 提示符

提示符通常用于提示标题、主题，亦提示章节段落、条款起首及小结、合计等，形态多为实心圆●，也见作■、✕、▲者，在文句中尤显突出，有较强提示作用。

提示主题，如：

● 甲渠言部吏毋铸作钱发冢贩卖衣物于都市者（《新简》EPF22·37）

建武六年七月戊戌朔乙卯甲渠守候　敢言之移大将军莫府书曰奸黠吏民作使宾客私铸作钱小不如法度去盗发冢公卖衣物于都市虽知莫谴苟百姓犯苦之（《新简》EPF22·37A）

掾谭令史嘉（《新简》EPF22·37B）

书到至今以来独令县官铸作钱令应法度禁吏毋得铸作钱及挟不行钱辄行法诸贩卖发冢衣物于都市辄收没入县官四时言犯者名状●谨案部吏毋犯者敢言之（《新简》EPF22·38）

此例所见三简为一册书。首简为主体词，概括档内容，犹今内容提要，故文首加提示符提示；"移大将军莫府书曰……四时言犯者名状"为上级指示内容；"谨案部吏毋犯者敢言之"才是文件的核心，故亦以提示符"●"冠于文前，使之醒目易辨。

提示条款起首，如：

●匈人奴昼入殄北塞举二烽□烦一积薪夜入燔一积薪举堠上离合苣火毋绝至明甲渠三十井塞上和如品（《新简》EPF16·1）

●匈人奴昼入河北塞举二烽燔一积薪举堠上二苣火毋绝至明殄北三十井塞上和如品（《新简》EPF16·2）

●匈奴人昼入甲渠河南道上塞举二烽坞上大表一燔一积薪夜入燔一积薪举堠上二苣火毋绝至明殄北三十井塞上和如品（《新简》

EPF16·3)

此例所见原为由十六简组成的《烽火品约》册书,今仅录其中三简,每简皆为品约之一条款,故文首以提示符"●"表示。

提示章节者多见于简牍典籍。

提示小结与合计,如:

……治决言。谨验问,恩辞:不当与粟君牛,不相当谷廿石。又,以在粟君所器物直钱万五千六百;又,为粟君买肉、谷三石;又,子男钦为粟君作,贾直廿石:皆尽偿所负(《新简》EPF22·32)

粟君钱毕。粟君用恩器物币败,今欲归恩,不肯受。爰书自证。写移爰书。叩头死罪,敢言之。(《新简》EPF22·32)

●右爰书(《新简》EPF22·33)

"右爰书"指其右侧文书的内容为司法文书"爰书",是对文书性质的小结,故其前加提示符"●"提示。

第十七队:

七月癸酉卒张垣迹尽丁亥积十五日。

七月戊子卒吴信迹尽壬定积十五日。

七月癸酉卒郭昌省茭。

●凡迹积卅日,毋人马兰越塞天田出入迹。(《新简》EPT51·211)

"凡迹积卅日"是对戍卒日迹天数的合计,故其前加提示符"●"提示。

提示特殊事项,如:

二月庚辰甲沟候长戎以私印行候文书事敢言之谨写移敢言之

●候君诣府　尉史阳（《新简》EPT48·25）

"●候君诣府"乃后书，为声明当政之甲沟候官候到都尉府去了，故候长代行其文书事，文首加"●"易引人注目。

5. 钩校符

钩校符，校对符号。账账、账物及文字核对古时皆称"钩校"，简文多写作"拘校"，对簿籍而言通常指账账核对及账物盘点，《汉书·陈万年传》："（陈汤）后竟征入为少府。少府多宝物，属官咸皆钩校，发其奸藏，没入辜榷财物。"此钩校即盘点行为。钩校之结果可以文字表示，亦可以符号表示，常用符号有乚、一、〇、∠、卩、｜等，皆为钩校后写上的，因此有别于正文，无论文字还是符号都是第二次写上的。钩校符的每一种形态在特定的簿籍中都有特定的含义，但它的寓意不像文字那么稳定，常常因事而异。钩校符多用于以下实践。

实物、人物是否见存，常见三种情形。

第一种是以文字表明钩校结果，如：

戍卒魏郡邺马带里龙马

布复襦一领　衣

皂布单衣一领　衣（《新简》EPT51·378）

此例所见以文字表示钩校结果，意义明确。衣，衣着，或指衣物等被当事人穿在身上。

第二种是文字与符号并用表明钩校结果，如：

穰邑长安里房□。见

白布单衣一领。∠　　面衣一枚。

白布单□一领。∠　　白布袜二两。∠

白布单二枚。∠

黄单绔一枚。已

白韦绔一枚。已

行幡帻二枚。已（《新简》EPT52·94）

此例以文字"见"说明人物之见存，而以符号"∠"与文字"已"表示衣物之见存与否，其中或以"∠"表示衣物尚存于原处，而以"已"表示衣物已被处理（或领走）。

第三种单纯以符号表明钩校结果，如：

> 鉼庭隧卒鸣沙里大夫范弘，年卅四。
> 父大男辅年六十三∠　弟大男□年十七∠
> 妻大女□年十八∠（《新简》EPT51·384）

此例以符号"∠"表示人物之见存与否。

行为是否已施行之钩校，亦有三种情形。

第一种亦以文字表明钩校结果，如：

> 回　逆胡卒田光钱百廿　毕（《新简》EPT55·13）

毕，指钱已收或付毕。

第二种亦以文字与符号并用表明钩校结果，如：

> 第三十二卒宋善，五月辛酉自取。卩　毕　钱二钱　卩　九月戊辰阁（《甲乙编》206·3）

此例所见钩校结果以文字与符号并用来表现比较复杂的过程，以符号"卩"先后表示领取与支付行为已完成，用文字"九月戊辰阁"来说明这笔钱又被存回藏阁中。

第三种亦单纯以符号表明钩校结果，如：

> 吞北隧卒田悍―　正月食三斛∫　正月庚戌自取卩（《新简》EPT10·1）

此例所见"𠃌"墨迹较深，而"卩"墨迹则较淡，显然为两次书写的笔迹，是两次钩校的记录。

二　形制与版面现象

与简牍典籍相比较，简牍文书的形态更显多样，长短不一，版面现象丰富多彩。

(一) 形制

关于简牍的长度，史籍多有记载，而出土实物更能直接说明问题。

史籍关于简牍尺寸的记载如：

三尺。《汉书·朱博传》："太守汉吏，奉三尺律令以从事耳。"《汉书·杜周传》："三尺律令，人事出其中……三尺安在哉！前主所是着为律，后主所是疏为令，当时为是，何古之法。"

二尺四寸。《论衡·谢短》篇："二尺四寸，圣人之语，朝夕讲习。"《盐铁论·诏圣》篇："二尺四寸之律，古今一也。"《后汉书·周盘传》：遗命"编二尺四寸简，写《尧典》一篇，并刀笔各一，以置棺前"。

二尺。《说文》："檄，二尺书，从木敫声。"《汉书·申屠嘉传》师古注："檄，木书也，长二尺。"《后汉书·光武帝纪》注引《汉制度》："策书者，编简也，其制长二尺，短者半之，篆书，起年月日，称皇帝，以命诸侯王。"

一尺五寸。《汉书·平帝纪》："在所为驾一封轺传"，如淳注："诸当乘传及发驾置传者，皆持尺一木传信，封以御史大夫印章。"

一尺二寸。《汉书·匈奴传》："而单于遗汉书以尺二寸，牍及印封皆令广大。"《汉书·高帝纪》师古注："檄者，以木简为书，长尺二寸，用征召也。"

一尺一寸。《汉书·匈奴传》："汉遗单于以尺一牍。"《后汉书·光武帝纪》注引《汉制度》:"三公以罪免,亦赐策而隶书,用尺一木两行。"《后汉书·陈蕃传》:"尺一选举,委尚书三公。"注:"尺一谓板长尺一,以写诏书也。"

一尺。《后汉书·光武帝纪》注引《汉制度》:"策书者,编简也,其制长二尺,短者半之,篆书,起年月日,称皇帝,以命诸侯王。"《论衡·谢短》篇:"汉事未载于经,名为尺籍短书,比于小道,其能知,非儒者之贵也。"《书解》篇:"秦虽无道,不燔诸子。诸子尺书,文书俱在。"

八寸。郑玄注《论语序》:"《论语》八寸策,又谦焉。"

六寸。《史记·秦始皇本纪》:"数以六为纪,符、法冠皆六寸。"《说文》:"专,六寸簿也。"

五寸。《汉书·文帝纪》:"初与郡守为铜虎符、竹使符。"应劭注:"竹使符以竹简五枚,长五寸,镌刻篆书,第一至第五。"

20世纪初敦煌汉简出土后,王国维于《简牍检署考》一文中对简牍形制长短已有详尽的考证,有许多合理成分,其主要观点如:"秦汉简牍之长短,皆有比例存乎其间,简自二尺四寸,而再分之,三分之,四分之。牍自三尺(檄),而尺五寸(传信),而五寸(门关之传)。一均为二十四之分数,一均为五之倍数,此皆信而不征者也。"但此"分数""倍数"说不尽符合后来的出土实物所见,马先醒先生曾质疑之,而胡平生先生评论云:"王(国维)文当然是近代简牍学最重要的理论著作,唯所论之简牍长短之制,经过几十年来出土简牍实物的验证,结果发现并不存在王文所说的自周秦至隋唐一以贯之的'分数、倍数'。当然,倘若因此而完全否定王文,认为简牍'无制度'亦属偏颇。实际上,王文中另有一句不大被人注意的话,即'以策之大小为书之尊卑',这才是简牍制度的'重要定律'。"①关于简牍典籍的长度,本书上编已有详解,以下仅述简牍文书之常见者。

今出土简牍文书所见以长22—24厘米者居多,此即战国至三国间尺

① 骈宇骞:《简帛文献概述》,第三章简帛的形制,第三节简牍的长短,(台北)万卷楼图书股份有限公司2005年版。

度之一尺。何双全先生曾对 1973—1974 年破城子遗址出土的 850 枚完整木简及 296 枚完整木牍做了统计，其长度分配如下：

木简长 22 厘米者凡 6 枚；

木简长 22.5 厘米者凡 590 枚；

木简长 23 厘米者凡 154 枚；

木简长 24—25 厘米者凡 78 枚；

木简长 27 厘米者凡 5 枚；

木简长 30.8 厘米者 1 枚；

木简长 38.5 厘米者凡 16 枚；

木牍长 20.2 厘米者 1 枚；

木牍长 21.5 厘米者凡 5 枚；

木牍长 22 厘米者凡 14 枚；

木牍长 22.5 厘米者凡 174 枚；

木牍长 23 厘米者凡 91 枚；

木牍长 24 厘米者凡 6 枚；

木牍长 25.7 厘米者 1 枚；

木牍长 26 厘米者 1 枚；

木牍长 27 厘米者 1 枚；

木牍长 28 厘米者 1 枚。①

从以上一处遗址之剖析可知一尺简牍始终是简牍文书之常见、常用长度。

汉代符券之长度也较固定。今见完整之符券长 14—14.5 厘米，约合汉尺六寸，与史载合，《史记·秦始皇本纪》："数以六为纪，符、法冠皆六寸。"《史记·封禅书》："于是秦更命河曰'德水'，以冬十月为年首，色上黑，度以六为名。"张晏注："水，北方，黑。水终数六，故以方六寸为符，六尺为步。"《说文》："符，信也，汉制以竹长六寸，分而相合。"汉符长六寸，当承秦制而来。

---

① 参见李均明、刘军《简牍文书学》，第四章简牍版面，第一节长度，广西教育出版社 1999 年版。

检与楬之长度似无定规，略举数例，如：

《新简》EPT51·166 楬长 3.1 厘米；

《新简》EPT52·196 楬长 4.9 厘米；

《新简》EPT43·30 楬长 7.9 厘米；

《新简》EPT50·200 楬长 9.9 厘米；

《新简》EPT26·10 楬长 11.1 厘米；

《新简》EPT57·3 楬长 11.8 厘米；

《新简》EPT51·453 检长 4.3 厘米；

《新简》EPT56·174 检长 5.4 厘米；

《新简》EPT65·118 检长 14 厘米；

《新简》EPT59·149 检长 16 厘米；

《新简》EPT51·457 检长 17.5 厘米。

无论检还是楬，尺寸长度之差距甚大，但通常短于简牍。

其他各种尺寸者也很多，举其甚短或过长者如下：

江陵马山砖厂一号楚墓遣策长 11 厘米；

长沙杨家湾六号楚墓遣策长 13.5 厘米；

江陵高台十六号汉墓木牍文书长 14.8 厘米。

以上为简牍形制甚短者。

信阳长台关一号楚墓遣策长 68.5—69.5 厘米。

随州曾侯乙墓遣策长 72—75 厘米。

《新简》EPT57·108 所见汉檄长达 88.2 厘米。

以上为简牍形制甚长者。

无论较短及过长者，皆未合"分数"或"倍数"说。关于简牍形制长短，骈宇骞先生归纳云："我们认为，关于简牍制度的问题是比较复杂的问题，从目前所见出土实物与文献记载比较来看，还难以从中找出规律或制度来，即使是同时代、同类型的简牍，其长短也还是有差异的。我们认为，即便在秦汉时期的历代中央都规定有抄写简牍的制度，但在各地执行过程中也未必那么严格，尤其是民间或边戍之辈，多就地取材，或囿于习惯，自有章程，难以一概而论。这或许与不同地域的经济基础、政治文化，乃至物产（尤其是用来制作简牍的材料）有着很大的关系。因此，在研究简牍制度时，我们必须全方位综合考虑，必须将文献记载与出土实物结合起来进行研究，对于传世文献的记载，虽然不可百分之百相信，但也不可贸然作出否定；对于出土实物来说，我们应当按照不同时代、不同内容、不同地域等进行分类排行，同类比较，纵向观察，切忌见木不见林；只有这样，方可对古代简牍制度有个比较接近事实的认识。"①

简牍文书之称谓很多，有些称谓与形制材料相关，有些则是文书类别的称谓，二者或有区别，或相同，不能一概而论。关于文书类别的具体称谓，拟在文书类别一节中阐述。与形制材料直接相关的常见称谓如：

> 青堆隧札百五十、绳廿丈、两行廿。（《敦》1402）
> 凌胡隧、厌胡隧、广昌隧各请输札、两行隧五十、绳廿丈，须写下诏书。（《敦》1684A）
> ▢安汉隧札二百、两行五十、绳十丈，五月输▢（《合校》138·7、183·2）
> 尉史并白：教问木小大贾。谨问，木大四韦、长三丈，韦七十，长二丈五尺，韦五十五。●三韦木长三丈，枚百六十。橡木长三丈，枚百；长二丈五尺，枚八十。毋棁棽。（《新简》EPT65·120）
> ☑往来十日，当会二十八日。良、并二十九日到。谨省数材得二千八百二十。数屯少百八十。除丑恶五十，凡少二百三十。当致百檄，今致二十六，少柰十三。致检材五，当檄十，凡少六十三。请令良以棽备。教并赉，并复令□备之。（《新简》EPF22·456A）

上引简文所载皆为购买或输送简牍材料的来往文书，文中所见札、两行、棁棽、棽、检材、檄皆为简牍材料称谓。其中一次购买或输送的"檄"之数量达二十六枚甚至百枚，当非已写成文书的檄的称谓，而指檄的材料，只不过名称相同而已。

---

①　骈宇骞：《简帛文献概述》，第三章简帛的形制，第三节简牍的长短，（台北）万卷楼图书股份有限公司 2005 年版。

札，较窄之简材，通常用以书写一行文字，《汉书·朱博传》："与笔札［使］自记。"《汉书·司马相如传》"请为天子游猎之赋，上令尚书给笔札"，师古注："札，木简之薄小者也。时未多用纸，故给札以书。"《后汉书·荀悦传》："诏尚书给笔札。"此三则所见，"札"皆作为书写材料被发放的，未书字，亦称"牒"，《汉书·路温舒传》："温舒取泽中蒲，截以为牒，编写用书。"所云牒乃素材，故《说文》云："牒，札也。"《左传·昭公二十五年》："右师不敢对，受牒而退。"所云"牒"当为已成书之成品。已成书之成品亦曰"简"，《汉书·路温舒传》师古注："小简曰牒。"《释名·释书契》："简，间也，编之篇篇有间也。"

两行，较宽的简材，通常可以写两行字，故名。《后汉书·光武帝纪》注引《汉制度》："三公以罪免，亦赐策而以隶书，用尺一木两行。"《独断》："文多用编两行，文少以五行。"出土物所见，除有书于同一平面的两行简之外，敦煌悬泉汉简及走马楼汉简又见中间有脊，正面为双坡状的两行简，截面呈◁形，数量甚多。长沙五一广场东汉简牍所见既有木两行，也有竹两行。

椠椟、椠，制作木牍的半成品，《释名·释书契》："椠，板之长三尺者也。"《说文》"椠，牍朴也"，段注："片部曰：长大者曰椠，薄小者曰札、曰牒。"又"椠，牍朴也。然则，粗者为椠，精者为牍。"《说文通训定声》："牍，长一尺，既书曰牍，未书曰椠。"《论衡·量知篇》："断木为椠，析之为版，力加刮削，乃成奏牍。"牍之称谓，大多情形下指已写字的成品，如《释名·释书契》："牍，睦也，手执之以进见，所以为恭睦也。"又《汉书·武五子传》："持牍趋谒。"有时亦指未书字之板材，如《战国策·齐策》：王建母临终言，命"取笔牍受言"。又《韩诗外传》：周舍曰"墨笔操牍，从君之过，而日有记也。"牍材亦称方、板或版，《仪礼·聘礼》"不及百名书于方"，贾疏："方若今祝板，不假连编之策，一板书画，故言方板也。"《说文》："牍，书板也。"晋杜预《春秋经传集解序》："小事简牍而已"，孔疏："牍乃方版，方版广于简，可以并容数行。"以上所见方、板、版互训，当指一物，唯秦简所载稍异，《睡虎地秦简·秦律十八种·司空》："令县及都官取柳及木可用书者，方之以书，毋方者乃用版。"二者功能虽同，形制或有别。

检材，制作封检的材料。封检须设封泥槽，需要一定的厚度，故通常大于其他简材，简文所云"检材五，当檄十"即证。

编绳或系绳。今见竹木简通常皆存有编痕，检或楬存系痕。从现存痕迹看，简册大多以两道或三道编绳编联，有少量用四道乃至五道编绳，编绳的多寡通常与简册的长短直接相关。《说文》："编，次简也。"《释名·释书契》："简，间也，编之篇篇有间也。"《汉书·张良传》"出一编书"，师古注："编谓联次之也，联简牍以为书，故云一编。"联编之简称"策"或"册"，《春秋左传序》孔疏："单执一札谓之为简，连编诸简乃名为策。"册之用，或先编联后书字，或先书字后编联。先书字后编联往往有把已写的字压在编绳下的现象。多数简册是直接将单支简以丝绳或麻绳编联起来，有些则预先在每支简的一侧或两侧编绳拟通过的地方契刻小缺口，以防编绳滑落。

除编联外，系连的方式也被普遍应用。觚、楬、梼等常以首端穿孔过绳或切契口捆绑，然后再集束的方式系连，典型者如《敦》1972 号为三面觚，在第一面与第二面之间的上端被削出一个斜面，其上书"第一"二字，在"第"字与"一"字之间穿有一孔可过绳。此觚所书为《急就》篇，"第一"乃指第一章，简文内容与今本《急就》篇第一章合，文字完整无缺。则表明简本《急就》篇不以编联成册的方式成书，而是以每支一章，然后系连集束而成书。梼亦便于集束及积数。楬则便于系连至所标识物件或文书上，楬上端尚见穿双孔者（见于马王堆一号汉墓出土木楬）。

封检的系连较讲究：封检与被封文书或对象通常系连捆绑，系连之绳索从封泥槽底部穿过，填上封泥后绳索即被盖住，今见《新简》EPT49·69、EPT51·441，《甲乙编》166·1 等凹槽底部皆尚存系绳。又湖南长沙砂子塘西汉墓出土封检不仅封泥尚存，有的封泥下还残留着丝绳。[1] 山东省博物馆藏汉代封泥中的"朱虚令印"封泥背有交叉绳纹、"新息长印"封泥背存之字形绳纹等[2]，即为捆绑封检的绳索留下的痕迹。

---

① 湖南省博物馆：《长沙砂子塘西汉墓发掘简报》，《文物》1963 年第 2 期。
② 王之厚：《山东省博物馆藏封泥零拾》，《文物》1990 年第 10 期。

（二）版面现象

简牍文书与简牍典籍的版面现象大体相类，今述其较特殊者。

1. 留空

留空乃指为特定目的而人为地在应写字的版面留下空白，常见者如在底稿上空人名、空时间等，如：

> 建世二年二月甲午朔，甲渠障守候……（《新简》EPT43·67）
> 建武五年八月甲辰朔，甲渠障候敢言之（《新简》EPF22·163）

空人名不仅是起草人避免直书上司人名的做法，亦可留待责任人签名发文。空发文日期中的日干支则由于草稿之撰写、修订以至审核尚需时日，即起草与发文时间非必同日，故特意留待发文时才确定。

再如正文与起草人署名间留空，如：

> ……须以政不直者法。亟报如律令。掾党、守令史赏（《新简》EPF22·35）
> ……付收同月出入毋令缪，已付言，如律令。掾褒、令史谭、尉史宗（《甲乙编》160·6）

此类留空是为了避免混淆，明确责任。

技术性留空，如：

> 阳朔元年七月戊午，当　　　　曲隧长谭敢言之。负故止害隧长宁
> 常交钱六百，愿以七　　　　月奉钱六百偿常，以印为信，敢言
> 之（《新简》EPT52·88A）
> 甲渠官（《新简》EPT52·88B）

此例所见木牍中段空白长达4.5厘米，相应位置的右侧刻有缺口长3.3厘米。类似的现象尚见于《新简》EPT52·544、《新简》EPT56·88、

《甲乙编》282·9、《甲乙编》285·12 等。此类空白乃系连封检所致，空白所在即封检覆盖处，固然无法书字，故封检被拆除后木牍中段呈现空白，见复原之侧面示意图：

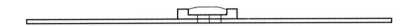

示意图上层所见较短者即封检所在。[①]

分栏书写的简牍簿籍，各栏文字通常是每栏各行首字对齐，然而由于每行字数不一定相同，文末必然参差不齐。即使文末是对齐的，它与下栏间也必然要留空，才能分出各栏间的界线。

2. 分栏与栏界

简牍文书中的簿籍多分栏书写，类今会计及统计报表。栏数以三、四栏居多，也有多达八栏者。栏数较多者如：

《新简》EPT5·13、《尹湾》牍 6A 为六栏。

《甲乙编》甲 199、《甲乙编》220·18、《尹湾》牍 7A 为七栏。

《尹湾》牍 8A 为八栏。

分栏方式灵活多样，根据不同情况采用不同办法。

以编绳为自然栏界者居多，此法最适用于划分为二至三栏者，如：

出秅麦九斗	§	以给卒□□二月食	§（《敦》312）
出秅麦一斛八斗	§	以给卒麦永三月食	§（《敦》313）
出秅麦一斛八斗	§	以给卒耿贤三月食	§（《敦》314）
出秅麦一斛八斗	§	以给卒贡秋三月食	§（《敦》313）

以上四简为一册书（以§表示编绳），编绳形成自然栏线，分隔此簿三栏，但末栏空白，实为两栏。诸栏有分工，如此例第一栏专门记录支出粮食的数量，第二栏则专门记录付给对象及支出物用途。

---

① 李均明：《简牍缺口与印信》，《中国文物报》1996 年 6 月 23 日。

以刻划栏线为界，如：

阴剩功　一升一　一升一　一升一　⋮　一升一　⋮　一升一　⋮

一升一　⋮　一升一　⋮　一升一　⋮　一升一　⋮　一升一　⋮

(《敦》1050)

此为逐日廪食的流水账中的一支简（以⋮表示刻划栏线，原栏线当贯通全簿），所见前三栏以空格分栏，其后七栏则以刻划线分栏。《尹湾》所见大部分木牍亦以这种刀刻栏线的形式分栏，划痕通常较浅，在照片中不易看出。

以墨线分栏，如：

安世隧卒尹岁　二十八日作三十　│　二十九日作三十七束　│

八月晦日作三十五束　│　九月旦伐荚三十五束　│　月二日□荚

三十□束（《甲乙编》505·24）

此为戍卒勤务流水账中的一支简，以墨线分栏（文中以│表示）。

3. 书写面

简牍文书的书写面与简牍典籍基本相同，有单面、双面亦有多面书写者，较特殊者为封泥槽内署字，如：

十一月己未，府告甲渠鄣候：遣新除第四隧长刑凤之官，符到，令凤乘第三。遣（《新简》EPF22·475A）

甲渠鄣候回　［己未下铺遣］骑士如戎诣殄北乘凤隧。遣凤日时在检中，到课言。（《新简》EPF22·475B）

此例所见［　］内文字"己未下铺遣"书于封泥槽内，自成一独立书写面，所谓"日时在检中"即指此。就是在施封泥前，先在封泥槽底部写上派遣日期、时刻，然后才缠绳、添泥、盖章，字迹便被掩盖，使他人无法窥探，起到保密作用。①

4. 抬头与提行

某些文字由于特殊的原因而位高于其他文字俗称抬头，常见于皇室称谓及标题。

皇室称谓及其批语抬头居简首，如：

　　皇帝陛下　　始建国天凤三年十二月壬戌，书敦德玉门千秋隧
（《敦》180）

　　尚书臣昧死以闻。

制　　曰：可。购校尉钱人五万；校尉丞、司马、千人、候，人三万
　　　　……（《敦》1300）

"制""制诏""诏"之类批示用语皆为皇帝专用，故亦抬头书写，以示其至高无上的地位。

标题抬头居简首，如：

　　有鞫　　敢告某县主：男子某有鞫，辞曰："士五（伍），居某里。"可（何）定名事里，所坐论云可（何），可（何）罪赦，或覆问毋（无）有，遣识者以律封守，当腾，腾皆为报，敢告主。（《睡虎地秦简·封诊式》）

《睡虎地秦简·封诊式》居简首的标题还有"治狱""讯狱""封守""覆""盗自告""盗马""争牛""群盗""夺首""告臣""黥妾""告子""贼死""经死""穴盗""出子""毒言"等。书于简首的标题通常是小标题，而大标题多单书一简或居简首。标题与正文之间通常以编绳或空格区分开。

皇室称谓与标题抬头书写的现象亦常共存于同一册书中，如：

---

① 李均明：《初学录·汉简遣书考述》，（台北）兰台出版社 1999 年版。

制诏御史：年七十以上，人所尊敬也，非首杀、伤人毋告劾也，毋所
　　坐。年八十以上，生日久乎？(《散》142A)
臣广昧死再拜以闻 (《散》157A)
皇帝陛下。(《散》158A)
制曰：问何乡吏，论弃市，毋须时；广受王杖如故 (《散》159A)
　　元延三年正月壬申下。
　　■右王杖诏书令　在兰台第卅三 (《散》167A)

以上为从《王杖诏书令》册中抽出的简文，与皇室相关的词句"制
诏御史""皇帝陛下""制曰"及标题并提示符"■右王杖诏书令"皆抬
头书写。

提行指意义连贯的一句却被人为地分成两行书写的现象，如：

宣伏地再拜言
　　少卿足下：良苦官事，因言宣宜□以月晦受官物来，因请……
(《合校》311·17B)
　　中公伏地再拜请
　　少君足下：善毋恙。甚苦事，春时…… (《敦》1963A)

此类形式多见于书信及函封中。首行书寄信人姓名及谦语"伏地再
拜言""伏地再拜请"之类，收件人名或字则提行书于第二行。

三　简牍集成与册书复原

由于单枚简牍的容字有限，古代人们发明了编册，即按照一定的尺
寸、规格、形制，把一枚枚的简牍削治整齐，然后按顺序编成书册的形
式，作为书写载体。《说文解字》曰"编，次简也"，就是按次第排简。
《汉书·张良传》说"出一编书"，颜师古注："编谓联次也，联简牍以为
书，故云一编。"《诸葛丰传》说"编书其罪"，颜师古注："编谓联次简

牍也。"金文"册"字就像编联起来的一组简。秦始皇统一中国之前，未被烧毁的六国古文还有"笧"字。这种编册的出现，是我国古代一项重大发明，后来形成了我国竖排本书的雏形。[1] 一册书由几枚简牍组成，完全依据文字内容的多少而定，文字多的，就多编几枚简，文字少的，就少编几枚简。如《居延汉简》中的"永元器物簿"由 77 枚简组成，"永光二年册书"则由 3 枚简组成。《额济纳汉简》中的"专部士吏典趣辄"简册由 8 枚简组成。

关于简册的样式，《说文》云册："像其札，一长一短，中有二编之形。"从出土实物来看，一件简册的编绳多少，通常依据简牍长短而定，一般至少有两道编，简长者有三至五道不等，且整齐划一。简册既有先编后写的，也有先写后编的。凡先编后写者，编绳之处上、下二字之间的距离通常较大，这是因为写字时特意避开编绳位置所致。而先写后编者，由于没有特意在编绳经过的两字之间留出空隙，所以编绳往往会压盖在已写好的文字之上。多数简册是直接用丝绳或麻绳将单支简逐次系连在一起，有些简册则预先在每支简上编绳将通过处的一侧或两侧刻上小契口，以使系上之编绳不易滑动。编绳多为麻绳，也有少量丝纶。除编联成册的方法外，简札亦可系连成束。即在简材的顶端穿一小孔，用以系绳，如清朝李惇《群经识小》卷四《论方策》也有束简之说，文云："简狭而长，编简者当于简头为孔，按其次第之韦贯之，夫子读《易》，韦编三绝，是也。"[2] 敦煌悬泉简牍中现存简册约 50 余件，皆以细麻绳编联，形式为二编或三编，有先编后书者，亦有先书后编者。编册时，有一色以简札编册者，有单纯以两行编册者，也有以简札与两行合编，或简札与木牍混编者。比如"康居王使者册"和"调史监置册"皆为简札与两行合编而成，"宣聖簿"则为简札与木牍合编而成。[3]

由于编联简册所使用的编绳主要为细麻绳、青丝、素丝、皮革等，相比而言，编绳比竹木简牍更易朽断，故出土简册中少有编绳完整保留者，

---

① 参见郑有国《简牍学综论》，华东师范大学出版社 2008 年版，第 27—35 页。

② 参见李均明、刘军《简牍文书学》，广西教育出版社 1999 年版，第 14 页。

③ 参见郝树声、张德芳《悬泉汉简研究》，甘肃文化出版社 2009 年版，彩图插页。

大多朽烂不存，本来编联在一起的册书，通常也散乱无序，失去了原貌。因此，重新进行集成编联和册书复原，成为除了文字释读之外，出土简牍整理最为重要的基础工作。

为克服这一缺陷，日本学者明确提出了"简牍集成"和"册书复原"的概念和研究方法，主张运用古文书学的方法，将简牍分成若干组，一组一组地加以研究利用，而不是一枚一枚地单独使用。

（一）文书集成

所谓简牍集成研究方法，就是指把散乱的简牍中有关的简集中起来，发现并探讨其中一些值得注意的问题。最早运用简牍集成研究方法的是日本学者森鹿三。他写的《关于啬夫王光》，[①] 就是最早进行这方面尝试的文章。主要利用"居延汉简"的人名索引收集了有关王光这个人的 4 枚简牍，证实了王光是关啬夫，大概是甘露元年前后的人物。后来他广泛收集汉简中有关令史弘的木简，写了《关于令史弘的文书》一文。[②] 他首先根据劳榦《居延汉简考释》中的分类，把有关令史弘的简牍收集起来：

    1. 五月丙□令史弘封（123·28）

    2. 令史弘受（123·45）

    3. 二月丁卯令史弘封（123·25）

    4. □候官二事一封　八月乙丑令史弘封（158·6）

    5. 史徐辅迁补成仓令史即日遣之官移城仓·一事一封　十二月庚子令史弘□（142·34）

    6. 十月癸酉令史弘封（176·21）

    7. 书三封　其一封吕宪印　一封王忠国　一封李胜　十月癸巳令史弘发（180·39、190·33）

---

① 森鹿三：《关于啬夫王光》，《东洋史研究》第 12 卷第 3 号，第 1953 年。

② 森鹿三：《关于令史弘的文书》，姜镇庆译，《简牍研究译丛》第 1 辑，中国社会科学出版社 1983 年版。

8. 八月候长日迹课言府 二事集封 十月癸巳令史弘封（136·39）

9. 居延尉丞 其一封居延仓长 一封王印 十二月丁酉令史弘发（136·43）

10. 令史范弘，今调主官☑（185·16、326·13）

11. 以牒驿□官久故令史范弘（127·35）

12. 修行纮山里公乘范弘年廿一 今除甲渠尉史代王辅（285·3）

13. 书到拘校处实牒别言遣尉史弘贳（317·6）

14. 出钱六千四百 其千二百□□隧长徐迁十月十一月廪 □□第十一候长郑彊十月十一月廪 十二月丙申令史弘取付令史彊（33·1、103·2）

15. 令史弘尉史彊（正） 言所部三堠隧卒常调责买（背）（178·25）

16. 令史弘尉史彊（326·2）

17. ☑弘日若即取彊十月奉钱三百（317·26）

18. 令史弘尉史信∨□（145·26）

19. 令史弘校第廿三仓谷 十月簿余谷糒糛大石六十一石八斗三升大（206·7）

20. ☑候长忠敢言之谨☑□（弘发）（132·35）

据简1—9，我们可以知道这个令史弘是掌管候官公文的拟稿和发文，以及受理上级官府都尉府、太守府和下级官府候燧的来文处理。据简10—14，可知令史弘姓范名弘，是修行县纮山里人，有公乘的爵位，在二十一岁时为甲渠尉史，尉史是比令史低一级的书记官。不久即升为甲渠候官的令史。据简14—19，可知令史弘还负责掌管甲渠候官的钱粮事务。根据上述简文中提到的与令史弘同时代的王辅、徐迁、郑彊、尉史彊、尉史信等人名，考察简牍中的相关资料，可以推知令史弘大约生活在甘露年间及其前后。

在《居延汉简集成——特别是关于第二亭食簿》①一文中，森鹿三从第二亭长邮这个人出发，以简牍的记载样式、笔迹等为线索，对有关的简牍进行了集成，尝试复原了"第二亭食簿"。与之相类的集成复原，还有"卒家属廪名籍"。此外，森鹿三还以出土地点为中心对简牍进行了集成，《居延汉简——特别是地湾出土的简》②即是一例。森鹿三还写了《关于居延汉简里出现的马》，整理了56枚有关马的木简，探讨了汉代马的相关问题。

森鹿三运用古文书学的各种方法进行集成复原的对象主要是册书，正像他本人在集成"第二亭食簿"时所说的那样，"居延汉简虽多达一万枚以上，但基本上是断简零墨，要想将这么多的断简一枚一枚拼接起来恢复成原来的册书，这几乎是不可能的。但是，不可否认，通过集成复原使之尽可能接近原来的形态，这应该是居延汉简研究中最重要的工作。困难很大，一步一步坚持不懈的集成工作是必要的"。

简牍集成研究方法被许多人接受，成为一种重要的研究方法。鲁惟一继承并发展了森鹿三的简牍集成方法，完成了巨著《汉代行政记录》。他在研究中导入考古学的视角，在简牍的同一书写格式这一基准上，又引进了同一笔迹这一要素，在簿籍、文书的册书复原上做出了很大的成就。他打破传统的分类方法，将出土地点分成破城子、地湾、大湾、瓦因托尼四处以及出土地点不明这五大块，对各处的册书复原作了尝试，复原出破城子19种、地湾9种、大湾10种、瓦因托尼3种、出土地点不明2种，共计43种册书。这43种册书中，除了包括诏书在内的文书类4种和历法书1种外，其他都是簿籍类。鲁惟一的简牍集成，突破了森鹿三等人只限于一个地域、一种样式的框架，一举集成了43种册书，并且在同一样式的集成基准上导入了同一笔迹这一要素，在居延汉简的研究史上具有划时代的意义。

居延汉简的集成工作，始于森鹿三，经鲁惟一的努力，得到了进一步的发展。这一系列的研究，给后来的简牍研究者带来了很大的启

———————————

①　森鹿三：《居延汉简集成——特别是关于第二亭食簿》，《东方学报》第29号，1959年。

②　森鹿三：《居延汉简——特别是地湾出土的简》，《史林》第44卷第3号，1961年。

发。永田英正把他们的研究成果总结为如下几点：第一，从总体上看，居延汉简中簿籍类简牍占绝大多数；第二，这些簿籍类简牍内容相应都具有固定的记载样式；第三，从簿籍的这一特征上可以肯定，这些简牍不是单纯地对某种事物所做的记录或备要，而是有意识地整理成册书并加以保存的簿籍，从而，即使是一枚断简，只要还能看得出其记载样式的一部分，那么，就可以推断出它属于哪一种簿籍；第四，以这种记载样式为简牍集成的主要基准，那么，对更多的简牍进行集成就有了可能；第五，簿籍简牍不是单纯的簿籍的残简断片，随着簿籍的上传下达，簿籍就成了文书。这样一来，用古文书学的理论方法研究简牍的道路就被打开了。[1]

永田英正在鲁惟一所取得的成果的基础上，在更大范围内对居延汉简进行了网罗集成，撰成《居延汉简集成》一书。以居延汉简中的簿籍简牍为对象，以不同的书式为基准，以出土地点为单位，将同形同种的简牍作了归类集成，并针对各类简牍的书式、内容以及使用方法等进行了考察。比如他对破城子出土的簿籍类简牍，按照各种书式分成60余个种类分别作了集成。[2]

永田英正在进行归类集成的研究之前，做的第一步准备工作是，从1957年发表的《居延汉简·图版之部》上，将简牍的照片一枚一枚地剪下来，贴在卡片上，将居延汉简做成了大约一万张照片卡，并将所有的卡片按编号进行了排列。在这一工作的基础上，再按出土地点将簿籍简牍抽出，花了多年的时间，对文字的书写位置、文字的大小、记载的内容，还有简牍的形状等作了考察以后，对所有的簿籍简牍进行了分类整理。最终完成《居延汉简集成》。在该书中，他确认出了70多种书式的簿籍。这些书式被确认以后，即使是一枚断简，只要它还具备书式上的特征，那么，这枚断简的性质就能确定。由此，一条正确利用简牍的道路被打开了。从此，简牍的利用，再也不是像以前那样个别地一枚一枚地利用，而

---

[1]　永田英正：《居延汉简研究》，张学锋译，广西师范大学出版社2007年版，第33—38页。

[2]　同上书，第42—254页。

是可以一组一组地加以利用了。

然而，以简牍的书式为基准对之进行集成，只不过是古文书学的第一阶段，而绝不是古文书学的全部。下一个阶段，就要求对各种书式进行分析与考察。比如以"橐他莫当隧守御器簿"为例：

  1. 始建国二年五月丙寅朔丙寅，橐他守候义敢言之。谨移莫当隧守御器簿一编敢言之。

  2. ●橐他莫当隧始建国二年五月守御器簿

  3. 惊□□石　深目六　大积薪三

  4. □□三糒九斗　转射十一　小积薪三

  5—21. （省略）

  22. ●橐他莫当隧始建国二年五月守御器簿

张掖郡的地方长官张掖太守之下，设有军政系统的两大军事基地，一是北部的居延都尉，一是南部的肩水都尉。各都尉府下配置有数个候官，候官之下设有部，部下有隧。构成都尉府—候官—部、隧这样严密的军事组织。"橐他莫当隧守御器簿"简册中，简2和简22为标题简。简3至简21为守御器簿的正文。简1是向上级呈送守御器簿（简2至简22）的上行公函。据官文书的书式，如简1所示，这是一份来自橐他候官的上呈文书，橐他候官属肩水都尉府管辖，因此它的投送地必定是肩水都尉府。由此可知，莫当隧的守御器簿是通过橐他候官而上呈给肩水都尉府的。根据这一事实可知，在某一个官署作成的簿籍，并不是留在这个官署的，而是要附上公函呈送给肩水都尉府的。

通常，在古文书学上，所谓文书，是指发出人为了向受取人传达自己的意志或其他事情而作的书信。也就是说，有发出人，有受取人，然后有传达的事情。严格地说，必须具备了上述三个条件，才能称得上是文书。从这一古文书学上的定义来看，由一个个单项事情的记录汇集起来的簿籍，我们不能说它就是文书，但是，簿籍一旦加上了发出人的上呈公函的话，马上就转变成了文书。以上面的"橐他莫当隧守御器簿"为例，虽然从简 2 至简 22 是守御器簿的簿书，但是，附加上简 1 的转送公函以后，发出人是橐他守鄣候义，受取人是肩水都尉府或肩水都尉，呈转的事由是守御器簿，这样，就完全具备了作为文书的条件了。因此，即使簿籍简牍是残简断片，也可以将之作为古文书学上的文书来加以对待。基于这种认识，可将簿籍简牍视作文书，运用古文书学的理论方法来研究簿籍简牍。

在综合考虑簿籍的标题，构成簿籍正文的簿籍简牍，发送簿籍时添附的公函以及简牍的出土地点等全部要素的基础上，进而对隧、部、候官各自能作成什么样的簿籍这一问题进行考察。结论认为：

作成于隧、部、候官的簿籍有：吏卒名籍，病卒名籍，卒家属在署名籍，廪盐名籍，守御器簿，兵簿，什器簿，折伤兵簿，被兵簿，被簿，日迹簿，日作簿，卒作簿，茭出入簿。此外还有一些没有标题、名称不详的簿籍，应当有通过狼烟、烽火、旗帜递送信号的记录簿和邮件递送的记录簿等。

作成于部、候官的簿籍有：吏受奉名籍，吏奉赋名籍。

作成于候官的簿籍有：赐劳名籍，夺劳名籍，谷出入簿，钱出入簿，伐阅簿，其他还有一些因没有标题简而名称不明的簿籍，其中应当有隧长的名册簿，骑士的名册簿，官吏、戍卒的债务记录簿，兵器、设备品的出纳簿，官吏的人事调动记录簿，文书发送的记录簿，文书受取的记录簿，隧、候官吏被传讯问候官陈述的记录簿，官吏、戍卒的罪状及处罚记录簿等。

通观这些簿籍，有一个值得注意的现象是，隧、部、候官各官署都必须制作的簿籍有吏卒名籍、守御器簿以及日迹簿、作簿。这四种簿籍，不管官署的大小，都是最重要而且是最基本的簿籍。可以说，正是因为有了这些簿籍的存在，才能够同时如实地反映各官署的基本性质。

与上述现象相比，还有一个值得注意的现象，就是有一些簿籍不见于部和隧而仅见于候官，如钱出入簿、谷出入簿以及其他一些物品的出纳簿等。这一现象告诉我们，候官不仅仅作为一个军事基地，而且还作为一个兵站基地起着重要的作用。

簿籍作成后，并不留存在簿籍作成的地方，而是提交给上级官署。也就是说，部、隧作成的簿籍，附上部、隧的上呈公函后，被送往候官，候官作成的簿籍，附上候官的上呈公函后，被送往都尉府。在这种情况下，各阶段官署的报告书中，有一些值得注意的地方。第一点，部或隧作成的所有簿籍全部都得提交给候官。部或隧每天做成的记录，也可以说是原始的记录，通常原封不动地作为簿籍上交给了候官。第二点，除特别重要的簿籍外，候官不会像部、隧那样将所有的簿籍全都提交都尉府，所有的簿籍都应该是由候官进行整理集计，然后向都尉府汇报的。可以说，候官是行政文书作成的最基层的行政机构。这虽然是军政系统的制度，但如果将之与民政系统进行比较的话，与候官相当的是县，因此，可以推测县与候官一样，也具有同样的机能。

在汉代的郡县制度中，不用说，县是地方行政的第一线，是直接管理人民的官署。但是，从史书的文献记载来看，地方行政的核心往往被看成是郡，而县的地位显得不是很重要。如果再想进一步了解县的行政实态的话，那就更无从知晓了。军政系统与民政系统，即使存在着差异，其在作为政治的基本精神——文书政治这一点上应该是没有隔绝的。如果将在候官的研究中得到的知识来考察县的行政机能的话，可以说，与候官一样，县是担负着收集、统辖作为地方最基层的乡、亭、里作成的各种簿籍，处于地方统治第一线的官署。因此可以推测，到了每一年的年末，县要把这些簿籍作为行政文书上交给郡，郡再将各县提交上来的簿籍进行整理集计，作为全郡的集计簿，向朝廷提交。这样一来，通过簿籍制度，连地方最基层的行政组织也就和中央联系起来了。这就是以簿籍为媒体的汉代文书行政，而县就是这种文书行政的基础行政文书作成的最基层的行政机构。①

陈公柔、徐苹芳对瓦因托尼 A10 出土的有关通泽第二亭廪食简进行了集成整理与研究，他们根据纪年简发现这些简牍最早为征和三年、最晚到始元七年，相距十一年。总共有 66 枚简，此外还有未编的 29 枚，合计 95 枚。根据简的形制、内容、书体笔迹考察，他们指出第二亭食簿是按年、按日编联成簿的。一般是将简写好以后，再按月编缀成册。通过对第

---

①　永田英正：《汉简的古文书学研究》，《简帛研究》第 3 辑，广西教育出版社 1998 年版。

二亭食簿的复原，他们指出："第二亭长舒付出粮食的对象，除了第二亭本身以外，尚包括第七亭与居延农亭，还有属国的百长千长等。从后元元年以后，付出粮食的对象，只限于第二亭。第二亭本身所包括的人员，除了吏卒、亭卒以外，并有昌邑校士、蜀校士、犍为前部士等。"从简中可以看出，"斗食吏即百石以下的少吏，他们的廪食往往由亭长代领"，从廪食簿可以看出，自征和三年至始元元年，第二亭粮食来源于却适（敌）隧长、代田长、将军从吏等处。"始元二年建仓之后，完全由斥胡仓与代田仓供给"，这是和边地屯垦发展密切相关的。简中有征和四年代田长记载，说明居延地区在征和四年已执行了代田法，这是瓦因托尼出土的最早的代田记录。最后他们还根据复原的廪食簿，探讨了通泽第二亭与殄北第二隧的职能，以及粮食制度和粮食的品种，这些都为详细了解边地情况提供了充实的资料。同时他们发现第二亭长舒还担任过殄北第二隧隧长的职务。究竟第二亭和殄北第二隧有什么关系，是同时并存的两个机构，还是先后不同的两个名称呢？根据对瓦因托尼出土的 26 枚简的分析，发现凡与通泽第二亭有关的简中，皆不见"隧"的名称，亦不见"殄北"的名称。换言之，凡出现"殄北"或者"隧"的名称的简中，"通泽"或"亭"的名称则一律不再出现。这就是说"通泽第二亭"与"殄北第二隧"是先后不同时期的名称。大约在始元五年到元凤三年之间，通泽第二亭改为殄北第二隧。[①] 同时，他们还尝试复原了大湾出土的西汉田卒簿籍，有利于进一步了解大湾附近屯田情况。[②]

李天虹在永田英正《居延汉简集成》的基础上，对已发表的居延汉简包括旧简和新简中的簿籍文书进行分类整理辑录，共辑录簿籍 135 种，并广泛利用已有研究成果，用按语的方式对西北汉代边塞的簿籍制度和相关的历史问题进行探讨。[③]

李均明《秦汉简牍文书分类辑解》在检讨前人分类的基础上，对秦汉简牍文书重新作了分类辑解。他按照各类简牍文书自身的特征及功能差

---

① 陈公柔、徐苹芳：《瓦因托尼出土廪食简的整理与研究》，《文史》第 13 辑，中华书局 1982 年版。

② 陈公柔、徐苹芳：《大湾出土的西汉田卒簿籍》，《考古》1963 年第 3 期。

③ 李天虹：《居延汉简簿籍分类研究》，科学出版社 2003 年版。

异，将迄今所见秦汉简牍文书分为书檄、律令、簿籍、录课、符券、检楬六大类。每一大类下又按二至三个层次划分小类。每一文种的命名尽可能应用其原有的称谓，只有未见原称谓者才另起名。每一类文书都挑选尽可能多的完整或较完整的简文为例，以揭示其基本格式及规律。每一段落前后都有必要的说明或考证，对于事关某一大类基本规律的论述则附于其后，如书檄类所附"书檄类的体式特征"、簿籍类所附"簿籍与题示、合计、钩校"、"簿籍与会计"等。①

侯旭东对长沙走马楼吴简中嘉禾六年广成乡弦里吏民人名年纪口食簿做了集成研究，并探讨了该簿书的制作与性质，认为它是上呈给临湘侯国的文书的组成部分，先由各里分别编制簿书上呈乡，乡汇总后，再上呈侯国。② 凌文超《走马楼吴简采集簿书整理与研究》综合利用考古学整理信息和简牍遗存信息，对长沙走马楼三国吴简竹简中的嘉禾四年南乡户籍、郡县吏兄弟判走人名簿、兵曹徒作部工师及妻子簿、库布账簿、库皮账簿、隐核波田簿等簿籍文书进行了集成整理，并以此为基础对孙吴临湘侯国的文书行政、官民互动、孙吴在汉晋社会变迁过程中的作用等问题做了深入探讨，提出了"吴简文书学"的概念和构想。③ 此外，他还对走马楼吴简中的三乡户品出钱人名簿、祠祀牛皮蹄甲枚数簿等进行了集成整理与研究，认为吴简中存在三个乡的五件户品出钱簿，分别是中乡故户、都乡故户与新户、模乡故户与新户出钱上中下品人名簿。"户品出钱"当即"八亿钱"，是孙吴为了兴复陂田而征调的专项收费。④ 牛皮、蹄甲主要用于制造战具和铸钱，祠祀录山、明星不仅是官方行为，也是吏民私自祭祀的行为。⑤

①　李均明：《秦汉简牍文书分类辑解》，文物出版社 2009 年版。

②　侯旭东：《长沙走马楼吴简"嘉禾六年（广成乡）弦里吏民人名年纪口食簿"集成研究：三世纪江南乡里管理一瞥》，邢义田、刘增贵主编《第四届国际汉学会议论文集：古代庶民社会》，台北"中研院" 2013 年版。

③　凌文超：《走马楼吴简采集簿书整理与研究》，广西师范大学出版社 2015 年版。

④　凌文超：《走马楼吴简三乡户品出钱人名簿整理与研究——兼论八亿钱与波田的兴建》，《文史》2016 年第 4 期。

⑤　凌文超：《走马楼吴简祠祀牛皮蹄甲枚数簿整理与研究——孙吴地方祠祀管窥》，《魏晋南北朝隋唐史资料》第 33 辑，2016 年。

（二）册书复原

上述学者极大地推动了简牍集成和分类领域的研究，而在册书复原方面贡献卓著的学者，有大庭脩、谢桂华等人。

1961 年，大庭脩发表《关于居延出土的诏书册与诏书断简》① 一文，成功复原了元康五年诏书册，并以此为基本史料对汉代的御史大夫进行研究，为我们提供了汉代诏书传达的实例。大庭脩通过详细考证简牍的内容、形制、笔迹、出土地等，反复比较遴选，发现下述出自地湾的 8 枚相关居延简能够连缀成首尾一贯的完整诏书，此即元康五年诏书册：

> 御史大夫丙吉昧死言丞相相上大常昌书言大史丞定言元康五年五月二日壬子日夏至宜寝兵大官抒井更水火进鸣鸡谒以闻布当用者●臣谨案比原宗御者水衡抒大官御井中二＝千＝石＝令官各抒别火（10·27）

> 官先夏至一日以除燧取火授中二＝千＝石＝官在长安云阳者其民皆受以日至易故火庚戌寝兵不听事尽甲寅五日臣请布臣昧死以闻（5·10）

> 制曰可（332·26）

> 元康五年二月癸丑朔癸亥御史大夫吉下丞相承书从事下当用者如诏书（10·33）

> 二月丁卯丞相相下车骑将＝军＝中二＝千＝石＝郡大守诸侯相承书从事下当用者如诏书少史庆令史宜王始长（10·30）

> 三月丙午张掖长史延行大守事肩水仓长汤兼行丞事下属国农部都尉小府县官承书从事下当用者如诏书/守属宗助府佐定（10·32）

> 闰月丁巳张掖肩水城尉谊以近次兼行都尉事下候城尉承书从事下当用者如诏书/守卒史义（10·29）

> 闰月庚申肩水士吏横以私印行候事下尉候长承书从事下当用者如

------

① 大庭脩：《关于居延出土的诏书册与诏书断简》，《关西大学东西学术研究所论丛》第 52 号，1961 年。后又收入其著《秦汉法制史研究》。

诏书/令史得（10·31）①

　　根据以上册书，10·27 和 5·10 两简是御史大夫丙吉关于夏至宜寝兵、改行水火的上奏文，目的在于请旨以求布告。332·26 简是皇帝对丙吉奏请的批准。其他各简则是关于元康五年"夏至宜寝兵、改行水火"之诏行下的详细过程：10·33 简是说元康五年二月癸亥（十一日），御史大夫将诏书下达给丞相；10·30 简是说同月丁卯（十五日），丞相将诏书下达给车骑将军、将军、中二千石、二千石、郡太守和诸侯王国相；10·32 简是说三月丙午（二十四日），因张掖郡太守和郡丞均不在署，改由代行太守事务的张掖长史和兼行郡丞事务的肩水仓长联名将诏书下达给属国都尉、农都尉、部都尉、小府、县、官；10·29 简是说闰三月丁巳（六日），代行肩水都尉事务的张掖肩水城尉以都尉的名义将诏书下达给候官的长官候和城尉；10·31 简是说同月庚申（九日）代行肩水候事务的士吏以候的名义将诏书下达给尉、候长。由此可知，诏书从中央下达到西北边塞大约需要两个月的时间。这一诏书从中央传达到地方的下行过程标示如下：

　　御史大夫→丞相→车骑将军、将军、中二千石、二千石、郡太守、诸侯王国相→属国都尉、农都尉、部都尉、小府、县、官→候、城尉→尉、候长。

　　如果我们把这一诏书的下行过程替换为行政机构，则可以标示为：

　　御史府→丞相府→郡级机构→郡级机构所辖的平级机构→县级机构→乡级机构。

　　元康五年诏书册复原的意义重大：第一，为仅存有"永元器物簿"和"永光二年候长郑赦取宁册"两件册书的居延汉简，增加了第三件册书。第二，明确揭示了诏书按照顺序逐级向下传达的情形，以及诏书从中央发出抵达张掖郡边疆所用的时间。第三，根据此册书中围绕夏至改火仪式的例行内容，可以看到不见于史书的日常行政命令的传达方法，以及这种例行仪式是如何决定的。根据此册书，御史大夫是接受丞相的提案，再

---

　　① 大庭脩著：《汉简研究》，徐世虹译，广西师范大学出版社 2001 年版，第 19—20 页。

决定施行细节的。这说明御史大夫绝不是历来所讲的监察官，而是在实行皇帝的政策方面发挥了秘书官的作用。即，御史是侍奉皇帝之史，是最高的书记官，西汉时起草制书的官是御史大夫。这在认识汉代的官僚机构方面极其重要。①

大庭脩多年致力于册书复原的研究工作，除了上述"元康五年诏书册"之外，他对出土于肩水金关的"永始三年诏书册"、出土于武威的"王杖诏书、令册"、出土于敦煌凌胡隧的诏书册、出土于地湾的骑士简册，以及檄书、迁补牒、功劳文书等，都做了精心的复原和考证。同时他对自己数十年的研究心得进行归纳总结，明确提出了复原册书的四大操作原则。

第一，"出土地同一"。作为最基础的操作，首先应当做的，就是按出土地、原简编号顺序发表释文。这一主张建立的基础，在于首先应当将木简作为考古学的资料加以处理，如此它才能成为复原册书操作的线索。如果不是同一出土地，首先就不能认为是册书。因此"出土地同一"是复原册书的基本条件之一。

第二，"笔迹同一"。这是复原册书的基本条件之二。但同一册书中有不同的笔迹，也并非绝对没有。比如居延汉简《永元器物簿》，是利用不同时期的簿书再编而成。在这种情况下，笔迹也会有所不同。

第三，"材料同一"。这是复原册书的基本条件之三。当然，由于不是直接接触原简，不能说确信如此，但基本上没有问题。若极言之，应该不会有用竹简和木牍编成册书。《独断》对册书的说明是："其制长二尺，短者半之，其次一长一短，两编。"即将长二尺之简和长一尺之简相互编缀起来。由于甲骨文等文字中的"册"字呈"艸"样，因此仪式性的正式册书，有时同时使用长短简，但是材料应当是相同的。通过观察照片，木纹的宽窄、质地的疏密可以分辨出来，所以即使不接触实物，在反复思考的基础上也可做出充分的判断。

第四，"内容关联"。这是复原册书的基本条件之四。内容关联的含义从一般意义上说，是指 A 简和 B 简记载的内容互相关联。这似乎有蛇

---

①　大庭脩著：《秦汉法制史研究》，林剑鸣等译，上海人民出版社 1991 年版，第 211 页。

足之感。但在提出基本条件时，这是不能不涉及的。从狭义上说，汉代的一些特色，例如文书往来时，不仅要附加上级命令，而且还要在自己的行文中重复同样的命令，即所谓"复唱原则"，是应当重视的现象。①

居延新简中包含大量册书，比如建武五年居延令移甲渠吏迁补牒、甘露二年丞相御史书、永始三年诏书、始建国二年橐他塞莫当隧守御器簿、建武三年大将军居延都尉吏奉谷秩别令、建武三年候粟君所责寇恩事、建武三年隧长病书牒、建武六年甲渠部吏毋作使属国秦胡卢水土民、建武初年相利善刀剑册等。尤其这些简册系科学考古发掘而得，虽然有很多编绳已不存，但出土时同一册书的简通常仍然放置在一起，基本保持了原始形态，使得这类册书比较容易复原，通常只有个别简牍的排列顺序出现争议。这些相对完整的简册的出土，为大量散乱简册的复原提供了参照。

谢桂华是散简册书复原领域的代表人物，复原了多件册书。比如他复原了居延汉简"建平五年十二月官吏卒廪名籍"，此名籍共由二十三枚简组成，但现在仅存十三枚，有十枚已经缺佚。虽然这是一个不完整的册书，但经复原，整个廪名籍的基本结构和全貌已经大体清楚：

1. 建平五年十二月官吏卒廪名籍（203・6）

2. 令史田忠　十二月食三石三斗三升少　十一月庚申自取（133・7）

3. （缺）

4. （缺）

5. （缺）

6. ●右吏四人　用粟十三石三斗三升少（203・10）

7. 鄣卒张竟　盐三升　十二月食三石三斗三升少　十一月庚申自取（203・14）

8. 鄣卒李就　盐三升　十二月食三石三斗三升少　十一月庚申自取（254・24）

9. 鄣卒史赐　盐三升　十二月食三石三斗三升少　十一月庚☑

---

① 大庭脩：《汉简研究》，徐世虹译，广西师范大学出版社 2001 年版，第 10 页。

（292·1）

10. 鄣卒□□　盐三升　十二月食三石三斗三升少　　十一月庚申自取（286·12）

11.（缺）

12.（缺）

13.（缺）

14.（缺）

15.（缺）

16. ●右鄣卒九人　用盐二斗七升　用粟卅石（286·9）

17.□胡隧卒张平　盐三升　十二月食☐（55·8）

18.□　盐三升　十二月食三石三斗三升少　　十一月庚申自取（27·10）

19.（缺）

20.（缺）

21. 右省卒四人　用盐一斗二升　用粟十三石三斗三升少（176·18、176·45）

22. ●凡吏卒十七人　凡用盐三斗九升　用粟五十六石六斗六升大（254·25）

23. ●建平［五年］十二月吏卒廪名籍（203·6）

通过"建平五年十二月官吏卒廪名籍"的复原，使我们对居延等汉代西北边陲屯戍地区的吏卒廪食制度，又得到了若干新的认识。第一，凡是在居延戍边的官吏，虽然每月都由官府配给和戍卒同等数量的食粮，但不配给食盐。第二，在居延戍边的戍卒，不仅按月都由官府配给一定数量的食粮，而且同时配给一定数量的食盐；食盐的定量标准为大月每人每月三升，小月或闰月每人每月二点九升。第三，为什么在居延戍边的官吏，政府不配给食盐呢？换句话说，他们每月所需要的食盐，又是通过什么渠道来供应的呢？这个问题，廪名籍并没有具体说明，但是通过居延汉简和文献记载，可以推测大概主要因为戍边的官吏，按月由官府发给薪俸，所以，他们所需要的食盐，是用他们所得到的俸钱来购买的。《全后汉文》

卷四十六，崔寔《政论》云："夫百里长吏，荷诸侯之任，而食监门之禄，请举一隅，以率其余。一月之禄，得粟二十斛，钱二千。长吏虽欲崇约，犹当有从者一人，假令无奴，当复取客，客庸一月千。刍、膏肉五百，薪炭盐菜又五百。二人食粟六斛。其余财足给马，岂能供冬夏衣被，四时祠祀，宾客斗酒之费乎？况复迎父母、致妻子哉！不迎父母，则违定省；不致妻子，则继嗣绝，迎之不足相赡，自非夷齐，孰能饿死？于是则有卖官鬻狱，盗贼主守之奸生矣。"明确说到百里长吏每月所需要的薪炭盐菜共五百钱，是由他们每月所得到的俸钱来支付的。又肩水金关所出地皇三年"劳边使者过界中费"册书亦云："●劳边使者过界中费：粱米八斗，直百六十；即米三石，直四百五十；羊二，直五百；酒二石，直二百八十；盐、豉各一斗，直卅；茭将罝，直五十；●往来过费凡直千四百七十，●肩水见吏廿七人，率人五十五。"亦说明招待这位使者在肩水金关等地所食用的米、肉、酒、盐、豉、罝钱，都是由肩水地区的现任官吏等廿七人，平均每人支付五十五钱来购买的。①

谢桂华通过研究发现，1903 年至 1931 年从破城子旧出的和 1973 年至 1974 年新出的两批居延汉简中，有一部分断简是可以进行缀合和复原成册书的。他复原的吏受奉名籍残册，即是新、旧居延汉简册书复原的一个具体实例：

1. 不侵隧长高仁　枲月禄帛三丈三尺　八月甲寅自取　隧长孙昌取　卩（95·7）

2. 当曲隧长刑晏　枲月禄帛三丈☑（EPT6：2）

3. ☑八月甲寅隧长孙昌取　卩（EPT6：16）

4. 次吞隧长时尚　枲月禄帛三丈三尺　八月甲寅母☑取　卩（EPT6：76）

5. ☑☑月禄帛三丈三尺　八月癸卯妻取　卩（EPT6：6）

6. ☑☑枲月禄帛三丈三尺　六尺计　九尺适

---

① 谢桂华：《居延汉简的断简缀合和册书复原》，《简帛研究》第 2 辑，法律出版社 1996 年版。

　　　　　　　柒尺谦　丈一尺自取　　卩（EPT6：5）

7. 城北候长周育　柒月禄帛一匹留官

　　　　　　　余帛一丈五尺五寸　　囗囗一丈三尺（EPT43：41）

8. 囗王丰　柒月禄帛三丈三尺　八月癸卯自取　卩（EPT43：46）

9. 囗柒月禄帛三丈三尺囗（EPT65：78）

　　尽管上述九枚简文于不同时期由不同探方出土，在书写格式等方面存在着某些差别，但是，因为它们同出土于破城子，且木质、形制和简文字体、笔迹、内容又完全相同，应属于同一册书。虽然它们仅仅是一个残册，但据此可知：

　　第一，关于候长、隧长等戍边基层官吏领取俸禄的具体制度。此残册是有关候长、隧长等领取俸禄时的名籍。根据这个残册可知，在正常情况下，他们的俸禄是按月领取的；在领取俸禄时，包括官职名、姓名、俸禄总额、领取日期和领取人，均要做详细的登记。

　　第二，关于册书编制的具体年代。因为残存的九枚简文中均无纪年，无法直接知道册书编制的具体年代，但据简文中的"七"写作"柒"，"奉"写作"禄"，"四"写作"三"等特殊写法，似乎可以推测它应属于王莽时期。可是，将"奉"写作"奉禄""禄"或"禄钱"，并不是从王莽时期才开始的，居延新简 EPT5：47 "五凤四年八月奉禄簿"、EPT40.87 "绥和二年十一月乙未辛亥第廿三候囗受禄钱名籍一编敢言之"，均可印证。将"七"写作"柒"，虽从王莽时期开始，可是东汉光武帝建武年间仍在继续沿用，如居延新简 EPT59：574 "建武五年柒月"等，亦可印证。所以，仅凭简文中"七"写作"柒"，"奉"写作"禄"，"四"写作"三"，就肯定它一定属于王莽时期，则不一定可靠。根据居延新简 EPT20：31 和 EPT65：99 可知，残册第 4 简所记次吞隧长时尚与隧长秦岑和吞远隧长秦恭属于同一时期的人。再据破城子 22 号房屋新出建武四年"秦恭爰书"中的相关记载，可以推知次吞隧长时尚所领取的柒月俸禄，很可能属于建武元年或建武二年，此即该册书编制的具体年代。

第三，关于用布帛等实物来支付官吏俸禄的历史考察。根据敦煌和居延简中用布帛支付俸禄的相关资料，可以得出如下结论：（1）整个西汉时期，戍守西北边陲的官吏的俸禄，在多数情况下，是用钱来支付的，但是，有时也将俸禄折合成钱用布帛或谷物及其他实物来支付。（2）将俸禄折合成钱，用布帛或谷物及其他实物来支付，绝不是仅此王莽时期，也不是从王莽时期开始。①

谢桂华还结合新、旧居延汉简复原了"王莽制诏"残册、"甲渠鄣候谊不留难变事爰书"残册、"元康四年赐给民爵名籍"残册等。

首先，关于"王莽制诏"残册，谢桂华发现新、旧居延汉简中下述 8 枚简文不仅出土地点相同，内容和文例相类，而且简的木质、形制和简文字体、笔迹也都完全相同，应属于同一册书：

1. 辨衣裳审棺椁之厚营丘龙之小大高卑簿厚度贵贱之等级　●始建国二年十一月丙子下（210·35）

2. 制诏纳言其宜官伐材木取竹箭　始建国天凤三年十一月戊寅下（95·5）

3. 制诏纳言其令百辽屡省所典修厥职务顺时气　●始建国天凤三年十一月戊寅下（EPT59：61）

4. 制诏纳言农事有不收藏积聚牛马畜兽有之者取之不诛　●始建国天凤三年十一月戊寅下（EPT59：62、63）

5. 始建国天凤三年十一月戊寅下（EPT59：99）

6. ☑☑掌酒者秫稻必齐麹糵必时湛饎必絜（潔）水泉【必】香陶器必良火齐必得兼六物大酋（EPT59：343）

7. 监之勑于酒☑☑（EPT59：492）

8. ☑三年十一月戊寅下（EPT59：493）

根据简文纪年，可以推测，整个册书应当包括王莽所建立的新朝历年所颁布的制诏。从简文制诏的内容来看，王莽起草制诏时很可能参照了

---

① 谢桂华：《新、旧居延汉简册书复原举隅》，《秦汉史论丛》第 5 辑，法律出版社 1992 年版。

《吕氏春秋》。根据简文记录的制诏下达日期，可知王莽使用殷正，以十二月为岁首，而把相当于夏正十月的孟冬和十一月仲冬的政令，均于十一月合并颁布。根据文献记载，仅知王莽颁布政令，均是仿照《周官》和《左传》，采用古文说，但根据这个制诏残册则仿照《月令》，可见亦兼用今文经。总之，利用儒家经典施政是王莽时期政治的一个重要特征，旨在说明他建立新朝以取代汉朝，既与天和神意相符，又合乎古义。

其次，关于"甲渠鄣候谊不留难变事爰书"残册，谢桂华发现新、旧居延汉简中下述 14 枚简不仅出土地点相同，简文内容亦相类，除了简 6 属于三面觚外，其余 13 枚简的木质和形制又相同，很可能系同一册书：

1. □□□□□复使根强来日欲言变事候故使我来召奈何不往敝复日病未欲言根彊去（EPT51：2）

2. 听受若又顷根彊还言敝言胁恚不耐言变事（EPT51：7）

3. 谊不留难敝变事满半日时令史根尉史彊守塞尉万候长吕宪王充徐弘候史成遂（EPT51：17）

4. 根前所白候爰书言敝后不欲言今迺言候击敝数十下胁恚□（EPT52：178）

5. 万谓敝候故使万留受□（EPT52：357）

6. □敝欲言变事后不欲言变事时彭（？）人（？）□
□不欲言变事皆证它如爰书敢言之（27·21A、B）

7. □敝后不欲言变事爰书谊数召根不肯见谊根且□（46·23）

8. □□□□□敝后不欲言变事爰书□白谊所令□□□□（46·26）

9. □□□□数反欲言即来言不欲言□（46·28）

10. □□送府君尉当听受敝欲言□（123·8）

11. □□□也君即以根不信前居延还根等□（133·26）

12. □敝欲言变事□（123·47）

13. □敝辞日初欲言候击敝数十下胁恚不耐言□（123·58）

14. □坐之根意恐□谓充白根今王敝□（123·61）

不过上述简文的字体和笔迹的情况却显得比较复杂，有的简文用恭谨的隶体书写，有的则用隶体草书或草体书写，字形有大有小，并不整齐划一。其原因可能有二：第一种可能，这些简文虽均属同一册书，但因或出自不同的书写人员之手，或因书写的时间有先有后，或者属于起草的草稿和正式文本的区别；第二种可能，它们不属于同一册书，而是分属于内容有关联的不同册书，究竟属于哪种可能，或者二者兼而有之，目前尚无法准确判断。

根据此残册及其他相关简文的考察可知，汉代不仅命令各级地方官吏及时听受上言变事，并向朝廷直至皇帝火速报告，不得停留和阻难，即使所属部吏平时没有人上言变事，亦当定期向上级官府回报。

贯穿此册书的中心内容和最终目的在于说明"谊不留难敞变事满半日"，而与此事件有关的人共九名。"留难"意即停留阻难，亦谓于事故意作梗，无理阻挠。整个册书的内容大体是这样的：候长王敞初本欲向甲渠鄣候谊上言变事，但当谊先是使甲渠守塞尉"万留受"，后又复使甲渠属吏令史根、尉史彊去召唤和"听受"，往返多次，敞仍不欲言变事，其原因根据王敞的说法，他当初本欲上言变事，但因遭到甲渠候谊的笞击，两胁疼痛不能再言变事，但据令史根所言，谊之所以"击敞数十下"，是由于敞初欲上言变事，后又不欲言变事，现在又欲言变事，前后出尔反尔导致的，未知孰是？不过从册书的文例来看，当属于爰书。

根据册书中所涉及的人物信息，参照相关简牍资料，可以推知此册书制作的大体年代，上限不会早于元帝永光五年（公元前 39 年）正月以前，下限不会晚到成帝阳朔三年（公元前 22 年）九月癸亥朔壬午（二十日）以后。关于这一点，和册书出土的破城子第五十一、五十二探方中的有明确纪年的简，正好也是元帝和成帝时期的占绝大多数完全吻合。甲渠候官制作这份册书，是为了向上级机关居延都尉府汇报没有留难部吏上言变事的详情，或者是为了请示将部吏送往居延都尉府听受其上言变事，或者两者兼而有之。①

最后，谢桂华结合新、旧居延汉简，补充完善了"元康四年赐给民

---

①　谢桂华：《新、旧居延汉简册书复原举隅（续）》，《简帛研究》第 1 辑，法律出版社 1993 年版。

爵名籍残册"：

1. ☐卅三　公乘邺京里马丙　大　故小男丁未丁未丙辰☐（162·15）

2. ☐卅四　公乘邺京里孟幸　卒☐（162·9）

3. ☐卅七　公乘邺宋里戴通　卒　故小男丁未丁未丙辰戊寅乙亥癸巳＝癸酉令赐各一级丁巳令赐一级（162·14）

4. ☐［五十一］　公乘邺池阳里解清　老　故小男丁未丁未丙辰戊寅乙亥癸＝巳癸酉令赐各一级丁巳令赐一级（162·10）

5. ☐五十四　公乘邺池阳里陈穗☐（162·2）

6. ☐五十九　公乘邺赐里史充☐（162·17）

7. ☑卒　故小男丁未丁未丙辰戊寅乙亥癸巳癸酉令赐各一级丁巳令＝赐一级（162·8）

8. ☑赐里陈义☑（162·18）

9. ☐六十五　公乘☑（162·1）

10. ☑公乘左都里崔黄☑（162·16）

11. ☑脱毋绅　卒　故小男丁未丁未丙辰戊寅乙亥癸巳癸酉令赐各一＝级丁巳令赐一级（162·13）

12. ☑　卒　故小男丁未丁未丙辰戊寅乙亥癸巳癸酉令赐各一级丁巳＝令赐一级（162·12）

13. ☑　老　故小男丁未丁未丙辰戊寅乙亥癸巳癸酉令赐各一级丁巳＝令赐一级（162·7）

14. ☑令赐一级　元康四年令　S　出☑（162·6）

15. ☐五十五　公乘邺池阳里孙福气☑（EPT56：324）

16. ☑　公乘邺赐里纪宋　大☑（EPT56：321）

17. ☑☐丁未丁未丙辰戊寅乙亥癸巳癸酉令赐☑（EPT56：327）

简1—14是1930—1931年在汉代甲渠候官遗址破城子出土的，简15—17是1973—1974年在破城子出土的，两批简虽然出土时间不同，但出土地点相同，简文内容完全相类，简的质地、形制和简文的笔迹、书写格式等，也都完全相同，因此它们无疑当属于同一册书。遗憾的是，它们仍然不完整，只是一个残册。

对于前 14 枚简文，西嶋定生、鲁惟一、永田英正、陈直等学者曾做过集成研究，但仍有不少没有解决的问题，尤其是 1—6、9、15 诸简第一段的释文及含义，一直存在争议。比如这几枚简的简端第一个字，有的释作"豆"，从而将第一段简文理解为"逗留日数"；有的释作"迹"，从而将第一段简文理解为"日迹日数"，均不妥。谢桂华不仅结合新、旧居延汉简，为此册书补充了 15—17 简，而且纠正了上述各简第一段的释文，辨认出它们均为编号，分别是卅三（简 1）、卅四（简 2）、卅七（简 3）、五十一（简 4）、五十四（简 5）、五十五（简 15）、五十九（简 6）、六十五（简 9）。虽然简端第一个字还无法确认，但它和紧随其后的数字所组成的第一段简文的意义，则非常清楚了，即它们合在一起，起一个编号的作用，说明整个赐给民爵名籍的顺序。由此，此简册的简序也可按编号作相应的调整。①

谢桂华的散简册书复原研究，尤其是打破出土时间的限制，将出土地点相同的新、旧居延汉简结合起来进行册书复原，极大地推动和拓展了这一领域的研究。

何双全对新、旧居延汉简中可能是册书的简重新进行了全面的编联分类，他在《居延汉简研究》②中指出：由于同一简册，通常由多枚简编联而成，可以用不同的木质来书写，所以不能以木质同一为基础来进行简册编联复原，应主要根据书写字体和内容以及编绳位置为重点。这样一来，居延汉简的编册工作便可将新简和旧简同时考虑，使两批简牍中的同册者编为一册。经编联分类，将 2657 枚简编联为 343 册（种）文书，基本包括和代表了甲渠候官汉简的全部内涵。除此以外，所剩余的简牍，除去非常残断者，有用者所剩无几。在此文中，何双全还介绍了简册编联的步骤。

---

① 谢桂华：《元康四年赐给民爵名籍残册再释》，河南大学历史文化学院编《史学新论：祝贺朱绍侯先生八十华诞》，河南大学出版社 2005 年版。

② 何双全：《居延汉简研究》，《国际简牍学会会刊》第 2 号，（台北）兰台出版社 1996 年版。

第一，归纳整理新、旧简中原有文书标题和名称。经整理共有百余枚简，皆书写原文书篇题，依原篇名共有 22 类 135 种。这些篇题全面包含了破城子简册的内容，所有简牍超不出此范围。其中以簿、籍、书类为最多。簿、籍类包括了各种籍账，同样书类，在一名称下亦包括了若干文书。如《爰书》，其中有很多同类而不同种的爰书，《诸官往来书》包括了各级官府间的往来公文。又如《部士吏候长往来书》同样包括很多文书，具体有《移居延第五隧长辅迁补居延令史，即日遣之官》《候史除辅迁补城仓令史，即日遣之官》等，其他皆同例。掌握了这些题目，等于掌握了简册内容，根据题目具体分期断代，逐步编联，实践证明使用这一方法和过程是极其有效的。

第二，简册编联，可跨坑位进行，但必须是先从互相邻近的坑位做起，同时要把旧简的出土位置搞清楚，一同进行。完成此一阶段后，再结合分期断代将所有坑位的简通盘考察，除去完整者，补齐残缺者，最后所剩不完整和同类者只好单独列出。根据新简的发掘坑位与旧简地点位置相对照，以及同类同册简的特征，先将全部简牍分为六组：一组为贝格曼第Ⅰ地点所出简牍；二组为贝格曼第Ⅱ地点所出简牍；三组为贝格曼第Ⅲ地点所出简牍；四组为贝格曼第Ⅳ地点所出简牍；五组为鄣内所出简牍；六组为坞内和坞基出土简牍。六组的划分以互相邻近和同一地点为原则，包括了新、旧简两次发掘出土的全部地点。其根据是新简的探方分布位置和《甲乙编》中记述的位置，以新发掘时划定的探方为主，以对应方法将旧简的地点归位。

编册过程中，先以六组为单元，然后再寻找相同者，实践证明，六组的划分基本准确，特别是旧简的地点，绝大部分可以归位，但也有个别编号的简，超越了六组所划分的区域，即一个总号下属简牍，不一定都是限定在一个地点，而是同时出现在四个地点，说明简的出土地点可以在固定的范围，但它原来同一册文书废弃时所倒置的地点是不同的，所以出现了同一地所出简牍可以与不同地点的简相编联这样错位现象。此外，《甲乙编》所载旧简仍有相当一部分不可划定地点，主要原因是这些编号的简中未能整理出可以编册的简牍来，此为遗留的问题，待以后研究解决。

第三，简册编联的结果和概况。已编联者 343 册（类），分为三种情况。

（1）完整者，46 册。主要是新发掘出土的 F22、F16、T40、T59、T68 等坑位，其中以 F22 为主，这些坑位均在坞内。最多的简册由 36 枚编成，次为 29、28、24、20 枚，再次为 19、18、17、16、14、11 枚。一般在 10—4 枚，最少者 2 枚为册，盖依文书性质和内容而定。其特点是司法爰书、劾状、品约、条例、屯戍簿籍内容多，编册长。官府文书、官吏调迁任免文书等内容较简单，编册亦短。这些文书簿册从时代看，主要是建武三年至八年的文簿。再早或再晚者少见，反映出甲渠候官建武初年还比较兴旺，建武八年以后逐渐废弃，所以保留下来的晚期完整文书相对较多。

（2）不完整者，217 册。出土地点分布较广，上述六组内均有，但主要是前三组所述地点，这些坑位均在坞外东侧堆积区。简册最多者 42 枚，次为 23、20、19、18 枚，再次为 15、14、13、12、11 枚。一般在 10—5 枚，最少者 2 枚。其特点与完整册相同，但以 10—5 枚残册占多数，内容和应有简牍缺失严重。从时代分析，以王莽及王莽以前者占多数，东汉简册较少，说明这一区域的简是甲渠候官早期的废弃物，由于废止时间早，加之后来扰乱和再次堆积，原有简册破坏较严重，保存下来的完整册书相对较少。

（3）残缺较多，同类不能为册者 80（册）类，包括所有地点，新、旧简各占一定比例，其中以旧简为多。

实践证明，只要掌握了各时期各种文书的特点，简册编联就较易实施。虽然编联的简册完整者不多，不完整者占大多数，但从这些簿册中使我们较全面、较系统地掌握了全部简的内容和各种文书的形制及其特点，为开展深入研究工作创造了有利条件。[①]

此文末附有"甲渠候官破城子简册编联排次表"，对新、旧居延汉简中可能是册书的简号进行了分类排列，为各个简册的进一步复原和研究提供了重要的参考。

文中所说"由于同一简册，通常由多枚简编联而成，可以用不同的

---

① 何双全：《居延汉简研究》，《国际简牍学会会刊》第 2 号，（台北）兰台出版社 1996 年版。

木质来书写，所以不能以木质同一为基础来进行简册编联复原"，实际上是对大庭脩所提出的册书复原四原则中的"材料同一"原则的修正。出土简册实物表明，这一修正意见是至为正确的。比如敦煌悬泉汉简中的编册，除了一色以简札编册者和单纯以两行编册者，也有以简札与两行合编，或简札与木牍混编者。比如"康居王使者册"和"调史监置册"皆为简札与两行合编而成，"宣犀簿"则为简札与木牍合编而成。

长沙走马楼吴简中有大量簿籍简，亦可进行集成复原研究。侯旭东根据已经出版的《长沙走马楼三国吴简·竹简〔贰〕》中提供的"竹简揭剥位置示意图"对"广成乡嘉禾六年吏民人名年纪口食簿"中的广成里部分进行了复原研究。湖南长沙走马楼出土的三国吴简中包含若干成坨的竹简，在已经刊布的长沙走马楼三国吴简《竹简》〔壹〕至〔捌〕下册释文后的附录中均附有数量不等的"竹简揭剥位置示意图"，记录了整理过程中发现的成坨竹简原来的保存状况以及整理时揭剥的先后顺序与编号。走马楼吴简与其他多数竹简一样，原本应是连缀成册或事后编成册书保存的。这些成坨竹简的现状应是成卷的册书经历近 1800 年的堆积挤压形成的。示意图所示信息为了解坨内竹简的相对位置与关系提供了重要线索，奠定了从文书学角度复原册书的基础。

长沙走马楼三国吴简《竹简〔贰〕》中的一坨名籍简册（贰·1661—贰·1799），保存状况较好，数量比较适中，共 208 枚简，有字简 139 枚，册书首尾格式保存得也比较完整。"竹简揭剥位置示意图"中相关部分描绘的是此坨平置情况下，自侧面，即竹简顶端观察此坨逐层叠压形成的状态。每枚简端平的一面代表有字面，曲面为背面。该坨上半部分均是有字面在下面，而下半部分正相反，有字面朝上。册书的复原从揭剥示意图中显示的有文字面相对的三枚简（即206、207、208 号），这三枚简应是该册书的最右端，即册书的起始部分。当时该册书应是有字面朝上，自右（起始端）向左（末端）收卷。揭剥图所示乃该坨竹简顶端的侧视图，因而原册书应是以此三简为起点沿相反方向，即按逆时针方向收卷成册的。复原工作的第一步亦应循此顺序将该坨各简的先后次序大体排定。编号 94—1 号的十三层简仅存上半部，观察示意图，这些简有文字面均向下，表明这 94

枚简亦应是按照同样顺序收卷的，只是下半部遗失了。因此可以按照逆时针方向依据示意图画出的各层竹简的位置关系逐层排列这些竹简的顺序。编号94以下各简只存上半部，排列顺序依旧为逆时针方向。由于根据示意图所示位置作的初步复原没有考虑简文的内容与格式，因此复原工作的第二步是根据册书的格式调整简的相对位置。又由于根据示意图所示位置作的初步复原没有顾及编绳朽烂后因长时间挤压所产生的位置错乱，因此复原工作的第三步是根据简文内容上的关联、笔迹与出土位置调整复原结果。经过调整复原的册书简序如下：

207、206、204、205、208、200、201、202、203、198、199、194、195、196、197、192、166、190、191、184、185、186、187、188、189、178、179、180、181、193、182、183、173、161、174、175、176、177、167、168、169、170、171、172、162、163、164、165、154、155、156、159、157、158、160、146、145、144、148、149、147、150、151、152、153、137、138、139、140、141、142、143、129、130、131、132、133、134、135、136、121、122、123、124、125、126、127、128、113、114、115、116、117、118、119、120、104、105、106、107、108、109、111、110、112、95、96、99、100、98、97、101、102、103、94、93、91、90、89、88、92、87、86、85、84、83、82、81、80、79、78、77、76、75、73、72、74、69、56、71、68、65、64、61、59、60、70、57、55、58、54、53、52、51、50、49、48、47、46、44、43、42、41、40、39、38、37、36、35、34、32、33、31、30、29、28、27、26、25、24、23、22、21、20、19、18、17、15、67、66、63、62、16、14、13、12、11、10、9、4、8、6、7、5、3、2、1。

根据复原的简册，大体可见孙吴初年临湘侯国《吏民人名年纪口食簿》的基本面貌。研究表明，这种"吏民簿"为吏民合籍，即同里的"吏"（泛称，包含"卒"）与"民"合籍，同里居民排列的顺序大致是民在前，吏在后。除了复原，侯文还探讨了册书的构成与编排顺序。通过比对"嘉禾吏民田家莂"发现，身份相同的居民则按照"丘"集中排列。这显示了作为户口编制的"里"与"丘"的密切关系，同时再次证明，

"丘"是居住地。①

邓玮光在总结以往的简册复原方法的基础上，提出了"横向比较复原法"，即用联系的观点，在充分认识文书行政特点的基础上，通过有意识地寻找同一事件的不同记录来弥补单份材料缺失的信息，以辅助复原。他运用这一方法，并参考相应的时间范围、语气对接、人名对应关系等，对《长沙走马楼三国吴简·竹简》第三卷中的三州仓出米简进行了复原与研究，复原的简序如下：7977、4829、4862、4866、1537、1406、1417、1446、1512、1500、1502、1554、1325、1683、1427、1509、1425、1444、1347、1436、2483、2484、1430、1344、1483、1505、2171、2245、2271、2182、2477、2246、1426、1545、1360、1408、1367、1390、2204、2173、1420、1618、1623、1520、2468、2542、2286、2278、2252、2270、1356、2209、2172、2200、2174、2209、2176、2243、2469、2545、2211、2262、2276、2237、1383、2161、2251、2214、1365、1373、1532、1531、2241、2202、2242、2501、1441、1313、1550、1557。② 他还对刘阳县师佐籍、中仓黄龙三年十月旦簿等做了复原研究。③ 陈荣杰对《长沙走马楼三国吴简·竹简》第七卷中的"朱表割米案"进行了复原研究。④ 邬文玲对《长沙走马楼三国吴简·竹简》第八卷中的州中仓出米簿做了复原研究。⑤

册书复原中比较困难的是简序的排定和复原，有些简册如"元康五年诏书册"可以依据简文所提供的时间进行排序，而大量簿籍简册虽然集成分类比较容易，但很难复原原有的简序。有些册书则需要根据简文内

---

① 侯旭东：《长沙走马楼吴简〈竹简〔贰〕〉"吏民人名年纪口食簿"复原的初步研究》，《中华文史论丛》2009 年第 1 期。

② 邓玮光：《走马楼吴简三州仓出米简的复原与研究——兼论"横向比较复原法"的可行性》，《文史》2013 年第 1 期。

③ 邓玮光：《走马楼吴简"师佐籍"的复原尝试——以刘阳县师佐籍为例》，《苏州文博论丛》2011 年；邓玮光：《对中仓黄龙三年十月旦簿的复原尝试》，楼劲主编：《魏晋南北朝史的新探索》，中国社会科学出版社 2015 年版。

④ 陈荣杰：《走马楼吴简"朱表割米案"整理与研究》，《中华文史论丛》2017 年第 1 期。

⑤ 邬文玲：《〈长沙走马楼三国吴简·竹简（捌）〉所见州中仓出米簿的集成与复原尝试》，《出土文献研究》第 16 辑，中西书局 2017 年版。

容的逻辑顺序来排定简序。比如 1984 年，江苏扬州仪征胥浦 101 号汉墓出土了一组写有先令券书的竹简，共 16 枚，出土时已经散乱，发掘人员登录了出土顺序号，后来整理者按照简文内容排定释文顺序，并在发掘报告中予以公布（文前数字为《发掘报告》编定的顺序号，文后括弧内的数字为出土编号）：

1. 元始五年九月壬辰朔辛丑亥（?）高都　　（1）

2. 里朱凌［庐］居新安里甚接（?）其死故请县（5）

3. 乡三老都乡有秩佐　　里师谭等　（3）

4. 为先令券书凌自言有三　　父子男女（2）

5. 六人皆不同父［欲］　（?）令子各知其父家次（?）子女以（6）

6. 君子真子方仙君父为朱　　孙弟公文父　（4）

7. 吴衰近君女弟弱君父曲阿病长宾（?）　　（10）

8. 姁言公文年十五去家自出为姓遂居外未尝　（16）

9. 持一钱来归姁予子真子方自为产业子女仙君　（9）

10. 弱君等贫毋产业五年四月十日姁以稻田一处桑　（11）

11. 田二处分予弱君波田一处分予仙君于至十二月　（12）

12. 公文伤人为徒贫毋产业于至十二月十一日仙君弱君　（15）

13. 各归田于姁让予公文姁即受田以田分予公文稻田二处（14）

14. 桑田二处田界易如故公文不得移卖田予他人时任　（13）

15. 知者里师伍人谭等及亲属孔聚（?）田文满真　（8）

16. 先令券书明白可以从事。　（7）①

　　许多学者对上述简书作了探讨，但仍有不少疑点。其中最大的疑点是：简书开头标示的时间是"元始五年九月壬辰朔辛丑"，而下文却一直

① 扬州市博物馆：《江苏仪征胥浦 101 号西汉墓》，《文物》1987 年第 1 期；李均明：《散见简牍合集》，文物出版社 1990 年版，第 105—106 页。

记到了"十二月""十二月十一日"的事。对此，有学者用改变句读的方法来解决，断句为："五年四月十日，姬以稻田一处、桑田二处分予弱君；波田一处分予仙君，于至十二月。公文伤人为徒贫毋产业。于至十二月十一日，仙君弱君各归田于姬，让予公文。"但这样的断句方式既不符合一般的语言习惯，在语法上也讲不通，而且与简文原意不合，因为原简在"波田一处分予仙君"的"君"字之下有一个钩识符号，明白提示读者在"君"字下断句。可见，改变正常的断句不能解决疑点。

李解民通过反复阅读该组简文的全部照片和摹本，仔细琢磨文意，发现《发掘报告》所编排的简序存在不当之处，而这正是问题的症结所在。原来《发掘报告》把第16号简排错了位置。只要把第16号简移置于第7简之后，问题便可迎刃而解。虽然是一简之差，却涉及整组简文的诠释。李解民重新排定的释文顺序如下：

1. 元始五年九月壬辰朔辛丑昃，高都　　（1）

2. 里朱凌庐居新安里，甚疾其死，故请县、（5）

3. 乡三老，都乡有秩、佐、里师谭等，　　（3）

4. 为先令券书。凌自言有三父子男女（2）

5. 六人，皆不同父，欲令子各知其父家次。子女以（6）

6. 君、子真、子方、儇君父为朱孙；弟公文，父　（4）

7. 吴衰近君；女弟弱君，父曲阿病长实。　　（10）

8. 先令券书明白，可以从事。　　（7）

9. 姬言：公文年十五去家，自出为姓，遂居外，未尝　（16）

10. 持一钱来归。姬予子真、子方自为产业。子女儇君、　（9）

11. 弱君等贫毋产业。五年四月十日，姬以稻田一处、桑（11）

12. 田二处分予弱君，波田一处分予儇君。∟于至十二月，（12）

13. 公文伤人为徒，贫毋产业。于至十二月十一日，儇君、弱君（15）

14. 各归田于姬，让予公文。姬即受田，以田分予公文。稻田二

处、　（14）

　　15. 桑田二处，田界易如故，公文不得移卖田予他人。时任（13）

　　16. 知者：里师伍人谭等及亲属孔聚、田文、满真。　（8）

　　根据重新排定的简文可知，这组竹简不能简单地看作一个文件，即"先令券书"，它实际上包含了两个既有联系又有区别的文件。其中1—8号简为第一个文件，该文件的主人公为朱凌。其性质是主人在病重时立的一份书面遗嘱，简书自名为"先令券书"。立嘱时间为元始五年九月辛丑。先令券书旨在"欲令子各知其父家次"，起因是主人"甚疾其死"，所以请来县三老、乡三老、都乡有秩、都乡佐、里师等作公证，于是将六个子女与各自的生父依次逐一作了交代。最后一句"先令券书明白，可以从事"，是当时券书结尾常用的套语。文件自名"先令券书"，表明它是一种契约，至少有两份以上的正本。但此券书作为随葬品，不大可能是原件，而是一种抄件。

　　9—16号简为第二个文件，该文件的主人为妪。它记载了妪关于家产分配的交代。具体内容可分为两节，划分的标志就是12号简的钩识符号。第一节记的是妪关于元始五年十二月以前子女们分配家产的情况。第二节记的是分田产给公文的情况。总起来看，贯穿第二个文件前后两节的中心人物是公文，中心事件是妪对公文的田产分配。第二个文件实际是老妪的口述记录，说了三次家产分配，重点在说明最后一次。

　　这样一来，原先令人费解的时间问题，就可得到圆满解释。简书记录了两个文件，而两个文件的时间坐标是不同的，第一个为元始五年九月辛丑，第二个为同年十二月十一日，前后相距三个月。第二个文件内容含多个时间，其中"四月十日""十二月"属于追述，最后的"十二月十一日"才是文件的形成时间。

　　正因为是两个文件，所以内容上各有不同。第一个是确认六个子女生父家次的先令券书，第二个是交代五个子女家产分配的口述记录。后一个文件不能视为先令券书的内容。两个文件的主体称谓不同，在场证人也有所不同。两个文件的简文字体、书写行款也具有不同的特点。因此，两个文件的书写时间存在一定的间隔。而两个文件的主人朱凌和妪，实际上是同一个人。①

　　侯旭东根据编绳犹存的东汉永元兵物簿等简册，考察了西北所出汉代簿籍册书简的排列与复原问题，指出：无论是基于定期簿书还是不定期簿书形成的定期文书或不定期文书，具体内容的排列上，均是细目在前，呈文在最后。根据呈文的书写特点，可以推断一般簿籍类册书的排列均是如此。这种排列结构并非西汉首创，而是承袭自秦代。里耶秦简中就已出现如此排列的木牍簿籍。这种文书书写的结构安排，甚至唐代的文书中还保留，并东传影响到日本。同时，不只是行用于世间的官府，从西汉到唐代，针对地下世界的很多"衣物疏"也仿自此种簿籍的书写格式。以往学界对一些册书的复原存在问题，是呈文在前，细目在后，恰好颠倒了顺序。② 何茂活缀合复原了肩水金关汉简中的居摄元年历谱。③ 陶安对岳麓书院藏秦简进行了复原研究，主张通过考察原始简号来分析出土信息，从而进一步完善文本的复原。④ 李天虹基于楚简册复原的实践，指出应该重视对无字残简的考察和利用，提高对竹简实物的竹节、简端等特征的考察力度，这对竹简形制的研判、简序编排、残简定位或能起到独特的作用。⑤ 姚磊以书写特征为出发点，对《肩水金关汉简》第四卷中的8组简册进行了编联复原，分别是：（1）73EJF3：105、146、147、355；（2）73EJF3：48＋532＋485、73EJF3：290＋121；（3）73EJF3：375、73EJF3：36＋503；（4）73EJC：591、611；（5）72EJC：5、36、43＋52、68；（6）73EJD：10、15、236；（7）72EJC：33、49；（8）73EJC：40、

　　① 李解民：《扬州仪征胥浦简书新考》，《长沙三国吴简暨百年来简帛发现与研究国际学术研讨会论文集》，中华书局2005年版。

　　② 侯旭东：《西北所出汉代簿籍册书简的排列与复原——从东汉永元兵物簿说起》，《史学集刊》2014年第1期。

　　③ 何茂活：《肩水金关出土〈汉居摄元年历谱〉缀合与考释》，《考古与文物》2015年第2期。

　　④ 陶安：《岳麓秦简复原研究》，上海古籍出版社2016年版。

　　⑤ 李天虹：《楚简册复原三题——以"五种楚简"的复原为中心》，《江汉考古》2018年第5期。

72EJC：141、238、73EJC：362。①

虽然目前学界在册书复原方面取得了一些比较显著的进展，但仍有大量工作需要做。而且册书复原的目的是为了更加有效地利用简牍资料，因此册书复原的完成只是册书研究的开始，而不是结束。在将来的简牍整理和研究中，册书的复原和研究仍然是一个重要的领域。

除了册书复原之外，断简缀合也是简牍整理研究的重要基础工作之一。由于相当一部分简牍长期埋藏在地下，极易受到腐蚀损害，许多简牍出土时已经残断，甚至断裂成若干碎片，对于这类残断简牍，需要进行拼接缀合，尽量使之恢复原状，才能更好地加以利用和研究。断简缀合通常要根据简牍的出土地点、材质、形制、书体、残留笔画、裂痕等来进行。

裘锡圭《湖北江陵凤凰山十号墓出土简牍考释》成功缀合复原了江陵凤凰山 10 号墓出土的《市阳租简》和《郑里廪簿》。《市阳租简》出土时已经断裂，发掘简报公布时对之作了初步的拼接复原，但仍不完整，简文无法卒读。裘锡圭从同墓所出其余残简中找出了还可与之拼接的两条碎片，完整地复原了《市阳租简》，简文遂全部可读如下：

> 市阳租五十三石三斗六升半，其六石一升当粜物，其一斗大半当麦，其七升半当□，其一石一斗二升当耗，其四石五斗二升当黄白术（秫）。凡□十一石八斗三升，定册一石斗三升半。监（?）印（?）②

谢桂华《居延汉简的断简缀合和册书复原》根据简牍的木质、形制、字体、笔迹、裂痕、残留笔画、简文内容、出土地点等，对 1930 年至 1931 年出土的居延汉简中的 45 枚断简进行缀合，共得到 22 例缀合复原的简牍：

---

① 姚磊：《论〈肩水金关汉简（四）的简册复原〉——以书写特征为中心考察》，《出土文献》2017 年第 1 期。

② 裘锡圭：《湖北江陵凤凰山十号墓出土简牍考释》，《文物》1974 年第 7 期。

（1）简 67·28＋67·23；（2）简 70·4＋70·15；（3）简 184·9＋184·1；（4）简 239·83＋239·85；（5）简 52·50＋52·18；（6）简 71·25＋71·15；（7）简 101·7＋101·3；（8）简 122·1＋122·19；（9）简 201·9＋201·6；（10）简 233·17＋233·10；（11）简 233·13＋233·25；（12）简 239·80＋239·65；（13）简 242·35＋242·41；（14）简 244·12＋244·14；（15）简 244·16＋244·13；（16）简 346·14＋346·17；（17）简 486·21＋486·47＋486·2；（18）简 486·53＋486·5；（19）简 115·1＋115·2；（20）简 63·12＋188·21；（21）简 148·11＋534·12；（22）简 488·11＋148·18。

其中第 17 例是由三枚断简缀合而成，其余均由两枚断简缀合而成。从例 1 到例 19，不仅每组断简的出土地点相同，而且上方编号亦相同，例 20 至例 22，虽然每组断简的上方编号不相同，但是出土地点相同；从例 1 至例 4，属于纵裂，例 5 至例 22，均属于横断。

通过上述 22 个断简缀合的实例，谢桂华明确指出，能够缀合的断简必须同时具备以下三个条件：（1）出土地点相同，这是前提；（2）不仅木质、字体、笔迹完全相同，而且简文内容和文例亦可衔接，如果属于横断，形制必须完全一致；（3）残留笔画和裂痕完全吻合。这三者不可或缺。①

何双全《居延汉简研究》对 1973 年至 1974 年破城子遗址正式发掘的居延汉简中的断简作了全面的整理缀合，共得 138 枚缀合复原的简（参见其文末所附"甲渠候官破城子断简缀合表"），并提出居延新简断简缀合工作要遵循五个阶段六种方法进行。他指出：

1973 年至 1974 年破城子遗址正式发掘的坑位编号有 105 个，即探方（T）68 个，房屋（F）37 座。实际出土汉简的有 45 处，即探方 36 个，房屋 6 座，共出简 7968 枚。经整理，可缀合的坑位有 T2、T4、T5、T6、

① 谢桂华：《居延汉简的断简缀合和册书复原》，《简帛研究》第 2 辑，法律出版社 1996 年版。

T7、T8、T16、T17、T26、T31、T40、T43、T44、T48、T49、T50、T51、T52、T53、T54、T55、T56、T57、T58、T59、F22 等 26 个。其中 T40、T43、T48、T50、T51、T52、T56、T59 等 8 个坑位为最多。由于残断情况不同，缀合后有二枚为一完整者，有三枚为一完整者，有四枚为一完整者，也有二枚或者三枚缀合后仍不完整者，其中以二枚为一者居多，断简的程度有两种：一是断茬无缺，可完全接合；一是断茬有缺，不能完全接合，所以将能接合者称为"接"，不能接合者称为"拼"，以示区别。整个缀合工作遵循以下五个阶段六种方法进行。

第一阶段，全面熟悉简牍现存情况，此为最基础的工作。包括出土地点、层位堆积、同地点、同层位的纪年简，保存现状，完整和残断程度，简牍内容和类别以及各种简牍的基本特征，书写格式和书体特点，完整和残断简的比例等。通过以上几个方面，从宏观上对简牍资料有所掌握，然后最重要的是文字释读，在正确释文的同时进一步加深对上述各项问题的认识和理解，达到全面掌握简牍。

第二阶段，根据以上几个问题，第一步以发掘出土单元为基本单位，先将完整简提出，再将残断简集中，进行重点分析考察，研究其现状，断定在完整简的大体部位，即上、中、下三段，然后逐枚对接，与此同时，要参照同类完整简的标准尺寸，决不能超越太远。

第三阶段，在上述第二阶段完成后，将已缀合的完整简提出，留下仍不完整者，与本单元邻近相接的其他单元再进行缀合。

第四阶段，通过以上三个阶段的工作，逐步减少残断数量，同时逐渐扩大单元缀合范围，将仍不完整者可与所有单元缀合。

第五阶段，系统整理检验，肯定正确者，排除错误者或把握性不大者。整个缀合过程以第一阶段为基础。通过缀合，不仅使残断简趋于完整，同时更进一步掌握了各简的时代特征和文书形制，为整个简牍的分期断代和文书分类编联打下基础。故残断简的缀合也是全面研究简牍的过程，通过系统全面的研究，将残断者拼接起来，使资料完整化。

具体缀合，根据简牍的实际情况，从以下六种角度展开研究。

第一，简牍用料和残断特征。即用来书写各种文书的木材和质料及其特点，包括木材种类、木质性能、木纹、木色等和不同木材残断的特点。就破城子简牍看，所用木材种类有红松和白松、胡杨、红柳等。其中以松木为主，胡杨次之，红柳又次之。三种木材质色不同，断裂有别，使用对象和使用时期也有主次。

松木，有红白之分，质细木坚，结构紧密，有很清晰的树轮纹路，红松呈深红色，白松呈灰白色，两种木材韧性很强，不易弯曲、断裂，又好制作，简牍都是顺木纹竖剖削制，表面平滑光亮，如不是有意割据规整，其自然断茬必是纷乱不齐，找到相同的断茬，参考树轮纹路和木色，如能接合必然无误。这两种木材主要用于书写上级下发的各种文书，如诏书、律令和都尉、候官下行文书等。诏书和律令必用松木。从流行时代看主要在昭帝至王莽以前的一段时间里。

胡杨，纤细质软，呈白色，无很明显的树轮纹路，韧性差，易弯曲，干燥后质脆易断，其断茬平整。此类残断简的断茬不易接合，因木质脆，断茬整齐，加之自然磨损，不易保存原始断面，所以接之不易，缀合时必须从简牍长短、宽窄、厚薄、木色、文书内容以及简牍上遗留的其他痕迹等多方面断定。此木材主要用于下级各种屯戍簿册等的书写。其大量使用于平帝至王莽及东汉时期。平帝以前也有用者，但不普遍。

红柳，纤细，质较硬，无明显树轮纹路，韧性极强，但很易弯曲变形，未干燥时渗出粉红色汁液，干燥后不脱落，一般呈白色。用红柳制作的简牍，大都弯曲异型，由于有极强的韧性，其断茬纤维长短不一，极不规整，加之变形，亦难接合，缀合时须多方面考察。此类简多为契约、司法、爰书、书信等。但总的数量相对较少，主要使用于王莽至东汉时期。

从木材用料上进行断简缀合是很重要的和最基本的环节。一枚完整简为一种木材，断裂后，不管断茬是否相符，内容是否相同，书风是否一致等，这些都是第二步所要考虑的，第一步所要断定的是所用木材质料绝对要相一致，不然缀合必是错误的。只要掌握了简牍用材和性能以及各种木材的断裂特征，等于掌握了断简缀合的要害，加之其他辅助方法相证，缀合才有绝对把握。

第二，简牍残断情况分析。根据发掘时的堆积，简牍被遗弃有三种情况：一是有意识存放，因废弃，后来被掩埋，形成自然损坏，如第二号房址及其出土简册，该房址内所出简册，大部分完整，少量残断，凡残断者只要堆积在同一位置，很容易缀合和编缀。二是作为废弃物有意识集中于一个地点。从残断情况分析，早期废弃时曾有意折断部分简册，然后倒置，由于延续时间较长，同一处有不同时期的简，比较集中的位置，有堆积叠压关系，而偏离中心区，其叠压关系不明显，这种情况下的残简，缀合有不少困难，往往要从多种角度分析。如坞外灰坑堆积区 T50、T51、T52、T53—T58 九个单元，其缀合工作除以单元为主外，必须要把九个探方的简册统一考察。因为破城子简主要发现于这一区域。根据纪年简考察，这一地点所出简册，其时代相对早，或者说这一地点的简，百分之八十都是王莽以前的废弃物。相反坞内各探方和各房址内的简时代较晚，主要集中于东汉初期。根据此一情况，坞内所出简应统一考察。三是人为损坏，如坞内 T68 所出简册，有相当一部分被火烧残，显然是有意焚毁，这种残简很难缀合，采用断茬缀合毫无依据。只能从字体、文书内容、上下语句作判断，除外再无可循之法。总之在缀合工作中要仔细分析残简的现状和破损程度及损坏原因，不同情况分别对待，做好缀合工作的情况分析。

第三，书法字体特征。了解书法字体的风格，是缀合工作的又一依据。综观全部简册，其书写书风有正规隶书、半隶半草、草书三种，各占比例大体相等。使用时代从早到晚都有。但特点是不同的文书有不同的书写书体，如工整秀丽的隶书多用于官方诏令、政令和各种典章制度等文件的书写，这一点很明显；半隶半草，即不正规、不工整的隶书，多用于司法文书，各种账册、簿籍等屯戍文档的书写；草书则多见于候官以下至部隧间上报下行各种文书及私人信札的书写。特别是各类信札，其书写很潦草。以上书体的使用为断定简册内容和文书形制起到了指引作用。掌握了字体和使用范围，就能断定简册类别，为缀合提供了又一佐证。从时代看，工整秀丽的隶书多为王莽以前的简，王莽及东汉初虽有隶书，但不像早期那样工整秀丽。半隶半草和草书多见于王莽时期和东汉初期。特别是草书，占比例较大。但王莽和东汉的草书又有所不同。新莽多狂草，无一定规律的体制，有些字随意书写，而东汉初的草书，虽甚草，但书写秀丽，有章可循，有一定章法，笔势顿挫有节，大方秀丽，耐人寻味，不是随意乱写，此为草书之特征。

第四，简牍的时代特征。掌握简牍的大体时代，给缀合工作划定了大致时限，缩小了拼接范围。从整个简牍看，其时代的界限大体是清楚的，即三大段：早期昭帝至孺子婴，中期王莽时期，晚期东汉初。这三个阶段，其基本特征从以下四个方面可掌握。

（1）文书的书法风格，早期以工整秀丽的隶书为主，同时有半隶半草的书体，草书少见。中期以半隶半草为主，出现大量狂草，晚期，隶、半隶半草、草三体兼而有之，但隶书不像早期那样工整，半隶半草者比较整齐正规，草书很秀丽，有章法可循，可以说东汉初期，是居延汉简草书的成熟阶段。

（2）职官名称的改易和职官人员的变更。就破城子遗址而言，现已定论为甲渠候官遗址，从简文看，其名称经过三次改易，早期称"甲渠候官"；中期称"甲沟候官"，简称"甲沟官"；晚期称"甲渠鄣候"，简称"甲渠官"。职官人员变动比较大，从微观上为断定时代提供了依据。

（3）因受新莽改制影响而出现的职官、地名、个别字体结构的变化。如"甲渠"，早期称"甲渠"，王莽称"甲沟"，晚期称"甲渠鄣"。地名如"敦煌"，早期沿此称，王莽改曰"文德"；居延，莽曰"居成"；"长安"曰"常安"等。个别字体如"七""四"等，早期沿此字，中期写作"桼""三"，晚期仍用"桼"，但"三"又改回原体等。这些都带有明显的时代烙印。

（4）各时期简册的用材，也有时代特点，早期以松木为主，中期松、杨、柳三者均有，但以胡杨为主，晚期三种木材比例相当，或以胡杨、红柳稍多。

第五，文书类别的判定。从现有简册中明确书写的文题检阅统计总共有50余种，可分为七大类。

（1）诏书类：主要是朝廷的诏文及其诏书逐级下达收受转发的各级行文。

（2）律令类：各种法律政令，上自全国统一法典，下至郡、县、都尉府的各种典章制度条文。

（3）官府文书类：简文称"郡书""府书""官书"等，主要内容是郡府、都尉府、候官和县府各级机关的正常公文。

（4）司法文书类：主要是有关司法机关受理各种案件的卷宗，其中以各种爰书为主，包括了审理和惩办结果等行文。

（5）屯戍簿籍类：包括各种名籍、簿册、书致、牒案等。

（6）邮驿类：包括各种封检、题签及信札。

（7）文化类：包括各种书籍、医方等。

此为全部简牍的大概类别。各类文书都有不同的书写格式。如掌握了各自的规律和特点，就比较容易断定单枚简的性质和文书种类，为缀合又提供了依据。

第六，文书用语和文字分析。其一从文字看，各种书籍和诏书均使用当时统一的常用字体，书写工整，与汉碑字体均同。相反除此以外的其他文书，字体不大统一，特别是候官以下的各种文簿，字体很不规范。而居延汉简恰恰是都尉府以下至部隧间的文档占绝大多数，所以从字体书写结构即可看出该简的种类和级别。其二从文书用语看，各种文书有特定的用语，比较明显的有以下七种。

（1）诏书及行文：诏书开头语，必称"诏曰"，或"制曰"，或"制诏"，或"制曰可"之用语，其文尾写"某人下某人，承书从事"，"下当用者如诏书"等语。从中央，经郡县，下至候官乃至部隧都遵循这一格式。只不过各官府间收受、转发机关和人员、时间不同，其文书定式盖以此为模范。

（2）官府间上下行文之用语：常见的词组有行、兼行、告、谓、谒报、敢言之、叩头、死罪、谨移等，均表示不同级别不同文书的用语。行，代表某官员以某种身份承办某种事；兼行，即代理承办人承办某事；告，即命令，这些用语多见于上级官府对下属机关所发指令行文。行、兼行、告往往成句，如"××人行或兼行×事，告××官……"。谓，多用于同等级别的机关或同等级别的官员之间的文书称谓，如"××官谓××官，或××人谓××人"。叩头、死罪、敢言之、谒报、谨移等词组，均为下级向上级呈报文书时的专用语，如"××叩头死罪敢言之，谨移或谒报××书一编敢言之"，表示下级对上级的尊敬。

（3）信札用语：主要是私人信件，最多见的是"伏地再拜言、再拜白、伏地言、伏地请、幸甚、甚善、甚毋恙、叩头死罪"等，盖为谦称和祝福语。

（4）司法爰书用语：常见者有"诏所名捕、诏所逐验、搜索部界、推辟、验问、罪当坐"等。皆为司法文书的专用语，遇见此类简牍必与司法爰书有关。

（5）官吏任免用语：常见者如调、迁、徙、补、换、斥免等，均为官府任免、调动官员的文书用语。

（6）邮书及邮书课用语：常见者如北书、南书、檄、版檄、合檄、中程、不中程、留迟、付、受、解何等，皆为邮书和邮书课文书的用语。

（7）各种簿籍：包括名籍、被服、月俸、月廪、兵器簿等，开头均写身份，然后注明籍贯、爵位、年龄等。根据上述常见的各种用语，即可断定简牍的性质，是缀合过程中的重要方法之一。

上述五个阶段六种方法是破城子残断简牍缀合工作的主要程序。五个阶段必须逐步进行，六种方法必须同时使用，不能割裂开展，其中以木质的同一性为基础，然后使用其他五种方法，互相印证，最后确定。只有这样，缀合才有绝对的准确性。[①]

韩华对西北简牍残简缀合问题进行了探讨，指出西北简牍材质主要为松木、红柳和胡杨三种（竹制简牍也有但出土数量少，仅限于甘肃南部天水放马滩秦简460余枚）。可以利用这三类简牍材质本身的特点进行残简的缀合，同时在缀合的过程中也要充分利用考古学中类型学和地层学的原理，在简牍内容和年代学上进一步确定简牍年代的早晚关系，这样可以极大提高残简缀合的准确性。[②]

肩水金关汉简公布之后，学者们做了很多断简缀合的工作，成效显

---

① 何双全：《居延汉简研究》，《国际简牍学会会刊》第2号，（台北）兰台出版社1996年版。

② 韩华：《试论西北简牍残简缀合——以简牍材质和考古学方法为中心》，《石家庄学院学报》2018年第1期。

著。比如，杨小亮缀合了 12 枚：73EJT21：459 + 451、73EJT23：379 +
387、73EJT23：531 + 509、73EJT23：500 + 511、73EJT23：743 + 744、
73EJT21：199 + 198;① 73EJT23：96 + 132、73EJT23：177 + 171A、
73EJT23：491A + 492B + 525 + 947 + 1038A、73EJT23：614 + 687。② 姚磊
缀合了 46 枚：73EJT37：28A + 653 + 1133、73EJT37：782 + 836A、
73EJT37：146A + 1561B、73EJT37：850 + 35、73EJT37：881 + 612、
73EJT37：1523 + 111、73EJT37：43 + 1485、73EJT37：918 + 1517、
73EJT37：1308 + 1277、73EJT37：1217 + 1140、73EJT37：1026 + 1515、
73EJT37：806 + 816 + 1207;③ 73EJF3：470 + 564 + 190 + 243 + 438、
73EJF3：337 + 513、73EJF3：441 + 616、73EJF3：54 + 512、73EJF3：
229 + 542 + 528、73EJF3：482 + 193 + 508、73EJF3：628 + 311、73EJF3：
41 + 77、73EJD：247 + 199、73EJF3：627 + 308;④ 73EJT37：209 + 213 +
1285 + 1297、73EJT37：306 + 267、73EJT37：279 + 287、73EJT37：885 +
636、73EJT37：1117 + 1107、73EJT37：1378 + 1134、73EJT37：1206 +
872、73EJT37：1208 + 371、73EJT37：1447 + 922、73EJT37：1224 + 108、
73EJT37：1311 + 1233、73EJT37：949 + 1349、73EJT37：1247 + 1235,⑤
73EJT37：355 + 56、73EJT37：427 + 298、73EJT37：436 + 380、73EJT37：
485 + 544、73EJT37：491 + 482、73EJT37：608 + 683、73EJT37：805 +
535、73EJT37：862 + 136、73EJT37：1027 + 186、73EJT37：276 + 1501、
73EJT37：1271 + 1340。⑥ 谢坤缀合了 17 枚：73EJT37：701 + 36、
73EJT37：706 + 33、73EJT37：852 + 712、73EJT37：1324 + 1192、

---

① 杨小亮：《肩水金关汉简缀合八则》，《出土文献研究》第 11 辑，中西书局 2013 年版。
② 杨小亮：《金关简牍编联缀合举隅》，《出土文献研究》第 12 辑，中西书局 2014 年版。
③ 姚磊：《〈肩水金关汉简（四）〉缀合考释研究（十二则）》，《出土文献》第 9 辑，中西
书局 2016 年版。
④ 姚磊：《〈肩水金关汉简（五）〉缀合札记》，《珞珈史苑》2016 年卷。
⑤ 姚磊：《〈肩水金关汉简（四）〉缀合与释文补正》，《敦煌研究》2017 年第 6 期。
⑥ 姚磊：《〈肩水金关汉简（四）〉缀合及释文订补（十一则）》，《出土文献研究》第 16
辑，中西书局 2017 年版。

73EJT37：1477 + 1053、73EJT37：666 + 879，① 73EJT37：1452 + 1460 +
55、73EJT37：357 + 58、73EJT37：67 + 121、73EJT37：180 + 666、
73EJT37：401 + 857、73EJT37：628 + 658、73EJT37：656 + 1376、
73EJT37：854 + 1196、73EJT37：856 + 927、73EJF1：91A + 93B + 82、
73EJF1：106 + 111。② 伊强缀合了 20 枚：73EJT1：136 + 163、73EJT8：
14 + 20、73EJT22：7 + 10、73EJT23：642 + 35、73EJT23：448 + 963、
73EJT23：131 + 862、73EJT23：432 + 260 + 431、73EJT23：634 + 173、
73EJT23：1065 + 931、73EJT24：382 + 402、73EJT24：634 + 627、
73EJT24：872 + 249、73EJT24：956 + 761、73EJT26：42 + 25、73EJT32：
57 + 49。③ 73EJT11：31A + 10 + 3、73EJT22：65 + 87、73EJT23：404A +
265B、73EJT21：138 + 278A、73EJT21：62 + 78。④ 张显成、张文建缀合
了 7 枚：73EJT4：182 + 64、73EJT5：30 + 40、73EJT9：5 + 15、73EJT9：
223 + 154、73EJT10：277 + 174、73EJT10：339 + 480、73EJT10：418 +
415。⑤ 尉侯凯缀合了 13 枚：73EJT1：243 + 273、73EJT4：111 + 73EJT1：
18、73EJT6：110 + 62、73EJT7：38 + 10、73EJT8：32 + 71、73EJT9：
258 + 358、73EJT9：310 + 51、73EJT10：365 + 283、73EJF3：209 + 200、
73EJF3：116A + 208A、73EJD：164 + 103、72EJC：183 + 138、73EJC：
369B + 672A。⑥

　　断简缀合最好以接触实物来展开，方有把握，否则会事倍功半，且
容易出错。即便随着技术的进步，可以根据高质量的简影图版，利用计
算机进行缀合，所得结果也应该用实物来进行验证，以确保万无一失。

---

① 谢坤：《肩水金关汉简（四）缀合及考释八则》，《简帛》第 14 辑，上海古籍出版社
2017 年版。

② 谢坤：《〈肩水金关汉简（四）〉缀合十一则》，《敦煌研究》2018 年第 1 期。

③ 伊强：《肩水金关汉简缀合十五则》，《简帛》第 12 辑，上海古籍出版社 2016 年版。

④ 伊强：《肩水金关汉简（贰）缀合五则》，《出土文献研究》第 15 辑，中西书局 2016 年
版。

⑤ 张显成、张文建：《〈肩水金关汉简（一）〉缀合七则》，《出土文献》第 11 辑，中西书
局 2017 年版。

⑥ 尉侯凯：《肩水金关汉简缀合十三则》，《出土文献》第 11 辑，中西书局 2017 年版。

四　简牍文书的文稿形态

（一）稿本

同一文书在撰制的不同阶段及应用的不同需要，能形成不同的格式特征，俗称为"稿本"，常见者有草稿、定稿、手稿等。同一文书的不同稿本，所起作用不尽相同。

1. 草稿

草稿是原始稿本，是进行讨论、修改的基础，史籍中称"草稿"或作"屮稿"，《汉书·董仲舒传》："先是辽东高庙、长陵高园殿灾，仲舒居家推说其意，屮稿未上，主父偃候仲舒，私见，嫉之，窃其书而奏焉。"《汉书·孔光传》："时有所言，辄削草稿，以为章主之过，以奸忠直，人臣大罪也。" 简牍及史籍所见亦常简称为"草"，如《新简》EPT31·1："令史谭奏草"、《合校》286·18："掾襃奏草"、《敦》206A："与桓列书草"、《敦》715A："不及写草记"，《新简》EPT17·5："告主管掾更定此草，急言府……"等，《汉书·淮南王传》："时武帝方好艺文，以安属为诸父，辨博善为文辞，甚尊重之。每为报书及赐，常召司马相如等视草乃遣。"师古注："草谓为文之稿草。"《汉书·师丹传》："吏私写其草。"《魏书·崔琰传》："琰从训取表草视之。"《晋书·裴秀传》：诏报曰："司空薨，痛悼不能去心。又得表草，虽在危困，不忘王室，尽忠忧国。"

前人王国维已注意到简牍中文书草稿之存在，《流沙坠简·簿书十三》云："司徒、司空府此简不云叩头死罪而但云敢言之，或系都尉与敦煌太守之公牍而出于都尉治所者，盖具书之草稿也。"今见简牍文书，草稿所占比例甚大，尤其上行文中草稿居多，有较明显的特征，例如：字体较草率，涂抹、增补较多。

简牍文书字体之草率与否，不仅取决于抄写人的书写习惯，与它是否为草稿也相关。草稿为非正式发出的文本，还有待修改，只要起草人及参与修订者能看懂即可，为求快捷省时，其字体之工整程度通常稍差于正式文本。最典型的例子，如《敦》40—175，又《敦》205、206、970、971、973—976等凡133枚木简，原属同一份文件底稿，字体草率，格式随意，句间留空甚多，涂抹与增补屡见。按理，向朝廷呈报的文书绝不允许出现上述现象，可知其必非正式文本。又，《敦》89B见"正月戊辰移德草"，简文已自证其为草稿。草稿书写较随意的情形亦见《新简》EPT68诸"劾状"等。

草稿之发文人名常以"厶（某）"或"君"字替代，如：

……及不过界中如牒。谨已劾，厶领职教勅吏毋状，叩头死罪死罪敢言之。（《新简》EPT22·132）

臣厶前捕斩焉耆虏，地热多阻险，舍宿止宜于（《敦》50）

十月晦关书大泉都，厶再拜言。（《敦》60）

皇帝陛下。臣厶叩头叩头……（《敦》969）

甲渠鄣守候君免冠叩头死罪，奉职数毋状，罪当万死，叩头死罪死罪……（《新简》EPT16、36、37）

上引五例所见，发文人处皆以"厶"或"君"代替，显然是起草人为避免直书上级领导名而采取的变通。"君"字是下级、晚辈对上级、长辈乃至平辈间的尊称，通常不用于自称。据此可知，凡档发文人名处书"厶"、"君"的文稿皆为草稿。

草稿多空发文人名及日期等，如：

建武四年正月乙未，甲渠候　谓第廿三守（《新简》EPT27·7）

建武五年八月甲辰朔　甲渠鄣候　敢言之……（《新简》EPT22·163）

建世二年二月甲午朔　甲渠鄣守候□（《新简》EPT43·67）

上引三例或缺发文者名，或空缺发文日期之日干支。所空人名有待首长审核定稿后才署写，而草稿之发文日干支留待正式发文时才填入。

2. 定稿

定稿是经修改审定，已经由负责人签发的完成稿。《论语·宪问》曾具体描述春秋时期郑国外交文书的起草、修订过程，文云："为命，裨谌草创之，世叔讨论之，行人子羽修饰之，东里子产润色之。"历草创、讨论、修饰、润色，而后三者为定稿过程。定稿的过程称"定"，见《新简》EPT17·5："告主官掾更定此草"，《汉书·朱云传》："云上书自论，咸为定奉草，求下御史中丞。"简牍常见的经首长签名但未发出的文稿，当为正式文本所依据稿本，典型者如：

> 永始四年五月甲辰，甲渠鄣候护敢言之……（《新简》EPT50·5）
>
> 三月癸未，甲渠守候博移居延，写移……（《新简》EPT48·7）
>
> 新始建国地皇上戊　年十一月丁丑朔甲申，甲沟鄣候获叩头（《新简》EPF22·273A）
>
> 建世二年正月甲戌，甲渠守候诚……（《新简》EPF22·335）

上引简例所见"护""博""获""诚"字皆为发文者签名，笔迹与同简其他文字不同，系第二次书写。经发文者签名之定稿，即可抄成正本传出。定稿通常留存于发文机构。闵庚尧先生云："签名制始自商代。甲骨文中的前辞部分，除记录占卜日期之外，还要写上贞人的名字。由史官签名制最后发展成为行政长官签名制。签名制不仅意味着一种权限，而且意味着对文书的实施负有一定的责任。"①

3. 手稿

"手稿"指发文者亲笔写的文稿，常作为正本发出。《新简》EPT49·45B："手书大将军檄"，指大将军亲笔写的檄文。《新简》EPT65·458："尉手记晓劝农掾得。复叩头……"中之"尉手记"指都尉写给劝农掾的亲笔信。《汉书·薛宣传》："宣察谌有改节敬宣之效，乃手自牒书，条其奸臧……"乃指薛宣亲自在简札上写字。《汉书·外

---

① 闵庚尧：《中国古代公文简史》，档案出版社1988年版。

戚传》："手书对牍背。"指在来文的牍背上亲手写字来应对。《三国志·魏书·张邈传》注引《英雄纪》："初，天子在河东，有手笔版书召布来迎。"中之"手笔版书"指皇帝亲自在木牍上写的召唤文书。上述所云皆为手稿。

（二）文本

文本是针对已进入应用程序的文书而言，包括正本、抄本等。

1. 正本

正本通常是按定稿复制的，用于通行。对特定的机构而言，该机构的收文，绝大多数当为正本。正本之体式与内容通常较完整，字体工整，典型者如《新简》EPF22·1—36 之《建武三年十二月候粟君所责寇恩事》册，此册之 1—35 简是由正本转化的档案，只有 36 号楬是立档时设的标题楬。类似的情形又见《新简》EPF22·70—79《都尉以下官秩奉谷》册、《新简》EPF22·80—82《城北守候长写移隧长党病书》册等。

邬文玲撰文指出，《居延新简》EPT56：9 "建武柒年计簿算"、《居延新简》EPT50：203A、B "鸿嘉二年吏遣符算"、《居延新简》EPT50：147A、B "建始五年四月府所下礼算书"、《居延新简》EPT52：378 "初元四年正月尽十二月檄算"、《合校》82、18A "大司农部丞簿录簿算"、B "建昭元年十月尽二年九月大司农部丞簿录簿算及诸簿十月旦见"等 11 例文书楬，又《合校》93.5 "□长朱就持尉功算诣官平，六月己巳蚤食入"等 7 例文书所见 "算" 皆当释 "真" 字。文中通过字形比对，文例考证证实之，结论云："'真'：正之意，与副、邪相对。《汉书·河间献王德传》：'从民得善书，必为好写与之，留其真'，颜师古注曰：'真，正也。留其正本。'《文选·古诗十九首·今日良宴会》：'令德唱高言，识曲听其真'，李善注：'真，犹正也。'在上述简文中，'真，意指文书正本、底本。这样的理解于前后文意亦贯通无碍'。"知文中所云 "真" 指正本的解释可取。

2. 别书

别，另外。"别书" 犹今抄送件。秦汉简牍屡见 "别书" 之称谓：

廿年四月丙戌朔丁亥，南郡守腾谓县、道啬夫……以令、丞闻。
以次传；别书江陵布，以邮行。(《秦简·语书》)

……承书从事下当用者，以道次传，别书相报，不报者……　/
掾云、尉史襃。(《合校》61·9)

七月癸亥，宗正丹、郡司空、大司马丞书从事下当用者，以道次
传，别书相报，不报者重追之，书到言。(《新简》EPT50·48)

"别书"作为抄送件当为一式多份，故可同时在不同邮路上传递并发
往不同机构。"以道次传"指按邮路路段逐次传递。

3. 写移书

写，抄写、誊录，《汉书·师丹传》："丹使吏书奏，吏私写其草，
丁、傅子弟闻之，使人上书告丹上封事行道人遍持其书。"《抱朴子·遐
览》："书三写，鱼成鲁，虚成虎。"《新简》EPT52·219："令史音再拜
言。令史厶写罢卒籍，三月庚辰……"《新简》EPT40·166："□谨写
白。愿今所写□。"仿照正本誊录文书称"写书"，则"写移书"是誊写
后使之运行的文书，今称传抄本，汉简所见典型者如：

建武三年三月丁亥朔己丑，城北隧长党敢言之。乃二月壬午，病
加两脾雍肿，匈胁胁丈满，不耐食(《新简》EPF22·80)

饮，未能视事，敢言之。(《新简》EPF22·81)

三月丁亥朔辛卯，城北守候长匡敢言之。谨写移隧长党病书如
牒，敢言之。今言府，请令就医(《新简》EPF22·82)

此例所见《新简》EPF22·81，81为隧长党病书，但不是原件，而
是城北守候长匡所录抄本，简云"谨写移"即指抄录后上报的行为。"写
移书"大多以附件的形式附着于呈上或行下文中。

4. 录本

"录本"是抄录以备查的文本。

□道鸣沙里陵广地为家私市张掖、酒泉⋯⋯

□门亭鄣河津关毋苛止，录复使，敢言之。

□如律令。 /掾不害、令史应。 四月甲戌入。（《合校》36·
3）

录，记录、抄录。"录复使"指抄录当事人持用的通行证，然后放
行。关津留存过路人通行证的录本，目的是便于返回时核对，类似的制度
亦见于晋令，《太平御览》598 引晋令"诸渡关及乘船筏上下经津者，皆
有过所，写一通付关吏"。由于通行证通常是一证过数关，所以不可能每
一关都留正本，只能逐关录，存抄录本。汉简所见是由守关人抄录通行
证，而晋令所云则由携带人给门关呈送抄录本，道理都一样。简牍所见通
行证，字体潦草，大多当为抄录本。

五 简牍文书的分类与类别特征

（一）分类

分类是从不同角度将繁杂的出土简牍划分为若干部分以便于研究的
措施。大体而言，迄今已出土的近三十万枚简牍，大致可分为简牍典籍
与简牍文书两大类，后者所占比例更大些。简牍文书历经由简而繁及删
繁就简的过程，今见最早的简牍文书是战国时期楚国的文书，秦汉时期
达到巅峰，徐师曾《文体明辨序说》云："盖自秦汉而下，文愈盛，故
类愈增；类愈增，故体愈众；体愈众，故辨当愈严；此吴公《辨体》
所为作也。"[1] 后来逐渐简化，至纸张大量普及后，简牍文书的形式趋
向衰落，并逐渐退出历史舞台。简牍文书服务于当时人们的社会活动，
尤其对行政行为有指导作用。由于简牍文书在不同的行政行为乃至不同
的行政过程中的作用不同，故其形式亦有区别，因此人们便可依据其不

---

[1] 徐师曾：《文体明辨序说》，人民文学出版社 1982 年版。

同的形式特征将之分成若干大类，每一大类中又分成若干小类，以便于人们驾驭掌握，发挥其应有的史料价值。当然，分类的过程也是对简牍文书的认识不断深化的过程，是简牍基础研究的重要部分，20世纪初以来，产生过不尽相同的分类法，迄今仍在摸索中，远未结束。①

罗振玉、王国维撰《流沙坠简》一书，将20世纪初敦煌出土的汉简按性质与内容分为三大类。

第一大类是小学、术数、方技书，涉及《仓颉》《急就》《力牧》《历谱》《算术》《阴阳》《占术》《相马经》《兽医方》等多种典籍。

第二大类是屯戍丛残，其下又按内容分为簿书、烽燧、戍役、廪给、器物、杂事等六项。

第三大类是简牍遗文，汇辑各式书信。所辑简牍，除汉简外，还包括少量晋简。

劳榦在其1949年版的《居延汉简考释·释文之部》中，将20世30年代出土的居延汉简分为文书、簿录、信札、杂类四大部分。

文书类又分书檄、封检、符券、刑讼类。

簿录又细分为烽燧、戍役、疾病死伤、钱谷、器物、车马、酒食、名籍、资籍、簿检、计簿。

各种信札自成一类。

杂类又分有年号类与无年号类两种。②

上述两种分类法主要依据内容及多角度地进行分类，未遵循一定之规。其中有一部分涉及文书分类。这是在当时出土简牍数量有限的情形下做出的，实为难能可贵。

英国学者鲁惟一先生在其《汉代行政记录》一书中，选择了居延汉简中的710枚木简进行分类，划分如下：

MD1：发出信件的登记簿；

MD2、MD3：某机构处理途经邮件的登记簿；

MD4：可能是士卒名籍。记录了有关戍卒的描述性细节，如姓名、籍

---

① 罗振玉、王国维：《流沙坠简》，中华书局1993年版。

② 劳榦：《居延汉简考释·释文之部》，商务印书馆1949年版。

贯、爵位、服役类型及年龄;

MD5:隧长名籍片断;

MD6:军官个人箭术测试记录及与之相关的法律条文、相关标题、相关证明或个人提交的报告;

MD7:向小的军事单位发放装备的表格记录的片断;

MD8、MD9、MD10:谷物分配的记录（吏卒廪名籍、卒家属廪名籍）;

MD11:关于特定来源或为特定目的而收入或支出现钱的记录,例如各单位所需物品的购买或军官薪水的支付;

MD12:给军官支付每月薪水的记录;

MD13:获准通过军事防线的记录;

MD14、MD15:士卒在不从事军事勤务时所做其他工作的记录;

MD16:某个分队若干成员从事勤务的记录;

MD17:戍卒和军官巡逻天田的记录;

MD18:戍卒持有武器的登记簿;

MD19:发放或使用标准军事装备的登记簿;

UD1、UD2:官员业绩的汇报;

UD3:向戍卒个人发放储备物或装备的名籍;

UD4:向士卒发放谷物的记录;

UD5:对平民及其他旅行者的记录;

UD6:观察烽火信号的汇报;

UD7:使用烽火信号的规则;

UD8:诏令片断及法令文;

UD9:诏令片断;

TD1、TD2:大湾地区处理途经邮件的登记簿片断;

TD3:服装清单的片断;

TD4:按月保持的谷物收支记录;

TD5:尚未支付薪俸而需补足的清单;

TD6:征收赋税的记录;

TD7:以实物形式征收租税的记录;

TD8：可能是一份关于平民获准通过交通线某个关卡的记录片断；

TD9：关于牛的描述性登记簿的片断；

TD10：历谱；

W1：大概记录不同单位分得或消费库存物品的情况；

W2：记录谷物发放的情况，包括谷物支出具体用途的详细说明；

W3：提交给司法官员的汇报；

X1：传递邮件的记录；

X2：赏赐爵位的记录。①

日本国学者永田英正先生著《居延汉简集成》，对居延汉简做了更详细周密的分类，以其对破城子出土定期文书的划分为例，列细目如下：

一、账簿标题类

（一）标题

1. 吏卒见在员

（1）吏卒名籍。

（2）病卒名籍。

（3）卒家属名籍。

2. 烽隧勤务

（1）作簿。

（2）日迹簿。

（3）邮书。

（4）举书。

3. 器物

（1）守御器簿。

（2）戍卒被簿等。

4. 见钱出纳

（1）钱出入簿。

（2）吏受俸名籍。

---

① 参见鲁惟一著《汉代行政记录》，于振波、车今花译，广西师范大学出版社 2005 年版。

5. 食粮

（1）谷出入簿。

（2）吏卒廪名籍。

（3）卒家属廪名籍。

6. 其他

（二）标题以外

1. 簿检。

2. ●右类。

3. ●凡类。

二、账簿本文类

1. 吏卒见在员

（1）吏卒名籍 a、b、c、d、e、f 六种。

（2）病卒名籍。

2. 烽燧勤务

（1）作簿 a、b 二种。

（2）日迹簿 a、b 二种。

（3）邮书 a、b 二种。

（4）举书。

3. 器物

（1）守御器簿 a、b、c、d、e、f、g 七种。

（2）戍卒被簿等 a、b、c、d 四种。

4. 见钱出纳

（1）钱出入簿 a、b、c、d、e、f、g 七种。

（2）吏受奉名籍 a、b、c、d、e、f 六种。

5. 食粮

（1）谷出入簿 a、b、c、d 四种。

（2）吏卒廪名籍 a、b、c、d 四种。

（3）卒家属廪名籍 a、b 二种。

6. 其他

（1）发文记录。

（2）启封记录。

（3）诣官簿 a、b 二种。

（4）秋射成绩的记录。

（5）任职记录 a、b 二种。

（6）负债名籍。

（7）财产登记。

（8）马的名籍 a、b、c 三种。

（9）其他各式账簿。①

上述永田英正先生对居延汉简所见文书之分类虽然只涉及账簿，但分类颇详尽，完全采用文书学划分的方法。

李天虹著《居延汉简簿籍分类研究》一书，亦做了更详细的划分，其十章分类如下：

第一章：吏卒及其他人员

　　第一节：吏卒名籍

　　第二节：吏名籍

　　第三节：卒名籍

　　第四节：病卒名籍

　　第五节：省卒名籍

　　第六节：罢卒（吏）名籍

　　第七节：骑士名籍

　　第八节：车父名籍

　　第九节：牛车名籍

　　第十节：吏员簿、吏比六百员定簿

　　第十一节：其他

第二章：俸禄、现钱

　　第一节：吏秩别名籍

　　第二节：俸赋名籍

　　第三节：受俸名籍

---

① 永田英正著：《居延汉简研究》，张学锋译，广西师范大学出版社 2007 年版。

第三节：其他

第七章：功劳

　　第一节：功劳墨将名籍

　　第二节：射名籍

　　第三节：赐劳名籍、夺劳名籍、积劳名籍

　　第四节：伐阅簿、累重訾直簿

第八章：牛马羊

　　第一节：牛籍

　　第二节：马名籍

　　第三节：其他

第九章：出入关

　　第一节：出入籍、致籍

　　第二节：吏所葆名

第十章：其他

　　第一节：阅名籍、受阁卒市买衣物名籍

　　第二节：休名籍

　　第三节：取肉名

　　第四节：病死衣物名籍、物故衣出汝簿

　　第五节：计簿

　　第六节：其他

　　每一节之下，作者还根据具体情况进行再分类，例如第二章之第六节《钱出入簿》又划分为签牌、标题、正文、右类、凡类、呈报等。每一节划分出来的内容不尽相同。

　　上述分类法是先按事物内容分类，第二层面再按内容与文书性质综合划分，第三层则主要按文书性质划分。①

　　李均明、刘军著《简牍文书学》，主要按简牍自身性质分为书檄、簿籍、律令、录课、符券、检楬六大类。李均明著《秦汉简牍文书分类辑解》遵循这一分类法，但对第二、三层分类作了修订，划分如下：

---

① 李天虹：《居延汉简簿籍分类研究》，科学出版社 2003 年版。

书檄类

一、书

（一）皇室文书

命书

策书

制书

诫敕

诏书

（二）章奏文书

上奏书

变事书

（三）官府往来书

诸官府书

语书

除书

遣书

病书

视事书

予宁书

调书

债书

直符书

致书

传（公务）

传（私事）

（四）司法文书

举书

劾状

爰书

推辟验问书

　　　　奏谳书

二、檄

　　　　（一）府檄

　　　　（二）警檄

　　　　（三）行罚檄

三、记

　　　　（一）府记

　　　　（二）官记

　　　　（三）私记

律令类

一、律

　　　　（一）贼律

　　　　（二）盗律

　　　　（三）囚律

　　　　（四）捕律

　　　　（五）杂律

　　　　（六）具律

　　　　（七）户律

　　　　（八）兴律

　　　　（九）厩律、厩苑律

　　　　（十）告律

　　　　（十一）收律

　　　　（十二）亡律

　　　　（十三）钱律

　　　　（十四）均输律

　　　　（十五）传食律

　　　　（十六）行书律

　　　　（十七）置吏律

　　　　（十八）爵律、军爵律

（十九）史律

（二十）徭律

（二十一）田律

（二十二）关市、□市律

（二十三）复律

（二十四）赐律

（二十五）效律

（二十六）置后律

（二十七）秩律

（二十八）金布律

（二十九）仓律

（三十）工律、工人程

（三十一）均工

（三十二）司空

（三十三）内史杂

（三十四）尉杂

（三十五）属邦

（三十六）游士律

（三十七）除弟子律

（三十八）中劳律

（三十九）藏律

（四十）公车司马猎律

（四十一）敦（屯）表律

（四十二）戍律

（四十三）秦律杂抄之未见律名者

（四十四）禁苑涉律

二、令

（一）津关令

（二）王杖诏书令

（三）功令

（四）北边絜令第四

（五）令乙廿三

（六）击匈奴降者令

（七）公令第十九

（八）御史絜令第廿三

（九）尉令第五十五

（十）戍卒令

（十一）赦令

（十二）军令

三、科、品

（一）购赏科别

（二）罪人入钱赎品

（三）烽火品约

（四）守御器品

四、封诊式

五、法律答问

簿籍类

一、簿

（一）集簿

（二）月言簿

（三）校簿

（四）计簿

（五）谷簿

（六）廪食粟出入簿

（七）粟出入簿

（八）麦出入簿

（九）糜出入簿

（十）茭出入簿

（十一）盐出入簿

（十二）钱出入簿

（十三）吏赍直簿

（十四）守御器簿

（十五）兵、守御器负算簿

（十六）兵完、折伤簿

（十七）被兵簿

（十八）什器出入簿

（十九）随葬器物簿

（二十）日作簿

（二十一）日迹簿

（二十二）传置道里簿

二、籍

（一）吏名籍

（二）卒名籍

（三）骑士名籍

（四）候官障禀名籍

（五）诸部禀名籍

（六）隧别禀食名籍

（七）吏禀食名籍

（八）卒禀食名籍

（九）卒家属禀名籍

（十）吏奉赋名籍

（十一）吏未得奉及赋钱名籍

（十二）债名籍

（十三）赍卖名籍

（十四）负债名籍

（十五）赠钱名籍

（十六）衣物名籍

（十七）被兵名籍

（十八）折伤兵名籍

（十九）功劳墨将名籍

（二十）吏射名籍

（二十一）以令赐爵名籍

（二十二）吏换调名籍

（二十三）吏缺除名籍

（二十四）适名籍

（二十五）坐罪名籍

（二十六）休名籍

（二十七）佣名籍

（二十八）出入名籍

（二十九）葆出入名籍

（三十）车父名籍

（三十一）卒日作籍

（三十二）卒更日迹名

录课类

一、录

二、案

三、刺

（一）名刺、谒

（二）入官刺

（三）廪食月别刺

（四）出俸刺

（五）表火出入界刺

（六）邮书刺

四、课

（一）邮书课

（二）表火课

五、其他

（一）奏封记录

　　（二）启封记录

符券类

一、符

　　（一）出入符

　　（二）吏及家属符

　　（三）日迹符

　　（四）警候符

二、券

　　（一）债券

　　（二）先令券书

检楬类

一、检

　　（一）实物检

　　（二）文书检

　　（三）函封

二、楬

　　（一）实物楬

　　（二）文书楬①

何双全则从用途及责任人的角度将敦煌汉简分为诏书、司法、官府文件、屯戍簿籍、财政收支、后勤给养六大类。② 又从多角度对居延甲渠候官遗址出土汉简做了更为复杂的分类，先区分出简牍形式与文书。

简牍形式分4类7种：

A：简、牍、觚；

B：检、缄；

C：签；

①　李均明：《秦汉简牍文书分类辑解》，文物出版社2009年版。
②　何双全：《敦煌汉简研究》，（台北）兰台出版社2001年版。

D：梼。

归纳云：A 类三种是文书的主要内容，数量较多，也是汉简的主体。B、C 类是附属于 A 类而存在，数量较少。D 类一种是较为特别的形式，数量更少。

简牍文书则分 21 类 124 种：

一书：包括诏书，刺史书，张掖太守府书，官书，部报书，举书，应书，牒书，廪书，算书，逮书，牢书，自言书，出入塞书，爰书，建武三年三月隧长病书，建昭二年十月邮书，责书，凡 18 种。

二官府公文：包括中央朝廷下发文，刺史部下发文，张掖太守府、属国都尉、五郡大将军莫府下发文，居延县上呈文、下发文，甲渠候官上呈文、存档文、下发文，部候向候官呈文，烽隧向部候呈文，凡 8 种。

三簿：包括吏员簿，始建国旦奏事簿，二千石以下至佐史及卒当劳赐簿，奉禄、赋钱、禄帛，四时簿，出入簿，财物簿，伐阅、訾直簿，守御兵器簿，作簿，日迹簿，戍卒被兵簿，其他，凡 13 种。

四籍：包括隧名籍，功墨将，吏四时，吏卒名籍，奉录、奉赋、奉帛，吏卒廪名籍，车父名籍，骑士名籍，戍卒取庸名籍，吏马名籍，被兵，增劳、赐劳，家属，贳卖，物故，五凤五年三月病卒名籍，元康三年四年甲渠候官卒所斋承名籍，竟宁元年正月吏妻子出入关致籍，建平四年六月河南省卒名籍，万岁部居摄元年九月戍卒受庸钱名籍，秋以令射爰书名籍，以赦令免为庶人名籍，仓谷车辆名籍，八月二十一日卒始茭名籍，甲渠鄣候什器校券名籍，责籍，凡 26 种。

五课：包括邮书，驿马，阳朔四年六月罢卒吏名及课，诚北部建武八年三月军书课，贳券课，凡 5 种。

六案：包括功劳，三十井候官始建国天凤四年四月至六月当食者案，神爵二年七月卒物故案，凡 3 种。

七条：包括阳朔三年正月尽十二月府移大司农部掾条，阳朔五年正月尽十二月府移丞相御史、刺史条，督烽祥掾，檄移部吏常会八月条，凡 4 种。

八卷、刺：建武五年十一月以来告卒檄记算卷，卷刺及廪，吏责卷，绥和元年正月渠卒责卷，胡虏隧吏卒格斗隧别名刺及卷，鸿嘉二年五月以来吏对会入官刺，不侵部建昭元年八月过书刺，吞远建昭五年三月过书刺，临木部建始二年二月邮书刺，始建国五年八月廪卒刺，甘露元年十一月所假都尉库折伤承车轴刺，凡11种。

九科、品、令：包括捕斩匈奴反羌购赏科别，大司农臣延奏罪人得入钱赎品，奏上烽火品约，令曰：卒戍边郡者，凡4种。

十录：包括建昭五年尽六年刺史奏事簿录，使者治所录，府录，新始建国地皇上戊四年七月行塞省兵物录，凡4种。

十一算：包括初元四年正月尽十二月橄算，鸿嘉二年吏遣符算，始建国天凤一年四月尽六月四时算，建武七年计簿算，十一月行事算，凡5种。

十二劾状：包括劾及状，劾状，建武五年五月劾状，凡3种。

十三记：包括府记，官记，新始建国地皇上戊四年十月三日行塞劳敕吏卒记，私记，凡4种。

十四计：包括干饭眉计，讫五月晦粟计，胡中文布计，郑卿粟计，赵子思计，凡5种。

十五奏：包括王忠记奏，徐威仲山伏地奏，七隧长宗白奏，令史谭奏，凡4种。

十六符：包括第廿三候长迹符左、右，第六平旦迹符，凡2种。

十七过所。

十八致。

十九文书程。

二十信札。

二十一古文献。

二十二律。

以上二十二类，除第二十一类古文献为典籍外，其余二十一类为文书类。每类之下的文种有的还分若干小种，如簿类下的出入簿尚可分出17小种。①

骈宇骞先生著《简帛文献概述》基本沿用上述六大类的分法，但又

---

① 何双全：《居延甲渠候官简牍文书分类与文档制度》，《简牍学研究》第1辑，1997年。

将"遣策与告地策"抽出单列为一大类，文云："'遣策'与'告地策'都出土于墓葬之中。一般来讲，'遣策'是用来记载随葬品的清单或随葬物品的目录；而'告地策'则是用来沟通'人间与阴间（地府）'的一种文书，其形式基本上是模仿当时人间上行公文的格式来书写的，现在有些学者也称之为'路签'或'报到书'。按其性质而言，'遣策'之本质乃为账簿类，应列于前面的'簿籍'类中，而'告地策'则应属于书檄类，应列于前面的'书檄'类中。但因此类简牍出土较多，更重要的是这两种文书的内容及报送对象比较特殊，因此，从上述类别中抽了出来，在这里单独列为一节，做一些专门的介绍。"①

白军鹏对敦煌汉简的分类含艺文、书檄与记、簿籍、律令科品、刺课符录及其他五大类。②

张显成综合简牍文书的内容、性质、用途，将其分为簿籍、信函、报告、政令、司法、契约、案录、符传、检楬、其他，凡十大类。③

姚登君据已公布的里耶秦简，分之为书传、律令、簿籍、录课、符券、检楬六大类三十六种。④

王锦城曾对简牍文书分类研究做了较全面的归纳，分析每种分类方法的特点，结论云：

　　综上所述，在李均明六大分类法之后，秦汉简牍文书的分类基本成熟定型。这一方法对简牍文书的分类具有重要的指导作用，其后新出简牍文书的分类基本都是在借鉴和遵循此方法的基础上进行。未来简牍文书的分类研究上可以在六大类之下的小类上进行深入的研究，探讨在不同标准下分类的不同，利用简牍自身题名，结合书写格式、形制、内容等，将简文中出现的每一类名称都科学而合理地进行分类

---

① 骈宇骞：《简帛文献概述》，第八章简帛的内容与分类（下），第一节　简牍文书，（台北）万卷楼图书股份有限公司 2005 年版。

② 白军鹏：《敦煌汉简的整理与研究》，吉林大学，2014 年。

③ 张显成：《简帛文献学通论》，中华书局 2004 年版。

④ 姚登君：《里耶秦简〔壹〕文书分类》，《中国石油大学（华东）》，2014 年硕士论文。

归并，使简牍文书的分类趋于精细。①

迄今所见用于做简牍分类研究的主要资料是已公布的秦汉简牍文书，仅为已出土简牍的一部分，尚有少量战国时期简牍及里耶秦简、悬泉汉简、居延新简（肩水金关）、走马楼三国吴简、走马楼汉简等占总数半数以上的大量简牍未被利用，因此是不全面而只是初步的，所以今后还有许多工作需要做。

（二）类别特征

上述所云六大类文书，每类都有鲜明的特征及不尽相同的功能。以下主要采用李均明、刘军《简牍文书学》一书的观点，分述如下。

1. 书檄类

书檄类犹今通用文种，是简牍文书中表现最活跃、最常见、最富于变化的类别，形式多样，而通行性是其基本共性。书檄类的通行性主要体现在它一旦被制作出来，就能由此及彼运行，而且运行是主动的，运行的方向及收件者皆十分明确。其他类别的文书大多不具备通行性，当它们需要运行时，必须以书檄作为运载母体，而自身只是书檄的附件，如《新简》EPF22·453："建武四年十一月戊寅朔乙酉，甲渠鄣守候博敢言之。谨移十月尽十二月谷入簿一编，敢言之。"是甲渠候官守候呈送季度粮食收支报告的呈文，此呈文便属"书檄类"，而"谷出入簿"以附件形式被其搭载运行。契券类有少数文件具备有限的通行性，如《合校》65·7："始元七年闰月甲辰，居延与金关为出入六寸符券，齿百，从第一至千，左居官，右移金关，符合以从事。第八。"此件可由居延运行至金关，但它不能搭载其他文书运行，而主要是起着凭证作用。根据是否具有通行性界定，简牍常见之书、檄、记、传、教等皆属书檄类。书檄内诸文种，又可由其在文书行政中的地位和作用划分若干小类，体式与用语有些差别，但界限不甚严格，如《新简》EPT22·153—160："建武五年八月甲辰朔戊申，张掖居延城司马武以近秩次行都尉文书事，以居延仓长印封，丞邯告

---

① 王锦城：《简牍文书分类研究述评》，《图书馆理论与实践》2018 年第 4 期。

劝农掾褒,史尚谓官县:以令秋祠社稷,今择吉日如牒。书到,令丞循行,谨修治社稷,令鲜明,令丞以下当侍祠者,斋戒务以谨敬鲜洁约省为故。褒、尚考察不以为意者,辄言,如律令……八月庚戌,甲渠候长某以私印行候文书事告尉谓第四候长宪等:写移檄到,宪等循行,修治社稷,令鲜明,当侍祠者斋戒,以谨敬鲜洁约省为故,如府书律令。"此例中,发文者自称所撰为"书"(见"书到"),而收文者称其为"檄"(见"写移檄到"),文末又称之为"府书"(见"如府书律令")乃由取名之范围、角度不尽相同而致,"檄"乃书之属,可称"檄书",狭义称"檄",广义称"书","府书"则从发文者为都尉府而得名,可知在一定条件下,名称可互易,皆由其共性而致。书檄类属通行文种,所以皆需由此及彼运行,为了明确责任,常备日期、发文者、收文者、起草人等要素,每一要素在文件中位于特定位置上。

"书",乃指狭义之体式较严谨的通行文书,有别于泛称所有简牍文书或简牍书檄类之"书",其重要者如皇室文书,有以下几种:

命书

国家产生以后,最高统治者的指令文书亦随之产生,并形成特殊文种,《尚书》所见,商、周王的指令已有誓、诰、命三种:誓用以动员、训诫军旅,诰用以发布政令,命用于封官授爵。《左传·定公四年》载周公举蔡叔之子蔡仲"以为己卿士,见诸王,而命之以蔡,其命书云:'王曰:胡,无若尔考之违王命也。'"至战国时期,"命书"功能扩大,成为王室指令文书的专用称谓,见于秦简,如:

> 二年十一月己酉朔日,王命丞相戊(茂)、内史匽民、臂更修《为田律》:田广一步,袤八则,为畛。亩二畛,一百(陌)道。百亩为顷,一千(阡)道,道广三步,封高四尺,大称其高。埒高尺,下厚二尺。以秋八月修封埒,正疆畔及发千(阡)百(陌)之大草。九月,大除道及阪险。十月,为桥,修波(陂)堤,利津梁,鲜草离。非除道之时,而有陷败不可行,辄为之。(《散》604A)

此为秦王颁布《为田律》的"命书"。《为田律》主要规范秦的田亩制度，是关于整治农田的法律。由于秦统一六国后已将"命书"改称"制书"与"诏书"两种，故知此例所引乃统一前的秦王室文书。出土秦律竹简中亦屡见"命书"之称谓，如《秦简·秦律十八种·行书》："行命书及书署急者，辄行之；不急者，日毕，勿敢留。留者以律论之。"《秦简·秦律杂抄》："·为（伪）听命书，法（废）弗行，耐为侯（候）；不辟（避）席立，赀二甲，法（废）。"［梁］刘彦和曾详述"命书"之形成及演变，《文心雕龙·诏策》："皇帝御寓，其言也神。渊嘿黼扆，而响盈四表，唯诏策乎！昔轩辕唐虞，同称为命。命之为义，制性之本也。其在三代，事兼诰誓。誓以训诫，诰以敷政，命喻自天，故授官锡胤。《易》之《姤象》。""诰命动民，若天下之有风矣。降及七国，并称曰命。命者，使也。秦并天下，改命曰制。"又云："自教以下，则又有命。《诗》云：'有命自天。'明命为重也。《周礼》曰：'师氏诏王。'明诏为轻也。今诏重而命轻者，古今之变也。"史籍亦可印证其说，如《史记·五帝纪》："尤作乱，不用帝命。"《尚书·尧典》："乃命羲和"，又"帝曰：夔，命汝典乐"。即轩辕黄帝、唐尧、虞舜之言同称曰"命"，后引之为王室文书专用称谓。徐师曾《文体明辨序说·命》："按朱子云：'命犹令也。'字书：'大曰命，小曰令。'此命、令之别也。上古王言同称为命：或以命官，如《书·说命》、《冏命》是也；或以锡赉，如《书·文侯之命》是也；或传遗诏，如《书·顾命》是也。秦并天下，改名曰制。汉唐而下，则以策书封爵制诏命官，而'命'之名亡矣。然周文之见于《左传》者犹存，故首录之以备一体。"许望之《公牍通论》云："命，使也，令也。刘勰云：'古者王言，若轩辕唐虞，同称为命，至三代始兼诰誓而语之。'按命始于'尧典'之命官，《商书》有《原命》《说命》，蔡仲之命，皆命官之辞，成王将崩，作《顾命》，秦改命为制，命之名遂废品。"知"命书"之称谓至秦统一时即已废止。

秦并天下，"命"改称"诏"与"制"，至西汉又分为四：曰策书、制书、诏书、诫敕。《史记·秦始皇本纪》："臣等谨与博士议曰：古有天皇、有地皇、有泰皇，秦皇最贵。臣等昧死上尊号，王为泰皇。命为制，令为诏，天子自称曰朕。"《后汉书·光武帝纪》注引《汉制度》："帝之下书有四：一曰策书，二曰制书，三曰诏书，四曰诫敕。"

策书

策书主要用于对诸侯王及三公的除封、免罢及诔谥等事项。《后汉书·光武帝纪》注引《汉制度》："策书者，编简也，其制长二尺，短者半之，篆书，起年月日，称皇帝，以命诸侯王。三公以罪免亦赐策，而以隶书，用尺一木两行，唯此为异也。"蔡邕《独断》："策书……其制长二尺，短者半之。其次，一长一短，两编，下附篆书。起年月日，称'皇帝曰'，以命诸侯王、三公。其诸侯王、三公之薨于位者，亦以策书谥其行而赐之，如诸侯之策。三公以罪免，亦赐策，文体如上策而隶书，以尺一木两行，唯此为异者也。"许望之《公牍通论》云："汉制命令，其一曰策书，所以教令于上，驱策诸下也。按策书长二尺，短者半之，其次一长一短两编，下附篆书以命诸侯王、三公。亦以诔谥，而三公以罪免，则一木两行，隶书而赐之，其长一尺。当是之时，惟用木简，故其字作策。又汉制约敕封侯曰册，册本与策通。《周礼》：'凡命诸侯及公卿大夫，则策命之。'成王《顾命》曰：'御王册命'，此太史口陈于康王者。策之程序，首书'某年月日皇帝若曰'，其原本于《尚书》……总历代之册，文目较繁，细别之，凡十有一：一曰祝册，二曰玉册，三曰立册，四曰封册，五曰哀册，六曰赠册，七曰谥册，八曰增□册，九曰祭册，十曰赐册，十一曰免册。"

制书

制书是皇室处理涉及制度法规等的指令，包括赦令、赎令，又解决刺史、太守、王侯相关诉讼案及任免九卿时使用的文书形式，《独断》云："制书者，制度之命也。其文曰：'制诏三公'，赦令、赎令之属是也。刺史、太守、相劾奏，申下士、迁文书，亦如之。其征为九卿、若迁京师近臣，则言官，具言姓名，其免若得罪，无姓。凡制书有印使符，下远近皆玺封；尚书令印重封；惟赦令、赎令，召三公诣朝堂受制书，司徒印封，露布下州郡。"简牍见有关"制书"之引文，如：

制书言（《合校》239·2）

六月戊午，府下制书曰：安众侯刘崇与相张绍等谋反，已伏辜。崇季父蒲及令羣解印授，肉袒自护。书丁卯日入到。（《敦》497）

《合校》239·2简自称"制书言",无疑为"制书"引文之残简。《敦》497云"府下制书曰",所引亦必然为制书。

翟义、刘宇、刘璜及亲属当坐者、盗臧、证臧,它皆赦除之。书谨到,敢言之。(《新简》EPT59·42)

此例引文涉大赦令,亦具构成"制书"之要素,而且事关重大,非同一般,司马光《资治通鉴·汉纪二十八》综合诸书所见,云:"东郡太守翟义,方进之子也,与姊子上蔡陈丰谋曰:'新都侯摄天子位,号令天下,故择宗室幼稚者以为孺子,依托周公辅成王之义,且以观望,必代汉家,其渐可见。方今宗室衰弱,外无强藩,天下倾首服从,莫能亢扞国难。吾幸得备宰相子,身守大郡,父子受汉厚恩,义当为国讨贼,以安社稷;欲举兵西,诛不当摄者,选宗室子孙辅而立之。设令时命不成,死国埋名,犹可以不惭于先帝。今欲发之,汝肯从我乎?'丰年十八,勇壮,许诺。义遂与东郡都尉刘宇、严乡侯刘信、信弟武平侯刘璜结谋,以九月都试日斩观令,因勒其车骑、材官士,募郡中勇敢,部署将帅。信子匡时为东平王,乃并东平兵,立信为天子;义自号大司马、柱天大将军;移檄郡国,言'莽鸩杀孝平皇帝,摄天子位,绝汉室。今天子已立,共行天罚!'郡国皆震。比至山阳,众十余万……诸将东至陈留、菑,与翟义会战,破之,斩刘璜首。莽大喜,复下诏先封车骑都尉孙贤等五十五人皆为列侯,即军中拜授。因大赦天下。于是吏士精锐遂功围义于圉城,十二月,大破之。义与刘信弃军亡;至固始界中,捕得义,尸磔陈都市;卒不得信。"简文所见当涉此史实,直接关系到史文所云"大赦天下",所引当属"制书"片段。

安排宗室事务,亦常用"制书",《汉书·韦贤传》:"丞相孔光、大司空何武奏言:永光五年制书,高皇帝为汉太祖,孝文皇帝为太宗。建昭五年制书,孝武皇帝为世宗。"按此理推,皇帝之遗嘱抑或属"制书"之类,简牍所见如:

制诏皇大子:胜体不安,今将绝矣。与天地合同,众不复起。谨视皇大之,加曾胜在。善遇百姓,赋敛以理。存贤近圣,必聚谐士。

表教奉先，自致天子。胡亥自泯，灭名绝纪。审察胜言，众身毋久。苍苍之天不可久视，堂堂之地不可得久履，道此绝矣。告后世及其孙子。忽忽锡锡，恐见故里，毋负天地，更亡更在，立如野庐，下敦闾里。人固当死，慎毋敢□。（《散》51）

遗嘱中专门提到秦二世胡亥，念念不忘秦亡的教训，发布时间当在西汉早期，此例所见为抄录件，时在西汉中期以后。

此外，汪桂海先生认为《敦》1780、1798 简亦为"制书"文。①

诫敕

诫敕为皇室训诫文书。又名戒书，蔡邕《独断》："戒书，诫敕刺史、太守及三边营官，被敕文曰：'有诏敕某官'，是为诫敕也。世皆名此为策书，失之远矣。""诫敕"有督责警告的意思，《仪礼·士冠礼》："主人戒宾"，注云："戒，警也，告也。"《释名·释书契》："敕，饬也，使自警饬，不敢废慢也。"《文心雕龙·诏策》："诫敕为文，实诏之切者，周穆命郊父受敕宪，此其事也。魏武称作敕戒当时指事而语，勿得依违；晓治要矣。及晋武敕戒，备告百官；敕都督以兵要，戒州牧以董司，警郡守以恤隐，勒牙门以御卫，有训典焉。"许望之《公牍通论》云："敕，饬也，使自警饬不敢废慢也，又戒也。始见于《书·皋陶谟》《敕天之命》。顾炎武《金石文字记》：'敕者，自上命下之辞。'汉时人官长行之掾属，祖父行之子孙，皆曰敕。后汉始改敕为勅，勅字亦见《书·皋陶谟》，所谓'勅我五典'者是也（说见高诱《淮南子注》）。后世遂沿用之，并与敕互用。《何曾传》：'人以小纸为书者，勅记室勿报。'则晋时上下犹通称之也。至南北朝以下，则用此字，惟朝廷专之，而臣下不敢用。汉制，天子之命，四曰敕书，每刺史太守赴官，皆有敕书。后乃凡谕诰外藩及京外官者，曰敕书，亦曰敕谕……汉敕文首称：'有诏敕某官'，此其程序也。"简牍中多见有训诫口气的皇室文书，但如按蔡邕所云"诫敕"文必见"有诏敕某官"语句，则简牍中尚未见符合者。骈宇骞先生则云："至于'有诏敕某官'

---

① 汪桂海：《汉代官文书制度》，广西教育出版社 1999 年版，第 30—32 页。

这句用语，在现有不多的诫敕中还得不到证实，或许又是蔡邕犯了以偏概全的错误。其实，诫敕作为一种文书，其最大的特点是带有督责、敦促官员善守职事、遵纪守法的意旨。"①

诏书

诏书是皇室最常用的命令文书，用于处理常规行政事务，涉及面广，用量最大，故简牍中屡见，《独断》云："诏书者，诏，诰也。有三品，其文曰：'告某官，官如故事。'是为诏书。群臣有所奏请，尚书令奏之。下有'制曰'，天子答之曰'可。'"（《史记·秦始皇本纪》集解引蔡邕曰："群臣有所奏请，尚书令奏之，下有司，曰制。天子答之曰可。"）许望之云："诏者，召而与言也。《周礼·天官·太宰》：'以八柄诏王驭群臣，以八统诏王驭万民。'《逸周书·文儆解》亦载'文王诏太子发'。特其辞未着，周以前君臣同用，秦时改令曰诏，始为人主专用之文书。引蔡邕《独断》所谓诏犹告也。三代无此文，秦汉有者，是也。然秦记不可得见，汉诏则存者多矣。其文词典雅，为历朝所不及，亦其近古然也。"

蔡邕所谓"诏书"有"三品"，乃指诏书的三种形式：其一为文有"告某官某……如故事"者；其二为"群臣有所奏请，下有司曰'制'，天子签之曰'可'，若'下某官'云云"；其三为"群臣有所奏请，无'尚书令奏'、'制'之字，则答曰'已奏，如书'。本官下所当至"。简牍所见多为前二者，但第二种情形所见，皇帝的批示不一定是签"可"，也可批复具体的处理意见。

简牍所见"诏书"的第一种情形如：

> 制诏御史：秋收敛之时也，其令郡、诸侯☒
> 地节三年八月辛卯下。（《新简》EPT53·70A）
> 印曰居延都尉章
> 地节三年十月壬辰步广卒□　（《新简》EPT53·70B）

① 骈宇骞：《简帛文献概述》，第八章简帛的内容与分类（下），第二节简牍文书的分类，（台北）万卷楼图书股份有限公司 2005 年版。

此简两面写字：正面为汉宣帝地节三年八月所颁劝农诏，背面为文书传递记录。

> 制诏酒泉大守：敦煌郡到戍卒二千人荚酒泉郡，其假□如品，司马以下与将卒长吏将屯要害处，属大守察地刑，依阻险，坚辟垒，远候望，毋（《疏》242）

上述二例所见诏书，由皇室直接下文，未经请诏奏文及制可过程。第二种情形如：

> 御史大夫吉昧死言：丞相相上大常书言大史丞定言：元康五年五月壬子日夏至，宜寝兵。大官抒井，更水火，进鸣鸡，谒以闻，布当用者。●臣谨案：比原泉御者，水衡抒大官御井，中二千石、二千石令官各抒别火。(《合校》10·27)
>
> 官先夏至一日，以除燧取火，授中二千石、二千石官在长安、云阳者，其民皆受，以日至易故火，庚戍寝兵不听事尽甲寅五日。臣请布，臣昧死以闻。(《合校》5·10)
>
> 制曰：可。(《合校》332·26)
>
> 元康五年二月癸丑朔癸亥，御史大夫吉下丞相，承书从事下当用者，如诏书。(《合校》10·33)
>
> 二月丁卯，丞相相下车骑将军、将军、中二千石、二千石、郡大守、诸侯相，承书从事下当用者，如诏书。
>
> 少史庆，令史宜王、始长。(《合校》10·30)
>
> 三月丙午，张掖长史延行大守事、肩水仓长汤兼行丞事下属国、农、部都尉、小府、县官承书从事下当用者，如诏书。 /守属宗、助府佐定。(《合校》10·32)
>
> 闰月丁巳，张掖肩水城尉谊以近次兼行都尉事下候、城尉，承书从事下当用者，如诏书。 /守卒史义。(《合校》10·29)
>
> 闰月庚申，肩水士吏横以私印行候事下尉、候长承书从事下当用

者，如诏书。　/令史得。(《合校》10·31)

以上八简为一册书，大庭脩先生所复原①，由三个层次组合而成：《合校》10·27 与 5·10 是御史大夫丙吉上奏的请诏文；《合校》332·26 是皇室的批示，与请诏文组合为完整的诏书；《合校》10·33 以下是诏书行下文，逐级形成。

汉碑中亦见较完整的请诏制可形式的诏书，如《孔庙置守庙百石卒史碑》所见：

> 司徒臣雄、司空戒稽首言：鲁前相瑛曰，诏书崇圣道勉学艺，孔子作《春秋》制《孝经》，□□五经，演易系辞，经纬天地，幽赞神明，故特立庙，褒成侯四时来祠，事已即去，庙有礼器，无常人掌领，请置百石卒史一人，典主守庙，春秋飨礼，财出王家钱，给犬酒直，须报。谨问大常祠曹掾冯牟、史郭玄，辞对故事辟雍礼未行，祠先圣师，侍祠者孔子子孙，大宰、大祝令各一人，皆备爵，大常丞监祠，河南尹给牛豕鸡□□各一，大司农给米祠，臣愚以为如瑛言，孔子大圣，则象乾坤，为汉制作，先世所尊，祠用众牲，长吏备□，□钦加宠子孙，敬恭明祀，传于罔极，可许。臣请鲁相为孔子庙置百石卒史一人，掌领礼器，出王家钱，给犬酒直，他如故事。臣雄、臣戒，愚赣诚惶诚恐顿首死罪死罪，臣稽首以闻。
>
> 制曰：可。

请诏批复形式的诏书中，皇室的批示大多直署"可"字，但也有署具体意见者，如《史记·三王世家》："太仆臣贺行御史大夫事昧死言：太常臣充言卜入四月二十八日乙巳，可立诸侯王。臣昧死奏舆地图，请所立国名。礼仪别奏。臣昧死请。""制曰：立皇子闳为齐王，旦为燕王，胥为广陵王。"《汉书·楚元王传》："大鸿胪奏德讼子罪，失大臣礼，不

---

① 大庭脩：《秦汉法律史的研究》，创文社昭和五十七年版，第235—244 页。

宜赐谥置嗣。制曰：赐谥缪侯，为置嗣。"简牍亦见片断，如《敦》
1355："制曰：赦妾青夫仁之罪，外青移钱六十万与青家。"《新简》
EPT52·280A："□其减罪一等，当。它世以重罪完为城旦。制曰：以赎
论。神□。"

有些诏书专门针对特殊事项而颁布，如"名捕诏书"：

> 匿界中，书到，遣都吏与县令以下逐捕搜索部界中，听亡人所隐
> 匿处，以必得为故，诏所名捕重事，事当奏闻，毋留，如诏书律令。
> (《合校》179·9)

此例所见为"名捕诏书"行下文。"名捕诏书"指以皇帝名义颁布的
通缉令，《汉书·平帝纪》"诏书名捕"，张晏注："名捕谓下诏特所捕
也。"王先谦补注引周寿昌曰："名捕谓诏书所指名令捕者。"《后汉书·
光武帝纪》"诏所名捕"，李贤注："诏书有名而特捕者。"与名捕直接相
关的简文又见《合校》183·13："诏所名捕平陵长蘁里男子杜光，字长
孙，故南阳杜衍……因坐役使流亡□户百廿三，擅置田监□多□黑色，肥
大，头少发，年可卅七、八，□□□□五寸□□□杨伯……史不法不道，
丞相、御史□执金吾家属□初亡时驾牡马，乘阑轜车，黄车茵，张白车
篷，骑骢牡马……所二千石奉捕□"《新简》EPT51·95："檄到，候、尉
分部廋索，毋令名捕过留部界中，不得、毕已言。●谨。"《合校》20·
12A："元康元年十二月辛苦丑朔壬寅，东部候长长生敢言之候官：官移
大守府所移河南都尉书曰：诏所名捕及铸伪钱盗贼亡未得者牛延寿、高建
等廿四牒。书到，廋。"

诏书之下发遵循一定的程序，每级机构收到诏书后亦须实时回报，简
文称"书到言"，其回报文如：

> 便舍待报在大初元将年六月甲子赦令前。诏书谨到。敢言(《新
> 简》EPT27·3)
> 翟义、刘宇、刘璜及亲属当坐者、盗臧、证臧，它皆赦除之。书
> 谨到，敢言之。卩(《新简》EPT59·42)

以上二例为诏书回报文，仅署"诏书谨到"或"书谨到"，即仅回报诏书收到了，未书执行情况。"大初元将"为汉哀帝建平二年所改年号，仅实行两个月。①

除回报收到来文外，诏书回报文通常也必须回报执行情况，如：

> 建武四年五月辛巳朔戊子，甲渠塞尉放行候事敢言之。府移使者□所诏书曰：毋得屠杀马牛，有无四时言。●谨案：部吏毋屠杀马牛者，敢言之。(《新简》EPF22·47A)
>
> 掾谭 (《新简》EPF22·47B)
>
> 建武四年五月辛巳朔戊子，甲渠塞尉放行候事敢言之。诏书曰：吏民毋得伐树木，有无，四时言。●谨案：部吏毋伐树木者，敢言之。(《新简》EPF22·48A)
>
> 掾谭 (《新简》EPF22·48B)
>
> 建武年八月甲辰朔　　甲渠鄣候
>
> 敢言之：府下赦令 (《新简》EPF22·163)
>
> 诏书曰：其赦天下自殊死以下诸不当得赦者，皆赦除之。上赦者人数，罪别之，(《新简》EPF22·164)
>
> 会月廿八日。●谨案：毋应书，敢言之。(《新简》EPF22·165)

上例所见皆为执行诏书情况的回报文（其中《新简》EPF22·163—165为一册书），通常为一事一文。"毋应书"指无符合诏书所列要求者，《汉书·沟洫志》："下丞相孔光、大司空何武奏请部刺

---

① "大初元将"为汉哀帝建平二年所改年号，仅实行两个月，《汉书·哀帝纪》：建平二年六月，待诏夏贺良等言赤精之谶，汉家历运中衰，当再受命，宜改元易号。诏曰："汉兴二百载，历数开元。皇天降非材之佑，汉国再获受合之符，朕之不德，曷敢不通！夫基事之元命，必兴天下自新，其大赦天下。以建平二年为太初将元年。号曰陈圣刘太平皇。漏刻以百二十为度。"当年八月，又诏："待诏夏贺良等建言改元易号，增益漏刻，可以永安国家。朕过听贺良等言，冀为海内护福，卒亡嘉应。皆违经背古，不合时宜。六月甲子制书，非赦令也，皆蠲除之。贺良等反道惑众，下有司。"

史、三辅、三河、弘农太守举吏民能者，莫有应书。"王先谦补注："言无应诏书者。"

章奏文书

臣民上行至皇室的文书，俗称"章奏"。《文心雕龙·章表》："降及七国，未变古式，言事于王，皆称上书。秦初定制，改书曰奏。汉定礼仪，则有四品：一曰章，二曰奏，三曰表，四曰议。章以谢恩，奏以按劾，表以陈请，议以执异。"蔡邕《独断》："章者，需头，称'稽首'，上书谢恩陈事，诣阙通者也。""奏者，亦需头，其京师官但言'稽首'，下言'稽首以闻'。""表者，不需头，上言'臣某言'，下言'臣某诚惶诚恐顿首顿首死罪死罪'，左方下附曰'某官臣某甲上'。文多用编两行，文少以五行。诣尚书通者也。""议"亦称"驳议"，《独断》云："其有疑事，公卿百官会议，若台阁有所正处，而独执异意者，曰驳议。驳议曰：'某官某甲议以为如是'，下言'臣愚戆议异'。其非驳议，不言'议异'。其合于上意者，文报曰：'某官甲议可'。"汉代的"奏"又可称"疏"，《文心雕龙·奏启》："昔唐虞之臣，敷奏以言；秦汉之辅，上书称奏。陈政事，献典仪，上急变，劾愆谬，总谓之奏。奏者，进也。言敷于下，情进于上也。秦始立奏，而法家少文。观王绾之奏勋德，辞质而义近；李斯之奏骊山，事略而意诬；政无膏润，形于篇章矣。自汉以来，奏事或称上疏。"由于章、奏、表、议之类大多为朝廷高官向皇帝的请示汇报之类，故简牍中不可能多见，但也有例外，诸如战争等重大事件，虽远处边塞，亦需向皇帝汇报，又有紧急事件时，亦可越级向皇帝报告，称"变事书"。前者如《敦》40—240简所见关于新莽中期在西域战败的报告（简文不连贯，或有缺）。此文书涉及历时数年的重大事件，文字冗杂，有各式上行、下行文之抄录件掺杂其中，更不易逐一理清。但从其级别最高之发文者、文书形式等皆可确定其为上报皇室的奏文，《敦》70见"始建国天凤三年正月丁巳朔庚辰，使西域大使五威左率"，《敦》117、118、146皆见"使西域大使五威左率都尉粪土臣厶稽首再拜上书"。"率"通"帅"。随五威将王骏出征西域之五威帅，《汉书》所载唯何封。何封以五威帅身份领兵，故挂以"都尉"职。以何封之身份尚自称"粪土臣""稽首再拜上书"，又《敦》969、181称"皇帝陛下"，即可佐证其为上奏皇室之文书，在章奏文书中属"奏"之类，简文中自称为"上书"，或与"上疏"通，即《文心雕龙·奏启》所云"汉以来，奏事或称上疏"。今见简文皆为草稿，由秘书人员起草，故未书首长名，仅以"厶"代称。

变事书

肩水候官令史鱍得敬老里公乘粪土臣熹昧死再拜，上言变事书（《合校》387·12、562·17）

十二月乙酉，广地候（《合校》407·2、562·9）

□惊（警）檄曰：甲申，候卒望见塞外东北（《合校》407·3、564·13）

火四所，大如积薪，去塞百余里，臣熹愚□（《合校》403·19、433·40，564·28）

皇帝陛下。车骑将军下诏书曰：乌孙小昆弥乌（《合校》387·19、562·27）

就屠与匈奴呼韩邪单于谋□（《合校》562·4）

□夷狄贪而不仁，怀侠二心，请伪（《合校》387·7、564·15）

郅支为名，未知其变（《合校》387·24、387·25）

塞外诸节谷呼韩单于（《合校》387·17、407·14）

□往来牧表是乐□（《合校》387·16）

□□小月氏柳羌人（《合校》387·1）

□愚戆触讳忘言，顿首□（《合校》387·22、407·4）

此例所引十二简为"变事书"册残篇，日本大庭脩先生所复原。①

"变事"指紧急之非常事件。变，突发事故，《汉书·赵充国传》："又亡惊动河南大开、小开使生它变之忧。"《后汉书·邓训传》："（乌桓）怨恨谋反，诏训将黎阳营兵屯孤奴，以防其变。"《汉书·尹翁归传》："是时大将军霍光秉政，诸霍在平阳奴客持刀兵入市斗变，吏不能

---

① 大庭脩：《秦汉法制史研究》，创文社昭和五十七年版，第307—309页。

禁。"师古注："变,乱也。"关于紧急事件的报告,史籍亦称"以急变闻""上变事""变告"等,《汉书·平帝纪》"寝令急变闻",师古注:"非常之事,故云急变。"《汉书·韩信传》:"信初之国,行县邑,陈兵出入。有变告信欲反,书闻。"师古注:"凡言变告者,谓告非常之事。"《周礼·夏官·太仆》郑注:"若今时上变事击鼓矣。又若今驿马军书当急闻者,亦击此鼓。"《汉书·黥布传》:"赫上变事,乘传诣长安。布使人追,不及。赫至,上变,言布谋反有端,可先未发诛也。"《汉书·梅福传》:"诸上变事求假轺传诣行在所,条对急政。"《汉书·张汤传》:"汤有所爱史鲁谒居,知汤弗平,使人上飞变告文奸事。"师古注:"飞变犹言急变也。"故凡"变事"皆须尽快处理,《疏》343:"□反,多变事,世甫急为之。"常规文书通常必须逐级运行,而变事书可越级直送朝廷。变事书之用语与常规章奏同,如发文者卑称"粪土臣""昧死再拜"等。

官府往来书

官府往来书包括官府之间相互往来的下行、平行、上行文字。此类文书有许多仅见泛称,如"府书""官书"之类,有些则有专用名称,如"语书""除书""遣书""调书"等。

> 地节二年六月辛卯朔丁巳,肩水候房谓候长光:官以姑臧所移卒被兵本籍为行边兵丞相史王卿治卒被兵,以校阅亭隧卒被兵皆多冒乱不相应或易处不如本籍。今写所治亭别被兵籍并编。移书到,光以籍阅具卒兵,兵即不应籍,更实定。此籍随即下,所在亭各实弩力石射步数令可知,赍事诣官,会月廿八日夕,须以集,为丞相史王卿治事,课后不如会日者,必报,毋忽如律令。(《合校》7·7A)
>
> 印曰张掖肩候
> 六月戊午如意卒安世以来　守令史禹(《合校》7·7B)

此例所见为官府往来书之一种,可径称为候官书。类似文书皆直接冠以机构名,如大将军莫府书、大守府书、都尉府书之类。亦有设专名,有专门用途者。

语书

《语书》见《睡虎地秦简·语书》（文略）。吴福助云："语，音⊔，动词，劝诫他人之意，《国语·鲁语下》：'季康子问于公父文伯之母曰：主亦有以语肥也。'韦昭注：'语，教戒之也。'因此'语书'一词当是晓谕官吏或民众的文告之意。"① 此说是。秦代重视吏政，强调以吏为师，普及思想教育，故此类文书亦当普遍应用。

除书

除书，任免书，如：

> 建武五年五月乙亥朔壬午，甲渠守候博谓第二隧长临。书到，听书牒署从事，如律令。（《新简》EPF22·247A）
> 掾谭（《新简》EPF22·247B）
> 第二隧长史临，今调守候长，真官到若有代罢。 （《新简》EPF22·248）
> 万岁候长何建，守卅井尉。（《新简》EPF22·249）

此例所见，首简为除书本文，内容乃调遣第二隧长史临代理候长职务。后二简所见名籍为附件。此类除书，任命的同时，尚涉及免职、调动等，简文称除、迁、斥免等。除，任命，《史记·平准书》："诸买武功爵官首者试补吏，先除。"司马贞索隐："官首，武功爵第五也，位稍高，故得试为吏，先除用也。"《汉书·食货志》："除故盐铁家富者为吏，吏益多。"迁，调迁，通常指升迁，《汉书·成帝纪》："汝南太守严欣捕斩令等，迁欣为大司农，赐黄金百斤。"降职则称为"左迁"，《汉书·张苍传》"吾极知其左迁"，师古注："是时尊右而卑左，故谓贬秩任为左迁，佗皆类此。"斥免，罢免，《史记·淮南衡山列传》："太子迁数恶被于王，王使郎中令斥免，欲以禁后，被遂亡至长安，上书自明。"《正义》："言屏斥免郎中令官，而令后人不敢效也。"

---

① 吴福助：《睡虎地秦简论考》，文津出版社 1994 年版。

遣书

遣书，派遣书，如：

> 十一月己未，府告甲渠鄣候。遣新除第四隧长刑凤之官。符到，令凤乘第三。遣（《新简》EPF22·475A）
>
> 甲渠鄣候［己未下餔遣］骑士召戎诣殄北乘凤隧。遣凤日时在检中，到课言。（《新简》EPF22·475B）

上例之"己未下餔遣"皆书于封泥槽中，所书为派遣时间，打入封泥后，当被覆盖，收件人拆开封泥，方能见到此日时，以便核实是否按时到达，故简文云"日时在检中"。遣，派遣，《汉书·高帝纪》："其有意称明德者，必身劝，为之驾，遣诣相国府，署行、义、年。"遣书，犹今派遣证，是对方单位凭以接收的书证。凡遣书，文末皆云"到课言"，意谓收到派遣证及被派遣的人后，核实其是否准时到达并作出书面回报。

病书

病书，病假报告，如：

> 建武三年三月丁亥朔己丑，城北隧长党敢言之。乃二月壬午，病加两脾雍肿，匈胁丈满，不耐食（《新简》EPF22·80）
>
> 饮，未能视事，敢言之。（《新简》EPF22·81）
>
> 三月丁亥朔辛卯，城北守候长匡敢言之。谨写移隧长党病书如牒，敢言之。今言府，请令就医。（《新简》EPF22·82）

此例所见，前二简为"病书"本文之抄件，后一简为"病书"呈文，而"今言府，请令就医"属第二次书写笔迹，当为甲渠候官的批示语，谓再将此事上报都尉府，并令患者就医治疗。请病假的一般手续是由患者给所在单位递交请假报告，再由所在单位逐级上报。据每次病假报告都存入档案以备查，这一制度与当时的劳绩计算及行政关系法相关。

视事书

视事书，上岗报告，如：

五凤三年四月丁未朔甲戌，候史通敢言之官。病有瘳，即日视事，敢言之。（《新简》EPT53·26）

居摄二年八月辛亥朔乙亥，广武候长尚敢言之。初除，即日到官视事，敢言之。（《敦》770）

视事，包括病愈上岗及任命到岗，《汉书·王尊传》："今太守视事已一月矣。"《太平御览》二〇四引《汉旧仪》："丞相有病，皇帝法驾亲至问疾，及瘳视事，则赐以养牛上尊酒。"相对于病书而言，视事书即其销假报告。

予宁书

予宁书，奔丧报告，如：

永光二年三月壬戌朔己卯，甲渠士吏彊以私印行候事敢言之。候长郑赦父望之不幸死；癸巳予赦宁，敢言之。（《合校》57·1A）

令史充（《合校》57·1B）

宁，奔丧，《汉书·高帝纪》："高祖尝告归之田。"李斐注："休谒之名，吉曰告，凶曰宁。"《汉书·哀帝纪》：绥和二年，"即位，诏博士弟子父母予宁三年。"师古注："宁谓处家持丧服。"王先谦补注："何焯云，汉制之失，莫大于仕者不为父母行服三年，达礼于是焉废。其予宁者不过自卒至葬后三十六日而已。哀帝既许博士弟子予宁三年，何不推之既仕者乎？至安帝元初三年，邓太后临朝，初听大臣、二千石、刺史行三年丧。至建元元年，安帝亲政，宦竖不便，复议断之。桓帝永兴二年，初听刺史、二千石行三年丧。延熹一年复断之。若公卿，则终汉之祚，不议行三年丧服也。"史籍所见宁告仅言及大臣高官，而汉简所见则及于隧长、候长等中下级官吏。

调书

调书，调集书，如：

建武四年□□壬子朔壬申，守张掖……旷、丞崇谓城仓。居延、甲

渠、卅井、殄北言吏当食者，先得三月食，调给有书，为调如牒。书到，
付受与校计，同月出入毋令缪，如律令。(《新简》EPF22·462A)

掾阳、守属恭、书佐参。(《新简》EPF22·462B)

调，调集、调给、调动，《史记·夏本纪》："食少，调有余补不足，
徙居。"《汉书·食货志》："以临万货，以调盈虚。""调书"之称谓见
《合校》154·13："案调书"，《新简》EPT43·325："千二百以官调书"，
《新简》EPT51·138："建始三年四月□□易止害驿马□□□及荑调"，
《新简》EPT50·180B："十二月吏除遣及调书□□"，知"调书"亦用于
人员调动。上引例署"付受与校计，同月出入毋令缪"语。缪，误，《汉
书·楚元王传》："文书纷纠，前后错缪，毁誉浑乱，所以营惑耳目，感
移心意，不可胜载。""出入毋令缪"指出入双方账目合符、账实对应。
"同月"则指计算时以一个月为时期范围。由此可知，"调书"实质为支
出凭证，即支出物资或人员的书面依据。

直符书

直符书，值班报告，如：

更始二年正月丙午朔庚申，令史□敢言之。乃己未直符，谨行
视，诸藏内户封皆完，时毋水火盗贼发者，即日付令史严，敢言之。
(《新简》EPT48·132)

建平三年七月己酉朔甲戌，尉史宗敢言之。乃癸酉直符一日一
夜，谨行规，钱财物藏内，户封皆完，毋盗贼发者，即日平旦付令史
宗，敢言之。(《新简》EPT65·398)

永初五年七月丁未朔十八日甲子，直符史丰、书佐谭敢言之。直
月十七日，循行寺内狱司空、仓、库，后尽其日夜，无诣告当举劾
者。以符书属户曹史陈躬、书佐李宪，敢言之。直符户曹史宋丰、书
佐烝谭符书，直月十七日。(《简报》J1③：325－1－12A)①

---

① 长沙市文物考古研究所：《长沙五一广场东汉简牍发掘简报》(此处简称《简报》)，《文物》2013年第6期。

直符，值班，《汉书·王尊传》"直符史诣阁下从太守受其事"，师古注："直符史，若今当值佐史也。"《汉旧仪》："传五伯官直符，行卫士周庐。"佐史直符之制亦见于秦律，《秦简·内史杂》："毋敢以火入臧（藏）府、书府中。吏已收臧（藏），官啬夫及吏夜更行官。毋火，乃闭门户。令令史循其廷府。节（即）新为吏舍，毋依臧（藏）府、书府。"直符书，值班报告。据简文考察，直符书当属内部文书，备案待查，如果值班期间有情况发生，当有详细记录。今见值班人皆为候官之令史与尉史，值班时间为当天清晨至第二天清晨之一昼夜间，有严格的交接班制度，交接班人名皆见直符书中。值班的主要职责是保护官方财物，使之免遭水、火及盗贼的损害。

假期书

长沙五一广场东汉简牍中可见"假期书"的称谓，如：

> 南山乡言民马忠自言
> 不能趣会假期书八月廿八日发（《五一选释》112①）

此例所见为标题简。"八月廿八日发"为后书文字。假，借。《左传·僖公二年》"假道于虞"，孔颖达疏："假，借也。"《后汉书·安帝纪》"诏以鸿池假与贫民"，李贤注："假，借也。"故假期即借期，实际指延期办理有关事务。"假期书"本文见片段，如：

> 亭部，皆不问旦，不敢上爱书。董付良钱时无证左。请且适董狱牢监。愿假期，
> 　逐召柊，考实，正处言，不敢出月。唯［《五一》（二）415②］
> 　阴微逐捕秩，必得。考实，有后情，正处复言，不敢出二年正

---

① 长沙市文物考古研究所、清华大学出土文献研究与保护中心、中国文化遗产研究院、湖南大学岳麓书院：《长沙五一广场东汉简牍选释》，中西书局 2017 年版。以下简称《五一选释》。

② 长沙市文物考古研究所、清华大学出土文献研究与保护中心、湖南大学岳麓书院、中国文化遗产研究院编：《长沙五一广场东汉简牍》〔二〕，中西书局 2017 年版。简称《五一》〔二〕

月。胤惶恐，騏、尚、皋职事无状，叩头叩头死罪死罪，敢言之。
[《五一》（二）459]

与其他文种相比，假期书有两个明显的必备要素：一是延期的理由，二为延期时限。可知，由于汉代期会有严格的时限，如有充分的理由需要延期者，必须提交书面申请，说明原因及延期时限，此类报告即假期书。

教

教，指令。《荀子·大略》"以其教出毕行"，杨倞注："教，谓戒令。"简文所见指上级批示。长沙五一广场东汉简牍见"君教"及"卿教"。

　　左贼史式，兼史顺、详白：前部、左部贼捕掾蓎考实
　　南乡丈田史黄宫、趣租史李宗殴男子邓官状。今
君教若　蓎等书言解如牒。又官复诣曹诊，右足上有殴创一所，
　　广、袤五寸，不与解相应。守丞护、掾普议解散略，请
　　却实核，白草。[《五一简》（二）429+430]
　　君教若　丞他坐。　　　期会掾烝若、录事掾谢韶校。
　　主簿郭宋省。　十二月四日甲午白。[《走马楼吴竹简》（七）
4379（1）①]
　　君教✓　故若　丞追捕何贼。期会掾烝若、录事掾陈旷校。
　　　　主簿　省。嘉禾三年正月七日白出钱付吏李珠籴米
　　事。[《走马楼吴竹简》（六）4277（1）②]

上述三例皆为"教"文书，或可称"教书"。从首例所见，知文书的形成经过三个过程：先由佐史起草文件，再由丞、掾审校，最后由主管首

---

①　长沙简牍博物馆、中国文化遗产研究院、北京大学历史学系、故宫研究院古文献研究所走马楼简牍整理组：《长沙走马楼三国吴简竹简》（七），文物出版社2013年版。本书简称《走马楼吴竹简》（七）。

②　长沙简牍博物馆、中国文化遗产研究院、北京大学历史学系走马楼简牍整理组：《长沙走马楼三国吴简竹简》（六），文物出版社2017年版。本书简称《走马楼吴竹简》（六）。

长批复。从字迹之不同可看出，丞、掾名字是后签的，首长的批示"若"（相当"诺"）也是后写的。"君"是起草人对首长的尊称。此类"教书"犹今批件，属机构内部文件。

致、传也是重要的专用文书，简牍所见数量甚多，详见下文关于交通驿传的专题研究。

司法文书爰书、劾状、鞫状、奏谳书等多为史籍所未载，为中国古代法制史研究提供了许多新材料，亦详见下文关于法制史料的专题研究。

檄

"檄"亦称"檄书"，是一种行事急切，具有较强的劝说、训诫与警示作用比较夸张的文书形式，今见有府檄、警檄、行罚檄等。

府檄

> 建武五年八月甲辰朔戊申，张掖居延城司马武以近秩次行都尉文书事，以居延仓长印封、丞邯告劝农掾褒、史尚谓官、县：以令秋祠社稷，今择吉日如牒。书到，令丞循行，谨修治社稷，令鲜明，令丞以下当（《新简》EPF22·153A）
>
> 掾阳、兼守属习、书佐傅。（《新简》EPF22·153B）
>
> 侍祠者。斋戒务以谨敬鲜洁约省为故，褒、尚考察不以为意者，辄言，如律令。（《新简》EPF22·154）
>
> 八月廿四日丁卯斋。（《新简》EPF22·155）
>
> 八月己巳直成，可祠社稷。（《新简》EPF22·156）
>
> 九月八日甲辰斋。（《新简》EPF22·157）
>
> 八月庚戌，甲渠候长　以私印行候文书事，告尉谓第四候长宪等：写移（《新简》EPF22·158）
>
> 檄到，宪等循行，修治社稷，令鲜明，当侍祠者斋戒，以谨敬鲜洁约省为（《新简》EPF22·159）
>
> 故，如府书律令。（《新简》EPF22·160）

此例所见，《新简》EPF22·153—157简为府檄本文，系甲渠候官所抄录之传抄件。《新简》EPF22·158至160简则为甲渠候官转发此檄之行下文。简文所见，府自称其檄为"书"，即"檄书"之简称，而甲渠候官转发时称之为"檄"。各级官府下檄常冠以机构名。

警檄

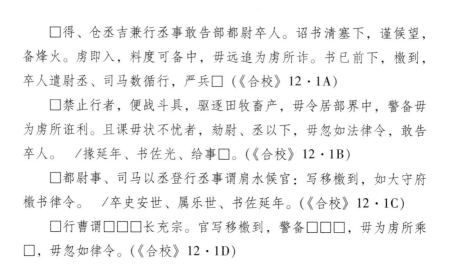

□得、仓丞吉兼行丞事敢告部都尉卒人。诏书清塞下，谨候望，备烽火。虏即入，料度可备中，毋远追为虏所诈。书已前下，檄到，卒人遣尉丞、司马数循行，严兵□（《合校》12·1A）

□禁止行者，便战斗具，驱逐田牧畜产，毋令居部界中，警备毋为虏所诳利。且课毋状不忧者，劾尉、丞以下，毋忽如法律令，敢告卒人。 ╱掾延年、书佐光、给事□。（《合校》12·1B）

□都尉事、司马以丞登行丞事谓肩水候官：写移檄到，如大守府檄书律令。 ╱卒史安世、属乐世、书佐延年。（《合校》12·1C）

□行曹谓□□□长充宗。官写移檄到，警备□□□，毋为虏所乘□，毋忽如律令。（《合校》12·1D）

此例所见为郡府下至都尉府，都尉府又下至候官的警檄文，而前二者皆为候官的抄录件，檄文书于柧之四面。警檄之正文，通常有三个方面的重点内容：一是对敌情的陈述，如"疑虏有大众不去，欲并入为寇"之类，通常强调敌方威胁的严重性。二是对己方强化警戒的要求：主要有"警烽火""定烽火辈"。三是警檄的颁布通常具有张扬声势、提高士气的战前动员作用。

行罚檄

十一月邮书留迟不中程各如牒，晏等知邮书数留迟，为府职不身拘校，而委（《合校》55·11、137·6、224·3）

任小吏，忘（枉）为中程，甚毋状，方议罚。檄到，各相与邸校，定吏当坐者，言，须行法。（《合校》55·13、224·14、224·15）

以上二简字体、风格相同，内容连贯，原属一册书。行罚檄的作用主要是通过广泛通报某种违法违纪行为及其惩罚措施，惩一儆百，引起下属更广泛的警觉，从而避免再产生错误。檄的应用十分广泛，指令、责问、训示、处罚、通报皆用之，涉及面较广，而以处理急事者为多。檄之为文，急切强烈，激发人心而喻之祸福，《文心雕龙·檄移》："至周穆西征，祭公谋父称'古有威让之令，有文告之辞'，即檄之本源也。及春秋征伐，自诸侯出，惧敌弗服，故兵出须名，振此威风，暴彼昏乱。刘献公之所谓'告之以文辞，董之以武师'者也。""齐桓征楚，诘苞茅之阙；晋厉伐秦，责箕部之焚；管仲吕相，奉辞先路；详其意义，即今之檄文。""檄者，皦也。宣露于外，皦然明白也。张仪檄楚，书以尺二。明白之文，或称露布。露布者，盖露板不封，播诸视听也。"简牍所见，檄之为文，亦以露布居多。又"观隗嚣之檄亡新，布其三逆；文不雕饰，而辞切事明，陇右之士，得檄之体矣"。檄文指向明确，语气强烈，权衡利害，《文心雕龙·檄移》亦云："凡檄文大体，或述此休明，或叙彼苛虐，指天时，审人事，算强弱，角权势，标蓍龟于前验，悬鞶鉴于已然，虽本国信，实参兵诈，谲诡以驰旨，炜晔以腾说，凡此众条，莫之或违者也。"《玉海》卷二〇三引西山先生曰："檄贵铺陈利害，感动人意。"又同卷《辞学指南》"檄"类引李充《起居戒》云："军书羽檄，非儒者之事，但家奉道法，言不及杀，语水虚诞；而檄不切厉，则敌心陵；言不夸壮，则军容弱。"檄之急者插以鸟羽，《汉书·高帝纪》"吾以羽檄征天下兵"，师古注："檄者，以木简为书，长尺二寸，谓之檄，用征召也。其有急事，则加鸟羽插之，示速疾也。《魏武奏事》云：'今边有警，辄露插羽也。'"檄不仅用于上对下，下奉上亦用之，《释名·释书契》："檄，激也，下官所以激迎其上之书文也。"《新简》EPT51·258："积河东，毕已，各以檄言积别束数，如律令。/士吏彊、尉囗"明言下级须以檄申报有关情况，知下对上亦用檄。许望之《公牍通论》总结檄之功用，云："综檄文之用，则有六焉：一曰讨敌，如陈琳作讨曹操檄。二曰威敌，如耿恭移檄乌孙，示汉威德。三曰征召，如汉申屠嘉为檄召邓通。四曰晓谕，如司马相如谕巴蜀檄。五曰辟吏，如毛义闻府檄当守令，奉檄持以白母。六曰激迎，《释名》：'檄，激也。下官所以激迎其上之文书也。'汉《范丹传》，少为县吏，奉檄迎督邮，即其例也。檄之程序首书年月日某官告某某，末云咸使闻知，或云急急如律令。令读为零，律令雷边捷鬼，善走如雷，符咒末句，常用此语（说见李匡义《资暇录》），如袁绍檄豫州，曹操檄江东将校部曲，其末皆云如律令，盖取捷速之意也。"《汉书·朱博传》："府告姑幕令丞：言贼发不得，有书。檄到，令丞就取，游徼王卿力有余，如律令。"简牍所见檄不仅有书于多面觚者，又有"板檄"与"合檄"的称谓。于豪亮先生云："板檄其实就是一般的檄。这是写在木板上的文书，上面不用木板封盖，便于广泛供人传阅，这在古代是应用很广的文书。"又云："合檄必然是把文件写在大小相等的两片木板上，然后把有字的一面相向重合起来，再缠上绳子，印上封泥。上面的一片木板上必然要写上收件人的地址和姓名，这样，上面一片同时也起着封检的作用。因为如此，合檄只能由收件人拆封，不能供人传阅，与内容公开的板檄性质不同了。"①

记

"记"又称"记书"，是较书、檄随意的文书形式，有官记与私记的之别，差异还较大。

官记。

> 告第廿三候长：记到，召箕山隧长明诣官，以急疾为故，急急。（《合校》160·4）

"记"的功能与书、檄相同，但其体式更趋简略，绝大多数"记"书未置年号年序，或仅署月序及日干支，有的甚至未署日期。大多未署具体的责任机构名称或责任人，仅署"府告""官告"之类。未见起草人署名。由此可知，"记"之体式不如"书""檄"严谨，有一定程度的随意性，与私人信件有较多类同之处，故二者皆称"记"。

"记"的应用非常广泛，史籍常见，《汉书·张敞传》"受记考事"，

---

① 于豪亮：《于豪亮学术文存》，中华书局1985年版，第180、181页。

师古注："记，书也。若今之州县为符教也。"《汉书·赵广汉传》："广汉尝记召湖都亭长。"《汉书·武五子传》："上官桀及御史大夫桑弘羊等皆与交通，数记疏光过失与旦，令上书告之。"皇室文书亦有称诏记者，如《汉书·外戚传》："中黄田客持诏记，盛绿绨方底，封御史中丞印。"记之为书，上下行皆用，《论衡·对作》："上书奏记，陈列便宜，皆欲辅政。今作书者，犹上书奏记，说发胸臆，文成手中，其实一也。夫上书谓之奏，奏记易其名谓之书……由此言之，夫作书者，上书奏记之文也，谓之造作，上书奏记是作也。"《文体明辨序说》"书记"类："书记之体，本在尽言，故宜条畅以宣意，优柔以怿情，乃心声之献酬也。若夫尊卑有序，亲疏得宜，是又存乎节文之间，作者详之。"《文心雕龙·书记》："迄至后汉，稍有名品，公府奏记，而郡将奏笺。记之言志，进已志。笺者表也，表识其情也。崔寔奏记于公府，则崇让德音矣；黄香奏笺于江夏，亦肃恭之遗式矣。"又云："原笺记之为式，既上窥乎表，亦下睨乎书，使敬而不慑，简而无傲，清美以惠其才，彪蔚以文其响，盖笺记之分也。"许同莘《公牍学史》云："汉制下官言事于上曰奏记，其文两汉书多载之，其式见《后汉书·朱儁传》陶谦等奏记儁。其发端曰：余州刺史陶谦、前扬州刺史周干、琅琊相阴德、东海相刘馗、彭城相汲廉、北海相孔融、沛相袁忠……博士郑等，敢言之行车骑将军河南尹幕府云云。服郑皆无官守而列名者，其事为勤王讨贼而发，大义所在，不限官职，犹今联名公呈也。亦有称奏记为笺者，《崔骃传》：窦宪辟骃为掾，骃前后奏记数十上。崔集有与窦宪笺，其发端曰：主簿崔骃云云，即奏记之辞之。上官下书于所属，亦有称记者，《钟离意传》：意为郡督邮，有亭长受人酒礼，府下记杂考之，意封还记。《宋均传》：均为上蔡令，府下记，案民丧葬不得侈长，均不肯施行。章怀注曰：'记，文符也。'记之为用，通于上下。《汉书·外戚传》称皇帝手诏为诏记。王先谦云：诏记与诏书有别，后世谓之手记，出于上手，故曰诏记。按诏记又谓之手记或手迹，《后汉书·循吏传》序：光武以手迹赐方国皆一札十行，细书成文。是手诏即手记，手记即手札。凡称记者，皆书札之类。"

汪桂海先生曾以河南南阳出土的《张景碑》佐证"记"亦称"教"，文云："此碑文前面是南阳郡府下给宛县的文书，这份文书即是记，理由有二：首先，文书起首云'府告宛'，程序与前举诸记完全相同；其次，宛县令向下转达此文书时明白地称之为'府记'。但在此文书的正文与具文时间有宛县收到此书后的签署文字，云"府君教，大守丞印"，则把南阳郡守下达的记称为教。这说明汉代官府下行文书的记的确可以称为教。其实，从字义上讲，称记为教也是有其理由的。《说文》："教，上所施，下所效也。"《淮南子·主术训》"行不言之教"，高诱注："教，令也。"《荀子·大略》"以其教出毕行"，杨倞注："教谓戒令。"教是上级官署给下属的命令文书，这和上面所说记的特点是很相符的。另外，从"教"这种文书的使用者和施用对象来看，也与记一致，如《张敞传》京兆尹张敞使主簿持教告贼捕掾絮舜，《王尊传》安定太守王尊"出教告属县"，又"出教敕掾、功曹"，《薛宣传》宣为左冯翊，出教贼曹掾张扶等，都是太守下教给属县官吏或下给府中属吏。总之，汉代作为官府下行文书的记与教没有根本区别，二者应是一种文书的两个名称。① 汪桂海所说甚是。称"教"者仅限于下行记，上行记则否。

私记

私记，私人信件，如：

　　二月辛巳，黑夫、惊敢再拜问中（衷）母毋恙也？黑夫、惊毋恙也。前日黑夫与惊别，今复会矣。黑夫寄益就书曰：遗黑钱，毋操夏衣来。今书节（即）到，母视安陆丝布贱，可以为禅裙襦者，母必为之，令与钱偕来。其丝布贵，徒钱来，黑夫等直佐淮阳，攻反城久，伤未可智（知）也。愿母遗黑夫用勿少。书到，皆为报，报必言相家爵来未来，告黑夫其未来状。闻王得苟得（《散》1008A）

　　毋恙也。辞相家爵不也？书衣之南军毋……不也？为黑夫、惊多问姑姊、康乐季须、故术长姑外内……为黑夫、惊多问东室季须苟得毋恙也？为黑夫、惊多问婴泛季事可（何）如？定不定？为黑夫、惊多问为夕阳吕婴、里閈误丈人得毋恙……矣。惊多问新负媭得毋恙

① 汪桂海：《汉代官文书制度》，广西教育出版社1999年版，第51页。

也？新负勉力视瞻丈人，毋与……勉力也。(《散》1008B)

　　宣伏地再拜请

幼孙少妇足下：甚苦，塞上暑时，愿幼孙少归足衣强食，慎塞上。幸得幼力过行边，毋它急。幼都以闰月七月与长史君俱之居延。言丈人毋它急，发卒，不审得见幼孙，不它不足，数来(《合校》10·16A)

　　记。宣以十一日对候官，未决。谨因使奉书，伏地再拜幼孙少妇足下。朱幼季书，愿高掾幸为到临渠隧长对幼孙治所。●书即日起候官，行兵使者幸未到，愿豫自辩，毋为诸部殿。(《合校》10·16B)

　　罗振玉云："古简文字最难识，其时最先者上承篆书，下接章草，一也。边徼急就之书颇多讹略，二也。断烂之余不能求其义理，三也。诸简皆然，而书牍为尤甚。"[1] 私记讲究敬语与谦语的应用，致信人名及相关谦语多书于首行，收信人多书于次行顶端，下接致信人谦语，如"幼孙少妇足下""子卿足下"之类。收信人多以字号称谓以示尊敬，不直书其名。对上级则以姓加职名称谓。客套话，尤其问候语在私记之文末常常又重复出现，所以占篇幅比例较大，一般性的问候信尤其如此，只有涉及公务者，客套少些，常常开门见山，就事说事。简牍文书中，私记是使用情感语言最丰富的一种，最能体现当时人真实的思想感情与生活状态。

　　劾状

　　　建武五年五月乙亥朔丁丑，主官令史谭敢言之。
　　　谨移劾状一编，敢言之。
　　　甲渠塞百石士吏居延安国里公乘冯匡，年卅二岁，始建国天凤上戊六年三
　　月己亥除署第四部，病咳短气，主亭隧七所斥呼，七月□□除署第四部士
　　吏。[案]：匡软弱不任吏职，以令斥免。

---

[1]　罗振玉、王国维：《流沙坠简》，中华书局1993年版，第215页。

□状辞：公乘居延鞮汗里，年卌九岁，姓夏侯氏，为甲渠候官斗食令史，

署主官，以主领吏备盗贼为职。士吏冯匡始建国天凤上戊六年七月壬辰除

署第十部士吏。案：匡软弱不任吏职，以令斥免。

五月丁丑，甲渠守候博移居延。/掾谭

此为东汉初劾状。劾，举劾。劾状即举劾报告。上述简文由呈文、劾文、状辞三部分构成。以下为东汉中期劾状：

案：都乡利里大男张雄，南乡匠里舒俊，逢门里朱循，东门里乐竟，中乡泉阳里熊赵皆坐。雄，贼曹掾。俊、循吏。竟骖驾。赵驿曹史。驿卒李崇当为屈甫证。二年十二月卅一日，被府都部书逐召崇，不得。雄、俊、循、赵、竟典主者掾史，知崇当为甫要证，被书召崇，皆不以征逮为意，不承用诏书。

发觉得。

永初三年正月壬辰朔十二日壬寅，直符户曹史盛劾，敢言之。谨移狱，谒以律令从事，敢言之。（《简报》J1③：281—5A①）

此例所见"劾状"大致亦包括被告身份认定、犯罪事实及处理意见三个方面。与上引东汉初"劾状"类同，当非偶然，如果不是当局对这种文书有格式的规定，也是长期约定俗成的结果，可看出其一脉相承的渊源关系。

鞫状

A面：

鞫：雄、俊、循、竟、赵大男，皆坐。雄，贼曹掾。俊、循，

---

① 长沙市文物考古研究所：《长沙五一广场东汉简牍发掘简报》，《文物》2013年第6期，第21页，图一五。

史。竟，骖驾。赵，驿曹史。驿卒李崇当为屈甫证。二年十二月廿一日，被府都部书：逐召崇不

得。雄、俊、循、竟、赵典主者掾史，知崇当为甫要证，被书召崇，皆不以征逯为意，不承用诏书。发觉得直符户曹史盛劾，辞如劾。案：辞都、南、中乡，未言。雄、俊、循、竟、赵辞：皆有名数，爵公士以上，癸酉赦令后以来无他犯，坐耐罪以上，不当请。

永初三年正月十四日乙巳，临湘令丹、守丞皓、掾商、狱助史护以劾律爵咸论，雄、俊、循、竟、赵耐为司寇，衣服如法，司空作，计其年。

B面：

得平　　《五一选释》144

鞫，审理辞。《周礼·小司寇》"读书则用法"，郑玄注引郑司农云"如今时读鞫"，贾疏："谓劾囚之要辞。"牍正面"鞫"字以下是"鞫状"的全部内容，包括：（1）确定直符户曹史盛所提交"劾状"的真实性；（2）做进一步的核实调查；（3）提出量刑意见及理由；（4）做出判决。则鞫辞反映了从告劾、审讯到判决的全过程，而不仅仅是其中的一个阶段。

牍背见"得平"二字，乃后书批语，以草体写就。平，公平适中。故"得平"是对案件处理结果的高度评价，但不知何人所为。

类似的文书亦见湖南益阳兔子山出土木牍：

A面：

鞫

B面：

　　鞫：勋，不更。坐为守令史署金曹，八月丙申为县输元年池加钱万三千临湘，勋匿不输，即盗以自给。勋主守县官钱，臧二百五十以上。守令史恭劾，无长吏使者，审。

　　元始二年十二月辛酉，益阳守长丰、守丞临湘右尉顾、兼掾勃、守狱史胜言：数罪以重，爵减，髡钳勋为城旦，衣服如法，驾责如所主守盗，没入臧县官，令及

　　同居，会计，备偿少内，收入司空作。（J3⑤：1）

　　益阳言守令史张勋　　　　　　　　元始二年

　　盗所主守加钱，论决，言相府。　　计后狱夷（第）一（J3⑤：5）①

　　此例结构与上例同。"鞫"单书一面，无疑为标题，指正文所书为"鞫状"或称"鞫书"。背面所书为正文，亦包含举劾、讯查、论报全过程——几乎反映了诉讼的全部程序。

　　徐世虹曾对上述二牍进行详尽的考证，对"鞫"的义项进行了程序、指代、文书义项的划分：认为"鞫在程序意义上指判决前对犯罪事实的认定，在指代意义上包含案件的基本诉讼程序，其文书意义是对案件程序与案卷核心内容的概括"②。

2. 律令类

　　律令类属法律文书，多以条款形式见存，含律、令、科、品、约、式、法律答问等，今以云梦睡虎地秦墓竹简及江陵张家山汉墓出土竹简所见数量最多，较集中者尚有湖南大学岳麓书院藏秦简、里耶秦简、龙岗秦简，亦散见于居延汉简、敦煌汉简等。

　　律

　　律，法律，引申为法律的主要形式，《尔雅·释诂》："律，常也。"邢昺疏："律者，常法也。"《管子·七臣七主》篇："夫法者，所以兴功

---

　　① 释文见徐世虹《秦汉"鞫"文书谳识——以湖南益阳兔子山、长沙五一广场出土木牍为中心》，《简帛》第17辑，2018年。

　　② 同上。

惧暴也；律者，所以定分止争也；令者，所以令人知事也。法律政令者，吏民规矩绳墨也。"《汉书·律历志》："律，法也，莫不取法焉。"《唐律疏议》云："魏文侯师里悝，集诸国刑典，造《法经》六篇，一《盗法》、二《贼法》、三《囚法》、四《捕法》、五《杂法》、六《具法》。商鞅传授，改法为律。汉相萧何更加悝所造《户》《兴》《厩》三篇，谓九章之律。"此乃律之主体，而史籍及简牍所见律目不止六种或九种。

贼律是关于危害国家安全、个人安全的犯罪及刑罚的规定。沈家本《历代刑法考》所列《贼律》之目，包括"大逆无道、欺谩、诈伪、踰封、矫制、贼伐树木、杀伤人畜产、诸亡印、储峙不办、盗章"。《张家山汉简·二年律令·贼律》所见犯罪行为包括叛乱、投敌、谋反、从事间谍活动、纵火、失火、淹杀人、谋杀人、故意杀人、过失杀人、伪造皇帝玺印、伪造皇室文书、上书不实、增减券书内容、毁坏印封、挟毒与投毒、丢失符券门钥等，适用刑罚严厉，包括腰斩、磔、枭首、弃市等死刑及各种徒刑、赎刑、罚金等。

盗律是关于侵犯公、私财产的犯罪及刑罚的规定。沈家本《历代刑法考》所列《盗律》条目有"劫略、恐猲、和卖买人、持质、受所监、受财枉法、勃辱强贼、还赃畀主、贼伤"等。其中"贼伤"之类属人身伤害，当归《贼律》。秦汉律对团伙抢劫者加重惩罚，称此类团伙为"群盗"。贪污受贿以偷盗论处。秦及汉初对偷盗的惩处以赃物的价值划分档次，通常分 660 钱以上、660 钱以下至 220、220 以下至 110、110 以下至 22 及 22 以下为档次标准来量刑，所见数量皆为 11 的倍数，但西汉中期以后却有变化。简文《盗律》所涉犯罪行为包括外地人入境偷盗、内地人偷运黄金出境、擅自假借公家财物等。对暴力抢劫及以恐吓手段夺人钱财、冒充官员偷盗者皆处以极刑——磔。唆使他人偷盗者与之同罪。

囚律是规定诉讼关系的法律。沈家本《历代刑法考》所列《囚律》条目有"诈伪生死、诈自复除、告劾、传覆、系囚、鞫狱、断狱"。《晋书·刑法志》述汉《囚律》包括"告劾""传覆""系囚""鞫狱""断狱"。简文所见《囚律》见有关控告、调查、审判、上诉、复核的条款。

捕律是关于抓捕犯人的规定。沈家本未考。简文所见涉及对追捕有功者的奖赏及对不尽责者的惩罚。捕得诸侯之间谍则予重奖。规定诸县一年中有三起盗贼事件未被发现，其县令、丞、尉当免职。又详细规定捕得各类犯人的奖金数量。

杂律是对杂项关系的规定，内容庞杂。沈家本《历代刑法考》所列《杂律》条目有"假借、不廉、呵人受钱、使者验赂"。简文所见则包括越院墙、擅赋敛、博戏夺财、强质，而更多的条款是关于性侵犯的规定及其刑罚。

具律是关于诉讼关系中量刑准则等的规定。沈家本《历代刑法考》所例《具律》条目有"出卖呈、擅作修舍事"，当非是。简文所见涉及对不同身份地位人士加减刑，不同罪等的换刑、赎刑及赎金标准的规定等。

户律是关于人口、户籍管理的规定。沈家本无考。简文所见涉及申报户口、规定各级爵位拥有田地屋宅的数额、户籍管理，乃至财产分割、遗产继承等民事关系。

兴律是关于征发、应征兵役、徭役的规定。沈家本《历代刑法考》所列《兴律》条目有"上狱、考事报谳、擅兴徭役、乏徭、稽留、烽燧"。简文所见涉及案件上报、屯戍、徭役稽留、失职等行为的惩罚。

厩律、厩苑律是管理饲养牲畜及苑囿的规定。沈家本《历代刑法考》所列《厩律》条目有"逮捕、告反、逮受、登闻道辞、乏军之兴、奉诏不谨、不承用诏书、上言变事、以惊事告急"。范围或过大。

告律是关于告发罪犯的规定。规定诬告反坐，如诬告人以死罪者黥为城旦舂，其他罪则反坐。告人不审及有罪自首者，减罪一等，但杀伤祖父母、父母及奴婢杀伤主、主父母妻子不得减刑。年未满十岁及在押犯无权告发。还特别规定子女不得告父母、妇不得告威公、奴婢不得告主及主父母妻子，否则将以弃市处之。

收律是关于没收犯人财产、妻子儿子的规定。此即古代之连坐收孥制，但只要有一方主动告发对方，即可免坐。又，没收犯人财产时，必须由狱吏及相关多名官吏共同进行，并将物品清单上报县廷。

亡律是关于惩罚逃亡者的规定。通常按逃亡时间的长短决定罪次及量刑。藏匿亡人、娶亡人为妻、为亡人妻及做媒者皆有罪。雇用亡人劳作者，以亡人罪次处以相应的赎刑。奴婢逃亡另有专门的规定。

钱律是关于货币流通及铸造的法律。规定流通货币的规格，严禁销毁通行货币以作铜材，不允许私人盗铸钱，违反者将被处以相应的刑罚。

均输律涉及车船运输事务，简文残缺。

传食律是关于驿传的法律。详细规定不同身份的官员及有爵者享用传舍、传车的条件及膳食的数量与质量等，又规定对违反者的惩罚。

行书律是关于传送文书的法律、规定传递文书的速度及对违章的惩罚。规定不同地区驿站的设置距离、房舍数量、驿站人员的资格及优惠政策等。

置吏律、除吏律是关于任用官吏的法律。规定常规及临时性的任免办法及时间。汉律规定都官必须任用所在地或邻县人为佐史。规定官吏休假的期限。对诸侯王、彻侯置姬、孺子、良人做出具体规定。又规定如果被举荐为吏的人不廉洁、不胜任，必罚举荐人。

爵律、军爵律是关于授爵位的规定及对违反相关规定的惩罚。

史律是关于史、卜、祝三种专职人员的法律。主要涉及史、卜、祝的培养与考核，及任命、调动史、卜人员的规定等。

徭律是关于徭役的法律。抄录一些较特殊条款，如晥老减半服徭役、残疾人家属免除部分徭役、大夫以下有资者出车牛为公家运输物资，公大夫以下子女承担除道桥、治沟渠等劳役，弓弩手每年春秋集训各十五日等。

田律是关于垦田、交纳刍稾、保护山林等与农业、林业、畜牧业相关的法律。律文规定田亩及田间道路的规格。按不同地区征收刍稾税。禁止吏民于春夏间砍伐林木及猎杀幼兽、毒鱼等。防止马牛羊食人庄稼。又有关于户赋的规定。

市律所见涉及官市管理、入钱规定、纺织品质量规格的规定、商贩组织形式、纳市场税及对违反有关规定的惩罚。

复律仅见一条简文，涉及按比例优待手工业劳动者。

赐律是关于优抚赐予的法律，简文涉及按官秩及爵位等次赐予衣物、酒食、棺椁等。

效律是关于核校物资账目的一系列规定。秦《效律》对度量衡器具有严格的要求，规定了误差的限度，保证了统一度量衡制度的执行。汉《效律》对账物的盘点亦有严格的规定。如规定每三年或新旧官员交替时必须对账物进行盘点，如果发现物品短缺，主管者须赔偿。

置后律是爵位传承的法律。所谓传承包括爵位与田宅的继承。除嫡子继承外，还包括庶子对财产与爵位的瓜分与继承，规定甚详，是研究当时民事继承关系的重要资料。

秩律是关于朝廷各机构和地方郡县衙门（含传、仓、库）官员秩级的规定，对研究当时的行政地理及官制有十分重要的意义。

金布律是关于货币及其他物资收支保管的法律。秦《金布律》详细规定货币的使用、保存及布匹的规格、布匹与货币的换算，还涉及债务偿还等。汉《金布律》规定供给徒隶冬夏服装的尺寸与数量、供给县官马牛饲料的数量。用钱换算赎金罪。又规定官府受租钱、质钱皆投入存钱罐中并封以令、丞印章，制三辨券。规定毁伤公家器物要赔偿。规定煮盐、采铁、采银、采铅、采丹的纳税税率等。

仓律是对粮草仓库管理的一系列规定，涉及仓库的规格、日常管理、设账、粮食品种的分类、供给粮食及种子的具体办法、粮食加工等。

工律是关于轻工业制作的法律，包括标准化、劳动力使用等。工人程律是关于官府手工业生产的法律，规定工作量，对四季及男女老幼之工作量做了具体换算。

均工律是关于调度手工业劳动者的法律。规定学徒学成的期限及申报等。

司空律是关于官府常用物资设施及刑徒劳作管理的规定，涉及面较广，包括对公家破旧物资的注销、借出物资的追回、损坏物资的修理、所需物资的储备、刑徒衣食的供给乃至刑徒的管理皆包含其中。

内史杂律是关于掌治京师的内史职务所涉及的各项规定，其中抄录了许多当时实用的条款，如有事必须用书面而不要口头请示、不能任命有犯罪前科者为佐史、仓库及档案库不许有火源等。

尉杂律是关于廷尉职务所涉及的法律规定，如规定各方每年都要到御史处核对法律条文之类。

属邦律是有关少数民族事务的法律；游士律是关于游士身份行为的限制性规定；除弟子律是关于任用弟子的规定；中劳律是关于计算劳绩的规定；藏律是关于物资储备的法律；公交车司马猎律是关于狩猎的规定；敦（屯）表律是军队屯防的法律，涉及军中之什伍连坐等；戍律是关于边塞屯戍的法律，涉及屯戍人员的征集及具体勤务的规定；牛羊课律是关于考核牛羊畜养管理的法律，皆仅见一条款。此外尚多见有律文而未见律名者。

令

令，法令，皇帝针对时政颁布的命令，《尔雅·释诂》："令，告也。"《周礼·大司马》："犯令陵政则杜之。"注："令，犹命也。"《说文》："令，发号也。"现任国王、皇帝的指示称"令"。《盐铁论·刑德》："令者，所以教民也。又诏圣令者，教也，所以导民。"《史记·杜周传》："客有让周曰：'君为天子决平，不循三尺法，专以人主意指为狱，狱者固如是乎？'周曰'三尺安出哉？前主所是著为律，后主所是疏为令，当时为是，何古之法乎！'"

张家山汉简所见"津关令"是有关津关通行的实时规定，今见制诏凡二十八则，涉及事项较多，具普遍意义者如禁止越塞阑关，须以符传出入，禁携黄金、黄金器具及铜出关，吏卒可越塞追捕盗贼但须上报。而更多的是对具体出入关事项的特批，如特批长沙国丞相为置传购马并出入关、允许鲁国郎中出入关买马等。

王杖诏书令是关于优抚持有王杖老人的法令。

功令是关于考核嘉奖的法令。

北边挈令为关于北方边塞事务的法令摘录。

击匈奴降者赏令为赏赐战功的法令。此外尚见令乙、公令、御史挈令、尉令、赦令、军令等名目。

科、品

科为律令之补充，《释名》："科，课也，课其不如法罪责之也。"《后汉书·陈宠传》："汉兴三百二年，宪令稍增，科条无限。"又"帝敬纳宠言，每事务于宽厚，其后遂诏有司，绝钻诸惨酷之科。"《后汉书·桓谭传》："今可令通义理明习法律者，校定科比，一其法度，班下郡国，蠲除故条。"注:"科谓事条,比谓类例。"袁宏《后汉纪》:"今科条品制禁令,所以承天顺民者,备矣悉矣。"《晋书·刑法志》:"盗律有劫略、恐猲、和卖买人,科有持质,皆非盗事,故分以为《劫略律》。""《囚律》有告劾、传覆,《厩律》有告反逮受,科有登闻道辞,故分为《告劾律》。""《杂律》有假借不廉,《令乙》有呵人受钱,科有使者验赂,其事相类,故分为《请赇律》。"

品,品级。与级次相关的法律规定常称"品",《后汉书·安帝纪》:元初五年诏:"旧制律令,各有科、品。"《汉书·梅福传》:"叔孙通遁秦归汉,制作仪品。"《汉书·匈奴传》:"给缯絮食物有品。"《盐铁论·复古》见"盐铁令品"。

《新简》见"购赏科别"由"捕匈奴虏购科赏"及"捕反羌科赏"二部分构成。所见皆以捕获敌方人员的多少来决定奖励的等级,皆有量化标准。

《新简》见"入钱赎品"乃指按罪次以不同数量的钱赎罪的规定。

《新简》等见"烽火品约"是关于以烽火形式进行通信联络的具体规定。

式

式,范例、模式,《说文》:"式,法也。"《睡虎地秦简》见《封诊式》,是针对刑事、民事案件侦破、审讯、查封等过程中常见的现象,归纳其中行之有效的处理方法作为模式,供办案人使用。

又,《睡虎地秦简》尚见法律答问形式的条文,是对法律条款的解释,所解释大多是法律主体之刑法,也有对民事关系及诉讼程序的说明,同样具法律效力。

3. 簿籍类

簿籍为统计与会计文书,犹今各式账簿与名册,属专用文种,在简牍文书中所占比例最大。簿与籍之体式有许多共同之处,其称谓常混用(尤其先秦及魏晋时),故可归于一类,皆服务于经济与行政管理。秦汉时期簿与籍之区别在于簿常以人或钱物的数量值为主项,而籍大多以人或物自身为主项，即所谓"人入名籍，物录簿书"。① 簿籍除供本单位存档备查之外，大多皆须逐级上报，故越往上，其规模就越大。

簿

账簿，《周礼·冢宰·司书》："司书掌邦之六典、八法、八则、九职、九正、九事，邦中之版，土地之图，以周知入出百物，以叙其财，受其币，使入于职币。"郑氏注："叙犹比次也，谓钩考其财币所给及其余见为之簿书。"贾公彦疏："云所给及其余见为之簿书者，司书周知入出百物以叙其财。明知叙其财者，所给诸官余不尽者，即以余见为之簿书，拟与司会钩考之。"所云簿书显然为账簿。早期的账簿是文字叙述式的，与一般通行文书的体式没有太大差别，故"书""簿"常混称。《汉书·匡衡传》"领计簿"，《汉书·贡禹传》"习于计簿"，《汉书·食货志》"与郡县通奸，多张空簿"。则至秦汉时，簿籍之体式已逐渐与书檄分离，账簿、名册之类已明显划分出记载不同要素的若干栏目，主项居于主要位置。

常见于简牍之簿如：

集簿，犹今综合统计报告，《后汉书·百官志》："秋冬集课，上计于所属郡国。"注引胡广曰："秋冬岁尽，各计县户口垦田，钱谷入出，盗贼多少，上其集簿。"《尹湾》见东海郡集簿、东海郡吏员簿、武库兵车器集簿等。

月言簿与四时簿。"月言簿"为月度会计报告；"四时簿"为季度会计报告，一年分春、夏、秋、冬四季，故称"四时"。凡账簿名目前冠以说明某季度之"某月尽某月"（积三月）即季度会计报告。《合校》128·1所见由七十七简构成的《永元器物簿》是两份编册之并编，为东汉永元五年（公元93年）六月至永元七年（公元95年）六月间的"月言簿"与"四时簿"之合集。包括广地塞南部永元五年六月、七月，永元六年七月三份"月言簿"（及呈文）；又广地塞南部永元七年正月尽三月、四月尽六月两份"四时簿"（及呈文）。

---

① 吴昌廉：《居延汉简所见簿籍述略》，《简牍学报》第 7 期，（台北）简牍学会 1980 年编印。

校簿。校簿是相关当事者以账簿与实物进行核对形成的盘点账，如《新简》EPF22·305—319 所见。秦汉《效律》是账实核查的法律依据。校簿所见，皆记现存数及不足数，与《效律》之规定合。较详细之盘点账尚注明现存实物之存放处。有的更详记造成账物不符的客观原因，以便判断其耗损是否合理。

计簿通常指流水账，简牍所见常简称为"计"，系以经济事项发生的时间前后为序，逐日进行登记，序时会计记录的特征非常明显。

此外还有按事物种类划分的账簿，如：

谷簿为有关粮食的账簿。包括出入簿及单出、单入簿。

禀食出入簿是禀给粮食的出纳账。其下尚有更详细的划分，如粟出入簿为粟之出纳账，麦出入簿是有关麦的出纳账，糜出入簿为糜之出纳账，茭出入簿为茭草出纳账，盐出入簿为食盐出纳账等。

钱出入簿为现金出纳账。

吏赀直簿是关于官吏财产的登录簿。

守御器簿是有关城防器材的账簿。

兵、守御器负算簿是关于兵器、守御器考核中不合格份额的统计。

兵完、折伤簿是有关兵器完损情况的统计，当经盘点核查而定，或亦属"校簿"之类。

被兵簿是个人配置武器的登录簿。

什器出入簿为杂器出纳账，多为工具及备件之类。

随葬器物簿是随葬器具物品的清单，属统计账之类，名目很多，今统称为"随葬器物簿"，俗称"遣册"，亦称"从器志""衣物疏"等，见于从战国至魏晋各时代简牍中。

日作簿是有关人员某日之勤务记录统计。

作徒簿是囚徒日作的统计。

日迹簿是例行巡逻统计簿。

传置道里簿是有关传置间距的登记簿。

籍

籍，名籍，今称为名单，《说文》："籍，簿也。"以簿训籍，表明二者功能相类，有时名称可互替。《释名·释书契》："籍，籍也，所以籍疏人民户口也。"《文心雕龙·书记》："是以总领黎庶，则有谱、籍、簿、录……籍者，借也。岁借民力，条之于版，《春秋》司籍，即其事也。"籍书于简册，亦书于牍版，《汉书·元帝纪》注引应劭曰："籍者为二尺竹牒。"《周礼·大胥》司农注："版，籍也。"《周礼·司土》郑众注："版名籍。"

籍多以人为账簿主项，常见于简牍者如：

吏名籍是官吏的名单。包括根据需要从不同角度进行登记的名单，如《尹湾》所见东海郡下辖长吏名籍、东海郡下辖长吏不在署、未到官者名籍；居延汉简所见屯戍吏员名籍等。

卒名籍为士卒名单。包括于边塞烽隧戍守之戍卒，专事水利兴修的河渠卒及侧重农业生产的田卒等。

骑士名籍为骑兵名单。

此外尚有依不同事项或单位而设的名单，如候官郭廪名籍是给候官吏卒廪食的名单；诸部廪名籍是候官下属各部廪食名单；隧别廪食名籍是以所在隧为单元供给口粮的名单；吏廪食名籍是给官吏个人发放粮食的名单；卒廪食名籍是供给士卒口粮的名单；卒家属廪名籍是供给卒家属粮食的名单；吏奉赋名籍是给官吏支付俸禄的名单；吏未得俸及赋钱名籍是官方拖欠及偿还给官吏个人俸禄的名单；债名籍为债权人名单，通常含债权与债务人双方；负债名籍为债务人名单；贳卖名籍为赊贷关系中的债权人名单，与债名籍相类，为明确其赊贷关系而设；赠钱名籍为赠送钱款的名单；衣物名籍为衣物所有者名单；被兵名籍为配备兵器人员的名单；折伤兵名籍为武器受损人员的名单；吏射名籍是参加射箭考核的官吏名单；以令赐爵名籍是以诏令赐爵的名单；吏换调名籍为官吏调动换岗的名单；吏缺除代名籍为官吏脱岗、任命、替换人员名单；适名籍为被谪罚人员的名单；坐罪名籍为犯罪人员名单；休名籍为休假人员的名单；病名籍为伤病人员名单；佣名籍为雇佣代役人员的名单；出入名籍为出行人员经过关卡渡口的名单；葆出入名籍是被担保出入关门人员的名单；车夫名籍为赶车人名单；卒日作籍是逐日登记的戍卒勤务名单；卒更日迹名是戍卒轮换巡逻的名单等。

较特殊者如功劳墨将名籍是官吏个人才能与功劳的登录名单。《论衡·谢短》篇："吏上功曰伐阅，名籍墨将，何指?"即东汉以后人们已不明白"墨将名籍"的含义了。今从简文可知"墨将名籍"乃为记载个人功劳资历的档案，内含现任职务、爵级、姓名、年龄、身高、家庭住址及其与所在工作单位的距离、工作能力，还有重要的一项是任职后的劳绩，称"功"与"劳"。功以序数一、二计，劳以自然日计，二者可换算，即"劳四岁"可递进为"功一"。①

4. 录课类

秦汉简牍中尚有一些文书既不同于书檄，与簿籍亦有区别，自称为录、刺、案、课等，其主要功能是对客观现象的实录，包括事物自身及相关数据，而课还包括考核的内容，是日后考核备查的书证。

录

录，记录，《周礼·职币》："皆辨其物而奠其录。"孙诒让正义云："凡财物之名数，具于簿籍，故通谓之录。"辨物而录，忠实于客观，是这一文书形式的特点。

　　●新始建国地皇上戊三年七月行塞省兵物录。(《新简》EPF22·236)

　　省候长鞍马追逐具，吏卒皆知烽火品约不。(《新简》EPF22·237)

　　省烽干鹿卢索完坚调利，候卒有席荐不。(《新简》EPF22·238)

　　省守衡具、坞户调利有狗不。(《新简》EPF22·239)

　　……□(《新简》EPF22·240)

　　■右省兵物录(《新简》EPF22·241)

以上所引为一册书，自称"省兵物录"，其实为"省兵物录"的提纲，即事先拟定好要调查的内容，执行者调查时便可依据提纲所列若干条，逐一将客观事实记录在案。汉代"录囚"之方式与其相类，

---

① 胡平生：《居延汉简中的"功"与"劳"》，《胡平生简牍文物论集》，(台北) 兰台出版社 2000 年版。

《汉书·隽不疑传》："每行部录囚徒。"师古注："省录之，知其情状，有冤滞不也。"《续汉书·百官志》："诸州常以八月巡行所部郡国录囚。"注引胡广曰："县邑囚徒皆阅录视，参考辞状，实其真伪，有侵冤者，实时平理。"

案

案，查证，《史记·魏其武安侯列传》："灌夫家在颍川，横甚，民苦之，请案。"故经查实将有关事项记录在案的文书形式亦称作"案"。

始建国天凤三年六月甲申朔丁酉，三十井鄣候习敢言之。谨移三月尽六月当食者案，敢言之。(《新简》EPT68·194)

●三十井候官始建国天凤三年三月尽六月当食者案。(《新简》EPT68·195)

三月余戍卒二十一人，三月尽六月积六十三月。(《新简》EPT68·196)

出戍卒二十一人，三月二十日尽六月晦减积十九日。(《新简》EPT68·197)

入戍卒十九人，三月尽六月积五十三月。(《新简》EPT68·198)

出戍卒十九人，三月尽五月三日减积二十月二十桼日。(《新简》EPT68·199)

入戍卒卅一人，三月尽六月积百二十三月。(《新简》EPT68·200)

出戍卒卅一人，三月尽五月三日减积十一月。(《新简》EPT68·201)

入戍卒桼人，三月尽五月卅日二十一月。(《新简》EPT68·202)

出戍卒桼人，三月尽五月卅日减积卅月□日。(《新简》EPT68·203)

入戍卒二十八人，三月尽六月积八十三月。(《新简》EPT68·204)

出戍卒二十八人，三月尽五月晦减积五十六月。(《新简》EPT68·205)

●凡戍卒百一十六人，三月尽六月定积百柒十三月五日。（《新简》EPT68·206）

●三十井候官始建国天凤年三月尽六月当食者案。（《新简》EPT68·207）

以上所引为一册书，自称"当食者案"，当录自有关廪食的账簿，其中首简为呈文，其余为"当食者案"本文。

刺

刺是用于禀报的实录文书，《文心雕龙·书记》："百官询事，则有关刺解牒。"《汉书·外戚传》："今皇后有所疑，便不便其条刺，使大长秋来白之。"师古注："条谓分条之也。刺谓书之于刺板也。"《论衡·骨相》：韩生："通刺倪宽，结胶漆之交，尽筋力之敬。"

名刺、谒

弟子吴应再拜，问起居。南昌，字子远。（《散》1016—1018，凡3枚，文字皆同）

进东海大守功曹

师卿（《尹湾》牍17A）

楚相延谨遣吏奉谒再拜

请

君兄足下。　郑长伯。（《尹湾》牍17B）

前例用于通报自己的身份、姓名，俗称"名刺"，犹今之名片，又名"爵里刺"，《释名·释书契》："又曰爵里刺，书其官爵及郡县乡里也。"王先谦疏证补："毕沅曰《御览》引'又曰'作'又有'。成蓉镜曰《御览》六〇六引《魏名臣奏》云：黄门侍郎荀侯奏云：'今吏初除，有三通爵里刺，条疏行状。'又引《夏侯荣传》云：'宾客百余人一奏刺，悉书其乡邑姓名，世所谓爵里刺。'"

后例为谒，名帖，《史记·郦生陆贾列传》："使者惧而失谒。"简牍所见，"谒"不仅通自己的身份、姓名，其主要内容还在于向特定的对象致问拜谒。

此外尚有为专门事项设的登记册，如入官刺是到行政机构办事的人员登记；食月别刺是按月廪食情况的记录，就形式而言，此类刺当录自相应的出入簿或校簿；出俸刺为发放俸禄的记录，当录自有关账簿；表火出入界刺是烽火信号通过辖界的记录；邮书刺是关于传递邮书过程的实录文书；奏封记录或可称为"封刺"，犹今发文登记；又见启封记录亦为刺之类，实质为收文登记。

课

课，考核。简牍所见，有为考核而设的文书形式，亦称"课"，除如实登录实情外，尚加考核评语。

邮书课是对邮书传递的考核，其形式与邮书刺同，仅文末多记录了传行里程及所耗费时间并加考核评语，详见后文交通与传置系统。

表火课是传递烽火的考核记录。文如《释粹》74EJT24·46："入亡表一桓，通南。正月癸巳日下铺八分时，万福隧卒同受平乐隧卒同；即日日入一分半时，东望隧卒定军［付］隧长音。界中卅五里，表行三分半分，中程。"

5. 符券类

符券类属契约合同，通常为一式两份（或多份），同式各份之间或以契刻，或以笔画线条为相合标志，以对合为信用。以契刻为合符方式者，通常称为"契券"，按形制与用途，又可分别为"符"与"券"。以平面之笔画线条为合符方式者，称作"傅别"（后称"莂"）。

符

简牍所见符，通常为具有某种权利或执行某项任务的信用凭证，常见者有：

出入符为出入门关禁区的通行凭证，如《释粹》74EJT26·16："元凤四年二月癸卯，居延与金关为出入六寸符券，齿百，从第一至千，左居官，右移金关，符合从事。齿九百五十九。"

吏及家属符是边吏家属出入关门时使用的出入凭证。

日迹符是边塞吏卒进行日迹活动时使用的勤务凭证，有多种形式。

警候符是吏卒放哨值勤时携带的凭证。

券

符与券无严格界限,广义的"券书"尚包括符与傅别,《周礼·天官·小宰》孙诒让正义云:"盖质剂、傅别、书契,同为券书。"简牍所见称"符""券"者,只要不是抄件,皆设刻齿,只是"券"之长度未局限于六寸,应用范围也更广泛些,买卖借贷、取予授受皆用之。常见者有:

债券为债务、债权凭证。文如《合校》26·1:"建昭二年闰月丙戌,甲渠令史董子方买鄣卒□威裘一领,直七百五十,约至春钱毕已,旁人杜君隽。"刻齿可用于合符,又日本学者籾山明先生做过比对排列,得出契刻据不同形状表示不同数量的结论,与债务资料相应。

先令券书为临终遗嘱。先令券书的效力,见《张家山汉简·二年律令·户律》:"民欲先令相分田宅、奴婢、财物,乡部啬夫身听其令,皆参辨券书之,辄上如户籍。有争者,以券书从事;毋券书,勿听。所分田宅,不为户,得有之,至八月书户,留难先令,弗为券书,罚金一两。"

6. 检楬类

检、楬为标识文书,起指示说明作用,检设封泥,用于封缄各种物品及文书。楬犹今标签,用于说明物品或文书的大致内容或起标题作用。

检

检,封缄标识,设有封泥槽及封泥,大多署有文字用以说明封缄的目的;有些封检虽无墨书文字,但其封泥上必有印章文,故亦具信用功能,《说文》:"检,书署。"徐铉注:"书函之盖三刻其上,绳缄之,然后填以泥,题书其上而印之也。"《释名·释书契》:"检,禁也,禁闭诸物使不得开露也。"《广韵》:"书检者,印巢封题也,则通谓印封为检矣!"《后汉书·公孙瓒传》:"袁绍矫刻金玉以为印玺,每有所下,辄皂囊施检。"李贤注:"检,如今言标签。"《后汉书·祭祀志》:"尚书令奉玉牒检,皇帝以寸二分玺亲封之,讫,太常命人发坛上石,尚书令藏玉牒已,覆石覆讫,尚书令以五寸印封石检,事毕,皇帝再拜,群众称万岁。"此虽非木质封检,但形式同。

实物检用于直接封缄实物本身或封缄盛装实物之囊橐。实物检中用以封缄现钱者形式往往较复杂,文字也较多,如:

荥阳秋赋钱五千。

☐东利里父老夏圣等教数。

西乡守有秩志臣、佐顺临。

☐☐亲具（《合校》45·1A）

此例所见，封检之说明文字包括：内盛现钱数量、来源为"荥阳秋赋钱五千"，下达封缄指令者为"东利里父老夏圣等教数"，监督见证人为"西乡守有秩志臣、佐顺临"，现钱具体盛装人署"☐☐亲具"。

衣物封检亦见说明文较详备者，如《新简》EPT58·115 所见，封泥槽上段文字署写所有人及封泥印文"戍卒陈留郡平丘☐☐里赵野裘橐，封以陈留大守章"。封泥槽下段文字则署具体衣物名及其数量"羊皮裘一领……枲☐二两"，"受☐☐"当为对象来源之说明。

文书检用于封缄文书。文如：

张掖甲渠塞尉

☐ 甲渠官

九月癸亥卒同以来（《合校》133·1）

封检所见文字，"甲渠官"为收件者，是原封检带来的，其他则是收件后才写上的收文记录，包括两方面的内容：一是印章文，如"张掖甲渠塞尉"如印章已毁，则书"印破"二字说明；二是文书送达时间及送达人，如"九月癸亥卒同以来"之类。

函封

函封乃文书之封面，大多当为由封检被锯掉封泥槽后形成的收文记录，文如：

杨音印

甲渠官

正月丙寅卒便以来（《合校》4·29）

函封的作用犹今之信封，是一种题署格式、内容与文书封检相同但未见封泥槽的木板。据函封题署所见，邮件原本是设有封泥且盖有印章的，如此例所见"杨音印"，乃以私印封盖。亦见以公章封盖者，表明封泥与印章之存在，而当时的封泥与印章必须依赖于封泥槽才能固着在邮件上。今未见封泥的原因或有二。

一种可能是封泥槽已被削平或截断，不妨从登载有图版的《甲乙编》一书中考察，《甲乙编》288·16、428·4、178·29等，署写文字的一面下端有明显的被削过的封泥槽痕迹。又《甲乙编》48·15、48·16、48·18、48·19、67·27、67·26、112·17、112·18、127·1等均为封检之封泥槽部位的残片。《甲乙编》526·6下端则有被截断的痕迹。上文已述，收件者常常在收到的封检上署写收件日期、寄件者印章以备查，而带有封泥槽的封检不便于保存，又启封后封泥必然剥落或毁坏，封泥槽已无作用，故封泥槽已被砍削的可能性极大。

另一种可能是函封与封检分为两体。如马王堆一号汉墓所见竹笥，用绳束缚后加一封检，封检上无题署而另以一木楬署写笥内所盛物品名称。据此，一些邮件亦可能采用这种函封与封检分体的形式。

楬

楬、标签，《周礼·职金》："辨其物之微恶与其数量楬而玺之。"郑玄注："既楬书笺其数量，又以印封之……今时之书有所表识，谓之楬櫫。"《周礼·职币》："皆辨其物而奠其录，以书楬之，以诏上之小用赐予。"《广雅》："楬，櫫也。"

实物楬是用以标识实物的标签。楬首多画网格纹或涂黑。也有未见网格纹或涂黑者，但楬首设孔或两侧有缺口用于系绳，亦知其用作标签。实物楬可直接系于实物上，亦可系于盛装实物的囊橐。实物楬的形制大小往往与所系实物大小相应，故大小不一，不如文书楬那么整齐。

文书楬是用以标识文书的标签。楬首画网格纹者居多，占总量百分之九十以上，大多用作已归卷入档之案卷标题。以楬为标题之案卷规模都比较大，如《新简》EPF22·36："建武三年十二月候粟君所责寇恩事"

楬，所提示含三份"爰书"、一标题简凡三十五支木简组成的民事案件档案。有少量为月份统计标题楬，如《新简》EPT52·377A："阳朔四年六月罢卒吏名及课"，此处之"罢卒"指复员戍卒，每年仅有一次戍卒复员过程，故六月乃为时点指标，此统计实与年度统计无异。文书楬中有较多的季度统计标题，如《合校》217·2A"建昭二年四月尽六月四时簿"、《新简》EPT9·5A、B"绥和元年十月尽十二月四时簿"等。偶有双季度者，如《新简》EPT50·183"元延二年四时四月尽九月……"。出现最多的还是年度档案标题，其中涉及人事者多以正月至十二月为统计期限，如《合校》8·1A"阳朔二年正月尽十二月吏病及视事书卷"、《合校》46·17A"建昭六年正月尽十二月吏病及视事书卷"；而涉及经济事宜者则多以十月至次年九月为统计期限，如《合校》82·18A"建昭元年十月尽二年九月大司农部丞簿录簿算"、《合校》126·46A"元康三年十月尽四年九月吏已得奉一岁集"等。只有少数木楬标题未署期限，如《敦》1888A、B"玉门都尉府属吏致籍"。

第 三 章

简牍文书与专题研究

简牍文书大多是在行政运作与经济活动过程中产生的，它与各项制度息息相关，故对研究相应时代的现状有着非凡的意义，涉及面非常广泛，以下仅就其中热点议题及资料虽丰实但研究明显不足的课题阐述之。对前者拟博采众说以展现今有水平，对后者则引用有限的著述，尽可能全面地叙述其主要观点，以期引起人们的更多关注。

一　简牍文书与土地制度[①]

土地制度研究一直是战国秦汉经济史领域的焦点之一，伴随着新出土资料的公布，先后引发了两次研究高潮。第一次高潮始于 20 世纪 70 年代末。睡虎地秦简、银雀山汉简、青川秦墓木牍等简牍释文公布以后，战国直至秦王朝统一时存在授田这一事实得到确认。但是，对于授田制是否战国时期的基本土地制度，授田是国有还是私有土地性质等一系列问题，学界看法存在根本分歧，主要有三种观点。

第一，认为授田制是井田制废除后各国普遍实行的基本土地制度，土地所有制的性质是国家所有。如刘泽华《论战国时期"授田"制下的

① 本部分的撰写参考了闫桂梅《近五十年来秦汉土地制度研究综述》，《中国史研究动态》2007 年第 7 期；杨振红、徐歆毅《改革开放以来的秦汉史研究》，《文史哲》2010 年第 1 期。

"公民"》① 指出，授田制始于春秋，普遍实行于战国，是当时各国变法的一项重要内容。授田也叫行田、分地、均地、辕田。受田的农民叫公民，是中国历史上第一代小农。张金光《试论秦自商鞅变法后的土地制度》② 认为，秦自商鞅变法后的土地制度是普遍国有制。秦土地有两种基本的占有形态和经营方式：一部分由国家政府机构直接经营管理，一部分则通过国家授田和军功赐田等方式转归私人占有和经营使用。国家实行按户计口授田制，秦民租赋徭役负担的根据就是授田制。秦土地制度具有普遍国有制形态与实际上的私人占有的二重性特点。秦至商鞅变法至秦统一前后，是普遍的真正的土地国有制的确立与强化发展的时期，同时也是土地私有制的胚育时期。秦由国家"制辕田、开阡陌"到"使黔首自实田"，正是秦百年间土地关系运动的两块里程碑。"制辕田、开阡陌"标志着土地国有制的高度发展，而"使黔首自实田"则意味着国家默认并赋予实际占有以法律的规定。袁林《战国授田制试论》③ 认为授田制是战国时期至少是商鞅变法以后基本的社会经济制度。战国授田制的基本内容是全部土地归国家所有，国家按劳动力授田，依据授田额向农民征收实物租税，国家设立严密的户籍制度以控制劳动力，设置严密的田界系统以保证土地的授收。④ 王恩田《临沂竹书〈田法〉与爰田制》⑤、张金光《从银雀山竹书〈田法〉等篇中看国家授田制》⑥、沈长云《从银雀山竹书〈守法〉、〈守令〉等十三篇论及战国时期的爰田制》⑦ 认为齐国实行的爰田制的实质就是国家授田制。

第二，认为战国时授田并没有普遍实行，个体小农的私有土地及贵族

---

① 刘泽华：《论战国时期"授田"制下的"公民"》，《南开大学学报》1978 年第 2 期。

② 张金光：《试论秦自商鞅变法后的土地制度》，《中国史研究》1983 年第 2 期。

③ 袁林：《战国授田制试论》，《社会科学》1983 年第 6 期。

④ 持类似观点的还有：苏诚鉴《"名田宅"、"专地盗土"与"分田劫假"——战国秦汉三百六十年间土地制度的演变及其特点》，《中国经济史研究》1986 年第 3 期；吴荣曾《战国授田制研究》，《思想战线》1989 年第 3 期；晁福林《战国授田制简论》，《中国历史文物》1999 年第 1 期。

⑤ 王恩田：《临沂竹书〈田法〉与爰田制》，《中国史研究》1989 年第 2 期。

⑥ 张金光：《从银雀山竹书〈田法〉等篇中看国家授田制》，《管子学刊》1990 年第 4 期。

⑦ 沈长云：《从银雀山竹书〈守法〉、〈守令〉等十三篇论及战国时期的爰田制》，《中国社会经济史研究》1991 年第 2 期。

官僚的军功赏田占重要地位。而且,战国"授田"性质与井田制不同,土地一经授给就变成长期占有即私有土地。所有制形式为多种土地所有制并存而以土地私有制为主。如祝瑞开《汉代的公田和假税——附说秦的"受田"和"租""赋"》① 认为秦简中的土地授予只是国家对全国土地拥有主权的表现。秦自商鞅变法以来,"除井田,民得买卖",土地既经授予以后,就承认了士民对于土地的所有权,受田农民能将国家授予的土地、房屋出卖。秦汉时期,已不实行土地国有制,自耕农民是有土地私有权的。唐赞功《云梦秦简所涉及土地所有制形式问题初探》② 认为秦国不仅存在封建地主土地所有制,而且还存在封建国有土地所有制以及自耕农民的小块土地所有制。封建地主土地所有制是秦商鞅变法后占支配地位的土地所有制形式,制约着其他土地所有制形式的发展。所谓"制辕田、开阡陌"就是废除旧的授田制,并承认土地的私有,即确立封建土地私有制。所以《田律》中的"授田"已经不是国有土地而是私有土地了。熊铁基、王瑞明《秦代的封建土地所有制》③ 认为秦代封建土地所有制的主要形式是地主阶级的土地私有制,但并不排斥封建国家还直接控制着一些土地。云梦秦简中有"受田"字样,并不说明秦代存在"封建国家实行计口授田"的制度。政府授给土地之后,不再进行分配,各家已有的土地,即为私人所长期占用。名义上虽然还是"受田",实质上土地已为私人所有。国家经费的主要来源是从私有土地上征收租税。高尚志《秦简律文中的"受田"》④ 认为魏的"行田"和秦的"受田"是在废除井田旧制的同时,确立"名田制"所采取的土地分配制度。"名田制"包括爵秩名田和编户名田两方面内容。"受田"并非性质不同的单独存在的土地制度。"受田"之后所受之田即变成"民田",已非国有土地性质。李恒全、董祯华《从新出简牍看秦的土地私

① 祝瑞开:《汉代的公田和假税——附说秦的"受田"和"租""赋"》,《西北大学学报》1980 年第 2 期。

② 唐赞功:《云梦秦简所涉及土地所有制形式问题初探》,《云梦秦简研究》,中华书局 1981 年版。

③ 熊铁基、王瑞明:《秦代的封建土地所有制》,《云梦秦简研究》,中华书局 1981 年版。

④ 高尚志:《秦简律文中的"受田"》,《秦汉史论丛》第 3 辑,陕西人民出版社 1986 年版。

有制》① 认为，从新出简牍看，秦的"授田"主要是授予荒地，且数量较小，"授田"的程序是民户先向基层官吏提出申请，基层官吏再向上级申报并须得到批准，"授田"的获得需要一定条件。这说明秦的"授田"并非全民性的授田。秦民户的土地主要是通过继承、买卖和转让的方式获得，"授田"只是民户获得土地的一条次要途径。秦土地制度的性质是私有制。

第三，主张封建土地国有（授田）制和封建土地私有制并存之说。如高敏《从云梦秦简看秦的土地制度》② 认为商鞅"废井田"后的土地制度是封建土地国有制与地主土地私有制的并存。前者在开始还居于主导地位，只是由于后者在迅速发展之中，才相对地削弱了它的比重。国有土地除官府用奴隶去耕种之外，还有强迫农民去耕种的。其方式大约有两种，一是把国有土地以份地的形式"授田"给农民，二是把国有土地直接租佃给农民耕种。潘策《从睡虎地秦墓竹简看秦的土地制度》③ 认为秦自商鞅变法后，作为封建国家政权的秦国，曾将直接控制的国有土地利用官府奴隶进行耕种外，大部分则以"授田"的方式，让农民进行耕种，然后按"授田"面积征收租赋。秦自商鞅变法后，秦的土地制度是封建的国有制和地主土地私有制并存。杨宽《云梦秦简所反映的土地制度和农业政策》④ 认为秦从商鞅变法以后存在按户授田制度和准许个人以私人名义占有田宅的名田制度。刘家贵《战国时期土地国有制的瓦解与土地私有制的发展》⑤ 认为战国既不是单一的土地私有制，也不是纯粹的土地国有制，而是土地国有制和土地私有制并存。军功赏田和国家对农民所授的份地是性质不同的两种土地制度。军功赏田下的国有土地和授田制下的国有土地不同，它只具有暂时的国有性质，随着各国奖励军功，这部分国有土地很快转化为私有土地。

---

① 李恒全、董祯华：《从新出简牍看秦的土地私有制》，《信阳农林学院学报》2018 年第 1 期。

② 高敏：《从云梦秦简看秦的土地制度》，《云梦秦简初探》，河南人民出版社 1979 年版。

③ 潘策：《从睡虎地秦墓竹简看秦的土地制度》，《历史教学与研究》1982 年第 2 期。

④ 杨宽：《云梦秦简所反映的土地制度和农业政策》，《上海博物馆集刊》1983 年第 2 期。

⑤ 刘家贵：《战国时期土地国有制的瓦解与土地私有制的发展》，《中国经济史研究》1988 年第 4 期。

以上论争各方虽然主张有所不同，但在以下认识上基本一致，即授田制与土地买卖是互不相容的对立物；秦始皇三十一年"使黔首自实田"是土地私有制在全国确立的标志，此后不再实行授田。

张家山汉简公布以后，由于《二年律令·户律》中有完整的关于田宅制度的律文，再度引发对土地制度问题的热议，掀起第二次高潮。关于这套制度的起源、实态、土地所有制性质、命名，以及它是否秦汉时期基本的土地制度，所针对的人群，在此之外是否存在其他的土地制度，何时废止等问题，学界认识存在很大差异。主要有"名田制""授田制""限田制"三种解读方式。

第一，名田制。朱绍侯《吕后二年赐田宅制度试探——〈二年律令〉与军功爵制研究之二》① 认为，吕后二年赐田宅的法律条文，是一种按爵位不同等级赐田宅的制度，即名田制。通过对《二年律令》中的赐田宅制与秦商鞅变法时的以军功赏赐田宅制、刘邦汉五年诏令中的赐田宅制及汉武帝时的军功赏赐制度的对比，指出《二年律令》中的赐田宅制不是西汉通制，而是吕后当政时为适应其政治需要而制定的具体政策。其实施对象是全国人民，重点对象是有军功爵位者，特别是有卿级以上军功者。这一政策培植了一大批军功地主，形成汉初军功地主掌权的局面。在名田制下，只有授田的规定，没有还田的规定，所授之田宅遂为受田人长期占有，故在法律上名田制是土地长期占有制，而不是土地私有制。土地买卖要受法律约束。土地长期占有必然导致土地私有制的出现和土地买卖的发生。朱绍侯《论汉初的名田（受田）制及其破坏》② 指出，名田制是商鞅变法时建立的土地制度，并为汉代所继承，《张家山汉墓竹简·二年律令》证实名田制是一种有受无还的土地长期占有制。汉政府为了确保税收，对授出的土地建立了严格的管理制度，并能干预和调整土地的再分配。但随着社会经济的发展，土地长期占有逐渐转化为私有，并导致汉武帝时期出现的汉代第一次土地兼并高潮，名田制遭到彻底破坏，到东汉建

---

① 朱绍侯：《吕后二年赐田宅制度试探——〈二年律令〉与军功爵制研究之二》，《史学月刊》2002 年第 12 期。

② 朱绍侯：《论汉初的名田（受田）制及其破坏》，《河南大学学报》2004 年第 1 期。

国，名田制再也没有恢复。历史进入了豪强地主掌权时期。

杨振红《秦汉"名田宅制"说》① 等文以张家山汉简《二年律令》为中心考察了战国秦汉时期的土地制度形态——以爵位名田宅制，指出这套制度在商鞅变法时确立，并作为基本的土地制度为其后的秦帝国和西汉王朝所继承。它的基本内容是：以爵位划分占有田宅的标准，以户为单位占有田宅，田宅可以有条件地继承、转让和买卖。国家通过爵位减级继承制控制田宅长期积聚在少部分人手中，并使手中不断有收回的土地，它和罚没田宅以及户绝田宅一起构成国家授田宅的来源。文帝以后由于国家不再为土地占有立限，使这套制度名存实亡，"名田制"仅仅作为土地登记的手段而存在。于振波《张家山汉简中的名田制及其在汉代的实施情况》② 认为张家山汉简中的田宅制度是对秦制的继承与损益。名田制是以军功爵制为基础而在地广人稀的条件下制定的，随着爵制的轻滥，人口的增加和垦田扩展的趋缓，名田制开始面临自身无法克服的矛盾——合法的土地兼并。当名田制的田宅标准越来越脱离现实，又不能根据形势而变革时，占田过限的违法土地兼并也就不可避免了。文、景以后，名田制仍在实行，但没有根据现实需要及时做出调整，直到元、成时期，随着徙陵制度的终止和占田过限者不受约束地发展，名田制最终遭到破坏。于振波《简牍所见秦名田制蠡测》③ 认为不论是井田制还是名田制，都是根据一定的身份等级占有田宅。周爵以世卿世禄为原则，秦爵以食有劳而禄有功为原则，与此相应，井田制下的禄田可以为同一家族世代享用，因而相对稳定，名田制下的田宅，由于爵位的降等继承而有较大的流动性。名田制尽管没有公田与私田的划分，但劳役地租仍然以"庶子"及"人貉"的形式残存了相当长的一段时间，直到汉代才为雇佣劳动和租佃制所取代。汉名田制与秦名田制虽有很大不同，然而，其以户为单位并以爵位为基础

---

① 杨振红：《秦汉"名田宅制"说》，《中国史研究》2003 年第 3 期；于振波：《张家山汉简中的名田制及其在汉代的实施情况》，《中国史研究》2004 年第 1 期；王彦辉：《论张家山汉简中的军功名田宅制度》，《东北师大学报》2004 年第 4 期。

② 于振波：《张家山汉简中的名田制及其在汉代的实施情况》，《中国史研究》2004 年第 1 期。

③ 于振波：《简牍所见秦名田制蠡测》，《湖南大学学报》2004 年第 2 期。

的田宅等级标准，就基本原则而言，与秦名田制却是一脉相承的。

王彦辉《论张家山汉简中的军功名田宅制度》① 分析了军功名田宅制度的特点及其实行之初存在的地域差别，认为《二年律令》披露的名田宅制和高祖五年诏书的"赐田宅令"一脉相承，本质上都是军功受益制度。制度本身有三大特点：等级性法规、商品性特征、军功受益原则。此制在实行之初即存在地域分别，拥有小爵以上爵位者享有制度保障，小爵以下者因地域差异很难按制占足土地，或根本得不到国家的直接授田。随着人口的增长，农民被迫分户析产，进而造成农民占田的严重不足。文帝以后，基本放弃了汉初以来的名田宅制度。另文《论汉代的分户析产》② 认为《二年律令·户律》记载的"名田宅制"是西汉初年真实推行的土地制度，尽管实行之初就存在地域性差异，尤其是吕后二年修订时已经不能保证按制名有足额的田宅，但大多数地区普通民户占有百亩左右的土地是完全可能的。大规模的名田宅结束后，不断"别为户者"的田宅需求仅靠政府的直接授田已经无法满足，作为民间的自我处理机制一般是采用"分户析产"的形式。另文《〈二年律令·户律〉与高祖五年诏书的关系》③ 讨论了汉高祖五年"与田宅"令到吕后二年《户律》的演变过程，认为《二年律令·户律》所见"名田宅"制度是现实中真实施行的制度，而不是如有的学者所认为的《二年律令·户律》规定的田宅标准只是一个最高限额，不是实授，既不强求也不保证每户占有足额的田宅。吕后二年调整食邑政策是造成田宅标准偏高的主要原因。

贾丽英《汉代"名田宅制"与"田宅逾制"论说》④ 认为张家山汉简的出土证实了汉初的确存在过以爵位高下及身份不同授予相应田宅的制度，即名田宅制。这套制度由于缺乏应有条件的支持，一开始就没有彻底施行，高祖后期即名存实亡。《二年律令·户律》是奉"高祖之法"不敢删削而原封保留，而非现行律文。武帝朝所纠劾地方豪右的"田宅逾

---

① 王彦辉：《论张家山汉简中的军功名田宅制度》，《东北师大学报》2004 年第 4 期。
② 王彦辉：《论汉代的分户析产》，《中国史研究》2006 年第 4 期。
③ 王彦辉：《〈二年律令·户律〉与高祖五年诏书的关系》，《湖南大学学报》2007 年第 1 期。
④ 贾丽英：《汉代"名田宅制"与"田宅逾制"论说》，《史学月刊》2007 年第 1 期。

制"，是武帝本朝的限田之制，不是汉初的"名田宅制"。此后，汉代的限田方案都没有成功实施过。常见诸史书的"田宅逾制""逾限"等提法，应大多为观念性词语，而非特指或实指。

张朝阳认为张家山汉简《二年律令·户律》简312—313涉及汉代法定继承问题，其中的"盈"并不是个人按自身爵位所能名有田宅的数量上限，而是指分家继承时，诸子按照均分原则应得的田宅数量，与爵位无关。个人爵位只决定国家授予的田宅数额。田宅一经授出后，即由户主所名有，归其支配。户主生前可以使用田宅，也可将田宅买卖、转让，死后还可以完整地传给继承人。这表明户主对名下田宅拥有相当充分的自由支配权力，可视为土地私有。① 张履鹏、郭春显考察了两汉名田制兴衰的原因与过程。②

第二，授田制。高敏《从张家山汉简〈二年律令〉看西汉前期的土地制度——读〈张家山汉墓竹简〉札记之三》③ 探讨了授田制、名田制、土地买卖等问题，认为：①根据张家山汉简《二年律令·户律》中给有爵者与无爵者以及按爵等高低授予田宅的律文，这些田宅不属于"赐田宅"，而是"授田宅"。田宅获得者除了有爵者，还包括无爵的公卒、士伍和庶人，甚至还有司寇、隐官等较轻的社会罪犯，而且"授田宅"与允许立户是联系在一起的。通过给有爵、无爵的公卒、士伍及庶人、司寇、隐官等的授田宅和立户，使他们成为拥有授田宅的自耕小农；与此同时，也使大批拥有高爵的人成了拥有大量田宅的军功地主。由此便奠定了西汉政权的经济基础。同时农户的授田宅地的最后所有权仍属于官府，可以说授田制是国有土地制的一种表现形式。②在授田制度下确有"名田宅"的做法，而且有"附令人名"和"为人名田宅"两种作弊行为。这就确证"以名占田"制度的真实存在。③在授田制的"以名占田"过程中，虽然没有立即把授田私有化，但是，"以名占田"一经确立，而且完

---

① 张朝阳：《论汉初名田宅制度的一个问题：按爵位继承旧户田宅?》，《中国农史》2013年第4期。

② 张履鹏、郭春显：《两汉名田制的兴衰》，中国农业出版社2015年版。

③ 高敏：《从张家山汉简〈二年律令〉看西汉前期的土地制度——读〈张家山汉墓竹简〉札记之三》，《中国经济史研究》2003年第3期。

成各种田宅的造籍之后，由长期占有而来的私有性质就会逐步产生，官府逐步承认了"授田宅"可以全部出卖和部分出卖，亦即土地与住宅买卖的合法化。于是，授田制下的国有土地制，就这样在土地私有化的浪潮中，一步一步退让而日益被名田制即私有土地制所取代。

臧知非《西汉授田制度与田税征收方式新论》① 以张家山汉简为基础材料，全面研究了西汉授田制度与田税征收方式，认为西汉继承了秦朝的军功赐田和授田制度及其田税征收方式。授田以名籍为准，数量依然是每夫一顷，军功爵者则依次增加，但级差复杂；明确规定二百四十步为亩，土地一经授予即归私有，可以在法定的范围内买卖、赠与、世袭。以授田为基础，西汉继续实行定额田税制度，并更具有时代特点：明确规定按顷计算、按户征收；改实物税制为实物、货币并举而以货币为主的制度。这既促进了汉初商品经济的发展，也加速了个体农民的破产。朱红林《从张家山汉简看汉初国家授田制度的几个特点》② 从亩制的大小、按爵位等级授田宅、田宅的有条件买卖、刍稾税的征收等几个方面对汉初国家授田制度的特点进行了探讨。

张金光《普遍授田制的终结与私有地权的形成——张家山汉简与秦简比较研究之一》③，认为《二年律令》中的土地制度，是普遍授田制度的延续，应以土地国有制标识其土地性质。"名田"性质具有不确定性，亦非制度，不宜用以表述其时土地制度的整体属性；军功爵户授田和庶人普遍授田同属国家授田制系统，它以庶人普遍授田制为基础，构成一个累进系列制度。土地的配置即授受分配有两种基本方式，即始授予与再分配。"为户"为初授形态。再分配包括庶人"代户"转授和"爵户"降杀转授，以及分户转授、买卖、赠与、婚姻并田等辅助转授。《二年律令》中的民间分析"户田"法，本质上并不是家庭私财的继承法，而是土地国有制及其授田制下土地转授的具体实施之法。《二年律令》田制的

---

① 臧知非：《西汉授田制度与田税征收方式新论》，《江海学刊》2003 年第 3 期。
② 朱红林：《从张家山汉简看汉初国家授田制度的几个特点》，《江汉考古》2004 年第 3 期。
③ 张金光：《普遍授田制的终结与私有地权的形成——张家山汉简与秦简比较研究之一》，《历史研究》2007 年第 5 期。

基调虽仍是土地国有制和国有地权，但实际上，国家对土地的所有权已被极度名义化，即已走到普遍私有制和私有地权确立的门槛上。中国私有地权从国有地权中衍生而出，普遍授田制的终结便是土地私有权制度的确立。通过普遍授田制对国有地权的层层分割，以及份地使用权和占有权的长期凝固化，最终完成于汉文帝废止普遍授田制之时。

吕利《爵本位下的资源配置体系——秦汉帝国初期的土地制度》[①]，认为爵与土地的关联，是爵的固有属性。至秦汉帝国初期，社会资源配置的主要依据仍然是"爵本位"的。秦汉帝国的土地制度是以爵制身份为基础的等级授田宅制度。立户是授田的条件，制度运行的前提是国家掌控足够的土地资源，田宅有授有还。但田宅的买卖及在家族内的代际传承也是允许的，爵与土地分离趋势已现，是爵制衰落的根源之一，等级受田制度由受田标准沦为名田限额。贾文丽《关于〈二年律令·户律〉受田宅对象的探讨——兼与李恒全同志商榷》[②]，对李恒全关于张家山汉简《二年律令·户律》授田宅的实施对象是汉初军队复员人员的观点提出了商榷，认为据律文所示，政府授田或个人占田数量多少是以户主的爵次和身份等级为根据的，与军功没有必然联系。形成这种情况的原因主要是汉初大规模战争已经结束，授爵途径开始呈现多样化特点，即由军功授爵逐渐向事功授爵、国家赐爵、以德赐爵、因亲封爵、继承等方面转化。《二年律令·户律》是国家授田和限田的一般标准，显然与高帝五年诏"法以功劳行田宅"的制度有着不同的性质。张功《西汉"授田制"辨析》[③]认为，秦汉小农家庭平均人口不足五人，两个左右劳动力，其最大的土地耕作量是一百小亩，汉初人口锐减，可供开垦的土地面积远远大于社会劳动力所能开垦的极限值，耕地不存在稀缺性，缺乏以分配耕地为内容的土地产权制度存在的条件。汉初授田制的功能不是分配土地，而是组织农业劳动力、确定田税率、促进劳动力与耕地的结合。

---

① 吕利：《爵本位下的资源配置体系——秦汉帝国初期的土地制度》，《兰州学刊》2010 年第 2 期。

② 贾文丽：《关于〈二年律令·户律〉受田宅对象的探讨——兼与李恒全同志商榷》，《首都师范大学学报》2010 年第 3 期。

③ 张功：《西汉"授田制"辨析》，《天水行政学院学报》2010 年第 5 期。

　　臧知非《西汉授田制废止问题辨正——兼谈张家山汉简〈二年律令〉授田制的历史实践问题》① 认为，"复故爵田宅"诏表明西汉继续秦朝授田制，刘邦时代不存在授田困难问题。《二年律令》是现实施行的法律而非"一纸空文"；汉文帝"不为民田及奴婢为限"不等于在制度上废止授田制；汉武帝"田宅逾制"之"制"是汉初旧制而非武帝新立之制。郑玄"汉无授田之制"有其特定含义，均不足以否定西汉授田制的存在。西汉授田制系因土地私有化的发展而逐步退出历史舞台，而非因某一位帝王的某项政策而废止，更不能因为土地兼并而否定《二年律令》授田制的历史存在。臧知非、霍耀宗《"名田"与"授田"辨正——秦和西汉前期土地制度性质析疑》② 认为，把"名田"解为"以名占田"，虽有其合理性，但用"名田制"概括秦汉土地制度，或者以名田代替授田，在训诂和史实上都有不足，不能反映国家分配土地的历史实质。"名田宅臣妾衣服以家次"明确了国家按照名籍、家次分配田宅、臣妾、衣服，其法律用语则是"行田""予田宇""授田"，编户民田宅是被动地向国家领取，名之为授田制才能反映国家力量在土地分配中的主导地位和编户民隶属于国家的历史属性，才能体现国家控制人口、土地的本质特征。

　　晋文《睡虎地秦简与授田制研究的若干问题》③ 指出，睡虎地秦简发现后，授田制研究成为改写中国古代史的重大课题之一。许多学者据此认为授田制的性质是土地国有，也有学者仍主张是土地私有，但都存在证据不足的问题。总体而言，授田制应是土地国有制向私有制转化的一种形式。以往对"入顷刍稾""盗徙封，赎耐""部佐匿诸民田""封守""百姓不当老，至老时不用请"等律文的解释，也大多存在误读。这些律文中的犯罪行为基本上与土地所有权无关。秦及汉初的田租征收，实际有两个同时参照的租（税）率：一是税田占舆田的比例，即税田的亩数租率，这个租率是固定不变的；一是按农作物不同产量征收的级差租率，即产量

　　① 臧知非：《西汉授田制废止问题辨正——兼谈张家山汉简〈二年律令〉授田制的历史实践问题》，《人文杂志》2015 年第 1 期。
　　② 臧知非、霍耀宗：《"名田"与"授田"辨正——秦和西汉前期土地制度性质析疑》，《史学集刊》2015 年第 6 期。
　　③ 晋文：《睡虎地秦简与授田制研究的若干问题》，《历史研究》2018 年第 1 期。

租率，这个租率则是变化的。秦的授田虽然很少能看到有土地买卖和土地兼并现象，但根据《识劫娩案》、"余夫"授田和普遍存在的债务关系，可以看出授田在家庭内部是允许部分继承和流转的，并存在着变相土地买卖。越来越多的研究已趋向于质疑或修正土地国有制论。

第三，限田制。李恒全《汉代限田制说》① 认为张家山汉简《二年律令·户律》关于授田宅的律文，其实施对象是汉初军队系统的复员人员，而非全国人民，是"法以有功劳行田宅"精神的具体体现。此土地授予前属于国有，授予后即归被授者私有。"授田"与"授田制"是不同的概念，汉代虽然存在授田的现象，但并不存在战国授田制那种形式的土地制度。军功授田、民户自有的土地以及买卖而来的土地是汉初名田的三个来源。汉初，国家一方面承认民户对土地的所有权，同时对土地的转让、买卖和继承予以一定的限制，其方法是不同等级规定不同的数量限额，目的是维护既存的等级制度和抑制土地兼并。因此，汉代名田制是土地私有制基础上的限田制。

此外学者们还对田制、田亩计算等问题进行了探讨。1982 年四川青川县郝家坪出土的秦武王二年更修为田律木牍，李学勤认为"更修为田律"，应读作"更修《为田律》"，"修"是动词，"为田律"是律名，"为"的意思是作、治，"为田"的意思是制田。《为田律》是关于农田规划的法律，与云梦秦简《田律》有所区别。② 关于为田律木牍中"田广一步，袤八则为畛，亩二畛，一百（陌）道"一句的解释，有多种意见。于豪亮《释青川秦墓木牍》③ 认为这是秦自商鞅变法后，改井田制的一亩百步为二百四十步，每亩宽八步，在八步的两端各起一条畛，这两条畛是平行的。因为是二百四十步为一亩，四宽八步，则一亩长度应为三十步。但由于不是每块田都长三十步，也许不足三十步，这样的田，仍然要筑畛，即是一块田，仅是广一步，只要是袤八步，也要筑畛。所以律文说"田广一步，袤八，则为畛"。

① 李恒全：《汉代限田制说》，《史学月刊》2007 年第 9 期。
② 李学勤：《青川郝家坪木牍研究》，《文物》1982 年第 10 期。
③ 于豪亮：《释青川秦墓木牍》，《文物》1982 年第 2 期。

杨宽《释青川秦牍的田亩制度》①认为，“畛”是指一亩田两端的小道，所以说“亩二畛”。“田广一步，袤八则为畛”，是说畛宽一步，长八步。“陌道”是一亩田旁边的道路，也就是亩与亩之间的道路，与畛垂直相交，使亩成为一块长方形的田。畛的长度就是亩的宽度，陌道的长度就是亩的长度。既然规定畛的长度是八步，亩的宽度就是八步。当时以二百四十步为亩，亩的宽度为八步，亩的长度该是三十步，陌道的长度也是三十步。李学勤《青川郝家坪木牍研究》②认为，畛是起分界作用的小道，但也有其特殊的意义。这句话是包括畸零的农田而言。“耕田只要宽一步，长八步的面积，也就是亩的三十分之一，就应修造名为畛的小道，作为与其他耕田区分的地界。”“亩二畛，一陌道”，畛是亩与亩之间的田埂，作为小道通向亩端的陌道。胡澱咸《四川青川秦墓为田律木牍考释》③认为，“则”为度量的标准器，但“则”究竟多长，是否为十步，仍无确证。“畛”指垄亩而非田间小道。“田广一步，袤八则为畛”，是说田宽一步，长八则为一畛。“亩二畛”是说一亩田分为二畛。据银雀山汉墓竹简《孙子兵法》佚篇《吴问》，范氏、中行氏以八十步为畹，百六十步为畛；韩、魏以百步为畹，二百步为畛；赵氏以百二十步为畹，二百四十步为畛，都是一畛二畹，这正与一亩二畛一样。与赵制更是完全相同。商鞅变法，制定新的田制，盖是依照赵氏的。胡平生《青川秦墓木牍“为田律”所反映的田亩制度》④根据阜阳汉简“卅步为则”的记载，指出“为田律”中的“则”为量词，“八则”即二百四十步。张金光《论青川秦牍中的“为田”制度》⑤认为“畛”非道路，乃为畛域，是具有固定规格形状的田面区划名称。战国时在田间布置规划上通行

①　杨宽：《释青川秦牍的田亩制度》，《文物》1982年第7期。

②　李学勤：《青川郝家坪木牍研究》，《文物》1982年第10期。

③　胡澱咸：《四川青川秦墓为田律木牍考释》，《安徽师范大学学报》（哲学社会科学版）1983年第3期。

④　胡平生：《青川秦墓木牍“为田律”所反映的田亩制度》，《文史》第19辑，1983年。

⑤　张金光：《论青川秦牍中的“为田”制度》，《文史哲》1985年第6期。

着把一亩分作二区的耕作制度，即在长亩中间横向辟路分为二畛。祝中熹《青川秦牍田制考辨》①，认为"畛"应理解为田域，"为畛"即是修治田畦。"广一步，袤八则"，说的就是一个长亩，"亩二畛"即在此长亩中修治两片畛畦。

臧知非《尹湾汉墓简牍"提封"释义——兼谈汉代土地统计方法问题》② 认为文献和简牍中的"提封"一词并非如注家所理解的那样是"都凡"的"一声之转，皆大数之名"，而是"提封田"的简称。"提封田"是由井田法发展来的战国西汉土地统计的专门术语，即由井田的一方里一个计算单位发展为一百方里一个计算单位，先计算出土地总数，然后推"定"出垦田总数，作为征收田税的依据。这是战国授田制之下制土分民、以课促垦的延续和发展。另文《龙岗秦简"行田"解——兼谈龙岗秦简所反映的田制问题》③ 认为除了田典之田以外，龙岗秦简中包括"行田"之田在内的所有"田"字都是田地之田，律文都是关于农田生产的规定，"行田"不是"进行田猎"，而是授田的意思。龙岗秦简所涉及的土地内容都是授田以及对土地的使用、管理法规，主要体现在以下几个方面：第一，土地分为不同种类和用途，有不同名称，分别登记和管理；第二，农民要按规定的时间从事生产及田间管理活动，违反规定者受罚；第三，授田以顷为单位只是制度规定，在实际执行过程中，并非整齐划一的百亩之田，因为地理条件的不同，农民实际耕种的土地往往分散在多处；第四，土地一经划定，以阡陌为界，不得私自变动；第五，除了按照规定授田以外，可以通过"假田"方式使用土地。另文《战国西汉"提封田"补正》④ 重申传世文献和简牍资料都说明"提封"非"都凡"的"一声之转"，不是"通共""总共"之意，而是设定疆界；"提封田"是战国西汉实行的"田亩制度"——设定封疆、计算亩积以制土分民的方

---

① 祝中熹：《青川秦牍田制考辨》，《简帛研究》第 2 辑，法律出版社 1996 年版。

② 臧知非：《尹湾汉墓简牍"提封"释义——兼谈汉代土地统计方法问题》，《史学月刊》2001 年第 1 期。

③ 臧知非：《龙岗秦简"行田"解——兼谈龙岗秦简所反映的田制问题》，雷依群、徐卫民主编《秦汉研究》第 1 辑，三秦出版社 2007 年版。

④ 臧知非：《战国西汉"提封田"补正》，《史学月刊》2013 年第 12 期。

法，同时计算出应该征收的田税（租）数量。此系井田制之下"方里而井"计算方式的发展。汉儒知晓井田与"提封田"的关系，并从经学角度揭示了二者的内在关联。从"提封田"入手是理解井田制的新发现，反映了战国秦汉土地关系的历史变迁，也从一个方面说明了战国秦汉社会结构变迁的历史基础。另文《简牍所见秦和汉初田亩制度的几个问题——以阡陌封埒的演变为核心》[①] 认为，法律规定的以长条亩为核心、阡陌封埒严整的田亩制度是施行于官营土地的为田制度，而非国家授予农民的土地实态，农民耕种的土地形式具有多样性。秦统一之后，阡陌在法律层面具有"封"的功能，降至汉初，封埒从为田制度中正式废除，是农耕技术进步在为田制度上的体现，反映了国家力量对土地控制程度及管理方式的变化。奚林强《西汉"提封"和"提封田"再释——兼与臧知非先生商榷》[②] 对臧知非关于"提封田"的看法提出了商榷，认为西汉并没有所谓"提封田"的田亩制度，"提封"也不是为了定出耕地面积而形成的一种专业术语。"提封"与"提封田"是同一个概念，两者均只是土地面积统计中的术语，并不是继井田制之后出现的一种田亩制度。

长沙走马楼吴简《嘉禾吏民田家莂》公布之后，对于"田家莂"所涉及的土地的性质以及"田家莂"中所见常限田、余力田、火种田的性质问题，引起了学界的讨论和关注。一般认为"田家莂"涉及的土地是国家公田，但有学者对此提出了质疑。曹砚农《从〈长沙走马楼三国吴简·嘉禾吏民田家莂〉看吴国在长沙郡的国家"营田"》[③] 认为长沙吴简"田家莂"是三国时期孙吴政权在长沙郡境内实行以屯田为模式的国家"营田"的实物见证。"田家莂"所见的"丘"不是单纯的地名，而是有着重要的社会属性，与先秦井田制词汇"丘"有关。"田家莂"也许是利用先秦时期已有之名称，沿用"丘"作为国家"营田"的编制单位，并

---

① 臧知非：《简牍所见秦和汉初田亩制度的几个问题——以阡陌封埒的演变为核心》，《人文杂志》2016 年第 12 期。

② 奚林强：《西汉"提封"和"提封田"再释——兼与臧知非先生商榷》，《琼州学院学报》2015 年第 3 期。

③ 曹砚农：《从〈长沙走马楼三国吴简·嘉禾吏民田家莂〉看吴国在长沙郡的国家"营田"》，《长沙三国吴简暨百年来简帛发现与研究国际学术研讨会论文集》，中华书局 2005 年版。

计口授田，因田制"丘"。"町"为"段"之意。因此，"某丘"可视为屯田的"编区"，"某町"可视为各屯田客户佃田的地段及序号，"某亩"则为佃田面积。吴荣曾《孙吴佃田初探》① 指出，长沙吴简"田家莂"中的佃田，表明孙吴除了在长江下游吴郡、会稽郡的上虞、永兴以及毗陵等地，设置典农都尉以实行军屯制外，还在长江中游一带展开过规模颇大的垦殖活动，并建立起官府农垦系统——丘、町体制。丘是佃田者的一种组织的名称，町指田区。佃田和屯田有相似之处，但也有差别，主要表现在管理体制方面。采用军事手段而将耕者组织在一起的，称为屯或营。而"田家莂"上反映出的佃田，都是通过非军事形式组织而成，这种农业体不能称为屯或营，主管者不是将或尉，而由地方文官经管其事，佃民被编制在许多个丘之中。佃田者所种的田则被置于町这种田区之内。孙吴佃田不带军事色彩，似也受到军屯一定的影响。佃田者有各种身份，除了吏民，还有士卒。

于振波《走马楼吴简所见佃田制度考略》② 认为田家莂所反映的佃田制度，是在国家对土地有较大支配权的情况下施行的一种土地制度。孙吴政权为了督促农民生产，有可能打破官田和私田的界限，规定农民应耕种土地的限额，目的不是防止多占田，而是规定一个强制性的生产定额。如果民户原有土地已达到规定的限额，官府就不再分配给他们常限田；如果民户原有土地没有达到限额，则用常限田补足。"余力田"是指在完成常限田的限额之外，有余力者可申请多种；民户原有土地如果多于规定的限额，超出的部分也被视为余力田。余力田的租税率比常限田低。孙吴佃田制为后来占田制、均田制的推行创造了条件。另文《走马楼吴简中的限米与屯田》③ 指出，吴国的普通民户耕种常限田和余力田，并向官府缴纳税米、租米、布、钱等租税。诸如卫士、邮卒、传卒等常备兵种，没有土地或只有很少土地的金民等手工业者，在外地求学的读书人（私学），以

---

① 吴荣曾：《孙吴佃田初探》，《长沙三国吴简暨百年来简帛发现与研究国际学术研讨会论文集》，中华书局 2005 年版。
② 于振波：《走马楼吴简所见佃田制度考略》，《湖南大学学报》2003 年第 6 期。
③ 于振波：《走马楼吴简中的限米与屯田》，《中国社会科学院研究生院学报》2004 年第 1 期。

及因流亡而丧失原有田宅后又重新附籍的农民（还民），则被官府组织起来从事军屯或民屯，他们被免除部分赋税和徭役而缴纳限米。屯田者所缴纳的限米远远高于普通民户所缴纳的各项土地租税之总和。孟彦弘《〈吏民田家莂〉所录田地与汉晋间的民屯形式》① 认为《嘉禾吏民田家莂》中所登录的土地，是政府组织民众进行耕种（这也是屯田的一种形式）时，按地力不同搭配分配给屯田民众的田地。这些田地属于民屯的一种。从屯田者的身份来看，屯田分军屯和民屯两大类；而从屯田者的待遇来看，军屯又可分作且耕且战的战士屯田和专门从事耕作的田兵屯田；民屯也至少可分作军事化管理的强制性民屯和以募的形式组织的一般民屯。孙吴的民屯，始终是以"募"的形式为主，其民屯的管理系统与治民系统未作明确划分，甚至就是合二为一的，因此《吏民田家莂》中负责登记、校核的官吏都是当地政府的官员，而不是屯田校尉等负责屯田的官员。文章还指出，二年常限田是指以二年为周期，进行轮耕或休耕的田地。余力田可视作对田家所领田地差别的一种补充或补偿。

　　邱东联《长沙走马楼佃田租税简的初步研究》② 认为，所谓"常限田"即为官府限定的田额。"限田"是封建官府建立田制秩序，阻塞土地兼并的措施。"限田"必须向官府缴纳一定常数的租税。所谓"余力田"似指佃户自行开垦的田地。其所缴纳的租米低于"常限田"。走马楼简牍整理组《嘉禾五年吏民田家莂解题》③ 指出，所谓"常限田"，非指拥有固定的田亩数，或仅为限额而已。"余力田"是田家"行有余力"而自行开垦的荒地。胡平生《〈嘉禾吏民田家莂〉研究》④ 认为"二年常限田"，一般的理解大概应当是"嘉禾二年规定的、每户每人限制租佃的最高数量的农田"或者是"按照嘉禾二年规定的农田每亩

　　① 孟彦弘：《〈吏民田家莂〉所录田地与汉晋间的民屯形式》，《中国社会科学院历史研究所学刊》第 2 集，商务印书馆 2004 年版。

　　② 邱东联：《长沙走马楼佃田租税简的初步研究》，《江汉考古》1998 年第 4 期。

　　③ 走马楼简牍整理组：《嘉禾五年吏民田家莂解题》，《长沙走马楼三国吴简·嘉禾吏民田家莂》，文物出版社 1999 年版。

　　④ 胡平生：《〈嘉禾吏民田家莂〉研究》，《长沙三国吴简暨百年来简帛发现与研究国际学术研讨会论文集》，中华书局 2005 年版。

纳税标准征收的田亩"。"余力田"应是农户"行有余力"自行开垦的田地。高敏《〈吏民田家莂〉中所见"余力田"、"常限田"等名称的涵义试析》①认为所谓"二年常限",是指按亩固定收取税米、布和钱的数量不变动而言;"二年常限",即固定按亩收取的税额二年不变;其各自的常限田中的定收田,每年所缴纳的税米限额和收布限额都是相同的,并不因为年份不同而不同。这就表明,所谓"二年常限"田,实为指固定缴纳税米与布的限额在两年内不变之田。意即超过了二年,每亩定收田纳税米与布的限额可能会发生变化。"余力田"是田家租佃国有土地中的不属于"二年常限"田的另一种纳租田地,它同"常限"田一样也有旱田与熟田之分,但主要是熟田,它的地租低于"二年常限"田。"火种田"基本上是旱田的代名词,其所以用"火种田"命名,可能同这种旱田宜于采用火耕的方法进行耕作有关。

李卿《〈长沙走马楼三国吴简·嘉禾吏民田家莂〉性质与内容分析》②认为,"二年常限田"中的"限田",不同于防止豪强兼并土地的"限民名田"之"限田",而类似于差役。"余力火种田"一词中的"余力"或与"二年常限田"之"限田"相对。"火种"是刀耕火种之意,为山地旱作的农业耕作方式。"余力火种田"是官田,而不是吏民自行开垦的私田。根据租额分析,"二年常限田"应为水田,"余力火种田"应为旱田(旱地)。蒋福亚《也谈〈嘉禾吏民田家莂〉中"二年常限"田的涵义》③认为所谓"二年常限田",既有亩租额年限的含义,也有吏民对其佃租土地佃种年限的含义在内。即吏民佃租土地后,其佃种权只有二年,所缴地租按收成的旱、熟区分,各有定额,但这个定额也只在两年中有效,过了两年,须重新办理租佃手续,地租额也由封建政府另行规定。对于同一人名下嘉禾四年与五年佃田数额不同的问

①　高敏:《〈吏民田家莂〉中所见"余力田"、"常限田"等名称的涵义试析》,《郑州大学学报》2000 年第 5 期。

②　李卿:《〈长沙走马楼三国吴简·嘉禾吏民田家莂〉性质与内容分析》,《中国经济史研究》2002 年第 1 期。

③　蒋福亚:《也谈〈嘉禾吏民田家莂〉中"二年常限"田的涵义》,《首都师范大学学报》2001 年第 5 期。

题，他认为临湘县吏民租佃零星国有土地并非只能办理一次，只要还有待租的国有土地，愿意承租者就可以办理两次，甚至三次。同样道理，承租这类国有土地也绝非每二年才办一次，而是年年都可以。张荣强《吴简〈嘉禾吏民田家莂〉"二年常限"解》①认为"常限"应作"一定标准"解，"年"应作"熟稔"解。根据六朝及唐后期的"二稔职田"所涉及的水稻耕作方式特点，所谓"二年常限"，实为官府根据当时普遍实行的各种形式的轮休耕作制而制定的一种按照二年一垦的标准收取官租的规定。王子今《试释走马楼〈嘉禾吏民田家莂〉"余力田"与"余力火种田"》②根据古代称未成丁或未受田的男子为"余子""余夫"，怀疑余力田是此类人耕种的田。"火种"有可能就是"伙种"，即合作经营农耕、共同承担之意。

陈荣杰、张显成《吴简〈嘉禾吏民田家莂〉"旱田"、"熟田"考辨》③认为根据田亩数量、租税标准及当时的气候条件等因素来看，界定"旱田""熟田"的政治因素显然大于自然因素，自然因素只是统治者的附带参考：旱田是指统治者根据所谓土质、地力而行政规定的低产田；熟田是指统治者根据所谓土质、地力而行政规定的高产田。王勇《也释吴简〈嘉禾吏民田家莂〉中的"旱田"与"熟田"》④认为吴简《嘉禾吏民田家莂》中的旱田与熟田都是种植水稻的农田，但是前者农田形态不完善，缺乏稳定的灌溉水源。田家莂登录的佃田主要是因无主而收归官有的农田，这些旱田大都因配套的陂塘失修而失去灌溉水源，并非没有灌溉的条件，要恢复成为熟田并不特别困难。孙吴政权一方面设法将这些旱田租佃给吏民以免其完全荒芜，一方面也加紧陂塘的修复以使其重新获得灌溉水源。嘉禾五年与嘉禾四年相比，旱田与熟田的比例发生了明显改观。路

---

① 张荣强：《吴简〈嘉禾吏民田家莂〉"二年常限"解》，《历史研究》2003 年第 6 期。

② 王子今：《试释走马楼〈嘉禾吏民田家莂〉"余力田"与"余力火种田"》，《吴简研究》第 1 辑，崇文书局 2004 年版。

③ 陈荣杰、张显成：《吴简〈嘉禾吏民田家莂〉"旱田"、"熟田"考辨》，《中国经济史研究》2013 年第 2 期。

④ 王勇：《也释吴简〈嘉禾吏民田家莂〉中的"旱田"与"熟田"》，《简牍学研究》第 6 辑，甘肃人民出版社 2016 年版。

方鸽《〈嘉禾吏民田家莂〉"定收田"考》① 认为"定收田"之"定收"本指实际有收成，固定地用在"定收若干亩"结构中，已固化成熟田的代称。以丘为单位统计发现，丘包括熟田偏多和熟田量少两种类型，后者居多，结合熟田的租税标准来看，定收田（熟田）是一种绝对优质田、高产田。李研《〈嘉禾吏民田家莂〉中佃田记"町"、记"处"差别考》② 指出，《嘉禾吏民田家莂》中关于佃田的个体单位，出现了"町""处"两种不同形式的记载。其中佃田记"处"的竹简，具备共同的特点，应是单独的一类。即佃田记"町"和记"处"，并非随意书写，其差别在于，记"町"佃田是平地之田，而记"处"佃田则是山地之田。可见《嘉禾田家莂》中的佃田是以田地的地形来划分的。

二　简牍文书与赋役制度

出土简牍资料极大地推动了赋役制度的研究，学界围绕秦汉时期的赋役种类、赋税征收方式等问题展开了讨论。

关于"更赋"。韩连琪《汉代的田租口赋和徭役》③ 认为过更、更赋是两种不同的税收，过更是更卒的免役钱，更赋是正卒的免役钱；更赋的赋额应像过更一样，是随缓急贵贱按平价来缴纳的。李剑农④、马大英⑤、崔曙庭⑥等均认为，每年一月役，不欲行者，可出二千钱，雇人代役，谓之"践更"；每年屯戍三日之役，不行者，出钱三百，谓之"过更"。高敏《秦汉赋税制度考释》⑦ 认为作为徭役替代税的"更赋"仅仅是每年

① 路方鸽：《〈嘉禾吏民田家莂〉"定收田"考》，《中国农史》2014 年第 2 期。
② 李研：《〈嘉禾吏民田家莂〉中佃田记"町"、记"处"差别考》，《许昌学院学报》2014 年第 6 期。
③ 韩连琪：《汉代的田租口赋和徭役》，《文史哲》1956 年第 7 期。
④ 李剑农：《先秦两汉经济史稿》，中华书局 1962 年版。
⑤ 马大英：《汉代财政史》，中国财政经济出版社 1983 年版。
⑥ 崔曙庭：《汉代更赋辨析》，《中国历史文献研究集刊》第 2 集，湖南人民出版社 1981 年版。
⑦ 高敏：《秦汉赋税制度考释》，《秦汉史论集》，中州书画社 1982 年版。

每人必须戍边三日之役的替代税，数量为三百，"月为更卒"的代役钱是两千。黄今言《秦代租赋徭役制度研究》①认为更赋是一种代役钱。秦代存在以钱代役的更赋。当役者如果不去赴役，势必要出钱顾人代役。这种"更赋"与"口赋"的性质不同，它是由役变来的。更赋到了东汉时期，已发展成为徭役以外的赋，失去了原来代役的意义，成为一种按丁征收的固定赋。另文《论两汉的赋敛制度及其演变》②指出"更赋"为每人每年在郡县服一个月劳役的代役钱，而更赋的赋额则是诸不行（戍边外徭）者出钱三百入官，谓之过更。田泽滨《汉代的"更赋"、"赀算"与"户赋"》③也认为"更赋"当即"过更"，即"出钱三百"以代每人每年三日戍边义务。高敏《秦汉徭役制度辨析（上）》④认为，所谓"更有三品"，即"卒更""践更"与"过更"，是服更役的三种方式，并非更役的三种类型。他结合睡虎地秦律《厩苑律》的规定，认为在每年的大考核中获得优等的，饲牛者免除"一更"的徭役，"一更"是一个固定的时间概念。

胡大贵《汉代更赋考辨》⑤不赞成学界关于"更赋是代役钱"的一般看法，认为更赋实为封建政府以"三日戍边"的名义固定征收的一项赋税，不是代役钱，起征于文帝十三年。

臧知非《汉代更赋辨误——兼谈"戍边三日"问题》⑥认为所谓"更三品"实为二品：卒更是指月为更卒之意，不是服役方式；服役方式有二，自行服役曰践更，交钱代役曰过更。更赋是一月役的代役钱，其数量因时而异，在西汉为三百钱，东汉为两千钱。另文《从张家山汉简看

---

① 黄今言：《秦代租赋徭役制度研究》，《江西师院学报》1979年第3期。
② 黄今言：《论两汉的赋敛制度及其演变》，《秦汉史论丛》第2辑，陕西人民出版社1983年版。
③ 田泽滨：《汉代的"更赋"、"赀算"与"户赋"》，《东北师大学报》1984年第6期。
④ 高敏：《秦汉徭役制度辨析（上）》，《郑州大学学报》1985年第3期。
⑤ 胡大贵：《汉代更赋考辨》，《四川师范大学学报》1995年第1期。
⑥ 臧知非：《汉代更赋辨误——兼谈"戍边三日"问题》，《徐州师范学院学报》1987年第2期。

"月为更卒"的理解问题》① 将《史律》中的五更、六更等理解为免除更役的次数，认为"月为更卒"并非如学术界所普遍认为的那样，是农民每年在郡县轮流服劳役一个月。张家山汉简《二年律令》说明"月为更卒"的正确理解应是每个月服役一次，每月服役天数相等。因而"更"又是劳役的计量单位，一月一更，一年要服十二次更役。农民可以钱代役，官府无事也把更役折合成货币征收，最终演变为更赋。

于琨奇《更三品新探》② 则认为所谓更三品，乃是指居更、践更和过更，是指服每年一月徭役的三种不同情况，过更乃是指纳钱代役或雇佣自代，其代价以秦半两钱计为三百，以汉五铢钱计为一千。居更是指本人在本县服役，践更是指本人服行徭役且有离开本县服役之意，过更乃是指纳钱代役或雇佣自代。耿虎、杨际平《如淳"更三品"说驳议》③ 认为如淳以"更三品"说对汉代力役制度所作的注释，在分类上将属概念（卒更）与种概念（践更、过更）对等并列，在概念使用上将纳更赋者视为践更，同时又将所谓"戍边三日"的代役钱视为过更，从而造成很大混乱。如淳所谓的"戍边三日"之制，既无理论上的合理性也无实践中的可操作性，从传世文献与出土资料看，它其实是不存在的。如淳所谓的"天下人皆直戍边三日""虽丞相子亦在戍边之调"，也与汉代复除制度不合。汉代不存在虽丞相子也要承担之役。

张金光《论秦徭役制中的几个法定概念》④ 认为，秦的"更"役与"正"役，其内容、性质与起役之龄皆有别。凡单言"更"或"更"卒者，尽皆指为月更之役卒。一年一度的月更之役，称为"更"役，应"更"役者，在习惯上可以称为"更"卒。"正"与"正"卒之称既有别而又相一。凡按律应从事军戍之役者，则通称为"正"，此为着重就其在役之龄方面而言之；凡正在从事军戍之现役者，则可通称为"正卒"。此二义又实相连为一事，只是其中言各有所侧重而已。然"更"卒与"正"

① 臧知非：《从张家山汉简看"月为更卒"的理解问题》，《苏州大学学报》2004 年第 6 期。
② 于琨奇：《更三品新探》，《中国社会经济研究》1988 年第 2 期。
③ 耿虎、杨际平：《如淳"更三品"说驳议》，《厦门大学学报》2007 年第 3 期。
④ 张金光：《论秦徭役制中的几个法定概念》，《山东大学学报》2004 年第 3 期。

卒，并非两类人之别，而是同一个人应为国家所尽的两类不同性质的徭役义务之不同。"更""正"起役年龄先后稍有所差。先为"更"，待稍壮之后，即按法定年龄"移为正"，并按编次从事正役。每一个男子一生，在法定役龄期限内，既需为"更"，又需为"正"。"更"的役期以月计。"一更"就是一月的时间。正役役期以岁计，所谓"一岁屯戍，一岁力役"即是也。时间总为二年。

广濑薰雄《张家山汉简所谓〈史律〉中有关践更之规定的探讨》①认为《史律》中的更数表示的是践更轮到的比例，即践更几个月轮到一次，就是说，六更是六个月轮到一次践更，八更是八个月一次，十二更是十二月一次，最大的更数是十二更，践更的就更期限从一开始就是一个月，践更的"更"不限于更卒，在一般庶民的场合，指的是徭役；在官员的场合，指的就是官员的日常业务。杨振红《秦汉简中的"冗"、"更"与供役方式——从〈二年律令·史律〉谈起》②认为秦汉简中屡见"冗"与"更"同时出现的情况，它们是表示供役方式的一组用语，相当于唐代的"长上"和"番上"。冗指长期供役，更指轮更供役。其适用人群包括官吏的各种散职、到官府供役的丁、夫、色役、隶臣妾等。曹旅宁《张家山汉简〈史律〉考》③认为张家山汉简《史律》中的"践更"是"迁擢升降"的意思，"更"是卜、祝的等级。

对于湖北荆州松柏汉墓所出木牍"南郡卒更簿"统计下属各县的"更数"，学界也有不同的理解。广濑薰雄《论松柏 1 号墓出土的记更数的木牍》④仍然坚持"更次"说，即"践更几个月轮到一次"。木牍中的"若干更"就是"若干人"轮番的意思，比如：秭归县的卒共有 1052 人，"九更"是 9 人轮番的意思，因为每更（每月）116 人服役，如果有

① 广濑薰雄：《张家山汉简所谓〈史律〉中有关践更之规定的探讨》，《人文论丛》2004年卷，武汉大学出版社2005年版。
② 杨振红：《秦汉简中的"冗"、"更"与供役方式——从〈二年律令·史律〉谈起》，《简帛研究二〇〇六》，广西师范大学出版社2008年版。
③ 曹旅宁：《张家山汉简〈史律〉考》，其所著《张家山汉律研究》，中华书局2005年版。
④ 广濑薰雄：《论松柏 1 号墓出土的记更数的木牍》，《出土文献与传世典籍的诠释——纪念谭朴森先生逝世两周年国际学术研讨会论文集》，上海古籍出版社2010年版。

116×9＝1044 人，就能实施九更制。陈伟《简牍资料所见西汉前期的"卒更"》① 赞成广濑薰雄关于"践更"就是几个月轮到一次的意见，认为松柏47号木牍《南郡卒更簿》所记大部分数据无误，其中一更以一月为期的表述可与传世文献相印证。将《南郡卒更簿》与张家山汉简《二年律令·史律》等文献联系起来推测，西汉前期普通卒更可能曾实行三更之制，即每间隔两个月，就轮更一月，一年就更四次。分析松柏木牍中的相关资料，可见各县更卒的人数与使大男中需要承当卒更任务的人数大致相当或相去不远，女性不存在充任卒更的可能。西汉早期卒更除民众外，五百石以下官吏和公大夫以下有爵者亦须承当。杨振红《松柏西汉墓簿籍牍考释》② 认为"南郡卒更簿"中的数字并非真实的数字，存在人为造假因素。张金光《说秦汉徭役制度中的"更"——汉牍〈南郡卒编更簿〉小记》③ 认为木牍中的每月实出卒数，是南郡17县按常规编役行徭，月可得最高实有卒数，其与《南郡卒编更簿》"月用卒"2179 人，并非同类数据。此"月用卒"数据（2179 人），当是某月预征方案之实数，故其数据高于南郡按照常规编制所可提供的月更卒之总计之数，这样的簿籍编制带有预算性。"更"可引申为"更"次之"更"，木牍中的"若干更"即编更、编次，故此木牍的内容可初步定名为《南郡卒编更簿》，其数据是宏观性的，是一个为实征徭役提供的理论预算性数据。此簿的基本属性是"编人"，即对县卒人员的分组编制。秦汉月更徭役制度不论采取何种编制，对于一个更卒个体而言，其年内践服更役之总量不是不得超过一个月。牍文所示"三更"等诸"更"，其义简明。以"三更"为例，"三更"义即三个更次，亦即将全县更卒分组编制为三部分，也可以说是三个队列。他皆仿此。

万荣《西汉初年徭役制度——由张家山汉简〈奏谳书〉"毋忧案"说

---

　　①　陈伟：《简牍资料所见西汉前期的"卒更"》，《中国史研究》2010 年第 3 期。

　　②　杨振红：《松柏西汉墓簿籍牍考释》，《南都学坛》2010 年第 5 期。

　　③　张金光：《说秦汉徭役制度中的"更"——汉牍〈南郡卒编更簿〉小记》，《鲁东大学学报》2011 年第 2 期。

起》① 根据张家山汉简《奏谳书》所载西汉初年蛮夷男子毋忧因徭屯问题受到起诉并因乏军兴被腰斩的案件，认为西汉初"徭"是不包括屯戍在内的狭义徭役，仅指劳役而言，屯戍是兵役。服兵役者统称为正卒，"一岁屯戍"即"一岁以为卫士"，"一岁力役"即"一岁而以为材官骑士"；普通劳役者为更卒，其中践更指亲自服役，包括在本县服役与到外地服役两类，过更是出钱雇人代自己服役。如淳所言更三品"卒更""践更""过更"实际上只有两品——"践更"与"过更"。西汉初无爵士伍傅籍年龄为二十岁，二十三岁转入正卒，只至免老才能免于徭役和兵役。陈松长《秦汉时期的繇与繇使》② 通过对出土文献与传世文献中有关繇的词义分析，认为秦汉时期的繇并不是一般意义上的徭役或苦役，它含有繇使、繇役等多重语义，其中繇使就类似于出公差，秦汉时期的一般官吏随时都有繇使的可能。陈大志、王彦辉《秦汉时期徭戍制度研究述评》③ 认为徭、戍是中国帝制社会早期适龄男子的两种基本义务，其中的"戍"即兵役。"徭""戍"或"徭戍"，是秦汉时期法律文献中的固有概念，总体上体现了国家无偿役使民力的两大种类，因此，在表述徭役和兵役的广义内涵时，使用"徭戍"这一概念或许更为稳妥。王彦辉《论秦汉时期的正卒与材官骑士》④ 认为，秦汉时期的正卒即丁男，亦即后世的正丁。材官骑士是从丁男中遴选出来的郡国兵，骑士选拔的条件是壮健捷疾，具备一定的家赀；材官应选的条件是能引关蹶张，不受家赀限制。材官骑士一生集中服二年兵役为"现役"，其中一年在地方服役称"常兵"或"郡国兵"，一年到京师屯卫称"卫士"；预备役期间各执其业，战时应征赴难。一般正卒不服地方兵役，只服一年的"戍边"兵役，社会治安由选自材官骑士的亭卒负责。戍卒与卫士由关东郡国轮更，集中往返于戍所，戍卒自戍或"累积"完成戍役只能视为极其个别的现象。

---

① 万荣：《西汉初年徭役制度——由张家山汉简〈奏谳书〉"毋忧案"说起》，《江西师范大学学报》2014 年第 1 期。
② 陈松长：《秦汉时期的繇与繇使》，《湖南大学学报》2014 年第 4 期。
③ 陈大志、王彦辉：《秦汉时期徭戍制度研究述评》，《中国史研究动态》2015 年第 3 期。
④ 王彦辉：《论秦汉时期的正卒与材官骑士》，《历史研究》2015 年第 4 期。

　　孙闻博《秦及汉初"徭"的内涵与组织管理——兼论"月为更卒"的性质》① 认为，秦汉的力役之征，以"徭戍"称之。"徭"有广义、狭义之分。广义"徭"包括"奴徭""吏徭"等人身役使，特别对"小"年龄群体的役使，较后代突出。当时或存在以"傅"划分大、小的方式，"小"（或言广义一面）包括 15 岁以上的未傅籍群体。"行徭"一称，反映了"徭"多受差使而外出服役的特征。狭义"徭""戍"，集中指国家正役。秦及汉初，男子傅籍后一般每年服役 30 天，主要以"月为更卒"行徭，也因需临时兴发。"月为更卒"为傅籍者所从事的正役，仍应归入狭义"徭"的范畴。秦汉"更"又可与"冗"相对，泛指轮番供役。《二年律令·史律》史、卜、祝等以"若干更"形式"践更"，与唐代"色役"番上服役一类或有类似处。秦及汉初"徭"的征派，与二十等爵关系密切。不更以下的士爵、无爵者有"皖老"，需服半役，是徭役的主要承担者。一些情况下，"徭"可以折抵，又可因赏罚而减加。对"徭"的记录称"徭计"，秦代制簿的基础单位是乡。朱德贵《岳麓秦简所见"徭"制问题分析——兼论"奴徭"和"吏徭"》② 认为，秦"徭"制是指官府强制傅籍之"黔首"服劳役（或曰苦役）的制度，因而不能将"徭"与"徭役"、"力役"与"兵役"等概念混淆。秦简中尽管出现了"徒隶行徭课"、"春城旦出徭者"和"行縣奴縣"等有关"徭"的史料，但这些史料并不能证明秦"徒隶"所服之"徭"为秦法律意义上之"徭"。秦简所见"居吏柀使徭"等简文不是"吏徭"为秦法律意义上之"徭"的根据，"吏徭"也不是"职役""厮役"或"吏役"的代名词。秦"奴徭"和"吏徭"显然不是"徭"，这是因为，无论从广义还是狭义上理解，"奴徭"和"吏徭"皆不完全符合秦法律意义上之"徭"所必备的三个条件：一是傅籍之"黔首"身份；二是傅籍"黔首"由县廷下辖之列曹管理，尤其是"户曹"；三是傅籍"黔首"所服之"徭"为劳役（或曰苦役）。

---

　　① 孙闻博：《秦及汉初"徭"的内涵与组织管理——兼论"月为更卒"的性质》，《中国经济史研究》2015 年第 5 期。

　　② 朱德贵：《岳麓秦简所见"徭"制问题分析——兼论"奴徭"和"吏徭"》，《江西师范大学学报》2016 年第 4 期。

关于田税及征收方式，学界主要有两种看法。一些学者认为秦及西汉的田税征收方式为按户按顷计征，无论有无一顷之地都要交纳百亩田税。如黄今言《秦代租赋徭役制度研究》① 指出，秦代征收田租的办法已不同于殷周时期的"因地而税"，其具体做法有三。一是分成计征，"訾粟而税"，即酌量农民一年收获粮粟的多少来确定田租的租额。二是以"百亩"作为征收田租的一个计算标准，也就是说，国家在征收田租时，是"以其受（授）田之数"，即一户有田百亩进行计征的。三是"舍地而税人"。所谓"舍地而税人"，并不是国家不收田租，只收人头税，只是不像过去那样完全根据土地的多少收税，而是"地数未盈，其税必备"。哪怕是一户没有"授足"百亩的土地，也得按有田百亩的标准交纳田租。这与睡虎地秦简《田律》"入顷刍稿，以其受田之数，无垦不垦，顷入刍三石、稿二石"的规定是完全相吻合的。因此在封建土地国有制占主导的秦代，其田租的征收办法，是以一户（五口之家）有田百亩的假设，而按人户征收的。田租的征收主要是基于"地"，但又与"户"有关。"田亩"是约数，"人户"是实数。那些有田百亩的人固然要按亩纳租，而没有"授足"百亩的国家佃农，同样要交顷田之租。秦代的田租，行"十一之税"。秦孝公十四年"初为赋"应释为"初为口赋"。另文《从张家山汉简看汉初的赋税征课制度》② 指出，根据张家山汉简可知：当时的田税主要是田租和刍稿，征收办法是既"按顷计征"，又与"人户"有关。田租与刍稿税的比例是 12.7∶1；而末业税的税目繁多，有各种工矿税和市税、关税等。税率较高，有的达 20% 以上，反映了官府对工商末业的重税政策；汉初的赋目基本上沿袭了秦制。敛赋方式有按"口"、按"户"两种，按户征收的"户赋"，非口算之外的独立赋目。"户赋"与"赀赋"，二者不当混同。

臧知非《汉代田税征收方式与农民田税负担新探》③ 认为从征税方式说，汉代采用的是定额税制，但是并非如人们所理解的那样自始至终

---

① 黄今言：《秦代租赋徭役制度研究》，《江西师院学报》1979 年第 3 期。
② 黄今言：《从张家山汉简看汉初的赋税征课制度》，《史学集刊》2007 年第 2 期。
③ 臧知非：《汉代田税征收方式与农民田税负担新探》，《史学月刊》1997 年第 2 期。

都是亩税若干，而是有一个变迁过程。西汉承战国和秦朝之旧，田税按户按顷计征，亩税虽轻，但农民无论有无一顷之地都要交纳百亩田税，其田税负担远远超出人们想象，高者达十税伍；东汉初年，改为按亩计征，国家规定的税额已然有限，但因收税方式的新弊端，农民实际负担则重得多。另文《汉代田税"以顷计征"新证——兼答李恒全同志》①指出，秦朝实行授田制，按顷计征田税。刘邦下诏"复故爵田宅"，完全继承了秦朝的土地制度和税收方式。张家山汉简《二年律令》表明西汉亩积是二百四十之亩，严格执行按名籍授田的制度，授田标准是每夫一顷，军功爵者增加授田；刍稾税按顷征收，数量和秦相同，但西汉是实物和货币并举而以实物为主；谷物和刍、稾是田税的不同表现形态，都是田税的构成部分，田税按顷征收不容置疑，这也是汉初农民迅速破产的原因之一。

一些学者认为睡虎地秦简《田律》"入顷刍稾，以其受田之数，无垦不垦，顷入刍三石、稾二石"的规定是针对刍稾税的，田租征收则根据实际耕种的土地数量按亩课征。② 比如张金光《秦自商鞅变法的租赋徭役制度研究》③指出，秦的赋税制度是既"税人"而又未尝"舍地"。一部分按人户征收，若户赋之类。而田租刍稾则是按田亩征收的。关于租率和租额问题，秦自商鞅变法后，田租应是结合产量，按照一定租率，校定出一个常数，作为固定租额。也就是说，基本上是实行定额租制，而不是单纯的分成租制。秦孝公十四年的"初为赋"，大概就是对一些赋敛开始统一制定常制。"初为赋"应即是初为"户赋"。这是沿自古兵赋，而始以常征户赋的名义固定下来。"户赋"见诸秦律，是最可靠的法律概念。大致秦在昭王之前，关于赋，很可能只有"户赋"这一种，"口赋"是其后新设的制度，或即由户赋转来。户赋征收，系以户为单位。

① 臧知非：《汉代田税"以顷计征"新证——兼答李恒全同志》，《江西师范大学学报》2003 年第 3 期。

② 李恒全、朱德贵：《对战国田税征收方式的一种新解读》，《中国社会经济史研究》2003 年第 4 期。

③ 张金光：《秦自商鞅变法的租赋徭役制度研究》，《文史哲》1983 年第 1 期。

李恒全《也谈西汉田税的征收方式问题——与臧知非先生商榷》① 不赞成"田税亩收三升,按百亩征收"的观点,认为汉代田税是按实有亩数计征的,而非以百亩为单位。另文《汉代田税百亩征收说确难成立——与臧知非先生再商榷》② 认为战国时期各国实行授田制,但田税并非以顷为单位计征,秦朝基本土地制度是私有制,不是授田制。汉代"名田制"是土地私有制,不是授田制,其田税以亩为单位,而不是以顷为单位计征。李恒全、朱德贵《对战国田税征收方式的一种新解读》③ 指出,学界一般认为战国田税是以顷为单位征收的,其根据有两点:其一,云梦秦简《田律》之"入顷刍稾"条规定刍稾以顷为单位征收;其二,认为战国各国均以顷为授田单位。但这种观点是不能成立的,理由有二:第一,云梦秦简《田律》之"入顷刍稾"条只说明秦国刍稾是按顷征收的,但不能说明田税也是按顷征收的,因为该条没有规定田税的征收方式,恰恰说明田税征收方式与刍稾是不同的;第二,战国各国并不是都以顷为单位授田的,即使像秦魏这样以顷为单位授田的国家,其田税也不是按顷征收的,因为农民的百亩之田并不单纯种植一种谷物,而是几种谷物并种,这决定着田税只能以亩为单位征收。李恒全《从张家山汉简看西汉以亩计征的田税征收方式——兼与臧知非先生商榷》④,认为刍稾税与田税是不同的税种。秦朝刍稾税按顷计征,但田税按实有亩数征收。张家山汉简《算数书》的大量材料证明,汉初田税是以亩为单位,按实有亩数计征的,所谓西汉田税以顷征收的说法不能成立。臧知非《西汉田税"以顷计征"的史实及其他——再答李恒全同志》⑤ 重申了西汉田税的征

① 李恒全:《也谈西汉田税的征收方式问题——与臧知非先生商榷》,《江西师范大学学报》2000 年第 1 期。

② 李恒全:《汉代田税百亩征收说确难成立——与臧知非先生再商榷》,《江西师范大学学报》2001 年第 4 期。

③ 李恒全、朱德贵:《对战国田税征收方式的一种新解读》,《中国社会经济史研究》2003 年第 4 期。

④ 李恒全:《从张家山汉简看西汉以亩计征的田税征收方式——兼与臧知非先生商榷》,《江海学刊》2007 年第 6 期。

⑤ 臧知非:《西汉田税"以顷计征"的史实及其他——再答李恒全同志》,《徐州师范大学学报》2009 年第 6 期。

收皆"以顷计征"的观点。李恒全《西汉田税"以顷计征"说缺乏史实根据——兼与臧知非先生商榷》①再次对此提出了商榷，认为其立论的主要依据存在对史料的误解、以刍稾税征收方式简单比附田税征收方式、虚构不存在的田制与田税征收方式之间的因果关系等问题，缺乏真实可信的史料根据，因而难以成立。大量史实表明，西汉田税是按实有亩数计征的。

肖灿《从〈数〉的"舆（與）田"、"税田"算题看秦田地租税制度》②通过分析岳麓书院藏秦简《数》里与田地租税有关的算题和术文，归纳出"舆（與）田""税田"两种田地租税的课收方式、田租率，指出："舆田"按照田亩和产量征收实物田租，租税率为产量的十五分之一；"税田"也是按田亩和产量收取实物租税，不同的是，"税田"的田租率很高，均为百分之百，即收获物全部上缴。据此可推断，"税田"是由国家政府机构直接经营管理的农耕地，就是"公田"，收益入国库公仓。"舆（與）田"是私人有使用权的农耕地，按一定税率缴纳租税。"舆（與）田"之"舆"通"予"，"舆（與）田"的意思就是"授予的田地"，即"受田"。国有"税田"和私有"舆（與）田"（即"受田"）的性质不同，田租率差别也就很大。王文龙《秦及汉初算数书所见田租问题探讨》③赞成肖灿的看法，认为秦代存在着"舆田""税田"两类不同的土地占有形态，其经营方式和租税率也各不相同。张家山汉简《算数书》所载田租问题中，"并租""税田""租误券"题名反映的应是国家公田即税田的田租，其所产出全部上交；"取程""耗租"两题名反映的是国家授田即舆田的亩产量，并按一定税率缴纳田租。这同时反映出了汉初继承了秦代

---

① 李恒全：《西汉田税"以顷计征"说缺乏史实根据——兼与臧知非先生商榷》，《山西大学学报》2013年第6期。

② 肖灿：《从〈数〉的"舆（與）田"、"税田"算题看秦田地租税制度》，《湖南大学学报》2010年第4期。

③ 王文龙：《秦及汉初算数书所见田租问题探讨》，《咸阳师范学院学报》2013年第1期。

的土地制度。李恒全、董祯华《秦汉新出简牍中的"舆田"和"税田"》① 则认为里耶秦简、岳麓书院藏秦简、张家山汉简等新出简牍中的"舆田"不是民户拥有的全部土地，而是指登记在田租籍中的田地，是应征收田租的土地。"税田"是用以纳税的土地，其本身也是"舆田"。"税田"实质上是田租计算的一种方法。

臧知非《说"税田"：秦汉田税征收方式的历史考察》② 指出，秦田税计算和征收以授田为基础，分为禾、刍、稾三种基本形态，分别计算：谷物计算采用"税田制"，于五月将农户垦田的一部分划为"税田"，秋后收取，用作田税；"税田"基本比例为十税一，具体实施因土地类别而异；刍、稾按顷计算，顷刍三石、稾二石；禾、刍、稾均按户征收。西汉继续实行田税分别计算、按户征收制度，但谷物税率为三十税一；刍、稾计算方式依旧，其征收时间和缴纳内容在"五月户出赋十六钱，十月户出刍一石"前提下，由县自行决定，并逐步货币化。东汉延续西汉谷物的计算和征收方式而有发展，每年五月"度田"，根据土地质量，分为不同等级，确定田税额，秋后收取。《吏民田家莂》之"定"收若干，是东汉田税制的发展。

于振波《秦简所见田租的征收》③ 认为根据新发现的秦简可知，井田制破坏之后，秦国实行授田制，田租征收采取寓"公田"于"私田"之中的办法，由田部官吏按照一定的比例（1/10）从各户田地中划出一部分作为"税田"，"税田"上的收获物作为"田租"全部上缴。这种田租属于分成租而非定额租。慕容浩《新出简牍所见秦与汉初的田租制度及相关问题》④ 认为，秦与汉初的田租制度呈现出以劳役租为基础，兼有定额因素的杂糅形态。纳租户每年将全部耕地的十分之一划出作为税田，税田内作物全部作为田租上缴。每年在作物成熟之前，乡吏参考土地的地

① 李恒全、董祯华：《秦汉新出简牍中的"舆田"和"税田"》，《文教资料》2017年第31期。

② 臧知非：《说"税田"：秦汉田税征收方式的历史考察》，《历史研究》2015年第3期。

③ 于振波：《秦简所见田租的征收》，《湖南大学学报》2012年第5期。

④ 慕容浩：《新出简牍所见秦与汉初的田租制度及相关问题》，《社会科学研究》2017年第2期。

力、作物种类、年景等因素"取程"，计算出税田内作物的产量，并以此作为每户田租缴纳的下限。收获季节，在政府的监督下，每户将税田内的作物收获并上缴，如果出现低于缴纳下限的情况，则需要补齐。秦与汉初的田租制度具有较强的过渡性特征，本身并不完善，加之西汉文景以来厉行低田租政策，这一制度随之瓦解。李恒全《从新出简牍看秦田租的征收方式》① 认为，秦存在按土地面积和按产量的一定比例征收田租的方式。前者是在总土地面积中，按一定税率计算出税田面积，其产量就是总土地面积的田租数；后者是在应纳税土地的总产量中，按一定税率，计算出应交纳的田租数。由于前者是后者的一种特殊形式，因此秦田租是按产量征收的分成税。秦禾田租率是1/10，枲田租率为1/15。"舆田"，不是民户拥有的全部土地，而是登记在田租籍中的田地，是应纳税之田。"取程"，即测算农作物单位产量的面积，乃计算田租数量的基础。"误券"，由田租券所列租数与应收租数有误所导致，其处理办法是按照田租券上的错误数额征收，待下次或来年再次征收时补差。取程和误券的存在，说明税田并非真正在农户应纳税土地上划出的特定地块，而是存在于计算过程中的数字概念和计算田租的方法，并非实物形态。高智敏《秦及西汉前期的垦田统计与田租征收——以垦田租簿为中心的考察》② 参据长沙走马楼西汉前期《都乡七年垦田租簿》和里耶 8 – 1519 号《迁陵县卅五年垦田租簿》，认为这两份垦田租簿登载的应是当年五月已垦田数及应纳田租额，统计的垦田是民户所占民田。从两份垦田租簿反映的亩租额来看，秦及西汉前期实行的是程租税田制。乡吏每年五月调查民户垦田，"度稼得租"，确定其应纳田租额，制作垦田租簿。五月望日前逐级呈报至县、郡。

此外，学者们还围绕假税、军赋、赋额、户赋等问题展开了讨论。祝瑞开《汉代的公田和假税——附说秦的"受田"和"租""赋"》③ 认为，

----

① 李恒全：《从新出简牍看秦田租的征收方式》，《中国经济史研究》2018 年第 2 期。

② 高智敏：《秦及西汉前期的垦田统计与田租征收——以垦田租簿为中心的考察》，《简帛研究二〇一七（春夏卷）》，广西师范大学出版社 2018 年版。

③ 祝瑞开：《汉代的公田和假税——附说秦的"受田"和"租""赋"》，《西北大学学报》1980 年第 2 期。

秦汉时期的所谓国有土地，相当大的部分是少府所掌管的"山海池泽"以及郡国各地的陂田、草田等，这是皇帝私人占有的土地，不能称为国有土地，它初期相当大的部分采取了"市井之税"的剥削形式。从汉武帝开始到东汉，封建政府管理的"官田"和屯田——这是国有土地，数量有了较大增加。但就全国来说，所占比重还是不大的。秦汉时期，大量存在的是封建地主和自耕农民的土地，而封建地主的土地所有制影响并决定着皇帝私人占有的"公田"、国有土地和自耕农民土地的发展。它使后者分化、破产；而使前二者与之合流，也采取私租、假税的剥削形式，并向新的农奴制—部曲佃客制发展。曹魏时期的屯田制就是在这一社会发展趋势下出现的。因此，秦汉时期，封建地主土地所有制处于主导和支配地位，夸大秦汉时期的土地国有制是缺乏根据的。柳春藩《论汉代"公田"的"假税"》① 提出，汉代假税分地租、地税和渔采税三种类型，而非仅为地租。

于琨奇《秦汉"户赋""军赋"考》② 认为秦汉的户赋即是军赋，它是在国家发生战争的情况下，以家赀为根据，向编户齐民征收的一种临时性的赋税项目。马怡《汉代的诸赋与军费》③ 认为汉代的诸赋（口钱、算赋、更赋、家庭资产税等）同国家的军费需求之间存在着相当密切的联系，诸赋是汉代国家军费的主要来源。汉代国家的大部分军事开销，包括军事装备、边防和战争经费等，都是由按人、户征收的诸赋来供应的。

岳庆平《汉代"赋额"初探》④ 根据江陵凤凰山汉简，提出汉代以算征收的赋为"取民之赋"，一部分用于上交中央财政，即"算赋"；一部分用于地方财政，无定额，因地、因时而异。杨振红《龙岗秦简诸"田"、"租"简释义补正——结合张家山汉简看名田制的土地管理和田租征收》⑤ 结合张家山汉简等简牍材料，对龙岗秦简中诸"田""租"简进

① 柳春藩：《论汉代"公田"的"假税"》，《中国史研究》1983 年第 2 期。

② 于琨奇：《秦汉"户赋""军赋"考》，《中国史研究》1989 年第 4 期。

③ 马怡：《汉代的诸赋与军费》，《中国史研究》2001 年第 3 期。

④ 岳庆平：《汉代"赋额"初探》，《中国史研究》1985 年第 4 期。

⑤ 杨振红：《龙岗秦简诸"田"、"租"简释义补正——结合张家山汉简看名田制的土地管理和田租征收》，《简帛研究二○○四》，广西师范大学出版社 2006 年版。

行再考释。认为龙岗简116"吏行田赢律"之"行田"意为"授田"。龙岗"行田""田籍""程田""程租""程""租""匿田""盗田"诸简反映的是秦名田宅制下的土地管理和田租征收制度。乡是秦及西汉初年国家实施土地管理、田租征收的基本单位。乡部啬夫及其属吏——部佐（汉为乡佐）每年需对百姓土地占有、耕种、收成等情况进行检核，制成田比地籍、田命籍、田租籍，将副本上交到县。对占有土地没有达到法定标准者，国家通过"行田"补其不足。田租征收施行"程租"制度，以当年耕种的土地即垦田为征收对象，根据亩产量确定田租额。对侵占公私田宅的"盗田"、部佐在田租征收中的"匿田""遗程""败程"等违法行为，国家制定了严格的惩罚措施。另文《从新出简牍看秦汉时期的田租征收》[①] 认为，秦及汉初田租征收存在东西方差异，原秦、楚地区实行程租制即定率租，关东地区则实行定额租，西汉中期始在全国推广定额制。臧知非《从〈吏民田家莂〉看汉代田税的征收方式》[②] 指出，孙吴把国有土地按质量分为"熟田""旱田"两类租给农民，征收不同标准的田租，其"熟田""旱田"的数额是人为地"定"出来的而非依据土地质量的自然状况而统计出来的数量；东汉自章帝以后把土地"差为三品"而税之，吴简的问世，间接地证明了东汉土地分为三等之后是分别征以不同数额的田税；孙吴的"熟田""旱田"之分是东汉田分三等的发展，尽管租、税性质不同，但方式一致。

田泽滨《汉代的"更赋"、"赀算"与"户赋"》[③] 认为"更赋"即"过更"；"赀算"并非财产税，但按"赀"区分为"高赀""中赀""赀不满二万"（"贫民"）等类别却与徭赋的征敛相关，"赀"于赋役的敛派有一定的参考作用。这种情况对于后来户分九品和户调征收实行"九品相通""衰多益少""使贫富相通"，都有历史的直接联系和影响；"户赋"并非具体单一的税目，通常指某户丁口全部徭役赋税的概称。高敏《关于汉代有"户赋"，"质钱"及各种矿产税的新证——读〈张家山汉

① 杨振红：《从新出简牍看秦汉时期的田租征收》，《简帛》第3辑，上海古籍出版社2008年版。

② 臧知非：《从〈吏民田家莂〉看汉代田税的征收方式》，《史学月刊》2002年第5期。

③ 田泽滨：《汉代的"更赋"、"赀算"与"户赋"》，《东北师大学报》1984年第6期。

墓竹简〉》① 指出，汉代的所谓"户赋"并不是新税目，而是把口钱、算赋的按人头收的"赋税"改为按户出税和把按顷亩入刍的刍税改为按户征收，只是由于征收方式的改变，故有"户赋"之名。其征收对象为"卿以下"的获爵者，从征收量来说，都比原来的口算赋和按授田顷数输刍三石要轻得多，故"户赋"为优待有爵者的税目。于振波《从简牍看汉代的户赋与刍藁税》② 根据秦汉简牍指出，汉代的户赋与刍税都是对秦制的继承。户赋是诸多赋税中的一个单独税目，而非一户内各项赋税的总称。"卿爵"在免纳田租、刍税的同时，却要缴纳户赋。户赋按户征收，刍税按田亩面积征收，均以征收饲草为主，主要供应本县之需，与口钱、算赋、田租等在性质上截然不同。朱德贵《张家山汉简与汉代户赋制度新探》③、《从〈二年律令〉看汉代"户赋"和"以赀征赋"》④ 根据新刊布的张家山汉简相关材料考证指出，汉代户赋的征收并非人头税按户征收，也不是始终按照"每户每年出户赋二百钱"征收。户赋的征收标准在汉初是按爵位分等级征收，其后随着爵制的泛滥，逐渐为以赀征赋的标准所取代。

朱继平《从〈张家山汉简〉谈汉初的户赋与户刍》⑤ 认为，"户赋"和"户刍"是一种特殊性质的户税，其征课对象是"卿以下"即五大夫以下至公士的中低级爵位拥有者，与口算、田租刍藁是并列关系，这些中低级爵位拥有者既要向政府交纳口算、田租刍藁，也要同时交纳户税，户税由户赋与户刍构成。与口算及田租刍藁的税率相比，户税的税率很低，既可视为政府为增加收入而向中低级爵位开征的特别赋税，也可视为在汉初社会中有爵者的一种身份标志，或者说是一种有爵者的特殊待遇。文景与武帝时期社会状况的变化是导致汉代户税不断加重又突然消失的重要原

---

①　高敏：《关于汉代有"户赋"，"质钱"及各种矿产税的新证——读〈张家山汉墓竹简〉》，《史学月刊》2003 年第 4 期。

②　于振波：《从简牍看汉代的户赋与刍藁税》，《故宫博物院院刊》2005 年第 2 期。

③　朱德贵：《张家山汉简与汉代户赋制度新探》，《学术论坛》2006 年第 6 期。

④　朱德贵：《从〈二年律令〉看汉代"户赋"和"以赀征赋"》，《晋阳学刊》2007 年第 5 期。

⑤　朱继平：《从〈张家山汉简〉谈汉初的户赋与户刍》，《江汉考古》2011 年第 4 期。

因。杨振红《从出土简牍看秦汉时期的刍稾税》① 考察了秦汉时期刍稾税发展演变的实态，认为户刍和田刍虽然征收物相同，但税目性质、征收标准和方式不同，田刍稾税与田租的征收标准和性质亦不同：户刍、田刍是两种不同的赋税种类，户刍是户赋的一种征收形式；刍稾税是按农民实际拥有的土地数量征收。秦国大约在秦简公七年（公元前 408 年）"初租禾"即征收田租的同时，开始征收刍、稾税。最晚至秦王嬴政统治时期，刍稾税已分为户刍、田刍和田稾。户刍和田刍虽然征收物相同，但税目性质不同。户刍以户为征收单位，为户赋的一种征收方式，属户口税，每户征收额相同，征收对象为卿以下（含卿）有爵者至庶人。田刍、稾以土地的计量单位"顷"为征收单位，根据户主实际拥有的土地数量折算征收，不管其当年是否耕种。每户征收的数量不等，田多者多征，田少者少征，其税目性质为土地税。秦及汉初征收对象为五大夫以下（含五大夫）有爵者至庶人。在征收了足够国家和地方财政所需的实物刍稾后，其余的要折成钱交纳。田刍稾税与田租的征收标准和性质亦不同。田租的征收对象为当年耕种的垦田，而非像田刍稾税一样为所有土地。田租按收获物的一定比例征收，为定率租，虽然至武帝时演变为定额租，但其实质仍为农业收益税。李恒全《从出土简牍看秦汉时期的户税征收》② 认为，从里耶秦简、张家山汉简看，秦汉户税包括户赋与户刍，其特征是以户为单位，按户征收。户赋的基本形态是货币，户刍的基本形态是刍草。秦户赋可以折纳为实物征收；汉初户赋每年每户征收十六钱。秦汉户刍每年每户征收一石，可以折纳为钱征收。在征收数量上，户税远轻于人头税。汉初户税的征收对象为卿以下等级，是几种主要赋役的征发对象中等级覆盖范围最大的税种。秦汉户税自秦孝公十四年开始征收，约于汉宣帝时废除。

邬文玲《里耶秦简所见"户赋"及相关问题琐议》③ 指出，户赋是秦代的税目之一；户赋的征收总额和征收时间相对固定，每年分五月和十

① 杨振红：《从出土简牍看秦汉时期的刍稾税》，吴荣曾、汪桂海主编《简牍与古代史研究》，北京大学出版社 2012 年版。

② 李恒全：《从出土简牍看秦汉时期的户税征收》，《甘肃社会科学》2012 年第 6 期。

③ 邬文玲：《里耶秦简所见"户赋"及相关问题琐议》，《简帛》第 8 辑，上海古籍出版社 2013 年版。

月两次征收，总额为 32 钱；户赋的征收内容包括现钱和实物两部分，其中实物的品类不固定，可根据各地的实际情况和需求来确定，目前所见有茧和枲；户赋的收受和支付由少内负责；从目前所见的资料来看，户赋中茧、枲等实物部分当主要是供本县所用，现钱部分的归属和使用尚需进一步讨论。朱圣明《秦至汉初"户赋"详考——以秦汉简牍为中心》① 认为，在秦至汉初的国家赋税体系中，户赋是作为一种专门税目而存在的。其征课对象是五大夫爵位及其以下凡有立户者。它以户为单位，在秦朝征收实物茧、丝，每户纳茧六两，在汉初则转而征收钱币，每户上缴十六钱。户赋由各里在每年五月集中收取，上缴所属乡部，然后再由乡部统一交付到县廷。这一过程由乡部全权负责。乡里上缴的户赋在县道一级统一由县（道）少内负责管理调度，保障户赋在全县（道）内的正当使用，并向上级二千石官缴纳余下的户赋。另文《再谈秦至汉初的"户赋"征收——从其与"名田宅"制度的关系入手》② 指出，官府以"名田宅"制度吸引并促使民众立户，进而征收户赋。户赋征收的对象为上到五大夫下至司寇、隐官为户主的民户（均含上、下限）。其于商鞅在秦国第一次变法时起征，到汉文帝时停征，此亦是秦汉时期官方推行"名田宅"制度的上下时间断限。陈松长《秦代"户赋"新证》③ 通过对岳麓书院藏秦简中一条金布律文的解读，证明秦代不仅确有"户赋"，而且还有很明确的有关征收"户赋"的时间和数量的具体规定，以及有关"枲""钱"的换算关系。秦代"户赋"的管理属于金布律的内容之一，缴纳户赋的对象是"泰庶长以下"的人，户赋的征收是秦代郡级财政税收的一个重要组成部分。朱德贵《简牍所见秦及汉初"户赋"问题再探讨》④ 根据岳麓书院藏秦简中一份有关征收"户赋"的法律文书，认为秦汉"户赋"既不是"户税"，也不是"户税"的组成部分；秦"户赋"征收的对象

---

① 朱圣明：《秦至汉初"户赋"详考——以秦汉简牍为中心》，《中国经济史研究》2014年第 1 期。

② 朱圣明：《再谈秦至汉初的"户赋"征收——从其与"名田宅"制度的关系入手》，《中国经济史研究》2016 年第 3 期。

③ 陈松长：《秦代"户赋"新证》，《湖南大学学报》2016 年第 4 期。

④ 朱德贵：《简牍所见秦及汉初"户赋"问题再探讨》，《深圳大学学报》2017 年第 4 期。

不是"五大夫爵及其以下凡有立户者",而是"泰(大)庶长以下"凡有立户权者;"户刍"不是一种与"户赋"并列的独立税目,而是官府征收"户赋"的多种物质形态之一;秦汉时期的"户赋"与军事有着紧密的联系,是军备物资和军费的主要来源。李勉、俞方洁《秦至汉初户赋的性质、征收与管理》①认为,秦至汉初的户刍确为户赋的一种形式。户赋起源于军赋,其征收形式多样反映了秦代较为灵活的财政管理制度,具备较强的操作性。随着战争结束,汉代户赋改征钱币。卿爵以下(包括卿爵)都要缴纳户赋。户赋征收中严格使用校券,并由乡部根据本乡应纳户赋数量制作户赋征收统计册,最后由少内主管全县户赋的征收、管理和支出。

王彦辉《论汉代的"訾算"与"以訾征赋"》②认为,《汉书·景帝纪》所见"訾算"指的或许不是财产税,而是任官的资格限制。西汉时期的计訾与户等划分主要是为国家制定相关政策提供依据:家訾是选任官吏的前提、迁豪的依据、摊派临时性徭役的标准以及国家推行救荒措施的政策线。计訾内容主要包括田宅、奴婢、马牛羊和其他财物。西汉存在临时性的财产税,包括武帝时针对商贾子钱等颁行的"算缗令"和对一般吏民推行的"以訾征赋",以及成帝时期的税民訾。财产税的征收对象是正常税目以外的动产和不动产,总的趋势是课税范围不断扩大,王莽时期的"訾三十取一"是一种极端做法。东汉以后财产税的征收逐渐常态化,在"平訾"的基础上定额征税,但"平訾"的内容及税额不详。石洋《战国秦汉间"赀"的字义演变与其意义》③认为,秦律中的"赀"是秦系特有文字,专表示"赀罚",且制度上不允许以别字假代,目前也尚未见"赀"存在于先秦他国的确证。入汉以来,赀刑总体上由罚金刑取代,后又被废除,故专表"赀罚"的"赀"失去了本义;约在同时,财产调查制度开始以"訾"指代财产,并广泛应用。于是"赀"渐与"訾"混

---

① 李勉、俞方洁:《秦至汉初户赋的性质、征收与管理》,《重庆师范大学学报》2018年第2期。

② 王彦辉:《论汉代的"訾算"与"以訾征赋"》,《中国史研究》2012年第1期。

③ 石洋:《战国秦汉间"赀"的字义演变与其意义》,《华东政法大学学报》2013年第4期。

通，变成表示"财产"的常用字。概言之，"赀"的字义演变是秦汉间制度变革的反映。朱德贵、庄小霞《岳麓秦简所见"訾税"问题新证》①指出，岳麓书院藏秦简中有关秦"訾税"征收的记载表明，"秦及汉初不存在财产税"的观点显然是错误的；秦"訾算"并非"訾税"，"訾算"只是"訾税"征收的前提条件。秦"訾税"征收大略分为四个步骤：一是确定征收对象；二是规定征收范围；三是以户为单位，按訾产折价之多寡计征"訾税"；四是设立专门机构，极力追缴拖欠官府的钱财。岳麓书院藏秦简中的"识劫㛨案"展示了"匿訾"案件的审理过程。

高敏《论西汉前期刍、稾税制度的变化发展——读〈张家山汉墓竹简〉札记之二》②对云梦秦简、江陵凤凰山十号汉墓简牍、张家山汉简中有关秦汉时期的刍、稾税制度的记载，进行了全盘考察，勾勒出其发展变化的脉络。臧知非《张家山汉简所见西汉矿业税收制度释析——兼谈西汉前期"弛山泽之禁"及商人兼并农民问题》③认为，西汉前期工商业主通过授田制度获得山川林泽等矿产资源的所有权，以"占租"的方式向国家交纳定额税，走上富贵之路。而授田制之下的个体农民，则因为实行按户按顷征收以货币形态为主的定额田税（租）制度而不可避免地成为工商业主的兼并对象，走上"卖田宅、鬻子孙"的破产流亡之路。税收制度是西汉前期"法律贱商人，商人已富贵；尊农夫，农夫已贫贱"的深层原因。

杨振红《从张家山汉简看秦汉时期的市租》④指出，市租是秦汉时期针对在"市"场中出售商品的商人征收的商品交易税。商人通过占租即申报的方式，向主管官吏申报营业额，然后按照自己行业的法定税率，交纳市租。商人如果不如实申报，瞒报或少报，一旦被发现，要没

①　朱德贵、庄小霞：《岳麓秦简所见"訾税"问题新证》，《中国经济史研究》2016 年第 4 期。

②　高敏：《论西汉前期刍、稾税制度的变化发展——读〈张家山汉墓竹简〉札记之二》，《郑州大学学报》2002 年第 4 期。

③　臧知非：《张家山汉简所见西汉矿业税收制度释析——兼谈西汉前期"弛山泽之禁"及商人兼并农民问题》，《史学月刊》2003 年第 3 期。

④　杨振红：《从张家山汉简看秦汉时期的市租》，井上徹、杨振红编《中日学者论中国古代城市社会》，三秦出版社 2007 年版。

收其所有货物和卖出的钱，没收其摊位（商铺），将之驱除出市。伍人、列长若不举报，也要受连带处罚。市的长官市啬夫及其属吏负责市租征收，征收时一定要当着商户的面，将收取的钱放进只能进不能出的缿中，并且和商户签订一式三份的券书（契约），将中间的那份上交县道官，以防止他们将市租私吞。由于市租和质钱、户赋、园池入钱等"山川园池市井（肆）租税之入"，在秦及西汉时期属帝室财政收入，而非国家财政收入，所以法律明文规定县道官不得擅自动用上述税收，而要将其通过郡上报丞相、御史。可以推想，丞相、御史最终会将它们转给少府，由少府进行支配和管理。当时还对贩卖金银珠玉等商贩，征收特殊商品交易税，这种税收也属于市租的性质。与开采黄金要征收实物黄金的资源税一样，贩卖黄金也要征收实物黄金的商品交易税，即针对一定量的黄金征收若干铢的市租，汉国家为此制定了专门的法律，这可能就是史载的"租铢之律"。

张信通《秦汉乡里赋税制度和赋税征收》① 指出，赋税收入是维持秦汉帝国运行的经济支柱，乡里赋税来源于国家最小基层行政单元里，征收的财物包括口赋、献费、户赋、田租、刍稾。口赋是按人口数量征收的人头税，分成人和儿童两类征收，口赋可以在一年内分批次上缴。献费每人每年上缴 63 钱。户赋每户每年上缴 16 钱。田租征收以里为单位，一次统一上缴乡部。刍稾不包括在田租之内，刍稾包括户刍、田刍、田稾三项内容，户刍每户每年上缴一石；田刍、田稾由县统一核算所需量，余刍稾数以顷刍律折钱上缴。赋税制度的落实主要靠基层的乡官里吏去完成。

臧知非《秦汉赋役与社会控制》② 一书全面探讨了秦汉户籍与乡里制度、田税的演变、人口税、关税和市税、"月为更卒"与更赋、兵役制度的演变等问题。《土地、赋役与秦汉农民命运》③ 一书讨论了东周秦汉时代土地与田税制度、徭役制度、工商管理制度等问题，从国家力量与社会控制的角度，以生产资料所有制及其分配为核心，从不同层面揭示战国秦

① 张信通：《秦汉乡里赋税制度和赋税征收》，《中国经济史研究》2012 年第 1 期。
② 臧知非：《秦汉赋役与社会控制》，三秦出版社 2012 年版。
③ 臧知非：《土地、赋役与秦汉农民命运》，苏州大学出版社 2014 年版。

汉时代农民命运变迁的历史逻辑。《秦汉土地赋役制度研究》^① 一书从社会控制和社会结构的历史变动层面系统考察了战国至秦汉时期土地赋役制度的历史基础和实施演变过程，重新梳理和解读了土地、税赋、户籍等方面存在较多争议的问题，对秦汉土地赋役制度提出了许多新的解读。

长沙走马楼吴简中有许多"调麻""调布""调皮"的记载，引起学者们对吴国是否实行过户调制问题的关注和讨论。王素、宋少华、罗新《长沙走马楼简牍整理的新收获》^② 直接把吴简中所见的"调"称为"户调"，并根据吴简披露当时户分九品，推测传世文献所记西晋特别于"平吴之后"，又"制户调之式"，首次采用"九品相通"原则，应该含有吴国的户调内容。对此，高敏有不同看法。他认为《新收获》所引用的吴简，不见一枚简牍中有"户调"二字。简文中的"调"几乎无一例外属于动词，是调发、征调、调运之意，而不是作固定名词的"户调"之"调"。根据吴简，孙权时期明确地实行了汉代的口钱、算赋制度，那么作为取代口钱、算赋制度的"户调"制就不可能实行，因为二者是同一种税。由此他得出了孙吴时期无户调之制的结论。^③ 王素对高敏的意见作了回应，他在《吴简所见"调"应是"户调"》^④ 中指出，吴国既然承袭汉制，汉代户调与口钱、算赋长期并行，则吴国户调与口钱、算赋并行也并无矛盾。本来，户调为按户征收实物，口钱、算赋为按人征收现金，二者存在很大的不同，不能根据后来户调取代口钱、算赋，而简单地将二者视作同一种税。至于二者合并为一种税，由于存在很大的不同，更需要一个较长的过程。而吴国则始终处于这个过程之中。因此，称吴简所见的"调"为"户调"，是没有问题的。高敏再撰《长沙走马楼吴简中所见"调"的含义》一文与王素商榷，重申吴简中所见的"调"都非"户调"之"调"，以及几乎所有"调"字都是作动词用的调发、征调之意。不过认为从有关竹简中可以窥探出孙吴时期实行的口钱、算赋制度有逐步向户

① 臧知非：《秦汉土地赋役制度研究》，中央编译出版社 2017 年版。
② 王素、宋少华、罗新：《长沙走马楼简牍整理的新收获》，《文物》1999 年第 5 期。
③ 高敏：《读长沙走马楼简牍札记之一》，《郑州大学学报》2000 年第 3 期。
④ 王素：《吴简所见"调"应是"户调"》，《历史研究》2001 年第 4 期。

调制转变的轨迹。① 于振波《走马楼吴简中的"调"》② 认为，汉代的"调"除了按户或根据赀产征收外，还有多种途径，如按田亩、按奴婢数量等，为"正税"以外各种苛捐杂税的通称。史书中并没有关于孙吴进行赋税改革的明确记载，孙吴赋税非常繁重，对东汉赋税制度多有保留。走马楼吴简中的"调"应该属于苛捐杂税性质，与曹魏实行的制度化之户调不同。

杨际平《析长沙走马楼三国吴简中的"调"——兼谈户调制的起源》③ 指出，魏晋的户调制由两汉的财政调度演变而来，而两汉的"调"经历了从财政调度向横调、杂赋敛、常税演变的过程。汉代常税以钱、谷二色为主，政府实物形态的消费以谷、布帛为大宗。即政府收入的主要是钱与谷，而其消费则主要是谷与帛，这种矛盾必须通过政府的财政调度来解决；各地区的财政收支不平衡的情况，也需要通过大司农的财政调度来解决。"调"的对象物，可以是调钱粮，也可以是调盐铁、调役、调丁夫等，但最多、最经常的，除了常税收入的钱粮外就是布帛。因为汉代的赋税收入本无布帛一色，所以大司农调布帛之前，就必须先经过以赋钱市买布帛这一环节。西汉政府正是以其手中所掌握的大量赋钱，通过赋钱市物这一中间环节来实现政府收入与政府消费在实物形态上的相对平衡。郡县行政系统或大司农财政系统的市物应调，是以国家财政收支平衡或富有盈余为前提的。当政府财政因战争或其他原因而入不敷出，被调地区或部门无物可调，又无赋钱可买时，大司农的调度就无法做到以实际的财政收入为依据，而往往不得不超出这个范围，向郡国横责调物。这么一来，单纯财政意义的"调"便逐步向带有赋税意义的横调演变。王莽时期出现严重的财政危机，在边郡战事告急、军费无着的情况下，羲和或纳言的财政调度根本不问郡国库藏是否丰赡，是否有物可调，或有足够的

① 高敏：《长沙走马楼吴简中所见"调"的含义——兼与王素同志商榷》，《中华文史论丛》2007 年第 1 期。

② 于振波：《走马楼吴简中的"调"》，《中国经济史研究》2004 年第 1 期。

③ 杨际平：《析长沙走马楼三国吴简中的"调"——兼谈户调制的起源》，《历史研究》2006 年第 3 期。

赋钱市买调物，而只是根据需要下达调度令，这种超出正常财政调度范围的横调度，最终只能由百姓来承担。这么一来，"调"一词，便从财政范畴的概念，逐渐向赋税范畴的概念演变，从中央政府与地方政府之间的单纯的财政调拨关系，演变为中央政府—地方政府之间的财政调拨关系与地方政府—郡国编户齐民之间的赋敛关系的双重关系。对于地方政府来说，它只是例行应调，但对编户齐民来说，无疑是新增加的负担。横调、横赋敛不仅变成民户的经常性负担，而且常常是民户比常税更重的负担。但在形式上，它还不是正式的赋税，还没有固定的税额或税率，还没有通行于全国的税则。东汉后期，因政治原因与战争原因引起的财政困难与财政危机持续的时间更长，也更严重，横调（不以库藏丰赡为前提的"调"）、横赋敛（常税之外的各种征敛）越来越多，横调与横赋敛的结合也越来越紧密，虽然有时仍保留用钱市买调物的形式，但实际上多不给值，而是敛及百姓，或征钱以市调物，或直接向百姓摊派调物，所以时人常将"调"与"租"或"赋"并称。东汉末黄巾起义后的军阀混战，导致经济崩溃。曹操除了在自己控制的地区实行屯田外，又开始整顿赋税制度，实行按户征收绵绢。至建安九年九月，曹操下令："其收田租亩四升，户出绢二匹、绵二斤而已，他不得擅兴发"，完成了对赋税制度的重大改革：田租由比例税率改为定额税；原先的口赋、算赋和包括横调在内的各种横赋敛都归并为"户出绢二匹、绵二斤"，规定不得再有横调、横赋敛。于是"户出绢二匹、绵二斤"与"田租亩四升"一起取代两汉田租、口赋之制成为新的常税与主体税种。由于常税与主体税种的这一变化，国家财政收入与国家消费的内容终于在实物形态上取得相对的平衡。不过曹操所规定的"户出绢二匹、绵二斤"，当时并未正式称为"户调"，只是因为西晋平吴之后的"户调之式"也规定按户输绢绵，明显源于曹操之制，所以今人也将建安九年九月曹操规定的按户出绵绢称为"户调"。

在正常财政调度下，以用赋钱市绢帛为中间环节的调绢帛，与横调、横赋敛下的调绢帛，无论是对征调主体——政府来说，还是对纳调主体——纳绢帛的吏民来说，其意义都是完全不同的。正常财政调度下的调绢帛，并不增加政府的财政收入，也不增加纳调者的赋税负担，横调、横赋敛下的调绢帛，政府增加了财政收入，民户也加重了经济负担。走马楼吴简所见的"调布""调皮"都是官府用钱市买的，既非按户摊派，也不是按户等摊派，因而不属于赋税范畴，对于纳"调布"与纳"调皮"的吏民来说，都既不是常税，也不是"苛捐杂税"。但官府用于市皮之钱，至少有一部分来自对诸乡吏民的加征，因而"调皮""入皮"就至少有一部分属于横调、横赋敛范畴。王素《长沙吴简中的佃客与衣食客——兼谈西晋户调式中的"南朝化"问题》①认为，孙吴建国时期，江南大土地的开发已经打下良好基础，包括荫"佃客"与"衣食客"等在内，各项具有地域性特色的建制都基本形成，并反过来对中原产生了影响。在这种情况下，西晋灭吴，统一中国，颁布的户调式，含有包括荫"佃客"与"衣食客"等的江南地区的内容，是十分正常的。

三　简牍文书与户籍制度

出土简牍包含不少关于户籍的实物资料，在很大程度上弥补了文献记载的不足，有力地促进了秦汉三国的傅籍、户籍制度、奴婢户籍等问题的研究。

关于傅籍问题。一般认为傅籍指广义的役籍，包括更卒、正卒和戍卒在内的徭役兵役，傅籍的年龄即起役的年龄，也是成年的标志。高敏《关于秦时服役者年龄问题的探讨》②认为秦时服役者以十五周岁为始役年龄，即傅年为十五周岁，而且从秦到汉都以十五岁始役。另文《西汉

---

① 王素：《长沙吴简中的佃客与衣食客——兼谈西晋户调式中的"南朝化"问题》，《中华文史论丛》2011年第1期。

② 高敏：《关于秦时服役者年龄问题的探讨》，见高敏著《云梦秦简初探》，河南人民出版社1981年版。

前期的"傅年"探讨——读〈张家山汉墓竹简〉札记之六》① 利用张家山汉简的有关材料，再一次论证了秦时始役的年龄是十五岁的观点，并认为张家山汉墓竹简的出土可以确证傅籍者以年龄为标准；西汉前期一般庶民的傅年标准仍是十五岁；《二年律令·傅律》364 号简所说二十岁、二十二岁及二十四岁的傅年，是对有爵者和有爵者之子实行优待的规定，并非一般庶民的傅年标准。张金光《秦自商鞅变法的租赋徭役制度研究》②认为秦的傅籍、征役标准，前后有较大变革。先是年龄与身高二准并用。免老用年龄为准，傅籍征役则二准参用。后来才改为傅、免皆用年龄为准。具体说来，秦人于六尺六寸，即当十七岁时始傅，而于次年十八岁始役。有爵的庶民五十六免老，无爵者六十始免老。照此法定标准，秦百姓一生则有四十三年或三十九年在役。臧知非《秦汉"傅籍"制度与社会结构的变迁——以张家山汉简〈二年律令〉为中心》③ 认为，秦汉傅籍于每年八月进行，秦和汉初是十七岁始傅，景帝时改为二十岁，昭帝改为二十三岁；傅籍是成年的开始，同时标志着政治身份的改变，在承担服徭役的义务的同时，也开始享受与其身份相一致的利益，按等级获得爵位、田宅、实物以及减免刑罚的特权，是社会经济、政治结构变动的制度因素之一。徐畅《再辨秦汉年龄分层中的"使"与"未使"——兼论松柏出土53 号木牍"使大男"之含义》④ 认为，"使"与"未使"的赋税含义是后来附加的，而"使大男"是指可以真正去服役的男子。凌文超《汉晋赋役制度识小》⑤ 认为，"小未傅"独立成词，反映了秦汉赋役征派由徭役制度和爵制共同规定的史实，"小爵"即小未傅者之爵位。"使大男"，并非户籍身份，"使"应作动词解，可能是此时期郡县人口集簿中的文书用词，并对松柏汉简53 号木牍中男女比例失衡的原因进行

① 高敏：《西汉前期的"傅年"探讨——读〈张家山汉墓竹简〉札记之六》，《新乡师范高等专科学校学报》2002 年第 3 期。

② 张金光：《秦自商鞅变法的租赋徭役制度研究》，《文史哲》1983 年第 1 期。

③ 臧知非：《秦汉"傅籍"制度与社会结构的变迁——以张家山汉简〈二年律令〉为中心》，《人文杂志》2005 年第 1 期。

④ 徐畅：《再辨秦汉年龄分层中的"使"与"未使"——兼论松柏出土53 号木牍"使大男"之含义》，《简帛研究二〇〇九》，广西师范大学出版社 2011 年版。

⑤ 凌文超：《汉晋赋役制度识小》，《简帛》第 6 辑，上海古籍出版社 2011 年版。

了探讨。东牌楼户籍简中"算卒"的含义应是征收算赋和更赋的意思。

也有学者持不同意见，认为傅籍专指著籍为正卒，即在正卒兵籍上登记，而更卒徭役的始役年龄早于正卒兵役，而和缴纳算赋的年龄相同，为十五岁。"正"指正卒兵役，包括一年屯戍（或卫士）兵役，一年力役即材官骑士的地方兵役。张荣强《〈二年律令〉与汉代课役身份》①重新梳理了汉代课役制度及丁役制的发展演变轨迹，并探讨了"傅""睆老""免老"等课役名目及汉代妇女的服役问题，认为汉代已实行丁中制，"傅"指傅籍为正卒，相当于后代服全役的丁，正卒不仅要服兵役而且要服徭役，十五岁至傅籍以及正卒止役后至睆老为次丁（中），所服为半役。杨振红《徭、戍为秦汉正卒基本义务说——更卒之役不是"徭"》②利用张家山汉简和里耶秦简等新出简牍材料，尝试重新解构秦汉时期的徭役兵役体系。认为秦汉时期的徭役兵役制度以丁中制为基础，制定了两种起役年龄标准——十五岁和"傅"年。十五岁以上未傅者和睆老，相当于后代的次丁，只须服"更"的劳役和部分正役——"徭"，不须服"屯戍"兵役。"傅"指著籍成为国家正式兵役和徭役的负担者，时称为"正""正卒"或"卒"，相当于后代的"丁"。正卒除每年服一个月的更的劳役外，还有两项基本义务，即一岁屯戍兵役（无论是戍边、戍卫京师或戍卫郡县），一岁"徭"的力役。秦及汉初两者均是以每年一个月、傅籍期间完成一年的方式服役，高后五年始实行戍卒岁更之制。材官骑士是从正卒中选拔出来的职业军人，平时居家，战时征调，每年集中训练一个月，可以冲抵"徭"。李恒全《论秦汉"傅籍"的兵役性质》③认为，秦汉力役有劳役（更役）和兵役之分。与健康的成年男子一样，健康的成年女子和轻度残疾者也是更役的承担者，而傅籍仅限于健康的成年男子，说明征发更役并非傅籍的目的。更役是秦汉唯一的属于普遍性征发的劳役形式，但在具体的服役内容上，又种类繁多，有轻重大小之别；就服

---

① 张荣强：《〈二年律令〉与汉代课役身份》，《中国史研究》2005年第2期。

② 杨振红：《徭、戍为秦汉正卒基本义务说——更卒之役不是"徭"》，《中华文史论丛》2010年第1期。

③ 李恒全：《论秦汉"傅籍"的兵役性质》，《史学集刊》2013年第4期。

役者和更役具体内容的结合上看，更役具有多层次性。这排除了傅籍还存在以其他普遍性的劳役形式为目的的可能。因此，针对秦汉健康成年男子的傅籍具有兵役性质，而与更役征发无关。王彦辉《秦汉徭戍制度补论——兼与杨振红、广濑薫雄商榷》① 认为，"正"在涉及徭、戍的语境中有正卒、正籍等义项，但不能释董仲舒所言"已复为正"之"正"为正籍。材官骑士是从正卒中遴选出来的现役和预备役士兵，在役期间的具体职守包括军事操练、解运军粮物资、发屯参战等；预备役期间各执其业，参加年度春秋射，战时需要应征赴难。徭或徭役不能对应董仲舒讲的"一岁力役"；"徭"亦非专指"委输传送"；官吏的"徭"属于职事范畴，不宜用来讨论劳役性质的"力役"。其所著《秦汉户籍管理与赋役制度研究》② 一书，从县乡机构设置、户籍登记与管理、聚落形态的演变与社会控制、资产登记与财产税演变、徭役与兵役体系等几个方面，揭示了秦汉时期的社会管理体制。

袁延胜《天长纪庄木牍〈算簿〉与汉代算赋问题》③ 认为天长纪庄木牍《算簿》中的"事算"，体现了徭役承担者和算赋承担者的一致性；《算簿》中"复算"数额几乎占算赋总额的十分之一，应与汉代在不同情况下"复算"人员较多有关；《算簿》和《户口簿》的统计表明，汉代算赋承担者基本占总人口的一半；《算簿》中八月份和九月份的算赋数额，应分别是"八月算人"和"计断九月"统计的结果。杨际平《凤凰山十号汉墓据"算"派役文书研究》④ 指出，江陵凤凰山 10 号汉墓出土的"凡十算，徙（？）一男一女"简册，有统一的格式：一里之内，打破"比""伍"界限，集若干户"凡十算"为一单元，"凡十算"之前，实际上是统计各户算口的"算"簿。"徙（？）"字作动词用，表示某种行为，之后的"一男一女（男某女某）"，则是该行为的对象人。"凡十算"是该简册的关键词组，起承上启下作用，既是此前部分的小计，又是后续

① 王彦辉：《秦汉徭戍制度补论——兼与杨振红、广濑薫雄商榷》，《史学月刊》2015 年第 10 期。
② 王彦辉：《秦汉户籍管理与赋役制度研究》，中华书局 2016 年版。
③ 袁延胜：《天长纪庄木牍〈算簿〉与汉代算赋问题》，《中国史研究》2008 年第 2 期。
④ 杨际平：《凤凰山十号汉墓据"算"派役文书研究》，《历史研究》2009 年第 6 期。

行为的依据。该简册既是官文书，便与民间的合伙贩运商贸等无涉。被"徙（？）"的一男一女分属两户的这一特点，又排除了其为迁徙活动的可能性。汉代算口，实际上也就是应承担政府使役之口。联系安徽天长西汉墓 1 号木牍的《算簿》和《九章算术》计算遣徭的算题，可知该简册正是基层行政组织据算派役的简册。汉代征发力役，通常是先派算口较多之户，后派算口较少之户。李恒全《从天长纪庄木牍看汉代的徭役制度》①认为天长纪庄木牍《算簿》所载算赋数与更役数重合，表明凡算赋交纳的对象同时也是服更役的对象，凡算赋交纳的年龄段同时也是服更役的年龄段，即汉代服更役的对象为十五岁至免老年龄之间的成年男女。对天长纪庄木牍《算簿》和《户口簿》的定量分析表明，汉代每户平均服役人数不少于二人，与汉代晁错所言相符。汉代的傅籍属兵役性质，傅籍的对象限于成年男子；始傅的年龄，汉初为 17 岁，汉景帝二年后为 20 岁，汉昭帝后为 23 岁。

　　于振波《"算"与"事"——走马楼户籍简所反映的算赋和徭役》②指出，孙吴算赋的起征年龄为 15 岁，与汉代相同；而最高年龄为 59 岁，比《汉仪注》所言略高。走马楼户籍简中所见算赋是针对成年人的（15 岁至 59 岁），事实上，孙吴可能对 14 岁以下的儿童也征收一定数量的人头税。孙吴口算的数额及征收时间似均无定制，大概相当于汉代的取民之赋，而非上交之赋。高敏《吴简中所见"丁中老小"之制》③ 认为三国时期的吴国，实行了以十五岁成丁，被称为"大男""大女"，14 岁以下为小，被称为"子男""子女"或"小男""小女"，61 岁以上为老，被称为"老男""老女"的丁中老小制度。凌文超《秦汉魏晋"丁中制"之衍生》④ 以西晋丁中制作为研究的基本参照，结合秦汉及孙吴简牍材料和传世文献的相关记载进行分析，梳理出秦汉魏晋"丁中制"衍生的大

---

① 李恒全：《从天长纪庄木牍看汉代的徭役制度》，《社会科学》2012 年第 10 期。
② 于振波：《"算"与"事"——走马楼户籍简所反映的算赋和徭役》，《汉学研究》第 22 卷第 2 期，2004 年。
③ 高敏：《吴简中所见"丁中老小"之制》，《新乡师范高等专科学校学报》2006 年第 3 期。
④ 凌文超：《秦汉魏晋"丁中制"之衍生》，《历史研究》2010 年第 2 期。

致过程。指出："丁中制"起源之初，不仅以赋役征派对象的身高、年龄、健康状况等自然身份作为依据，而且受到社会身份爵位的影响。秦汉时期随着国家对编户民年龄的掌握，二十等爵制的废弛，年龄逐渐成为赋役征派的主要依据。秦汉早期"丁中制"在简牍户籍中表现为户籍身份与赋役注记的结合，户籍身份"小"、"大"等与赋役征派只是大致对应而未重合，户籍身份本身并不意味着赋役义务。三国时期，实际赋役征派急剧变动，形成中的年龄分层与轻重赋役义务相结合，催生了丁中身份，为西晋创设丁中老小之制提供了条件。另文《走马楼吴简"小"、"大"、"老"研究中的若干问题》①认为，走马楼孙吴户籍简原释文"老男/女"绝大部分应改释作"大男/女"。"老"涵括在"大"的年龄层之中，并非与"小""大"平等的身份。吴简"小""大"之分仍以 15 岁为界，"小""大""老"年龄不存在交叉现象。女性"小""大"身份的转变受婚姻的影响，但这对赋役征派的影响甚微。这些情况在汉代就已如此。吴简中的"小""大"并非民间概念，而是承续了秦汉以来的制度性规定，因为其重要性降低，不适性也越来越突出，户籍简中"小""大"身份因此普遍省记，或记作其他称谓。韩树峰《论秦汉时期的"老"》②认为，秦汉时期"大""小""使""未使"等称谓是基于力役征发而产生的概念，秦汉时期不存在表示免除力役的"老"这一特定称谓，老年和壮年一样，全部被归入"大"这一群体。征派力役时，老年分别以免老和睆老的名目存在。刑法中的"老"是一个有固定含义、指向明确的称谓。张荣强《"小""大"之间——战国至西晋课役身分的演进》③认为，战国后期的秦国以身高、年龄并用的标准划定课役身份，按身高划分的"小""大"只是一级课役名目；"小"之下设有按身高划分的"能作"和"未能作"，"大"之下则有按年龄划分的"睆老"和"免老"。大概秦王政十六年后不久，秦国开始采用完全按照年龄标准划分课役身份的方

---

①　凌文超：《走马楼吴简"小"、"大"、"老"研究中的若干问题》，《中国国家博物馆馆刊》2013 年第 11 期。

②　韩树峰：《论秦汉时期的"老"》，《简帛》第 13 辑，上海古籍出版社 2016 年版。

③　张荣强：《"小""大"之间——战国至西晋课役身分的演进》，《历史研究》2017 年第 2 期。

式，构建了一套可以并容"老""小"的新型课役身份体系。汉代存在两套课役身份体系，一套是以"小""小未傅""丁""睆老""免老"（"小未傅""丁"，非法定名目）构成的徭役身份，另一套是承袭战国时期的课役结构，以"小""大"构成的口算身份。汉代与战国户籍上标注或体现出的"小""大"，表面上名目相同，但无论性质还是指代的年龄范围都有很大差异。西晋出现的"小""次丁""丁""老"等法定名目，都可以在汉代找到相应的阶段和称谓。

走马楼户籍简中登载各户家庭的结句简通常作"凡口若干事若干算若干事若干"，对于如何解释前后两个"事"的含义，学界有分歧。整理者最初推测"事"指简，即前一个"事"表示编造该户户籍所用的总简数，后一个"事"为书写缴纳算赋的家庭成员所用简数。① 这一看法后来受到了质疑。张荣强《说孙吴户籍简中的"事"》② 前一个"事若干"指课役口数，与家口总数结合，后一个"事若干"指徭役，与缴纳算赋的人数结合。而课役人口是在该户家口总数内划定，徭役则是从缴纳算赋者中征发。于振波《"算"与"事"——走马楼户籍简所反映的算赋和徭役》③ 认为前一"事"当指有劳动能力的人，包括成年男女及有一定劳动能力的未成年女（或次丁），而后一"事"则指应当服役的人口。孟彦弘《吴简所见"事"义臆说》④ 指出，"事"的内容很宽泛，既指徭役，又指算钱。换句话说，"事"是指政府向百姓征收赋税、征发力役，包括百姓应当完成官府所要求他们承担的种种义务。这些赋税、力役等是制度正式规定的，临时性或额外的摊派或征发，不能称为"事"。"事"的具体内容，是由与它配合使用的赋税或力役来决定的。谈的是算赋，则"事"的具体内容即指算赋；谈的是力役，则"事"的具体内容就是指力役。因此吴简中所谓"口若干事若干"，指该户有多少口，其中多少口服力役；"算若干事若干"，是指应缴纳多少算而实际要缴纳多少算。杨振红

---

① 王素、宋少华、罗新：《长沙走马楼简牍整理的新收获》，《文物》1999 年第 5 期。

② 张荣强：《说孙吴户籍简中的"事"》，《吴简研究》第 1 辑，崇文书局 2004 年版。

③ 于振波：《"算"与"事"——走马楼户籍简所反映的算赋和徭役》，《汉学研究》第 22 卷第 2 期，2004 年。

④ 孟彦弘：《吴简所见"事"义臆说》，《吴简研究》第 1 辑，崇文书局 2004 年版。

《从出土"算"、"事"简看两汉三国吴时期的赋役结构——"算赋"非单一税目辨》① 认为，两汉孙吴时期，以"算"为单位向 15 岁至免老年龄的成年男女征发赋税和徭役。"算"不仅意味着有交纳赋税而且有服役的义务。"算赋"意为"以算课征赋税"，非单一税目，不仅包括每年120 钱的人头税，还包括吏俸、转输、缮兵等各种杂税。赋役场合的"事"为动词，意为"服事"。长沙吴简"口若干事若干"之"口"指户内家庭人口总数，"事"指有赋役义务的口数，包括 7—14 岁交纳口钱的口数和有"算"义务的口数，相当于后代的"课口"数；"算若干事若干"之"算"指有"算"义务的口数，"事"和天长汉简的"事算"一样，指实际服"算"的口数。"算"、"事"簿籍按月统计、制作。李恒全《从走马楼吴简看孙吴时期的口算与徭役》② 认为孙吴时期仍然实行汉代的算赋、口钱征收制度，对 15—60 岁的成年男女征收算赋，对小于 15 岁的部分小男小女征收口钱。与汉代一样，孙吴的成年女子也是徭役征发的对象。孙吴徭役征发的对象为 15—60 岁之间的成年男女，与算赋征收的对象相同，说明在正常情况下，算赋与徭役的征纳是重合的，即交纳算赋的对象，同时也是服徭役的对象，交纳算赋的年龄段，同时也是服徭役的年龄段。但由于各种免役情况的存在，服徭役的数量往往少于交纳算赋的数量。

臧知非《"算赋"生成与汉代徭役货币化》③ 梳理了战国秦汉时代"算赋"的发展历程，认为"算赋"在制度生成的层面，是"民不徭"之"赀"的结果，是授田制下编户民"事"义务的货币化，由"算事而赋"演变为"算人而赋"，发展为人口税。秦昭王的"十妻不筭"是免除其徭役而非"算赋"。高帝四年（公元前 203 年）"初为算赋"是登记户籍、确定赋役。凤凰山"算簿"是因"事"定算、按"算"收钱的账簿，是徭役货币化的历史实践。7—14 岁每人年"出口钱"23 钱，15—

---

① 杨振红：《从出土"算"、"事"简看两汉三国吴时期的赋役结构——"算赋"非单一税目辨》，《中华文史论丛》2011 年第 1 期。

② 李恒全：《从走马楼吴简看孙吴时期的口算与徭役》，《南京农业大学学报》2013 年第 2 期。

③ 臧知非：《"算赋"生成与汉代徭役货币化》，《历史研究》2017 年第 4 期。

56 岁每人年"出赋钱"120 钱的汉代的算赋制度源于《周礼》，形成于元帝，是受田民由国家课役农演变为个体小农的历史体现，是中国古代赋役制度层累叠加的历史反映。晋文《秦代算赋三辨——以近出简牍材料为中心》①及另文《秦代确有算赋辨——与臧知非先生商榷》②，认为里耶秦简证实当时的家庭中有多妻和蓄婢的现象，也存在一些和父母生活的直系家庭，为算赋是向妇女专门征收的赋提供了众多可信依据。再加上传世文献和张家山汉简的佐证，便构成了一条完整的证据链，进一步证明秦代算赋是对妇女征收的赋。从这一事实出发，对算赋以实物为主的征敛形式、"初为赋"的内涵应囊括所有赋税、秦汉户赋的嬗变，以及人头税在汉初的最终形成等，也可以做出新的评判。

关于户籍制度。高敏《秦汉的户籍制度》③认为秦的户籍制度，自商鞅变法之后，日趋严格和完备，不仅按不同情况区分了各种不同的户籍，还确定了户口的什伍编制方式，规定了生著死销的统一办法，也制定了户主申报和典老审查核实的登记户口的程序，还做出了不许擅徙、徙时必经审核批准和必办理更籍手续等规定，此外，关于户口登记的具体内容，也有一定的规格。秦的户籍制度，是秦统治者向劳动人民征发徭役的基础和课取赋税的依据。汉代户籍制度承袭秦制，户口的编制方式与秦制基本相同，亦有所更革，汉代有户等划分，有禁止任意流移和逃亡的"舍匿之法"，有对户口进行调查核实的一系列措施，如案比户口，造籍，每年将户籍层层上报接受中央的检查，利用"赐民爵"制度引诱流民重新占籍等，以此维护和巩固户籍制度。孙筱《秦汉户籍制度考述》④指出，秦代户籍登录已初步制度化，尤其对成丁的登记十分严格，户籍登录和田土登录一起进行，户籍登录以成丁户主为主，以家为单位组成编户齐民，户籍有明显的等级区别。汉代户籍有两种基本形式，其一是由个人自己掌握类似身份证的名籍，内容较简单，书写格式一般按主人的姓名、县、里、爵、年龄、身高、肤色依次排列。其二是由各级政府掌握的户籍，可分为

① 晋文：《秦代算赋三辨——以近出简牍材料为中心》，《华中国学》2018 年第 2 期。
② 晋文：《秦代确有算赋辨——与臧知非先生商榷》，《中国农史》2018 年第 5 期。
③ 高敏：《秦汉的户籍制度》，《求索》1987 年第 1 期。
④ 孙筱：《秦汉户籍制度考述》，《中国史研究》1992 年第 4 期。

编户齐民籍、宗室籍、七科谪籍三种类型，各以户为登录单位，内容比较详尽，从户主身份至妻子、儿女、财产皆有详细记载。

张荣强《湖南里耶所出"秦代迁陵县南阳里户版"研究》① 指出，湖南里耶北护城壕所出户籍残简，典型的书写方式是分为五栏，分别著录壮男、壮女、小男、小女以及老男（女），与商鞅变法后秦国的户口统计方式基本一致。这批户籍简的显著特征是一户所有家口都写在一枚版上，版的宽度因各户家口情况的不同而宽窄各异。根据《周礼·秋官·司民》及汉儒郑众的注释，这种户版就是乡保存的户籍，也就是史籍中常常提到的"名数"。这批户版登录的各户籍贯都是南阳里，从其反映的家庭结构、书写格式特别是各户家口没有注明年龄或身高等情况来分析，应该是秦占领楚地后不久编制的。黎明钊《里耶秦简：户籍档案的探讨》② 指出，《史记·秦始皇本纪》秦献公十年秦"为户籍相伍"，户籍制度与什伍连坐制度并行，可见秦代曾经建立了一个严密的户籍制度，可惜具体而完整的户籍文书档案却一直未有发现，新出土的里耶秦简暂时公布了 24 枚户籍登记档案的简牍，其中 10 枚是完整的，另外有 14 枚为残简。由此批户籍档案的内容，以及其所显示的家庭类别，可知秦并没有严格执行分异法，小家庭虽然是主导的家庭类型，但社会上仍存在着相当数量的扩大家庭和联合家庭。陈絜《里耶"户籍简"与战国末期的基层社会》③ 指出，里耶"户籍简"当为秦人侵吞楚国"青阳以西"之地后的产物，其编录年代或可定为战国末叶。"户籍简"中的"南阳"，为迁陵里邑之名，其上级行政单位或为设置在迁陵之都乡。南阳里大致有编户民 20 余户，涉及姓氏多达七八个，呈异姓杂居之状。编户民的家庭类型有核心家庭、主干家庭和联合家庭三类，但以前两者为主，联合家庭只是个别现象，大致可视为一种暂时性的过渡形态或贫困及其他原因导致的个例。家庭奴仆乃编户民的附属人口，他们与主家的人身隶属关系已得到法律的承认，而女性奴仆则可以通过婚姻或生育达到提高社会与家庭地位的目的。这些与

① 张荣强：《湖南里耶所出"秦代迁陵县南阳里户版"研究》，《北京师范大学学报》2008年第 4 期。

② 黎明钊：《里耶秦简：户籍档案的探讨》，《中国史研究》2009 年第 2 期。

③ 陈絜：《里耶"户籍简"与战国末期的基层社会》，《历史研究》2009 年第 5 期。

基层社会形态相关的诸多特征，可以看成战国末期楚、秦两国基层社会的共性之所在。里中居民行编伍之制，但这可能属于秦文化因素，非荆楚旧有。薛洪波《里耶秦简所见秦代"生分"》① 认为《里耶秦简（壹）》中保留的两份完整的有关析产的"爰书"是目前所见最早的"生分"案例，"生分"不仅是国家鼓励的分户析产行为，而且财产转移受到法律的保护。依据财产划分户等的制度最晚在秦代已经实行，《汉书·景帝纪》提到的"訾算"并非汉初才有的制度。张荣强《读岳麓秦简论秦汉户籍制度》② 认为存在着秦及汉初的户籍中登载田地的事实，简文"岁尽增年"之"岁尽"即九月，指的就是官府编定户籍之时。中国古代的增年方法并非以岁首而是以傅籍为标志，户籍登载的是当年而非下一年数据。符奎《秦汉闾里户数初探》③ 认为秦的闾里规模可能以 25 户为标准，文献记载的差异是后来人口变化的结果。韩树峰《里耶户籍简三题》④ 指出，秦里耶户籍简最多可分七栏，第一栏录户人、大男，第二栏录大女，第三栏录小男，第四栏录小女，第五栏录免役老年男子，第六栏录免役老年女子，第七栏录奴婢、伍长。秦户籍简及其他秦简"大男""大女"屡见，而无"老男""老女"，《二年律令》及《二年西乡户口簿》呈现出同样的特点，说明秦及汉代早期不存在"老"这一特定称谓。这种状况的形成，与先秦以来以身高作为服役标准密切相关。秦户籍简家庭成员关系书式有异于孙吴、西晋、前秦、西凉诸政权户籍形式，而与西魏、唐相类，从书写材料角度解释这种现象尚存在不少问题，其深层原因有待进一步探讨。

李均明《张家山汉简所见规范人口管理的法律》⑤ 认为，汉初人口管理的主要内容包括对常住人口的登记及对逃亡者的惩罚。人口登记以户为单位造册，个人申报与官方查验双向进行，登记项目包括姓名、性别、年

① 薛洪波：《里耶秦简所见秦代"生分"》，《中国史研究》2013 年第 1 期。

② 张荣强：《读岳麓秦简论秦汉户籍制度》，《晋阳学刊》2013 年第 4 期。

③ 符奎：《秦汉闾里户数初探》，《中国农史》2016 年第 1 期。

④ 韩树峰：《里耶户籍简三题》，《简帛研究二〇一六（春夏卷）》，广西师范大学出版社 2016 年版。

⑤ 李均明：《张家山汉简所见规范人口管理的法律》，《政法论坛》（中国政法大学学报）2002 年第 5 期。

龄、爵级、健康状况等。诸县设有专门的档案库，用以存放有关人口及资产管理的簿册，对其保管及使用有严格的规定。对特殊人群设专门的登记册，如市籍、宗室籍等。奴婢如同主人的财产附着在主人户籍下。汉律允许人口合理迁徙，但须办理有关手续。户口的内容有变更时亦须及时登录。对逃亡者的惩罚意在防止在册人口的流亡，故专设有《亡律》章，而对隐匿者的惩罚通常与被隐匿者的罪行程度挂钩。可见，汉初有关人口管理的法律是从控制户口及防止逃亡两个方面考虑制定的。控制户口的手段是建立严格的登记及核实制度，对逃亡及隐匿者予以严惩。杨际平《秦汉户籍管理制度研究》[1] 认为我国比较严密的户籍制度建立于春秋战国时期。秦统一六国后，随着郡县制在全国范围内的全面实行，户籍制度也更加严密。汉五年刘邦诏"民前或相聚保山泽，不书名数，今天下已定，令各归其县，复故爵田宅"，实际上是一次在全国范围内清理与整顿户籍。从吕后《二年律令·户律》和县乡定户籍与郡国上计的关系看，汉代户籍应是一年一定。汉代户籍的主要内容是吏民家口名年，不包括赀产。据张家山二四七号汉墓竹简《奏谳书》、居延新简《甘露二年御史书》与三国吴简可知，汉代奴婢入籍。奴婢在法律上首先还是"人"，因此奴婢登入户籍、手实与户口账，而畜产等资财不在其列。奴婢对于其主而言（也仅仅是对其主人而言）是财产，所以奴婢又登入主人的赀产簿。二者并行不悖。因为奴婢只是"贱人"，所以奴婢虽然有"名数"，但不算编户齐民。刘敏《秦汉户籍中的"宗室属籍"》[2] 指出，秦汉户籍中身份等级最高的是皇族成员的宗室属籍。无论是居于京师的皇族，还是散居各郡国的宗室成员的户籍都归宗正掌管，各地要按时上报宗室户籍，是为上计制度的重要内容。并非所有皇族及后裔都具有宗室属籍，谋反者及其家属、毋节行者、五服之外者不具备宗室属籍。不仅有皇族血统者有宗室属籍，与皇室有姻亲关系者也可有宗室属籍，或称之"准宗室属籍"。宗室也不单纯是个自然的血缘或姻缘概念，还可以是人为刻意制造而成，即宣布没有皇族血统的人为宗室。秦汉宗室有属籍者数量相对有限，没像宋

---

① 杨际平：《秦汉户籍管理制度研究》，《中华文史论丛》2007 年第 1 期。
② 刘敏：《秦汉户籍中的"宗室属籍"》，《河北学刊》2007 年第 6 期。

明那样出现宗室泛滥为患的局面。

袁延胜《论东汉的户籍问题》①通过对东汉不同阶层人物户籍的考察，得出如下结论：①东汉时期的依附民，仍是国家控制下的编户齐民；②东汉时期的宾客，身份是自由的，仍是国家的编户；③东汉的奴婢是不入户籍的，奴婢一般作为主人的家赀登记在财产簿上，奴婢的地位在东汉有所提高；④东汉宗室有特殊的户籍，主要是指宗室王侯五属内的亲属，五属外的刘氏宗族则著籍于当地，已经是国家的编户齐民了；⑤东汉王侯的子孙，基本上著籍于封地；⑥东汉官吏并没有特殊的户籍，而且官吏不管在何处做官，户籍基本上不变动，仍在原籍。张荣强《长沙东牌楼东汉"户籍简"补说》②指出，东牌楼出土的几枚东汉末年"户籍简"载有"算卒"之语，整理者认为是汉代"算赋之一种"；但汉代史籍中均不见"算卒"的固定称谓，此"算卒"当是指"算"（算赋）、"卒"（兵役）两种赋役名目。这几枚"户籍简"与里耶所出秦代户版、走马楼孙吴户籍简的形制、格式均不相同，既非乡户籍，亦非县户籍复本。根据汉代的造籍程序，从其所载内容均为"笃癃""九十复""甲卒"等特定名目看，东牌楼这几枚简应该就是临湘县案比民户的专门簿籍。胡平生《新出汉简户口簿籍研究》③从文字校释、格式内容、编制程序等方面，对汉墓简牍中的乡、县、郡户口簿籍进行了综合考察。袁延胜《三杨庄聚落遗址与汉代户籍问题》④认为三杨庄聚落遗址发现的庭院遗址，可能就是《二年律令·户律》中"民宅园户籍"中"宅园"的真实再现，"民宅园户籍"应是记载民户家庭人口情况、住宅及其附属物"园"情况的综合簿籍。袁延胜、董明明《〈二年律令·户律〉"田合籍"

---

① 袁延胜：《论东汉的户籍问题》，《中国史研究》2005 年第 1 期。

② 张荣强：《长沙东牌楼东汉"户籍简"补说》，《中国史研究》2008 年第 4 期。

③ 胡平生：《新出汉简户口簿籍研究》，《出土文献研究》第 10 辑，中华书局 2011 年版。

④ 袁延胜：《三杨庄聚落遗址与汉代户籍问题》，《中原文物》2012 年第 3 期。

辨》① 认为，张家山汉简《二年律令·户律》中的"田命籍"应为田合籍，它是《户律》中记载的汉代五种户籍类簿籍中重要的一种。从国家统计土地的角度看，"田合籍"应是所有土地的总籍。它可能既是记载国家所有田地情况的总籍，同时也是记载每户所有田地情况的总籍。王彦辉《出土秦汉户籍简的类别及登记内容的演变》② 指出，里耶户籍简的著录沿袭的是秦献公创制户籍制度以来的旧制，登记内容并不包括年龄、财产之类的内容。秦王政十六年（公元前 231 年）"初令男子书年"以后，男子以及家口的年龄始书于户籍以外的"年籍"，即张家山汉简《户律》的"年细籍"。汉初的"户籍"可分为广义的户籍（包括宅园户籍、年细籍、田比地籍、田命籍、田租籍）和狭义的户籍（宅园户籍）两大类。其中，"宅园户籍"登录的内容包括户主及家庭人口、奴婢以及房屋、家畜等，但不包括田地，属于家口与财产的合籍。秦及汉初国家在乡里设置平行的两套管理机构乡部和田部，这是造成户籍类别繁复的原因之一。汉武帝以后，乡里职事从简，田部省置，宅园户籍与年细籍合并，户籍开始作为一个整词应用，即狭义上的户籍。袁延胜《秦汉简牍户籍资料研究》③ 一书，以出土简牍的时代顺序为主，对秦汉简牍中的户籍资料进行了深入的考辨和分析，并对户籍资料涉及的相关问题进行了论述。

黎石生《长沙走马楼简牍所见户籍检核制度及其相关问题》④ 指出，根据走马楼简牍中两枚关于户籍检核制度的木牍所记内容来看，当时孙吴政权检核户籍要经过官吏被书、隐核户口、登记为簿、破莂保据等四道程序。高敏《吴简所见孙权时期户等制度的探讨》⑤ 指出，所谓户等制度，是指官府按居民家庭财产多少而划分户口等级的制度，关于秦汉时期如何

① 袁延胜、董明明：《〈二年律令·户律〉"田合籍"辨》，《南都学坛》2013 年第 1 期。

② 王彦辉：《出土秦汉户籍简的类别及登记内容的演变》，《史学集刊》2013 年第 1 期。

③ 袁延胜：《秦汉简牍户籍资料研究》，人民出版社 2018 年版。

④ 黎石生：《长沙走马楼简牍所见户籍检核制度及其相关问题》，《东南文化》2002 年第 9 期。

⑤ 高敏：《吴简所见孙权时期户等制度的探讨》，《史学月刊》2006 年第 5 期。

征收家庭财产税、确定户等、评估家财等一系列做法，由于史料不足，还处于若隐若现之间。但是从西晋到南北朝，户分九品之制已经定型化，如果我们能找到从西汉的户分三等到南北朝的户分九品之间的过渡环节，则中国古代户等制度的发展变化过程就将更加明朗化。吴简的出土恰恰证明在孙权时期的长沙郡与临湘侯国境内，已经确立了三等九级的户等划分制度。张荣强《孙吴简中的户籍文书》① 认为汉代户籍是家口籍与财产簿的结合，每户之下载有家口及课役集计，以及在此基础上以乡或里的户口、赋役总计及诸色户口、役种的分项统计，体现出秦汉时期户籍与上计簿的密切关联。孙吴户籍没有财产簿的内容，人口与课役集计（总计）仍是重要构成。西魏大统籍 A、B 两卷反映的正是这种户籍的形式和特点。西魏苏绰定"户籍、计账之法"，割裂了户籍与计账的联系，此后唐代户籍不见户口、赋役总计的内容。孙吴户籍简的出土，弥补了汉唐间籍账研究的重要缺环。汪小烜《走马楼吴简户籍初论》② 认为根据吴简来看，户籍的种类应该很多。其中有一类登录项目齐备，登记对象是正式的民户，以户为单位，注明户主和其他家庭成员的身份、性别、年龄、丁中组别、健康状况、纳口赋和服徭役情况，还有户赋标记。这应该是作根本凭证的户籍，即正籍。此外，还会根据不同的需要编制不同的名籍，这些名籍也是户籍。于振波《走马楼吴简所见户与里的规模》③ 指出，根据吴简统计，户均 4.80 人，与传世文献中经常提到的"五口之家"相符。吴简中的里，其规模多在 20—50 户，不像传世文献中所说的那样整齐划一。长沙郡自东汉以来，人口密度已略有提高，但直到三国初期，地广人稀的状况依旧，里的规模仍然无甚变化，说明此时经济发展水平尚无明显改观。张荣强《走马楼户籍简中的"中"字注记》④ 指出，走马楼吴简中经常可以见到用朱笔单独书写的"中"字。这一注记主要集中在户口簿籍和仓库出纳钱米布的账簿上。根据户籍简"中"字标注的具体位置，以及汉代编造户籍尤其是平时

① 张荣强：《孙吴简中的户籍文书》，《历史研究》2006 年第 4 期。
② 汪小烜：《走马楼吴简户籍初论》，《吴简研究》第 1 辑，崇文书局 2004 年版。
③ 于振波：《走马楼吴简所见户与里的规模》，《江汉考古》2009 年第 1 期。
④ 张荣强：《走马楼户籍简中的"中"字注记》，《中国历史文物》2009 年第 5 期。

检核的程序，简中朱笔书"中"字和红笔涂改都是县廷钩校的结果。仓库出纳钱物账簿上的"中"字及涂改痕迹性质也是如此。

于振波《走马楼吴简之"私学"身份考述》①认为，"私学"是与"官学"相对而言的。吴简中的"私学"当指儒者以私人身份招收的学生以及虽游学于学官但不属于正式员额的学生。三国时期，由于战乱，私学的赋税负担相对较重，但其社会地位和生活境遇至少不会比普通编户齐民更差，更不可能成为依附人口。李恒全《走马楼三国孙吴简牍"私学"考论》②认为，走马楼吴简中的"私学"，一为私学弟子，一指私立教育机构。私学弟子有的是外地而来的客居者，有的却是本地人，表明其并非逃亡户口。在走马楼吴简中，缴纳"限米"者，与缴纳"税米""租米"者几乎重合，说明以是否缴纳"限米"作为划分国家正户的标准，不能成立。孙吴时期的吏民著籍于同一种户籍，即黄籍之上，均属国家正户，并不存在吏民分立户籍的情况。私学弟子是著籍于黄籍的国家正户，属政府官吏后备军，其不服徭役的可能性较大。孙吴时期，官学废弛，私立教育机构承担了更大的社会责任，故享有政府派役的待遇。凌文超《走马楼吴简举私学簿整理与研究——兼论孙吴的占募》③认为，从利用考古学整理信息和简牍遗存信息整理出的"举私学簿"来看，孙吴要求郡县选举遗脱为私学。临湘侯国功曹等根据政令要求，通知官吏按秩级选举私学，并制作"举状"。功曹等依据"举状"，制作私学名籍。相关责任官吏对所举私学的遗脱或正户民身份进行审查和期会。最后将符合规定的私学遣送诣宫。孙吴"举私学"反映了皇权与将权围绕占募进行的博弈。孙权试图通过此举追夺将吏、官属的部曲、私客，削弱其势力，然而其成效十分有限，推举出来的私学多为临湘侯国的依附人口。私学是为国家所承认的，在服役的同时，跟随私人学习知识技能，将来可能被选任为吏的人。私学本身还不是严格意义上的"吏"，而是正户民、遗脱成为正式吏过程中的过渡身份。凌文超《走马楼吴简隐核新占民簿整理与研究——

---

① 于振波：《走马楼吴简之"私学"身份考述》，《大学教育科学》2005 年第 5 期。
② 李恒全：《走马楼三国孙吴简牍"私学"考论》，《南京师大学报》2012 年第 4 期。
③ 凌文超：《走马楼吴简举私学簿整理与研究——兼论孙吴的占募》，《文史》2014 年第 2 期。

兼论孙吴户籍的基本体例》① 认为孙吴新占民户口簿所反映的户籍体例特征相当明显。第一，户籍以乡里（籍贯）、身份、姓名、年纪、口食为基本内容。第二，户籍全面著录家户人口，并有户计简。这是区别于兵曹徙作部工师及妻子簿、劝农掾隐核州军吏父兄子弟簿这类名籍的关键之所在。第三，户籍中没有赋役注记。这是区别于征赋、派役户籍簿的重要依据。第四，户籍中一般不注记户訾、丁中等。户籍中户訾、丁中等注记与户调、丁中制的推行密切相关。在户调、丁中尚未普遍推行乃至制度化之时，简牍户籍中一般不会全面著录这方面的内容。值得一提的是，因孙吴嘉禾元、二年大规模调布，故推测在此前后制作的户籍很可能有户訾的记录。又因此时丁中制尚在形成当中，户籍中不可能全面著录这方面的内容。迄今出土的简牍户籍类材料中，与孙吴户籍类似的还有里耶秦代迁陵县南阳里、阳里、南里、成里、高里、东成里等户籍。那些学界常视作"户籍简"的居延汉简礼忠、徐宗简以及长沙东牌楼东汉曹其、区益简等皆非严格意义上的户籍简，而是以户籍为依据制作的具有特定行政目的、功能的户籍类简牍，其性质与吴简中所谓的师佐籍、（州军）吏籍、户口簿籍、吏民簿、各类户籍簿等相似，并非真正意义上的户籍。在今后的研究中，有必要对户籍简与户籍类简作必要的区分，以避免"泛户籍"的研究倾向。

韩树峰《论汉魏时期户籍文书的典藏机构的变化》② 认为东晋十六国以前，户籍文书以简牍为书写材料，造籍耗时费力，典藏需要相当的空间，而且查阅也相当不便，因此，中央及地方州、郡不具备收藏户籍的条件和意义，其时户籍文书仅由县、乡典藏。户籍文书以纸为书写材料，始于东晋及十六国政权中的后赵，这一变化使南北政权中央和地方各级机构收藏户籍成为可能，自此，县以上各级政府典藏户籍成为定制，并为隋唐王朝所继承。张荣强《从"岁尽增年"到"岁初增年"——中国中古官

---

① 凌文超：《走马楼吴简隐核新占民簿整理与研究——兼论孙吴户籍的基本体例》，《田余庆先生九十华诞颂寿论文集》，中华书局 2014 年版。

② 韩树峰：《论汉魏时期户籍文书的典藏机构的变化》，《人文杂志》2014 年第 4 期。

方计龄方式的演变》① 认为，最迟从汉武帝时代开始，民间形成以岁首元日即农历春节为节点的增年方式，官方则因应户籍制度的设计，以民众著籍亦即官府造籍的标准时间为增年节点。《史记·仓公列传》淳于意称"臣意年尽三年，年三十九岁"，岳麓秦简0552说爽"尽廿六年廿三岁"，都是按官方增年方式计算年龄。由于造籍标准时间不同，官方的增年时间节点也会随之变化。秦汉时期八月造籍，官方年龄就以八月增年；唐代在造籍年的前一年年末预报"来年手实"，造籍的标准时间实际上是在正月。至迟从唐代起，官方年龄已经变成了岁初增年，制度与礼俗最终合二为一。凌文超《走马楼吴简上中下品户数簿整理与研究——兼论孙吴的户等制》②，根据考古学信息和简牍遗存信息整理复原了走马楼吴简"上中下品户数簿"，指出该簿记录了岁伍所领吏民户数及其上、中、下三户品等具体情况，但未记户口簿籍中常见的"下品之下""下户之下"。结合其他与户品、户訾有关的吴简材料进行分析，孙吴嘉禾年间实际征调过程中，虽然名义上遵循户分三品的旧制，但其执行的依据或为繁密的户訾，或将民户划分为新、故户，各分三品，实则是通过调整社会结构，不断增加户等，达到扩大官府赋役收入的目的。这些与户等相关且日益细化的等级，在日常行政中长期利用，久而久之，如"下品之下"一样，逐渐成为实际上的户品，并最终制度化。从户三品到户九品，其背后不仅有官方的推动，也有民众的顺应与需求。韩树峰《汉晋时期的黄簿与黄籍》③ 指出，虎溪山"黄簿"原名并非黄簿，其性质亦非户籍，而是沅陵侯国的上计簿。目前所见走马楼黄簿同样不属于户籍，内容亦不如西晋黄籍复杂，两者存在一定的差异性。自殷商以后，崇黄逐渐成为古人观念中的一种历史沉淀，黄簿、黄籍之"黄"则是这种崇黄情结的反映，与汉晋间政权采用土德没有必然联系。西晋时期，一些重要的文书以黄纸为书写材料，面对此种压力，政府以简牍书写重要文书时，将非黄色简牍如白

---

① 张荣强：《从"岁尽增年"到"岁初增年"——中国中古官方计龄方式的演变》，《历史研究》2015年第2期。

② 凌文超：《走马楼吴简上中下品户数簿整理与研究——兼论孙吴的户等制》，《中国经济史研究》2016年第3期。

③ 韩树峰：《汉晋时期的黄簿与黄籍》，《史学月刊》2016年第9期。

色木牍染成黄色，黄籍之"黄"因此也具有了具体颜色的含义。"黄"的二重含义表明，西晋黄籍指书写于黄色简牍之上的重要簿籍，户籍只是其组成部分之一。《晋令》中的黄籍甚至不包括户籍，而是指户籍以外的其他户口文书，学界将其与户籍等同，导致令文的解读存在诸多矛盾。面对户口存在的诸多问题，东晋初期对户籍制度进行了革命性的改革，此前一般户口文书的内容和功能为户籍文书所吸收，自此至南朝，黄籍与户籍形成了较为固定的对应关系。凌文超《走马楼吴简隐核州、军吏父兄子弟簿整理与研究——兼论孙吴吏、民分籍及在籍人口》① 认为，孙吴嘉禾四年隐核州、军吏父兄子弟簿是根据保质的需要而制作的名籍，仅记录了州、军吏家户男性成员的相关情况。以州、军吏家户男性成员为质任，并强制他们任给吏或随本主服役，既加强了对州、军吏的控制，又有助于保持役力来源的稳定。这类举措导致诸吏逐渐具有身份性，促进了"吏户""士家"的形成。这是三国在籍人口减少而征役日益繁剧的结果。从隐核州、军吏父兄子弟簿与户口籍簿的关系来看，州吏不仅来自编户民，也有来自遗脱者。虽然孙吴经常对诸吏的叛走、物故、疾病等情况进行调查和统计，并制作了专门的簿书，从而使孙吴吏、兵、民的分类统计成为可能，但是，这类名籍与户籍有很大的交集，当时并不存在分别完整登录吏户、士家、一般民众家户的户籍，即吏、兵与民并未分别列籍。孙吴吏、兵人数也并未全部包含在全国户口总数之内。

关于奴婢的户籍问题，学界分歧较大，一种观点认为奴婢不入户籍，而是作为财产登记在主人的财产簿上；另一种观点认为奴婢作为人列入主人户籍。

朱绍侯《秦汉的土地制度与阶级关系》② 认为，奴婢是主人的财产和会说话的工具，没有单独的户籍，他们作为主人的财产登记在主人的资产项内。傅举有《从奴婢不入户籍谈到汉代的人口数》③ 认为汉代奴婢被当作财产登记在财产簿上，而不是当作人口，不是当作家庭成员登

---

① 凌文超：《走马楼吴简隐核州、军吏父兄子弟簿整理与研究——兼论孙吴吏、民分籍及在籍人口》，《中国史研究》2017 年第 2 期。

② 朱绍侯：《秦汉的土地制度与阶级关系》，中州古籍出版社 1985 年版。

③ 傅举有：《从奴婢不入户籍谈到汉代的人口数》，《中国史研究》1983 年第 4 期。

记在户口簿上。汉代奴婢在市场上也是当作商品买卖的。因此汉代奴婢不入户籍，汉代文献所统计的人口数，是专指"编户之民"，不属于"民"的奴婢是不包括在内的。另文《论汉代"民赀"的登记及有关问题——兼答杨作龙同志》①重申此观点，认为奴婢是作为民赀登记在名籍上。

杨作龙《汉代奴婢户籍问题商榷》②不赞同傅举有关于奴婢是作为财产登记在财产簿上的看法，指出秦律和汉律都有"谒杀"，即杀奴婢必须请示官府的规定，证明奴婢主已不能随意屠杀奴婢，并且在法律规定上，奴婢身份已提高到了"人"的地位。认为汉代奴婢是否列入户籍，应该分别三种不同情况：第一，汉代官奴婢隶属诸苑诸官，与民户无关；第二，宗室、公主及食封贵族之家另有名籍，他们所使用的奴婢也随同其主人而不入民籍户口；第三，汉代以口出赋，豪富民、普通地主及商贾的奴婢都被列于编民户口"下簿"。因此，两汉所载民户口数中包括部分奴婢在内。葛剑雄《西汉人口地理》③认为皇室、列侯、豪右的奴婢、宾客、徒附等都被列入户籍。

王彦辉《从张家山汉简看西汉时期私奴婢的社会地位》④认为，从张家山汉律有关奴婢法的内容来看，奴婢是以人的身份登记在民户的户籍；生命得到基本保证，刑事责任相当于父权家庭中的子女；奴婢免良的渠道不限于国家诏免，在一定条件下还可以代户继承主人的财产。由此可见，西汉时期由法律规定的奴婢的生存状况比之殷周有了很大改善。文霞《试论秦汉简牍中奴婢的户籍问题》⑤认为，秦汉奴婢更多的是以资产性质或依附人口的身份登记于户籍，而没有以个人身份登记于户籍。这种情况与奴婢半人半物的身份特征密切相关。陈爽《走马楼吴简所见奴婢户

①　傅举有：《论汉代"民赀"的登记及有关问题——兼答杨作龙同志》，《中国史研究》1988 年第 3 期。

②　杨作龙：《汉代奴婢户籍问题商榷》，《中国史研究》1985 年第 2 期。

③　葛剑雄：《西汉人口地理》，人民出版社 1986 年版。

④　王彦辉：《从张家山汉简看西汉时期私奴婢的社会地位》，《东北师大学报》2003 年第 2 期。

⑤　文霞：《试论秦汉简牍中奴婢的户籍问题》，《广东教育学院学报》2008 年第 2 期。

籍及相关问题》① 认为，从走马楼孙吴户籍简中的奴婢户籍来看，孙吴多承汉制，奴婢附于良人户口之下，"户下奴"与"户下婢"应当是两汉至孙吴时期私奴婢在官方或正式文书中的称谓，民户中口食计算应当包括了户下奴婢。

文霞《试论秦汉简牍中的"室"与"室人"——以秦汉奴婢为中心》② 认为，秦汉时期的"室"与"家""户"的含义有交叉、重叠，但也有偏差。"室"更多表示建筑空间上的"家"，"户"更多表示户籍管理上的"家"。"室人"表示同处一室之所有人，主要指居住在同一室中的有血缘或婚姻关系的亲人，既不包括奴婢及其他家庭依附成员，也不包含析分出去单独立"室"的成年兄弟。秦汉政府为了增加赋税收入，户口统计时往往将奴婢计入户籍。但奴婢既不是"室人"，也不属于法律意义上的"同居"连坐范围。宋磊《张家山汉简"奴婢代户"律考论》③ 指出，《张家山汉墓竹简》中的"奴婢代户"律，规定主人户绝时奴婢可以被免为庶人并且继承主人的田宅和余财。"奴婢代户"律是当时地方官员根据自己需要对通行律令做的抄录，其效用是不容置疑的。虽然法典的名称是《二年律令》，但是其中诸律的制定年代却是不同的，甚至同一律篇中不同律条的制定年代都是不同的，"奴婢代户"律应当是在高祖五年或其后不久制定的。"奴婢代户"是西汉初期休养生息政策中的重要内容，对西汉初年经济的恢复与发展起到了重要的作用。"奴婢代户"律是特定历史时期的产物，秦汉以后的历代律令中都未再发现类似的律文。宁江英《〈二年律令〉所见汉初奴婢家庭问题研究》④ 认为，奴婢地位的提升为汉初奴婢家庭的存在提供了良好的环境，双方均为奴婢、男为奴女为庶人的官私奴婢家庭比较常见。在这样的家庭中，女方往往要尽到为人妻的义

---

① 陈爽：《走马楼吴简所见奴婢户籍及相关问题》，《吴简研究》第 1 辑，崇文书局 2004 年版。

② 文霞：《试论秦汉简牍中的"室"与"室人"——以秦汉奴婢为中心》，《史学集刊》2013 年第 1 期。

③ 宋磊：《张家山汉简"奴婢代户"律考论》，《理论月刊》2016 年第 7 期。

④ 宁江英：《〈二年律令〉所见汉初奴婢家庭问题研究》，《内蒙古大学学报》2017 年第 6 期。

务，如为入罪的丈夫提供衣物。主人在主仆关系中处于绝对的优势，法律虽然允许奴婢家庭的存在，但当其婚姻关系、亲子关系与主仆关系发生冲突时，一般得不到法律的保护。因此，汉初的奴婢家庭具有半独立性与非完整性的特征，这与当时奴婢半人半物的属性密切相关。文霞《秦汉奴婢的法律地位》① 一书以简牍资料为基础，探讨了秦汉奴婢的名称、来源、户籍、法律地位及放免等问题。其指出：秦汉奴婢来源较为复杂，主要有破产农民、战争俘虏、罪犯及其家人、自身繁衍的后代等，反映了转型社会的特点。奴婢虽被称为家人，甚至一度作为家庭成员载入户籍，但从法律地位的角度而言，具有"半人半物"性质的奴婢既不是"室人"，也不是"户人"。与同时期的罗马奴隶相比，秦汉奴婢拥有较多权利。从犯罪惩罚比较，其与同时期的庶民甚至贵族阶层犯罪差别不大，也远远轻于后来的隋唐奴婢。秦汉奴婢相对较高的法律地位的形成，与秦汉社会的特点密切相关。秦汉时期商品经济的发展为社会流动创造了条件，较强的社会流动、较为开放的社会风俗为奴婢法律地位的提高提供了社会环境；政治上专制主义中央集权的建立和加强、汉初统治集团出身的平民化、二十等爵制的实行，国家意识形态领域"儒表法里"的特点客观上有利于秦汉奴婢法律地位的提高。

四　简牍文书与吏制②

　　吏制与地方行政史一直是秦汉政治史研究的重要主题之一，很多学者在这一领域中卓有建树，成果突出。强汝询《汉州郡县吏制考》，黄绶《两汉行政史手册》，瞿兑之、苏晋仁《两汉县政考》，严耕望《秦汉地方行政制度》等是较早对秦汉地方行政史进行全面研究的论著。随着简牍资料的不断出土和公布，秦汉地方行政史和吏制的研究得到进一步推进，

---

　　① 文霞：《秦汉奴婢的法律地位》，社会科学文献出版社 2016 年版。
　　② 本节的撰写参考了李迎春《20 世纪以来秦汉郡县属吏研究综述》（《石家庄学院学报》2009 年第 1 期）、邹水杰《两汉县行政研究》"绪论"（湖南人民出版社 2008 年版）等论著。

关于郡县吏制、乡官里吏、官吏考课、学吏制度、吏休制度、吏役、吏户等问题有广泛而深入的探讨。

关于郡县吏制。于豪亮根据云梦秦简中的有关资料，结合金文、居延汉简以及传世文献的相关记载，对内史、大田、大内、少内、工师、邦司空、县司空、尉、司马、发弩、敦长、仆射、士吏、县道啬夫、令史、校长、假佐、都官等职官进行了考证和讨论。① 劳榦从居延汉简入手，展开了对汉代地方行政制度的研究。他在《汉代郡制及其对于简牍的参证》② 中，结合文献和简牍资料，讨论了两汉郡制问题。他认为郡是汉代地方政治的根本，郡可以决定县的一切，县仅起辅助作用。他在《汉朝的县制》③ 中，结合汉简，研究了县令长的职责、县丞尉及掾属等问题。他在《从汉简中的啬夫、令史、候史和士吏论汉代郡县吏的职务和地位》④ 中，研究了汉代郡县属吏问题，认为士吏、候长和啬夫是同等地位，西汉时代太守府的各曹曹史，除去佐史、小史以外，其正式名称为卒史。郡县和边塞中的吏，由于辟署的主管不一样，其阶等、职守和名称也有差别。陈梦家在《汉简所见太守、都尉二府属吏》⑤ 中，以汉简为主而与史书相印证，并利用汉代铜器、碑刻、封泥、印玺上的铭文，对太守及都尉二府的官僚组织（即阁下与诸曹）和属吏，以及文书签署等作了详细考证。周振鹤《西汉地方行政制度的典型实例——读尹湾六号汉墓出土木牍》⑥ 从吏员设置角度探讨西汉县级行政区划的等第，认为至少在西汉末年，已经在大小两等县里又再细分为两等，侯国同样有差等。张家山汉简资料表明，汉初即存在千石县、八百石县、

---

① 于豪亮：《云梦秦简所见职官述略》，《于豪亮学术文存》，中华书局 1985 年版。

② 劳榦：《汉代郡制及其对于简牍的参证》，《傅故校长斯年先生纪念论文集》，台湾大学 1952 年版。

③ 劳榦：《汉朝的县制》，《"中央研究院"院刊》第 1 辑《庆祝朱家骅先生六十岁论文集》，台湾"中央研究院" 1954 年 6 月。

④ 劳榦：《从汉简中的啬夫、令史、候史和士吏论汉代郡县吏的职务和地位》，《"中央研究院"历史语言研究所集刊》第 55 本第 1 分册《故院长钱思亮先生纪念论文集》，1984 年。

⑤ 陈梦家：《汉简所见太守、都尉二府属吏》，《汉简缀述》，中华书局 1980 年版。

⑥ 周振鹤：《西汉地方行政制度的典型实例——读尹湾六号汉墓出土木牍》，《学术月刊》1997 年第 5 期。

六百石县、五百石县、三百石县五种类型的县。① 金秉骏《试论尹湾汉牍中的太守府属吏组织——兼论汉代太守府属吏组织的变化及其性质》②，根据《尹湾汉简吏员考绩簿》，从"掾吏"编制、"增置"、"以故事置"、"请治所"、"赢员"等方面考察了西汉太守府属吏组织结构及其背景，并考察了从西汉到东汉太守府属吏组织的变化。

廖伯源《简牍与制度——尹湾汉墓简牍官文书考证》③ 一书，由《汉代仕进制度新考》《汉代郡县属吏制度补考》《汉代地方官吏之籍贯限制补证》《〈东海郡下辖长吏名籍〉释证》《汉书敬丘侯国与瑕丘侯国辩》《东海郡官文书杂考》等六篇论文组成。注重利用尹湾简牍资料研究汉代官制，在验证其师严耕望的结论的同时，对师说作了大量的补正。作者指出西汉后期郡县属吏称谓存在着实际职务称谓与类别称谓之分的现象，给尹湾简中郡县属吏的类别称谓系统与实际职务称谓系统建立了对应关系，并在此基础上研究了西汉后期郡县属吏的等级划分情况。通过对《东海郡下辖长吏名籍》的考证，指出郡县属吏以功次迁补成为长吏这一原不为史家注意的升迁途径，实际在汉代仕进制度中占有重要地位，为西汉仕进之主要途径，东汉亦然，汉代仕进制度，当大幅改写。通过对《集簿》及《东海郡吏员簿》的考订，指出汉初与西汉中叶以后郡县属吏制度的差异，推论《东海郡吏员簿》所载之吏员名目，当是汉初郡县属吏之名目，而严耕望《秦汉地方行政制度》所考汉代郡县政府组织之属吏名目盖为西汉中叶以后及东汉郡县政府组织扩大后属吏的实际吏职名目。在补证严耕望关于汉代地方官吏之籍贯限制即长吏不用本籍、属吏必用本籍的看法时，得出侯家丞及文学应无籍贯限制、盐铁官有籍贯限制的新见解。

谢桂华《尹湾汉墓简牍和西汉地方行政制度》④ 一文全面系统揭示

　① 周振鹤:《〈二年律令·秩律〉的历史地理意义》，《学术月刊》2003 年第 1 期。

　② 金秉骏:《试论尹湾汉牍中的太守府属吏组织——兼论汉代太守府属吏组织的变化及其性质》，《秦汉史论丛》第 8 辑，云南大学出版社 2001 年版。

　③ 廖伯源:《简牍与制度——尹湾汉墓简牍官文书考证》，(台北) 文津出版社 1998 年版;后收入 "简帛研究丛书"，其增订版由广西师范大学出版社 2005 年出版。

　④ 谢桂华:《尹湾汉墓简牍和西汉地方行政制度》，《文物》1997 年第 1 期。

了尹湾汉简中的档案文书所反映的西汉地方行政制度，特别指出太守府实际所用的属吏数远远超过了定员数。在另文《尹湾汉墓所见东海郡行政文书考述》（上）① 中通过对《集簿》和《东海郡吏员簿》的考证，探讨了东海郡的建置和吏员设置包括名称、员数和秩次等问题。李解民对《东海郡下辖长吏名籍》的部分释文重新作了校订，并对其所涉及的长吏籍贯、官吏的任用类型等地方官制问题进行了探讨。② 卜宪群《西汉东海郡吏员设置考述》③ 指出汉代吏员设置遵循定员编制、按名目设置、随事广狭而设官等原则，体现了帝国行政管理的制度化和理性化的原则。杨际平《汉代内郡的吏员构成与乡、亭、里关系研究——东海郡尹湾汉简研究》④ 认为，官、乡有秩以及侯国的侯家仆、行人、门大夫为百石吏，令史、狱史、官啬夫、乡啬夫与游徼为"斗食"，乡、里为同一系统，邮、亭为独立于乡里之外的另一系统。于琨奇探讨了《集簿》和《东海郡吏员簿》统计数的差异以及部分官吏的秩级、职能、统属关系，并对郡太守属下少府机构的设置作了重点探讨。⑤ 汤其领则探讨了侯国吏员设置问题，认为不同侯国吏员设置不同，东海郡所辖侯国多属宣、成二帝所封的王子侯国，吏员大致分为行政系统和家政系统，同时接受朝廷和郡府的双重管辖。⑥ 蔡万进探讨了郡府属吏巡行视察制度、吏休制度和卒史署曹制度等问题。⑦ 廖伯源《汉初县吏之秩阶及其任命》⑧ 就《张家山汉简·二年律令·秩律》所载二百五十石、二百石、百六十石、百二十石等秩等作了考证，认为是汉初承秦制而建立，推论汉初县廷诸属吏及乡亭吏之秩高者（百二十石以上）皆朝廷

① 谢桂华：《尹湾汉墓所见东海郡行政文书考述》（上），《尹湾汉墓简牍综论》，科学出版社 1999 年版。

② 李解民：《东海郡下辖长吏名籍》，《尹湾汉墓简牍综论》，科学出版社 1999 年版。

③ 卜宪群：《西汉东海郡吏员设置考述》，《中国史研究》1998 年第 1 期。

④ 杨际平：《汉代内郡的吏员构成与乡、亭、里关系研究——东海郡尹湾汉简研究》，《厦门大学学报》1998 年第 4 期。

⑤ 于琨奇：《尹湾汉墓简牍与西汉地方官制》，《中国史研究》2000 年第 2 期。

⑥ 汤其领：《尹湾汉墓简牍有关郡县侯国吏制的几个问题》，《史学月刊》2005 年第 11 期。

⑦ 蔡万进：《尹湾汉墓简牍论考》，台湾古籍出版有限公司 2002 年版。

⑧ 廖伯源：《汉初县吏之秩阶及其任命》，《社会科学战线》2003 年第 3 期。

所任命。县属吏为郡县长吏自行辟除,实为西汉中叶以后形成之制度。邹水杰认为秦代县属吏的设置非常复杂,且行政职责不很明确。张家山汉简显示汉初县下有秩吏有二百五十石到百廿石的秩级。汉初以降,县属吏的秩等进行了大调整,有秩固定为百石,数目也大大减少。从秦至汉,县属吏的设置逐渐体现出制度化、科层化的发展趋势。汉初县廷中存在两部分人:一部分是按制度辟署的属吏;另一部分是县令长自行招聘的宾客,他们是县令长的私吏,公、私吏的划分不很清晰。西汉中期以后,私吏消失,制度上明确了分曹执事。① 邹水杰在《两汉县行政研究》一书中分析了两汉县廷中的吏员设置和县级吏员在县级行政层级结构中的地位,认为县廷官吏是由县令长、丞尉和掾属三个层级组成的,县中诸事由县令长负总责,丞尉佐之,具体执行则由各个掾属分工合作。两汉县廷组织管理接近科层制的管理方式。②

侯旭东《传舍使用与汉帝国的日常统治》③ 依靠汉简,结合文献,探讨传舍使用情况与汉帝国日常统治的关系。首先,利用尹湾汉简中的《元延二年日记》考察作为郡吏的墓主在汉成帝元延二年(公元前11年)一年中出行情况及使用传舍的次数、目的,探讨郡吏日常活动与传舍使用的关系。其次,利用尹湾汉简五号木牍分析东海郡官员承担的外繇与使用传舍的关系,并结合西北汉简中的"传"文书,揭示外繇与传舍使用在汉代官员日常活动中的普遍性。最后,从县的角度分析刺史行部与郡守行县、皇帝或朝廷使者出行以及日常祭祀与传舍使用的关系。简言之,传舍在维护帝国上对下的监督与巡视、人员与物资的调动这两项维持帝国持久存在的活动上均发挥了支撑作用。尽管传舍及管理传舍的官吏地位低微,似乎无足轻重,它却是保证帝国存在与正常运转不可缺少的机构。

王爱清《秦汉乡里控制研究》④ 探讨了秦汉乡里控制体系的构建,秦汉乡里连坐和等级支配机制的变迁,宗族、豪强与秦汉乡里权力结构,国

① 邹水杰:《简牍所见秦汉县属吏设置及演变》,《中国史研究》2007 年第 3 期。
② 邹水杰:《两汉县行政研究》,湖南人民出版社 2008 年版。
③ 侯旭东:《传舍使用与汉帝国的日常统治》,《中国史研究》2008 年第 1 期。
④ 王爱清:《秦汉乡里控制研究》,山东大学出版社 2010 年版。

家与豪强对乡里经济、人身控制权的争夺等问题。苏卫国《秦汉乡亭制度研究》① 从"乡亭"一词切入，结合出土简牍材料，对秦汉时期基层的地方行政区划格局做了新的诠释。孙闻博《简牍所见秦汉法律诉讼中的乡》② 认为，秦代乡仅参与并协助县廷开展司法活动，无受理权；但其从事的调查取证已形成相对固定的程序。西汉初年，国家对乡相关权限的规定与秦接近，但乡在特别情况下可受理诉讼已被纳入法律规定。西汉中期以后，乡在地方民事诉讼中的作用有所突出。居延汉简《建武三年候粟君所责寇恩事》显示，东汉初县廷接受的诉讼有时会直接交由下辖乡来处理，受委托的乡可能具有一定的案件审判权。另文《简牍所见秦汉乡政新探》③ 认为，秦代国家力量深入基层，乡的地位更为突出；西汉初年，重置三老而与乡吏共治地方；西汉中期以后，乡吏秩级"相对"降低，国家力量在基层社会逐步后撤。乡的机构建设、吏员设置与事务运作的系列发展，在一定程度上揭示了国家对基层社会控制的历史变化。

王彦辉《〈里耶秦简〉（壹）所见秦代县乡机构设置问题蠡测》④ 认为，秦朝迁陵县设有九曹，即少内、尉曹、吏曹、户曹、仓曹、库曹、司空曹、狱曹、厩。金布为少内所辖专司出纳、统计、核算的部门，田官、畜官属于都官系统，不归县廷直属。九曹之中，县丞主狱曹事，"廷主吏"主吏曹事。在秩级上划分，少内、仓、库、司空、厩为"有秩吏"，尉史、户曹史、狱史为"斗食吏"，唯吏曹情况不明。乡置乡部和田部，与汉初律所载律文吻合。"××守"之"守"的含义，可以确定者有"试官""临时代理"之义，其余义项尚有待进一步分析。邹水杰《简牍所见秦代县廷令史与诸曹关系考》⑤ 认为，秦代县下有曹和官之分，诸曹设于县廷之内，诸官置于县廷之外。县廷设有相当多的令史，各令史值事县廷

① 苏卫国：《秦汉乡亭制度研究》，黑龙江人民出版社 2010 年版。

② 孙闻博：《简牍所见秦汉法律诉讼中的乡》，《中华文化论坛》2011 年第 1 期。

③ 孙闻博：《简牍所见秦汉乡政新探》，《简帛》第 6 辑，上海古籍出版社 2011 年版。

④ 王彦辉：《〈里耶秦简〉（壹）所见秦代县乡机构设置问题蠡测》，《古代文明》2012 年第 4 期。

⑤ 邹水杰：《简牍所见秦代县廷令史与诸曹关系考》，杨振红、邹文玲主编《简帛研究二〇一六（春夏卷）》，广西师范大学出版社 2016 年版。

各曹或监管某一专门事务。在行政文书中称为"（廷）某曹"或"（廷）主某"的用语，实际上是指"某曹令史"或"主某令史"。县廷由主某令史和令史值某曹并存发展到诸曹掾史的格局，可能迟至东汉才成型。水间大辅《里耶秦简〈迁陵吏志〉初探——通过与尹湾汉简〈东海郡吏员簿〉的比较》① 指出，《迁陵吏志》并不包含所有县吏的定员数，除了校长外，县尉属下的吏如尉史、髳长、士吏等均不见于《迁陵吏志》。黎明钊、唐俊峰《里耶秦简所见秦代县行政中官、曹组织的职能分野与行政互动——以计、课为中心》② 认为，作为职能机构的"官"负责制作"计""课"文书，而辅助机构"曹"则需对官呈上县廷的计、课执行校计、定课和整合的手续，两者职务存在分工。"计录"并不是计的目录，"录"文书与校雠紧密相连。所谓"计录"实际就是对稗官所呈计的校对报告——县曹收到官制作的计后，便会根据校簿、校券等资料核对官计数字的真确性，并撰写计录。县曹又身负定课的职责，是沟通县廷、官的媒介。符奎《秦简所见里的拆并、吏员设置及相关问题——以〈岳麓书院藏秦简（肆）〉为中心》③ 认为，从"尉卒律"及其他相关记载来看，秦在基层社会主要推行了里制，从而促进了聚落形态间里化的进程，而设置里典、里父老的相关规定则反映了爵位等级在吏员除授中的重要作用。邹水杰《秦简"有秩"新证》④ 认为，秦代迁陵县属"十官"为司空、少内、仓官、田官、尉官、畜官、船官、都乡、启陵乡和贰春乡，乡啬夫为官啬夫之一种。县属各官啬夫的禄秩等级均为有秩，迟至汉初还不存在有秩啬夫与斗食啬夫的秩级差别。秦代对县属有秩吏和小佐无秩者的任除均可由县道完成，这与"有秩郡所署"的汉代制度有异。秦汉县吏的设置，在西汉后期发生较大的变化，并最终在东汉中后期定型为县廷设诸曹掾

---

① 水间大辅：《里耶秦简〈迁陵吏志〉初探——通过与尹湾汉简〈东海郡吏员簿〉的比较》，《简帛》第 12 辑，2016 年。

② 黎明钊、唐俊峰：《里耶秦简所见秦代县行政中官、曹组织的职能分野与行政互动——以计、课为中心》，《简帛》第 13 辑，上海古籍出版社 2016 年版。

③ 符奎：《秦简所见里的拆并、吏员设置及相关问题——以〈岳麓书院藏秦简（肆）〉为中心》，《安徽史学》2017 年第 2 期。

④ 邹水杰：《秦简"有秩"新证》，《中国史研究》2017 年第 3 期。

史、乡设啬夫（有秩）的格局。

杨振红《从秦"邦"内史的演变看战国秦汉时期郡县制的发展》①认为，秦简中的"邦"指秦王畿，即"内史"所辖京师之地。西周时的内史主要负责册命诸侯、卿大夫。至晚在春秋时期，各诸侯国已仿王制设内史。公元前5世纪以前，内史已成为王畿（或诸侯国都）的行政长官。商鞅变法时，始在内史下设三十一县，将新的县制与旧的内史制相结合。秦始皇统一中国后，为了建立与之相适应的中央集权郡县制国家，废除王畿之制，将"邦"改称为"都"，与"郡"相当，内史自此成为郡县制的一环。内史的演变是分封制向郡县制转变的缩影。孙闻博《秦汉"内史—诸郡"五官演变考——以军国体制向日常行政体制的转变为背景》②认为，秦汉帝国建立初期，军国体制特征突出，地方武官设置普遍。内史、诸郡武职，在类别与秩级上基本一致。内郡、边郡的差别则不突出。秦及汉初的地方军事组织呈现出一种中外平等格局。随着帝国由军国体制向日常行政体制转变，京师、诸郡武官系统的差异不断发展。京师、内郡军事组织逐步减少或退出日常职官序列，边郡军事组织多得保留并有进一步演进，军事组织由此呈现"边地化"趋势。光武中兴，"省官并职"，"务从节约"。内外之别与地方武官系统的演进，使京师、内郡、边郡军事组织的彼此差异继续发展。

李迎春《秦汉郡县属吏与长官关系考论——兼谈东汉"君臣之义"的政治实质与作用》③认为，秦汉时期郡县属吏与长官的关系并非一直是"君臣"定位，而是经历了公而佐上、控制与反控制的博弈和"君臣关系"等阶段。"君臣"定位形成于两汉之际。至东汉，随着国家豪族政策的调整而普及盛行。"君臣关系"的实质，是集权能力已下降的东汉朝廷与地方豪族的妥协。在"君臣"定位下，代表中央的守相令长以"君"

---

① 杨振红：《从秦"邦"内史的演变看战国秦汉时期郡县制的发展》，《中国史研究》2013年第4期。

② 孙闻博：《秦汉"内史—诸郡"五官演变考——以军国体制向日常行政体制的转变为背景》，《文史》2016年第1期。

③ 李迎春：《秦汉郡县属吏与长官关系考论——兼谈东汉"君臣之义"的政治实质与作用》，《社会科学战线》2014年第5期。

的身份获得地方豪族支持，而地方豪族则以"称臣于君"为前提合法取得了地方行政权。"君臣"定位协调了各方政治力量的利益，起到了维系中央和地方豪族关系，进而维护统一的历史作用。纸屋正和《汉代郡县制的展开》① 一书结合文献记载与出土史料，对两汉地方行政制度的基本结构、展开过程与运作实态做了全面、深入的分析考察。以何种机关在什么样的制度下处理实务的问题为中心，重点考察了西汉和东汉共计四百年间，郡、国和县、道、列侯国、邑的统治形态及吏员组织所发生的变化，并涉及上计、考课制度的变迁，揭示了汉代地方行政中心从县道到郡国的演变过程。王彦辉《聚落与交通视阈下的秦汉亭制变迁》② 认为，秦汉文献中的"十里一亭""十亭一乡"，是真实存在的制度设计。亭的设置原则一是不能远离聚落，二是不能脱离交通。邮亭主要设置于京师与郡国、郡国与县邑的主要交通沿线，乡亭主要设置于聚落附近和郡国辖域的次级交通道路。乡亭、邮亭的辖区称"亭部"，随着亭部人口的增长和耕垦的需要逐渐形成新的聚落，此即长沙五一广场东汉简牍和三国吴简中的"丘"。新的聚落称"丘"而不称"里"，说明"丘"是按地域命名的，而非乡里行政组织。丘的形成既有邑居之民外迁的路径，更有移民在国家赋民草田、赋民丘地等安置政策下通过"占垦"而聚居的渠道。随着东汉地方管理体制的变动，亭部开始对辖域内散居的聚或丘行使乡部治权，出现亭部—丘的隶属关系。亭部退出历史舞台后，丘划归所在乡或另设乡统一管理，形成乡—里、乡—丘不同的管理体系。秦汉以来以联户为目的的乡里组织在聚与丘的浪潮下逐渐松动，聚落逐渐演变为地域单位，表明国家对丘的管理已经放弃了以"里"为基础的乡里编制和多重监管的传统。乡里行政编制虽然犹存，但广大乡村行政权力弱化的历程已经开始。

沈刚《吴简所见孙吴县级草刺类文书处置问题考论》③ 认为长沙走马楼吴简竹简中出现的草刺文书为县列曹起草呈送县廷审核、签署，需要郡府处理事务的摘要。封发类文书是由县廷统一封缄、发送文书的摘要。草

---

① 纸屋正和：《汉代郡县制的展开》，朱海滨译，复旦大学出版社 2016 年版。

② 王彦辉：《聚落与交通视阈下的秦汉亭制变迁》，《历史研究》2017 年第 1 期。

③ 沈刚：《吴简所见孙吴县级草刺类文书处置问题考论》，《文史》第 1 辑，2016 年。

刺类文书是通过归纳具体文书和签牌而形成。归档时自成一类，单独收卷，内部以事类为中心。草刺文书所反映的孙吴郡、县政权处置基层事务的流程为：县曹吏负责具体事务的处理，将草撰好的文书上报县廷，县廷根据需要，选择部分内容上报至郡府，或郡府委派督邮等方式进行处理。在这一过程中，县廷是日常行政运转的枢纽。徐畅《走马楼简牍公文书中诸曹性质的判定——重论长沙吴简所属官府级别》①认为，走马楼吴简公文中诸曹的级别为县级，走马楼吴简为临湘侯国的档案群。

关于乡吏。除了郡县吏，乡吏的设置、职能等问题也备受关注。关于"啬夫"的问题曾是一个热点，许多学者参与了讨论。如高敏《有秩非啬夫辨》②、《论〈秦律〉中的"啬夫"一官》③，郑实《啬夫考——读云梦秦简札记》④，裘锡圭《啬夫初探》⑤，钱剑夫《秦汉啬夫考》⑥，朱大昀《有关"啬夫"的一些问题》⑦等，都提出了自己的看法。其中裘锡圭《啬夫初探》一文，专门讨论了百石以下俸禄的啬夫，指出其名称很多，计有大啬夫、县啬夫、乡啬夫、田啬夫、民啬夫、官啬夫等十多种。张金光《秦制研究》⑧、徐富昌《睡虎地秦简研究》⑨、大庭脩《秦汉法制史研究》⑩等辟有专门的章节讨论汉代的啬夫问题。余行迈《汉代的乡亭部吏考略》⑪详细考察了"部亭长"、"县游徼"和"乡啬夫"的缘由及其意义。仝晰纲《秦汉乡官里吏考》⑫认为乡官名义上由乡举里选决定，实际

① 徐畅：《走马楼简牍公文书中诸曹性质的判定——重论长沙吴简所属官府级别》，《中华文史论丛》2017 年第 1 期。

② 高敏：《有秩非啬夫辨》，《云梦秦简初探》，河南人民出版社 1981 年版。

③ 高敏：《论〈秦律〉中的"啬夫"一官》，《睡虎地秦简研究》，（台北）万卷楼图书有限公司 2001 年版。

④ 郑实：《啬夫考——读云梦秦简札记》，《文物》1978 年第 2 期。

⑤ 裘锡圭：《啬夫初探》，《云梦秦简研究》，中华书局 1981 年版。

⑥ 钱剑夫：《秦汉啬夫考》，《中国史研究》1980 年第 1 期。

⑦ 朱大昀：《有关"啬夫"的一些问题》，《秦汉史论丛》第 2 辑，陕西人民出版社 1983 年版。

⑧ 张金光：《秦制研究》，第九章"乡官制度与乡治"，上海古籍出版社 2004 年版。

⑨ 徐富昌：《睡虎地秦简研究》，（台湾）文史哲出版社 1993 年版。

⑩ 大庭脩：《秦汉法制史研究》，林剑鸣等译，上海人民出版社 1991 年版。

⑪ 余行迈：《汉代的乡亭部吏考略》，《苏州大学学报》1992 年第 11 期。

⑫ 仝晰纲：《秦汉乡官里吏考》，《山东师范大学学报》1995 年第 6 期。

上为乡里富绅所垄断。马新在《两汉乡村社会史》① 中对乡官里吏的职责作了全面的概括。王彦辉《汉代豪民与乡里政权》② 研究了豪民对乡里政权的影响，揭示出豪民通过出任乡官里吏，从乡里政权入手，再出仕郡县右职，构筑起地方权力格局。吴大林、尹必兰《西汉东海郡各县、邑、侯国及乡官设置》③ 利用尹湾汉简资料探讨了西汉东海郡的乡官设置。卜宪群《秦汉之际乡里吏员杂考——以里耶秦简为中心的探讨》④ 以公布的部分里耶秦简内容为参照，结合云梦秦简、江陵凤凰山汉简和张家山汉简，探讨了秦汉之际乡里吏员的设置情况，指出秦汉乡里吏员的设置有一个动态变化的过程。秦汉之际，国家在乡里基层社会建立了多层次、多系统的官僚管理网络，如在乡里之中除了乡啬夫、乡佐、里典、里佐之外，还有属于都官系统的乡司空、仓主、田官、田典等；乡里吏员的秩次较以后秩次级别为高，乡啬夫的秩次从百廿石到二百石不等，要经过中央任命，里一级的领导人也要经由一定的程序由上级任命；秦汉之际吏员的设置反映了秦制对汉初制度的影响。王爱清《关于秦汉里与里吏的几个问题》⑤ 也认为秦与西汉初里吏的选用权在县而非民选，由此保证了国家对基层社会的有力控制。臧知非《简牍所见汉代乡部的建制与职能》⑥ 亦利用新出简牍资料，讨论了乡吏的设置与执掌情况。其认为汉代的乡因辖区和人口分为不同级别，其性质是县政权的分支机构；乡佐、游徼与乡有秩、啬夫并非一一对应的辅吏与主吏的关系，而是同属县吏序列，受命县廷行使民政、司法、社会治安、生产管理诸权，征缴赋税，征发徭役，是县政府行使其统治权力的基础，乡官部吏的行为直接关系到地方政治运作质量和社会秩序的稳定与否。王彦辉《田啬夫、田典考释——对秦及汉

---

① 马新：《两汉乡村社会史》，齐鲁书社 1997 年版。

② 王彦辉：《汉代豪民与乡里政权》，《史学月刊》2000 年第 5 期。

③ 吴大林、尹必兰：《西汉东海郡各县、邑、侯国及乡官设置》，《东南文化》1997 年第 4 期。

④ 卜宪群：《秦汉之际乡里吏员杂考——以里耶秦简为中心的探讨》，《南都学坛》2006 年第 1 期。

⑤ 王爱清：《关于秦汉里与里吏的几个问题》，《社会科学辑刊》2006 年第 4 期。

⑥ 臧知非：《简牍所见汉代乡部的建制与职能》，《史学月刊》2006 年第 5 期。

初设置两套基层管理机构的一点思考》①　认为秦及汉初国家在乡里设置两套平行的管理机构——乡部和田部，田部的吏员有田啬夫、田佐，里中有田典。县级总管农田水利事务的职官为都田啬夫。田部的职责主要包括计户授田，编订田籍；管理农田水利，督促生产；饲养官有牛马，保护耕牛不受伤害；征收田租和刍藁税；等等。田部之设源自国家授田，可以佐证授田制是当时实际实行的制度。西汉中期以后，随着授田制的废止和土地私有权的确立，乡里职事从简，田部并职于乡部，但县置都田啬夫一直存续至东汉。

陈伟《里耶秦简所见的"田"与"田官"》②　认为，里耶秦简中的"田"是隶属于县的官署之一，其官吏的称谓有"田""田守""田佐"等。从秦里耶县"田"这一官署已有资料看，其机构既没有分层因而可以理解同时设于县乡两级的迹象，也没有分解因而可以理解为同时设于诸乡的迹象。将田啬夫看作全县农事的主管官员，就目前所见资料而言，应该是最合理的判断。田官与县廷存在诸多关联：第一，田官的各种统计资料需要汇报至县廷；第二，田官吏员可以在迁陵县诸官署中调动；第三，迁陵县廷对田官中可能存在的问题持有追查的权力。因此，就现有资料看，迁陵田官与仓、司空和各乡官无异，是隶属于迁陵县廷的一个官署。邹水杰《再论秦简中的田啬夫及其属吏》③　认为，秦及汉初简牍文献中出现的田吏是县下属吏，在县廷和乡里均有设置。县廷设有田啬夫、田佐，有时也称都田啬夫和都田佐；各离乡设有田部佐和田部史；里中设有田典。这样就形成了纵贯县、乡、里的田系统吏员，管理与百姓田地、田作相关的事务。乡里中田吏的设置，使得秦及汉初乡里行政建置具有了真正的多样性。但随着官僚行政系统的发展和完善，田啬夫逐渐过渡为县廷之曹掾，设于乡里的田吏逐渐退出了历史舞台。魏永康《里耶秦简所见秦代公田及相关问题》④　指出，秦公有土地的管辖可以划分为都官所属、郡

①　王彦辉：《田啬夫、田典考释——对秦及汉初设置两套基层管理机构的一点思考》，《东北师大学报》2010 年第 2 期。

②　陈伟：《里耶秦简所见的"田"与"田官"》，《中国典籍与文化》2013 年第 4 期。

③　邹水杰：《再论秦简中的田啬夫及其属吏》，《中南大学学报》2014 年第 5 期。

④　魏永康：《里耶秦简所见秦代公田及相关问题》，《中国农史》2015 年第 2 期。

县所属、田部所属。公田的劳动力来源于刑徒、官奴婢和戍卒，也采取假田于民的方式。所有的收获与支出由各县的仓啬夫负责。对上计与考课有严格的管理。从秦公田的经营情况来看，当时并没有王室财政与国家财政的分野，"公田"收益是重要的财政来源之一。李勉《再论秦及汉初的"田"与"田部"》① 认为，秦汉简牍中的"田"指的是田这个官署或田啬夫，并非田部，田啬夫设置于县一级。秦及汉初的"田"与"田部"负责（多数情况下与乡部共同负责）民田授予，田宅转让、买卖，户、田籍登记管理，征收田租、刍稾，督责黔首农事等。县廷列曹以事务为中心对田进行监督和审核，田与乡的职权有重叠。张信通《秦国里吏考》② 认为，秦国的里吏伍长、什长源于军队的低级军官，商鞅变法后，全国纳入军事化管理体制，基层里的什长、伍长设置普遍化。战国后期秦国新增设里监门、里佐、田典三种里吏。里监门负责里门治安，检查出入里门的民众。闾左是里中占绝大部分普通民众的统称，不是里吏。里佐辅助里正（典）开展工作，田典主抓一里的农业，里正（典）是一里行政首长，全面负责里中各项政务。秦国基层政务多由里吏落实，秦统一六国，里吏做出了重要贡献。赵岩、张世超《论秦汉简牍中的"稗官"》③ 认为，睡虎地秦简中的"稗官"指官啬夫的佐、史、士吏等职官，地位在令史以下，龙岗秦简中的"稗官"可能指乡啬夫或其属吏，汉简中的"都官之稗官"俸禄为一百六十石，大致与官啬夫、乡啬夫相当。且"稗官"之"稗"在秦汉皆含有"别"的义素，因"别"而产生"小"的意义，"稗官"的使用与秦汉简帛文献"从大数到小数"的称数法有关，这种称数法在汉代之后近于消失，是"稗官"一词不再使用的原因之一。陈治国、张立莹《从新出简牍再探秦汉的大内与少内》④ 认为，秦少内主管县的财政的收入与支出，但没有充分的证据说明秦时中央政府中也有少内一职。汉代县少内的职责与秦相同，但在中央的少府内也设有少内以管理王室财产。秦的大内与汉的大内都是国家的国库。秦少内与大内有业务上的往来，但

---

① 李勉：《再论秦及汉初的"田"与"田部"》，《中国农史》2015 年第 3 期。
② 张信通：《秦国里吏考》，《天水师范学院学报》2017 年第 3 期。
③ 赵岩、张世超：《论秦汉简牍中的"稗官"》，《古籍整理研究学刊》2010 年第 3 期。
④ 陈治国、张立莹：《从新出简牍再探秦汉的大内与少内》，《江汉考古》2010 年第 3 期。

在行政管理上服从县长官的领导。

吴荣曾《汉代的亭与邮》① 根据新出简牍资料，对素有争议的汉代亭与邮的问题进行了论证，结论认为：汉代的亭并不隶属于乡，其性质是禁盗贼，和掌管民政的乡里不同，和乡是平行关系；邮在西汉时是地方上的文书传送体系中的一种机构，东汉人以为西汉时邮被置取代是没有根据的；汉代的驿，主要指传送文书、信件的驿马，驿成为驿站当在汉以后。黎明钊《汉代亭长与盗贼》② 指出，汉代地方社会广泛地分布着豪族大姓，无论在中原核心地区抑或在边陲地区，只是正史不一定以大姓、豪人、豪族称之而已。地方豪族大姓早已融入官僚系统，成为郡县掾吏，乡里亭长，甚至已是百石以上的地方长吏，其家族成员散布在官僚结构之中，有广大的关系网络。负责逐捕盗贼的亭长，以及其部下求盗、亭候、亭父等人，其出身颇有来自地方大姓者，他们当中也不乏守法爱民的循吏，但具体事例表明，有部分大姓合谋犯法，仿如群盗。尤其边陲地区的盗贼、群盗，颇有以地方大姓为首者，可见盗贼、群盗与地方大姓之间有着非常密切的关系，中间有很多是重叠的。李炳泉《两汉戊己校尉建制考》③ 利用新出土的敦煌悬泉汉简资料，对汉代设置于西域的重要职官戊己校尉重新进行考释，认为其职数情况是：西汉元帝至哀帝和东汉明帝时所设的戊己校尉，实际上均为戊校尉和己校尉二职，后又合并为戊己校尉一职；无论是分设二职还是仅设一职，其属官都分别有校尉丞、部司马、曲候及校尉史、司马丞、候令史等。作为中央派往西域的驻屯兵的军事长官，无论戊校尉、己校尉还是戊己校尉，除听命于中央，大约西汉至东汉中期要受敦煌太守节制，此后则由凉州刺史领护。高荣、张荣芳《汉简所见的"候史"》④ 指出，作为汉代边塞防御组织的基层官吏，候史与候长之间不是一般的主官与属吏的关系，候史常以候长副贰的身份处理部内各项事务；候长总揽所部各燧，候史则主理一燧或数燧，故候史不一定与候长同驻一处；候长空缺或休假、取宁不在署时，由候史代理其职。

①　吴荣曾：《汉代的亭与邮》，《内蒙古师范大学学报》2002 年第 4 期。
②　黎明钊：《汉代亭长与盗贼》，《中国史研究》2007 年第 2 期。
③　李炳泉：《两汉戊己校尉建制考》，《史学月刊》2002 年第 6 期。
④　高荣、张荣芳：《汉简所见的"候史"》，《中国史研究》2004 年第 2 期。

张新超《西汉骑都尉考》① 认为，西汉骑都尉的职能广泛，总的说来以军事职能为主，并在此基础上衍生出了一些其他职能如使护西域、领护河堤、参与执行一些对外交往任务等。同时，骑都尉一职具有较强的贵族性，是西汉权贵们保持功名利禄的主要凭借之一。骑都尉经常兼任侍中、光禄大夫等职，在整个官僚系统中居于显要位置。另文《两汉骑都尉续考——以东汉骑都尉为中心》② 认为，汉代"骑都尉"之名直接承袭秦代，并非为避高祖讳而改名。西汉前期骑都尉被撤销。武帝时重置，分两类。一是中都官骑都尉，隶属于郎中令，最初的职掌可能是"掌（或监）从骑"，宣帝时增加监羽林和使护西域两职能。骑都尉还可以领其他屯兵，并与加官有一定的相似性。二是地方骑都尉，类似于属国都尉，数量很少。武、宣二帝奠定了两汉骑都尉发展的基本脉络。东汉地方骑都尉消失，只剩中都官骑都尉。其特点有四。一是职能单一化，军事职能显著增强，可以作为将领单独出征。二是兼任官职单一化。一般只兼任侍中，可参议朝政。三是骑都尉有朝着荣誉化、闲散化发展的趋势。四是这一职位具有较强的开放性。骑都尉在后世沿着荣誉化、闲散化的趋势发展，最终成为荣誉官号。

黄今言《西汉"都吏"考略》③ 认为，西汉"都吏"之称沿用了先前的旧名；它是郡府掾、史等属吏的泛指或统称。当时郡府在行政运作过程中，太守属下不同职别的都吏，其使命与职责不同。其中有的负责文牍公文的起草、签署等日常事务；有的则被派遣巡行处置一些其他重大政务，包括巡行廉察、考核属县长吏，案狱覆治、逐捕逃犯，催督租赋、拘校财物，行塞边郡、检查戍务，迎送宾客和上级官员等，涉及范围较广。西汉的"都吏"与"督邮"，虽然皆为郡府属吏，但它们不可等同，二者不仅起止时间有异，百余年中长期并存，而且其身份及执事部门、治所和职责也有区别。张欣《汉代公府掾史

---

① 张新超：《西汉骑都尉考》，《天水师范学院学报》2012 年第 1 期。
② 张新超：《两汉骑都尉续考——以东汉骑都尉为中心》，《史林》2014 年第 5 期。
③ 黄今言：《西汉"都吏"考略》，《简帛研究二〇一五年（春夏卷）》，广西师范大学出版社 2015 年版。

秩级问题考辨》①认为，张家山汉简《二年律令·秩律》并非对汉初官吏秩级动态演进过程的全部记载，因之似不能作为判定公府掾史有无秩级的唯一依据。传世文献《汉旧仪》等史料表明，汉初至少部分公府掾史当存在秩级。两汉公府掾史主要由公府自辟除产生，西汉绝大部分时期公府掾史秩级为正秩，东汉部分公府掾史为比秩，但仍有部分公府掾史为正秩，这表明掾史由公府自辟除产生当不是部分公府掾史秩级为比秩之原因。据目前所掌握史料及已有的研究成果，似暂时难以准确研判部分公府掾史秩级为比秩之原因。

侯旭东《西汉御史大夫寺位置的变迁：兼论御史大夫的职掌》②认为，西汉后期御史大夫寺已不在皇帝居住的未央宫内，并改称御史府。外迁时间在昭帝朝，起因是元凤元年（公元前80年）九月，御史大夫桑弘羊卷入燕王旦、盖主以及上官桀父子的谋反。平息此事后，霍光借机将御史大夫寺迁到宫外，并在宫中与诸卿中大力安插自己的亲信故吏，乃至子弟。这一事件成为霍光独揽大权的关键。御史及御史大夫原先的重要职责是制定律令草案、保管律令与监督律令的执行。随着西汉政权百余年来律令建设的积累，以及统治思想的变化，制定律令的任务逐渐弱化。御史府的外迁是其外朝官化的起点，这进一步使之成为丞相的辅佐，参与日常事务的处理，留在宫中的中丞与侍御史则转为以监察为主。《汉书·百官公卿表上》所述乃是转变后的职掌与设置。邬文玲《汉代"使主客"略考》③指出，汉代"使主客"一职，学界通常沿用服虔的说法，将其视作大鸿胪的属官。但从相关出土简牍资料来看，"使主客"是皇帝派出的使者，一般由"郎""郎中""中郎将""谏大夫""散骑光禄大夫"等皇帝身边的近臣出任，带有临时加官的性质，并非大鸿胪的常设属官，只是在有外国使客事务需要处置时，临时授命，承制代表皇帝处理相关事宜。并见于汉简中的"使主兵"和"使主艸"的性质，应与"使主客"相同，皆为皇帝派出的使者，具有临时加官的特点。

---

① 张欣：《汉代公府掾史秩级问题考辨》，《中国史研究》2015年第1期。
② 侯旭东：《西汉御史大夫寺位置的变迁：兼论御史大夫的职掌》，《中华文史论丛》2015年第1期。
③ 邬文玲：《汉代"使主客"略考》，《中国史研究》2016年第3期。

龚志伟《两汉司隶校尉始"部七郡"平议——兼论该官的双重性格》① 认为，居延出土的"元始元年八月辛丑"简证明终西汉之世未设司隶部，它由公孙述始创，数年后为光武效法。武、昭朝初置司隶校尉时便赋予其"察七郡"的京畿纠察官性格，在西汉中晚期聚焦于两类群体：其一是学界熟知的身居京师的贵戚、公卿；其二是弘农、三河二千石，后者反映出当时存在由司隶和部刺史主掌的十四个对全体郡国守相的监察组。另外，全国性"诏所名捕"制度暗示，成、哀朝可能存在十三刺史部与七郡共十四个州级治安区。这些是公孙述、光武选择该官"领一州"的渊源，在京畿设州牧的做法则承自王莽。东汉的司隶校尉兼具"察七郡"和"部七郡"双重性格，刺史性格的后者分担了对七郡吏民的监察，反向突出前者对贵戚公卿的纠察，这是该官在东汉中晚期政治地位骤升的制度原因。于振波《秦汉校长考辨》② 认为，秦及两汉时期，亭长的主要职责都是"禁盗贼"，秩次为佐史，其职责和秩次始终无明显变化。出现在秦简和汉初简牍中的校长，其职责虽与亭长相似，却不是亭长，而是亭长的上司。西汉中期以后，校长的职责被游徼取代。游徼是县吏而非乡吏，其秩次比校长略有下降，为斗食之吏。一个游徼管理相邻的若干个亭。

沈刚《试论长沙走马楼吴简中的乡吏》③ 认为，长沙走马楼三国吴简中的劝农掾、典田掾、市掾三种乡吏都不是纯粹以乡里事务作为其职掌，乡里事务只是其职能之一。这些乡吏就其身份而言属于县之属吏，这一点明显受到汉代传统制度的影响。吴简中的乡吏皆为国家编户齐民，有的经济状况优裕，但社会地位有下降的趋势，需要缴纳特种税，吴简中乡吏存在的实态反映出东汉到魏晋间时代变革对基层行政组织所发生的深刻影

---

① 龚志伟：《两汉司隶校尉始"部七郡"平议——兼论该官的双重性格》，《文史》2016年第2期。

② 于振波：《秦汉校长考辨》，《中国史研究》2018年第1期。

③ 沈刚：《试论长沙走马楼吴简中的乡吏》，《湖南省博物馆馆刊》第7辑，岳麓书社2011年版。

响。凌文超《走马楼吴简"隐核波田簿"复原整理与研究》① 指出，吴简中的劝农掾在非农时的八月、十二月亦存在，与汉制因时而设不符；而劝农掾所承担的协助审实私学，隐核军吏、州吏父兄子弟，隐核陂塘田亩等工作，皆非例行职责，是接受县廷临时差遣的"被书""被曹敕"，办理某项任务，故此职是因事而设；劝农掾虽负责对私学、军吏、州吏的核实，编制各种专项名籍，但都不是户籍，很难说其掌管本乡居民户籍。徐畅《走马楼简所见孙吴"乡劝农掾"的再研究——对汉晋之际乡级政权的再思考》② 发现"乡劝农掾"的任职时间集中在嘉禾二年等几个时段，分别对应隐核新占民、私学、波田等临时性事件，推断此职不尽设于农时，而是因事设职。从嘉禾四年八月临湘侯国（县）隐核州军吏事务中劝农掾在各乡的部署情况看，正符合"监乡五部"的记载。孙吴乡吏有乡劝农掾和乡典田掾，二者职掌相近，皆需接受县廷部署处理不定期事务，但劝农掾出现在嘉禾二年至五年，此后，这批乡吏转任典田掾。三国时期县廷派员下乡处理基层事务的现象，显示乡级政权地位已走向式微。

关于考核任用。安作璋《汉代官吏的任用和考核制度》③ 认为汉代的考课分为中央考郡和公卿守相、部门主官课属吏。于振波《汉代官吏的考课时间和方式》④ 认为汉代的考课是一个连续的过程，有岁计、月计、季计甚至按旬、按日考核，官吏级别越低，被考核的次数越多。考课分为上级视察下级和下级向上级汇报两种，并采用"校"的方式检验簿籍。陈乃华《从汉简看汉代对基层官吏的管理》⑤ 利用居延汉简探讨了西北边地对基层官吏的管理情况，认为在西北边郡，汉代在基层官吏的任用上仍然遵循法家"循名而责实，因能而授官"的传统，统治思想的变化对此影响极小或几乎没有，这主要是与基层稳定性有关；从任命程序看，汉代

---

① 凌文超：《走马楼吴简"隐核波田簿"复原整理与研究》，《中华文史论丛》2012 年第 1 期。

② 徐畅：《走马楼简所见孙吴"乡劝农掾"的再研究——对汉晋之际乡级政权的再思考》，《文史》第 1 辑，2016 年。

③ 安作璋：《汉代官吏的任用和考核制度》，《东岳论丛》1981 年第 3 期。

④ 于振波：《汉代官吏的考课时间和方式》，《北京大学学报》1994 年第 5 期。

⑤ 陈乃华：《从汉简看汉代对基层官吏的管理》，《山东师范大学学报》（人文社会科学版）1992 年第 3 期。

基层官吏必须在接到正式任命通知后才能上任；县对下属官吏负有直接考课职责，并将考核结果与上计内容一起上报。邹水杰、岳庆平《西汉县令长初探》通过对传世文献和尹湾汉简的综合研究分析得出如下结论：权贵之家和贫困之家的子弟都可以通过小吏迁升为长吏，县令、长中儒生和文吏在数量上也不相上下。

李迎春《试论秦汉郡县长官任免升迁属吏权的变化》① 认为，受中央与地方、豪族关系影响，秦汉四百年间朝廷不断调整郡县长官任免升迁属吏之权。秦及汉初的自主性较小，西汉中后期在受限制前提下自主性变大，到东汉时期自主性剧增，拥有辟除权和极大任免权，至东汉晚期再次出现受朝廷制约的迹象。郡县长官任免升迁属吏权的变化虽是制度史问题，但与当时的社会变迁、政治波动有极密切关系，在一定程度上是中央与豪族关系、国家地方政策变化的"晴雨表"。另文《论卒史一职的性质、来源与级别》② 指出，卒史一职起源于战国，在秦汉时期，是包括中央列卿和地方郡守、都尉等二千石左右级别官员的高级史类属吏，以处理文书、协理长官为主要职责。卒史与秦汉简牍中的"卒人"称谓有密切联系，很可能是同职异称，它们以"卒"为名，应与先秦时期地方行政体制与军事体制的密切联系有关。卒史的秩次与其长官秩次相关，中二千石机构的卒史秩二百石，二千石与比二千石机构的卒史秩百石。汉代卒吏虽是百石属吏，但实际地位较高。西汉中期之后，往往通过"曹署"、部派等方式成为诸曹掾史、督邮书掾等卿府、郡府大吏，实际职权和地位高于同秩百石的有秩啬夫。沈刚《简牍所见秦代地方职官选任》③ 一文分别从选任范围、选任标准、选任程序、施行效果等方面讨论了秦代地方职官的选拔任命情况。其指出，秦代官吏有特定的员额范围，里典等吏虽然是秦国家统治的神经末梢，但不在国家官僚系统的序列中，因而从制度角度讨论秦代地方职官选任问题，不应包含这个群体。秦代地方官吏的选任在功劳、年龄、个人行政素养等方面有着明确而统一的标准，要经过保举、

---

① 李迎春：《试论秦汉郡县长官任免升迁属吏权的变化》，《浙江学刊》2014 年第 3 期。

② 李迎春：《论卒史一职的性质、来源与级别》，《简牍学研究》第 6 辑，甘肃人民出版社 2016 年版。

③ 沈刚：《简牍所见秦代地方职官选任》，《历史研究》2017 年第 4 期。

任命等环节才能真正履职。朱锦程《秦对新征服地的特殊统治政策——以"新地吏"的选用为例》① 认为，秦将犯有过失的故秦吏选用为"新地吏"，与秦在扩张过程中的行戍制度有关，"新地吏"期满后免官返回原籍。这是秦统一初期针对"新地"官吏缺乏及统治不稳的特殊情况下而采取的变通做法。汤志彪《略论里耶秦简中令史的职掌与升迁》② 认为，里耶秦简揭示出秦代地方"令史"具有校雠和解释文书、监督官府买卖、监督物品的出贷和授予、巡守"庙"及堤坝、举报官吏的不当和违法行为、户籍管理与人口的入籍等职责，以及秦代地方"令史"的升迁情况。

关于学吏制度。邢义田《秦汉的律令学》③ 对秦汉时期的学吏制度进行了探讨，指出秦汉官吏习律令，大都依循"以吏为师"形式。秦代有专主法令传授的官吏，也有专供吏的子弟学习的学室；学习者称为"弟子"，学习有一定的进程和教本。《睡虎地秦墓竹简》中的《为吏之道》应是一份教材，可能是专门编写的教本，《语书》则可能是以一份实际的行政文书为教材，用来训练地方官吏。汉代习律为吏很普遍，一般人从闾里书师或其他途径学书识字以后，即可试为小吏，一边任事一边见习，学习法令规章。汉代似乎没有设置专授律令的官吏，欲习律令，可从私人，不一定必须以吏为师。张金光《论秦汉的学吏制度》④ 认为秦汉时期不管官吏的登用制度如何，但作为从事具体业务的吏员，或一个出身寒微、无财势可依的人，欲进入吏途，则必须有一个学吏的过程，不论通过官学或私学，或向正式吏员去做学徒，总是先取得做吏的业务能力与资格，然后再结合长吏的辟置而进入吏途，故两汉有"宦学"或"学宦"之称。他在《论秦汉的学吏教材——睡虎地秦简为学吏教材说》⑤ 一文中进一步指

---

① 朱锦程：《秦对新征服地的特殊统治政策——以"新地吏"的选用为例》，《湖南师范大学社会科学学报》2017 年第 2 期。

② 汤志彪：《略论里耶秦简中令史的职掌与升迁》，《史学集刊》2017 年第 2 期。

③ 邢义田：《秦汉的律令学》，《秦汉史论稿》，东大图书出版公司 1983 年版。

④ 张金光：《论秦汉的学吏制度》，《文史哲》1984 年第 1 期。

⑤ 张金光：《论秦汉的学吏教材——睡虎地秦简为学吏教材说》，《文史哲》2003 年第 6 期。

出，秦汉时期学史、训吏之风大盛，睡虎地出土的简书十种，有九种是识字、学习吏德、法律典章和民间庶务应酬知识方面的史事教材。阎步克认为，秦帝国建立后，"秦任刀笔之吏"，以"明法"为资格的职业吏员，构成了帝国政府的主要成分，这时的"吏"就是职业行政吏员，与后世的吏胥、吏典不尽相同。汉武帝时期儒生的广泛参政使战国以来以文吏为核心的官僚队伍结构发生了根本性的变化，儒生和文吏遂成为汉代官僚队伍的主体，文吏与儒生的冲突和融合导致士大夫政治的形成。① 于振波认为"文吏作为一种官僚类型，是始终存在的，而且仍然在官僚队伍中占绝大多数，缺乏儒学素养也仍然是这一群体的主要特征。在两汉四百年间，在官僚队伍的各级长吏中，儒生所占的比例不断增加，并逐渐取得优势地位，而文吏则最终在数量众多的官府属吏（即少吏）中站稳脚跟，以其实际才干在行政体制中发挥其应有的作用"。② 陈松长《岳麓书院藏秦简〈为吏治官及黔首〉略说》③ 认为，从云梦睡虎地秦简《为吏之道》以及岳麓书院藏秦简《为吏治官及黔首》的具体内容来看，这类文献不是简单的"道德教材"，其性质应该是秦代根据学吏制度的需求而编写的一种比较常见的宦学读本，这类读本在当时应该有比较固定的基本内容，有通用的抄写格式。

关于吏休制。官吏休假制度也引起了学者们的关注和讨论。宋杰《汉代官吏的休假制度》④ 指出，汉代建立了完整的休假制度，给予大小官吏法定的休息假日，不同等级的官员在休假上有很大的差别，对小吏的控制更为严格，"五日一休沐"的制度与小吏无缘，他们的休假主要是"告归"，平时则住在吏舍。大庭脩对"汉代官吏的勤务与休假、吏舍"等问题进行了研究，认为汉代官吏的服务规定相当严格，工作期间，上自丞相，下至低级官吏（佐史、令史等）都居于官舍，休假时才可归家的

---

① 阎步克：《士大夫政治演生史稿》，北京大学出版社 1996 年版，第 13、476 页。

② 于振波：《东海郡吏员构成与两汉文吏——以尹湾汉简为中心》，简帛网，2007 年 10 月 13 日。后以《从尹湾汉简看两汉文吏》为题，正式发表于《湖南大学学报》2008 年第 5 期。

③ 陈松长：《岳麓书院藏秦简〈为吏治官及黔首〉略说》，《出土文献研究》第 9 辑，中华书局 2010 年版。

④ 宋杰：《汉代官吏的休假制度》，《首都师范大学学报》1986 年第 3 期。

制度是一律的。原则上妻子不得居于吏舍，官吏仅按法定的休假日归家。此外还有相当于"丧假"的"宁"。① 针对大庭脩的结论，廖伯源撰写了《汉官休假杂考》《汉代官吏之休假与宿舍若干问题之辨析》《评大庭脩〈汉代官吏的勤务与休假〉及其中文译本》② 等系列文章，对汉代官吏的休假及吏舍问题进行了辨析。张忠炜《〈汉官休假杂考〉补遗》③ 认为能享受"五日一休沐"的吏，当主要是六百石以上的吏。蔡万进《尹湾汉简〈元延二年日记〉所反映的汉代吏休制度》④，根据尹湾汉简《元延二年日记》对汉代的吏休制度进行了研究，认为：①汉代官吏的"五日得一休沐"的工作假日安排仅施行于中央官吏，地方官员根据工作实际需要和性质，可以作适当调整，但不应剥夺"休"归家的权利；②两汉确实存在"日至休吏"制度；③"病告"请休三月不适用于一般官吏；④《汉书》中的"宁"应即《日记》中的"丧告"。邢义田《汉代边塞军队的给假、休沐与功劳制——读〈居延新简〉札记之二》⑤ 根据居延新简中的有关材料，考察了汉代边塞官吏的取宁、予宁与功劳，以及休沐制，指出汉代有工作十天休息一天的休假制，和文献中"五日一休沐"的情况不同。

关于吏役。吏役问题也引起了学者们的讨论。高敏《试论汉代"吏"的阶级地位和历史演变》⑥ 指出，汉代存在以"吏"命名的服役者，并就吏的服役范围、服役吏的来源以及服役吏与更卒、戍卒的区别进行了探讨。王新帮《论秦汉的吏役制》⑦ 亦认为吏役制度在秦汉时期已经存在，并就吏役制的内容进行了归类，指出秦汉以来小吏的地位极为卑微，以致

① 大庭脩：《秦汉法制史研究》第四篇第七章，林剑鸣等译，上海人民出版社1991年版。

② 廖伯源：《秦汉史论丛》，五南图书出版股份有限公司2003年版。

③ 张忠炜：《〈汉官休假杂考〉补遗》，《出土文献研究》第6辑，上海古籍出版社2004年版。

④ 蔡万进：《尹湾汉简〈元延二年日记〉所反映的汉代吏休制度》，《中国史研究》2003年第2期。

⑤ 邢义田：《汉代边塞军队的给假、休沐与功劳制——读〈居延新简〉札记之二》，《简帛研究》第1辑，法律出版社1993年版。

⑥ 高敏：《试论汉代"吏"的阶级地位和历史演变》，《秦汉史论集》，中州书画社1982年版。

⑦ 王新帮：《论秦汉的吏役制》，《贵州大学学报》（社会科学版）1993年第2期。

私家也可像蓄奴一样蓄吏，称为私吏或家吏。吏的来源有二：政府强迫征召和自愿为吏。其中自愿为吏者多出身寒微。一经被征召为吏，不得抗拒。一旦为吏就要著名于"吏录"，未经长官批准，不得任意解除。于振波《居延汉简中的隧长与候长》①认为汉代西北边塞防御系统中的基层官吏候长与隧长基本上属于"役吏"，其身份带有亦民亦吏的性质。高敏《从〈嘉禾吏民田家莂〉中的"诸吏"状况看吏役制的形成与演变》②指出，"吏役"制的重要特征，是服役者通过官府给予的职务而赋予的徭役负担，故可称为"职役"。清人俞正燮首先提出了这个问题，唐长孺进一步论证了这个问题，认为"吏役"制确立于三国时期。但是，此制究竟是怎样逐步确立起来的，却因史料缺乏而无以知其详。通过嘉禾四年、五年《吏民田家莂》中"诸吏"的状况与孙休永安元年十一月诏中"诸吏"的比较，可以探知"吏役"制从初期形态到典型形态的演变过程。侯旭东《长沙走马楼三国吴简所见给吏与吏子弟——从汉代的"给事"说起》③认为，给事是秦汉以来官、民为官府工作的一种方式，即临时脱离本职、本机构到其他机构承担某种工作。西汉时基本不占编制，除非新机构官吏有空缺，并因此获得任命，否则继续保持原有的职位与身份。东汉时期部分开始拥有编制。给事者从事的多属各机构少吏所负责的事务性任务。承担给事者因工作不同而获得不同的称呼，东汉后则出现统称"给吏"。给事有时是制度性的安排，有时是编内人手不足所致，背后则是长期存在的官吏编制有限与事务膨胀间的矛盾。吴简所见孙吴初年临湘地区的"给吏"是这一传统做法的延续与发展。发展之处在于担任给吏者已开始向吏家父兄子弟集中，吏子弟带有一定的世袭性与身份性，吏子弟成年后，到离家赴官府给吏前，主要任务是耕种子弟限田，向官府交纳子弟限米。吏子弟充当给吏后与汉代一样也有成为正式员吏的可能。一旦吏子弟不足，则从本乡下户民中征发补充，并负

————————

①　于振波：《居延汉简中的隧长与候长》，《史学集刊》2000 年第 2 期。

②　高敏：《从〈嘉禾吏民田家莂〉中的"诸吏"状况看吏役制的形成与演变》，《郑州大学学报》2001 年第 1 期。

③　侯旭东：《长沙走马楼三国吴简所见给吏与吏子弟——从汉代的"给事"说起》，《中国史研究》2011 年第 3 期。

责交纳子弟限米。吏子弟充当给吏不足时，也要从民户征发人员补充。

　　关于"吏户"。随着走马楼吴简的公布，为多数学者所认同的"吏户"说受到质疑。黎虎《"吏户"献疑——从长沙走马楼吴简谈起》① 认为，吴简中的"吏"与"民"一起编制于基层乡里，同为国家编户齐民，其经济、政治等方面的权利、义务相同，而"吏"稍优于普通编户，并不存在独立的"吏户"。吴、蜀亡国时所献簿籍中的"吏"数为全国总户口数之内的吏员人数，并非另外之"吏户"。另文《说"军吏"——从长沙走马楼吴简谈起》② 指出，吴简中的"军吏"属于军中下层吏员，其待遇、地位等同或略高于普通农民和"卒"，而低于"士"、"复民"和"吏"，与刘宋时期的"大田武吏"无必然联系，"大田武吏"是地方武装性质的"兵"，而非"吏"。他后来陆续发表《魏晋南北朝"吏户"问题再献疑——"吏"与"军吏"辨析》③、《魏晋南北朝"吏户"问题三献疑》④、《魏晋南北朝"吏户"问题四献疑》⑤ 等文重申了不存在独立"吏户"的看法。韩树峰《走马楼吴简中的"真吏"与"给吏"》⑥ 认为，"真吏"在官府中正式服役，是一种真正具有身份性的"吏"，"州吏""郡吏""县吏"可能是它的组成部分。"给吏"并不是"吏"，只是在官府临时服役的普通百姓，不具有表明身份的作用。"吏"正在逐渐走向卑微化，这一过程的终点将是"吏户"的形成。另文《论吴简所见的州郡县吏》⑦ 还通过州、郡、县吏的来源及其在缴纳赋税方面变化的考察，认为吏在孙吴嘉禾年间地位逐渐下降。侯旭东《长沙走马楼三国吴简所见"乡"与"乡吏"》⑧ 认为，吴简中的"乡吏"本身属于"县吏"而被分

　　① 黎虎：《"吏户"献疑——从长沙走马楼吴简谈起》，《历史研究》2005 年第 3 期。

　　② 黎虎：《说"军吏"——从长沙走马楼吴简谈起》，《文史哲》2005 年第 2 期。

　　③ 黎虎：《魏晋南北朝"吏户"问题再献疑——"吏"与"军吏"辨析》，《史学月刊》2007 年第 3 期。

　　④ 黎虎：《魏晋南北朝"吏户"问题三献疑》，《史学集刊》2006 年第 4 期。

　　⑤ 黎虎：《魏晋南北朝"吏户"问题四献疑》，《宜春学院学报》2016 年第 1 期。

　　⑥ 韩树峰：《走马楼吴简中的"真吏"与"给吏"》，《吴简研究》第 2 辑，崇文书局 2006 年版。

　　⑦ 韩树峰：《论吴简所见的州郡县吏》，《吴简研究》第 2 辑，崇文书局 2006 年版。

　　⑧ 侯旭东：《长沙走马楼三国吴简所见"乡"与"乡吏"》，《吴简研究》第 1 辑，崇文书局 2006 年版。

配到各乡工作，任职也有期限，到期则改任其他工作，当时这些小吏工作繁重，前途并不黯淡，仍可通过多种途径升至高位。王子今《走马楼简牍所见"吏"在城乡联系中的特殊作用》① 分析了"吏"在城乡间人口流动和经济联系方面的特殊作用。

孟彦弘《吴简所见"子弟"与孙吴的吏户制——兼论魏晋的以户为役之制》② 认为，吴简中出现了"子弟"。与此相关，在缴纳赋税的记录或出入账中，出现了不少"子弟限米"；在户籍类简中，出现了"给子弟"的标注。这一时期正史中记载的"子弟"多是从宗亲的意义上来称呼的，属泛指而非专称，与吴简中的"子弟"含义颇为不同。长沙走马楼吴简中出现的"子弟限米"中的"子弟"是吏之子弟，"给子弟"是指征派其服子弟之役，即吏役。"子弟"已成为一种身份，由此亦可证明其时孙吴已确立了"吏户制"，即以户为单位服吏役，具有世袭性和身份性。这正与魏晋之际出现的以户为单位进行赋役征发相一致。杨振红《吴简中的吏、吏民与汉魏时期官、吏的分野——中国古代官僚政治社会构造研究之二》③ 认为，长沙吴简中的"真吏""给吏"均可简称为"吏"，担任地方州、郡、县掾史等属吏之职，与署长、佐官等"官"相对。"吏"与"官"相对，其社会身份为公乘，是国家法定的赋役对象，有"算事"义务；吏与公乘以下庶民合称为"吏民"；三国时期官与吏的区别源于汉代长吏与少吏亦即士与庶民的分野。蒋福亚《再论走马楼吴简中的诸吏》④ 认为，吴简证实吴国确实存在吏户。这是孙权在建国前就承认地主依附民合法化，激化劳动人手争夺的结果。为确保奴役对象，官府针对诸吏制定了各类专门簿籍，强化控制。本来在《吏民田家莂》租佃制度中享有优惠的郡吏和州吏随着这些专门簿籍的建立，其优惠相继丧

① 王子今：《走马楼简牍所见"吏"在城乡联系中的特殊作用》，《浙江社会科学》2005年第5期。

② 孟彦弘：《吴简所见"子弟"与孙吴的吏户制——兼论魏晋的以户为役之制》，《魏晋南北朝隋唐史资料》第24辑，2008年。

③ 杨振红：《吴简中的吏、吏民与汉魏时期官、吏的分野——中国古代官僚政治社会构造研究之二》，《史学月刊》2012年第1期。

④ 蒋福亚：《再论走马楼吴简中的诸吏》，《史学月刊》2013年第1期。

失或即将丧失。诸吏或供官府各部门奔走驱使，或耕种限田，承受残酷的剥削。他们服役期超过平民，并祸及与其共居的父兄子弟，被征发为"子弟佃客"，乃至空户从役。若有逃亡，必须征发"下户民"替代，在户籍中给予"子弟"的身份。凡此，皆表明诸吏实质上已是官府依附民。

五　简牍文书与爵制[1]

爵制是秦汉政治制度中不可分割的一部分，历来备受学界关注。但由于史料的缺乏，有关秦汉爵制的某些问题一直存在争议。20世纪以来简牍的大量出土，为秦汉爵制的探讨提供了新的材料，相关研究得以深化，既有对爵制问题的宏观概括，也有对相关问题的细化研究。

关于爵级和等序。朱绍侯《军功爵制试探》[2] 认为，春秋时期的军功爵制是一种因军功赐给爵位、田宅、食邑的爵禄制，与西周的五等爵制有明显区别。战国时，因军事需要，军功爵制遂为各国普遍推行，它对鼓励士气、提高战斗力曾起过很大作用。战国末出现的卖爵现象，显示了它的弊端。作者着重对秦代爵制的演变、等级划分、赐爵步骤、管理机构等问题做了详细考察。胡大贵《商鞅制爵二十级献疑》[3] 结合《商君书·境内篇》《史记》《汉书》等文献，认为"商鞅制爵二十级"之说缺乏证据，并对朱绍侯《军功爵制试探》中的某些观点提出质疑，如客卿、正卿、校、徒、操等都不是爵位。《汉书》所记二十级爵可能是汉代的情况，汉代仅仅承袭了秦的赐爵制度，在内容上则有所损益，商鞅制爵究竟为多少级，还有待进一步研究。西嶋定生《中国古代帝国的形成与结构——二十等爵制研究》[4] 根据史籍记载和出土汉简，对二十等爵制的产生、形成、发展演变，及其在秦汉社会历史中的作用和意义，作了全面深入的分

---

[1]　本节撰写参考了杨眉《秦汉爵制问题研究综述》(《中国史研究动态》2010年第1期)。

[2]　朱绍侯：《军功爵制试探》，《军功爵制研究》，上海人民出版社1990年版。

[3]　胡大贵：《商鞅制爵二十级献疑》，《史学集刊》1985年第1期。

[4]　西嶋定生：《中国古代帝国的形成与结构——二十等爵制研究》，武尚清译，国际文化出版公司1992年版。

析和详尽严密的讨论，阐明二十等爵制是封建统一大帝国社会政治结构的基盘和框架，是中央皇帝与广大庶民间的政治维系与精神纽带，是当时中国社会上层建筑中独具特色的事物。皇帝正是通过普遍赐爵建立起与每个受爵者间的专有性联系，实现皇权对个别人民的直接人身支配，在一定程度上限制了豪强地主变民为奴的随意性，保证了统一帝国中央政府租税赋役的稳固来源，维护了中央集权的社会基础。杨光辉《汉唐封爵制》① 以秦汉至隋唐的封爵制度为对象，对封爵的形式，封国、食邑户及衣食租税，封爵的授受、传袭及推恩，封爵制度与其他政治制度的关系，封爵的社会、政治、经济功能等几个方面进行了研究。高敏《试论商鞅的赐爵制度》② 认为，二十等爵制并不是商鞅所创赐爵制的原貌。另文《从云梦秦简看秦的赐爵制度》③ 利用云梦秦简，并结合《商君书》《史记》，对秦赐爵制所涉及的相关问题进行了研究。其认为秦的赐爵制分"军爵"与"公爵"两大类，而爵名则经历了一个逐步发展而形成二十等爵的过程；赐爵对象是有军功者，而条件则是立军功；有爵者可获得庶子、田宅，享受赐税、赐邑优待，可豢养家客，犯罪后可享有特权等政治、经济利益；爵自二级以上者可以爵赎罪，爵自一级以下者可以爵抵罪；商鞅赐爵制经历了由几个大等级到简化为高、低爵两大等级的变化过程；爵位的转移是允许和可能的。《秦律》所反映的赐爵制度说明《境内》篇所载是可信的。李均明《张家山汉简所反映的二十等爵制》④ 根据张家山汉简《二年律令》《奏谳书》中有关爵制的资料，探讨了爵位的等序与权益、拜赐与削夺、继承与转移及其减免刑罚等问题，认为二十等爵可划分为侯、卿、大夫、士四大等级，彻侯、关内侯属"侯"，大庶长以下至左庶长属"卿"，五大夫、公乘属"大夫"，公大夫以下至公士属"士"。五大夫以下属编户民。在治安事务中以斩捕罪人的多少拜爵。详细规定爵位的继承关系，包括继承的爵级、继承人的顺序、继承的时间。有爵者享有若干法律特权，凡加害于高爵者的刑事责任人须加刑，有爵者可按一定条

①　杨光辉：《汉唐封爵制》，学苑出版社 2002 年版。
②　高敏：《试论商鞅的赐爵制度》，《郑州大学学报》1977 年第 3 期。
③　高敏：《从云梦秦简看秦的赐爵制度》，《云梦秦简初探》，河南人民出版社 1979 年版。
④　李均明：《张家山汉简所反映的二十等爵制》，《中国史研究》2002 年第 2 期。

件减免刑罚，但犯不孝等有违伦理的罪行及执法犯法、官吏监守自盗等不得以爵减免。朱绍侯《西汉初年军功爵制的等级划分》① 将二十等爵划分为侯级、卿级、大夫级和小爵，认为大夫至五大夫为大夫级，公士至不更为简文中的"小爵"。刘敏《张家山汉简"小爵"臆释》② 认为，小爵是未傅籍成人者占有的爵位，与汉代的傅籍、力役、封爵制度有关。于振波《张家山汉简中的"卿"》③，认为"卿"应是二十等爵之内的某些爵名的代称，而不是二十等爵之外的一个爵名。

冨谷至《秦汉二十等爵制和刑罚的减免》④ 对"秦汉二十等爵具有减免刑罚的作用，刑罚减免是赋予有爵者的特权"这一传统看法提出了质疑，认为以爵减免刑罚并不是有爵者被赋予的当然特权，而是有条件的。在秦代，并不是所有的有爵者都适用以爵减免刑罚，且可以爵减免的刑罚仅限于死刑和肉刑，劳役刑和财产刑则不在减免之列。通常只有持上造以上爵位者的肉刑可以被减免为非肉刑的劳役刑。也就是说，在秦代，爵只具有回避肉刑的功能。汉代的爵亦不具备对所有刑罚实行减免的功能，汉文帝废除肉刑之后，拥有一定爵位者可以除去桎梏，即可以免除髡钳的"钳"和钛左右趾的"钛"。至此，通过削爵减免的刑罚内容由对毁损身体的肉刑的回避转变为对束缚身体的桎梏的回避，这一过程正好与刑罚由黥城旦向髡钳城旦的变化相吻合。

刘敏《秦汉时期的"赐民爵"及"小爵"》⑤ 指出，西嶋定生关于汉代"赐爵对象是编户良民"并且包括"小男"的疑识，长期不被国内学术界重视，但被如今出土的张家山汉简、里耶秦简、走马楼吴简所证实。由于历史条件的限制，其研究又存在四方面的局限和缺失：一是未明小男爵位与成人爵位之间的不同；二是未明除国家赐爵外，小男获爵的其他途径；三是忽视了妇女与爵位之间的应有关系；四是把"赐民爵"释为

① 朱绍侯：《西汉初年军功爵制的等级划分》，《河南大学学报》2002 年第 5 期。

② 刘敏：《张家山汉简"小爵"臆释》，《中国史研究》2004 年第 3 期。

③ 于振波：《张家山汉简中的"卿"》，《文物》2004 年第 8 期。

④ 冨谷至：《秦汉二十等爵制和刑罚的减免》，胡平生、陈青译，《简帛研究二〇〇一》，广西师范大学出版社 2001 年版。

⑤ 刘敏：《秦汉时期的"赐民爵"及"小爵"》，《史学月刊》2009 年第 11 期。

"民爵赐与"，把"民爵"作为古人固有的一体名词，不符合历史实际。小男即"未傅籍成人者"，其占有的爵位是"小爵"，获得的途径有三：一是因功劳受爵；二是世袭继承和移授获爵；三是国家普遍赐爵。小爵与拥有者是否傅籍成年有关，而傅籍成年不仅与年龄，还与身高发育有关。朱绍侯《〈秦汉时期的"赐民爵"及"小爵"〉读后——兼论汉代爵制与妇女的关系》①认为，刘敏提出的"小爵"是未成人获得爵位的总称及身体高低与大男、大女、小男、小女的身份判定有关等论点是正确的，原来那种认为"小爵"是二十等爵制中第四级总称的意见理应被否定。而刘敏提出的汉无"吏爵""民爵"之分的意见则说服力不强，秦汉"吏爵""民爵"不可逾越，这从"赐民爵八级制"的出现及民爵不能过八级、超过八级就要转给兄弟子侄的诏令中可以得到证明。汉初刘邦在诏令中就明确提出妇女可以封侯，其后两汉又把战国男子封"君"的"君"爵转授给妇女。妇女封"君"的待遇，相当于列侯。在赐民爵的诏令中，没有妇女可以得爵的规定，但妇女可以继承父兄及儿子的爵位，还规定"妇人无爵，从夫之爵"，这说明妇女可以享受其丈夫爵位级别的待遇。

朱绍侯根据张家山汉简《奏谳书》和《二年律令》中的相关资料撰写了一系列探讨爵制问题的文章：《从〈奏谳书〉看汉初军功爵制的几个问题》②根据对张家山汉简《奏谳书》中所涉及的军功爵制资料的研究得出如下结论：①汉初爵级与官级关系上呈现出爵大于官、官重于爵的局面，汉初军功爵制也存在着轻滥的情况，汉高祖五年诏书所提出的提高有爵者待遇的诺言，并没有认真贯彻落实；②汉初沿袭了秦代以爵减罪、免罪、赎罪政策，但有爵者并不是犯任何罪都可以爵减、免、赎罪；③《奏谳书》证实刘邦施行过楚爵制。《〈奏谳书〉新郪信案例爵制释疑》③认为案例中三次提到新郪信等四人的不同爵位，反映了三个不同时期新郪

①　朱绍侯：《〈秦汉时期的"赐民爵"及"小爵"〉读后——兼论汉代爵制与妇女的关系》，《史学月刊》2009 年第 11 期。

②　朱绍侯：《从〈奏谳书〉看汉初军功爵制的几个问题》，《简帛研究》第 2 辑，法律出版社 1996 年版。

③　朱绍侯：《〈奏谳书〉新郪信案例爵制释疑》，《史学月刊》2003 年第 12 期。

信等四人的爵位变化情况，并研究了这四个人由楚爵转为汉爵的问题。《西汉初年军功爵制的等级划分——〈二年律令〉与军功爵制研究之一》① 认为，汉初军功爵划分为侯级爵、卿级爵、大夫级爵和小爵四大等级。侯级爵即第十九级关内侯和二十级彻侯；卿级爵则为第十级左庶长至十八级大庶长的总称；大夫级爵指第五级大夫至第九级五大夫五等；小爵则指一级公士至第四级不更四等。这种划分与刘劭《爵制》中所提到的四个等级基本吻合。《吕后二年赐田宅制度试探——〈二年律令〉与军功爵制研究之二》② 认为，高后二年赐田宅的法律条文，是一种按爵位不同等级赐田宅的制度，即名田制。文中还把《二年律令》中的赐田宅制与秦商鞅变法时的以军功赏赐田宅制、刘邦汉五年诏令中的赐田宅制及汉武帝时的军功赏赐制度作了对比，说明《二年律令》中的赐田宅制不是西汉通制，而是高后当政时为适应其政治需要而制定的具体政策。这一政策培植了一大批军功地主，形成汉初军功地主掌权的局面。《从〈二年律令〉看与军功爵制有关的三个问题——〈二年律令〉与军功爵制研究之三》③ 研究了军功爵级与官爵的对比关系、军功爵制与妇女待遇及爵位继承等三个问题，从中可以看出在高后时期，军功爵制还被人们所重视，具有政治、经济等多方面的作用。朱绍侯《从〈二年律令〉看汉初二十级军功爵的价值——〈二年律令〉与军功爵制研究之四》④ 认为，军功爵制的经济价值包括有爵者可以占有田宅、减免赋税、以爵卖钱；政治价值包括有爵者可享受相应的官级待遇、爵位可以继承、妇女享有与丈夫同等的政治待遇等；军功爵还具有以爵赎人、赎罪等方面的价值，在当时的政治和社会生活中非常重要。王彦辉《试论〈二年律令〉中爵位继承制度的

---

① 朱绍侯：《西汉初年军功爵制的等级划分——〈二年律令〉与军功爵制研究之一》，《河南大学学报》2002 年第 5 期。

② 朱绍侯：《吕后二年赐田宅制度试探——〈二年律令〉与军功爵制研究之二》，《史学月刊》2002 年第 12 期。

③ 朱绍侯：《从〈二年律令〉看与军功爵制有关的三个问题——〈二年律令〉与军功爵制研究之三》，《河南大学学报》2003 年第 1 期。

④ 朱绍侯：《从〈二年律令〉看汉初二十级军功爵的价值——〈二年律令〉与军功爵制研究之四》，《河南大学学报》2003 年第 2 期。

几个问题》① 认为,《二年律令》规定的汉代爵位继承制度,根据不同情况实行的是一种等级继承、爵加一级和降级继承的原则。朱绍侯《从居延汉简看汉代民爵八级的政治地位》② 认为,汉代民爵从一级公士到八级公乘,在居延屯戍区内既可担任各种官职(实为百石小吏),也可以当兵。当官凭本人才能,与爵位无关,当兵说明爵位八级已失去免役等特权,成为有名无实的荣誉头衔。

关于爵制的演变。高敏《论商鞅赐爵制度的历史演变》③ 认为,两汉时期赐爵制度的演变大致经历了四个时期。①刘邦时期分两个阶段:起义过程中以赐军功爵为主,统一全国后在全国范围内恢复并推行秦王朝的赐爵制。②吕后时期,与前一时期相比,其变化主要表现在赐爵对象不同,主要是赐"民"爵和赐"吏"爵,"民爵""吏爵"分张;取消军功赐爵;取消按赐爵级数给予田宅和庶子的规定。③西汉中后期,文景时,"赐吏爵"暂时终止,"赐民爵"获得发展,并实行了输粟买爵制和徙边赐爵制,同时高、低爵界限上移,区分标志改变。武帝时赐民爵仍是重点,赐吏爵偶尔实行,且出现武功爵。昭宣元成哀平时,赐吏爵显著发展,赐爵对象增加。④东汉时期,赐爵制接近尾声,表现为:赐吏爵消失,赐民爵独存;赐民爵的对象以农民为主;明文规定民爵不得过公乘。以上这些变化是由地主阶级地位的变化而决定的。杨一民《战国秦汉时期爵制和编户民称谓的演变》④ 认为,西周春秋时期是以宗法血缘关系为基础的爵制。随着生产力的发展,氏族贵族势力走向分化,宗法爵制受到冲击,加之春秋战国之际兼并战争中耕战地位的日趋重要,军功爵制产生,汉初继承秦军功爵制,但随着战争的结束和统一王朝的建立,军功爵制已不适应当时的历史条件,新的爵制即民爵制形成,然而随着赐爵和买爵的盛行,爵制渐滥,并最终被九品官人法所代替。朱绍侯《军功爵制

---

　　① 王彦辉:《试论〈二年律令〉中爵位继承制度的几个问题》,《江苏行政学院学报》2009年第2期。

　　② 朱绍侯:《从居延汉简看汉代民爵八级的政治地位》,《南都学坛》2012年第4期。

　　③ 高敏:《论商鞅赐爵制度的历史演变》,《文史哲》1978年第1期。

　　④ 杨一民:《战国秦汉时期爵制和编户民称谓的演变》,《学术月刊》1982年第9期。

在西汉的变化》① 认为军功爵制在西汉的变化主要表现在三个方面：①民爵、吏爵有了严格界限；②改变无功不封的原则；③军功封爵界限转严。这种变化反映出西汉军功地主集团的衰落和豪强地主集团的兴起。朱氏因此提出了"民爵、吏爵界限森严不可逾越"的观点。杨际平《西汉"民爵、吏爵界限森严不可逾越"说质疑》② 则认为，秦汉无民爵、吏爵之分。"赐民爵""赐吏爵"都是"赐民以爵""赐吏以爵"之意，公乘以下之爵既可为"民"之爵，也可为"吏"之爵，公乘以上之爵亦然，从而"民爵、吏爵不可逾越"说与史实不符。对此质疑，朱绍侯《再谈汉代的民爵与吏爵问题——兼答杨际平同志》③ 指出，汉代爵过公乘可以转移、吏爵指对六百石以上官吏所赐爵级，是民爵、吏爵界限森严的例证，并对杨文中的有关问题提出异议。杨际平《再论汉无民爵吏爵之分——答朱绍侯同志》④ 指出，西汉无"民爵""吏爵"之分，并确定"吏""民"之含义，汉代的"吏"既指六百石以上吏，也指六百石以下吏，与朱文中的"吏"仅指六百石以上吏的观点不同，并结合简牍和传统文献资料，认为一至八等爵既可赐予吏，也可赐予民，而九等以上的爵也并非专赐给吏。因而汉代"民爵、吏爵界限森严不可逾越"说，不符合历史事实。林剑鸣《秦代官、爵制度变化的奥秘》⑤ 认为，秦的官、爵制度在统一前后发生了变化。统一前，官、爵授赐皆依军功，官、爵合一，当官为吏，必须有爵；统一后，有爵者不一定为官，为官者不一定有爵。这一变化主要是由于大规模的战争已结束，官爵一致的原则已不适应统一的需求。卜宪群⑥认为，赐爵体现的是以皇权为核心的身份等级秩序，且对早

---

① 朱绍侯：《军功爵制在西汉的变化》，《河南师范大学学报》1983 年第 1 期。

② 杨际平：《西汉"民爵、吏爵界限森严不可逾越"说质疑》，《河南大学学报》1984 年第 4 期。

③ 朱绍侯：《再谈汉代的民爵与吏爵问题——兼答杨际平同志》，《河南大学学报》1984 年第 4 期。

④ 杨际平：《再论汉无民爵吏爵之分——答朱绍侯同志》，《厦门大学学报》1985 年第 4 期。

⑤ 林剑鸣：《秦代官、爵制度变化的奥秘》，《光明日报》1983 年 5 月 25 日第 3 版。

⑥ 卜宪群：《秦汉官僚制度》，第五章"秦汉皇权与官僚制度"，第二节"赐爵制与官僚制"，社会科学文献出版社 2002 年版。

期官僚制的产生和发展起了极大的推动作用。秦代官爵合一的特征在秦统一前后开始发生变化，到西汉时官爵分离的倾向日益明朗化，其特征就是官制决定爵位。到东汉时，二十等爵已不完整，处于分崩离析之中。此外，作者还从皇权因素、官僚制因素、爵制本身的因素三个方面分析了官、爵关系演变的原因。

朱绍侯《从三组汉简看军功爵制的演变》[①] 指出，第一组《敦煌酥油土烽隧遗址出土的木简》中有关《击匈奴降者赏令》部分残简，是汉武帝时期制定的律令，其内容反映了西汉前、中期军功爵制的施行情况，对军功赐爵没有级别的限制，最高者可以封侯，其次可以食邑。这与刘邦汉五年颁布的诏令及汉十二年大封功臣为侯的精神相符合，也与西汉前、中期军功地主掌权的局势相适应。第二组青海大通县上孙家寨 115 号汉墓出土的木简也是有关捕斩敌首给予奖赏的律令，其时代约在宣帝、成帝时期，反映了西汉中晚期军功爵制的施行情况。这时的军功赐爵已有严格的级别和等级的限制。在这组木简中只见有赐邑而不见有封侯的记载，即使捕斩敌君长以上的高级首领，也只能赐爵四级、五级，而且明确规定爵毋五大夫，毋过左庶长，对某些特殊受优待的军人，赐爵也只能至右更，这就使一般军人很难通过军功爵制爬上政治高位。这种情况与军功爵制日趋轻滥、衰亡的趋势相一致，也与军功地主日渐失势，豪强地主日趋得势的政治形势相一致。这一时期军功赐爵控制严格，而非军功赐爵则掌握较宽，已改变了汉初"无功不封侯"的禁令，外戚、嫔妃、恩幸皆可以获得高爵，国家遇有喜庆大事，就可以颁布赐天下民爵一级、爵二级的诏令，而在战场上士兵们拼命杀敌，捕斩敌首一级尚得不到一级爵位，军功爵制已趋于轻滥，失去原有的价值。第三组《居延新简》所收录的破城子 22 号房屋出土关于《捕斩匈奴虏、反羌购赏科别》简文，对于捕斩匈奴、羌人的奖赏，只有增秩二等，赐钱若干万的记载，而不赐爵，这反映了西汉晚期王莽改制后到东汉政权稳定前，军功爵制由轻滥走向衰亡的情况。王莽改制废弃军功爵制，不能说是王莽一时心血来潮，无的放矢的改革，而是军功爵制已失去原有价值的必然结果，所以王莽改制失败了，窦

融也并没有恢复军功爵制，破城子 22 号房屋出土的汉简有力地说明了这一问题。刘秀建立东汉政权后，虽然恢复了军功爵制，但军功爵制在东汉除侯爵以外，已成了统治者庆祝喜庆的点缀品，正如王粲在《爵制》中所说的："今爵废矣，民不知爵者何也，夺之，民亦不惧。赐之，民亦不喜，是空设文书而无用也。"军功爵制在人民的心目中已名存实亡。军功爵制的衰亡，已成不可扭转之势。

刘敏《承袭与变异：秦汉封爵的原则和作用》① 认为，秦汉封爵的原则既承袭先秦旧爵，如因功封爵和因亲封爵，又有明显差异，总体看封爵原则更加复杂多样，特别是普遍赐爵和买卖占爵，可谓最具时代特色。对君主和国家而言，封爵的作用异于先秦旧爵，周的封爵主要体现的是国家统治形式，而秦的新爵制则主要体现的是统治的具体方法和策略，是在全社会推行的利益交换手段和激励措施。而封爵对个人的好处，则比旧爵更加复杂细微。张鹤泉《〈二年律令〉所见二十等爵对西汉国家统治秩序的影响》② 认为西汉初年二十等爵与授田制、治安制度、养老制度及国家赏赐制度结合，对稳定西汉初年国家统治秩序起到了积极作用。

阎步克《从爵本位到官本位——秦汉官僚品位结构研究》③ 一书重点讨论了秦汉时期的官僚等级制度。将官阶研究的对象定义为"官职的分等分类"和"官员的分等分类"两点；基于"品位—职位"视角，提出了"品位结构"概念，用以观察各种位阶的组合、搭配和连接样式；对品秩的构成要素、品位结构变迁的主要线索、官阶研究的各个层面，进行建构性的阐述。在此基础上，针对早期帝国品位结构的变迁，勾勒出了"爵本位"—"爵—秩体制"—"官本位"的变迁模式，并从分等分类角度对之进行系统论证。同时还用新出史料，对战国秦汉禄秩演进的史实

---

① 刘敏：《承袭与变异：秦汉封爵的原则和作用》，《南开学报》2002 年第 3 期。

② 张鹤泉：《〈二年律令〉所见二十等爵对西汉国家统治秩序的影响》，《吉林师范大学学报》2005 年第 6 期。

③ 阎步克：《从爵本位到官本位——秦汉官僚品位结构研究》，生活·读书·新知三联书店 2009 年版。该书的修订版（2017 年版）对爵本位、官本位做了更清晰的界定，并提出从散吏探讨官署"品位—编任"的思路。

进行考证，使若干前所不详的暧昧史实，如"宦皇帝者"问题、"比秩"问题等，得以澄清。周群《西汉二千石秩级的演变》① 认为汉初无中二千石、比二千石秩级，而仅有二千石秩级，比秩最初来自爵位与秩级的类比，大约在汉武帝元狩五年或稍前时，才开始用来指称吏员的"守"秩。凌文超《汉初爵制结构的演变与官、民爵的形成》② 认为汉初二十等爵制的公、卿、大夫、士分层大体上承续了秦军功爵制的分层。秦汉之际因功拜爵和普遍赐爵的频繁导致大夫爵层与卿、士爵层间的界限日趋模糊，并演化出二十等爵制高、低爵之新剖分。随着"爵—秩体制"的发展，变动中的高、低爵与相对稳定的以六百石为界标的上、下秩级相结合促使了官、民爵的形成。官、民爵之分对汉晋官僚贵族化和吏民一体化有影响。王爱清《秦汉基层等级身份秩序的确立与变迁——以赐民爵为中心》③ 认为秦汉民爵赐予的地位下降，以财富为本的自然性而非政治性因素作用增强。曹骥《秦汉简中的"公卒"和"庶人"》④ 指出秦汉简中所见到的"公卒"和"庶人"，其身份和社会地位与"士伍"是比较接近的，但在某些权利方面还不如他们。凌文超《秦汉魏晋编户民社会身份的变迁——从"士大夫"到"吏民"》⑤ 指出，秦汉之际在军功爵制的推行下，"士大夫"多指士、大夫级爵群体，他们是当时基层社会编户民的主体，也是帝国征派赋役的对象。随着秦汉"爵秩体制"的发展，分赐官、民爵，促使官僚贵族化、吏民同质化。因爵制的变化，尤其是民爵日益轻滥，"士大夫"爵制的意义渐趋消亡。同时，因秩制的发展，秩级分化导致官、吏呈现分途之势，吏员群体内又分化为吏与役两个层次，"役"逐渐成为帝国控制小吏和编户民的主要手段。"吏"与"民"因役而同质化，"吏民"逐渐成为编户民的代名词。

---

① 周群：《西汉二千石秩级的演变》，《史学月刊》2009 年第 10 期。
② 凌文超：《汉初爵制结构的演变与官、民爵的形成》，《中国史研究》2012 年第 1 期。
③ 王爱清：《秦汉基层等级身份秩序的确立与变迁——以赐民爵为中心》，《兰州学刊》2013 年第 10 期。
④ 曹骥：《秦汉简中的"公卒"和"庶人"》，《唐都学刊》2013 年第 4 期。
⑤ 凌文超：《秦汉魏晋编户民社会身份的变迁——从"士大夫"到"吏民"》，《文史哲》2015 年第 2 期。

朱绍侯《军功爵制探源》① 指出，军功爵制萌芽于春秋，确立于战国，商鞅变法定制为十八级，秦始皇统一六国后，确立为二十级。军功爵制最兴盛时期是战国，它在秦汉的历史舞台上起过极其重要的政治作用。在当时，爵位重于官位。西汉中期以后，军功爵制逐渐趋于轻滥，官位才重于爵位。特别是从二十级军功爵位中分出"民爵八级"以后，一级公士至八级公乘，已成为荣誉头衔，与官位并无直接联系，这说明既得利益集团再也不肯让平民百姓进入统治阶层。在东汉除高爵中的关内侯、列侯还有实际价值之外，其他高爵形同虚设，而民爵八级已成为统治阶级祝贺喜庆大事的点缀品，军功爵制趋于消亡。另文《王粲〈爵论〉评议——兼论军功爵制的废除》② 肯定王粲在《爵论》中对军功爵制盛行时的逐级赐爵制及对商鞅变法时指明"客卿"也是爵名的深刻认识；认为曹操在建安二十年爵制改革时所建立的六等新爵制，实际是正式废除了二十级军功爵制。军功爵制废除的原因有三：一是军功爵制逐渐变质，由反对贵族世袭制演变为贵族世袭制，失去了进步性；二是军功爵制贬值，由待遇丰厚演变为空虚的荣誉头衔（列侯、关内侯除外），不为得爵者所重视；三是军功爵制失去经济基础，变为空壳，难以继续存在。

孙闻博《二十等爵确立与秦汉爵制分层的发展》③ 认为二十等爵是在卿大夫士爵序列上进一步叠加侯爵，实际糅合了内爵、外爵两套系统，对秦汉政治与社会影响深远。秦及汉初，重爵取向下"侯卿大夫士"分层更为发达。伴随"爵—秩体制"中重官取向的发展，附丽爵制的权益要素逐渐脱离。东汉爵制分层的随后演进中，卿爵衰落，对应吏、民爵的原"大夫士"爵日益等齐化，使外爵性质的列侯、关内侯功能突出。晋文《西汉"武功爵"新探》④ 认为武功爵实际应是一种对普通立功将士另设

① 朱绍侯：《军功爵制探源》，《军事历史研究》2015 年第 1 期。

② 朱绍侯：《王粲〈爵论〉评议——兼论军功爵制的废除》，《军事历史研究》2015 年第 3 期。

③ 孙闻博：《二十等爵确立与秦汉爵制分层的发展》，《中国人民大学学报》2016 年第 1 期。

④ 晋文：《西汉"武功爵"新探》，《历史研究》2016 年第 2 期。

的"赏官"。这种"赏官"大致可以分为三个层次：一是高爵，有执戎、左庶长和军卫三级，由朝廷直接奖赏，不得买卖；二是中爵，有官首、秉铎、千夫和乐卿四级，按规定允许买卖，享有除吏、免役和赎罪等优待；三是低爵，有造士、闲舆卫、良士和元戎士四级，虽然也允许买卖，并有着很高的官方定价，但没有多少实惠，而主要是荣誉性质。它的设置特别照顾到了中高级军官的利益。武功爵共设十一级，级差价格为十七万钱。至居摄三年王莽奏请实行五等爵制，包括武功爵在内的西汉爵位制度被废止。王彦辉《论秦及汉初身份秩序中的"庶人"》①认为，秦建立的爵制身份体系中，无爵的男性成员分别称公卒、士伍、庶人、司寇、隐官。其中，庶人是一个指称免除罪人、奴婢身份的泛称，但比之庶民、编户民等概念又是一个专称，属于一种身份歧视性概念。赦免罪人为庶人乃秦国旧政，秦王政时期并非"久者不赦"。罪人狱未决可赦除全罪，狱已决的"徒隶"一般为减罪。罪人入刑的等级分为刑罪和耐罪等，刑罪的城旦舂、鬼薪白粲和耐罪的隶臣妾统称为徒隶，编入"徒隶簿"。当徒隶老、癃病、"毋（无）赖不能作"，国家允许其亲属、熟人予以赎买，收人亦可当作商品卖到民间。徒隶于赦免之外，还可通过自免或人为免的方式免为庶人；私奴婢获免可分为主人放免和国家诏免。徒隶和私奴婢免为庶人，都要承担相应的赋税、徭役等义务，由其所在县乡"收事"。其后代与士伍、司寇、隐官子一样，皆以士伍身份傅籍。尽管庶人在田宅制度上可以享有和公卒、士伍同样的待遇，但泯灭不掉罪人、奴婢的历史印记，所在官府编有《庶人名籍》备案，不仅本人在政治上受歧视，而且其后代在仕宦上也要受到种种限制。贾丽英《秦及汉初二十等爵与"士下"准爵层的剖分》②认为，公卒作为身份性术语，无一例外排在公士之后、士伍之前。与商鞅爵制有因功得爵与因劳得爵两个爵层相一致，秦及汉初的爵位系统中有两大层次，一层是传统的二十等爵，一层为公卒、士伍构成的"士下"准爵层。这个准爵层不包括庶人。在秦汉社会身份序列中，

---

① 王彦辉：《论秦及汉初身份秩序中的"庶人"》，《历史研究》2018 年第 4 期。
② 贾丽英：《秦及汉初二十等爵与"士下"准爵层的剖分》，《中国史研究》2018 年第 4 期。

庶人是连接爵制身份序列和刑罚身份序列的枢纽。随着爵制式微，爵称、爵名有一个简化的过程，"公卒"是汉代第一个被裁并的准爵制身份，发生时间应在西汉前期。

六　简牍文书反映的律令与司法

由于史料的匮乏，长期以来学界对战国秦汉法制史的研究只能依靠辑录的零星资料进行，进展甚微。自 20 世纪 70 年代以来，云梦睡虎地秦简、龙岗秦简、包山楚简、江陵张家山汉简等大批法律简牍资料的出土，极大地丰富了战国秦汉法制史料。这些法律简牍资料的公布，迅速掀起研究热潮，出版了大量研究论著。

其中专著计有：高敏《云梦秦简初探》①，刘海年《战国秦代法制管窥》②，栗劲《秦律通论》③，孔庆明《秦汉法律史》④，高恒《秦汉法制论考》⑤、《秦汉简牍中法制文书辑考》⑥，堀毅《秦汉法制史论考》⑦，大庭脩《秦汉法制史研究》⑧，冨谷至《秦汉刑罚制度研究》⑨，籾山明《中国古代诉讼制度研究》⑩，傅荣珂《睡虎地秦简刑律研究》⑪，徐富昌《睡虎地秦简研究》⑫，吴福助《睡虎地秦简论考》⑬，陈伟《包山楚简初探》⑭，安作璋、

---

①　高敏：《云梦秦简初探》，河南人民出版社 1979 年版。

②　刘海年：《战国秦代法制管窥》，法律出版社 2006 年版。

③　栗劲：《秦律通论》，山东人民出版社 1985 年版。

④　孔庆明：《秦汉法律史》，陕西人民出版社 1992 年版。

⑤　高恒：《秦汉法制论考》，厦门大学出版社 1994 年版。

⑥　高恒：《秦汉简牍中法制文书辑考》，社会科学文献出版社 2008 年版。

⑦　堀毅：《秦汉法制史论考》，萧红燕等译，法律出版社 1988 年版。

⑧　大庭脩：《秦汉法制史研究》，林剑鸣等译，上海人民出版社 1991 年版。

⑨　冨谷至：《秦汉刑罚制度研究》，柴生芳、朱恒晔译，广西师范大学出版社 2006 年版。

⑩　籾山明：《中国古代诉讼制度研究》，李力译，上海古籍出版社 2009 年版。

⑪　傅荣珂：《睡虎地秦简刑律研究》，（台北）商鼎文化出版社 1992 年版。

⑫　徐富昌：《睡虎地秦简研究》，（台北）文史哲出版社 1993 年版。

⑬　吴福助：《睡虎地秦简论考》，（台北）文津出版社 1994 年版。

⑭　陈伟：《包山楚简初探》，武汉大学出版社 1996 年版。

陈乃华《秦汉官吏法研究》①，张建国《帝制时代的中国法》②，于振波《秦汉法律与社会》③，张金光《秦制研究》④，张伯元《出土法律文献研究》⑤，张功《秦汉逃亡犯罪研究》⑥、《秦汉犯罪控制研究》⑦，刘欣宁《由张家山汉简〈二年律令〉论汉初的继承制度》⑧，杨振红《出土简牍与秦汉社会》⑨，阎晓军《出土文献与古代司法检验史研究》⑩，曾加《张家山汉简法律思想研究》⑪，李力《"隶臣妾"身份再研究》⑫，曹旅宁《秦律新探》⑬、《张家山汉律研究》⑭，崔永东《金文简帛中的刑法思想》⑮、《简帛文献与古代法文化》⑯，蔡万进《张家山汉简〈奏谳书〉研究》⑰，杨建《西汉初期津关制度研究》⑱，朱红林《张家山汉简〈二年律令〉集释》⑲、《张家山汉简〈二年律令〉研究》⑳，罗鸿瑛主编《简牍文书法制研究》㉑，孙家洲主编《秦汉法律文化研究》㉒，刘海年、杨一凡总主编，刘海年、杨升南、吴九龙主编《中国珍稀法律典籍集成》甲编第一册《甲骨文金文简牍法律文献》，

① 安作璋、陈乃华：《秦汉官吏法研究》，齐鲁书社1993年版。

② 张建国：《帝制时代的中国法》，法律出版社1999年版。

③ 于振波：《秦汉法律与社会》，湖南人民出版社2000年版。

④ 张金光：《秦制研究》，上海古籍出版社2004年版。

⑤ 张伯元：《出土法律文献研究》，商务印书馆2005年版。

⑥ 张功：《秦汉逃亡犯罪研究》，湖北人民出版社2006年版。

⑦ 张功：《秦汉犯罪控制研究》，湖北人民出版社2007年版。

⑧ 刘欣宁：《由张家山汉简〈二年律令〉论汉初的继承制度》，"国立"台湾大学出版委员会2007年版。

⑨ 杨振红：《出土简牍与秦汉社会》，广西师范大学出版社2009年版。

⑩ 阎晓军：《出土文献与古代司法检验史研究》，文物出版社2005年版。

⑪ 曾加：《张家山汉简法律思想研究》，商务印书馆2008年版。

⑫ 李力：《"隶臣妾"身份再研究》，中国法制出版社2007年版。

⑬ 曹旅宁：《秦律新探》，中国社会科学出版社2002年版。

⑭ 曹旅宁：《张家山汉律研究》，中华书局2005年版。

⑮ 崔永东：《金文简帛中的刑法思想》，清华大学出版社2000年版。

⑯ 崔永东：《简帛文献与古代法文化》，湖北教育出版社2003年版。

⑰ 蔡万进：《张家山汉简〈奏谳书〉研究》，广西师范大学出版社2006年版。

⑱ 杨建：《西汉初期津关制度研究》，上海古籍出版社2010年版。

⑲ 朱红林：《张家山汉简〈二年律令〉集释》，社会科学文献出版社2005年版。

⑳ 朱红林：《张家山汉简〈二年律令〉研究》，黑龙江人民出版社2008年版。

㉑ 罗鸿瑛主编：《简牍文书法制研究》，华夏文化艺术出版社2001年版。

㉒ 孙家洲主编：《秦汉法律文化研究》，中国人民大学出版社2007年版。

李均明、刘军主编《中国珍稀法律典籍集成》甲编第二册《汉代屯戍遗简法律志》①，杨一凡总主编多卷本《中国法制史考证》②，张晋藩总主编、徐世虹主编《中国法制通史》（第二卷，战国·秦汉卷）③，中国社会科学院简帛研究中心编《张家山汉简〈二年律令〉研究文集》④，李力《张家山247号墓汉简法律文献研究及其述评》（1985.1—2008.12）⑤，贾丽英《秦汉家族犯罪研究》⑥，程政举《汉代诉讼制度研究》⑦，王彦辉《张家山汉简〈二年律令〉与汉代社会》⑧，韩树峰《汉魏法律与社会：以简牍、文书为中心的考察》⑨，李均明《简牍法制论稿》⑩，李明晓、赵久湘《散见战国秦汉简帛法律文献整理与研究》⑪，闫晓君《秦汉法律研究》⑫，张忠炜《秦汉律令法系研究初编》⑬，吕红梅《秦汉时期士人犯罪研究》⑭，宋杰《汉代监狱制度研究》⑮，张琮军《秦汉刑事证据制度研究》⑯，曹旅宁《秦汉魏晋法制探微》⑰，冯卓慧《汉代民事经济法律制度研究：汉简及文

---

① 李均明、刘军主编《中国珍稀法律典籍集成》甲编第二册《汉代屯戍遗简法律志》，科学出版社1994年版。

② 杨一凡总主编多卷本《中国法制史考证》，中国社会科学出版社2003年版。

③ 徐世虹主编：《中国法制通史》（第二卷，战国·秦汉卷），法律出版社1999年版。

④ 中国社会科学院简帛研究中心编：《张家山汉简〈二年律令〉研究文集》，广西师范大学出版社2007年版。

⑤ 李力：《张家山247号墓汉简法律文献研究及其述评》（1985.1—2008.12），东京外国语大学AA言语文化研究所2009年版。

⑥ 贾丽英：《秦汉家族犯罪研究》，人民出版社2010年版。

⑦ 程政举：《汉代诉讼制度研究》，法律出版社2010年版。

⑧ 王彦辉：《张家山汉简〈二年律令〉与汉代社会》，中华书局2010年版。

⑨ 韩树峰：《汉魏法律与社会：以简牍、文书为中心的考察》，社会科学文献出版社2011年版。

⑩ 李均明：《简牍法制论稿》，广西师范大学出版社2011年版。

⑪ 李明晓、赵久湘：《散见战国秦汉简帛法律文献整理与研究》，西南师范大学出版社2011年版。

⑫ 闫晓君：《秦汉法律研究》，法律出版社2012年版。

⑬ 张忠炜：《秦汉律令法系研究初编》，社会科学文献出版社2012年版。

⑭ 吕红梅：《秦汉时期士人犯罪研究》，人民出版社2012年版。

⑮ 宋杰：《汉代监狱制度研究》，中华书局2013年版。

⑯ 张琮军：《秦汉刑事证据制度研究》，中国政法大学出版社2013年版。

⑰ 曹旅宁：《秦汉魏晋法制探微》，人民出版社2013年版。

献所见》①，宋杰《汉代死刑制度研究》②，贾丽英《秦汉家庭法研究：以出土简牍为中心》③，谢瑞东《张家山汉简法律文献与汉初社会控制》④，杨振红《出土简牍与秦汉社会（续编）》⑤，宫宅洁《中国古代刑制史研究》⑥，张文江《秦汉家、户法律制度研究——以家户法律构造为视角》⑦，文霞《秦汉奴婢的法律地位》⑧，大庭脩著、徐世虹等译《秦汉法制史研究》⑨，赵久湘《秦汉简牍法律用语研究》⑩，徐世虹等《秦律研究》⑪，等等。此外还有大量的论文发表。这里仅就学界讨论比较集中的隶臣妾及刑期问题、张家山汉简《二年律令》年代问题、秦汉律令体系、刑罚体系、司法诉讼制度等略作综述。

（一）隶臣妾及刑期问题⑫

1975 年，睡虎地秦简出土之后，其中所见"隶臣妾"的身份问题，引起了学界的广泛关注，形成了睡虎地秦简"隶臣妾"身份问题研究的热潮。2001 年张家山汉简公布之后，引起学界对这一论题的再次关注。学者们相继提出了如下观点。

第一，刑徒隶臣妾官奴婢说。1977 年，高恒发表《秦律中"隶臣妾"问题的探讨》一文，提出睡虎地秦简中"隶臣妾"的身份问题，从秦"隶臣妾"的身份及秦律中有关隶臣妾免为庶人的规定、隶臣妾从事的劳役及其生活待遇、秦律中的隶臣妾与奴隶制社会中的奴隶之间的区别，以

---

① 冯卓慧：《汉代民事经济法律制度研究：汉简及文献所见》，中华书局 2014 年版。

② 宋杰：《汉代死刑制度研究》，人民出版社 2015 年版。

③ 贾丽英：《秦汉家庭法研究：以出土简牍为中心》，中国社会科学出版社 2015 年版。

④ 谢瑞东：《张家山汉简法律文献与汉初社会控制》，社会科学文献出版社 2015 年版。

⑤ 杨振红：《出土简牍与秦汉社会（续编）》，广西师范大学出版社 2015 年版。

⑥ 宫宅洁：《中国古代刑制史研究》，杨振红等译，广西师范大学出版社 2016 年版。

⑦ 张文江：《秦汉家、户法律制度研究——以家户法律构造为视角》，人民日报出版社 2016 年版。

⑧ 文霞：《秦汉奴婢的法律地位》，社会科学文献出版社 2016 年版。

⑨ 大庭脩：《秦汉法制史研究》，徐世虹等译，中西书局 2017 年版。

⑩ 赵久湘：《秦汉简牍法律用语研究》，人民出版社 2017 年版。

⑪ 徐世虹等：《秦律研究》，武汉大学出版社 2017 年版。

⑫ 关于"隶臣妾"身份问题的撰写参考了李力《"隶臣妾"身份问题研究的回顾及其评述》（见其所著《"隶臣妾"身份再研究》第二章，中国法制出版社 2007 年版）。

及隶臣妾的反抗斗争等方面，对秦"隶臣妾"的身份问题进行了探讨。其指出：秦律中的"隶臣妾"是一种刑徒名称，汉律中所用的刑徒隶臣妾名称也是因袭秦制；从刑徒隶臣妾服刑期限问题、隶臣妾的来源问题、隶臣妾在法律上的地位问题来看，"秦时的隶臣妾实际上就是一种官奴婢"，将罪犯当作奴隶，是奴隶制的残余。秦律沿用了古已有之的制度。"隶臣妾"的来源，除了本身犯罪被判刑外，还有因亲属犯罪而籍没的人及投降了的敌人。秦时的刑徒是没有刑期的，所以"隶臣妾"实际上是一种服刑没有期限的官奴婢。"隶臣妾"在法律地位上虽与奴隶制时代的奴隶有所区别，但仍然是没有人格的工具物品。[①] 唐赞功[②]、李裕民[③]、陈连庆[④]亦持此说。

第二，官奴隶说。高敏主张秦"隶臣妾"是官奴隶，认为"秦时奴隶的名称，按官府奴隶与私家奴隶而区分为两大类别。官府奴隶大多谓之'隶'，其中男性谓之'隶臣'，女性谓之'隶妾'，总称为'隶臣妾'。而私家奴隶，则多称之为'人奴'、'人奴妾'或'臣妾'。另外，还按年龄与服役种类的不同而有不同的名称"。[⑤] 他在读了高恒的论文之后，从秦"隶臣妾"与刑徒的区别、秦的刑徒有无刑期、"隶臣妾"有无私有财产、"隶臣妾"的法律保护及奴隶制残余对社会生产的桎梏问题五个方面，详细阐述了秦"隶臣妾"的官奴隶身份，对高恒的讨论作了补充。[⑥] 后来为回应林剑鸣《"隶臣妾"辨》一文，高敏、刘汉东合作发表《秦简"隶臣妾"确为奴隶说》[⑦]；为答复林剑鸣《三辨"隶臣妾"》一文，刘汉

① 高恒：《秦律中的"隶臣妾"问题探讨——兼批"四人帮"的法家"爱人民"的谬论》，《文物》1977年第7期。

② 唐赞功：《从云梦秦简看秦代社会的主要矛盾》，《历史研究》1977年第5期；《云梦秦简官私奴隶问题试探》，《中华文史论丛》1981年第3辑，上海古籍出版社1981年版。

③ 李裕民：《从云梦秦简看秦代的奴隶制》，《中国考古学会第一次年会论文集》，文物出版社1979年版。

④ 陈连庆：《秦代的奴隶问题》，《东北师大学报》（哲学社会科学版）1988年第5期。

⑤ 高敏：《从出土〈秦律〉看秦的奴隶制残余》，《云梦秦简初探》，河南人民出版社1979年版，第59页。

⑥ 高敏：《关于〈秦律〉中的"隶臣妾"问题质疑——读〈云梦秦简〉札记兼与高恒同志商榷》，《云梦秦简初探》，河南人民出版社1979年版。

⑦ 高敏、刘汉东：《秦简"隶臣妾"确为奴隶说》，《学术月刊》1984年第9期。

东独自发表《再说秦简"隶臣妾"确为奴隶说》①，重申秦"隶臣妾"为"官奴隶"之说。

黄展岳支持"官奴隶"说，并明确指出隶臣妾与刑徒最重要的区别在于："隶臣妾"是终身性的服役，刑徒则有一定的服役期限。他还对高恒、高敏的观点进行了评述，认为高恒"混淆了隶臣妾与刑徒的性质区别：把隶臣妾当成刑徒，又把刑徒说成终身服刑"。因此，"高恒同志举汉文帝十三年减刑诏令作为秦时刑徒是无服刑期限的依据是站不住脚的，高敏同志在指出这一问题时，又陷入另一矛盾中。他说，文帝减刑诏令中的'有年而免'是指'隶臣妾'，'要把秦的隶臣妾的终身服役，改为有刑期的刑徒，使之刑期满后便可免为庶人'。高敏同志既然承认文帝十三年以前的隶臣妾是终身服役的奴隶，则何来'有年而免'？这就是矛盾所在"。② 此外，宋敏③、于豪亮④、苏诚鉴⑤、宫长为⑥、杨巨中⑦、蔡葵⑧、孙仲奎⑨等人也持"官奴隶"说。

第三，刑徒说。林剑鸣为主张此说的代表人物。他发表多篇论文，反对"官奴隶"说的主张，强调"隶臣妾"仅仅是一种刑徒，他们并不是"官奴隶"，也不相当于奴婢，认为"隶臣妾"不能与"臣妾"同日而语。"臣妾"是奴婢的称呼，"隶臣妾"则是刑徒的专用名称，而且"隶臣妾"只是一种十分普通的刑徒。秦简中提到"隶臣妾"与提到"臣妾"的均有十分明确的区别，所以不能把有"隶"的均与奴隶相连。秦到战国时由奴隶制向封建制过渡，社会性质和阶级关系也起了较大变化，许多

---

① 刘汉东：《再说秦简"隶臣妾"确为奴隶说》，《中州学刊》1987 年第 2 期。

② 黄展岳：《云梦秦律简论》，《考古学报》1980 年第 1 期。

③ 宋敏：《云梦秦简——奴隶制社会的新证》，《东北师大学报》1980 年第 4 期。

④ 于豪亮：《秦简中的奴隶》，《云梦秦简研究》，中华书局 1981 年版。又收入《于豪亮学术文存》，中华书局 1985 年版。

⑤ 苏诚鉴：《秦"隶臣妾"为官奴隶说——兼论我国历史上"岁刑"制度的起源》，《江淮论坛》1982 年第 1 期。

⑥ 宫长为、宋敏：《"隶臣妾"是秦的官奴隶》，《中国史研究》1982 年第 1 期。

⑦ 杨巨中：《从云梦秦简看秦的生产关系》，《人文杂志》专刊《先秦史论文集》1982 年 5 月。

⑧ 蔡葵：《试论秦汉时期的生产奴隶》，《西北大学学报》1983 年第 1 期。

⑨ 孙仲奎：《"隶臣妾"与"公人"》，《文史哲》1988 年第 6 期。

名称含义也有了变化。战国以后人们使用的"隶"有"一般""平常""卑下"之意。"隶臣妾"不光有私有财产，还允许有一定的生产资料，对于役使"隶臣妾"致死者，还要追究法律责任，这与奴隶有明显的区别。总而言之，秦简中反映的"隶臣妾"不是"官奴婢"，也不是奴隶，只是一种刑徒。"隶臣妾"同其他刑徒的区别，仅在于被刑轻重不等，这不仅不能说明"隶臣妾"不是刑徒，而且只能说明他们是一种被刑较轻的刑徒；但"隶臣妾"同"臣妾"的区别，则在于能否屠杀、买卖和有无独立经济地位，这种区别不仅说明"隶臣妾"同"臣妾"有本质的不同，而且证明"隶臣妾"绝不是奴隶。"隶臣妾"不是奴隶，也不是严重的罪犯，只是一种十分普遍的刑徒，这也就是他们被称为"隶臣妾"的原因。① 他在《三辨"隶臣妾"——兼论历史研究中的方法论问题》一文中，对"官奴隶"说的持论者进行全面回应，并从方法论上作了检讨。他认为，断定"隶臣妾"是奴隶的一些论著，大多是从其法律地位、来源、待遇、服役期限等方面去论证其阶级属性。这对研究"隶臣妾"无疑是有益的。但是，往往忽略对其本质的探讨，而夸大其次要的、附属的形态，至少是主次不分。这样得出的结论，往往似是而非。"隶臣妾"是刑徒还是奴隶，这本来属于两个范畴的问题：前者属法律范畴，后者属阶级范畴，这两个范畴并不完全一致。当然也不排除在某种情况下二者的一致性。现在的问题是讨论"隶臣妾"是否为奴隶，这就需要用划分阶级的标准来衡量，必须用马克思主义的阶级分析方法，弄清"隶臣妾"在生产资料占有关系中所处的地位。在弄清他们不是奴隶，不具有奴隶的属性之后，我们还必须清楚意识到，他们作为刑徒又是多种成分的混合物，它的成员分属于不同的阶级。②

张金光亦反对秦"隶臣妾"为"官奴隶"说，认为"隶臣妾"与刑徒无本质区别，实属于刑徒的范畴。他从来源与有无附加肉刑、刑具、衣服号色等，服劳役类别、繁重程度及社会地位，口粮标准，刑期，犯罪判

---

① 林剑鸣：《"隶臣妾"辨》，《中国史研究》1980 年第 2 期；《"隶臣妾"并非奴隶》，《历史论丛》第 3 辑，齐鲁书社 1983 年版。

② 林剑鸣：《三辨"隶臣妾"——兼论历史研究中的方法论问题》，《学术月刊》1985 年第 9 期。

刑升级六个方面，论述了秦"隶臣妾"的刑徒身份。① 钱大群认为秦"隶臣妾"是具有终身奴隶身份的刑徒。他在《谈"隶臣妾"与秦代的刑罚制度》一文中指出，"秦代刑罚复合使用上最大的一个特点是肉刑或徒刑和终身罪隶身份刑的复合使用，而'隶臣妾'就是刑徒和身份刑复合使用的表现形式之一"。"《秦简》中的隶臣妾如果从历史的角度来说，那就是因为犯罪而被判为奴隶，同时还有一定期限的徒刑。作为刑徒并有终身奴隶身份的'隶臣妾'，首先是重于'候'和'司寇'的一个刑罚等级。"② 王占通、栗劲主张秦"隶臣妾"是"带有奴隶残余属性的刑徒"，认为"隶臣妾基本上是刑徒，但保留某些官奴隶的残余属性。它是奴隶社会的'罪隶'演化而来的，具有很大的过渡性"。因此，在它身上就不能不保留国家奴隶即官奴婢的残余属性。③ 栗劲在《秦律通论》一书中进一步阐述说：秦是由奴隶社会刚刚转变而来的早期封建国家，奴隶制的残余还相当严重，在隶臣妾这个刑徒的身上也有明显的表现。其一，隶臣妾是终身刑，具有社会身份的性质。其二，隶臣的妻子虽然可以是平民，但是，他们的子女必须是隶臣或隶妾，如果试图改变这种关系，是要受到法律制裁的。基于上述两点，我们可以清楚地看到，隶臣妾这种刑徒身上，还保留有奴隶即官奴隶的残余属性。但是，从本质上看来，隶臣妾仍然是法定的刑徒。④ 张传汉认为"隶臣妾是服刑罪人，其服刑方式是，在不受监禁下，为官府服劳役。隶臣妾有独立的家庭经济，又有一定的人身自由，部分时间服劳役，部分时间从事公和不从事公，轮番更替，是秦代适用于轻罪的一种较轻的刑罚手段"。⑤ 张颔慧⑥认为"隶臣妾"是一种刑徒，刑期有限，同时具有官奴隶身份，但又不同于奴隶社会的奴隶。

　　第四，秦"隶臣妾"由"刑徒和官奴隶两部分组成"之说。主张此

---

　　① 张金光：《关于秦刑徒的几个问题》，《中华文史论丛》1985 年第 1 辑，上海古籍出版社 1985 年版。

　　② 钱大群：《谈"隶臣妾"与秦代的刑罚制度》，《法学研究》1983 年第 5 期。

　　③ 王占通、栗劲：《"隶臣妾"是带有奴隶残余属性的刑徒》，《吉林大学社会科学学报》1984 年第 2 期。

　　④ 栗劲：《秦律通论》，山东人民出版社 1985 年版，第 268 页。

　　⑤ 张传汉：《略论秦代隶臣妾的身份问题》，《辽宁大学学报》1985 年第 4 期。

　　⑥ 张颔慧：《张家山汉简中"隶臣妾"身份探讨》，《中原文物》2004 年第 1 期。

说的学者有刘海年、陈玉璟、杨剑虹、施伟青、杨升南、李力等。刘海年在《秦律刑罚考析》一文中指出，"秦律中的隶臣妾，要比其他徒刑，如城旦舂、鬼薪白粲等的情况复杂。城旦舂、鬼薪白粲，都是因其本人触犯封建法律被判处徒刑的。而隶臣妾，可以是被籍没的犯罪人家属；也可以是战争中投降的敌人；还可以是封建国家掌握的官奴婢隶臣妾的后代"。①后来他又撰文专门探讨秦"隶臣妾"的身份问题，认为秦的隶臣妾既包括官奴隶，也包括一部分刑徒。② 陈玉璟早先提出，战国秦汉时代"隶臣妾"既用为奴隶名，也逐渐用为刑徒名。③ 后来又撰文详细阐述这一看法，指出："隶臣妾"作为奴隶的名称，是古代社会的产物。伴随着长期的奴隶阶级的反抗斗争，在春秋时代，其本意可能已发生了转移。在《秦律》中，"隶臣妾"的身份包括两种不同性质的人：刑徒和奴隶。秦统一以后，官私奴隶统称为"人奴""臣奴"，"隶臣妾"便成为刑徒专名的一种。"汉承秦制"，"隶臣妾"在西汉为二岁刑。至东汉时代，"隶臣妾"在文献中不见刊载，作为一种名物制度，它可能是在历史上消失了。④ 杨剑虹认为"隶臣妾应该区分为两类，一是刑徒中的隶臣妾，二是国有奴隶"⑤。施伟青指出"隶臣妾"的身份十分复杂，包含了刑徒"隶臣妾"与官奴隶"隶臣妾"。⑥ 李力⑦、杨升南⑧亦赞同秦"隶臣妾"由"刑徒和官奴隶两部分人组成"之说。

2007 年，李力撰写《"隶臣妾"身份再研究》一书，从法制史的角度，重新对"隶臣妾"身份问题进行研究。书中对以往学界关于"隶臣妾"身份问题的研究作了全面梳理和评述；根据传世文献和出土文献，

① 刘海年：《秦律刑罚考析》，中华书局编辑部编《云梦秦简研究》，中华书局 1981 年版，第 184 页。

② 刘海年：《关于中国岁刑的起源——兼谈秦刑徒的刑期和隶臣妾的身份》（上、下），《法学研究》1985 年第 5、6 期。

③ 陈玉璟：《秦汉"徒"为奴隶说质疑》，《安徽师范大学学报》1979 年第 2 期。

④ 陈玉璟：《〈秦律〉中"隶臣妾"性质再探》，《阜阳师范学院学报》1982 年第 2 期。

⑤ 杨剑虹：《"隶臣妾"简论》，《考古与文物》1983 年第 2 期。

⑥ 施伟青：《"隶臣妾"的身份复议》，《中国社会经济史研究》1984 年第 3 期。

⑦ 李力：《亦谈"隶臣妾"与秦代的刑罚制度》，《法学研究》1984 年第 3 期。

⑧ 杨升南：《云梦秦简中"隶臣妾"的身份和战国时秦国的社会性质》，《郑州大学学报》（哲学社会科学版）1987 年第 2 期。

对"隶臣妾"一词的流传、使用期限、结构及含义作了详细的考辨；系统整理睡虎地、龙岗、里耶秦简以及张家山汉简《二年律令》和《奏谳书》等简文中有关"隶臣妾"的史料，逐一进行分析解读，分别考察秦简所见"隶臣妾"的身份和张家山汉简所见"隶臣妾"的身份，勾画出战国、秦汉时期"隶臣妾"产生、发展演变的基本轨迹，认为："隶臣妾"一词，是秦律中的专有法律术语，不仅指官奴隶，而且指刑徒，经过战国时期、秦朝的发展，在西汉时期的法律中演变为一个纯粹的徒刑刑名。① 孙闻博《秦及汉初的司寇与徒隶》② 认为，秦及汉初终年服役的罪犯群体"徒"，具有国家法定的社会等级身份特征。司寇籍附县乡，为编户民，可单独立户，在各类权益上与不入户籍、不居民里、簿籍另立的徒隶多有不同。隶臣妾又与同属徒隶的城旦舂、鬼薪白粲在服役方式、廪食管理、辖配官司、军事参与等方面存在诸多差异。司寇、隶臣妾、城旦舂、鬼薪白粲由高到低大体构成当时刑罚序列的相应等级。而赏罚之间，学者尝试将爵制、刑罚序列进一步衔接，实需思考"道成"等"贱民"与相关序列的关系，隶属私人的奴婢群体与隶属官府的徒隶的关系问题。战国、秦及汉初是身份低于平民群体数量较多，官私拥有奴婢较为普遍化的历史时期。朱德贵《岳麓秦简所见"隶臣妾"问题新证》③ 认为秦"隶臣妾"为刑徒之说不能完全成立。实际上秦"隶臣妾"应分为两种：一是依附于官府名下之"隶臣妾"，包含具有行动自由且通过"从事公"或经营产业而获得经济收入之"隶臣妾"和因触犯法律而被处"以为隶臣妾"者；二是附于私人名下之"隶臣妾"，他们只有获得户主放免后，才能拥有立户和财产支配权。不能一概视为刑徒和"官奴"。

秦代徒刑的刑期问题，历来根据东汉卫宏《汉旧仪》的说法，认为是一至五岁的有期刑，但秦简出土之后，这一传统的看法引起了争议。主要有两种观点：一是无刑期说；二是有刑期说。

1977 年高恒《秦律中"隶臣妾"问题的探讨》提出了秦时的刑徒无

---

① 李力：《"隶臣妾"身份再研究》，中国法制出版社 2007 年版。
② 孙闻博：《秦及汉初的司寇与徒隶》，《中国史研究》2015 年第 3 期。
③ 朱德贵：《岳麓秦简所见"隶臣妾"问题新证》，《社会科学》2016 年第 1 期。

服刑期限的看法，认为在汉文帝发布减刑诏令之前，各种刑徒都是无刑期的，刑徒隶臣、妾当然也没有服刑期限。在秦律中因犯罪而判为隶臣、妾者，不是后世有人认为的服一岁或二岁刑的一般刑徒。秦律中的刑徒隶臣、妾，实质上是因犯罪被确定的一种官奴婢身份。[①] 1983 年，他又在《秦律中的刑徒及其刑期问题》中作了进一步的论析，认为作为主要刑罚的城旦舂、隶臣妾、鬼薪白粲等徒刑无刑期，他们既是刑徒，也是终身服劳役的官奴隶，只有赀徭、赀居边、赀戍和"居赀、赎、债"等几类刑徒有服劳役期限。卫宏《汉旧仪》中有关刑徒的记载并不全是秦制，因而不可据之认定秦时的城旦舂、鬼薪白粲等刑徒有固定的服刑期限。[②] 栗劲、霍存福《试论秦的徒刑是无期刑——兼论汉初有期徒刑的改革》也认为秦的徒刑皆为无期刑。理由有二，一是按秦律内容抄录的秦简不著刑期，证明秦的徒刑是无期刑。二是在秦的各类徒刑中，隶臣妾是具有奴隶和刑徒的双重身份的。它具有赎替的旁延和世袭接续的特征。因此，隶臣妾是无期的。在秦律中，隶臣妾同其他刑徒是能够互相转换比较轻重的。这一事实本身就足以证明其他刑徒也是无期刑。同时指出，秦的无期徒刑并不绝对是终身刑。秦的严刑峻法，使大量的自由农民转为刑徒，但同时也有另一种流转，这就是由徒刑向自由农民的转化。就秦简来看，刑徒的流转，基本上有两种方式，其一是隶臣妾的以人赎替，包括爵赎、戍边赎罪及以人替换，但不能以钱赎刑。其二是赦。此外还有"免臣"，即刑徒与奴隶的双重身份一同豁除。秦简中有"系城旦六岁""城旦三岁免为司寇"，以及赀、赎、债有劳役抵偿期间等律文，均有各自不同的具体情况，皆不能以之作为有期刑的根据。汉代真正实行有期徒刑，是从汉文帝十三年的刑法改革开始的。[③] 苏诚鉴《秦"隶臣妾"为官奴隶说——兼论战国历史上"岁刑制"的起源》认为秦代的"隶"系受肉刑不死的罪犯，

①　高恒：《秦律中"隶臣妾"的问题探讨——兼批"四人帮"的法家"爱人民"的谬论》，《文物》1977 年第 7 期。

②　高恒：《秦律中的刑徒及其刑期问题》，《法学研究》1983 年第 6 期。

③　栗劲、霍存福：《试论秦的徒刑是无期刑——兼论汉初有期徒刑的改革》，《中国政法大学学报》1984 年第 3 期。

连同其家属，终身供官府役使。古代法律无岁刑，即无今之所谓的有期徒刑。① 王敏典《秦代徒刑刑期辨》② 认为秦代徒刑是无期的，徒刑具有官奴婢的性质，是终身奴婢。

高敏、黄展岳不赞同高恒的意见，认为"隶臣妾"和刑徒有别，"隶臣妾"是终身服役，而刑徒是有服役期限的。③ 刘海年亦主有刑期说，他在《秦律刑罚考析》中指出，从法律规定看，秦的刑徒是有刑期的，有期徒刑不是始自汉文帝改革。并根据秦简的记载、卫宏对秦刑制的叙述和《汉书·刑法志》等几个方面的材料，考析出秦代各类徒刑的具体刑期：城旦舂五至六岁；鬼薪白粲四岁；隶臣妾三岁；司寇二岁；候一岁。这几种徒刑除服劳役的时间长短不同之外，在服刑时受的约束和管制也有很大区别。④ 后来他在《关于中国岁刑的起源——兼谈秦刑徒的刑期和隶臣妾的身份》中进一步论证了自己的看法，认为中国的有期刑不是始自汉文帝改制，在此之前战国时代业已大量适用了，不仅秦的刑徒是有期刑，齐国等关东诸国的刑徒也有刑期的。而秦的隶臣妾是由两部分人组成的，一部分是官奴隶，另一部分是刑徒，二者来源不同，性质也不同，不能等同视之。作为刑徒的隶臣妾有一定的刑期。⑤

张建国《西汉刑制改革新探》⑥ 全面检讨了以往各家关于汉代劳役刑的刑期问题的看法，结论认为有关这方面的刑制大致可以划分为三个时期。（1）汉文帝十三年以前，从秦继承下来的劳役刑是不定期刑（特定意义上的无期苦役），这一时期的各种劳役刑的轻重（除去肉刑等附加刑造成的区别外），是以刑名所代表的劳役的苦累程度来加以区别的。

① 苏诚鉴：《秦"隶臣妾"为官奴隶说——兼论战国历史上"岁刑制"的起源》，《江淮论坛》1982 年第 1 期。

② 王敏典：《秦代徒刑刑期辨》，《深圳大学学报》1992 年第 1 期。

③ 高敏：《关于〈秦律〉中的"隶臣妾"问题质疑——读〈云梦秦简〉札记兼与高恒同志商榷》，《云梦秦简初探》，河南人民出版社 1979 年版；黄展岳：《云梦秦律简论》，《考古学报》1980 年第 1 期。

④ 刘海年：《秦律刑罚考析》，中华书局编辑部编《云梦秦简研究》，中华书局 1981 年版；后收入其所著《战国秦代法制管窥》，法律出版社 2006 年版。

⑤ 刘海年：《关于中国岁刑的起源——兼谈秦刑徒的刑期和隶臣妾的身份》（上、下），《法学研究》1985 年第 5、6 期；后收入其所著《战国秦代法制管窥》，法律出版社 2006 年版。

⑥ 张建国：《西汉刑制改革新探》，《历史研究》1996 年第 6 期。

（2）汉文帝十三年开始，至汉武帝太初元年为止，各种劳役刑基本成为有期刑，最高刑期是六年，以下依次递减。其轻重的区分，是以刑期的长短和劳役的苦累程度（较高的几种有定期递减，形成较复杂的结构）这二者的混合形式为标准（附加刑造成的区别除外）。（3）从汉武帝太初元年开始，刑罚制度进一步作了调整，从秦继承过来的隶臣妾这一刑名被取消，刑罚等级在其上的各劳役刑的刑期顺序减少一年，也就是最高刑期是五年，以下依次递减。经过整合后的各劳役刑内部不再存在复杂的劳役结构，从此劳役刑的刑名基本用来表示刑期的长短（附加刑造成的区别除外），从这时开始，才和《汉旧仪》中说的刑期一致起来。

近年随着张家山汉简资料的公布，学者们倾向于从动态演变的角度来考察刑期制的问题。籾山明《秦汉刑罚史的研究现状——以刑期的争论为中心》[1] 认为，①从战国秦到汉初的劳役刑，没有固定的刑期；除通过赎身或者恩赦之外，没有释放的途径。②对各种劳役刑设定刑期的，是文帝十三年的改革。③规定刑期的罚劳动，自文帝改革以前就已经存在，其改革的意义就在于将这种形式扩大到所有的劳役刑。邢义田《从张家山汉简〈二年律令〉重论秦汉的刑期问题》[2] 认为刑期制并不是文帝改革时突然出现的。从刑无刑期到刑而有期，从不定期到定期应是一个十分漫长而且复杂的发展和调整过程。刑期很可能是从偶然、权宜、局部和非常态，逐步变成一种原则，走向常态化、全面化和系统化。睡虎地秦律和张家山汉律其实刚好见证了文帝以前刑期已以某些形式存在，却尚未系统化和全面化的状态。从《二年律令》看，汉初之法及汉所承的秦法中无疑已有有期刑，唯刑期见于某些特殊的情况下，刑期非必一定，也不成体系。

---

① 籾山明：《秦汉刑罚史的研究现状——以刑期的争论为中心》，李力译，《中国古代法律文献研究》第3辑，中国政法大学出版社2007年版。

② 邢义田：《从张家山汉简〈二年律令〉重论秦汉的刑期问题》，《中国古代法律文献研究》第3辑，中国政法大学出版社2007年版。

（二）张家山汉简《二年律令》年代研究①

张家山汉简《二年律令》为原有题名，对于"二年"所指的具体年代，学界一直存在争议，目前主要有四种看法："吕后二年"说，"高祖二年"说，"惠帝元年"说，"惠帝二年"说。

关于"吕后二年"说。此说最早由发掘者提出，竹简整理小组亦赞成，后来发展成为主流观点。1985 年，发掘者荆州地区博物馆《江陵张家山三座汉墓出土大批竹简》② 判定墓葬的相对年代晚于云梦睡虎地秦墓，与江陵凤凰山西汉墓的年代相去不远，其"上限为西汉初年，下限不会晚于景帝"。张家山汉墓竹简整理小组《江陵张家山汉简概述》③ 根据已经清理出的材料推算，M247 号墓的年代在吕后至文帝初年，这批竹简汉律中有萧何所造的律文，也有一些制定在萧何以后的律文，即吕后时期（不早于吕后元年）的律令。1985 年底，陈跃钧、阎频《江陵张家山汉墓的年代及相关问题》④ 从六个方面考订《二年律令》的年代"当为吕后元年之后，文帝之前"，断定"二年律令"中的"二年"，当指吕后二年，律令成文之年当为吕后二年，即《吕后二年律令》。1996 年，张建国《试析汉初"约法三章"的法律效力——兼谈"二年律令"与萧何的关系》⑤ 对此提出质疑，认为如果以"吕宣王"的字样来确定该墓年代的上限是没有问题的，但要由此断定出"二年律令"就是"吕后二年律令"尚需要斟酌，除非"二年律令"和那些与吕宣王有关的法律内容同在一支简上。1999 年，李学勤《论张家山 247 号墓汉律竹简》⑥ 详细论述了

① 本节撰写参考了徐世虹《近年来〈二年律令〉与秦汉法律体系研究述评》（《中国古代法律文献研究》第 3 辑，中国政法大学出版社 2007 年版），李力《张家山 247 号汉墓法律文献研究及其述评》（东京外国语大学亚美言语文化研究所，2009 年）。

② 荆州地区博物馆：《江陵张家山三座汉墓出土大批竹简》，《文物》1985 年第 1 期。

③ 张家山汉墓竹简整理小组：《江陵张家山汉简概述》，《文物》1985 年第 1 期。

④ 陈跃钧、阎频：《江陵张家山汉墓的年代及相关问题》，《考古》1985 年第 12 期。

⑤ 张建国：《试析汉初"约法三章"的法律效力——兼谈"二年律令"与萧何的关系》，《法学研究》1996 年第 1 期。

⑥ 李学勤：《论张家山 247 号墓汉律竹简》，《当代学者自选文库：李学勤卷》，安徽教育出版社 1999 年版。

"吕后二年"说。他认为《二年律令》是当时行用律令的摘抄，不是《九章律》的全部，它的内容应该包含《九章律》的一部分，还可能有所谓《傍章》的一部分，再加后来添加的若干律令条文；其中有明显属于吕后时的律文，这种律文到诸吕被诛、文帝即位后一定要被废除，所以"二年"只能是吕后（高后）二年，这便是卷中律令行用的年代。估计《二年律令》的抄写，即在此年或稍晚一些。律令颁布时间的下限，应由此来决定。2002 年，他在《张家山汉简研究的几个问题》① 中再次指出《二年律令》中的"二年"，有明显证据是吕后二年。2001 年，张家山二四七号汉墓竹简整理小组《张家山汉墓竹简［二四七号墓]》② 的最终结论是：《二年律令》的"简文中有优待吕宣王及其亲属的法律条文。吕宣王是吕后于吕后元年赠与其父的谥号；与《二年律令》共存的历谱所记最后年号是吕后二年，故推断《二年律令》是吕后二年施行的法律"。"二年律令"的"二年"应是吕后二年。

高敏《〈张家山汉墓竹简·二年律令〉中诸律的制作年代试探——读张家山汉简札记四》③ 赞同整理者关于《二年律令》制作年代的下限为吕后二年的判断，但不同意《二年律令》中诸律令的适用年代上限为汉高祖五年的推断，认为《二年律令》所收法令并不一定制作于同一时期，因为汉初的法律制定是动态的，至少经过了最初的"约法三章"阶段，汉高祖五年统一全国后建立统一法典的阶段，萧何制定汉律九章的阶段和惠帝、吕后时期的增补改易阶段。他分别对户律、赐律、具律、秩律、置后律的制作年代进行了考订，结论认为《二年律令》中诸律令是吕后二年总结在此之前诸帝所先后制定的汉律的汇抄，但诸律的制作时间有先有后，大部分是汉高祖五年统一全国后制定的法令，也有惠帝、吕后时期增补的内容。《户律》《赐律》应肇端于汉高祖五年五月诏；《具律》《秩律》应制定于惠帝即位的五月诏；《置后律》可能制定于刘邦死后和惠帝

---

① 李学勤：《张家山汉简研究的几个问题》，《郑州大学学报》2002 年第 3 期。
② 张家山二四七号汉墓竹简整理小组：《张家山汉墓竹简［二四七号墓]》，文物出版社 2001 年版，第 133 页。
③ 高敏：《〈张家山汉墓竹简·二年律令〉中诸律的制作年代试探——读张家山汉简札记四》，《史学月刊》2003 年第 9 期。

即位之初。

王树金赞同高敏关于《二年律令》的下限为吕后二年的看法，但认为他将其上限定在高祖五年是不正确的，提出上限应至汉王元年，至少也要在汉王二年。① 周波不同意高敏关于《秩律》制定于惠帝即位的五月诏时的主张，认为《秩律》颁布的年代下限不得超过吕后二年，《捕律》《钱律》也是吕后时期制定的，颁行年代均不得晚于二年。再联系历谱、《具律》、《津关令》所传达的信息，《二年律令》之"二年"只能理解为是"吕后二年"。《二年律令》中其他律令，其主体部分可能并非都是吕后时期所定，但《钱律》《捕律》《秩律》与其他律令都属《二年律令》，彼此是不可分割的整体，因而整个《二年律令》应当也是吕后二年所颁行的。②

杨振红亦持吕后二年说，她通过考证认为钱律 201—208 简制定于吕后二年，贼律 1—2 简制定于吕后元年，津关令的出台不晚于高帝十年，由此判断《二年律令》是吕后二年对萧何九章律进行整体修订后颁行的当世法典。③ 蔡万进《张家山汉简〈奏谳书〉研究》④ 也赞同"吕后二年"说，指出：《二年律令》中的"二年"，由竹简《历谱》知，具体是指吕后二年，《二年律令》也是吕后二年更定的法令的汇集，吕后要"更定"的，是那些于吕后家族不利的律令，加上提高吕氏家族地位的律令。刘欢《关于〈二年律令〉颁行年代的探析》⑤ 认为，"二年"应理解为汉初在秦律基础上制定的法律，在吕后二年（公元前 186 年）再次增补修订颁布实施。王宁《也谈张家山汉简〈二年律令〉的颁行年代》⑥ 认为，汉二年时，萧何并未制定汉律，而《二年律令》中诸律如《贼律》《置吏

---

① 王树金：《〈二年律令〉法律内容制定年代考——兼谈"二年"的时间问题》，简帛研究网，2005 年 4 月 24 日。

② 周波：《从三种律文的颁行年代谈〈二年律令〉的"二年"问题》，简帛研究网，2005 年 5 月 9 日。

③ 杨振红：《从〈二年律令〉的性质看汉代法典的编纂修订与律令关系》，《中国史研究》2005 年第 4 期。

④ 蔡万进：《张家山汉简〈奏谳书〉研究》，广西师范大学出版社 2006 年版，第 53 页。

⑤ 刘欢：《关于〈二年律令〉颁行年代的探析》，《考古与文物》2006 年第 2 期。

⑥ 王宁：《也谈张家山汉简〈二年律令〉的颁行年代》，《鲁东大学学报》2006 年第 3 期。

律》《行书律》《金布律》《史律》《傅律》等律的颁行年代也均不为汉二
年，因此推断《二年律令》中的"二年"当为吕后二年。

日本学者宫宅洁虽然采纳"吕后二年"说，但认为"吕后二年"说
仍缺乏足够的证据支持，是建立在一个很难论证的假说之上的，这一假说
就是《二年律令》所收条文均为存在于某二年并具有效力的法令。如按
张建国所说，认为它包含有某二年以后追加的条文，或反过来认为依旧含
有已是死文化的条文，则"二年"就不能限定为吕后二年，通过考证条
文的成立年代以确定"二年"的本身，就变得几乎是没有意义的了。①

关于"高祖二年"说。1996 年，张建国《试析汉初"约法三章"的
法律效力——兼谈"二年律令"与萧何的关系》② 在批评"吕后二年"
说的基础上提出了"高祖（汉）二年"说。他认为，记在数百枚简上的
几十种律令不大可能都是吕后二年律令，特别是律，稳定性极高，制定后
很少进行整体的修订，而个别的律条修改也不需要冠以"二年"的纪年。
还应注意，汉初诸帝无年号，吕后时出现的高帝、惠帝等皇帝谥号是死后
追加的，当时怎么区别这些相同的"二年"还不清楚，但显然，有区别
需要的是后来皇帝在位时期，而不是开国皇帝的纪年。既然不需要特别注
明的只有汉高祖时形成的文书，汉二年的萧何制定法令在"二年"这一
时间上正与"二年律令"有些巧合，是不是把它看作"汉二年律令"更
妥当呢？当然，汉在以后逐步形成的一些追加法应排除在外，只有由这枚
简所标识的原先编在一组里的或放在一笥中的那些简属于一个时期。张家
山汉简中的律令可以视为萧何所作律令和其他个别新法律的综合，但其主
要部分，可能在吕后称制前十几年的高祖初年就已经完成。"二年律令"
之"二年"，不应是指吕后二年，而应是指汉高祖二年，其依据就是《史
记·萧何世家》萧何在"汉二年""为法令约束"的记载，和《史记·
太史公自序》"萧何次律令"的记载。后来张建国在《中国律令法体系概
论》③ 中明确主张张家山汉简中的"二年律令"不是有的学者所说的为

---

① 宫宅洁：《张家山汉简〈二年律令〉解题》，《东方学报》第 76 册，2004 年。
② 张建国：《试析汉初"约法三章"的法律效力——兼谈"二年律令"与萧何的关系》，
《法学研究》1996 年第 1 期。
③ 张建国：《中国律令法体系概论》，《北京大学学报》1998 年第 5 期。

"吕后二年律令"而是"汉二年律令"。

王树金赞同并补充了张建国提出的"高祖二年"说，但他不同意张建国关于"约法三章"时间效力的看法，认为"三章之法"的时间效力，当为一月余，不足两个月，更谈不上两年，是一个权宜之计的政令；推断在汉元年进入汉中之后，萧何就已经受命制定了一些法律，二年时正式施行。其结论为，《二年律令》的绝大部分法律条文当为高祖时（包括汉王时期）以萧何制定的法律和高祖的诏书，以及由萧何与御史上奏经高祖批准的，且以汉王二年萧何"为法令约束"的"法令"为基础逐渐添加、完备的，还有少许法律条文为惠帝、吕后时追加的；《二年律令》的"二年"指"高祖二年"，准确地讲应为"汉王二年"。[①]

李力《关于〈二年律令〉题名之再研究》[②] 从墓葬年代、墓主身份职业，以及《二年律令》的出土情况、形制和性质等方面入手，并比较了"吕后二年"说和"高祖二年"说之短长，进一步发展了"高祖二年"说，其结论有以下几点。①朝廷有正本《二年律令》，以供各郡县复制、使用。该正本系汇编汉初的律令而成，其编纂始于汉二年萧何"为法令约束"时。此后，随时制定颁布律令，随时编入。各郡县也按规定在每年抄录。从高祖五年起，就作为西汉王朝的法典推行于全国。《二年律令》本身是一个开放性的律令集合体。②"二年律令"为其正本原有题名，其抄本只是照录而已。"二年"指"汉二年"，是汉始创制法律之年，也是正本编纂成文的上限。因以"汉二年"之纪年为名，故称为"二年律令"。③今见《二年律令》为其正本之抄本、节选本，包括29种律令，是其墓主在高祖五年"新降为汉"后在工作中使用过而死后随葬的。其抄写时间为高祖五年至吕后二年。

关于汉惠帝元年说。2004年，曹旅宁《张家山247号墓汉律制作

---

① 王树金：《〈二年律令〉法律内容制定年代考——兼谈"二年"的时间问题》，简帛研究网，2005年4月24日。

② 李力：《关于〈二年律令〉题名之再研究》，《简帛研究二〇〇四》，广西师范大学出版社2006年版。

时代新考》① 根据《二年律令》有 29 条简文不避汉惠帝刘盈之讳，进而主张其年代应为汉惠帝元年，而非吕后二年。其指出汉初律（汉惠帝元年以前）基本上袭自秦律，不排除张家山 247 号汉墓汉律竹简有可能为汉高祖二年律令的可能，当然也有可能是在汉高祖二年律令的基础上重加刊定，但制定的时间一定是在汉惠帝元年之前。王树金、周波分别对此说提出了质疑和批评。王树金指出，《二年律令》中不少不避惠帝名讳的法律当为高祖时制定而非惠帝时期制定的。② 周波指出至少在高后二年以前所颁行的法律律文中，是不避惠帝之讳的，认为将张家山汉墓竹简有"盈"字，不避汉惠帝刘盈之讳，作为主要的年代判断标准，失之武断。③ 日本学者影山辉国《关于汉代的避讳》通过考证武威汉简、银雀山汉简、马王堆汉墓帛书，认为私人抄书无必要避讳。亦对此说形成冲击。④

关于汉惠帝二年说。2003 年，台湾学者邢义田《张家山汉简〈二年律令〉读记》⑤ 提出惠帝二年说。他以秦汉制度与习俗为着眼点，以历谱为依据，推测墓主于惠帝元年病免，遂携带在职时的律令文书与书籍归家，希翼一日病愈复出。但因最终一病不起，于是家人依俗，雇请书手将墓主用过的文书资料抄写若干以为陪葬，故二年有可能是指惠帝二年而非墓主死后的吕后二年。墓主于元年六月病免，四个月后即为惠帝二年。与此同时，还有另一种可能，即这些律令为陪葬而摘抄，题为"二年律令"，是因为墓主死于吕后二年。为陪葬而抄，抄件遂具明器性质，所抄不必完全是吕后二年时期的新律令。

---

① 曹旅宁：《张家山 247 号墓汉律制作时代新考》，《出土文献研究》第 6 辑，上海古籍出版社 2004 年版。

② 王树金：《〈二年律令〉法律内容制定年代考——兼谈"二年"的时间问题》，简帛研究网，2005 年 4 月 24 日。

③ 周波：《从三种律文的颁行年代谈〈二年律令〉的"二年"问题》，简帛研究网，2005 年 5 月 9 日。

④ 影山辉国：《关于汉代的避讳》，《简帛研究二○○二、二○○三》，广西师范大学出版社 2005 年版。

⑤ 邢义田：《张家山汉简〈二年律令〉读记》，《燕京学报》2003 年第 15 期。

除了上述诸说之外，张忠炜《〈二年律令〉年代问题研究》①则另辟蹊径，他在主张汉代没有法典或法典编纂，汉律令是以单行律篇的形式出现的基础上，认为"二年律令"的书题并非国家法定称谓，可能是抄录者或汇编者自己命名的结果。《二年律令》的"二年"可能是抄录者留下的具有标识意义的称谓，不宜将之理解为律令颁行或制作年代。其所载诸律年代问题，《钱律》的制定在吕后八铢钱前，其年代似应在吕后二年之前。《秩律》与《爵律》是汉制比较成熟完善时的产物，制定的时间应早于律令颁行的时间。《行书律》中的具体例证表明，高帝五年应是汉律制定或施行的时间界限。

徐世虹对各家之说作了评论，指出其立论角度有四：着眼于萧何"次律令"则有高祖二年说，取据于避讳则有惠帝元年说，关注于秦汉习俗则有惠帝二年说，求证于简文与文献者则有吕后二年说。细辨诸说，论者所言之年又有指定颁行之年、行用之年、汇总修订之年及抄写之年的不同。不过以上诸说虽持论各异，但在一点上倾向于共识，即《二年律令》的沿革应是萧何袭秦"次律令"，其所定律令奠定了基础，惠帝、吕后时期又有所增补修订。"尽管《二年律令》具律中出现了惠帝即位之初时期的条文……律文中又见吕后元年追尊其父吕公为吕宣公这一谥号，但《二年律令》的主体内容仍然应当是萧何定律的产物，惠帝及吕后时期的内容当为以后添加。"②如果基于此点动态地观察《二年律令》，则无论高祖二年还是吕后二年，都是在某个时间与空间上体现了汉律令体系的现实形态。言高祖二年，不意味着遮蔽以后修订律令的动态事实；言吕后二年，亦不能割裂萧何"次律令"以来的律令体系。③

王彦辉《关于〈二年律令〉年代及性质的几个问题》④认为汉初存在由朝廷正式颁布的统一律令，亦有供各级官府抄写、校雠的律令范本或

---

① 张忠炜：《〈二年律令〉年代问题研究》，《历史研究》2008 年第 3 期。

② 徐世虹：《九章律再认识》，《沈家本与中国法律文化国际学术研讨会论文集》，中国法制出版社 2005 年版。

③ 徐世虹：《近年来〈二年律令〉与秦汉法律体系研究述评》，《中国古代法律文献研究》第 3 辑，中国政法大学出版社 2007 年版。

④ 王彦辉：《关于〈二年律令〉年代及性质的几个问题》，《古代文明》2012 年第 1 期。

"正本";《二年律令》的内容集中作于高祖五年、十一年至惠帝初年以及吕后时期;《二年律令》文本的性质是抄录不同时期行用律令的汇编,所抄范本或底本并未经过统一修订。马孟龙《张家山二四七号汉墓〈二年律令·秩律〉抄写年代研究——以汉初侯国建置为中心》[1] 通过比对汉初侯国建置沿革,指出张家山二四七号汉墓《秩律》是在惠帝七年《秩律》旧本的基础上增订高后元年行政建制而形成的混合文本。《秩律》并不载录侯国,以往被释为侯国的几个地名,其实是侯国废除后而增补入《秩律》的。张家山二四七号汉墓《秩律》抄写于高后元年五月前后,载录的行政建制是高后元年五月的面貌。张家山二四七号汉墓《秩律》是抄手根据自身需要而制作的律文抄本,与朝廷颁定的《秩律》文本可能存在较大差距。

(三)秦汉律令体系研究[2]

随着律令简牍资料的发现和公布,秦汉律令体系的问题成为学界关注的焦点之一。学者们围绕九章律、正律与旁章、律令关系、律篇结构等问题展开了讨论。

早年学者们论及汉律,多沿用《晋书·刑法志》"正律九章""旁章科令"的说法。1913 年沈家本《汉律摭遗》一书即参照了正律九章、旁章科令的分类标准。1918 年程树德《汉律考》指出"盖正律之外,尚有单行之律,固汉魏间通制也"[3]。日本学者中田薰在论及汉律令时指出:"九章律在发展中产生了增加篇目与增补修正的需求。修补分二途在事实上进行:一是修补律典的诏令,多为简单的单行令;二是制定特别的单行律,其中亦有由令典变为律者,如'金布令'改为'金布律'。汉中世以

① 马孟龙:《张家山二四七号汉墓〈二年律令·秩律〉抄写年代研究——以汉初侯国建置为中心》,《江汉考古》2013 年第 2 期。

② 本节撰写参考了徐世虹《近年来〈二年律令〉与秦汉法律体系研究述评》(《中国古代法律文献研究》第 3 辑,中国政法大学出版社 2007 年版)。

③ 程树德:《汉律考》,收入《九朝律考》,中华书局 1988 年版,第 12 页。

后，在萧何九章律外多存有各种单行律。"① 滋贺秀三赞同中田薰的看法，亦认为当时除了九章律外，还有不少以"律"命名的法典与单行法。②

大庭脩在讨论魏、秦、汉律的关系时指出：魏编纂了法典《法经六篇》，正文称"法"，追加法称"律"。秦改正文之"法"为"律"，追加法亦称律。汉继承了秦六律与追加法诸律，但从追加法诸律中编纂了三篇加入正律而成为"九章律"，其余诸律也就此继承下来。③ 后来他又撰写《云梦出土诸竹书秦律研究》④，指出秦在六律之外尚有他律，这与汉九章律外亦有他律的情况相同，因此有必要对萧何作律九章再加以探讨。

随着秦律的深入研究，有学者对萧何作律九章提出了质疑。1984 年，胡银康《萧何作律九章质疑》率先对汉志、晋志的记载提出三点疑问：第一，以所见资料看，终西汉之世未有九章律之说；第二，有关九章律的内容，各种材料抵牾甚多，距萧何年代近者朦胧，远者反倒明了；第三，汉初不存在升户、兴、厩三篇为正律的社会政治和经济的要求。作者认为至武帝时始将户、兴、厩上升为正律，九章律的制定理应在汉武帝之后。⑤ 德籍日本学者陶安对九章律的存在与否提出以下观点："律九章"并非以萧何之手制定，而是自西汉后半期至东汉初期在律学中逐渐归纳完成的。单篇律的规定固然与国家立法有关，但像"律九章"这样的法典并非由汉王朝制定。⑥ 后来他对作为法典而存在的《法经》《九章律》作了进一步的否定。他认为《法经》和《九章律》的史料状况很相似，具有如下特点：第一，史料记载的内容随时代发展而逐渐增加；第二，法典

---

① 中田薰：《中国律令法系的发展补考》，《法制史研究》第 3 号，1953 年；后收入其所著《法制史论集》第 4 卷，岩波书店 1964 年版，第 185 页。

② 滋贺秀三：《曹魏新律十八篇篇目考》，《国家学会杂志》第 69 卷第 7、8 号，1955 年。中译本见刘俊文主编，姚荣涛、徐世虹译《日本学者研究中国史论著选译》第 8 卷《法律制度》，中华书局 1992 年版，第 93 页。

③ 大庭脩：《律令法体系的变迁》，《泊园》13，1974 年；后收入其所著《秦汉法制史の研究》，创文社 1982 年版，第 17 页。

④ 大庭脩：《云梦出土诸竹书秦律研究》，《关西大学文学论集》27—1；后收入其所著《秦汉法制史の研究》，创文社 1982 年版，第 78—82 页。

⑤ 胡银康：《萧何作律九章质疑》，《学术月刊》1984 年第 7 期。

⑥ 陶安：《法典编纂史再考——汉篇：再び文献史料を中心据えて》，《东洋文化研究所纪要》第 140 册，2002 年，第 48 页。

的编纂者不明确。由此他认为《九章律》是律学初次孵化的结果，即在学者的推敲之下，法令抄录逐渐成为系统的学术著作，学者们从难以计数的法律条文中划分出《九章律》，成熟的律学给立法者提供了一份耐用的法典蓝本。①

滋贺秀三曾经提出，"九章律"是法律学家们的习惯称呼，并非源于任何公权的命名。②后来他进一步从经学与法律之间的关系辨析了九章律的产生，指出：当时的法律之家尽管国家尚未设置博士，但实际上已经形成了具有阵容的学派。法律知识历来通过实务传授，然而伴随着儒学的兴盛，也产生了汲取现实学术形态的动向。作为集中注释、讲学的对象，经书遂成为必要。应此需要，"九章"之名并视其为经书的惯例便产生出来。因此，九章律的成立与法律学作为儒学的一个分支而构筑其地位有关，其时期始于武帝之世终结、宣帝治世形成之时。杜延年的"小杜律"或可视为肇端。③

张家山汉简《二年律令》中众多的律名与九章律的篇目不合，引起学者们对九章律以及汉律结构乃至律令体系的再次关注和讨论。目前有以下诸说。

第一，班固创设说。李振宏《萧何"作九章律"说质疑》④通过对《秦律十八种》、《二年律令》、历史文献综合分析考察，认为萧何在汉初曾经条次律令，但这并不是所谓的《九章律》，《二年律令》才是萧何所创之律。"九章律"之说乃班固创设，并没有事实根据，充其量是一种理想化的说法。

第二，九字泛指说。孟彦弘《秦汉法律体系的演变》⑤指出，从先秦经秦汉到曹魏，是中国法制发展史上的第一个阶段。随着令的编集和完

①　陶安：《法典与法律之间》，《法制史研究》2004 年第 5 期。

②　滋贺秀三：《西汉文帝の刑法改革と曹魏新律十八篇篇目考》注释 46，《国家学会杂志》第 69 卷 7、8 号，1955 年。中译本见刘俊文主编，姚荣涛、徐世虹译《日本学者研究中国史论著选译》第 8 卷《法律制度》，中华书局 1992 年版，第 100—101 页。

③　滋贺秀三：《中国法制史论集——法典与刑罚》，创文社 2003 年版，第 38 页。

④　李振宏：《萧何"作九章律"说质疑》，《历史研究》2005 年第 3 期。

⑤　孟彦弘：《秦汉法律体系的演变》，《历史研究》2005 年第 3 期。

善，律由原可不断增减的开放性体系，变成大致固定和封闭的体系。《魏律》是秦汉法典体系演变成果的集中体现；此后的《晋律》直至《唐律》，不过是对《魏律》的继承和修补。《法经》是一部法学著作，而不是一部法典；盗、贼、囚、捕、杂、具，是法学意义上的分类。所谓"汉律九章"，是在《法经》分类的基础上又增加了三类，也是泛指汉律篇章之多，而非实指汉律只有九个篇章。从律、令的制定和文本演变的过程，以及律令间的相互关系，可以看出"令"是对"律"的补充、修正和说明。这是汉代律、令关系的实质。另文《从"具律"到"名例律"——秦汉法典体系演变之一例》①指出，从汉代的"具律"到唐代的"名例律"，不仅是名称的改变，而且是内容的变化。汉代具律的实质是"具其增减"，即犯相同的罪而因不同的人或不同的情况，予以不同的惩罚。魏律中的"刑名律"则增加了关于刑名的规定。晋律改为"刑名""法例"，又增加了"明发众篇之义、补其条章不足"的内容，最终使"刑名"具有了"较取上下纲领的"全律通则的性质；而"法例"也经历了用具体的事例来体现通则，到不再保留具体事例而成为抽象的通则的过程，进而使刑名、法例合二为一，成为唐代的名例律。具律到名例律的变化，从一个方面反映了秦汉法典体系的演变。张伯元《汉"九章"质疑补》②认为汉律九章多依据史家、前辈学者的推测，汉律不止九章。九泛指多，章意为著、明。盗律、贼律等篇名是后人凑九而成，导致以讹传讹。萧何对秦律令作了整理编排，"作律九章"非实指，"九章律"或汉律之异名而已。

　　第三，二级分类说。吴树平以秦律与商鞅六律的关系为切入点，主张竹简本秦律独立于六律之外的律目，在秦律编纂体系上的地位可以科目视之，但与构成秦律基本体系的六律不能列为同一层次；六律之外的法律不可能与六律取得同等地位，全部构成一"篇"，成为一大立法类

---

① 孟彦弘：《从"具律"到"名例律"——秦汉法典体系演变之一例》，《中国社会科学院历史研究所集刊》第4集，2005年。
② 张伯元：《汉"九章"质疑补》，杨一凡主编《中国古代法律形式研究》，社会科学文献出版社2011年版。

别。① 杨振红在认同此说的基础上，明确提出秦汉律二级分类说，认为张家山汉简《二年律令》以及传世文献中出现的凡不属于九章的律篇，应均是九章之下的二级律篇。国家根据现实需要，针对具体问题制定出相应的单行律，李悝、商鞅、萧何编纂法典时，将这些单行律加以分类，并以其中一个单行律名作为该类的一级律篇名，由这样的六个或九个一级律篇构成当代律典。在汉代，九章律被视为正律，叔孙通所作《傍章》、张汤所作《越宫律》以及赵禹所作《朝律》则被视为副法典——旁章。晋时旁章消失，中国古代法律体系从此步入一个新的时代。② 九章律不仅是萧何作律的专称，是汉王朝各个时期律典的泛称，在吕后二年，它指的就是"二年律令"。《二年律令》中许多律条是惠、吕时期以诏书令形式颁布的，它们在《二年律令》中呈现出来的正式的成文法形态，表明它们经历了将诏书令加工为律条，然后归属在相关律篇下的编辑加工程序。这不仅证明《二年律令》是吕后二年修订的当代行用法典，而且揭示了汉代追加、修订律与令一样，均来源于皇帝的诏书令。以往对杜周、文颖说存在误读。杜周、文颖说从法典编纂修订的不同角度诠释了汉代律令的区别与联系。至少从吕后时期起汉王朝在法典的编纂修订上已经形成这样的惯例：皇帝即位后通常要将前主颁布的令进行编辑，将其中属于九章律范畴的、具有长期法律效力和普遍意义的令编辑进律典，而将那些虽然仍然适用于当代，但无法归入九章律的有关制度方面的令按内容、官署、州郡、干支进行分类编辑，形成令典。汉武帝以前是汉代法律体系的形成时期，形成正律（九章律）、旁章（傍章十八篇、《越宫律》二十七篇、《朝律》六篇）及令甲以下三百余篇。汉武帝以后，汉代律令的篇目基本没有大的变化，法律的修改主要表现在具体条文的增删、修订上。③

---

① 吴树平：《秦汉文献研究》，齐鲁书社 1988 年版，第 71 页。

② 杨振红：《秦汉律篇二级分类说——论〈二年律令〉二十七种律均属九章》，《历史研究》2005 年第 6 期。

③ 杨振红：《从〈二年律令〉的性质看汉代法典编纂修订与律令关系》，《中国史研究》2005 年第 4 期。

徐世虹《九章律再认识》① 通过出土简牍比较秦汉律名，考察萧何定律的真实形态以及九章律的真正含义，认为萧何"捃摭秦法"的方式主要有两种：一是不作改动，原样移植；二是有所改动，或者改重为轻，或者改轻为重。兴、厩、户三篇"事律"多是袭秦之制而非萧何新创。所谓"作律九章"是就秦律增减轻重，而非重新编纂法典并复加三篇。张忠炜《秦汉律令法系研究初编》② 认为汉代没有法典或法典编纂，律令以单行律或令篇的形式出现。"二年律令"是抄录者或汇编者自己命名的结果。汉初律令的主体与萧何定律有关，但兼有惠帝、吕后时期的增删。曹旅宁《秦汉律篇二级分类说辨正——关于"秦汉魏晋法律传承"问题探讨》③ 认为从《二年律令》律文安排、律名排列及内容来看，汉律不存在二级分类。汉初不存在正律与旁章的区别。《二年律令》为法律汇编，法典化从曹魏《新律》开始，泰始律初步完成，唐代集大成。王伟《辩汉律》④ 认为"秦汉律篇二级分类说"有推测的成分，无法通过《晋书·刑法志》引魏律《序》、张家山汉简《二年律令》、睡虎地秦简和唐律获得有效的证明，并有不少与传世文献和出土简牍矛盾之处。

随着对九章律的探讨，与之密切相关的正律与旁章的问题也引起关注。一些学者赞成《晋书·刑法志》关于汉律有正、旁之分的传统看法；一些学者则持相反意见，认为汉律无正、旁之分。

张建国对以往关于叔孙通制定了汉代的傍章、傍章就是礼仪、傍章因与律令同录而得名等通说提出了质疑，认为叔孙通制定的仅为汉礼仪，没有制定傍章；唐代人撰写的《晋书·刑法志》有误说；傍章在汉代，应是写成和读作"旁章"；汉代人将汉律分成两类，旁章是汉律里的一类，它相对于汉律中的正律而得名。此外，张家山汉简中所见的

---

① 徐世虹：《九章律再认识》，《沈家本与中国法律文化国际学术研讨会论文集》，中国法制出版社 2005 年版。

② 张忠炜：《秦汉律令法系研究初编》，社会科学文献出版社 2012 年版。

③ 曹旅宁：《秦汉律篇二级分类说辨正——关于"秦汉魏晋法律传承"问题探讨》，王立民主编《中国历史上的法律与社会发展》，吉林人民出版社 2007 年版。

④ 王伟：《辩汉律》，《史学月刊》2013 年第 6 期。

律篇名中不属于正律即九章律篇名的，依类别而论，应当就是旁章中的篇名。① 杨振红赞同旁章指正律之外律的判断，认为在汉代，九章律被视为正律，叔孙通所作《傍章》、张汤所作《越宫律》以及赵禹所作《朝律》则被视为副法典——旁章。魏律仍存在正、旁之分，晋泰始律令时旁章消失。②

徐世虹认为，从汉律的实际情况出发，其有正、旁之分的结论当进一步探讨。理由有四：其一，从《二年律令》篇名排列而见，九章律并未独立于他律；其二，以立法技术见之，汉律令是由单篇律与令共同构成律令体系；其三，以法律适用见之，未见正、旁之谓；其四，汉代人对律令体系的一般定名为"律令"，无正、旁之分。因此，正律与旁章应是《魏律序》的作者对旧律认识的反映，或曰是对汉律评论性的措辞。以此划分汉律，应是作者的价值判断而非事实叙述。③ 孟彦弘也认为从出土律篇的编排形式、法律效力和内容来看，既看不出其间有正律与单行律的区别，也看不出正律与所谓旁章的区别。④

王伟认为，九章律的制定应始于高帝二年，九章律包含了一些历代法律都不能缺少的基本内容，这些内容为魏律和晋律所继承。《二年律令》只是汉初部分律令的一个抄本，并非吕后二年颁行的当代法典。"律"一词可以在不同意义上使用，要确定"×律"是律名，需要文献资料中有其律名的明确记载，或出土简牍中有足以判断其律名的简文，否则只能存疑待考。不宜以"正律""旁（傍）章""单行律""追加法""律经"等概念认识汉律结构，没有证据可以证明汉律不同律章在形式或法律地位上存在区别。⑤

此外，学者们还讨论了立法形式、律令渊源等问题。通常认为汉代的

---

① 张建国：《叔孙通定〈傍章〉质疑——兼论张家山汉简所载律篇名》，《北京大学学报》1997 年第 6 期；后收入其所著《帝制时代的中国法》，法律出版社 1999 年版。

② 杨振红：《秦汉律篇二级分类说——论〈二年律令〉二十七种律均属九章》，《历史研究》2005 年第 6 期。

③ 徐世虹：《说正律与旁章》，《出土文献研究》第 8 辑，上海古籍出版社 2007 年版。

④ 孟彦弘：《秦汉法律体系的演变》，《历史研究》2005 年第 3 期。

⑤ 王伟：《论汉律》，《历史研究》2007 年第 3 期。

法律形式包括律、令、科、比。陈梦家《西汉施行诏书目录》①详细考订了西汉"令"的编订问题,他对地湾出土的诏书目录长札作了复原考证,指出汉代律、令、诏三者有分别,容易混同,律最初指九章律及其他专行之律,虽代有增易,但基本上是不变的法则。诏书是天子的命令,以特定的官文书形式发布,皆针对当时之事与人,是临时的施政方针。但诏书所颁布新制或新例或补充旧律的,可以成为"令",即具有法律条文的约束力。令分甲、乙、丙不是因时代先后相承而分的三集,而是依事类性质不同而分的三集,即《晋书·刑法志》所谓"率皆集类为篇,结事为章"。令甲、乙、丙即甲、乙、丙集,乃不同事类的结集。但由于它们皆来自诏书中,故其各自编集,亦应按年排比先后。其编订工作当始于汉武帝初年张汤"条定法令",武帝初以后,凡同类诏书具为令者,可能逐渐增入。集诏书而成的令甲、令丙等,其中每一章所称之令如"符令""箠令",不是专行之令。符令、箠令皆单一诏书,而专行之令则分若干章。居延出土诏书简有二类:一是居延设塞后各皇帝当时所下的诏书,多附各级行下之辞;一是作为"令"的诏书,出于《施行诏书》或《令甲》等篇者。凡武帝末居延设塞以前的诏书,都属于此类,乃是律令之令。

日本学者大庭脩将简牍与文献史料相结合,从汉代的制诏入手,依据制诏的内容将诏令分为三种形式:第一为皇帝根据自己的意志下达命令;第二是官吏为履行自身的职责而在权限范围内奏请,经皇帝制可后以制诏形式发布;第三是第一与第二种形式的复合物。制诏的末尾若有"具为令""议为令""议著令"等语,则表明其经过制可后将被列入法典。汉代的立法活动正是通过这些形式进行的。②彭浩《〈津关令〉的颁行年代与文书格式》③认为《津关令》中凡有相国称谓的令是在高祖九年至惠帝六年十月间颁布的,有丞相称谓的令可能是刘邦即皇帝位(汉高祖五年)后至九年改丞相为相国的一段时间内,或是在惠帝六年十月以后至吕后二年间颁布的,提出文书格式有三种:皇帝直接发布的命令;由相国(或

---

①　陈梦家:《西汉施行诏书目录》,《汉简缀述》,中华书局1980年版。

②　大庭脩:《秦汉法制史的研究》第二篇第二章,林剑鸣等译,上海人民出版社1991年版。

③　彭浩:《〈津关令〉的颁行年代与文书格式》,《郑州大学学报》2002年第2期。

丞相)、御史大夫奏请，皇帝批准实行的文书；皇帝就某事做出指示，丞相、御史大夫拟出对策奏请后执行的文书。

徐世虹指出，汉令的划分通常有四种，即以时间次第为名，如令甲、令乙；以内容性质为名，如金布、宫卫、秩禄令；以地区为名，如乐浪挈令、北边挈令；以官署为名，如大鸿胪挈令、廷尉挈令、光禄挈令之类。这其中以官署为名的挈令，一般适用于该官署所辖之内部。以汉简所出者见之，令都是在被编号后加以整理的，如"北边挈令第四""功令第卌五""令第卅三""御史台令第卌三"等。这表明汉令虽然繁多，但其体系应是庞而不杂的。① 对于令甲、令乙、令丙的性质及划分标准，历来有不同看法：一是年代先后说；二是篇目次第说；三是诸令各有甲、乙、丙说；四是集类为篇说。徐世虹认为三、四两种说法缺乏成立的依据：首先根据史籍中所引各令条文来看，其内容互不一致，难以同类；其次，如果诸令各有甲、乙、丙篇，理当明言令名；再次，如果甲、乙、丙是同一令或同类令之篇名，以汉令的繁杂而言，似乎不大可能仅出现一种令的篇次。以《令甲》诏令目录及《令甲》《令乙》《令丙》佚文所反映的内容与年代可见，《令甲》《令乙》《令丙》是汉初皇帝的诏令集，所收诏令在内容上不具有同类性质，排列方式采用序列法，按年代顺序列为第一、第二、第三……又根据文帝、景帝不同时期的诏令交叉出现于甲、乙、丙三令之中，可知甲、乙、丙除表明篇次外，还反映了整理者对诏令非单纯年代划分，而取其重要程度的选择结果。如此，才可以解释为何同令而不同类，为何不明言令名，为何不同时代的诏令交替出现等疑点。② 关于"挈令"，通常认为即"板令"，即以木板书写之法令。李均明认为这一解释不全面，他指出，"挈令"之"挈"有提起、摘起的意思，以今言"提纲挈领"比喻"挈令"之"挈"最适宜，故挈令之实质当为中央有关机构根据需要从国家法令中提起与自己有关的部分，以地域命名的挈令则是根据地域需要提起。国家法令是以皇帝的名义制诏签发的，各部门仅是编

---

① 徐世虹：《汉简与汉代法制研究》，《内蒙古大学学报》1992 年第 2 期。
② 徐世虹：《汉令甲、令乙、令丙辨正》，《简帛研究》第 3 辑，广西教育出版社 1998 年版。

录而已，故云"挈令"。汉简常见之"北边挈令"抄录在窄长的木简上，可见挈令也非必一定写在木板上。①

徐世虹《对汉代民法渊源的新认识》从户律、置后律、傅律反映的汉代民事立法的实际形态，提出户律条文性质不单一，既有纯粹的民事立法，也有民刑合体的，还有单纯的刑事立法；民事立法在制定法中占重要一席；汉代对民事立法的补充追加主要通过令的形式实现，否定了"律是刑法的专有名称，令是秦汉以后出现的"这种说法。② 南玉泉指出，律令是中国古代重要的法律形式，自商鞅改法为律以来，国家颁布的法律形式主要是律。秦汉律既规范国家行政管理制度，又设定刑事惩罚制度。秦令是王或皇帝的指示，在本质上属最高行政命令。汉代的诏即相当于秦代的令，而汉令这种法律形式的形成需要经过法定的程序。汉初国家将令分为甲、乙、丙三类，《令甲》的内容为国家行政管理制度与刑制规范，《令乙》的内容主要是对官吏行为的规范，《令丙》的内容包括讯系程序和对平民这类主体违法行为的规范。魏晋以后律令两种法律形式所规范的范围和作用才彻底分开。③

张忠炜《秦汉律令关系试探》④从"律令转化""律主令辅""律令分途"三个方面探讨了律令法系形成初期的律令关系问题。其指出：律令转化，首先是说早期律表达的是令的内容，是由王者之令转化过来的，留存有令的痕迹在其中；其次是说以律的表达内容为主旨，令作为律的阐发或细化规定出现。律主令辅，涉及律与令的轻重问题。从简牍律令资料来看，律规定的内容、范围要比令广泛，是定罪量刑的根本依据；令虽然也具有一定的独立性，也可作为定罪量刑的依据，但多数情况下是以律的补充法出现。律令分途说是律令转化说的延伸。否定律即为"刑"的提法，秦及汉初的律并不限于刑律，还包括一些事制性的律篇，而这些律篇

---

① 李均明、刘军：《武威旱滩坡出土汉简考述——兼论"挈令"》，《文物》1993 年第 10 期。

② 徐世虹：《对汉代民法渊源的新认识》，《郑州大学学报》（哲学社会科学版）2002 年第 3 期。

③ 南玉泉：《论秦汉的律与令》，《内蒙古大学学报》2004 年第 4 期。

④ 张忠炜：《秦汉律令关系试探》，《文史哲》2011 年第 6 期。

在后代多是以令的形式出现。当同名（或相近）汉律篇、令篇出现时，亦即律、令价值内涵界定的前奏出现时，视汉代为律令分途发展之始而晋代为分途发展之终结，应该说是契合历史发展的轨迹。汉魏之际的改朝换代以及魏晋律令的制定，最终确立并巩固了律令分途发展的大趋势。广濑薰雄《秦汉时代律令辨》① 尝试从律令制定程序的角度阐明秦汉时代"律"和"令"的区别。主要结论如下：（1）秦汉时代的"令"是皇帝诏本身，"律"是皇帝诏制定的规定。简单地说，令是命令之令，律是法律之律。（2）秦汉律文中出现"不从令""犯令"等词，此"令"指的是该律本身。因为违反某条律等于违反制定该律的令，因此违反律叫"不从令""犯令"。（3）秦汉时代的律本是一条一条制定的单行法令。两汉时代有一些人试图搜集整理当时存在的律，如东汉时代的陈宠、应劭等。但《汉书》《后汉书》说他们搜集整理的律文集都没有施行。据此可见两汉时代没有发布过国家统一法典。

籾山明《王杖木简再考》② 认为王杖十简、王杖诏书令册均属挈令，原本是由中央的兰台、御史颁布至地方官署，并在"显处"揭示的"通告"。王杖木简所体现的不是所保管的法典的形态，而是被揭示的法令的形态。曹旅宁《张家山 336 号汉墓〈功令〉的几个问题》③ 认为《功令》是关于各级官吏任命考绩办法汇编的法律，当为选拔、考核官吏的条例。由多条独立的令条编订汇编而成，每则令条皆有编号。《功令》的制定不会晚于汉文帝前元七年（公元前 186 年）。王勇《岳麓秦简〈县官田令〉初探》④ 认为新出岳麓秦简《县官田令》中的"县官田"就是指的官田。令文反映县官田田徒由执法官吏统一调配，主要使用自己没有农田的徒隶。秦代对徒隶充当田徒的比例有明确要求，令文规定农闲时允许田徒承担其他劳作，而在农忙时以田徒偿还。县官田令很大部分是关于官田经营过程中官吏违法行为的规定，反映县官田官吏采用非法手段发展生产的情

---

① 广濑薰雄：《秦汉时代律令辨》，《中国古代法律文献研究》第 7 辑，2014 年。

② 籾山明：《王杖木简再考》，庄小霞译，《中国古代法律文献研究》第 5 辑，社会科学文献出版社 2012 年版。

③ 曹旅宁：《张家山 336 号汉墓〈功令〉的几个问题》，《史学集刊》2012 年第 1 期。

④ 王勇：《岳麓秦简〈县官田令〉初探》，《中国社会经济史研究》2015 年第 4 期。

况比较普遍。这种现象与县官田产量达不到法定额度，以及在考核中被评为殿等，县官田官吏要受到较为严厉的惩处有关。陈松长《岳麓秦简中的几个令名小识》①指出，学界多认为秦汉时期没有由朝廷统一颁布的法律编纂物，而只有以单篇别行的方式行世的"律令集合体"，也就是说，"秦时没有国家统一颁行的、篇目固定的律令法体系"。但从岳麓秦简来看，虽然不能说这是在作秦代令典的编辑，但可以肯定地说，岳麓秦简中的秦令都是经过有序编排的，它并不是单篇散乱的秦令汇集。陈伟《岳麓书院藏秦简先王之令解读及相关问题探讨》②指出，泰上皇之令中的"践更"，应是指司寇、隐官的行为。这条令是在司寇、隐官践更者"不能自给粮"的情况下，规定由居县与作所县协调提供食粮。昭襄王之令的"诏"字应改释为"制"，"献"指"进献"，"请"指"请求"。分析秦二世时期的天下形势与南阳郡、南郡的归属，参照可能出土于同一座墓葬的岳麓秦简中其他简册的年代，先王之令"复用"的时间很可能是在秦王政二年、三年，而不是整理者所说的秦二世二年、三年。秦王政在位时，可能存在对先王之令加以认定以决定"复用"与否的情形。

关于"科"是否汉代独立的法律形式，学界有不同意见。以往通常认同"汉科"为一种法律形式，自滋贺秀三开始提出质疑，认为汉代不具有独立意义上的科，③张建国也认为科是律令形式中的事项条目，在形式上不具有独立品格。④从希斌认为"科"在汉朝应是对法律条文的泛称，是通常意义上的"科条"之意，是律、令、比等法律形式的具体条文。作为一种法律形式的"科"，应该是三国时期的产物。⑤马作武、蒋鸿雁持类似看法。⑥李均明则根据居延新简所出《捕反羌赏科》《大司农罪人入钱赎品》等材料指出，科品与律令并行，但它是律

① 陈松长：《岳麓秦简中的几个令名小识》，《文物》2016 年第 12 期。

② 陈伟：《岳麓书院藏秦简先王之令解读及相关问题探讨》，《"中研院"历史语言研究所集刊》第 88 本第 1 分册，2017 年 3 月。

③ 滋贺秀三：《汉唐间の法典的についての二三の考证》，《东方学》第 17 期，后收入其著《中国法制史论集》，创文社，2003 年版。

④ 张建国：《科的变迁及其历史作用》，《北京大学学报》1987 年第 3 期。

⑤ 从希斌：《"汉科"质疑》，《天津师范大学学报》1987 年第 1 期。

⑥ 马作武、蒋鸿雁：《汉"科"为法律形式说质疑》，《法学评论》1990 年第 4 期。

令的补充或细目。像汉简中烽火品为数众多，而汉代有关燔举烽火的律文当归兴律。但律文不可能规定各地段的具体信号，因此各都尉或地区则有本部使用的烽火品。① 张忠炜《汉代律章句学探源》② 认为律章句学是以自然章句为基础，确定某些律条的分合独立，从而构成一个意义相对完整的单位——"章"，与之同时，是进行文字方面的断句，然后是为疏通律文所作的注说。律章句的出现与律令文本的特质相关。特殊字例及符号标识，对理解律令文本的分章断句及含义有重要意义。另文《汉科研究——以购赏科为中心》③ 认为汉代的科是律令的诠释、细化，也有弥补律令规定不周之用意；科通常由官吏奏请、皇帝批准并颁行，经由官府逐级下达而布告基层民众，专制一方的统治者亦可制定、颁行科。作为法律载体，科具有灵活性、针对性和孳殖性的特点，在汉末三国特殊的政治格局下，为各方统治集团所利用，成为法规汇编或编纂的代称，实现了从如律令到如科令之历史转变。韩树峰《汉晋法律由"繁杂"到"清约"的变革之路》④ 认为，"繁""杂"是汉律存在的两个主要问题，变"杂"为"清"是"化繁为约"的前提条件。汉人改律，重视后者，忽略前者，导致历年无成。曹魏时期，分类学在学术领域高度发展，受其影响，曹魏修律以"都总事类"为原则，基本解决了"杂而不清"的问题。西晋时期，追求简约成为学术界的普遍风尚，受玄学"得意废言""辞约旨达"的影响，西晋修律重在压缩律条字数，基本解决了"繁而不约"的问题。经过数百年的探索和实践，汉晋法律终于完成了从"繁杂"到"清约"的蜕变，中国古代法律的体例最终得以确立。

徐世虹指出，作为法律的一种载体，科在形式上是独立的，不依附律令，但在内容上往往与律令杂糅。科只有在被纳入立法程序后，才有可能

---

① 李均明：《居延新简的法制史料》，日本关西大学东西学术研究所《东西学术研究所纪要》24，1991年。

② 张忠炜：《汉代律章句学探源》，《史学月刊》2010年第4期。

③ 张忠炜：《汉科研究——以购赏科为中心》，《南都学坛》2012年第3期。

④ 韩树峰：《汉晋法律由"繁杂"到"清约"的变革之路》，《中国人民大学学报》2014年第5期。

获得法律效力。品同样也是汉代具有法律效力的法律载体之一。从领属关系上看，它是律令科的附属法规，不具有独立品格，但它同时又是律令科的扩充与延伸。① 在汉代尽管科、品也是经常且大量使用的法律形式，但它并不能修正、取代律令。二者的关系是，律令是科品的载体，科品则是律令的具体化。《后汉书·安帝纪》曰"旧制律令，各有科品"，正是指科品与律令的领属关系而言。② 张忠炜以汉简所见"购赏科"为例，结合秦汉简牍律令资料中"购赏"条款内容，考察"购赏"律文与"购赏科"的关系，以及"购赏科"的立法形态、颁行程序、法律效力等问题，认为"购赏科"源自律令，有着相对独立的形式和内容。它不仅是对律令规定的诠释、细化，也有弥补律令规定不周的意图。科作为汉代法律载体之一，从常规立法形态来看，大致是经由官吏奏请、皇帝批准、颁行的程序，再由各级官府逐层下达布告基层。科并不一定与正刑定罪相关，刑罚规定可见诸律令之中。自东汉中后期以降，科作为事条性法律规定，也逐渐具有惩戒的性质。三国的"科"除具有"事条"含义外，逐渐成为法规汇编或编纂的代称。③

高恒辑录了居延汉简、居延新简和敦煌汉简中有关汉代律、令、式的条文，并分别进行了考述。其所著《汉律篇名新笺》结合秦简中所见秦律篇目以及其他史料，探讨了汉律令《田律》《金布律》《功令》《兴律》《厩律》《户律》等篇目的原意和性质，指出《田律》是规定农村社会秩序、农田管理以及收缴田税的法律；《金布律》是有关财政制度的法规；《功令》为多次颁发的有关选拔、考课官吏的诏令集；《兴律》规定军兴、工兴的有关事项，同时又有关于"上狱""考事报谳"等事项，这与当时管理囚犯的制度有关，其时主管各项工程的一些官署，同时又是狱所，役使的劳力，又多为该官署负责看管的囚犯；《厩律》主要是有关厩事的规定；汉代《户律》可能不包括婚事的规定。《汉简牍中所见汉律论考》对

---

① 徐世虹：《汉代法律载体考述》，《中国法制史考证》甲编第三卷，中国社会科学出版社2003年版。
② 徐世虹：《汉简与汉代法制研究》，《内蒙古大学学报》1992年第2期。
③ 张忠炜：《〈居延新简〉"购赏科条"册书复原及相关问题之研究：以〈额济纳汉简〉"购赏科别为切入点"》，《文史哲》2007年第6期。

简牍中可能属于汉律的 14 条简文，逐条分析其内容，考察其各自所属的律篇。《汉简牍中所见令文辑考》对汉简中所见令、品、品约等法规作了辑录和注考，包括祠令、功令、禄秩令、养老令、挈令、行书令、关津令、知令、击匈奴降者赏令、捕斩匈奴虏反羌购赏科别，以及有关会计、婚姻、吏民毋作使属国、卢水士民、禁铸作钱、发冢、贩卖衣物于都市、禁屠杀马牛，吏民毋得伐树木，管理无业者的令，罪人入钱赎品、守御器品、烽火品约、伏虏品约等。《汉简牍中所见的"式"》不同意以往关于秦刻石中的"法式"两字是泛称法律或者刑法的看法，认为"式"是专指一种法律规范，按其含义可分为三类：一是规定各类文书的格式；二是规定实施律令、政策应遵循的要点；三是确定行政、司法活动的程序。并对汉简中所见各类文书如索债文书、直符文书、病卒名籍文书、阀阅簿、领受俸禄文书、画天田文书等的格式，以及"鞫"爰书程式、"封守"爰书程式、发案现场勘验程式等分别作了探讨。《汉壁书〈四时月令五十条〉论考》指出敦煌汉代悬泉置遗址发现的墙壁题书《使者和中（仲）所督察诏书四时月令五十条》主体部分的文字分上、下两栏书写，上栏是月令条文，下栏是对该条文的注解。注解文字是《五十条》的有机组成部分，具有法律约束力，是立法者从汉《月令》中择取所需条文时而作的注解，借以阐明立法意图，补充原条文之未备，或者界定条文中所用概念、术语、定义的含义等。①

　　谢桂华《汉简所见律令拾遗》② 对《居延汉简释文合校》4.1、229.1、229.2、157.14，《敦煌汉简》791，《敦煌悬泉汉简》II90DXT0112②：8 等法律文书简的释文重新进行校释，订正了不少错误。对各简所涉及的律令佚文作了分析考释，有助于进一步理解其含意。徐世虹《居延新简汉律佚文考》③ 从居延新简中辑出汉律简 12 枚，并对各简律文及其归属作了详细考订，计有贼律 3 条，囚律 5 条，厩律 2 条，杂律

　　① 　高恒所撰上述论文，均收入其所著《秦汉简牍中法制文书辑考》（社会科学文献出版社 2008 年版）。

　　② 　谢桂华：《汉简所见律令拾遗》，《纪念林剑鸣教授史学论文集》，中国社会科学出版社 2002 年版。

　　③ 　徐世虹：《居延新简汉律佚文考》，《政法论坛》1992 年第 3 期。

2 条。吴忠匡《〈汉军法〉辑补》① 辑补汉代军法 20 条。白建钢《汉代军法内容新探》② 通过对青海省大通县上孙家寨汉墓出土木简的研究，为以往相对单薄的汉代军法研究增加了一些新的内容和思路：一是对前人所辑《汉军法》的真伪进行了鉴别，认为某些以前被辑入的内容不能算作《汉军法》；二是根据青海木简归纳了汉代军人违反职责罪的种类和惩治办法；三是论述了汉代军法产生的渊源，认为汉军法沿袭了秦军法，但与秦军法相比，对军人违反职责罪的量刑为轻；四是总结了汉代军法与刑法的关系，认为汉代军法是一个单行法规，它不仅有细致的定罪和处罚条款，还有一定的"总则"论述。汉代军法与刑法的关系是一般和特殊的关系：汉代军法是汉代刑法的补充和续篇；从量刑幅度上看，与刑法相比，军法处罚从重；军法的处罚原则与刑法的处罚原则有所不同。军法作为一部特殊法，有其特殊的处罚原则，其处罚由军内执法机构实施。陈伟武《简帛所见军法辑证》③ 从战国秦汉简帛资料中辑出有关军事管理的律令 8 条、有关军事训练的律令 4 条、有关战地活动的律令 24 条，认为军法比一般刑法峻酷，比一般刑法更重时效性。

(四) 刑罚研究

刘海年《秦律刑罚的适用原则》④ 认为秦国统治阶级为确保其刑罚的实施，在法律中明确规定了适用刑罚的各种原则。对于不同地位和身份的人，各人在犯罪活动中不同作用，不同犯罪行为的不同社会后果，以及行为人对自己行为所采取的不同态度等，是加以区别对待的。秦律刑罚的适用原则包括：第一，区分犯罪人的身份和地位；第二，实行连坐；第三，区分共同犯罪与非共同犯罪；第四，区分故意和过失，对某些行为还考虑有无犯罪意识；第五，区分犯罪行为的危害程度；第六，考虑行为人对待罪行的态度；第七，规定刑事犯罪的责任年龄；第八，数罪并罚；第九，

---

① 吴忠匡：《〈汉军法〉辑补》，《中华文史论丛》第 1 辑，上海古籍出版社 1981 年版。
② 白建钢：《汉代军法内容新探》，《青海社会科学》1986 年第 4 期。
③ 陈伟武：《简帛所见军法辑证》，《简帛研究》第 2 辑，法律出版社 1996 年版。
④ 刘海年：《秦律刑罚的适用原则》，《法学研究》1983 年第 1、2 期；后收入其所著《战国秦代法制管窥》，法律出版社 2006 年版。

不追究赦前罪；第十，适用比、例。李均明《张家山汉简所反映的适用刑罚原则》① 归纳了张家山汉简《二年律令》《奏谳书》所见的汉初适用刑罚的若干原则：以罪刑相应、维护特权为基础，实行故意从重、过失从轻，严惩团伙、重判再犯，从严治吏、宽宥老幼，自出减刑、立功赎罪，诬告反坐、故纵同罪、亲亲相匿、重科不孝等原则。罪刑相应、维护特权的原则具有鲜明的阶级性与可衡量性，其中既包含罪刑法定的因素，依法律条款定罪，注重犯罪动机、犯罪形态及危害结果，严格区分已遂与未遂；又存在收孥连坐、维护特权的规定，表明其罪刑相应只是相对、不彻底的。维护特权主要表现在贵族、官员、有爵者可在一定条件下减、免刑罚。南玉泉《张家山汉简〈二年律令〉所见刑罚原则》② 指出，张家山汉简《二年律令》是西汉初年的法律辑录，这批简文对刑事责任年龄、故意与过失、数罪的处罚等都有较细密的规定。其他刑罚原则有诬告反坐原则、证言不实反坐原则、连坐原则、上诉不实加刑原则等。汉律在定罪量刑时，充分考虑皇权和尊长的地位，对于触犯皇权和尊长都要从重处罚。此外，对于触犯人伦、群盗犯罪以及官吏犯罪也予以重惩，而对于自首和犯罪后自动减轻犯罪后果等则采取从轻处罚的原则。汉初的刑罚原则与秦律所载刑罚原则基本相同，西汉武帝以后在具体的操作细节和适用标准方面有所改变。谭卫元《从张家山汉简〈具律〉看汉初"爵论"制度》③ 认为爵位是汉代法律量刑时的一个重要标准，爵位有无高低决定着量刑的减免与否。

刘海年《秦律刑罚考析》④ 根据史籍和云梦睡虎地秦简律文的记载，将秦的刑罚分为死刑、肉刑、徒刑、笞刑、髡耐刑、迁刑、赀、赎刑、废、谇、收等十一类，对各类刑罚的等级以及处罚方式分别作了考述和辨

---

① 李均明：《张家山汉简所反映的适用刑罚原则》，《郑州大学学报》（哲学社会科学版）2002 年第 4 期。

② 南玉泉：《张家山汉简〈二年律令〉所见刑罚原则》，《中国政法大学学报》2002 年第 10 期。

③ 谭卫元：《从张家山汉简〈具律〉看汉初"爵论"制度》，《江汉考古》2004 年第 1 期。

④ 刘海年：《秦律刑罚考析》，《云梦秦简研究》，中华书局 1981 年版；后收入其所著《战国秦代法制管窥》，法律出版社 2006 年版。

析。作者指出这十一种刑罚不仅轻重不同，在同一种刑罚内，又按处死的方式、对肢体残害的部位、鞭笞的多少、刑期长短、迁徙远近和赏罚金钱数目等，分为不同的等级。秦律还规定，各种刑罚既可以单独使用，也可以两种，甚至三种结合使用。这样，不同刑种的排列组合，就在秦的司法实践中，使本来种类已相当多的刑罚更加名目繁多，使本来已很残酷的刑制更加残酷。张铭新《关于〈秦律〉中的"居"》① 指出，《睡虎地秦墓竹简》注释"居"即"居作"，值得商榷。"居"在《秦律》中无疑是一种劳役形式，有居赎、居债（居偿债），"居"并不是对犯罪的直接惩罚方式，它没有特定的期限，不是一个刑种，它是一种有代价的抵偿劳役。与"居作"是完全不同的概念，不能混为一谈。

黎明钊《秦代什伍连坐制度的渊源问题》② 讨论有关什伍连坐制度的渊源问题，结论有五。第一，商鞅变法，令民为什伍，相牧司连坐的居民组织是总结国内经验：包括曾经在文公、武公施行的夷三族之法，献公时的"户籍相伍"；列国经验：包括族刑、夷三族的连坐精神。第二，《周礼》上记载以血缘为中心的地方组织是五家相保、相爱、相葬、相救、相周、相宾的，在征战时则会万民而为卒伍；商鞅把告奸连坐之法加之于和谐淳朴的地方组织，使之一变而成为"相牧司""相纠发""相连坐"的苛刻制度。第三，先秦时代齐以管仲为相时曾推行"五人为伍"的社会组织，郑国子产执政亦行"庐井有伍"，战国时代各国为征召军队都曾清查户口，整顿户籍，闾里以下遍布什伍的组织，这是一种战斗的策略，商鞅变法是吸收这种政策，并且更强调连坐的法家精神。第四，秦代什伍连坐制也是一种军事编制民事化的制度。第五，临沂汉简《守法守令十三篇》中有"五人为伍，十人为连"，或许就是与商君什伍制不同名称的制度。至于大通汉简、居延汉简所载什伍制度，一部分是兵制，一部分是戍卒名籍，把它们结合《汉书》及《后汉书》的史料观察，汉代曾推行什伍制度也是无疑问的。

---

① 张铭新：《关于〈秦律〉中的"居"》，《考古》1981 年第 1 期。
② 黎明钊：《秦代什伍连坐制度的渊源问题》，《大陆杂志》第 79 卷第 4 期，1989 年 2 月。

王占通《秦代肉刑耐刑可作主刑辩》① 指出，以往认为秦代的肉刑、耐刑既可作为附加刑而与各种徒刑结合使用，又可作为主刑独立使用。此论欠妥。肉刑从一开始就未曾独立使用过，而是与奴隶身份结合使用，徒刑制萌芽后，劳役日渐成为对罪犯的主要惩罚，肉刑则退居辅助地位，作为附加刑而存在。汉文帝以前旧制的肉刑均作为徒刑的附加刑而存在，没有独立的肉刑存在。文帝废除肉刑后，代替肉刑的髡钳、钛趾仍是徒刑的附加刑，不能独立使用。征之《秦简》，各种肉刑都是作为徒刑的附加刑使用的。耐刑从肉刑演变而来，其作用和地位与肉刑相似，只作徒刑的附加刑，不作主刑。《睡虎地秦墓竹简》中有耐为鬼薪、耐为隶臣、耐为司寇、耐为候、耐迁等法定刑而没有独立的耐刑。秦简中大量独立出现的"耐"字，并不是独立的刑罚，而是"耐为××"的略语。韩树峰《耐刑、徒刑关系考》② 认为，秦及汉初，不仅司寇、隶臣妾、鬼薪白粲等较轻徒刑可以附加耐刑，即使城旦舂这样的重刑也可以附加此刑。另文《秦汉律令中的完刑》③ 指出，《睡虎地秦墓竹简》和《张家山汉墓竹简》记载的"完刑"既非单纯的"耐"，也非单纯的"髡"，更不是单纯指身体发肤完好无损，其含义因时而变。秦代的"完"为"耐"，汉初的"完"为"耐"与"髡"，文帝后"完"成为现代意义上的身体完好无损。

张鹤泉《略论汉代的弛刑徒》④ 认为弛刑徒是由国家赦免，而去掉刑具的刑徒。在其服役时，对其管制放松了，在行动上有了自由，比原来的刑徒地位有了提高。但是弛刑徒仍然属于刑徒的一种，还是罪人奴隶。在汉代，弛刑徒仍为国家所役使，主要被用来服劳役、充兵和屯戍。吴荣曾《汉简中所见的刑徒制》⑤ 结合汉简资料和文献记载，对汉代刑徒制进行研究补证，得出如下结论。第一，髡钳城旦为汉代各刑种最重的一等，但其中又有轻重的等次，重者还要加足钛，或钛双足，或钛一足。属于较轻

---

① 王占通：《秦代肉刑耐刑可作主刑辩》，《吉林大学社会科学学报》1991 年第 3 期。
② 韩树峰：《耐刑、徒刑关系考》，《史学月刊》2007 年第 2 期。
③ 韩树峰：《秦汉律令中的完刑》，《中国史研究》2003 年第 4 期。
④ 张鹤泉：《略论汉代的弛刑徒》，《东北师大学报》1984 年第 4 期。
⑤ 吴荣曾：《汉简中所见的刑徒制》，《北京大学学报》1992 年第 2 期。

者则仅髡钳而不钛足。还有是凡属髡钳城旦，要加笞二百。秦或汉初，城旦最重者要加黥劓等肉刑，汉文帝废除肉刑后，这类肉刑遂为笞所取代。从西汉中期到东汉都如此，甚至像《晋律》也规定髡钳城旦要笞二百，这显然沿袭了两汉旧制。第二，复作无性别的特点，即复作中男女犯人都有。复作是刑徒中最轻的一等，是介于刑与罚之间的一种刑名。汉代还有较复作更轻的罚作。前人或以为罚作即复作，这种看法不对。复作服刑期最短者为三个月，而罚作有一个月或两个月者。第三，施刑是重犯因皇帝大赦诏书而解除身上刑具和罪衣，然后被强制送到边地以服满原判的刑期，因而他们在边塞服刑时间是长短不一的。后来《史》《汉》的一些注家们，往往把施刑误认为就是复作。在简文中看到，当时人都是清楚地把徒和复作、施刑区分开来的。刑徒无行动之自由，在严密的监督下服苦役，而施刑在小范围内有些自由，他们可起到和一般士兵差不多的作用。正因为如此，故西汉自实行施刑制以来，使边防力量有所加强，所以以后东汉仍沿袭不变。韩树峰《秦汉徒刑散论》① 认为，在秦汉徒刑序列中，城旦舂、鬼薪白粲为一个等级，隶臣妾、司寇则属另一个等级，它们与死刑共同构成秦汉刑法体系中的三个等级，这为加刑和附加刑的存在提供了空间，体现了刑法由轻到重循序渐进的特征。文章同时指出，秦及汉初正处于肉刑地位下降、徒刑地位上升的过渡时期，徒刑为主，肉刑为辅，直到文帝时肉刑被废除。崔建华《西汉"复作"的生成机制及身份归属探讨》② 认为官私债务是西汉"复作"人员的重要来源。从因官私债务而入官府劳作的特点来看，复作应当是秦代"居赀赎债"的替代品。但居赀往往要并称其爵位，说明"居赀"在身份上属于民，同时表明这一称谓尚不具备独立标识身份的功能。西汉复作已具有独立标识身份的功能，是有介于编户民与刑徒之间的过渡身份。复作适用于刑徒，大概正是对这种过渡身份移用的结果。

　　徐世虹《汉简所见劳役刑名考释》③ 梳理了汉简中所见的汉代劳役刑

---

① 韩树峰：《秦汉徒刑散论》，《历史研究》2005 年第 3 期。

② 崔建华：《西汉"复作"的生成机制及身份归属探讨》，《中国史研究》2016 年第 2 期。

③ 徐世虹：《汉简所见劳役刑名考释》，《中国古代法律文献研究》第 1 辑，巴蜀书社 1999 年版。

名，并辅以文献作了考证，得出如下结论。第一，《汉旧仪》、洛阳刑徒砖所见劳役刑名亦见于汉简，但后者要比前者丰富，依次排列为髡钳城旦舂、完城旦、鬼薪、隶臣妾（中期后消失）、司寇、复作。其中髡钳城旦舂分为四等，正式名称是髡钳钛左右止城旦舂，髡钳钛右止城旦舂，髡钳钛左止城旦舂，髡钳城旦舂。鬼薪分耐为鬼薪和鬼薪。司寇分耐为司寇、司寇、作如司寇。第二，上述劳役刑以主刑和附加刑的不同而划分为轻重等级。髡钳加城旦舂刑最重，刑期五年，其所分四等又以刑具钛的戴法不同而划分轻重。次重为完刑加城旦舂刑，刑期四年。耐为鬼薪为轻罪界线，刑期三年，次轻耐为司寇，刑期二年。复作或为改变执行刑的刑罚，刑期三个月至一年。附加刑以耻辱刑表示，分髡、完、耐三种。髡刑以将犯人毛发须鬓剃尽而为最重。次为完刑，全部保留犯人的毛发须鬓，但以其附加于主刑城旦刑，故仍在重罪等级。耐刑为剃去犯人须鬓，附加于鬼薪、司寇等主刑。第三，罚作与适可能是一事二名。适不像规定严格的法定劳役刑名。

彭年《对西汉收孥法研究中的两个问题的商榷》[1] 认为：第一，西汉二百年间，除文帝在位的二十多年外，一直施行收孥法；第二，收孥法源于奴隶制国家国君对被征服民族的"奴役"，后来演变成对本族罪犯及其家属的"罪罚"；第三，收孥法的施行及其在刑法上的地位，逐渐呈现出越来越广大、越来越重要的发展趋势。陈乃华《秦汉族刑考》[2] 认为，在秦汉时代，至少存在着两种不同范围的族刑系统：其一，用来处罚谋反罪的"夷三族"，也叫"夷宗族"或"夷其族"，罪及五世；其二，用来处罚非谋反的"大逆无道"罪的"父母妻子同产皆弃市"（也叫"族家"），罪及三世。丁相顺、霍存福《"失期，法皆斩吗?"》[3] 指出，《史记·陈涉世家》有"失期，法皆斩"等语，有学者据此认定秦末对徭戍失期者的处罚法律规范为"法皆斩"，但据睡虎地秦简中有关徭戍失期的规定，以及考察秦末的社会政治经济背景，比照有关的法律规定，就会发现

① 彭年：《对西汉收孥法研究中的两个问题的商榷》，《社会科学研究》1987 年第 1 期。
② 陈乃华：《秦汉族刑考》，《山东师范大学学报》1985 年第 4 期。
③ 丁相顺、霍存福：《"失期，法皆斩吗?"》，《政法丛刊》1991 年第 2 期。

"失期，并非法皆斩"，失期罪的主体是官吏，徒众不会被"法皆斩"，因徒逃亡无死刑，谪戍之众不应"法皆斩"。张建国《论西汉初期的赎》①指出汉初的赎刑分为六个等级，既可以作为实刑的换刑，适用于特定的人和事（疑罪），也可以作为单独的一个刑罚级别，并推测正是疑罪从赎的存在构成汉初赎刑存在的基础。

南玉泉《读秦汉简牍再论赎刑》②探讨了秦代的赎刑制度、汉代的赎刑制度、正刑与替代刑、赎刑的起源与发展变化等问题。任仲爀《秦汉律的赎刑》③认为秦汉时期的赎刑包括正刑和代替刑两种概念。李均明《秦简赀罚再探》④指出，赀罚为财产刑，以赀甲、盾为主，可以交钱及从事力役替代，名目繁多，赀戍为其较重者。适用赀罚有法定标准，大多可量化。赀罚可以实物、金钱、力役三种方式兑现，彼此可相互替换，替换额度为一盾值384钱，一甲值1344钱，力役一日值8钱，力役而由公家供食者日值6钱。除完全替换外，三者亦可部分替换，且可由他人代偿。居赀现象非常普遍，居赀者往往与刑徒合编。不允许主管啬夫居赀，赀钱可从其薪金中扣除。

宋杰《汉代死刑中的"显戮"》⑤详细考察了汉代死刑中"显戮"的行刑过程、行刑场所、行刑方式等问题。水间大辅《汉初三族刑的变迁》⑥分析了汉初对三族刑多次废除与再制定的现象，认为其废除的原因既有战国以来的三族刑废除论，又有解除秦朝苛法的目的。其重新制定是由于重新认识到三族刑的威慑效果，以及废除三族刑并没有给国家带来实际益处。宋洁《"具五刑"考——兼证汉文帝易刑之前存在两个"五刑系统"》⑦认为"具五刑"之"五"不得其解，皆由句读而起。重新断句，

①　张建国：《论西汉初期的赎》，《政法论坛》2002年第5期。

②　南玉泉：《读秦汉简牍再论赎刑》，《中国古代法律文献研究》第5辑，社会科学文献出版社2012年版。

③　任仲爀：《秦汉律的赎刑》，《简帛研究二〇一〇》，广西师范大学出版社2012年版。

④　李均明：《秦简赀罚再探》，《出土文献研究》第15辑，中西书局2016年版。

⑤　宋杰：《汉代死刑中的"显戮"》，《史学月刊》2012年第2期。

⑥　水间大辅：《汉初三族刑的变迁》，《厦门大学学报》2012年第6期。

⑦　宋洁：《"具五刑"考——兼证汉文帝易刑之前存在两个"五刑系统"》，《中国史研究》2014年第2期。

并结合相关史料可知，《汉书·刑法志》所记载的"具五刑"指的是"黥、劓、斩左止、斩右止、笞"五种刑罚，其中"笞"为替代刑。这与张家山汉简《二年律令·具律》"刑尽者，皆笞百"以及"有罪当黥，故黥者劓之，故劓者斩左止，斩左止者斩右止，斩右止者府之"密切相关。明确"具五刑"之所指，有助于解答《史》《汉》相关记载的疑难问题，并可进一步推定文帝肉刑改革之前存有两个"五刑"系统，以及"秋冬行刑"原则似乎秦朝已遵循等问题。宋杰《汉代"弃市"与"殊死"辨析》[①] 对"秦汉弃市专用绞刑"说提出商榷，主张弃市仍为斩首刑。其认为汉代死刑的常用刑种应为枭首、腰斩和弃市，斩首包括在弃市刑种之内。《后汉书·吴祐传》载毋丘长"投缳而死"是在狱内缢决，属于优待特例，并非绞死于市。"殊死"既是刑名也是罪名，代表谋反大逆等特殊、尤重的死罪，处决方式主要为腰斩、枭首，间或有弃市、下狱死等；平常少被赦除，并要株连父母妻子，即族、族诛，是其区别于普通死罪判罚的基本特征。

（五）司法诉讼制度研究

刘信芳《包山楚简司法术语考释》[②] 采用典籍与秦律互证的方法，对包山楚简中重要的司法术语一一作了考释。"集箸"即登记汇集名籍；"玉府之典"的"玉府"是收藏户籍及其他典籍之所；"溺典"指"没有正式户籍的人口典册"；"藏王之墨"的"墨"，指书写副本；"陈豫之典"的"陈豫"是纪年"齐客陈豫贺王之岁"的省称；"集箸言"即有关名籍方面的争议，也就是诉讼；"受正"即接受狱讼裁决；"受期"就是接受诉讼的期约；"详"即法庭调查；"阱门又败"的"阱门"是楚司法官府名，"阱门又败"犹言败坏法庭；"盟""盟证"，即盟誓作证，是当时法庭调查取证的重要程序；"对"谓查对，"对告"即要求查对其住址、身份、名字、氏族并呈报上级官府，"分对"谓分别对状；"疋狱"即"疏狱"，分条记录狱讼之辞；"发节"即发书辅以节为信，"复节"

---

① 宋杰：《汉代"弃市"与"殊死"辨析》，《中国史研究》2015 年第 3 期。
② 刘信芳：《包山楚简司法术语考释》，《简帛研究》第 2 辑，法律出版社 1996 年版。

即复命辅以节为信,"反节"即以节复命,"捋节"即取节交换相合以作凭证;"反官自诉"即翻案上诉的法律行为;"成"谓狱讼之平;"傅"谓拘捕犯人;"剠"乃"黥"字异体;"拘"谓拘禁;"敔"读如"圄",意即牢狱;"诘"指诉状;"膡等"即官府在接到诉状后,根据诉状及初步调查的情况移录为官方司法文书;"谳"指复审议案;"政"读如"征",指征收赋税;"敚"读如"税",指征收赋税;"邧异",官府名,应是楚特设的救灾机构;"量"谓裁量其大小,称量其轻重;"赕田"读如"畷田",即重修田间之道而正封疆;"后"为继承。

刘海年《秦的现场勘查与法医检验的规定》① 对云梦睡虎地秦简《封诊式》中涉及案件现场勘查与法医检验的五个式例即《贼死》《经死》《穴盗》《疠》《出子》分别作了解读,认为秦国的治安、司法机构对现场勘查与法医检验已总结了一套办法,并形成了一定制度:第一,司法检验有专人负责;第二,对专门问题由专门知识的人做出鉴定;第三,注意痕迹检验;第四,现场勘查认真仔细;第五,检验时有家属或基层负责人到场。

刘海年《秦的诉讼制度》② 从司法机构、案件管辖、诉讼的提出、告诉的限制、强制措施、证据的种类、案件审讯、判决与上诉、判决的执行、法官的责任等方面,对秦代的诉讼制度作了全面考述,并讨论了其在中国历史上的地位和影响。张建国《汉简〈奏谳书〉和秦汉刑事诉讼程序初探》③ 不同意整理小组关于《奏谳书》是"议罪案例的汇集"的看法,认为《奏谳书》基本是奏书和谳书的汇集,奏书不存在基层审判机关在定罪量刑方面的疑难之处,事情已经得出了明确的结论,向上级奏请为的是获得批准,是法定的例行公事。谳书是上报疑案,上报的目的是要求上级解答疑问。上级接到谳书后要回答该案适用什么罪名或什么刑罚。《奏谳书》表明秦汉刑事诉讼的基本程序是告、劾、讯、鞠、论、报,而

---

① 刘海年:《秦的现场勘查与法医检验的规定》,《中国警察制度简论》,群众出版社1985年版;后收入其所著《战国秦代法制管窥》,法律出版社2006年版。

② 刘海年:《秦的诉讼制度》,连载于《中国法学》1985年第1、3、4期,1986年第2、3、6期,1987年第1期;后收入其所著《战国秦代法制管窥》,法律出版社2006年版。

③ 张建国:《汉简〈奏谳书〉和秦汉刑事诉讼程序初探》,《中外法学》1997年第2期。

讯鞫论是其中的审判程序。"告劾"即提起刑事诉讼，"讯"相当于法庭调查，"鞫"是审判人员对案件调查的结果，也就是对审理得出的犯罪过程与事实加以简明的归纳总结，"论"相当于判决，"报"通常指奏报上级机关。阎晓军《秦汉时期的诉讼审判制度》①，结合《急就篇》及相关文献与云梦秦简《封诊式》、张家山汉简《奏谳书》中的具体审判记录，研究秦汉时期的司法制度。通过对比拼合，复原出秦汉时期案件一般的诉讼审理程序，一般要经过报案、侦破、讯问、诘问、验问、读鞫、乞鞫、议罪、论、报、执行等重要程序和环节。李均明《简牍所反映的汉代诉讼关系》②从涉讼各方、告劾、逮捕、讯鞫、论报、奏谳、乞鞫、执行等方面考察汉代诉讼关系，揭示了汉代诉讼过程的基本轮廓。陈晓枫《两汉"鞫狱"正释》③对通常主张两汉"鞫狱"是刑事诉讼中的再审程序的看法提出了反驳，认为在汉代，认定罪行与决定刑罚，分由不同官狱负责，主审官狱为确保认定的罪行凿定无疑，必将验治的结果——狱书向被告宣读，被告有权申请复核，这便是"鞫狱"。进而指出"鞫"在两汉，是认定被告所有犯罪事实的司法文书，"读鞫"是官吏宣告本案已认定的被告全部罪行，"乞鞫"是被告认为官府所认定的犯罪与案件真实情况有出入，乞求重新复核查证。因此"鞫狱"是判决拟定之前，一审程序中的一个诉讼阶段，而不是再审程序。

　　刘海年《秦汉诉讼中的"爰书"》④认为"爰书"并不仅仅是"录囚辞的文书"，其内容要广泛得多。它是战国秦汉司法机关通行的一种文书形式。其内容是关于诉讼案件的诉词、口供、证词、现场勘查、法医检验的记录以及其他有关诉讼的情况报告。"传爰书"则是诉讼过程中的具体制度。籾山明《爰书新探——兼论汉代诉讼》⑤指出，居延汉简中所见到的

　　①　阎晓军：《秦汉时期的诉讼审判制度》，《秦文化论丛》第 10 辑，三秦出版社 2003 年版。

　　②　李均明：《简牍所反映的汉代诉讼关系》，《文史》2002 年第 3 期。

　　③　陈晓枫：《两汉"鞫狱"正释》，《法学评论》1987 年第 5 期。

　　④　刘海年：《秦汉诉讼中的"爰书"》，《法学研究》1980 年第 1 期；后收入其所著《战国秦代法制管窥》，法律出版社 2006 年版。

　　⑤　籾山明：《爰书新探——兼论汉代诉讼》，《简帛研究译丛》第 1 辑，湖南出版社 1996 年版。

爰书种类，称谓明了的有七类：自证爰书、吏卒相牵证任爰书、秋射爰书、病死（病诊）爰书、死马爰书、殴杀爰书、贳卖爰书，另有三类称谓不明。其书写格式的共同特色，是在开头冠以"爰书"二字，末尾作"它如爰书"或"如爰书"。但并不是所有的爰书都两者兼备，特别是缺佚开头的爰书很多。从汉简来看，爰书具有公证书的功能。换言之，主管官吏为了公证某件事的事实而做成的文书，就是爰书。因为它与证明的事实有关，所以在诉讼时能成为证据（如自证爰书），另，它有时又与诉讼完全无关（如秋射爰书），因此不能将爰书仅仅限定于与诉讼有关。

李均明《居延汉简债务文书述略》①指出，由于债务的发生、变化与消灭的原因不尽相同，因此债务文书亦呈多种形式。常见的有：（1）债名籍（一般分上、下两栏，上栏书债权人姓名、身份，下栏书债务人姓名、身份、债的内容），（2）负债名籍（亦分两栏，所载序列恰与债名籍相反），（3）债券（记有债发生的时间，债权人与债务人的姓名、身份，债的标的物及其价格，清偿期限、证人的姓名、身份等），（4）行道贳卖名籍，（5）与债务有关的吏俸赋名籍，（6）与债务有关的现钱出入账，（7）催收债书，（8）与债务有关的发文记录，（9）与债务有关的司法文书。从以上所列的债的文书可以看出，在汉代，民法意义上的借贷关系是明显的，其活动也是很频繁的。关于债务发生的原因，主要有三种，即因契约、因侵犯他人财产、因不当得利而发生债。文章还讨论了债务担保、债的变化与消灭、债务的履行、债务的偿清等问题。另文《居延汉简诉讼文书二种》②讨论了劾状和名捕诏书两种诉讼文书，指出移送劾状文书的程式为：（1）劾状呈文，含起诉时间（年、月、朔干支、日干支）、起诉人（所在机构、职务、姓名）及关于所呈文书性质与数量的说明。（2）劾状本文，主要内容是被告的犯罪事实和原告的调查意见。（3）处理劾状的呈文，包含时间和处理方式。（4）劾状的再抄件，由原告的上级制成，含对原告身份的证明及

---

① 李均明：《居延汉简债务文书述略》，《文物》1986 年第 11 期。

② 李均明：《居延汉简诉讼文书二种》，《中国法律史国际学术研讨会论文集》，陕西人民出版社 1990 年版。

劾状的抄件。（5）原告上级关于批转文书的呈文。名捕诏书是由皇帝签发的通缉令，除写明被通缉者的姓名、年龄外，要尽可能详细地描述罪犯的身体特征及着装、主要罪行等。如罪犯的身份一时未能查明，亦尽可能详述案件发生的经过。名捕诏书通常逐级下达，然后逐级上报其执行情况。

徐世虹《汉劾制管窥》①指出，在汉代告与劾是两个适用对象截然不同的法律概念，告行为的发生者往往是民，而劾行为的发生者往往是官。换言之，民对民、民对官或官对民的起诉行为称告，而官僚系统内部的彼此起诉行为称劾，二者一般不混淆适用。根据出土简牍所见的原始劾文书资料来看，先案后劾的程序特点十分明显。即劾是程序法中的重要环节，它的完成是以案为基础的。案而后劾，劾而后讯鞫论报，或许正是适用于汉代官僚行政系统的诉讼程序。对于劾的程序，法律上有相关限定，劾必须遵循一定的法律程序进行，通常只能逐级劾而不能越级劾。在行政系统和军事系统并存的边境地区，诉讼活动通常是在郡、县、乡这个行政系统中进行的，即使是军吏，其诉讼活动也要被纳入地方行政的司法权限之内。县廷是受理劾的官署，二千石官所统辖的郡太守府是受理各种劾的最高审级。

刘庆《秦汉告、劾制度辨析》②从行为主体与适用对象、形式与内容、管辖与受理诸方面辨析了告与劾的区别。其指出：告、劾是秦汉时期起诉的基本形式，二者在文献中有时连用，但存在多方面差异。从行为主体与适用对象来看，告的适用范围更为宽泛，民对民、民对官、官对民、官对官的起诉皆可称告，而劾的提出者往往是官吏，被劾对象多数是官，也可以是民，不能简单以"自诉""公诉"来区分二者。告出现较早，劾制应是战国时代随着官僚制、成文法的出现以及公私观念的发展而产生的，并成为官吏诉讼的专门用语。在形式与内容上，告既有书面形式，又可采用口头形式；既涉及刑狱案件，也可以是民事诉讼。劾所涉案件一般为罪的范畴，不用于民事，且多为书面形式，"章"与"奏"均可用于举

---

① 徐世虹：《汉劾制管窥》，《简帛研究》第 2 辑，法律出版社 1996 年版。
② 刘庆：《秦汉告、劾制度辨析》，《中国史研究》2016 年第 4 期。

劾，出土文献所见的劾文书也存在地域差异。在管辖与受理方面，告的接受可下至乡，由乡啬夫受理并上报县廷审理，告可越诉，吏民诣阙上书、上变告等都可直达皇帝。劾的受理最低在县级司法机构，通常是逐级管辖的，并不越诉。

徐世虹《汉代民事诉讼程序考述》①，从民事诉讼的称谓、受理、提出、验问、判决、执行等方面，探讨了汉代民事诉讼的实际状况，指出汉代的民事诉讼在汉代社会现实中具有较明显的实态。讼之所及，多为租税、财货乃至田产，表明人们在概念上已经有所区分，人们因民事纠纷而"诣乡县讼"，可知民事审判是地方官吏的基本职能之一。又以出土汉简及传世文献见之，民事诉讼的程序化已相当明显，由此反映了汉代法制建设中的一个重要方面。张建国《居延新简"粟君债寇恩"民事诉讼个案研究》②从案件的性质、文书的类别、各文书的相互关系、文书所反映的案件在诉讼程序中所处的阶段，案件当事人争议的内容即诉讼标的、一方当事人提出的事实与理由以及案所反映的相关问题等方面，对居延新简中"建武三年十二月候粟君所责寇恩事"简册作了详细的分析、考辨。认为简册中实际上包含了四篇文书：初三日（乙卯日）寇恩自证爰书、十六日（戊辰日）寇恩自证爰书、十九日（辛未日）乡啬夫报县文书、二十七日（己卯日）居延县移甲渠候官文书。初三日爰书和十六日爰书，是不同情况下的作品，不能互校。初三日寇恩的第一次自证爰书，已经在本案中被十六日寇恩的第二次自证爰书所取代，因此在解决本案时失去法律效力，最多只具有参考价值。而十六日爰书、十九日乡文书和二十七日县文书则是一个有机的整体，反映了有关的案情及诉讼程序：居延县廷收到甲渠候粟君的起诉书后，在立案的同时，将起诉书移送给被告所在的都乡，并在公文中指令乡啬夫收到文书后用自证爰书的文书方式验问被告（寇恩）和按规定写治决言。都乡第一次上报的文书被县里退回，县廷同时发给都乡第二份文书，要求就可疑之处向寇恩再次验问，记录在爰书上。接到县廷的第二次指令文书后，都乡啬夫于十六日重新验问并记录寇

---

① 徐世虹：《汉代民事诉讼程序考述》，《政法论坛》2001 年第 6 期。
② 张建国：《居延新简"粟君债寇恩"民事诉讼个案研究》，《中外法学》1996 年第 5 期。

恩的证词，制作爰书。在十九日文书中接着便写到治决言，即验问的结果。中间时隔三天，正好符合"辞已定满三日而不更言请者"的法律规定。县廷收到都乡报来的两份文书后，于二十七日呈文移送甲渠候官。

张朝阳《汉代民事诉讼新论》① 认为汉简所载"寇恩案"不存在民事问题刑事化的倾向，"赵宣案"的钱数不匹配是对追债次数估计不足所造成的假象，而"死驹案"的判决在主体上是民事性质。汉代民事诉讼和刑事诉讼有显著不同，并且已经进入了"依法审理"的发展阶段。南玉泉《秦汉的乞鞫与覆狱》② 认为秦汉刑事诉讼的程序包括立案、审讯、乞鞫、疑狱上谳和上级覆审等多个环节。初审机关审判后，非疑狱，案犯辞服，鞫状后即论决。在审判过程中，郡府二千石官在疑狱与乞鞫案件上的作用可能有所区别。乞鞫与覆狱是一个诉讼过程的两个方面，两者的诉讼主体不同。岳麓秦简司法文书《为狱等状四种》的题签应当反映了这个问题。"覆"是一种司法制度，与复案之"复"有所区别。上级直接立案侦查、皇帝指派特使审讯都是覆的范畴。"复""复之""复案"也是由上级指派人员对诉讼中的案件进行调查，并将调查结果向上级汇报，但"复"并不能对当事人直接产生法律后果。陈迪《"覆狱故失"新考》③ 指出，出土的秦及汉初法律文献资料可以证明"覆狱"在战国和秦朝时期具有普遍性，犯罪主观上的故意因素的法律用语经历了从"端"到"故"的变化，不同于《唐律疏议》近似于现代刑法意义上的"过失"，秦汉时期的"失"表示检举犯罪、刑罚适用上的客观错误。目前所见，"失"存在故失、误失与过失三种分类。杨振红、王安宇《秦汉诉讼制度中的"覆"及相关问题》④ 指出，"覆"是秦汉诉讼制度中的重要概念。以往学者多采纳沈家本"重审察"的解释。通过对传世文献与出土材料的考察，可发现"覆"不仅用于二审、重审、再审案件，亦用于一审案件，因此不宜将"覆"定义为"重审察"。目前所见"覆"的案例一般

---

① 张朝阳：《汉代民事诉讼新论》，《华东师范大学学报》2013 年第 4 期。
② 南玉泉：《秦汉的乞鞫与覆狱》，《上海师范大学学报》2017 年第 1 期。
③ 陈迪：《"覆狱故失"新考》，《社会科学》2017 年第 3 期。
④ 杨振红、王安宇：《秦汉诉讼制度中的"覆"及相关问题》，《史学月刊》2017 年第 12 期。

为上级机关主理或由上级机关指定某机构（或使者）主理的案件，主理的程序包括立案、侦查、审判、复核、监督等各个环节。在此基础上亦可进一步考察秦汉文献中"覆""覆案""覆讯"的含义。秦汉时期诉讼制度中"覆"程序的存在，反映了当时司法体系和诉讼程序的复杂以及审级制度的发展。徐世虹《西汉末期法制新识——以张勋主守盗案牍为对象》①指出，湖南益阳兔子山遗址 J3 出土的两方木牍，记录了汉平帝元始二年张勋主守盗一案的判决结果，反映了较为丰富的西汉末期的法制状况："鞫"除"认定犯罪事实"的程序之义外，也具有指代诉讼全部程序的含义；计赃等级有 250 以上一级，与秦及汉初有所不同；"衣服如法"，表明因衣之服有法律规定；对主守盗有加倍追赃、令同居承担赔偿责任的要求；对处髡钳城旦的刑徒，执行收入司空、从事劳役的刑罚。牍文所见的"爵减"，在现有史料的范围内指向回避刑等；此案的审判权在益阳县，"论决言"的含义是将审判结果报府，但未必是履行程序上的复核。

七　简牍文书与汉代屯戍体系

我国西北 20 世纪初叶出土的简牍，大多为屯戍遗简，它为研究汉代的屯戍体系提供了第一手资料，故起步早，成果多。1901—1904 年间，英籍匈牙利人斯坦因先后两次在中国新疆、甘肃一带考察，掘获许多汉晋简牍及纸文书。利用这些数据，斯氏对敦煌地区的烽燧的分布、形制结构、功能、时代等做了全面分析。王国维充分利用了此批简牍及斯氏之成果，据斯氏纪行书附图重绘东经 93°—95°、北纬 40°—40°30′间的烽燧及长城分布图，以表格方式展示 44 座烽燧遗址与名称间的对应关系，纠正了斯氏的许多错误。② 1944 年，我国学者向达、夏鼐、黄文弼、阎文儒等组成的西北科学考察团也在敦煌进行考察。而规模最大与时间最长的是

---

① 徐世虹：《西汉末期法制新识——以张勋主守盗案牍为对象》，《历史研究》2018 年第 5 期。

② 罗振玉、王国维：《流沙坠简》，中华书局 1993 年版，第 283—294 页。

1979—1982 年间甘肃省文物考古研究所进行的三次考察发掘，1987 年又进行普查，1992—1995 年间由甘肃省文化厅文物处原处长钟圣祖和甘肃省文物考古研究所原所长岳邦湖率领的考察团又对疏勒河流域汉代长城进行全程考察，考察长城 500 多公里，烽隧 228 座，鄣城 45 座，古城遗址 32 座，比当年斯坦因所见烽隧多 134 座，为下一步研究打下良好的基础。①

居延汉简数量多达三万余枚（已公布两万余枚），为研究汉代屯戍体系提供了更充分的依据，故许多人从此入手。论述较全面者如劳榦先生曾复原都尉以下体系为：都尉（属下有丞、掾属）—候官（属下有丞、鄣尉、士吏、掾属）—候长（属下有候史）—隧长。

文云："即边塞职官自都尉以下，凡有候官、候长、隧长三级。其所居之地则大者曰城曰鄣，小者曰隧。其理之者则部有鄣尉，隧有隧长。都尉大率居于县城或鄣，候鄣则治在隧间。"

关于敦煌诸鄣隧，劳榦先生"将王氏所编次之敦煌诸候隧重为董理"，以列表方式列宜禾都尉、玉门都尉下属诸候官及各候官下属诸隧。但与今之研究结果有出入。

关于居延诸鄣隧，劳文亦以列表方式列居延都尉（下辖殄北候官、卅井候官、甲渠候官）、肩水都尉（下辖肩水候官、广地候官、橐佗候官），又详列各候官下辖诸隧，亦与今研究成果有出入。此乃时代限制所致，其文亦云："以上所列烽隧之系统，全系初步假设。将来简牍出土所在如能完全明白，则此表或应全部修正也。"此客观科学的态度十足可取。②

关于屯戍体系自身及相关职官，则陈梦家先生《汉简所见居延边塞与防御组织》及《汉简所见太守、都尉二府属吏》二文论述已甚详尽。

《汉简所见居延边塞与防御组织》一文首先对太守府与都尉府之组织结构作了比较，文云"都尉是太守下专职武事者，边郡武事重要，亦开府治曹辟吏，因此都尉府的组织和太守府的组织虽略小而相仿"，文中还

---

① 甘肃省文物局编，岳邦湖、钟圣祖著：《疏勒河流域汉代长城考察报告》，文物出版社 2001 年版。

② 劳榦：《居延汉简·考释之部》，"中央研究院"历史语言研究所 1986 年版，第 37—40 页。

列表如下：

［太守府］		［都尉府］
官员	太守、丞、长史、郡司马	都尉、丞、候、千人、司马
阁下	掾、卒史、属、书佐……	掾、卒史、属、书佐……
诸曹	主簿、功曹……	主簿、功曹……
仓库	仓、郡库	居延仓、肩水仓
所属	部、郡都尉	候、塞尉、城尉
	农都尉（属大司农）	部候长
	属国都尉	隧长
	县	其他

文云："因此，两府属吏（阁下和诸曹）在汉简上有时不易分辨，但其直系防御组织即太守—都尉—候—部候长—隧长则是分别清楚的。"详述都尉属官之称谓与职责，所举有：

1. 都尉丞，举例后云："由此可知在公文上都尉与其丞常常并列为正副之职。都尉丞出缺时可由近次之官兼行……据《百官表》都尉'有丞，秩皆二百石'。属国都尉有丞，与部都尉同。"

2. 候（见候——候官）。

3. 千人，举例后云："由上可知千人有'千人'与'骑千人'二种，其属吏有丞与令史。"

4. 司马，所举例包括司马、骑司马、假司马、属国司马、左部司马、郡司马、城司马七种，文云："司马与骑司马，犹千人与骑千人……《百官志》将军下曰'又有军假司马、假候皆为副贰'，是假司马是司马之副。司马之属吏有丞和令史，与千人同。"

陈文认为都尉丞、候、千人、司马是居延与肩水两都尉下的四种属官，云："都尉丞与都尉同在都尉府，而候、千人、司马各以候官、千人官和司马官为其治所。候与所属的部候、隧在塞上司候望与烽火，另成一系统。千人与司马应为屯步兵骑兵的首长，而千人所辖有骑兵。候、千人、司马，除职司不同外，或许是有高下等级的。"又"属国都尉的编制同于部都尉，但也有它自己的官名"，认为"千长""百长"即属国都尉下之官名。

关于城尉与城官，陈文考订破城子与大湾分别为居延与肩水都尉府所在。又认为"城尉与城司马之'城'，似指居延与肩水都尉府所在的破城子与大湾两城"。则此节之考证未详且有误，如破城子为甲渠候官遗址而非居延都尉府遗址。

关于候与候官，陈文作了较详尽的考证，认为"候与候长皆居塞上警戒，乃是军候、斥候之候……候、鄣候、塞候是一，因候皆驻于鄣城之内，而鄣在塞上与诸部候、诸隧构成一条防御战线"。确认候之治所称"官"或"候官"。每一候官所辖塞约百里，属吏有丞、掾、令史、尉史、士吏。陈文认为："尉史、士吏与令史都是候官的属吏，惟尉史与令史仅限于候官一级，而士吏也是低一级塞和部候的属吏。"准确地说，士吏应是候官派遣驻诸候长部的属吏，而非低一级塞和部候的属吏，故陈文亦云："简虽称某某部士吏，但士吏似直属于塞尉，分驻诸部。"

关于候长与候长部，陈文据汉简所见列表，排列八个候官下的52名候长，指出"部有候长、候史和士吏……各部大小不同：部吏或主吏有7人、9人、11人者，部卒有18人、22人、30人或数十人者，隧有六所、八所者。数所中有一隧为主所，或为部治所"。

关于隧长——隧·署，陈文据汉简所见列表，排列八个候官下属隧约260座，但认为实际数量要更多一些，指出："在防御组织的候望系统中，隧是最基层的哨所，即烽火台和它的屋舍。从残存的简文看来，每隧人数不多，少者一二人，多者五六人。因此除了隧长外，属吏很少见……隧史、助吏当是隧长下极小之吏。"

陈文亦列二表概述与张掖郡屯戍体系相关之机构。

其一为《张掖太守系属简表》。

太守——丞、长史

（1）太守府　↗阁下
　　　　　　↘诸曹

（2）部都尉：居延都尉、肩水都尉 ↗阁下 ↘诸曹

（3）郡都尉：张掖都尉——（丞）、司马

（4）属国都尉——丞、司马、千人、百长

（5）农都尉

（6）仓·库

（7）县

其二为《张掖部都尉系属简表》。

都尉——丞

（1）候望系统　候——候长——隧长

　　　　　　　↘丞、掾 ↘候史 ↘隧史、助吏、吏、伍百

　　　　　　　令史、士吏、尉史、候文书

　　　　　　　塞尉—丞、从史、尉史、士吏

（2）屯兵系统　城尉—司马

　　　　　　　千人·骑千人——丞、令史

　　　　　　　司马·骑司马·假司马

　　　　　　　↘丞、令史

（3）屯田系统　田官

（4）军需系统

（5）交通系统　驿·置·关……

此表基本囊括了汉代屯戍体系诸系统（所利用仅为 20 世纪初出土的数据，实为难能可贵），五个系统相辅相成，缺一不可，尤其一至三项规模通常较大，但迄今对后四项的研究仍然做得很不够，其中固然有资料不足的问题，也有重视不够的原因。

由于简牍大多出自候望系统诸遗址，因此对候望系统的研究是最深入的，尤其《居延新简——甲渠候官》一书出版之后，成果甚多，其中马先醒先生《汉居延都尉与其四塞》论述甚详尽，文中考证了居延都尉与

遮虏鄣，居延城与居延候、小居延候官，详述甲渠候官鄣塞、殄北候官鄣塞、卅井候官鄣塞的布局及部隧隶属关系，三塞联防等。① 候望系统诸遗址中，又以甲渠候官的情况最清晰，《居延新简——甲渠候官》公布前，除陈梦家曾详述其鄣隧布局与隶属关系外，最早提及此事者为劳榦先生，先生在其《居延汉简考证·烽燧二》中编制了汉简所见候官隶属关系表，隶属于甲渠候官之下的有："甲渠候、不侵候、诚北候、第四候、第廿三候、夷虏候"（所谓"候"，实指候官下属诸部而言）共六个部，部之下列有五十三座烽隧。② 再者为日本学者永田英正《试论居延汉简所见的候官——以破城子出土的"诣官簿"为中心》一文之结论云："以甲渠候官为例，至少也有十三个候，九十二个隧。假如每候有候长、士吏和候史各一名、戍卒十名，每隧有隧长一名、戍卒四名，那么隧长以上的吏就是一百三十一名，戍卒则是四百九十八名。据此推测，一个候官管辖的候、隧，共配备吏一百三十名左右、戍卒五百名左右。"③ 今将三位先生的结论列表如下：

	部数（座）	隧数（座）	吏总数（人）	卒总数（人）
劳榦	6	53		
陈梦家	20	80	100 以上	240 以上
永田英正	13	92	130 以上	500 左右

《居延新简——甲渠候官》公布后，对甲渠候官规模的探索则获得更为精确的结论。李均明撰《汉代甲渠候官规模考》一文之主要结论如下。

关于甲渠候官塞吏、卒总数：甲渠候官吏总数通常在一百零六至一百零八人之间，以一百零八人的编制居多。分配至各职位之名额如下。

---

① 马先醒：《汉居延都尉与其四塞》，《汉居延志长编》，"国立"编译馆 2001 年版，第 141—296 页。

② 劳榦：《居延汉简——考释之部》，（台北）"中央研究院"历史语言研究所 1986 年版，第 37—40 页。

③ 永田英正：《试论居延汉简所见的候官——以破城子出土的"诣官簿"为中心》，《史林》第 56 卷第 5 号，1973 年 9 月。

候，或称郭候、塞候一人，候官的最高长官。

候丞，候之副手，不常设，或有时设一人。简牍中塞尉出现的次数远远多于候丞，故候官可能长期只设塞尉而不设候丞，只是曾短期有过丞的编制。

尉，或称塞尉，候之副手，常设一人。

掾，候官属吏，驻候官郭，主文书事，秩百石以下，汉简所见签署文书名，掾总是签在令史之前，知其地位高于令史，常设掾一二人。

令史，候官属吏，驻候官郭，主文书事，汉简所见签署文书名，令史总是签在掾之后，地位低于掾，秩斗食，常设三人。新莽时期称"造史"。

尉史，塞尉属吏，驻候官郭，主文书事，汉简所见签署文书名，尉史总是签在掾、令史之后，地位低于掾、令史，秩当佐史，编制多时达四人。

士吏，候官属吏，"主亭隧候望，通烽火备盗贼为职"，秩百石，巡派驻诸部，常设二至三人，因此不是每个候长部都驻有士吏。

以上官员皆为候官直接管理的官员，除士吏外，皆常驻候官郭。

候长，候官下属诸部负责人，秩百石，每部设一人，凡十人。

候史，候长属吏，主诸部文书事，秩当佐史，每部设一人，凡十人。

隧长，诸部下属基层烽火台的负责人，每隧设一人，秩当佐史，据汉简记载，甲渠候官隧长总数一度为六十七人。

以上为候官下属诸部、隧之常设吏员，不同时期之数量虽有波动，总数皆在一百余人上下。

东汉初年的简牍中犹见"隧助吏"的称谓，或为隧长辅佐，秩级、人数未详。

关于戍卒数量，简文所载摆动幅度较大，在二百四十至三百人之间。

关于诸部数量及布局，李文结论云："甲渠候官是居延都尉属下的一级屯戍组织，位于今内蒙古额济纳旗之额济纳河下游，由甲渠河北塞与甲渠河南塞两塞及有关郭隧组成，总长近二百汉里，除候官郭外，通常管辖十个部、七十座左右的烽隧。常见的十个部中，属于甲渠河北塞的由南往北依次为万岁部、第四部、第十部、第十七部、第廿三部、钘庭部；属于甲渠河南塞的由南往北依次为临木部、诚北部、吞远部、不侵部。每部通常管辖七座烽隧，也有少至五座，多至八座者（多者达十座）。"①

据简文而能确定部隧隶属关系者，如：

万岁部（曾名第三部）隶属隧有：万岁隧、却适隧、临之隧、第一隧、第二隧、第三隧。

第四部隶属隧有：第四、五、六、七、八、九隧，临桐隧。马先醒先生文引初师宾表尚附有望桐隧。②

第十部隶属隧有：第十、十一、十二、十三、十四、十五、十六隧。马先醒先生文引初师宾表尚附有高沙隧。

第十七部隶属隧有：第十七、十八、十九、廿、廿一、廿二隧。马先醒先生文引初师宾表尚附有陷阵隧。

第二十三部隶属隧有：第廿三、廿四、廿五、廿六、廿七、廿八、廿九隧，箕山隧。马先醒先生文引初师宾表尚附有箕北隧。

铧庭部隶属隧有：第卅、卅一、卅二、卅三、卅四、卅五、卅六、卅七、卅八，铧庭隧。马先醒先生文引初师宾表说明第卅隧"一度属廿三部"。

临木部隶属隧有：临木隧、穷虏隧、木中隧、终古隧、武贤隧、望虏隧、□□隧。

诚北部（曾名城北部）隶属隧有：诚北隧（城北隧）、武强隧、俱南隧、□虏隧、惊虏隧、俱起隧、执胡隧。马先醒先生文引初师宾表尚附有收虏隧。

吞远部隶属隧有：执胡隧、执虏隧、惊虏隧、吞远隧、吞北隧、次吞隧、万年隧、平虏隧。

不侵部隶属隧有：不侵隧、当曲隧、止害隧、驷望隧、止北隧、察微隧、伐胡隧。马先醒先生文引初师宾表尚附有望南隧、察虏隧。

---

① 李均明：《汉代甲渠候官规模考》，《初学录》，兰台出版社1999年版，第263—319页。

② 马先醒：《汉居延都尉与其四塞》，《汉居延志长编》，"国立"编译馆2001年版，第165—170页。

上述隶属关系中执胡隧与惊虏隧同现于诚北部与吞远部,其隶属关系曾有变动,原因待考。简文常见之三墽隧或直属甲渠候官管理。

关于烽隧之间的距离,简文有明确记载者如第廿六隧至廿七隧为汉里二里八十一步(见《新简》EPT5·17),武贤隧至诚北隧为汉里四里以上(见《合校》99·1),第十一隧至十二隧为汉里三里十步、第十隧至十一隧为汉里二里二百三十步(见《新简》EPT52·107),《新简》S4T2·159:……去第四隧九百奇百一十七步,合汉里三里百十七步。知各隧距离不等,平均在汉里三里左右。台北简牍学会罗仕杰先生曾实测甲渠塞之烽隧间距离如下:

T5→T8 = 6.84km

T8→T9 = 1.24km

T9→A5 = 1.33km

A5→T10 = 1.31km

T10→T11 = 1.28km

T11→A6 = 1.27km

A6→T12 = 1.30km

T12→T13 = 2.57km

T13→A7 = 1.28km

A7→A8 = 1.22km

A8→T14 = 1.31km

T14→T15 = 1.37km

T15→T16 = 1.38km

T16→P1 = 1.12km

P1→A9 = 1.34km

A9→T17 = 1.26km

T17→T18 = 1.41km

T18→T19 = 2.64km

马先醒文云:"由前表明白显示,甲渠塞上诸烽隧之间距,多在1.12公里至1.41公里之间,即其间距约略相等,足见是颇有计划的修筑而成。至于前表中的三个较远间距,均各有其特殊原因……T18至T19之间距是

2.64 公里，所以较一般长些，因为其间的伊东河弯曲于二烽隧间，不克将烽隧筑于河水中，有以致之。"①

李均明文考证，甲渠塞设有三座粮仓，《新简》EPT5·78：最仓三所，所云即甲渠塞粮仓总数，包括候官仓、第廿三仓、吞远仓。"候官仓供应范围除候官鄣本身外，还有万岁部、第四部、第十部诸隧，即甲渠河北塞下半段。甲渠河北塞上半段之第十七、廿三、铆庭诸部隧，或归第廿三隧仓供应范围。吞远隧仓则供应甲渠河南塞临木、诚北、吞远、不侵四部诸隧……除上述候官仓、第廿三隧仓、吞远隧仓三个常见仓外，收虏隧、第廿五隧、第廿六隧等亦曾设仓……但从简文中未见如上述常见仓那样频繁的活动，或由于其使用时间不如上述常见仓长的缘故。"②

关于居延都尉所在地，迄今未有定论。陈梦家曾推测其为破城子，但已为《新简》等资料及后人的调查研究所否定。马先醒先生力主 K688 古城为居延都尉治所并辨明其与居延城、小居延的区别，其结论云："简文中的'居延城'，即县令治所，其规模稍小于 K688，则都尉治所的 K688，可名为'大居延'；居延县城当名为'居延城'，至于'小居延'则为'居延候'驻所。而居延候主要职责在卫护居延县城及其治下的百姓，即维持内部治安，与甲渠候等以防御外敌有别。故其重要性较小，统辖士卒亦少，治于小居延候官。由于汉居延县城及小居延候官均尚未发掘，甚至未十分确定。故居延简中有关其资料甚少。职是之故，未曾亲临居延的陈梦家，所推往往待商。尤其定居延都尉治破城子（A8，即甲渠候治所），因此破城子即为简文中的居延城。但破城子出土之万余简中，'甲渠'者多过'居延'者，又当何解？"又云"K710 系汉居延县城。居延城司马即驻此守卫。居延候当系居延城司马之下属，率部驻居延城外之居延候官，又名'小居延'"③，可备一说。

候望系统最大的建筑工事为候官鄣。候官鄣是候官的领导机构所在

① 马先醒：《汉居延都尉与其四塞》，《汉居延志长编》，"国立"编译馆 2001 年版，第 163—164 页。

② 李均明：《汉代甲渠候官规模考》，《初学录》，兰台出版社 1999 年版，第 263—319 页。

③ 马先醒：《汉居延都尉与其四塞》，《汉居延志长编》，"国立"编译馆 2001 年版，第 152—153 页。

地。甲渠候官郭遗址位于今内蒙古额济纳旗南二十四公里处，俗称破城子，它筑有较坚固的防御设施，如郭堡、坞墙等，有较强的防御能力。据甘肃居延考古队的发掘调查报告，现坞墙为一长 47.5 米、宽 45.5 米、厚1.8—2 米、残高 0.9 米的近似方形建筑。坞门设于东侧靠南处，门外筑有曲壁，类似瓮城。坞墙四周三米以内的地面上设有四排木尖桩，间距70 厘米左右，呈三角形排列。坞内还有许多房舍遗址，郭堡以土坯构筑，基方 3.3 米，厚 4—4.5 米，残高 4.6 米，堡门高出地面 0.7—0.9 米处，设有马道，郭顶有类似女墙的结构。有一烽台位于坞南 50 米处，以夯土构筑，基方 4.8 米×5 米，残高 0.7 米，附近发现有积薪、烽杆等遗物。[①]

候望系统最基层的单位是烽隧，它是整个屯戍体系的前哨，犹今哨所，主要功能是瞭望放哨通烽火。烽隧建筑由两大部分构成：一是高高的土台，简文称"堠"（或作"墧"），俗称烽火台；二是与烽火台相连的封闭围墙，简文称"坞"，围墙内为生活区，筑有房舍，但各烽隧皆因地制宜而筑，故形制不一。甲渠候官下属第四隧为第四部候长驻地，方形烽台，残高 3.4 米，基础 7.7 米×8 米。台南有坞，东西长 21 米、南北最宽15.2 米，被隔墙分成东、西两个院落。坞外地面也发现残毁的木转射和虎落尖桩，桩距比甲渠候官大 30 厘米。[②] 烽隧具备一定的战斗力用以自保，但防御能力有限，对敌之真正反击通常由屯兵系统之集群团队担当，如《合校》57·29："本始元年九月庚子，虏可九十骑入甲渠止北隧，略得卒一人，盗取官三石弩一、稾矢十二、牛一、衣物去。城司马宜昌将骑百八十二人从都尉追。"

八　简牍文书所见兵器与守御器

兵器与守御器皆为作战用具，简牍中有大量的记载，详于传世古籍所

---

① 甘肃居延考古队：《居延汉代遗址的发掘和新出土的简册文物》，《汉简研究文集》，甘肃人民出版社 1984 年版，第 476—496 页。

② 甘肃居延考古队：《居延汉代遗址的发掘和新出土的简册文物》，《汉简研究文集》，甘肃人民出版社 1984 年版，第 476—496 页。

载。其中以曾侯乙墓简册《入车》《甲胄》所见兵、车马器，尹湾汉墓出土之《武库兵车器集簿》及居延汉简常见之守御器簿尤为珍贵。

曾侯乙墓简册《入车》记载各种车及车上的兵械装备。车名有大旆、政车、大殿、左旆、少轾、左殿、左襦旆、阶轩、阶车、左彤殿、右旆、右彤旆、安车、鱼轩、畋车、僮车……其统计为"□凡轾车十乘又二乘。四阶车，园轩。工坪所赗行轾五乘。游车九乘，园轩。一畋车。一楄毂。一王僮车。一轗輨车。路车九。□大凡四十乘又三乘"。车载武器有各式弓、弓帐、殳、弦、矢、箙、戟、戈、盾、胄等。《甲胄》记载乘车上配备的人、马两重甲胄。乘员配备的甲胄有楚甲、吴甲，马披之甲有彤甲、画甲、漆甲、素甲等，与出土物所见对应，整理者已有详细考证。[①]

《武库兵车器集簿》所载普通兵、车器数为"兵车种百八十二，物二千三百一十五万三千七百九十四"。再加上皇室器物，合计总数则达"兵车器种二百冊，物三（二）千三百廿六万八千四百八十七"。品种与数量之多皆属罕见，所藏器具主要有弓弩类、铠甲类、剑戟类、旌幡钲鼓类、战车类及其他杂类，是迄今所见关于汉代武器装备的最全面的数据，李均明曾做过考证[②]，归纳如下。

弩是武库中数量居首位的兵器，属当时最先进的进攻性远射兵器，集簿见乘舆弩11181件、普通弩526526件。

弩臂，弩之木把手，与弓呈直角丁字形，横弓着臂是其明显特征，集簿见乘舆弩臂50件、普通弩臂263798件，其数约为整弩的一半，显然为备件。

弩弦、纬。弩弦是弩弓上用以弹射箭矢的弦绳，《说文》："弦、弓弦也。"弩纬，捆束弩弦两端的系绳。《说文》："纬，织衡丝也。"段玉裁注："云织衡丝者，对上文织从为言，故言丝以见缕，经在轴，纬在杼，木部曰：'杼，机之持纬者也。'引申为凡交会之称。"与弩弦交会且呈经纬状之物，唯弩弦两端之系绳，故称纬也。弦、纬是弩具中除箭矢之外消

①　陈伟等：《楚地出土战国简册［十四种］》，经济科学出版社2009年版，第340—362页。

②　李均明：《尹湾汉墓出土永始四年武库兵车器集簿初探》，《尹湾汉墓简牍综论》，科学出版社1999年版，第86—120页。

耗量较大的部件,集簿见弩弦 840853 件,多于弩的总量。集簿所见弩与弦的比例近 1∶2,实际应用中,比例或更大。

弩矢。弩矢为弩用箭矢,集簿见乘舆弩矢 34265 支、普通弩矢 11424159 支,弩与弩矢的比例为 1∶200。

弩缇幡,红黄色帛质盛弩器。幡为盛弩器,亦屡见于屯戍遗简,《合校》10·37:"第廿五车父平陵里辛盈川。官具弩七、承弩二……弩幡九。"集簿见乘与弩缇幡卅四。

弩绁,縶弩绳。集簿见弩绁 69088 件。

弩犊丸,盛弩矢的容器。集簿见弩犊丸 226123 件。

弩兰,桶状盛箭器,兰冠为其盖。《说文》:"兰所以盛弩矢,人所负也。"集簿见弩兰 110833 件、弩兰冠 45374 件。

弓,无臂之弓,数量少于弩。集簿见弓 77521 件、弓弦 3987 件、弓矢 1198805 支、弓犊丸 52419 件、弓衣 72 件。弓衣或指弓套。

铠甲类为护身器具,集簿所见铠甲类主要有以下器具。

甲,用于抵御兵刃箭矢的皮制护身衣,集簿见乘舆甲 379 件、普通甲 142322 件。

铠,护身铁衣,集簿见铠 63324 件。《说文》:"铠,甲也。"《周礼·司甲》郑注:"古用革谓之甲,今用金谓之铠。"

鞮瞀,头盔。集簿见乘舆铁鞮瞀 678 件、普通鞮瞀 97584 件。《说文》:"胄兜鍪也。兜鍪,首铠也。"

铁幕,铁质臂铠。"募"通"幕",《史记·苏秦列传》"当敌则斩坚甲铁幕",《索隐》引刘云:"谓以铁为臂胫之衣。"

铁股,护腿铁铠。

铁罦,裙铠。

马甲、鞮瞀,战马所披身甲与首铠,集簿见马甲、鞮瞀 5330 套。

面衣,护面器,屡见于屯戍遗简,《合校》501·1:"守御器簿……木面衣三。"《新简》EPT52·141:"行縢、帻、面衣各一。"

盾,盾牌,用以蔽身防护。集簿见乘舆盾 2650 件、普通盾 99901 件。《释名·释兵》:"盾,遯也,跪其后,避刃以隐遯也。"

铁甲札,铁甲片,用以制作铁铠等的组件。集簿见铁甲札 587299 片。

革甲，皮制甲片，集簿见革甲 14 斤。甲片称"札"，亦见《秦简·效律》："甲旅札赢其籍及不备者，入其赢旅衣札，而责其不备旅衣札。"

剑戟之类为格斗兵器，分长兵与短兵。

剑为以直刺为主的短兵器，兼可劈砍，集簿见乘舆剑 4 件、普通剑 99901 件。《释名·释兵》："剑，检也，所以防检非常也。"《淮南子·修务训》："夫怯夫操利剑，击则不断，刺则不能入。"集簿所见普通剑的数量恰好与普通盾相同。

剑带，佩剑所用革带，集簿见剑带 37616 件。《释名·释兵》相关于剑具的描述云："其旁鼻曰镡。镡，寻也，带所贯寻也。其末曰锋，锋末之言也。"则剑带穿寻而过，然后系于腰间。

刀，常用格斗武器，集簿见刀 156135 件、大刀 127 件，又见"刀□四千五百七十五"或为刀之备件。《释名·释兵》："刀，到也。以斩伐到其所乃击之也。其末曰锋，言若蜂刺之毒利也。其本曰环，形似环也。其室曰削，削陗也，其形陗杀，裹刀体也。室口之饰曰琫，琫捧也，捧束口也。下末之饰曰琕，琕卑也，在下之言也。"刀通常为厚背薄刃，利于劈砍。

匕首，短剑。《史记·吴太伯世家》："使专诸置匕首于炙鱼之中以进食，手匕首刺王僚。"《索隐》："刘氏曰：'匕首，短剑也。'按《盐铁论》以为长尺八寸。《通俗文》云："其头类匕，故曰匕首。短刃可袖者。'"

剑杖，杖形剑。木杖，木棒。河北满城汉墓曾出土一把杖形剑，略残，通长 114.7 厘米、剑身长 93 厘米、首径 3.4 厘米、末径 1.4 厘米，呈细长形，剑茎和剑身无明显分界，全剑藏于木杖之中，木杖作竹节形，共 6 节，上端竹节形粗短而下端细长，上 2 节为剑柄，下 4 节为剑鞘，外观为木杖，内实为剑，凡此之类，当即牍文所云剑杖。[①]

戈，横击钩援兵器，长柄，横刃。集簿见乘舆铜戈 563 件、普通铜戈 69 件。《说文》："戈，平头戟也。"《释名·释兵》："戈，句子戟也。"此

---

① 中国社会科学院考古研究所、河北省文物管理处：《满城汉墓发掘报告》，文物出版社 1980 年版。

簿所见常规格斗兵器中，戈的数量最少，反映了作战形式的变化：戈为钩兵，适用于车战，随着车战的衰落，戈也逐渐退出历史舞台，或转而充当仪仗。集簿所见戈为铜质，当取其华丽，或为仪仗用戈。

戟，戈矛合体式的长兵器，可直刺，亦能横击。集簿见戟6634件。《说文》："戟，有枝兵也。"《释名·释兵》："戟，格也，旁有枝格也。"集簿所见戟的存量明显少于其他长、短兵器，当处在由实用器向仪仗器转化过程。

矛，长矛，利直刺，《释名·释兵》："矛，冒也。"又云："矛长丈八尺曰矟，马上所持，言其矟矟便杀也。又曰激矛，激也，可以激敌陈之矛也。仇矛头有三叉，言可以讨仇敌之矛也。夷矛，夷常也，其矜长丈六尺。不言常而曰夷者，言其可夷灭敌，亦车上所持也。穳矛，长九尺者也。霍也，所中霍然即破裂也。殳矛，殳殊也，长丈二尺而无刃，有所撞挃于车上使殊离也。"集簿见矛50178件，数量较多，当为实战用器。

有方，戟类长兵，旁枝伸出又上翘为钩刺，戟刺与旁枝及上翘之枝刺之间经三折呈近似方形的两个直角，故称"有方"。集簿见有方78392件，存量甚多，无疑为实战用器。《墨子·备水》："二十船为一队，选材士有力者三人共船，其二十人擅有方，十人擅苗。"《史记·秦始皇本纪》："棘矜，非锬于勾戟长铩也。"《集解》引如淳曰："长刃矛也。"又曰："锄櫌钩戟似矛，刃下有铁横方上钩曲也。"所言刃下有铁横方上钩曲即有方之特征。屯戍遗简所见，有方是常用兵器，《合校》10·37："有方三。"戟与有方虽为同类，其旁枝之功能却异，戟枝利勾拉与横击，而有方利前刺又击，其演变有循序渐进的过程：汉初之有方横枝之上翘还不明显，东汉乃至魏晋则上翘的枝刺加长，叉击的作用得以强化。[①]

铍，短矛，《说文》："铍，铤也。"《史记·匈奴列传》："其长兵则弓矢，短兵则刀铤。"《集解》引韦昭曰："铤，形似矛，铁柄。"《索隐》引《埤苍》："铤，小矛也，铁矜。"

铍，长矛，剑形矛头。集簿见乘舆铍1421件、普通铍449801件，数量仅次于弩居第二位，为长兵中数量最多者，知其为常用兵器。《秦简·

---

①　杨泓：《中国古兵器论丛》，文物出版社1985年版，第185页。

法律答问》："铍、戟、矛有室者，拔以斗，未有伤也，论比剑。"整理小组注："铍，古书或说是两刃刀，《说文》：'剑如刀装者。'《汉书·高惠高后文功臣表》注：'长钲，长刃兵也，为刀而剑形，《史记》作长铍，铍亦刀耳。'或说是大矛，《方言》'锬谓之铍'，注：'今江东呼大矛为铍。'实际是指同一种器物，即长柄的剑形兵器。"说是。

铩，铍刃下段设格（镡）即为铩。集簿见铩24170件。《说文》："铩，铍有刹镡也。"

镶，钩镶，勾、推、挡多用兵器。《急就篇》"矛铤镶盾刃刀钩"，颜师古注："镶者亦刀剑之类，其刃却偃而外利所以推攘而害人也。"又："钩亦镶属也，形曲如钩而内利所以拘牵而害人也。"《释名·释兵》："钩镶，两头曰钩，中央曰镶或推镶，或钩引用之之宜也。"河南鹤壁发现的汉代铁钩镶，全长61.5厘米，其中上钩长26厘米，下钩长15.7厘米，尖端为圆球形，镶部把手处为扁体形，镶面包长18.5、宽14厘米的铁板，起盾牌的作用。①

郅支单于兵，匈奴兵器，形制未详。郅支单于，匈奴首领，《汉书·匈奴传》："其后，呼韩邪单于兄左贤王呼屠吾斯亦自立为郅支骨都侯单于，在东边。其后二年，闰振单于率其众东击郅支单于。郅支单于与战，杀之，并其兵，遂进攻呼韩邪。呼韩邪破，其兵走，致支都单于庭。"

金钺，仪仗器，大斧类，饰金，古书亦称"黄钺"，权力的象征，《尚书·牧誓》："王左杖黄钺。"《说文》："戊，大斧也。"

铁斧，集簿见二处，一为132件，另一为1000件，用途或有别，故分开计算。

质，行刑用砧垫，《史记·项羽本纪》："此孰与身伏铁质，妻子为僇乎？"《索隐》："《公羊传》云：'加之铁质。'何休云：'要斩之罪。'崔浩云：'质，斩人椹也。'又郭注《三苍》云：'质，莝椹也。'"

铁，行刑用斧。铁、质常连用，见上，又《汉书·扬雄传》："徽以纠墨，制以质铁。"

旌幡钲鼓之类为标帜、指挥器具，用以协调军队或其他人群的行动，

---

① 李京华：《汉代的铁钩镶与铁钺戟》，《文物》1965年第2期。

《尉缭子·勒卒令》："金鼓铃旗四者各有法。鼓之则进，重鼓则击；金之则止，重金则退。铃，传令也。旗麾之左则左，麾之右则右。奇兵则反是。"

曲旃，曲柄旗，《说文》："旃，旗曲柄也。所以旃表士众，从𠂤丹声。"《汉书·田蚡传》："前堂建罗钟鼓，立曲旃。"苏林注："《礼》'大夫建旃。'曲，柄上曲也。"

终干，疑同屯成遗简常见之"靳干"，一种旗杆。《合校》10·37："第廿五车父平陵里辛盈川……靳干十、靳幡十。"

麾，指挥旗，《说文》："麾，旌旗，所以指挥也。"或作"麾"，《穀梁传·庄公二十五年》："置五麾，陈五兵之鼓。"范宁注："麾，旌幡也。"

车童，即车幢，插在兵车上的幢形旗，与车盖有别，《说文》："幢，旌旗之属。"

羽旌，竿首饰羽毛的长条形旗。集簿见乘舆羽旌315件、普通旌1731件，《尔雅·释天》："注旄首曰旌。"郭璞注："载旄于竿头，如今之幢，亦有旒。"《说文》："游车载旌，析羽注旄首也。"段玉裁云："所谓注旄于干首者，盖夏后氏但用旄牛尾。周人加用析羽；夏时徒绥不旒，周人则注羽旄而仍有旒。先有旄首而后有析羽注之，故许云析羽注旄首。"

五采羽，五色羽毛，制旗材料。集簿见乘舆五采羽31658份、普通羽毛2037568份。又集簿"旌"之后见"羽二百三万七千五百六十八"。

旄，用牦牛尾装饰的幢形旗。集簿见乘舆旄1150件、普通旄数万件。《说文》："旄，幢也。"段玉裁注："以牦牛尾注旗竿，故谓此旗为旄。"《书·牧誓》："王左杖黄钺，右秉白旄以麾。"

乌孙公主、诸侯使节，乌孙公主和诸侯出使时使用的旗形凭证。使节，使者凭证，《周礼·掌节》："掌节，掌守邦节而辨其用，以辅王命。守邦国者用玉节，守都鄙者用角节。凡邦国之使节：山国用虎节，土国用人节，泽国用龙节，皆金也，以英荡辅之。门关用符节，道路用旌节，皆有期以反节。"汉代之使节，犹《周礼》之旌节，《汉书·高帝纪》"封皇帝玺符节"，师古注："节以毛为之，上下相重，取象竹节，因以为名，将命者持之以为信。”

五采羽翳，五色羽毛制成的华盖，《礼记·礼运》“五色”，孔颖达疏：“五色，谓青、赤、黄、白、黑，据五方也。”翳，华盖，《说文》：“翳，华盖也。”段玉裁注：“乘舆车皆羽盖金华爪。”

鼓、鼓鼙，配套使用的大鼓与小鼓，用于指挥。集簿见乘舆鼓、鼓鼙824件，普通鼓鼙4725件。鼙指辅鼓，即小鼓，《释名·释乐》：“鼙，裨也，裨助鼓节也。鼙在前曰朔。朔，始也。在后曰应。应，应大鼓也。”由于鼙鼓皆小，故骑乘所用鼓亦称鼙，《说文》：“鼙，骑鼓也。”

鼓枹，敲鼓槌。集簿见乘舆鼓枹127件、普通鼓枹4243件。《说文》：“枹，击鼓柄也。”《汉书·张敞传》“枹鼓稀鸣”，师古注：“枹，击鼓椎也。”

鼓柎，鼓架，《说文》：“柎，阑足也。”段玉裁注：“柎、跗正俗字也，凡器之足皆曰柎。”集簿见鼓柎百廿。

鼓上华，或为鼓架上的饰物，《文选·上林赋》：“建翠华之旗，树灵鼍之鼓。”李善注引张揖曰“以翠羽为葆也”，郭璞曰：“华，葆也。”

淳于，即錞于，军乐器，钟之类，形如圆筒，上稍大，以槌击之，配合战鼓指挥军队的进退，《周礼·鼓人》“以金錞和鼓”，郑玄注：“錞，錞于也，圜如碓头，大上小下，乐作鸣之，以鼓相和。”

钲，军乐器，形似铃而长，有长柄，用于指挥，《说文》：“钲，铙也，似铃柄中，上下通。”段玉裁注：“镯、铃、钲、铙四者相似而有不同，钲似铃而异于铃者。”《诗·小雅·采芑》“钲人伐鼓”，传云：“钲以静之，鼓以动之。”

铎，军乐器，大铃，形似钲铙而有舌，《说文》：“铎，大铃也。从金睪声。军法：五人为伍，五伍为两，两司马执铎。”段玉裁注：“‘鼓人以金铎通鼓’，注：‘铎，大铃也。谓铃之大者。说者谓军法所用金铃金舌，谓之金铎。施令时所用金铃木舌，则谓之木铎。’按大司马职曰振铎，又曰摛铎。郑谓摛，掩上振之。铎之制同铃。”钲与铎的区别在于有舌与否，无舌为钲，有舌为铎。

铙，军乐器，似铃，比钲小，《说文》：“铙，小钲也。军法卒长执铙。"《广雅·释器》："铙，铃也。"《周礼·鼓人》"以金铙止鼓"，注："如铃而无舌，有秉，执而鸣之以止击鼓。"集簿登录乘舆錞于、钲、铎凡34件，普通錞于、钲、铙、铎1080件，未将四种乐器分别统计，当因其功用相类而致，其声或有别，《鼓人》云："以金镯和鼓，以金镯节鼓，以金铙止鼓，以金铎通鼓。"故能分别起和、节、止、通鼓的作用。

钲、錞于椎，打击钲、錞于所用木槌。

战车类是武库中的大型器具，是当时综合技术水准的重要表现物，用工最多，《考工记》云："故一器而工聚焉者，车为多。"贾疏："谓有轮人、舆人、车人，就职中乃有辀人，是一器工聚者车最多于余官也。"孙诒让曰："工谓工官也。《左传》定公元年传：'薛之皇祖奚仲居薛。以为夏车正。'是夏时已有掌车之官，但工不如周之备。《吕氏春秋·君守篇》云：'今之为车者，数官而后成。'《淮南子·主术训》云：'故古之为车也，漆者不画，凿者不斫，工无二伎，士不兼官，各守其职，不得相奸。'"

轻车，作战用车，集簿见轻车301乘。《秦简·秦律杂抄》："轻车、张、引强、中卒所载传到军，县勿夺。"整理小组注："轻车，用以冲击敌阵的战车，《周礼·车仆》注：'所用驰敌致师之车也。'"《续汉书·舆服志》："轻车，古之战车也，洞朱轮舆，不巾不盖。"

兵车，指挥车。集簿见乘舆兵车24乘，将军兵车、比二千石将[军]鼓车16乘。《汉书·韩延寿传》："延寿在东郡时，试骑士，治饰兵车，画龙虎朱爵。延寿衣黄纨方领，驾四马，傅总，建幢棨，植羽葆，鼓车歌车。功曹引车，皆驾四马，载棨戟。五骑为伍，分左右部，军假司马，千人持幢旁毂。"

钲车、鼓车、武摩车，作战、仪仗指挥车，载用于指挥的钲、鼓、旗等。

戏车，仪仗车。集簿见戏车502乘。戏，旗，《汉书·高帝纪》"诸侯罢戏下，各就国"，师古注："戏谓军之旌麾也。"

连弩车，装载连环强弩的战车，便于机动，有较强的远射能力。《墨子·备高临》："备高临以连弩之车，材大方一尺，长称城之薄厚。两轴三轮，轮居筐中，重下上筐。左右旁二植，左右有衡植，衡植左右皆圜内，内径四寸，左右缚弩皆于植，以弦钩弦，至于大弦，弩臂前后与筐齐，筐高八尺，弩轴去下筐三尺五寸，连弩机郭用铜一石三十斤。引弦鹿卢收，筐大三围半，左中有钩距，方三寸，轮厚尺二寸，钩距臂博尺四寸，厚七寸，长六尺。横臂齐筐外，蚤尺五寸，有距，博六寸，厚三寸，长如筐。有仪。有诎胜，可上下。为武，重一石，以材大围五寸。矢长十尺，以绳□□矢端，如弋射，以麾鹿卷收。矢高弩臂三尺，用弩无数，出入六十枚，用小矢无留。十人主此车。"集簿见连弩车 564 乘，比轻车301 乘多许多，从一个侧面反映汉代以来战车的功能朝着装载重兵器及专业用途的方向发展，而用于车与车直接对斗的车辆逐渐退出历史舞台。

冲车，用于强击的战车。《六韬·虎韬·军用》："大扶胥冲车三十六乘，螳螂武士共载，可击纵横，可以败敌。"《后汉书·伏湛传》注："冲，冲车也。"冲车之在汉代实战应用，见《后汉书·天文上》：地皇四年，"围城数重，或为冲车以撞城"。"冲车"亦称"撞车"，《后汉书·光武帝纪》"冲辒橦城"，注："冲，撞车也。"

蜚楼行临车，古代侦察战车，史籍亦称"楼车""临车""云车""巢车"等，立高竿于车上，上端乘人，可居高临下进行侦察及射击。《左传》宣公十五年，"登诸楼车，使呼宋而告之。"注："楼车，车上望橹。"《诗·大雅·皇矣》："与尔临冲"，《毛传》："临，临车也。"《正义》："临者在上临之名。"在汉代之实用例，见《后汉书·光武帝纪》："遂围之数十重，列营百数，云车十余丈，瞰临城中，旗帜蔽野，埃尘连天，钲鼓之声闻数百里，或为地道，冲辒橦城。"注："云车即楼车，称云言其高也，升之以望敌。"《后汉书·天文上》：地皇四年，"至昆阳山，作营百余，围城数重，或为冲车以撞城，为云车高十丈以瞰城中，弩矢雨集，城中负户而汲"。临车之形制，参见《通典》一六〇攻战具："以八轮车上树高竿，竿上安辘轳，以绳挽板屋止竿首，以窥城中。板屋方四尺，高五尺，有十二孔，四面别布车，可进退，环城而行，于营中远视，亦谓之巢车，如鸟之巢，即今之板屋也。"汉代之蜚楼行临车形制非必与《通典》尽同，但原理是一样的，称之为"蜚楼"，亦可作临城登楼之用。

武刚强弩车，配备强弩的有盖战车。武刚车，见《周礼·车仆》孙诒让云："《吴孙兵法》云：'有巾，有盖，谓之武刚车。武刚车者，为先驱，又为属车、轻车，殿焉。'案：周制当与汉同。武刚车有巾盖，疑即苹车也。"《续汉书·舆服志》所载同。武刚车之实战例，见《汉书·卫青传》"青出塞千余里，见单于兵阵而待，于是青令武刚车自环营"，张晏注："兵车也。"武刚车既有防护车盖，又配载远射强弩，兼具防护与攻击功能。

战车，充当活动堡垒的大型战车。《后汉书·南匈奴传》：建武十二年，"初，帝造战车，可驾数牛，上作楼橹，置于塞上以拒匈奴"。注："橹即楼也，楼无屋为橹也。"《北堂书钞》卷一百三十九《车部》载："建武二十五年，南单于遣左贤王击北单于。北单于震怖，却地千余里。十三年中工官作橹车成，可驾数牛尝送塞上，议者见车巧，相谓曰：箴言汉九世当却夷千里，宁谓此邪。"车型当甚巨大，或即战车。

橐佗龟车，以骆驼牵引的辎重车，龟车之称谓由其车厢外形似龟甲而得。由外形而得名之车亦有称"鳖甲"者，《释名·释丧制》："舆棺之车曰辀……亦曰鳖甲，似鳖甲然也。"凡辎重车之车盖多呈椭圆形，如《礼记·曲礼上》正义引何胤《礼记隐义》："衣车如鳖而长，汉桓之时禁臣下乘之。"

辈车，直辕车。《说文》："辈，直辕车轙也。"段玉裁注："按依车部，轙当系曲辕车，且此处列字次弟，应论车辕，不应论衡缚，《韵会》作直辕车也，无轙字为是，当从之。直辕车，大车也。"说是。"辈"为沃韵字，疑通"辈"，《说文》："辈，大车驾马也。"《周礼·乡师》"与其辈辇"，注："驾马所以载任器也。"则辈车有可能是驾马之直辕车，与驾牛之大车有区别。

合车，疑当释"占车"，装载占卜器具的车辆。

武库存物尚有各式守御器及其他军需品。

具冲，作战用的手持冲击器，《墨子·备梯》："为爵穴、辉㸔，施答其外，机、冲、栈、城、广与队等，杂其间以镬、剑、持冲十人，执剑五人，皆以有力者。"岑仲勉云："冲，冲撞之器。《墨子》言冲为手持，且十人共持之，其主干当甚长之巨木。"集簿中又见"具冲二，有金首"，知具冲之前端尚设有硬质金属头以强化冲击功能。

鹿卢，即辘轳，牵引起降装置。《六韬·虎韬》："渡沟堑，飞桥一间，广一丈五尺，长二丈，着转关辘轳八具，以环利通索张之。"

桱程，盛酒器，筒形，或有提梁。桱程与鋞相类，《说文》："鋞，温器也，圜直上。"裘锡圭先生在《鋞与桱》一文中引述日本宁乐美术馆所藏一件提梁已掉失的三足提梁筒形器，器铭自称"铜鋞"，铭云"河平元年供工昌造铜鋞，容二斗，重十四斤四两，护武、啬夫昌主，右丞谭、令谭省"。文中引《韩诗外传》："齐桓公置酒，令诸大夫曰：后者饮一经程。管仲后，当饮一经程。"其结论云："铜鋞也应是由竹提筒演化出来的一种酒器。除了有没有三足这一点，铜鋞跟竹提筒，即桱程的形制几乎完全一致。也可以说，鋞就是加了三个矮足的桱程。"[①]

卑敛，矮扁形盛物盒。

木卮，木胎漆杯，饮酒器。

璜，玉质饰品，近似半圆形，《说文》："璜，半璧也。"桂馥《义证》引《白虎通》："璜所以征召。"

镜，铜镜，《说文》："镜，景也。"段玉裁注："景者光也，金有光可照物谓之镜。"

耜，铲土工具，《释名·释用品》："锸，插也，插地起土也。或曰销。销，削也，有所穿削也。或曰铧。铧，刳也，刳地为坎也。其板曰叶，象木叶也。"王祯《农书》卷一三："盖古谓耜，今谓锹，一器二名，宜通用。"铁凿，与今凿形同，《管子·海王》："行服建辇韏者，必有一斤、一锯、一椎、一凿。"《墨子·备穴》："为斤、斧、锯、凿、镢，财自足。"

鞍荐，鞍垫，衬托马背的垫子。集簿见鞍荐2080具。乐府《木兰诗》："东市买骏马，西市买鞍鞯。"屯戍遗简所见，鞍的应用已很普遍，《合校》18·18："驿一所，马二匹，鞍、勒各一。"

熏毒，疑指熏烟的原料槁艾之类。集簿见熏毒8斗，以容量计，当为原料之类，非器物。

---

① 裘锡圭：《鋞与桱》，《文物》1987 年第 9 期。

黄韦篋，黄色皮箱。集簿见乘舆黄韦篋 197 合，其量词称"合"，当有身有盖。《说文》："篋，藏也。"《急就》篇"篋箪箕帚筐篋篓"，颜师古注："篋，长箪也，言其狭长篋篋然也。"《庄子·胠箧》篇："将为胠箧、探囊。"成玄英疏："篋，箱。"

居延、敦煌汉简中常见守御器簿，所载为烽隧鄣城守御必备的器具，与随身佩带的兵器有区别，劳榦、马先醒、初师宾等诸多先生做过考证，初师宾先生曾参与有关发掘，经常到居延各遗址考察，故其《汉边塞守御器备考略》一文的论述尤为详尽①，文首即说明兵器与守御器的区别，文云"在文献、汉简中，守御器又称'斗具'、'战斗具'，与兵器利刃是两种不同的概念……二者多分簿造册，并不混淆"。关于守御器具，初文分之为十二大类，引述其主要结论如下。

一为警备食用类。

其中糒、警米、警糒、布纬、大橐为警备时所用军粮及其盛器。"汉简之糒，或称'米糒'，古名糇、糗、粮，即炒熟米麦，舂磨为粉，可久储而质味不变。"

砣、舂碓为加工粮食的工具。

汲桶（汲水桐、汲落），"即木桶、瓦瓶、水斗之类取水之器"。储水罌、水罌为储水器。其中"储水罌，为较大的蓄水瓦器，专供战时饮水，或扑灭火灾，如今消防用水"。并为必备设施，冬季积冰备用。

二为取火、发火器物类。

出火遂（燧）、出火椎钻、出火具为取火具，文云："汉时取火之具，一般认为有阳燧、钻燧二种。阳燧，为金属制圆形聚光凹镜，集日光于一点，照灼艾絮等易燃物即得火……钻燧，为钻木取火之具……居延戍所配备之出火燧为上述钻燧而非阳燧。每一烽台皆配备二具。"文中亦专门介绍居延遗址出土的木燧实物，有明显的焦烱、旋钻等使用过的痕迹。此外尚见尊火尊、絮。初文认为絮为引火材料，"应是取火时所用火信如艾蒲等绒团毛细之物"。

---

① 初师宾：《汉边塞守御器备考略》，《汉简研究文集》，甘肃人民出版社 1984 年版，第142—222 页。本节凡言"文云"者，皆引自初文，以下不再一一说明。

三为烽火信号、用具类。详见下节"关于烽火制度与器具"。

四为司时、号令用具类。亦见下节"关于烽火制度与器具"。

五为攻防斗具、器物类。文云："守御器备之专供御敌攻城的器械、物品，种类、数量最多，大都具有一定的杀伤力，其中有些可视为'准兵器'，或即《汉书·赵充国传》所谓之'斗具'、'战斗具'。但它们的主要作用是守御，而不是进攻。"

长斧、长椎、长棓、连梃、连棓用于与攀城之敌格斗。长斧，长柄大斧，"以其沉重的利刃与长柄见著，对负坚攀城、蚁附而上的敌人，是致命的利器"。长椎，铁首长柄斗具，利击杀，《墨子·备城门》："长椎，柄长六尺，头长尺。"长棓，棓，又名棒、杖、梃，长棒，《六韬·军用》："方首铁棓，盼重十二斤，柄长五尺……一名天棓。""首部或裹铁。长棓利于挥斥、扫荡。"连梃，连枷，《通典·守拒法》："连梃如打禾连枷状，打女墙外上城之敌。"连棓，连棒，即多节棍。连梃、连棓可绕击攀城之敌。文云："上述长斧、长椎、长棓、连梃四物，为一般亭隧习见之装备，每亭隧大多各四枚。"而候官所配备，"其装备约是一般亭隧的十倍"。

长料，长柄斗杓，酌水用具。文云："长料如果是投洒沸汤之器，则带有主动杀伤的性质，但主要是针对城下围城之敌，仍属守具。"

枪，投枪，一端或两头削尖的木棒。使用量较大，每隧配四十至五十枚，候官部装备更多，其规格见《新简》EPT48·18："枪百，大四韦，长八尺。"如以之投向攻城之敌，"可阻挠攻城，也有一定的杀伤威力"。

羊头石，大如羊头的石块，用以抛掷击敌。1973 年在破城子郭门内东侧发掘出一堆码放整齐的羊头石，形状不规则，无加工痕迹。每一亭隧备有羊头石约五百枚，有的还有其他更大的礌石三百枚，凡超过千枚者，当为亭隧以上机构所配备。文云："礌石、羊头石的使用，主要在郭坞顶部，居高临下，杀伤力极强，来源又丰富……居延地区的较大城郭，如地湾郭、黑城子的城垣顶部，至今犹散乱堆积一些石块，准前述，应即礌石、羊头石。"

沙、沙灶（沙造）、破釜，三者共存，关系密切。文云："沙灶、破釜显然是烧灼沙、灰、火炭之类的守御设施而非炊具。"沙可用以抛撒阻拦攻城之敌，亦可用以灭火。

马牛屎（干马牛屎）、马牛屎橐、芀、芀橐，作战辅助材料及盛具。马牛屎，干粉状马牛粪，用以眯敌眼，与《通典·守拒法》："灰秕糠麸，因风于城上掷之，以眯敌目。"作用同。马牛屎橐，用于盛装马牛干屎的口袋，亦便于抛撒。关于芀字释文，初文曾详做考证，结论云：芀，"实指苇、蒲类植物多毛刺之花实，顺风扬撒，亦可眯敌人睛目，作用略同于糠秕灰末。芀橐，乃储盛苇蒲芀絮的囊袋"。

芮薪、木薪，附：古薪。文云其用法"即守城时向敌投掷之火炭燃料，不可理解为烽火（苣、积薪）燃料或炊事柴薪"。

瓦箕、瓦枓、瓦帚，用以盛持、抛掷沙、汤、炭火的工具。

疑属于防攻器械者尚有木面衣、皮宥、草茸、承累（承坕），或为简便护身器具，文云"木面衣以木制又称衣，当为遮蔽面前的木制屏具"。又云皮宥、草茸乃"皮笆、悬帘之属，每隧各配备一枚"。即用不同质料制成的可阻挡箭矢、飞石的幔帘状遮蔽物。

六为备用兵器附件类。

弩长臂，弩之木臂。文云："弩属兵器装备。弩臂大约易损伤，又携带不便，故汉简兵器装备簿均不见载，而归入守御器装备。"

檠弩椎、梃柙角，正弓弩之工具。又见檠弩绳，用以捆缚弓、檠的绳索。

七为坞堞射击、观测装置类。

转射，观察、射击装置，简文及出土物中屡见。初文认为破城子、第四隧、金关三地发掘出土的Ⅱ形器即转射，曾详述其形态，云："居延所出诸转射，规格大体一致，皆以四根方木合成Ⅱ字方框，高约41厘米，中心竖装一有轴圆柱状木，柱中竖凿一斜下式长方孔，孔下安一小木桄，可使中轴左右转动，控制转角100°—110°。有桄的一面较光洁，全涂红色，侧、背面粗糙不平并粘有泥浆。结合出土时，所有转射均位于坞墙脚下，又可断定它们原来均嵌砌在坞墙埤堄之上……中轴之孔，可架设弩臂或弓矢。站立坞上，通过斜下的射孔，可向坞下的有效角度瞄准发箭、观察敌情。必要时，转动中柱而封锁射孔，能防冷箭偷袭。射孔斜下式，更可减小城下特别是城脚的死角。"

深目，与转射紧密相关，或类今堡垒之枪眼。初文云："转射的深目指外侧的开阔洞口，单独的深目指垛眼，而每一转射必筑于一深目即垛眼之中。"

望火头，设于坞、堠上的专用于观察烽火的装置，犹后世"视火筒"。具瞄准功能，文云："烽号如烽、表、苣火、积薪的燔举，各有固定位置。使用窥筒，预先对准候视目标，既便利又准确，保证烽火传递快速无误。"

射埻，或相当后世练箭之箭垛。

八为侦迹设施类。

天田，侦察设施，人工布设或利用自然沙地稍加平整的沙带，人马越过，即留下痕迹，《通典·守拒法》："土河，于山口、贼路横斩道，凿阔二丈，深二尺，以细沙、散土填平，每日检行，扫令净平，人马入境，即知足迹多少。"

枪柱与悬索。枪柱为木桩。系在枪柱上的绳索为悬索，二者之结合犹今之铁丝网。

九为守护、安全设施类。

虎落（强落），城郭烽隧外的屏障设施。人们通常认为郭隧建筑外布设的木尖桩即强落（形制详下文）。但初文否定此观点，文云："汉之虎落，实即先秦之柴薄、藩篱。所谓虎落、强落，乃言其坚固有力，可阻拦临近攻城，是城防外围一道简易工事障碍物，后世发展为羊马墙……虎落实例，即金关遗址坞堠西北、北侧的柳枝编篱笆墙。"可备一说。

鹿角（竹箭、竹签），城郭烽隧外的阻碍设施，初文认为即郭隧建筑外布设的木尖桩。关于其形制，文云"多为四行，行、株距离均60—70厘米，呈三角或方形布局。每桩上端多砍削成三棱锐尖，垂直埋于地下，在建筑物周围形成一道宽三米的保护带，可防止近攻，扎伤人马，阻挠对工事的破坏。至于己方进出口处如门口、道路等，均留出空隙，不安设木桩"。可备一说。

非常屋，或指密室一类安全设施。

回门，或指曲折回转的门户建筑，为后世瓮城之滥觞。

悬户（重门），悬门。文云："悬门按设在正门即外大门以内……当城郭正门被突破，悬门即刻闸下复成一门。同时也可诱敌深入，降悬门围堵、聚歼入城之敌。"

辟门蒺藜，护门障碍物，类后世拒马枪。

木蒺藜，小型木制蒺藜，文云"发掘出土的数量较多，其形状不一，制作均小巧精致，有的两端削锐尖；有的如两枚箭镞相连；有的十字形四尖，中心穿孔，数枚可穿插成长串……这些小型的个体蒺藜，零星地撒置鄣隧的门户、路径附近，用来刺伤敌方人马"。

关门墼、橐门墼，有紧急情况时用以封门的土坯。

狗，用以警戒的警犬。狗笼（狗藏），警犬窝。

坞户上下级、坞户上下合，或为加固坞门的装置。

户关、戊、籥，用以紧闭固锁门户的门闩、钥匙之类器械用具。

椎、木椎、短椎，"有别于长椎……它约是短柄的揲关启户用的敲击工具"。

桬楪，"概为门户两侧附件，用以交接加固门户，属于木梁柱一类"。

十为戍务、维修工具类。

常见者有斧、斤（斸）、锯、凿、锤、铧、臿、锄、耙、镘等，用途广泛，既与守御活动相关，又是日常生活、生产用具。

十一为杂用类。

列举有药咸（药函）、橐、药臼等盛装及加工药品用具。又记匾书（传榜书、大扁）、两行、札、书绳等书写材料、文具等。

十二为其他。

列举较少见的偃户、椓直、杆辟、木杤、楠、钩、胶、脂等用具或物品。

总之，初文关于守御器的论述涉及面较宽泛，又多见出土实物的介绍，对深入研究者非常有益。

九　简牍文书所反映的烽火与烽具

传世古籍虽曾谈及上古烽火，但未做具体描述，而汉简对烽火及烽具的记载具体入微，极大地补充了史籍所缺，研究者不乏人，可谓硕果累累。

罗振玉、王国维撰《流沙坠简》，对烽火已有零散的考证，有所贡献，但于烽具却多有混淆不清者，如将烽与表视为一物即误也，其文云："表即《说文》所谓烽，烽燧候表也。然不云举烽而云举表者，意汉时塞上告警烽燧之外，尚有不燃之烽。《汉书音义》云'烽如覆米薁，县著桔槔头，有寇则举之'，但言举而不言然，盖浑言之则烽表为一物，析言之则然而举之谓之烽，不然而举谓之表。夜则举烽，昼则举表。"其实烽、表为二物，形制异，皆不燃之物，亦皆白昼使用，考详下文。①

劳榦《居延汉简——考释之部》一书于烽火阐述甚详，多有超越《流沙坠简》者，关于烽具中用作传递信号者有四。

一曰表，或作烽，以缯布为之，色赤与白。二曰烟。三曰苣火。四曰积薪。

云："其所举之时，则积薪日夜兼用，表与烟用于昼，而苣火用于夜也。"此处劳榦仍将烽与表视为一物，但与罗、王不同的是确认烽为不燃之物。②

陈梦家先生对烽火制度始有全面的论述，《汉代烽燧制度》一文从六个方面考证，包括：

一为烽台的建筑；

二为烽火记录；

三为烽具；

四为烽火品；

五为烽隧的设置；

六为烽隧的职责。

关于烽台的建筑，据简文所见，阐述烽台基座、烽台主体，又阐述烽台上建有候楼，台下筑有坞墙，附有坞陛，坞墙内有空地及屋舍等。详言

---

① 罗振玉、王国维：《流沙坠简》，中华书局 1993 年版，第 127—132 页。

② 劳榦：《居延汉简——考释之部》，（台北）"中央研究院"历史语言研究所 1986 年版，第 34—37 页。

及"堠楼即台旁以栈木伸出，上铺木板的木橹，三面围板，夏日有覆盖"。

关于烽火记录，叙述烽火信息及传递方式，包括：烽、表、烽火、燔薪、苣火、火和烽火札检等。其归纳云："（1）汉代所举烽燧有以下类别：（a）举于昼的有烽、表、烽火，烟（见《烽火品》）；（b）举于夜的有火、苣火、离合苣火；（c）燔于昼夜的有积薪。（2）放烽多少之数（即一次一个烽台同时放举之数），据《烽火品》，烽与苣火皆自一至三为极数，记录中只有一苣火、二苣火；《烽火品》及记录积薪只有一积薪。（3）放烽持续时间或应灭次数，有一通、再通、三通。（4）同一烽台设置不同的烽表（烽火架），可分为（a）亭上烽（见《烽火品》），（b）坞上旁烽，（c）地烽及坞上、堠上。（5）有始举烽之所，有应烽之所。"

关于烽具，陈文列举烽、表、烽竿、烽承索、烽索、鹿卢、灶、鼓、桥、出火具、薪苣等。文中还专门描述烽架的结构，包括（1）直立的烽柱（即烽竿），（2）可以上下举的横木，（3）横木一端的兜零（即烽）或表，（4）横木上所系用以上下举的烽索，（5）起落烽索的鹿卢。用于烽火的燃料有三类：（1）薪类，有蒲薪、木薪等；（2）苇类，用以制苣；（3）畜粪类，有马矢、干马矢、干牛马矢等。

关于烽火品，据居延及敦煌汉简所见，阐述汉代三烽三苣之制。又将汉代《烽火品》与唐代兵部《烽式》作了比较。

关于烽燧的设置，主要阐述烽与燧的形制与作用。文中肯定王国维关于"表是不燃之烽，是很敏锐的推测"，但陈文没有把二者混同为一物，认为"汉代白日所用警备信号除积薪外有（1）不燃的烽，（2）不燃的表，（3）烽所放的烟，（4）灶所放的烟。其中（1）、（3）是不能肯定的"。此说（1）值得肯定，但（3）应否定。

关于烽燧的职责，阐述了（1）烽第，（2）职责，（3）督烽。其中烽隧吏卒的职责有三：（1）谨候望，即窥视塞外敌情动静；（2）通烽火，即举和烽火；（3）惊戒便兵，即对入寇及盗贼作防御与应付。①

以上均为利用旧敦煌汉简及旧居延汉简进行研究得出的结论，新居延

---

① 陈梦家：《汉简缀述·汉代烽燧制度》，中华书局 1980 年版，第 153—174 页。

汉简及敦煌马圈湾汉简公布之后，关于烽火制度的研究遂更深入展开。其中吴礽骧《汉代烽火制度探索》、初师宾《居延烽火考述——兼论古代烽号的演变》二文之阐述较为全面，初文尤详尽。初文从三个角度考证。

一是《居延汉简烽火文书分类概述》。此类文书包括：（1）督行烽火的诏檄类——"督烽"、"报烽"书。（2）烽火成务记录簿类——"烽火出入时""出入界课"等。（3）烽火司法文书类——烽火"举"、"劾状"、"推辟案"等。（4）烽火律令章程类——"烽火品约"等。其归纳云："我们依事类和文书性质，试把居延简关于烽火的文书分成四个类别，再据书名、书式、文牍程式，拟定：督烽（诏书、檄文）、报烽书、烽火出入时、出入界课、烽火举书、劾状、推辟书、烽火品约、烽火设施程式等几种文书，并概述诸书的形成、特征、作用和对研究工作的意义。"对与烽火有关的各类文书的界定，为深入研究打下了基础。

二是《汉代的烽火信号》。包括：（1）烽火信号概说，主要是述说旧说之异同及纠正曾有的误解。（2）汉代烽号分类考述，详见下文。

三是《边塞烽火的运用和传递》。包括：（1）烽品的烽号与烽号组合。（2）发现敌情与发出警报。（3）烽火的方向、起止、受付。（4）烽火的速度与燧次。（5）通府、传言、平安火、内保制度。（6）出界与塞次。

关于汉代烽火信号，初文分之为五大类，后附鼓号。

第一大类为烽类，列举有草烽（胡笼、放篓）；布烽（缯烽、具木烽），最常见，认定烽为不燃物，文云："烽如果需燃火，决不至用布帛制作，仅此一点，即可证烽为不燃的。"又举位置、举法和含义较特殊的烽，如坞上旁烽（地烽）、直上烽、累举烽、居延烽等（按：据各种相关资料分析，烽当为笼状不燃物，设有框架，是立体的）。

第二大类为表类，列举有大表、小表、坞上表、地表。又举几种用途明确而性质特殊的表，如亡人赤表、兰入表、诟表等（按：表呈平面形，如旗帜，与带框架之立体状烽极容易区别）。

第三大类为烟，列举发烟装置之灶、桩灶、烟灶。云"汉简举烟必曰举堠上、亭上烟，明证出烟处在堠顶"。

第四大类为苣火类，列举大苣、程苣、四尺苣、小苣等。又举较特殊者如离合苣火、居延苣火、诟火等。云："苣火在堠上燃举，每次最多三火。"

第五大类为积薪类，包括大、小积薪二种。云："每隧装备量，大、小积薪似呈三：三或四：四的比例。"指出"积薪发号，每次最多燃三堆，一般由戍卒持火种出坞前往点燃"。而特殊者为火箭发火法。

此外，鼓亦作为烽火信号使用。

初文关于"边塞烽火的运用和传递"一节的论述颇多新意，他首先归纳了汉时边塞运用烽号的一般特点，包括以下几点。（1）注重烽号的类别、数量，善于组合出许多复杂的信息。（2）着重通报敌之来去、时间，尤其入侵部位和意图，对人数、实力及进攻程度则不如先秦及魏晋以下烽品规定的那么详细。（3）烽号有主次之别、职能之分。以增减烽号数量、改变组合来表示敌情的轻重缓急。（4）各塞皆有代表自己部位的"部烽"，部烽以烽数或特殊举法表示，夜代以火。（5）敌警烽火的信号组合因时因地而异，不是一成不变。（6）各烽号的举放约有一定次第，昼先烽，次表、烟，再积薪；夜则先燔积薪，后举苣火。各时期虽未必尽同，但一定范围内大体一致。（7）同一信息之昼夜区别，是将烽改为苣火，数目不变，积薪照旧。

再者阐述发现敌情与发出警报的手段：从组织机构谈起，再述侦察设施之天田、枨柱、悬索，堠顶之候望，始发烽及传烽情形。

又述烽火的方向、起止、受付。认为烽火传递的方向和目的地，取决于烽火性质，受塞防布局及烽隧线路、次序的制约。将烽火运行的方向、方式、起止，归纳为：（1）定向传递——如居延烽、火总是从北向南；（2）单向传递——如各塞传之都尉府的烽火，兰入、亡人及诟表、火等，因其出入地点、方向不同，线路或不止一条，但皆单向传至目的地；（3）多向传递——敌在本塞某处之外，始发烽号遂向两侧亭隧传递，直至本塞全部应和为止；（4）无向不传递——如敌在某塞附近长期出没逗留，始发隧发号后，只传应一定时间，然后有警之隧继续举号，保持警惕，本塞其他部隧不再应和，暂不传递，亦无方向；（5）往复传流动递——很可能是部隧间的例行联络。

还述烽火传递的速度与燧次。初文据简例推算，汉代烽火每时行百里，昼夜约达一千八百汉里（按：实际当为昼夜行一千六百汉里）。"燧次"指对传递烽火负有责任的烽燧编次。

接着阐述通府、传言、平安火、内保制度。"通府"指传递至都尉府，文中谈及通府的若干路线，文云："都尉府虽远离前哨，但可据各路通府烽火、文书，明悉敌情，运筹指挥于帷幄之中。""传言"指烽火报警遇特殊情况如气候恶劣和失误时，传檄相告，予以补救。分为几种情况：（1）误举烽号，尤其误以轻报重，发号者即应清楚烽号，派人驰报都尉，同时逐隧传告制止继续举号者；（2）大风雨无法举号或阴晦不明烽号时，需驰报通府并通告各隧；（3）距离转远而不易分辨烽号者；（4）传递因失职或被敌方破坏而中断，发号者应越过该隧传告下一隧次继续传递；（5）敌已退却而未停止报警者，需传告情况。文云："要者，烽火亦有其局限性。凡不能以烽号表达、更正、补充的内容，皆可以传言。""平安火"指以烽火报平安，属例行联络，其特点：（1）昼仅举表，别无其他烽号配合，夜只举苣火；（2）次数多而连续不断，或多至七通；（3）时间有规律，或一夜一次，或隔时一举，或一时一举；（4）其信号或与鼓号同步，或不注烽号名称，仅书时间、数量。①

关于汉代烽火制度的研究能获得较大的突破，当得益于新资料的发现，尤其居延新简中此类材料更丰富，仅举一例便可明白，如：

> ●匈人奴昼入殄北塞，举二烽、□烦烽一，燔一积薪；夜入，燔一积薪，举坞上离合苣火，毋绝至明。甲渠、三十井塞上和如品。（《新简》EPF16·1）
>
> ●匈人奴昼［入］甲渠河北塞，举二烽、燔一积薪；夜入，燔一积薪，举坞上二苣火，毋绝至明。殄北、三十井塞上和如品。（《新简》EPF16·2）
>
> ●匈奴人昼入甲渠河南道上塞，举二烽、坞上大表一，燔一积薪；夜入，燔一积薪，举坞上二苣火，毋绝至明。殄北、三十井塞上

和如品。（《新简》EPF16·3）

●匈奴人昼入三十井降虏隧以东，举一烽，燔一积薪；夜入，燔一积薪，举堠上一苣火，毋绝至明。甲渠、殄北塞上和如品。（《新简》EPF16·4）

●匈奴人昼入三十井候远隧以东，举一烽，燔一积薪，堠上烟一；夜入，燔一积薪，举堠上一苣火，毋绝至明。甲渠、殄北塞上和如品。（《新简》EPF16·5）

●匈奴人渡三十井县索关门外道上隧天田失亡，举一烽，坞上大表一，燔二积薪；不失亡，毋燔薪，它如约。（《新简》EPF16·6）

●匈奴人入三十井诚埶北隧县索关以内，举烽燔薪如故；三十井县索关诚埶隧以南，举烽如故，毋燔薪。（《新简》EPF16·7）

●匈奴人入殄北塞，举三烽；后复入甲渠部，累举旁河烽；后复入三十井以内部，累举堠上直上烽。（《新简》EPF16·8）

●匈奴人入塞，守亭鄣，不得下燔薪者，旁亭为举烽燔薪，以次和如品。（《新简》EPF16·9）

●塞上亭隧见匈奴人在塞外，各举部烽如品，毋燔薪；其误，亟下烽灭火，候、尉、吏以檄驰言府。（《新简》EPF16·10）

●夜即闻匈奴人及马声，若日且入时见匈奴人在塞外，各举部烽，次亭晦不和；夜入，举一苣火，毋绝；□日，夜灭火。（《新简》EPF16·11）

●匈奴人入塞，候、尉、吏亟以檄言匈奴人入，烽火传都尉府，毋绝如品。（《新简》EPF16·12）

●匈奴人入塞，承塞中亭隧举烽燔薪□□□□烽火品约；官□□□举□□烽，毋燔薪。（《新简》EPF16·13）

●匈奴人即入塞，千骑以上，举烽，燔二积薪；其攻亭鄣坞壁田舍，举烽，燔三积薪，和如品。（《新简》EPF16·14）

●县田官吏令、长、丞、尉见烽火起，亟令吏民□烽□□诚北隧部界中民田畜牧者□□……为令。（《新简》EPF16·15）

●匈奴人入塞，天大风、风及降雨不具烽火者，亟传檄告，人走马驰，以急疾为［故］。（《新简》EPF16·16）

●右塞上烽火品约（《新简》EPF16·17）

此为居延都尉范围内所用烽火信号的规定，具法律效力，从中便可看出在某个时期居延地区烽火信号的组合与传递方式及特殊情况的处理。

吴礽骧先生据上引品约又综合其他资料，认为汉代烽火品约通常将敌情分为五品。

第一品，虏十人以下在塞外者。

第二品，虏十人以上在塞外，或一人以上、五百人以下入塞者。

第三品，虏一千人以上入塞，或五百人以上、一千人以下攻亭鄣者。

第四品，虏一千人以上攻亭鄣者。

第五品，虏守亭鄣者。

与上述五品相对应，吴文认为汉代的烽火信号亦分五级。

第一级，昼举一烽，夜举一苣火，毋燔薪。

第二级，昼举二烽，夜举二苣火，燔一积薪。

第三级，昼举三烽，夜举三苣火，燔二积薪。

第四级，昼举三烽，夜举三苣火，燔三积薪。

第五级，昼举亭上烽，夜举离合苣火。

文云："亭上烽与离合苣火，为紧急情况下的特殊信号。除此，部都尉府据敌人入寇所至的具体部位，规定补充信号。"① 常规品外，吴文列举之特殊规定有以下内容

第一，敌人入塞，各亭隧除按品约发出烽火信号外，候、尉吏应将敌人的人数和到达部位，立即以檄报告都尉府。

第二，敌人入塞，如遇大风及降雨，不能施放烽火者，"亟传檄告，人走马驰"报告都尉府，并通告邻近亭隧。

第三，若亭隧相距过远，邻近亭隧难以发现烽火信号者，士吏、候长等应派人通报次亭举烽燔薪。

第四，敌人入攻亭鄣，不得下燔积薪者，次亭应代为按品约举烽燔

---

① 吴礽骧：《汉代烽火制度探索》，《汉简研究文集》，甘肃人民出版社 1984 年版，第 223—257 页。

薪，并逐隧应和。

第五，敌人退出塞后，应即下烽止烟火，如次亭未下烽止烟火，人走传相告；但都尉出追未还，不得下烽。

第六，亭隧若误举烽火，除"亟下烽灭火"外，候、尉吏应"以檄驰言府"，报告误举烽火的原因。

第七，边塞县与屯田官吏，应随时注意烽火信号，一旦发现警报，立即通知部界中官民，驱逐田牧畜产，准备战斗或转移（此类情形初师宾文称为"内保"者）。

上官绪智、黄今言撰文述汉代烽隧中的信息器具与烽火品约的使用。文中将烽、表、灶、苣、积薪、鼓等统称为"信息器具"，详述其置用情况。其中与前人不同的是关于烽的功能的观点，主要焦点是烽到底是用于白天还是夜晚的问题。论文首先考述烽的类别，云"烽分多种，以所置位置分，有堠上、坞上、旁烽；以颜色分，有赤、白等颜色烽；以质地分，有草烽、木烽、烽一烟、布烽"。其指出烽与表是两回事，否定王国维关于烽"不燃而举谓之表"的说法，当是。而其最重要的观点是白昼与黑夜皆用烽的说法：依据草烽与木烽的存在，推断"显然草烽和木烽可燃举，夜易火，用于夜间"，并进一步阐释"说烽主夜或说烽主昼都不妥。之所以存在两种截然相反的结论，一是因为没有区分燃草之草木烽和不燃举布烽及烟烽等几种情况，讲烽主昼是针对不燃举烽和烟烽说的，讲烽主夜是针对燃举烽说的。二是因为没有具体问题具体分析。汉简显示烽有几种，在历朝相沿的过程中，肯定又多有变化。比如段成式《酉阳杂俎》卷十六中记载：'狼粪直上，烽火用之。'说明后世的烽火信息器具在发生变化"。可备一说。草烽与木烽仅可说明其质地为草或木，不必一定燃烧之。①

---

① 上官绪智、黄今言：《汉代烽燧中的信息器具与烽火品约置用考论》，《社会科学辑刊》2004 年第 5 期。

十 简牍文书所反映的汉代关津与传置

关津与传置是秦汉交通体系的重要设施。关是设于分界线（国界、区域界）上的门卡，津是渡口，具有检查站的功能。张家山汉简《奏谳书》及《二年律令》中有大量涉及关津出入的条款，而居延、敦煌汉简中亦有许多与关津有关的具体内容，皆为研究关津制度的第一手资料。

李均明《汉简所反映的关津制度》一文对汉代关津的大体情况作了论述。[1]

先述设施与职能。认为关津有一定的建筑形式，今见经科学发掘者如肩水金关遗址等，主体为两边设有楼橹的关门，关门两侧为延伸之塞墙，配套设施有坞、方堡、烽火台等。关门内外布设着尖桩虎落，坞内有房屋、马厩遗址。至今未见河津（渡口）遗址。再者设管理机构及驻防人员：通常隶属于军事治安部门，如卅井悬索关归居延都尉管辖，肩水金关归肩水都尉管辖。小关设关啬夫及关佐。汉武帝西拓，设玉门关与阳关为丝路咽喉，重要性不言而喻，故其行政级别及人员规模大于一般关津。西汉初，武关、函谷关、临晋关、扞关、郧关对确保关中的安全有特殊重要的地位，故张家山汉简屡屡提及。关津在军事防御、控制人员流通、查禁违禁物资、缉拿罪犯等方面起很大作用。

二述通关手续。常见通关证件有传、符、致、檄等，不同的人持用的证件不尽相同。高级官员及使者出行尚用节。传分因公与因私两种，申请手续不尽相同。公务用传通常由县级以上机构颁发，传上署有持传人享受待遇的说明，职务与爵级不同则待遇也不同。关门遗址往往留存许多过关人员的名单，这些名单中有些可能是"致"的附件，而更多的是对过关人员的登记记录。

三述违禁惩罚。与关津相关的常见违禁罪名有阑出入，包括(1)"越塞阑关"、"越关、垣篱、格堑、封刊，出入塞界"、"阑渡塞"等，指无

---

[1] 李均明：《汉简所反映的关津制度》，《历史研究》2002 年第 3 期，第 26—35 页。

合法证件而出入者;(2)诈伪符传,见"假予人符传""擅为传""袭人传"等,指伪造证件;(3)诈伪出马,见"马当复入而不入""诈贸易马及伪诊"等,指以各种违法手段出入马匹;(4)盗出黄金财物,见"禁毋出黄金、诸奠黄金器及铜""禁毋出私金",指禁止出口贵金属;(5)亡符、传,指丢失通行证;(6)关津官员之渎职与失职:渎职指知情不报或纵容违禁,失职则为未知情而失误。惩罚则依犯罪程度与情节处罚金至死刑不等。

杨建《西汉初期津关制度研究》一书对西汉初年的关津制度作了较全面的论述,①后附张家山汉简《津关令简释》。除绪言简述津关令、津关研究现状及研究方法外,全书共分七章。

"津关令及其法律地位"章,主要是对《津关令》本身的论述,包括(1)《津关令疏证》:述汉"令"形成方式、《津关令》的令文体例、《津关令》的令文内容;(2)《津关令》制订年代初探:述令条形成时间、《津关令》的编订时间;(3)《津关令》的法律地位:述秦汉律令法体系、《津关令》的法律地位。该章对汉令有独到见解,云"汉令的存在方式与秦令有很大不同,即它们似乎并不与内容相关的'律'并存",认为"汉代的'令'并非只是作为'律'的补充而处于附属法的地位,'令'的形成与帝王制诏关系密切,因而具有专属特征,即'令'较'律'在制定上对时间、空间、事件乃至当事人等诸多事项有更为具体的规定,它的形成和存在具有相对的'特殊性'和'时效性',与时代背景和历史事件有紧密联系……《津关令》在汉初律令体系的地位亦当如此",确认《津关令》编订的时间下限为吕后二年,主要令条形成于高祖十一年至吕后二年间。

"关津布局与关中区域"章,主要谈五关与关中的关系,内容包括(1)讲述"五关"布局及沿革,所云五关有扞关、郧关、武关、函谷关、临晋关。该章详细考证诸关地望,指出:"整理组据传世文献认为'扞'为'杆'之别字而改之,恐误。"认为扞关即《汉书·地理志》所见"江关",在汉鱼复县,今重庆市奉节县境内。展示关中通向关外的五条

---

① 杨建:《西汉初期津关制度研究》(附《津关令简释》),上海古籍出版社 2010 年版。

通道，皆与五关相关。五条通道为：①关中—临晋关—河东通道，经由路线大致为：长安—（经）渭桥—故咸阳—高陵—栎阳—临晋—临晋关—（渡黄河）—蒲阪—河东、山东各地。②关中—函谷关—中原通道，经由路线大致为：长安—灞陵—新丰—鸿门—郑县—武城—平舒—华阴—（阌乡）—胡—函谷关—崤关—洛阳—中原各地。③关中—武关—南阳通道，经由路线大致为：长安—灞上—蓝田—峣关—商县—武关—析县—内乡—南阳、荆襄地区。④关中—汉中—郧关—江汉通道，经由路线大致为：汉中—（南郑、成固）—西城—旬阳（旬关）—郧关—荆襄、南阳地区。⑤关中—巴蜀—扞关—江汉通道，与巴蜀至江汉水路大致相同，即巴蜀—扞关（鱼复）—巫—夷陵—夷道—江汉地区。认为五关位于关中通往关东地区的交通要冲，是汉初控扼关东、拱卫关中的重要关隘。（2）作者将"关中"定义为上述五关包围的地区，大体相当于战国后期秦国固有领土的关中、汉中和巴蜀等地，是汉王朝统治的中心区域。而这一局面是通过不断扩大形成的，秦用于拱卫关中者仅为函谷关、武关、临晋关三关，汉初才加入扼守巴蜀与楚地之间的郧关和扞关。汉初之关中与关东存在对立关系，常体现为汉初之"汉"与"诸侯"的一对概念，亦深刻影响其各项政策。

　　"津关构成及其管理"章述津关之结构、基本功能、官员设置、权属等，内容包括：（1）关塞防御构成：首先论述塞与津关的概念与彼此之间的关系，指出"津、关、塞均设在山川要冲，用于阻隔出入，控制交通往来"。关塞筑有防御工事，如垣，指墙、土墙；格，或作"落"，指篱笆；堑，指深沟、壕沟；封，即土堆，用以分界；刊，斫木削尖以为界限。此外尚有"竹落""虎落"等。防御之常规勤务有候望放哨、服迹等。（2）津关管理：先对《津关令》涉及津关设置之"廿三"号令中容易产生歧义的"备塞都尉""河北县""夹溪河""漕"等作了解释，如指出"河北"不是专有名词，而是表示方位"在河之北"；"夹溪河"指支流注入黄河处。关于津关权属，认为津关设置之初，是以军事防卫为首要功能，故当隶属于军事系统。就军事体系而言，主要由都尉、关都尉管辖；从民政角度而言，内地津关诸事务，似乎与内史有关。关于津关内部的职官设置，见关令、关啬夫、关佐、官属、军吏卒、关吏、津渡职官之

"津吏""船啬夫"等,分文职与武职两套系统。

"通关文书"章述传、符、棨、缯、缥、过所等通关文书的类型、特征、功能,包括:(1)通关文书类型:重点考证传、符、致与籍等文种。(2)传的类型与申办:围绕"公务用传"与"私事用传"两大类展开论述。公务用传多由当事人的上级官府签发,主要记录公干事由、外出地域、出行时间、大致行程及当事人沿途享受的待遇和要求;私事用传则多由乡政府先出具当事人身份、出行事由及"无官狱征事"的证明,然后由县政府确认并封印。(3)传的行用、勘验及管理:谈及传适用于从出发地至目的地的所有经过县、道、侯国和津关,说是。但所云对于传,"县吏每次查验时,均需拆开封检,验后复封,其中还会由关津吏查验,直至目的地"或非是,查验仅须抄录,无须拆封。关于亡失传的处理,律令中已有明确的规定,有严密程序。(4)传与出入名籍:简要叙述出入名籍的性质与功能。

"人员出入"章,探讨汉初人员出入关情况与政策,包括:(1)吏民出入关中:述出入关津的人员主要有①官吏归休,即官员回乡探亲之类,沿途可享受"传食"待遇;②行旅出入;③一般吏民出入,包括在关中从事劳役的人员;④"不幸死者"归葬,指因战争捐躯、因公殉职或行徭役而不幸身亡者,有专门的官员负责用传车督运回乡。(2)迁徙与流民:迁徙指政府有组织地进行大规模的居民迁徙活动,被徙者为豪民、豪杰、不轨之民、诸侯强族、豪杰名家、奸猾吏民、豪侠等,大体指流国地区的旧贵族、皇族支庶、世家大族和富商大贾。流民是脱离户籍的人口,汉初禁止流民入关,根本目的是保持关中地区的稳定和安全。(3)盗贼与诸侯人:汉初设置关津的最大作用是保障关中安全,因此查禁盗贼、群盗出入是其中重要内容;又汉初诸侯王国享有相当大实权,拥有军队与官署,因此津关对防范来自诸侯国的犯罪亦起很大作用。

"物资出入"章,述汉初为保障关中的重要资源或战略物资不向关外郡县、诸侯王国地区流失,保持关中经济实力,在通往山东的关塞上实施严格的稽查制度,包括:(1)物资出入关中:主要探讨《津关令》对有关禁物出入与查验的规定,如禁止携带黄金、黄金器物及铜出关中;加强漕运管理;禁止兵器等其他禁物出关。(2)马匹出入制度:述买马政策,买马相关要求，马出入关中的规定，确保关中的马资源优势。

关于《津关制度与汉初政治》，从探讨汉初郡国并行制度产生的背景及其演变入手，揭示汉初津关制度确立的目的及其演变，包括：（1）汉初加强皇权的努力：述汉初的置郡与封国，总结秦失帝业的教训，依俗分治而缓解文化冲突的策略；（2）强化皇权与"关中政策"：述巩固皇权的措施，对诸侯王的防范，立法与推行"关中政策"；（3）津关制度的形成与演变：述关中政策的重要部分包括"津关制度"，认为"在一定意义上，《津关令》中有关人员出入、禁物出入及马匹出入关中等令条所防范的主要内容多可归结为保障关中的安全和防止关中资源的流失，可视为关中政策的重要组成部分之一"。津关制度的确立旨在强化、巩固关中力量，防范山东诸侯王国的潜在威胁。又津关制度依形势的变化而调整。

关于具体关塞的研究，讨论较多的是对玉门关位置的指认。史籍中有关玉门关的记载多歧异，而自敦煌发现汉简及纸质文书后，似乎找到了突破点，研究者渐多，择其要如下。

法国汉学家沙畹根据小方盘城遗址出土汉简及《史记·大宛列传》的记载，主张汉武帝太初以前的玉门关位于敦煌以东，太初以后才迁至敦煌西北。王国维赞同此说，《流沙坠简·序》详述西迁之前的玉门关在汉酒泉郡之玉门县，其主要依据是《史记·大宛列传》的记载，而西迁后的玉门关位于汉龙乐县西北之小方盘城遗址。① 劳榦、向达、夏鼐、陈梦家先生否定玉门关西迁说，皆认为玉门关设于小方盘城周围。试举陈梦家《玉门关与玉门县》一文的主要观点。②

陈文首先归纳了否定西迁之三说，"甲、劳榦《两关遗址考》以为旧玉门关在今赤金峡，汉代冥安县（今玉门县附近）之东。太初二年以后西迁至敦煌西北。乙、向达《两关杂考》以为'汉代玉门关自始置以至终汉之世俱在敦煌'，太初二年自西迁至敦煌之东说是不可据的；但他又以为'使使遮玉门关'之玉门指玉门县（赤金）而言。丙、夏鼐《新获之敦煌汉简》根据在敦十四新获'酒泉玉门都尉'一简，'知其他于敦煌

---

① 罗振玉、王国维：《流沙坠简》，中华书局1993年版，第3—12页。
② 陈梦家：《玉门关与玉门县》，《汉简缀述》，中华书局2004年版，第195—203页。

未置郡以前……玉门关即已在敦煌西之小方盘城';'敦煌建郡当在太初二年以前亦已必在敦煌之西'"。文中引大量史籍如《续汉书·郡国志》、《括地志》、《元和郡县志》、两《唐书·地理志》、《太平寰宇记》、《舆地志》等证汉玉门关在汉龙勒县,即今敦煌市西北。

陈文区别了西汉以来称为玉门与玉门关的四个地点,包括:①汉玉门都尉和玉门关;②汉玉门县;③隋唐玉门关;④今玉门县。所云今玉门县设于清初,位于隋唐玉门县之东,汉玉门县之西,认为四者不能混同看待。

关于玉门关具体地址及设置时间,陈文首先陈述小方盘城(T14)当为玉门都尉治所,然后从烽隧分布的情况分析,认为"玉门关口只能在T14古城之西或西北,即T11—12之间或T13—14a之间",认为玉门都尉设置时间当在元鼎六年置酒泉郡之后,元封四五年置敦煌之前,约当公元前110—前108年,玉门关之设置或与之同步。

甘肃省考古界老人岳邦湖、钟圣祖二人曾多次赴敦煌,徒步勘察马圈湾至小方盘周围的烽隧、塞墙遗址,注意到小方盘城西端约150米处,有一条南北走向的长城,南接阳关,北连北部长城,存四座烽隧。他们的结论认为"玉门关只有置于小方盘城西的南北长城线上,才合乎历史客观实际"。但未确定具体遗址。关于设置时间,认为约在元封年间(公元前110—前105年)。

何双全《论西汉敦煌玉门关的三次变迁》依据出土汉简资料(主要为小方盘城、T6b、T5和马圈湾遗址出土汉简),指出玉门关并非长期固定于一处,而是历经三次变迁。[①] 其初步结论为:

(1)西汉时期,先有玉门都尉府,而后有玉门关。玉门关是伴随着敦煌郡的设立而始建的。建关时间当在元鼎六年(公元前111年)之际。

(2)自武帝至王莽,凡130年间,随着政治、经济、军事的变化和自然条件的改变,玉门关并非死守一地,而是曾有三次变迁,所以应有三个遗址。

---

① 何双全:《论西汉敦煌玉门关的三次变迁》,《简牍学研究》第3辑,甘肃人民出版社2002年版,第192—203页。

（3）据汉简反映的史料，其变迁时序和地点是：武帝至昭帝时，玉门关和玉门都尉同驻小方盘城。宣帝至哀帝时，分迁向西，与大煎都候官相依存，同驻 T6b—T5 一带。平帝至王莽时，又与大煎都候官一起东迁马圈湾。

（4）玉门关有三处遗址。早期小方盘城，学术界早有公认，不应否定。晚期马圈湾，已经发掘，事实证明它就是王莽改制的产物，应以认定。而中期，曾经起重大作用，最辉煌时期的关址，我们至今尚未找到。它的位置是与大煎都候官相邻近的，所以 T6b—T5 一带是寻找中期玉门关遗址的重要地区。

关门通常应有像肩水金关那样的门楼建筑，何况玉门关是个大关。关于马圈湾未见关门建筑的现象，作者则解释云：“从种种迹象看，玉门关东迁至此后，因动乱、经济困难，与西域关系恶化、出入关者较少等原因，并没有专门兴建想象中的玉门关，而是扩建马圈湾，使其充当关口的角色而已。”可备一说。

可见，关于玉门关的讨论远未结束，还有许多问题尚待深入研究。

传置是中国古代交通路线上专事传递邮件、接待过往人员的设施与管理机构，史籍记载不甚多，而出土简牍中却屡见，有的从中尚可看出交通路线的走向，例如：

长安至茂陵七十里	月氏至乌氏五十里
茂陵至茯置卅五里	乌氏至泾阳五十里
茯置至好止七十五里	泾阳至平林置六十里
好止至义置七十五里	平林置至高平八十里
媪围至居延置九十里	删丹至日勒八十七里
居延置至觻里九十里	日勒至钧著置五十里
觻里至循次九十里	均著置至屋兰五十里
循次至小张掖六十里	屋兰至氏池五十里（《新简》EPT 59·582）
仓松去绍鸟六十五里	氏池去觻得五十四里
绍鸟去小张掖六十里	觻得去昭武六十五里

小张掖去姑臧六十七里　　昭武去祁连置六十二里府下

姑臧去显美七十五里　　　祁连置去表是七十里

玉门去沙头九十九里

沙头去乾齐八十五里

乾齐去渊泉五十八里

右酒泉郡县置十一，六百九十四里。(《悬泉》Ⅱ90DXT0214①：130)

关于上述驿置，吴礽骧先生曾结合考古发现对甘肃河西段部分详做考证①，主旨乃讨论汉代河西驿道走向及沿线古城的方位。自东而西分别为：

令居。推测令居故址在今永登县城，而汉永登亭古址疑位于今永登大同乡。

仓松。《汉书·地理志》作"苍松"，推测方位在今古浪河上游的黑松驿。

绨鸟。推测方位在今古浪河西岸，今古浪县小桥堡东南的关庄子一带，或即当地所称"一堵城"遗址。

媪围。今甘肃景泰县卢阳镇吊沟村村后有两座南北并列的古城，其中北城当为汉代媪围县遗址。

居延置。认为居延置当在今景泰县西北之昌林山南，是汉媪围县所属驿置。

鱳里，汉扑劓县县置。今古浪县民权乡大景河东岸、马家楼村南之"三角城"遗址似为汉扑劓县遗址。鱳里在其北，今大景河西岸，大景乡政府所在的冲积扇的东西驿道上。

㵲次。其方位当在古浪河东岸，今古浪县土门镇一带，汉代遗址已无存。

小张掖，即武威郡属的张掖县，其方位当在黄羊河东岸，今武威市七里乡七里堡一带，遗址已无存。

---

① 吴礽骧：《河西汉代驿道与沿线古城小考》，《简帛研究二〇〇一》，广西师范大学出版社 2001 年版，第 336—357 页。

姑臧，武威郡治。关于其地望有两种推测：一认为姑臧城即匈奴所筑盖臧城，位于今武威市西北2公里金羊乡赵家磨村南，小沙河与四坝河汇流处三角洲上的"锁阳城遗址"，但吴先生以为此处仅为晋代贵族墓地遗址；二认为姑臧位于今武威市城内，吴先生力主此说。

以上为汉武威郡所设驿置。

显美。其方位当在谷水水系（今石羊河水系）之一的横水（今西营河）西岸，今武威市丰乐镇一带，遗址已无存。

番和。其县治或在今永昌县西10公里的焦家庄至水磨关一带。此地有一名"西寨古城"的遗址，地望符合汉番和城所在，但性制不似汉城，或已经后人改建。

日勒。汉日勒城当在今山丹县城西南，山丹河西南岸，正位于汉塞与弱水交会处形成的夹角内，城北地当今龙首山红寺沟口，有重要的战略地位。

删丹。其方位当在今山丹县李桥乡一带。

钧著置。钧著，或名"钧耆"，其方位当在弱水南岸、今山丹县东乐乡一带。

屋兰。方位当在今张掖市碱滩乡古城村，其遗址位于弱水南岸，东北距今龙首山主峰东大山烟洞口15公里。

觻得。当位于今张掖市西北约1.5公里的西城驿沙窝古城。今存南、北两古城遗址，北城南距312国道约1公里，城垣东西长245米，南北宽220米，开南门，此或即汉觻得县城旧址。

昭武。其方位当在今临泽县鸭暖乡昭武村一带。今昭武村西南2公里有一座"半个城"遗址，地望与汉昭武县相当，但未能最后确定。

祁连置。其方位当在今临泽县蓼泉乡双泉堡一带。

关于传置自身的研究，最重要的资料当数敦煌悬泉置遗址出土的简牍，可惜这批资料未悉数公布，只见零星发表。郝树声、张德芳《悬泉汉简研究》一书[1]涉及该批简的资料最多，研究之广度甚宽，亦有一定深度。其中直接涉及传置研究的主要是第一章"悬泉汉简与悬泉置"，分

---

[1] 郝树声、张德芳：《悬泉汉简研究》，甘肃文化出版社2009年版。

三节。

第一节,"敦煌悬泉置遗址",述悬泉置的位置、发现与发掘、出土遗物。

悬泉置遗址位于甘肃河西走廊瓜州与敦煌两县市交界处瓜敦公路南侧1.5公里的戈壁滩上,地当丝路要冲,所在地清人称之"贰师庙",今人谓之"吊吊水""甜水井";东距瓜州县城60公里,西距敦煌市区64公里;座当北纬95°20′,东经40°20′;今属敦煌市五墩乡,是迄今我国发现的保存最完整、出土文物最多的一处汉魏驿置机构。

1987年敦煌市博物馆首先发现悬泉置遗址,1990—1992年由甘肃省文物考古研究所进行发掘,共开探方141方,占地面积22500平方米,包括:①坞院:为一50米×50米正方形院落,东北与西南角筑有正方形角楼,坞院内靠坞墙处筑有27间房屋。东门外南侧有房屋遗址5间,估计为门卫戍守住所。②马厩:搭建于坞院南墙外,分东、西两部分。靠东凡两间,靠西为一大通间。厩内残留部分木桩,马粪土层厚达半米,其上有0.5米草木灰堆积。③灰坑:遗址内有灰坑十余个,形状不一,无规律分布,或形成于东汉初。此外,坞院西墙外和东门口及北侧均有3区堆积。

出土遗物凡7万余件,可分为生产工具、生活用具、文具及简纸文书四大类。生产工具主要为铁器,此外还有石磨。生活用具主要为竹木漆器、草编器、皮革和丝绸制品等。文具类主要为笔和纸。简纸文书类四种。①简牍:出土两汉简牍凡3.5万余枚,其中有字者2.3万余枚。以木质为主,竹质极少。形制有简、牍、觚、两行、封检、削衣等。比较完整的册书有50余编,每册三至十余枚不等。简牍内容可分为诏书、律令、科品、檄记、爰书、簿籍、符传、历谱、术数、医方及一些古书残篇。②帛书:凡10件,皆为私人信件。③纸文书:凡10件,其中汉代9件、晋代1件。④墙壁题记:原书于墙壁,后坍塌成碎块,经复原,长222厘米、宽48厘米,用黑宽线勾出边框,中间用红色分栏,共101行。此外,还出土封泥、印章、钱币、车马器残件、带钩及大麦、粟、糜、豆、苜蓿、大蒜、核桃、胡桃、杏核等农作物和马、牛、羊、鸡、狗、兔、骆驼等骨骼。

第二节,"悬泉汉简的学术价值",述悬泉汉简的时代、内容、学术价值、与遗址的关系等。悬泉汉简中有明确纪年者达 2100 枚，最早纪年为汉武帝元鼎六年（公元前 111 年），最晚为东汉安帝永初元年（公元 107 年）。其内容主要是保存了大量具体的交通邮驿资料，将使两汉邮驿史的研究取得突破性进展：展示敦煌邮路基层单位之西门、乐望、效谷、月春等近 60 座邮亭名，东汉时称邮，对了解两汉邮亭的功能、相互关系及整个邮驿体系都有帮助。展示邮件的具体收发过程，如传递方式见"以邮行""以亭行""亭次行""县次行""驿马行""驿马驰行""吏马行""吏马驰行""驸马行""亭次走行""太守府以次行"等。对传递速度、到达时间的规定也很具体。悬泉作为驿置的重要功能之一是负责接待朝廷官吏和各国使者，今所见涉及的国家有楼兰（鄯善）、且末、小宛、精绝、扜弥、渠勒、于阗、蒲犁、皮山、大宛、莎车、疏勒、乌孙、姑墨、温宿、龟兹、龠头、乌垒、渠犁、危须、焉耆、孤胡、山国、车师等 24 国。其中关于乌孙的资料尤为具体而生动。此外与西域都护以外国家如大月氏、康居、祭越等的往来也有记载。关于羌人的资料也很多。

第三节，"悬泉汉简中的悬泉置"阐述最为详尽，涉及驿置的性质、隶属关系、管理体制、人员规模、基本设施、运行机制、社会功能等。①置，作为邮驿机构大概春秋已有，它是集邮、驿、厩于一处，具有多种功能的机构。②悬泉置在行政上属效谷县，再上属敦煌郡。敦煌郡共设九置，今见七置有鱼离置、悬泉置、遮要置、渊泉置、广至置、效谷置、龙勒置，平均每县设 1.5 置。③悬泉置的日常工作由置啬夫总领，上受效谷县领导之外，敦煌郡尚派员监领。所派人员通常为太守属吏，如守属、都吏、史等。④悬泉置的员额编制通常为卅七人左右：啬夫之下，设置丞、置佐，协助啬夫工作。下层人员有卒、御、奴、徒、复作等。⑤"悬泉置"包含了"悬泉驿"，知"驿"是"置"的一个内设机构。驿有驿佐、驿骑、驿史、驿卒等，职责是承担公文之传递任务。⑥悬泉置设有"厩"，亦是置的内设机构，厩有厩啬夫、厩佐、厩御、厩徒、马医等，职责主要是饲养马匹。除置设厩外，各县亦设厩。⑦悬泉置的附属机构还有厨，厨有厨啬夫、厨佐，负责粮食出入和行旅膳食等。⑧悬泉置的内属机构还有"骑置"，此"骑置"不同于一般的驿骑，而是专门为皇帝和朝廷投送军情急报的机构。置的内属机构还有传舍，设传舍啬夫、传舍佐，负责行旅之住宿。⑨西汉并邮入置，新莽、东汉时似又恢复"邮"的建置，但此邮附属于置。⑩悬泉置的车辆，主要是传车，其次是牛车。传车十至十五辆。额定传马40匹，少时20匹，多时达50匹。悬泉置大宗的物资运输要雇民间就人就车，但日常也装备少量牛车及牛，以便满足生活所需，额定牛车数量为五辆。

该书第三章"河西地理略考"亦谈及驿置里程，列举诸说地望并择优取一说或重做考证，与吴礽骧说不尽相同。

姑臧。列武威城东北二里说、武威城西北二里锁阳城说，主张姑臧旧址在今武威城内。

张掖。列武威城南二百里说、武威市张义堡说、武威县北洪祥滩说，主张张掖旧址在今武威市南谢河乡武家寨子一带。

鸾鸟。列武威城西北说、永昌西南说，主张鸾鸟旧址武威以南说，具体位置在今武威南谢河乡武家寨子南六十汉里处。

苍松。列天祝安远镇说、古浪县西说，主前一说。

显美。列武威以西永昌以东说、武威西北丰乐堡说，主后一说。

觻得。列今张掖城说、今镇夷堡边外羌谷水东说、今张掖市西北说，主最后一说，具体位于今张掖市西北黑水国北古城遗址。

氐池。列今张掖以东说、今删丹西南说、今民乐县城说，皆较粗略。又举李并成今民乐李寨乡菊花地说。郝、张二氏考证以为氐池当在今张掖市东南郊梁家墩之地。

昭武。赞同李并成昭武位于今临泽县鸭暖乡昭武村一带说。

祁连置与表是。赞同吴礽骧祁连置在今临泽县蓼泉乡双泉堡一带说。述汉表是县城曾因地震有过搬迁：光和三年（公元180年）地震前汉表是城在高台县黑泉乡安定村一带，位于东经99°41′，北纬39°27′；光和三年地震后迁至今高台县骆驼城。

赖美《楚简所见战国时期楚国的关津制度》一文①，以传世古籍及楚简所见阐述楚国的关津制度，认为"楚国的关由关口和塞组成，利用关

---

① 赖美：《楚简所见战国时期楚国的关津制度》，《安徽广播电视大学学报》2013年第3期。

门、关墙、篱落、壕沟、土堆、被砍斫的树木等阻断交通。就关津的功能来看，关津的首要功能是军事防御，其次征收税收。就关津的管理来看，已经出现分工的现象，关尹、左关尹、关吏等构成关津的军事管理体系，关金则由中央政府直接派人征收"。文中赞同宋华强关于新蔡葛陵楚简甲三264简"城再"读为"城塞"的观点，而城塞指位于关口两旁的防御设施。又引张家山汉简《二年律令》，指出汉初文献所载关和塞是两个不同的概念：关指关口，而塞是由关墙、篱笆、壕沟、土堆、被砍斫的树木等构成的障碍物。因离楚国灭亡的时间不远，故此亦可视为对楚制的继承。

关于关与津的区别，文中引用宋人胡三省的解释："关，往来必由之要处；津，季度必由之要处。"同时以湖北江陵初纪南城遗址所见为例，指出关有塞，津亦有塞。

关于关津的功能，认为楚关津的形成是强化军事防御的结果，故其军事功能是首要的。

关于关的管理。详述楚国在具体关塞设置官员及征收"关金"的情况，结论云："战国时期，楚国关津的管理已经出现分工的现象，关尹、左关尹、关吏等构成关津的军事管理体系，而关金则由中央政府直接派人征收。"

十一　简牍文书所反映的
秦汉会计与管理

中国古代的"会计"包括今天意义的会计与统计。秦汉简牍中存在大量的账簿与名册，具体入微，这些是古籍很少反映的内容，对研究当时的会计、统计制度及人事与经济管理都是极好的资料。较全面利用此类资料者，首推郭道扬《中国会计史稿》一书①，书中引用了大量的出土文献，而其中第四章"秦汉时代的会计"与简牍之结合最紧密，凡三节，

---

① 郭道扬：《中国会计史稿》上册，中国财政经济出版社1982年版。

仅述其中涉及简牍的内容。

"秦代的会计"，述秦代会计的制度与方法，内容包括：

1. 财计组织与制度。关于财计组织，述及睡虎地秦简揭示郡之"府""曹"尚设有"少内"专门主管财物收支，而县一级还有直属朝廷的"都官"对驻在县进行就地监察。关于财计制度，指出睡虎地秦简中保存当时经济法规的诸多内容，如对会计的要求包括正确处理经济收支事项，做到账、实相符；要求会计人员廉洁奉公，不做违法乱纪的事；会计籍书的记载应当无误，因错误而造成损失须赔偿并受惩罚；会计计算须准确，造成差错，则按规定限额处理。经济责任交接方面的法规规定实行分级审核的移交制度，对处理权限与处理方法都有明确的规定；有关财务损失、损耗处理的法规，能区别责任性事故与非责任性事故，前者从重，后者从轻；关于财物出入的管理，制定了严格的出入手续，对一些财物的支出规定开支标准或限定领用数额，明确责任。

2. 会计方法。关于会计籍书的设置与分类，主要以田租、口赋、刍稾、盐税、铁税及商税等收入项目为标准设置会计籍书，在睡虎地秦简中把这类会计籍书称为"恒籍"，它具有总括反映某一类收入的作用；各经济职能部门又有分项会计籍书的设置；当时的会计籍书都是序时流水式的会计籍书，尚无总与明细之分。关于会计籍书的登记方法：秦代正式进入我国"记账方法"的第二时期——定式简明会计记录时期，即比较固定划一的会计记录格式取代文字叙述式的会计记录方法，通用"入、出"作为会计记录符号。文中阐述了定式简明会计记录法的特征：一是直出直入（或直受直付）的单一会计记录法；二是在会计籍书上采取序时流水式的登记方法；三是会计籍书之间彼此独立，缺乏有机统一的联系；四是在会计籍书中所进行的分项核算，系以按部门、单位（或人名）的分项为主，另兼有物名项目的设置。关于会计计量单位：延续以实物为计量单位的同时，由于币制的统一，使货币量度在会计核算中的运用迈出关键的一步，使之得到较多的运用；简文表明，秦代在会计核算中将实物折算成金、钱的情况已较春秋时广泛。关于会计凭证：指出使用会计凭证是经济管理的重要手段，秦简常见经济凭证有"券""书""符券""致""三办券""校券"等，大体可分为收入和支出两大类，通常作为财物验收、支出、报损及通行的证据；最后概括了会计凭证运用上之三点进步。关于财物盘点方法：秦简见存定期盘点与临时盘点的规定。定期盘点主要是年终盘点，临时盘点主要是新旧官员交接时的实地盘点，将盘查后的实数移交新任官员，以明确经济责任。所采取盘点方法既有整数整盘，亦见零数细盘。

3. 秦代民间会计发展情形之一斑。述秦之市场已有可能按官方意志结合起来的商业组织"列"，商人们已摆脱以物易物的交易方式，基本上以货币为计量单位，逐日登记销售收入，以便官方籍之收税。

"西汉时代的会计"，述西汉时期的会计制度与方法，内容包括：

1. 西汉官厅的财计组织与制度。关于财计组织，主要据传世文献阐述西汉时期从朝廷至郡县的财计组织设置状况，指出"上计"官之上下沟通，成为皇帝独揽财政大权的耳目，是西汉财计组织的特色。关于财计制度，述编户的情况及其对增加国家财政收入的作用；述上计制度的内容与具体办法，结论云："到西汉时代，上计制度的内容已经比较充实、完善，有了一套上下贯通一气的组织机构，以及比较完备的推行办法。此制对维护封建统治者的经济利益，监督会计核算，加强经济集权发挥着愈来愈显著的作用。"述仓储储备制度，据居延汉简等所见，知"当时仓库还设有主管行政事务的仓长；主管会计簿书的主簿及其下属录事掾；监督仓库财物出入的监仓史、监量掾；负责仓库财物保管的仓曹掾，以及功曹史等。库中已建立有比较严格的手续制度，如粮食出入手续制度，新官就任、旧官离任的移交制度，以及财物盘点制度等"。又论及常平仓及其管理水平。述有关经济管理和会计核算方面的法制，列举汉户律、上计律、贪盗治罪律、钱律、养老令、金布律、田律、市律等。述财政收支制度，西汉朝廷企图以"量出为入"之制取代"量入为出"旧制；收支项目分国家财政收支项目与皇室财政收支项目两种，分别进行核算：国家财政收入项目主要有田租、算赋、更赋、户赋、盐铁专卖收入、榷酒收入等，国家财政支出项目主要有俸禄、军费、祭祀费、土木工程费、外交费、赏赐费等；皇室财政收入项目主要有山海池泽税（包括矿税、海税及陂湖税等小项）、园税、市租税、口赋、官田收入（属于皇室部分的官田）、苑囿与池籞收入、贡献收入等，皇室财政支出项目主要有膳食费、器物费、服装费、赏赐费、舆马费、后宫费、娱乐费等。

　　2. 西汉官厅的会计方法。关于会计簿书的设置与分类，认为西汉时会计记录与统计记录开始有了一定的区别，云："那时候把记录会计事项的简册称为簿，或曰簿书，或曰计簿；而记录统计事项的简册则称为籍。"西汉官厅的会计簿书的设置，大体分两大类：一是大司农所属赋税征收及保管出纳部门的会计簿书设置；二是其他部门，如军队、县、郡、中央政务机构的会计簿书设置。赋税征收部门主要以国家规定的财政收支项目为依据设置会计簿书，通过这些会计簿书的设置，达到系统反映各项赋税征收上缴情况的目的。财务保管出纳部门则主要是按照财物的类别设置会计簿书，以系统反映各类财物收发领用情况。文中以江陵凤凰山十号墓出土的五号木牍为例，介绍赋税征收部门会计簿书的设置情况；以居延汉简为例，介绍西汉军政部门会计簿书设置与分类的基本轮廓，又分别主要簿书与一般会计簿书两类进行论述。通过新发现的居延新简"劳边使者过界中费"册，得出"单独用于核算某种专门费用的会计簿书设置，是西汉官厅会计簿书设置方面的一个突出进步"。最后指出西汉的官厅会计簿书设置已趋复杂化，这种复杂化主要是数量的增多，还不是科学会计簿书体系的建立。但也有了进步的倾向，如在某些局部有了总分类与明细分类核算的区分，费用核算的专门会计簿书已出现，分户核算已有科学因素，主要会计簿书与次要会计簿书的界限已比较清楚，核算上有了主次之分。关于会计簿书的登记方法，引用了大量的简牍资料，指出单式会计记录方法已成定式，有了比较固定划一的记录格式，即不同的地方、不同的会计部门和人员所记录的会计簿书，所用的会计符号、记录的内容、每笔会计记录中各部分的摆列顺序，以及整个会计簿书记录的组合规定基本上是一致的。文中以居延汉简 980 号简正、背两面的简文为典型，通过分析表明：当时的官厅会计核算中，"入""出"作为会计记录符号已通行一致，而民间会计核算多用"收"与"付"作为会计记录符号，但二者有时也互用。采用流水登记的形式，如居延汉简 980 号简所见，每笔经济事项在会计簿书中所处的位置，系以经济事项发生的时间先后为序，无论收入还是支出混合交叉登录，到一定时间才汇总，结算出余额。"入 - 出 = 余"（即本期收入 - 本期付出 = 本期结余），在西汉已成为通用的结算公式，论者称之为"三柱式结算法"，认为它是后来"四柱结算法"产生的基础。以居延汉简所见"谷出入簿"为例，阐述当时采用了单式会计记录法，收入说明了来源，支出讲清了用途，做到简明、完整、便于监督。关于计量单位与赢利的计算，述金属货币的地位，货币不仅成为国家主要的收受支付、积累贮藏财富的手段，还是度量商品价值、进行商品交易的手段，因而随着货币在核算中作为计量单位比重的扩大，会计核算水平也跟着得到提高；又述西汉实行金、钱二本位制；列举居延汉简诸多例证，指出"会计核算以货币作为计量单位其优越性在于，通过它便于综合进行核算，可以把不同的实物计量单位统一起来，从而使难以进行比较的经济事物可以作出比较，用实物量度无法加以考核的经济指标，可以得到正确的考核……可以说货币量度在会计核算中的应用程度，是衡量某一时代会计核算水平的一个重要标志"。还指出当时人们计算赢利时，已初步区别成本、费用、赢利三个概念，而且对彼此之间的关系有了一定的认识。关于会计凭证，分为三类，一是"券书"类经济凭证，二是具有经济凭证作用的官方律令，三是与经济收支相关的各种名籍。书中列举了居延汉简所见的许多例子，着重考证第三类名籍与会计簿书之间的关系，指出西汉之原始凭证已有了编号，它是当时会计方法发展中的一个突出进步。以具体简文举证当时的原始凭证基本具备两方面的作用：一是能够比较明确地反映经济出入事项的性质及内容；二是明确经济责任，发挥书面证明的作用。关于会计报告的基本形态，指出西汉的"计簿"是我国中式会计报告的早期形态，不是纯粹的会计报告，是对会计簿书日常核算资料的综合要录，总括反映财政经济出、入、余三方面的情况。关于财物的保管与盘点，注重会计簿书的正确记录，财物盘点的重点在钱谷，主管官吏变动时亦有严格的实物盘点移交手续。

3. 西汉时代的民间会计。述西汉之民间会计随着经济的发展而有较大起色，书中主要以江陵凤凰山十号汉墓出土的木牍为例证进行说明。关于会计簿书，列三种类型：第一种是口赋、杂赋征收方面的会计簿书设置；第二种是从事商业经营活动方面的会计簿书设置；第三种是田租剥削方面的会计簿书设置，包括田租簿书与贷谷种的簿书。其指出："经济活动愈复杂，会计簿书的设置也愈周密"。关于单式收付簿记法，亦举江陵凤凰山十号汉墓出土的五号木牍为例进行分析，指出五号木牍所反映的会计记录方法，从现象看有"复式记账法"的某些特征，包含有超越单式会计记录法的科学因素，但实质上还是单式收付会计记录法。五号木牍具有会计簿书与计簿两重作用。关于民间契约与合同，举《流沙坠简》所见买卖券约，又江陵凤凰山十号汉墓出土的二号木牍所见商贩券约，指出："当时从事私人经济事业的人们，不仅重视经济核算……已注意到利用经济券约，对经济活动发生约束能力，并通过经济券约保证会计核算的正确进行。"关于货币量度的运用，述货币量度在当时的商业经营中已占统治地位，而实物量度退居次要位置，实例表明在中国会计发展史中，民间会计核算水平之所以超过官厅会计核算水平，与货币量度的运用有极大关系。

"东汉时期的会计"，述东汉的财官、财制及会计方法，内容如下：

1. 财官与财制。述东汉的财计组织设置及财计制度与西汉同。

2. 会计方法。述东汉时代的会计设置与西汉基本一致，但有所发展，举居延汉简所见"永元器物簿"，证当时人在会计核算中已经能分别"上期结余"、"本期收入"、"本期付出"及"本期结余"四大经济项目，它与唐宋时期"四柱结算法"的创立有着历史渊源关系。"永元器物簿"的构成既反映财物的静态，也反映财物的动态。东汉官厅会计记录方法，依然是以入出作为会计记录符号的单式记录法。随着统治者对赋税征收的加强，东汉经济簿书的范围有了进一步的扩张。

"两汉时代的财计理论"，述司马迁、桑弘羊、王莽等涉及财计方面的论说，皆引用传世古籍所见资料，未涉及简帛。

李均明曾发表若干与"会计"及经济管理相关的文章，主要观点则汇集综合于其所撰《秦汉简牍文书分类辑解》"簿籍类"附录"簿籍与会计"一文中。[1]

关于账簿设置与核算项目。述设置账簿是经济活动中，将每笔收支事项有规则地记录下来，用适当的方式加以归类整理的会计方法。简牍所见账簿种类繁多，其中以钱谷和兵器、守御器的名目最多见。钱谷历来是会

---

① 李均明：《秦汉简牍文书分类辑解》，文物出版社 2009 年版，第 398—414 页。

计核算的主要对象，具有普遍性。而项目设置中，钱、谷通常是分立的，每一大项又依据不同的用途或不同的外在特征分别立户，例如有关金钱的账簿不仅有"钱出入簿"，还按用途区分出"赋钱出入簿""稍入钱出入簿"，前者所占比例最多，乃由于支出最多的缘故。有关粮食的账簿，不仅有"谷出入簿"，还有"糒簿""官种簿"等。即使同一账簿，实际应用往往还区别不同的对象。如当时使用量较多的茭草，不仅设"茭出入簿"，还见"伐茭簿""茭积别簿"等，反映收割、存放、使用的情况。再如简牍所见有关兵器的账簿与守御器簿是分立的，乃用途与配置方式不同而致：兵器通常是配备给个人的作战武器，由个人保管维护；而守御器被放置在防御工事上，集体使用，不专属某人。关于兵器的账簿，又有"完兵出入簿""折伤兵出入簿""兵折伤敝绝簿"等，按兵器的完损程度划分。当时已产生用于核算专门费用的会计账簿，如《劳边使者过界中费》，此簿不仅准确记载消耗食品的种类与数量，还列算每类所值金额，最后以总金额反映总开支。

关于记账与结算法。述简牍所见账簿有一定的格式，使用统一的会计记录符号。列举了支出账、收入账、入出综合账、序时流水账的一般格式与要素。指出当时最基本的会计记录符号为"出"与"入"二字。"出"表示付出，"入"表示收入。"出"与"入"正是一对相对动词，表明相反的意义。与"入"相搭配的常是"受"字，"入"在账簿中指收入钱、粮、物等，居主要位置，而"受"指所收钱、粮、物受自何处何人，居从属位置，是对前者的说明。入出账中仅出现"受"字时，则此字兼具收、受二字的作用。账簿中凡属承受前期余数时亦常用"受"字作动词。与"出"相搭配的动词较多，往往是依据付出物的不同属性而定。出钱账中，"出"字与"给""付""赋"搭配；出粮草则与"以食"搭配，文末多注明平均食量。

简牍时代的结算是根据本期收入、支出和结余三者，通过"入－出＝余"的公式进行的，通常称之为"三柱式结算法"（郭道扬《中国会计史稿》第213页）。对上期结余数，简牍所见大多作为本期收入立账，《永元器物簿》中，已在同一账面上区分了上期结余，说明东汉时已有了"四柱结算"的萌芽。当时在会计核算中实物量度与货币量度两者兼用。

钱出入簿以货币量度，而实物出入簿则多以实物量度。至汉代，货币流通量比较多，在社会经济生活中发挥了重要作用，因此在会计核算中以货币作为计量单位的情形不断增多。简牍所见使用货币为计量单位时通常只写数词而不书量词，这是由于当时的货币是法定统一的。只有在特殊情形下，如新莽时期币制混乱时，以货币为计量单位往往还在数词前署写货币品种、名称并加量词。

关于经济凭证。简牍所见经济凭证形式繁多，常见者如：

1. 具有经济凭证作用的官方律令文书，如官吏的俸禄、口粮都有规定的数额，这些数额由朝廷或级别较高的官府拟定，然后以一定的书面形式颁布。这些律令文书便成为有关当局据以发放俸禄或口粮的数额方面的书面依据，具有经济凭证的作用。当俸禄或口粮配给的数额发生变化时，必须颁布新的律令文书，与之相应的旧的律令文书随之失去经济凭证的作用。

2. 券约是制约当事各方的经济凭证，曾广泛应用，体现了当时重信用、执凭证的风气。其中简牍债券分买券与卖券，契口相合。

3. 简牍所见许多名籍与经济收支直接相关，具有原始凭证功能，与账簿有明确的对应关系，凡此同一事类之名册与账簿常共存入档，这类现象不是偶然的，二者有着依存关系，即前者是后者的依据，它起着原始凭证的作用。籍作为原始凭证，应用范围广泛。

名籍的分类设置往往与会计账簿的分类设置相对应：吏奉赋名籍之类与赋钱出入簿、赋钱簿对应；廪名籍、食名籍之类与谷出入簿、月食簿对应；被兵名籍之类与被兵簿、全兵簿对应等。实际经济事务中，簿与籍二者相互依存。秦汉简牍所见经济凭证，大多数为自制凭证，一般是以实际发生的经济业务为依据直接填制的，也有少量外来凭证。

关于会计报告。述会计报告已处在文字叙述与报表相结合的阶段，有一定格式，可分为专项报告及综合报告。专项报告有呈报单一物品的，也有呈报同类多种物品的。综合报告的内容较复杂。典型的综合报告见《永元器物簿》，广义而言，定期上报之各种账簿（含呈文），皆可称为会计报告。而狭义的会计报告当经过累计与综合归纳、数额及项目皆较多的报告，如简牍及史籍常见之"集簿"。江苏连云港尹湾汉墓出土木牍，见各式"集簿"。

关于统计指标。统计指标是反映同类社会经济现象某种综合数量特征的概念和数值，由指标名称和指标数值构成。指标名称（或称"指标项目"）由统计研究的目的确定，它与经济管理、监督的需要息息相关，与所处时代的政治经济水平相适应，不同级别及不同部门设立的指标项目不尽相同。连云港尹湾六号汉墓出土一号木牍为东海郡报给朝廷的上计报告，所设指标项目完整而成体系，当符合法定要求，是研究汉代"会计"不可多得的珍贵资料。此集簿所设指标项目近 60 个，大致包括五大类，每类又分若干组，每组又分若干指标项目。此类项目划分方式亦见于史籍，如《汉书·地理志》等，表明此类项目数值皆为当时封建国家必须掌握的基本数据。逐阶上报是汉代统计的原则。指标项目的设立又与当时的经济政策直接相关。尹湾汉墓木牍一号集簿关于人口年龄结构的统计项目见"六岁以下""年七十以上""年八十以上""年九十以上"与征税、免税及优待老人相关。

汉代统计已采用综合指标法，就其作用和计算方法而言，主要有总量指标与平均指标。总量指标用来表明在一定时间、地点、条件下的某种社会现象的总规模、水平或总量，都用绝对数表示，如尹湾一号木牍所见总量指标数值皆为西汉末东海郡某年的统计数值，受地域与时间的严格限制。总量指标按其说明内容不同，分为总体单位总量与总体标识总量。

总量指标按其反映的时间状况不同，可分为时期指标与时点指标：时期指标反映某现象在一段时期内发展的总量，所见指标数值可以累计，数值增减的量与时间的长短成正比；时点指标反映现象在某一瞬间的总量，如尹湾一号木牍所见县邑侯国乡里亭邮、户口、田地等大部分指标皆是，对时点指标这一瞬间的选择，通常由当局作规定。

综合指标法的另一重要内容为平均指标。平均指标反映总体各单位之间，某一数量标识不同数值的一般水平，简牍所见通常以"率"表示。平均指标的数值通常以整数表示，余数称"奇"，列于整数之后，大多情形下仅称"有奇"而将余数忽略不计。也有较精确者，数值可精确至三分之二、三分之一这样的分数单位。当时的平均指标皆取算术平均数。不排除汉代平均指标已采用中位数和众数的可能。汉代平抑物价时，称物价之平均数为"平贾",或称"平",受到时间、地点及数量条件的限制，物价之平均指标极难以算术平均数取得，故一般只能将其大致分为上、中、下价，然后排除上、下而取其中价，或取物价中最普遍出现的数值，即众数。

秦汉统计指标之计量单位主要是自然单位，如与人相关之户口、吏员数以"人"为单位，车辆以"两"或"乘"为单位；度量衡单位，如顷、亩、石、斗、匹、丈、尺之类；价值单位，称"钱"或"某种钱若干枚"之类。以上为常见者，历代一脉相承。值得一提的是简牍尚见特殊的计量单位"算"（通常写作"筭"），简牍中有关计量单位"算"的记载比比皆是。"算"所替代是抽象的等份，其所计不仅包括物品的质与量，还包括政绩、能力等。"一算"指一个等份，但其定量作用是有条件的，其数值因事因时而异。"算"对政绩、能力的计量作用，更是因时因地而异，其准确数值必须结合具体条件考察才能确定。

关于统计数列。按照某种规律排列的一列数，称作数列。秦汉统计中数列的应用非常广泛，它是按统计研究的目的设定的，在相同或相距不太长的年代，数列常常相类。

职官数列通常由高职向低职逐次排列，与《汉书·百官表》等史籍叙述职官的顺序同。"百石""斗食""佐史"乃秩级，同一秩级含若干职称，同秩级的不同职称，在数列中亦有一定之规，如汉简所见士吏与候长皆百石秩，在数列中士吏必居候长前。职官数列由低职向高职排列者较少见。

亲属数列。通常先直系，后旁系，再接辈分、年龄依次排列，其大致顺序为：父、母、妻（兄弟）、兄弟（妻）、子女。兄弟及子女二人以上者又按年龄由大至小排列。唯兄弟与妻的排列先后不固定，原因未详。

弩具数列。通常按弩、弩幝、弦、橐矢、矢、兰、兰冠的顺序排列，一般是主件在前，配件在后，其中系弦与橐弦的前后顺序或未固定。以上数列，统计学称之为品质分配数列，简牍所见甚多。

简牍所见分配数列，尚有主项与辅项的划分。按时间顺序排列的一列数，叫时间数列。简牍所见时间数列多为时期数列，常见于序时账，如日迹簿所见之有关数值皆按时间顺序排列，可以累计，亦知其为时期数列。

时间数列为人们观察经济现象的发展趋向提供了依据，汉简所见与发展趋向相关的概念有如下几种。

与此。"与此"所系数值为逐次累计数。此数与简牍常见表示合计的"最""凡"不同。"最""凡"是有关数值的一次性合计，而"与此"是逐次累计。

如故、如前、多前。"如故""如前""多前"乃指与前期数值的比较，犹今增长量，即报告期水平减去基期水平所得的差。"如故""如前"指与前期等量，"多前"乃指超过前期数值。

王利《西汉西北边郡官厅会计研究》一文①，以西北地区出土的简牍为依据，结合文献资料，对西汉西北边郡地区官厅会计技术作了探讨，除有针对性的正面论述外，尚注重对背景及存在问题的揭示。

一述西汉会计技术发展的背景，包括以下内容。

1. 前代遗留下的会计基础。秦统一六国后，十分重视会计工作与技术，在教育、制度、人员方面为后世奠定了雄厚的基础，如通过教育，把会计技术向普通老百姓推广；在会计立法方面制定许多与会计工作相关的规定；设置了大量会计人员，他们在改朝换代后继续发挥作用。

2. 西汉会计技术的数学基础。算筹的使用节省人力，提高了运算速度；数学著作之相继问世，解决了许多理论与实践问题。

3. 西汉政府十分重视会计人员。把"能书、会、计"作为对基层官吏的基本要求，重用有会计专长的大臣。

4. 西北边郡基层防御体系中会计人员的设置。西北边郡基层防御体系中，候官、部两级设账，烽隧或不设账；候官、部是会计人员活动的最基本场所。

二述西汉西北边郡地区的账簿，包括以下内容。

1. 账簿的形态。述两种形态：一为册式账簿，由多枚简牍编联而成，一简通常只记一笔经济业务，第一枚简一般为"封面"（标题）；二为牍式账簿，用较宽的木牍书写，其特点为一块木牍上记多笔经济业务。

---

① 王利：《西汉西北边郡官厅会计研究》，《国际简牍学会会刊》第4号，（台北）兰台出版社2002年版，第41—98页。

2. 账簿的种类。按记录方法的不同，账簿大概可以分为分类账、序时账、专门账等主要账簿及各种辅助账。列举每类的各种账簿，指出："上述种种对账簿的肯定并不能表明当时的账簿已经完全成熟了。相反，可以看出它带有很大的原始性。主要表现在账簿的种类繁多，但又各自独立。账簿之间缺乏有机的联系，不能系统地反映某一经济单位的全部业务活动。"

三述会计凭证及存在的问题。认为会计凭证主要有三类，一为"券书"，二为具有经济凭证作用的官方文书，三为与经济收支有关的各种名籍。又阐述这些凭证的三种主要作用。不足之处包括以下内容

1. 账证不分。当时会计工作存在账证不分的现象，所见文书既是原始凭证又是账簿记录，具有双重身份。

2. 原始凭证保管不善。主要表现在保管方式比较松散。

四述记账技术和结算方法及会计期间。包括：

1. 记账技术。已总结出较为固定通用的记账方法，使用时间长，使用范围广，有以下特点：单式记账，以文字反映业务基本内容、一记录反映一笔业务、只反映业务的一个方面而不同时反映另一个方面；记账格式化，已形成比较固定的格式，表达格式为"出"或"入"＋所出钱或物＋金额或数量＋空格＋解释说明部分（或省之）；采用"出""入"为记账符号，写在每项会计记录的第一字位置；总账、明细账关系的萌芽反映在会计记账的记法上，而不反映在账簿之间的关系上；多种计量单位同时使用，显示出以实物计量单位为主的特征，以货币为计量单位仅出现在记录货币收支时。

2. 结算方法。结算方法有"三柱式"与"四柱式"两种。"四柱式"结算法包括上期结余、本期收入合计、本期支出合计、本期实际节余四大要素。该文以较大篇幅举例阐述西汉已存在"四柱式"结算法，肯定地指出："当时的会计人员对'上期结余'的概念已有了很明确的认识，并在会计核算中广泛使用'上期结余'这一要素。上期结余的广泛使用为'四柱式'结算的出现在技术上铺平了道路……'四柱式'结算法在西汉已经出现，而非出现在以后的朝代。"

3. 会计期间。会计期间指人为地将经济业务划分为若干时间段进行

核算，但经济业务不中断，主要有会计月度与会计年度两种。会计月度以月为会计期间单位、会计年度以年为会计期间单位，受上计制度的影响，会计年度以九月为限。

五述会计报告。西汉时期的会计报告以文字叙述为主，但已表现出数据化的趋势。西北边郡地区的官厅会计除使用上计簿作会计报告外，还使用其他形式的会计报告，文中列述"四时簿""刺""应书"三种。

1. "四时簿"是按季节编制的季度报告，时间比较固定，具有会计报告的功能。

2. "刺"为官文书，形式多样，列举"食月别刺""折伤承车轴刺"，将此类"刺"暂称为"会计报告刺"，认为所举简例之会计报告，"从语言表达到书写形式都已摆脱了文字叙述的形式"。

3. 关于"应书"，赞同初世宾、张东辉说，认为"'应书'中很大一部分是按上级要求提供的'上计、核实兵备、财物开支'等方面的文书。因此，'应书'的一部分也是会计报告"。

结论云："西汉西北边郡地区的官方会计使用四种形式的会计报告，即上计簿、四时簿、'会计报告刺'及一部分应书。前两者是定期会计报告，后两者是不定期会计报告。在这四种会计报告中，只有'会计报告刺'是完全意义上的会计报告，其他三种很大程度上只能说是兼有会计报告功能的文书。"

六述财物管理和财产清查。包括以下内容。

1. 财物管理。设专门的管理人员；设备查账簿进行登记，以备核查；有严密的出入库手续及保管措施。

2. 财产清查。对各项财产进行盘点和核对确定其存数，查明账存数与实数是否相符的一种专门会计方法，以保障账实相符，包括对钱的清查及对实物的清查。对实物的清查采用永续盘存法（账面盘存法）及实地盘存法（实地逐一清点的方法），举实例说明财产清查是当时会计工作中的一项十分重要的环节。

3. 财物保管与清查的先进性。以简牍所见资料佐证当时会计工作中财物保管与财产清查两个环节已达到很高水平，而其他会计技术的发展则不及这两个环节快，表现出某种不平衡性。

七述查账和会计法规。查账是对会计工作的监督；会计法规是会计工作必须遵守的原则，直接与会计核算有关。

1. 查账是对会计的一种行政管理性质的经济监督。简牍所见"拘校"为账与实物相核对的查账方法，"校计"是账与账相校。"校"是查账过程的总称，账实相对、账账相对亦可简称为"校"。查账的范围主要是各种名籍、账簿。查账的形式主要有上级检查、下级送查和自查三种。

2. 会计法规分为两部分：一部分是国家为会计工作专门制定的法律、制度；另一部分是国家针对有关机构的经济活动而制定的法规。这些法规为会计工作提供了具体标准和依据。简牍所见，对现金的管理有《钱律》《金布律》，涉及从流通、收取到保管的若干规定；对非货币财产的管理见《效律》《金布律》《赐律》，涉及财产的保管及针对损坏、丢失国有财产的处罚。

该文结论总结了西北边郡官厅会计技术五个方面的成就，包括以下内容：（1）账簿设置，种类繁多，具有一定的科学性。种类繁多的账簿涵盖了各种各样的经济业务，使这些性质不同的经济业务能在不同的账簿中得到反映。（2）总账、明细账关系的萌芽。西汉时期的账簿是相互独立的。总账和明细账的萌芽虽然表现在记账方法上，但这种方法反映了当时人们对"总与详"之间关系的思考，为以后账簿间纵向联系的产生奠定了基础。（3）记账格式化和记账符号的运用。记账格式化和记账符号的运用是中式会计摆脱文字叙述的开始。它使中式簿记更进一步专业化。（4）"四柱式"结算法的出现。"四柱式"结算法是会计分期和连续核算的基础，至今仍在使用，只是叫法不同而已。（5）会计报告进入数据组合式阶段。

朱德贵《汉代会计凭证研究》一文，据汉简所见，指出汉代会计凭证具有记录经济行为、明确经济责任的功能，它也是登记账簿的依据。作者结合以下三类文书进行考证。

一述"调书"与会计凭证。认为调拨通知书是较为合理的经济凭证。它不但有经济凭证的作用，还反映当时经济凭证的一般性：凭证的制作、凭证的审阅及法律效力等。"调书"简所云"调给有书"表明无书面凭证不能实现调拨，印证其具有凭证作用。

二述"簿书"与会计凭证。"簿书"指包括钱物出入、实物、契约等经济类文书。认为汉代审计已发展到较高水平，通常会以各种账簿相互核对，以会计凭证与账簿核对，以钱粮实物与账目核对。文中还列举汉简所见会计簿书的缺陷，认为会计凭证的形式与反映的内容即使在同一地区、同一时期，所编制的水平也不一致。契约也是经济凭证，涉及领域广，内容丰富，形式规范。其中以买卖契约及买地券所占比重最大，此外还有遗嘱（遗令、先令券书）、结伴公约、借贷契约、雇佣契约等。

三述名籍与会计凭证。认为名籍与经济收支直接相关，有明确的对应关系。指出"名籍作为原始会计凭证，应用范围广泛，它是在经济行为发生时取得或者填制的、载明执行和完成情况的书面证明，也是进行会计核算的原始资料的重要依据"。文中列举吏俸赋名籍与赋钱出入簿、赋钱簿的对应关系，廪名籍、食名籍与谷出入簿、月食簿的对应关系等。亦归纳其文书格式。

该文指出汉代会计凭证的记账符号为"出""入"二字，又阐述此二字与"受""付""赋"等字的对应关系。会计凭证中常见"卩"等符号，是核对后写上的。此类审核，可以确保名籍作为原始凭证的准确无误。

文末还考证送达通知书"致书"等。指出汉简所见外来凭证大多是上级机构制定而送达下级机构的凭证。①

朱德贵《汉代会计报表、科目设置和结算制度研究》从三个方面阐述汉代会计制度。②

一述会计报表。认为西汉时代的簿籍是中式会计报告的早期形态。而汉代的上计具有会计报告的作用。会计报告是以日常核算资料为依据，集中反映某部门在一定时期内的经济活动情况，主要文书形式是上计"集簿"。会计管理主要通过对会计账簿、报表的审核来实现，并据此监督有关部门的财务收支活动，而审核的主要任务就是审查会计资料的真实性。文中以《月言簿》《四时簿》为例，阐述从凭证账簿到报告是一个不断压

① 朱德贵：《汉代会计凭证研究》，《会计之友》（中旬刊）2008 年第 10 期。
② 朱德贵：《汉代会计报表、科目设置和结算制度研究》，《会计之友》2012 年第 8 期。

缩数量、去粗取精提高质量的过程。而集簿反映的是长时间的会计报告形式，列举尹湾汉墓出土的各式集簿副本，指出集簿所列项目皆为当时国家统计必须掌握的基本事项。关于会计报告失实的惩处：故意者重罚，失误者可减轻。

二述会计科目的设置。指出从秦的"籍"到汉代的"簿"有个逐步演变的过程。西汉时"簿""籍"已有区别：籍一般用于登记人物的名称，簿则是用于财物出入的记录文书，但实际运用中不十分严格。汉代会计科目设置中钱谷为主。有关金钱的账簿不仅有"钱出入簿"，还有"赋钱出入簿""稍入钱出入簿"等；有关粮食的账簿，不仅有"谷出入簿"，还有"临渠官种簿"等。即使同一种账簿，实际计算中还区别具体的对象，如"谷出入簿"中区分粮食的具体品种。专门提到刍茭出入簿，认为"当时茭的使用量很大，大多是就地伐取，涉及收割、存放、使用等过程，故账簿分类也较细"。有关铁器的管理，见"铁器簿""铁器出入簿""什器"。兵器和守御器通常是分立的。关于兵器的账簿，有"完兵出入簿""折伤兵出入簿""兵折伤敝绝簿"，按完损程度划分。

三述会计结算方式。文中列举简牍所见实物税，涉及某里农业税的数量乃至若干纳税人所纳汇总。又举某件《钱物出入簿》为例，指出其中对现金的出纳账目、用途、授受双方的关系以及现金余额等内容都列出详细名目。该简基本上反映出侯官掌握着本部现金的使用、分配的权力。同时，他还必须将本部现金的使用情况编制成《钱物出入簿》，并上报都尉府。又举居延汉简所见支出细目账，其中不仅登录收入物品名、数额及来源，也记载支出的数额和用途，还包括收支不平衡产生的结余。结论云"当时的结算是根据本期收入、支出和结余这三者之间的关系，通过'入－出＝余'的公式进行的，这是汉代比较流行的一种会计结算方式"。

靳腾飞《秦汉简牍所见官吏审计现象研究》一文①，是不多见的探讨简牍所见有关审计的论文。该文以审计活动中官员的违法犯罪为切入点，结合出土文献，对秦汉时期审计立法和审计制度实施的具体情况进行分析

---

① 靳腾飞：《秦汉简牍所见官吏审计现象研究》，《理论月刊》2016 年第 6 期。

研究。

首先分析审计法中的"连带责任"与"以值量刑"。认为秦汉审计法律的条文中，对审计过程中的违法犯罪行为有一些原则性的规定，构成了当时审计法律的基本框架，包括：

1. 自负其责。在同一官府任职而分工不同者，分别承担所掌管事务的罪责。官府的啬夫免职，如果县令已派人核验该官府的物资，则该官府啬夫因核验中出现问题被罚时，大啬夫和丞免罪。县令免职，新任啬夫自行核验，原任啬夫和丞都不能免罪。

2. 连带责任原则。在审计中官员不仅要对自己的职责承担责任，有时还要为职务上的相关性和包容性承担行政连带责任。这些举措可以促进官员之间的相互监督，对官员的经济犯罪起到一定程度的约束作用。而对于会计过程中产生的主观犯罪，主管上级更要承担连带责任。连带责任人与直接责任人的处罚有别，一般是前者轻于后者。

3. 以值量刑原则。对于审计中出现的问题，秦时多进行赀罚，这就是"以值量刑"原则。秦朝的法律根据审计结果与实物相差的数值，对负责审计的人员进行相应处罚。论文据秦律条款，分析了审计出现差错的两种情形及相对应的处罚：一对计算错误的惩罚是差错金额越大，惩罚越重；二对账实不符或不按规定销账，则按造成损失的值金惩罚。对于出现"大误"的会计官员，能自行纠错，则可减罪一等。

次者论述秦时官吏的在职审计。审计的的内容大致有三类：一是对财政财务收支的审计监督；二是对官吏在经济上的违法乱纪进行审计纠弹；三是对官吏经济政绩的审计考核。这三方面都属于对官员在正常职务履行中的经济责任审计。审计对象包括：

1. 官有公器。定期对官有公器进行校验审核。造成官有器物损失的以经济手段，通常按《赍律》论处和赔偿。律文中有规定的按市价估值。

2. 公共物资。认为粮食等公共物资对于国家安全有重要的战略意义，是国家稳定的保证。因此对粮仓的管理异常严格，相关法律条款非常多，管理程序和责任认定更加复杂和细致，规定已经比较完备。

3. 度量衡。秦朝统一度量衡，对度量衡标准的审计非常严格。秦简《效律》所见，根据不同的误差对主管官员进行相应的处罚。

4. 日常职务职能。审计法中对官吏的会计活动有严格的审计程序和审计规定。对被清点物品数额不足或超过者，按相应的价钱划定惩罚标准。与清点物品时的审计方法有所区别，称重时不合数的判罚，还有比重的限制，主要有五分之一、十分之一和百分之一等标准，再据差额部分的价值按等级处罚，如此形成虽然称量的误差值数相同，却因占原重不同的比重，而有不同程度的判罚。因会计工作失误而导致的损失，秦律一般采用经济惩罚的手段，而对于履行经济职能中的主观犯罪，惩罚则较重。

再次论述秦汉时期官吏离职审计的规范。认为离职审计是我国古代审计制度和经济法规的一大创举，不仅有效限制官员在职时的违法经济活动，还延长了官员经济责任的时效，保障官员退休前的廉洁公正。从两个角度分述。

1. 自负其责与三方共审。据秦简《效律》的规定，凡是出现调动或离职的官员，其在任时的钱财物资和账目要进行离任审计，在审计后进行工作交接，实行各负其责的原则。对新吏、居吏、故吏三者在审计方面的责任做了细致的规定。明确规定审计时要引入独立的第三方以保证审计的客观独立性。

2. 审计责任的时效性。秦《效律》规定离职审计结果的有效性是一年。一年内查出问题的，不仅离任者要承担罪责，留任的人也要承担，此处体现了连带责任原则。一年期满后，出现问题的，离任者不再承担罪责，而由新任的吏和留任者承担。列举张家山汉简《二年律令》所见，认为汉初的情况与秦代相似。又据里耶秦简所见，认为不仅对于退休或免职的官员，对于出任其他职位的官员也要进行离职审计。

十二　简牍文书与古丝绸之路

古丝绸之路以长安为起点，经甘肃、新疆，到中亚、西亚乃至地中海各国，最初以输出丝绸而闻名于世，故名丝绸之路。西北汉简中有许多与丝路相关的史料，尤其悬泉汉简出土后，丝路走向及交流形式渐趋清晰，研究亦逐步深入，试略述一二。

张德芳《西北汉简中的丝绸之路》一文，概述了西北汉简对研究古丝路的价值，认为西北出土的约七万枚汉简与当年的丝绸之路有着密切的关系，不但是研究丝绸之路的原始文献，也是展示丝绸之路历史的全景画卷。

论文首先考证了丝路东段（指长安到玉门关、阳关以东的路段）的路线。认可此段有南、中、北三条路线的传统说法，认为"其中一条就是我们今天所走的道路，从西安出发沿渭河流域西行，经宝鸡、天水、秦安、通渭，翻越华家岭，经定西、榆中过河口，然后进入 312 国道，穿越乌鞘岭，进入河西走廊。这就是我们所说南、中、北三道中的中道"。指出"居延汉简和悬泉汉简中的道路里程简，给我们提供了从长安到敦煌的基本路线、走向、里程以及停靠站体系。这是两汉时期丝路东段的主干道"。文中将此道分为六小段：一为长安至好止的京畿段（今西安至甘肃东部的泾川、平凉）；二为月氏至高平的安定段（今泾阳县南至宁夏固原）；三为媪围至显美的武威段（今景泰县芦阳镇响水村至武威凉州区丰乐堡）；四为删丹至表是的张掖段；五为玉门至渊泉的酒泉段；六为敦煌段。

二考丝绸之路中段及中原朝廷与西域诸国的交流。主要依据传世文献进行考证，结论云"综合来看，两汉时期的丝路中段（即新疆段），亦有三条道。南道沿昆仑山北麓走，中道（《汉书》中的西域北道）沿天山南麓走，两条道都沿塔克拉玛干沙漠南北边缘穿行。北道即天山以北，从玉门关西北行，经吐鲁番一带及天山东部诸多小国，直达乌孙，进入康居。西汉时人们大多走南、中两道，东汉时南、中、北三道都已通行"。结合汉简资料，详述南、中、北三道诸国与中原的往来。

南道 17 国，从西向东以楼兰（鄯善）、且末、小宛、精绝、扜弥、渠勒、于阗、皮山、莎车、蒲犁等 10 国为主，其他有的地处昆仑山山谷，不当道。引汉简所见屯田记载，指出汉朝为保障南道畅通，设施了伊循（今若羌米兰）屯田。

中道 15 国，见于汉简者有山国、危须、焉耆、尉犁、渠犁、龟兹、姑墨、温宿、尉头、疏勒等 10 国，皆为分布在天山以南、塔里木盆地北缘的城郭小国，其中龟兹最大，在丝路上的地位很重要，受汉文化影响深，对其他小国的依违向背有带动作用。汉朝在渠犁屯田，使者校尉派驻于此，是一处重要的军事堡垒。据汉简的大量记载，更重要的是汉朝在地处西域中心的乌垒城（今新疆轮台县野云沟）设立了西域都护府，为掌控全局奠定了基础。

北道 16 国，乌孙最大，其他 15 国皆小国，文云：“从东到西有：两蒲类（蒲类、蒲类后国）、四车师（车师前国、车师都尉国、车师后国、车师后城长国）、两卑陆（卑陆、卑陆后国）、两且弥（东且弥、西且弥）以及胡狐、郁立师、劫国、单桓、乌贪訾离。这些小国除车师前国和车师都尉国在今吐鲁番高昌故城一带外，其余都在东天山北部和东部，即乌鲁木齐以东到巴里坤。”认为丝路北道的开通当在东汉以后。但西汉时期已开始强化对北道地域的经营，战略重点有二：一是驻屯车师，汉简中有大量车师屯田的记载即证；二是密切与乌孙的交往，“汉简中公主和亲、少主出塞、常惠使乌孙、辛武贤穿渠积谷以及大小昆弥来汉朝贡的材料都极为丰富”。

结语中对葱岭以西的西段路线亦做了南、中、北三道的推测：“南道，从皮山西南翻越悬度到罽宾（克什米尔），进入印度等南亚次大陆，同时可从罽宾西到乌弋山离（今伊朗东部和阿富汗西部的锡斯坦地方）即所谓‘罽宾、乌弋山离道’；中道，从大月氏（今阿富汗）进入马什哈德、哈马丹、巴格达、大马士革；北道，从大宛（今费尔干纳）、康居（今锡尔河东北部哈萨克草原）进入咸海、里海和黑海北部，然后南转君士坦丁堡。”

张俊民《悬泉汉简所见丝绸之路》一文阐述了丝绸之路的组织机构及人员管理。

关于组织机构。认为驿置是汉代邮驿的一级组织，如悬泉置。比置低一级的是骑置，置中也有骑置。不在置的骑置位于两个置之间，构成置（骑置）—骑置—置（骑置）的组织形式。邮驿机构的基层是亭。由置、骑置、亭三者的结合构成汉代邮驿体系：置—亭—骑置—亭—置。认为敦煌郡的邮驿路线就是丝绸之路的重要组成部分。

悬泉汉简记载敦煌郡有“厩置九所”，目前可确定的有渊泉、冥安、广至、鱼离置、悬泉置、遮虏置、敦煌和龙勒置等 8 个，另一个置或认为是效谷，或认为是玉门置。简文载效谷县有第二、第三、第四及悬泉置之骑置（相当第一骑置），凡 4 个骑置。推测效谷县（包括邻县接壤者）驿路分布如下（由东向西）：

鱼离置—□□亭—万年骑置—石靡亭（以上属广至县）—临泉亭—悬泉置—毋穷亭—平望骑置—□□亭—遮要置—□□亭—甘井骑置（中部都尉）—安民亭（以上属效谷县）—乐望亭—西门亭（以上属敦煌县）。

关于人员管理。阐述悬泉置是官方的接待机构，悬泉置设有最高行政长宫"丞"，其下又有分管不同职能部门的啬夫、佐，置啬夫主要负责住宿、厨啬夫负责饮食、厩啬夫负责养马，主要功能是迎来送往（包括内地官员及西域来宾）、传递政令。归纳简文常见的西域国名有婼羌、楼兰（鄯善）、且末、小宛、精绝、扜弥、渠勒、于阗、莎车、疏勒、尉头、温宿、龟兹、乌兹、乌垒、渠犁、尉犁、焉耆、危须、狐胡、山国、车师、卑陆、乌孙、皮山、蒲犁、大宛、大月氏、罽宾、康居，还有未见于史载的折垣和祭越。西域使者进入敦煌之后，多由敦煌派员护送至长安。作者又据简文详考当时的交往状况及管理方式等细节，指出有些简文亦体现民间层次交往的方式与方法。[①]

葛承雍《敦煌悬泉汉简反映的丝绸之路再认识》回应对丝绸之路的质疑。该文从敦煌悬泉汉简所见，论证汉代丝绸之路涉及的西域胡商及物资交流都是真实存在的，体现了以官方使节与民间客商混合为代表相互往来的难得细节。还指出出土文献既有不可替代的证据珍稀性，又有碎片化疏漏的局限性。全文分三段叙述。

一述汉代传置道里簿记载的驿站路线。指出居延汉简及悬泉汉简所见驿道里程简，展示了汉代长安到河西敦煌的里程表，清晰记载了汉代丝绸之路驿传设置和前进路线，回答了丝绸之路真实存在的问题。归纳汉代丝绸之路的基本走向是"东面始于西汉的首都长安（今西安），经咸阳，一条路沿泾河而上，经固原、景泰进入河西走廊，路途短但缺水补给难；另一条路沿渭水西行，经陇西、金城（今兰州）进入河西走廊，路途适

---

① 张俊民：《悬泉汉简所见丝绸之路》，《档案》2015 年第 6 期。

中补给一般。沿河西走廊西行，经武威、张掖、酒泉，再西行即到咽喉之地敦煌。由敦煌出玉门关或阳关，穿过白龙堆到罗布泊地区的楼兰。长安至敦煌的路途按照汉简分为京畿段、安定段、武威段、张掖段、酒泉段和敦煌段等六段路线，每个站点平均相距约 38 公里"。

二述悬泉汉简所见西域胡人与物资交流。关于使者，通过考察悬泉汉简《康居王使者册》所见康居使者，又其他简文所载乌孙、莎车、大宛、大月氏等国使者，认为"如果说使者是官方代表，其本身就说明了西汉后半个世纪政治稳定与边塞畅通的状况，汉代长城、烽燧、关隘、驿置、城堡等构成的军事设施保障着道路的畅通，反映出当时丝绸之路往来的频繁"。关于贵人。简文载西域贵人来访的规模很大，认为这些贵人不是一般平民，而是贵族上层的显赫人物。关于客商。详考简文所载"诸国客"即西域商人，扮演着东西方经济文化交流中间人的角色，规模也庞大。关于侍子。认为侍子就是质子，是西域诸国与汉朝保证友好联盟的人质。简文中有给质子供食的记录，表明汉朝经营西域策略中非常重视与各国的联盟。关于物资交流。认为当时西域之献马、献骆驼大多是打着奉献、朝贡的旗号进行商贸活动。简文所见迎接"天马"之事，是汉朝上下追求外来物种的标志，因此它既是一种西域载体符号，又是汉朝人朝思暮想的西极神马。认为正是人员的大量流动，才形成以后沿中西古道沿线的移民聚落。

三从汉简所见阐述汉代人所认识的西域人种面貌。悬泉汉简中多见西域之人员登记信息，造册的内容包括国名、姓名、年龄、身高（短壮、高瘦）、肤色（白色、黄色）以及脸部特征（面短）等。说明当时人们通过频繁的交往，已能清晰辨别中亚、南亚人种。

文末特意指出："从敦煌悬泉部分残存的汉简来看，虽然不能全面反映当时的丝绸之路整体状况，有些外来官名还不清楚其职守，祭越、钩者、折垣等国位置至今还未破解，但汉代丝绸之路涉及人物与物品都是实实在在的，它体现了以官方使节与民间客商混合为代表往来的真实细节，而且超越了我们以往对大宛、康居、大月氏、罽宾、乌弋山离等国的认识，我们不能'为其所用'地筛选使用一些出土文书，而应全面理解出土文献既有不可替代的证据珍稀性，又有碎片化疏漏的局限性。"

王子今《汉代河西市场的织品——出土汉简资料与遗址发掘收获相结合的丝绸之路考察》，结合出土汉简资料与遗址发掘收获展示汉武帝打通西域后丝绸之路贸易的情况。从六个方面论述。

一述"戍卒贳卖衣财物"与"吏民贳卖"现象。以多件居延汉简册书，论述"戍卒贳卖衣财物"是河西汉简社会生活史料和社会经济史料中常见的现象。参与类似"贳卖""贳买"行动的主体是一般"吏民"，质疑"买卖双方均非军职人员"的说法。讨论简文"平"的含义。指出"吏"禁止的首先是"贪利贵贾贳予贫困民"的行为。戍卒的贳卖行为通常发生在驻地或行道中。认为戍卒贳卖衣财物的行为是丝绸之路贸易的一种特殊方式。

二述简牍记录中的"卖"与"转"现象。展示简牍所见"贳卖"与"贳买"之数量可观的布料，多者达"二千七百九十七匹九尺六寸五分"，价值"六十万八千四百"。文中亦谈到河西织品运输的绩效规定和时限要求、衣橐的封缄等。

三述边塞织品文物的遗存。文中列举邵博《邵氏闻见后录》卷二七关于宁夏海原出土的汉章帝木简有缣、锦的记载，甘肃敦煌长城烽隧遗址出土实物中丝绸排序列第三，额济纳河流域汉代烽隧遗址曾发现大量的丝帛残片，有的还保留完整的宽度。敦煌马圈湾遗址出土纺织品140件，其中丝织品114件，品种有锦、罗、纱、绢等，不乏织法与图案精美者，如四经绞罗是一个不多见的品种。出土的绢92件，据其中61件标本，"颜色有：红、黄、绿、蓝、青、乌黑、紫、本色、青绿、草绿、墨绿、深绿、朱红、橘红、暗红、褐红、深红、绯红、妃色、褐黄、土黄、红褐、藕褐、蓝青、湖蓝等二十五种"。这些纺织品在军人身旁出现，当有特殊的织物市场背景，而其纺织质量当可满足远销的需要。又引述其他学者的见解，"其制作水平从技术和艺术两个方面来讲都很高。图案属于很特别的类型，堪与欧亚地区流行的动物风格相媲美"。此节结论云"河西烽燧遗址发现的大量的'汉代丝织品'，也成为丝绸之路贸易史的生动见证"。

四述"禄帛""禄布""禄絮"。据汉简常见以实物计价给官吏替代奉钱，而帛、布、絮是常用的替代物。说明边地机构有能力提供大量的织品，人们接受以纺织品为等价物，市场亦有充分的交易条件。凡此对河西丝绸的流通产生重要影响，也反映河西"府帑"中的纺织品有充足的储备。

五述河西的"市"与织品贸易。列举汉简所见织品的大宗买卖，投入市场的货物包括"衣物类"和"布料类"。衣服类如皂布衣、韦绔、皂袭、皮绔、皂襜褕、布复襦、绛单襦、皂练复袍、布复袍、皂襦、缥复袍、白紬襦、袭布绔、皂复绔、单衣、缣长袍、皂绔、裘、绤复襦等。布帛类如：七稯布、八稯布、九稯布、练、缣、皂练、白素、皂布、布、絣、鹑缕、廿两帛、白缣、絮巾、缇绩、系絮、丝等。

作者指出，随着新资料的发表，品种数量将远远超过此统计。此外，汉简见"市吏"的称谓，其或参与织品交易的管理。

六述河西军人消费生活中的毛织品。列举马圈湾遗址及贝格曼报告所见毛织品。指出这些毛织品，尤其是质量较高的毛织品，不能排除其采自西域地方的可能。或经匈奴传入，西域商人或许曾经直接促成毛织品在丝绸之路沿途市场的流通。例如"罽"等毛织品，先进入河西军人的消费生活，然后继续向东传输，当是丝绸之路贸易活动中很自然的情况。[①]

刘春雨《从悬泉汉简中的使者看西域与内地的关系》一文，以悬泉汉简所见涉及西域使者的简文，阐述西域使者派遣的主体多样性特点，证明汉朝对西域实行的民族政策赢得了西域各族各阶层人民的拥护，反映了西域与内地的关系是密切、深入和友好的，西域与内地的交往是积极的、主动的。同时也反映了西域与内地在政治、经济等方面的沟通交流程度的加深。文中对诸国使者分五个层次进行讨论。

一述国王的使者（包括正、副使）。结合传世古籍，对简文所见乌孙、莎车、康居、大月氏、大宛、疎（疏）勒、于阗、渠勒、精绝、扜弥、龟兹等国的国王派遣使者到汉朝来的情况做了详尽的考证。文中还提及史书未见之折垣王派遣使者贡献狮子的情况。推论罽宾、祭越、乌弋山离国等国王亦曾派遣使者。

二述康居、大月氏属国的使者。以《康居王使者册》考康居王所属

---

① 王子今：《汉代河西市场的织品——出土汉简资料与遗址发掘收获相结合的丝绸之路考察》，《中国人民大学学报》2015 年第 5 期。

苏薤王遣使贡献的情况。指出简文中的苏薤王，是康居所属的五小王之一。但苏薤王可以同康居王一起向汉朝派遣使者，说明他们有独立的外交权。又考大月氏的属国双靡翎侯、休密翎侯遣使汉朝的情况。末云康居、大月氏虽然是西域大国，但对其所属的"小王"和"翎侯"的控制有限。

三述王后的使者。考解忧公主派冯夫人赴汉廷的情况。又述鄯善王后、疏勒王后、莎车王后之遣使。

四述王大母、王母、太子、乌孙左大将军、右大将军的使者。特别指出冯夫人（解忧公主的侍者冯嫽）在稳定乌孙政局中发挥了重要作用，是杰出的女外交家。

五述使者派遣主体多样性的原因。指出，其原因可能与西域各国松散的政治体制有关，更与内地汉朝政府对西域实行友好的"羁縻"政策有直接关系。"西域特殊的地理环境，造就一个个独立的绿洲国家，这些国家仰慕汉朝的文化与制度，各国国王、各级贵族，凡有条件者，皆纷纷遣使内属。这种西域使者派遣主体多样性的特点，既是西域与汉朝友好的象征，又是汉朝文化深入西域人心、得到西域各个阶层认可的表现。"①

---

① 刘春雨：《从悬泉汉简中的使者看西域与内地的关系》，《中州学刊》2013 年第 6 期。

下 编

帛 书

第 一 章

帛书的发现

一　帛书概说

帛，或称缣帛，系丝织物的总称。帛书也叫缯书，是中国古代用来书写文字的丝织品，因为帛一般是白色，所以又有素书之称。

中国是世界上最早发明丝织技术的国家。关于养蚕织帛，在中国曾经流传着许多美丽的神话传说，其中有两个故事流传最广，影响最大：一是伏羲氏化蚕桑为绵帛；二是西陵氏之女、黄帝的元妃嫘祖始教民育蚕缫丝以供衣服。这些神话传说展现了中国丝织历史的久远。

20世纪以来的考古成果也充分印证了中国养蚕织帛的漫长历史。1926年春，清华学校（即清华大学的前身）在李济的主持下，组织了一个考古团赴山西夏县西阴村进行考古发掘，这是中国人自己进行的第一次成功的田野考古工作。当时李济他们所挖掘的是一处距今五六千年的仰韶文化遗址。在出土的众多遗物中，最引人注目的是一个经锐器切割成一半的蚕茧壳，茧壳长约1.36厘米，宽约1.04厘米，上部被锐利刀刃切去。这个茧壳虽然已经有些腐坏，但是仍旧发光。后来李济将它带到美国化验，证实确是蚕茧。该遗址同时出土了一些陶制的或石制的纺轮残片。这些遗物轰动了当时的学术界，也为人们研究丝绸起源提供了具体物证。① 1958 年在浙江吴兴钱山漾新石器时代遗址中也出土了一批距今 4700 多年的丝织品，其中有平纹残绸片、蚕丝编的丝带，以及用蚕丝纺捻而成的丝线。② 另外，1984 年在河南荥阳还出土过我国北方丝麻织品的最早实物——一些平纹组织物和组织稀疏的浅绛色丝织罗。③ 这些发现充分证明，中国早在新石器时代中期就已开始养蚕织帛，而且当时生产丝绸的地区已经比较广阔，在黄河流域和长江流域均有所分布。

不过，虽然中国养蚕织帛具有悠久的历史，但很显然是将之作为衣物使用，中国究竟是从什么时候开始用帛来书写文字，至今仍是一个不易说清的问题。

我们知道，商代已经有刻在甲骨上的甲骨文和铸于铜器上的金文，不过甲骨文和金文并不是当时真正意义上的书籍。④ 当时真正通行的书写材料应是竹、木简。《尚书·多士》言"惟殷先人，有册有典"，这里的"册"字在甲骨文中写作䇑、䇑等字形，⑤ 这是一个象形字，参差不齐的竖笔，代表一根根的简，中间的横笔，则代表用以编缀的丝绳。因此所谓的册，就是以简写成的书籍，而"典"在金文中写作䈊（召伯簋）、䈊（格伯簋）⑥ 等字形，该字形上面的部分是"册"，下面的"兀"则是一个书架，整个字的意思是摆放在书架上的经典书籍，以示贵重。周公说商代有册和典这些用简书写的典籍，可以证明商代已有简册，这些简册才是当时的主要书写材料，而甲骨文和金文则是因特殊的需要而书写的文字。

丝帛什么时候用作书写材料，目前尚难考订。不过，从文献记载来

---

① 见李光谟编《李济与清华》中《西阴村史前遗址的发掘》和《西阴村史前的遗存》等文（清华大学出版社 1994 年版）。

② 浙江省文物管理委员会、浙江省博物馆：《吴兴钱山漾遗址第一、二次发掘报告》，《考古学报》1960 年第 2 期。

③ 见《新华文摘》1984 年第 9 期及朱新予主编《中国丝绸史》（通论）（纺织工业出版社 1992 年版，第 4 页）。

④ 李学勤：《古文字学初阶》，中华书局 1988 年版，第 53 页。

⑤ 见《甲骨文编》，中华书局 1989 年版，第 87—88 页。

⑥ 见《金文编》，中华书局 1985 年版，第 308 页。

看，至迟在春秋时期已经出现帛书。《晏子》外篇卷七云："景公谓晏子曰：'昔吾先君予管仲狐与穀，其县十七，著之于帛，申之以策，通之诸侯，以为其子孙赏邑。'"我们知道，齐景公和晏子是公元前 6 世纪—前 5 世纪的人物，而齐桓公、管仲则是春秋早期的活跃人物，本篇文字中称齐桓公赐给管仲两块地一事曾经"著之于帛"，如果此言可信的话，那么在公元前 7 世纪的时候已经出现帛书。另外，《论语·卫灵公》中有"子张书诸绅"的记载，而《周礼》卷三十《司勋》中则说："凡有功者，铭书于王之大常。"这里的绅、太（大）常皆为缣帛之类的织物。又，《士丧礼》言"为铭各以其物（郑注：杂帛为物），亡则以缁"，《国语·越语》则曰"越王以册书帛"①，也可证明春秋时期帛书的存在。《墨子·明鬼》篇说："古者圣王，必以鬼神为其务，又恐后世子孙不能知也，故书之竹帛，传遗后世子孙……"墨子是战国早期的思想家，成语"书于竹帛"即源自他的这篇论述，它反映了当时简册和帛书并行的情况。又如《韩非子·安危》篇亦有"先王致理于竹帛"之语。有鉴于此，王国维曾指出："帛书之古见于载籍者，亦不甚后于简牍……以帛写书，至迟亦当在周季。"②应该说王氏的这一见解是很有见地的。

到了秦汉时代，用帛书写文字的记载材料就更为丰富，仅以《汉书》为例，从中即可见到秦汉时代有关帛书的众多记述。

陈胜、吴广起义时，为了在众人中树立威信，"乃丹书帛曰'陈胜王'"（《汉书·陈涉传》）。

刘邦起义时，为了策动沛县城中百姓，"乃书帛射城上"（《汉书·高帝纪》）。

秦始皇焚书坑儒，但《诗》却未遭损失，究其原因，《汉书》谓为"以其讽诵，不独在竹帛故也"（《汉书·艺文志》）。又，《汉志》历谱类载《耿昌月行帛图》卷二三二）。

匈奴拘扣苏武，向汉使诡称苏武已死，汉使遂以"天子射上林中，得雁，足有系帛书"加以斥责，匈奴信以为真，只好释放苏武（《汉书·

---

① 《越绝书》十三则有"越王以丹书帛"之语。

② 王国维：《简牍检署考》，《王国维遗书》第九册，上海书店出版社 1983 年版。

苏武传》）。

……

根据学者们的意见，汉成帝时，刘向、刘歆父子为皇室进行图书整理工作，往往是先把文字的初稿写在竹简上，改定以后，再写上缣帛。① 西汉末年，扬雄调查各地方言，也是把调查来的材料先记录在"油素"（光滑的白绢）上，便于涂抹改动，修改妥当后，再写上缣帛的。②

很可惜的是，汉代的书籍在西汉末的王莽之祸和东汉末的董卓之乱中遭到了重大的损失，特别是在董卓之乱中，皇室图书遭到董卓士兵的大肆抢掠，"其缣帛图书，大则连为帷盖，小乃制为縢囊"（《后汉书·儒林传上》），这些帛书遭到这样的践踏，实在令人痛心。

帛书在先秦秦汉时期的使用情况大致如上所述。人们之所以用帛来书写，是与帛的特点密切相关的。同简册相比，帛书具有许多优点，帛书可以免除简册容易散断错混的弊病，同时帛质柔软平滑，易于运笔及舒卷，分量又很轻，便于携带。帛的另外一项用途，是用来画图。这些方面是简册所不可企及的。不过用帛书写，不足之处也很明显。帛上面的文字一经写定，就不好像简牍那样随意删改。更为重要的是，帛是很贵重的丝织品，价格较高，不易获得，从而限制了它的使用。③ 总的来说，帛要比简册方便，但帛价也比竹木贵重，从而不能像简册那样普遍使用。

自从东汉的蔡伦改进了造纸术之后，纸逐渐取代了简册和帛书而成为更为流行的书写材料。帛书虽然在魏晋时期还间或在使用④，但已经逐渐退出了历史舞台。

帛书和其他丝织品一样，在地下不易保存，因而历史上并未见到有确

---

① 见《太平御览》卷六〇六所引应劭《风俗通义》："刘向为孝成皇帝典校书籍二十余年，皆先书竹，改易刊定，可缣写者以上素也。"

② 见《古文苑》十，旧题扬雄《答刘歆书》。

③ 《后汉书·蔡伦传》："自古书契多编以竹简，其用缣帛者谓之为纸。缣贵而简重，并不便于人。"《方言》一书所收扬雄写给刘歆的信中也对帛书有所讨论。

④ 见钱存训《印刷发明前的中国书和文字记录》第六章《帛书》，印刷工业出版社1988年版，第80页。

切的出土发现记录。帛书的情况在人们心目中一直是个不解之谜。只是在进入 20 世纪之后，我们才有幸看到了历史上的帛书原物。

1908 年，英国人斯坦因（A. Stein）第二次到中国西部进行探险活动时，在敦煌发现两封帛书信件，这两封信件保存还较为完好。两封信都发自一人，可能是驻山西北部成乐地方的官员致书敦煌边关某人的信，其内容主要抱怨通信困难。其一约 9 厘米见方，另一长 15 厘米，宽 6.5 厘米。另外，斯坦因在敦煌附近还发现一件未经染色的素帛，一面载有 1 行 28 字，文云"任城国亢父，缣一匹，幅广二尺二寸，长四丈，重廿五两，直钱六百一十八"，另一面印有黑墨印章。这些材料后来都收录在罗振玉与王国维所编的《流沙坠简》一书中，罗、王二氏还对它们作了考释，如对前两封书信的考释云：

> 右二书写于缣上。按：汉时书信大抵用木，所谓尺牍皆是也。唯《汉书·高帝传》："书帛射城上"，《苏武传》："天子射上林中，得雁，足有系帛书"，古诗："呼儿烹鲤鱼，中有尺素书"，则简牍之外，亦兼用帛作书。今此编汉人书记二十余通，皆用简牍，用帛书者唯此而已。此二书时代，尚在西汉之末（下略）。[1]

对于后一件载有零星文字的素帛，《流沙坠简》考释云：

> 任城国，章帝元和元年建，亢父，其属县也。缣者，《说文》云："并丝缯也。""幅广二尺二寸，长四丈者"，此古代缣帛之通制。《汉书·食货志》："太公为周立九府圜法……布帛广二尺二寸为幅，长四丈为匹。"……《淮南·天文训》："四丈而为匹"，则汉时布帛修广亦用此制也。"直钱六百一十八"者，亦汉时缣价，《风俗通》所谓"缣直数百钱，何足纷纷"者也。又考《后汉书·光武十王传》，"顺帝时，羌虏数反，任城王崇辄上钱帛，佐兵费"，故任城国

---

[1]　罗振玉、王国维编著：《流沙坠简》，中华书局影印本 1993 年版，第 226 页。

之缣得远至塞上欤?①

　　除了上述材料外,中华人民共和国成立前所发现的敦煌文物中还有 2 片织造精致的素帛,其一上有深黑色梵文铭,可证明古时中国与印度和中亚有丝帛贸易。1930 年,在罗布淖尔古墓中也发现一件丝帛残片,乃公元 2 世纪之物,右角有 10 个 Kharosthi 文字。②

　　1973 年,甘肃居延考古队在居延肩水金关遗址发现棨信一件,这件棨信为红色织物,长 21 厘米,宽 16 厘米,上边有系,正面墨书"张掖都尉棨信"六字,原件保存良好,字迹清晰,据简报应为西汉晚期遗物。根据学者们的研究,棨信即信幡,是一种旌旗,其作用是作为符信,用来传令启闭关门。③

　　1979 年,在敦煌马圈湾汉代烽隧遗址出土了一件帛书,据报道,帛作长条形,长 43.4 厘米,宽 1.8 厘米。它的左侧是毛边,右侧则边缘较整齐,上端作半弧形,下端平直。帛上有墨书一行,是绢帛染成红色后再写上去的,其内容是:"尹逢深,中殻左长传一,帛一匹,四百卅乙株币,十月丁酉,亭长延寿,都吏稚,鋎。"④

　　自 1990 年 10 月至 1992 年 12 月,甘肃省文物考古研究所对甘肃甜水井附近的汉代悬泉置遗址进行了全面清理发掘,获得了以简牍文书为主的大量文物。其中帛书有 10 件,均为私人信札,用黄、褐二色绢作为书写材料。其中编号为 II90DXT01143:611 的帛书信件为黄色,长 34.5 厘米,宽 10 厘米,保存最为完整。整件帛书竖行隶书,共 10 行,322 字。信中除问候祝福语外,也有诉说边塞辛苦的内容和从内地代为买物寄与敦煌的日常小事,通过这些信件可以了解当时敦煌与内地的交往以及居住边塞人

　　①　罗振玉、王国维编著:《流沙坠简》,中华书局影印本 1993 年版,第 186 页。

　　②　上述材料见钱存训《印刷发明前的中国书和文字记录》第六章"帛书",印刷工业出版社 1988 年版,第 81 页。

　　③　李学勤:《谈"张掖都尉棨信"》,《文物》1978 年第 1 期。

　　④　见甘肃省博物馆、敦煌县文化馆:《敦煌马圈湾汉代烽燧遗址发掘简报》,《文物》1981 年第 10 期。

们的生活状况。①

不过，总的来说，上述这些帛书材料显得比较零散，另外，如果从内容上来看，它们也还不是真正意义上的书籍。到目前为止，真正属于书籍的帛书总共出土了两批，它们都出土于湖南省长沙市附近，一批是 20 世纪 40 年代出土的楚帛书，还有一批是 70 年代出土的马王堆帛书。

二　楚帛书的发现与流传

楚帛书是我国近代以来最早出土的真正可以称得上是简帛书籍的一批重要文献。楚帛书的发现距离现在已经有 70 多年了，在这 70 多年中，对于楚帛书本身在海内外流传着种种不同的说法，楚帛书实物则在长时间里收藏于美国的博物馆中，秘不示人，这些情况给它披上了一层神秘的面纱。随着时间的推移和中外交流的深入，有关楚帛书的种种问题才逐渐得以澄清。

1942 年 9 月②，一群"土夫子"（中华人民共和国成立前长沙人对于盗墓者的称呼）来到当时位于湖南省长沙市东南郊一个名叫子弹库的地方（位于现在湖南省林业勘查设计院内），挖开了这里的一座古墓。这座墓葬是属于长沙特有的所谓"火洞子"墓，据说在盗掘时，曾有大量带硫黄气味的气体冒出，用火柴点燃，火焰高达数尺。盗墓者进入墓中后，从墓中取走了漆盘、铜剑、木剑鞘、木龙、陶鼎、陶壶、陶簋等物品，还取走了一个竹篾编成的书箧，关于这件竹篾（或称竹笈）的情况，蔡季襄在《晚周缯书考证》中曾附有插图，并作了详细的描述。③ 陈梦家曾经

---

① 甘肃省文物考古研究所：《甘肃敦煌悬泉置遗址发掘简报》，《文物》2000 年第 5 期。

② 关于帛书的出土时间，海内外有种种不同的说法。梅原末治、钱存训、巴纳等学者认为帛书是 20 世纪 30 年代后期出土，不过从各方面的情况看，更为合理的时间应是 1942 年 9 月。参见李零《楚帛书的再认识》，《李零自选集》，广西师范大学出版社 1998 年版。

③ 蔡季襄《晚周楚缯书考证》："竹笈，又名篋，即贮藏缯书者，亦木椁冢出土。有盖，高时有半（器盖相同），纵长八吋，横长四吋半。器盖及底均用竹丝编成人字纹样。四周则作六棱孔状，内糊以薄绢，工极精巧。但此项竹笈出土，因物质腐败，无法保存，故四周均已破损，不成器形，且竹丝被水所浸蚀，已成黑色，致原有色泽不明，惟其中间有朱色者，尚隐约可辨。"

将之概括为：

> 竹笈长 22、宽 10、高 5 厘米，内裱薄绢，其中盛了完整的"缯书"和不少残缯断片，后者亦有朱书文字的痕迹。①

陈梦家这里所说的盛放在竹笈内的"缯书"及残缯断片，就是后来举世闻名的楚帛书。

帛书出土时，是存放在竹篋里面②，这与后来出土的马王堆帛书的情况非常相似。关于帛书在竹篋中的存放情况，商承祚后来也根据"土夫子"的回忆作了描述③：

> 帛书八折，放在一个竹匣中，匣长约二十三厘米，宽约十三厘米，匣面盖有一方"土黄色"面有红色"印花"的绸子，再上放着一条"三脚龙"……④

帛书由于系盗掘出土，盗墓者为了隐瞒真情，故玄其说，曾有意隐瞒真实的出土时间和出土地点，在很长的时间内给帛书的出土时间、出土地

---

① 陈梦家：《战国楚帛书考》，《考古学报》1984 年第 2 期。

② "土夫子"们回忆说："《缯书》一端搭在三脚木寓龙尾部，一端搭在竹筒的盖上"（《长沙子弹库战国木椁墓》所附），这与帛书的折叠痕迹不合。巴纳据当事人回忆，云帛书系塞在椁木间，亦不确。

③ 商承祚：《战国楚帛书述略》，《文物》1964 年第 9 期。

④ 由于长时间里中国学者看不到竹篋原物，蔡季襄有关竹篋的论述一直无法得到印证；而陈梦家和商承祚对于竹篋大小的描述不尽相同，过去学者也无法断其是非。20 世纪 90 年代，李零赴美国弗利尔美术馆，经过努力，终于获睹竹篋实物。根据实物情况，李零指出，1. 蔡季襄对于竹篋的尺寸大小与纺织方式的描述与实物大体接近。2. 实物在篋丝间可见若干经纬疏松、没有字迹的残片，盖即蔡、陈所说的"内糊薄绢"，但这些帛片也有可能是帛书残片，还应检验。3. 这件竹篋因出土后未经脱水处理或用清水浸泡，变黑变朽，现在盖面起支撑作用的两组十字交叉状的粗篾已断离盖面，盖器的四壁也已塌陷，尤以边缘和四角损害更为严重。对照蔡氏所说，足证这些损坏并不都是后来发生。4. 蔡氏"原有色泽不明，惟其中间有朱色者，尚隐约可辨"，现可见盖面纹饰是以墨绿色的方块纹层层相套，间以黄色，粗篾所覆之处则作暗红色。5. 笈中所出还有一些皮革碎片，上面黏有残帛，推测可能是用以保护帛书的书帙或用于隔潮的垫片，这一点蔡氏没有提到。详见李零《楚帛书的再认识》，《李零自选集》，广西师范大学出版社 1998 年版。

点等问题造成了很大的混乱。30 多年后，为了进一步了解该墓的情况，湖南省博物馆在当年参加盗墓的"土夫子"带领下，于 1973 年 5 月重新发掘了这座墓葬，从而获得了大量珍贵的第一手材料。①澄清了过去关于此墓葬的种种传闻。

这座墓葬为一带斜坡墓道的长方形穴墓，墓中棺椁共三层，即椁、外棺、内棺。椁与外棺之间在头端和北边各有一个边箱，随葬器物大多放在边箱里。因曾被盗掘，有的被盗走，有的被遗弃在盗洞近椁盖板处，其余均被移动了位置。在墓中残存的文物中，考古工作者又发现了一幅"人物御龙帛画"，还发现了鼎、敦、壶等陶器，竹木漆器，玉璧，丝麻织物等文物。

由于该墓为一椁二棺的结构，根据《庄子·天下》及《荀子·礼论》记载"天子棺椁七重，诸侯五重，大夫三重，士两重"，而且此墓不含青铜礼器，规格较低，再结合帛画上的男子肖像及其装束来看，墓主人估计是士大夫一级的贵族。

至于该墓葬的年代，此墓出土的鼎、敦、壶等陶器是战国中期常见的器物组合，但陶敦器形扁圆，子母口又很明显，具有向后递变的一种形制。另外，据 1942 年参加盗掘的"土夫子"所言，头箱内曾出土了泥金版，而长沙楚墓出土泥金版仅见于战国晚期的墓葬中。根据这些情况，考古工作者认为此墓的年代约相当于战国中晚期之交，楚帛书的年代下限亦可因此而得以确定。

楚帛书被盗掘出土后，不久就为古董商人唐鉴泉所得。唐鉴泉原做上门裁缝，1927 年正式开店营业，招牌为"唐茂盛"。并辟屋之半兼营古玩。从 1931 年起他专营古玩，人皆呼之为"唐裁缝"。唐鉴泉得到帛书后，曾写信给著名学者商承祚，以帛书求售。商先生接到信后，托友人沈筠苍前往了解情况。沈筠苍给商先生回信中说："唐裁缝出视之时，是在白纸之外再用报纸将之松松卷起，大块的不多，小块的累累，将来拼复原样恐不可能。"正当商承祚与唐鉴泉反复议价之时，长沙地区的文物收藏

① 发掘报告见湖南省博物馆《长沙子弹库战国木椁墓》，《文物》1974 年第 2 期，第 36—40 页。

家蔡季襄回到长沙，帛书遂为他所得。

蔡季襄得到帛书后，请有经验的裱工将帛书加以拼复和装裱，并命长男蔡修涣按原本临绘帛书图文，蔡季襄亲作考释，写成《晚周缯书考证》一书，该书写于1944年的抗战炮火之中，1945年春印行。此书出版后，楚帛书及其内容的情况才传播开来。

抗日战争胜利后，蔡季襄携带楚帛书来到上海，寻求将帛书出手。1946年，他在上海遇到了柯强（John Hadley Cox）。柯强是美国人，1935—1937年任教于长沙的雅礼中学，并在长沙大肆收购中国文物。抗战爆发后他返回美国，至抗战结束后又从美国来到上海。蔡季襄与柯强经过一番讨价还价，二人以10000美元将帛书成交，议定帛书由柯强在美国代为兜售，柯强留下押金1000元，余款待付，帛书及其他绝大部分帛书碎片及装帛书的竹箧等物因此全部流入美国。

关于帛书的上述这些情况，据陈松长公布的蔡氏自述材料①，我们可以得到更为明确的了解。

蔡季襄在他的自述材料中说，1943年，他从上海逃回长沙后，花了数千元，在东站路唐茂盛古玩店买到战国时代出土的缯书一幅和其他陶铜器物。然后，长沙于1944年4月沦陷，蔡季襄携带楚帛书避难至安化。在安化城北租房住了一段时间，花了几个月的时间，于1944年8月以前写成了《晚周缯书考证》，同年在蓝田付印，第一次对楚帛书的形制、文字和图像进行了研究和介绍。1945年抗战胜利，蔡氏从安化回到长沙，因生计清淡，即于1946年携带楚帛书前往上海，想通过上海的古董商金才记卖一个好价钱。但金才记出价太低，蔡氏转而找了另一位早已认识的古董商叶三。叶氏认为在当时上海帛书漆器等文物的销路不好，不愿接手。后经傅佩鹤从中牵线，与正在上海的柯强联系上了。见面后，柯强看到了蔡氏所写的《晚周缯书考证》一书，如获至宝，索要了一册带回他的寓所。后在柯强的寓所里，柯氏介绍说美国有红外线照相机，可以显示缯书上不清楚的文字，提高和增加缯书的价值。这样，在傅佩鹤的怂恿和柯强的一再要求下，蔡氏既为了脱手卖个好价钱，又为了多解决一些文字的释读问题，答应将帛

---

① 陈松长：《帛书史话》，中国大百科全书出版社2000年版。

书借给柯强研究照相，结果却被柯氏连哄带骗地将帛书转手带到了美国。关于帛书的被骗经过，据蔡氏所述，其详细情况是：

傅佩鹤一清早就来了，我便携带了缯书和一个装缯书的破烂竹子织的匣子，匣子里面还有一些零星缯书残片，和傅佩鹤一同带到了柯强的公寓。柯强见了，非常高兴，当时把缯书展开看了一下便连忙收到木框里去了，约我明天早晨去取。第二天我和傅佩鹤去取缯书的时候，柯强望见我们，皱着眉头说："对不起，缯书还没有照好，因为我这部照相机还缺一些零件，所以不能照，我准备今天和你谈话后，我到我的朋友家中去借来，总得把它照好，请你明天来罢。"

到了第三天，我和傅佩鹤一早去的，进门之后，柯强望着我们笑嘻嘻地说："我昨天在你们去后，就坐车到我的朋友家中把零件借回来了，但是不大相合，还是不能照好，恰巧我有一个朋友，他是一个上校，昨日由美国飞到上海，到我这里来看我，我把这事和他说了，他也很高兴，因他有事马上就飞台湾转旧金山，我想是一个很好的机会，我就托他带往美国用红外线给你照相去了，这个忙我可帮助你不小。"

当时我听了，呆了半晌，心中非常气愤，便对柯强发作道："我对你这种做法，绝对否认。我这幅缯书，是我的主权，你要寄到美国去拍照，也应当征求我的同意后方可带去，你不应该业不由主，随便寄去。你昨天约我今天来取缯书，现在请你马上交还我。"他听我这样说，也没生气，依然笑嘻嘻地说道："蔡先生，你不要这样性急，我是一番美意，拿到美国去拍照，我保证在一个星期内，就可寄回来还你的，请你原谅，等待几天罢，如果途中有什么意外发生，我还可以照价赔偿。"傅佩鹤把我拉到一旁，细细地对我说："缯书已经被他寄走了，现在着急也没有用，只怪我们太大意了，我看情况，要缯书回还你，恐怕会成问题，他方才提出保证说，缯书在途中如果发生意外，他可照价赔偿，我看你这张缯画，终究还是会卖掉的，不如趁这个机会，作价卖给他，要他先付一笔定金，免得弄得钱货两空，并且他现在是美国海军陆战队的情报员，你和他闹翻了，说不定他要难为你一下，是很容易的事。你如果同意，我可以和柯强商量一下，现在把缯书的价钱谈好，要他先付你一笔定金，将来缯书寄回来了，那就更好，如果不寄回的话，你可以向他索要缯书价款，一来双方不致闹翻，二来不致踏空，请你斟酌一下。"

我当时也觉得毫无其他办法，只好听凭他们摆布，由傅佩鹤和柯强商量，把缯书作价一万元美金，当日由柯强先交定金一千美元作为保证，日后缯书寄回，我将定金退还给他，如果不寄回的话，则我向他取回余款，期以 1946 年 9 月为期。并经傅佩鹤从中斡旋，写了如下这个字据："言定晚周缯书书价美金一万元，先交定金美金一千元，余款美金九千元言定在 1949 年 8 月底付清。"

柯强用中、英文在字据上签了字，并以为时间太紧，将 8 月改为了 9 月。（见湖南省博物馆所存的蔡季襄档案）①

帛书流入美国之后的情况，长期以来国内的学者一直不太了解，经过李零的精心调查，② 现在我们对于帛书在美国的流传情况已经比较清楚。

柯强把帛书带到美国后，曾到各大博物馆兜售。然而，尽管柯强把价钱一直压到了 7500 美元，并且反复强调说此物如何重要，声称如果无人购买，就得归还中国，或者到伦敦和斯德哥尔摩去卖，然而始终没有一家博物馆愿意购买。③ 因此，到了 1949 年，柯强把比较完整的这件帛书寄存于纽约的大都会博物馆（the Metropolitan Museum of Art），留供检验。至于其他帛书残片及存放帛书的竹篋，柯强则将之送到福格博物馆（the Fogg Museum of Art）检验。因此，在 1964 年之前，帛书始终处于"无

---

① 等蔡季襄后来再次去找柯强时，柯强已因其父去世赶回美国去了。从此蔡氏与柯强再也未能见面。蔡氏于 1947 年底托即将赴美留学的原长沙雅礼中学学生吴柱存代其在美寻找柯强，吴柱存虽然找到了柯强，但也没有什么结果。1950 年吴氏回国，蔡氏也因贩卖文物去广州被拘审。几个月后蔡氏被收录为湖南文管会的工作人员后，从此再也没有和吴氏联系。蔡氏至死也一直不清楚帛书在美的情况，也没有再收到过柯强的任何信和余款。

② 详见李零《中国方术考》第三章"楚帛书与日书：古日者之说"，人民中国出版社 1993 年版，第 167—185 页；《楚帛书的再认识》，《李零自选集》，广西师范大学出版社 1998 年版，第 227—262 页。

③ 美国的收藏家们当时都未能认识到楚帛书的重大价值。李零曾形象地说，当时美国收藏家们是重"皮毛"而轻文字，因此帛书老卖不动。

主"的状态。

1964 年，柯强把存放在大都会博物馆的那件比较完整的楚帛书取出，售给纽约的古董商戴润斋（F. T. Tai），到了 1966 年，戴润斋又把从柯氏手中购得的文物转售给美国著名的文物收藏家赛克勒医生（Dr. Arthur M. Sackler），据说当时戴氏本想留下那张楚帛书，但因美国著名古物收藏家辛格医生（Dr. Paul Singer）偶然发现并大力推崇，力劝赛氏购进此物，① 这样，楚帛书才归赛氏收藏，楚帛书亦从此声名大噪。

1966 年之后，楚帛书一直是赛克勒的藏品，并于 1987 年赛克勒美术馆建成后从纽约移到该馆收藏。赛克勒本人现在已经去世，但他生前曾表示，总有一天他会把此物归还中国。

楚帛书被柯强带到美国去后，只有极少的一些帛书碎片还留在国内，据说这些帛书残片是蔡季襄送给徐桢立的，徐桢立又将它们转送给商承祚，它们总共由 14 片残帛组成，残帛中最大的一片最长处 4.6 厘米，最宽处 2.7 厘米，很可惜的是除了这一大片残帛之外，其余的 13 片残帛现在已不知下落，只剩下在 1964 年由文物出版社史敬如为之拍摄的照片及商氏自己的摹本。1992 年，《文物》和《文物天地》同时公布了这批珍贵材料。② 1996 年，商承祚的后人将现存的那片残帛捐献给湖南省博物馆，这片残帛也是国内目前仅存的一片子弹库帛书的残片。

至于流散到美国的其他楚帛书碎片，则一直存放在原来的书笈中，长期借存于福格博物馆，没有能够得到及时有效的整理。到了 1969 年 6 月，柯强才从福格博物馆取走了这些帛书残片和书笈。至 1992 年 6 月 12 日，柯强以匿名的形式将他手中的帛书残片和书笈捐献给了弗利尔—赛克勒美术馆。

1993 年 1—5 月，应弗利尔—赛克勒美术馆亚洲部主任苏芳淑博士的邀请，李零前往华盛顿，与巴拉德（Mary W. Ballard）女士合作，开始揭剥帛书残片；李零还利用这个机会详细调查和阅读了楚帛书在美国流传的有关档案资料。此后，巴拉德女士在 1994—1996 年还一直与李零通信，

---

① 据说辛格给赛氏打电话说："哪怕把你所有的藏品全都扔进哈得逊河，得此一物亦足矣。"

② 见《记商承祚教授藏长沙子弹库楚国残帛书》，《文物》1992 年第 11 期，第 32 页；《商承祚教授藏长沙子弹库楚帛书残片》，《文物天地》1992 年第 6 期，第 29 页。

讨论揭剥问题，但相关工作在 1997 年突然停了下来。

2000 年 10 月，美国普林斯顿大学举办了"古代中国的文献和礼仪"学术会议，与会的 27 位国际学者联名致函弗利尔—赛克勒美术馆馆长，呼吁重启帛书残片的揭剥工作。2001 年 9 月 1—7 日，应弗利尔美术馆实验室主任贾宝（Paul Jett）的邀请，李零和中国社会科学院考古研究所文保专家白荣金前往华盛顿，与大都会博物馆的纺织品保护专家金蒂尼（Christine Giuntini）女士研究进一步揭剥。到 2007 年，帛书残片的揭剥工作终于结束。所有揭开的残片都用有机玻璃板封存。揭不开的残片，则按原状保存。①

根据李零的介绍，这些揭剥的帛书碎片属于两种书籍，李零将之试命名为《五行令》和《攻守占》。

《五行令》由两部分组成，一是月名图，二是写在月名图下面的文字。文字是墨书，字体比较小，写在画好的朱栏内，并以红色的粗横线划分章节，文字内容是按五行讲四时十二月的宜忌。②

《攻守占》的文字亦是墨书，字体略大一些，其文字系按顺时针方向排列，转圈抄写在帛书的四面。帛书上有若干标注干支的红折角，内容是讲攻城守城的方向宜忌和日辰宜忌。③

三　马王堆帛书的发现④

马王堆帛书是马王堆汉墓发掘中最重要的成果之一。马王堆汉墓的发

---

① 李零：《子弹库帛书》（上），文物出版社 2017 年版，第 5 页。

② 李零：《子弹库帛书》（下），文物出版社 2017 年版，第 78—103 页。

③ 同上书，第 104—113 页。

④ 本节主要依据以下材料加以综述：湖南省博物馆、中国科学院考古研究所、《文物》编辑委员会《长沙马王堆一号汉墓发掘简报》，文物出版社 1972 年版；湖南省博物馆、中国科学院考古研究所《长沙马王堆一号汉墓》，文物出版社 1973 年版；湖南省博物馆、中国科学院考古研究所《长沙马王堆二、三号墓发掘简报》，《文物》1974 年第 7 期；中国科学院考古研究所、湖南省博物馆写作小组《马王堆二、三号汉墓发掘的主要收获》，《考古》1975 年第 1 期；何介钧、张维明《马王堆汉墓》，文物出版社 1982 年版；陈松长《长沙马王堆西汉墓》，上海古籍出版社 1998 年版。

掘是中国乃至世界考古学史上一次重要的考古发掘。对于马王堆汉墓发掘的意义及其重要地位，李学勤曾经形象地指出："真正的重大发现当然包括相当数量的珍品，但其根本的意义并不仅在于此。重大的考古发现应当对人们认识古代历史文化起重要影响，改变大家心目中一个时代、一种文化以至一个民族的历史面貌。只有这样，才称得上是必须载入考古史册的重大发现。70 年代湖南长沙马王堆汉墓的发掘，就是这样意义的重大发现……发现中有完好无损的女尸，有成组成套的物品，还有内容珍秘的帛书、竹木简。这三项有其一，已可说是重要发现，如今三者兼有，在中国考古史上尚没有其他例子。"①

马王堆位于湖南省长沙市东郊五里牌外，距长沙市中心 4 公里，这里的周围地势平坦，交通方便，中间有一个方圆约半里的土丘，土丘的中部残留着两个高约 16 米的土冢。土冢一东一西，紧相邻接，底径各约 40 米，顶部圆平，直径各约 30 米。两冢平地兀立，中间接连，从远处看，形状很像一个马鞍。

1951 年，中国科学院考古研究所长沙工作队对马王堆这两个土冢做过调查，根据封土及有关情况，断定这里是一个汉墓群。1972 年，考古工作者正式发掘东土冢，整个发掘工作至 4 月底结束。因为这是一座汉墓，故被定名为马王堆一号汉墓。马王堆一号汉墓由封土、墓道、墓坑和墓室（即墓坑下部）组成，形制为长方形土坑竖穴。斜坡墓道在墓坑北边正中，上宽下窄。墓坑在封土下，墓口南北长 20 米，东西宽 17.9 米，从墓口至墓底深 16 米。墓坑中填"五花土"，并经夯打，木椁四周及上部填塞木炭，木炭外面又用白膏泥填塞封固。可能主要是由于木炭和白膏泥的防潮防腐作用，使尸体、葬具以及大量随葬器物得以保存完整。

马王堆一号汉墓的发掘获得了丰硕的成果，墓中出土了一具保存完好的女尸，还发现了 T 形帛画、素纱蝉衣、漆器、乐器、木俑等一千余件珍贵的文物，一些器物上还写有"轪侯家"等文字。一号墓的材料一经公布，立即轰动了世界。

因为马王堆东土冢被定名为一号汉墓，相应地，西土冢就被定名为马

---

① 李学勤：《马王堆汉墓文物·序》，湖南出版社 1992 年版。

王堆二号汉墓。另外,在发掘一号汉墓的过程中,又在它的南面发现了一座汉墓,考古工作者将之命名为马王堆三号汉墓。三号汉墓在一号汉墓南4.3米,由于三号汉墓的封土堆几乎全部被一号汉墓的封土所覆盖,外表上很少露出痕迹,所以长期以来人们一直以为这里只有两座墓葬。

为了更全面地认识马王堆汉墓的总体情况,1973年,考古工作者继续对马王堆二、三号汉墓进行了发掘。其中三号墓墓坑是带墓道的长方形竖穴,墓口南北长16.3米,东西宽15.45米。墓道位于墓坑北端的中部,坡度为19度,这座墓墓口的西、北两壁和墓道,在构筑一号墓南壁时被部分破坏,表明三号墓是早于一号墓的。

马王堆三号墓共出土了一千余件随葬器物,包括帛画、帛书、简牍、兵器、乐器、漆器、木俑、丝织品、博局等。其中帛书全部出土于东边箱的57号长方黑色漆盒。这个漆盒长59.8厘米,宽36.8厘米,高21.2厘米,漆盒分上、下两层,上层置放丝带和一束丝织品,下层设有五个长短大小不等的格子。大部分帛书放在漆奁中间较大的一个格子里,少部分放在边上那个较窄的通格里,上面还压着两卷医书竹简,[①] 由于年久粘连,有残损。

三号墓出土的简牍从内容上看可分为遣策和医书两种,其中的木牍记有该墓的下葬年代,时间是"十二年二月乙巳朔戊辰"。另外,墓中还出土了带有"轪侯家"铭文的漆器。西汉初期纪年中超过十二年的,仅汉高祖有十二年和汉文帝初元有十六年。"轪侯"系汉惠帝时封给长沙相利苍的爵位,自然可以排除汉高祖时代的可能性,而汉文帝初元十二年二月恰好是乙巳朔。这样三号墓的年代就得以确定,为汉文帝初元十二年(公元前168年)。

随后考古工作者又对马王堆二号墓进行了发掘。二号墓的封土被一号墓的西壁打破,由此证明二号墓的年代也是早于一号墓。二号墓也是带墓道的竖穴,二号墓由于密封不好,再加上历史上多次被盗,所以保存情况较差。在墓内残存的随葬品中,最重要的是三颗印章。一颗是玉质私印,刻阴文篆体"利苍"二字,另两颗是铜质明器,分别刻阴文

---

① 其他三格基本上是空的,有两个空格中放有牡蛎壳和植物枝条,用处不详。

篆文"轪侯之印"和"长沙丞相",从而为判断二号墓的墓主身份提供了证据。

通过对马王堆三座汉墓的全部发掘,这三座汉墓的年代、墓主身份等问题也得到了彻底的解决。

二号墓出土的"长沙丞相"、"轪侯之印"和"利苍"三颗印章,是马王堆为利苍一家墓地的确证,从而纠正了过去将之说成长沙王刘发等人墓地的说法。据《史记·惠景间侯者年表》和《汉书·高惠高后文功臣表》的记载,利苍是汉惠帝二年(公元前193年)被封为轪侯的,死于吕后二年(公元前186年),由此可知二号墓的时间即应当在此年。

三号墓出土的一件木牍上有明确的纪年,据此而推定它的年代为汉文帝十二年(公元前168年),其情况已如前述。

至于一号墓的年代,由于它分别打破了二、三号墓,从地层关系上看是晚于二、三号墓的。但是,一号墓和三号墓的随葬器物,无论是漆器的形制、花纹和铭文,还是丝织品的图案,或者简牍文字的书体、风格都非常接近,往往如出一人之手;而一号墓出土的泥"半两"和三号墓填土所出"半两"钱,又同样都是文帝时期的四铢半两,因此,两墓的年代应该相当接近,可能相距仅数年而已。

弄清楚了马王堆三座墓的年代,三者之间的关系也就比较容易解决了。一号墓与二号墓东西并列,都是正北方向,两墓中心点的连接线又是正东西向,封土也几乎同大,由此推断这是两座不同穴的夫妇合葬墓。男西女东,正符合"古时尊右"的习俗。可见二号墓是第一代轪侯利苍之墓,一号墓应是利苍妻子的墓,她比利苍晚死20余年。

三号墓紧靠一号墓的南方,即利苍妻子之墓的脚下,两墓墓口相距仅4.3米。据鉴定,一号墓女尸的年龄为50岁左右,三号墓墓主的遗骸为30多岁的男性,二者相差20来岁,当是母子关系。因此,三号墓墓主应是利苍夫妇的儿子。

由于三号墓的下葬时间是汉文帝十二年(公元前168年),这就为该墓所出帛书的断代提供了一个下限,即它们的抄写时间都不会晚于这一年。

第 二 章

帛书的基础研究

一　楚帛书的内容与基础研究

楚帛书写在一幅宽度略大于高度（47 厘米×38.7 厘米）的方形丝织物上。整个幅面分为内、外两层，内层是书写方向互相颠倒的两大段文字，一段 13 行，一段 8 行；外层绘有 12 个神像，上下左右，每边各 3 个，为一至十二月之神，其中除标有"易□义"的神像是侧置外，其余头皆朝内，每个神像皆有题记，作左旋排列，依次转圈读；四方交角还有用青、赤、白、黑四色画成的树木；青木与白木的树冠相对，赤木与黑木的树冠上下相对，树根皆朝外。全书既无书题也无篇题，但外层 12 段文字，每段结尾都有一个分章的符号（用朱色的方块表示），后面另外书写含有神像名称的章题；内层两段文字也各有三个分章的符号（形式与边文相同）。织物原是折叠存放于竹篋内，留下两套折痕，一套年代较早，包括纵向的折断痕迹三道和横向的折断痕迹一道，痕迹较深，分帛书为 8 块；另一套年代较晚，包括纵向的折断痕迹五道和横向的折断痕迹一道，痕迹较浅，分帛书为 12 块（"纵"指窄面，"横"指宽面）。左右边缘还比较整齐，但上下边缘残破，装裱时有若干部位发生错位，幅面原为浅灰色，年久变为深褐色，使图像文字难以辨认。

李学勤曾建议称内层 13 行那段文字为《天象》，8 行的那段文字为

《四时》，外层四周的文字为《月忌》。① 李零则把 13 行的那段文字称为《岁》，8 行的那段文字称为《四时》，外层四周的文字称为《十二月》，对于整篇帛书，李零称之为《四时令》。② 许多学者对这三部分文字做过考释，下面我们就根据李零在《子弹库帛书》等书中的释文及介绍讲述这三部分文字的内容（尽量用通行字）。

帛书《岁》的释文是：

惟□□□，月则嬴绌，不得【其】当；春夏秋冬，□有【变】尚（常）；日月星辰，乱失其行。嬴屈失【行】，卉木亡尚（常），【是谓】夭【妖】，天地作祥，天楅（澌）将作汤，降于其〔四〕方。山陵其废，有渊（泉）厥汩，是谓李。李岁□月，内（入）月七日□，□有霄霜雨土；不得其参职，天雨□□□，是失月，闰之勿行：一月、二月、三月，是谓失终亡，奉□□其邦；四月、五月，是谓乱纪亡，尿□望（？）。【其】岁，西国有吝；如日月既乱，乃有舄方（？）；东国有吝，【天下】乃兵，害于其王。

凡岁德匿，如□□□邦所五（？）夭【妖】之行，卉木民人，以□四浅之常，□□上夭【妖】，三时是行。惟德匿之岁，三时【既】□，娶之以奇降。是月以数曆为之正，惟十有二【月】，惟李德匿，出自黄渊（泉），土身亡翼，出内（入）□同，作其下凶。日月皆乱，星辰不炯。日月既乱，岁季乃□，时雨进退，亡有常恒。恭（恐）民未知，曆以为则毋童（动）。群民以□，三恒废，四兴舄，以【乱】天常。群神五正，四【兴】无羊（羔），建恒属民，五正乃明，【百】神是享，是谓德匿，群神乃德。帝曰：繇，【敬】之哉，毋弗或敬。惟天作福，神则格之，惟天作妖，神则惠之。钦敬惟备，天象是则。诚惟天【象】，下民之式，敬之毋忒。

民勿用□□，山神山川瀬谷，不钦【敬】行。民祀不庄，帝将繇以乱失之行，民则有殻，亡有相扰，不见陵□，是则舄至。民人弗

---

① 李学勤：《楚帛书中的天象》，《简帛佚籍与学术史》第 37 页。
② 李零：《子弹库帛书》（下），文物出版社 2017 年版，第 43—77 页。

知岁，则无酥祭，□则返民，少有□。土事勿从，凶。

以上三章的中心话题是岁。岁字在全篇一共出现了 6 次，第一章 2 次，第二章 3 次，第三章 1 次。第一章解释"李岁"，第二章讲"凡岁德匿"引起的灾异，第三章讲"民人弗知岁"的危害，每章都与"岁"有关。全篇的重点是讲侧匿，以及由侧匿所生的灾异。①

《四时》篇的文字是：

日（粤）故（古）□荨包戏，出自□霆，处于鞶□。厥□女鱼，□□□女，梦梦墨墨，亡章弼弼，□□水□，风雨是於（遏）。乃虔遁□子之子，曰女娲，是生子四□，是襄而埁，是格参柒。逃，为思为万，以司堵襄，咎而诞（徙）达。乃上下朕逴，山陵不雹。乃命山川四海，□热气寒气，以为其雹。以涉山陵，泷汨凶濑。未有日月，四神相代，乃诞（徙）以为岁，是惟四时。

长曰青□斡。二曰朱四（?）单，三曰翏黄难，四曰□墨斡。千有百岁，日月允生，九州不坪（平），山陵备（崩）蚨（倾）②，四神乃作□至于覆。天旁（方）动，玫蔽之青木、赤木、黄木、白木、墨木之精。炎帝乃命祝融以四神降奠三天，〔以〕□思敷奠四极，曰：非九天则大蚨（倾），则毋敢歠天灵。帝允，乃为日月之行。

共攻（工）亢（更）步十日四时，□□（百）神则□闰四□毋思（息），百神风雨，辰违乱作，乃□日月以转相土思（息）。有宵有朝，有昼有夕。

本篇的三章都讲四时，故可试题为"四时"。第一章是讲在远古时代，包戏（即伏牺）"娶虔遁□子"的女儿"女娲"，生下四个儿子，是

---

① 以往学者们多认为本篇是讲天象，但李零指出学者们所考证的星名（如天楷、李星、岁星、参星）并不存在，文中除泛言的"日月星辰"，没有任何特定的星名，也没有彗字云霓。

② "倾"字的释读，见徐在国、管树强《楚帛书"倾"字补说》（《语言科学》2018 年第 3 期）。

为"四神"。当时宇宙初创，没有日月，只能靠寒、热二气定阴阳，四神相代定四时，这是第一种四时。第二章以炎帝、祝融为中心人物，再次提到分掌"四时"的包戏四子，长子叫"青□榦"，次子叫"朱四单"，三子叫"翏黄难"，四子叫"□墨榦"。① 经过"千有百岁"，日月终于产生，但天不宁，地不平，炎帝命祝融率"四神"奠定"三天""四极"，恢复宇宙和谐，从此才有了由日月之行表示的"四时"。第三章是讲共工创造十日四时，后来才有了一日之内的"四时"划分，即宵、朝、昼、夕。

《十二时》篇的释文是：

日：取，乙（乩）则至，不可以□杀。壬子、丙子凶。作□北征，帅有咎，武□□其敊。　取于下

日：女，可以出师筑邑。不可以嫁女、取臣妾，不火得不成，如必武

日：秉，□□取妻，畜生分女。　秉司春

日：余，□不可以作大事。少昊其□，□龙其□，取女为邦笑。　余取女

日：故，戠（枭）帅□得以匿。不见月在□□，不可以享祀，凶。取□□为臣妾。故出睹。

日：虘，不可出师。水师不□□，其【败】其覆，至于其下□，不可以享。虘司夏

日：仓，不可以川□，大不顺于邦，有鸟入于上下。仓莫得

日：臧，不可以筑室，不可以作，不腺不复，其邦有大乱。取女，凶。臧奉□

日：玄，可以【筑】室……吁□遄（徙），乃咎……。　玄司秋

日：昜，不【可】毁事，可【以】□折，除去不义于四【方】。　昜□兼

---

① 楚帛书中四神之名因有残损而不全，殊为遗憾。幸运的是，在清华简的阴阳五行类文献中也有关于四神的记载，可以补充楚帛书的不足，具体内容尚待公布。

　　曰：姑，利侵伐，可以攻城，可以聚众，会诸侯，型（刑）首
事，戮不义。　姑分长

　　曰：敓，不可以攻【城】，□□□□□□□□。　荃司冬。

　　以上十二章是讲帛书十二神所主的各月宜忌，顺序是按正月到十二月
排列。每章开头"曰"字后的第一字是月名，后面是各月宜忌之事，最
后三字是各章的章题，第一字是月名，第二、三字，或檃栝该章内容（如
女月得出师，题作"女必武"），或表示季节（如春季的最后一月作"秉
司春"）

　　整篇帛书的三个部分文字是一个整体，《岁》篇侧重于"岁"，《四
时》篇侧重于"时"（四时），《十二月》篇侧重于"月"，彼此呼应。

　　楚帛书因属盗掘出土，中间又经过多次转手，最后流落海外，从
而使帛书的完整性及材料的及时公布方面受到了很大的影响。由于帛
书在流传过程中出现了不同的临写本和照片，这些材料的精确程度直
接影响到了研究成果的正确性。根据帛书材料的公布情况，我们可以
大致把研究过程分成三个阶段（其中大陆学者在中华人民共和国成立
后很长的一段时间内因与国外联系较少，从国外获得材料的时间相对
要晚一些）。

　　1. 楚帛书研究的草创期（20 世纪 40 年代至 50 年代中期）

　　楚帛书出土并归蔡季襄所有后，蔡季襄本人即令其子蔡修涣临摹，蔡
季襄本人作了释文，并附有简短的考证，成《晚周缯书考证》一书，
1945 年春印行，这是最早发表和研究楚帛书的论著。书中对于帛书出土
情况有比较详细的介绍，并附有墓葬形制及出土文物的插图，是研究帛书
出土情况的主要原始材料之一。蒋玄伯在《长沙——楚民族及其艺术》
一书重新加以临摹，当时许多学者研究楚帛书时，多据蔡氏本或蒋氏本而
复制，并积极进行研究，这时期的主要研究论著有陈槃《先秦两汉帛书
考》（《历史语言研究所集刊》第 24 本，1953 年）、饶宗颐《长沙楚墓时
占神物图卷考释》（《东方文化》第 1 卷第 1 期，1954 年）、董作宾《论
长沙出土之缯书》（《大陆杂志》第 10 卷第 6 期，1955 年）、李学勤《战
国题铭概述》（下）（《文物》1959 年第 9 期）等。这些文章涉及帛书的

阅读顺序、图像理解、释文等重要内容，但是因蔡氏临摹本缺字和误摹较多，整个研究还难以深入。

2. 楚帛书研究的发展期（20 世纪 50 年代中期至 1965 年）

柯强把楚帛书带到美国后，曾由弗利尔美术馆将帛书拍成全色照片，其目的主要是兜售帛书，同时也提供了一些副本供某些学者研究，借助这一照片，许多研究者先后做有临写本和摹写本，如日本学者梅原末治《近时出现的文字资料》、饶宗颐《长沙出土战国缯书新释》、澳大利亚学者巴纳（Noel Barnard）《楚帛书初探——新复原本》、商承祚《战国楚帛书述略》等文都做了临摹工作，并作了有益的研究，从而将帛书的研究工作推进到一个新的阶段。这一时期最有突破性的研究是，1960 年，李学勤第一次论定帛书边文的十二月名即《尔雅·释天》所述的十二月名。[1]，另外，1962 年，陈梦家的《战国帛书考》一文以帛书与传世文献进行系统比较，指出帛书与月令类文献最为接近，[2] 也是对楚帛书认识的一个进步。

3. 楚帛书研究的繁荣期（1966 年至今）

1966 年，楚帛书归赛克勒所有。1966 年 1 月，存放帛书的纽约大都会博物馆延请澳大利亚的巴纳博士（Dr. Noel Barnard）为指导，委托阿克托科学实验公司（Acto Scientific Photographic Laboratory Inc.）开始试验用航空摄影的红外线胶片摄制帛书照片，历时数月，终于找到合适的摄影方法，摄制出了黑白和彩色两种照片，字迹图画异常清晰，使许多肉眼看不见的字迹和图案显现出来，其效果远远超过了以往任何摹写本和照片，从而为学者的研究提供了极大的便利。

1967 年 8 月 21—25 日，美国哥伦比亚大学艺术史及考古系在赛克勒基金会的赞助下，举办了题为"古代中国艺术及其在太平洋地区之影响"的学术座谈会，这是帛书新照片的第一次"亮相"，会上发表了巴纳、梅莱（Fean E. Mailey，纽约大都会博物馆纺织研究室副主任）、饶宗颐、林

---

[1]　李学勤：《补论战国题铭的一些问题》，《文物》1960 年第 7 期。

[2]　此文是陈梦家生前未完成的一篇作品，全文分"叙记"和"考释"两部分，其中"考释"部分未完成，但"叙记"部分基本完整，此文详细讨论了帛书的性质，指出楚帛书应属战国中期的楚月令。见《考古学报》1984 年第 2 期。

巳奈夫等的论文。本次座谈会的论文由巴纳博士主编，于 1972 年结集出版，书名即为《古代中国艺术及其在太平洋地区之影响》。巴纳本人还撰有一系列的论著讨论帛书，在当时产生了很大的影响。

帛书红外线照片的公布，立即在海外掀起了楚帛书研究的热潮，港台学者严一萍、金祥恒、饶宗颐等都加了讨论。其中严一萍、金祥恒两位考证帛书所述传说人物的头一位是"伏羲"，现在已经得到学术界的普遍承认。但是由于这一时期正值中国的"文化大革命"，因此大陆学者没有能够参加这一讨论热潮，也很少有人知道国外有新的帛书照片和各种摹本的发表。

楚帛书的红外线照片为国内学者所知大约是在 20 世纪 70 年代末，据曾宪通说，他最早见到楚帛书的红外线照片是 70 年代末在商承祚家。到了1980 年，当时正在中国社会科学院学习的李零有感于国内对于海外楚帛书研究信息的隔绝，开始搜集国内外的有关论著，对楚帛书作重新研究，写成了《长沙子弹库战国楚帛书研究》，1985 年由中华书局正式出版，本书分《楚帛书研究概况》《楚帛书的结构、内容与性质》《释文考证》三部分，对楚帛书已往的研究成果进行了系统总结，并根据红外线照片重新对楚帛书进行了探讨，颇多新获。本书是大陆学者第一部以红外线照片为依据研究楚帛书的论著，并荣获北京大学首届青年优秀成果二等奖。

在《长沙子弹库战国楚帛书研究》发表前后，大陆学者利用楚帛书的红外照片来研究楚帛书的情况骤然增多，从而在大陆掀起了楚帛书研究的新热潮。成果不断问世，如李学勤写了系列论文，[①] 此外，曹锦炎、高明、何琳仪、曾宪通、朱德熙等众多学者也参加了讨论。到了 20 世纪 90年代以后，随着战国楚简资料的大量发现，学者们纷纷结合楚简资料，考察释读楚帛书上的疑难文字，取得了众多的成果。[②] 2006 年，吉林大学分

---

① 李学勤：《楚帛书中的天象》《楚帛书中的古史观与宇宙论》《再论帛书十二神》（收入《简帛佚籍与学术史》），《长沙楚帛书通论》《谈祝融八姓》（收入《李学勤集》），等等。

② 如冯时《楚帛书研究三题》、杨泽生《楚帛书从"之"从"止"之字考释》（收入《新出土文献与古代文明研究》，上海大学出版社 2004 年版）、陈剑《试说战国文字中写法特殊的"亢"和从"亢"诸字》（《出土文献与古文字研究》第 3 辑，复旦大学出版社 2010 年版）、赵平安《"地真""女真"与"真人"》（《管子学刊》2015 年）、徐在国等《楚帛书"倾"字补说》（《语言科学》2018 年第 3 期）等。

别有《〈楚帛书·甲篇〉集释》《〈楚帛书·乙篇〉集释》和《楚帛书丙篇及残片集释》三篇硕士学位论文，① 至于《楚帛书诂林》一书，则由徐在国于 2010 年推出，② 已有学者对本书做了积极的评价。③

到目前为止，楚帛书的出土和研究工作已经进行了 70 多年，已发表的有关楚帛书的论著已有 150 多种。特别是在最近几年中，李零有两部有关楚帛书的重要论著问世，一是 2013 年中西书局出版的《楚帛书研究》（十一种），本书汇集了李零自 1980 年至 2009 年所撰有关楚帛书 11 种论著，便于人们了解李零在楚帛书研究方面的重要成果。另一部著作则是《子弹库帛书》。该书共分十章：一至四章为上编，详述子弹库楚墓的盗掘和发掘，文物情况，帛书流转美国的过程，以及帛书收藏者赛克勒博士未能实现的归还帛书的遗愿，等等；五至十章为下编，收录帛书彩色图版（包括《四时令》《五行令》和《攻守占》），释文，最新摹本，帛书（《四时令》）的早期版本，摹本，帛书文字编及文献目录，是战国楚帛书研究的集大成之作。需要说明的是，尽管人们曾多次试图对楚帛书研究做最后总结，但是，正如李零所说："帛书研究却远没有'山穷水尽'，反而显得好像初被开发，还有许多'不毛之地'"。④

二 马王堆帛书的内容与基础研究

前面我们已经提到，在马王堆三号墓东边箱的 57 号长方形漆盒中出土了大批帛书。这些帛书由于长期卷压折叠，已经残破断损。因此这些帛书出土后，立即由湖南省博物馆和故宫博物院的专家进行了精心的修复工

① 见刘波《〈楚帛书·甲篇〉集释》、陈媛媛《〈楚帛书·乙篇〉集释》、肖攀《楚帛书丙篇及残片集释》，吉林大学硕士学位论文，2009 年。
② 徐在国：《楚帛书诂林》，安徽大学出版社 2010 年版。
③ 刘信芳：《〈楚帛书诂林〉读后记》，《古籍研究》2013 年第 1 辑。
④ 见李零《中国方术考》第三章"楚帛书与日书：古日者之说"，人民中国出版社 1993 年版，第 179 页。

作，加以妥善保存。①

随后，在 1974 年 3 月，国家文物局正式成立了马王堆汉墓帛书整理小组，对帛书进行精心的复原、整理、释文和注释工作。

马王堆帛书的整理大体经历了三个阶段。

1. 1974—1985 年

马王堆帛书出土后，受到了我国政府的高度重视。1974 年 3 月，国家文物局组织成立了马王堆汉墓帛书整理小组，参加相关工作的学者有唐兰、张政烺、顾铁符、于豪亮、李学勤、裘锡圭、傅举有、周世荣、韩仲民等，可谓极一时之选。帛书整理小组的办公地点设在北京沙滩红楼文物出版社，1976 年，受唐山大地震影响，为保证安全，整理小组办公室搬到了北京故宫博物院的城隍庙。

根据当时的规划，马王堆帛书计划出版六册整理报告，其中第一册是《老子》甲乙本及卷前卷后古佚书，第二册是《周易》经传，第三册是《春秋事语》及《战国纵横家书》，第四册是所有帛书医书和医简，第五册是《五星占》《天文气象杂占》等与"科技"有关的文献，第六册是术数类和兵书类帛书。在最初的几年里，参与马王堆汉墓帛书整理小组工作的诸位先生集中工作，在短短的几年里取得了丰硕成果，相继完成了《老子》甲本及卷后古佚书、《老子》乙本及卷前古佚书、《五星占》《地形图》《战国纵横家书》《导引图》、马王堆帛医书、《驻军图》《春秋事语》《相马经》《天文气象杂占》等多种篇目的拼接、释文和初步整理工作。这一时期的集成性成果，是1980—1985 年陆续出版了《马王堆汉墓帛书》第壹、叁、肆册的整理报告。马王堆帛书的研究成为当时古代文史研究的显学。

不过，随着"文革"结束，尤其是 1978 年十五届三中全会后的拨乱反正，百废待兴，帛书整理小组的成员也陆续回到各自的原单位工作，尚未整理完成的帛书篇目就由各位专家带回所在单位继续进行，帛书整理小

---

① 帛书的揭裱工作难度极大，故宫博物院和湖南省博物馆的专家为此付出了长期的努力。这些帛书和墓葬中出土的帛画或被装裱成单页，或被装裱成册页，或被装裱成卷轴，详细的情况可参见《长沙马王堆汉墓简帛出土与整理情况回顾》(《长沙马王堆简帛集成》(壹)，中华书局2014 年版)。

组在北京的集中整理工作就此结束。1978 年 2 月，国家文物局古文献研究室成立，帛书整理小组工作也随即并入其中。由于此后整理小组的成员忙于各自单位的工作，大都无暇顾及帛书整理事宜，故此后的整理工作进展较为缓慢。

2. 1986—2007 年

这一阶段的马王堆帛书整理工作主要有三件事情。

第一件事情，1992 年，湖南省博物馆以召开"马王堆汉墓国际学术研讨会"的契机，编辑出版了《马王堆汉墓文物》一书，发表了《周易》《系辞》《刑德》乙篇等篇目的释文和彩色图版，以及《太一将行图》《卦象图》《丧服图》等彩色图版，在学术界引起了强烈反响；另外，《道家文化研究》《国际易学研究》《周易研究》等刊物还刊登了一些学者整理帛书《周易》经传的新成果。这些新材料的公布，掀起了马王堆帛书研究的新热潮。

第二件事情，是马王堆汉墓帛书整理小组的重新启动。1995 年，国家文物局重新恢复马王堆汉墓帛书整理工作，由李学勤牵头，相继在文物出版社召开了两次会议，做了具体分工。一开始，整理小组在文物出版社辟有两间工作室，但由于经费得不到持续保障，工作室只保留了不到一年的时间，相关工作也没有能够全面启动。之后专家们也仍是在各自单位继续整理工作，进展比较缓慢。此次整理工作的成果主要有《马王堆帛书〈刑德〉研究论稿》①、《马王堆汉墓帛书〈式法〉释文摘要》② 等。

第三件事情，在进入 21 世纪以后，湖南省博物馆为配合马王堆二、三号汉墓整理报告的编写，又对帛书进行了整理工作。马王堆二、三号汉墓整理报告拟分为两卷，其中第一卷为"田野考古发掘报告"，第二卷即为"三号汉墓帛书"，全书计划在 2004 年 8 月召开的"纪念马王堆汉墓发掘三十周年国际学术研讨会"前夕出版。湖南省博物馆的学者不仅对原已出版的《马王堆汉墓帛书》第壹、叁、肆辑帛书进行了重新拼接，

---

① 陈松长：《马王堆帛书〈刑德〉研究论稿》，台湾古籍出版有限公司 2001 年版。

② 马王堆汉墓帛书整理小组：《马王堆汉墓帛书〈式法〉释文摘要》，《文物》2000 年第 7 期。

还邀请相关领域的专家对尚未整理完毕的帛书进行了拼接和整理。这次的整理工作发现并解决了若干问题,特别是在《天文气象杂占》《式法》《九主图》《物则有形图》的整理上获得了突破性进展,但由于《阴阳五行》等少数篇目依旧存在很多问题,故依然迟迟无法全面完成整理工作。最终,2004 年 7 月由文物出版社推出的《长沙马王堆二、三号汉墓》发掘报告,只有第一卷的"田野考古发掘报告"问世,第二卷的帛书部分还是未能如期出版。

3. 2008 年至今

2008 年春,考虑到以发掘报告的形式发表帛书照片和释文已经难以满足学术界的需求,湖南省博物馆希望对马王堆汉墓简帛 30 多年的研究成果进行总结,并在此基础上对所有马王堆简帛资料做出高品质的释文和注解。为此,湖南省博物馆与复旦大学出土文献与古文字研究中心、中华书局达成合作协议,由裘锡圭主编,整理出版《长沙马王堆简帛集成》。以复旦大学出土文献与古文字研究中心为主的整理团队在充分吸收以往研究成果的基础上,对帛书进行了重新拼接、校读和注解,在马王堆帛书的整理工作中取得了重大的突破。经过近七年的努力,全套共七辑的《长沙马王堆简帛集成》于 2014 年由中华书局正式出版,这一成果不仅使所有马王堆帛书的图版得以全部公布,而且本书对马王堆简帛资料高水平的整理也受到了学术界的交口称赞。它的出版,也成为马王堆简帛研究重要的里程碑。[①]

马王堆帛书的质地是生丝织成的细绢。帛的高度大致有两种:一种 48 厘米左右,一种 24 厘米左右,即分别用整幅和半幅的帛横放直写。画表和图的帛,幅面大小看需要而定。出土时,整幅的帛书折叠成长方形,半幅的卷在二三厘米宽的竹、木条上,一同放在漆奁中。

帛书一般是横摊着从右端开始直行写下去的,有的先用墨或朱砂画好上、下栏,再用朱砂画出 7—8 毫米宽的直行格(即后来所说的"乌丝栏"或"朱丝栏"),这种行格很像后世的信笺,实际上是模仿了竹、木

---

① 参见《长沙马王堆汉墓简帛出土与整理情况回顾》,《长沙马王堆简帛集成》(壹),中华书局 2014 年版。

简的样子；有的则不画行格。整幅的帛书每行 70 字左右，半幅的每行写 30 余字。除了个别的字用朱砂书写之外，都是用墨书写。墨的原料是用松枝等烧成的烟炱。

帛书的长短也很不一致。短的，一段帛上只写一种书或画一幅图。长的就不同了，写完一种书或画了一幅图后，也不剪断，就另起一行接着写下一种书，或者画另外的图。所以一幅长帛上常常有好几种帛书。

帛书的体例也不一致。有的帛书在第一行顶上涂一黑色小方块作标记，表示书从这里开始。有的帛书则没有行首的标记。有些书是通篇连抄，不分章节；有的则用墨点记号分章；有的则提行另起章节。大部分帛书没有书名，有标题的一般写在文章的末尾，并记明字数。这种篇章题记的表示方法，在古籍中是常见的。

总起来看，帛书的样式与简册非常相似。根据文献记载，汉代书籍所用的简大致有长、短两种。长简为汉尺二尺四寸，用来书写经典；短简为一尺二寸或一尺，也有八寸的，用来抄写诸子、传记等。① 帛书也有整幅和半幅两种尺度，与简册大体相同，至于帛书尺度与内容的关系，则似乎没有东汉那么严格。

帛书的字体大致有三种：一是篆书；二是隶书；三是处于篆隶之间的草篆，又称秦隶。书写的字迹也表现出不同的风格，有的工整秀丽，有的洒脱，显得潦草，显然不是出于一时一人之手。这些迹象表明，帛书抄写的年代正处于汉字急剧变化演变的时期。我们知道，战国时期诸侯割据，各国文字差别很大。秦统一全国后，进行了"书同文字"的工作，把秦的篆书向全国推广。秦代除了篆书作为全国的标准字体外，还以民间流行的隶书作为日用文字。隶书也是从周秦篆书演变而来，字体已经接近楷书。由于隶书结构简省，书写方便，所以在汉初隶书已经逐渐取代篆书。从帛书中可以清楚地看到从秦代到汉初汉字的这种演变趋势，从而给我们留下了秦汉之间汉字的演变轨迹。另外，有一些帛书从字体上看显然出自同一人之手，学者们根据这些帛书的抄写情况，认为当时已经出现了职业

---

① 据《论衡·谢短·书解》言，东汉时期简册制度严格区分"二尺四寸，圣人文语""诸子尺书"。

抄手，比如用隶书抄写的一些帛书，其抄写时间应该在文帝初年，都是出自一位职业抄手之手。①

马王堆帛书的种类十分丰富。如果我们按照《汉书·艺文志》"六艺、诸子、诗赋、兵书、数术、方技"的这种分类方法对马王堆帛书试作分类的话，可以发现它们涵盖了除诗赋类之外其他的五类图书。

马王堆帛书很多没有篇名，不少帛书是由帛书整理小组根据其内容而加以定名的。对于马王堆帛书数量的统计有不同的说法，其中《长沙马王堆二、三号汉墓》第一卷《田野发掘报告》以单篇作为计数单位，将马王堆帛书分成以下六大类 50 种②：

（一）六艺类

1. 《周易》（或称《六十四卦》）

2. 《系辞》

3. 《二三子问》（或称《二三子》）

4. 《衷》（或称《易之义》《易赞》）

5. 《要》

6. 《缪和》

7. 《昭力》

8. 《春秋事语》

9. 《战国纵横家书》

10. 《丧服图》

（二）诸子类

1. 《老子》甲本

2. 《老子》乙本

3. 《五行》篇（或称《德行》篇）

---

① 李学勤：《简帛佚籍与学术史》，时报文化出版公司 1994 年版，第 5 页。

② 陈松长：《长沙马王堆西汉墓》，上海古籍出版社 1998 年版，第 12 页；《帛书史话》，中国大百科全书出版社 2000 年版，第 20 页。

4.《九主》篇（或称《伊尹·九主》）

5.《明君》篇

6.《德圣》篇（或称《四行》篇）

7.《经法》

8.《经》（或称《十六经》《十大经》）

9.《称》

10.《道原》

（三）术数类

1.《五星占》

2.《天文气象杂占》

3.《阴阳五行》甲篇（或称《篆书阴阳五行》《式法》）

4.《阴阳五行》乙篇（或称《隶书阴阳五行》）

5.《出行占》

6.《木人占》

7.《相马经》

8.《"太一将行"图》（或称《社神图》《神祇图》《避兵图》《太一避兵图》）

（四）兵书类

1.《刑德》甲篇

2.《刑德》乙篇

3.《刑德》丙篇

（五）方技类

1.《足臂十一脉灸经》

2.《阴阳十一脉灸经》甲本

3.《阴阳十一脉灸经》乙本

4.《脉法》

5.《阴阳脉死候》

6. 《五十二病方》

7. 《却谷食气》

8. 《导引图》

9. 《养生方》

10. 《杂疗方》

11. 《胎产书》

（六）其他

1. 《地形图》（或称《长沙国南部舆地图》）

2. 《驻军图》（或称《守备图》）

3. 《宅位草图》（或称《小城图》）

4. 《府宅图》（或称《小城图》）

5. 《"物则有形"图》

6. 《宅形、宅位吉凶图》

7. 《城邑图》（或称《街坊图》《园庙图》）

8. 《卦象图》（或称《符箓》《幡信图》）

这其中，《城邑图》和《卦象图》没有题记文字。

下面我们根据马王堆帛书整理小组的整理报告和有关学者的论述，对这些帛书的情况作一个介绍。

（一）六艺类帛书

1. 《周易》

帛书《周易》原无篇题，或称之为帛书《六十四卦》。它抄写在一幅宽48厘米、长约85厘米的丝帛上。横幅界画朱栏，字以墨书。每行字数不等，满行为64—81字，总共93行，合4900余字。从字体上看，抄写年代应在文帝初年。

帛书《周易》的六十四卦每卦均有卦图，除个别字有残损外，六十四卦完备无缺。与通行本相比，帛书本《周易》的最大差异之处是卦序不同。通行本分上、下经，上经三十卦，始于乾，终于离；下经三十四卦，始于咸，终于未济。帛书本则不分上、下经，始于键

（乾），终于益，其排列顺序亦有规律可寻，即将八卦按照阴阳关系，排成键（乾）川（坤）、根（艮）、夺（兑）、赣（坎）、罗（离）、辰（震）、算（巽），然后以键、根、赣、辰、川、夺、罗、算等为上卦，以上述阴阳组合的键、川、根、夺、赣、罗、辰、算为下卦，再以上卦的每一卦分别与下卦的每一卦组合而形成六十四卦。这种排列方法与汉石经、通行本完全不同，因此，帛书本《周易》显然是《周易》别一系统的传本。

　　帛书《周易》与通行诸本的不同还表现在卦辞、爻辞的文字多有差异。据统计，帛书卦辞（不含卦名）共636字，与通行本不同者有81字。爻辞共3444字，与通行本不同的有771字，这些卦爻辞的异文大多属于文字通假，如前面所列卦名之别，即属通假之故。[①] 也有一些地方帛书的文字对于校勘今本《周易》很有帮助。例如帛书《周易》"渐"之六四云："鸿（鸿）渐于木，或直其寇，殳，无咎。"《说文》"殳，从上击下也"，"直"读为"值"，意为"遇到"。弄清了"殳"的意思，这条爻辞就很容易理解了，其意思就是与"盗寇"相遇，击之无咎。可是这条爻辞在通行本中作"鸿渐于木，或得其桷，无咎"。很显然，"无咎"二字的前面掉了一个关键字，故第二句中的"直"被改成了"得"，"寇"字换成了"桷"。王弼还为之注解曰："或行其桷，遇安栖也。"其实桷是方形的屋椽，上面盖瓦，并非鸿雁的栖息之地，可见王弼的注释只是望文生义，解释得非常牵强。现以帛书本对勘，对《周易》此句的本义也就有比较明白的理解。[②] 不过，帛书《周易》中也有若干系帛书的抄写错误，如帛书中的"象"字多误为"马"，令人殊不可解。这可能与这位抄手在抄写时的笔误有一定关系。[③]

---

　　① 于豪亮《帛书〈周易〉》一文对于卦名异文的情况一一加以罗列，并指出："卦名不同，只是字形不同而已，字的读音都相同或相近，可以通假。"其说甚确。另外，这种通假往往是帛书的卦名使用通假字，而今传本则多为本字。见李学勤《周易经传溯源》，长春出版社1992年版，第214—217页。

　　② 于豪亮：《帛书〈周易〉》，《文物》1984年第3期。

　　③ 饶宗颐先生曾引魏齐别体，认为此字是"象"的俗字。见《〈敦煌俗字研究导论〉序》，（台北）新文丰出版公司1996年版。

2. 帛书《二三子问》（或作《二三子》）

帛书《二三子问》与帛书《六十四卦》同抄在一幅幅宽 48 厘米的帛上，紧接在帛书《六十四卦》之后。帛上画有朱丝栏界格，字体是比较规范的汉隶。首有墨丁，文中以圆点分为三十二节。全篇共 36 行，2500 余字。原件已断作 4 块高 24 厘米、宽约 10 厘米的长方形残片，由于这件帛书的首句为"二三子问曰"，张政烺据古书命名通例，将之称为《二三子问》，已故的于豪亮则将其分为 2 篇来分析（张、于二文均见《文物》1984 年第 3 期）。

《二三子问》的原文尽管多有残缺，但其文字大致可读。文中以圆点分为三十二节，① 第一节文字较长，论述"龙之德"，第二至第四节、第九至第十七节论述乾、坤两卦的爻辞，第五至第八节依次论述了蹇、鼎、晋三卦的卦爻辞，第十八至第三十二节末尾依次论述了屯、同人、大有、谦、豫、中孚、小过、恒、解、艮、丰、涣、未济等卦的卦爻辞。于豪亮认为自"二三子问曰"至"夕沂若厉，无咎"止为一篇，其后至"小人之贞也"又另为一篇，事实上，尽管"夕沂若厉，无咎"这一句后还剩三字的空位，书写者就另起一行了，但这并不能说明这是两篇帛书。相反，从其文字内容本身来看，这 2500 余字确实是首尾相贯的一篇《易传》著作，不好将之分开。另外，如果以帛书多以篇首墨丁作为分篇标志的这个特征来看，将之分为两篇也是不能令人信服的。② 因此，后来的学者多依从张政烺的意见，将其视为一篇帛书。

《二三子问》解《易》有一明显的特色，就是只谈德义，罕言卦象、爻位和筮数，尤其是大部分解说冠以"孔子曰"，更使之具有很浓厚的儒家学说色彩。例如："《易》曰：'杭（亢）龙有悔。'孔子曰：此言为上而骄下，骄下而不殆者，未之有也。圣人之立正（政）也，若遁（循）木，俞（愈）高俞（愈）畏下，故曰'杭（亢）龙有悔'。"又如

---

① 《长沙马王堆简帛集成》（叁）则将之分为 36 章，见该书第 40 页（中华书局 2014 年版）。

② 参见廖名春《帛书〈二三子问〉简说》（《道家文化研究》第 3 辑）、陈松长《帛书史话》（中国大百科全书出版社 2000 年版，第 26 页）等文。

"《易》曰：'龙战于野，其血玄黄。'孔子曰：'此言大人之宝德而施教民也，夫文之孝，采物暴存者，其唯龙乎？德义广大，法物备具者，〔其唯〕圣人乎？''龙战于野'者，言大人之广德而下接于民也；'其血玄黄'者，见文也。圣人出法教以道（导）民，亦犹龙之文也，可谓'玄黄'矣，故曰'龙'。见龙而称莫大焉"，很显然，这是一篇儒家《易传》的古佚书之一。

帛书《二三子问》虽无传世之本可供参照，但其与许多卦爻辞的文字不同，特别有助于今人对通行本《周易》卦爻辞的理解和重新认识。例如通行本中未济的卦辞作："未济：亨。小狐汔济，濡其尾，无攸利。"其中的"小狐汔济"就很费解。帛书《二三子问》正好对此段卦辞进行了解释。帛书作："小狐涉川，几济，濡其尾，无利。"两相对勘，原来通行本在传抄过程中漏掉了"涉川"两字，而将"几"字又讹成了"汔"，这样，本来是很明白的一句话，就变得很难理解了。由此可见帛书《二三子问》对易学研究的重要作用和价值。①

3. 帛书《系辞》

帛书《系辞》和另几篇易传古佚书同抄在一幅48厘米宽的整幅帛上，开篇处有长条形墨丁，帛中有朱丝栏界格，文字是规范的汉隶，共47行，3000余字。②

与通行本相校，帛书《系辞》的主要不同是：不分上、下篇；缺通行本《系辞上》的第八章和《系辞下》的第五、六、八章和第七章的一部分。

帛书《系辞》与通行本的不同，还表现在许多文字的不同上，两相校勘，帛书本多有优胜处。例如通行本《系辞》中有："乾坤，其《易》之缊邪？"其中的"缊"字很费解。韩康伯注："缊，渊奥也。"虞翻注："缊，藏也。"孔颖达疏曰："乾坤是易道之所蕴积之根源也，是与易为川

---

① 陈松长：《帛书史话》，中国大百科全书出版社2000年版，第27页。
② 对于马王堆帛书《周易》的《系辞》部分，学术界有两种理解：一种观点认为帛书《系辞》有两篇，分为上、下，《系辞上》即帛书传文与今本《系辞》内容相同的一篇，《系辞下》即帛书《易之义》篇；另一种观点认为帛书《系辞》仅有一篇，即前面所谓的《系辞上》篇。目前一般采用后说。

府奥藏。"这一解释总觉得比较费解。对比帛书本,我们不禁豁然明白,原来此处是作"键(乾)川(坤),其《易》之经与(欤)?""经"意为纲领,此句是说"乾坤"二卦是易的纲领,所以下文说:"乾坤成列而易立乎其中矣,乾坤毁则无以见《易》矣。"两相比较,帛书的"易之经"显较今本"易之缊"为胜。但是也有些文字帛书本不如今本。如今本《系辞》言:"仰以观于天文,俯以察于地理,是故知幽明之故;原始察终,故知死生之说。"在帛书本中,"察""原"两字都作"观",连用三个"观"字,便显然不及今本。①

4. 帛书《易之义》(或作《衷》)

帛书《易之义》篇紧接在帛书《系辞》之后,抄写在一幅48厘米宽的帛上,开篇的顶端有墨丁为记,帛书有朱丝栏,文字形体和《系辞》一样,是规范的汉隶。

这篇帛书尽管断为两截,但开头四五行尚清楚,后便有几行残缺,到十四五行以后便趋于完整,至最后一行又有残缺。据估计全篇共约有45行,约3000字。

这篇佚书的定名较为复杂。这篇古佚书由于和《系辞》抄在一起,加之其中又包含今本《系辞》下的第六章、第七章的一部分、第八章以及今本《说卦》的前三章,因此,先前学者往往将其视为帛书《系辞》的下篇。后来韩仲民提出不同意见,从墨丁作为分篇的标志出发,认为它显系另一篇佚书,张立文则据其首句"子曰易之义"将其定为《易之义》,也有学者称之为"子曰"篇。②廖名春曾怀疑该佚书也可能和其他几篇易传一样,有它的原名,只是因为最后一行残缺而失落了。后来廖名春又从帛书照片中找出一残片,认为此残片正好可接于此件帛书的最后,其中的"衷"字则是这件帛书的篇名,因此径以《衷》命名此篇。

帛书《衷》文中以圆点隔开为若干章节,但由于帛书本身残缺较多,其确切章节无法确定。据其内容,大致可以分为如下几个部分。(1)第一行至第二行说阴阳和谐相济,乃是《易》之要义,即所谓"易之义,

---

① 李学勤:《简帛佚籍与学术史》,时报文化出版公司1994年版,第6页。
② 见《马王堆汉墓综述》,《马王堆汉墓文物》,湖南出版社1992年版。

唯阴与阳，六画而成章"，这大概也是此篇所着重阐述的主要内容。（2）从第三行至第十行是对《周易》的许多卦义进行陈说。（3）从第十三行至第十五行左右，为今本《说卦》的前三章，内容较为完整，但"天地定立（位）"四句，则根据帛书卦序对《说卦》文进行了改造。（4）第十六行至第二十一行左右，阐述乾、坤之"参说"。自第二十二行至第三十四行，分别阐述乾坤之"羊（详）说"。从第三十四行至第四十五行，为今本《系辞下》的第六章、第七章、第八章、第九章（依朱熹《周易本义》所分）。

通篇来看，这篇古佚书主要是对阴阳关系在易学中的重要性及作用加以阐述，其思想有较多儒家思想的倾向。如"上卦九者，赞以德而占以义者也。履也者，德之基也。嗛（谦）也者，德之枋也。复也者，德之本也。恒也者，德之固也……"这是比较鲜明的儒家重德思想在《易传》中的反映。

5. 帛书《要》

帛书《要》篇和帛书《系辞》《衷》同写在一幅宽 48 厘米的帛上，它紧接着《易之义》篇。本篇篇首有残存的墨丁，篇尾有标题"《要》，千六百四十八"，可知此篇原本就以《要》名篇。全文用比较规范的汉隶书写，行与行之间有朱丝栏界格。

帛书《要》篇的开头部分残缺较多，全文大约是 24 行，共 1648 字。《要》篇文中亦有圆点作为章节区分的标志，由于篇首部分残缺过多，故具体章节数目无法统计，但自第九行起，分章情况就鲜明了。从其内容看，大致可以分为如下几个部分。（1）从第九行（包括第八行的一部分）至第十二行"此之胃（谓）也"可能属一章，其内容主要是今本《系辞》下篇第五章的后半部分（依朱熹《周易本义》所分）。（2）从第十二行"夫子老而好《易》"至第十八行"祝巫卜筮其后乎"，主要是记载孔子晚年与子赣（贡）论《易》之事，着重叙述了孔子晚年好《易》的原因。（3）从第十八行最后两字至第二十四行末为一章，主要记叙孔子对其门人弟子讲述损、益两卦的内容和哲理。

帛书《要》篇的学术价值，也许当以后两部分最为重要，因为这是对孔子晚年与《易》的关系的最好说明。孔子与《周易》及《易传》的关系问题，过去一直存在着争议。而在《要》篇中说"孔子老而好《易》，居则在席，行则在橐"，这与《史记·孔子世家》《田敬仲完世家》《论语·述而》的记载可以印证，而孔子对损、益二卦的赞赏也与《淮南子·人间》《说苑·敬慎》《孔子家语·六本》的记载相互支持。可见至少在汉代初年，人们是知道孔子晚年不仅好《易》，而且传《易》的。这对一直存在争议的关于孔子与《易传》的关系的研究，无疑是最有说服力的材料和证明。

6. 帛书《缪和》和帛书《昭力》

帛书《缪和》紧接着帛书《要》篇，另起一行，抄在同一幅 48 厘米宽的帛上，篇首有墨丁，首句为"缪和问于先生曰"，以"观国之光，明达矣"作结，篇末空一字格，有标题《缪和》二字，但无字数统计。帛书间有残缺，现存约 70 行，共 5000 余字，帛书格式和字体与上述诸篇相同。

帛书《昭力》紧接着帛书《缪和》篇，也另起一行抄写。该篇帛书篇首没有墨丁，首句为"昭力问曰"，以"良月几望，处女之义也"作结，最后空一字格，有标题"昭力"二字，故一般仍将其视为单独的一篇来处理。这篇帛书篇幅较短，共 14 行，有 930 余字。值得注意的是，这篇仅 900 余字的帛书在篇题"昭力"之后又空一字格，记字数"六千"。于豪亮曾经指出，这个字数应是《缪和》《昭力》两篇字数的总和，甚确。

帛书《缪和》《昭力》虽然各自名篇，但从内容来说，它们实如一体，犹如一篇文章的上、下两篇。《昭力》篇首没有墨丁标志，而最后所记字数"六千"，实又包括了《缪和》在内，可能与此有关。

与帛书《二三子问》《易之义》《要》一样，《缪和》《昭力》大体上也是以问答的形式解《易》。两篇共约二十七段，段与段之间用黑色的小圆点断开。其中《缪和》约二十四段，第一至第五段是缪和向先生问《易》，讨论了涣卦九二爻辞、困卦卦辞、□卦、谦卦九三爻辞、丰卦九四爻辞之义。第六至第八段是吕昌向先生问《易》，讨论了屯卦九五爻辞、涣卦六四爻辞、蒙卦卦辞之义。第九段是吴孟向先生问《易》，讨论了中孚卦九二爻辞之义。第十段是庄但向先生问《易》，讨论了谦卦卦辞义。第十一段是张身向先生问《易》，也是讨论谦卦的卦辞之义。第十二是李羊向先生问《易》，讨论了归妹卦上六爻辞之义。第十二段至第二十四段解《易》的形式为之一变。它们不再是问答体，而是直接以"子曰"解《易》和以历史故事证《易》。其中第十二至第十八段每段皆以"子曰"开头，依次阐发了复卦六二爻辞、讼卦六三爻辞、恒卦初六爻辞、恒卦九三爻辞、恒卦六五爻辞、坤卦六二爻辞之义。第十九至第二十四段则先叙述一个历史故事，再引《易》为证，这种形式与《韩诗外传》解《诗》如出一辙。这种大量用历史故事来解说《周易》卦爻辞之旨的方法，可以说开了以史证《易》的先河。

帛书《昭力》共三段，都是以昭力问《易》，先生作答的形式出现的。第一段是阐发师卦六四爻辞、大畜卦九三爻辞及六五爻辞的"君卿大夫之义"，第二段是阐发师卦九二爻辞、比卦九五爻辞、泰卦上六爻辞的"国君之义"，第三段是阐述"四勿之义"。与《缪和》等比较，《昭力》解《易》综合性强，《缪和》与《二三子问》等，一般是就具体的一卦一爻之义进行讨论，而《昭力》则糅合数卦数爻之辞，阐发它们的共同意义。

《缪和》解《易》，不言数，只有一处分析了明夷卦的上、下卦之象，其余都是直接阐发卦爻辞的德义。《昭力》则全是谈卦爻辞的政治思想。这种倾向与帛书《二三子问》等篇也是比较一致的。

帛书《缪和》《昭力》所载《周易》经文，与通行本也有一些不同，可以用之校正通行本的一些错误。如蒙卦卦辞今本作"蒙：亨。匪我求童蒙，童蒙求我；初筮告，再三渎，渎则不告。利贞"，而《缪和》第八段称引和解释此条卦辞，"告"字皆作"吉"，与帛书《六十四卦》、汉石经本相同。看来今本之"告"当属"吉"字形近而讹。[①]

帛书《缪和》还有一个很有价值的方面，就是第十九至第二十四段记载了六个历史故事，这些历史故事虽然大多见于《吕氏春秋》《新书》《说苑》《新序》《韩诗外传》《大戴礼记》等书，但仍提供了许多新的信

---

① 廖名春：《帛书〈缪和〉、〈昭力〉简说》，《道家文化研究》第 3 辑，上海古籍出版社 1993 年版，第 232 页。

息。如第十九段记汤网开三面，德及禽兽，感化的诸侯有"四十余国"，而《吕氏春秋·孟冬纪·异实》和《新序·杂事》都说是"四十国"，《新书·论诚》则只说"士民闻之""于是下亲其上"，比较而言，《缪和》所载最详。第二十段记魏文侯过段干木之闾而式（轼）事，《新序·杂事》《史记·魏世家》《艺文类聚》所引《庄子》都有类似记载。但《缪和》点出了"其仆李义"之名，而其他文献只云"其仆"，可见《缪和》的作者更清楚、更接近于史事，不然的话，它就不会保留下这些细节的真实。又如第二十一段记吴舟师大败楚人，"袭其郢，居其君室，徙其祭器"，与《左传》《史记》所述相同，但"太子辰归（馈）冰八管"，吴王夫差置之江中，与士同饮，因而使士气大振之事，却为史籍所无。总起来看，这些历史故事为历史记述提供了新的材料，值得加以重视。

7. 帛书《春秋事语》

帛书《春秋事语》抄写在宽约 24 厘米、长约 74 厘米的半幅帛上，帛书的前部残缺较严重，不知道到底缺几行。后面部分比较完整，尚有余帛没有写字。这件帛书原来卷在一块约 3 厘米宽的木片上，约十二三周，由于帛质腐朽，加之棺液的浸泡，出土时已分裂成大小不等的 200 多个碎片。经过整理，全篇现存 16 章，每章都提行另起，多用墨点作为分章符号，但没有篇题，也没有书名。全篇共约 97 行，上有直界乌丝栏，字体由篆变隶，不避汉高祖刘邦的讳，抄写年代大致在秦末汉初（公元前 200 年）。

帛书《春秋事语》各章中所记史实最早的是鲁隐公被杀，最晚的是韩、赵、魏三家灭智伯，其记事年代略与《左传》相近。每章所记之事，彼此不相连贯，既不分国别，也不分年代先后，每章所记，凡记事都比较简略，但记言论则比较多，可见此书重点不在记事而在记言，是先秦书籍中一种比较常见的"语"式体裁，因此，马王堆帛书整理小组将其定名为《春秋事语》。

8. 帛书《战国纵横家书》（或作《战国策》）

《战国纵横家书》是用半幅帛抄写而成，帛长 1.92 米，宽 24 厘米，每行三四十字不等，首尾基本完整，后面尚有余帛没有写字。全篇帛书共325 行，11000 余字。本篇帛书的字体在篆隶之间，避汉高祖刘邦之讳，当是公元前 195 年前后的写本。

帛书《战国纵横家书》共分为 27 章，每章用小圆点隔开，不提行。27 章中见于司马迁《史记》和刘向所编《战国策》的，只有 11 章，此外的 16 章都不见于现存的传世古籍。这 27 章根据其内容大致可分为三个部分，第一部分是前面 14 章，都和苏秦有关，只有第五章见于《史记》和《战国策》；第四章的一部分，《战国策》有而脱误很多。其中第一章到第七章，是苏秦给燕昭王的信和游说辞；从第八章到第十四章则是苏秦等人给齐潛王的信和游说辞。第二部分是第十五章至第十九章，这几章在每章末尾都有字数统计，并在第十九章末尾有这几章字数的总计，所以显然是另一个来源，其内容主要是战国游说故事的记录，除第十七章外，都见于《战国策》或《史记》。第三部分是最后 8 章，根据其中有关苏氏游说的资料不和首 14 章有关苏秦的资料编在一起来判断，这应该是另一种辑录战国游说故事和纵横家游说言论的本子。最后 3 章也不见于传世古籍中。

帛书《战国纵横家书》的出土，为我们提供了战国后期的许多历史资料，弥足珍贵。尤其是第一部分 14 章有关苏秦活动的原始新材料，极大地充实了战国史研究的内容。司马迁等人对于苏秦活动的年代和有关的史实的叙述有不少错乱之处，如《史记》中称苏秦与张仪是同学，根据帛书则可以知道：公元前 312 年，当苏秦在楚游说陈轸门下的时候，还是初露头角的年轻人，而此时的张仪已是"烈士暮年"的长者了，可见《史记》乃至《战国策》中的记载，至少把苏秦的卒年提前了 30 年。

帛书《战国纵横家书》亦为有关的历史文献的整理提供了有力的佐证。例如《战国策·韩策三》有"韩人攻宋"章，经与帛书对勘，乃知"韩"字是"齐"字之误。而《战国策·齐策四》中的"苏秦自燕之齐"章在《史记》中就误将"苏秦"写作了"苏代"。更典型的一个例证是：今本《战国策·赵策四》的《赵太后新用事》章中，有"左师触奢愿见太后"一语，《史记》作"左师触龙言愿见太后"。两种本子孰是孰非，颇难公断。今帛书所记与《史记》相同，这就证明了《史记》本的正确，因而也就澄清了这个久疑未释的历史之谜。

9.《丧服图》（或称《丧制图》）

《丧服图》绘于一幅长 26.2 厘米、宽 48 厘米的整幅帛上，全图由 1个朱色的伞盖和 19 个正方形色块（加上残缺部分应是 24 块）组成，从上到下有部分方块中间有墨线相连，其中左侧一线有五块朱色，其他均为黑色。这种图形或许是轪侯家族的表示亲疏关系的族系示意图，朱色也许意味着嫡传的关系。该图中有 6 行 56 个字的丧服制度记载，主要记叙汉初人服丧的有关规定，其中提到了三年之丧、期年、九月、七月等服丧期，但没有言及三月或更短之丧期者，这与汉文帝遗诏短丧的规定似乎不太吻合，与传统的丧服记载亦有区别，因此，这或许是轪侯家族自己所奉行的丧服制度的一种图文式的记载。①

（二）诸子类帛书

1. 帛书《老子》甲、乙本

马王堆帛书中出土了两种写本的《老子》，为了便于称引，帛书整理小组把字体较古的一种写本称为甲本，另一种称为乙本。甲本卷后和乙本卷前各有数篇古佚书。甲本用半幅帛抄成，卷在一长条形的木片上。帛书高约 24 厘米，朱丝栏墨书。《老子》甲本全文不分章节，篇末不记字数，共计 169 行，字体是古隶。文中不避汉高祖刘邦讳，其抄写年代约在公元前 200 年。乙本则用整幅帛抄成，共 78 行，亦不分章节，但在"德经"末尾记有"德三千卌一"，在"道经"末尾记有"道二千四百廿六"，合计是 5467 字。乙本字体为汉隶，文中两个"邦"字改成了"国"字，可见是避刘邦讳的，但文中不避汉惠帝刘盈、文帝刘恒的讳，字体与同墓所出有文帝三年纪年的《五星占》很相似，由此可以推断其抄写年代比甲本要晚一些，很可能是在文帝时期，即公元前 179 年至公元前 169 年。

帛书《老子》甲、乙本各有特点，诸如经文句型、文字等均有区别，如甲本"此之谓玄德"，乙本则作"是谓玄德"，甲本"故曰为道者非以明民也"，乙本作"古之为道者非以明民也"，甲本"为者败之，执者失之"，乙本作"为之者败之，执之者失之"，诸如此类差别不下二百处，

---

① 陈松长：《帛书史话》，中国大百科全书出版社 2000 年版，第 38 页。

贯穿全书始末，足以说明帛书《老子》甲、乙本来源不同，代表汉初两种不同古本。

如果把帛书《老子》甲、乙本与传世的河上公注本、王弼注本和傅奕校定本相比较，它们与传世本《老子》也有较大的差别。

（1）传世诸本《老子》都是《道经》在前，《德经》在后，而帛书本则正好相反，是《德经》在前，《道经》在后。

（2）传世诸本《老子》分为81章，而帛书本则不分章节（甲本部分加一些圆点，有些似乎是分章符号，但无法确定）。但从其行文来看，今本各章的次序有些应当加以调整。如今本第四十章为："反者道之动，弱者道之用。天下万物生于有，有生于无。"第四十一章："上士闻道而勤行之。中士闻道若存若亡。下士闻道而大笑之。不笑不足以为道。故建言有之：明道若昧，进道若退，夷道若类。上德若谷，大白若辱，广德若不足，建德若偷，质真若渝，大方无隅，大器晚成，大音希声，大象无形，道隐无名，夫唯道善贷且善成。"第四十二章："道生一，一生二，二生三，三生万物。万物负阴而抱阳，冲气以为和。"这三章顺序，看上去似乎没有问题，但用帛书本一校，就发现它的错误了。帛书本是不分章的，甲本同于今本第四十一章的那段文字因残泐太甚，仅存二字；乙本比较完整，但列在第四十章那段文字之前。可以肯定，乙本的这一顺序比今本更为合理。因为第四十章是讲宇宙本体的"道"，第四十二章亦同，两段文字紧密相连，当是《老子》书的原样，今本把第四十一章那段文字插入这两段中间，则文义隔断，可见是错误的。

（3）传世诸本《老子》与帛书本文字上多有不同，可以帮助人们校勘并订正传世诸本的文字讹误。如今本第七十五章"民之饥，以其上食税之多，是以饥"一句，帛书甲本作"人之饥也，以其取食迎（税）之多也（乙本无'也'字），是以饥"。两相比较，可知帛书本是正确的。"民"字唐时避太宗之讳，多改为"人"字，唐以后重刻该书，又将讳字改回，此"人"字即误为唐时避讳而改，故改"人"字为"民"；帛书甲、乙本"以其取食税之多"，今本多作"以其上食税之多"，彼此各异。从甲、乙本经文分析，"以"字为介词，在此表示事之所因，"其"字为代词，作句中主语，"取"字为动词，"食税"指粮食之税，经文指因国君榨取之税过多，是以造成饥荒。今本则误"取"字为"上"，以"食"为动词，释为由于统治者吞食的租税太多，因而陷于饥荒，词义牵强，亦非《老子》之旧，均当据帛书本改正。①

不过，帛书《老子》甲、乙两本在当时只不过是一般的学习读本，皆非善本，书中不仅有衍文、脱字、误字、误句，而且使用假借字亦不够慎重，因而在许多方面并不如今本。

2. 帛书《五行》（或称《德行》）

帛书《五行》紧接着《老子》甲本抄写，全篇共 180 多行，约 5400字。全篇原无篇名，马王堆帛书整理小组根据其内容而名之为《五行》，后来魏启鹏根据周秦古书名篇的通例，并考其全文主旨，径取首句的"德行"二字名篇。但是湖北省荆门郭店也出土了该书的竹简本，时代为战国中期偏晚，全书以"五行"两字开头，故仍应以"五行"名篇为是。

帛书《五行》篇由两部分组成，自第 1 行至第 44 行为第一部分，主要提出了若干儒学命题和基本原理。自第 45 行至篇末为第二部分，其内容是分别对第一部分所提出的命题和原理进行论述和解说。按照古文的惯例，第一部分是"经"，第二部分则是"说"，或者说是"传"。

帛书《五行》篇本身没有标题，其内容主要是围绕"聪""圣""义""明""智""仁""礼""乐"等道德规范进行论述并解释。据研究所知，这是失传已久的关于"思孟五行"理论的重要的古文献，它的发现，证实了当时思孟学派的存在，使人们对思孟学派的一些基本观点有了清楚的认识。

在第一部分所提出的诸多儒学命题和道德规范中，最引人注目的是其中的"五行"说，它为解开两千多年来学术界不得其解的"思孟五行"之谜找到了一把钥匙。篇中提出了"仁""义""礼""智""圣"的"五行"说，其中不少地方袭用《孟子》的话，应是思孟学派的著作。我们知道，《荀子·非十二子》说子思、孟轲"案往旧造说，谓之五行"，过去一直未得确解，帛书《五行》篇的发现，有助于我们弄清思孟学派"五行"说的真相，进一步深入研究先秦的儒家思想。

---

① 高明：《帛书老子校注》，中华书局 1996 年版，第 193 页。

3. 帛书《九主》

帛书《九主》篇是紧接在《老子》甲本、帛书《五行》之后所抄写的第二种古佚书，全篇共 52 行，约 1500 字。该书原无篇名，马王堆汉墓帛书小组根据其内容将之命名为《九主》。也有学者称其为《伊尹·九主》。

《九主》篇的主要内容是记载伊尹论九主的言论。《汉书·艺文志》道家有《伊尹》31 篇，小说家有《伊尹说》27 篇，但这些书很早就亡佚了，南朝刘宋时裴骃作《史记集解》，只引《别录》，不能以原文纠正误字。到唐代，司马贞作《史记索隐》，对"九主"也只是望文生义，说"九主者，三皇五帝及禹也；或曰：九主谓九皇也"，甚至将"法君"理解为"用法严急之君"。可见，唐人已对"九主"的本义茫然无知。帛书的出土，使我们重新认识到，所谓"九主"，原来是"法君、专授之君、劳君、半君、寄主、破邦之主二、灭社之主二"。这样，也就足以使我们重新订正《史记集解》所引《别录》的错误。例如《别录》将"专授之君"就误拆成了"专君"和"授君"，其实"专授"的原意在《管子·明法解》中有着明确的解释："授"就是付与，所谓"专以其威势予人""专以其法制予人"就是"专授"，所谓"专授之君"，就如《史记·范雎列传》中所说："且夫三代所以亡国者，君专授政，纵酒驰骋弋猎，不听政事，其所授者妒贤嫉能，御下蔽上，以成其私，不为主计，而主不觉悟，故失其国。"简言之，也就是专授政事于人而失国之君，根本就不能断裂成"专君"和"授君"，而"专君""授君"也实在不好理解，现在帛书的出土，终于解开了这个死结。

4. 帛书《明君》

帛书《明君》是紧接在帛书《老子》甲本、《五行》《九主》之后所抄写的第三篇古佚书，全文 48 行，1500 余字。本篇原无篇题，马王堆汉墓帛书整理小组根据其内容，将之命名为《明君》。

本篇帛书的作者以"先王"的情况为例，阐述贤明君主的几大要务，用帛书的原话就是：

以夫明君之所广者仁也，所大者义也，［所］处者诚也，所用者良也，所积者兵也，所寺（待）者时也，所埶者暴也。

为什么明君要着力于此呢？帛书解释说："广仁则天下亲之，大义则天下与之，处诚则天下信之，用良则天下□「之」，〔积〕兵则必胜，寺（待）时则功大，埶暴则害除而天下利。"可见它是融合了儒、法家等思想的治国之论。其写作年代可能在战国后期。

5. 帛书《德圣》（或称《四行》）

帛书《德圣》篇是抄在帛书《老子》甲本、《五行》《九主》《明君》之后的另一篇古佚书。本篇后面部分文字残缺较为严重，不能属读，也不知原篇是否有自己的篇名。全文现存 13 行，约 400 字。《德圣》一名是帛书整理小组所加。

帛书整理小组认为，这篇帛书也讲到"五行"，与抄在前面的第一篇古佚书《五行》有关，但又有一些道家的语汇。魏启鹏曾依据先秦古籍篇章署名的通例，求证于本篇的内容，改称其为《四行》篇。

6. 帛书《经法》《经》《称》《道原》（或合称为《〈老子〉乙本卷前古佚书》《黄帝四经》《黄帝书》《黄老帛书》）

帛书《经法》和《经》《称》《道原》一起抄录在帛书《老子》乙种本之前，全文用较规范的汉隶抄写，行与行之间有"乌丝栏"界格，抄写时间可能在文帝初年。帛书幅宽 48 厘米，出土时因折叠而断裂成多块 24 厘米宽的帛片，帛书除断裂处外，保存得比较完整。

帛书《经法》是这四篇佚书的第 1 篇，共 77 行，凡 5000 余字，它一共由 9 个小章节组成，即道法、国次、君正、大分（或作"六分"）、四度、论、亡论、论约、名理等，末尾有《经法》的总篇题。按其内容，这是一篇讲法治、讲农战、讲君主治国之道的文章，其中《道法》又是《经法》篇的总论，以"道生法"开篇，主要阐述道与法的关系，强调依法治国的重要性，而最后的《名理》则是对《经法》篇的总结，主要概述"道"的本质和循道生法，依法治国，国无危亡的原理。

帛书《经》是这四篇古佚书的第 2 篇，共 65 行，分 15 个章节，每个章节都有题名，它们分别是：立命、观、五正、果童、正乱、姓争、雌雄节、兵容、成法、三禁、本伐、前道、行守、顺道、十大。据其篇末题字，全文 4600 余字，其书写款式和抄写字体与《经法》篇完全相同，显系同一抄手、同一时期所抄成。

对于帛书《经》篇名的确定曾经过了很长的探索。该篇最初被定名为"十大经"，后帛书整理小组对帛书"六""大"二字的字形作了仔细对比，认为应是"六"字，所以在 1980 年出版的《马王堆汉墓帛书（一）》中，将其定名为"十大经"。但由于帛书本身只有 15 章，而且最后一章（帛书整理小组认为只是半章）没有章名，故帛书整理小组认为原文可能编排有所错乱，或者曾有亡佚。也有学者主张应把篇名改称为"十四经"。① 参与帛书整理工作的裘锡圭后来又指出"细按字形，恐仍当释为'十大经'"。李学勤在《马王堆帛书〈经法·大分〉及其他》② 中也认为此处应是"大"字，但对篇名问题提出了新的见解。李先生认为，应该将"十大"和"经"分开来读，"十大"是本篇最后一个小章节的章名，因为第 15 章正可划为十句互有联系，又各成格言的话，而且能以韵脚来判断，所谓"十大"，就是指这十句重要的话，"大"字应按《荀子·性恶》注所释："大，重也。""经"则是这一篇的总名。李先生的这一解释既解决了这篇帛书篇末一章独缺标题的困惑，又解决了该篇帛书章数方面的疑问，可谓独具慧眼，因此，本篇帛书的篇名应按李先生所言为《经》。

帛书《经》各章大多通过叙述黄帝君臣的故事来叙述治国之道和用兵策略，例如《果童》一章中就提出了贵贱、贫富均等的民本思想，《前道》一章中则强调"上知天时，下知地利，中知人事"才能长利国家、世利百姓。《本伐》章则对战争的性质进行了分析，认为"世兵道三：有为利者；有为义者；有行忿者"。《兵容》一章则认为用兵要法天、法地、法人才能做出正确的决断，取得胜利，不然，必将"当断不断，反受其乱"。总的说来，帛书《经》是一篇用黄老刑名思想以阐述治国用兵之道的古佚书，其思路与《经法》篇的治国用道理论完全相同。

---

① 高正：《帛书"十四经"正名》，《道家文化研究》第 3 辑，上海古籍出版社 1993 年版，第 283 页。

② 李学勤在《马王堆帛书〈经法·大分〉及其他》，《道家文化研究》第 3 辑，上海古籍出版社 1993 年版。

帛书《称》是这四篇古佚书的第3篇，共25行，约1600字。全篇帛书不分章节，主要是汇集一些类似格言的话，所反映的思想大体与《经法》《经》一致。

帛书《道原》是这四篇古佚书的第4篇，其篇幅最短，只有7行，共464字。本篇帛书虽短，但其内容很重要，它主要是推究阐释"道"的本原、性质和作用，其内涵和思想与《老子》《文子》《淮南子》的"道"论有密切的关系。帛书《道原》还有一个很有特色的地方就是通篇基本上押韵，这和以韵语成篇的《老子》亦非常相似。

（三）数术类帛书

1. 帛书《五星占》

帛书《五星占》抄写在一块幅宽48厘米的整幅帛上，通篇用很规范的汉隶抄写。全文共145行，约8000字。本篇帛书原无篇题，帛书整理小组根据其内容将之命名为《五星占》。由于帛书中的天象记录一直到汉文帝三年（公元前177年）为止，可以断定帛书的写成年代是在汉文帝初年，帛书整理小组认为可能是在公元前170年前后。

帛书整理小组曾据帛书《五星占》的内容，将之分为九章，即木星、金星、火星、土星、水星、五星总论、木星行度、土星行度、金星行度。这九章内容大体可分为两大部分，第一部分是前六章，其内容是对木星（岁星）、金星（大白）、火星（荧惑）、土星（填星）、水星（辰星）的运行规律和星占规定的描述和记录，属于天文星占类的古佚书。第二部分即后三章，主要是用图表的形式记录了从秦始皇元年（公元前246年）到汉文帝三年（公元前177年）共70年间木星、土星、金星的运行位置，并描述了这3颗行星在一个会合周期内的动态。

帛书《五星占》的出土，对于我国天文学史的研究具有重大的价值。根据记载，我国讲天文的专门书籍，最早的当推战国时代甘德所写的《天文星占》八卷和石申所写的《天文》八卷，这两部书的成书年代在公元前370—前270年间。可惜它们都早已失传，仅有一些佚文存世。帛书《五星占》的出土，使我们得以直接看到了秦汉时代星占书籍的原貌，尤其是后三章对木星、土星、金星的位置及在一个会合周期内动态的叙述，表明当时人们已经利用速度乘以时间等于距离这个公式，把行星动态的研究和位置的推算工作有机地联系起来，这就比战国时代甘、石等人零星的探讨前进了一步，而成为后代历法中"步五星"工作的先声。学者们发现，帛书《五星占》所载的金星会合周期为 584.4 日，比我们今天所测值 583.92 日仅大 0.48 日；土星的会合周期为 377 日，比我们今天所测值只小 1.09 日；恒星周期为 30 年，比我们今天所测值 29.46 年只大 0.54 年，这些数据远较后来的《淮南子·天文》及《史记·天官书》更为精确，可见当时中国的天文观测技术已经达到了相当高的水平。

2. 帛书《天文气象杂占》

帛书《天文气象杂占》抄在一幅长 150 厘米、宽 48 厘米的帛上，字体是隶书，但篆书意味相当浓厚。出土时已经碎成大大小小的几十片残帛，并有一小部分已经腐烂，但还可以基本上恢复原来的面貌。这篇帛书原无篇题，帛书整理小组根据其内容将之命名为《天文气象杂占》。

帛书《天文气象杂占》图文并茂，除了下半幅末尾的一段之外，从上到下可分为六列，每列又从右到左分成若干行。占书每条上面是墨或朱，也有用朱墨二色画成的图，下面是名称、解释及占文。也有些只有名称，或只有解释；还有一大部分只有占文，而没有其他。每列多的有五十几条，少的残存二十余条，全幅包括完整或残缺的共约三百条。下半幅末尾的一段，是墨写的占书，有文而没有图，从上而下分为三列，每列多的二十六条，少的残存十三条，合计尚存五十七条。该篇帛书的内容，如果从占文所根据的对象来划分，大体上可分为云、气、星、彗星等内容。下半幅末尾有文无图的一段，其内容基本上和前面的文字相似，可能是同一性质的另一本占书。

帛书《天文气象杂占》的占文，除了"贤人动""邦有女丧""有使至"等一小部分之外，其余大多是"客胜""主败""攻城胜""城拔""不可以战""益地""失地""军乃大出""战得方者胜"等有关军事的占语。因此，该书应与兵阴阳之说密切相关，并可与《淮南子·天文》《史记·天官书》《乙巳占》《开元占经》《通典·风云气候杂占》等书所记载的兵家所用天文气象占验的内容互相参证。

从天文学史的角度看，帛书《天文气象杂占》中最值得注意的是有关彗星的部分。中国是世界上最早观测和记录彗星的国家,《左传》中就有三次相当具体的记载。到了战国时期,人们对于彗星的观测已经有比较丰富的经验。帛书《天文气象杂占》画有各式各样的彗星,除最后一条瞿星（或释为瞿星）外,其余分彗头、彗尾两个部分。彗头画成一个圆圈或圆形的点,有的圆圈中心又有一个小的圆圈或小圆点,这表明当时人们很可能已经见到在一团彗发的中心有一个很小的彗核。所画的彗尾则有宽有狭,有长有短,多种多样,可见当时人们对于彗尾的观测也已经相当仔细。这些材料足以说明,在两千多年前,我国观测彗星已经有了出乎意料的成就。帛书所绘的彗星图,是世界上最早的彗星形态记录,具有重大的科学价值。

3.《阴阳五行》甲、乙篇（或称《篆书阴阳五行》《隶书阴阳五行》；或称《篆书阴阳五行》为《式法》)、《出行占》

帛书《阴阳五行》共有两篇写本,甲篇写本抄写年代较早,系用篆意很浓的篆隶抄写而成,乙篇稍晚,系用规范的八分隶抄写。这两篇帛书既无标题,又不分章节,帛书整理小组根据其内容称之为《阴阳五行》,甲篇也被称为《篆书阴阳五行》,乙篇则被称为《隶书阴阳五行》。2000年出版的《文物》第7期以《马王堆汉墓帛书〈式法〉摘要》为题,将过去被称为《篆书阴阳五行》的该件帛书改名为《式法》,并公布了其中的一部分材料。但对于《式法》这一命名,陈松长等学者提出了不同意见,因为帛书中的许多内容,如《徙》章等,内涵较式占更宽泛,因此用《式法》统称该篇帛书并不合适；另外,由于帛书字体并非典型篆书,因此该篇的另一旧命名《篆书阴阳五行》也不妥当。2014年出版的《长沙马王堆简帛集成》吸取了这一意见,仍用《阴阳五行》甲、乙篇来命名这两篇帛书。

帛书《阴阳五行》甲篇的书写方式很有特色,李学勤曾介绍说:"这卷帛书许多字保留着楚国'古文'的写法,它大概是一个不习惯秦人字体的楚人抄写的。例如其中的一节,有几处'左'字,先是写作'岩',是古文'左'字,后面又写作'左',是秦的'左'字。同节的'战'字,先写作'戬',是古文,下面又改作'战',是秦字。这件帛书对我们研究战国到汉初文字的变化，是难得的宝贵材料。"① 特别值得注意的是在一块残帛上，有一段关于楚国官名的记载："乙当莫嚣，丙当连敖，丁当司马，戊当左右司马，己当官首"，其中"莫嚣、连敖"是楚国所特有的官名，这也就有力地说明，这个抄本肯定是楚人的著作之一。② 据分析，该篇的《刑日》章写有"廿五年""廿六年"，《天地》章写有"廿五年十【月】"，皆属于秦王政（始皇）纪年，帛书的抄写时代当与之相距不远，很可能是马王堆帛书中时代最早的抄本。

相比较于马王堆的其他数术文献，这篇帛书的内容更为丰富，性质也更加复杂。它的绝大部分内容是贞卜吉凶时日的选择数术，属于阴阳五行类文献，但也有不属于选择数术的内容，比如《室》章列举营筑宅室的禁忌，就是属于形法类的记述。

帛书《阴阳五行》甲篇由于内容众多，而且残损厉害，已被揭分成了二十多块的较大残片和大小不一的数百块碎片，缀合工作极其困难。该篇帛书迟迟未能完成整理，也是导致马王堆帛书长期未能全部公布的重要原因。《长沙马王堆简帛集成》一书虽然最终推出了一个整理本，但就在全书尚未正式出版之前，整理者即已发现拼合工作还需要进行较大调整，③ 足见这一整理拼合工作的艰难。

帛书《阴阳五行》乙篇共可分为《刑德占》《择日表》《五行禁日》《上朔》《刑日》《天地》《传胜图》《地刚图》《天一》《女发》等 10 章，属于以兵占为主的阴阳五行文献。《阴阳五行》乙篇的内容与帛书《刑德》甲、乙、丙 3 篇以及《阴阳五行》甲篇的关系非常密切，篇中的许多内容可能是直接或间接地抄写或改写自这些文献。④ 与《阴阳五行》甲篇相比，帛书《阴阳五行》乙篇要完整得多，有些图表相当完好，成段的文字也比较好读，是研究阴阳五行学说在汉初本来面目的极好资料。⑤

帛书《出行占》抄写在一块完整的长方形帛上，出土时已断为 4 块。

---

① 李学勤：《古文字学初阶》，中华书局 1985 年版，第 60 页。
② 陈松长：《帛书史话》，中国大百科全书出版社 2000 年版，第 53 页。
③ 《长沙马王堆简帛集成》（伍），中华书局 2014 年版，第 67 页。
④ 同上书，第 118 页。
⑤ 参见陈松长《帛书史话》，中国大百科全书出版社 2000 年版，第 54—55 页。

整篇帛书一共抄写了 35 行文字，除断裂处残损较为严重外，其他地方保存基本完整。

这篇帛书原无篇题，所载内容多与出行的宜忌相关，因此最初被认为是帛书《阴阳五行》的一部分，后来才被析分出来。根据帛书《出行占》所载的内容，学者们推断它很可能是从早期的《日书》文本中摘抄而成，是一件重要的选择类文献。

4. 帛书《木人占》（或称《杂占图》）

帛书《木人占》抄于幅宽约 33 厘米、长 50 厘米的整幅帛上。该篇帛书分为上、下两段，图文并茂，其中有"举木人作占验"的文字①，学者们据此称之为《木人占》。这卷帛书相对比较完整，除文字因经浸泡而字迹较虚外，整块帛书由 99 个不规则的图形及大约 59 行文字组成，这些图形以方形为主，间有变形的匡形、梯形、三角形、井字形、十字形等，每个图形内都有少则 1 字、多则 8 字的文字注释，大多是"吉""大吉""大凶""小凶""不吉"等有关吉凶的一般占测语，但也有一些比较特别的占语。如："食女子力""食长子力""以善为恶""有罪后至""空徒"，这些图形和这些文字的关系到底如何，其所占测的对象到底是什么，目前还仍有待学林时贤的研究。

在这些图形的左侧和下面，分别写有 59 行占语，内容非常丰富，其中有关于木人占的占法等各种内容，还有好几行相人的记录，等等，有待于进一步的研究。

本篇帛书的字体与《老子》甲本、《刑德》甲篇较为相近，是一种篆意较浓的古隶，其抄写年代亦当与《老子》甲本、《刑德》甲篇相近，即应抄成于汉高祖十一年（公元前 196 年）前后。

5. 帛书《相马经》（或作《相马经·大光破章故训传》）

帛书《相马经》抄写在幅宽 48 厘米的整幅帛上，全文共 77 行，约 5200 字，除略有残损外，大部分字迹清晰。字体为隶书，抄写相当工整。帛书整理小组根据其内容将之命名为《相马经》，也有学者认为这篇帛书

---

① 陈松长：《帛书史话》，中国大百科全书出版社 2000 年版，第 60 页。本篇帛书的其他叙述亦据此书。

更准确的名称应是《相马经·大光破章故训传》。

帛书《相马经》是一篇谈相马的辞赋体古佚书。全篇可分为三个部分：第一部分（第1—22行）是"经"，即《相马经》的《大光破章》；第二部分（从第23行到第44行的"处之，多气"）是"传"，它是对"经"的大意、精要进行综合归纳，寻绎发挥的文字；第三部分（第44—77行）则是"故训"，也就是对经文的训解。

帛书的第一部分，主要是讲相马眼的学问。因此开篇就称"大光破章"。"大光"可能即指眼而言，而"破"可能是解析之义，所谓"大光破章"，意为相眼之章，它应是这一篇经文的章名。帛书的第三部分主要是对第一部分的训解。例如帛书第一部分开头言：

> 有月出其上，半矣而未明。上有君台，下有逢芳；旁又（有）积缫，急其帷刚。

第三部分的文字中则对此明确加以解释：

> 有月出其上，半矣而未明者，欲目上圜（环）如半〔月。上〕有君台者，欲目上如四荣之盖。下又（有）逢芳者，欲阴上〔者良目〕久。旁又（有）积缫者，欲□□□□□□□□□。〔急〕其维冈者，欲睫本之急，急坚久。

通过这一段训释，我们才知道，原来经文中所说，都是对良马眼睛的一种颇具文学色彩的形容和要求。

帛书的第二部分则是对第一部分加以阐发和归纳讲解。不过，这一部分内容并未依照经文的次序逐一来阐述，而只是就其中的几点加以发挥而已，这种发挥，有的是对经文的总结，有的则是对经文的阐发。①

6.《"太一将行"图》（或称《社神图》《神祇图》《避兵图》《太一

---

① 见赵逵夫《马王堆汉墓出土〈相马经·大光破章故训传〉发微》，《江汉考古》1989年第3期。

避兵图》《太一祝图》)①

帛书《"太一将行"图》现存原物幅长 43.5 厘米、宽 45 厘米，本是一件具有神秘色彩和艺术价值的帛画，但因这幅帛画有多达百余字的题记文字，故亦可以视为一种帛书。

该图彩绘，虽有残破和互相因折叠浸染的印痕，但图像和题记文字基本清楚。图像正中上部彩绘一位主神，他头戴鹿角，双眼圆睁，巨口大开，舌头前吐，双手下垂，上身着红装，下着齐膝青色短裤，赤足，两腿分开，双膝外曲，做骑马欲行之势。他的右侧腋下单独墨书一个"社"字，而头部左侧则有题记：

> 太一将行，何（荷）日，神从之，以……

"以"字以下残泐，不知究竟缺几字。由题记文字可知，这位主神就是楚汉人心目中极有权威的太一神。

"太一"神的左、右两上侧残破较为严重，但仍存有两个依稀可辨的图像和一些题记文字，其中右上侧是以墨线勾勒的云气和一个半边的侧面人像，该像的左边墨书题记文字为：

> 雨师光风雨雷，从者死，当〔者有咎〕，左弅其，右□□。

"太一"神的左上侧则以朱色为主，绘有一些云气和一个正侧面的头像，它双目浑圆，怒视前方，它的右侧亦有题记，现仅存一个"雷"字，由这些题记可以知道，这两个图像乃是雨师和雷公，这和《楚辞·远游》中"左雨师使径侍兮，右雷公以为卫"的描写可以对应。

在"太一"神的两臂之下，左、右两侧共排有神人四个，按照"东行为顺"的次序，右起第一个头戴青色三山冠，身着青色短袖衣，红色短裙，右手下垂，左手高举，似举一利器，但因帛画已残，已不知为何

---

① 本部分内容参见陈松长《帛书史话》（中国大百科全书出版社 2000 年版，第 65—68 页）。

物。他双目圆鼓，巨口大开，长舌前吐，髭须斜飘，脸色赤红，一副神武而狰狞的面孔。右边有一行题记：

　　武弟子，百刃毋敢起，独行莫「理」。

　　右起第二位亦头戴三山冠，修眉大眼，张口伸舌，左手举一剑状物，右手下垂，身着红色短衣，下穿红墨相间的条纹短裙，赤足。其右侧亦有一行题记：

　　我□百兵，毋童（动），□禁。

　　右起第三位，即"太一"神左侧的第一位则头作侧面，头上有角状形冠，左手上扬，手掌做兽爪状，右手下垂，圆眼鸟喙，身着红装，上加半截墨色短袖衣，其左臂下侧墨书题记一行：

　　我虒裘，弓矢毋敢来。

　　最后一位则头顶中间下凹，两端异骨突起，上顶双重鹿角，黄脸上怪眼斜睨，双目圆张，两须分扬如剑戟，脖子细长，肩部耸一怪骨，双手侧握一殳，惜其题记文字已残。

　　这四个神像也许正是楚帛书所言的"祝融以四神降"的四神，它们是掌管四方，护卫"太一出行"的神灵。

　　在"太一"神的胯下，绘有一条头顶圆圈的黄首青龙。在这条黄首青龙的下边，左、右还各绘一龙，其右边之龙朱首黄身，龙头上扬，龙身曲动，前持一红色瓶状物，龙头下题有"黄龙持炉"四字。而左边之龙则黄首青身，与黄龙成对峙状，前亦捧一青色瓶状物，龙首下题有"青龙奉容"四字。

　　在帛画的右侧，还有一段总题记，文意都是太一出行时的祝语，文字不长，仅存44个字，但其中反复出现了"先行""径行毋顾""某今日且〔行〕"等语词，可见这幅帛画应是以"太一"出行为主旨的一幅作品。

在 2014 年出版的《长沙马王堆简帛集成》一书中，本篇帛书被命名为《太一祝图》。

（四）兵书类帛书

帛书《刑德》甲、乙、丙篇

帛书《刑德》共有甲、乙、丙三种抄本，甲、乙两篇保存得比较完整，丙篇则残破太甚，已很难拼合和句读。甲篇的抄写字体是比较放逸的古隶，行与行之间没有乌丝栏界格，篇中有"乙巳，今皇帝十一年"的话语，系指汉高祖十一年（公元前 196 年），可见《刑德》甲篇是汉高祖在位时抄写的。乙篇长 84 厘米，宽 44 厘米，字体是比较规范的汉隶，行与行之间有很规整的乌丝栏，看上去比甲篇要精工得多，篇中有"丁未，孝惠元"的话语，可见乙本的抄写时间在孝惠元年（公元前 194 年）以后。丙篇现存原物共揭裱为 18 块残片，从残存的片断文字看，其内容与甲、乙两篇大致相同，只是该篇全部用朱文书写，间有很粗重的墨线边框，这种较为奇特的形式是否别有含义，尚待研究。

帛书《刑德》甲、乙、丙篇是现存秦汉时期兵阴阳的著作之一。甲篇和乙篇的内容基本相同，都由"刑德九宫图"、"刑德运行干支表"和关于刑德运行规律及星占、气占等兵阴阳的文献三个部分组成，所不同的是，甲篇的"刑德九宫图"绘在帛书的左上角，排在干支表的后边，而乙篇的"刑德九宫图"则绘在开篇的右上部，列在干支表的前边。

（五）方技类帛书

1. 《足臂十一脉灸经》

帛书《足臂十一脉灸经》与《阴阳十一脉灸经》甲本、《脉法》《阴阳脉死候》《五十二病方》同抄在一幅长帛上，帛的幅宽为 24 厘米。该篇帛书全文共 34 行，字体为篆意较浓的古隶。全文没有标题，帛书整理小组根据其内容将之称为《足臂十一脉灸经》。

帛书《足臂十一脉灸经》是迄今为止我国发现最古的一部经脉学著作。文中有"足""臂"二字高出正文一格书写，可知此篇可分为"足"

脉和"臂"脉两部分。其中"足"脉包括足太阳脉、足少阳脉、足阳明脉、足少阴脉、足太阴脉、足厥阴脉及死与不死候一节。"臂"脉则包括臂太阴脉、臂少阴脉、臂太阳脉、臂少阳脉、臂阳明脉五节，每一节中均较简要而完整地记载了其脉的名称、循行径路、生理病态和灸法疗法。其特点是，这十一脉的循行方向全是由下而上，向心循行的，而其治疗方法则全是灸法，并都只说灸其脉，而没有穴位名称，也没有针治记载。至于病候的描述也简单而原始，没有多少理论和治则上的讨论，这反映了帛书所记经脉理论的原始性。

2. 帛书《阴阳十一脉灸经》甲、乙本

帛书《阴阳十一脉灸经》共有两种抄本，甲本紧接在《足臂十一脉灸经》后面抄写，共有 37 行，保存得相对比较完整；乙本则和《却谷食气》《导引图》抄在一幅帛上，中间残缺较多，仅存 18 行。帛书本无篇名，帛书整理小组根据其内容将之命名为《阴阳十一脉灸经》。

这两卷帛书是继《足臂十一脉灸经》之后，而在《黄帝内经·经脉》篇之前撰写的另一种古经脉学著作。与《足臂十一脉灸经》相比较，《阴阳十一脉灸经》则显然要进步得多，例如：

（1）关于十一脉的排列次序，是以阳脉在前，阴脉在后，不再是以足臂分先后。

（2）关于十一脉的循行径路、病理症候和灸法的描述，也比《足臂十一脉灸经》进步和丰富得多。

《阴阳十一脉灸经》的内容可分为足巨（太）阳脉、足少阳脉、足阳明脉、肩脉、耳脉、齿脉、足巨（太）阴脉、足少阴脉、足厥阴脉、臂巨（太）阴脉、臂少阴脉等十一节。有趣的是，这两篇和《足臂十一脉灸经》一样，都无"经脉"之称，而只有"脉"字作为"经脉"的统称，而且其治疗也很单一，全是采用灸法，这说明这两卷经脉学著作仍是比较原始的著作之一，但是很显然它已发展、丰富了《足臂十一脉灸经》的理论，为后来的《黄帝内经》中的经脉说奠定了坚实的基础。

3. 帛书《脉法》

帛书《脉法》抄录在《阴阳十一脉灸经》甲本之后，出土时已严重残损。全文仅 300 余字，帛书整理小组根据原文首句的"以脉法明教下"，将之命名为《脉法》。

帛书《脉法》的内容也是论述根据脉法来判断疾病的症候，这里所说的"脉"，与《阴阳十一脉灸经》中的"脉"含义并不完全相同，它既有后世医书中的"经脉"之义，也有血脉（血管）之义。帛书《脉法》中还特别提到用灸法和砭石治疗的问题。西汉初期名医淳于意曾有"故古圣人为之《脉法》"之语，但《史记》所引《脉法》佚文似较帛书更为具体详细。

4. 帛书《阴阳脉死候》

帛书《阴阳脉死候》抄录在《脉法》之后，全文一共才约 100 字，是马王堆帛书中篇幅最短的一篇。该篇原无篇名，帛书整理小组根据其内容命名为《阴阳脉死候》。

帛书《阴阳脉死候》主要论述在三阳脉与三阴脉疾病中所呈现的死亡症候及有关理论。文中认为三阳脉属天气，一般不至于死，只有折骨裂肤，才有死的可能性，故其死候只有一种。三阴脉则属地气，其病多是腐脏烂肠，常易引起死亡，故其死候有五种之多。因此，本篇和《脉法》一样，也是一篇古代的诊断学著作。其内容同《灵枢·经脉篇》中关于"五死"的一段相近，但有一些重要出入，而且没有《经脉篇》所具有的五行学说色彩。因此其著作年代应早于《黄帝内经》的成书。

5. 帛书《五十二病方》

帛书《五十二病方》抄写在《阴阳脉死候》之后，全篇帛书共计有462 行，原无篇题，但卷首有目录，目录之末有"凡五十二"的记载，正文每种疾病都有抬头标题，共五十二题，与卷首题字互相一致，因此帛书整理小组将其命名为"五十二病方"。

帛书《五十二病方》是一篇迄今所知我国最古的医学方书。书中记载了各种疾病的方剂和疗法，少则一二方，多则二三十方不等。疾病种类包括了内科、妇产科、小儿科、五官科等科的病名，尤以外科病名为多。治疗方法主要是用药物，也有灸法、砭石及外科手术割治，还有若干祝由方。书中药名多达二百四十余种，有一些不见于现存古本草学文献，比较真实地反映了西汉初期以前的临床医学和方药学发展的水平。另外，值得注意的是，本篇帛书和前面四种古医书中，都没有针法出现，而《黄帝内经》书中不但有针法，而且详述有九种形制、用途不同的医针。由此可见《五十二病方》的著成较早，在我国医药学史研究上有非常重要的价值。

帛书《五十二病方》末尾还附有几条古医方的佚文，而且字体亦有所区别，整理者曾认为这是在全书抄录后，另经他人续增的，故称其为《五十二病方》卷末佚文。这部分佚文由于多残缺不全，故很难句读。这种缀续佚文的现象有待进一步研究以揭示其真正的原因。

6. 帛书《却谷食气》（《马王堆简帛集成》将本篇帛书命名为《去谷食气》）

帛书《却谷食气》和《阴阳十一脉灸经》乙本、《导引图》共同抄写在一幅宽约为 50 厘米的整幅帛上。帛长 150 厘米。该篇文字出土时已成残片。由于残破严重，行数和字数颇难确定。现存可辨识的字计 272 个，缺损字数也在 200 余字。从字体上看，这篇帛书当为汉初写本。本篇帛书原无篇题，帛书整理小组根据其内容将之命名为《却谷食气》。

帛书《却谷食气》的内容大致包括却谷和食气两部分。却谷也叫辟谷、断谷或绝谷，是指停食五谷而服食代用品。食气是古代气功的一种，它是一种结合呼吸导引以求却病养身的方法。尽管本篇内容残缺不少，但其所录反映了我国汉代以前气功导引方面的成就，现在看来也有许多临床实践的参考价值。

7.《导引图》

《导引图》抄写在帛书《却谷食气》《阴阳十一脉灸经》之后，出土时亦大部破损。该篇帛书亦原无篇名，帛书整理小组根据其内容将之命名为《导引图》。严格地说，它应属帛画，不应划在帛书内讨论，但该图的每个图式原都有题记，而且是和《却谷食气》《阴阳十一脉灸经》乙本同抄在一幅帛上，故言及马王堆医书者，都自然要论到它。因此，我们亦将其和其他方技类帛书一起作一介绍。

《导引图》是一幅彩绘的导引练功图。经过帛书整理小组的多方缀合拼复，得知帛上共有 44 幅人物全身的导引招式，它分为上、下 4 行排列，每行各绘 11 幅小图，人像高 9—12 厘米。所绘人物有男有女，有老有少。人物姿态动作各异，有坐式者，有站式者，有徒手导引者，亦有持器械发功者。人物形象则多戴头巾或绾发，仅 3 人戴冠，身上多着夹袍、穿布履，但亦有赤膊、赤足者，可见其导引锻炼时并不讲究服饰。每个导引图侧都有文字题记，但因残缺太多，现能看出有字迹者 30 余处，而清晰可辨者仅 20 余处。

《导引图》虽然残破严重，题记亦很简略，但其内容十分丰富。《导引图》的题记大致可以分为两类：一类是导引动作的固定名称，如"折阴""熊经"；一类是治疗某种病症的动作，如"引温病""引颓""引聋""引膝痛"。还有两者兼有的，如"沐猴讙，引热中"。它是迄今为止我国考古发现中时代最早的一件健身图谱，[①] 它和帛书《却谷食气》篇一样，为研究我国特有的气功疗法的源流和发展提供了很有价值的线索。

8. 帛书《养生方》

帛书《养生方》单独抄在一幅帛上，前面是正文，最末是目录，全文估计应有 6000 余字，但因缺损严重，现仅存 3000 余字。字体是介于篆隶之间的古隶体，其抄写年代大致在秦汉之际。帛书原无篇题，帛书整理小组据其内容命名为《养生方》。

从帛书《养生方》篇末的目录来看，该篇帛书共分 32 种医方，由于帛书残损，实际只有 27 种保存下来，根据其内容可以分为四类。

（1）用于男性治疗或保养。包括《老不起》《不起》《加》《洒男》《用少》《食引》篇部分。

（2）用于女性治疗或保养。包括《勺（约）》《益甘》《去毛》等部分。

（3）用于行房，包括《戏》《便近内》等部分内容。

（4）一般的养生补益。包括《为醴》《治》《麦卵》等部分内容。

另外，卷末还附有女性生殖器的平面图，上面标有表示其部位的术语。

从这些内容来看，帛书《养生方》与房中术有密切关系。古人所说的"养生"，概念很宽泛，不但包括一般的养生补益，也包括各种性治疗

_____

① 1983 年底 1984 年初在湖北江陵张家山汉墓出土的竹简中有《引书》，与《导引图》类似，但无图。

和保养。本篇帛书对于我们了解古代的养生学具有重要的价值。

9. 帛书《杂疗方》

帛书《杂疗方》单独抄在一幅帛上，由于出土时已严重残损，其行数和字数都无法统计，据帛书整理小组公布的整理结果，现存文字约 79 行，而这 79 行中的行数，文字残缺也很厉害，因此内容识读相当困难。原篇无标题，帛书整理小组据其内容命名为《杂疗方》。

帛书《杂疗方》也是一篇古医方书。现据残帛的有限内容来看，其内容主要包括六个方面。

（1）益气补益医方，共 2 条。

（2）壮阳、壮阴的诸医方，共 20 条。

（3）产后埋胞衣方，共 2 条。

（4）"益内利中" 的补药方，约有 3 条。

（5）治疗 "蜮" 虫及蛇、蜂所伤医方，共 8 条。

（6）主治不详的若干残缺处方，共 7 条。

由于这些内容涉及面较多，故帛书整理小组将其定名为《杂疗方》，其内容亦仍以房中术为主。另外，这卷帛书中所记的 "禹臧狸（埋）包（胞）图法" 有文无图，而帛书《胎产书》中则有图无文，这两卷帛书正好可以参校互补。

2014 年出版的《长沙马王堆简帛集成》将《杂疗方》分为两篇，分别命名为《房内记》和《疗射工毒方》。①

10. 帛书《胎产书》

帛书《胎产书》抄在一幅正方形的帛上，上部是两幅彩图，其中右上部为 "人字图"，左上部为 "禹臧（藏）图"。帛书《胎产书》的文字全部抄写在帛的下部，现存约 34 行。字体接近云梦睡虎地秦简，估计写成较早。全篇原无篇题，帛书整理小组据其内容命名为《胎产书》。

帛书《胎产书》是一篇有关胎产的方技类古籍，正文内容大致可分为两部分。第一部分是第 1 行至第 13 行，是 "禹问幼频" 养胎方法的记

---

① "蜮" 在古代典籍中又名 "射工"。

录，它论述了十月胚胎的形成及产妇调摄法，其内容与六朝、隋唐时流传的"十月养胎法"大致相同，但其文字和叙述更为古朴简要，显然是比较早的祖本。第二部分是第 14 行至第 34 行，主要是集录的 21 个医方、记载胞衣的处理和埋藏及求子等方法。帛书上部的《禹藏图》《人字图》在这卷帛书都没有文字说明，但上述《杂疗方》中有一篇"禹藏理（埋）包（胞）图法"可作"埋胞图"的注解。"人字图"虽在帛书中没有文字说明，但根据《睡虎地秦墓竹简·日书》甲种"人字"图的研究可知，这是一种根据胎儿产日预卜命运的测算图。

（六）其他帛书

1.《驻军图》（或称为《守备图》）

《驻军图》是一幅长 98 厘米、宽 78 厘米的军用地图，用黑、红、青三色绘制。所谓军事地图，是在地形图上根据作战意图、计划，按照地理条件，标定兵力、武器等配置、作战态势等情况的地图，通常有进攻和防御（包括守备）之分。这幅地图上只标示长沙自己方面的军队，而没有敌方南越国的军队和军事内容，说明它是一幅重在防御的军事地图。严格来说，本篇帛书亦为一幅帛画，但由于图中所记文字较多，故亦放在帛书中加以介绍。

《驻军图》的左、上方，分别标有东、南二字，因而其方位是上南下北，与现在地图的方向正好相反。图中所绘的区域大致在今湖南省江华瑶族自治县的沱江流域一带，方圆约五百里，其比例大致为八万分之一至十万分之一。图上用深颜色把驻军营地、防区界线等要素突出表示在第一层平面，而把河流、山脉等地理基础用浅色标示于第二层平面。这与现代专用地图的两层平面标示法是一致的。

《驻军图》上详细标注有城堡、障塞和营垒等军事要塞的位置和文字，并特别用丁形、方形或不规整的框格注明了驻扎军队的所在位置，从图上可以看到，驻守此地的有 4 支军队，大部分驻扎在诸水系的上游，分成 9 个营垒，其中主力军驻守于大深水一带，居中有"周都尉军""周都尉别军"，右翼则有"徐都尉军"和"徐都尉别军"，左翼则有"司马得军""桂阳□军"等。最引人注目的是图中间的三角形堡垒式的"箭道"，它的三面都绘有岗楼式的城垛和箭楼，并有一条"复道"靠近水系，隔水又有"周都尉军"驻防，很显然它是这个防区的最高统帅所在地。

《驻军图》中除一些军事要塞都有图注外，还绘有两个方形的城邑：一处是"深平城"，它大致位于今江华县瑶族自治县的沱江；还有一处是"故官"，它或许是候馆的旧址。此外，图上圈注最多的里名，经统计共有 41 个里名。"里"本是最基层行政组织机构，但图上所注似乎并不注重"里"这个行政单位的大小，而主要是详注各里的户籍情况，如：

> 沙里，三十五户，今毋人。
>
> 垣里，八十一户，今毋人。
>
> 资里，十二户，不返。
>
> 蛇下里，四十七户，不返。
>
> 胡里，并路里。

很明显，这种记载都是为驻军征集兵力、调集民力作注脚的，这种记录也客观地记录了当时因战争而人口锐减的实际情况。

根据史料记载，公元前 181 年南越王赵伦曾"发兵攻边，为寇不止"，吕后派将军隆虑侯周灶将兵击之，后因暑疫罢兵。结合《驻军图》中所绘的军事防区图及所注文字推论，这幅帛图应绘制于高后七年（公元前 181 年）南越王攻打长沙国边境之时到汉文帝元年（公元前 179 年）罢兵以前，这幅《驻军图》之所以随三号墓墓主人下葬，意味着这位墓主人亦是当时参加抗击南越、戍守边郡的长沙国军事长官之一。

在 2014 年出版的《长沙马王堆简帛集成》一书中，《驻军图》被称为《箭道封域图》。

2.《地形图》（或称《长沙国南部舆地图》《西汉初期长沙国深水防区图》）

《地形图》画在一幅长、宽各 96 厘米的帛上。与《驻军图》一样，该图亦应属于帛画，但因该图中所记文字较多，故亦放在帛书中加以介绍。该图原无题名，帛书整理小组根据其内容称为《地形图》。

《地形图》上绘有河流、山脉和城镇、乡里、便道等各种地理要素，其所绘区域以"深平城"为主，西向大致包括桂林地区的大滨江以东的灵渠；东向大致包括珠江口一带的九龙和香港；北向则大致止于湖南零陵地区的阳明山以南的双篦附近。地跨今湖南、广东和广西壮族自治区的一部分。在东经111°—112°30′和北纬23°—26°之间。

与《驻军图》一样，《地形图》的方位也是上南下北，其比例尺约为十八万分之一，以现代地图制作理论来衡量，这幅图已达到了相当准确、精密的程度。例如图中用闭合曲线勾画的山脉，其轮廓、走向和峰峦起伏的地形特征都绘得十分准确，而用方块表示城镇、用圆圈表示"里"等行政单位都井然有序，不相杂乱。至于其比例的准确性，亦不能不使人们为之惊叹。

这幅地图所绘大致可以分为主区和邻区两大部分，主区以今湖南道县及潇水流域为中心，邻区则以今全县、灌阳和钟水一带为主，广东南海一带则为远邻区。图中除了绘制深水（今潇水）这一主要水系外，共绘有30多条支流。这些水系的描绘多用粗墨线勾填主干道，用细墨线描绘大小支流，河流的大小宽窄，清楚明白，很便于查检。如果把图上深水水系的主要部分同现代地图作一比较，可以看出河流骨架、流向等都基本相似，有些区域几乎没有什么差别。有些河流名称如泠水等一直沿用到现在，也可谓"源远流长"了。

这幅地图除详绘有水系、山脉外，还标有8个城邑、57个乡里。其中8个城邑都是汉代所置县名，经考古调查，这8个城邑均找到了当时相应的古城遗址。

这幅地图还有一种用特殊图例表示山脉的方法，在该图的左侧下方，画有9个并列的柱状物，柱头涂有山形线墨体，而且旁边加注"帝舜"二字。相传帝舜曾巡游江南，死后葬于九嶷山。从该图所绘方位和文注可知，这九个柱状物即用来表示九嶷山的九峰。这种特殊的表示法无疑是现代地图绘制中用形象图示地理位置的最早范例。

以上就是马王堆帛书的大致情况。至于其他几件以《宅位草图》《府宅图》《"物则有形"图》《宅形、宅位吉凶图》《城邑图》《卦象图》命名的帛书，其以图为主，文字内容很少甚至没有文字，这里就不一一介绍，相关的图版可见《长沙马王堆简帛集成》一书。①

---

① 其中的《宅形、宅位吉凶图》，《长沙马王堆简帛集成》称之为《宅位宅形吉凶图》；《城邑图》，《长沙马王堆简帛集成》称之为《居葬图》。

第 三 章

帛书的专题研究

一 楚帛书研究

学者们除了在对楚帛书的文字考释工作不断深入之外，对于楚帛书的研究还集中在以下几个方面：（1）楚帛书的结构；（2）楚帛书的性质；（3）楚帛书图像的考索；（4）楚帛书所蕴含的学术思想；（5）对帛书残片的研究。下面我们分别加以概述（由于以往的研究成果大多以《天象》《四时》《月忌》来称呼《岁》《四时》《十二月》三篇，这里我们也予以沿用）。

1. 楚帛书的结构

楚帛书虽然尺寸不大，但其结构很特殊，它共由两组图像（十二神像及青、赤、白、黑四木）和三部分文字（《天象》《四时》《月忌》）组成。由于内层的《天象》及《四时》书写的顺序正好颠倒，而外层的《月忌》与十二神像相配，分列四方，每方三神像配以三段文字，随帛书边缘循回旋转，四隅分别绘以青、赤、白、黑四色树木，帛文布局和神像构图都别出心裁，用意耐人寻味。因为中间两段文字一顺写，一倒书，周边文字图像又循环周转，因此怎样放置楚帛书和按怎样的顺序读楚帛书，是一个很难处理的问题。几十年来，许多学者对这个问题进行了不同角度的阐述，概括起来主要有两种意见：

（1）以《四时》篇为正置图，按《四时》《天象》《月忌》顺序读图；

（2）以《天象》篇为正置图，按《天象》《四时》《月忌》顺序读图。

上述第一种意见始于蔡季襄的《考证》，采用蔡氏摆法的有蒋玄佁、陈槃、饶宗颐、林巳奈夫和高明诸位。第二种摆法始于董作宾，董氏根据东、南、西、北四方之序与春、夏、秋、冬四时相配的传统，将蔡图倒置，改以《天象》篇为正。李学勤在 20 世纪 50 年代末因为辨识了帛书中同于《尔雅》的月名，亦认为应当以上冬下夏为正。随后赞同这种摆法的还有商承祚、严一萍、安志敏、陈公柔、李零诸位。由于蔡氏本人并没有说明其摆法和读法的依据，而董作宾、李学勤、商承祚、严一萍、李零等则从不同角度申述第二种摆法的理由，因此在相当长的一段时间内，第二种意见似乎一直占据了上风。

然而至 1982 年，《湖南考古辑刊》第一集发表了李学勤的《论楚帛书中的天象》一文，文中对帛书的放置方向和阅读顺序提出新解。李学勤通过整理马王堆帛书，发现"其古地图，《胎产书》中的《禹藏图》和几种阴阳五行家著作的图，均以南为上"，因此断定"这应该是古图，至少是楚地出现的古图的传统"，主张恢复蔡季襄的摆法，即以上夏下冬为正。这样，三篇文字的次序就成了《四时》《天象》《月忌》。随后饶宗颐写有《楚帛书之内涵及其性质试说》（收入《楚地出土文献三种研究》，中华书局 1993 年版），进一步阐明他向来主张以蔡氏的摆法为正的理由："一、甲篇（按：指《四时》篇）起句以'曰故'二字发端，有如《尚书·尧典·皋陶谟》言'曰若稽古'，自当列首；二、乙篇（按：指《天象》）倒写，由于所论为王者失德，则月有赢绌，故作倒书，表示失正，无理由列于首位；三、帛书代表夏正五月之神像为三首神祝融，应当正南之位，是为楚先祖，故必以南方居上。"

李零最初在《长沙子弹库战国楚帛书研究》（中华书局 1985 年版）一书中主张帛书的摆放应当是上北下南，但后来在《〈长沙子弹库战国楚帛书研究〉补正》（《古文字研究》第 20 辑）中改变了看法，指出，无论是上南下北抑或上北下南，这两种看法都有一定片面性，正确的理解应当是二者统一起来。他总结了古籍中有关方位的各种论述，认为当时的方位是两者兼存。"'上北下南'主要是天文、时令所用，'上南下北'主要是地形所用，它们来源都很早。上述概念，从根本上讲，是来源于中国古代的宇宙模式。这一模式最充分地体现在古代'日者'所用的工具即式上面……天文图和时令图强调的是'帝张四维，运之以斗，月徙一辰，复反其所，正月指寅，十二月指丑，一岁而匝，终而复始'（《淮南子·天文》），即以春、夏、秋、冬配东、南、西、北，所以是以上北下南为正；而地形图则强调的是'大举九州之势以立城郭室舍形'（《汉书·艺文志》'形法'类小序），是按中国所处纬度形成的日照方向来定阴阳向背，所以是以上南下北为正。""关于帛书的方向，有一点本来很清楚。这就是既然帛书的边文是转圈读，中间两篇也方向相反，那么它自然就有两种方向。所谓'上南下北'说与'上北下南'说完全可以统一起来，这个问题与帛书的阅读顺序应有所区别。"至于帛书的阅读顺序，"古人把四时十二月看作阴阳消长，这是理解帛书图式的关键。而帛书既然是转圈读，就有一个由内向外转还是由外向内转的问题，过去，我们对这个问题是持保留态度，即认为两种可能都有"，经过分析，李零认为应采取由内向外转圈读。"这样转圈读，现在也有两种理解：（1）先读十三行（按：即《天象》），然后颠倒方向接读八行（按：即《四时》），再颠倒方向接读边文，里面转一圈，外面再转一圈，两圈作螺旋形，连在一起；（2）先读八行，然后颠倒方向接读十三行，再顺读边文，内外圈不衔接。"对此李零采取的是第一种读法。

　　1994 年出版的《中国文化》第 10 期发表了李零的《楚帛书的再认识》，该文将楚帛书与马王堆帛书的形制作了对比，指出，马王堆帛书分别是幅宽 24 厘米的半幅帛和 48 厘米的整幅帛，后一数字与原来所说的楚帛书的横长 47 厘米十分接近，李零因而怀疑过去所说的"横长"实际是纵宽，后来他请专家目验原物的经纬，果然如此。也就是说，通常按南北方向放置的"横长"才是真正的幅宽。李零因此而基本复原了帛书摆放的本来方向和原作者的书写顺序，并指出，这件帛书的幅宽，现在虽然只剩 47 厘米，但据破损情况修正，应与马王堆帛书的整幅帛相近，恐怕原来也有 48 厘米长。

　　2. 楚帛书的性质

　　关于楚帛书的性质，学者们讨论很多，曾宪通曾将之概括为六种意见

（见《楚帛书研究述要》，收入《楚地出土文献三种研究》）。

（1）文告说。此说始于蔡季襄，是早期有代表性的一种意见。蔡氏第一个把楚帛书称为"缯书"，并根据汉代"缯书告神"的俗例，谓帛书即当时的"告神之缯"；缯上所书文字，则是"古代祠神之文告"。陈槃赞同蔡说，以帛书内容为"文纪祀神"。董作宾认为帛书主旨在于宣扬"天道福善祸淫"的遗训，所举为古帝王告诫后人敬慎之词。

（2）巫术品说。此说是郭沫若首先提出，见于《晚周缯画的考察》。郭氏在一注文中介绍帛书的图文布局之后，认为帛书"无疑是巫术性的东西"。安志敏、陈公柔两位也认为郭说比较可信。商承祚说帛书是"占卜式宗教迷信的东西"，其文辞则类似《诗》《书》《左传》和《楚辞》的风格。此外，饶宗颐说过帛书"为楚巫占验时月之用"，林巳奈夫以为帛书十二月名起源于楚国的巫名，而巫名又代表某一巫师集团，实际亦是将帛书看成巫术品一类的东西。周世荣更将马王堆帛书《天文气象杂占》的图形文字与楚帛书相比证，认为楚帛书应是一种巫术占验性的图文。

（3）月令说。陈梦家在《战国楚帛书考》一文中认为楚帛书的性质与公元前400年间（战国中期至西汉以后）的若干文献很接近，如《管子·幼官》《周礼·月令》（佚文）、《王居明堂礼》（佚文）、《吕氏春秋·十二纪》《淮南子·时则》《礼记·月令》《洪范五行传》（佚文）等，并将上述各篇与帛书作了细致的比较，认为它们都是月令一类的书。其中《幼官》（即玄宫）是齐月令，《吕氏春秋》十二纪各纪之首章是秦月令，其他各篇是汉代的月令，而帛书则是战国中期的楚月令。作者认为，帛书四周十二章就其方位排列与内容来看，应是较早形式的月令。严一萍《楚缯书新考》亦将帛书边文十二月纪事与《吕氏春秋·十二纪》《淮南子·时则》《礼记·月令》诸篇对照，发现帛书所记十二个月行事以"戎"与"祀"为主，与十二纪、时则、月令等篇所记内容之广泛有很大不同，且行事之可与不可亦有相反的规定，因断言帛书纪事为另一系统，可能是当时楚国月令的一部分。曹锦炎更直接称帛书边文为《月令》篇。此外郭沫若认为楚帛书类于《管子》的《玄宫图》或《五行篇》；俞伟超说"是一部相当于《明堂图》的楚国书籍"。杨宽在《战国史》

增订本将楚帛书置于"月令五行相生说"一节加以论述,亦有类似的看法。

（4）历书、历忌说。历书是李棪在其所作帛书摹本的题名上的。他把摹本称为"写在帛书上的楚历书"（见郑德坤著《中国考古·周代》英国剑桥大学出版社 1963 年版）。李零在《长沙子弹库战国楚帛书研究》中详尽地论述帛书是一部与历忌之书有关的著作。他说帛书在大范围上与《管子·玄宫》《玄宫图》《吕氏春秋·十二纪》之首章、《礼记·月令》《逸周书·月令》《淮南子·时则》以及《大戴礼·夏小正》等基本相同。帛书虽与月令性质相近,但形式上比月令原始,没有复杂的五行系统,内容上比较单一,没有月令诸书那种说礼色彩,只讲禁忌。因此,李零认为帛书当与古代历忌之书相近。从帛书有月无日看来,只能算是月忌之书,而且是这种书中较为简略的本子。

（5）阴阳数术家说。李学勤提出帛书的思想属于阴阳家,有明显的五行说色彩,在传世文献中接近于《洪范五行传》（《论楚帛书的天象》）；又说:阴阳家与数术家密不可分,据《汉书·艺文志》所记,偏于理论的则《志》中列入阴阳家,专供实用的则列入数术家,帛书的《四时》《天象》应归前者,《月令》则近于后者（《楚帛书通论》）。在《再论帛书十二神》一文中李学勤更明确指出:"总之,长沙子弹库楚帛书是阴阳数术的佚书,亦是目前所能见到的最早的数术书。"

（6）天官书说。饶宗颐在《长沙楚墓时占图卷考释》中论及楚之天文学,谓楚之先世出于重黎,重黎即羲和氏,乃世掌天地四时之官,即后世阴阳家所从出。20 世纪 80 年代读了李学勤、李零等的著述后,又写成专文《楚帛书之内涵及性质试说》,就帛书性质问题加以讨论。饶宗颐认为,《周礼·春官》冯相氏主常度,保章氏主变动,一常一变,职司各异。帛书甲篇（按:即《四时》）辨四时之序主常,乙篇（按:即《天象》篇）志天象之异主变,常、变异趣,反映古来天官即有此区别。他说帛书虽兼有兵阴阳家言,然于乙篇保存保章氏遗说特多,所言主体仍是楚人之天文杂占,故视为楚国天官书之佚篇自无不可。高明将帛书所载内容与古代天文学著作互相比较,发现二者所述虽繁简不同实质则大同小异，因此认为楚帛书是一篇比较原始的天文学著作。①

3. 楚帛书图像的考索

楚帛书的图像可以分为两组：一组是位于四隅的四木；另一组是分居四方的十二神像。对于这些图像，学者们也做过不少探讨。

对于四木，蔡季襄在《晚周缯书考证》中认为"盖藉以指示所祀神之居勾方位，祭祀时使各有所凭依也"。这是由于蔡氏将帛书视作祀神的文告，十二神像为所祀之神，故以四隅之四木为指示所祀神之方位。

董作宾则将绘画的"四木"与帛书文字中的"五木"联系起来进行考察，认为帛书原有以五木表示五方的观念，"盖本有五木，东青，南赤，中黄，西白，北黑。今止有四木，则中央黄木，既漫灭不见矣"（《先秦两汉帛书考》附记所录董作宾语）。但是陈槃对董作宾的方位之说提出异议，认为四木代表四方，"据理则应安置四边正方之处，今乃置之角间，则非东南西北之谓矣，此其义未闻"。

饶宗颐亦曾怀疑帛书中间有黄木，后来见到原物，反复审视，帛书中间并无黄木痕迹。红外线照片亦显示只有四隅四木而无中间黄木。饶宗颐认为"四隅所绘树木当指四时之木，即指四时行火时所用之木"，"四木绘于四隅者，疑配合天文上的四维观念"。接下来饶宗颐在《楚帛书新证》中又考《四时》篇四神乃四时之神，其名目与四隅四木有关。概言之，四神之名以青、朱、尜（白）、墨（黑）为号，与传统以四色配四时及帛书四隅所绘四时之木设色相同，且神名之末一字中有二槲（榦）、一单（檀）、一难（橪），当指四木，与四隅表示四时异色之木相符，可以互相印证。

李学勤在《再论帛书十二神》一文中指出，帛书四木分别作青、赤、白、黑四色，"这显然与五行方位直接有关。《四时》篇提到'青木、赤

---

① 上述内容皆据曾宪通的《楚帛书研究述要》一文。李零在《〈长沙子弹库战国楚帛书研究〉补正》一文中，认为这六说其实应该做进一步归纳。"因为第一，上述（1）说是错误的，已无人赞同；第二，上述（2）（5）两说并不是特殊的一类，帛书与巫术有关，大家都公认，而帛书属于广义的阴阳家说，拙作也先已发之；第三，李学勤亦持历忌说。所以，这些说法，最主要的还是'月令说'、'历忌说'和'天官书说'三种。"

木、黄木、白木、黑木’，也可能与此相应。至于和文献中五木改火之说是否有关，还值得考虑”。

李零将楚帛书直接与式图联系起来，因而指出帛书四木是代表四维和太一所行（《楚帛书的再认识》）。

周边十二神图像自蔡季襄开始，即将所图奇诡神物与《山海经》《淮南子》《国语》等所描述的怪异神话相比附，认为帛书图写的就是当时所崇祀之山川五帝、人鬼物魅之形。后来由于李学勤辨识出神名首字与《尔雅》月名相同，人们从而认识到十二图像为十二月神，但试图从古籍中索求解释帛书图像的做法在相当长的一段时间内为一些学者所热衷采用。其中以陈槃、安志敏、陈公柔诸位用力最多。根据各家考证的意见，如谓“取（陬）”月神为委蛇（安、陈二氏文），“余”月神为肥遗（饶文），“仓”月神为长角之兽（安、陈文），等等，但是，正如曾宪通所指出的那样，这种比证，其中有不少问题。

首先，图像的某些造型虽然与《山海经》等古代神话有相同或相似之处，但就整个图像本身或某一具体细节而言，却很难与神话传说的记载完全吻合。

其次，各家根据不清晰的图片所描述的形象以及比证的结果，有的已被红外线照片证明是不可靠甚至是错误的。

再次，即使个别的比证是有说服力的，但从整体看来，仍显得零散不成体系，不易令人信服（见《楚帛书研究述要》）。

因此，李学勤在《东周与秦代文明》（文物出版社1984年版）第二十七章“帛书、帛画”中指出，帛书十二神一类的神像并非楚地所特有，只是其他国的材料比较罕见罢了。这些神像于文献无征，未必能用《楚辞》《山海经》等古书去说明。应该说，这种看法是很值得深思的。

也有一些学者从其他的角度来阐释帛书十二月神。

林巳奈夫《长沙出土战国帛书十二神考》对于帛书十二月神的名目提出另外一种假设，认为帛书的十二月名起源于楚国的巫名，每一个巫名代表着一个巫师集团，由于这个巫师集团职司某月，便把这个集团的名称作为该月的月名。

李学勤在《再论帛书十二神》中指出，帛书的十二神可能与式法中的六壬十二神有相近之处，或许有一定的渊源关系。这一看法被学者们誉为"帛书研究的又一突破"（李零《中国方术考》第177页）。

李零在《楚帛书的再认识》一文中指出，要从图像的整体来解释其含义。他谈了自己的三点理解。（1）楚帛书的图像与文字是相互说明的。它的图、文结合比较紧密，难以分出主次。它的图像是按四方八位和十二度而划分，代表岁、时、月、日的阴阳消长，文字是讲顺令知岁，四时之产生，以及各月的宜忌。图像和文字二者是相互说明的关系。特别是它的文字，边文不仅是图注，还按顺时针方向排列，代表斗建（斗行左旋），与帛书四木皆按逆时针方向排列，代表岁徙（岁行右旋）形成对照；中心的两篇文字处于北斗、太一所在的位置，颠倒书写，也是像其阴阳顺逆、转位加临，本身也是图的组成部分。故称图称书皆无不可。（2）楚帛书的图式是来源于式的图式。楚帛书以三个神物为一组分居四方，分别代表四时的孟、仲、季三月，古人把仲月所在叫"四正"，帛书四方的夹角还有青、赤、白、黑四木，是代表天地四维，古人叫"四隅"。二者合成"八位"。而帛书的十二神按斗行方向排列，则代表"十二位"。这都与式的图式安排十分相似。帛书中间没画太一、北斗，但两篇文字一正一反，正是象征"太一行九宫"或"斗建十二月"。古代数术，凡属时日选择或历忌、月令性质的古书都与式法有密切关系。《汉志·数术略》的五行类就是属于这一类古书。出土发现，像马王堆帛书《阴阳五行》《刑德》都附有相关的式类图式，可见这是一种有规律的现象。总之，从各方面看楚帛书的图式来源于式，这点是没有问题的。（3）楚帛书的十二神应与式的配神和演禽有关。楚帛书的十二神是十二月之神，由于楚帛书的图式是属于式的图式，那么从式法的角度想问题，很自然地会想到它与六壬式的十二神有些相似。古人表示十二辰位的名称有很多种，古书记载的两种六壬式十二神有不少名称是取自天象。其他种类的式也有许多复杂的配神。另外，古代的式法与演禽关系十分密切，中国古代的演禽也是以星象与动物相配，测算年命，其中比较简单的一种是"十二属相"或"十二生肖"。帛书十二神的图像很可能是楚地流行的一种配禽系统。李零的这些分析使我们对于帛书十二神的认识变得更加清晰起来。

王志平的《楚帛书月名新探》(《华学》第 3 辑)则探讨了《楚帛书》各月月名与所对应的天象之间的关系,认为楚帛书月名中所蕴含的天文学知识正在于它们实际上是对各月星象的描述。

4. 楚帛书所蕴含的学术思想

郑刚曾总结说:"楚帛书是一篇具有极其重要价值的出土文献,它提供了研究战国时代有关楚国人的世界观、神话和天文历法知识的珍贵材料,弥补了传世典籍材料的不足,对于思想史、学术史和历史有着不可低估的意义。"(《楚帛书中的星岁纪年和岁星占》,《简帛研究》第 2 辑)实际上我们上面所介绍的许多内容已包括了众多对楚帛书学术思想方面的论述,下面我们再把前面未提到的其他一些学者的相关著述介绍一下。

江林昌的《子弹库帛书"推步规天"与古代宇宙观》(《简帛研究》第 3 辑)认为《四时》篇的"推步规天"实际上是我国原始宇宙观的一种反映,隐含着丰富的内容。帛书说,包戏、帝俊、共工诸神"推步规天",这些神灵实际上都是宇宙创世神,与日月岁时等天文历法有关。在《四时》篇里,宇宙的创造过程正是通过包戏、帝俊等日月诸神的"推步规天"而完成的。推步规天原是我国古代宇宙论中的主要内容,这一点在其他书面文献里已零碎不全,而在帛书《四时》篇里则保存完整,颇值珍爱。连劭名的《长沙楚帛书与中国古代的宇宙论》(《文物》1991 年第 2 期)也对帛书《四时》篇与中国古代宇宙论之间的关系作了论述。

曾宪通的《楚帛书神话系统试说》("第二届中国古典文学国际研讨会——纪念闻一多百年诞辰",1999 年 10 月)则对帛书中所涉及的神话人物包戏、女娲等人进行了研究,并将之与"武梁祠画像"等材料进行了对比,对楚帛书中所见的神话体系进行了揭示。

郑刚的《楚帛书中的星岁纪年和岁星占》(《简帛研究》第 2 辑)一文则对楚帛书的历法背景和占星原理作了进一步的探讨。郑刚认为,帛书《天象》篇的内容是一种在原始星岁纪年法背景下产生的早期岁星占,将历法缺陷带来的混乱用神话、宗教的方式加以解释是它的占星原理的主要来源,它是后代岁星占的雏形,但与星岁纪年法的联系更密切，岁星的中心地位更突出。《四时》篇从发生学和创世论的角度简述了世界的构成，《天象》则根据其星岁纪年背景和以岁星为中心的占星天文学来解释自然现象变乱的原理，并最终推向实用占星，《月忌》篇的选择术就是其应用的法则，虽然以十二个月为主导，但它也是星岁纪年体系和岁星占的一个部分。因而，在楚帛书的结构中，《天象》是一个枢纽，在它的星岁纪年法和岁星占的联系下，帛书的广泛内容才连为一体，它将《四时》的宇宙结构、《天象》的天文历法、《月忌》的选择联系起来。

5. 对帛书残片的研究

上面我们介绍的都是对那件比较完整的楚帛书的研究情况（也有学者称之为"第一帛书"），实际上我们已经知道，楚帛书不止一件，而是有若干件，只是其他帛书已破碎而已。这些帛书碎片绝大部分收藏于赛克勒美术馆，从已经揭示的帛书残片来看，也都是属于阴阳数术一类的书籍。

帛书残片也有若干片保存在国内，后来归商承祚收藏，共 14 片，可惜其中有 13 块残片现已不知下落，仅存原物照片和摹本，另外还有一片最大的残帛保存了下来。1992 年商承祚的后人将这些公布后，饶宗颐、李学勤、伊世同和何琳仪等都做过研究，[①] 饶宗颐对最大的那片残帛作了释文，李学勤则对所有的残帛文字都做了隶定和考释，并指出，帛书残片是占书，应与完整的那件楚帛书一样划归数术类。天文家数术在战国时特为流行，楚国本有天文家之学，子弹库帛书存在星占，并非偶然。已知的这些楚帛书都属于数术一类，说明阴阳数术之学在楚国的盛行，这对于我们研究学术思想史及数术传统很有意义。伊世同和何琳仪则认为最大那片残帛中的"坪"（饶宗颐释为"唇"）字即文献中的"平星"，并对有关

---

① 　饶宗颐：《长沙子弹库残帛文字小记》，《文物》1992 年第 11 期；李学勤：《试论长沙子弹库楚帛书残片》，《文物》1992 年第 11 期；伊世同、何琳仪：《平星考——楚帛书残片与长周期变星》，《文物》1994 年第 6 期。又李学勤在 1990 年第 1 期《江汉考古》上曾发表《长沙子弹库第二帛书探要》一文，对第一帛书上的印痕（即所谓的"第二帛书"）做过研究。但是据李零介绍，这件"第二帛书"，实际上是巴纳博士拼凑的一个示意图，并不是楚帛书上原有的印痕文字，因此这里从略。

问题做了讨论。

到目前为止，楚帛书的出土和研究工作已经进行了半个多世纪，已发表的有关楚帛书的论著已有150多种。特别是在最近几年，李零有两部有关楚帛书的重要论著问世，一是2013年中西书局出版的《楚帛书研究》（十一种），本书汇集了李零自1980年至2009年所撰有关楚帛书11种论著；另一种是李零汇集相关资料而编成的《子弹库帛书》（文物出版社2017年版），是帛书资料的集大成之作。尽管人们曾多次试图对楚帛书研究做最后总结，但是，正如李零所说："帛书研究却远没有'山穷水尽'，反而显得好像初被开发，还有许多'不毛之地'。"①

二　帛书《周易》研究

马王堆帛书出土和陆续发表后，立即在海内外产生了强烈的反响，学者们纷纷发表研究论著，从各个角度对帛书加以探讨。

马王堆帛书《周易》有经有传，经文除个别字有残损外，六十四卦的卦象、卦辞、爻辞均完整无缺。湖南省博物馆与中国科学院考古研究所于1974年发表的《长沙马王堆二、三号墓发掘简报》中刊印了帛书《周易》的一部分照片，即含键（乾）、妇（否）、掾（遁）、礼（履）、讼、同人、无孟（妄）、狗（姤）、根（艮）、泰畜（大畜）、剥、损、蒙诸卦的帛书残片，引起了国内外学术界的极大兴趣。② 参加帛书整理工作的于豪亮在1976年撰有《帛书〈周易〉》一文，但是当时未能公布，直至1984年才刊登于《文物》第3期上。而香港的饶宗颐则根据《发掘简报》刊登的这部分照片，写出了《略论马王堆易经写本》一文，1980年在成都举行古文字学会时，提出讨论，后收入《古文字研究》第7辑中。该文根据帛书照片所见数卦的卦序，探讨这种卦序排列

---

① 参见李零《中国方术考》第三章"楚帛书与日书：古日者之说"，人民中国出版社1993年版，第179页。

② 李学勤：《记在美国举行的马王堆帛书工作会议》，《文物》1979年第11期。

的内在规律，进而推测整个六十四卦各卦的排列次序，与后来公布的帛书经文密合无间。

与通行本比较，帛书《周易》经文在卦名、卦辞、爻辞的文字上存在不少差异，于豪亮的《帛书〈周易〉》（《文物》1984 年第 3 期）一文列举出帛书卦名与汉石经及今本卦名的对照表，对于帛书本卦辞、爻辞与传世本的异同也作了讨论。于文的创见之处在于，它指出了帛书的卦名有两个与《归藏》有关，一个是钦卦（即通行本的咸卦），一个是林卦（即通行本的临卦），《归藏》一书，自《周易正义》称之为"伪妄之书"后，学者多视之为伪书。于先生则指出帛书《周易》与《归藏》有一定的渊源关系，而帛书《周易》在汉初已不传，从而推论《归藏》成书绝不晚于战国，可谓发前人所未发。饶宗颐及李学勤也有类似的意见。[①] 1993 年，在湖北江陵王家台秦墓中发现了秦代的《归藏》，证明三位先生的有关推论是完全正确的。

除于先生外，还有很多学者在帛书《周易》经文的文字训诂方面做了很多工作，如丁南《帛书〈周易〉别字谐声臆测》（《中华易学》1982年第 2 期）、王辉《马王堆帛书〈六十四卦〉校读札记》（《古文字研究》第 14 辑，中华书局 1986 年版）、严灵峰《马王堆帛书〈易经〉的出土对校勘学的重大意义》（《无求备斋学术新著》，台北，商务印书馆 1987 年版）等，这些先生对于重新审视《周易》经文做出了很有意义的工作。

不过，帛书《周易》最引人注目的地方还在于它的卦序。通行本《周易》六十四卦分作上下两篇，上篇起于乾，终于离，共三十卦；下篇起于咸，终于未济，共三十四卦。其排列次序遵循"二二相耦，非覆即变"的原则。然而在帛书《周易》中却是始于乾终于益，卦序完全不同。

---

　　① 饶宗颐："晋干宝，宋罗泌、罗苹（罗泌子），李过，清黄宗炎辈，都记述《归藏》的卦名，朱彝尊《经义考》、马国翰等辑佚书复转载之。《归藏》六十四卦名，大部分和《周易》很有出入，向来没有人敢相信。可是从马王堆三号墓出土的汉初《周易》写本，卦名与今本亦大不相同，比勘之下，有的反和《归藏》卦名接近，令人觉得后人传述的《归藏》各卦，必有它的来历，并非完全没有依据"（《殷代易卦及有关占卜诸问题》，《文史》第 20 辑）；李学勤先生也指出："流传的《归藏》卦名确乎有据，非同杜撰"（《周易经传溯源》，长春出版社 1992 年版，第 221 页）。

因此这两种卦序之间的关系问题就成为人们讨论的焦点。大致而言，学者们主要有两种意见。A. 认为帛书本卦序要早于今本的卦序。于豪亮在《帛书〈周易〉》一文中指出，"汉石经、《周易集解》和通行本，六十四卦排列次序相同，帛书却与之全然不同，因此帛书本显然是另一系统的本子"，"帛书可称为别本《周易》，它的卦序简单，可能是较早的本子"。刘大钧在《帛〈易〉初探》（《文史哲》1985 年第 4 期）中也指出，"帛本这种八卦相重而得六十四卦的方法，显然出自另一系统"，"今本六十四卦当初可能是以帛本八卦相重之法组成，只是在'二二相耦，非覆即变'的原则下，多数卦又重新作了排列"。他还推测说："春秋乃至百家争鸣的战国时代，可能有几种不同系统的《周易》本子在社会上流传，这些本子由八卦排列到六十四卦顺序都有不同，其占筮的方法，可能也不相同，今本只是其中之一。《序卦》的写成，正说明当时传授今本《周易》的经学大师们，为宣扬与提高今本《周易》的位置，以区别于社会上别种编次的《周易》传本，因而作成《序卦》。目的是为今本《周易》的编次张目，以制造理论依据，扩大其声望。"对于这种看法后来还有一些学者表示支持。① B. 认为今本卦序要早于帛书本。张政烺指出："汉唐石经和通行本《周易》六十四卦次序一样，从'十翼'和一些古书的引文看，知是旧本如此。帛书《六十四卦》大不相同，乃经人改动……筮人一般文化程度不高，为了实用，不求深解，按照当时通行的八卦次序机械地编造出帛书《六十四卦》这样一个呆板的形式，自然会便于检查，却把《易》学上的一些微言奥义置之不顾了。"（《帛书〈六十四卦〉跋》，《文物》1984 年第 3 期）李学勤在《马王堆帛书〈周易〉的卦序卦位》（《中国哲学》第 14 辑，人民出版社 1988 年版）对于帛书《周易》的卦序卦位问题进行了详尽的讨论，并指出："帛书卦序不会早于传世本卦序。理由很简单，如果《周易》经文本来就有像帛书这样有严整规律的卦序，谁也不会打乱它，再改编为传世本那样没有规律的次第，而《序卦》传也用不着撰写了。事实只能是，传世本是渊源久远的经文原

---

① 如周立升在《帛〈易〉六十四卦刍议》（《文史哲》1986 年第 4 期）一文中认为刘大钧先生的一些论述是"很有见地的"。

貌，帛书本则是学者出于对规律性的爱好改编经文的结果。西晋时出土的汲冢书，内有《易经》两篇，与传世本同，其时代为战国中期，可为旁证。《序卦》的作者不敢触经文次第，帛书本则另寻出路，为了贯彻阴阳说的哲理，竟大胆地把经文重排了。"邢文在《帛书周易研究》（人民出版社 1997 年版）的中篇《经文：帛书〈周易〉的卦序问题》对李先生的这一论述进行了进一步的阐发，并指出，帛书六十四卦反映了汉易卦学的思想特征，"秦皇坑儒，《周易》以卜筮之书而幸存；汉代易学象数易的兴盛，当与此有关。帛书《周易》经文卦序的规律性及其对于阴阳思想的强调，或也是秦火之后易学术数倾向的反映，关涉帛书《周易》经文的成书时代；其卦序的重编，也许正是汉易重排卦序的滥觞"。

在马王堆帛书《周易》出土之后，又有一些有关《周易》的重要发现，比如 1977 年，在安徽阜阳双古堆一号汉墓（墓主为第二代汝阴侯夏侯灶）出土了汉初的竹简本《周易》；1994 年初，上海博物馆从香港文物市场购回一批战国楚简，其中亦有《周易》。许多学者将它们与帛书《周易》做了对比研究，取得了很多很好的成果。到了 2008 年 7 月，清华大学入藏了一批战国竹简，内容以儒家的经典和历史著作为主。清华简中有两种与《周易》关系极为密切的文献《筮法》与《别卦》，已经在《清华大学藏战国竹简（肆）》中得以正式公布。这其中，特别值得注意的是《别卦》篇。整理报告已经指出，《别卦》各卦的排列顺序与马王堆帛书《周易》一致，应是出于同一系统。① 这一重要发现，不仅把马王堆帛书这种独特的卦序体系上推到了先秦，而且对于帛书《周易》卦序的研究以及中国思想史研究都有深远意义。

帛书《周易》有经有传，在帛书《周易》经文《六十四卦》的公布过程当中，对于整件帛书《周易》的结构存在不同的说法，随着帛书《易传》材料的逐渐公布，学者们的讨论也在不断深入。迄今为止，关于帛书《周易》结构的认识主要有以下几种意见。

A. 传文五种七篇说（于氏）。于豪亮在《帛书〈周易〉》一文中，把帛书《周易》分成三部分。第一部分是《六十四卦》；第二部分是《六十

---

① 李学勤主编：《清华大学藏战国竹简（肆）》，中西书局 2013 年版，第 128 页。

四卦》卷后佚书，分为五篇，前两篇是现在我们说的《二三子问》，后三篇是《要》《缪和》《昭力》；第三部分是《系辞》，分上、下两篇。这就是说，帛书《周易》包括两件帛书，除经文外，有传文五种七篇。

B. 传文六种六篇说（韩氏）。韩仲民在《帛〈易〉说略》（北京师范大学出版社 1992 年版）一书的《帛〈易〉概述》章中对帛书《周易》的结构提出不同看法。他认为帛书确是两件：第一件帛书是《六十四卦》和《二三子问》，但后者只是一篇；第二件帛书是《系辞》与卷后几篇佚书，包括以"子曰易之义"开始的一篇，然后是《要》《缪和》《昭力》。这样，帛书《周易》除经文外，有传文六种六篇。

C. 传文六种六篇说（傅、陈二氏）。与韩仲民帛书《周易》两件说不同，由傅举有、陈松长编著的《马王堆汉墓文物》（湖南出版社 1992 年版）所附综述提出了第三种意见。他们认为帛书《周易》仅为一件帛书，在经文后面的传文为《二三子问》《系辞》《子曰》（即《易之义》）、《要》《缪和》《昭力》，计传文六种六篇。

D. 传文六种七篇说（李氏）。李学勤对于帛书《周易》结构的介绍和认识分为两个阶段，前一阶段主要是引用于豪亮及韩仲民等的有关论述；① 随着传文有关材料的陆续公布，李先生在《帛书〈周易〉的几点研究》（《文物》1994 年第 1 期）中提出了新的意见。李先生详细分析了帛书的拼接缀合，结合《二三子问》与《易之义》的文献特征，指出帛书《周易》包括两件帛书，可以称作上、下两卷，上卷包括经文和《二三子问》上、下篇，下卷包括《系辞》《易之义》《要》《缪和》《昭力》，因此传文总共六种七篇。

E. 五种七篇说（邢氏）。邢文在《帛书周易研究》（人民出版社 1997 年版）一书中提出了一种新的见解。他基本同意李学勤对帛书结构的分析，但认为《缪和》与《昭力》两篇实为一种帛书，篇分为二，因此传文总共是五种七篇。

帛书《周易》的学派之辩，也是帛书《周易》出土之后学术界讨论的一个热点。1989 年第 1 期的《哲学研究》发表了陈鼓应的《〈易传·

---

① 李学勤：《周易经传溯源》，长春出版社 1992 年版，第 22 页。

系辞〉所受老子思想的影响——兼论〈易传〉非儒家典籍乃道家系统之作》一文，列举了《系辞》中十三个重要概念、观点或学说，指证其源于原始道家，进而说明《易传》非儒家典籍，乃道家系统的著作。吕绍刚迅即反驳，认为"《易大传》与《老子》是两个根本不同的思想体系"（《〈易大传〉与〈老子〉是两个根本不同的思想体系——兼与陈鼓应先生商榷》，《哲学研究》1989年第8期），陈鼓应又发表《〈易传·系辞〉所受庄子之影响》（《哲学研究》1991年第4期）、《〈易传〉与楚学齐学》（《道家文化研究》第1辑）、《论〈系辞传〉是稷下道家之作》（《周易研究》1992年第2期）、《马王堆出土〈系辞〉为现存最早的道家传本》（《哲学研究》1993年第2期）、《也谈帛书〈系辞〉的学派性质》（《哲学研究》1993年第9期）等，并将其论文结集为《易传与道家思想》（生活·读书·新知三联书店1996年版）一书。对于陈先生的这些论述，学术界有赞同者，① 有反对者，② 也有调和中立者。③ 虽然这场争论没有最后的结果，但无疑推动了研究工作的深入。

随着帛书《周易》经传材料的陆续公布，帛书《周易》的研究一直十分热烈。学者们从各个角度对帛书《周易》在学术史上的意义做了研究，如李学勤对帛书《周易》作了众多的研究，④ 相关的成果后来结集为《周易溯源》一书（巴蜀书社2006年版）；廖名春长期以来一直从事帛书《周易》的整理研究，相关成果先后结集为《帛书〈易传〉初探》（台北：文史哲出版社1998年版）和《帛书〈周易〉论集》（上海古籍出版社2008年版）等书；邢文著有《帛书〈周易〉研究》（人民出版社1997

---

① 如胡家聪《易传〈系辞〉思想与道家黄老思想之学相通》（《道家文化研究》第1辑）、王葆玹《从马王堆帛书看〈系辞〉与老子学派的关系》（同前书）、许抗生《略谈帛书〈老子〉与帛书〈易传·系辞〉》（《道家文化研究》第3辑）、李定生《帛书〈系辞传〉与〈文子〉》（《道家文化研究》第3辑）等。

② 如周桂钿《道家新成员考辨——兼论〈易·系辞〉不是道家著作》（《周易研究》1993年第1期）、廖名春《论帛书〈系辞〉的学派性质》（《哲学研究》1993年第7期）、陈来《马王堆帛书易传与孔门易学》（《国学研究》第2卷）等。

③ 如张岱年《初观帛书〈系辞〉》（《道家文化研究》第3辑）、余敦康《帛书"易有大恒"的文化意蕴》（《道家文化研究》第3辑）等。

④ 如李学勤《周易经传溯源》（长春出版社1992年版）、《帛书〈要〉篇及其学术史意义》（《中国史学》第4卷，1994年）、《从〈要〉篇看孔子与〈易〉》（《简帛佚籍与学术史》）等。

年版);梁韦弦著有《〈易〉学考论》(黑龙江人民出版社 2005 年版);
王化平著有《帛书〈易传〉研究》(巴蜀书社 2007 年版);等等。特别值
得一提的是,2008 年,中华书局出版了张政烺的《马王堆帛书〈周易〉
经传校读》一书。张先生当年参与帛书的整理工作,留下了一批珍贵资
料。该书系将全部手稿予以彩色印刷,包括了帛书《六十四卦》《二三子
问》《系辞》《易之义》《要》《缪和》《昭力》等各篇的释文与校注,并
附以帛书的原始照片,可使研究者一览马王堆帛书《周易》的全貌,极
具资料价值。近年来研究帛书《周易》的论文也有很多,① 对此廖名春有
《帛书〈易传〉研究论著目录》一文(见《帛书〈周易〉论集》一书所
附),王化平则有《帛书〈易传〉研究综述》② 一文,对于相关的研究情
况作了总结。

　　近 10 年来,帛书《周易》仍然是学术界的研究热点,③ 特别是学者
们结合阜阳汉简、上博简、清华简等相关《易》学新材料来重新认识帛
书《周易》,使得研究工作更为深入,这方面代表性的成果,可以举出刘
彬的《帛书〈要〉篇校释》(光明日报出版社 2009 年版)、《帛书〈易
传〉新释暨孔子易学思想研究》(中国社会科学出版社 2016 年版) 等论
著,以及丁四新的《楚竹书与汉帛书〈周易〉校注》(上海古籍出版社
2011 年版) 和《周易溯源与早期易学考论》(中国人民大学出版社 2017
年版) 等。这些论著的特点,都是在对帛书《周易》的经、传作详细校
释的基础上,进一步对帛书《周易》蕴含的哲学思想以及孔子与易学的
关系等问题展开深入的讨论,提出了许多富有启发性的见解。

---

① 如陈来《马王堆帛书〈易传〉的政治思想——以〈缪和〉〈昭力〉二篇之义为中心》
(《北京大学学报》2008 年第 2 期)、李尚信《帛书〈周易〉卦序与宇宙论》(《中国哲学史》
2009 年第 1 期)、刘光胜《帛书易传成书问题新探》(《辽宁师范大学学报》2009 年第 1 期)。

② 王化平:《帛书〈易传〉研究综述》,《古籍整理研究学刊》2007 年第 6 期。

③ 近年来以帛书《周易》经、传作为选题的博士、硕士学位论文就有多篇,如肖从礼
《马王堆帛书〈周易〉考释》(西北师范大学硕士学位论文,2008 年)、赵振国《马王堆帛书
〈衷〉篇〈易赞〉章新探》(曲阜师范大学硕士学位论文,2011 年)、赵晓阳《帛书〈缪和〉篇
新校释与思想研究》(曲阜师范大学硕士学位论文,2014 年)、郝苏彤《马王堆帛书〈易传·
衷〉篇研究》(武汉大学硕士学位论文,2018 年)、顾慧《马王堆汉墓帛书〈周易〉经传通假字
研究》(哈尔滨师范大学硕士学位论文,2018 年)、蔡卓《马王堆帛书〈缪和〉〈昭力〉研究》
(清华大学博士学位论文,2019 年) 等。

海外也有不少汉学家从事帛书《周易》的研究工作，如日本东京大学的池田知久著有《"马王堆汉墓帛书周易"要篇之研究》（东京大学《东洋文化研究所纪要》百二十三册）等文，受到国内学者的重视。

三　帛书《春秋事语》研究

帛书《春秋事语》的释文发表后，最早对《春秋事语》进行研究的是参与帛书整理工作的张政烺，他发表的《〈春秋事语〉解题》（《文物》1977 年第 1 期）是研究帛书《春秋事语》的一篇重要论文。张先生在文中首先指出了本篇帛书取名为《春秋事语》的缘由。这篇帛书存 16 章，没有篇题，每章各记一事，既不分国别，也不论年代先后，记事最早的是鲁隐公被杀，事在公元前 712 年，最晚的是韩赵魏三家灭智伯，事在公元前 453 年，可见其记事年代属于春秋时期。这 16 章的文字记事十分简略，而每章必记述一些言论，所占字数要比记事多得多，内容既有意见，也有评论，使人一望而知这本书的重点不在讲事实而在记言论。这种体裁的书在春秋时期名叫"语"。语，就是讲话。语之为书既是文献记录，也是教学课本。"语"这类书虽以记言为主，但仍不能撇开记事，所以又有以"事语"名书的，如刘向《战国策书录》在叙述他所根据的底本中，有一种就是《事语》。马王堆出土的这件帛书所记皆春秋时事而以语为主，因此帛书整理小组给它取了《春秋事语》这样一个书名。

对于帛书《春秋事语》的性质，张政烺认为它可能是一部历史教科书。张先生引用了《史记·十二诸侯年表序》"铎椒为楚威王傅，为王不能尽观《春秋》，采取成败，卒四十章，为《铎氏微》"的记载，认为《春秋事语》与《铎氏微》的性质是一致的。① 所不同者在

---

① 裘锡圭先生也认为《春秋事语》"很可能是《铎氏微》一类的书"，而唐兰则怀疑是《汉书·艺文志》中的《公孙固》，裘、唐二人的观点见《座谈长沙马王堆汉墓帛书》中的发言。

编者文化水平的高低。绎椒的书有条理，企图体现"微言大义"，而《春秋事语》则显得分量轻，文章简短，编辑体例也很混乱，因此张先生认为它可能出自一位头脑冬烘的教学先生之手。这样的书当是儿童读本，讲些历史故事，学点语言，为将来进一步学习《春秋》等书做准备。这和清代的启蒙书《鉴略》《论史论略》《幼学故事琼林》等书有些相似。

至于《春秋事语》的内容，张政烺指出，它所记的事基本上和《春秋》三传、《国语》等书相同，没有很多新东西。所记的语就是当时通行的议论，在那些讲话的人中，张先生指出最值得注意的是闵子辛。此人在本篇帛书中出现三次。闵子辛此人他书不见，张先生认为可能就是春秋时期的闵子骞①，并引《说文》三篇上："辛，罪也，从干二，读若愆。"辛辛形近，愆骞音同。闵子骞名损，辛、愆和损义亦相应。因此，见于《春秋事语》的闵子辛即闵子骞。张政烺还认为，书中引用闵子辛的议论，目的是告诉学生如何分辨是非。《春秋事语》一书应与闵子辛有密切关系，可能闵子辛有一部论春秋的书，被帛书的编者选用了一些材料，也可能本书编者就是闵子辛的门徒。

至于《春秋事语》的史料价值，张政烺指出本书这 16 章所记的 16 件事绝大部分见于《春秋》三传、《国语》和一些子书中，但还是可以互相补充参考。其中第二章《燕大夫章》所记不见于他书记载，该章文字虽然不多，却画龙点睛，增加了我们对于春秋时期燕国的认识。又如第五章说"晋献公欲得随会"，所记内容虽有不少史实上的错误，但也有一些不见于传世古籍的句子，可以使我们进一步证实《左传》和《韩非子》的相关记述。

至于《春秋事语》在古汉语和古汉字研究方面的价值，张政烺指出，《春秋事语》应是战国时期的作品，抄写在秦末汉初，比起《说文》约早三百年，因此它提供了极为珍贵的材料。张政烺各举了一个例子：（1）《伯有章》记载郑国的执政官伯有是个酒鬼，和公孙黑闹矛盾。公孙黑想杀他，"伯有亦弗芒，自归其家"，关门夜饮。这里的"芒"是着急的意

---

① 唐兰先生也有类似的看法，见《座谈长沙马王堆汉墓帛书》中唐兰先生的发言。

思，"弗芒"就是现代口语中的"不慌不忙"，古代文字材料和现代口语对应得如此明白，十分少见。(2)《宋荆战泓水之上章》有"勢"字，不见于传世古书，但在帛书《老子》甲本卷后的古佚书《明君》篇末有一段连续出现三次，帛书整理小组认为与"养"意接近，意为"取"。这个解释在《春秋事语》中也是完全可通的，而且根据《春秋事语》作进一步研究，还可以把勢的字义定得更加贴切一些，将之释为"攘"，"攘"的意义是取，但常指因其自来而取之。这种理解放在《明君》篇中也同样更为确切。

至于《春秋事语》在校勘方面的价值，张政烺指出，考古出土的竹简帛书都是极其珍贵的文物，但由于底本和抄手的好坏不一，其价值也有所不同。"对古本的优劣不能绝对化，更不能迷信古本。这些古书的出现，只是增加了校勘的资料，而不是免除了我们校勘的劳动。"具体到《春秋事语》而言，既在校勘上有可贵的价值，也有不少错误之处。应该说，张先生的这些论述对于利用出土文献校勘古籍具有方法论上的意义。张政烺还利用《鲁桓公与文姜会齐侯于乐章》与《管子·大匡》篇作了对比研究，既指出了帛书的众多错字，也举出了帛书的一些地方可能校正《管子》之误，如 A．"今彭生二于君"，"二"当从帛书作"近"。B．"而腜行以戏我君"，"我"当从帛书作"阿"，"戏"字后加，当删。C．"又力成吾君之祸"，"祸"当从帛书作"过"。D．"岂及彭生而能止之哉"，"止"当从帛书作"正（贞）"。E．"无所归死"，"死"当从帛书作"怨"。

在张政烺的论文发表后，徐仁甫的《马王堆汉墓帛书〈春秋事语〉和〈左传〉的事、语对比研究——谈〈左传〉的成书朝代和作者》（《社会科学战线》1978 年第 4 期，吉林人民出版社 1978 年版）、郑良树的《〈春秋事语〉校释》（《竹简帛书论文集》，中华书局 1982 年版）、李学勤的《〈春秋事语〉与〈左传〉的传流》（《简帛佚籍与学术史》，时报文化出版公司 1994 年版）、骈宇骞的《帛书〈春秋事语〉与〈管子〉》（《文献》1992 年第 2 期）、吴荣曾的《读帛书本〈春秋事语〉》（《文物》1998 年第 2 期）等文继续对帛书《春秋事语》加以探讨。

郑良树之文系对帛书《春秋事语》全篇加以详细校释，对《春秋事语》的史料价值颇有发明，很便于人们理解帛书内容。骈宇骞之文则在张政烺所述基础上，对于帛书《春秋事语》对《管子·大匡》篇的校勘作用又作了几点补充。（1）"文姜告齐侯"，帛书作"文姜以告齐侯"，义长。（2）"身得免焉"，当从帛书作"身得庇焉"，"庇"，庇护。《左传·襄公三十一年》云："大官、大邑所以庇身也。"（3）"夫君以怒遂祸，不畏恶亲。开容昏生，无丑也"一句，当从帛书作"君以怒遂祸，不畏恶。亲间容昏，生□无慝也"。（4）"二月"，为后人所加，当删。（5）"无所归怨"前应从帛书加"恶于诸侯"四字。吴荣曾之文则举东汉画像石刻材料所见之"敏子愆"即"闵子愆"的材料，补证张先生所作推测的精确性。①

关于《春秋事语》的成书、抄写年代。张政烺认为"帛书《春秋事语》当是战国时期的作品，抄写在秦末汉初"。这种观点得到大部分学者的肯定。但徐仁甫则提出了不同意见，指出："马王堆帛书《春秋事语》，不避汉高帝刘邦之讳，而避秦始皇的父亲名楚，故称曰荆。这和《韩非子》一书'凡言荆者，俱为楚之代名，以避秦讳改也'一样。那么《春秋事语》的成书当在秦始皇统一天下之后，即公元前200年前后。"这种观点，其实是采用帛书整理小组的意见，但这段话中有两点不太正确。一是将帛书的抄写年代换成了"成书"年代。二是所言避秦始皇父楚讳的问题，李学勤指出："古代最需要严格避讳的是'今上'之名……帛书第十三章确称楚为荆，但西周金文已有称楚作荆或楚荆之例。即使帛书此处确为讳字，也可能是传抄未改。帛书中不讳秦始皇名政，如第九章有'后（苟）入我□，正（政）必宁氏之门出'，可见恐不抄于秦代。作为楚汉交争时期的写本，是最合理的。"现在看来，关于帛书成书及抄写年代的问题已经基本解决。

帛书《春秋事语》与《春秋》《左传》的关系，也是许多学者很感兴趣的问题。徐仁甫在其论文中，从帛书的避讳、个别词语的有无以及

---

① 李学勤先生认为帛书之"宰"字与"辛"不同，可能就是"辛"字。见《〈春秋事语〉与〈左传〉的传流》一文。

《春秋事语》第十章与《左传》的比较来说明《春秋事语》所采原书的作者，一定没有见过《左传》这部书。因为《左传》对《春秋事语》所采原书的文字，有所增，又有所改；而且所增、所改，又比原书总要好些。因此，他认为："《左传》的成书，在《春秋事语》之后——西汉时代；而其作者，决不是春秋时的左丘明，而是西汉末刘歆托之左丘明的。"这种观点也不为大多数学者所认同。李学勤认为："《左传》之不同于帛书的，不只是文字语句，而且是史事内容。假如《左传》是袭用《春秋事语》，那么多出的那些事迹过程又从哪里来的呢？如果是杜撰，如何能委曲尽理？如果别有所据，岂不是当时存在另一部《左传》吗？这显然是不合理的。"至于帛书内容有的与《左传》少有出入，这只能说是作者闻见有异，帛书的作者博采其他书籍，对《左传》作个别更改。这种现象在古籍中是常见的。另外，帛书记载的上下限与《左传》相一致，帛书袭用《左传》之处甚多，帛书的文例也多同《左传》，等等，都可证《左传》为《春秋事语》所本。李先生最后归纳说："《春秋事语》一书实为早期《左传》学的正宗作品。其本于《左传》而兼及《穀梁传》，颇似荀子学风。荀子又久居楚地，与帛书出于长沙相合，其为荀子一系学者所作是不无可能的。"

吴荣曾则对战国时期的《春秋》之学进行了讨论，指出，由于儒家对《春秋》的重视，战国时儒门弟子及其后学致力于《春秋》者不乏其人，子夏、曾子等人都是治《春秋》的大家。当时儒家研治或评说《春秋》已成为一种风气。流传到后世的作品，以《左传》《公羊传》《穀梁传》为最著。还有铎椒、虞卿以及西汉人提到的邹氏和夹氏的《春秋》，《公羊传》《穀梁传》二书中引用的公羊子、沈子、鲁子、司马子、北宫子、女子、穀梁子、尸子，也是诸子百家中擅长《春秋》之学者。董仲舒《春秋繁露·俞序》说："孔子曰：吾因其行事而加乎王心焉，以为见之空言，不如行事博深切明。故子贡、闵子、公肩子吾言其切而为国家资也。"董仲舒把闵子骞和子贡等并列在一起，以为都是长于《春秋》者，但有关闵子骞的记载不见于传世古籍，帛书《春秋事语》的出土，还可证明闵子骞亦是精于《春秋》的名家。战国时代《春秋》之学的特点是诸子学和史学的合流和相互渗透。当时《春秋》之学的盛行，其原因也在于此。这种状况也为汉代所继承，故《公羊传》《穀梁传》一直是两汉时的显学。

对于《春秋事语》的结构特点，吴荣曾也作了一些讨论。吴先生认为，此书的性质和《左传》比较近似，以纪事为主。书中所引人物的议论，有些可能是出于作者的假托，目的是借他们之口阐明自己的看法或主张。吴先生还专门用这些议论与《春秋》三传的议论作一比较，指出《公羊传》《穀梁传》两书致力于对"微言大义"的探讨和辩证，而《春秋事语》论史多从政治利害得失为着眼点，所以它和《左传》相近，和《公羊传》《穀梁传》则相差较远。

除了上述诸文外，徐勇《〈春秋事语·韩、魏章〉考辨》① 一文对《韩、魏章》中所提到的"□赫"的身份进行了考证，认为此人应非杜赫，也非仇赫，而应为赵襄子的谋臣高赫。

进入 21 世纪之后，关于《春秋事语》的研究工作还在持续走向深入，并取得了不少重要的成果；这一时期研究工作的另一特色，是出现了多部以《春秋事语》为选题的硕士学位论文。②

在对于《春秋事语》的文字校读方面，裘锡圭著有《帛书〈春秋事语〉校读》③一文，在《马王堆汉墓帛书（叁）》的释文基础之上，对于帛书每章的内容、用字，甚至标点符号都做了详细的校订，是一项全面、详尽的校释成果，纠正和补充了本篇帛书整理工作中的不少问题，具有很高的学术价值；这方面所做的相关工作，还有王莉的硕士学位论文《帛书〈春秋事语〉校注》，该篇硕士学位论文对于帛书各章进行了校订及注释，并分别列举了帛书与传世文献互见的内容，也是一篇较为全面的帛书

---

① 徐勇：《〈春秋事语·韩、魏章〉考辨》，《中国史研究》1988 年第 3 期。

② 如王莉《帛书〈春秋事语〉校注》（东北师范大学硕士学位论文，2004 年）、牟颖《帛书〈春秋事语〉研究》（北京语言大学硕士学位论文，2008 年）、王晓岑《〈春秋事语〉与〈左传〉对比研究》（辽宁师范大学硕士学位论文，2011 年）、祝美好《帛书〈春秋事语〉实词研究》（辽宁师范大学硕士学位论文，2014 年）

③ 裘锡圭：《帛书〈春秋事语〉校读》，载《湖南省博物馆馆刊》第 1 期，后收入《裘锡圭学术文集》第 2 卷，复旦大学出版社 2012 年版。

《春秋事语》校注成果。至于最新的整理成果，则是《长沙马王堆汉墓简帛集成》一书对于《春秋事语》的重新整理，该篇由郭永秉主持，他利用湖南省博物馆所提供的相关帛书照片，对帛书《春秋事语》做了重新拼合整理，有许多新的释读意见，从而为本篇帛书的深入研究提供了更好的条件；郭永秉还撰有《马王堆汉墓帛书〈春秋事语〉补释三则》① 等文，详细讨论《春秋事语》一些文句的释读。相关的成果，还可举出尉侯凯的《马王堆帛书〈春秋事语〉賸义》② 等文。

在具体的研究方面，有关《春秋事语》的性质，以及《春秋事语》与《左传》《国语》的关系问题，仍是学者们探讨的一个热点，相关的论文最为丰富；③ 除此之外，龙建春《〈春秋事语〉札论》④ 一文对帛书《韩、魏章》之"□赫"，《伯有章》《鲁桓公少章》《鲁庄公有疾章》中之"闵子辛"，《卫献公出亡章》之公子浮、公子段，以及帛书《燕大夫章》的系年诸问题均有考论，他的另外一文《〈春秋事语〉记言论略》则分析了《春秋事语》的记言特点及重要价值⑤。

四 帛书《战国纵横家书》研究

帛书《战国纵横家书》共 27 章，17000 余字。这批材料公布后，许多学者纷纷撰文加以讨论，这些文章主要围绕着帛书的定名、分批、文字校勘、成书时代及史料价值的阐发等方面。

---

① 见《出土文献与古文字研究》第 2 辑，复旦大学出版社 2008 年版。
② 见《文物春秋》2017 年第 5 期。
③ 如王莉《〈春秋事语〉研究二题》（《古籍整理研究学刊》2003 年第 5 期）、李建军《帛书〈春秋事语〉考论》（《图书馆理论与实践》2006 年第 5 期）、罗新慧《马王堆汉墓帛书〈春秋事语〉与〈左传〉》（《史学史研究》2009 年第 4 期）、牟颖《〈春秋事语〉与〈春秋〉三传》（收入《〈春秋〉三传与经学文化》，长春出版社 2010 年版）、刘伟《马王堆帛书〈春秋事语〉性质论略》（《古代文明》2010 年第 2 期）、赵争《马王堆帛书〈春秋事语〉性质再议》（《古代文明》2011 年第 1 期）
④ 龙建春：《〈春秋事语〉札论》，《台州学院学报》2004 年第 2 期。
⑤ 龙建春：《〈春秋事语〉记言论略》，《江淮论坛》2004 年第 2 期。

　　这件帛书原无篇名，关于本篇帛书的性质，帛书整理小组最早称这件帛书为《战国策》，唐兰起初曾怀疑是《汉书·艺文志》纵横家里的《苏子》三十一篇。[①] 但大部分学者还是同意帛书整理小组的定名，郑良树还在其《论帛书本〈战国策〉的分批及命名》一文中，对唐先生的论据逐一进行了商榷。后来马王堆帛书整理小组把本篇帛书改题名为《战国纵横家书》。这样，既避免了不必要的争论，又可为持不同意见的学者所接受。因此这个定名出来后，已得到学界的普遍认可。

　　对于本篇帛书材料的分批，学者们一般把它分为三组。如杨宽言："《战国纵横家书》大体上可以分为三个部分，是从三种不同的战国游说故事的册子中辑录而成的：（1）从第一到第十四章，是苏秦游说资料。各章体例相同，内容相互有联系，编排也有次序，和以后各章编排杂乱的不同。所用的文字也有它的特点，例如'赵'字多省作'勺'，'韩'字多作'乾'等，应该是从一部有系统的原始的苏秦资料辑录出来的……（2）从第十五到第十九章，该是从另一种记载战国游说故事的册子中辑录出来的。每章的结尾，都有个字数的统计，第十九章结尾除了有本章的字数'三百'以外，接着有'大凡二千八百七十'八个字。'二千八百七十'正是这五章字数的总数……（3）从第二十到第二十七章，应该是出于又一种辑录战国游说故事的册子。前五章，都见于今本《战国策》或《史记》。其中第二十到第二十二的三章也属于苏氏游说辞，却没有和开首十四章苏秦资料汇编在一起，应该是出于另一个来源的缘故。这三章所用文字，和开首十四章也不同，例如'赵'都不作'勺'，'韩'都不作'乾'，张仪的'仪'作'羛'。"对于这种三分法，大部分学者没有异议，但郑良树则表示了不同意见，他充分肯定了杨宽等人对帛书第一、二部分的划分，但认为其中的第三组材料实际上是相当复杂的一批，认为杨氏等人对第三部分的划分显得有些粗

---

　　① 见《座谈长沙马王堆汉墓帛书》中唐兰先生的发言。杨宽先生在《马王堆帛书〈战国策〉的史料价值》一文中曾总结说："在对这部书作了初步研究的同志中间，有两种不同的看法：一种认为这些佚文以苏秦、苏代、苏厉的言行为主，可能是《汉书·艺文志》纵横家中的《苏子》；另一种认为把它看做《战国策》的前身比较恰当，因为西汉刘向编辑《战国策》时所依据的就有《国策》、《短长》等多种册子。"

疏，并提出了自己的看法。郑先生统计了各章主要人物的出现次数，将这八篇细分成了五个单元："（1）第二十及二十一章没有提及任何人名，无法和其他篇章贯穿起来，而且，它们都是苏氏说辞，我们列为第一单元。（2）第二十二及二十四章所提及的人名完全雷同，应当是有很密切的关系，我们列入第二单元。（3）第二十五章出现的人物是文信侯和蔡乌，与其他篇章无法连串，我们编为第三单元。（4）第二十三及二十七章虽然没有相同的人物出现，不过，它们所叙述的都是楚人楚事，我们归为第四个单元。（5）余下的第二十六章，我们归为第五个单元。"①

郑良树还在此基础上，根据帛书用字情况的统计，对整件帛书《战国纵横家书》提出了两种新的划分方法，一种是四分法，即（1）第一章至第十四章；（2）第十五章至第十九章；（3）第二十章至第二十四章及第二十七章；（4）第二十五章及第二十六章。另一种是三分法，即（1）第一章至第十四章、第二十五章及第二十六章；（2）第十五章至第十九章；（3）第二十章至第二十四章及第二十七章。

至于这几批帛书内容的关系，学者们的观点也很不一致。马雍认为，帛书"编排次序杂乱无章，不按时间先后"。具体而言，第一组一至十四章"有密切的联系，内容集中，应作为一整体看待"，但是这十四章帛书"原来的编次非常淆乱，先后倒置，完全不按时间顺序"。第二组和第三组"各章之间无直接联系"。杨宽则言，帛书第一至十四章"编排很有条理，和十五章以后的杂乱无章不同"，可见杨先生认为第一组的编排很有次序，而第二、三组则是杂乱无章。

对于杨氏、马氏有关帛书各组次序的这些观点，王泽文提出了不同的意见。他同意杨宽的意见，认为帛书第一组的十四章原来的编排"有一定原则，首先，依据给燕王的书信和游说辞或给齐王的书信和游说辞分成两部分，即前七章和后七章，各部分内部基本上以时间先后排列；同时，两部分之间相互照应，总的遵循一个相同的时间次序。这个次序也体现了帛

---

① 郑良树：《论帛书本〈战国策〉的分批及命名》，《竹简帛书论文集》，中华书局1982年版，第201页。

书所涉及事件的发展脉络"。对于第二组帛书，王泽文指出学者们过去多关
注其每章末均有统计字数、第十九章末有这五章的总字数以及用字写法统
一等特点，但他指出本组帛书还有另外两个特点值得注意。首先是时间跨
度，这组帛书反映的都是战国晚期的形势，均表现出秦对山东诸国（尤其
是三晋及齐国）的咄咄攻势，且时间上均晚于第一组即前十四章。第二个
特点是语言风格。这组帛书的语言有较鲜明的特色，如帛书十五章"须贾
说穰侯"引《周书》"唯命不为常"，帛书十九章"谓穰侯"引《诗》"树
德莫如兹（滋），除怨者莫如尽"，而且各章对游说者的智谋和高超技巧多
有展现，与第一组相比，第二组帛书似较为侧重游说之术。至于第三组帛
书，王泽文也认为其内容驳杂，但指出这八章似乎也有一个共同之处，即
偏重游说之术，且多谈祸福、存亡、安危、顺逆等矛盾的对立转化。

　　对于帛书编排的这些截然不同的看法，与对各篇帛书的断代有密切的
联系，特别是第一组的十四章有关苏秦的帛书，学者们进行了细致的研
究，但对各章的断代却存在不同的认识，从而也直接影响了对苏秦生平事
迹的勾勒。如马雍对这十四章的排列顺序是：

次序	原章次	章题	年代
1	五	苏秦谓燕王章	前 300 年
2	九	苏秦谓齐王章（二）	前 289 年之末
3	八	苏秦谓齐王章（一）	前 288 年
4	十	苏秦谓齐王章（三）	前 288 年
5	十四	苏秦谓齐王章（四）	前 287 年上半年
6	六	苏秦自梁献书于燕王章（一）	前 287 年上半年
7	七	苏秦自梁献书于燕王章（二）	前 287 年上半年
8	十三	韩晅献书于齐章	前 287 年
9	十一	苏秦自赵献书于齐王章（一）	前 287 年秋初
10	十二	苏秦自赵献书于齐王章（二）	前 287 年八月以后
11	三	苏秦使盛庆献书于燕王章	前 286 年之初
12	二	苏秦使韩山献书于燕王章	前 286 年上半年
13	一	苏秦自赵献书于燕王章	前 286 年上半年
14	四	苏秦自齐献书于燕王章	前 286 年

王泽文则认为，这批帛书应从整体上分成两部分，前七章是苏秦给燕昭王的信和游说辞，后七章是苏秦及韩暝给齐闵王的信和游说辞，两部分各自按时间早晚排列。其次，两部分之间不仅在内容上相互联系，而且在时间上相互照应，体现了帛书所涉及事件的发展脉络。据王泽文的考证①，这十四章的顺序是：A. 帛书一、二、三以及帛书八、十、十一、十二，苏秦在赵国时分别给燕王、齐王的书信；B. 帛书九、十三分别是帛书八和十二的补充材料，前者当赧王二十三年（公元前 292 年），后者当赧王二十八年初（公元前 287 年）；C. 帛书四，苏秦由赵返齐后给燕王的书信；D. 帛书五，苏秦自齐返燕后向燕王面陈之词；E. 帛书六、七以及帛书十四，苏秦到魏国后分别给燕王、齐王发出的书信。

至于帛书《战国纵横家书》的成书时代或汇编时代，学术界争论不大。马雍在《帛书〈别本战国策〉各篇的年代和历史背景》一文中，对帛书 27 章所反映的历史背景和具体年代进行了逐章的分析，最后得出结论：这部帛书的内容绝大部分是属于战国后期的史料，大体上相当于齐闵王称帝到齐闵王亡国这一阶段。对于帛书的汇编时代，杨宽在《马王堆帛书〈战国策〉的史料价值》一文中则认为"这部帛书的编成年代，当在秦汉之际"。唐兰则言"此书之编集在始皇二十二年以后，但总还是秦代编集的"，理由是有些材料"在秦以后就不易搜集了"，总之，把本件帛书定为秦汉之际编成的纵横家之言，应该没有什么异议。

帛书《战国纵横家书》与《战国策》之间的关系，是许多学者一直探讨的问题。前面已经提到，在对这件帛书做初步研究之时，学者们就已有不同的看法，一种认为它们可能是《汉书·艺文志》纵横家中的《苏子》，另一种意见认为把它看作《战国策》的前身比较恰当。许多学者注意到刘向《战国策书叙》所言："所校中《战国策》书，中书余卷，错乱相糅莒。又有国别者八篇，少不足。臣向因国别者，略以时次之，分别不

① 　参见青城《帛书〈战国纵横家书〉前十四章结构时序考辨》，《管子学刊》1995 年第 2 期。

以序者以相补，除复重，得三十三篇"，"中书本号，或曰《国策》，或曰《国事》，或曰《短长》，或曰《事语》，或曰《长书》，或曰《修书》。臣向以为战国时游士辅所用之国，为之策谋，宜为《战国策》"。李学勤等曾据此指出，帛书《战国纵横家书》"应为其中一种，只能算今本的一部分"，"就其性质而言，仍然属于《战国策》"。[①] 王泽文则进一步提出，"刘向所写传本，在后世的流传过程中曾有过散乱、残脱和再整理，与今本在有些篇章的分属和文字上或有出入。但是，其体例上最重要的一点，即整体上将各种说辞分系于不同国别，古今应当没有太大的变化。据此，再重新审视这二十七章帛书的篇章结构，便会有进一步的认识"。王氏指出，帛书前十四章"其中有两章见于今本《战国策》，即帛书四和帛书五，均系于《燕策》，我们今天若尝试依帛书的内容和体例定其余各章的国别归属，则一、二、三、六、七章应入《燕策》，八至十四章入《齐策》。如果这种判定可以接受，那么就表明，这组帛书是将十四章严格按照燕、齐两国而划分开的（当然，前后各有七章也许属巧合）。这十四章既有共同的主题，有一个中心人物贯穿始终，而且编排体例也有一定之规，先分国别，再大致依时间先后编辑；此外，行文也较质朴，近于实录"，而第二组帛书从篇章结构上看，"这五章中，有四章见于今本《战国策》，帛书十五、十六属《魏策》，帛书十八属《赵策》，帛书十九属《秦策》。这四章之间的国别排列也是有序的，尤其同属《魏策》的十五、十六两章紧密相连，应当注意"。帛书十七章不见于传世文献，但如据其内容判定帛书十七章的国别归属，可能入《魏策》较为合理。"如果这一判断成立，就会发现，第二组帛书依国别排列得相当整齐，其篇章结构也有体例可寻。还有一点也应提到，即从国别的归系来看，第一组和第二组两部分是没有重合的。"第三组目前很难找出其编排的原则，但"同前两组相比，从国别的角度看，多出了可入楚、韩的内容。但仅此目前尚不足以得出更多的结论"。因此王氏总结说："这样看来，帛书《战国纵横家书》二十七章，本身在结构上就存在三种表现形式。"作者还进一步指出，"帛书出土于古长沙国，非

① 李学勤：《对古书的反思》，《李学勤集》，黑龙江教育出版社 1989 年版，第 43 页。

中央政府所藏，足见其时有大量的类似材料在流传过程中，收集者或使用者依不同的目的和方式，已经进行过多次的整理了。这或许有助于我们理解和研究《战国策》一书的形成过程。通过帛书三部分的复杂构成，再结合上引书叙，可以想见，刘向当时所面对的大量材料的原始形态的多样性，而且更可以体会到，当日刘氏整理、纂辑文献的难度之大。"应该说，王氏的这些讨论对于我们进一步研究帛书《战国纵横家书》是很有启发意义的。

至于对帛书《战国纵横家书》的史料价值，学者们已经做了大量阐述，特别是运用帛书《战国纵横家书》的第一手材料重新探讨苏秦事迹，更是学者们关注的焦点。唐兰曾总结说："帛书《战国纵横家书》的重要历史价值，正在于它保存了已被埋没两千多年的真实可信的关于苏秦的书信和谈话十四章，既可以纠正有关苏秦历史的许多根本性错误，又可以校正和补充这一段战国时代的历史记载。"[①] 此外，帛书《战国纵横家书》还为有关历史文献的校勘训诂提供了众多的材料，如裘锡圭在《"触詟说赵太后"章中的错字》一文中曾据帛书材料校正《战国策·赵策四》中的错误，他的另一篇文章《读〈战国纵横家书释文注释〉札记》则对帛书《战国纵横家书》的释文和注释作了一些商榷和补充。

近年来关于帛书《战国纵横家书》也有一些研究成果，如赵生群在《〈战国纵横家书〉所载"苏秦"事迹不可信》（《浙江师范大学学报》2007 年第 1 期）一文中认为《战国纵横家书》所载"苏秦"事迹为后人所托，帛书《战国纵横家书》的出土，又一次证明了司马迁所说的"异时事有类之者皆附之苏秦"的论断；秦丙坤则著有《〈战国纵横家书〉所载苏秦散文时事考辨》（《西北师大学报》2002 年第 4 期）。

另外，近年来对帛书《战国纵横家书》内容的解读方面有一个重要的进展，在《苏秦谓燕王章》中苏秦言"自复而足，楚将不出沮漳，秦将不出商阉"，过去对于"秦将不出商阉"的含义，学者们一直不得其解。而据清华简《系年》可知，秦人本来是生活在商阉一带的嬴姓部族，

---

① 唐兰：《司马迁所没有见过的珍贵史料——长沙马王堆帛书〈战国纵横家书〉》。

后来因为参与三监之乱，而被周人强制迁徙到了西北的朱圉一带。看到了《系年》的记载之后，学者们才最终搞清了秦人与商阉之间的关系，也彻底理清了《战国纵横家书》的这段文字。①

五　帛书《丧服图》研究

《丧服图》的材料迟至 1992 年才由《马王堆汉墓文物》一书刊布，曹学群的《马王堆汉墓"丧服图"简论》（《湖南考古辑刊》1994 年第 6 期）一文对这件帛画做过讨论。该文对帛画的内容、文字进行了较详细的描述和考释，并参照明清家谱复原了《丧服图》的亲属关系网络图，认为这是一幅墓主生前五服之内的父党系亲属关系网络图。它的出土填补了汉初丧服礼制记载的空白，是研究秦汉之际丧服礼制的宝贵资料。

六　帛书《老子》研究

帛书《老子》甲、乙本材料公布后，立即在学术界引起热烈讨论。

帛书《老子》甲、乙本最引人注目的现象，就是其顺序为《德经》在前，《道经》在后，这与传世《老子》的《道经》在前、《德经》在后完全不同。对于帛书《老子》的这一现象，学者们作了很多讨论，大致而言，主要有以下三种观点。

（1）认为古本《老子》的次序应是先《德经》，后《道经》，这一看法最早由张政烺在《座谈长沙马王堆汉墓帛书》的发言中提出。② 张先生还认为，传世的材料也可以说明这一点，不过久不为人注意而已，如《韩非子》的《解老》《喻老》两篇，都是先"德"后"道"，西汉严遵

---

① 裘锡圭主编：《长沙马王堆简帛集成（叁）》，中华书局 2014 年版，第 211 页。
② 韩仲民先生在《长沙马王堆汉墓帛书概述》一文中也有类似的意见。

的《道德真经指归》，开卷就是《德经》的"上德不德"篇，由于此书的《道经》部分已经佚失，有的版本称所存的《德经》部分是全书的后半部，但是该书的序文《说目》言全书的篇数是"七十有二首"，"上经四十"，"下经三十有二"，"阳道奇，阴道偶，故上经先而下经后"，这已经说明了把《德经》四十篇放在前面的理由。张先生的这一看法得到不少学者的支持，有学者甚至认为今本的《道经》在前、《德经》在后的次序直到唐玄宗时才正式固定下来。①

（2）认为古本《老子》有两种次序：一种是《道经》在前，《德经》在后；一种是《德经》在前，《道经》在后。持这种观点的代表人物是高亨和池曦朝。他们在合撰的《试谈马王堆汉墓中的帛书老子》一文中说："帛书《老子》甲、乙两本都是《德经》在前，《道经》在后，《德经》是上篇，《道经》是下篇。这种编次是不是《老子》原书的编次？这一点，我们现在还无法论定。不过，从先秦古籍的有关记载来看，《老子》传本在战国期间，可能就已有两种：一种是《道经》在前，《德经》在后，这当是道家传本。《老子》本书论述道德，总是把道摆在第一位，把德摆在第二位；《庄子》论述道德，也是把'道'摆在第一位，把'德'摆在第二位（例子很多，从略），便是明证。另一种是《德经》在前，《道经》在后，这当是法家传本。《韩非子·解老》首先解《德经》第一章，解《道经》第一章的文字放在全篇的后部，便是明证。大概是道、法两家对于《老子》书各有所偏重。"但此文发表后不久，邱锡昉即发表了《〈老子〉在战国时可能只有一种道家传本》一文，对高、池二氏认为《老子》在战国时期可能有两种传本的说法提出了异议。②

（3）认为《老子》应是《道经》在前，《德经》在后，帛书本的次序应属后起。如饶宗颐言："按《老子》本书，如下篇屡言：'道生之，德畜之。'无不先道而后德。韩非《解老》，非论列全经，其先解《德经》首章，自是随手摘举，不足援之以证《老子》全书之必先德而后道也。

---

① 尹振环：《帛书老子与老子术》，贵州人民出版社 2000 年版，第 17 页。

② 邱锡昉：《〈老子〉在战国时可能只有一种道家传本》，《文物》1976 年第 11 期。

或云以德列前，盖法家之《老子》本子如此（高亨说），不悟法家正本道以立法之体，故韩非书有《主道》《守道》等篇，而不闻作《主德》《守德》……法由道而生，法家不特不贬道，而实尊道。法家之解老，自宜以道为先，岂有反以德居前之理？故知马王堆《老子》本之先德后道，殆写经者偶然之例，若持此以论法家本旨，弥见其龃龉而已。"李学勤在《严遵〈指归〉考辨》一文中，则对论者以为严遵《指归》一书先德经后道经的观点进行了辨析。李先生指出，这种看法"一个很明显的问题是，自《指归》见于著录，不知多少人亲见全书，却没有任何记载讲到《指归》是《德经》在前。《老子》从来称'道德'，《史记》本传便说：'于是老子乃著书上下篇，言道德之意五千余言而去'，《指归》若以'德道'为序，何等奇异，怎么会无人提到呢？"他还进一步指出，从思想考察，《指归》书中的《说目》《总序》可能皆是后人所作，未必出自严遵之手。① 这样，有些学者所说的"《道德指归》二经的排列法也是《德经》居上，《道经》处下，与帛书《老子》相合"② 的观点自然也就失去了依据。

利用帛书本《老子》的内容与今本《老子》进行对比研究，也是很多学者非常留意的一项工作。张松如曾以《老子校读》为题，采用帛书《老子》的资料，对《老子》重新加以校勘；③ 高明曾以《帛书〈老子〉甲乙本与今本〈老子〉勘校札记》为题，将各种传世《老子》版本与帛书进行对勘；郑良树曾指出，帛书《老子》的出土，影响最大的还是有关《老子》的训诂、句读，并分别从"今本《老子》有衍文""今本《老子》有夺文""今本《老子》有错字""今本《老子》句读有误""帛书可澄清被误解之文字""帛书可解决聚讼多时的文字"等六方面加以阐述；许抗生著有《帛书老子注释与研究》等等。1996 年，中华书局

① 李学勤：《严遵〈指归〉考辨》，《历史文献研究》新 6 辑，北京师范大学出版社 1995 年版；后收入《古文献丛论》，上海远东出版社 1996 年版。

② 郑良树：《从帛书老子论严遵道德指归之真伪》，《古文字学研究》第 7 辑，中华书局 1982 年版。

③ 张松如：《老子校读》（一）（二），《社会科学战线》1978 年第 1、2 期，吉林人民出版社 1978 年版。但张氏只发表了前五章，其他七十六章则未见讨论。

出版了高明的《帛书老子校注》，有学者评价说："这是帛书《老子》研究二十多年来的一部总结性的集大成的著作，其引证材料之丰富，注解之准确，都是其他著述所无法比拟的。"①

关于帛书《老子》的研究著述还有很多，陈广忠在《复旦大学学报》上发表了《帛书〈老子〉的用韵问题》。从音韵学角度对帛书《老子》进行了研究。尹振环多年潜研帛书《老子》，著述宏富。港、台等地的学者严灵峰、徐复观、饶宗颐、刘殿爵等人对帛书《老子》做了很多研究。

海外的汉学家们也对帛书《老子》做过不少研究。如日本学者金谷治、波多野太郎及美国学者韩禄伯等人都有研究成果面世，韩禄伯还将帛书《老子》译成了英文。

1993年，湖北荆门郭店二号墓出土了战国时期的竹简本《老子》，其材料公布后，许多学者将之与帛书《老子》进行了对比研究，提出了许多很有价值的见解。

2009年，北京大学入藏了一批西汉竹简，总数达3300余枚，经过整理拼接后，估计可复原的完整竹简在2300枚以上。竹简保存情况良好，字迹清晰，抄写工整，至少有七八种不同的书写风格。通过简上的"孝景元年"字样，可知年代大约在西汉中期。竹简中最引人注目的文献当首推《老子》，共有220余枚竹简，近5300字，是迄今为止保存最为完整的汉代古本，其残缺部分仅占全书篇幅的百分之一，几乎堪称"完璧"。竹简有《老子上经》和《老子下经》的篇题，每章前均有分章符号，文字内容和篇章结构也与以往所见各种本子有所不同，对于《老子》校勘与研究具有很高的学术价值。这批材料发表后，又掀起了一个简帛本《老子》研究的热潮，比如北京大学出土文献研究所编的《古简新知——西汉竹书〈老子〉与道家思想研究》（上海古籍出版社2017年版）一书，就收入了多篇学者们将竹简本和帛书本《老子》相结合的研究成果。

---

① 陈松长：《长沙马王堆西汉墓》，上海古籍出版社1998年版，第81页。

七 帛书《黄帝书》研究

在马王堆出土的众多帛书中，写在《老子》乙本前的四篇古佚书《经法》《经》《称》《道原》，自整理发表之后一直是学术界关注的一个焦点。近四十年来，学者们对于它们的研究兴趣始终不衰，成果斐然。

（1）对帛书《黄帝书》的性质和篇名的研究。帛书材料出土后，参加马王堆帛书整理小组工作的唐兰在《座谈长沙马王堆汉墓帛书》的发言中指出，《老子》乙种本前面的这四篇古佚书就是《汉书·艺文志》道家类的《黄帝四经》。后来，唐兰在《〈黄帝四经〉初探》《马王堆出土〈老子〉乙本卷前古佚书的研究》两篇文章中，又进一步发挥和阐述了他的根据和理由。A. 从内容上看，《经法》等四篇古佚书是一本书。从思想方法上说，大体上是继承老子而加以发挥的。这四篇佚书在思想体系上是一贯的，虽然它们体裁各别，但互为联系，成为一个整体，尤其是第二篇用很大篇幅来叙述关于黄帝的神话故事，说明这本书应该是黄帝之言。它一共四篇，也和《黄帝四经》符合。B. 从抄写时代和历史背景来看，这本书是在文帝初期抄写的，文帝崇尚黄老，因此，《老子》乙本卷前的四篇有关黄帝之言，显然只有《黄帝四经》才能当之。《老子》当时已称为经，所以《黄帝四经》也称为经。不能想象在黄老盛行的时代，所抄的《老子》前面会冠以别的不相干的书。C. 从传授源流来看，这本书也应该是《黄帝四经》。战国中、晚期的很多法家著作如《申子》《慎子》《管子》《鹖冠子》《韩非子》以及《国语·越语》等对此书都有引用。此书是战国中期以后流传的黄帝之言，《汉书·艺文志》道家 37 种中有关黄帝的书共 5 种：《黄帝四经》4 篇，《黄帝铭》6 篇，《黄帝君臣》10 篇，《杂黄帝》58 篇，《力牧》22 篇。其中称为经的只有《黄帝四经》，而帛书的《经法》和《十大经》两篇就称为经，《称》和《道原》两篇也正是经的体裁。而且这些黄帝书中只有《黄帝四经》是四篇，从篇数说，与帛书四篇也正相符合。另外，《隋书·经籍志》的《道德部》又说："汉时诸子道书之流有三十七家……其黄帝四篇，老子二篇，最得深旨。"这里所说《黄帝》四篇，显然指《黄帝四经》。可见黄帝老子之言，是《黄帝》四篇、《老子》二篇。帛书四篇与《老子》抄在一起，正是黄老合卷的证明。应该说，唐先生的这些论证和理由是很有道理的，因此许多学者采纳了唐先生的说法，①直接称这四篇佚书为《黄帝四经》。一些学者还对唐先生的观点作了进一步的论证和发挥。②

　　裘锡圭不赞同唐兰的说法，他在《座谈长沙马王堆汉墓帛书》的发言中说："这四篇书，内容有一定联系，至于它们本来是不是一部完整的著作，我觉得还不能断定。"后来他发表了《马王堆〈老子〉甲乙本卷前后佚书与"道法家"》（《中国哲学》第 2 辑）、《马王堆帛书〈老子〉乙本卷前古佚书并非〈黄帝四经〉》（《道家文化研究》第 3 辑）等文，指出，从形式上看，这四篇佚书体裁不同，篇幅长短悬殊；第二篇屡次提到黄帝，其他三篇一次不提，原来不像是一部书，更不像与《老子》齐名的《黄帝四经》。而且从内容来看，这四篇佚书的性质，是吸收了阴阳、儒、墨、名、法等家的驳杂的道家思想著作，反映出很强的积极进取精神。这同与《老子》一样主张"去健羡、处冲虚"（《隋书·经籍志》语）的《黄帝四经》显然没有关系。另外，古书中也有不少地方引用黄帝之言，这些引文绝大部分合乎"去健羡、处冲虚"之旨，应该有一部分是出自《黄帝四经》这样一部重要著作的，但是这些引文在四篇佚书中却一条也没有出现。这些证据都可证明四篇佚书并非《黄帝四经》。因此，裘先生建议仍称这四篇佚书为"马王堆《老子》乙本卷前佚书"或"《经法》等四篇"。

　　罗福颐则认为帛书的第二篇应是《汉书·艺文志》所谓的《力牧》篇，其理由是，第二篇的全文都是黄帝与力黑、大山稽等的谈话。力黑就是力牧。《汉书·艺文志》"兵家、阴阳类"中有《力牧》十五篇，第二篇帛书也是黄帝、阴阳家言，其文辞内容又分为十五个小题，多半是久已失传的《力牧》篇。

---

　　①　陈鼓应在《关于〈黄老帛书〉四篇成书年代等问题的研究》一文中总结说："现在看来，《经法》等四篇就是《汉书·艺文志》记载的《黄帝四经》，应无大问题。"见《马王堆汉墓研究文集》，湖南出版社 1994 年版，第 7 页。

　　②　如余明光先生的《黄帝四经与黄老思想》，黑龙江人民出版社 1989 年版。

而高亨等人认为帛书的第二篇是《黄帝君臣》，其根据是《汉书·艺文志》道家一类有"《黄帝君臣》十篇"，而帛书题名《十大经》，当然也是十篇，篇数相合。帛书《十大经》分为十四篇，大概是传抄者追题篇名时弄错了。此外，《黄帝君臣》的题名也与帛书记黄帝君臣的言行相合。①

董英哲也反对唐兰的观点，提出这四篇佚书应是田骈的遗著《田子》二十五篇。他在《〈经法〉等佚书是田骈的遗著》一文中，认为这四篇帛书当出于齐国稷下的黄老学派之手。战国时期盛行的黄老之学事实上是培植于齐，发育于齐，昌盛于齐的，在稷下学宫中，黄老之学实占优势。《汉书·艺文志》载有田骈的《田子》25 篇，与帛书的篇数相合（董氏言《经法》9 篇，《十六经》14 篇，《称》《道原》各 1 篇，合为 25 篇），而帛书言"道生法"，也与田骈的"尚法"思想一致。这些说明《经法》等篇确系田骈遗著。

钟肇鹏在《黄老帛书的哲学思想》一文中认为：经中托为黄帝同力黑、果童等人的问答，显然是"黄帝之学"，而把这"黄帝之学"同《老子》抄在一起，正是黄老合卷的证明。因此，该文称之为《黄老帛书》。这一观点也为一些学者所采纳。

李学勤则同意唐兰的看法，他在《马王堆帛书与〈鹖冠子〉》② 一文中再次强调了唐兰提出的几条证据是很有说服力的，不过李学勤许多有关帛书的研究著述并不使用《黄帝四经》的命名，而是称为"帛书《黄帝书》"，说明他在使用名称时是很谨慎的。

陈鼓应也认为《经法》等四篇是《汉书·艺文志》所记载的《黄帝四经》，但他认为"汉代人称其为《黄帝四经》是否恰当，仍然是一个值得讨论的问题，从历史上来看，黄帝只是一个传说中的人物，其事迹多为附加，而且在较早的记载中，黄帝的传说多和战争有关……《十大经》之依托黄帝，当与其主张通过战争来统一天下有关。但是，在《经法》等四篇中，这仅是部分内容。从哲学理论来

---

① 高亨、董治安：《〈十大经〉初论》，《历史研究》1975 年第 1 期。
② 李学勤：《马王堆帛书与〈鹖冠子〉》，《江汉考古》1983 年第 2 期。

看，它们基本上是从老子（及范蠡）出发，以老子思想为基础的，文中虽未有标明是直接引用《老子》，但是整个四篇都可看出是已经融化了《老子》。这种依托黄帝，而又以老子思想为基础的作品，正是汉代人所说的黄老之言，从这来看，称《经法》等四篇为《黄老帛书》可能最为恰当"①。

对于学者们所做的许多讨论，刘翔在1986年出版的《中国文化与中国哲学》发表了《马王堆汉墓帛书"黄帝书"研究评述》一文，该文总结了当时的各家观点，同时指出，学者们关于帛书"黄帝书"的命名，尚有论证不足之嫌，需要进一步加以讨论。转眼间二十多年过去了，对于帛书《黄帝书》的书名，学者至今仍各执一说，或称为《黄帝四经》，或称为《黄老帛书》，意见尚不统一。由此可见，要给这四篇帛书确定一个确切的名称，并不是一件很容易的事，我们觉得由于书缺有间，要硬把此书与《汉书·艺文志》所载的某一本书等同起来，短期内恐怕很难有一致认识，不妨按李学勤或裘锡圭所说的那样，直接称这四篇帛书为《黄帝书》或《马王堆〈老子〉乙本卷前佚书》，或许更为妥当。本书中我们即称之为帛书《黄帝书》。

在研究帛书《黄帝书》的篇名方面，李学勤做出了很大贡献，他正确地指出帛书第二篇名称是《经》而非《十大经》，"十大"是本篇帛书最后一章的名称，意为十句重要的话，所论十分精当，我们在前面已做过介绍，这里不再重复。

（2）帛书《黄帝书》的成书年代和作者地望。这也是学术界争论较大的问题。帛书《黄帝书》的字体与乙本《老子》及《五星占》等材料非常一致，应当出自一人之手，而《五星占》有汉文帝三年的纪年，因此帛书《黄帝书》抄写于汉文帝初年的观点已经被大家所接受。但这件帛书究竟什么时候写成，学者们的意见还存在很大的分歧，概括起来主要有六种说法。A. 战国前期之末到中期之初，即公元前4世纪前后。唐兰主张此说，并提出两点证据。一是"本于黄老而主刑名"的申不害，曾

---

① 陈鼓应：《关于〈黄老帛书〉四篇成书年代等问题的研究》，《马王堆汉墓研究文集》，湖南出版社1994年版，第7—8页。

做过韩昭侯之相,则其所本"黄老之言"至晚在公元前 4 世纪初已出现。又黄老之言是承《老子》而发展,《老子》书可能是杨朱所传。杨朱在孟子前墨子后。如此,帛书写作上限不超过杨朱时代,下限不晚于申不害时代。二是战国中、晚期的《慎子》《韩非子》《管子》《鹖冠子》《国语·越语》等材料大量引用这件帛书,也可证其为公元前 4 世纪初作品。陈鼓应也认为帛书《黄帝书》"成书的年代相当早,应在战国中期之前""至迟作成于战国中期",与唐兰的观点大致相似。① 李学勤发表了多篇有关帛书《黄帝书》的论文,② 也主张帛书《黄帝书》的成书年代不迟于战国中期。③ B. 战国中期末。主此说者有魏启鹏、董英哲等。魏先生认为这四篇思想体系虽一致,但不是一本书,也不是一时一地一人之作,而是由齐国稷下学者整理汇编而成;董先生则认为是田骈的作品。C. 战国末期。钟肇鹏、葛荣晋等认为帛书的写作年代当在《老子》之后,《韩非子》之前,是战国末年的作品。D. 笼统地视为战国时期的作品。如高亨言:"两次出现'黔首'一词,其著作年代当在战国时期。"裘锡圭亦言:"著作时代跟抄写时代无疑会有一段距离,所以它们大概都是战国时代的作品。"E. 西汉初年。康立主张此说。认为帛书是汉初黄老思想盛行的产物。F. 战国末期或汉代初期。此说是 1980 年出版的《马王堆汉墓帛书

---

① 陈鼓应在《关于〈黄老帛书〉四篇成书年代等问题的研究》(《马王堆汉墓研究文集》,湖南出版社 1994 年版,第 9—11 页)一文中,提出了几条根据。第一,《十六经·五正》曾说"今天下大争",可以判断此书成于战国时代,而《经法·六分》中多次提到"强国""中国""小国",所反映的社会情形只能是强、中、小三类国家并存的战国中期或以前的景象。第二,从单词发展到复合词,是汉语词汇演变的一个重要规律。帛书中一些有代表性的词汇是单词而非复合词,说明它们应写成于战国中期或以前。第三,以《孟》《庄子》两书中一些重要的特色词汇来看,帛书中亦有存在,并显得比《庄子》还要早一些。第四,帛书与《管子》的《心术》《白心》《内业》等篇从概念、语句到思想倾向上有许多相似,帛书要比这些篇章显得更早。因此,帛书《黄帝书》至迟作成于战国中期,是一部较《管子》等早出的著作。

② 如《帛书〈道原〉研究》(收入《古文献丛论》,上海远东出版社 1996 年版)、《申论〈老子〉的年代》(同前书)、《马王堆帛书与〈鹖冠子〉》(《江汉考古》1983 年第 2 期)、《〈称〉篇与〈周祝〉》(《简帛佚籍与学术史》)、《范蠡思想与帛书〈黄帝书〉》(《简帛佚籍与学术史》,江西教育出版社 2001 年版)等。

③ 赵吉惠、王博等先生也认为帛书《黄帝书》是战国中期以前的作品,见赵吉惠《关于"黄老之学"、〈黄帝四经〉产生时代考证》(《东北师大学报》1987 年第 3 期)、王博《论〈黄帝四经〉产生的地域》(《道家文化研究》第 3 辑)等文。

（一）》的出版说明中提出来的，代表了整理者的意见。

至于对《黄帝书》作者的考订，也是学术界比较关注的问题。唐兰认为这部书是法家著作，并由此推定是郑国隐者所作。主张帛书《黄帝书》是齐国稷下学派学者所作的一些学者自然认为是齐人所作。[①]龙晦在《马王堆出土〈老子〉乙本前古佚书探原》一文中也反对唐说，认为该书的"作者必是楚人"，龙先生在文中首先列举帛书中的楚言、楚谚，来证明其作者为楚人；其次他将帛书中的一些语句与《管子》《国语·越语》《淮南子》诸书进行比较，而后者的作者都是江淮楚地之人；最后龙先生从帛书《黄帝书》与《淮南子》的押韵情况来论证《黄帝书》的楚方言特点，从而说明其作者确为楚人。龙晦的这个看法，得到李学勤的肯定，李先生在他的一些文章里也认为帛书《黄帝书》是楚人的作品。李先生指出，汉初的长沙原为楚文化中心，马王堆帛书凡能推定作者地望的，大都是楚人的著作，《史记》记载《老子》的作者就是楚苦县人。马王堆帛书有两种抄本《老子》和《黄帝书》，也说明战国至汉初流行的黄老之学，其根源实在楚国。帛书《黄帝书》中的文字很多类同于《越语》《淮南子》，显然是长江流域思想文化的结晶。此外，《黄帝书》还有很多语句与《鹖冠子》相类似。鹖冠子是楚国的道家学者，这个学派以黄老刑名为本，又重视阴阳数术、兵家等学，这与帛书《黄帝书》作为整体所反映的思想倾向是一致的。龙晦与李学勤的这些论述互为补充，很有说服力，受到学术界的普遍重视。

除了上述这些看法之外，魏启鹏和王博则主张帛书的作者是越国人，如王博在《论〈黄帝四经〉产生的地域》一文中指出，帛书《黄帝书》与范蠡和孙武思想十分密切，吴越一带本有依托黄帝的传统，另外，从帛书《黄帝书》所使用的方言和出现的地名来看，作者应生活于淮南地区，而这一地区在战国的早中期时属于越国，因此，帛书《黄帝书》的作者应是越人。魏启鹏不仅撰写了多篇论文，还著有《帛书〈黄帝书〉笺证》（中华书局2004年版）一书，引用各种文献，为《黄帝书》做了笺证，

---

① 除董英哲先生等人外，陈鼓应先生亦主张帛书《黄帝书》可能是齐国稷下的作品，见其《关于〈黄老帛书〉四篇成书年代等问题的研究》一文。

其成果颇有参考价值。

至于帛书《黄帝书》的作者是一人还是多人，一般以为像先秦诸子的作品一样，多非一人一时之作。但有的学者则从《黄帝书》四篇思想的一贯性、整体的一致性和一些特殊概念、语句的复出互见等方面推论，帛书《黄帝书》四篇乃一人一时之作。①

（3）帛书《黄帝书》的思想内容。对帛书《黄帝书》思想内容的分析，大陆学者有一个认识的转变过程。帛书《黄帝书》的整理和研究工作肇始于"文化大革命"时期，由于受政治上"批儒评法"运动的影响，学者们多视帛书《黄帝书》为法家著作，粉碎"四人帮"后，思想禁区得以解放，学者们的研究工作开始深化，许多学者纷纷发表文章，指出帛书《黄帝书》的思想正是属于司马谈所论的"因阴阳之大顺，采儒墨之善，撮名法之要"的道家黄老学派，②帛书《黄帝书》的出土，使人们对黄老思想发展的脉络与规模有了一个更深入的了解。学者们多从研究黄老道家的角度来认识帛书《黄帝书》，除了众多论文外，吴光的《黄老之学通论》、余明光的《黄帝四经与黄老思想》等专著亦得以出版。学者们大多认为，在道家系统中，老子的思想发展到战国时代，形成了两个主要学派，即黄老之学和庄学，二者都继承了老子的道论，但又加以不同的发展。就黄老之学来说，它讲"道生法"，使老子的道论向着更积极的方向发展，引出了一系列社会政治准则；而庄学则把道演化为一种人生境界。③许多学者还对帛书《黄帝书》中"道"的思想、"无为"的思想、"气"的思想的内涵作了详细的讨论。④

---

① 陈鼓应：《关于〈黄老帛书〉四篇成书年代等问题的研究》，载陈鼓应注译《马王堆汉墓出土帛书》，商务印书馆 2007 年版。

② 裘锡圭先生则称之为"道法家"，以与老子等道家相区别，见《马王堆〈老子〉甲乙本前后佚书与"道法家"》，《中国哲学》第 9 辑，生活·读书·新知三联书店 1983 年版。

③ 陈鼓应：《关于〈黄老帛书〉四篇成书年代等问题的研究》，载陈鼓应注译《马王堆汉墓出土帛书》，商务印书馆 2007 年版。

④ 参见葛荣晋《试论〈黄老帛书〉的"道"和"无为"思想》（《中国哲学史研究》1981年第 3 期）、魏启鹏《〈黄帝四经〉思想探原》（《中国哲学》第 4 辑）、吴光《关于黄老哲学的性质问题》（《学术月刊》1984 年第 8 期）、钟肇鹏《黄老帛书的哲学思想》（《文物》1978 年第 2 期）、陈鼓应《关于〈黄老帛书〉四篇成书年代等问题的研究》（《马王堆汉墓研究文集》，湖南出版社 1994 年版）等文。

在帛书《黄帝书》的研究方面，李学勤发表了众多论文，其观点深受学术界瞩目。李先生指出，司马谈论阴阳、儒、墨、法、名五家合于道家的观点，在帛书文中可以找到，这并非偶然，而是由其黄老之学本身特点所决定的。《经·观》言"圣人不巧，时反是守"和"当断不断，反受其乱"两句话，都被《史记》所引用，而且是当作"道家之言"来征引的。可见古人观念中的黄老之学，从来属于道家，不能由于其他学派曾接受吸收黄老思想因素而改变黄老学派的属性。李先生进一步指出，《老子》的作者和帛书的作者都是南方楚人，马王堆三号汉墓的墓主将《老子》两种抄本和"黄帝书"随葬，表明他是黄老一派道家，也说明战国至汉初黄老之学，实产生于楚国。帛书《黄帝书》与《鹖冠子》《淮南子》等南方的作品，都是长沙流域楚文化的结晶。这就把帛书《黄帝书》的探讨与楚文化研究联系起来，受到学者们的重视。

学者们讨论帛书《黄帝书》的思想时，多集中在对《经法》《经》两篇帛书的讨论上，对于《称》和《道原》，相对而言关注较少。李学勤为此又写了《〈称〉篇与〈周祝〉》（《道家文化研究》第 3 辑）、《帛书〈道原〉研究》（《马王堆汉墓研究文集》）等文，对于这两篇帛书作了深入的研究，如将《称》篇与《逸周书·周祝》篇加以对比研究，指出二者的体裁相似，都是一种格言的汇篇，祝是专掌文辞的，他们在工作之中，积累辑集一些格言谚语，正是其职业的需要。祝史又彼此相通，故《老子》和《称》的格言体裁的特点实对道家出于史官之说有所印证。这些论述很能发人深思。

对于帛书《黄帝书》中所蕴含的军事思想、法律思想等，也有学者作了讨论。①

帛书《黄帝书》的出土，在思想史研究上的一大贡献，是掀起了

---

① 论述帛书《黄帝书》的军事思想的有高亨、董治安《〈十大经〉初论》（《历史研究》1975 年第 1 期）、余明光《黄帝四经与黄老思想》（人民出版社 1989 年版）、黄朴民《战国黄老学派及其军事思想》（《管子学刊》1994 年第 4 期）、程薇《帛书〈黄帝书〉的军事思想研究》（北京师范大学硕士学位论文）等。而崔永东先生的《帛书〈黄帝四经〉中的刑法思想》（《金文简帛中的刑法思想》，清华大学出版社 2000 年版）则对帛书《黄帝书》中的刑法思想作了论述。

对于黄老之学的研究，除了帛书《黄帝书》外，一些学者认为帛书《九主》也属于这一流派的文献，另外，20 世纪 90 年代以后新发现的不少竹简篇目，也被一些学者目为黄老之学的作品，如郭店简《太一生水》，上博简《恒先》《凡物流形》《三德》，清华简《汤在啻门》《殷高宗问于三寿》，北大简《周驯》等等，学者们曾就这些出土佚籍与黄老之学的关系做了热烈的讨论，具体情况可参袁青《20 世纪以来黄老学研究的回顾与反思》① 一文。这些年有关黄老之学研究方面的力作，当属曹峰的《近年出土黄老思想文献研究》（中国社会科学出版社 2015 年版）一书，该书对于黄老之学的重建方面提出了不少新见，推动了相关研究的发展。

帛书《黄帝书》也受到海外学者的高度重视，日本学者金谷治、加拿大学者叶山（Bobin D. G. Yates）等人都有研究帛书《黄帝书》的著述。

台湾的花木兰文化出版社则在 2008 年出版了林静茉《帛书〈黄帝书〉研究》，这是近年海外出版帛书《黄帝书》研究的新成果。

总起来说，虽然目前对于帛书《黄帝书》的认识还存在许多分歧，但对帛书《黄帝书》在学术思想史上的地位都予以了充分的肯定。加拿大学者叶山曾总结说："学术界似乎一致肯定古佚书为早年失传的道家黄老派的代表作。道家曾在西汉早期宫廷中占主导地位，后于汉武帝时期被儒家取代。因此，古佚书的发现填补了我们对中国早期思想史认识的空白。古佚书是极其宝贵的、具有世界性意义的文献。"② 这一评价是比较客观、公允的。

八 帛书《五行》研究

帛书《五行篇》抄于《老子》甲本之后，是马王堆汉墓帛书中一篇

---

① 袁青：《20 世纪以来黄老学研究的回顾与反思》，《史学月刊》2018 年第 1 期。
② 叶山：《对汉代马王堆黄老帛书的几点看法》，《马王堆汉墓研究文集》，湖南出版社 1994 年版，第 16 页。

著名的儒家经典。早在 1974 年，韩仲民在《长沙马王堆汉墓帛书概述》一文中就已介绍说，该篇帛书"内容是宣扬儒家唯心主义思想的，文体与《大学》相近，鼓吹'慎独'，主张'性善'，词句中也套用《孟子》的话，可见作者是子思、孟轲学派的门徒"。帛书材料正式公布后，马上引起了学术界的高度重视。庞朴先后发表了《马王堆帛书解开了思孟五行说之谜》（《文物》1977 年第 10 期）、《帛书〈五行〉篇校注》（《中华文史论丛》1979 年第 4 辑）、《思孟五行新考》（《文史》第 7 辑）、《帛书五行篇研究》（齐鲁书社 1980 年版）和《〈五行篇〉评述》（《文史哲》1988 年第 1 期）等论著，这些论著除了对帛书《五行》加以校释外，还对帛书《五行》篇进行了系统研究。庞先生指出，整篇帛书可以分为"经"和"说"两部分，"说"的部分是对"经"的部分所提出的若干命题和基本原理加以解说。庞先生还对这篇帛书所蕴含的丰富思想进行了探讨，并通过对比指出，《中庸》的"唯天下至圣"一段已经蕴含"五行"的观点，帛书"闻君子道"一段的"八德"与《庄子·在宥》一段是对立的，从而将本篇帛书与《中庸》等书相联系起来。庞先生经过分析认为，帛书中的"五行"正是《荀子·非十二子》中猛烈抨击的"子思、孟轲"的五行学说，帛书最重要的意义即在于它给几千年来没有答案的子思、孟子五行说之谜提供了答案。这个五行，不是后人猜测已久的金木水火土，也不是仁义礼智信，而是仁义礼智圣。

魏启鹏也对帛书《五行》篇做过研究，发表了《思孟五行说的再思考》（《四川大学学报》1988 年第 4 期）。该文认为，思孟的以"仁义礼智圣"五者为德行，系"案往旧造说"，借鉴和发行了原始数术观念中的"五声昭和"说，但他们并不是简单地向原始数术观念拜倒，而是以"礼乐生于仁义"的新观点，对西周思想文化遗产予以继承和改造。此外，魏先生还撰有《马王堆汉墓帛书〈德行〉校释》（巴蜀书社 1991 年版）一书，该书除对帛书全文加以校释外，还把帛书《五行》（魏启鹏称为《德行》）置于思孟学派发展的轨迹上来加以全面考察，受到学术界的好评。李学勤曾评论说，这部书的优点，"在于能比较全面地把握帛书基本思想，指出其在儒学思想史上所居的位置。这不仅对于帛书研究，对整个古代儒学的探索也是一个贡献"（《对古代学术史的重新思考——读魏启鹏〈马王堆汉墓帛书德行校释〉》,《中国史研究》1991 年第 1 期)。

　　李学勤也对帛书《五行》做过许多研究,写有《帛书〈五行〉与〈尚书·洪范〉》(《学术月刊》1986 年第 11 期)、《马王堆帛书〈五行〉的再认识》(收入艾兰、汪涛、范毓周主编《中国古代思维模式与阴阳五行说探源》一书,江苏古籍出版社 1998 年版)、《从简帛佚籍〈五行〉谈到〈大学〉》(《孔子研究》1998 年第 3 期)等文,李先生不同意一些学者认为思孟所言"五行"仁义礼智圣和传统说的"五行"金木水火土无关的看法,指出,这篇佚书所反映的未必是思孟"五行"说的全部,因为如果思孟的"五行"仅是五种德行,而与金木水火土无关,就不会引起荀子的激烈反对,因为这种思想和荀子没有明显的矛盾。子思创其五行说,所依据的思想资料应是《尚书·洪范》。《洪范》有五行、五事,帛书《五行》中的"圣",尤为远本《洪范》的确证。《洪范》与古代数术传统有密切关系,其论卜筮等项,很可能是继承了商代的统治思想,有浓厚的神秘色彩。子思加以推演,遂将神秘理论导入儒家学说,为数术与儒学的融合开了先河。帛书《五行》有经有传,与《大学》的体裁也是完全一致的。帛书《五行》的传文应系世子或其门人所作,而经文部分则很可能是子思的作品。帛书《五行》的出现,使宋儒追慕崇尚的思孟一派儒学的流传线索凸显出来。

　　近年来关于帛书《五行》的成果还有不少,如李景林《帛书〈五行〉慎独说小议》(《人文杂志》2003 年第 6 期),陈来《"慎独"与帛书五行思想》(《中国哲学史》2008 年第 1 期)等等。

　　1993 年,在湖北荆门郭店一号墓出土了一批竹简,其中有战国时期的楚简《五行》。在很短的时间内两次发现这一佚书,不仅是考古学史上的美谈,也说明《五行》在当时的流行。郭店简《五行》出版后,[①] 已有不少学者将简本《五行》与帛书《五行》作了对比研究,[②] 取得了许多新的研究成果。

---

① 荆门市博物馆编:《郭店楚墓竹简》,文物出版社 1998 年版。
② 如邢文有《楚简〈五行〉试论》(《文物》1998 年第 10 期)、庞朴有《竹帛〈五行〉篇校注及研究》(台北:万卷楼图书有限公司 2000 年版)、陈来有《竹帛五行篇为子思、孟子所作论》(《孔子研究》2007 年第 1 期)等文。

　　海外的许多学者也一直在从事对帛书《五行》篇的研究，日本学者池田知久于1993年出版了《马王堆汉墓帛书五行篇研究》一书，对帛书《五行》篇作了系统研究①，另有多篇论文面世，2006年中华书局出版的《池田知久简帛研究论集》收录了他部分研究帛书《五行》篇的成果；影山辉国、浅野裕一等学者也撰有这方面的研究论文。

九　帛书《伊尹·九主》研究

　　帛书《伊尹·九主》出土后，李家浩在《座谈长沙马王堆汉墓帛书》的发言中即已指出，文中所说的"专授之君二、劳君一、半君一、寄主一、破邦之主二、灭社之主二，凡与法君为九主"一段，可用以校正《史记·殷本纪·集解》所引刘向《别录》的文字错误。李学勤在《试论马王堆汉墓帛书〈伊尹·九主〉》（《文物》1974年第11期）中对本篇帛书加以讲疏，并指出，本篇帛书应是《汉书·艺文志》所载《伊尹》五十一篇的佚篇，属黄老刑名之学，其著成年代约是在战国中叶或者略晚一些的时期，但很早即已亡佚，《史记集解》已不能用《九主》原文纠正误字，唐人则对"九主"本义已经完全不能理解，可见此帛书弥足珍贵，有重要学术意义。

　　在李先生发表此文之后，长时间内未见有讨论本篇帛书的著述。至20世纪90年代，魏启鹏发表了《前黄老形名之学的珍贵佚籍》（《道家文化研究》第3辑，上海古籍出版社1993年版），余明光作《帛书〈伊尹·九主〉与黄老之学》（《道家文化研究》第3辑），连劭名有《帛书〈伊尹·九主〉与古代思想》（《文献》1993年第3期），才使讨论重新趋于活跃。这些先生除了对本篇帛书的文字、内容多有探讨之外，对于帛书的写作年代也提出了不少见解。如余明光赞同李学勤的意见，认为帛书确系战国中期黄老学派的著作，并补充了一些证据，连劭名亦言"《九主》中的主要内容，反映了战国时代人们对于伊尹思想的认识"，并指出"道

---

　　① 该书的中文译本由王启发释译，线装书局、中国社会科学出版社2005年版。

家思想在某些方面可能与商人有关"，"帛书《九主》中借商汤与伊尹两位商代著名人物来讨论'九主'之事，正与《荀子·正名》中'刑名从商'的思想背景密切相关"；而魏启鹏则认为，帛书《伊尹·九主》的重要概念和用语，可与西周金文、《国语》《左传》相印证，故其成书年代"当不晚于春秋末期，而不排除其成书更早的可能"。黄老刑名之学的理论基础是道、天道、执一无为，而伊尹学派则以商周天命观为理论依据，故魏先生称之为"前黄老刑名之学"。近年来，陈松长还对帛书"九主图残片"做了研究。[①] 这些讨论显然有助于将帛书《伊尹·九主》篇的研究工作推向深入。

十　帛书《刑德》研究

帛书《刑德》共分甲、乙、丙三篇，其中的甲、乙两篇较为完整，内容亦基本一致，丙篇则因残泐太甚，有学者认为已经无法复原。[②] 1992年出版的《马王堆汉墓文物》一书公布了《刑德》乙篇的图版和释文，该书出版后，学者们随即对《刑德》乙篇做了热烈的讨论。[③]

[①]　陈松长：《帛书"九主图残片"略考》，《文物》2007 年第 4 期。

[②]　陈松长：《帛书〈刑德〉略说》，《简帛研究》第 1 辑。

[③]　相关的文章主要有：饶宗颐《马王堆〈刑德〉乙本九宫图诸神释——兼论出土文献中的颛顼与摄提》（见李学勤主编《简帛研究》第 1 辑，法律出版社 1993 年版）；陈松长《帛书〈刑德〉略说》（《简帛研究》第 1 辑）；马克·卡林诺夫斯基《马王堆帛书〈刑德〉试探》（《华学》第 1 辑，中山大学出版社 1995 年版）；刘乐贤《马王堆汉墓星占书初探》（《华学》第 1 辑）；李学勤《马王堆帛书〈刑德〉中的军吏》（《简帛研究》第 2 辑，法律出版社 1996 年版）；陈松长《帛书〈刑德〉乙篇释文校读》（见《湖南省博物馆四十周年纪念文集》，湖南教育出版社 1996 年版）；陈松长《帛书〈刑德〉乙篇释文订补》（《简牍研究》第 2 辑）；黄文杰《马王堆帛书〈刑德〉乙本文字释读商榷》（《中山大学学报》1997 年第 3 期）；李零《读几种出土发现的选择类古书》（见《简帛研究》第 3 辑，广西教育出版社 1998 年版）；施谢捷《简帛文字考释札记》（《简帛研究》第 3 辑）；陈松长《帛书〈刑德〉丙篇试探》（《简帛研究》第 3 辑）；刘国忠《马王堆帛书〈刑德〉乙篇再探》（"第二届中国古典文学国际研讨会——纪念闻一多先生百周年诞辰"论文，1999 年）；胡文辉《马王堆〈刑德〉乙篇研究》（见胡文辉《中国早期方术与文献丛考》，中山大学出版社 2000 年版）；陈松长《马王堆帛书〈刑德〉研究论稿》（台湾古籍出版有限公司 2001 年版）；陈松长《马王堆帛书〈刑德〉甲、乙本的比较研究》（《文物》2000 年第 3 期）。

首先是对文字的释读。帛书《刑德》是失传已久的珍贵文献，没有传世之本可供印证，加上内容晦涩难懂，理解起来有很大的困难。《马王堆汉墓文物》的释文已经做了很多工作，但也存在不少错误之处，有鉴于此，学者们进行了精心的订误工作，马克、刘乐贤及陈松长在这些方面都提出了很好的见解，马克的论文主要集中讨论了《刑德》乙篇第 1 行至第 13 行的文字，刘乐贤的论文则对第 62—96 行的文字进行了重新解释和断句。后来陈松长在马文和刘文的基础上又对《马王堆汉墓文物》的释文重新加以订补，施谢捷的文章中也对《刑德》乙篇的两处释文作了讨论。经过这些学者对释文的重新梳理，《刑德》乙篇的不少文字和断句问题业已得到解决。

其次是对全篇帛书的结构分析。帛书《刑德》乙篇主要由三部分组成：第一部分是位于帛书右上部的"刑德九宫图"；第二部分是与"九宫图"并列，位于其左的刑德运行干支表；第三部分则是文字，其内容是关于刑德运行规律（第 1—61 行）和一些星占内容的文献（第 62—96 行），对于两部分文字之间的关系，学者们的观点还不太一致。陈松长认为这两部分的文字应是一个整体，属于同一篇帛书，但刘乐贤等学者则认为第 62—96 行的文字"所述似与刑德无关，而与星占文献相近"，并将之命名为"星占书"。

再次是对帛书内容的研究。马克最早根据《刑德》乙篇探讨刑德的运行规律，将帛书《刑德》与传世的《尉缭子》《淮南子·兵略》等篇的论述相对照，指出，帛书《刑德》乙篇所讲的刑德是兵家用以判断战争胜负的一个重要手段。帛书《刑德》中刑德的移动可以分为两种，即刑德大游和刑德小游。他还进一步对刑德的这两种移动规律加以总结。刘乐贤则对《刑德》篇中有关星占的内容多有讨论，引用《开元占经》《史记·天官书》等典籍，对于帛书中的许多内容进行了疏证。陈松长则将《刑德》甲篇与《刑德》乙篇的内容进行了比较研究，颇有收获。

至于帛书《刑德》丙篇，陈松长在《简帛研究》第 3 辑中发表了《帛书〈刑德〉丙篇试探》一文，首次披露了《刑德》丙篇的一些情况，并进行了初步研究。

2001 年，台湾古籍出版有限公司出版了陈松长的《马王堆帛书〈刑德〉研究论稿》，书中收录了《刑德》甲、乙、丙篇的照片，并对帛书《刑德》三篇作了系统的论述。刘乐贤的《马王堆天文书考释》一书①则以《〈日月风雨云气占〉甲篇考释》为题，对于《刑德》甲篇中有关星占部分的内容作了详细的校释。

十一　帛书古医书研究

马王堆医书资料发表后，在医学界立即掀起了研究马王堆医书的热潮，几乎每年都有大量研究马王堆医书的成果面世。另外，1980 年 1 月及 1981 年 2 月，以湖南中医学院和湖南省博物馆的部分学者为主体，组成了马王堆医书研究小组，在《湖南中医学院学报》上相继出了两期《马王堆医书研究专刊》；1981 年 9 月及 1984 年 6 月在湖南衡山及长沙分别举办了两次全国性的"马王堆医书研究学术报告会"，并相应成立了"长沙马王堆医书研究会"；1990 年 9 月在长沙又召开了"马王堆医书研究学术研讨会"，国内很多医药科技方面的学者参加会议并提交了一大批很有分量的论文，其内容包括文字训释、养生导引、药物方剂、病理诊断、临床医疗等方面，范围十分广泛。另外，在 1992 年举办的"中国长沙马王堆汉墓国际学术讨论会"上，来自中国台湾、中国香港和海外的学者们提交了众多研究马王堆医书的论文，中外学者相互切磋研讨，促进了各自研究的深入，这些活动对马王堆医书的研究起了很大的促进和推动作用。以下我们分几个方面简单总结一下马王堆医书研究的情况。

（1）马王堆医书的篇题及抄写时代。关于马王堆医书的篇题，学者们一般采用帛书整理小组的命名，也有个别学者对于医书的部分篇题提出质疑，如何宗禹认为《足臂十一脉灸经》和《阴阳十一脉灸经》两篇的篇名不够妥帖，建议改名为《足臂脉》和《阴阳脉》，或者《足臂阴阳脉》的甲、乙两种文本（《中华医史杂志》1980 年第 2 期）；傅芳在《关于〈五十二病方〉的书名及其外科成就的讨论》（《中国医史杂志》1981

---

① 刘乐贤：《马王堆天文书考释》，中山大学出版社 2004 年版。

年第 1 期）中，认为《五十二病方》的命名欠妥，建议命名为《金创疢瘛方》，不过总的来看，这些建议在学术界并无太大反响。

至于马王堆医书的抄写时代，帛书整理小组在《马王堆汉墓帛书（四）》的"出版说明"中指出，帛书《足臂十一脉灸经》《阴阳十一脉灸经》甲本、《脉法》《阴阳脉死候》和《五十二病方》的抄写年代大约在秦汉之际；而帛书《却谷食气》《阴阳十一脉灸经》乙本、《导引图》的抄写年代约在汉初。至于《胎产书》，整理小组指出其字体接近云梦睡虎地秦简，估计成书较早。可见不同的帛书其抄录时间也存在较大的差异。

（2）对医书原文的校释。对于马王堆古医书的原文，帛书整理小组做了精心的考释工作，其成果体现在 1985 年出版的《马王堆汉墓帛书（四）》中，对于学者们理解医书内容有很大的帮助。在此基础上，一些学者进一步从事医书文字的考释工作，如周一谋和萧佐桃主编的《马王堆医书考注》于 1988 年由天津科技出版社出版；1992 年成都出版社出版了魏启鹏、胡翔骅撰著的《马王堆汉墓医书校释》（一）、（二）两册；随后，在同年 11 月，湖南科技出版社又推出了马继兴积十余年之功撰著的《马王堆古医书考释》。这些著作受到了学者们的广泛好评，特别是马继兴的《马王堆古医书考释》一书，被学者们誉为"这批古佚医书释读的集大成者，代表着这批出土文献释读的最高水平，是一部极有分量的佳作"①。此外，以单篇论文的形式发表的考释文章也有不少。②

（3）药物学成就的研究。帛书《五十二病方》《养生方》《杂疗方》等记载了很多方药，对此学者们进行了很多研究。如马继兴、李学勤在《我国现已发现的最古医方——帛书〈五十二病方〉》中，对《五十二病方》中所记的疾病作了简要介绍，并将《五十二病方》与《黄帝内经》《神农本草经》等书作了对比研究，阐述了《五十二病方》的重要意义和价值。周一谋的《帛书〈养生方〉及〈杂疗方〉中的方药》（《马王堆汉

---

① 张显成：《〈马王堆古医书考释〉补正》，《湖南省博物馆四十周年纪念论文集》，湖南教育出版社 1996 年版，第 92 页。

② 如史常永《马王堆汉墓医书考释》（《中华医史杂志》1993 年第 3 期）、张显成《〈马王堆古医书考释〉补正》（《湖南省博物馆四十周年纪念论文集》）等。

墓研究文集》）则对帛书《养生方》及《杂疗方》中的方药作了论述。另外，谈宇文的《〈五十二病方〉制剂琐谈》（《中国医史杂志》1985年第4期）、赵有臣的《〈五十二病方〉中几种药物的考释》（《中华医史研究》1985年第2期）等都有一些相关论述。而在1997年由西南师范大学出版社出版的张显成《简帛药名研究》一书，则对简帛医籍中的药名进行了系统的研究。

《五十二病方》等帛书中还有许多通过祝由治病的记载。对此也有很多学者作了讨论。如张丽君在《〈五十二病方〉祝由之研究》（《中华医史杂志》1997年第3期）中对《五十二病方》所载的三十多条巫祝术进行归类分析，进而论述该法是上古巫文化对早期医学的渗透，并考证"祝由"源于《五十二病方》中的"祝尤"，义为用巫祝术治病，后来发展为《素问》中移精变气说，其实质是从精神上对病人进行安慰与激励，是一种心理疗法。喻燕姣在《浅谈马王堆医书祝由疗法》（《华夏文化》1995年第6期）、《马王堆医书祝由术研究四则》（《湖南省博物馆四十周年纪念论文集》）两文中也对祝由术作了讨论。

（4）养生学研究。马王堆医书中的《导引图》《却谷食气》《养生方》《杂疗方》《胎产书》及《十问》等竹木简都涉及古代的养生学问题，不少学者做了研究。如中医研究院医史文献研究室的《马王堆三号汉墓帛画导引图的初步研究》（《文物》1975年第6期）对《导引图》的内容进行了详细的考证，此后还有众多研究《导引图》的著述发表[①]，而唐兰的《马王堆帛书〈却谷食气考〉》（《文物》1975年第6期）、胡翔骅的《帛书〈却谷食气〉义证》（《道家文化研究》第3辑）、魏启鹏的《帛书〈却谷食气〉研究》（《四川大学学报》1990年第2期）则分别对帛书《却谷食气》做了细致研究；此外，饶宗颐的《马王堆医书所见"阳陵子明经"佚说》（《文史》第20辑，中华书局1983年版）考证帛书《却谷食气》所述食六气之法即《阳陵子明经》佚说，而李零的《中国方

---

① 如周世荣《从马王堆三号汉墓出土的导引图看五禽戏》（《五禽戏》，人民体育出版社1978年版）、唐兰《试论马王堆三号汉墓出土导引图》（《马王堆汉墓帛书导引图论文集》，文物出版社1979年版）、沈寿《西汉帛画〈导引图〉解析》（《文物》1980年第9期）等。

术考》第六章《出土行气、导引文献概说》则对出土的各种行气、导引文献进行了综述。

1983 年，湖北江陵张家山 247 号汉墓中出土了大量的竹简文献，其中的《引书》与马王堆《导引图》关系极为密切。《导引图》有图和图题，但没有文字说明；《引书》有详细的文字说明，但没有图，两者可以相互发明的地方很多。《引书》材料业已发表，① 已有不少学者将之与帛书《导引图》进行对比研究，② 取得了丰硕的成果。

朱越利等学者则对马王堆帛书的房中术内容做了研究。③ 房中术也是古代养生学的重要组成部分，马王堆帛书中的《养生方》《杂疗方》《胎产书》及《十问》等竹木简都与房中术有关，对此也有许多学者做过研究，其中李零所做的工作最为出色，他在《马王堆房中书研究》（收入《中国方术考》，人民出版社 1993 年版）中分析了马王堆房中书的术语系统，并将之与后代的房中书加以对比，指出它们无论早晚，都保持着术语和体系的一致性，文中还对房中术与中国古代文化的关系作了讨论。李零的另一篇论文《高罗佩与马王堆房中书》（收入《马王堆汉墓研究文集》，湖南出版社 1994 年版）则对荷兰汉学家高罗佩研究中国房中术的得失进行了讨论，并把马王堆房中书纳入房中术的发展脉络中，从而证明中国的房中术是一个连贯不息的传统。

《胎产书》主要讲养胎、埋胞和求子之法，与产科的知识有关，但在古代亦属房中书的研究范围。学者们已经指出，这篇帛书字体较早，很可能抄于秦代，内容应是先秦作品，然而本篇帛书开首一大段托名为禹问、幼频答的内容却存于隋唐著作《诸病源候论》《千金要方》中，只是语句

---

① 张家山汉简整理小组：《江陵张家山汉简〈引书〉释文》，《文物》1990 年第 10 期。

② 如彭浩《张家山汉简〈引书〉初探》，《文物》1990 年第 10 期；李学勤《〈引书〉与〈导引图〉》，《文物天地》1991 年第 2 期；连劭名《江陵张家山汉简〈引书〉述略》，《文献》1991 年第 4 期；高大伦《张家山汉简〈引书〉研究》，巴蜀书社 1995 年版。

③ 见朱越利《马王堆帛书房中术产生的背景》（《中国医史杂志》1998 年第 1 期）、《马王堆帛书房中术的理论依据》（《宗教学研究》2003 年第 2、3 期）。

略有改易，却被说成是北齐名医徐之才的"逐月养胎方"。① 在对《胎产书》的研究方面，喻燕姣的《浅谈〈胎产书〉在现代优生学上的价值》（收入《马王堆汉墓研究文集》），对于《胎产书》在优生学上的意义作了讨论，而刘乐贤在《睡虎地秦简日书研究》（文津出版社1994年版）则将帛书中的"人字图"与日书"人字篇"加以对比研究，指出"人字图"是一种依据胎儿出生预卜其一生命运的占卜方法，并将之与至今流行于香港年历上的"轩辕黄帝四季诗"等材料加以对照，形象地说明了这一传统的源远流长。

还有一些学者对马王堆帛书中的其他养生问题进行了研究，如马继兴的《马王堆古医书中的呼吸养生法》（《马王堆汉墓研究文集》）对于马王堆帛书中涉及的三种呼吸养生法进行了讨论。

（5）经脉学说的研究。马王堆帛书中的《足臂十一脉灸经》，《阴阳十一脉灸经》甲、乙本，《脉法》，《阴阳脉死候》等篇与中国古代的经脉学说密切相关。在传世的《灵枢·经脉》等文献中记载的都是十二经脉，然而在马王堆帛书的《足臂十一脉灸经》与《阴阳十一脉灸经》中，所论的是人体十一条经脉的循行、主病和治则，所论虽与《灵枢·经脉》篇极为相近，但缺少了"手厥阴"脉，而且所述各脉循行方向与径路，以及主病病症，不仅比《经脉》篇简略，甚至有相悖之处，引起了学者们的极大兴趣。学者们大多同意，由于《足臂十一脉灸经》论述较简，《阴阳十一脉灸经》甲、乙本论述稍详，因此认为《足臂》成书于《阴阳》之前，又因二者均没有《经脉》篇那样完整的经脉系统理论，故将此三部古医书看作经脉学说在其早期形成过程中，由简到繁、由少到多、由不完备到成为完整的经络学说理论体系的三个不同发展阶段。不过也有学者反对这一序列，如姚纯发在《马王堆帛书〈足臂十一脉灸经〉初探》（《中华医史杂志》1982年第3期）一文中，提出《足臂十一脉灸经》所论述的内容可能不是十二正经，而是经脉系统中的一个筋肉系统，即后来的十二经筋，该篇应是《灵枢·经筋》篇的早期著作，且二者的成书年代相距不太远，只有《阴阳十一脉灸经》才是《灵枢·经脉》篇的原始

---

① 李学勤：《对古书的反思》，《李学勤集》，黑龙江教育出版社1989年版。

形式，且《阴阳十一脉灸经》的成书远在《足臂十一脉灸经》之前。此说提出后，毛良、何宗禹等提出商榷意见，反对姚说。①

余自汉的《帛书〈阴阳脉死候〉和〈灵枢·经脉篇〉》（《中华医史杂志》1984年第4期）则指出帛书《阴阳脉死候》对《灵枢》的成书，尤其是对《经脉》篇的形成产生过深刻影响，并认为《阴阳脉死候》中关于"□□五死"的描述奠定了祖国医学脏象学说的基础。马继兴和毛良则对《脉法》篇作了细致的研究。②

此外，杜正胜的《试论传统经脉体系之形成——兼论马王堆脉书的历史地位》（收入《马王堆汉墓研究文集》）讨论了传统医学经脉体系的形成过程，并说明马王堆出土脉书的历史地位；而韩健平的《马王堆古脉书研究》一书则对马王堆古脉书的有关问题进行了系统的研究。

1983年底1984年初在湖北江陵张家山汉墓出土了大批竹简，其中的《脉书》相当于帛书《阴阳十一脉灸经》《脉法》《阴阳脉死候》三种。这对于进一步研究帛书中有关经脉方面的问题具有重要的意义。

海外也有众多学者从事马王堆医书的研究工作，如日本学者赤堀昭《〈阴阳十一脉灸经〉研究》（《东方学报》第53册）、坂出祥伸《导引考》（《池田末利博士古稀纪念东洋学论集》）、美国学者夏德安的《五十二病方与越方》（《马王堆汉墓研究文集》）等。这些著述对于马王堆医书研究的深入也起到了很好的推动作用。

十二　帛书《五星占》研究

帛书《五星占》材料发表后，立即在学术界特别是天文学史的专家之间展开了热烈的讨论，这些讨论主要围绕以下几个方面进行。

---

① 毛良：《〈足臂十一脉灸经〉的"脉"是"经筋"吗？》，《中华医史杂志》1985年第4期；何宗禹：《马王堆帛书〈足臂十一脉灸经〉有关的问题再探》，《中华医史杂志》1984年第3期。

② 马继兴：《帛书〈脉法〉初探》，《河南考古辑刊》第3集，岳麓书社1986年版；毛良：《古医书〈脉法〉诠释》，《上海中医药杂志》1983年第10卷。

（1）帛书《五星占》的重大科学价值。席泽宗在《中国天文学史的一个重要发现》（《中国天文学史文集》，科学出版社 1978 年版）一文中指出，帛书《五星占》末尾三部分列出从秦始皇元年（公元前246 年）到汉文帝三年（公元前 177 年）凡七十年间木星、土星和金星的位置，并描述了这三颗行星在一个会合周期内的动态，"它向我们表明，当时人们已经在利用速度乘时间等于距离这个公式把行星动态的研究和位置的推算工作有机地联系起来，这就比战国时代甘、石零星的探讨前进了一步，而成为后代历法中'步五星'工作的先声"。《五星占》的成书时间比《淮南子·天文训》及《史记·天官书》都要早，然而书中关于金星、土星会合周期等数据远较后二者精确；另外，帛书《五星占》的占文中还保存了甘氏和石氏天文书的一部分，其中甘氏的尤多。"因此，这是现存最早的一部天文书，在天文史的研究上具有特别重要的价值。"

徐振韬《从帛书〈五星占〉看"先秦浑仪"的创制》（《中国天文学史文集》，科学出版社 1978 年版）一文则根据帛书《五星占》记载了从秦始皇元年到汉文帝三年七十年间三颗大行星运行的观测记录，推测当时已经用浑仪一类的仪器（徐先生称之为"先秦浑仪"）从事天文观测活动，并且这种浑仪相当准确地测定了大行星的视运动规律。陈久金的《从马王堆帛书〈五星占〉的出土试探我国古代的岁星纪年问题》（《中国天文学史文集》，科学出版社 1978 年版）则指出，马王堆帛书《五星占》的出土，为我们重新讨论中国古代的岁星纪年问题提供了宝贵的材料。

（2）帛书《五星占》后三章有关秦汉时期的天象记录是否为实际观测的结果。对于这一问题，大部分研究天文学史的专家予以了肯定的回答，如席泽宗指出，"帛书中关于金星的七十年的位置表是符合天象的，而秦皇元年的必须是实际观测"（《中国天文学史的一个重要发现》，《中国天文学史文集》，科学出版社 1978 年版）。但是何幼琦却提出了不同意见，[①] 何先生认为，帛书《五星占》的前六章是战国时的占书佚文，

[①]　见何幼琦《试论〈五星占〉的时代和内容》，《学术研究》1979 年第 1 期。

至于学者们认为有很高科学价值的后三章，也基本上是战国时期天文学的成果，但是星占术士在利用这些资料时，为了迎合政治上的需要，编造出"秦始皇帝元年正月，岁星相与营室晨出东方""秦始皇帝元年正月，填星〔相〕与营室晨出东方""秦始皇帝元年正月，太白与营室晨出东方"等事情，这些是不符合天象实际的。至于秦以后逐年的年数，也应该是这一派的后学世世补充起来的。这样，何先生就从根本上否定了它们是秦汉时期天象记录的观点。

（3）帛书《五星占》的天象观测时代和作者。帛书《五星占》的天象记录一直到汉文帝三年为止，而马王堆三号墓的下葬年代是汉文帝十二年，因此帛书抄写于汉文帝时期是毫无疑问的，但是对于这件帛书中天象观测的年代，学者们却有不同的看法，归结起来有四种观点。

A. 秦始皇元年说（或秦始皇时期说）。如席泽宗认为"帛书中木星、土星和金星的七十年位置表是根据秦始皇元年的实测记录，利用秦汉之际的已知周期排列出来的，可能就是颛顼历的行星资料"（《中国天文学史的一个重要发现》）；陈久金、陈美东两位也认为"这批资料为秦始皇元年至统一中国期间实测，以后年份的资料，是推算出来的"（《从元光历谱及马王堆帛书〈五星占〉的出土再探颛顼历问题》，《中国天文学史文集》）。

B. 战国中期说。这是何幼琦提出来的观点。何先生认为，帛书《五星占》前六章中的星占内容反映的都是一些战国的景象，属战国中期的作品。后三章的大部分星象材料也是在战国中期观测、制定的，却被星占学家硬套到秦汉时期。

C. 汉初高祖至吕后期间说。王胜利在《星岁纪年管见》（《中国天文学史文集》第5集，科学出版社1989年版）一文中认为，"《五星占》中的大量资料很难认为是秦始皇元年至秦统一中国期间所实测，《五星占》所载的纪年法也不会是根据这一期间的实际天象创制的"，"汉高帝元年和代皇元年的木星实际位置是与《五星占》的记载相吻合的。这说明《五星占》中的木星资料很可能是以汉初的实际天象为基础而编排出来的，其所载的纪年法也是以汉初的实测资料为依据制定的"。

D. 秦始皇元年至汉文帝三年说。这是刘彬徽在《马王堆汉墓帛书〈五星占〉研究》(《马王堆汉墓研究文集》) 中提出来的见解。这个说法显然是对第三种看法的时间加以前后延伸。

至于帛书《五星占》的作者,学者们一般都认为是楚人的作品,但是何幼琦在《试论〈五星占〉的时代和内容》一文中提出了不同的看法,何先生认为《五星占》是战国时期的作品,帛书《五星占》的占辞中有"荆"而无"楚","荆是周、鲁等中原国家加给楚国的谤辞,楚人从来不自称为'荆',所以《五星占》决不是楚人的作品"。何先生进而提出,"《五星占》大抵是三晋、周、鲁天文家的著作"。

(4)《五星占》与中国古代的星岁纪年问题。帛书《五星占》发表后,很多学者注意到它在研究中国古代星岁纪年方面的重要价值,如陈久金在《从马王堆帛书〈五星占〉的出土试探我国古代的岁星纪年问题》一文中指出:"我国古代岁星纪年问题的研究,是一项较为困难的工作,由于资料缺乏,年代不清楚,好些问题得不到明确一致的答案。马王堆帛书《五星占》的出土,为我们探讨这一问题提供了宝贵的材料。"从已发表的论文来看,大部分文章涉及了这一领域。不过学者们见仁见智,观点存在较大的分歧,大致而言,主要有以下观点。

A.《五星占》纪年法为颛顼历纪年法。陈久金在《从马王堆帛书〈五星占〉的出土试探我国古代的岁星纪年问题》一文中说,"秦始皇元年就是当时所行用的历法颛顼历的实测历元。秦至汉初岁星纪年方法与颛顼历一齐创制,成为颛顼历的一个组成部分……帛书《五星占》的出土,不但解决了秦及汉初岁星纪年问题,而且使得纪年法能明确与具体年份一一对应起来","太初历纪年法与颛顼历纪年法都属同一类型,即保持太岁在寅,岁星在亥的关系"。

B. 何幼琦反对上述观点,他认为帛书《五星占》是在战国中期观测制定的,《五星占》的材料应来源于战国中期第一个摄提格岁(公元前363 年)。何先生认为,战国至秦汉只有两种历法,相应地有两种纪年法,即后人所说的人正和天正,人正用太岁纪年法,天正用太阴(岁阴)纪年法。那个时期再也没有别的历法和纪年法。太初改历,不只是一般的历法改革,而是我国历史上的首次历法斗争,是天正派复辟和人正派拨乱反正的公开较量。

C. 《五星占》所载的纪年法为太初历纪年法。王胜利在《星岁纪年管见》（《中国天文学史文集》第 5 辑，科学出版社 1989 年版）一文中不同意五星占纪年法就是颛顼历纪年法的观点，指出："颛顼历的测制者根据当时的实际天象，是制定不出比甘石纪年法的岁星位置超越二次的、与太初历纪年类类型相同的颛顼历纪年法的……颛顼历所使用的可能仍然是战国时期各国通行的甘石纪年法。"

D. 《五星占》所载纪年法是与甘石纪年法、太初纪年法不同的一个新类型。刘彬徽在《马王堆汉墓帛书〈五星占〉研究》（《马王堆汉墓研究文集》）一文中提出一个新的看法，认为《五星占》的十二次范围与太初历的十二次范围存在着一定的差异，是早于太初历的早期划分法，也许可早到战国时期，与甘石纪年法、太初历纪年法均不相同，刘先生将之命名为五星占纪年法。

近年来关于帛书《五星占》研究的最重要成果，当属刘乐贤的《马王堆天文书考释》一书。该书专门有《〈五星占〉考释》一章，由"原文""校注""疏证"三部分组成："原文"部分是据帛书照片及学者们的研究成果所写定的释文；"校注"部分是对释文进行文字校正，并对难懂的字词予以解释；"疏证"部分是对天文书的数术内涵进行疏解，特别注重征引传世文献与帛书对读。刘氏的相关考释是目前对帛书《五星占》最系统、最详尽的整理校释工作，不仅如此，他在研究过程中还发现帛书《五星占》原来的拼缀方案存在一些明显问题，有必要加以调整。具体来说，帛书《五星占》前面 74 行讲五星占测的那一部分中，帛书的上半截是由四块帛片拼合起来的，如果按自右至左的顺序将它们分别称为 A、B、C、D，其中的 C 和 B 两块帛片位置需要调换，正确顺序应是 A、C、B、D。调整后的帛书顺序不仅更为合理，而且 B 和 D 两块帛片可以直接拼合。这一调整对于深入研究帛书《五星占》的内容将有很好的推动作用。①

---

① 参见刘乐贤《马王堆天文书考释》（中山大学出版社 2004 年版）的相关论述。

十三 帛书《天文气象杂占》研究

帛书《天文气象杂占》的材料公布后，许多学者纷纷撰文加以讨论，[1] 学者们的研究主要涉及以下几个方面。

(1) 帛书《天文气象杂占》的命名问题。顾铁符指出，这幅帛书的内容包括云、气（包括蜃气、晕、虹等）、星、彗等方面。总的看来，以占气的篇幅最大，其次是云，第三是彗，而星的分量最小。我国古代的天文学，一般说，一是研究日月五星，用以制历法；二是研究二十八宿、中宫、外宫，用以定节气；三是研究气象（古代对天文和气象并没有严格区分，气象亦归入天文），用以观察天气。这幅帛书是以气象占为主，穿插了天文范围内的彗，以及个别的星，因此称它为《天文气象杂占》可能比较妥当。

(2) 帛书《天文气象杂占》的性质。顾铁符指出："《天文气象杂占》的占文，除了'贤人动'、'邦有女丧'、'有使至'等一小部分占文之外，其余的都是'客胜'、'主败'、'兵兴'、'军疲'、'城拨'、'邦亡'、'益地'、'失地'等关系军事方面的。这和一同出土的《刑德》等一样，都是属于兵家阴阳，亦即军事迷信的书。"魏启鹏也说："通过对《杂占》的整体观察和分析，可以肯定它是兵家所用的天文气象占验之书。"李学勤则言：《天文气象杂占》这种书，"按照《汉书·艺文志》的分类法，应当划归数术类的天文家"，这一见解在具体分类上虽与顾先生小有差异，但实质是一样的。因为该书从内容上看，既可划归兵阴阳

---

① 相关的论文主要有：顾铁符《马王堆帛书〈天文气象杂占〉内容简述》，《文物》1978年第2期；席泽宗《马王堆汉墓帛书中的彗星图》，《文物》1978年第2期；顾铁符《马王堆帛书〈天文气象杂占〉》，《夕阳刍薁》，紫禁城出版社1988年版；陈奇猷《马王堆汉墓帛书彗星图试释》，《上海博物馆集刊》第3期，上海古籍出版社1986年版；李学勤《论帛书白虹及〈燕丹子〉》，《河北学刊》1989年第5期；魏启鹏《帛书〈天文气象杂占〉的性质和纂辑年代》，《马王堆汉墓研究文集》，湖南出版社1994年版；王胜利《帛书〈天文气象杂占〉中的彗星图占新考》，《马王堆汉墓研究文集》，湖南出版社1994年版。

类，也可划归天文类。

（3）帛书《天文气象杂占》的成书时代及作者。对于帛书《天文气象杂占》的抄写时代，顾铁符指出，"这幅帛书的字体，虽然已是隶书，但篆书的意味还相当浓厚。同时出土的许多帛书中，只有《老子》甲本和《战国纵横家书》和它比较接近。书中称所有国为邦，国君为邦君，不避汉高祖刘邦的讳。由此可见，这幅帛书的传抄，至迟不晚于西汉最初的几年，但亦不排除更早的可能"。对于这一看法，学者们没有太多的分歧。

至于帛书的成书年代，顾铁符指出"《天文气象杂占》中最有时代关系的，是 101 条至 114 条十四个国、族的云。其中有赵云、韩云、魏云，说明成书是在战国时期公元前 403 年三家分晋之后。其次如越、中山、宋，都是战国时期被灭掉的国（楚灭越在公元前 345 年，赵灭中山在公元前 301 年，齐灭宋在公元前 286 年），而各国云中还有这三个国。不过，古代人对地理名称的使用常有连续性，国亡后仍可能把国名作地名用"，"《天文气象杂占》成书的年代和《周礼》相去不远"。从这些论述来看，顾先生认为《天文气象杂占》是成书于公元前 403 年之后的战国时期。席泽宗也认为《天文气象杂占》的成书时间应在三家分晋和越灭亡这两个年代之间或稍后。

魏启鹏则认为，"古代天文学的观测、推算、占验，是需要若干代人接力进行的事业。帛书《杂占》集录的天文气象占验乃多家之言，上至战国之前，下至秦楚之际"。魏先生认为帛书中的"天出荧惑，天下相惑，甲兵尽出""鱼（渔）阳亡"等占辞具有秦楚之际的特征，其纂辑年代当为司马迁所称的秦楚之际。

至于帛书《天文气象杂占》的作者，顾铁符指出，帛书中对于各国云的论述亦可见于一些典籍，但是排列顺序却有很大差别："《开元占经》、《晋书·天文志》、《太平御览》引《兵书》等，都是从韩云开始，楚云排在第三，《乙巳占》中甚至没有楚云。独有这幅《天文气象杂占》以楚云排在最前面，这决不是无缘无故的事。总的来看，《天文气象杂占》提到的历史事件很少，但四一六条提到吴伐楚的柏举之战，并且是以楚人的口气说的。"此外帛书中还有一些含有地域性的词语，因此很可能是出自楚人之手。席泽宗和李学勤也持同样的观点。

魏启鹏认为，帛书《天文气象杂占》的天文气象占验是若干代人接力进行的事业，文中所引材料的作者，也绝不限于帛书注明的任氏、北宫、赵□等人，而纂辑为《杂占》当为楚人。这又把帛书作者问题做了进一步的区分。不过魏先生仍然肯定这件帛书最后成于楚人之手。

(4) 帛书《天文气象杂占》的学术价值。顾铁符指出："《天文气象杂占》里的云、气、星、彗四个部分，分量有多有少，论科学价值亦有很大悬殊。据我们初步研究，其中最值得注意的是天文中的彗，其次是气象中晕的部分。""《天文气象杂占》中关于彗星的二十九条，重点是在表示出各种彗星的形态。除了最后一条彗星之外，其余分彗头、彗尾两个部分。彗头画成一个圆圈或圆形的点；在六一九、六二〇、六二三、六二八等图中，圆圈的中心又有一个小的圆圈或小圆点。这个小圆圈或小圆点，是否说明在当时已经见到在一团彗发的中心，有一个很小的彗核，是值得注意的问题。"另外，帛书所画的彗尾有直有弯，且有大小不同的弧度，可见当时观测彗星已经注意到了彗尾的形态差异。总之，"这二十九条彗星，很足以说明二千几百年前我国观测彗星已经有了出乎意料的成就。这一部分彗星图，是我国古代研究彗星的里程碑"。

席泽宗也从科技史的角度论述了帛书彗星内容的重大价值。陈奇猷则对帛书彗星图占作了新的考释，随后王胜利又作了进一步的阐发，这些学者的工作使得对帛书中彗星内容的研究继续深入。

学者们对于帛书中彗星等部分内容特别重视，主要是从中国科技史的角度加以认识的，实际上如果从中国古代的数术传统及古文献研究的角度考虑，帛书《天文气象杂占》还有更多的意义。这方面李学勤的文章给人们很多的启示。李先生主要讨论了《天文气象杂占》中有关白虹的占语"白虹出，邦君死之"，将之与荆轲刺秦王时"白虹贯日"联系起来并加以解释，进而对《燕丹子》一书的情况作了讨论，这是对《天文气象杂占》研究思路与研究领域的一个新开拓。

·近些年来关于帛书《天文气象杂占》的研究成果也十分丰富，如刘乐贤在《马王堆天文书考释》中对于帛书《天文气象杂占》篇也作了详尽的校注和考释，并对篇中的"北宫"的含义及楚地彗星占测传统作了讨论①；陈松长也撰有多篇研究《天文气象杂占》的论文②；陈松长、刘绍刚、王树金合写的《帛书〈天文气象杂占〉释文再补》一文③根据帛书照片及原件，依据帛书残片的图文内容、字体风格、污痕情况、反印文字及图形等特点将一些帛书残片补入，在帛书拼接缀合方面取得了较大的进展，文中还附有修订后的释文内容。王树金的《帛书〈天文气象杂占〉"列国云占"探考》一文④则结合古籍中有关列国云气的描述，对《天文气象杂占》中的云图与占语进行了讨论，收获颇多。

十四　帛书《相马经》研究

帛书《相马经》的释文发表于 1977 年第 8 期的《文物》杂志上，同期还发表了谢成侠的研究文章《关于长沙马王堆汉墓帛书〈相马经〉的探讨》。谢先生在该文中指出，"这部关于古代相马的帛书，可以肯定抄录自早已失传的《相马经》，虽则它抄得很不完整，未能从中窥知古代相马法的全豹，但它对研究中国畜牧史提供了历史文献从来所未见的关于相畜方面的材料"。谢先生还分"帛书《相马经》的时代背景和来历""帛书《相马经》内容分析""《相马经》的科学历史意义"三个部分对帛书《相马经》作了一些有益的探讨。

在谢先生的文章之后，国内长时间内未见有人发表有关帛书《相马经》的文章。从 20 世纪 80 年代末开始，赵逵夫分别发表了《藻辞谲喻，意蕴宏深——从帛书〈相马经·大光破章〉看屈赋比喻象征手法的形成》[《辽宁师范大学学报》（哲学社会科学版）1988 年第 3 期]、《马王堆出土〈相马经·大光破章故训传〉发微》（《江汉考古》1989 年第 3 期）、

① 参见刘乐贤《马王堆天文书考释》（中山大学出版社 2004 年版）的相关论述。
② 见陈松长《简帛研究文稿》，线装书局 2008 年版。
③ 见中国文物研究所编《出土文献研究》第 8 辑，上海古籍出版社 2007 年版。
④ 见中国文化遗产研究院编《出土文献研究》第 9 辑，中华书局 2010 年版。

《马王堆汉墓帛书〈相马经〉发微》(《文献》1989 年第 4 期) 等三篇论文,其中第一篇文章对于帛书所反映的楚语乃至楚文化特征作了陈述,第二、第三篇文章则对帛书《相马经》的结构和内容作了集中阐述。作者指出,帛书《相马经》并不是学者们所认为的全部为《相马经》之经文,而是包括"经""传""故训"三个部分。第一部分是"经",即从第 1 行至第 22 行是《相马经》的本文。第二部分是"传",即从第 23 行至第 44 行的"处之,多气",是通摄经文大意,阐发精要的文字。它不是按"经"的行文、章法依次解释字句、加以串讲,而是摆脱原文的外部形式,或寻绎文意、综合归纳,或广征博引、自由发挥的文字。第三部分则是"故训",即从第 44 行"有月出其上,半矣而未明者"至帛书末尾,它们完全是对第一部分经文的解释,其中一些重要文字,不过是为了解释的方便先引录了经文有关文字而已。帛书"经"的部分只是《相马经》的《大光破章》,讲的是相马眼睛的学问,"大光"即指眼而言,"破"为解析、识透之义。因此,这篇帛书似可定名为《相马经·大光破章故训传》。帛书"经""传""故训"这三部分的作者和成书时代也是不一致的,"传"同"故训"两部分有可能同出一人之手,但经文同"传""故训",非同一作者所作,且非同一时期的作品,其中"经"当产生于战国中期以前,而"传"与"故训"则要迟一些。这些分析为进一步研究帛书《相马经》创造了很好的条件。

　　国外的汉学家们也很注意帛书《相马经》,据李学勤介绍,美国的一位学者曾对《相马经》作了思想史的分析。他完全没有从养马的技术方面看待这篇帛书,而是把它看作哲学思想的资料。他一一分析《相马经》里关于马体各部位相术的叙述,怎样是良马的标志,怎样是驽马的标志,认为在这些相术中包含着一些普遍的思维模式,而这些模式是与当时流行的象数的世界观一致的。这些思维模式可以用来判断马的良劣,也适用于宇宙和人事的各个方面,是有普遍意义的哲学范畴。①

---

① 见李学勤《记在美国举行的马王堆帛书工作会议》,《文物》1979 年第 11 期。

十五　帛书《"太一将行"图》研究

出土后被被冷落了近二十年的马王堆汉墓《"太一将行"图》（或称"社神图"、"太岁避兵图"、"神祇图"、"太一出行"图），自 1990 年周世荣撰文介绍及研究后，李学勤、李零、陈松长、李家浩、饶宗颐等都有论[①]，下面我们把学者们对它的研究作一番综述。

（1）帛画的命名。对于这件帛画，学者们对它的命名可谓五花八门。周世荣曾将其称为"社神图"，后又改称为"神祇图"；之后，李零认为此图应属"避兵图"；李家浩则认为应称之为"太一避兵图"；陈松长则直接据题记文字称之为"太一将行"图，饶宗颐则称其为"太一出行"图。

（2）帛画的性质。李零、李家浩认为是避兵图；李建毛认为是一种护身符；陈松长认为是一种避风雨、水旱、兵革、饥馑、疾疫的避邪工具；饶宗颐认为是图诗、图赞之属，其主题是用兵而不是避兵。

（3）帛画的时代和作者。李家浩提出"该图可能是战国时代楚人的作品"，学者们未见有太大的异议。

[①]　相关的文章如周世荣《马王堆汉墓中的人物图象及其民族特点初探》，《文物研究》第 2 期，黄山书社 1986 年版；周世荣《马王堆汉墓的"神祇图"帛画》，《考古》1990 年第 10 期；李学勤《"兵避太岁"戈新证》，《江汉考古》1991 年第 2 期；李零《马王堆汉墓"神祇图"应属避兵图》，《考古》1991 年第 10 期；陈松长《马王堆汉墓帛画"太一将行图"浅论》，《美术史论》1992 年第 3 期；李家浩《论太一避兵图》，《国学研究》第一卷，北京大学出版社 1993 年版；李零《中国方术考》的《"兵避太岁"戈和马王堆帛书〈避兵图〉》，人民中国出版社 1993 年版，第 69—75 页；陈松长《马王堆汉墓帛画"神祇图"辨正》，《江汉考古》1993 年第 1 期；李建毛《马王堆汉墓"神祇图"与原始护身符》，《马王堆汉墓研究文集》，湖南出版社 1994 年版；饶宗颐《图诗与辞赋——马王堆新出〈太一将行图〉私见》，《湖南省博物馆四十周年纪念论文集》，湖南教育出版社 1996 年版；胡文辉《马王堆〈太一出行图〉与秦简〈日书·出邦门〉》，《中国早期方术与文献丛考》，中山大学出版社 2000 年版；杨琳《马王堆帛画〈社神护魂图〉阐释》，《考古与文物》2000 年第 2 期。

十六　帛书古地图研究

　　马王堆三号汉墓中共出土了三幅帛质古地图，即"地形图"、"驻军图"和"城邑图"（或称"园寝图"），由于"城邑图"上没有文字，因此我们不过多予以讨论。

　　地形图和驻军图出土时，折叠的边缘已经断裂破碎，专家们经过精心努力，终于将它们修补复原。其具体情况在马王堆汉墓帛书整理小组发表的《长沙马王堆三号汉墓出土地图的整理》（《文物》1975年第2期）及《马王堆三号汉墓出土驻军图整理简报》（《文物》1976年第1期）中有详细的论述。

　　"地形图"和"驻军图"发表之后，学者们对其作了很多的研究，综观这些研究论文，主要是围绕下列主要问题展开讨论的。

　　（1）关于古地图的定名问题。"地形图"和"驻军图"本身并没有题名。帛书整理小组发表这两幅古地图时，指出前者"属于地形图"，后者为"驻军图"，随后学者们对这两幅地图的准确命名问题进行了热烈的讨论。对于第一幅地图，谭其骧认为就是汉代通常所谓的舆地图，根据地图内容，谭先生建议定名为"西汉初期长沙国深平防区图"（《二千一百多年前的古地图》，《文物》1975年第2期），吴承国则认为是"马王堆地形图系秦代江图"，[①]周世荣等人则支持帛书整理小组的命名（《马王堆帛书古地图不是秦代江图》，收入《马王堆汉墓研究文集》）。

　　至于《驻军图》的命名，学者们也存在一些分歧。詹立波认为，这幅地图"反映了汉初长沙诸侯国军队守备作战的兵力部署情况，属于军事要图，可称为'守备图'"（《马王堆汉墓出土的守备图探讨》，《文物》1976年第1期），不过，正如有的学者所指出的那样，称"驻军图"或"守备图"并没有质的区别，[②]称"驻军"比较侧重在其军队的建制和防

---

　　①　《中国测绘史》编辑部组稿：《中国测绘学会会讯专刊中国测绘史料》第5期。

　　②　陈松长：《帛书史话》，中国大百科全书出版社2000年版，第167页。

区的分布，称"守备"则强调防守装备布局方面。不过学术界一般认同"驻军图"的定名。

（2）关于古地图的绘制年代。马王堆古地图发表之后，对古地图绘制年代的意见一直是众说纷纭。对于"驻军图"，有的学者认为可以早到汉高祖或惠帝初年，[1] 有的学者认为定在高后末年为宜[2]，也有的学者认为应是文帝初年，[3] 还有一些学者则将"驻军图"的绘制时期笼统地定在高后七年（公元前 181 年）至文帝十二年（公元前 168 年）之间。[4]

至于"地形图"的绘制年代，进行讨论的学者相对比较少。曹学群在《论马王堆三地图的绘制年代》一文中将"驻军图"与"地形图"的内容加以比较，认为"地形图"的绘制年代应相对早于"驻军图"，可以确定在秦始皇二十六年（公元前 221 年）至高后七年（公元前 181 年）之间，而很可能是在汉高祖五年（公元前 202 年）以后至高后七年这段时间之内。[5]

（3）对古地图内容的认识和研究。对古地图内容的认识和研究可分为两方面，一方面是对古地图上所标出的特殊地理名称及古代区域地名的考释，一方面则是对古地图绘制情况进行分析和评价。

在对古地图地名的研究方面，周世荣做了很多工作。周先生曾运用出土的汉印资料，将之与古地图进行了对比研究，还亲自对古地图上所绘的城邑要塞进行了实地调查。[6]《地形图》中标明的八个大城，除桂阳可能被近代建筑湮没外，其余七个古城遗址周先生都发现了眉目，从而使两千年前神奇古老地图中的奥秘终于略见端倪。

---

① 朱桂昌：《关于帛书驻军图的几个问题》，《考古》1979 年第 6 期。

② 傅举有：《关于〈驻军图〉绘制的年代问题》，《考古》1981 年第 2 期。

③ 马王堆汉墓帛书整理小组：《马王堆三号汉墓出土驻军图整理简报》，《文物》1976 年第 1 期；詹立波：《马王堆汉墓出土的守备图探讨》，《文物》1976 年第 1 期。

④ 曹学群：《论马王堆古地图的绘制年代》，《马王堆汉墓研究文集》，湖南出版社 1994 年版。同书所收熊传薪先生的《关于〈驻军图〉中的有关问题及其绘制年代》则认为这幅地图的绘制年代"应是吕后五年（公元前 183 年）南越攻打长沙国边境到汉文帝元年（公元前 180 年）罢兵以前所绘制的战争军事图"。

⑤ 见《马王堆汉墓研究文集》，湖南人民出版社 1994 年版，第 181 页。

⑥ 周世荣：《马王堆三号汉墓地形图古城邑的调查》，《湖南考古辑刊》第 2 集，岳麓书社 1984 年版；《马王堆汉墓帛书古地图城邑要塞调查记》，《文物天地》1986 年第 6 期。

对于古地图绘制方面的情况，马王堆汉墓帛书整理小组已经作了很好的说明。如关于"地形图"，帛书整理小组指出，这幅地图所包括的范围大致为：东经111°—112°30′，北纬23°—26°之间，地跨今湖南、广东两省和广西壮族自治区的一部分。地图的主区包括当时长沙国的南部，即今湘江上游第一大支流潇水流域、南岭、九嶷山及其附近地区。其邻区为西汉诸侯南越王赵佗的辖地。地图主区部分内容比较详细，邻区比较粗略。这件帛书的主区有一个大致的比例，在十七万分之一至十九万分之一，如按当时的度量制，约相当于一寸折十里地图。地图上表示的主要内容既包括作为自然地理要素的山脉、河流，又表示了作为社会经济要素的居民地、道路等，而地貌、水系、居民地、交通网四大要素，正是现代地形图的基本要素。因此可以说，这是一幅相当于现代的大比例尺的地形图。从地图内容要素的表示来看，该图绘制技术也达到了相当熟练的程度，例如河流的粗细变化，自然弯曲表示得相当生动，河口处没有通常易于错绘的倒流现象，道路的绘画几乎是一笔绘成，看不出有换笔的接头，描绘居民地的圈形符号的圆度很好（如深平），显示出该图较高的绘制技术水平。在绘制方面，看来当时已经有了初步的"制图原则"，例如：对地图内容的分类分级、化简取舍，地图符号的设计，以及"主区详邻区略"等，有些至今还在应用。因此，该图的出土确是我国文物考古工作的一大发现，表明了我国两千一百多年以前地图科学的蓬勃发展和测绘技术的高度水平，由此说明了晋朝的裴秀关于"汉代舆地及括地诸杂图……不备载名山大川，虽有粗形皆不精审"的说法是不符合当时实际情况的。① 至于"驻军图"，帛书整理小组指出，这幅地图的主区为大深水流域，在今湖南省江华瑶族自治县的潇水流域，方圆约五百里，它所包括的范围仅仅是同它一起出土的"地形图"中的部分地区。主区北部绘得比较详细，而南部地带比较简略。其主区的比例是八万分之一至十万分之一，图上东西方向与南北方向的比例不太一致，较"地形图"约大一倍。"驻军图"的基本内容不只一般地表示山脉、河流等普通地图要

---

① 马王堆汉墓帛书整理小组：《长沙马王堆三号汉墓出土地图的整理》，《文物》1975 年第2 期。

素，而且根据它的专门用途而突出表示了九支驻军的布防和防区界线、指挥城堡等。该图把驻军内容突出表示于第一层平面，而把河流等地理基础用浅色表示于第二层平面，这与现代专门地图的两层平面表示法是一致的。这幅"驻军图"是用三色彩绘的军事要图，主题鲜明，层次清楚，表现了我国古代高度的地图测绘水平。总览全貌，大多数河流和一些与驻军有关的山头均注有具体名称，居民地有的还旁注户数，尤其突出地表示了各支军队的名称、驻地，显示出各军事要素与周围地形的关系。所有这些都说明了"驻军图"必定是在实地勘测的基础上绘制的。同时，由于它真实地记录了当时长沙诸侯国在军事上的驻防备战形势，所以它又为研究西汉初期的军事、历史提供了极为难得的实物佐证。[①] 后来谭其骧、张修桂等还继续就这两幅古地图的绘制特点及所反映的历史地理等问题进行了进一步的探讨。[②]

　　对于马王堆古地图的研究，近年来有一些学者从新的角度进行了有益的探索。如李均明在《关于〈驻军图〉军事要素的比较研究》（收入《马王堆汉墓研究文集》）一文中，运用丰富的汉简资料，将《驻军图》所示防区与居延防区进行了很有意义的对比；王子今则将"地形图"和"驻军图"与甘肃放马滩秦墓古地图进行对比研究，指出它们之间在突出标示交通路线方面有某种继承关系，而其内容又可补充史籍对于南楚交通记载之不足，因而有助于对汉代交通史的认识；[③] 刘晓路的《从马王堆三号墓出土地图看墓主官职》（《文物》1994 年第 6 期）则综合考察了"地形图""驻军图""城邑图"的内容，认为墓主人生前的官职应是长沙相。很显然，这些对比研究对于进一步深入研究马王堆古地图具有重要作用。

---

　　① 马王堆汉墓帛书整理小组：《马王堆三号汉墓出土驻军图整理简报》，《文物》1976年第 1 期。

　　② 谭其骧：《二千一百多年前的一幅地图》，《文物》1975 年第 1 期；谭其骧：《马王堆汉墓出土地图所说明的几个历史地理问题》，《文物》1975 年第 6 期；张修桂：《马王堆〈驻军图〉主区范围辨析与论证》，《历史地理研究》（一），复旦大学出版社 1986 年版；《马王堆出土"地形图"的若干历史地理问题探讨》，《历史地理》1986 年第 5 辑。

　　③ 王子今：《马王堆汉墓古地图交通史料研究》，《江汉考古》1992 年第 4 期。

参考文献

一 上编

Kidder Smith，"Sina Tan and the Invention of Daoism，'Legalism'，et cetra，"*Journal of Asian Studies* 62，no. 1（2003）.

Mark Sikszentmihalyi and Michael Nylan，"Constructing Lineages and Inventing Traditions through Exemplary Figures in Early China，"*T'oung Pao* LXXXIX（2003）.

Sarah Queen，"Inventories of the Past：Rethinking the 'School' Affiliation of the Huainanzi，"*Asia Major* Third series，14. 1（2001）.

艾兰、邢文主编:《新出简帛研究》,《新出简帛国际学术研讨会文集》,文物出版社2004年版。

安徽省文物工作队、阜阳博物馆、阜阳县文化局:《阜阳双古堆西汉汝阴侯墓发掘简报》,《文物》1978年第8期。

安阳市博物馆:《安阳铁西刘家庄南殷代墓葬发掘简报》,《中原文物》1986年第3期。

蔡运章:《洛阳北窑西周墓墨书文字略论》,《文物》1994年第7期。

曹峰:《〈恒先〉研究综述——兼论〈恒先〉今后研究的方法》,《中国哲学史》2008年第4期。

曹峰:《上博楚简思想研究》,（台北）万卷楼图书股份有限公司2006年版。

曹建敦:《读上博藏楚竹书〈内丰〉篇杂记》,孔子2000网,2005年2月25日。

晁福林：《论古史重构》，《史学集刊》2009 年第 4 期。

晁福林：《论老子思想的历史发展》，《孔子研究》2002 年第 1 期。

陈淳：《中国国家起源研究的思考》，《史学月刊》2002 年第 7 期。

陈东：《关于定州汉墓竹简〈论语〉的几个问题》，《孔子研究》2002 年第 2 期。

陈福滨：《本世纪出土思想文献与中国古典哲学研究论文集》（上、下册），辅仁大学出版社 1999 年版。

陈鼓应：《〈太一生水〉与〈性自命出〉发微》，陈鼓应主编《道家文化研究》第 17 辑，生活·读书·新知三联书店 1999 年版，又《东方文化》1999 年第 5 期。

陈嘉凌：《〈昔者君老〉译释》，季旭升主编《上海博物馆藏战国国楚竹书（二）读本》，（台北）万卷楼图书股份有限公司 2003 年版。

陈剑：《上博简〈子羔〉、〈从政〉篇的拼合与编连问题小议》，《文物》2003 年第 5 期。

陈剑：《谈谈〈上博（五）〉的竹简分篇、拼合与编联问题》，简帛网，2006 年 2 月 19 日。

陈来：《古代宗教与伦理——儒家思想的根源》，生活·读书·新知三联书店 1996 年版。

陈来：《郭店简可称"荆门礼记"》，《人民政协报》1998 年 8 月 3 日。

陈来：《竹帛〈五行〉篇为子思、孟子所作论——兼论郭店楚简〈五行〉篇出土的历史意义》，《孔子研究》2007 年第 1 期。

陈良武：《出土文献与〈荀子·成相篇〉》，《长安大学学报》2008 年第 3 期。

陈梦家：《汉简缀述》，中华书局 1980 年版。

陈梦家：《由实物所见汉代简册制度》，甘肃省博物馆、中国科学院考古研究所编《武威汉简》，文物出版社 1964 年版。又收入氏著《汉简缀述》，中华书局 1980 年版。

陈松长：《帛书史话》，中国大百科全书出版社 2000 年版。

陈松长：《香港中文大学文物馆藏简牍》，香港中文大学出版社 2001 年版。

陈桐生:《从出土文献看七十子后学在先秦散文史上的地位》,《文学遗产》2005 年第 6 期。

陈伟:《包山楚简初探》,武汉大学出版社 1996 年版。

陈伟:《关于郭店楚简〈六德〉诸篇编联的调整》,《江汉考古》2000 年第 1 期。

陈伟:《郭店竹书别释》,湖北教育出版社 2003 年版。

陈伟:《文本复原是一项长期艰巨的工作》,《湖北大学学报》1999 年第 2 期。

陈燮君:《战国楚竹书的文化震撼》,《解放日报》2001 年 12 月 14 日。

陈志达:《商代玉石文字》,《华夏考古》1991 年第 2 期。

成家彻郎撰:《睡虎地秦简〈日书·玄戈〉》,王维坤译,《文博》1991 年第 3 期。

程鹏万:《简牍帛书格式研究》,上海古籍出版社 2017 年版。

程毅中:《再论敦煌俗赋的渊源》,郝春文主编《敦煌文献论集》,辽宁人民出版社 2001 年版。

程元敏:《〈礼记·中庸、坊记、缁衣〉非出于〈子思子〉考》,《张以仁先生七十秩寿庆论文集》上册,(台北)学生书局 1999 年版。

池田知久:《池田知久简帛研究论集》,曹峰译,中华书局 2006 年版。

池田知久:《郭店楚简〈五行〉研究》,《中国哲学》第 21 辑,辽宁教育出版社 2000 年版。

池田知久:《尚处形成阶段的〈老子〉最古文本》,陈鼓应主编《道家文化研究》第 17 辑,生活·读书·新知三联书店 1999 年版。

初师宾:《简牍学百年的思考》,《简牍学研究》第 3 辑,甘肃人民出版社 2002 年版。

初世宾:《简牍研究与考古学方法之运用》,第一届简帛学学术讨论会论文,1999 年。

邓文宽:《天水放马滩秦简〈月建〉应名〈建除〉》,《文物》1990 年第 9 期。

丁四新:《楚地出土简帛文献思想研究》(一至三),湖北教育出版社 2002—2007 年版。

丁四新：《郭店楚墓竹简思想研究》，东方出版社 2000 年版。

丁原植：《楚简儒家性情说研究》，（台北）万卷楼图书有限公司 2002
年版。

丁原植：《郭店楚简儒家佚书四种释析》，台湾古籍出版有限公司 2000
年版。

定县汉墓竹简整理组：《〈儒家者言〉释文》，《文物》1981 年第 8 期。

定县汉墓竹简整理组：《定县 40 号墓出土竹简简介》，《文物》1981 年第
8 期。

董珊：《读上博藏战国楚竹书（四）杂记》，简帛研究网，2005 年 2 月
20 日。

董作宾：《甲骨文断代研究例》，《庆祝蔡元培先生六十五岁论文集》（上
册），开明书店 1933 年版。

杜维明：《郭店楚简与先秦儒道思想的重新定位》，《中国哲学》第 20 辑，
辽宁教育出版社 1999 年版。

房振三：《上博馆藏楚竹书（四）释字二则》，简帛研究网，2005 年 4 月
3 日。

冯国超：《郭店楚墓竹简研究述评》（下），《哲学研究》2001 年第 4 辑。

冯胜君：《从出土文献谈先秦两汉古书的体例（文本书写篇）》，《文史》
2004 年第 4 辑。

冯胜君：《郭店简与上博简对比研究》，线装书局 2007 年版。

伏俊琏：《从新出土的〈神乌赋〉看民间故事赋的产生、特征及在文学史
上的意义》，《西北师大学报》1997 年第 6 期。

伏俊琏：《战国早期的志怪小说》，《光明日报》2005 年 8 月 26 日。

福田哲之：《上博楚简〈内礼〉的文献性质》，《简帛》第 1 辑，上海古籍
出版社 2006 年版。

福田哲之：《上博四〈内丰〉附简、上博五〈季康子问于孔子〉第十六简
的归属问题》，简帛网，2006 年 3 月 7 日。

阜阳汉简整理组：《阜阳汉简〈仓颉篇〉》，《文物》1983 年第 2 期。

阜阳汉简整理组：《阜阳汉简〈诗经〉》，《文物》1984 年第 8 期。

阜阳汉简整理组：《阜阳汉简简介》，《文物》1983 年第 2 期。

阜阳汉简整理组：《阜阳汉简〈楚辞〉》，《中国韵文学刊》1987 年第
　　1 期。

阜阳汉简整理组：《阜阳汉简〈万物〉》，《文物》1988 年第 4 期。

复旦大学出土文献与古文字研究中心研究生读书会：《〈上博七·武王践
　　阼〉校读》，复旦大学出土文献与古文字研究中心网，2008 年 12 月
　　30 日。

甘凤、王进锋、余佳翻译整理：《"中"是什么?》，《光明日报》2010 年 7
　　月 12 日。

甘肃省博物馆、甘肃省武威县文化馆：《武威旱滩坡汉墓发掘简报——出
　　土大批医药简牍》，《文物》1973 年第 12 期。

甘肃省博物馆、武威县文化馆编：《武威汉代医简》，文物出版社 1975
　　年版。

甘肃省博物馆、中国科学院考古研究所编：《武威汉简》，文物出版社
　　1964 年版。

甘肃省博物馆：《武威汉简》，文物出版社 1964 年版。

甘肃省文物考古研究所编：《天水放马滩秦简》，中华书局 2009 年版。

高兵：《从〈睡虎地秦简〉看秦国的婚姻伦理观念》，《烟台师范学院学
　　报》2005 年第 4 期。

高大伦：《汗简、汗青、杀青辨》，《四川大学学报》（哲学社会科学版）
　　1986 年第 4 期。

高大伦：《简册制度中几个问题的考辨》，《文献》1987 年第 4 期。

高婧聪：《从上博简〈竞建内之〉所引商史事看经学在战国时期的传承》，
　　《管子学刊》2010 年第 1 期。

葛瑞汉著：《论道者：中国古代哲学论辩》，张海燕译，中国社会科学出
　　版社 2003 年版。

葛兆光：《七世纪前中国的知识、思想与信仰世界》，《中国思想史》第一
　　卷，复旦大学出版社 1998 年版。

工藤元男：《云梦睡虎地秦墓竹简〈日书〉和道教的习俗》，《东方宗教》
　　第 76 号，1990 年。

谷中信一：《从郭店〈老子〉看今本〈老子〉的完成》，武汉大学中国传

统文化研究中心编《郭店楚简国际学术研讨会论文集》，2000 年。

顾颉刚：《禅让传说起于墨家考》，《古史辨》第七册（下），上海古籍出版社 1982 年版。

顾颉刚：《从〈吕氏春秋〉推测〈老子〉之成书年代》，罗根泽编著《古史辨》第四册，上海古籍出版社 1982 年版。

顾史考：《郭店楚简先秦儒书宏微观》，台湾学生书局 2006 年版。

郭沂：《从郭店楚简〈老子〉看老子其人其书》，《哲学研究》1998 年第 7 期。

郭沂：《郭店竹简与先秦学术思想》，上海教育出版社 2001 年版。

郭梨华：《〈亘先〉及战国道家哲学论题探究》，《中国哲学史》2008 年第 2 期。

郭沫若：《奴隶制时代》，中国人民大学出版社 2005 年版。

郭齐勇：《郭店儒家简与孟子心性论》，《武汉大学学报》（哲学社会科学版）1999 年第 5 期。

郭齐勇：《儒家文化研究》第 1 辑，生活·读书·新知三联书店 2007 年版。

郭齐勇：《儒学与儒学史新论》，台湾学生书局 2002 年版。

郭少峰、浦峰：《北大藏竹书现最完整〈老子〉》，《新京报》2009 年 11 月 6 日。

国家文物局古文献研究室、大通上孙家寨汉简整理小组：《青海大通县上孙家寨一一五号汉墓》，《文物》1981 年第 2 期。

国家文物局古文献研究室、河北省博物馆、河北省文物研究所定县汉墓竹简整理组：《〈儒家者言〉释文》，《文物》1981 年第 8 期。

国家文物局古文献研究室：《马王堆汉墓帛书（壹）》，文物出版社 1980 年版。

"国立"台湾大学文学院古文字研究室编：《中国文字》，（台北）艺文印书馆 1998 年版。

韩英：《〈昔者君老〉与〈内礼〉集释及相关问题研究》，硕士学位论文，吉林大学，2008 年。

韩自强、韩朝：《阜阳出土的〈庄子·杂篇〉汉简》，陈鼓应主编：《道家文化研究》第 18 辑，生活·读书·新知三联书店 2000 年版。

韩自强：《阜阳汉简〈周易〉研究》附《〈儒家者言〉章题、〈春秋事语〉章题及相关竹简》，世纪出版集团、上海古籍出版社 2004 年版。

韩自强：《阜阳汉简〈周易〉研究》，上海古籍出版社 2004 年版。

何琳仪：《郭店竹简选释》，《文物研究》总第 12 辑，黄山书社 1999 年版。

何琳仪：《信阳竹书与〈墨子〉佚文》，《安徽大学学报》（哲学社会科学版）2001 年第 1 期。

何琳仪：《战国古文字典》，中华书局 1998 年版。

何琳仪：《战国文字通论》，中华书局 1989 年版。

何双全：《简牍》，敦煌文艺出版社 2004 年版。

何双全：《睡简与放简〈日书〉比较研究》，《文博》1993 年第 5 期。

何有祖：《读香港中文大学文物馆藏简札记》，《古籍整理研究学刊》2007 年第 2 期。

何远景：《鱼尾的起源》，《文献》1999 年第 4 期。

何直刚：《〈儒家者言〉略说》，《文物》1981 年第 8 期。

河北省文物研究所定州汉墓竹简整理小组：《定州西汉中山怀王墓竹简〈文子〉的整理和意义》，《文物》1995 年第 12 期。

河北省文物研究所定州汉墓竹简整理小组：《定州西汉中山怀王墓竹简〈文子〉释文》，《文物》1995 年第 12 期。

河北省文物研究所定州汉墓竹简整理小组：《定州西汉中山怀王墓竹简〈文子〉校勘记》，《文物》1995 年第 12 期。

河北省文物研究所定州汉墓竹简整理小组：《定州汉墓竹简·论语》，文物出版社 1997 年版。

河北省文物研究所：《河北定县 40 号汉墓发掘简报》，《文物》1981 年第 8 期。

河北省文物研究所定州汉墓竹简整理小组：《定州西汉中山怀王墓竹简〈六韬〉的整理及其意义》，《文物》2001 年第 5 期。

河南省文化局文物工作队：《河南信阳楚墓出土文物图录》，河南人民出版社 1959 年版。

河南省文化局文物工作队：《我国考古史上的空前发现——信阳长台关发掘一座战国大墓》，《文物参考资料》1957 年第 9 期。

河南省文物考古研究所、信阳市文物工作队：《河南信阳长台关七号楚墓发掘简报》，《文物》2004 年第 3 期。

河南省文物考古研究所等：《1995 年郑州小双桥遗址的发掘》，《华夏考古》1996 年第 3 期。

河南文物考古所：《信阳楚墓》，文物出版社 1986 年版。

贺润坤：《从云梦秦简〈日书〉看秦国的六畜饲养业》，《文博》1989 年第 6 期。

贺润坤：《从云梦秦简〈日书〉看秦国的农业水利等有关情况》，《江汉考古》1992 年第 4 期。

贺润坤：《从云梦秦简〈日书〉看秦民间的灾变与救灾》，《江汉考古》1994 年第 2 期。

贺润坤：《云梦秦简〈日书〉所反映秦人的衣食状况》，《江汉考古》1996 年第 4 期。

贺润坤：《中国最早的相马法——云梦秦简〈日书·马〉篇》，《西北农业大学学报》1989 年第 3 期。

后德俊：《古代饱水竹简出土时的处理与保护》，《江汉考古》1982 年第 1 期。

胡承珙：《毛诗后笺》（卷二十三），黄山书社 1999 年版。

胡东波等：《长沙走马楼出土饱水竹简的防腐保存》，《文物保护与考古科学》2003 年第 2 期。

胡平生、韩自强：《〈万物〉略说》，《文物》1988 年第 4 期。

胡平生、韩自强：《阜阳汉简〈诗经〉简论》，《文物》1984 年第 8 期。

胡平生、韩自强：《阜阳汉简诗经研究》，上海古籍出版社 1988 年版。

胡平生、韩自强：《〈仓颉篇〉的初步研究》，《文物》1983 年第 2 期。

胡平生、李天虹：《长江流域出土简牍与研究》，湖北教育出版社 2004 年版。

胡平生：《〈阜阳汉简·诗经〉简册形制及书写格式之蠡测》，国家文物局古文献研究室编：《出土文献研究续集》，文物出版社 1989 年版。

胡平生：《阜阳双古堆汉简与〈孔子家语〉》，袁行霈主编《国学研究》
    第七卷，北京大学出版社 2000 年版。

胡文辉：《马王堆〈太一出行图〉与秦简〈日书·出邦门〉》，《江汉考
    古》1997 年第 3 期。

湖北省博物馆实验室：《古代竹简的脱水处理——关于用乙醇—乙醚法脱
    水处理古代竹简的试验及应用》，《考古》1976 年第 4 期。

湖南省博物馆、湖南省文物考古研究所编著：《长沙马王堆二、三号汉
    墓》第一卷，《田野考古发掘报告》，文物出版社 2004 年版。

湖南省文物考古研究所、慈利县文物保护管理研究所：《湖南慈利县石板
    村战国墓》，《考古学报》1995 年第 2 期。

湖南省文物考古研究所等：《湖南慈利县石板村 36 号战国墓发掘简报》，
    《文物》1990 年第 10 期。

黄怀信：《上海博物馆藏战国楚竹书〈诗论〉解义》，社会科学文献出版
    社 2004 年版。

黄开国：《论儒家的孝道学派——兼论儒家孝道派与孝治派的区别》，《哲
    学研究》2003 年第 3 期。

黄人二：《上海博物馆藏战国楚竹书（一）研究》，（台中）高文出版社
    2002 年版。

黄盛璋：《简牍以长短别尊卑考》，《东南日报》（上海）1948 年 4 月
    7 日。

黄钊：《竹简〈老子〉应为稷下道家传本的摘抄本》，《中州学刊》2000
    年第 1 期。

季旭升：《诗经古义新证》，学苑出版社 2001 年版。

江林昌：《清华〈保训〉篇"中"的观念》，《光明日报》2009 年 8 月
    3 日。

江侠庵编译：《先秦经籍考》（中册），商务印书馆 1929 年版。

姜广辉：《"清华简"鉴定可能要经历一个长期过程——再谈对〈保训〉
    篇的疑问》，《光明日报》2009 年 6 月 8 日。

姜广辉：《〈保训〉十疑》，《光明日报》2009 年 5 月 4 日。

姜广辉：《郭店楚简研究》，《中国哲学》第 20 辑，辽宁教育出版社 1999

年版。

姜广辉：《郭店楚简与〈子思子〉——兼谈郭店楚简的思想史意义》，《中国哲学》第 21 辑，辽宁教育出版社 2000 年版。

姜广辉：《上博藏简〈容成氏〉的思想史意义》，简帛研究网，2003 年 1 月 9 日。

蒋诗堂：《战国文字域别特点考察的原则之探讨》，《湖南社会科学》2002 年第 2 期。

金春峰：《〈周易〉经传与郭店楚简思想新释》，中国言实出版社 2004 年版。

金履祥：《尚书表注》（卷一），《丛书集成初编本》，中华书局 1985 年版。

金荣权：《百年宋玉研究综论》，《江汉论坛》2009 年第 2 期。

荆门郭店楚简研究（国际）中心编：《古墓新知——纪念郭店楚简出土十周年论文专辑》，（香港）国际炎黄文化出版社 2003 年版。

荆门市博物馆：《荆门郭店一号楚墓》，《文物》1997 年第 7 期。

荆门市博物馆编：《郭店楚墓竹简》，文物出版社 1998 年版。

井上亘：《〈内丰〉篇与〈昔者君老〉篇的编联问题》，简帛研究网，2005 年 10 月 16 日。

匡亚明：《孔子评传》，齐鲁书社 1985 年版。

李存山：《从郭店楚简看早期道儒关系》，《中国哲学》第 20 辑，辽宁教育出版社 1999 年版。

李存山：《反思经史关系：从"启攻益"说起》，《中国社会科学》2003 年第 3 期。

李存山：《郭店楚简研究散论》，《孔子研究》2000 年第 3 期。

李存山：《"郭店竹简与思孟学派"复议》，《中国思想史通讯》2006 年第 1 辑。又见郭齐勇主编《儒家文化研究》第 1 辑，生活·读书·新知三联书店 2007 年版。

李存山：《先秦儒家的政治伦理教科书——读楚简〈忠信之道〉及其他》，《中国文化研究》1998 年第 4 期。

李建民：《陶寺遗址出土的朱书"文"字扁壶》，《中国社会科学院古代文明研究通讯》2001 年第 1 期。

李景林：《从郭店简看思孟学派的性与天道论》，武汉大学中国文化研究
　　院编《郭店楚简国际学术研讨会论文集》，湖北人民出版社 2000 年版。

李均明、何双全编：《散见简牍合集》，文物出版社 1990 年版。

李均明：《读〈香港中文大学文物馆藏简牍〉偶识》，中国古文字研究会、
　　中山大学古文字研究所编《古文字研究》第 24 辑，中华书局 2002
　　年版。

李均明：《古代简牍》，文物出版社 2003 年版。

李均明：《周文王遗嘱之中道观》，《光明日报》2009 年 4 月 20 日。

李莉：《清华大学今天宣布发现失传 2000 年〈尚书〉竹简》，《北京晚报》
　　2009 年 4 月 25 日。

李零：《从简帛发现看古书的体例和分类》，《中国典籍与文化》2001 年
　　第 1 期。

李零：《郭店楚简校读记》，北京大学出版社 1999 年版。

李零：《郭店楚简校读记》（增订本），中国人民大学出版社 2007 年版。

李零：《简帛古书与学术源流》，生活·读书·新知三联书店 2004 年版。

李零：《马王堆房中术研究》，《文史》第 35 辑，中华书局 1992 年版。

李零：《青海大通县上孙家寨汉简性质小议》，《考古》1983 年第 6 期。

李零：《上博楚简三篇校读记》，（台北）万卷楼图书有限公司 2002 年版。

李零：《说清华楚简〈保训〉篇的"中"字》，《中国文物报》2009 年 5
　　月 20 日。

李零：《寻找回来的世界——简帛古书的发现与中国学术史的改写》，《书
　　城》2003 年第 2 期。

李锐：《"重文"分析法评析》，《清华大学学报》2008 年第 1 期。

李锐：《论上博简〈鬼神之明〉篇的学派性质——兼说对文献学派属性判
　　定的误区》，《湖北大学学报》（哲学社会科学版）2009 年第 1 期。

李启谦：《孔门弟子研究》，齐鲁书社 1987 年版。

李若晖：《〈神乌傅〉与〈离骚传〉》，《国学研究》第十七卷，北京大学
　　出版社 2006 年版。

李守奎等：《上海博物馆藏战国国楚竹书（一—五）文字编》，作家出版
　　社 2007 年版。

李松儒：《香港中文大学藏战国简的归属》（之一），复旦大学出土文献与古文字研究中心网，2010 年 6 月 7 日。

李松儒：《郭店楚墓竹简字迹研究》，硕士学位论文，吉林大学，2006 年。

李天虹：《郭店楚简与传世文献互征七则》，《江汉考古》2000 年第 3 期。

李天虹：《郭店竹简〈性自命出〉研究》，湖北教育出版社 2003 年版。

李学勤、李零：《平山三器与中山国史的若干问题》，《考古学报》1979 年第 2 期。

李学勤、林庆彰：《新出土文献与先秦思想重构》，（台北）万卷楼图书公司 2007 年版。

李学勤、裘锡圭：《新学问大都由于新发现——考古发现与先秦、秦汉典籍文化》，《文学遗产》2000 年第 3 期。

李学勤：《〈诗论〉的体裁和作者》，上海大学古代文明研究中心、清华大学思想文化研究所编《上博馆藏战国楚竹书研究》，上海书店出版社 2002 年版。

李学勤：《〈唐勒〉、〈小言赋〉和〈易传〉》，《齐鲁学刊》1990 年第 4 期。

李学勤：《〈孙子〉篇题木牍与佚文》，《孙子学刊》1992 年第 4 期。

李学勤：《包山楚简文字编·序言》，张守中撰集《包山楚简文字编》，文物出版社 1996 年版。

李学勤：《初识清华简》，《光明日报》2008 年 12 月 1 日。

李学勤：《当代学者自选文库：李学勤卷》，安徽教育出版社 1999 年版。

李学勤：《东周与秦代文明》，文物出版社 1984 年版。

李学勤：《放马滩简中的志怪故事》，《文物》1990 年第 4 期。

李学勤：《古文献丛论》，上海远东出版社 1996 年版。

李学勤：《简帛书籍的发现及其影响》，《文物》1999 年第 10 期。

李学勤：《简帛佚籍与学术史》，江西教育出版社 2001 年版。

李学勤：《荆门郭店楚简所见关尹遗说》，《中国文物报》1998 年 4 月 29 日。

李学勤：《论清华简〈保训〉的几个问题》，《文物》2009 年第 6 期。

李学勤：《秦简的古文字学考察》，《云梦秦简研究》，中华书局 1981

年版。

李学勤：《清代学术的几个问题》，《中国学术》第6辑，商务印书馆2001年版。

李学勤：《清华简〈（耆）夜〉》，《光明日报》2009年8月3日。

李学勤：《清华简〈保训〉释读补正》，《中国史研究》2009年第5期。

李学勤：《清华简九篇综述》，《文物》2010年第5期。

李学勤：《清华简整理工作的第一年》，《清华大学学报》2009年第5期。

李学勤：《失落的文明》，上海文艺出版社1997年版。

李学勤：《试释楚简〈鲍叔牙与隰朋之谏〉》，《文物》2006年第9期。

李学勤：《文物中的古文明》，商务印书馆2008年版。

李学勤：《先秦儒家著作的重大发现》，《中国哲学》第20辑，辽宁教育出版社1999年版。

李学勤：《先秦儒家著作的重大发现》，姜广辉主编《郭店楚简研究》，辽宁教育出版社1999年版。

李学勤：《信阳楚墓中发现最早的战国竹书》，《光明日报》1957年11月27日。

李学勤：《长台关竹简中的〈墨子〉佚篇》，《徐中舒先生九十寿辰纪念文集》，巴蜀书社1990年版。

李学勤：《重写学术史》，河北教育出版社2001年版。

李学勤：《周易溯源》，巴蜀书社2005年版。

李学勤：《走出疑古时代》，辽宁大学出版社1997年版。

李裕民：《郭店楚墓的年代与墓主新探》，《陕西师范大学学报》（哲学社会科学版）2000年第3期。

李运富：《楚国简帛文字资料综述》，《古汉语研究》1995年第3期。

李运富：《战国文字“地域特点”质疑》，《中国社会科学》1997年第5期。

李泽厚：《初读郭店竹简印象记要》，《中国哲学》第21辑，辽宁教育出版社2000年版。又见陈鼓应主编《道家文化研究》第17辑，生活·读书·新知三联书店1999年版。

李振宏：《论“先秦学术体系”的汉代生成》，《河南大学学报》（社会科学版）2008 年第 2 期。

连云港市博物馆：《尹湾汉墓简牍释文选·神乌赋》，《文物》1996 年第
　　8 期。

连云港市博物馆等：《尹湾汉墓简牍》，中华书局 1997 年版。

梁思永：《小屯龙山与仰韶》，《梁思永考古论文集》，科学出版社 1959
　　年版。

梁松涛、赵艳平：《浅析我国出土文献数据库建设的制约因素及对策》，
　　《图书馆工作与研究》2008 年第 4 期。

梁涛：《郭店竹简与思孟学派》，中国人民大学出版社 2008 年版。

梁涛主编：《中国思想史前言——经典、诠释、方法》，陕西师范大学出
　　版社 2008 年版。

梁韦弦：《郭店简、上博简中的禅让学说与中国古史上的禅让制》，《史学
　　集刊》2006 年第 3 期。

廖名春：《〈周易〉经传与易学史新论》，齐鲁书社 2001 年版。

廖名春：《〈庄子·盗跖篇〉探源》，《文史》第 45 辑，中华书局 1998
　　年版。

廖名春：《〈缁衣〉作者新论》，山东师范大学齐鲁文化研究中心、美国哈
　　佛大学燕京学社编《儒家思想学派论集》，齐鲁书社 2008 年版。

廖名春：《帛书〈易传〉初探》，（台北）文史哲出版社 1998 年版。

廖名春：《出土简帛丛考》，湖北教育出版社 2004 年版。

廖名春：《出土文献与先秦文学史的重写》，《文艺研究》2000 年第 3 期。

廖名春：《从郭店楚简和马王堆帛书论"晚书"的真伪》，《北方论丛》
　　2001 年第 1 期。

廖名春：《从唐勒赋的出土论宋玉散体赋的真伪》，《求索》1991 年第
　　4 期。

廖名春：《郭店楚简老子校释》，清华大学出版社 2003 年版。

廖名春：《荆门郭店楚简与先秦儒学》，《中国哲学》第 20 辑，辽宁教育
　　出版社 1999 年版。

廖名春：《试论帛书〈衷〉的篇名和字数》，《周易研究》2002 年第 5 期。

廖名春：《王家台秦简〈归藏〉管窥》，《周易研究》2001 年第 2 期。

廖名春:《新出楚简试论》,台湾古籍出版有限公司2001年版。

廖名春主编:《清华简帛研究》第1辑,清华大学思想文化研究所,2000年。

廖名春主编:《新出楚简与儒学思想国际学术研讨会论文集》,清华大学,2002年。

林剑鸣:《〈睡〉简与〈放〉简〈日书〉比较研究》,《文博》1992年第3期。

林剑鸣:《从秦人价值观看秦文化的特点》,《历史研究》1987年第3期。

林剑鸣:《简牍概述》,陕西人民出版社1984年版。

林清源:《简牍帛书标题格式研究》,(台北)艺文印书馆2004年版。

林素清:《上博四〈内礼〉篇重探》,《简帛》第1辑,上海古籍出版社2006年版。

林素清:《释“匿”——兼及〈内丰〉新释与重编》,《庆祝钱存训教授九五华诞学术论文集》编辑委员会编《南山论学集》,北京图书馆出版社2006年版。

林素英:《从郭店楚简探究其伦常观念》,(台北)万卷楼图书有限公司2003年版。

林沄:《古代的简牍》,《中国典籍与文化》1994年第1期。

林沄:《小屯南地发掘与殷墟甲骨断代》,《林沄学术文集》,中国大百科全书出版社1998年版。

林沄:《真该走出疑古时代吗?——对当前中国古典学取向的看法》,《林沄学术文集》(二),科学出版社2008年版。

林忠军:《王家台秦简〈归藏〉出土的易学价值》,《周易研究》2001年第2期。

刘成群:《清华简〈乐诗〉与“西伯戡黎”再探讨》,《史林》2009年第4期。

刘成群:《清华简乐诗与“西伯戡黎”再探讨》,《史林》2009年第4期。

刘大白:《宋玉赋辨伪》,《小说月报》第17卷号外《中国文学研究》1927年6月。

刘大钧:《简帛考论》,上海古籍出版社2007年版。

刘凤山：《隶变研究》，首都师范大学博士学位论文，2006 年。

刘光胜：《〈保训〉之"中"何解——兼谈清华简〈保训〉与〈易经〉形成》，《光明日报》2009 年 5 月 18 日。

刘光胜：《帛书〈易传〉成书问题新探》，《辽宁师范大学学报》2009 年第 1 期。

刘光胜：《上博简〈曹沫之阵〉研究》，《管子学刊》2007 年第 1 期。

刘光胜：《由清华简谈文王、周公的两个问题》，《东岳论丛》2010 年第 5 期。

刘国忠、陈颖飞：《清华简〈保训〉座谈会纪要》，《光明日报》2009 年 6 月 29 日。

刘国忠：《古代帛书》，文物出版社 2004 年版。

刘国忠：《清华简保护及研究情况综述》，《中国史研究动态》2009 年第 9 期。

刘国忠：《周文王称王史事辨》，《中国史研究》2009 年第 3 期。

刘国忠：《清华简〈保训〉与周文王事商》，《清华大学学报》2009 年第 5 期。

刘洪：《从东海尹湾汉墓新出土简牍看我国古代书籍制度》，连云港市博物馆、中国文物研究所编《尹湾汉墓简牍综论》，科学出版社 1992 年版。

刘娇：《从相关出土材料看晏子书的流传》，《中国典籍与文化》2008 年第 3 期。

刘金华：《〈日书·相宅〉辨析》，《史学月刊》2009 年第 11 期。

刘金华：《〈香港中文大学文物馆藏简牍〉补释》，《华中科技大学学报》2006 年第 2 期。

刘乐贤：《〈香港中文大学文物馆藏简牍〉评介》，《中国史研究动态》2002 年第 8 期。

刘乐贤：《读〈香港中文大学文物馆藏简牍〉》，《江汉考古》2001 年第 4 期。

刘乐贤：《简帛数术文献探论》，湖北教育出版社 2003 年版。

刘乐贤：《睡虎地秦简日书〈诘咎篇〉研究》，《考古学报》1993 年第

4 期。

刘乐贤：《睡虎地秦简日书的内容、性质及相关问题》，《中国社会科学院研究生院学报》1993 年第 1 期。

刘乐贤：《睡虎地秦简日书研究》，（台北）文津出版社 1994 年版。

刘乐贤：《睡虎地秦简日书注释商榷》，《文物》1994 年第 10 期。

刘书惠：《部分出土文献中的神话传说研究》，东北师范大学硕士学位论文，2009 年。

刘信芳：《〈日书〉驱鬼术发微》，《文博》1996 年第 4 期。

刘信芳：《〈天水放马滩秦简综述〉质疑》，《文物》1990 年第 9 期。

刘一曼：《试论殷墟甲骨书辞》，《考古》1991 年第 6 期。

刘钊：《郭店楚简校释》，福建人民出版社 2005 年版。

刘钊：《秦简中的鬼怪》，《中国典籍与文化》1997 年第 3 期。

刘祖信：《郭店一号墓概述》，艾兰、魏克彬主编，邢文编译《郭店老子——东西方学者的对话》，学苑出版社 2002 年版。

龙永芳：《关于郭店楚简〈语丛三〉分篇与重新编连的思考》，《古墓新知》，（香港）国际炎黄文化出版社 2003 年版。

陆锡兴：《隶变是一个文字发展阶段》，《历史教学》1992 年第 9 期。

路洪昌：《战国中山国若干历史问题考辨》，《河北学刊》1987 年第 6 期。

罗炽：《〈太一生水〉辨》，《湖北大学学报》（哲学社会科学版）2004 年第 6 期。

罗曦芸、陈大勇：《饱水文物的真空冷冻干燥研究》，《实验室研究与探索》2002 年第 5 期。

吕亚虎：《出土简帛资料所见出行巫术浅析》，《江汉论坛》2007 年第 11 期。

马承源：《战国楚竹书的发现保护和整理》，《中国文物报》2001 年 12 月 26 日。

马承源主编：《上海博物馆藏战国楚竹书》（一）—（七），上海古籍出版社 2001—2008 年版。

马继兴：《马王堆古医书考释》，湖南科学技术出版社 1992 年版。

马楠：《清华简〈郘夜〉礼制小札》，《清华大学学报》（哲学社会科学版）2009 年第 5 期。

马王堆汉墓帛书整理小组编：《马王堆汉墓帛书》，文物出版社 1983 年版。

马王堆汉墓帛书整理小组编：《马王堆汉墓帛书经法》，文物出版社 1976 年版。

马先醒：《笔削与汗青》，《简牍学报》1980 年第 7 期。

马先醒：《简牍制度之有无及其时代问题——附商王国维著〈简牍检署考〉》，《国际简牍学会会刊》第 1 号，1993 年。

孟蓬生：《上博竹书〈二〉字词劄记》，简帛研究网，2003 年 1 月 14 日。

聂中庆：《郭店楚简〈老子〉研究》，复旦大学博士学位论文，2003 年。

宁江英：《秦及汉初家庭结构研究》，《西安财经学院学报》2009 年第 4 期。

宁镇疆：《八角廊汉简〈儒家者言〉与〈孔子家语〉相关章次疏证》，《古籍整理研究学刊》2004 年第 5 期。

庞朴：《〈太一生水〉说》，姜广辉主编《中国哲学》第 21 辑，辽宁教育出版社 2000 年版。

庞朴：《帛书五行篇研究》，齐鲁书社 1980 年版。

庞朴：《郭店楚简与早期儒学》，台湾古籍出版有限公司 2002 年版。

庞朴：《孔孟之间——郭店楚简的思想史地位》，《中国社会科学》1998 年第 5 期。

庞朴：《儒林》，山东大学出版社 2005 年版。

彭邦本：《楚简〈唐虞之道〉与古代禅让传说》，《学术月刊》2003 年第 1 期。

彭浩：《郭店一号墓的年代与简本〈老子〉的结构》，陈鼓应主编：《道家文化研究》第 17 辑，生活·读书·新知三联书店 1999 年版。

彭浩：《中国最早的数学著作〈算数书〉》，《文物》2000 年第 9 期。

彭浩：《张家山汉简〈算数书〉注释》，科学出版社 2001 年版。

彭浩：《张家山汉简〈引书〉初探》，《文物》1990 年第 10 期。

骈宇骞、段书安：《二十世纪出土简帛概述》，（台北）万卷楼图书有限公司 1994 年版。

骈宇骞、段书安：《二十世纪出土简帛综述》，文物出版社 2006 年版。

骈宇骞：《出土简帛书籍分类述略》，《中国典籍与文化》2005 年第 2、4 期，2006 年第 1—3 期。

骈宇骞：《出土简帛书籍题记述略》，《文史》2003 年第 4 辑。

骈宇骞：《对〈晏子春秋〉的再认识——兼谈古书的形成与发展》，《管子学刊》1990 年第 1 期。

骈宇骞：《晏子春秋校释》，书目文献出版社 1988 年版。

蒲慕州：《睡虎地秦简〈日书〉的世界》，《中央研究院历史语言研究所集刊》第 62 本第 4 分册，1993 年。

浦起龙：《史通通释》，上海书店出版社 1988 年版。

钱存训：《书于竹帛：中国古代的文字记录》，上海世纪出版集团、上海书店出版社 2002 年版。

钱穆：《先秦诸子系年》，上海书店出版社 1992 年版。

钱锺书：《管锥编》，中华书局 1979 年版。

浅野裕一：《古代思想史と郭店楚简》，（东京）汲古书院 2005 年版。

浅野裕一：《古代中国の文明观：儒家·墨家·道家の论争》，（东京）岩波书店 2005 年版。

浅野裕一：《战国楚简研究》，（台北）万卷楼图书股份有限公司 2004 年版。

青海省文物考古工作队（刘万云执笔）：《大通上孙家寨汉简释文》，《文物》1981 年第 2 期。

清华大学出土文献研究与保护中心：《清华大学藏战国竹简〈保训〉释文》，《文物》2009 年第 6 期。

裘锡圭：《读〈郭店楚墓竹简〉札记三则》，《上海博物馆集刊》第 9 辑，上海书画出版社 2002 年版；后收入《中国出土古文献十讲》，复旦大学出版社 2004 年版。

裘锡圭：《古代文史研究新探》，江苏古籍出版社 1992 年版。

裘锡圭：《古文字论集》，中华书局 1992 年版。

裘锡圭：《郭店〈老子〉简初探》，陈鼓应主编《道家文化研究》第 17 辑，生活·读书·新知三联书店 1999 年版。

裘锡圭：《马王堆三号汉墓"养生方"简文释读琐议》，《湖南考古辑刊》第 4 辑，1987 年。

裘锡圭：《啬夫初探》，《古代文史研究新探》，江苏古籍出版社 1992 年版。

裘锡圭：《神乌赋初探》，《文物》1997 年第 1 期。

裘锡圭：《文字学概要》，商务印书馆 1988 年版。

裘锡圭：《新出土先秦文献与古史传说》，北京大学中国古文献研究中心编《北京大学中国古文献研究中心集刊》第 4 辑，北京大学出版社 2004 年版。

裘锡圭：《中国出土古文献十讲》，复旦大学出版社 2004 年版。

裘锡圭：《〈神乌赋〉初探》，《文物》1997 年第 1 期。

曲德来：《由〈神乌赋〉论及有关文学史的几个问题》，首都师范大学中文系编《文学前沿》第 2 期，首都师范大学出版社 2000 年版。

曲德来：《重视利用出土文献　推进古代文学研究》，《中州学刊》2000 年第 2 期。

饶宗颐：《中文大学文物馆藏建初四年"序宁病简"与"包山简"——论战国、秦、汉解疾祷词之诸神与古史人物》，中国社会科学院历史研究所编《华夏文明与传世藏书——中国国际汉学研讨会论文集》，中国社会科学出版社 1996 年版。

饶宗颐：《缁衣零简》，《学术集林》卷九，上海远东出版社 1996 年版。

任继愈：《先秦哲学无"六家"——读司马谈〈论六家要旨〉》，《文汇报》1963 年 5 月 21 日。

商承祚：《战国楚竹简汇编》，齐鲁书社 1995 年版。

上海大学古代文明研究中心、清华大学思想文化研究所编：《上博馆藏战国楚竹书研究》，上海书店出版社 2002 年版。

上海大学古代文明研究中心、清华大学思想文化研究所编：《上博馆藏战国楚竹书研究续编》，上海书店出版社 2004 年版。

邵汉明：《中国文化研究二十年》（第 2 版），人民出版社 2006 年版。

沈建华：《清华楚简"武王八年伐郘"刍议》，《考古与文物》2010 年第 2 期。

沈建华：《释〈保训〉简"测阴阳之物"》，《中国史研究》2009 年第 3 期。

沈颂金：《出土简帛与文学史研究》，《齐鲁学刊》2004 年第 6 期。

沈颂金：《二十世纪简帛学研究》，学苑出版社 2003 年版。

沈文倬：《汉简〈服传〉考》，《文史》第 24、25 辑，中华书局 1985 年版。

师安衷：《中国书法史上的重大发现》，王斌主编《虢国墓地的发现与研究》，社会科学文献出版社、时代（远东）出版社 2000 年版。

施谢捷：《简帛文字考释札记》，李学勤等主编《简帛研究》第 3 辑，广西教育出版社 1998 年版。

石雪万：《尹湾竹木简缀述》，《尹湾汉墓简牍综论》，科学出版社 1999 年版。

史善刚、董延寿：《王家台秦简〈易〉卦非"殷易"亦非〈归藏〉》，《哲学研究》2010 年第 3 期。

史树青：《信阳长台关出土竹书考》，《北京师范大学学报》1963 年第 4 期。

睡虎地秦墓竹简整理小组编：《睡虎地秦墓竹简》，文物出版社 1990 年版。

睡虎地秦墓竹简整理小组：《云梦睡虎地秦墓》，文物出版社 1981 年版。

宋迎春：《阜阳汉简发现、整理与研究综述》，《阜阳师范学院学报》2006 年第 1 期。

苏德恺：《司马谈所创造的"六家"概念》，刘梦溪主编《中国文化》第七期，生活·读书·新知三联书店 1993 年版。

孙次舟：《跋古史辨第四册并论老子之有无》，罗根泽编著《古史辨》第六册，上海古籍出版社 1982 年版。

孙飞燕：《〈蟋蟀〉试读》，《清华大学学报》2009 年第 5 期。

孙占宇：《简帛日书所见早期数术考述》，《湖南大学学报》2011 年第 2 期。

谭宝刚：《〈太一生水〉乃老聃遗著》，荆门郭店楚简研究中心编《古墓新知》，（香港）国际炎黄文化出版社 2003 年版。

谭宝刚：《再论〈太一生水〉乃老聃遗著》，《徐州师范大学学报》（哲学社会科学版）2004 年第 4 期。

谭步云：《出土文献所见古汉语标点符号探讨》，《中山大学学报》（社会科学版）1996 年第 3 期。

谭家健：《〈唐勒赋〉残篇考释及其它》，《文学遗产》1990 年第 2 期。

谭家健：《新近发现的先秦佚书之文学价值》，《中国文学研究》1988 年第 4 期。

汤漳平：《〈古文苑〉中的宋玉赋真伪辨》，《江海学刊》1989 年第 6 期。

唐兰等：《座谈长沙马王堆汉墓帛书》，《文物》1974 年第 9 期。

滕昭宗：《尹湾汉墓简牍释文选》，《文物》1996 年第 8 期。

仝冠军：《论简牍不晚于甲骨出现》，《出版发行研究》2003 年第 2 期。

涂宗流、刘祖信：《郭店楚简先秦儒家佚书校释》，（台北）万卷楼图书有限公司 2001 年版。

涂宗流：《郭店楚简平议》，（香港）国际炎黄文化出版社 2002 年版。

王博：《关于郭店楚墓竹简〈老子〉的结构与性质——兼论其与通行本〈老子〉的关系》，陈鼓应主编《道家文化研究》第 17 辑，生活·读书·新知三联书店 1999 年版。

王博：《简帛思想文献论集》，台湾古籍出版有限公司 2001 年版。

王葆玹：《郭店楚简的时代及其与子思学派的关系》，武汉大学中国文化研究院编《郭店楚简国际学术研讨会论文集》，湖北人民出版社 2000 年版。

王葆玹：《试论郭店楚简各篇的撰写时代及其背景——兼论郭店及包山楚简的时代问题》，《中国哲学》第 20 辑，辽宁教育出版社 1999 年版。

王国维：《古史新证——王国维最后的讲义》，清华大学出版社 1994 年版。

王国维：《王国维文集》（第四卷），中国文史出版社 1997 年版。

王国维著，胡平生、马月华校注：《简牍检署考校注》，上海古籍出版社 2004 年版。

王辉：《王家台秦简〈归藏〉校释（28 则)》，《江汉考古》2003 年第 1 期。

王钧林：《中国儒学史·先秦卷》，广东教育出版社 1998 年版。

王明钦：《王家台秦墓竹简概述》，北京大学新出简帛国际学术研讨会论文，2000 年。

王鹏程：《"清华简"武王所戡之"黎"应为"黎阳"》，《史林》2009 年第 4 期。

王聘珍：《大戴礼记解诂》，中华书局 1983 年版。

王青：《古代"语"文体的起源与发展——上博简〈曹沫之陈〉篇题的启示》，《史学集刊》2010 年第 2 期。

王阳明：《传习录》下，《王阳明全集》，上海古籍出版社 1992 年版。

王永平：《郭店楚简研究综述》，《社会科学战线》2005 年第 3 期。

王志平：《〈孔子家语〉札记》，《学术集林》卷九，上海远东出版社 1996 年版。

王中江：《〈恒先〉的宇宙观及人间观的构造》，《文史哲》2008 年第 2 期。

王子今：《简牍史话》，中国大百科全书出版社 2000 年版。

王子今：《睡虎地秦简〈日书〉甲种疏证》，湖北教育出版社 2003 年版。

王子今：《睡虎地秦简〈日书〉秦楚行忌比较》，《秦文化论丛》第 2 辑，西北大学出版社 1993 年版。

王子今：《云梦睡虎地秦简〈日书〉所反映的秦楚交通状况》，台湾《国际简牍学会会刊》第 1 号，1993 年。

魏启鹏、胡翔骅：《马王堆汉墓医书校释》（贰），成都出版社 1992 年版。

魏启鹏：《〈太一生水〉札记》，《中国哲学史》2000 年第 1 期。

魏启鹏：《简帛文献〈五行〉笺证》，中华书局 2005 年版。

魏启鹏：《释〈六德〉"为父继君"——兼答彭林先生》，《中国哲学史》2001 年第 2 期。

魏宜辉：《读上博楚简四札记》，简帛研究网，2005 年 3 月 10 日。

文物局古文献研究室、安徽省阜阳博物馆、阜阳汉墓竹简整理组：《阜阳汉简简介》，《文物》1983 年第 2 期。

吴白匋：《从出土秦简帛书看秦汉早期隶书》，《文物》1978 年第 2 期。

吴九龙、毕宝启：《山东临沂西汉墓发现〈孙子兵法〉和〈孙膑兵法〉等竹简的简报》,《文物》1974 年第 2 期。

吴九龙:《银雀山汉简释文》,文物出版社 1985 年版。

吴荣曾:《读帛书本〈春秋事语〉》,《文物》1998 年第 2 期。

吴小强:《〈日书〉与秦社会风俗》,《文博》1990 年第 2 期。

吴小强:《论秦人宗教思维特征——云梦秦简〈日书〉的宗教学研究》,
　　《江汉考古》1992 年第 1 期。

吴小强:《试论秦人婚姻家庭生育观念》,《中国史研究》1989 年第 3 期。

武汉大学:《新出楚简学术研讨会会议论文》,2006 年。

武汉大学中国文化研究院编:《郭店楚简国际学术研讨会论文集》,湖北
　　人民出版社 2000 年版。

西安半坡村博物馆等著:《姜寨》,文物出版社 1988 年版。

萧汉明:《〈太一生水〉的宇宙论与学派属性》,《学术月刊》2001 年第 12
　　期。

晓菡:《长沙马王堆汉墓帛书概述》,《文物》1974 年第 9 期。

邢文:《帛书周易研究》,人民出版社 1997 年版。

邢义田:《汉代书佐、文书用语"它如某某"及"建武三年十二月候粟君
　　所责寇恩事"简册档案的构成》,"中央研究院"历史语言研究所专刊
　　第七十本第三分——历史语言研究所成立七十周年纪念专号,1999 年。

徐庆文:《郭店竹简与思孟学派研究座谈会述要》,庞朴主编《儒林》第
　　2 辑,山东大学出版社 2006 年版。

徐少华:《郭店一号楚墓年代析论》,《江汉考古》2005 年第 1 期。

徐中舒:《先秦史论稿》,巴蜀书社 1992 年版。

许抗生:《初读郭店竹简〈老子〉》,《中国哲学》第 20 辑,辽宁教育出版
　　社 1999 年版。

严灵峰:《有关帛书易传的几个问题》,朱伯崑主编《国际易学研究》第
　　1 辑,华夏出版社 1995 年版。

严一萍:《帛书竹简》,(台北)艺文印书馆 1976 年版。

晏昌贵:《楚秦〈日书〉所见的居住习俗》,《民俗研究》2002 年第 2 期。

扬之水:《〈神乌赋〉试论》,《中国文化》1996 年第 2 期。

杨朝明、宋立林等:《新出简帛文献注释论说》,台湾书房出版有限公司

2008 年版。

杨朝明：《〈逸周书〉所见灭商之前的周公》，《河南科技大学学报》（社
会科学版）2008 年第 1 期。

杨朝明：《出土文献与儒家学术研究》，台湾古籍出版有限公司 2007
年版。

杨朝明：《孔子家语通解》，（台北）万卷楼图书股份有限公司 2005 年版。

杨朝明：《儒家文献与早期儒学研究》，齐鲁书社 2002 年版。

杨朝明：《上博竹书〈从政〉篇与〈子思子〉》，《孔子研究》2005 年第
2 期。

杨宽：《中国上古史导论》，《古史辨》第七册（上），上海古籍出版社
1982 年版。

杨儒宾：《子思学派试探》，武汉大学中国文化研究院《郭店楚简国际学
术研讨会论文集》，湖北人民出版社 2000 年版。

杨永俊：《论尧舜禹禅让的政治原则与历史形态》，《信阳师范学院学报》
2005 年第 4 期。

杨泽生：《长台关竹书的学派性质新探》，《文史》2001 年第 4 辑。

叶国良：《郭店儒家著作的学术谱系问题》，《中国哲学》第 24 辑，辽宁
教育出版社 2002 年版。

殷伟仁：《从出土简牍看篆隶关系》，《历史教学》1992 年第 9 期。

银雀山汉墓竹简整理小组：《银雀山汉墓竹简》（壹），线装本，文物出版
社 1975 年版。

银雀山汉墓竹简整理小组：《银雀山汉墓竹简》（壹），精装本，文物出版
社 1985 年版。

银雀山汉墓竹简整理小组：《银雀山汉墓竹简》（贰），文物出版社 2010
年版。

银雀山汉墓竹简整理小组：《孙膑兵法（银雀山汉墓竹简）》，文物出版社
1975 年版。

银雀山汉墓竹简整理小组：《孙子兵法（银雀山汉墓竹简）》，文物出版社
1976 年版。

银雀山汉墓竹简整理小组：《银雀山竹书〈守法〉、〈守令〉等十三篇》，

《文物》1985 年第 4 期。

银雀山汉墓竹简整理小组：《临沂银雀山汉墓出土〈王兵〉篇释文》，《文物》1976 年第 12 期。

尹湾汉墓简牍整理小组：《尹湾汉墓简牍概述》，《文物》1996 年第 8 期。

游顺钊：《古汉字书写纵向成因——六书以外的一个探讨》，《中国语文》1992 年第 5 期。

余嘉锡：《古书通例》，上海古籍出版社 2013 年版。

余嘉锡：《余嘉锡说文献学》，上海古籍出版社 2001 年版。

俞志慧：《语：一种古老的文类——以言类之语为例》，《文史哲》2007 年第 1 期。

袁梅：《宋玉辞赋今读》，齐鲁书社 1986 年版。

张春龙：《慈利楚简概述》，艾兰、邢文编《新出简帛研究》，文物出版社 2004 年版。

张光裕主编：《第四届国际中国古文字学研讨会论文集》，香港中文大学中国语言及文学系，2003 年。

张继海：《淮南王作〈离骚传〉考》，《古籍整理研究学刊》2006 年第 6 期。

张家山二四七号汉墓竹简整理小组：《张家山汉墓竹简（二四七号墓）》，文物出版社 2001 年版。

张家山二四七号汉墓竹简整理小组：《张家山汉墓竹简（二四七号墓）》（释文修订本），文物出版社 2006 年版。

张金萍、奚三彩：《饱水竹简变色原因的研究》，《文物保护与考古科学》2003 年第 4 期。

张立行：《战国竹简露真容》，《文汇报》1999 年 1 月 5 日。

张立文：《〈周易〉帛书浅说》，《中国文化与中国哲学》第 3 辑，生活·读书·新知三联书店 1990 年版。

张守忠：《定州西汉中山怀王墓竹简〈六韬〉释文及校注》，《文物》2001 年第 5 期。

张显成：《简帛标题初探》，谢维扬、朱渊清主编《新出土文献与古代文明研究》，上海大学出版社 2004 年版。

张显成：《简帛语言文字研究》，巴蜀书社 2002 年版。

张显成：《简帛文献学通论》，中华书局 2004 年版。

张心澂：《伪书通考》，上海书店出版社 1998 年版。

张震泽：《孙膑兵法校理》，中华书局 1984 年版。

张政烺：《〈春秋事语〉解题》，《文物》1977 年第 1 期。

赵炳清：《〈昔者君老〉与楚国的太子教育》，简帛研究网，2005 年 4 月 30 日。

赵婀娜：《清华简研究有重大发现 〈尚书〉失传两千多年后现身》，《人民日报》2009 年 4 月 27 日。

赵奉蓉：《博闻强识、娴于治乱的辅国重臣——〈逸周书〉中的周公形象》，《大庆师范学院学报》2009 年第 1 期。

赵建伟：《郭店楚墓竹简〈太一生水〉疏证》，陈鼓应主编《道家文化研究》第 17 辑，生活·读书·新知三联书店 1999 年版。

赵平安：《隶变纵横谈》，《历史教学》1992 年第 9 期。

赵浴沛：《睡虎地秦墓简牍所见秦社会婚姻家庭诸问题》，《中国社会经济史研究》2003 年第 4 期。

郑刚：《论睡虎地秦简日书的结构特征》，《中山大学学报》1993 年第 4 期。

郑良树：《续伪书通考》，台湾学生书局 1984 年版。

郑良树：《竹简帛书与校雠学、辨伪学》，《古文字研究》第 10 辑，中华书局 1983 年版。

郑林庆：《竹简类文物摄影的探索与创新——以清华简拍摄为例》，《装饰》2009 年第 6 期。

郑有国：《中国简牍学综论》，华东师范大学出版社 1989 年版。

郑重：《"上博"看楚简》，《文汇报》1999 年 1 月 14 日。

中国文物研究所：《醇—醚连浸乳香胶渗透加固处理出土饱水竹简》，《中国文化遗产》2004 年第 3 期。

中山大学古文字研究室楚简整理小组：《一篇浸透着奴隶主思想的反面教材——谈信阳长台关出土的竹书》，《文物参考资料》1976 年第 6 期。

中山大学中文系古文字研究室楚简整理小组：《战国楚简概述》，《中山大学学报》1978 年第 4 期。

周宝宏：《汉简〈神乌赋〉整理和研究》，《古籍整理研究学刊》1997 年第 2 期。

周凤五：《楚简文字的书法史意义》，《古文字与商周文明——第三届国际汉学会议论文集文字学组》，"中央研究院"历史语言研究所，2002 年。

周凤五：《郭店楚简〈忠信之道〉考释》，《中国文字》（台北）1998 年第 24 期。

周凤五：《郭店楚墓竹简〈唐虞之道〉新释》，《历史语言研究所集刊》（台北）第 70 本第 3 分册，1999 年。

周凤五：《郭店竹简的形式特征及其分类意义》，武汉大学中国传统文化研究中心编《郭店楚简国际学术研讨会论文集》，2000 年。

周淑萍：《郭店楚简与先秦学术思想史研究》，《西北工业大学学报》（社会科学版）2004 年第 2 期。

朱碧莲：《唐勒残简作者考》，《中州学刊》1992 年第 1 期。

朱伯崑：《帛书本〈系辞〉文读后》，陈鼓应主编《道家文化研究》第 3 辑，上海古籍出版社 1993 年版。

朱国炤：《上孙家寨木简初探》，《文物》1981 年第 2 期。

朱心怡：《天之道与人之道》，（台北）文津出版社 2004 年版。

朱渊清：《阜阳双古堆 1 号木牍札记二则》，《齐鲁学刊》2002 年第 4 期。

朱渊清：《马承源先生谈上博简》，上海大学古代文明研究中心、清华大学思想文化研究所编《上博馆藏战国楚竹书研究》，上海书店 2002 年版。

朱渊清：《再现的文明——中国出土文献与传统学术》，华东师范大学出版社 2001 年版。

子居：《清华简〈保训〉解析》，复旦大学出土文献与古文字研究中心网，2009 年 7 月 8 日。

《西汉竹书中发现中国最早文学作品》，《语文教学与研究》2010 年第 3 期。

《日书》研读班：《日书：秦国社会的一面镜子》，秦始皇兵马俑博物馆研究室编《秦文化论丛》（第 1 集），西北大学出版社 1993 年版。

《睡虎地秦简校注》,《简牍学报》1981 年第 10 期。

二 中编

《文物》月刊编辑部:《关于凤凰山 168 号汉墓座谈纪要》,《文物》1975 年第 9 期。

August Conrady, *Die chinesishen Handschriften and sonstigen Kleinfunde Sven Hedins in Lou-lan.* 1 vol. Stockholm (Generalstabens litografiska anstalt), 1920. (孔好古:《斯文赫定在楼兰发现的汉文写本及零星物品》, 1920 年。)

Aurel Stein, *Ancient Khotan, Detailed Report of Archaeological Explorations in Chinese Turkestan.* 2 vols. Oxford, 1907.

Edouard Chavannes, "Chinese Documents from the Sites of Dandan-Uiliq, Niya and Endere", Appendix A, Part II, *Ancient Khotan*, Les documents sur bois de Niya, 1907. (沙畹:《丹丹乌里克、尼雅、安迪尔发现的汉文文书》,《古代和阗》,1907 年。)

Edouard Chavannes, *Les documents chinois decouverfs par Aurel Stein dans les sable du Turkestan oriental.* Oxford, 1913. (沙畹:《斯坦因在土耳其斯坦沙漠发现的汉文文书》,1913 年。)

Henri Maspero, *Les documents chinois de la troisieme expedition de Sir Aurel Stein en Asie centrale.* 1 vol. British Museum, London, 1953. (马伯乐:《斯坦因第三次中亚考察所获汉文文书》,1953 年。)

安徽省文物考古研究所、马鞍山市文物局:《安徽马鞍山东吴朱然墓发掘简报》,《文物》1986 年第 3 期。

安作璋、陈乃华:《秦汉官吏法研究》,齐鲁书社 1993 年版。

安作璋:《汉代官吏的任用和考核制度》,《东岳论丛》1981 年第 3 期。

白建钢:《汉代军法内容新探》,《青海社会科学》1986 年第 4 期。

包山墓地竹简整理小组:《包山 2 号墓竹简概述》,《文物》1988 年第 5 期。

卜宪群:《秦汉官僚制度》,社会科学文献出版社 2002 年版。

卜宪群:《秦汉之际乡里吏员杂考——以里耶秦简为中心的探讨》,《南都学坛》2006 年第 1 期。

卜宪群：《西汉东海郡吏员设置考述》，《中国史研究》1998 年第 1 期。

卜宪群、蔡万进：《天长纪庄木牍及其价值》，《光明日报》2007 年 6 月
　　15 日。

蔡葵：《试论秦汉时期的生产奴隶》，《西北大学学报》1983 年第 1 期。

蔡万进：《新世纪初我国简牍重要发现概述》，《简帛研究二〇〇八》，广
　　西师范大学出版社 2010 年版。

蔡万进：《尹湾汉简〈元延二年日记〉所反映的汉代吏休制度》，《中国史
　　研究》2003 年第 2 期。

蔡万进：《尹湾汉墓简牍论考》，台湾古籍出版有限公司 2002 年版。

蔡万进：《张家山汉简〈奏谳书〉研究》，广西师范大学出版社 2006
　　年版。

曹旅宁：《秦律新探》，中国社会科学出版社 2002 年版。

曹旅宁：《张家山 247 号墓汉律制作时代新考》，《出土文献研究》第 6
　　辑，上海古籍出版社 2004 年版。

曹旅宁：《张家山汉简〈史律〉考》，《张家山汉律研究》，中华书局 2005
　　年版。

曹旅宁：《张家山汉律研究》，中华书局 2005 年版。

曹砚农、宋少华、邱东联：《万余枚西汉简牍惊现长沙走马楼》，《中国文
　　物报》2004 年 2 月 18 日。

曹砚农：《从〈长沙走马楼三国吴简·嘉禾吏民田家莂〉看吴国在长沙郡
　　的国家“营田”》，《长沙三国吴简暨百年来简帛发现与研究国际学术研
　　讨会论文集》，中华书局 2005 年版。

长江流域第二期文物考古工作人员训练班：《湖北江陵凤凰山西汉墓发掘
　　简报》，《文物》1974 年第 6 期。

长沙简牍博物馆、长沙市文物考古研究所联合发掘组：《2003 年长沙走马
　　楼西汉简牍重大考古发现》，《出土文献研究》第 7 缉，上海古籍出版
　　社 2005 年版。

长沙市文物工作队、长沙市文物考古研究所：《长沙走马楼 J22 发掘简
　　报》，《文物》1999 年第 5 期。

长沙市文物工作队、中国文物研究所、北京大学历史系编：《嘉禾吏民田家莂》，文物出版社 1999 年版。

长沙市文物考古研究所、中国文物研究所、北京大学历史学系走马楼简牍整理组编：《长沙走马楼三国吴简·竹简》（一）、（二）、（三），文物出版社 2003、2007、2008 年版。

长沙市文物考古研究所、中国文物研究所编：《长沙东牌楼东汉简牍》，文物出版社 2006 年版。

长沙市文物考古研究所：《长沙东牌楼 7 号（J7）古井发掘简报》，《文物》2005 年第 12 期。

晁福林：《战国授田制简论》，《中国历史文物》1999 年第 1 期。

陈公柔、徐苹芳：《大湾出土的西汉田卒簿籍》，《考古》1963 年第 3 期。

陈公柔、徐苹芳：《瓦因托尼出土廪食简的整理与研究》，《文史》第 13 辑，中华书局 1982 年版。

陈絜：《里耶"户籍简"与战国末期的基层社会》，《历史研究》2009 年第 5 期。

陈连庆：《秦代的奴隶问题》，《东北师范大学学报》（哲学社会科学版）1988 年第 5 期。

陈梦家：《汉简所见太守、都尉二府属吏》，《汉简缀述》，中华书局 1980 年版。

陈梦家：《汉代烽燧制度》，《汉简缀述》，中华书局 1980 年版。

陈梦家：《西汉施行诏书目录》，《汉简缀述》，中华书局 1980 年版。

陈梦家：《玉门关与玉门县》，《汉简缀述》，中华书局 1980 年版。

陈乃华：《从汉简看汉朝对地方基层官吏的管理》，《山东师大学报》（社会科学版）1992 年第 3 期。

陈乃华：《秦汉族刑考》，《山东师大学报》（社会科学版）1985 年第 4 期。

陈槃：《汉晋遗简识小七种》（中研院历史语言研究所专刊之六十三），台北"中央研究院"历史语言研究所，1975 年。

陈平、王勤金：《仪征胥浦 101 号西汉墓〈先令券书〉初考》，《文物》1987 年第 1 期。

陈爽：《走马楼吴简所见奴婢户籍及相关问题》，《吴简研究》第 1 辑，崇文书局 2004 年版。

陈松长：《香港中文大学文物馆藏简牍》，香港中文大学文物馆 2001 年版。

陈松长：《岳麓书院藏秦简〈为吏治官及黔首〉略说》，《出土文献研究》第 9 辑，中华书局 2010 年版。

陈松长：《岳麓书院藏秦简中的行书律令初论》，《中国史研究》2009 年第 3 期。

陈松长：《岳麓书院所藏秦简综述》，《文物》2009 年第 3 期。

陈伟：《包山楚简初探》，武汉大学出版社 1996 年版。

陈伟等：《楚地出土战国简册〔十四种〕》，经济科学出版社 2009 年版。

陈伟武：《简帛所见军法辑证》，《简帛研究》第 2 辑，法律出版社 1996 年版。

陈文豪：《大司农延与"大司农罪人入钱赎品"》，《简牍学报》1992 年第 14 期。

陈晓枫：《两汉"鞫狱"正释》，《法学评论》1987 年第 5 期。

陈玉璟：《〈秦律〉中"隶臣妾"性质再探》，《阜阳师范学院学报》1982 年第 2 期。

陈玉璟：《秦汉"徒"为奴隶说质疑》，《安徽师范大学学报》1979 年第 2 期。

陈雍：《仪征胥浦 101 号西汉墓〈先令券书〉补释》，《文物》1988 年第 10 期。

陈跃均、张绪球：《江陵马砖 1 号墓出土的战国丝织品》，《文物》1982 年第 10 期。

陈跃钧、阎频：《江陵张家山汉墓的年代及相关问题》，《考古》1985 年第 12 期。

陈振裕：《从凤凰山简牍看文景时期的农业生产》，《农业考古》1982 年第 1 期。

程树德：《九朝律考》，中华书局 1988 年版。

初师宾：《汉边塞守御器备考略》，《汉简研究文集》，甘肃人民出版社1984年版。

初师宾：《居延烽火考述——兼论古代烽号的演变》，《汉简研究文集》，甘肃人民出版社1984年版。

从希斌：《"汉科"质疑》，《天津师大学报》1987年第1期。

崔曙庭：《汉代更赋辨析》，《中国历史文献研究集刊》第2集，湖南人民出版社1981年版。

崔永东：《简帛文献与古代法文化》，湖北教育出版社2003年版。

崔永东：《金文简帛中的刑法思想》，清华大学出版社2000年版。

大谷光瑞：《西域考古图谱》，国华社1915年版。

大庭脩：《关于居延出土的诏书册与诏书断简》，《关西大学东西学术研究所论丛》第五十二号，1961年。后又收入氏著《秦汉法制史研究》，上海人民出版社1991年版。

大庭脩：《律令法体系的变迁》，《泊园》13，1974年。后收入氏著《秦汉法制史の研究》，创文社1982年版。

大庭脩：《秦汉法制史の研究》，创文社1982年版。

大庭脩：《云梦出土诸竹书秦律研究》，《关西大学文学论集》27—1。后收入氏著《秦汉法制史の研究》，创文社1982年版。

大庭脩：《秦汉法制史研究》，林剑鸣等译，上海人民出版社1991年版。

大庭脩：《汉简研究》，徐世虹译，广西师范大学出版社2001年版。

丁相顺、霍存福：《"失期，法皆斩吗?"》，《政法丛刊》1991年第2期。

敦煌市博物馆：《敦煌汉代烽燧遗址调查所获简牍释文》，《文物》1991年第9期。

鄂城县博物馆：《湖北鄂城四座吴墓发掘报告》，《考古》1982年第3期。

凤凰山167号汉墓发掘整理小组：《江陵凤凰山167号汉墓发掘简报》，《文物》1976年第10期。

冨谷至：《秦汉刑罚制度研究》，柴生芳、朱恒晔译，广西师范大学出版社2006年版。

冨谷至：《秦汉二十等爵制和刑罚的减免》，胡平生、陈青译，《简帛研究二○○一》，广西师范大学出版社2001年版。

傅举有:《从奴婢不入户籍谈到汉代的人口数》,《中国史研究》1983 年第 4 期。

傅举有:《论汉代"民赀"的登记及有关问题——兼答杨作龙同志》,《中国史研究》1988 年第 3 期。

傅荣珂:《睡虎地秦简刑律研究》,(台北)商鼎文化出版社 1992 年版。

甘肃居延考古队:《居延汉代遗址的发掘和新出土的简册文物》,《文物》1978 年第 1 期。收入甘肃省文物工作队、甘肃省博物馆合编《汉简研究文集》,甘肃人民出版社 1984 年版。

甘肃省文物考古研究所:《敦煌汉简》,中华书局 1991 年版。

甘肃省博物馆、敦煌县文化馆:《敦煌马圈湾汉代烽燧遗址发掘简报》,《文物》1981 年第 10 期。收入甘肃省文物工作队、甘肃省博物馆合编《汉简研究文集》,甘肃人民出版社 1984 年版。

甘肃省博物馆:《甘肃武威磨嘴子汉墓发掘简报》,《考古》1960 年第 9 期。

甘肃省文物局编,岳邦湖、钟圣祖:《疏勒河流域汉代长城考察报告》,文物出版社 2001 年版。

甘肃省文物考古研究所、甘肃省博物馆、文化部古文献研究室、中国社会科学院历史研究所:《居延新简》(32 开平装本),文物出版社 1990 年版。

甘肃省文物考古研究所、甘肃省博物馆、中国文物研究所、中国社会科学院历史研究所:《居延新简——甲渠候官、甲渠塞第四隧》(8 开精装本),中华书局 1994 年版。

甘肃省文物考古研究所、天水市北道区文化馆:《甘肃天水放马滩战国秦汉墓群的发掘》,《文物》1982 年第 2 期。

甘肃省文物考古研究所:《甘肃敦煌汉代悬泉置遗址发掘简报》,《文物》2000 年第 5 期。

甘肃省文物考古研究所:《敦煌汉简内容概述》,《文物》2000 年第 5 期。

甘肃省文物考古研究所:《敦煌悬泉汉简释文选》,《文物》2000 年第 5 期。

甘肃省文物考古研究所:《甘肃敦煌悬泉置遗址发掘简报》,《文物》2000

年第 5 期。

甘肃省文物考古研究所:《甘肃永昌水泉子汉墓发掘简报》,《文物》2009
年第 10 期。

甘肃省文物考古研究所编,吴礽骧、李永良、马建华释校:《敦煌汉简释
文》,甘肃人民出版社 1991 年版。

高恒:《秦汉法制论考》,厦门大学出版社 1994 年版。

高恒:《秦汉简牍中法制文书辑考》,社会科学文献出版社 2008 年版。

高恒:《秦律中"隶臣妾"问题的探讨——兼批四人帮的法家"爱人民"
的谬论》,《文物》1977 年第 7 期。

高恒:《秦律中的刑徒及其刑期问题》,《法学研究》1983 年第 6 期。

高敏、刘汉东:《秦简"隶臣妾"确为奴隶说》,《学术月刊》1984 年第
9 期。

高敏:《〈吏民田家莂〉中所见"馀力田"、"常限田"等名称的涵义试
析》,《郑州大学学报》2000 年第 5 期。

高敏:《〈张家山汉墓竹简·二年律令〉中诸律的制作年代试探——读张
家山汉简札记四》,《史学月刊》2003 年第 9 期。

高敏:《从〈嘉禾吏民田家莂〉中的"诸吏"状况看吏役制的形成与演
变》,《郑州大学学报》2001 年第 1 期。

高敏:《从出土〈秦律〉看秦的奴隶制残余》,《云梦秦简初探》,河南人
民出版社 1979 年版。

高敏:《从云梦秦简看秦的赐爵制度》,《云梦秦简初探》,河南人民出版
社 1979 年版。

高敏:《从张家山汉简〈二年律令〉看西汉前期的土地制度——读〈张家
山汉墓竹简〉札记之三》,《中国经济史研究》2003 年第 3 期。

高敏:《读长沙走马楼简牍札记之一》,《郑州大学学报》2000 年第 3 期。

高敏:《关于〈秦律〉中的"隶臣妾"问题质疑——读〈云梦秦简〉札
记兼与高恒同志商榷》,《云梦秦简初探》,河南人民出版社 1979 年版。

高敏:《关于汉代有"户赋","质钱"及各种矿产税的新证——读〈张
家山汉墓竹简〉》,《史学月刊》2003 年第 4 期。

高敏:《关于秦时服役者年龄问题的探讨》,《云梦秦简初探》,河南人民

出版社 1981 年版。

高敏：《论〈秦律〉中的"啬夫"一官》，《睡虎地秦简研究》，（台北）万卷楼图书有限公司 2001 年版。

高敏：《论商鞅赐爵制度的历史演变》，《文史哲》1978 年第 1 期。

高敏：《论西汉前期刍、稾税制度的变化发展——读〈张家山汉墓竹简〉札记之二》，《郑州大学学报》2002 年第 4 期。

高敏：《秦汉的户籍制度》，《求索》1987 年第 1 期。

高敏：《秦汉赋税制度考释》，《秦汉史论集》，中州书画社 1982 年版。

高敏：《试论汉代"吏"的阶级地位和历史演变》，《秦汉史论集》，中州书画社 1982 年版。

高敏：《试论商鞅的赐爵制度》，《郑州大学学报》1977 年第 3 期。

高敏：《吴简所见孙权时期户等制度的探讨》，《史学月刊》2006 年第 5 期。

高敏：《吴简中所见"丁中老小"之制》，《新乡师范高等专科学校学报》2006 年第 3 期。

高敏：《西汉前期的"傅年"探讨——读〈张家山汉墓竹简〉札记之六》，《新乡师范高等专科学校学报》2002 年第 3 期。

高敏：《有秩非啬夫辨》，《云梦秦简初探》，河南人民出版社 1981 年版。

高敏：《云梦秦简初探》，河南人民出版社 1979 年版。

高敏：《长沙走马楼吴简中所见"调"的含义——兼与王素同志商榷》，《中华文史论丛》2007 年第 1 期。

高荣、张荣芳：《汉简所见的"候史"》，《中国史研究》2004 年第 2 期。

高尚志：《秦简律文中的"受田"》，《秦汉史论丛》第 3 辑，陕西人民出版社 1986 年版。

葛剑雄：《西汉人口地理》，人民出版社 1986 年版。

耿虎、杨际平：《如淳"更三品"说驳议》，《厦门大学学报》2007 年第 3 期。

宫宅潔：《张家山汉简〈二年律令〉解题》，《东方学报》第 76 册，2004 年。

宫长为、宋敏：《"隶臣妾"是秦的官奴隶》，《中国史研究》1982 年第

1 期。

广濑薰雄：《张家山汉简所谓〈史律〉中有关践更之规定的探讨》，《人文论丛》(2004 年卷)，武汉大学出版社 2005 年版。

广西壮族自治区文物工作队：《广西贵县罗泊湾 1 号墓发掘简报》，《文物》1978 年第 9 期。

广西壮族自治区博物馆编：《广西贵县罗泊湾汉墓》，文物出版社 1988 年版。

广州市文物考古研究所、中国社会科学院考古研究所、南越王宫博物馆筹建处联合考古队：《广州市南越国宫署遗址西汉木简发掘简报》，《考古》2006 年第 3 期。

郭道扬：《中国会计史稿》，中国财政经济出版社 1982 年版。

郭伟民：《虎溪山一号汉墓葬制及出土竹简的初步研究》，艾兰、邢文编《新出简帛研究》，文物出版社 2004 年版。

国家文物局古文献研究室、大通上孙家寨汉简整理小组：《大通上孙家寨汉简释文》，《文物》1981 年第 2 期。

国家文物局主编：《2006 中国重要考古发现·江西南昌火车站东晋雷焆墓》，文物出版社 2007 年版。

韩连琪：《汉代的田租口赋和徭役》，《文史哲》1956 年第 7 期。

韩树峰：《论吴简所见的州郡县吏》，《吴简研究》第 2 辑，崇文书局 2006 年版。

韩树峰：《耐刑、徒刑关系考》，《史学月刊》2007 年第 2 期。

韩树峰：《秦汉律令中的完刑》，《中国史研究》2003 年第 4 期。

韩树峰：《秦汉徒刑散论》，《历史研究》2005 年第 3 期。

韩树峰：《走马楼吴简中的"真吏"与"给吏"》，《吴简研究》第 2 辑，崇文书局 2006 年版。

郝树声、张德芳：《悬泉汉简研究》，甘肃文化出版社 2009 年版。

何双全：《敦煌新出简牍辑录》，《简帛研究》第 1 辑，法律出版社 1993 年版。

何双全：《敦煌悬泉汉简释文修订》，《文物》2000 年第 12 期。

何双全：《汉代西北驿道与传置——甲渠候官悬泉汉简〈传置道里簿〉考

述》，《中国历史博物馆馆刊》1998 年第 1 期。

何双全：《汉与楼兰（鄯善）、车师（姑师）交涉史新证——悬泉汉简所
　　见西域关系史之二》，《国际简牍学会会刊》第 4 号，（台北）兰台出版
　　社 2002 年版。

何双全：《居延汉简研究》，《国际简牍学会会刊》第 2 号，（台北）兰台
　　出版社 1996 年版。

何双全：《论西汉敦煌玉门关的三次变迁》，《简牍学研究》第 3 辑，甘肃
　　人民出版社 2002 年版。

何双全：《天水放马滩秦简综述》，《文物》1982 年第 2 期。

何双全：《西汉与乌孙交涉史新证——悬泉汉简所见西域关系史之一》，
　　《国际简牍学会会刊》第 4 号，（台北）兰台出版社 2002 年版。

何双全：《新出土元始五年〈诏书四时月令五十条〉考述》，《国际简牍学
　　会会刊》第 3 号，（台北）兰台出版社 2001 年版。

河南省文化局文物工作队：《河南信阳楚墓图录》，河南人民出版社 1959
　　年版。

河南省文物考古研究所：《河南信阳长台关七号楚墓发掘简报》，《文物》
　　2004 年第 3 期。

河南省文物考古研究所编著：《新蔡葛陵楚墓》，河南大象出版社 2003
　　年版。

河南省文物考古研究所等：《河南新蔡平夜君成墓的发掘》，《文物》2002
　　年第 8 期。

弘一：《江陵凤凰山十号汉墓简牍初探》，《文物》1974 年第 6 期。

侯旭东：《传舍使用与汉帝国的日常统治》，《中国史研究》2008 年第
　　1 期。

侯旭东：《长沙走马楼三国吴简所见"乡"与"乡吏"》，《吴简研究》第
　　1 辑，崇文书局 2006 年版。

侯旭东：《长沙走马楼吴简·竹简（贰）"吏民人名年纪口食簿"复原的
　　初步研究》，《中华文史论丛》2009 年第 1 期。

胡大贵：《汉代更赋考辨》，《四川师范大学学报》1995 年第 1 期。

胡大贵：《商鞅制爵二十级献疑》，《史学集刊》1985 年第 1 期。

胡澱成：《四川青川秦墓为田律木牍考释》，《安徽师大学报》（哲学社会科学版）1983 年第 3 期。

胡平生、张德芳：《敦煌悬泉汉简释粹》，上海古籍出版社 2001 年版。

胡平生：《〈嘉禾吏民田家莂〉研究》，《长沙三国吴简暨百年来简帛发现与研究国际学术研讨会论文集》，中华书局 2005 年版。

胡平生：《居延汉简中的"功"与"劳"》，《胡平生简牍文物论集》，（台北）兰台出版社 2000 年版。

胡平生：《青川秦墓木牍"为田律"所反映的田亩制度》，《文史》第 19 辑，中华书局 1983 年版。

胡平生：《里耶秦简 8—455 号木方性质刍议》，《简帛》第 4 辑，上海古籍出版社 2009 年版。

胡银康：《萧何作律九章质疑》，《学术月刊》1984 年第 7 期。

湖北荆州博物馆：《江陵天星观 1 号楚墓》，《考古学报》1982 年第 1 期。

湖北省博物馆编：《随县曾侯乙墓》，文物出版社 1981 年版。

湖北省江陵县文物局、荆州地区博物馆：《江陵岳山秦汉墓》，《考古学报》2000 年第 4 期。

湖北省荆沙铁路考古队编著：《包山楚简》，文物出版社 1991 年版。

湖北省荆州博物馆编：《荆州高台秦汉墓》，科学出版社 2000 年版。

湖北省荆州市周梁玉桥遗址博物馆编：《关沮秦汉墓简牍》，中华书局 2001 年版。

湖北省荆州市周梁玉桥遗址博物馆编：《关沮秦汉墓葬清理简报》，《文物》1999 年第 6 期。

湖北省考古研究所、北京大学中文系编：《九店楚简》，中华书局 2000 年版。

湖北省文化局文物工作队：《湖北江陵三座楚墓出土大批重要文物》，《文物》1966 年第 5 期。

湖北省文物考古研究所、北京大学中文系编：《望山楚简》，中华书局 1995 年版。

湖北省文物考古研究所、随州市考古队编：《随州孔家坡汉墓简牍》，文物出版社 2006 年版。

湖北省文物考古研究所、随州市文物局：《随州市孔家坡墓地 M8 发掘简报》，《文物》2001 年第 9 期。

湖北省文物考古研究所、云梦县博物馆：《湖北云梦睡虎地 M77 发掘简报》，《江汉考古》2008 年第 4 期。

湖北省文物考古研究所：《湖北枣阳市九连墩楚墓》，《考古》2003 年第 7 期。

湖北省文物考古研究所编著：《江陵九店东周墓》，科学出版社 1995 年版。

湖北省孝感地区文物考古训练班：《湖北云梦睡虎地十一座秦墓发掘简报》，《文物》1976 年第 6 期。

湖南省博物馆、湖南省文物考古研究所、长沙市博物馆、长沙市文物考古研究所：《长沙楚墓》，文物出版社 2000 年版。

湖南省博物馆、湖南省文物考古研究所编：《长沙马王堆二、三号汉墓》，文物出版社 2004 年版。

湖南省博物馆、中国科学院考古研究所编：《长沙马王堆 1 号汉墓发掘简报》，文物出版社 1972 年版。

湖南省博物馆、中国科学院考古研究所编：《长沙马王堆一号汉墓》（上、下），文物出版社 1973 年版。

湖南省博物馆、中国社会科学院考古研究所：《长沙马王堆二、三号汉墓发掘简报》，《文物》1974 年第 7 期。

湖南省博物馆：《长沙砂子塘西汉墓发掘简报》，《文物》1963 年第 2 期。

湖南省文物管理委员会：《长沙出土三座大型木椁墓》，《考古学报》1957 年第 1 期。

湖南省文物管理委员会：《长沙杨家湾 M006 号清理简报》，《文物参考资料》1954 年第 12 期。

湖南省文物管理委员会：《长沙仰天湖第 25 号木椁墓》，《考古学报》1957 年第 2 期。

湖南省文物考古研究所、郴州市文物处：《湖南郴州苏仙桥 J4 三国吴简》，《出土文献研究》第 7 辑，上海古籍出版社 2005 年版。

湖南省文物考古研究所、郴州市文物处：《湖南郴州苏仙桥遗址发掘简报》,《湖南考古集刊》第 8 集,岳麓书社 2009 年版。

湖南省文物考古研究所、慈利县文物保护管理所:《湖南慈利石板村 36 号战国墓发掘简报》,《文物》1990 年第 9 期。

湖南省文物考古研究所、怀化市文物处、沅陵县博物馆:《沅陵虎溪山一号汉墓发掘简报》,《文物》2003 年第 1 期。

湖南省文物考古研究所、湘西土家族苗族自治州文物处、龙山县文物管理所:《湖南龙山里耶战国—秦代古城一号井发掘简报》,《文物》2003 年第 1 期。

湖南省文物考古研究所、中国文物研究所:《湖南张家界古人堤简牍释文与简注》,《中国历史文物》2003 年第 2 期。

湖南省文物考古研究所、中国文物研究所:《湖南张家界古人堤遗址与出土简牍概述》,《中国历史文物》2003 年第 2 期。

湖南省文物考古研究所:《里耶发掘报告》,岳麓书社 2006 年版。

湖南省文物考古研究所等:《湘西里耶秦代简牍选释》,《中国历史文物》2003 年第 1 期。

黄今言:《从张家山汉简看汉初的赋税征课制度》,《史学集刊》2007 年第 2 期。

黄今言:《论两汉的赋敛制度及其演变》,《秦汉史论丛》第 2 辑,陕西人民出版社 1983 年版。

黄今言:《秦代租赋徭役制度研究》,《江西师院学报》1979 年第 3 期。

黄盛璋:《江陵凤凰山汉墓简牍及其在历史地理研究上的价值》,《文物》1974 年第 6 期。

黄文弼:《罗布淖尔考古记》,国立北京大学出版部 1948 年版。

黄展岳:《先秦秦汉考古论丛》,科学出版社 2008 年版。

黄展岳:《云梦秦律简论》,《考古学报》1980 年第 1 期。

吉林大学历史系考古专业赴纪南城开门办学小分队:《凤凰山 167 号汉墓遣册考释》,《文物》1976 年第 10 期。

纪南城凤凰山 168 号汉墓发掘整理组:《湖北江陵凤凰山 168 号汉墓发掘简报》,《文物》1975 年第 9 期。

嘉峪关市文物保管所:《玉门花海汉代烽燧遗址出土的简牍》,甘肃省文

物工作队、甘肃省博物馆合编《汉简研究文集》，甘肃人民出版社1984
年版。

贾丽英：《汉代"名田宅制"与"田宅逾制"论说》，《史学月刊》2007
年第1期。

江西省博物馆：《江西南昌晋墓》，《考古》1974年第7期。

江西省历史博物馆：《江西南昌东吴高荣墓的发掘》，《考古》1980年第
3期。

蒋福亚：《也谈〈嘉禾吏民田家莂〉中"二年常限"田的涵义》，《首都
师范大学学报》2001年第5期。

金秉骏：《试论尹湾汉牍中的太守府属吏组织——兼论汉代太守府属吏组
织的变化及其性质》，《秦汉史论丛》第8辑，云南大学出版社2001
年版。

金立：《江陵凤凰山八号汉墓竹简试释》，《文物》1976年第6期。

荆沙铁路考古队：《江陵秦家嘴楚墓发掘简报》，《江汉考古》1988年第
2期。

荆沙铁路考古队：《荆门市包山楚墓发掘简报》，《文物》1988年第5期。

荆州博物馆：《湖北荆州谢家桥一号汉墓发掘简报》，《文物》2009年第
4期。

荆州博物馆杨开勇、朱江松：《湖北荆州纪南松柏汉墓发掘简报》，《文
物》2008年第4期。

荆州博物馆：《湖北江陵县藤店1号墓葬发掘简报》，《文物》1973年第
9期。

荆州博物馆：《江陵高台18号墓发掘简报》，《文物》1993年第8期。

荆州博物馆：《江陵马山砖瓦厂1号楚墓出土大批战国时期丝织品》，《文
物》1982年第10期。

荆州博物馆：《江陵王家台15号秦墓》，《文物》1995年第1期。

荆州博物馆：《江陵杨家山135号秦墓发掘简报》，《文物》1993年第
8期。

荆州博物馆：《江陵张家山三座汉墓出土大批竹简》，《文物》1985年第
1期。

堀毅：《秦汉法制史论考》，萧红燕等译，法律出版社 1988 年版。

孔庆明：《秦汉法律史》，陕西人民出版社 1992 年版。

劳榦：《从汉简中的啬夫、令史、候史和士吏论汉代郡县吏的职务和地位》，《"中央研究"院历史语言研究所集刊》第 55 本第 1 分册《故院长钱思亮先生纪念论文集》，1984 年。

劳榦：《汉代的县制》，《"中央研究院"院刊》第 1 辑《庆祝朱家骅先生六十岁论文集》，台湾"中央研究院"，1954 年。

劳榦：《汉代郡制及其对于简牍的参证》，《傅故校长斯年先生纪念论文集》，台湾大学，1952 年。

劳榦：《居延汉简考释·考证之部》，四川南溪石印本，1944 年。

劳榦：《居延汉简考释·释文之部》，四川南溪石印本，1943 年。上海商务印书馆铅印本，1949 年。

劳榦：《居延汉简——考释之部》（"中央研究院"历史语言研究所专刊之四十），台北"中央研究院"历史语言研究所，1960 年。

劳榦：《居延汉简——图版之部》（"中央研究院"历史语言研究所专刊之二十一），台北"中央研究院"历史语言研究所，1957 年。

黎虎：《"吏户"献疑——从长沙走马楼吴简谈起》，《历史研究》2005 年第 3 期。

黎虎：《说"军吏"——从长沙走马楼吴简谈起》，《文史哲》2005 年第 2 期。

黎明钊：《汉代亭长与盗贼》，《中国史研究》2007 年第 2 期。

黎明钊：《里耶秦简：户籍档案的探讨》，《中国史研究》2009 年第 2 期。

黎明钊：《秦代什伍连坐制度的渊源问题》，《大陆杂志》第七十九卷，1989 年第 4 期。

黎石生：《长沙走马楼简牍所见户籍检核制度及其相关问题》，《东南文化》2002 年第 9 期。

李炳泉：《两汉戊己校尉建制考》，《史学月刊》2002 年第 6 期。

李光谟编：《李济与清华》，清华大学出版社 1994 年版。

李恒全、朱德贵：《对战国田税征收方式的一种新解读》，《中国社会经济史研究》2003 年第 4 期。

李恒全：《从张家山汉简看西汉以亩计征的田税征收方式——兼与臧知非先生商榷》，《江海学刊》2007 年第 6 期。

李恒全：《汉代田税百亩征收说确难成立——与臧知非先生再商榷》，《江西师范大学学报》2001 年第 4 期。

李恒全：《汉代限田制说》，《史学月刊》2007 年第 9 期。

李恒全：《也谈西汉田税的征收方式问题——与臧知非先生商榷》，《江西师范大学学报》2000 年第 1 期。

李洪甫：《江苏连云港市花果山出土的汉代简牍》，《考古》1982 年第 5 期。

李剑农：《先秦两汉经济史稿》，中华书局 1962 年版。

李解民：《东海郡下辖长吏名籍》，《尹湾汉墓简牍综论》，科学出版社 1999 年版。

李解民：《扬州仪征胥浦简书新考》，长沙市文物考古研究所编《长沙三国吴简暨百年来简帛发现与研究国际学术研讨会论文集》，中华书局 2005 年版。

李京华：《汉代的铁钩镶与铁钺戟》，《文物》1965 年第 2 期。

李均明、何双全：《散见简牍合辑》，文物出版社 1990 年版。

李均明、林梅村：《疏勒河流域出土汉简》，文物出版社 1984 年版。

李均明、刘军：《简牍文书学》，广西教育出版社 1999 年版。

李均明、刘军：《武威旱滩坡出土汉简考述——兼论"挈令"》，《文物》1993 年第 10 期。

李均明：《初学录》，（台北）兰台出版社 1999 年版。

李均明：《古代简牍》，文物出版社 2003 年版。

李均明：《汉代甲渠候官规模考》，氏著《初学录》，（台北）兰台出版社 1999 年版。

李均明：《汉简所反映的关津制度》，《历史研究》2002 年第 3 期。

李均明：《简牍缺口与印信》，《中国文物报》1996 年 6 月 23 日。

李均明：《简牍所反映的汉代诉讼关系》，《文史》2002 年第 3 期。

李均明：《居延汉简诉讼文书二种》，《中国法律史国际学术研讨会论文集》，陕西人民出版社 1990 年版。

李均明:《居延汉简债务文书述略》,《文物》1986 年第 11 期。

李均明:《居延新简的法制史料》,日本关西大学东西学术研究所《东西学术研究所纪要》24,1991 年。

李均明:《秦汉简牍文书分类辑解》,文物出版社 2009 年版。

李均明:《尹湾汉墓出土武库永始四年兵车器集簿初探》,《尹湾汉墓简牍综论》,科学出版社 1999 年版。

李均明:《张家山汉简所反映的二十等爵制》,《中国史研究》2002 年第 2 期。

李均明:《张家山汉简所反映的适用刑罚原则》,《郑州大学学报》(哲学社会科学版)2002 年第 4 期。

李均明:《张家山汉简所见规范人口管理的法律》,《政法论坛》(中国政法大学学报)2002 年第 5 期。

李力:《"隶臣妾"身份问题研究的回顾及其评述》,氏著《"隶臣妾"身份再研究》第二章,中国法制出版社 2007 年版。

李力:《"隶臣妾"身份再研究》,中国法制出版社 2007 年版。

李力:《关于〈二年律令〉题名之再研究》,《简帛研究二〇〇四》,广西师范大学出版社 2006 年版。

李力:《亦谈"隶臣妾"与秦代的刑罚制度》,《法学研究》1984 年第 3 期。

李力:《张家山 247 号墓汉简法律文献研究及其述评》 (1985.1—2008.12),东京外国语大学 AA(亚美)言语文化研究所,2009 年。

李零:《青海大通上孙家寨汉简性质小议》,《考古》1983 年第 6 期。

李卿:《〈长沙走马楼三国吴简·嘉禾吏民田家莂〉性质与内容分析》,《中国经济史研究》2002 年第 1 期。

李天虹:《居延汉简簿籍分类研究》,科学出版社 2003 年版。

李学勤:《初读里耶秦简》,《文物》2003 年第 1 期。

李学勤:《古文字学初阶》,中华书局 1985 年版。

李学勤:《论张家山 247 号墓汉律竹简》,《当代学者自选文库:李学勤卷》,安徽教育出版社 1999 年版。

李学勤:《青川郝家坪木牍研究》,《文物》1982 年第 10 期。

李学勤:《谈"张掖都尉棨信"》,《文物》1978 年第 1 期。

李学勤:《张家山汉简研究的几个问题》,《郑州大学学报》2002 年第 3 期。

李迎春:《20 世纪以来秦汉郡县属吏研究综述》,《石家庄学院学报》 2009 年第 1 期。

李裕民:《从云梦秦简看秦代的奴隶制》,《中国考古学会第一次年会论文集》,文物出版社 1979 年版。

李昭和:《青川出土木牍文字简考》,《文物》1982 年第 1 期。

李振宏:《萧何"作九章律"说质疑》,《历史研究》2005 年第 3 期。

栗劲、霍存福:《试论秦的徒刑是无期刑——兼论汉初有期徒刑的改革》,《中国政法大学学报》1984 年第 3 期。

栗劲:《秦律通论》,山东人民出版社 1985 年版。

连云港市博物馆、东海县博物馆、中国社会科学院简帛研究中心、中国文物研究所:《尹湾汉墓简牍》,中华书局 1997 年版。

连云港市博物馆、中国社会科学院简帛研究中心等:《尹湾汉墓简牍初探》,《文物》1996 年第 10 期。

连云港市博物馆:《江苏东海县尹湾汉墓群发掘简报》,《文物》1996 年第 8 期。

梁柱、刘信芳:《云梦龙岗秦简》,科学出版社 1998 年版。

廖伯源:《汉初县吏之秩阶及其任命》,《社会科学战线》2003 年第 3 期。

廖伯源:《简牍与制度——尹湾汉墓简牍官文书考证》,(台北)文津出版社 1998 年版。后收入"简帛研究丛书",其增订版由广西师范大学出版社 2005 年出版。

廖伯源:《秦汉史论丛》,五南图书出版股份有限公司 2003 年版。

林剑鸣:《"隶臣妾"辨》,《中国史研究》1980 年第 2 期。

林剑鸣:《"隶臣妾"并非奴隶》,《历史论丛》第 3 集,齐鲁书社 1983 年版。

林剑鸣:《秦代官、爵制度变化的奥秘》,《光明日报》1983 年 5 月 25 日第 3 版。

林剑鸣:《三辨"隶臣妾"——兼论历史研究中的方法论问题》,《学术月刊》1985 年第 9 期。

林梅村:《楼兰尼雅出土文书》,文物出版社 1985 年版。

林梅村:《沙海古卷——中国所出佉卢文书》初集,文物出版社 1988 年版。

刘海年:《关于中国岁刑的起源——兼谈秦刑徒的刑期和隶臣妾的身份》(上、下),《法学研究》1985 年第 5、6 期。后收入氏著《战国秦代法制管窥》,法律出版社 2006 年版。

刘海年:《秦的诉讼制度》,《中国法学》1985 年第 1、3、4 期,1986 年第 2、3、6 期,1987 年第 1 期。后收入氏著《战国秦代法制管窥》,法律出版社 2006 年版。

刘海年:《秦的现场勘查与法医检验的规定》,《中国警察制度简论》,群众出版社 1985 年版。后收入氏著《战国秦代法制管窥》,法律出版社 2006 年版。

刘海年:《秦汉诉讼中的"爰书"》,《法学研究》1980 年第 1 期。后收入氏著《战国秦代法制管窥》,法律出版社 2006 年版。

刘海年:《秦律刑罚的适用原则》,《法学研究》1983 年第 1、2 期。后收入氏著《战国秦代法制管窥》,法律出版社 2006 年版。

刘海年:《秦律刑罚考析》,中华书局编辑部编《云梦秦简研究》,中华书局 1981 年版。后收入氏著《战国秦代法制管窥》,法律出版社 2006 年版。

刘海年:《战国秦代法制管窥》,法律出版社 2006 年版。

刘汉东:《再说秦简"隶臣妾"确为奴隶说》,《中州学刊》1987 年第 2 期。

刘欢:《关于〈二年律令〉颁行年代的探析》,《考古与文物》2006 年第 2 期。

刘家贵:《战国时期土地国有制的瓦解与土地私有制的发展》,《中国经济史研究》1988 年第 4 期。

刘乐贤:《印台汉简〈日书〉初探》,《文物》2009 年第 10 期。

刘敏:《承袭与变异:秦汉封爵的原则和作用》,《南开学报》2002 年第 3 期。

刘敏：《秦汉户籍中的"宗室属籍"》，《河北学刊》2007 年第 6 期。

刘敏：《秦汉时期的"赐民爵"及"小爵"》，《史学月刊》2009 年第 11 期。

刘敏：《张家山汉简"小爵"臆释》，《中国史研究》2004 年第 3 期。

刘绍刚、郑同修：《日照海曲简〈汉武帝后元二年视日〉研究》，《出土文献研究》第 9 辑，中华书局 2010 年版。

刘涛：《长沙东牌楼东汉简牍所见书体及书法史料价值》，《文物》2005 年第 12 期。

刘欣宁：《由张家山汉简〈二年律令〉论汉初的继承制度》，"国立"台湾大学出版委员会，2007 年。

刘信芳：《包山楚简司法术语考释》，《简帛研究》第 2 辑，法律出版社 1996 年版。

刘泽华：《论战国时期"授田"制下的"公民"》，《南开大学学报》1978 年第 2 期。

柳春藩：《论汉代"公田"的"假税"》，《中国史研究》1983 年第 2 期。

鲁惟一：《汉代行政记录》，于振波、车今花译，广西师范大学出版社 2005 年版。

罗鸿瑛主编：《简牍文书法制研究》，华夏文化艺术出版社 2001 年版。

罗振玉、王国维：《流沙坠简》，（京都）东山学社印行，1914 年。中华书局影印本，1993 年。

马大英：《汉代财政史》，中国财政经济出版社 1983 年版。

马王堆汉墓帛书整理组：《马王堆汉墓帛书（肆）》，文物出版社 1985 年版。

马先醒：《汉居延都尉与其四塞》，《汉居延志长编》，"国立编译馆" 2001 年版。

马先醒等：《居延汉简新编》，《简牍学报》1981 年第 9 期。

马新：《两汉乡村社会史》，齐鲁书社 1997 年版。

马怡：《汉代的诸赋与军费》，《中国史研究》2001 年第 3 期。

马作武、蒋鸿雁：《汉"科"为法律形式说质疑》，《法学评论》1990 年第 4 期。

孟彦弘:《〈吏民田家莂〉所录田地与汉晋间的民屯形式》,《中国社会科学院历史研究所学刊》第 2 集,商务印书馆 2004 年版。

孟彦弘:《从"具律"到"名例律"——秦汉法典体系演变之一例》,《中国社会科学院历史研究所集刊》第 4 集,2005 年。

孟彦弘:《秦汉法律体系的演变》,《历史研究》2005 年第 3 期。

孟彦弘:《吴简所见"事"义臆说》,《吴简研究》第 1 辑,崇文书局 2004 年版。

闵庚尧:《中国古代公文简史》,档案出版社 1988 年版。

南玉泉:《论秦汉的律与令》,《内蒙古大学学报》2004 年第 4 期。

南玉泉:《张家山汉简〈二年律令〉所见刑罚原则》,《中国政法大学学报》2002 年第 10 期。

籾山明:《爰书新探——兼论汉代诉讼》,《简帛研究译丛》第 1 辑,湖南出版社 1996 年版。

籾山明:《秦汉刑罚史的研究现状——以刑期的争论为中心》,《中国古代法律文献研究》第 3 辑,中国政法大学出版社 2007 年版。

籾山明:《中国古代诉讼制度研究》,李力译,上海古籍出版社 2009 年版。

潘策:《从睡虎地秦墓竹简看秦的土地制度》,《历史教学与研究》1982 年第 2 期。

彭浩:《〈津关令〉的颁行年代与文书格式》,《郑州大学学报》2002 年第 2 期。

彭浩:《江陵马砖 1 号墓所见葬俗述略》,《文物》1982 年第 10 期。

彭年:《对西汉收孥法研究中的两个问题的商榷》,《社会科学研究》1987 年第 1 期。

骈宇骞、段书安编著:《二十世纪出土简帛综述》,文物出版社 2006 年版。

骈宇骞:《简帛文献概述》,(台北)万卷楼图书股份有限公司 2005 年版。

钱存训:《印刷发明前的中国书和文字记录》,印刷工业出版社 1988 年版。

钱大群:《谈"隶臣妾"与秦代的刑罚制度》,《法学研究》1983 年第

5 期。

钱剑夫：《秦汉啬夫考》，《中国史研究》1980 年第 1 期。

青海省文物考古工作队：《青海大通上孙家寨 115 号汉墓》，《文物》1981
　　年第 2 期。

青海省文物考古研究所编：《上孙家寨汉晋墓》，文物出版社 1983 年版。

邱东联：《长沙走马楼佃田租税简的初步研究》，《江汉考古》1998 年第
　　4 期。

裘锡圭：《古代文史研究新探》，江苏古籍出版社 1992 年版。

裘锡圭：《湖北江陵凤凰山十号汉墓出土简牍考释》，《文物》1974 年第
　　7 期。

裘锡圭：《啬夫初探》，《云梦秦简研究》，中华书局 1981 年版。

裘锡圭：《鋞与桱》，《文物》1987 年第 9 期。

饶宗颐：《战国楚简笺证》，上海出版社 1957 年版。

容庚编著：《金文编》，中华书局 1985 年版。

森鹿三：《关于啬夫王光》，《东洋史研究》第 12 卷第 3 号。

森鹿三：《居延汉简集成——特别是关于第二亭食簿》，《东方学报》二十
　　九，1959 年。

森鹿三：《居延汉简——特别是地湾出土的简》，《史林》第 44 卷第 3 号，
　　1961 年。

森鹿三：《关于令史弘的文书》，姜镇庆译，《简牍研究译丛》第 1 辑，中
　　国社会科学出版社 1983 年版。

山东省文物考古研究所：《山东日照海曲西汉墓（M106）发掘简报》，
　　《文物》2010 年第 1 期。

陕西历史博物馆：《寻觅散落的瑰宝——陕西历史博物馆征集文物精粹》，
　　三秦出版社 2001 年版。

商承祚：《信阳出土楚竹简摹本》（晒蓝本），1959 年。

沈长云：《从银雀山竹书〈守法〉、〈守令〉等十三篇论及战国时期的爰田
　　制》，《中国社会经济史研究》1991 年第 2 期。

施伟青：《“隶臣妾”的身份复议》，《中国社会经济史研究》1984 年第
　　3 期。

史树青：《长沙仰天湖楚简研究》，群联出版社 1955 年版。

睡虎地秦简整理小组编：《睡虎地秦墓竹简》（8 开线装本），文物出版社 1977 年版。

睡虎地秦简整理小组编：《睡虎地秦墓竹简》（32 开平装本），文物出版社 1978 年版。

睡虎地秦简整理小组编：《睡虎地秦墓竹简》（8 开精装本），文物出版社 1990 年版。

四川省博物馆、青川县文化馆：《青川县出土秦更修田律木牍——四川青川县战国秦墓发掘简报》，《文物》1982 年第 1 期。

宋杰：《汉代官吏的休假制度》，《首都师范大学学报》1986 年第 3 期。

宋敏：《云梦秦简——奴隶制社会的新证》，《东北师范大学学报》1980 年第 4 期。

苏诚鉴：《"名田宅"、"专地盗土"与"分田劫假"——战国秦汉三百六十年间土地制度的演变及其特点》，《中国经济史研究》1986 年第 3 期。

苏诚鉴：《秦"隶臣妾"为官奴隶说——兼论我国历史上"岁刑"制度的起源》，《江淮论坛》1982 年第 1 期。

随县擂鼓墩 1 号墓考古发掘队：《湖北随县曾侯乙墓发掘简报》，《文物》1979 年第 7 期。

孙筱：《秦汉户籍制度考述》，《中国史研究》1992 年第 4 期。

孙家洲主编：《秦汉法律文化研究》，中国人民大学出版社 2007 年版。

孙仲奎：《"隶臣妾"与"公人"》，《文史哲》1988 年第 6 期。

台北"中央研究院"历史语言研究所简牍整理小组编：《居延汉简补编》，"中央研究院"历史语言研究所，1988 年。

谭卫元：《从张家山汉简〈具律〉看汉初"爵论"制度》，《江汉考古》2004 年第 1 期。

汤其领：《尹湾汉墓简牍有关郡县侯国吏制的几个问题》，《史学月刊》2005 年第 11 期。

唐赞功：《从云梦秦简看秦代社会的主要矛盾》，《历史研究》1977 年第 5 期。

唐赞功：《云梦秦简官私奴隶问题试探》，《中华文史论丛》1981 年第

3 期。

唐赞功：《云梦秦简所涉及土地所有制形式问题初探》，《云梦秦简研究》，中华书局 1981 年版。

陶安：《法典与法律之间》，《法制史研究》2004 年第 5 期。

陶安あんど：《法典编纂史再考——汉篇：再び文献史料を中心据えて》，《东洋文化研究所纪要》第 140 册，2002 年。

天长市文物管理所、天长市博物馆：《安徽天长西汉墓发掘简报》，《文物》2006 年第 11 期。

田泽滨：《汉代的"更赋"、"赀算"与"户赋"》，《东北师大学报》1984 年第 6 期。

仝晰纲：《秦汉乡官里吏考》，《山东师大学报》1995 年第 6 期。

汪桂海：《汉代官文书制度》，广西教育出版社 1999 年版。

汪小烜：《走马楼吴简户籍初论》，《吴简研究》第 1 辑，崇文书局 2004 年版。

王爱清：《关于秦汉里与里吏的几个问题》，《社会科学辑刊》2006 年第 4 期。

王恩田：《临沂竹书〈田法〉与爰田制》，《中国史研究》1989 年第 2 期。

王国维：《简牍检署考》，《王国维遗书》第九册，上海书店出版社 1983 年版。

王利：《西汉西北边郡官厅会计研究》，《国际简牍学会会刊》第 4 号，（台北）兰台出版社 2002 年版。

王明钦：《王家台秦墓竹简概述》，艾兰、邢文编《新出简帛研究》，文物出版社 2004 年版。

王宁：《也谈张家山汉简〈二年律令〉的颁行年代》，《鲁东大学学报》2006 年第 3 期。

王树金：《〈二年律令〉法律内容制定年代考——兼谈"二年"的时间问题》，简帛研究网，2005 年 4 月 24 日。

王素：《长沙东牌楼东汉简牍选释》，《文物》2005 年第 12 期。

王素、宋少华、罗新：《长沙走马楼简牍整理的新收获》，《文物》1999 年第 5 期。

王素：《吴简所见"调"应是"户调"》，《历史研究》2001 年第 4 期。

王伟：《论汉律》，《历史研究》2007 年第 3 期。

王新帮：《论秦汉的吏役制》，《贵州大学学报》（社会科学版）1993 年第
　2 期。

王彦辉：《〈二年律令·户律〉与高祖五年诏书的关系》，《湖南大学学
　报》2007 年第 1 期。

王彦辉：《从张家山汉简看西汉时期私奴婢的社会地位》，《东北师大学
　报》2003 年第 2 期。

王彦辉：《汉代豪民与乡里政权》，《史学月刊》2000 年第 5 期。

王彦辉：《论汉代的分户析产》，《中国史研究》2006 年第 4 期。

王彦辉：《论张家山汉简中的军功名田宅制度》，《东北师大学报》2004
　年第 4 期。

王彦辉：《田啬夫、田典考释——对秦及汉初设置两套基层管理机构的一
　点思考》，《东北师大学报》2010 年第 2 期。

王占通、栗劲：《"隶臣妾"是带有奴隶残余属性的刑徒》，《吉林大学社
　会科学学报》1984 年第 2 期。

王占通：《秦代肉刑耐刑可作主刑辩》，《吉林大学社会科学学报》1991
　年第 3 期。

王之厚：《山东省博物馆藏封泥零拾》，《文物》1990 年第 10 期。

王子今、申秦雁：《陕西历史博物馆藏武都汉简》，《文物》2003 年第
　4 期。

王子今：《试释走马楼〈嘉禾吏民田家莂〉"余力田"与"余力火种
　田"》，《吴简研究》第 1 辑，崇文书局 2004 年版。

王子今：《走马楼简牍所见"吏"在城乡联系中的特殊作用》，《浙江社会
　科学》2005 年第 5 期。

魏坚主编：《额济纳汉简》，广西师范大学出版社 2005 年版。

文霞：《试论秦汉简牍中奴婢的户籍问题》，《广东教育学院学报》2008
　年第 2 期。

吴昌廉：《居延汉简所见簿籍述略》，《简牍学报》1980 年第 7 期。

吴大林、尹必兰：《西汉东海郡各县、邑、侯国及乡官设置》，《东南文

化》1997 年第 4 期。

吴福助：《睡虎地秦简论考》，（台北）文津出版社 1994 年版。

吴礽骧：《汉代烽火制度探索》，《汉简研究文集》，甘肃人民出版社 1984
　年版。

吴礽骧：《河西汉代驿道与沿线古城小考》，《简帛研究二〇〇一》，广西
　师范大学出版社 2001 年版。

吴荣曾：《汉代的亭与邮》，《内蒙古师范大学学报》2002 年第 4 期。

吴荣曾：《汉简中所见的刑徒制》，《北京大学学报》1992 年第 2 期。

吴荣曾：《孙吴佃田初探》，《长沙三国吴简暨百年来简帛发现与研究国际
　学术研讨会论文集》，中华书局 2005 年版。

吴荣曾：《战国授田制研究》，《思想战线》1989 年第 3 期。

吴树平：《秦汉文献研究》，齐鲁书社 1988 年版。

吴忠匡：《〈汉军法〉辑补》，《中华文史论丛》第 1 辑，上海古籍出版社
　1981 年版。

武汉大学简帛研究中心、荆州博物馆、早稻田大学长江流域文化研究所彭
　浩、陈伟、工藤元男主编：《二年律令与奏谳书》，上海古籍出版社
　2007 年版。

武汉市文物管理委员会：《武昌任家湾六朝时期墓葬清理简报》，《文物参
　考资料》1955 年第 12 期。

武威博物馆：《甘肃武威旱滩坡东汉墓发掘简报》，《文物》1993 年第
　10 期。

武威博物馆：《武威新出土王杖诏令册》，甘肃省文物工作队、甘肃省博
　物馆合编《汉简研究文集》，甘肃人民出版社 1984 年版。

西岛定生：《中国古代帝国的形成与结构——二十等爵制研究》，武尚清
　译，国际文化出版公司 1992 年版。

肖灿、朱汉民：《岳麓书院藏秦简〈数〉的主要内容及历史价值》，《中国
　史研究》2009 年第 3 期。

肖永明：《读岳麓书院藏秦简〈为吏治官及黔首〉札记》，《中国史研究》
　2009 年第 3 期。

谢桂华、李均明、朱国炤：《居延汉简释文合校》（上、下册），文物出版

社 1987 年版。

谢桂华：《汉简所见律令拾遗》，《纪年林剑鸣教授史学论文集》，中国社
　　会科学出版社 2002 年版。

谢桂华：《居延汉简的断简缀合和册书复原》，《简帛研究》第 2 辑，法律
　　出版社 1996 年版。

谢桂华：《新、旧居延汉简册书复原举隅》，《秦汉史论丛》第 5 辑，法律
　　出版社 1992 年版。

谢桂华：《新旧居延汉简册书复原举隅（续）》，《简帛研究》第 1 辑，法
　　律出版社 1993 年版。

谢桂华：《尹湾汉墓简牍和西汉地方行政制度》，《文物》1997 年第 1 期。

谢桂华：《尹湾汉墓所见东海郡行政文书考述（上）》，《尹湾汉墓简牍综
　　论》，科学出版社 1999 年版。

新疆维吾尔自治区博物馆：《新疆巴楚县脱库孜沙来古城发现的古代木简
　　带文字纸片等文物》，《文物》1959 年第 7 期。

新疆维吾尔自治区博物馆：《吐鲁番县阿斯塔那——哈拉和卓古墓群清理
　　简报》，《文物》1972 年第 1 期。

邢义田：《从张家山汉简〈二年律令〉重论秦汉的刑期问题》，《中国古代
　　法律文献研究》第 3 辑，中国政法大学出版社 2007 年版。

邢义田：《汉代边塞军队的给假、休沐与功劳制——读〈居延新简〉札记
　　之二》，《简帛研究》第 1 辑，法律出版社 1993 年版。

邢义田：《汉长安未央宫前殿遗址出土木简的性质》，《大陆杂志》第 100
　　卷第 6 期，2000 年。

邢义田：《秦汉的律令学》，《秦汉史论稿》，东大图书出版公司 1983
　　年版。

邢义田：《张家山汉简〈二年律令〉读记》，《燕京学报》2003 年第
　　15 期。

熊北生：《云梦睡虎地 77 号西汉墓出土简牍的清理与编联》，《出土文献
　　研究》第 9 辑，中华书局 2010 年版。

熊铁基、王瑞明：《秦代的封建土地所有制》，《云梦秦简研究》，中华书
　　局 1981 年版。

徐富昌：《睡虎地秦简研究》，（台北）文史哲出版社 1993 年版。

徐师曾：《文体明辨序说》，人民文学出版社 1982 年版。

徐世虹：《对汉代民法渊源的新认识》，《郑州大学学报》（哲学社会科学版）2002 年第 3 期。

徐世虹：《汉代法律载体考述》，《中国法制史考证》甲编第三卷，中国社会科学出版社 2003 年版。

徐世虹：《汉代民事诉讼程序考述》，《政法论坛》2001 年第 6 期。

徐世虹：《汉劾制管窥》，《简帛研究》第 2 辑，法律出版社 1996 年版。

徐世虹：《汉简所见劳役刑名考释》，《中国古代法律文献研究》第 1 辑，巴蜀书社 1999 年版。

徐世虹：《汉简与汉代法制研究》，《内蒙古大学学报》1992 年第 2 期。

徐世虹：《汉令甲、令乙、令丙辨正》，《简帛研究》第 3 辑，广西教育出版社 1998 年版。

徐世虹：《近年来〈二年律令〉与秦汉法律体系研究述评》，《中国古代法律文献研究》第 3 辑，中国政法大学出版社 2007 年版。

徐世虹：《九章律再认识》，《沈家本与中国法律文化国际学术研讨会论文集》，中国法制出版社 2005 年版。

徐世虹：《居延新简汉律佚文考》，《政法论坛》1992 年第 3 期。

徐世虹：《说正律与旁章》，《出土文献研究》第 8 辑，上海古籍出版社 2007 年版。

闫桂梅：《近五十年来秦汉土地制度研究综述》，《中国史研究动态》2007 年第 7 期。

阎步克：《士大夫政治演生史稿》，北京大学出版社 1996 年版。

阎晓军：《出土文献与古代司法检验史研究》，文物出版社 2005 年版。

阎晓军：《秦汉时期的诉讼审判制度》，《秦文化论丛》第 10 辑，三秦出版社 2003 年版。

扬州市博物馆：《江苏仪征胥浦 101 号西汉墓》，《文物》1987 年第 1 期。

扬州市博物馆、邗江县图书馆：《江苏邗江胡场 5 号汉墓》，《文物》1981 年第 11 期。

杨光辉：《汉唐封爵制》，学苑出版社 2002 年版。

杨泓：《中国古兵器论丛》，文物出版社 1985 年版。

杨际平：《凤凰山十号汉墓据"算"派役文书研究》，《历史研究》2009 年第 6 期。

杨际平：《汉代内郡的吏员构成与乡、亭、里关系研究——东海郡尹湾汉简研究》，《厦门大学学报》1998 年第 4 期。

杨际平：《秦汉户籍管理制度研究》，《中华文史论丛》2007 年第 1 期。

杨际平：《西汉"民爵、吏爵界限森严不可逾越"说质疑》，《河南大学学报》1984 年第 4 期。

杨际平：《析长沙走马楼三国吴简中的"调"——兼谈户调制的起源》，《历史研究》2006 年第 3 期。

杨际平：《再论汉无民爵吏爵之分——答朱绍侯同志》，《厦门大学学报》1985 年第 4 期。

杨建：《西汉初期津关制度研究》（附《津关令简释》），上海古籍出版社 2010 年版。

杨剑虹：《"隶臣妾"简论》，《考古与文物》1983 年第 2 期。

杨巨中：《从云梦秦简看秦的生产关系》，《人文杂志》专刊《先秦史论文集》，1982 年。

杨开勇：《谢家桥 1 号汉墓》，荆州博物馆编著《荆州重要考古发现》，文物出版社 2009 年版。

杨宽：《释青川秦牍的田亩制度》，《文物》1982 年第 7 期。

杨宽：《云梦秦简所反映的土地制度和农业政策》，《上海博物馆集刊》1983 年第 2 期。

杨眉：《秦汉爵制问题研究综述》，《中国史研究动态》2010 年第 1 期。

杨启乾：《常德市德山夕阳坡二号楚墓竹简初探》，《求索》1987 年增刊《楚史与楚文化研究》。

杨升南：《云梦秦简中"隶臣妾"的身份和战国时秦国的社会性质》，《郑州大学学报》（哲学社会科学版）1987 年第 2 期。

杨一凡总主编：《中国法制史考证》，中国社会科学出版社 2003 年版。

杨一民：《战国秦汉时期爵制和编户民称谓的演变》，《学术月刊》1982 年第 9 期。

杨以平、乔国荣:《天长西汉木牍述略》,《简帛研究二〇〇六》,广西师范大学出版社 2008 年版。

杨振红、徐歆毅:《改革开放以来的秦汉史研究》,《文史哲》2010 年第 1 期。

杨振红:《出土简牍与秦汉社会》,广西师范大学出版社 2009 年版。

杨振红:《从〈二年律令〉的性质看汉代法典的编纂修订与律令关系》,《中国史研究》2005 年第 4 期。

杨振红:《从新出简牍看秦汉时期的田租征收》,《简帛》第 3 辑,上海古籍出版社 2008 年版。

杨振红:《从张家山汉简看秦汉时期的市租》,井上徹、杨振红编《中日学者论中国古代城市社会》,三秦出版社 2007 年版。

杨振红:《龙岗秦简诸"田"、"租"简释义补正——结合张家山汉简看名田制的土地管理和田租征收》,《简帛研究二〇〇四》,广西师范大学出版社 2006 年版。

杨振红:《秦汉"名田宅制"说》,《中国史研究》2003 年第 3 期。

杨振红:《秦汉简中的"冗"、"更"与供役方式——从〈二年律令·史律〉谈起》,《简帛研究二〇〇六》,广西师范大学出版社 2008 年版。

杨振红:《秦汉律篇二级分类说——论〈二年律令〉二十七种律均属九章》,《历史研究》2005 年第 6 期。

杨振红:《徭、戍为秦汉正卒基本义务说——更卒之役不是"徭"》,《中华文史论丛》2010 年第 1 期。

杨作龙:《汉代奴婢户籍问题商榷》,《中国史研究》1985 年第 2 期。

影山辉国:《关于汉代的避讳》,《简帛研究二〇〇二、二〇〇三》,广西师范大学出版社 2005 年版。

永田英正:《汉简的古文书学研究》,《简帛研究》第 3 辑,广西教育出版社 1998 年版。

永田英正:《试论居延汉简所见的候官——已破城子出土的"诣官簿"为中心》,《史林》第 56 卷第 5 号,1973 年。

永田英正著:《居延汉简研究》,张学锋译,广西师范大学出版社 2007 年版。

于豪亮：《秦简中的奴隶》，《云梦秦简研究》，中华书局 1981 年版。又收入《于豪亮学术文存》，中华书局 1985 年版。

于豪亮：《释青川秦墓木牍》，《文物》1982 年第 2 期。

于豪亮：《于豪亮学术文存》，中华书局 1985 年版。

于豪亮：《云梦秦简所见职官述略》，《于豪亮学术文存》，中华书局 1985 年版。

于琨奇：《更三品新探》，《中国社会经济研究》1988 年第 2 期。

于琨奇：《秦汉“户赋”“军赋”考》，《中国史研究》1989 年第 4 期。

于琨奇：《尹湾汉墓简牍与西汉地方官制》，《中国史研究》2000 年第 2 期。

于振波：《“算”与“事”——走马楼户籍简所反映的算赋和徭役》，《汉学研究》第 22 卷第 2 期，2004 年。

于振波：《从简牍看汉代的户赋与刍稾税》，《故宫博物院院刊》2005 年第 2 期。

于振波：《东海郡吏员构成与两汉文吏——以尹湾汉简为中心》，简帛网，2007 年 10 月 13 日。

于振波：《汉代官吏的考课时间和方式》，《北京大学学报》1994 年第 5 期。

于振波：《简牍所见秦名田制蠡测》，《湖南大学学报》2004 年第 2 期。

于振波：《居延汉简中的隧长与候长》，《史学集刊》2000 年第 2 期。

于振波：《秦汉法律与社会》，湖南人民出版社 2000 年版。

于振波：《秦律令中的“新黔首”与“新地吏”》，《中国史研究》2009 年第 3 期。

于振波：《张家山汉简中的“卿”》，《文物》2004 年第 8 期。

于振波：《张家山汉简中的名田制及其在汉代的实施情况》，《中国史研究》2004 年第 1 期。

于振波：《走马楼吴简所见佃田制度考略》，《湖南大学学报》2003 年第 6 期。

于振波：《走马楼吴简所见户与里的规模》，《江汉据考古》2009 年第 1 期。

于振波：《走马楼吴简中的限米与屯田》，《中国社会科学院研究生院学报》2004 年第 1 期。

于振波；《走马楼吴简中的"调"》，《中国经济史研究》2004 年第 1 期。

余行迈：《汉代的乡亭部吏考略》，《苏州大学学报》1992 年第 11 期。

俞伟超：《古代分期问题的考古学观察（一）》，《文物》1981 年第 5 期。

袁林：《战国授田制试论》，《社会科学》1983 年第 6 期。

袁延胜：《论东汉的户籍问题》，《中国史研究》2005 年第 1 期。

袁延胜：《天长纪庄木牍〈算簿〉与汉代算赋问题》，《中国史研究》2008 年第 2 期。

岳庆平：《汉代"赋额"初探》，《中国史研究》1985 年第 4 期。

云梦睡虎地秦墓编写组：《云梦睡虎地秦墓》，文物出版社 1981 年版。

臧知非：《从〈吏民田家莂〉看汉代田税的征收方式》，《史学月刊》2002 年第 5 期。

臧知非：《从张家山汉简看"月为更卒"的理解问题》，《苏州大学学报》2004 年第 6 期。

臧知非：《汉代更赋辨误——兼谈"戍边三日"问题》，《徐州师范学院学报》1987 年第 2 期。

臧知非：《汉代田税"以顷计征"新证》，《江西师范大学学报》2003 年第 3 期。

臧知非：《汉代田税征收方式与农民田税负担新探》，《史学月刊》1997 年第 2 期。

臧知非：《简牍所见汉代乡部的建制与职能》，《史学月刊》2006 年第 5 期。

臧知非：《龙岗秦简"行田"解——兼谈龙岗秦简所反映的田制问题》，雷依群、徐卫民主编《秦汉研究》第 1 辑，三秦出版社 2007 年版。

臧知非：《秦汉"傅籍"制度与社会结构的变迁——以张家山汉简〈二年律令〉为中心》，《人文杂志》2005 年第 1 期。

臧知非：《西汉授田制度与田税征收方式新论》，《江海学刊》2003 年第 3 期。

臧知非：《尹湾汉墓简牍"提封"释义——兼谈汉代土地统计方法问题》，

《史学月刊》2001 年第 1 期。

臧知非：《张家山汉简所见西汉矿业税收制度释析——兼谈西汉前期"弛山泽之禁"及商人兼并农民问题》，《史学月刊》2003 年第 3 期。

曾加：《张家山汉简法律思想研究》，商务印书馆 2008 年版。

张伯元：《出土法律文献研究》，商务印书馆 2005 年版。

张昌平：《随州孔家坡墓地出土简牍概述》，《古代文明通讯》2000 年第 6 期。此文亦收入艾兰、邢文等编《新出简帛研究》，文物出版社 2004 年版。

张传汉：《略论秦代隶臣妾的身份问题》，《辽宁大学学报》1985 年第 4 期。

张春龙、龙京沙：《湘西里耶秦简 8—455 号》，《简帛》第 4 辑，上海古籍出版社 2009 年版。

张春龙：《沅陵虎溪山汉简选》，《出土文献研究》第 9 辑，中华书局 2010 年版。

张存良、吴荭：《水泉子汉简初识》，《文物》2009 年第 10 期。

张存良：《水泉子七言本〈仓颉篇〉蠡测》，《出土文献研究》第 9 辑，中华书局 2010 年版。

张德芳：《悬泉汉简羌族资料辑考》，《简帛研究二〇〇一》，广西师范大学出版社 2001 年版。

张德芳：《悬泉汉简中的"传信简"考述》，《出土文献研究》第 7 辑，上海古籍出版社 2005 年版。

张德芳：《悬泉汉简中的"悬泉置"》，《简帛研究二〇〇六》，广西师范大学出版社 2008 年版。

张德芳：《悬泉汉简中若干"时称"问题的考察》，《出土文献研究》第 6 辑，上海古籍出版社 2004 年版。

张德芳：《悬泉汉简中若干纪年问题考证》，《简牍学研究》第 4 辑，甘肃人民出版社 2004 年版。

张凤：《汉晋西陲木简汇编》，上海有正书局 1931 年版。

张功：《秦汉犯罪控制研究》，湖北人民出版社 2007 年版。

张功：《秦汉逃亡犯罪研究》，湖北人民出版社 2006 年版。

张鹤泉：《〈二年律令〉所见二十等爵对西汉国家统治秩序的影响》，《吉林师范大学学报》2005 年第 6 期。

张鹤泉：《略论汉代的弛刑徒》，《东北师大学报》1984 年第 4 期。

张家山二四七号汉墓竹简整理小组：《张家山汉墓竹简［二四七号墓］》，文物出版社 2001 年版。

张家山二四七号汉墓竹简整理小组：《张家山汉墓竹简［二四七号墓］》（释文修订本），文物出版社 2006 年版。

张家山汉墓竹简整理小组：《江陵张家山汉简概述》，《文物》1985 年第 1 期。

张建国：《帝制时代的中国法》，法律出版社 1999 年版。

张建国：《汉简〈奏谳书〉和秦汉刑事诉讼程序初探》，《中外法学》1997 年第 2 期。

张建国：《居延新简"粟君债寇恩"民事诉讼个案研究》，《中外法学》1996 年第 5 期。

张建国：《科的变迁及其历史作用》，《北京大学学报》1987 年第 3 期。

张建国：《论西汉初期的赎》，《政法论坛》2002 年第 5 期。

张建国：《试析汉初"约法三章"的法律效力——兼谈"二年律令"与萧何的关系》，《法学研究》1996 年第 1 期。

张建国：《叔孙通定〈傍章〉质疑——兼论张家山汉简所载律篇名》，《北京大学学报》1997 年第 6 期。此文后收入氏著《帝制时代的中国法》，法律出版社 1999 年版。

张建国：《西汉刑制改革新探》，《历史研究》1996 年第 6 期。

张建国：《中国律令法体系概论》，《北京大学学报》1998 年第 5 期。

张颉慧：《张家山汉简中"隶臣妾"身份探讨》，《中原文物》2004 年第 1 期。

张金光：《从银雀山竹书〈田法〉等篇中看国家授田制》，《管子学刊》1990 年第 4 期。

张金光：《关于秦刑徒的几个问题》，《中华文史论丛》1985 年第 1 辑，上海古籍出版社 1985 年版。

张金光：《论秦汉的学吏教材——睡虎地秦简为学吏教材说》，《文史哲》

2003 年第 6 期。

张金光：《论秦汉的学吏制度》，《文史哲》1984 年第 1 期。

张金光：《论秦徭役制中的几个法定概念》，《山东大学学报》2004 年第 3 期。

张金光：《论青川秦牍中的"为田"制度》，《文史哲》1985 年第 6 期。

张金光：《普遍授田制的终结与私有地权的形成——张家山汉简与秦简比较研究之一》，《历史研究》2007 年第 5 期。

张金光：《秦制研究》，上海古籍出版社 2004 年版。

张金光：《秦自商鞅变法的租赋徭役制度研究》，《文史哲》1983 年第 1 期。

张金光：《试论秦自商鞅变法后的土地制度》，《中国史研究》1983 年第 2 期。

张俊民：《〈敦煌悬泉汉简释文选〉校补》，《敦煌学辑刊》2001 年第 1 期。

张俊民：《敦煌悬泉汉简所见人名综述（二）——以少数民族人名为中心的考察》，《西域研究》2006 年第 4 期。

张俊民：《敦煌悬泉汉简所见人名综述（三）——以敦煌郡太守人名为中心的考察》，《简帛研究二〇〇五》，广西师范大学出版社 2008 年版。

张俊民：《敦煌悬泉置探方 T0309 出土简牍概述》，《长沙三国吴简暨百年来简帛发现与研究国际学术研讨会论文集》，中华书局 2005 年版。

张俊民：《悬泉置元康四年正月尽十二月丁卯鸡出入簿辨析》，《敦煌研究》1995 年第 2 期。

张铭新：《关于〈秦律〉中的"居"》，《考古》1981 年第 1 期。

张荣强：《〈二年律令〉与汉代课役身分》，《中国史研究》2005 年第 2 期。

张荣强：《湖南里耶所出"秦代迁陵县南阳里户版"研究》，《北京师范大学学报》2008 年第 4 期。

张荣强：《说孙吴户籍简中的"事"》，《吴简研究》第 1 辑，崇文书局 2004 年版。

张荣强：《孙吴简中的户籍文书》，《历史研究》2006 年第 4 期。

张荣强：《吴简〈嘉禾吏民田家莂〉"二年常限"解》，《历史研究》2003年第6期。

张荣强：《长沙东牌楼东汉"户籍简"补说》，《中国史研究》2008年第4期。

张荣强：《走马楼户籍简中的"中"自注记》，《中国历史文物》2009年第5期。

张学正：《甘谷汉简考释》，甘肃省文物工作队、甘肃省博物馆合编《汉简研究文集》，甘肃人民出版社1984年版。

张忠炜：《〈汉官休假杂考〉补遗》，中国文物研究所编《出土文献研究》第6辑，上海古籍出版社2004年版。

张忠炜：《〈二年律令〉年代问题研究》，《历史研究》2008年第3期。

张忠炜：《〈居延新简〉"购赏科条"册书复原及相关问题之研究：以〈额济纳汉简〉"购赏科别为切入点"》，《文史哲》2007年第6期。

赵平安：《隶变研究》，河北大学出版社2009年版。

浙江省文物管理委员会、浙江省博物馆：《吴兴钱山漾遗址第一、二次发掘报告》，《考古学报》1960年第2期。

郑实：《啬夫考——读云梦秦简札记》，《文物》1978年第2期。

郑有国：《简牍学综论》，华东师范大学出版社2008年版。

郑忠华：《印台墓地出土大批西汉简牍》，荆州博物馆编著《荆州重要考古发现》，文物出版社2009年版。

中国科学院考古研究所、甘肃省博物馆编：《武威汉简》，文物出版社1964年版。

中国科学院考古研究所编：《居延汉简甲编》，科学出版社1959年版。

中国科学院考古研究所编：《长沙发掘报告》，科学出版社1957年版。

中国科学院考古研究所编辑室：《武威磨嘴子汉墓出土王杖十简释文》，《考古》1960年第9期。

中国社会科学院简帛研究中心编：《张家山汉简〈二年律令〉研究文集》，广西师范大学出版社2007年版。

中国社会科学院考古研究编：《居延汉简甲乙编》，中华书局1980年版。

中国社会科学院考古研究所、河北省文物管理处编：《满城汉墓发掘报告》，文物出版社 1980 年版。

中国社会科学院考古研究所编：《汉长安城未央宫——1980～1989 年考古发掘报告》，中国大百科全书出版社 1996 年版。

中国社会科学院考古研究所编：《信阳楚墓》，文物出版社 1986 年版。

中国社会科学院考古研究所编：《甲骨文编》，中华书局 1989 年版。

中国社会科学院考古研究所主持翻译：《西域考古图记》，广西师范大学出版社 1999 年版。

中国文物研究所、甘肃省文物考古研究所编：《敦煌悬泉月令诏条》，中华书局 2001 年版。

中国文物研究所、湖北省文物考古研究所编：《龙岗秦简》，中华书局 2001 年版。

中田薰：《中国律令法系的发展补考》，《法制史研究》第 3 号，1953 年。此文后收入氏著《法制史论集》第 4 卷，岩波书店 1964 年版。

周波：《从三种律文的颁行年代谈〈二年律令〉的“二年”问题》，简帛研究网，2005 年 5 月 9 日。

周振鹤：《〈二年律令·秩律〉的历史地理意义》，《学术月刊》2003 年第 1 期。

周振鹤：《西汉地方行政制度的典型实例——读尹湾六号汉墓出土木牍》，《学术月刊》1997 年第 5 期。

朱大昀：《有关“啬夫”的一些问题》，《秦汉史论丛》第 2 辑，1983 年。

朱德贵：《张家山汉简与汉代户赋制度新探》，《学术论坛》2006 年第 6 期。

朱德贵：《从〈二年律令〉看汉代“户赋”和“以訾征赋”》，《晋阳学刊》2007 年第 5 期。

朱国炤：《上孙家寨木简初探》，《文物》1981 年第 2 期。

朱汉民、肖灿：《从岳麓书院藏秦简〈数〉看周秦之际的几何学成就》，《中国史研究》2009 年第 3 期。

朱红林：《从张家山汉简看汉初国家授田制度的几个特点》，《江汉考古》2004 年第 3 期。

朱红林：《张家山汉简〈二年律令〉集释》，社会科学文献出版社 2005

年版。

朱红林：《张家山汉简〈二年律令〉研究》，黑龙江人民出版社 2008
年版。

朱江松：《罕见的松柏汉代木牍》，荆州博物馆编著《荆州重要考古发
现》，文物出版社 2009 年版。

朱绍侯：《〈秦汉时期的"赐民爵"及"小爵"〉读后——兼论汉代爵制
与妇女的关系》，《史学月刊》2009 年第 11 期。

朱绍侯：《〈奏谳书〉新郪信案例爵制释疑》，《史学月刊》2003 年第
12 期。

朱绍侯：《从〈二年律令〉看汉初二十级军功爵的价值——〈二年律令〉
与军功爵制研究之四》，《河南大学学报》2003 年第 2 期。

朱绍侯：《从〈二年律令〉看与军功爵制有关的三个问题——〈二年律
令〉与军功爵制研究之三》，《河南大学学报》2003 年第 1 期。

朱绍侯：《从〈奏谳书〉看汉初军功爵制的几个问题》，《简帛研究》第 2
辑，法律出版社 1996 年版。

朱绍侯：《从三组汉简看军功爵制的演变》，《史学集刊》1992 年第 2 期。

朱绍侯：《军功爵制研究》，上海人民出版社 1990 年版。

朱绍侯：《军功爵制在西汉的变化》，《河南师大学报》1983 年第 1 期。

朱绍侯：《论汉初的名田（受田）制及其破坏》，《河南大学学报》2004
年第 1 期。

朱绍侯：《吕后二年赐田宅制度试探——〈二年律令〉与军功爵制研究之
二》，《史学月刊》2002 年第 12 期。

朱绍侯：《秦汉的土地制度与阶级关系》，中州古籍出版社 1985 年版。

朱绍侯：《西汉初年军功爵制的等级划分——〈二年律令〉与军功爵制研
究之一》，《河南大学学报》2002 年第 5 期。

朱绍侯：《再谈汉代的民爵与吏爵问题——兼答杨际平同志》，《河南大学
学报》1984 年第 4 期。

朱新予主编：《中国丝绸史》（通论），纺织工业出版社 1992 年版。

祝瑞开：《汉代的公田和假税——附说秦的"受田"和"租""赋"》，
《西北大学学报》1980 年第 2 期。

祝中熹：《青川秦牍田制考辨》，《简帛研究》第 2 辑，法律出版社 1996
　　年版。

滋贺秀三：《关于汉唐间法典的二三考证》，《东方学》第 17 期。

滋贺秀三：《西汉文帝の刑法改革と曹魏新律十八篇篇目考》，《国家学会
　　杂志》第 69 卷第 7、8 号，1955 年。中译本见刘俊文主编《日本学者
　　研究中国史论著选译》第 8 卷《法律制度》，姚荣涛、徐世虹译，中华
　　书局 1992 年版。

滋贺秀三：《中国法制史论集——法典と刑罚》，创文社 2003 年版。

邹水杰：《简牍所见秦汉县属吏设置及演变》，《中国史研究》2007 年第
　　3 期。

邹水杰：《两汉县行政研究》，湖南人民出版社 2008 年版。

走马楼简牍整理组编：《长沙走马楼三国吴简·嘉禾吏民田家莂》，文物
　　出版社 1999 年版。

三　下编

艾兰、邢文编：《新出简帛研究》，文物出版社 2004 年版。

安志敏、陈公柔：《长沙战国缯书及其有关问题》，《文物》1963 年第
　　9 期。

巴纳：《对一部中文书——楚帛书进行释读、翻译和考证之前的科学鉴
　　定》（英文），坎培拉，1971 年。

白光琦：《帛书〈五星占〉的价值及编制时代》，《殷都学刊》1997 年第
　　3 期。

白於蓝：《拾遗录——出土文献研究》，科学出版社 2017 年版。

北京大学出土文献研究所编：《古简新知——西汉竹书〈老子〉与道家思
　　想研究》，上海古籍出版社 2017 年版。

蔡季襄：《晚周缯书考证》（附摹本），1944 年石印本，中西书局 2013
　　年版。

曹峰：《“色”与“礼”的关系——〈孔子诗论〉、马王堆帛书〈五行〉、
　　〈孟子·告子下〉之比较》，《孔子研究》2006 年第 6 期。

曹峰：《〈黄帝四经〉所见“名”的分类》，《湖南大学学报》（社会科学

版）2007 年第 1 期。

曹峰：《〈三德〉与〈黄帝四经〉对比研究》，《江汉论坛》2006 年第
11 期。

曹峰：《近年出土黄老思想文献研究》，中国社会科学出版社 2015 年版。

曹峰：《马王堆汉墓帛书〈经法〉所见几个重要概念的研究》，《简帛研究
二〇〇二、二〇〇三》，广西师范大学出版社 2005 年版。

曹锦炎：《楚帛书〈月令〉篇考释》，《江汉考古》，1985 年。

曹学群：《〈地形图〉与秦代新道》，收入《考古耕耘录》，岳麓书社 1999
年版。

曹学群：《关于马王堆古地图及其相关的几个问题》，《考古》1994 年第
4 期。

曹学群：《论马王堆古地图的绘制年代》，《马王堆汉墓研究文集》，湖南
出版社 1994 年版。

曹学群：《马王堆汉墓〈丧服图〉简论》，《湖南考古辑刊》第 6 集，
1994 年。

车新亭：《〈战国纵横家书〉与苏秦史料辨证》，《北京师范大学学报》
（社会科学版）1990 年第 3 期。

陈邦怀：《战国楚帛书文字考证》，《古文字研究》第 5 辑，1981 年。

陈鼓应：《关于〈黄老帛书〉四篇成书年代等问题的研究》，《马王堆汉墓
研究文集》，湖南出版社 1994 年版；陈鼓应注译《马王堆汉墓出土帛
书》，商务印书馆 2007 年版。

陈鼓应：《黄帝四经今注今释》，台湾商务印书馆 1995 年版。

陈剑：《马王堆帛书〈五十二病方〉〈养生方〉释文校读札记》，《出土文
献与古文字研究》第 5 辑，上海古籍出版社 2013 年版。

陈剑：《试说战国文字中写法特殊的“亢”和从“亢”诸字》，《出土文
献与古文字研究》第 3 辑，复旦大学出版社 2010 年版。

陈来：《“慎独”与帛书〈五行〉思想》，《中国哲学史》2008 年第 1 期。

陈来：《帛书易传与先秦儒家易学之分派》，《孔子研究》1999 年第 4 期。

陈来：《马王堆帛书〈易传〉的政治思想——以〈缪和〉〈昭力〉二篇之
义为中心》，《北京大学学报》2008 年第 2 期。

陈来：《马王堆帛书易传与孔门易学》，《国学研究》第 2 卷，北京大学出版社 1994 年版。

陈来：《竹帛五行篇为子思、孟子所作论》，《孔子研究》2007 年第 1 期。

陈梦家：《战国楚帛书考》，《考古学报》1984 年第 2 期。

陈槃：《先秦两汉帛书考》，附录《长沙楚墓绢质采绘照片小记》（附摹本），《中央研究院历史语言研究所集刊》第 24 本，1953 年。

陈奇猷：《马王堆汉墓帛书慧星图试释》，《上海博物馆集刊》第 3 期，上海古籍出版社 1986 年版。

陈斯鹏：《楚帛书甲篇的神话构成、性质及其神学意义》，《文史哲》2006 年第 6 期。

陈斯鹏：《战国楚帛书甲篇新释》，《古文字研究》26 辑，中华书局 2006 年版。

陈松长：《帛书〈出行占〉中的几个时称概念考略》，《出土文献研究》第 7 辑，上海古籍出版社 2005 年版。

陈松长：《帛书〈天文气象杂占〉释文订补》，《出土文献研究》第 6 期，上海古籍出版社 2004 年版。

陈松长：《帛书〈刑德〉丙篇试探》，《简帛研究》第 3 辑，广西教育出版社 1998 年版。

陈松长：《帛书〈刑德〉略说》，《简帛研究》第 1 辑，法律出版社 1993 年版。

陈松长：《帛书〈刑德〉乙篇释文订补》，《简牍学研究》第 2 辑，甘肃人民出版社 1998 年版。

陈松长：《帛书〈刑德〉乙篇释文校读》，《湖南省博物馆四十周年纪念文集》，湖南教育出版社 1996 年版。

陈松长：《帛书〈阴阳五行〉与秦简〈日书〉》，《简帛研究》第 2 辑，法律出版社 1996 年版。

陈松长：《帛书史话》，中国大百科全书出版社 2000 年版。

陈松长：《长沙马王堆西汉墓》，上海古籍出版社 1998 年版。

陈松长：《简帛研究文稿》，线装书局 2008 年版。

陈松长：《马王堆帛书"物则有形"图初探》，《文物》2006 年第 6 期。

陈松长：《马王堆帛书〈刑德〉甲、乙本的比较研究》，《文物》2000 年第 3 期。

陈松长：《马王堆帛书〈刑德〉研究论稿》，台湾古籍出版有限公司 2001年版。

陈松长：《马王堆汉墓帛画"神祇图"辨正》，《江汉考古》1993 年第 1 期。

陈松长：《马王堆汉墓帛画"太一将行图"浅论》，《美术史论》1992 年第 3 期。

陈松长《帛书"九主图残片"略考》，《文物》2007 年第 4 期。

陈松长等：《帛书〈天文气象杂占〉释文再补》，《出土文献研究》第 8辑，上海古籍出版社 2007 年版。

陈媛媛：《〈楚帛书·乙篇〉集释》，吉林大学硕士学位论文，2009 年。

程少轩：《马王堆汉墓〈丧服图〉新探》，《出土文献与古文字研究》第 6辑，上海古籍出版社 2015 年版。

池田知久著：《马王堆汉墓帛书五行研究》，王启发译，线装书局、中国社会科学出版社 2005 年版。

池田知久著：《池田知久简帛研究论集》，曹峰译，中华书局 2006 年版。

崔永东：《帛书〈黄帝四经〉中的刑法思想》，《金文简帛中的刑法思想》，清华大学出版社 2000 年版。

邓球柏：《帛书周易校释》（增订本），湖南出版社 1996 年版。

丁四新：《本体之道的论说——论帛书〈道原〉的哲学思想》，《湖南省博物馆馆刊》第 2 期，岳麓书社 2005 年版。

丁四新：《楚竹书与汉帛书〈周易〉校注》，上海古籍出版社 2011 年版。

丁四新：《周易溯源与早期易学考论》，中国人民大学出版社 2017 年版。

丁四新主编：《楚地出土简帛文献思想研究（一）》，湖北教育出版社 2002 年版。

董楚平：《楚帛书〈创世篇〉释文释义》，《古文字研究》24 辑，中华书局 2002 年版。

董珊：《简帛文献考释论丛》，上海古籍出版社 2014 年版。

董作宾：《论长沙出土之缯书》，《大陆杂志》第 10 卷第 6 期，1955 年

3月。

冯时:《楚帛书研究三题》,《于省吾教授百年诞辰纪念文集》,吉林大学出版社 1996 年版。

傅举有:《关于〈驻军图〉绘制的年代问题》,《考古》1981 年第 2 期。

傅举有:《有关马王堆古地图的几个问题》,《文物》1982 年第 2 期。

傅举有、陈松长:《马王堆汉墓文物》,湖南出版社 1992 年版。

高大伦:《张家山汉简〈引书〉研究》,巴蜀书社 1995 年版。

高亨、董治安:《〈十大经〉初论》,《历史研究》1975 年第 1 期。

高明:《帛书老子校注》,中华书局 1996 年版。

高明:《楚缯书研究》,《古文字研究》第 12 辑,1985 年。

高正:《帛书"十四经"正名》,《道家文化研究》第 3 辑,上海古籍出版社 1993 年版。

葛荣晋:《试论〈黄老帛书〉的"道"和"无为"思想》,《中国哲学史研究》1981 年第 3 期。

顾铁符:《马王堆帛书〈天文气象杂占〉》,《夕阳刍稾》,紫禁城出版社 1988 年版。

顾铁符:《马王堆帛书〈天文气象杂占〉内容简述》,《文物》1978 年第 2 期。

广濑薰雄:《马王堆汉墓帛书〈导引图〉整理琐记(三题)》,《出土文献与古文字研究》第 5 辑,上海古籍出版社 2013 年版。

郭沫若:《关于晚周帛书的考察》,《人民文学》1953 年第 11 期。

郭永秉:《古文字与古文献论集续编》,上海古籍出版社 2015 年版。

国家文物局古文献研究室:《西汉帛书〈天文气象杂占〉释文》,《中国文物》1979 年第 1 期。

韩建平:《马王堆古脉书研究》,中国社会科学出版社 1999 年版。

韩仲民:《帛易说略》,北京师范大学出版社 1992 年版。

韩仲民:《长沙马王堆汉墓帛书概述》,《文物》1974 年第 9 期。

何介钧、张维明:《马王堆汉墓》,文物出版社 1982 年版。

何琳仪:《长沙帛书通释》,《江汉考古》1986 年第 1、2 期。

何琳仪:《长沙帛书通释校补》,《江汉考古》1989 年第 4 期。

何幼琦：《试论〈五星占〉的时代和内容》，《学术研究》1979 年第 1 期。

何宗禹：《马王堆帛书〈足臂十一脉灸经〉有关的问题再探》，《中华医史杂志》1984 年第 3 期。

胡家聪：《易传〈系辞〉思想与道家黄老思想之学相通》，《道家文化研究》第 1 辑，上海古籍出版社 1991 年版。

胡平生：《马王堆帛书〈丧制图〉所记丧服制度考论》，《湖南省博物馆馆刊》2004 年第 1 期。

胡文辉：《马王堆〈太一出行图〉与秦简〈日书·出邦门〉》，《江汉考古》1997 年第 3 期。

胡文辉：《马王堆〈刑德〉乙篇研究》，《中国早期方术与文献丛考》，中山大学出版社 2000 年版。

胡文辉：《中国早期方术与文献丛考》，中山大学出版社 2000 年版。

胡翔骅：《帛书〈却谷食气〉义证》，《道家文化研究》第 3 辑，上海古籍出版社 1993 年版。

湖南省博物馆：《长沙子弹库战国木椁墓》，《文物》1974 年第 2 期。

湖南省博物馆、湖南省文物考古研究所编：《长沙马王堆二、三号汉墓》（第一卷：田野考古发掘报告），文物出版社 2004 年版。

湖南省博物馆、中国科学院考古研究所编：《长沙马王堆二、三号墓发掘简报》，《文物》1974 年第 7 期。

湖南省博物馆、中国科学院考古研究所：《长沙马王堆一号汉墓》，文物出版社 1973 年版。

湖南省博物馆、中国科学院考古研究所、《文物》编辑委员会编：《长沙马王堆一号汉墓发掘简报》，文物出版社 1972 年版。

湖南省博物馆、中医研究院医史文献研究室编：《马王堆汉墓帛书导引图论文集》，文物出版社 1979 年版。

湖南省博物馆编：《马王堆汉墓研究》，湖南人民出版社 1981 年版。

湖南省博物馆编：《马王堆汉墓研究文集——1992 年马王堆汉墓国际学术讨论会论文选》，湖南出版社 1994 年版。

湖南省博物馆主编：《湖南省博物馆四十周年纪念论文集》，湖南教育出版社 1996 年版。

湖南中医学院科研处编：《中华全国首届马王堆医书学术讨论会论文专集》，1990 年。

黄朴民：《战国黄老学派及其军事思想》，《管子学刊》1994 年第 4 期。

黄文杰：《马王堆帛书〈刑德〉乙本文字释读商榷》，《中山大学学报》1997 年第 3 期。

江林昌：《子弹库楚帛书"推步规天"与古代宇宙观》，《简帛研究》第 3 辑，广西教育出版社 1998 年版。

金春峰：《帛书〈系辞〉反映的时代与文化》，《周易研究》2000 年第 3 期。

金祥恒：《楚缯书"霝虘"解》，《中国文字》第 28 册，1968 年。

荆门市博物馆：《郭店楚墓竹简》，文物出版社 1998 年版。

荆雨：《试析帛书〈黄帝四经〉"道生法"思想的内涵及意义》，《中国哲学史》2005 年第 4 期。

李存山：《〈老子〉简帛本与传世本关系的几个"模型"》，《中国哲学史》2003 年第 3 期。

李定生：《帛书〈系辞传〉与〈文子〉》，《道家文化研究》第 3 辑，上海古籍出版社 1993 年版。

李家浩：《论太一避兵图》，《国学研究》第 1 卷，北京大学出版社 1993 年版。

李建军：《帛书〈春秋事语〉考论》，《图书馆理论与实践》2006 年第 5 期。

李建毛：《马王堆汉墓"神祇图"与原始护身符》，《马王堆汉墓研究文集》，湖南出版社 1994 年版。

李景林：《帛书〈五行〉慎独说小议》，《人文杂志》2003 年第 6 期。

李零：《"兵避太岁"戈和马王堆帛书〈避兵图〉》，《中国方术考》，人民中国出版社 1993 年版。

李零：《〈长沙子弹库战国楚帛书研究〉补正》，《古文字研究》第 20 辑，中华书局 2000 年版。

李零：《长沙子弹库战国楚帛书研究》，中华书局 1985 年版。

李零：《楚帛书的再认识》，《李零自选集》，广西师范大学出版社 1998

年版。

李零：《楚帛书研究（十一种）》，中西书局 2013 年版。

李零：《楚帛书与日书：古日者之说》，《中国方术考》，人民中国出版社 1993 年版。

李零：《楚帛书与式图》，《江汉考古》1991 年第 1 期。

李零：《读几种出土发现的选择类古书》，《简帛研究》第 3 辑，广西教育出版社 1998 年版。

李零：《马王堆房中术研究》，《文史》第 35 辑，中华书局 1992 年版。

李零：《马王堆汉墓"神祇图"应属避兵图》，《考古》1991 年第 10 期。

李零：《中国方术考》，人民中国出版社 1993 年版。

李零：《子弹库帛书》，文物出版社 2017 年版。

李锐：《帛书〈易传〉学派属性研究述评》，《中国史研究动态》2009 年第 3 期。

李锐：《人物、文本、年代：出土文献与先秦古书年代学探索》，中国人民大学出版社 2017 年版。

李尚信：《帛书〈周易〉卦序与宇宙论》，《中国哲学史》2009 年第 1 期。

李学勤：《"兵避太岁"戈新证》，《江汉考古》1991 年第 2 期。

李学勤：《〈称〉篇与〈周祝〉》，《简帛佚籍与学术史》，江西教育出版社 2001 年版。

李学勤：《〈春秋事语〉与〈左传〉的传流》，《简帛佚籍与学术史》，江西教育出版社 2001 年版。

李学勤：《〈引书〉与〈导引图〉》，《文物天地》1991 年第 2 期。

李学勤：《申论〈老子〉的年代》，《古文献丛论》，上海远东出版社 1996 年版。

李学勤：《帛书〈道原〉研究》，《古文献丛论》，上海远东出版社 1996 年版。

李学勤：《帛书〈要〉篇及其学术史意义》，《中国史学》第 4 卷，1994 年。

李学勤：《补论战国题铭的一些问题》，《文物》1960 年第 7 期。

李学勤：《长沙楚帛书通论》，《李学勤集》，黑龙江教育出版社 1989

年版。

李学勤：《长沙子弹库第二帛书探要》，《江汉考古》1990 年第 1 期。

李学勤：《楚帛书中的天象》，江西教育出版社 2001 年版。

李学勤：《楚帛书中的古史观与宇宙论》，江西教育出版社 2001 年版。

李学勤：《再论帛书十二神》，江西教育出版社 2001 年版。

李学勤：《简帛佚籍与学术史》，江西教育出版社 2001 年版。

李学勤：《从〈要〉篇看孔子与〈易〉》，《简帛佚籍与学术史》，江西教育出版社 2001 年版。

李学勤：《对古书的反思》，《李学勤集》，黑龙江教育出版社 1989 年版。

李学勤：《范蠡思想与帛书〈黄帝书〉》，《简帛佚籍与学术史》，江西教育出版社 2001 年版。

李学勤：《古文字学初阶》，中华书局 1985 年版。

李学勤：《记在美国举行的马王堆帛书工作会议》，《文物》1979 年第 11 期。

李学勤：《简帛佚籍与学术史》，时报文化出版公司 1994 年版。

李学勤：《论帛书白虹及〈燕丹子〉》，《河北学刊》1989 年第 5 期。

李学勤：《马王堆帛书〈刑德〉中的军吏》，《简帛研究》第 2 辑，法律出版社 1996 年版。

李学勤：《马王堆帛书与〈鹖冠子〉》，《江汉考古》1983 年第 2 期。

李学勤：《试论长沙子弹库楚帛书残片》，《文物》1992 年第 11 期。

李学勤：《试论马王堆汉墓帛书〈伊尹·九主〉》，《文物》1974 年第 11 期。

李学勤：《谈祝融八姓》，收入《李学勤集》，黑龙江教育出版社 1989 年版。

李学勤：《严遵〈指归〉考辨》，《历史文献研究》新 6 辑，北京师范大学出版社 1995 年版。

李学勤：《古文献丛论》，上海远东出版社 1996 年版。

李学勤：《再论楚帛书十二神》，《湖南考古辑刊》第 4 集，1987 年。

李学勤：《周易经传溯源》，长春出版社 1992 年版。

李学勤：《周易溯源》，巴蜀书社 2006 年版。

连劭名:《帛书〈伊尹·九主〉与古代思想》,《文献》1993 年第 3 期。

连劭名:《长沙楚帛书与卦气说》,《考古》1990 年第 9 期。

连劭名:《长沙楚帛书与中国古代的宇宙论》,《文物》1991 年第 2 期。

连劭名:《江陵张家山汉简〈引书〉述略》,《文献》1991 年第 4 期。

连劭名:《马王堆帛画〈太一避兵图〉与南方楚墓中的镇墓神》,《南方文物》1997 年第 2 期。

连劭名:《马王堆帛书〈系辞〉研究》,《周易研究》2001 年第 4 期。

廖名春:《〈周易〉经传与易学史新论》,齐鲁书社 2001 年版。

廖名春:《帛书〈二三子问〉简说》,《道家文化研究》第 3 辑,上海古籍出版社 1993 年版。

廖名春:《帛书〈缪和〉、〈昭力〉简说》,《道家文化研究》第 3 辑,上海古籍出版社 1993 年版。

廖名春:《帛书〈易传〉初探》,文史哲出版社 1998 年版。

廖名春:《帛书导引图题记"满欮考"》,《古汉语研究》1994 年第 2 期。

廖名春:《出土简帛丛考》,湖北教育出版社 2004 年版。

廖名春:《论帛书〈系辞〉的学派性质》,《哲学研究》1993 年第 7 期。

林忠军:《从帛书〈易传〉看孔子易学解释及其转向》,《北京大学学报》(哲学社会科学版)2007 年第 3 期。

刘彬:《帛书〈要〉篇校释》,光明日报出版社 2009 年版。

刘彬:《帛书〈易传〉新释暨孔子易学思想研究》,中国社会科学出版社 2016 年版。

刘彬、孙航、宋立林:《帛书〈易传〉新释暨孔子易学思想研究》,中国社会科学出版社 2016 年版。

刘波:《〈楚帛书·甲篇〉集释》,吉林大学硕士学位论文,2009 年。

刘大钧:《帛书〈易传〉中的象数易学思想》,《哲学研究》2001 年第 11 期。

刘大钧:《再读帛书〈缪和〉篇》,《周易研究》2007 年第 5 期。

刘光胜:《帛书〈易传〉成书问题新探》,《辽宁师范大学学报》2009 年第 1 期。

刘国忠:《马王堆帛书〈刑德〉乙篇再探》,"第二届中国古典文学国际研讨会——纪念闻一多先生百周年诞辰"论文，1999 年。

刘娇：《读马王堆帛书〈天文气象杂占〉札记》，《出土文献与古文字研究》第 5 辑，上海古籍出版社 2013 年版。

刘娇：《根据马王堆帛书〈天文气象杂占〉中的图像资料校读相关传世古书札记》，《出土文献与古文字研究》第 6 辑，上海古籍出版社 2015年版。

刘乐贤：《简帛数术文献探论》，中国人民大学出版社 2012 年版。

刘乐贤：《马王堆汉墓星占书初探》，《华学》第 1 辑，中山大学出版社1995 年版。

刘乐贤：《马王堆天文书考释》，中山大学出版社 2004 年版。

刘信芳：《子弹库楚墓出土文献研究》，（台）艺文印书馆 2002 年版。

刘玉堂、刘金华：《马王堆帛书〈式法〉"徙"、"式图"篇讲疏》，《江汉论坛》2002 年第 4 期。

刘钊：《书馨集——出土文献与古文字论丛》，上海古籍出版社 2013年版。

刘钊：《书馨集续编——出土文献与古文字论丛》，中西书局 2018 年版。

龙建春：《春秋事语札论》，《台州学院学报》2004 年第 2 期。

马继兴：《帛书〈脉法〉初探》，《河南考古辑刊》第 3 集，岳麓书社1986 年版。

马继兴：《马王堆古医书考释》，湖南科学技术出版社 1992 年版。

马克·卡林诺夫斯基：《马王堆帛书〈刑德〉试探》，《华学》第 1 辑，中山大学出版社 1995 年版。

马士远：《周秦〈尚书〉学研究》，中华书局 2008 年版。

马王堆汉墓帛书整理小组编：《长沙马王堆三号汉墓出土地图的整理》，《文物》1975 年第 2 期。

马王堆汉墓帛书整理小组编：《马王堆汉墓帛书（叁）》，文物出版社1983 年版。

马王堆汉墓帛书整理小组编：《马王堆汉墓帛书（肆）》，文物出版社1985 年版。

马王堆汉墓帛书整理小组：《马王堆汉墓帛书（壹）》，文物出版社 1980

年版。

马王堆汉墓帛书整理小组：《马王堆汉墓帛书〈式法〉释文摘要》，《文物》2000 年第 7 期。

马王堆汉墓帛书整理小组：《马王堆汉墓帛书〈五星占〉释文》，《中国天文学史文集》，科学出版社 1978 年版。

马王堆汉墓帛书整理小组：《马王堆汉墓帛书〈相马经〉释文》，《文物》1977 年第 8 期。

马王堆汉墓帛书整理小组：《马王堆三号汉墓出土驻军图整理简报》，《文物》1976 年第 1 期。

马王堆医书研究组编：《马王堆医书研究专刊》第 1 辑，湖南中医学院学报编辑出版，1980 年。

马王堆医书研究组编：《马王堆医书研究专刊》第 2 辑，湖南中医学院学报编辑出版，1981 年。

马雍：《帛书〈战国纵横家书〉各篇的年代和历史背景》，《马王堆汉墓帛书·战国纵横家书》，文物出版社 1976 年版。

毛良：《〈足臂十一脉灸经〉的"脉"是"经筋"吗?》，《中华医史杂志》1985 年第 4 期。

毛良：《古医书〈脉法〉诠释》，《上海中医药杂志》1983 年第 10 卷。

名和敏光、广濑熏雄：《马王堆汉墓帛书〈阴阳五行〉甲篇整体结构的复原》，《出土文献》第 15 辑，中西书局 2016 年版。

聂庆中：《〈老子〉楚简本、帛书本、通行本比较研究》，《殷都学刊》2003 年第 2 期。

宁镇疆：《从简本看今本〈老子〉的形成——兼论帛书本在〈老子〉文本流传过程中的地位》，《中州学刊》2001 年第 4 期。

庞朴：《帛书五行篇研究》，齐鲁书社 1980 年版。

庞朴：《竹帛〈五行〉篇校注及研究》，（台北）万卷楼图书有限公司 2000 年版。

彭浩：《〈导引图〉与〈引书〉》，《马王堆汉墓研究文集——1992 年马王堆汉墓国际学术讨论会论文选》，湖南出版社 1994 年版。

彭浩：《马王堆汉墓帛书〈却谷食气〉篇校读》，《出土文献研究》第 7

辑，上海古籍出版社 2005 年版。

彭浩：《张家山汉简〈引书〉初探》，《文物》1990 年第 10 期。

骈宇骞：《帛书〈春秋事语〉与〈管子〉》，《文献》1992 年第 2 期。

邱锡昉：《〈老子〉在战国时可能只有一种道家传本》，《文物》1976 年第
　　11 期。

裘锡圭：《帛书〈春秋事语〉校读》，《湖南省博物馆馆刊》2004 年第
　　1 期。

裘锡圭：《读〈战国纵横家书〉释文注释札记》，《文史》第 36 辑，
　　1992 年。

裘锡圭：《马王堆〈老子〉甲乙本前后佚书与"道法家"》，《中国哲学》
　　第 9 辑，生活·读书·新知三联书店 1983 年版。

裘锡圭：《马王堆帛书〈式法·刑日〉式图初探》，《新出简帛研究》，文
　　物出版社 2004 年版。

裘锡圭：《裘锡圭学术文集》（全 6 卷），复旦大学出版社 2015 年版。

裘锡圭主编：《长沙马王堆简帛集成》（全 7 册），中华书局 2014 年版。

饶宗颐：《〈敦煌俗字研究导论〉序》，（台北）新文丰出版公司 1996
　　年版。

饶宗颐：《长沙子弹库残帛文字小记》，《文物》1992 年第 11 期。

饶宗颐：《楚帛书天象再议》，《中国文化》第 3 期，1990 年。

饶宗颐：《楚帛书与〈道原篇〉》，《道家文化研究》第 3 辑，上海古籍出
　　版社 1993 年版。

饶宗颐：《马王堆〈刑德〉乙本九宫图诸神释——兼论出土文献中的颛顼
　　与摄提》，《简帛研究》第 1 辑，法律出版社 1993 年版。

饶宗颐：《马王堆〈刑德〉乙本九宫图诸神释——兼论出土文献中的颛顼
　　与摄提》，《江汉考古》1993 年第 1 期。

饶宗颐：《马王堆医书所见陵阳子明经佚说》，《文史》第 20 辑，
　　1983 年。

饶宗颐：《图诗与辞赋——马王堆新出〈太一将行图〉私见》，《湖南省博
　　物馆四十周年纪念论文集》，湖南教育出版社 1996 年版。

饶宗颐：《殷代易卦及有关占卜诸问题》，《文史》第 20 辑，中华书局

1983 年版。

饶宗颐、曾宪通：《楚帛书》，香港中华书局 1985 年版。

饶宗颐、曾宪通：《楚地出土文献三种研究》，中华书局 1993 年版。

商承祚：《战国楚帛书述略》，《文物》1964 年第 9 期。

商志醰：《记商承祚教授藏长沙子弹库楚国残帛书》，《文物》1992 年第 11 期。

商志醰：《商承祚教授藏长沙子弹库楚帛书残片》，《文物天地》1992 年第 6 期。

沈寿：《西汉帛画〈导引图〉解析》，《文物》1980 年第 9 期。

施谢捷：《简帛文字考释札记》，《简帛研究》第 3 辑，广西教育出版社 1998 年版。

施谢捷：《马王堆汉墓帛书〈经法〉注释商榷》，《文史》第 39 辑，中华书局 1994 年版。

史常永：《马王堆汉墓医书考释》，《中华医史杂志》1993 年第 3 期。

宋立林：《缪和、昭力与孔子易教》，《周易研究》2010 年第 6 期。

谭其骧：《二千一百多年前的一幅地图》，《文物》1975 年第 1 期。

谭其骧：《马王堆汉墓出土地图所说明的几个历史地理问题》，《文物》1975 年第 6 期。

唐兰：《〈黄帝四经〉初探》，《文物》1974 年第 10 期。

唐兰：《马王堆帛书〈却谷食气篇〉考》，《文物》1975 年第 6 期。

唐兰：《马王堆出土〈老子〉乙本卷前古佚书的研究》，《考古学报》1975 年第 1 期。

唐兰：《试论马王堆三号汉墓出土导引图》，《马王堆汉墓帛书导引图论文集》，文物出版社 1979 年版。

唐兰：《司马迁所没有见过的珍贵史料——长沙马王堆帛书〈战国纵横家书〉》，《战国纵横家书》，文物出版社 1976 年版。

唐兰等：《座谈长沙马王堆汉墓帛书》，《文物》1974 年第 9 期。

王葆玹：《从马王堆帛书看〈系辞〉与老子学派的关系》，《道家文化研究》第 1 辑，上海古籍出版社 1991 年版。

王博：《〈黄帝四经〉和〈管子〉四篇》，《道家文化研究》第 1 辑，上海古籍出版社 1991 年版。

王博:《老子思想的史官特色》,文津出版社 1993 年版。

王博:《论〈黄帝四经〉产生的地域》,《道家文化研究》第 3 辑,上海古籍出版社 1993 年版。

王化平:《帛书〈易传〉研究》,巴蜀书社 2007 年版。

王莉:《〈春秋事语〉研究二题》,《古籍整理研究学刊》2003 年第 5 期。

王莉:《帛书〈春秋事语〉校注》,东北师范大学硕士学位论文,2004 年。

王胜利:《帛书〈天文气象杂占〉中的彗星图占新考》,《马王堆汉墓研究文集》,湖南出版社 1994 年版。

王树金:《马王堆汉墓帛书〈天文气象杂占〉研究三十年》,《湖南省博物馆馆刊》第 4 辑,岳麓书社 2007 年版。

王泽文:《帛书〈战国纵横家书〉前十四章结构时序考辨》,《管子学刊》1995 年第 2 期。

王志平:《楚帛书月名新探》,收入《华学》第 3 辑,紫禁城出版社 1998 年版。

王子今:《马王堆汉墓古地图交通史料研究》,《江汉考古》1992 年第 4 期。

魏启鹏:《〈黄帝四经〉思想探原》,《中国哲学》1980 年第 4 期。

魏启鹏:《帛书〈却谷食气〉研究》,《四川大学学报》1990 年第 2 期。

魏启鹏:《帛书〈天文气象杂占〉的性质和纂辑年代》,《马王堆汉墓研究文集》,湖南出版社 1994 年版。

魏启鹏:《马王堆汉墓帛书〈德行〉校释》,巴蜀书社 1990 年版。

魏启鹏:《马王堆汉墓帛书〈黄帝书〉笺证》,中华书局 2005 年版。

魏启鹏:《前黄老形名之学的珍贵佚篇——读马王堆汉墓帛书〈伊尹·九主〉》,《道家文化研究》第 3 辑,上海古籍出版社 1993 年版。

魏启鹏、胡翔骅:《马王堆汉墓医书校释(贰)》,成都出版社 1992 年版。

魏启鹏、胡翔骅:《马王堆汉墓医书校释(壹)》,成都出版社 1992 年版。

邬可晶:《读马王堆帛书〈刑德〉〈天文气象杂占〉琐记》,《出土文献研究》第 15 辑,中西书局 2016 年版。

吴光：《关于黄老哲学的性质问题》，《学术月刊》1984 年第 8 期。

吴光：《黄老之学通论》，浙江人民出版社 1985 年版。

吴九龙：《简牍帛书中的"夭"字》，《出土文献研究》，文物出版社 1985 年版。

吴荣曾：《读帛书本〈春秋事语〉》，《文物》1998 年第 2 期。

吴振武：《楚帛书"夸步"解》，《简帛研究》第 2 辑，法律出版社 1996 年版。

席泽宗：《马王堆汉墓帛书中的〈五星占〉》，《中国古代天文文物论集》，文物出版社 1989 年版。

席泽宗：《马王堆汉墓帛书中的彗星图》，《文物》1978 年第 2 期。

肖攀：《楚帛书丙篇及残片集释》，吉林大学硕士学位论文，2009 年。

谢成侠：《关于长沙马王堆汉墓帛书〈相马经〉的探讨》，《文物》1977 年第 8 期。

邢文：《〈尧典〉星象、历法与帛书〈四时〉》，《华学》第 3 辑，紫禁城出版社 1998 年版。

邢文：《帛书周易研究》，人民出版社 1997 年版。

邢文：《楚简〈五行〉试论》，《文物》1998 年第 10 期。

邢义田：《论马王堆汉墓"驻军图"应正名为"箭道封域图"》，《湖南大学学报》（社会科学版）2007 年第 5 期。

熊传薪：《关于〈驻军图〉中的有关问题及其绘制年代》，《马王堆汉墓研究文集》，湖南出版社 1994 年版。

徐苹芳：《马王堆三号汉墓出土的帛书"城邑图"及其有关问题》，《简帛研究》第 1 辑，法律出版社 1993 年版。

徐仁甫：《马王堆汉墓帛书〈春秋事语〉和〈左传〉的事、语对比研究——谈〈左传〉的成书时代和作者》，《社会科学战线》1978 年第 4 期。

徐少华：《简帛文献与早期儒家学说探论》，商务印书馆 2015 年版。

徐勇：《〈春秋事语·韩、魏章〉考辨》，《中国史研究》1988 年第 3 期。

徐在国：《楚帛书诂林》，安徽大学出版社 2010 年版。

徐在国等：《楚帛书"倾"字补说》，《语言科学》2018 年第 3 期。

许抗生：《帛书老子注释与研究》，浙江人民出版社1982年版。

许抗生：《略谈帛书〈老子〉与帛书〈易传·系辞〉》，《道家文化研究》第3辑，上海古籍出版社1993年版。

严一萍：《楚缯书新考》，《中国文字》第26、27、28册，1967年、1968年。

杨宽：《马王堆帛书〈战国策〉的史料价值》，《文物》1975年第2期。

杨宽：《楚帛书的四季神像及其创世神话》，《文学遗产》1997年第4期。

杨琳：《马王堆帛画〈社神护魂图〉阐释》，《考古与文物》2000年第2期。

杨泽生：《楚帛书从"之"从"止"之字考释》，《新出土文献与古代文明研究》，上海大学出版社2004年版。

叶山：《对汉代马王堆黄老帛书的几点看法》，《马王堆汉墓研究文集》，湖南出版社1994年版。

伊世同、何琳仪：《平星考——楚帛书残片与长周期变星》，《文物》1994年第6期。

尹振环：《帛书老子与老子术》，贵州人民出版社2000年版。

于豪亮：《帛书〈周易〉》，《文物》1984年第3期。

于豪亮：《于豪亮学术文存》，中华书局1985年版。

于豪亮：《马王堆帛书〈周易〉释文校注》，上海古籍出版社2013年版。

余敦康：《帛书"易有大恒"的文化意蕴》，《道家文化研究》第3辑，上海古籍出版社1993年版。

余明光：《〈黄帝四经〉与黄老思想》，黑龙江人民出版社1989年版。

余明光：《帛书〈伊尹·九主〉与黄老之学》，《道家文化研究》第3辑，上海古籍出版社1993年版。

袁青：《20世纪以来黄老学研究的回顾与反思》，《史学月刊》2018年第1期。

曾鸣：《关于帛书〈战国策〉中苏秦书信若干年代问题的商榷》，《文物》1975年第8期。

曾宪通：《长沙楚帛书文字编》，中华书局1993年版。

曾宪通：《曾宪通自选集》，中山大学出版社2017年版。

詹立波：《马王堆汉墓出土的守备图探讨》，《文物》1976 年第 1 期。

张岱年：《初观帛书〈系辞〉》，《道家文化研究》第 3 辑，上海古籍出版社 1993 年版。

张家山汉简整理小组：《江陵张家山汉简〈引书〉释文》，《文物》1990 年第 10 期。

张立文：《帛书周易注释》，中州古籍出版社 1992 年版。

张松如：《老子校读》（一）（二），《社会科学战线》1978 年第 1、2 期，吉林人民出版社 1978 年版。

张显成：《〈马王堆古医书考释〉补正》，《湖南省博物馆四十周年纪念论文集》，湖南教育出版社 1996 年版。

张显成：《简帛药名研究》，西南师范大学出版社 1997 年版。

张修桂：《马王堆〈驻军图〉主区范围辨析与论证》，《历史地理研究》（一），复旦大学出版社 1986 年版。

张修桂：《马王堆出土"地形图"的若干历史地理问题探讨》，《历史地理》第 5 辑，上海人民出版社 1987 年版。

张政烺：《马王堆帛书〈周易〉经传校读》，中华书局 2008 年版。

张政烺：《〈春秋事语〉解题》，《文物》1977 年第 1 期。

赵吉惠：《关于"黄老之学"、〈黄帝四经〉产生时代考证》，《东北师大学报》1987 年第 3 期。

赵建伟：《出土简帛〈周易〉疏证》，（台北）万卷楼图书股份有限公司 2000 年版。

赵逵夫：《马王堆汉墓帛书〈相马经〉发微》，《文献》1989 年第 4 期。

赵逵夫：《马王堆汉墓出土〈相马经·大光破章故训传〉发微》，《江汉考古》1989 年第 3 期。

赵逵夫：《藻辞喻谲、意蕴宏深——从帛书〈相马经·大光破章〉看屈赋比喻象征手法的形成》，《辽宁师范大学学报》（社会科学版）1986 年第 3 期。

郑刚：《楚帛书中的星岁纪年和岁星占》，《简帛研究》第 2 辑，法律出版社 1996 年版。

郑杰文：《帛书〈黄帝四经〉对〈老子〉学说的继承和发展》，《管子学刊》1996 年第 3 期。

郑良树：《从帛书老子论严遵道德指归之真伪》，《古文字学研究》第 7
　辑，中华书局 1982 年版。

郑良树：《竹简帛书论文集》，中华书局 1982 年版。

中国科学院考古研究所、湖南省博物馆写作小组：《马王堆二、三号汉墓
　发掘的主要收获》，《考古》1975 年第 1 期。

中国文化遗产研究院编：《出土文献研究》第 9 辑，中华书局 2010 年版。

中国文物研究所编：《出土文献研究》第 8 辑，上海古籍出版社 2007
　年版。

钟肇鹏：《黄老帛书的哲学思想》，《文物》1978 年第 2 期。

周波：《〈马王堆汉墓帛书［肆］〉整理札记（二）》，《出土文献与古文字
　研究》第 6 辑，上海古籍出版社 2015 年版。

周波：《〈马王堆汉墓帛书［肆］〉整理札记（一）》，《古文字研究》第
　30 辑，中华书局 2014 年版。

周桂钿：《道家新成员考辨——兼论〈易·系辞〉不是道家著作》，《周易
　研究》1993 年第 1 期。

周立升：《帛〈易〉六十四卦刍议》，《文史哲》1986 年第 4 期。

周世荣：《从马王堆三号汉墓出土的导引图看五禽戏》，《五禽戏》，人民
　体育出版社 1978 年版。

周世荣：《马王堆汉墓帛书古地图城邑要塞调查记》，《文物天地》1986
　年第 6 期。

周世荣：《马王堆汉墓的“神祇图”帛画》，《考古》1990 年第 10 期。

周世荣：《马王堆汉墓中的人物图象及其民族特点初探》，《文物研究》第
　2 期，黄山书社 1986 年版。

周世荣：《马王堆三号汉墓地形图古城邑的调查》，《湖南考古辑刊》第 2
　集，岳麓书社 1984 年版。

周一谋、萧佐桃主编：《马王堆医书考注》，天津科技出版社 1988 年版。

周一谋等：《马王堆医学文化》，文汇出版社 1994 年版。

朱伯崑：《帛书易传研究中的几个问题》，《国际易学研究》第 1 辑，
　1995 年。

朱德熙：《长沙帛书考释》（五篇），中国古文字研究会第 6 届年会论文，
　　1986 年，另收于《古文字研究》第 19 辑。

朱桂昌：《关于帛书驻军图的几个问题》，《考古》1979 年第 6 期。

朱越利：《马王堆帛书房中术产生的背景》，《中国医史杂志》1998 年第
　　1 期。

朱越利：《马王堆帛书房中术的理论依据》，《宗教学研究》2003 年第 2、
　　3 期。